廣東省第二批珍貴古籍名録圖録

廣東省立中山圖書館
廣東省古籍保護中心 編

上

SPM 南方出版傳媒
廣東人民出版社
·廣州·

圖書在版編目（CIP）數據

廣東省第二批珍貴古籍名録圖録 / 廣東省立中山圖書館，廣東省古籍保護中心編. —廣州：廣東人民出版社，2019.9
ISBN 978-7-218-13326-3

Ⅰ.①廣… Ⅱ.①廣…②廣… Ⅲ.①古籍－圖書目録－廣東 Ⅳ.①Z838

中國版本圖書館CIP數據核字（2019）第001174號

GUANGDONGSHENG DIERPI ZHENGUI GUJI MINGLU TULU
廣東省第二批珍貴古籍名録圖録

廣東省立中山圖書館
廣東省古籍保護中心 編

出 版 人：肖風華

責任編輯：張賢明
裝幀設計：張力平
責任技編：周 傑 易志華 吴彦斌

出版發行：廣東人民出版社
地 址：廣州市海珠區新港西路204號2號樓（郵政編碼：510300）
電 話：（020）85716809（總編室）
傳 真：（020）85716872
網 址：http://www.gdpph.com
印 刷：廣州市中天彩色印刷有限公司
開 本：787mm × 1092mm 1/16
印 張：50.75 字 數：700千字
版 次：2019年9月第1版 2019年9月第1次印刷
定 價：800.00元（上、下册）

如發現印裝質量問題，影響閱讀，請與出版社（020-85716849）聯繫調换。
售書熱線：（020）85716826

《廣東省第二批珍貴古籍名録圖録》編委會

《廣東省第二批珍貴古籍名録圖録》
參編機構和人員名單

廣東省立中山圖書館： 倪俊明　林　鋭　羅焕好　謝　暉
陳静敏　陳曉玉　朱雋嘉　郭祥文

中山大學圖書館： 倪　莉　李福標　陳　莉　蔣文仙　肖　卓

暨南大學圖書館： 羅志歡　莫　俊　許豔青

華南師範大學圖書館： 董運來　曾潔瑩　王　彦　蔣　金　張春彦

廣東省社會科學院： 葉　籬　方勁松　張建平　藍永愉　何泳霏

佛山市圖書館： 劉淑萍　鄧雅琴　廖　菲

韶關學院圖書館： 蔡雲峰　陳進偉　胡　冰　吴　丹

汕頭市金山中學： 吴進南　李列章

汕頭市圖書館： 王纓纓　林小山　陳佳瑜

廣州圖書館： 李鶯鶯　張顯慧

江門市新會區景堂圖書館： 莫豔紅　譚紅霞

廣東省博物館： 鄧小紅　牛曉琰　梁麗君

梅州市劍英圖書館： 鄔巧容　温幽燕

華南農業大學中國農業歷史遺産研究室： 楊　柳

惠州慈雲圖書館： 周瓊芳　黎新亮　楊雪玲　黄　凌

順德圖書館： 張月蘭

四會市圖書館： 周曉華　萬美瓊

東莞市莞城圖書館： 曾燕芬　詹寶瑩

肇慶市高要區圖書館： 曾鳳英

潮州市博物館： 柯爍錕　吴麗娥　丁喜清

陽江市圖書館：鍾勁松

東莞圖書館：龐宏廣

廣東外語外貿大學圖書館：張愛優

中國客家博物館：郭　銳

廣州中醫藥大學圖書館：張曉紅

五華縣圖書館：蔡仕芳

深圳圖書館：李　璟

湛江市圖書館：何　力

潮州市圖書館：陳韓玲

儀清室：梁基永

广东省人民政府文件

粤府〔2016〕51号

广东省人民政府关于公布第二批广东省古籍重点保护单位和第二批广东省珍贵古籍名录的通知

各地级以上市人民政府，各县（市、区）人民政府，省政府各部门、各直属机构：

省政府批准省文化厅确定的第二批广东省古籍重点保护单位（8个）和第二批广东省珍贵古籍名录（766部），现予公布。

各地、各部门要充分认识保护古籍的重要性和紧迫性，认真贯彻“保护为主、抢救第一、合理利用、加强管理”的方针，改善古籍保管条件，推进古籍修复，科学规范开展古籍保护工作。

附件：1. 第二批广东省古籍重点保护单位（8个）

2. 第二批广东省珍贵古籍名录（766部）

广东省人民政府

2016年5月27日

前言

我國是歷史悠久的文明古國，擁有卷帙浩繁的古代文獻典籍，這些古籍是中華民族在數千年歷史發展過程中創造的重要文明成果。加強古籍保護工作，守護文獻典籍，是圖書館人的一項神聖使命。

廣東省古籍保護中心自2008年成立以來，遵照國家古籍保護中心的統一部署，在廣東省文化廳的具體指導下，積極協調組織全省各古籍收藏單位開展古籍普查工作，目前全省共有50家古籍收藏單位已完成古籍普查登記84000餘種，基本摸清全省古籍收藏的家底，為實施古籍分級保護打下基礎，也爲廣東申報國家級珍貴古籍名録和評審省級珍貴古籍名録工作提供保障。迄今廣東全省已有331部古籍善本先後入選第一至五批《國家珍貴古籍名録》。

2012年，由廣東省立中山圖書館和廣東省古籍保護中心編輯的《廣東省第一批珍貴古籍名録圖録》出版，為第一批《廣東省珍貴古籍名録》之評審成果，共收録入選第一批省級珍貴古籍名録的古籍善本1098種，是廣東省古籍收藏單位及個人庋藏珍貴古籍的第一批精粹。

本册《廣東省第二批珍貴古籍名録圖録》為第二批《廣東省珍貴古籍名録》的評審成果。第二批《廣東省珍貴古籍名録》申報評審工作始於2012年，由廣東省文化廳和廣東省古籍保護中心組織全省古籍收藏單位和私人收藏者參與申報，經專家反復討論審核，766部古籍入選第二批《廣東省珍貴古籍名録》，於2016年5月由廣東省人民政府正式公佈。該名録來自全省29家公藏單位與一位個人收藏者，分別為：廣東省立中山圖書館、中山大學圖書館、暨南大學圖書館、華南師範大學圖書館、廣東省社會科學院、佛山市圖書館、韶關學院圖書館、汕頭市金山中學、汕頭市圖書館、廣州圖書館、江門市新會區景堂圖書館、廣東省博物館、梅州市劍英圖書館、華南農業大學中國農業歷史遺産研究室、惠州慈雲圖書館、順德圖書館、四會市圖書館、東莞市莞城圖書館、肇慶市高要區圖書館、潮州市博物館、陽江市圖書館、東莞圖書館、廣東外語外貿大學圖書館、中國客家博物館、廣州中醫藥大學圖書館、五華縣圖書館、深圳圖書館、湛江市圖書館、潮州市圖書館和儀清室。

《廣東省第二批珍貴古籍名録圖録》内容涵盖經、史、子、集、叢五部；有元代刻本四種，即元泰定元年（1324）杭州西湖書院刻元明遞修本《文獻通考三百四十八卷》、元後至元五年（1339）胡氏古林書堂刻本《新刊素問入式運氣論奥三卷》、元後至元六年（1340）慶元路儒學刻元明遞修本《玉海二百卷》和《通鑑地理通釋十四卷》，皆廣東省立中山圖書館藏本，彌足珍貴；有明清各類方志約百種；還有不少特色版本，如精刻本、多色套印本、鈐印本、彩繪本、活字印本、名家批校本和稿抄本，其中陳澧、曾釗、林國賡、桂文燦、康有為等廣東名人手稿，乃海内遺珍，於研究清代學術頗具文獻價值。

本書的編輯出版得到廣東省文化廳的大力支持和全省各地古籍收藏單位的積極配合，沈津先生、陳先行先生、張志清先生、趙前先生和李國慶先生爲本書版本鑒定提供專業指導，廣東人民出版社柏峰女士、張賢明先生爲本書出版付出辛勞，在此一並深致謝忱。書中瑕疵或難盡除，亦盼方家不吝指正。

《廣東省第二批珍貴古籍名録圖録》編輯委員會

二〇一七年十一月二十八日

凡例

1. 收録範圍：本書收録入選第二批《廣東省珍貴古籍名録》之古籍。

2. 著録項目：參照《中國古籍善本書目》、《國家珍貴古籍名録圖録》，著録書名、著者、版本、版式、收藏者、入選國家珍貴古籍名録序號（書中簡稱“國家名録號”）等。

3. 編排次序：按經、史、子、集、叢五部分類排列。同一種書，屬不同的收藏單位按國家古籍重點保護單位、廣東省古籍重點保護單位以及個體收藏者的順序排列。

4. 書影選擇：每種古籍選擇一至二幀反映其版本特徵的書影。

目　録

經部 ……… 1~104

九經五十一卷附録四卷 ……… 3
東坡先生易傳九卷 ……… 4
東坡先生易傳九卷 ……… 5
周易傳義十卷　上下篇義一卷　易圖集録一卷易五贊一卷筮儀一卷　易说綱領一卷 ……… 6
翁山易外七十一卷 ……… 7
翁山易外七十一卷 ……… 8
御纂周易折中二十二卷首一卷 ……… 9
易義闡四卷朱子易學啓蒙一卷附録一卷 ……… 10
書經集傳六卷 ……… 11
書疑九卷 ……… 12
劉季子書經講意不分卷 ……… 13
尚書人注音疏十二卷末一卷外編一卷 ……… 14
尚書後案三十卷尚書後辨一卷 ……… 15
古文尚書撰異三十二卷 ……… 16
禹貢錐指二十卷略例一卷圖一卷 ……… 17
禹貢錐指二十卷略例一卷圖一卷 ……… 18
詩集傳二十卷詩序辨说一卷詩傳綱領一卷詩圖一卷 ……… 19
詩經集傳八卷 ……… 20
詩經集注二十卷 ……… 21
詩傳大全二十卷綱領一卷圖一卷　詩傳序一卷 ……… 22
詩經註疏大全合纂三十四卷圖二卷綱領一卷 ……… 23
詩所八卷 ……… 24
欽定詩經傳说彙纂二十一卷首二卷詩序二卷 ……… 25

詩瀋二十卷……26
毛詩名物圖説九卷……27
詩經叶音辨譌八卷……28
詩外傳十卷……29
重校古周禮六卷……30
周禮註疏删翼三十卷……31
欽定周官義疏四十八卷首一卷……32
考工記二卷……33
考工記簒註二卷……34
儀禮章句十七卷……35
儀禮易讀十七卷……36
讀禮通考一百二十卷……37
讀禮通考一百二十卷……38
五禮通考二百六十二卷目録二卷首四卷……39
五禮通考二百六十二卷目録二卷首四卷……40
五禮通考二百六十二卷目録二卷首四卷……41
述樂一卷……42
律吕正聲六十卷……43
春秋經傳集解三十卷年表一卷考證十四卷　春秋名號歸一圖二卷……44
春秋左傳補註六卷……45
左傳事緯十二卷左傳字釋一卷……46
春秋穀梁註疏二十卷……47
穀梁傳鈔一卷……48
春秋三傳辨疑二十卷……49
春秋鈔十卷首一卷……50
春秋筆削微言大義考十一卷……51
春秋大事表五十卷春秋輿圖一卷附録一卷……52
孝經集義一卷　孝經刊誤一卷……53
論語集註十卷序説一卷……54
孟子二卷……55
大學章句解三卷中庸章句解三卷……56
宋金仁山先生大學疏義一卷……57
四書集註大全四十二卷……58

新刊舉業精義四書蒙引十五卷　王孚齋先生繙閱四書索引別録一卷……59
四書左國彙纂四卷……60
章子留書六卷……61
重訂四書疑問十一卷……62
經典釋文三十卷序録攷證三十卷……63
六經圖二十四卷……64
六經圖二十四卷……65
六經圖二十四卷……66
稽古日鈔八卷……67
爾雅二卷音釋二卷……68
爾雅翼三十二卷……69
彙雅前集二十卷後編二十八卷……70
通俗編三十八卷……71
通俗編三十八卷……72
通俗編三十八卷……73
説文解字十五卷……74
説文解字十五卷……75
説文解字十五卷……76
重刊許氏説文解字五音韻譜十二卷……77
説文聲類譜十七卷……78
六書通十卷……79
六書通十卷……80
六書分類十二卷首一卷……81
汗簡七卷……82
漢隸字源五卷碑目一卷附字一卷……83
漢隸字源五卷碑目一卷附字一卷……84
六書正譌五卷……85
六書精藴六卷　音釋舉要一卷……86
字彙十二卷首一卷末一卷附韻法直圖一卷韻法橫圖一卷……87
隸辨八卷……88
廣韻五卷……89
廣韻五卷……90
切韻考一卷……91

切韻考外篇三卷……92
大明萬曆乙亥重刊改併五音類聚四聲篇十五卷己丑重刊改併五音集韻十五卷　新編經史正音切韻指南一卷　新編篇韻貫珠集一卷……93
古今韻會舉要小補三十卷……94
洪武正韻十六卷……95
洪武正韻十六卷……96
洪武正韻十卷……97
重刊併音連聲韻學集成十三卷直音篇七卷……98
類音八卷……99
古今韻略五卷……100
古今韻略五卷……101
康熙甲子史館新刊古今通韻十二卷……102
二十一部古韻二卷……103
通雅五十二卷首三卷……104

史部……105~392

史記索隱三十卷……107
史記索隱三十卷……108
史記二十四卷……109
史記評林一百三十卷……110
史記評林一百三十卷……111
通志略五十二卷……112
北史一百卷……113
五代史纂不分卷……114
弘簡録二百五十四卷　續弘簡録元史類編四十二卷……115
函史上編八十一卷下編二十一卷……116
正藏書六十卷……117
續藏書二十七卷……118
漢書一百卷……119
漢書評林一百卷……120
班馬異同三十五卷……121
三國志六十五卷……122
季漢書六十卷正論一卷答問一卷……123

季漢書六十卷正論一卷答問一卷 ······ 124
晉書一百三十卷音義三卷 ······ 125
南唐書十八卷　附音釋一卷 ······ 126
竹書紀年二卷 ······ 127
通鑑地理通釋十四卷 ······ 128
資治通鑑外紀十卷目録五卷 ······ 129
通鑑前編十八卷舉要二卷　首一卷 ······ 130
新刊翰林攷正綱目批點音釋少微節要通鑑大全二十卷外紀二卷 ······ 131
新刊憲臺攷正少微通鑑全編二十卷外紀二卷總論一卷 ······ 132
陸狀元增節音註精議資治通鑑一百二十卷目録三卷首一卷 ······ 133
訂正通鑑綱目前編二十五卷 ······ 134
御撰資治通鑑綱目三編二十卷 ······ 135
皇王大紀八十卷 ······ 136
宋元通鑑一百五十七卷 ······ 137
宋元通鑑一百五十七卷 ······ 138
宋元通鑑一百五十七卷 ······ 139
宋元通鑑一百五十七卷 ······ 140
宋元通鑑一百五十七卷 ······ 141
宋元通鑑一百五十七卷 ······ 142
宋元資治通鑑六十四卷 ······ 143
通鑑直解二十八卷 ······ 144
通鑑箋註七十二卷 ······ 145
新刻世史類編四十五卷 ······ 146
綱鑑會纂三十九卷首一卷 ······ 147
編輯名家評林史學指南綱鑑新抄二十卷總論一卷 ······ 148
綱鑑正史約三十六卷 ······ 149
歷代史譜不分卷 ······ 150
甲子會紀五卷 ······ 151
甲子會紀五卷 ······ 152
新鍥官板音釋標題皇明通紀十卷 ······ 153
皇明通紀述遺十二卷 ······ 154
皇明通紀集要六十卷 ······ 155
鐫品隲皇明資治紀鈔十卷 ······ 156

皇明通紀法傳全録二十八卷　皇明法傳録嘉隆記六卷續紀三朝法傳全録十六卷……157
皇明通紀法傳全録二十八卷　皇明法傳録嘉隆紀六卷續紀三朝法傳全録十六卷……158
皇明從信録四十卷……159
皇明從信録四十卷……160
皇明二祖十四宗增補標題評斷通紀二十七卷……161
通紀會纂十卷……162
通紀直解十四卷續二卷……163
明紀全載十六卷……164
憲章外史續編十四卷……165
通鑑紀事本末四十二卷……166
通鑑紀事本末四十二卷……167
通鑑紀事本末四十二卷……168
通鑑紀事本末二百三十九卷……169
通鑑紀事本末二百三十九卷……170
通鑑本末紀要八十一卷首三卷……171
宋史紀事本末一百九卷……172
東征集六卷……173
路史前紀九卷後紀十四卷餘論十四卷發揮六卷國名紀八卷……174
逸周書十卷校正補遺一卷附録一卷……175
重刊韋氏國語二十一卷……176
國語髓析二十一卷……177
國語九卷……178
戰國策十卷……179
重刊鮑氏戰國策十二卷……180
戰國策十二卷……181
吴越春秋十卷附徐氏補註一卷……182
吴越春秋十卷……183
越絕書十五卷……184
越絕十五卷……185
越絕書十五卷……186
貞觀政要十卷……187
避戎夜話二卷……188
宋丞相李忠定公别集三卷……189

辛巳泣蘄録一卷 ······ 190
吾學編六十九卷 ······ 191
弇山堂別集一百卷 ······ 192
弇州史料前集三十卷後集七十卷 ······ 193
皇明大事記五十卷 ······ 194
皇祖四大法十二卷 ······ 195
平播全書十五卷 ······ 196
攻渝諸將小傳一卷刻徐念陽西征雜記一卷 ······ 197
敬事草五卷 ······ 198
明季北略二十卷南略十八卷 ······ 199
大清太宗文皇帝聖訓六卷 ······ 200
大清世祖章皇帝聖訓六卷 ······ 201
大清世宗憲皇帝聖訓三十六卷 ······ 202
歷代名臣奏議三百五十卷 ······ 203
歷代名臣奏議三百五十卷 ······ 204
歷代名臣奏議三百二十卷 ······ 205
荆川先生右編四十卷 ······ 206
秦漢書疏十八卷 ······ 207
皇明疏議輯畧三十七卷 ······ 208
西征奏議二卷 ······ 209
疊山批點陸宣公奏議十五卷 ······ 210
陸宣公奏議四卷 ······ 211
聖門志六卷 ······ 212
列女傳十六卷 ······ 213
女鏡八卷 ······ 214
安危注四卷 ······ 215
古今廉鑑八卷 ······ 216
康濟譜二十三卷 ······ 217
聖學宗傳十八卷 ······ 218
孝經列傳七卷 ······ 219
古人幾部六卷 ······ 220
古懽録八卷 ······ 221

五朝宋名臣言行録前集十卷後集十四卷　宋名臣言行録續集八卷别集二十六卷
外集十七卷……222
蘇米志林三卷……223
蘇米志林三卷……224
蘇米志林三卷……225
皇明理學名臣言行録二卷續一卷……226
寶善編甲集一卷乙集一卷……227
錢牧齋先生列朝詩集小傳十卷……228
三立堂新編閫外春秋三十二卷……229
續吴先賢讚十五卷……230
姑蘇名賢小紀一卷……231
淮郡文獻志二十六卷補遺一卷……232
兩浙名賢録五十四卷外録八卷……233
廣東貢士録三卷……234
漢前將軍漢壽亭侯關公志十二卷……235
諸葛忠武書十卷……236
蘇長公外紀十六卷……237
宋忠武岳鄂王精忠類編八卷……238
南國賢書六卷前編二卷……239
東莞庠士録四卷……240
慈溪黄氏日抄分類古今紀要十九卷……241
諸史品節後集八卷……242
史書十卷……243
二十一史論贊輯要三十六卷……244
檇李曹太史評鐫古今全史一覽五卷……245
二十一史論贊三十六卷……246
國語鈔評八卷……247
七雄策纂八卷……248
七雄策纂八卷……249
鐫侗初張太史評選國語雋四卷……250
史記抄九十一卷補遺十二卷首一卷……251
史記抄九十一卷補遺十二卷首一卷……252
茅鹿門先生批評史記抄一百四卷……253

增定史記纂不分卷……254
漢雋十卷……255
漢雋十卷……256
荆川先生批點精選漢書二卷……257
荆川先生批點精選漢書六卷……258
鹿門先生漢書鈔九十三卷……259
新刻李太史秘藏王閣學漢書選要鈔評二卷……260
後漢書鈔二卷……261
歐陽文忠公五代史抄二十卷……262
歐陽文忠公五代史抄二十卷……263
月令廣義二十四卷首一卷附録一卷……264
日涉編十二卷……265
元豐九域志十卷……266
大明一統志九十卷圖一卷……267
天下一統志九十卷……268
天下一統志九十卷……269
廣輿記二十四卷……270
廣輿記二十四卷……271
大明輿地名勝志二百八卷……272
[乾隆]大清一統志三百五十六卷……273
[乾隆]大清一統志表不分卷……274
天下山河兩戒考十四卷……275
地圖綜要三卷……276
嶺海名勝記二十卷……277
[康熙]畿輔通志四十六卷首一卷……278
[乾隆]三河縣志十六卷首一卷……279
[康熙]懷柔縣新志八卷……280
[康熙]文安縣志八卷……281
[康熙]清苑縣志十二卷首一卷……282
[乾隆]祁州志八卷……283
[乾隆]獻縣志二十卷圖一卷表一卷……284
[乾隆]天津府志四十卷……285
[乾隆]天津縣志二十四卷……286

[乾隆]滄州志十六卷……287
[雍正]井陘縣志八卷……288
[康熙]藁城縣志十二卷……289
[乾隆]沙河縣志十卷首一卷末一卷……290
[乾隆]邯鄲縣志十二卷首一卷……291
[乾隆]大名縣志四十卷首一卷……292
[乾隆]宣化府志四十二卷首一卷……293
[康熙]宣化縣志三十卷……294
[乾隆]欽定熱河志一百二十卷……295
[乾隆]直隸遵化州志二十卷……296
[乾隆]直隸易州志十八卷首一卷……297
[雍正]深澤縣志十二卷首一卷……298
[乾隆]曲阜縣志一百卷……299
[康熙]鄒縣志三卷……300
[乾隆]嶧縣志十卷首一卷……301
[乾隆]武定府志三十八卷首一卷……302
[乾隆]樂陵縣志八卷首一卷末一卷……303
[乾隆]蒲臺縣志四卷首一卷……304
[乾隆]泰安府志三十卷前一卷首二卷……305
[乾隆]武安縣志二十卷……306
[順治]封邱縣志九卷首一卷……307
[康熙]長樂縣志八卷……308
澎湖紀畧十二卷……309
[康熙]廣東通志三十卷……310
[雍正]廣東通志六十四卷……311
廣東輿圖十二卷……312
廣州十四屬地圖……313
[康熙]新會縣志十八卷首一卷……314
[康熙]惠州府志二十卷首一卷……315
[康熙]惠州府志二十卷首一卷……316
[乾隆]歸善縣志十八卷首一卷……317
[康熙]永安縣次志十七卷……318
[順治]潮州府志十二卷……319

郡乘小序一卷 320
[康熙]潮陽縣志二十卷首一卷 321
[康熙]饒平縣志二十四卷 322
雲南地輿全圖 323
帝京景物略八卷 324
浯溪考二卷 325
連陽八排風土記八卷 326
籌海圖編十三卷 327
籌海圖編十三卷 328
海防纂要十三卷圖一卷 329
兩浙海防類考續編十卷 330
名山勝槩記四十六卷圖一卷 331
名山勝槩記四十六卷圖一卷 332
名山巖洞泉石古蹟十六卷 333
盤山志十卷首一卷補遺四卷 334
金山志十卷 335
黄山志定本七卷首一卷 336
清凉山新志十卷 337
岱史十八卷 338
説嵩三十二卷 339
説嵩三十二卷 340
普陀山志六卷 341
重修南海普陀山志二十卷首一卷 342
廣雁蕩山誌二十八卷首一卷末一卷 343
羅浮山志會編二十二卷首一卷 344
羅浮山志會編二十二卷首一卷 345
羅浮山志會編二十二卷首一卷 346
西樵遊覽記十四卷 347
雞足山志十卷首一卷 348
雞足山志十卷首一卷 349
水經四十卷 350
水經四十卷 351
水經注四十卷 352

水經注四十卷 353
水經注釋四十卷首一卷附録二卷水經注箋刊誤十二卷 354
水道提綱二十八卷 355
水道提綱二十八卷 356
行水金鑑一百七十五卷首一卷 357
行水金鑑一百七十五卷首一卷 358
河防一覽十四卷 359
直隸五道成規五卷 360
西湖志四十八卷 361
西湖志四十八卷 362
西湖志纂十五卷首一卷 363
三遷志六卷 364
逍遥山萬壽宫志二十卷首一卷 365
海珠小志五卷 366
臥龍崗志二卷 367
東西洋考十二卷 368
籌海篇三卷 369
通典二百卷 370
文獻通考三百四十八卷 371
文獻通考三百四十八卷 372
大明會典二百二十八卷 373
大明會典二百二十八卷 374
皇明泳化類編一百三十六卷續編十七卷 375
皇明世法録九十二卷 376
辟雍紀事不分卷 377
謚法通考十八卷 378
南巡盛典一百二十卷 379
于清端公政書八卷首編一卷外集一卷 380
于清端公政書八卷首編一卷外集一卷 381
金石録三十卷 382
泊如齋重修宣和博古圖録三十卷 383
亦政堂重修考古圖十卷 384
亦政堂重修宣和博古圖録三十卷 385

石墨鐫華八卷……386
畿輔金石略不分卷……387
看篆樓鑑藏古銅印不分卷……388
新鐫歷朝捷録四卷……389
古今治統二十卷……390
史統二十卷……391
十七史商榷一百卷……392

子部……393~596

楊升菴先生評註先秦五子全書五卷……395
諸子彙函二十六卷談藪一卷……396
荀子二十卷……397
新書十卷　附録一卷……398
纂圖互註揚子法言十卷……399
潛夫論十卷……400
申鑒五卷……401
中説十卷……402
五子近思録發明十四卷……403
先聖大訓六卷……404
大學衍義四十三卷……405
大學衍義補一百六十卷首一卷……406
大學衍義補纂要六卷……407
潛室陳先生木鍾集十一卷……408
性理大全書七十卷……409
月川曹夫子太極圖解一卷西銘解一卷……410
庸言十二卷……411
學蔀通辯前編三卷後編三卷續編三卷終編三卷……412
新刊性理會要十卷……413
呻吟語六卷……414
内則衍義十六卷……415
武經總要前集二十卷後集二十卷……416
管子二十四卷……417
管子榷二十四卷……418

韓非子二十卷……419
韓非子二十卷……420
韓子迂評二十卷附録一卷……421
農政全書六十卷……422
張氏醫書七種二十八卷……423
古今醫統正脈全書四十四種二百六卷……424
重廣補註黄帝内經素問二十四卷……425
新刊素問入式運氣論奥三卷　黄帝内經素問遺篇一卷……426
類經三十二卷　圖翼十一卷附翼四卷……427
圖註八十一難經辨眞四卷……428
神農本草經疏三十卷……429
本草綱目五十二卷附圖三卷萬方鍼線八卷瀕湖脉學一卷奇經八脉攷一卷……430
家傳太素脉秘訣二卷……431
活人書二十卷首一卷……432
陶節菴全生集四卷……433
陶節菴全生集四卷……434
儒門事親十五卷……435
儒門事親十五卷……436
東塾藥方一卷……437
静觀堂較正家傳幼科發揮秘方二卷……438
醫林續傳不分卷……439
古今律曆考七十二卷……440
揚子太玄經十卷圖一卷　说玄一卷……441
揚子太玄經十卷圖一卷　说玄一卷……442
皇極經世書傳八卷……443
刻天文秘畧不分卷……444
史異編十七卷……445
地理參贊玄機仙婆集十三卷　杜詩評選……446
地理玄珠二十二卷附地理陽宅玄珠四卷……447
新編秘傳堪輿類纂人天共寶十二卷……448
焦氏易林四卷……449
呈洛洞玄經論圖訣三卷……450
大六壬大全十三卷……451

武侯八門神書一卷……452
鐵網珊瑚二十卷……453
墨池編六卷……454
宣和書譜二十卷……455
宣和書譜二十卷……456
廣川書跋十卷……457
古今法書苑七十六卷……458
草字彙十二卷……459
歷代帝王法帖釋文考異十卷……460
無聲詩史七卷……461
嘉顯堂圖書會要不分卷……462
芥子園畫傳五卷……463
印存初集四卷……464
蓼懷堂琴譜不分卷……465
桃花泉奕譜二卷……466
素園石譜四卷……467
原本茶經三卷　續茶經三卷附録一卷……468
二如亭群芳譜二十八卷首一卷……469
二如亭群芳譜二十八卷首一卷……470
鶡冠子三卷……471
鶡冠子三卷……472
吕氏春秋二十六卷……473
淮南鴻烈解二十一卷……474
淮南鴻烈解二十一卷……475
淮南鴻烈解二十一卷……476
淮南鴻烈解二十一卷……477
白虎通德論二卷……478
夢溪筆談二十六卷補筆談三卷續筆談一卷……479
東坡先生志林五卷……480
避暑録話二卷……481
清波雜志三卷……482
容齋隨筆十六卷續筆十六卷三筆十六卷四筆十六卷五筆十卷……483
容齋隨筆十六卷續筆十六卷三筆十六卷四筆十六卷五筆十卷……484

賓退録十卷……485
貴耳集三卷……486
輟畊録三十卷……487
蠡海集一卷……488
搶榆子評古一卷覆瓿語一卷……489
穀山筆麈十八卷……490
偶記四卷……491
池北偶談二十六卷……492
香祖筆記十二卷……493
在園雜志四卷……494
古今攷三十八卷……495
困學紀聞二十卷……496
丹鉛新録八卷……497
名義考十二卷……498
古今釋疑十八卷……499
日知録三十二卷……500
世説新語六卷……501
世説新語六卷……502
世説新語六卷……503
世説新語補二十卷　附釋名一卷……504
世説新語補二十卷　附釋名一卷……505
唐世説新語十三卷……506
杜陽雜編三卷……507
揮麈前録四卷後録十一卷三録三卷餘話二卷……508
河南邵氏聞見後録三十卷……509
桯史十五卷　附録一卷……510
湧幢小品三十二卷……511
觚賸八卷續編四卷……512
觚賸八卷續編四卷……513
新增格古要論十三卷……514
學范二卷……515
諸子品節五十卷……516
焦氏類林八卷……517

霧市選言四卷……518
清寤齋心賞編一卷……519
玉芝堂談薈三十六卷……520
諸子奇賞前集五十一卷後集六十卷……521
湘煙録十六卷……522
識小編内篇九卷……523
山海經十八卷……524
山海經釋義十八卷圖一卷……525
山海經釋義十八卷圖一卷……526
異苑十卷……527
新鐫玉茗堂批選王弇州先生豔異編四十卷續編十九卷……528
情史類略二十四卷……529
四雪草堂重訂通俗隋唐演義二十卷一百回……530
北堂書鈔一百六十卷……531
初學記三十卷……532
初學記三十卷……533
初學記三十卷……534
唐宋白孔六帖一百卷目録二卷……535
事類賦三十卷……536
册府元龜一千卷目録十卷……537
册府元龜一千卷目録十卷……538
事物紀原十卷……539
錦繡萬花谷前集四十卷後集四十卷續集四十卷……540
玉海二百卷辭學指南四卷詩考一卷詩地理考六卷漢藝文志考證十卷通鑑地理通釋十四卷漢制考四卷踐阼篇集解一卷周易鄭康成注一卷姓氏急就篇二卷急就篇補注四卷周書王會補注一卷小學紺珠十卷六經天文編二卷通鑑答問五卷……541
新編簪纓必用翰苑新書前集十二卷後集七卷續集八卷別集二卷……542
新增説文韻府羣玉二十卷……543
新刊唐荆川先生稗編一百二十卷目録三卷……544
彙苑詳註三十六卷……545
三才圖會一百六卷……546
喻林一百二十卷……547
喻林一百二十卷……548

經濟類編一百卷……549
經濟類編一百卷……550
卓氏藻林八卷……551
山堂肆考二百四十卷……552
山堂肆考二百四十卷……553
群書考索古今事文玉屑二十四卷……554
仰止子詳考古今名家潤色詩林正宗十二卷韻林正宗六卷……555
唐類函二百卷目録二卷……556
唐類函二百卷目録二卷……557
唐類函二百卷目録二卷……558
詩雋類函一百五十卷……559
啓雋類函一百二卷職官攷五卷目録九卷……560
八編類纂二百八十五卷……561
潛確居類書一百二十卷……562
潛確居類書一百二十卷……563
潛確居類書一百二十卷……564
博物典彙二十卷……565
尚友録二十二卷　補遺一卷……566
尚友録二十二卷　補遺一卷……567
五車韻瑞一百六十卷……568
廣韻藻六卷……569
新鐫雅俗通用珠璣藪八卷……570
永樂南藏六千三百三十一卷……571
大般涅槃經四十卷　後分二卷……572
妙法蓮華經玄義十卷……573
妙法蓮華經意語一卷……574
大佛頂如來密因修證了義諸菩薩萬行首楞嚴經十卷……575
大佛頂如來密因修證了義諸菩薩萬行首楞嚴經合轍十卷……576
禪林寶訓珠類八卷拾遺一卷……577
宗門玄鑑圖一卷……578
六道集五卷……579
龍舒增廣淨土文十二卷……580
六祖大師法寶壇經一卷　機緣一卷　附録一卷……581

六祖大師法寶壇經一卷 582
釋氏稽古畧四卷 583
釋氏源流四卷 584
諸佛世尊如來菩薩尊者名稱歌曲不分卷 585
纂圖互註南華眞經十卷 586
南華眞經副墨八卷讀南華眞經雜説一卷 587
南華眞經副墨八卷讀南華眞經雜説一卷 588
南華眞經副墨八卷讀南華眞經雜説一卷 589
南華眞經旁注五卷 590
莊子獨見三十三卷 591
沖虚至德眞經八卷 592
沖虚至德眞經八卷 593
清庵先生中和集前集三卷後集三卷 594
名理探十倫五卷 595

集部 597~766

楚辭二卷 599
楚辭章句十七卷 600
楚辭十七卷　附録一卷 601
楚辭集註八卷辯證二卷後語八卷　附覽二卷總評一卷 602
楚辭述註五卷　九歌圖一卷 603
曹子建集十卷 604
阮嗣宗集二卷 605
陸士衡集十卷 606
陸士龍文集十卷 607
晉東廣微集不分卷 608
陶淵明集十卷附録二卷 609
陶淵明文集十卷 610
陶靖節集八卷　蘇東坡和陶詩二卷　附録一卷 611
謝康樂集四卷 612
庾開府集十二卷 613
盧照鄰集二卷 614
駱賓王集二卷 615

靈隱子六卷……616
陳伯玉集二卷　杜審言集二卷……617
楊盈川集十卷附録一卷……618
唐丞相曲江張先生文集二十卷……619
唐張文獻公曲江集十二卷　附録一卷……620
唐丞相曲江張先生文集十二卷……621
唐丞相曲江張先生文集十二卷　附録一卷……622
唐丞相曲江張先生文集十二卷　附録一卷……623
唐丞相曲江張文獻公集十二卷　附録一卷……624
王摩詰集十卷……625
李太白文集三十卷……626
杜工部全集六十六卷目録六卷　年譜一卷……627
杜工部集二十卷　諸家詩話一卷唱酬題詠一卷附録一卷……628
臺閣集一卷……629
唐陸宣公集二十二卷……630
唐陸宣公翰苑集二十四卷……631
唐李長吉歌詩四卷……632
朱文公校昌黎先生文集四十卷外集十卷遺文一卷　集傳一卷……633
昌黎先生集四十卷外集十卷遺文一卷　朱子校昌黎先生集傳一卷……634
昌黎先生集四十卷外集十卷遺文一卷　朱子校昌黎先生集傳一卷……635
昌黎先生集四十卷外集十卷遺文一卷　朱子校昌黎先生集傳一卷……636
昌黎先生集四十卷外集十卷遺文一卷　朱子校昌黎先生集傳一卷……637
昌黎先生集四十卷外集十卷遺文一卷　朱子校昌黎先生集傳一卷……638
重刊五百家註音辯昌黎先生文集四十卷……639
韓筆酌蠡三十卷……640
劉賓客詩集九卷……641
增廣註釋音辯唐柳先生集四十三卷別集二卷外集二卷　附録一卷……642
元氏長慶集六十卷補遺六卷……643
元氏長慶集六十卷補遺六卷……644
白氏長慶集七十一卷目録二卷　附録一卷……645
白香山詩長慶集二十卷後集十七卷別集一卷補遺二卷　年譜一卷　年譜舊本一卷……646
白香山詩長慶集二十卷後集十七卷別集一卷補遺二卷　年譜一卷　年譜舊本一卷……647
李文饒文集二十卷別集十卷外集四卷……648

李義山詩集三卷　李義山詩譜一卷諸家詩評一卷……649
李義山詩集十六卷……650
李文山詩集三卷……651
純陽吕真人文集八卷……652
韓内翰香奩集三卷……653
唐黄御史集八卷　附録一卷……654
唐黄御史集八卷　附録一卷……655
碧雲集三卷……656
宋文正范先生文集十卷……657
范文正公集十二卷　范文正公褒賢祠録二卷范文正公言行拾遺事録一卷范文正公義莊規矩一卷……658
范文正公集二十卷别集四卷政府奏議二卷尺牘三卷　年譜一卷　年譜補遺一卷……659
宋端明殿學士蔡忠惠公文集四十卷　蔡端明别紀十卷……660
蘇學士文集十六卷　滄浪小志二卷……661
趙清獻公集十卷目録二卷……662
趙清獻公集十卷……663
南豐先生元豐類藁五十卷集外文二卷續附一卷……664
宛陵先生文集六十卷拾遺一卷……665
范忠宣公集二十卷奏議二卷遺文一卷補編一卷附録一卷……666
新刻臨川王介甫先生詩文集一百卷序一卷目録一卷……667
王荆文公詩五十卷……668
東坡先生全集七十五卷……669
蘇東坡題跋雜書六卷……670
東坡先生詩集註三十二卷……671
蘇東坡詩集注三十二卷　年譜一卷……672
施註蘇詩四十二卷總目二卷　蘇詩續補遺二卷　王注正譌一卷　東坡先生年譜一卷……673
蘇長公合作不分卷……674
宋黄文節公文集正集三十二卷外集二十四卷别集十九卷首四卷　伐檀集二卷……675
後山先生集二十四卷……676
宋李忠定公奏議選十五卷文集選二十九卷首四卷……677
羅鄂州小集六卷　羅郢州遺文一卷……678
晦庵先生朱文公文集一百卷目録二卷續集十一卷别集十卷……679

石湖居士詩集三十四卷 680
劍南詩槀八十五卷 681
劉須溪先生記鈔八卷 682
清閟閣全集十二卷 683
郝文忠公陵川文集三十九卷　附録一卷 684
陳定宇先生文集十七卷 685
九靈山房集三十卷補編二卷 686
太師誠意伯劉文成公集二十卷 687
缶鳴集十二卷 688
高季迪先生大全集十八卷 689
南海新聲五卷 690
薛文清公全集四十卷 691
白沙子全集九卷　附録一卷 692
白沙子全集九卷　附録一卷 693
白沙子全集九卷　附録一卷 694
白沙子全集九卷　附録一卷 695
白沙子全集九卷　附録一卷 696
白沙子全集六卷 697
白沙子全集十卷首一卷末一卷附録一卷白沙子古詩教解二卷 698
白沙子全集十卷首一卷末一卷 699
白沙子古詩教解二卷 700
白沙子古詩教解二卷 701
一峰先生文集十四卷 702
鬱洲遺稿十卷 703
石田先生集十一卷 704
梧山王先生集二十卷 705
華泉先生集選四卷　邊仲子詩選不分卷 706
華泉先生集選四卷　邊仲子詩選不分卷 707
鄉賢區西屏集十卷　區奉政遺稿十卷 708
西樵遺稿八卷 709
梓溪文鈔内集八卷外集十卷 710
遵巖先生文集四十二卷 711
荊川文集十八卷 712

李杜全集四十八卷……746
重訂文選集評十五卷首一卷末一卷……747
廣文選六十卷……748
三家宫詞三卷二家宫詞二卷……749
詩所五十六卷歷代名氏爵里一卷……750
西山先生眞文忠公文章正宗二十四卷……751
唐宋元文約選不分卷……752
憑山閣新輯尺牘寫心二集六卷……753
重校正唐文粹一百卷……754
唐文粹一百卷……755
唐詩品彙九十卷附詩人爵里詳節引用諸書歷代名公敘論一卷……756
宋文鑑一百五十卷目録三卷……757
篋衍集十二卷……758
新安文獻志一百卷先賢事略二卷目録二卷……759
釣臺集八卷……760
全唐詩話六卷……761
本事詩十二卷……762
宋詩紀事一百卷……763
宋詩紀事一百卷……764
納書楹南柯記全譜二卷……766

叢部……767~772
廣快書五十種五十卷……769
津逮祕書十五集一百四十一種七百四十八卷……770
雅雨堂叢書十三種一百三十五卷……771

經部

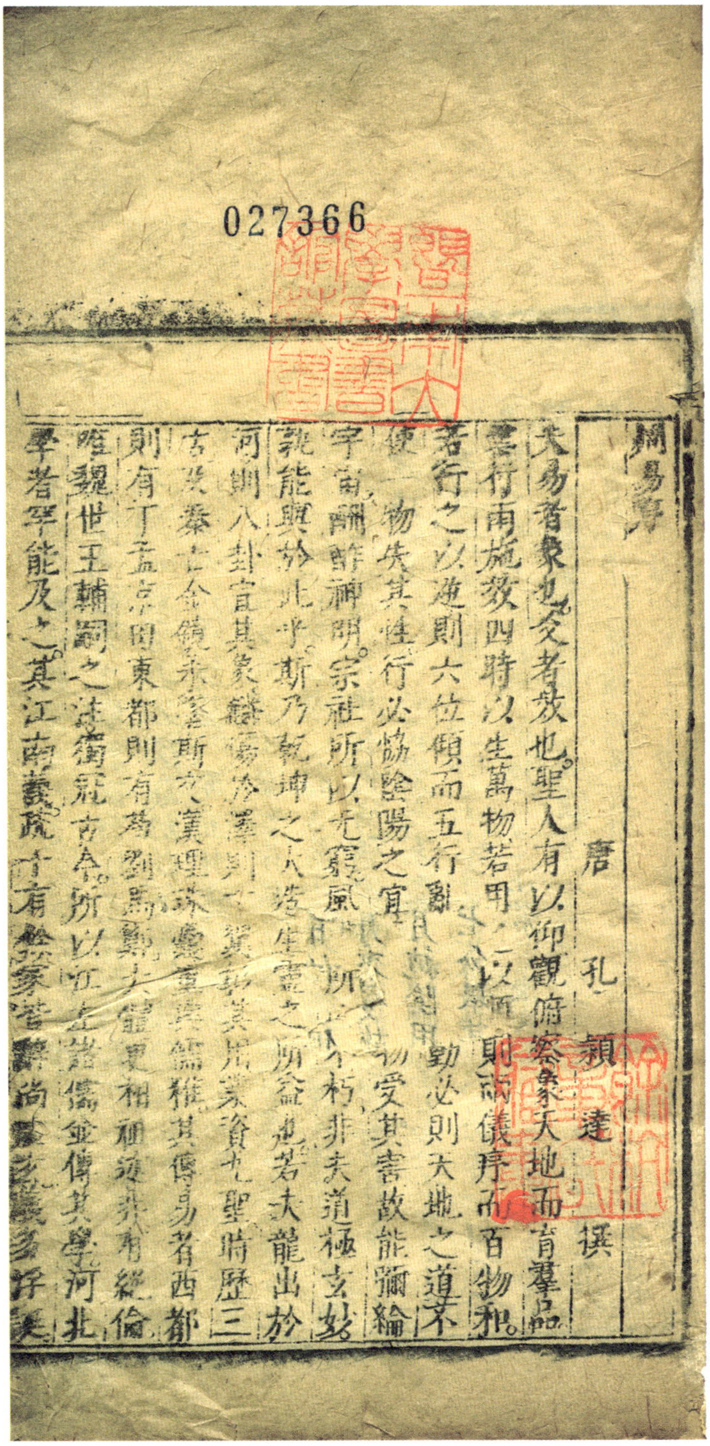
周易序
唐 孔穎達 撰
夫易者象也爻者效也聖人有以仰觀俯察象天地而育羣品
雲行雨施效四時以生萬物若用之以順則兩儀序而百物和
若行之以逆則六位傾而五行亂故王者動必則天地之道不
使一物失其性行必協陰陽之宜不使一物受其害故能彌綸
宇宙酬酢神明宗社所以无窮風聲所以不朽非夫道極玄妙
孰能與於此乎斯乃乾坤之大造生靈之所益也若夫龍出於
河則八卦宜其象麟傷於澤則十翼彰其用業資九聖時歷三
古及秦亡金鏡未墜斯文漢理珠囊重興儒雅其傳易者西都
則有丁孟京田東都則有荀劉馬鄭大體更相祖述非有絕倫
唯魏世王輔嗣之注獨冠古今所以江左諸儒並傳其學河北
學者罕能及之其江南義疏十有餘家皆辭尚虛玄義多浮誕

九經五十一卷附録四卷　（明）秦鏷訂正　明崇禎十三年（1640）錫山秦鏷求古齋刻本。十册。上下兩欄，半頁十三行二十四字，白口，四周雙邊。框高14.8厘米、寬10.5厘米。暨南大學圖書館藏。

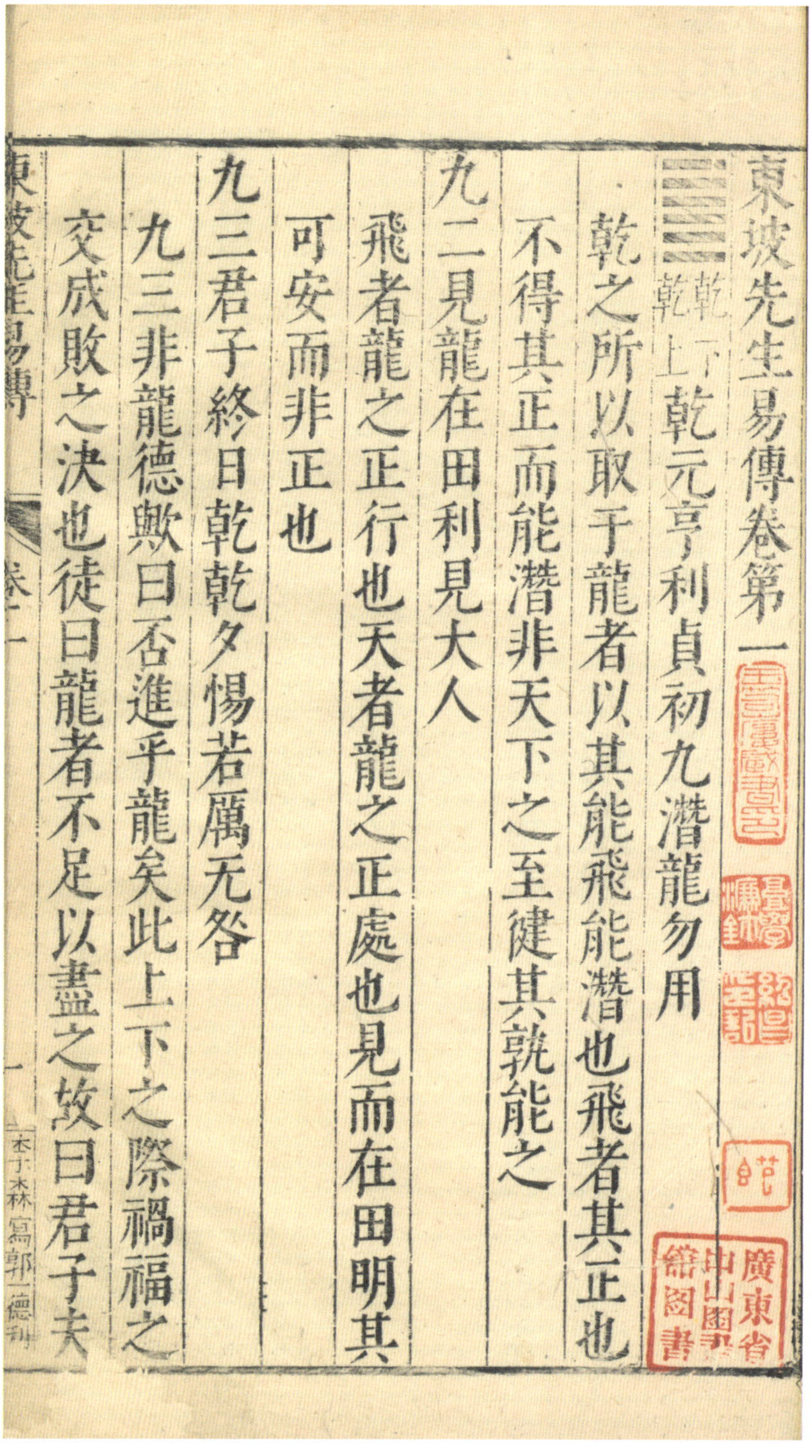
東坡先生易傳卷第一
乾下乾上 乾元亨利貞初九潛龍勿用
乾之所以取于龍者以其能飛能潛也飛者其正也
不得其正而能潛非天下之至健其孰能之
九二見龍在田利見大人
飛者龍之正行也天者龍之正處也見而在田明其
可安而非正也
九三君子終日乾乾夕惕若厲无咎
九三非龍德歟曰否進乎龍矣此上下之際禍福之
交戚敗之決也徒曰龍者不足以盡之故曰君子夫
東坡先生易傳 卷之一 一
李于森寫 郭一德刊
廣東省中山圖書館

東坡先生易傳九卷 （宋）蘇軾撰　明萬曆三十九年（1611）焦竑刻兩蘇經解本。六册。半頁十行二十一字，白口，左右雙邊。框高22.5厘米、寬15.2厘米。廣東省立中山圖書館藏。

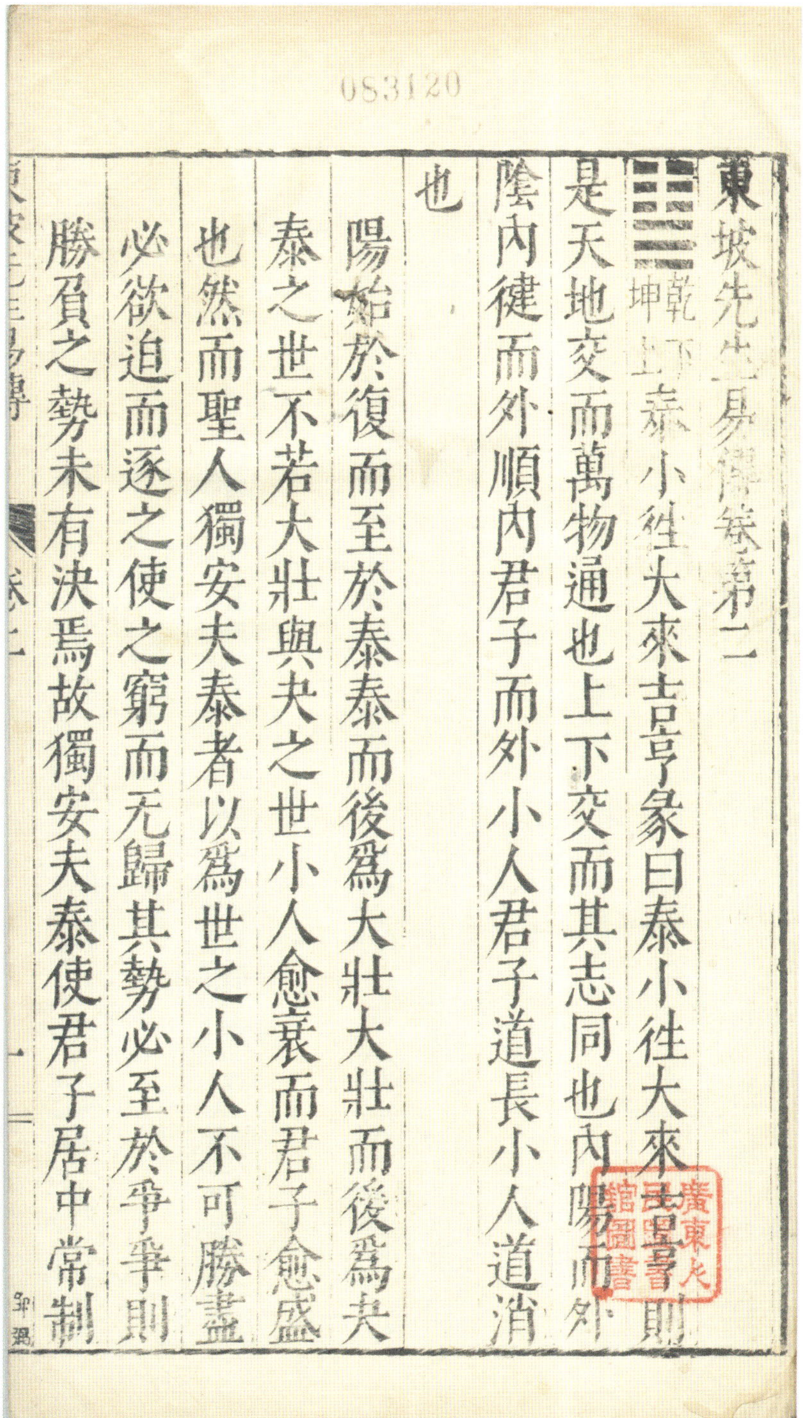
東坡先生易傳卷第二

☷☰乾下坤上泰小往大來吉亨彖曰泰小往大來吉亨則是天地交而萬物通也上下交而其志同也內陽而外陰內健而外順內君子而外小人君子道長小人道消也

陽始於復而至於泰泰而後爲大壯大壯而後爲夬泰之世不若大壯與夬之世小人愈衰而君子愈盛也然而聖人獨安夫泰者以爲世之小人不可勝盡必欲追而逐之使之窮而无歸其勢必至於爭爭則勝負之勢未有決焉故獨安夫泰使君子居中常制

東坡先生易傳　卷二　一

東坡先生易傳九卷　（宋）蘇軾撰　明萬曆三十九年（1611）焦竑刻兩蘇經解本。存八卷（缺一）。四册。半頁十行二十一字，白口，左右雙邊。框高22.5厘米、寬15.2厘米。廣東省立中山圖書館藏。

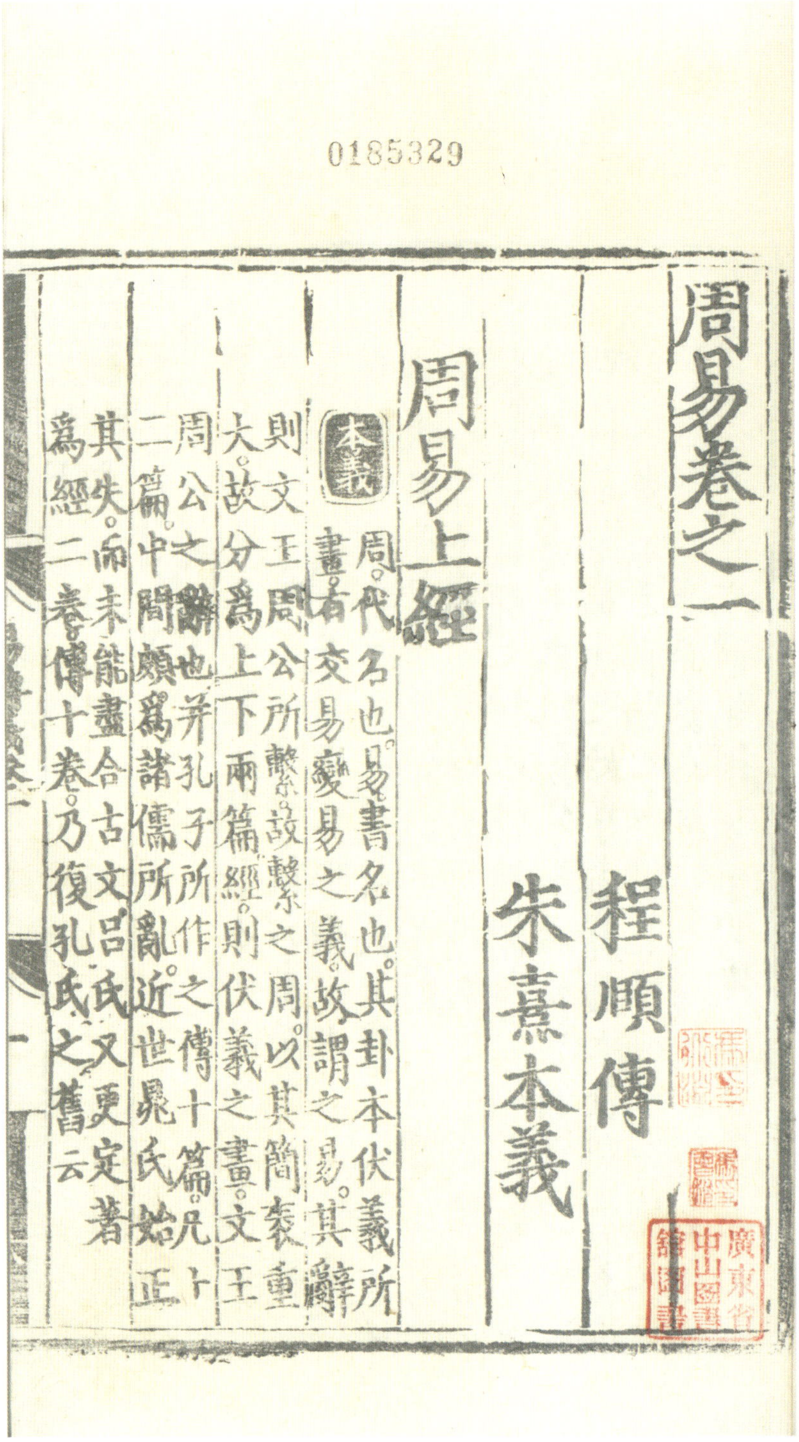
0185329

周易卷之一
程頤傳
朱熹本義
周易上經
本義 周代名也易書名也其卦本伏羲所
畫有交易變易之義故謂之易其辭
則文王周公所繫故繫之周以其簡袠重
大故分為上下兩篇經則伏羲之畫文王
周公之辭也并孔子所作之傳十篇凡十
二篇中間頗為諸儒所亂近世晁氏始正
其失而未能盡合古文吕氏又更定著
為經二卷傳十卷乃復孔氏之舊云

周易傳義十卷　（宋）程頤　朱熹撰　**上下篇義一卷**　（宋）程頤撰　**易圖集録一卷易五贊一卷筮儀一卷**　（宋）朱熹撰　**易説綱領一卷**　（宋）程頤　朱熹撰　明刻本。十册。半頁八行十四字，小字雙行十八字，黑口，四周雙邊。框高22.1厘米、寬16.2厘米。廣東省立中山圖書館藏。

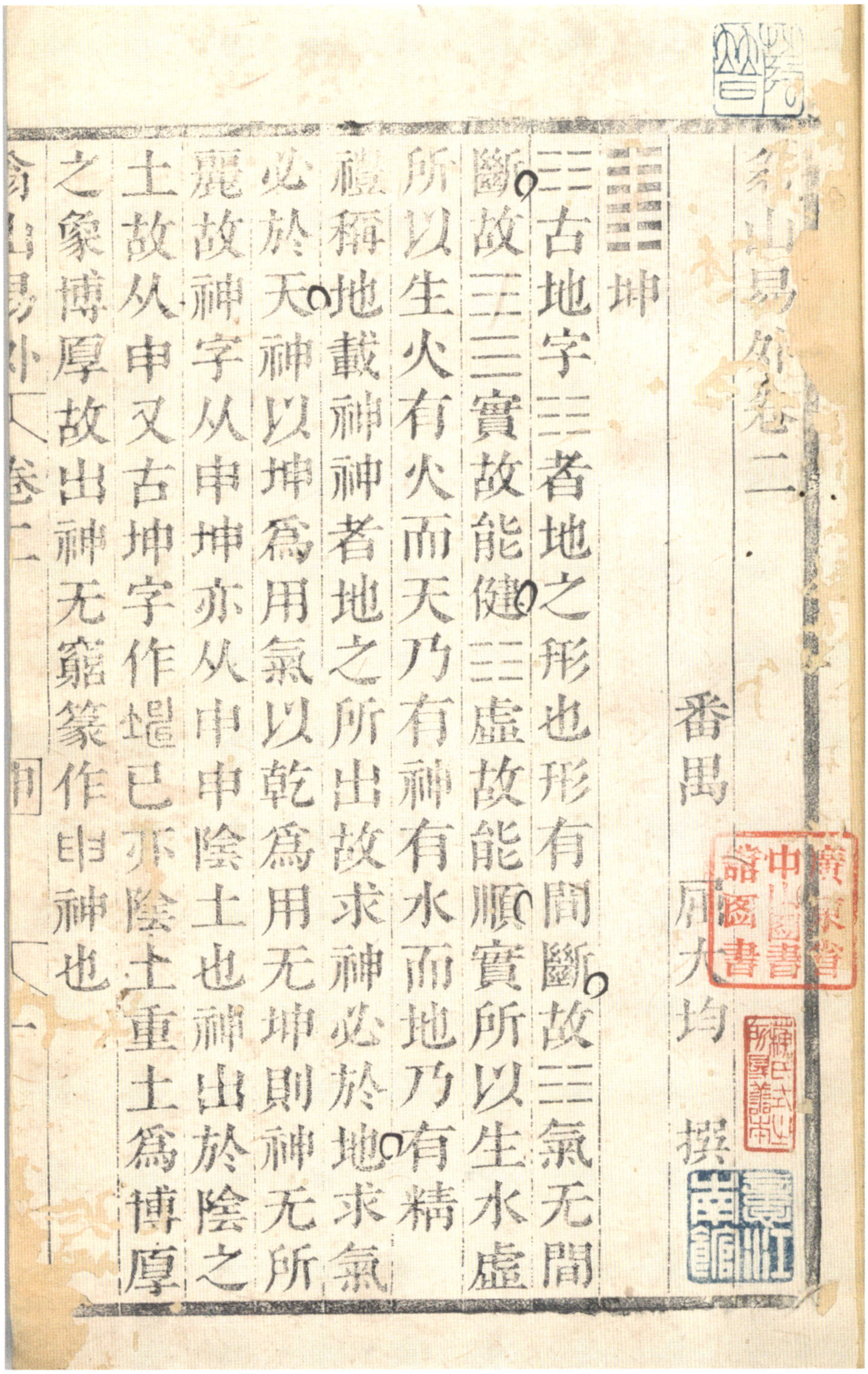

翁山易外七十一卷　（清）屈大均撰　清康熙刻本。十八册。半頁十一行十九字，白口，四周單邊。框高19.3厘米、寬13.6厘米。廣東省立中山圖書館藏。

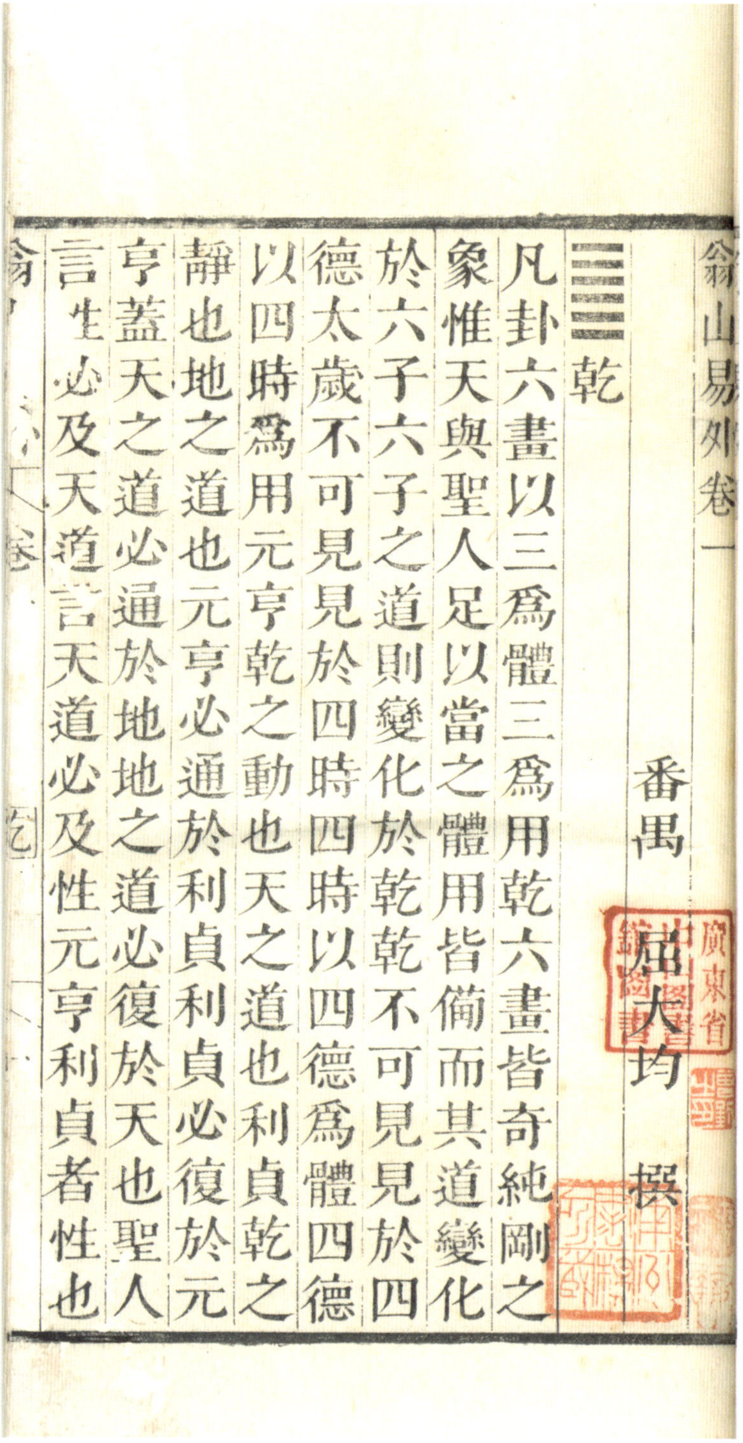

翁山易外七十一卷　（清）屈大均撰　清康熙刻本。十六册。半頁十一行十九字，白口，四周單邊。框高19.4厘米、寬13.6厘米。廣東省立中山圖書館藏。

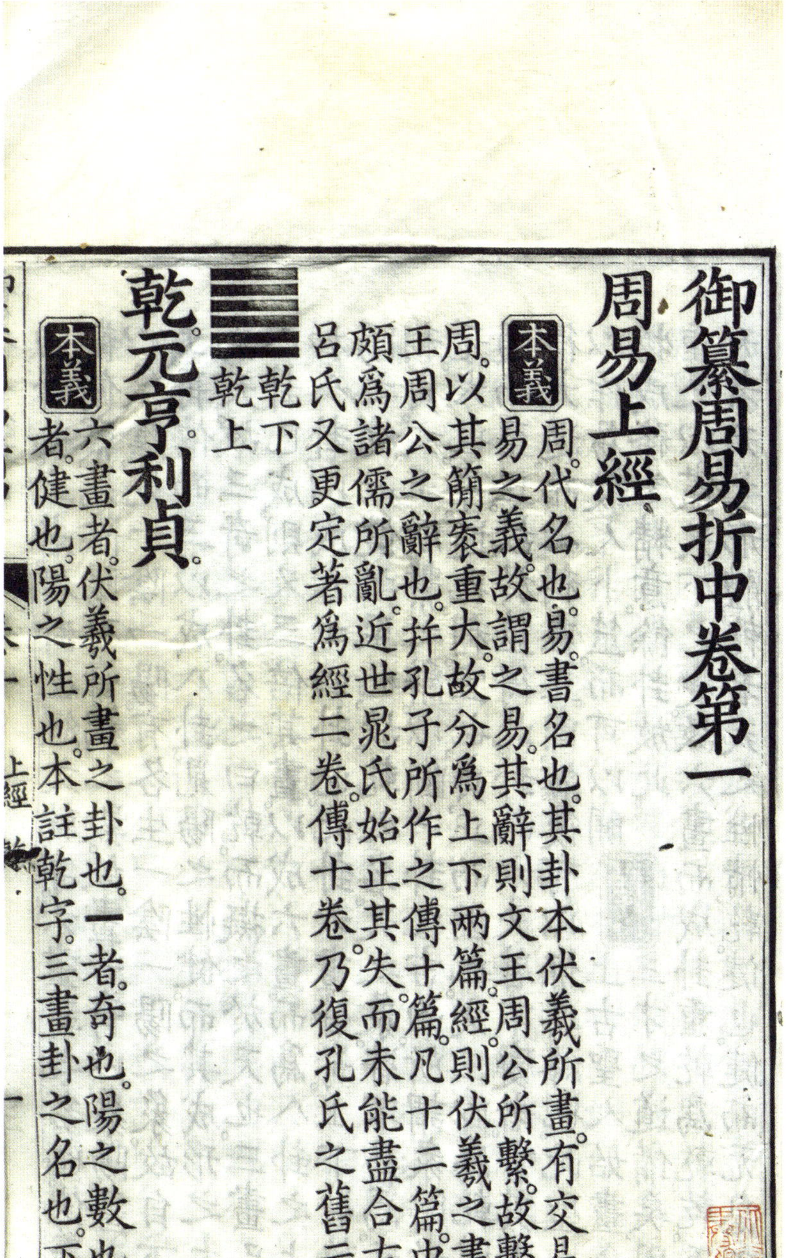

御纂周易折中卷第一

周易上經

本義 周代名也易書名也其卦本伏羲所畫有交易變易之義故謂之易其辭則文王周公所繫故繫之周以其簡袠重大故分爲上下兩篇經則伏羲之畫文王周公之辭也并孔子所作之傳十篇凡十二篇中閒頗爲諸儒所亂近世晁氏始正其失而未能盡合古文呂氏又更定著爲經二卷傳十卷乃復孔氏之舊云

䷀ 乾下乾上

乾元亨利貞

本義 六畫者伏羲所畫之卦也一者奇也陽之數也乾者健也陽之性也本註乾字三畫卦之名也下者

御纂周易折中二十二卷首一卷　（清）李光地等撰　清康熙五十四年（1715）武英殿刻本。十册。半頁八行十八字，小字雙行二十二字，白口，四周雙邊。框高22厘米、寬16厘米。暨南大學圖書館藏。

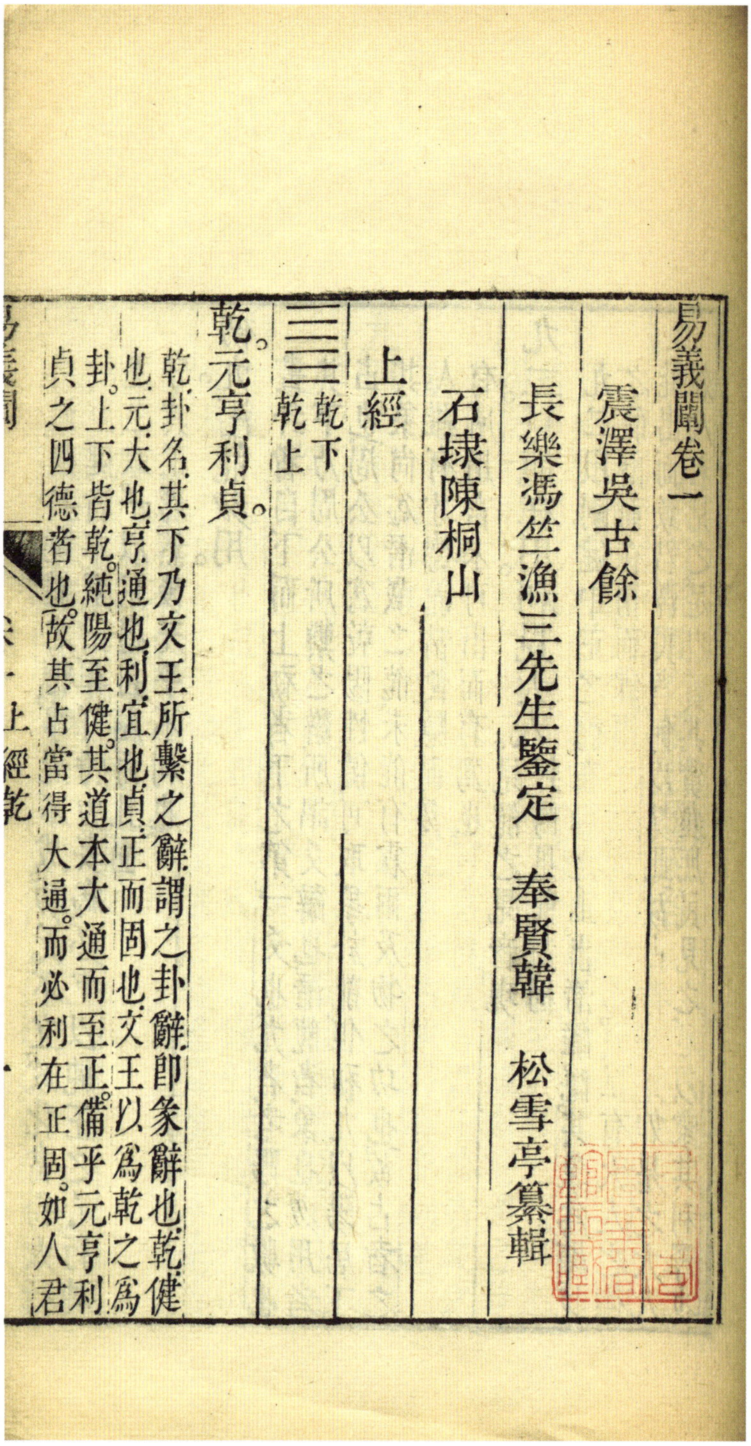
易義闡卷一
震澤吳古餘
長樂馮笠漁三先生鑒定　奉賢韓　松雪亭纂輯
石埭陳桐山
上經
☰☰乾下乾上
乾。元亨利貞。
乾卦名其下乃文王所繫之辭謂之卦辭即彖辭也乾健也元大也亨通也利宜也貞正而固也文王以爲乾之爲卦。上下皆乾。純陽至健。其道本大通而至正。備乎元亨利貞之四德者也。故其占當得大通。而必利在正固。如人君
易義闡　卷一　上經乾

易義闡四卷朱子易學啓蒙一卷附録一卷　（清）韓松撰　清乾隆五十四年（1789）刻本。三册。半頁九行二十三字，小字雙行同，白口，左右雙邊。框高18.5厘米、寬14厘米。暨南大學圖書館藏。

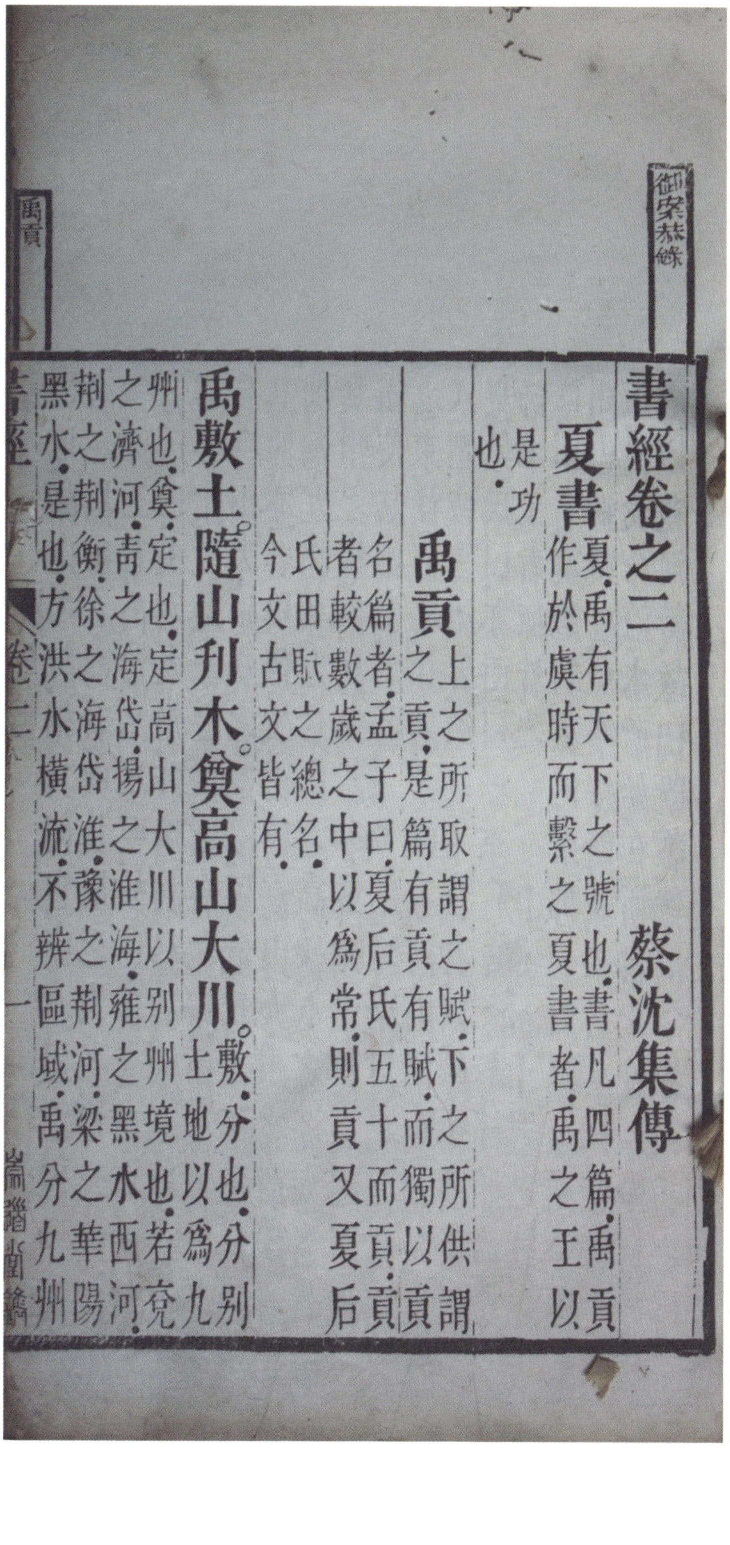

書經集傳六卷　（宋）蔡沈撰　清康熙十二年（1673）崇道堂刻本。存五卷（缺一）。三册。半頁九行十七字，小字雙行同，白口，左右雙邊。框高19.4厘米、寬14.5厘米。佛山市圖書館藏。

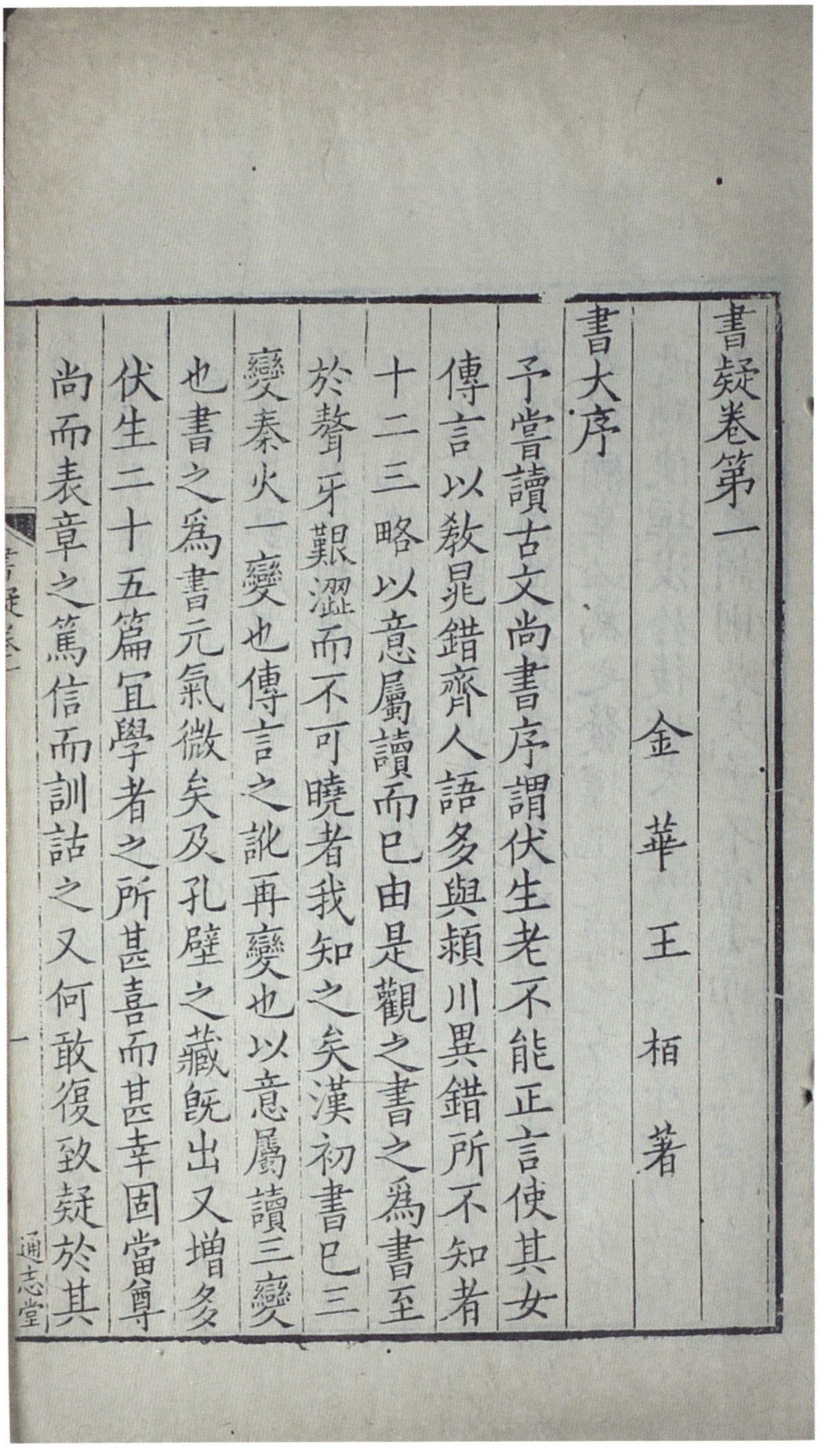

書疑卷第一

金華王栢著

書大序

予嘗讀古文尚書序謂伏生老不能正言使其女傳言以敎晁錯齊人語多與潁川異錯所不知者十二三略以意屬讀而已由是觀之書之爲書至於聱牙艱澀而不可曉者我知之矣漢初書已三變秦火一變也傳言之訛再變也以意屬讀三變也書之爲書元氣微矣及孔壁之藏既出又增多伏生二十五篇宜學者之所甚喜而甚幸固當尊尚而表章之篤信而訓詁之又何敢復致疑於其

書疑卷一　一　通志堂

書疑九卷　（宋）王栢撰　清康熙通志堂刻通志堂經解本。一册。半頁十一行二十字，白口，左右雙邊。框高19.5厘米、寬15厘米。梅州市劍英圖書館藏。

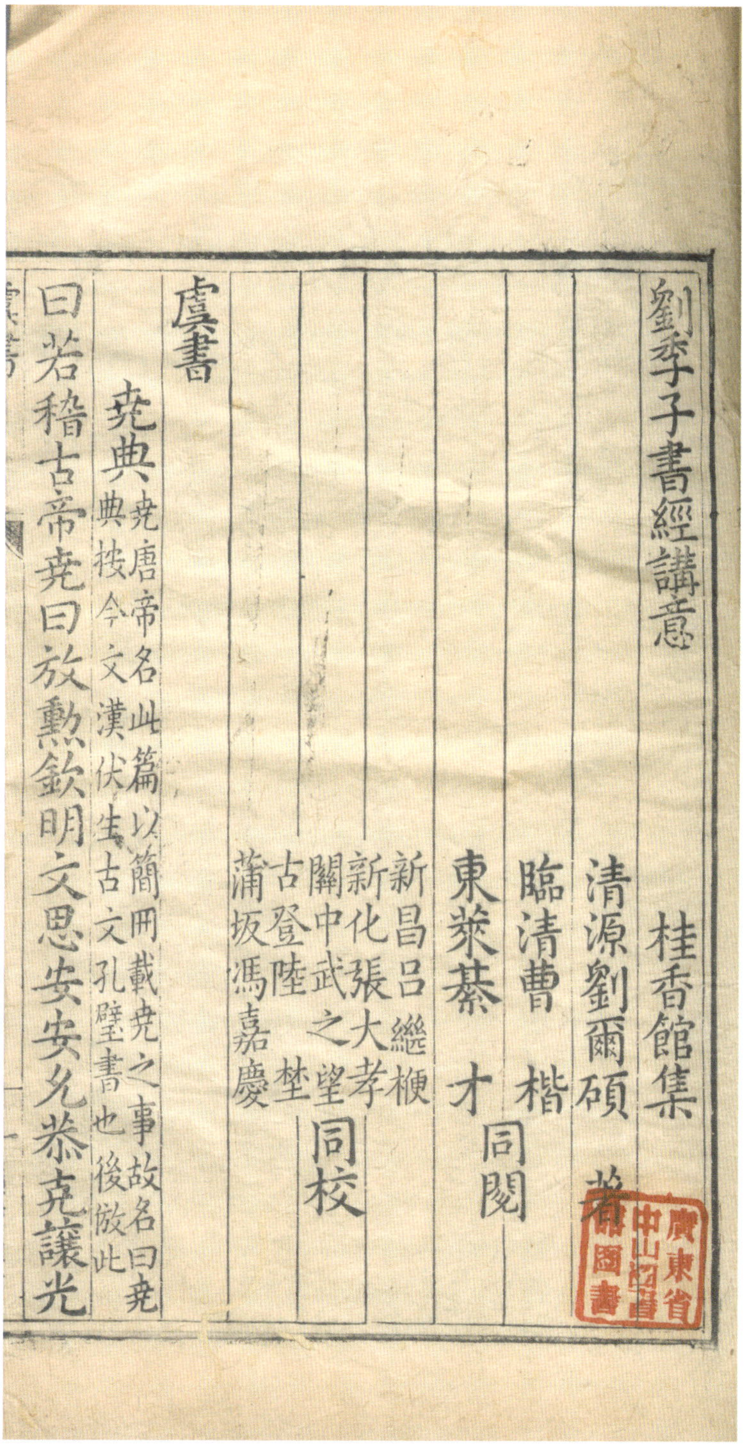

劉季子書經講意　桂香館集

清源劉爾碩著

臨清曹　楷

東萊綦　才　同閱

新昌呂繼楩

新化張大孝

關中武之望　同校

古登陸埜

蒲坂馮嘉慶

虞書

堯典　堯唐帝名此篇以簡冊載堯之事故名曰堯典按今文漢伏生古文孔壁書也後倣此

曰若稽古帝堯曰放勳欽明文思安安允恭克讓光

劉季子書經講意不分卷　（明）劉爾碩撰　明萬曆二十一年（1593）刻本。十冊。半頁十行二十字，白口，四周雙邊。框高20.8厘米、寬14厘米。廣東省立中山圖書館藏。

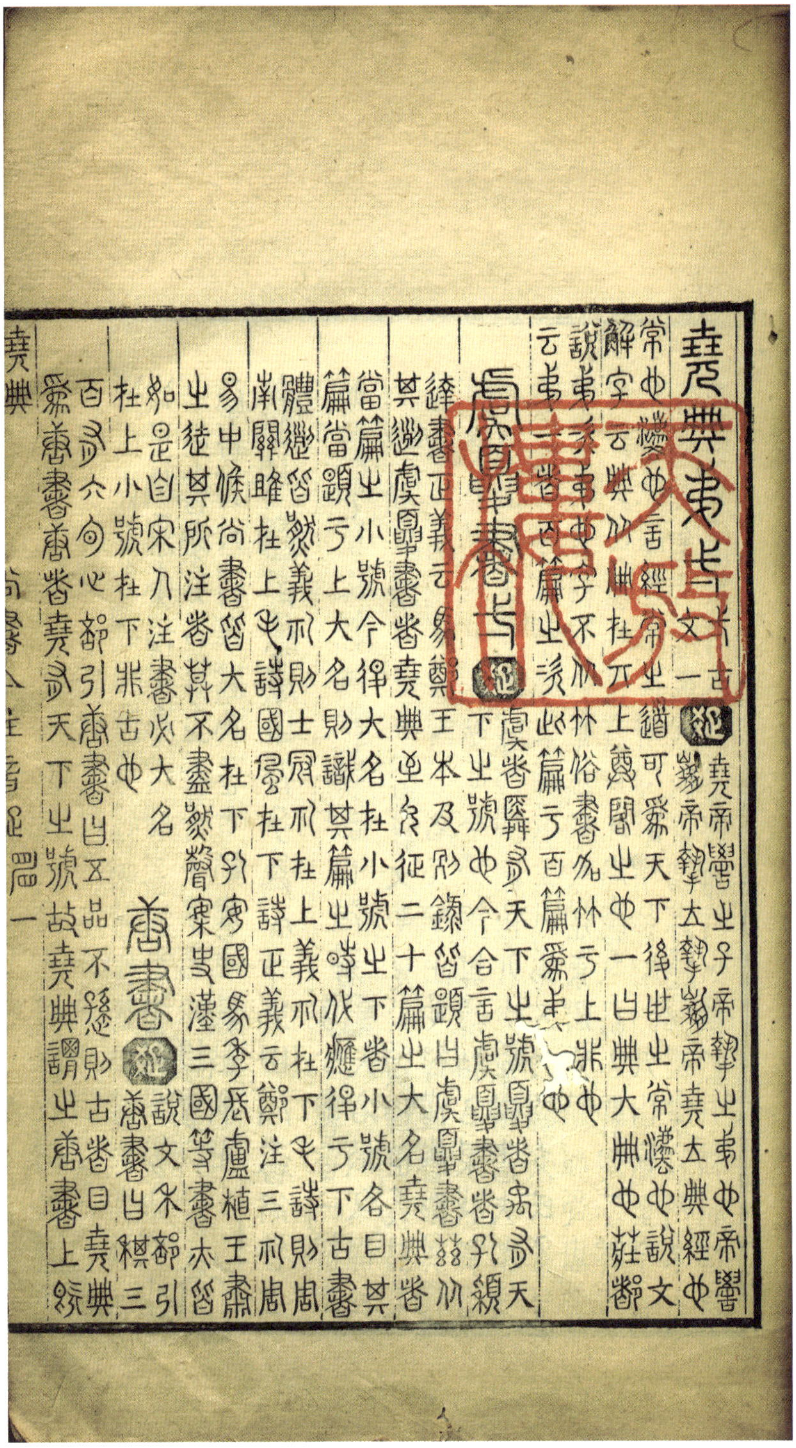

尚書人注音疏十二卷末一卷外編一卷 （清）江聲撰　清乾隆五十八年（1793）江氏近市居刻本。清趙烈文題跋。六册。半頁十行十四至十六字不等，小字雙行二十一字，白口，左右雙邊。框高17.6厘米、寬13.3厘米。暨南大學圖書館藏。

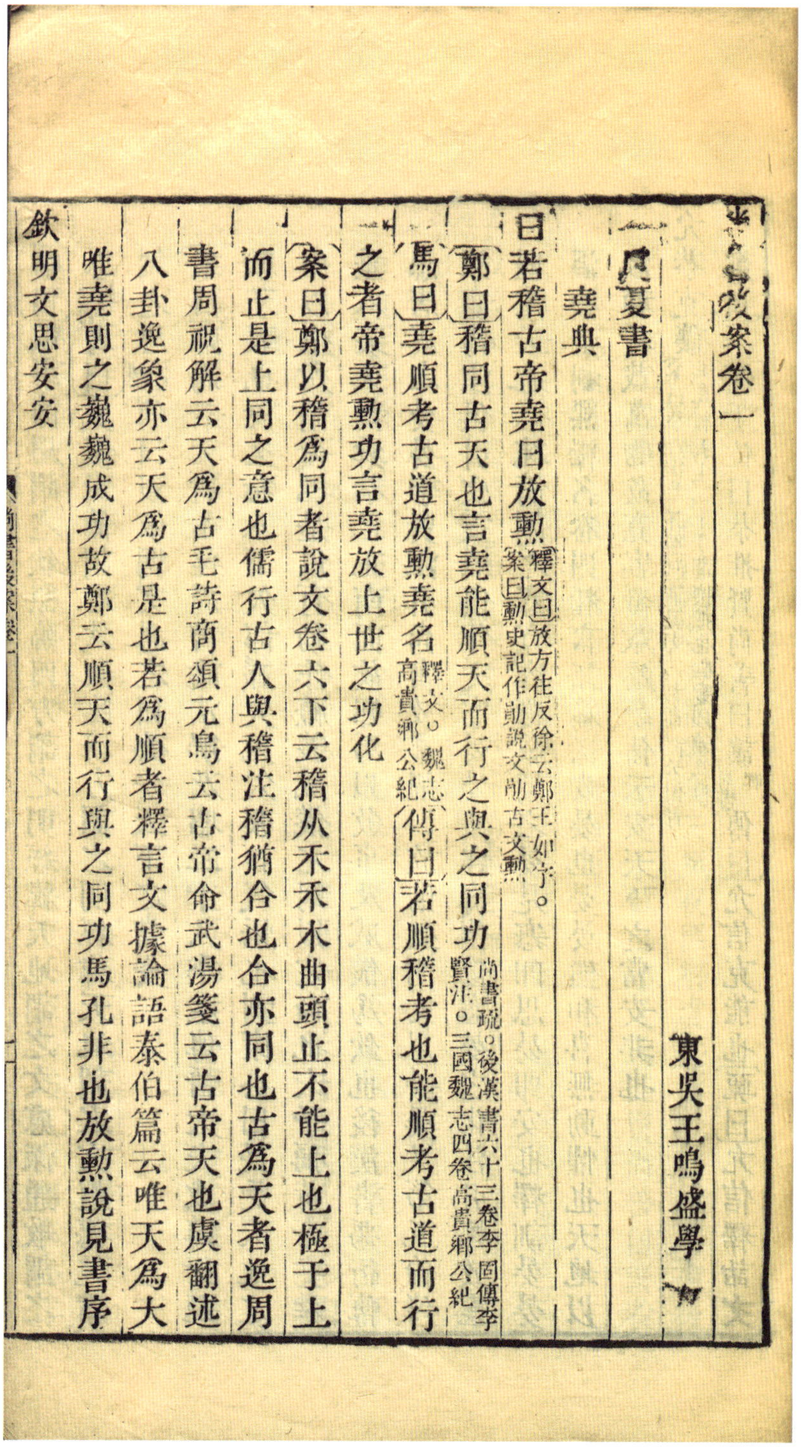
尚書後案卷一　東吴王鳴盛學
虞夏書
堯典
曰若稽古帝堯曰放勳釋文曰放方往反徐云鄭王如字。案曰勳史記作勛說文勛古文勳
鄭曰稽同古天也言堯能順天而行之與之同功尚書疏。後漢書六十三卷李固傳李賢注。三國魏志四卷高貴鄉公紀
馬曰堯順考古道放勳堯名釋文。魏志高貴鄉公紀傳曰若順稽考也能順考古道而行
之者帝堯勳功言堯放上世之功化
案曰鄭以稽爲同者說文卷六下云稽从禾禾木曲頭止不能上也極于上
而止是上同之意也儒行古人與稽注稽猶合也合亦同也古爲天者逸周
書周祝解云天爲古毛詩商頌元鳥云古帝命武湯箋云古帝天也虞翻述
八卦逸象亦云天爲古是也若爲順者釋言文據論語泰伯篇云唯天爲大
唯堯則之巍巍成功故鄭云順天而行與之同功馬孔非也放勳說見書序
欽明文思安安
尚書後案卷一

尚書後案三十卷尚書後辨一卷　（清）王鳴盛撰　清乾隆四十五年（1780）東吴王氏禮堂刻本。六册。半頁十四行三十字，小字雙行四十五字，白口，四周單邊。框高23.2厘米、寬15.8厘米。暨南大學圖書館藏。

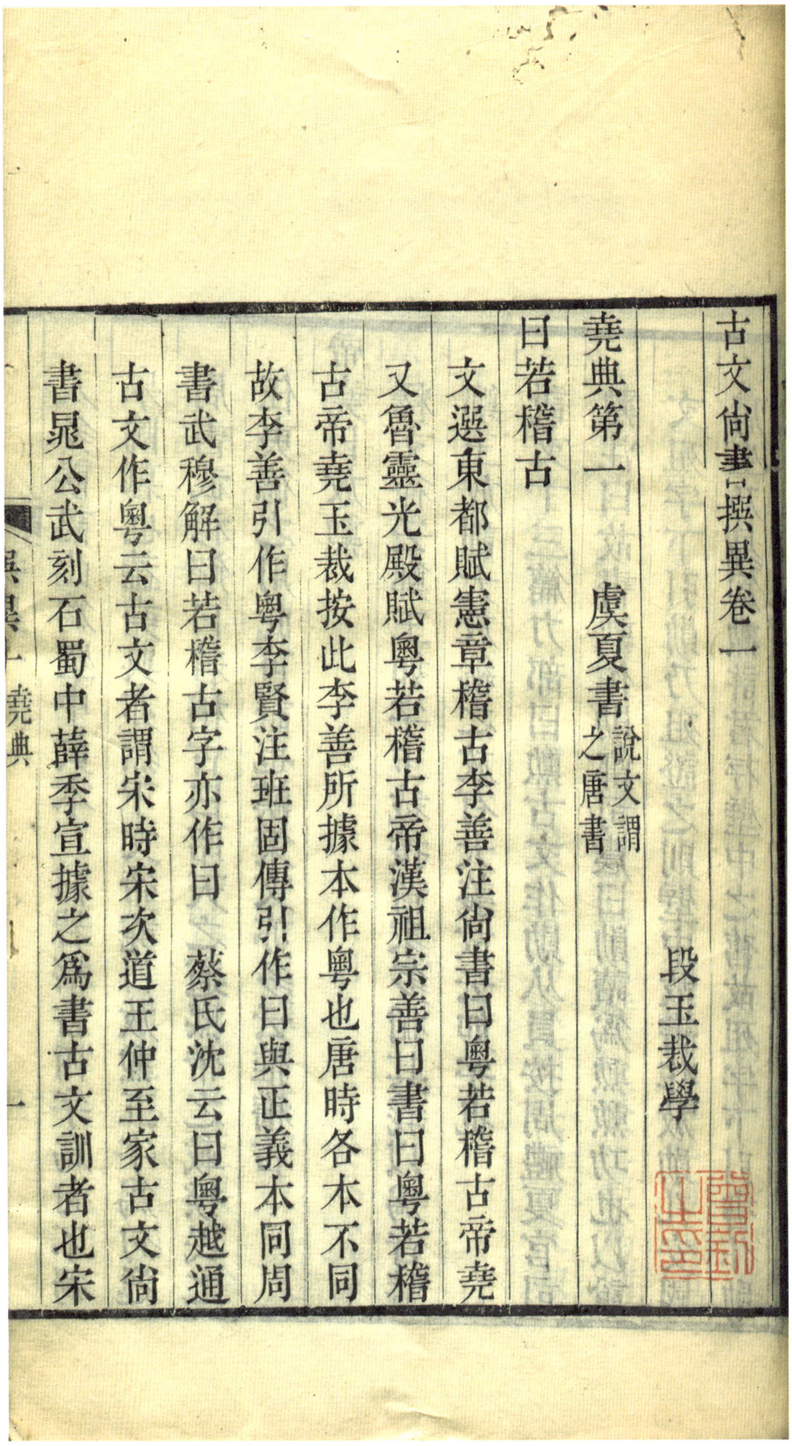

古文尚書撰異卷一　　段玉裁學

堯典第一　虞夏書說文謂之唐書

曰若稽古

文選東都賦憲章稽古李善注尚書曰粵若稽古帝堯又魯靈光殿賦粵若稽古帝漢祖宗善曰書曰粵若稽古帝堯玉裁按此李善所據本作粵也唐時各本不同故李善引作粵李賢注班固傳引作曰與正義本同周書武穆解曰若稽古字亦作曰　蔡氏沈云曰粵越通古文作粵云古文者謂宋時宋次道王仲至家古文尚書晁公武刻石蜀中薛季宣據之爲書古文訓者也宋

撰異一　堯典　一

古文尚書撰異三十二卷　（清）段玉裁撰　清乾隆金壇段氏刻本。五册。半頁十一行二十二字，小字雙行同，白口，左右雙邊。框高17.5厘米、寬13.9厘米。暨南大學圖書館藏。

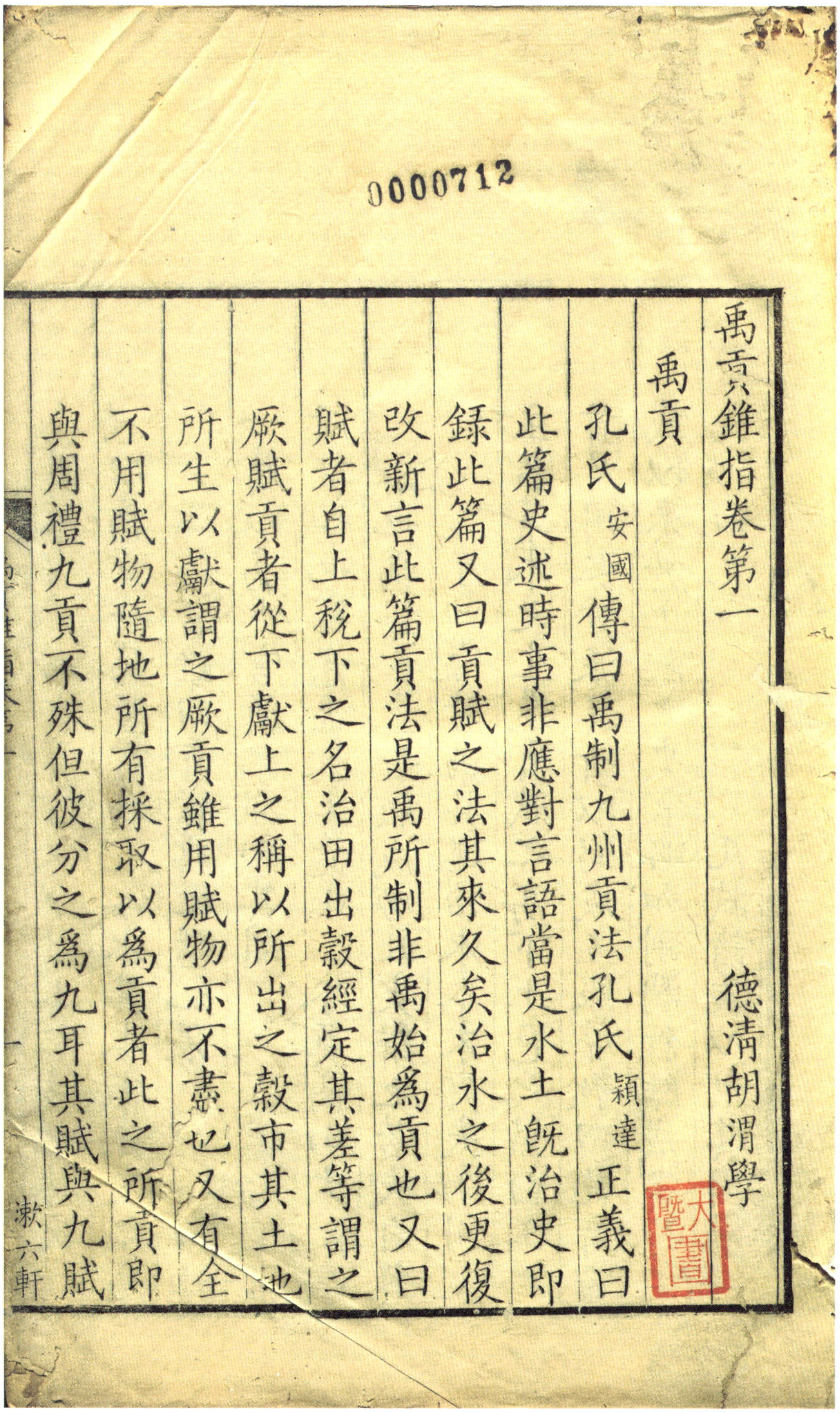
0000712
禹貢錐指卷第一
德清胡渭學
禹貢
孔氏安國傳曰禹制九州貢法孔氏穎達正義曰
此篇史述時事非應對言語當是水土旣治史即
錄此篇又曰貢賦之法其來久矣治水之後更復
改新言此篇貢法是禹所制非禹始爲貢也又曰
賦者自上稅下之名治田出穀經定其差等謂之
厥賦貢者從下獻上之稱以所出之穀市其土地
所生以獻謂之厥貢雖用賦物亦不盡也又有全
不用賦物隨地所有採取以爲貢者此之所貢即
與周禮九貢不殊但彼分之爲九耳其賦與九賦
漱六軒

禹貢錐指二十卷略例一卷圖一卷　（清）胡渭撰　清康熙四十年（1701）漱六軒刻本。十册。半頁十一行二十一字，小字雙行同，白口，左右雙邊。框高18.8厘米、寬14.7厘米。暨南大學圖書館藏。

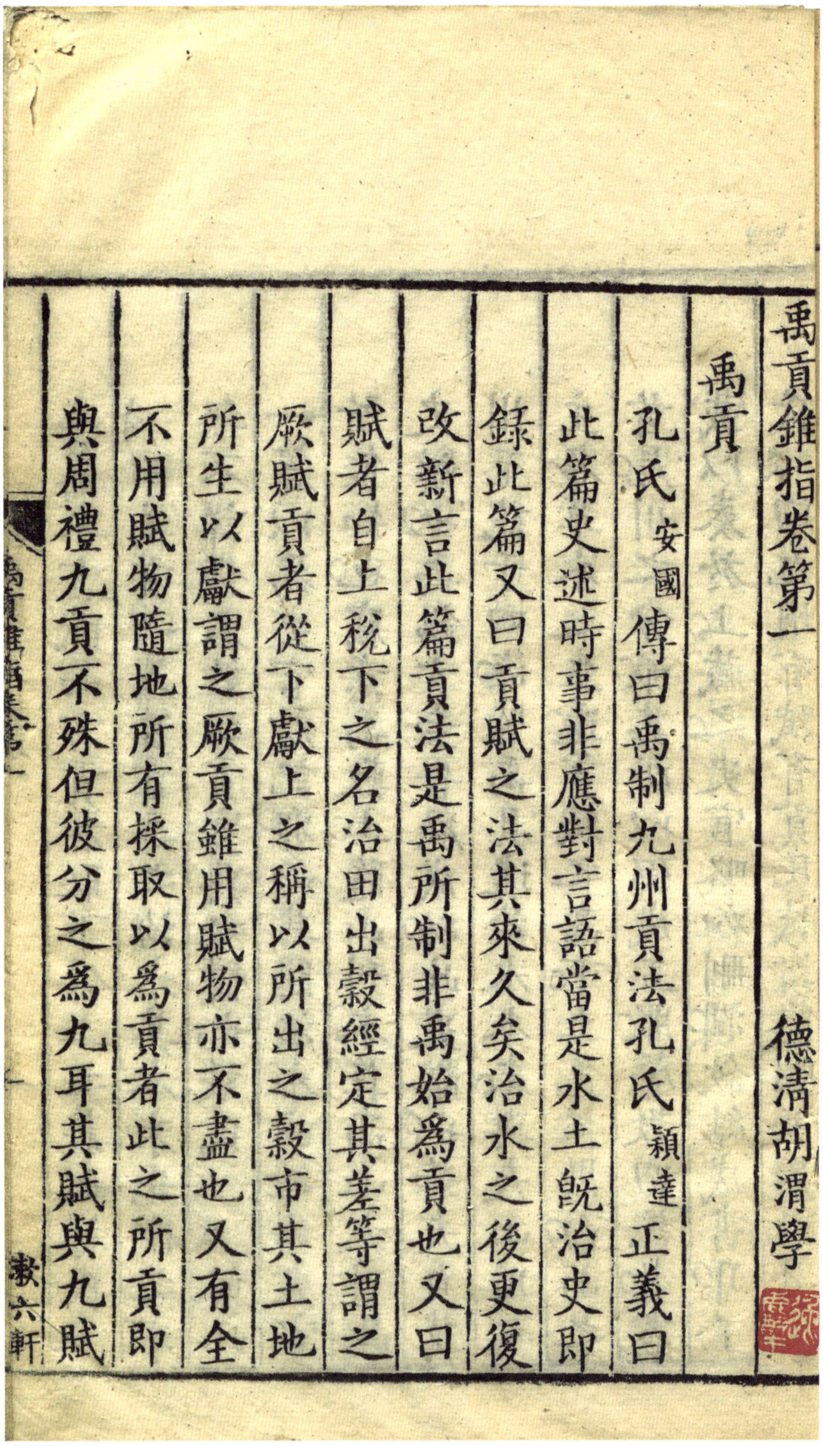
禹貢錐指卷第一　　德清胡渭學

禹貢

孔氏安國傳曰禹制九州貢法孔氏穎達正義曰此篇史述時事非應對言語當是水土既治史即録此篇又曰貢賦之法其來久矣治水之後更復改新言此篇貢法是禹所制非禹始爲貢也又曰賦者自上稅下之名治田出穀經定其差等謂之厥賦貢者從下獻上之稱以所出之穀市其土地所生以獻謂之厥貢錐用賦物亦不盡也又有全不用賦物隨地所有採取以爲貢者此之所貢即與周禮九貢不殊但彼分之爲九耳其賦與九賦

禹貢錐指卷第一　一　漱六軒

禹貢錐指二十卷略例一卷圖一卷　（清）胡渭撰　清康熙四十年（1701）漱六軒刻本。八册。半頁十一行二十一字，小字雙行同，白口，左右雙邊。框高18.8厘米、寬14.7厘米。暨南大學圖書館藏。

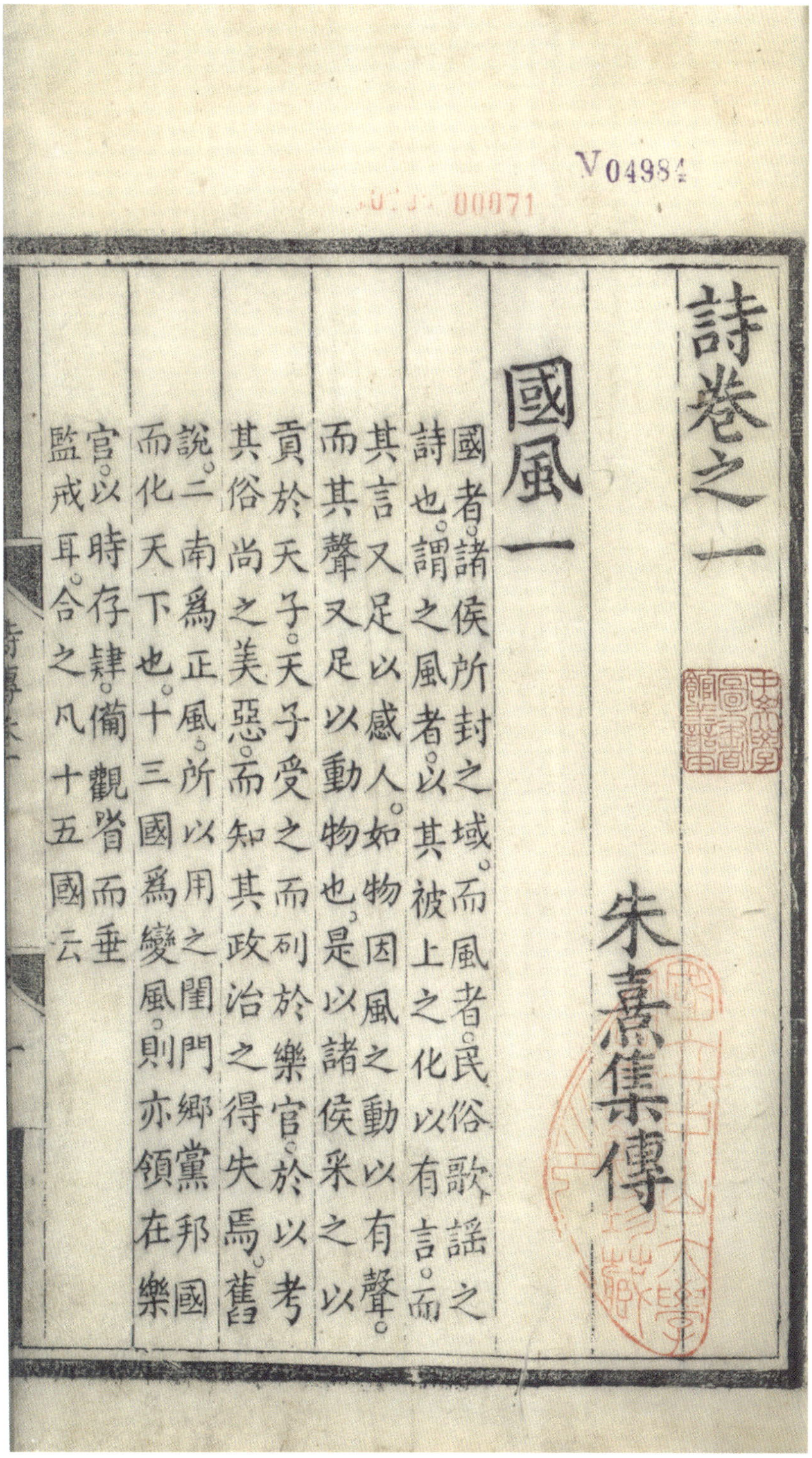

詩集傳二十卷詩序辨説一卷詩傳綱領一卷詩圖一卷　（宋）朱熹撰　明正統十二年（1447）司禮監刻本。八册。半頁八行十四字，小字雙行十八字，黑口，四周雙邊。框高22.4厘米、寬15.1厘米。中山大學圖書館藏。

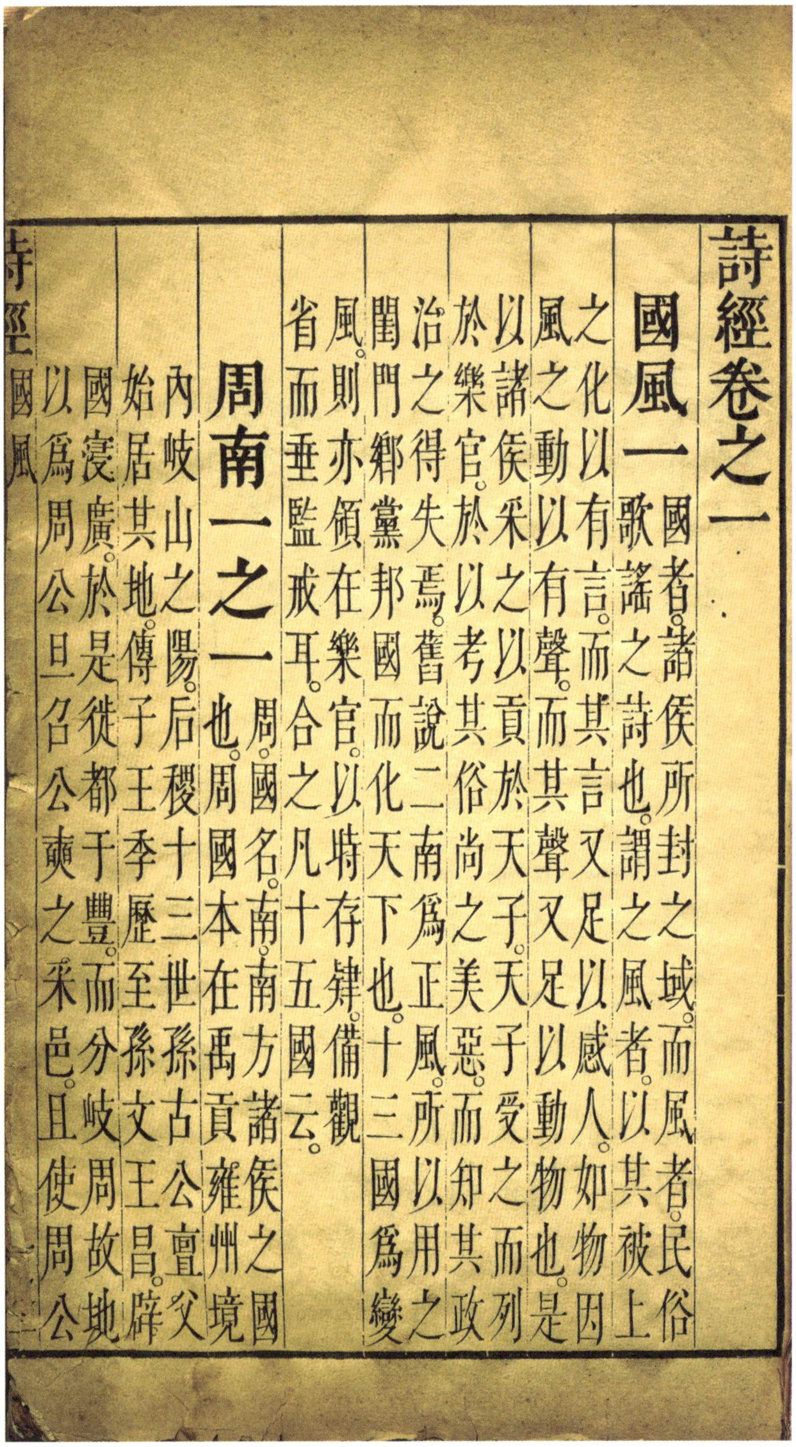

詩經卷之一

國風一 國者。諸侯所封之域。而風者。民俗歌謠之詩也。謂之風者。以其被上之化以有言。而其言又足以感人。如物因風之動以有聲。而其聲又足以動物也。是以諸侯采之以貢於天子。天子受之而列於樂官。於以考其俗尚之美惡。而知其政治之得失焉。舊說二南爲正風。所以用之閨門鄉黨邦國而化天下也。十三國爲變風。則亦領在樂官。以時存肄。備觀省而垂監戒耳。合之凡十五國云。

周南一之一 周。國名。南。南方諸侯之國也。周國本在禹貢雍州境內岐山之陽。后稷十三世孫古公亶父始居其地。傳子王季歷至孫文王昌。辟國寖廣。於是徙都于豐。而分岐周故地以爲周公旦召公奭之采邑。且使周公

詩經 國風

詩經集傳八卷 （宋）朱熹撰 清康熙刻本。四册。半頁九行十七字，小字雙行同，白口，四周單邊。框高20.9厘米、寬14.8厘米。暨南大學圖書館藏。

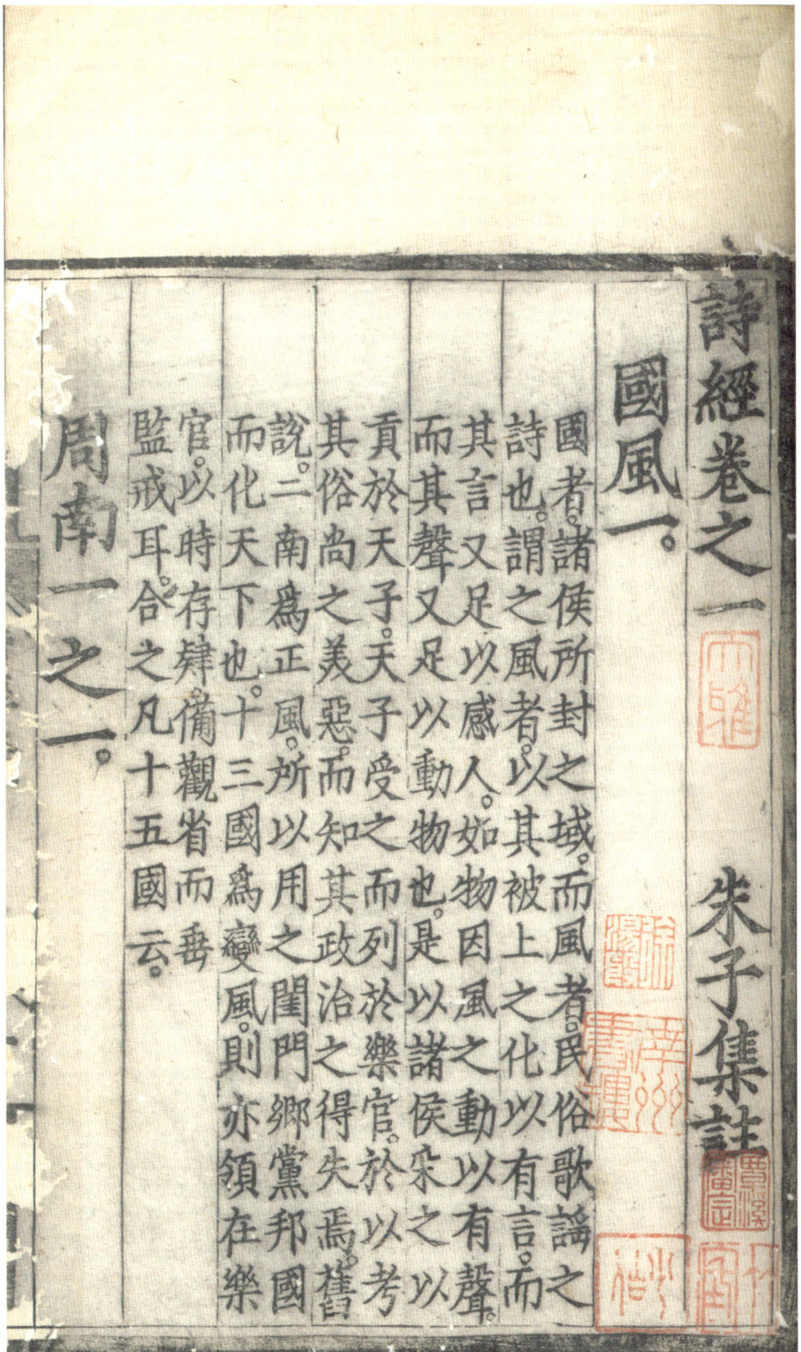
詩經卷之一　朱子集註

國風一

國者諸侯所封之域而風者民俗歌謡之詩也謂之風者以其被上之化以有言而其言又足以感人如物因風之動以有聲而其聲又足以動物也是以諸侯采之以貢於天子天子受之而列於樂官於以考其俗尚之美惡而知其政治之得失焉舊說二南爲正風所以用之閨門鄉黨邦國而化天下也十三國爲變風則亦領在樂官以時存肄備觀省而垂監戒耳合之凡十五國云

周南一之一

詩經集注二十卷　（宋）朱熹撰　明嘉靖三十五年（1556）崇正堂刻本。二十册。半頁八行十四字，小字雙行十八字，黑口，四周雙邊。框高21.6厘米、寬16.5厘米。廣東省立中山圖書館藏。

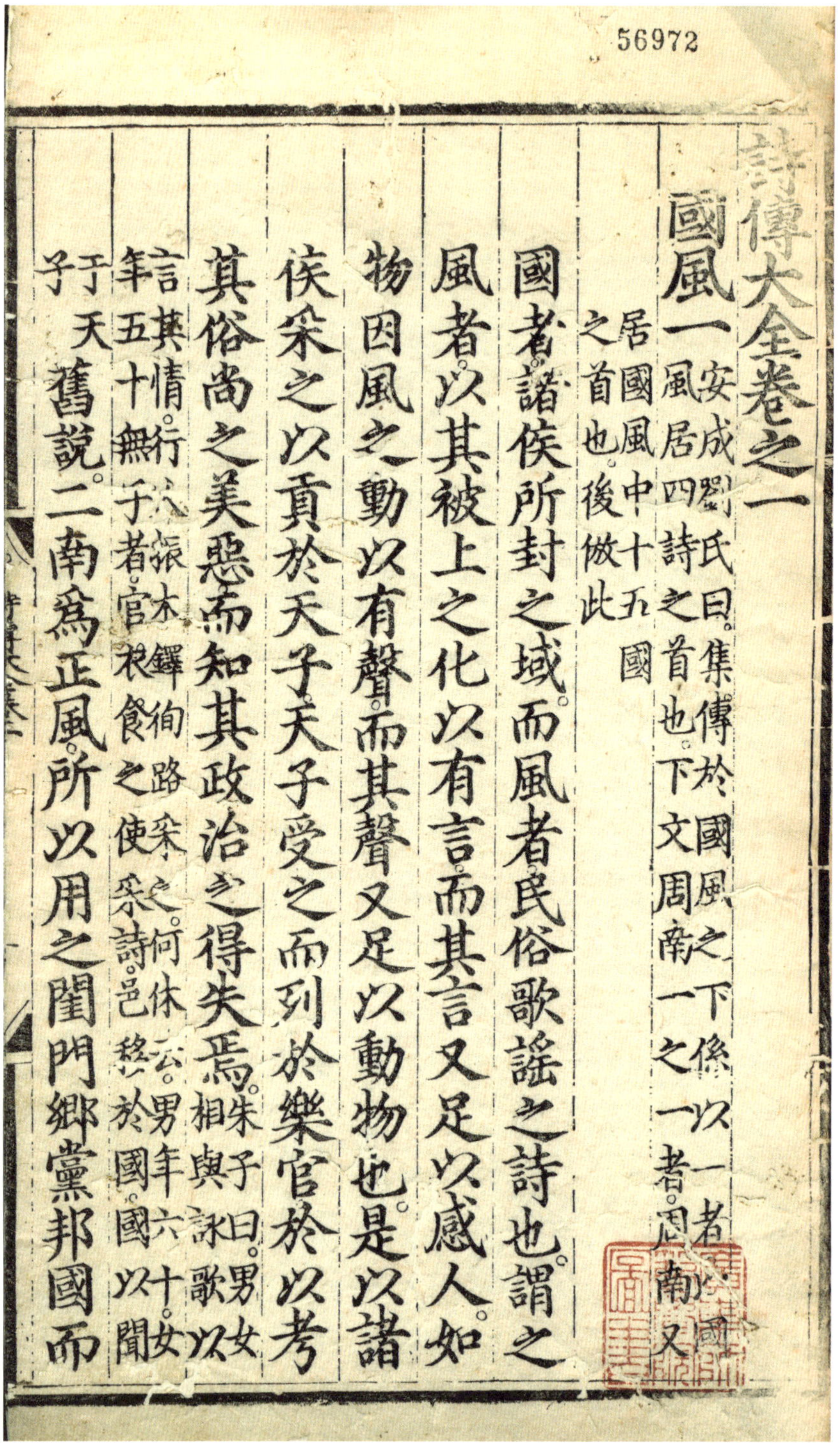

56972

詩傳大全卷之一

國風一安成劉氏曰。集傳於國風之下係以一者。國風居四詩之首也。下文周南一之一者。周南又居國風中十五國之首也。後倣此

國者。諸侯所封之域。而風者民俗歌謠之詩也。謂之風者。以其被上之化以有言。而其言又足以感人。如物因風之動以有聲。而其聲又足以動物也。是以諸侯采之以貢於天子。天子受之而列於樂官。於以考其俗尚之美惡。而知其政治之得失焉。朱子曰。男女相與詠歌以言其情。行人振木鐸徇路采之。何休云。男年六十女年五十無子者。官衣食之。使采詩。邑移於國。國以聞于天子。舊說。二南爲正風。所以用之閨門鄉黨邦國而

詩傳大全二十卷綱領一卷圖一卷　（明）胡廣等輯　**詩傳序一卷**　（宋）朱熹撰　明刻本。十二册。半頁十行二十二字，小字雙行同，黑口，四周雙邊。框高26.8厘米、寬17.8厘米。暨南大學圖書館藏。

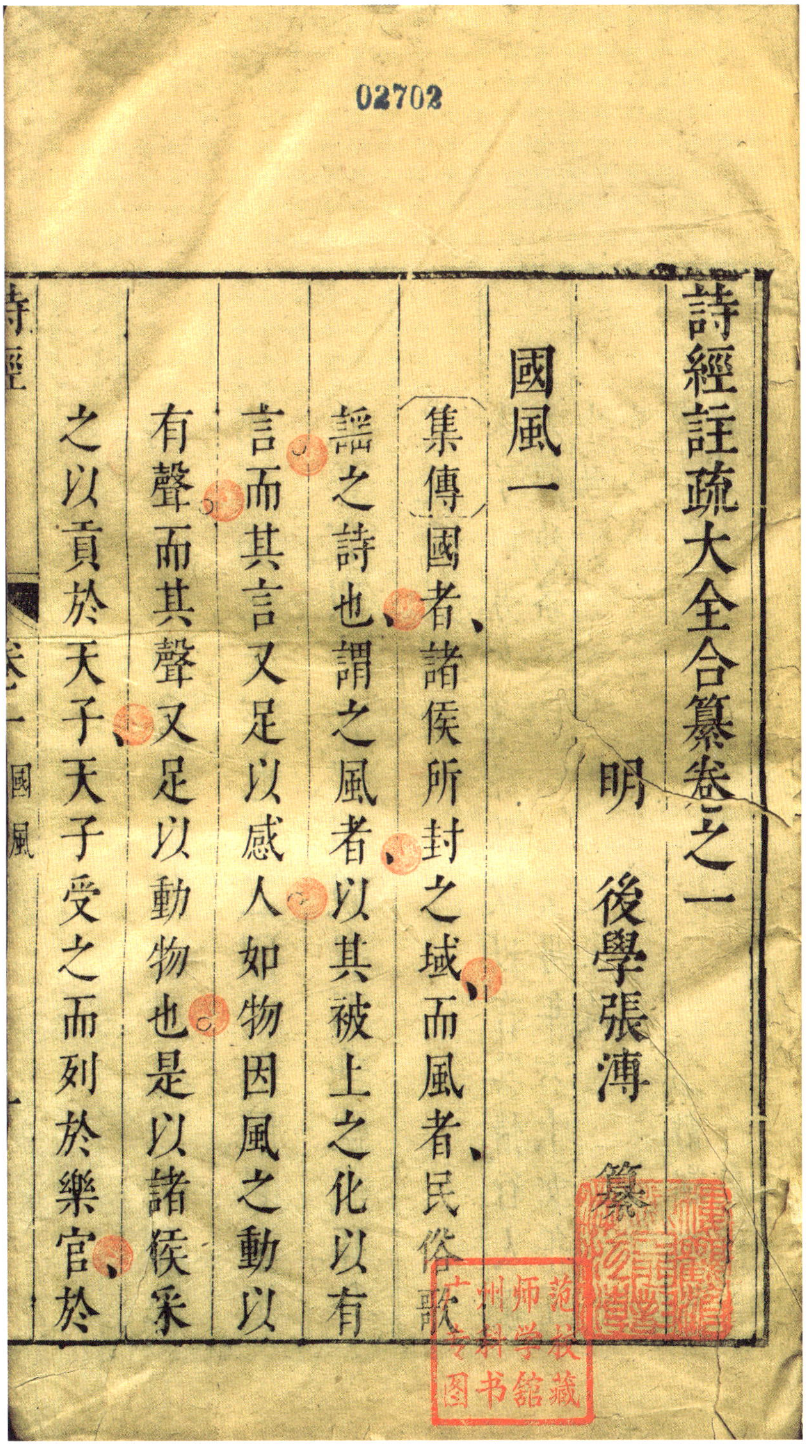
02702

詩經註疏大全合纂卷之一

明　後學張溥　纂

國風一

集傳國者、諸侯所封之域而風者、民俗歌謡之詩也謂之風者以其被上之化以有言而其言又足以感人如物因風之動以有聲而其聲又足以動物也是以諸侯采之以貢於天子天子受之而列於樂官於

詩經　卷一　國風

詩經註疏大全合纂三十四卷圖二卷綱領一卷　（明）張溥撰　明崇禎刻本。二十册。半頁八行十八字，小字雙行同，白口，左右雙邊。框高20.1厘米、寬14.8厘米。暨南大學圖書館藏。

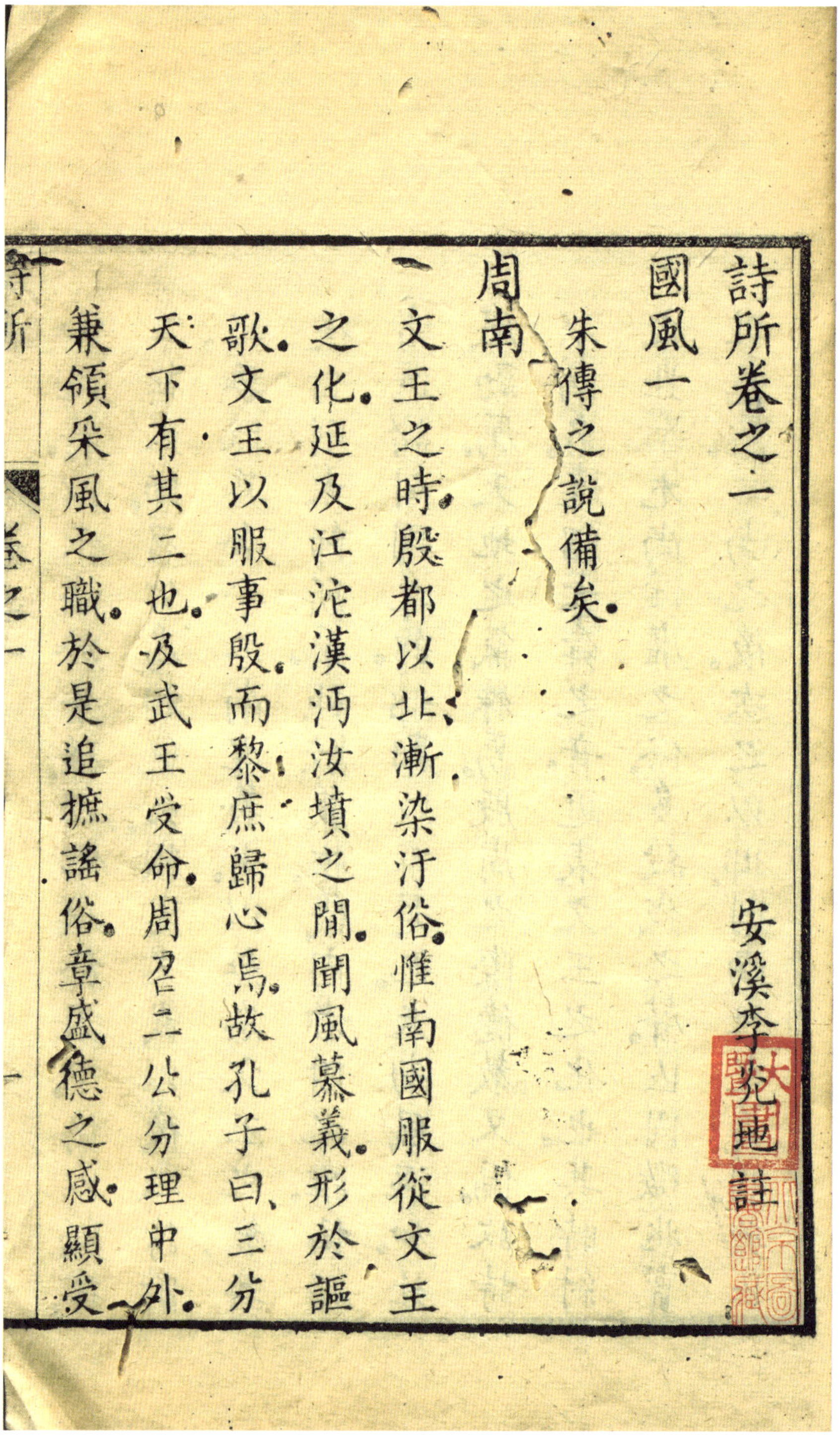

詩所卷之一

安溪李光地註

國風一

朱傳之說備矣

周南

文王之時殷都以北漸染汙俗惟南國服從文王之化延及江沱漢洒汝墳之閒聞風慕義形於謳歌文王以服事殷而黎庶歸心焉故孔子曰三分天下有其二也及武王受命周召二公分理中外兼領采風之職於是追摭謠俗章盛德之感顯受

詩所 卷之一 一

詩所八卷　（清）李光地撰　清雍正刻本。三册。半頁九行二十字，小字雙行同，白口，左右雙邊。框高18厘米、寬13.7厘米。暨南大學圖書館藏。

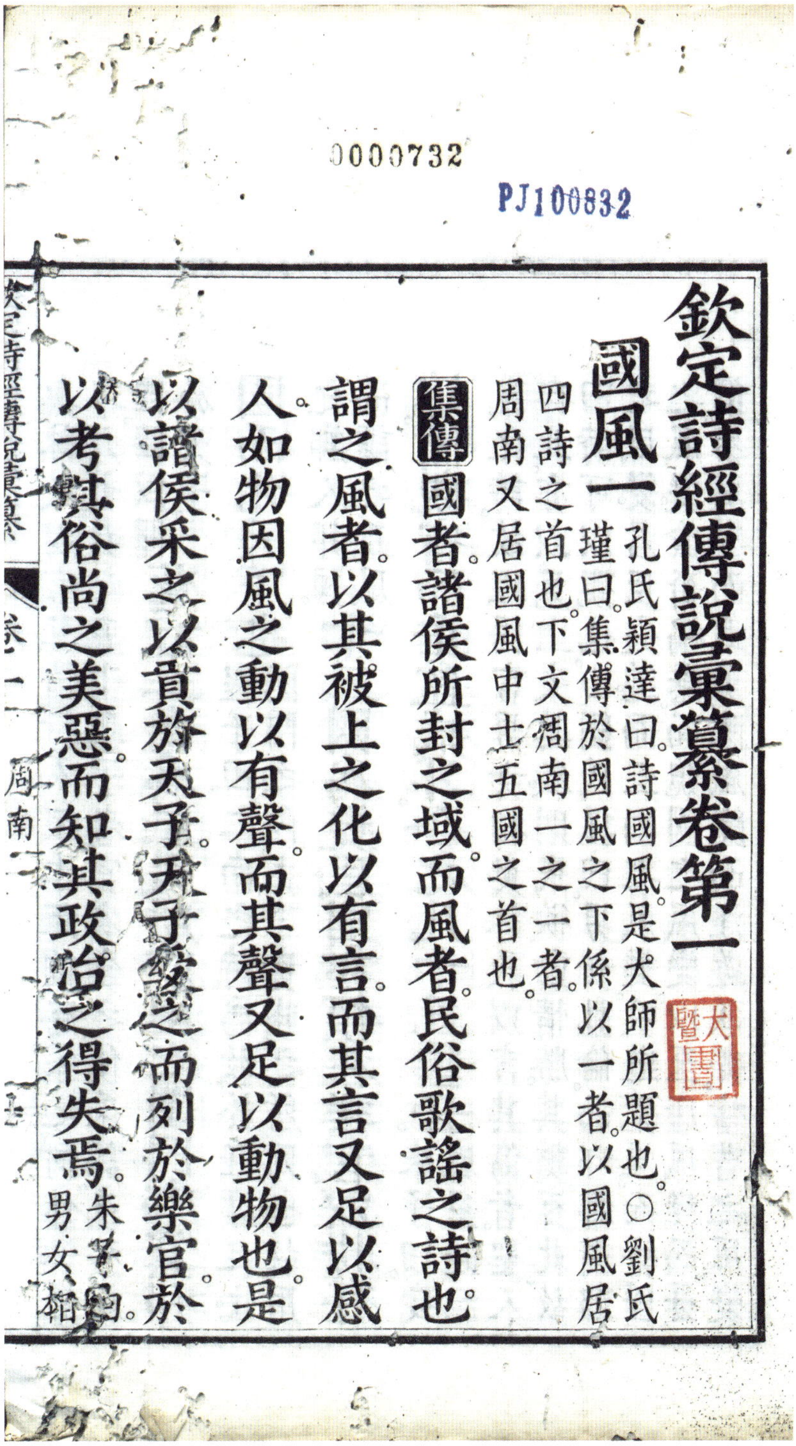
0000732
PJ100832
欽定詩經傳說彙纂卷第一
國風一孔氏穎達曰詩國風是大師所題也○劉氏瑾曰集傳於國風之下係以一者以國風居四詩之首也下文周南一之一者周南又居國風中十五國之首也
集傳國者諸侯所封之域而風者民俗歌謡之詩也謂之風者以其被上之化以有言而其言又足以感人如物因風之動以有聲而其聲又足以動物也是以諸侯采之以貢於天子天子受之而列於樂官於以考其俗尚之美惡而知其政治之得失焉朱子曰男女相
欽定詩經傳說彙纂　卷一　周南　一

欽定詩經傳説彙纂二十一卷首二卷詩序二卷　（清）王鴻緒等撰　清雍正五年（1727）内府刻本。二十四册。半頁八行十八字，中字二十二字，小字雙行同中字，白口，四周雙邊。框高22.3厘米、寬16.1厘米。暨南大學圖書館藏。

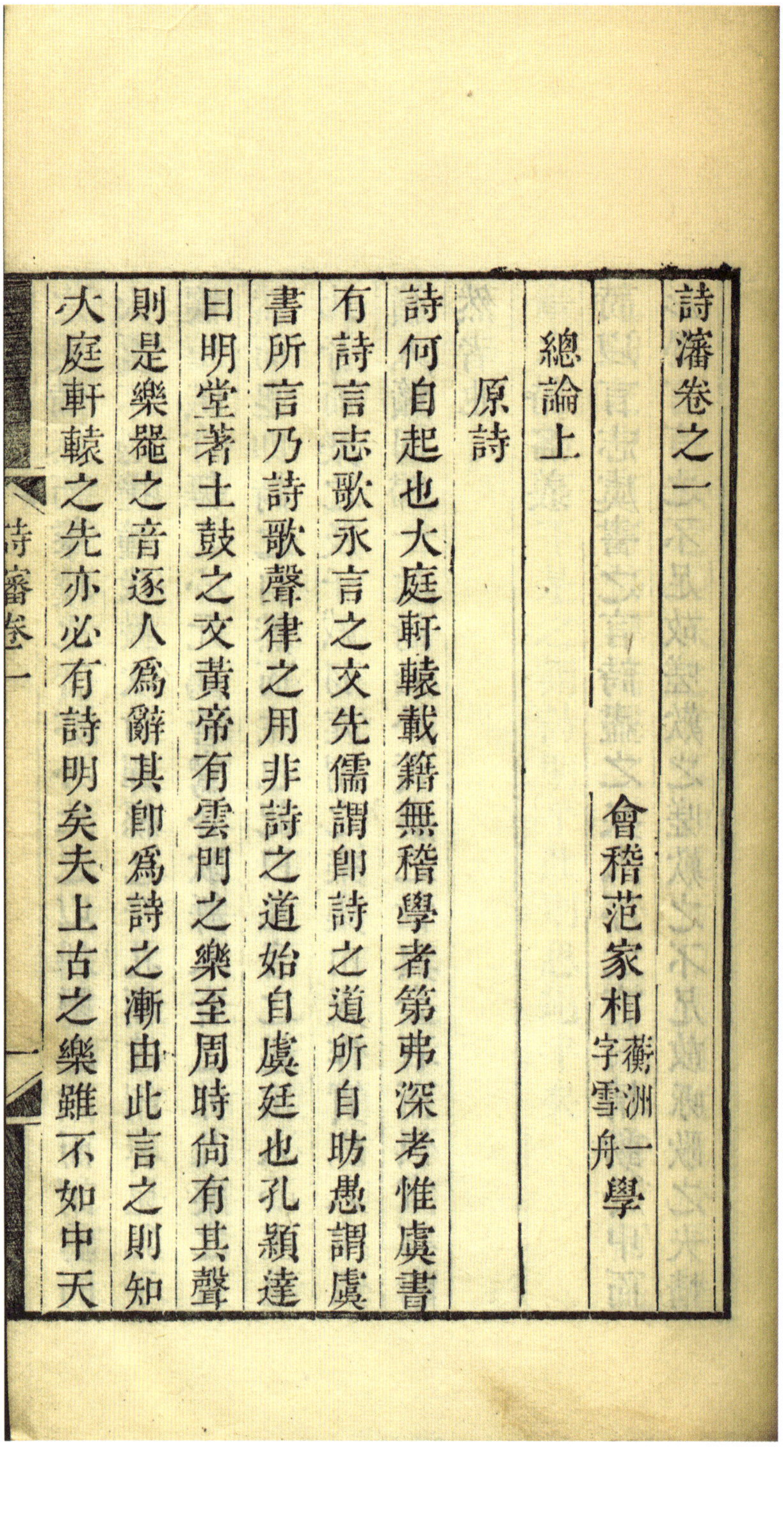
詩瀋卷之一
會稽范家相蘅洲一字雪舟學
總論上
原詩
詩何自起也大庭軒轅載籍無稽學者第弗深考惟虞書
有詩言志歌永言之文先儒謂卽詩之道所自昉愚謂虞
書所言乃詩歌聲律之用非詩之道始自虞廷也孔穎達
曰明堂著土鼓之文黃帝有雲門之樂至周時尙有其聲
則是樂罷之音逐人爲辭其卽爲詩之漸由此言之則知
大庭軒轅之先亦必有詩明矣夫上古之樂雖不如中天
詩瀋卷一

詩瀋二十卷　（清）范家相撰　清乾隆三十九年（1774）古趣亭刻本。六册。半頁十行二十二字，小字雙行同，黑口，左右雙邊。框高17.8厘米、寬13厘米。暨南大學圖書館藏。

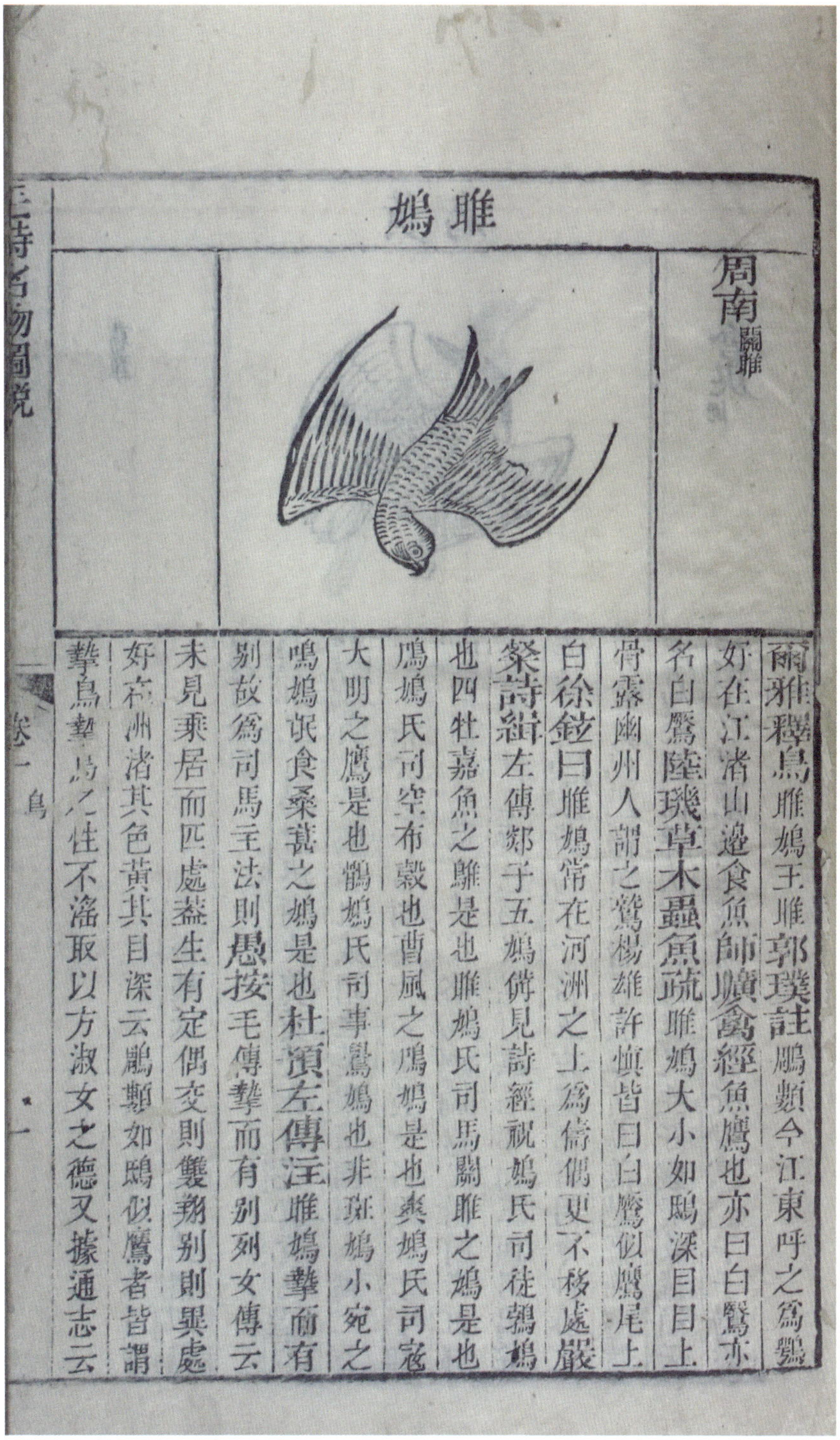

毛詩名物圖說

雎鳩

周南 關雎

爾雅釋鳥雎鳩王雎郭璞註鵰類今江東呼之爲鶚好在江渚山邊食魚師曠禽經魚鷹也亦曰白鷢亦名白鷢陸璣草木蟲魚疏雎鳩大小如鴟深目目上骨露幽州人謂之鷲楊雄許愼皆曰白鷹似鷹尾上白徐鉉曰雎鳩常在河洲之上爲儔偶更不移處嚴粲詩緝左傳郯子五鳩備見詩經祝鳩氏司徒鶻鳩也四牡嘉魚之鵻是也雎鳩氏司馬關雎之鳩是也鳲鳩氏司空布穀也曹風之鳲鳩是也爽鳩氏司寇大明之鷹是也鶻鳩氏司事鸒鳩也非斑鳩小宛之鳴鳩氐食桑葚之鳩是也杜預左傳注雎鳩摯而有別故爲司馬主法則愚按毛傳摯而有別列女傳云未見乘居而匹處蓋生有定偶交則雙翔別則異處好在洲渚其色黄其目深云鵰類如鴟似鷹者皆謂摯鳥摯鳥之性不淫取以方淑女之德又據通志云

卷一 鳥 一

毛詩名物圖説九卷　（清）徐鼎撰　清乾隆三十六年（1771）刻本。二册。上下兩欄，半頁十四行二十字，白口，四周單邊。框高21.9厘米、寬15.2厘米。梅州市劍英圖書館藏。

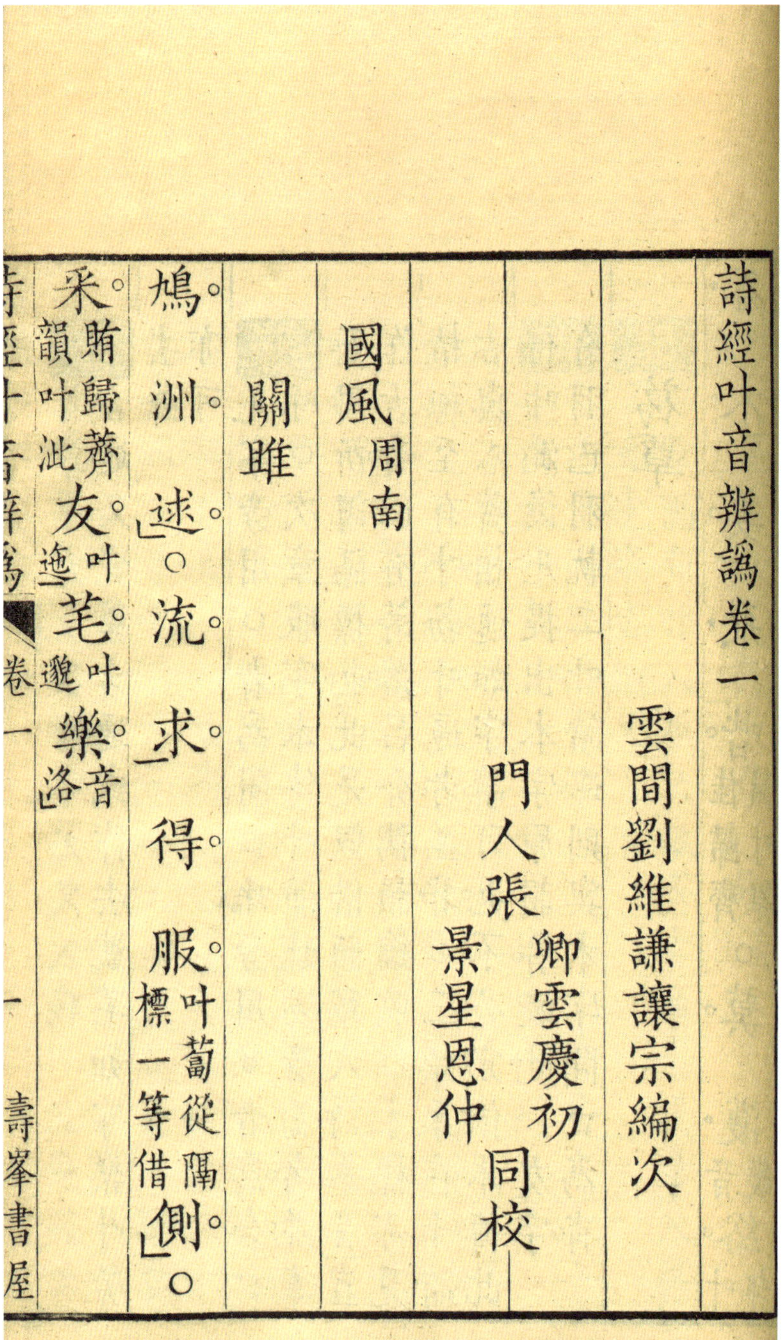
詩經叶音辨譌卷一

雲間劉維謙讓宗編次

門人張卿雲慶初　景星恩仲　同校

國風周南

關雎

鳩。洲。逑」。流。求」得。服叶蔔從偪標一等借側」。

采。晌歸薺韻叶泚友。叶迤芼。叶邈樂。音洛

詩經叶音辨譌　卷一　一　壽峯書屋

詩經叶音辨譌八卷　（清）劉維謙撰　清乾隆三年（1738）壽峰書屋刻本。二册。半頁八行十九字，小字雙行同，白口，四周單邊。框高18.9厘米、寬14.5厘米。暨南大學圖書館藏。

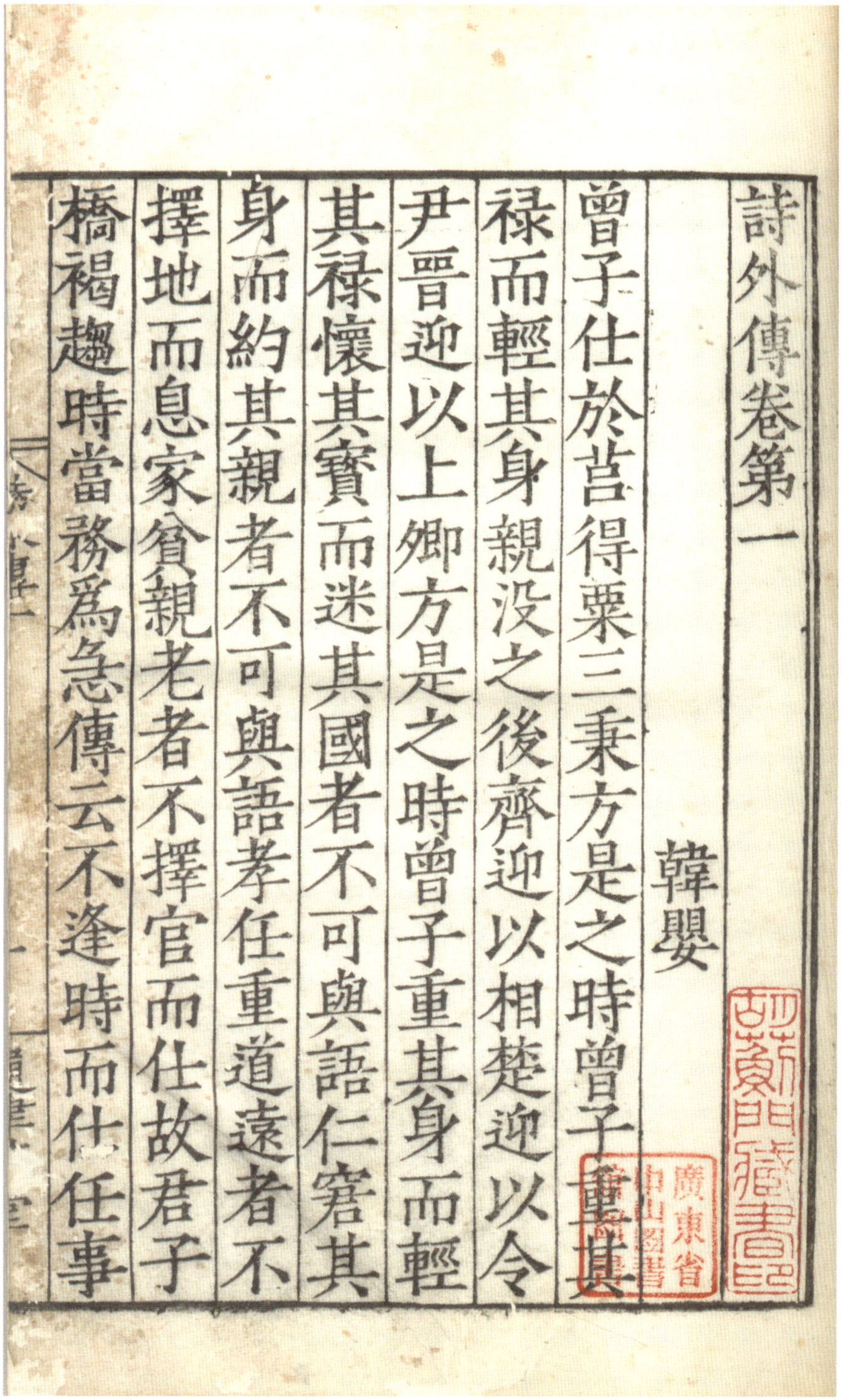

詩外傳卷第一

韓嬰

曾子仕於莒得粟三秉方是之時曾子重其禄而輕其身親没之後齊迎以相楚迎以令尹晋迎以上卿方是之時曾子重其身而輕其禄懐其寶而迷其國者不可與語仁窘其身而約其親者不可與語孝任重道遠者不擇地而息家貧親老者不擇官而仕故君子橋褐趨時當務爲急傳云不逢時而仕任事

詩外傳十卷　（漢）韓嬰撰　明嘉靖十四年（1535）蘇獻可通津草堂刻十七年（1538）林應麒重修本。六册。半頁九行十七字，白口，左右雙邊。框高20厘米、寬14.7厘米。廣東省立中山圖書館藏。

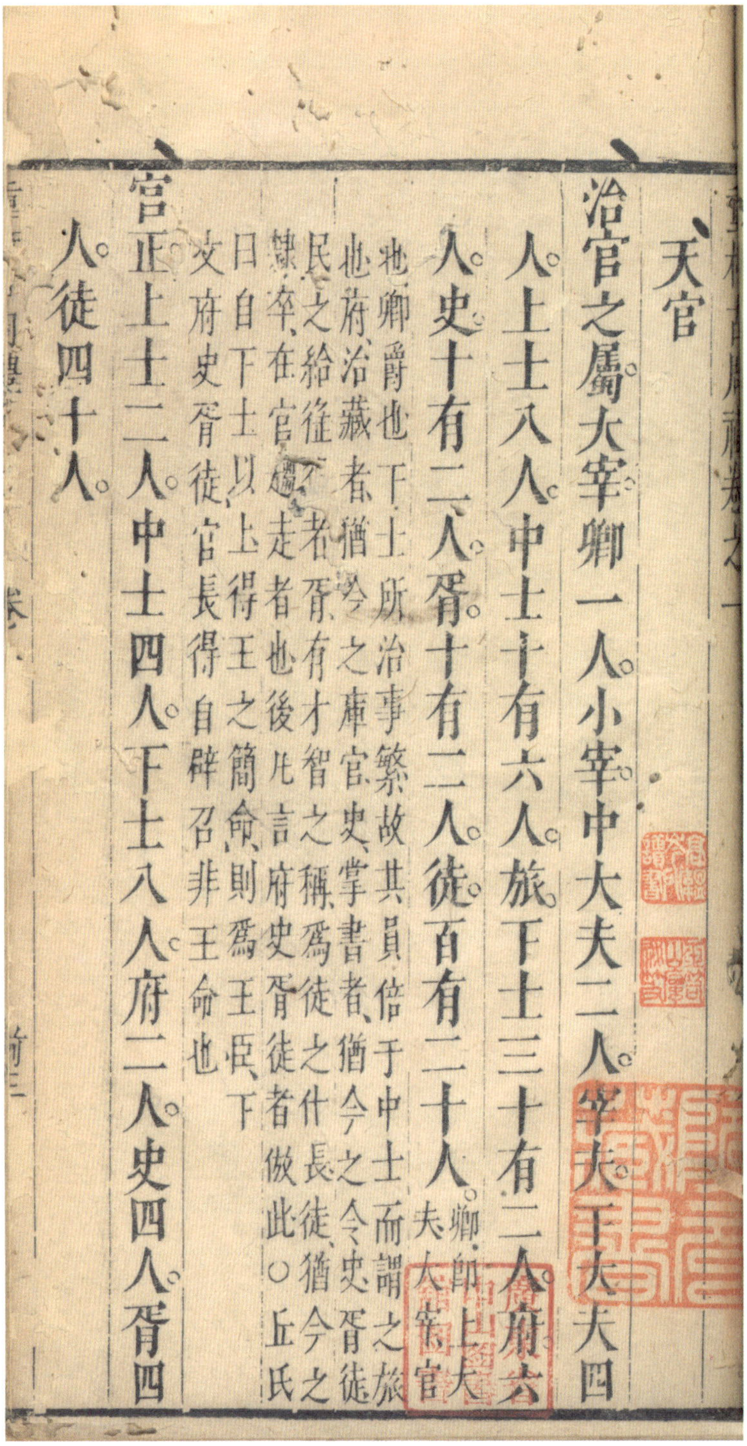

重校古周禮六卷　（明）陳仁錫注釋　明末刻本。六册。半頁十行二十二字，小字雙行同，白口，四周單邊。框高20.8厘米、寬13.5厘米。廣東省立中山圖書館藏。

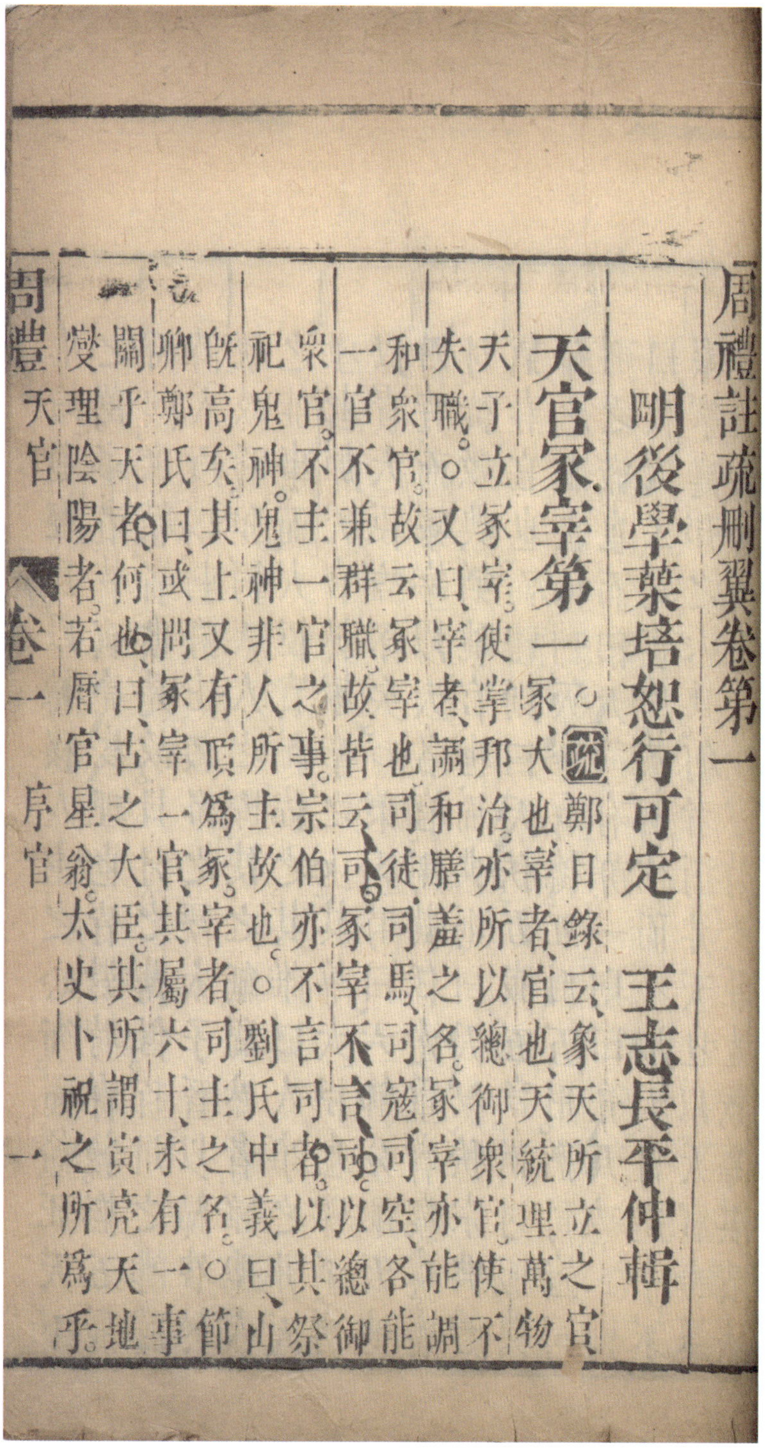

周禮註疏刪翼三十卷　（明）王志長撰　清康熙十二年（1673）金閶書業堂刻本。八册。上下兩欄，半頁八行十九字，小字雙行同，白口，左右雙邊。框高21.3厘米、寬14厘米。廣東省立中山圖書館藏。

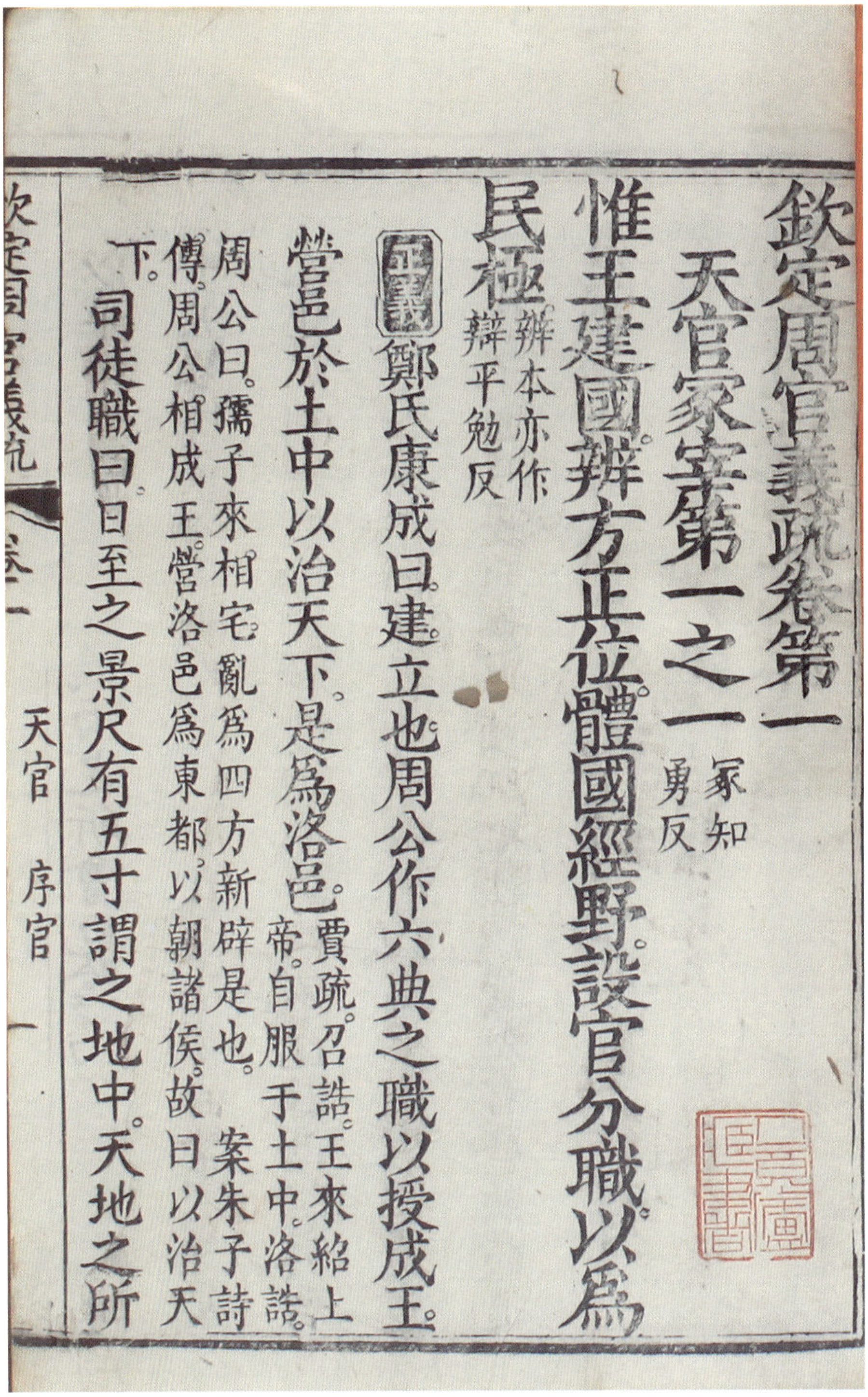
欽定周官義疏卷第一

天官冢宰第一之一冢知勇反

惟王建國辨方正位體國經野設官分職以爲民極辨本亦作辯平勉反

【正義】鄭氏康成曰建立也周公作六典之職以授成王營邑於土中以治天下是爲洛邑賈疏召誥王來紹上帝自服于土中洛誥周公曰孺子來相宅亂爲四方新辟是也 案朱子詩傳周公相成王營洛邑爲東都以朝諸侯故曰以治天下司徒職曰日至之景尺有五寸謂之地中天地之所

欽定周官義疏　卷一　天官　序官　一

欽定周官義疏四十八卷首一卷　（清）鄂爾泰等撰　清乾隆十七年（1752）刻本。三十二册。半頁八行十八字，小字雙行字數不等，白口，四周雙邊。框高21.5厘米、寬15.7厘米。梅州市劍英圖書館藏。

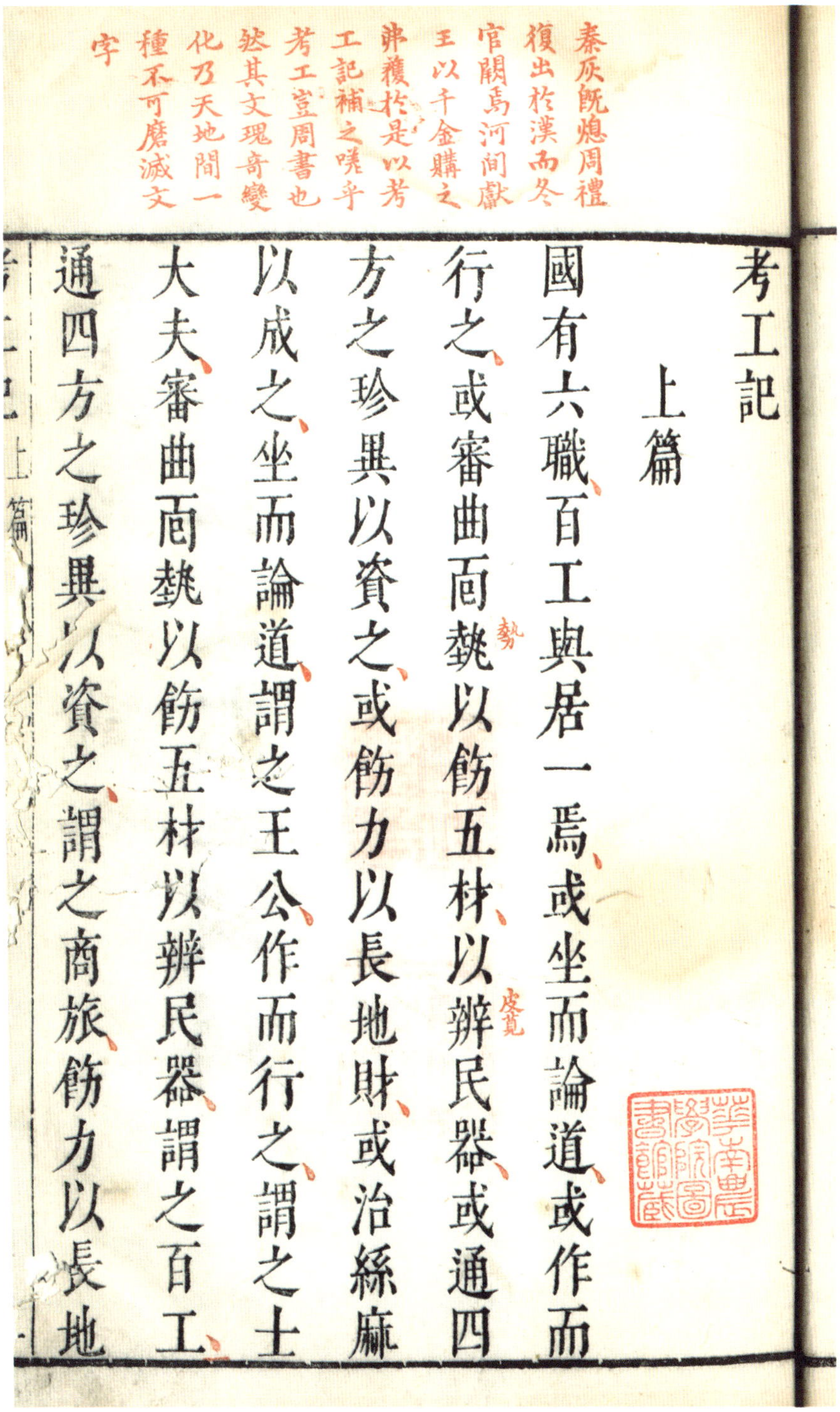

秦灰既熄周禮復出於漢而冬官闕焉河間獻王以千金購之弗獲於是以考工記補之嗟乎考工豈周書也然其文瑰奇變化乃天地間一種不可磨滅文字

考工記

上篇

國有六職百工與居一焉或坐而論道或作而行之或審曲面埶以飭五材以辨民器或通四方之珍異以資之或飭力以長地財或治絲麻以成之坐而論道謂之王公作而行之謂之士大夫審曲面埶以飭五材以辨民器謂之百工通四方之珍異以資之謂之商旅飭力以長地

考工記二卷　（明）郭正域批點　明萬曆四十四年（1616）吴興閔齊伋刻朱墨套印本。二册。半頁八行十八字，小字雙行十七字，白口，四周單邊。框高20.5厘米、寬14.4厘米。華南農業大學中國農業歷史遺産研究室藏。

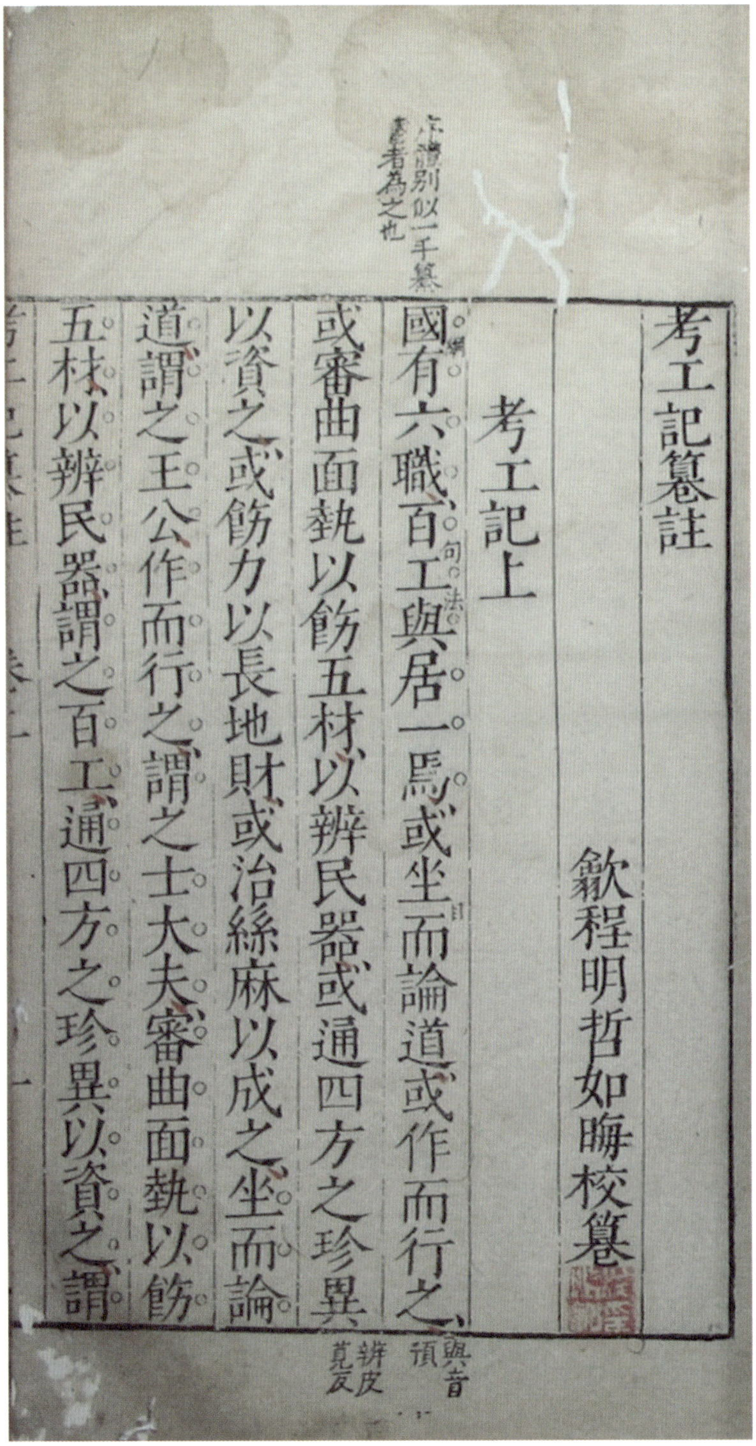

考工記纂註

歙程明哲如晦校纂

考工記上

國有六職百工與居一焉或坐而論道或作而行之

或審曲面埶以飭五材以辨民器或通四方之珍異

以資之或飭力以長地財或治絲麻以成之坐而論

道謂之王公作而行之謂之士大夫審曲面埶以飭

五材以辨民器謂之百工通四方之珍異以資之謂

考工記纂註二卷 （明）程明哲撰 明萬曆刻本。二册。半頁六至八行十二至十九字，白口，四周單邊。框高20厘米、寬14.1厘米。華南農業大學中國農業歷史遺産研究室藏。

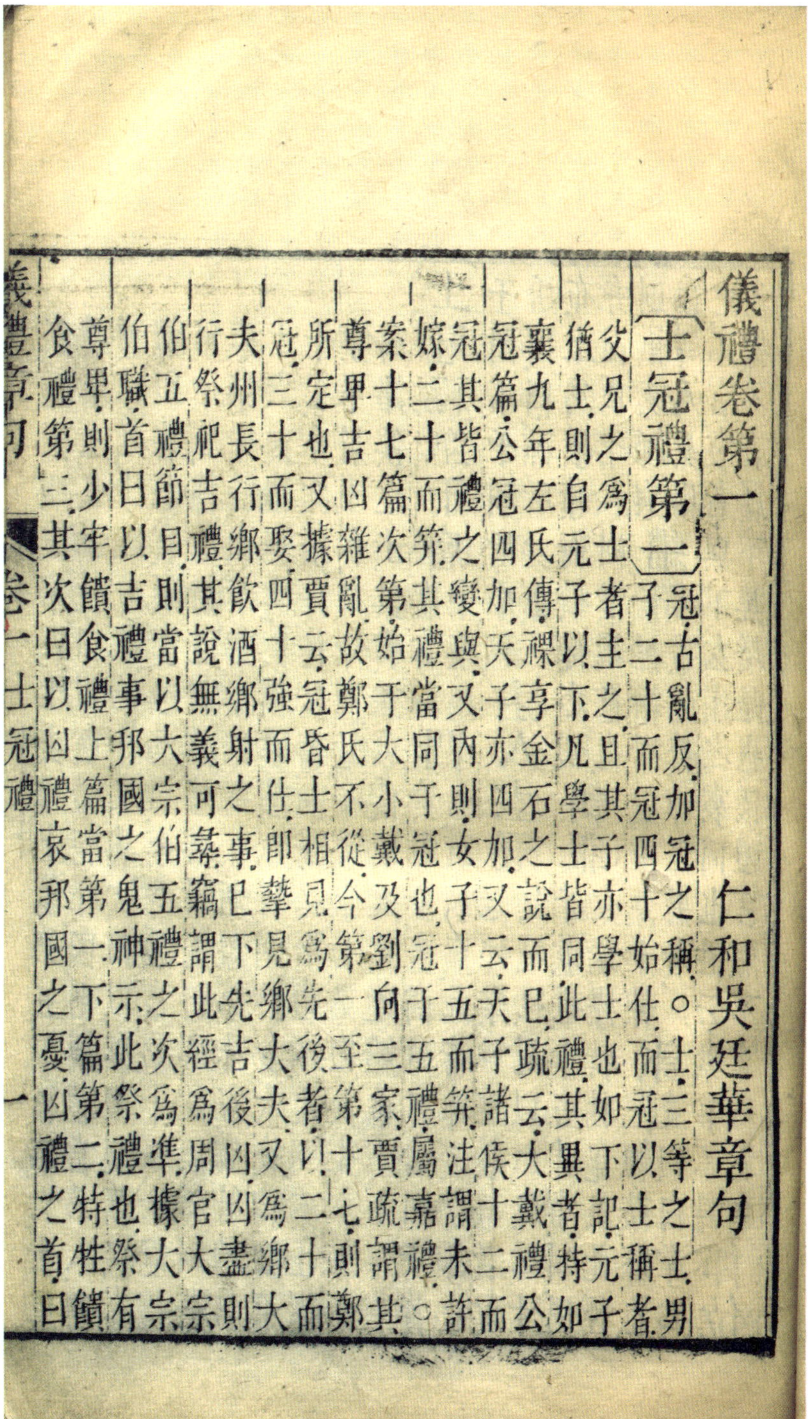
儀禮卷第一　　仁和吳廷華章句

士冠禮第一冠古亂反加冠之稱。士三等之士男子二十而冠四十始仕而冠以士稱者父兄之爲士者主之且其子亦學士也如下記元子猶士則自元子以下凡學士皆同此禮其異者特如襄九年左氏傳裸享金石之說而已疏云大戴禮公冠篇公冠四加天子亦四加又云天子諸侯十二而冠其皆禮之變與又內則女子十五而笄注謂未許嫁二十而笄其禮當同于冠也冠于五禮屬嘉禮〇其案十七篇次第始于大小戴及劉向三家賈疏謂鄭尊卑吉凶雜亂故鄭氏不從今第一至第十七則所定也又據賈云冠昏士相見爲先後者以十二而冠三十而娶四十強而仕卽摯見鄉大夫又爲鄉大夫州長行鄉飲酒鄉射之事已下先吉後凶凶盡則行祭祀吉禮其說無義可尋竊謂此經爲周官大宗伯五禮節目則當以六宗伯五禮之次爲準據大宗伯職首曰以吉禮事邦國之鬼神示此祭禮也祭有尊卑則少牢饋食禮上篇當第一下篇第二特牲饋食禮第三其次曰以凶禮哀邦國之憂凶禮之首曰饋

儀禮章句　卷一　士冠禮　一

儀禮章句十七卷　（清）吴廷華撰　清乾隆五十九年（1794）刻本。四册。半頁十行二十一字，小字雙行同，白口，左右雙邊。框高18.9厘米、寬14厘米。暨南大學圖書館藏。

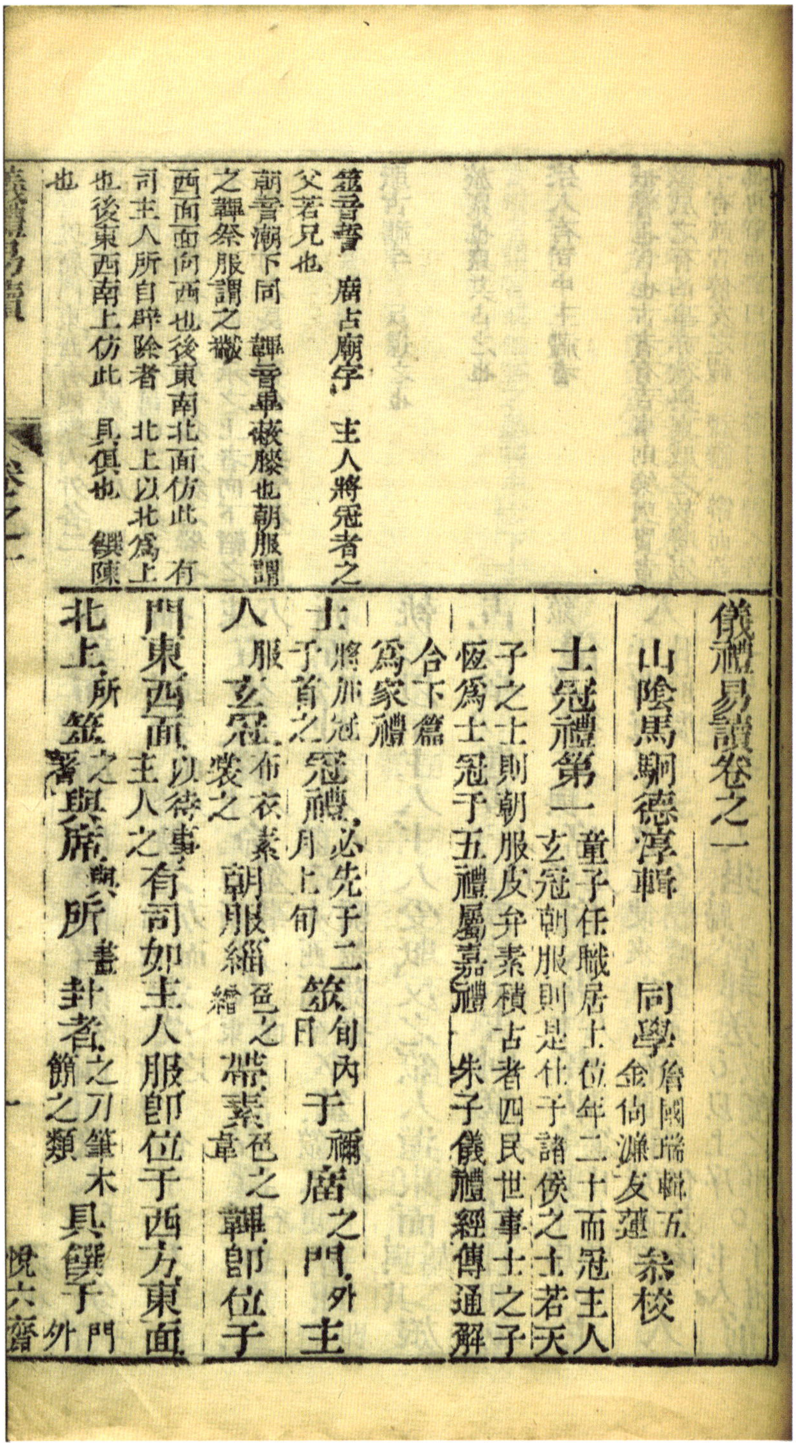
儀禮易讀卷之一
山陰馬駉德淳輯　同學詹國瑞輯五　金倘濂友蓮　參校
士冠禮第一　童子任職居士位年二十而冠主人玄冠朝服則是仕于諸侯之士若天子之士則朝服皮弁素積古者四民世事士之子恆爲士冠于五禮屬嘉禮　朱子儀禮經傳通解合下篇爲家禮
士將加冠于子首之冠禮月上旬必先于二旬內筮日于禰廟之門外主人服玄冠布衣素裳之朝服緇帶緇色之素韠素色之韋韠即位于門東西面以待事有司如主人服即位于西方東面北上所筮之筮與席所書卦者之刀筆木餟之類具饌于門外
筮音誓　廟古廟字　主人將冠者之父若兄也
禰音瀰下同　韠音畢蔽膝也朝服謂之韠祭服謂之韍
西面面向西也後東南北面倣此　有司主人所自辟除者　北上以北爲上也後東西南上倣此　具俱也　饌陳也
儀禮易讀　卷之一　一　悅六齋

儀禮易讀十七卷　（清）馬駉輯　清乾隆二十年（1755）悅六齋刻本。四册。上下兩欄，半頁九行二十字，白口，左右雙邊。框高21.3厘米、寬14.5厘米。暨南大學圖書館藏。

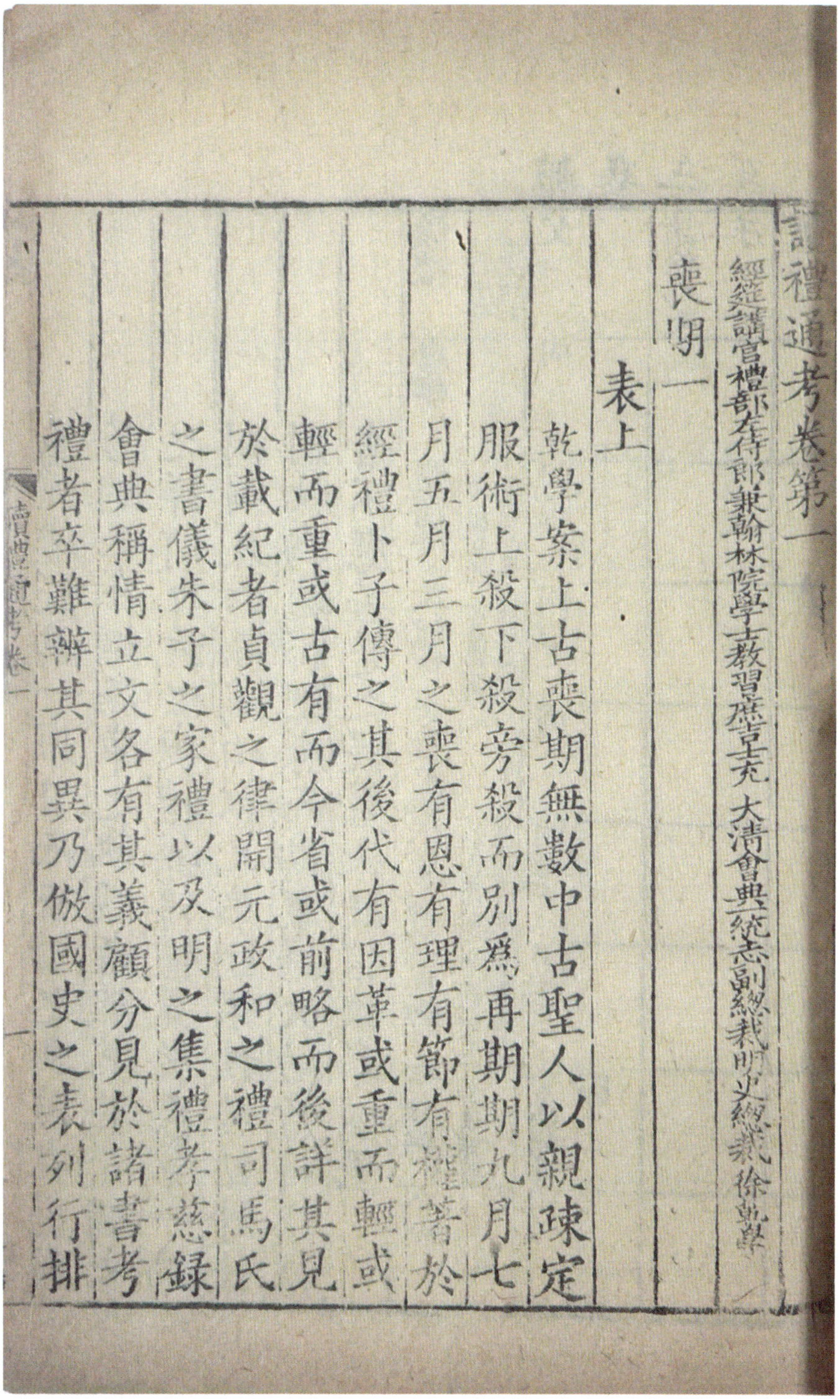

讀禮通考卷第一

經筵講官禮部左侍郎兼翰林院學士教習庶吉士充 大清會典一統志副總裁明史總裁徐乾學

喪期一

表上

乾學案上古喪期無數中古聖人以親疏定服術上殺下殺旁殺而別爲再期期九月七月五月三月之喪有恩有理有節有權著於經禮卜子傳之其後代有因革或重而輕或輕而重或古有而今省或前略而後詳其見於載紀者貞觀之律開元政和之禮司馬氏之書儀朱子之家禮以及明之集禮孝慈錄會典稱情立文各有其義顧分見於諸書考禮者卒難辨其同異乃倣國史之表列行排

讀禮通考卷一　一

讀禮通考一百二十卷　（清）徐乾學撰　清康熙三十五年（1696）崑山徐樹穀刻本。二十四册。半頁十三行二十一字，小字雙行三十一字，白口，左右雙邊。框高18.9厘米、寬14.9厘米。汕頭市金山中學藏。

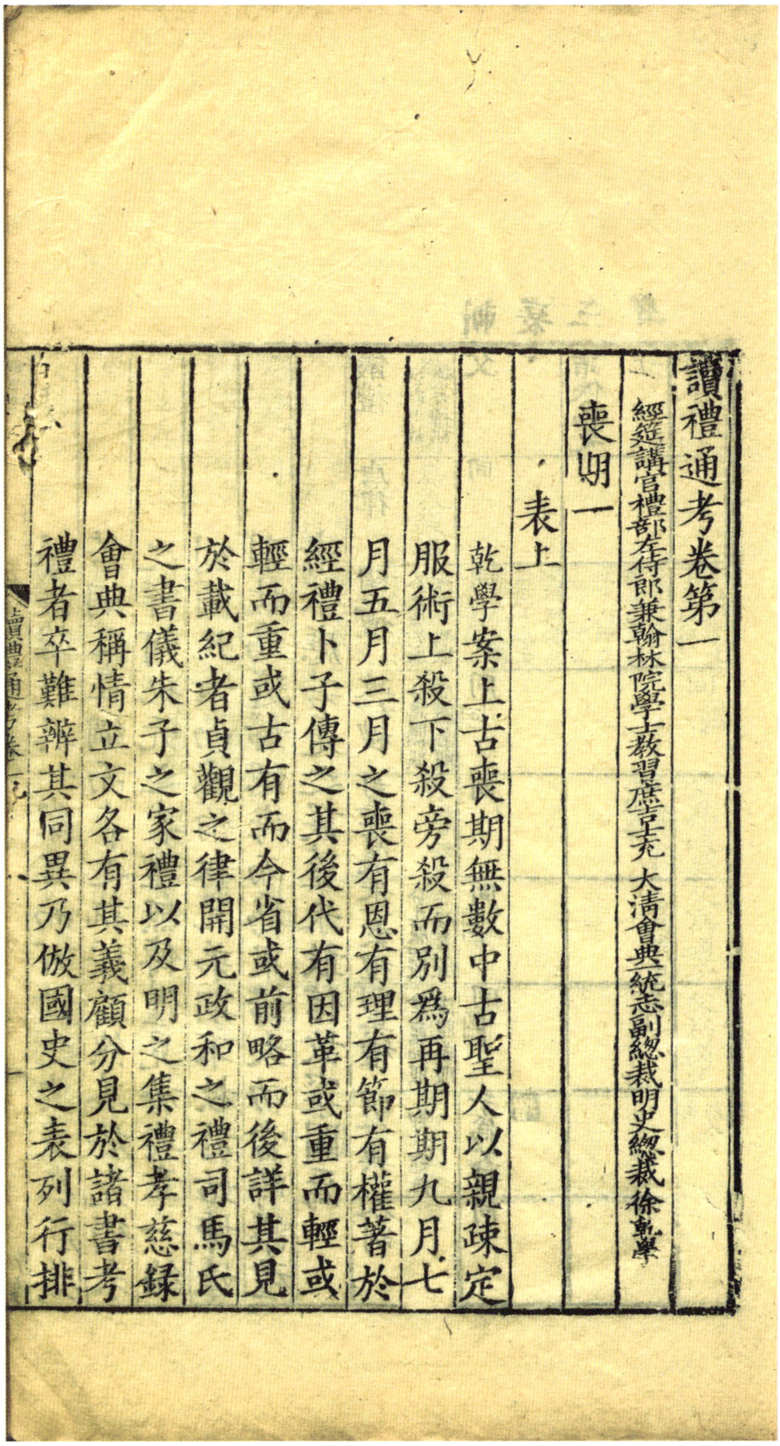

讀禮通考一百二十卷　（清）徐乾學撰　清康熙三十五年（1696）崑山徐樹穀刻本。九册。半頁十三行二十一字，小字雙行三十一字，白口，左右雙邊。框高19厘米、寬14.4厘米。暨南大學圖書館藏。

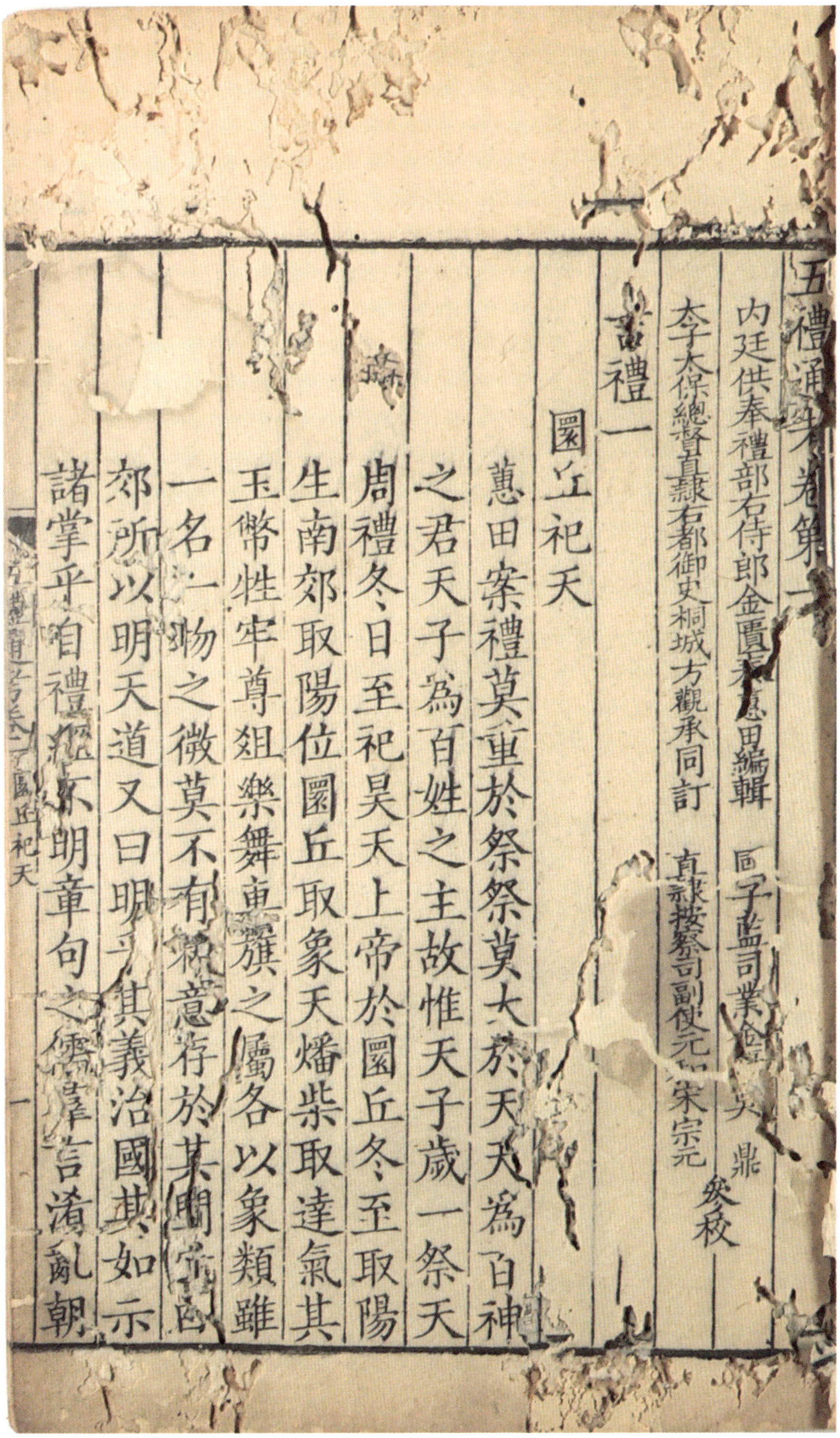

五禮通考卷第一

内廷供奉禮部右侍郎金匱秦蕙田編輯　國子監司業合肥吳鼎

太子太保總督直隸右都御史桐城方觀承同訂　直隸按察司副使元和宋宗元　參校

吉禮一

圜丘祀天

蕙田案禮莫重於祭祭莫大於天天爲百神之君天子爲百姓之主故惟天子歲一祭天周禮冬日至祀昊天上帝於圜丘冬至取陽生南郊取陽位圜丘取象天燔柴取達氣其玉幣牲牢尊俎樂舞車旗之屬各以象類雖一名一物之微莫不有深意存於其間宗廟郊所以明天道又曰明乎其義治國其如示諸掌乎自禮經不明章句之儒穿鑿言淆亂朝

五禮通考卷一　圜丘祀天　一

五禮通考二百六十二卷目録二卷首四卷　（清）秦蕙田撰　清乾隆秦氏味經窩刻本。七十六册。半頁十三行二十一字，小字雙行三十一字，白口，左右雙邊。框高18.6厘米、寬14.7厘米。汕頭市金山中學藏。

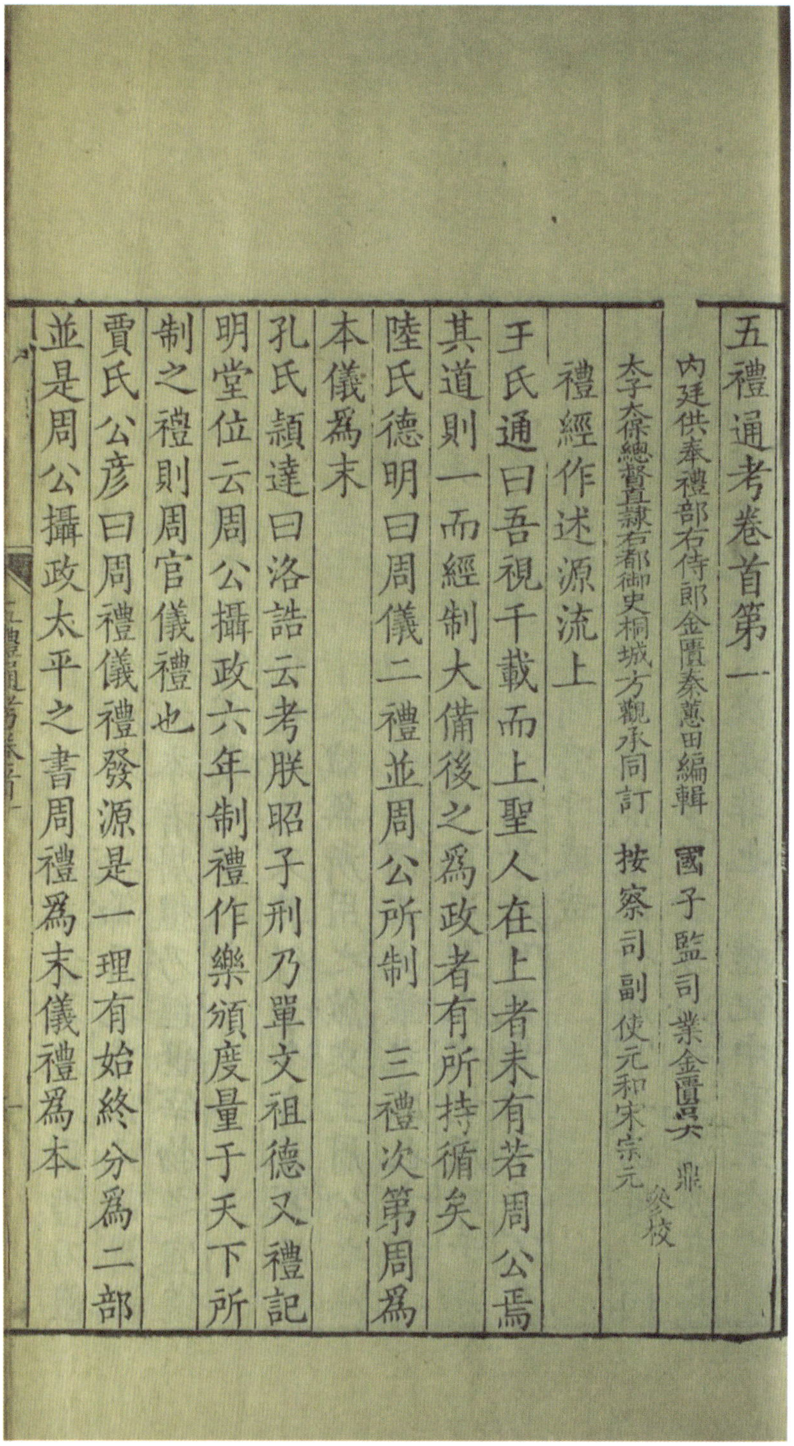
五禮通考卷首第一
内廷供奉禮部右侍郎金匱秦蕙田編輯　國子監司業金匱吳鼎參校
太子太保總督直隸右都御史桐城方觀承同訂　按察司副使元和宋宗元
禮經作述源流上
王氏通曰吾視千載而上聖人在上者未有若周公焉其道則一而經制大備後之爲政者有所持循矣
陸氏德明曰周儀二禮並周公所制　三禮次第周爲本儀爲末
孔氏穎達曰洛誥云考朕昭子刑乃單文祖德又禮記明堂位云周公攝政六年制禮作樂頒度量于天下所制之禮則周官儀禮也
賈氏公彥曰周禮儀禮發源是一理有始終分爲二部並是周公攝政太平之書周禮爲末儀禮爲本

五禮通考二百六十二卷目録二卷首四卷　（清）秦蕙田撰　清乾隆秦氏味經窩刻本。存二百六十六卷（缺二百六十一至二百六十二）。八十册。半頁十三行二十一字，小字雙行三十一字，白口，左右雙邊。框高18.7厘米、寬14.9厘米。湛江市圖書館藏。

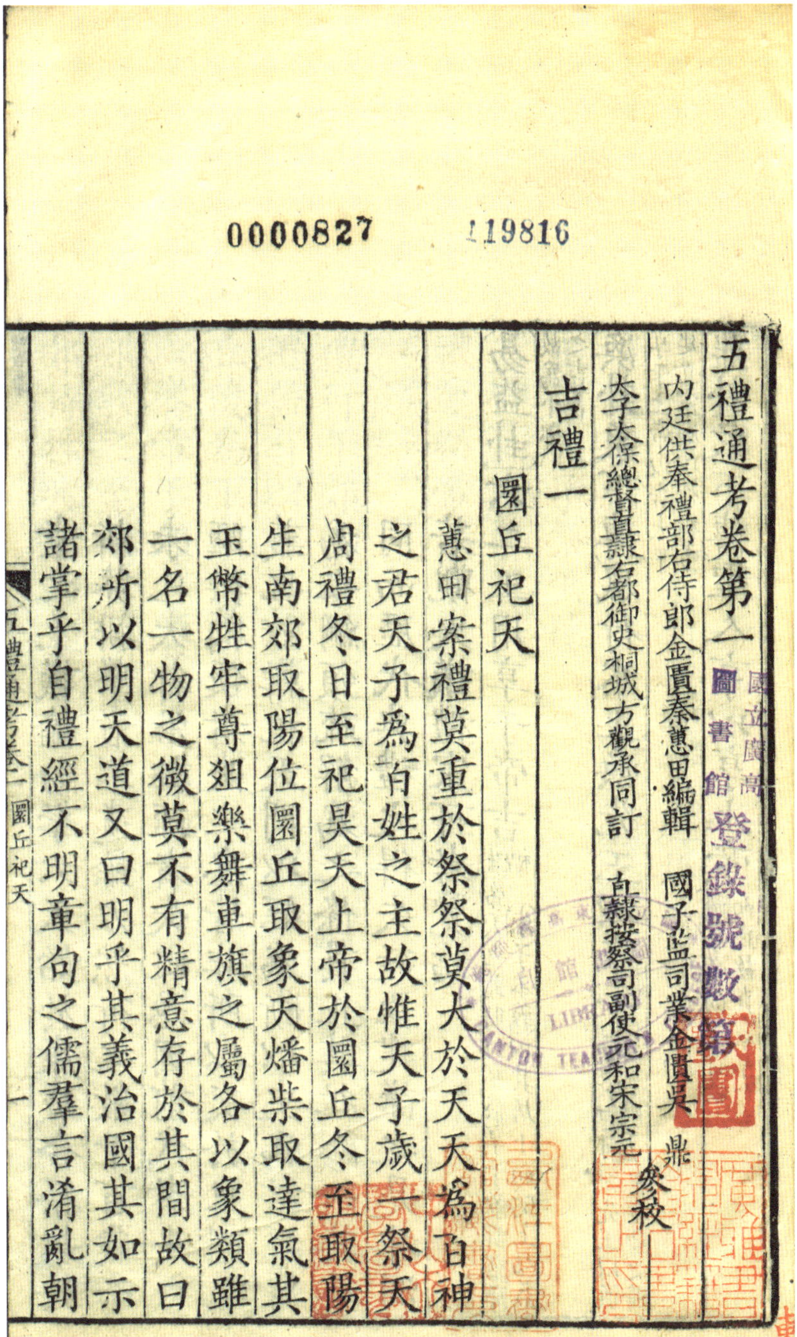

五禮通考二百六十二卷目録二卷首四卷　（清）秦蕙田撰　清乾隆秦氏味經窩刻本。六十四册。半頁十三行二十一字，小字雙行三十一字，白口，左右雙邊。框高18.7厘米、寬14.7厘米。暨南大學圖書館藏。

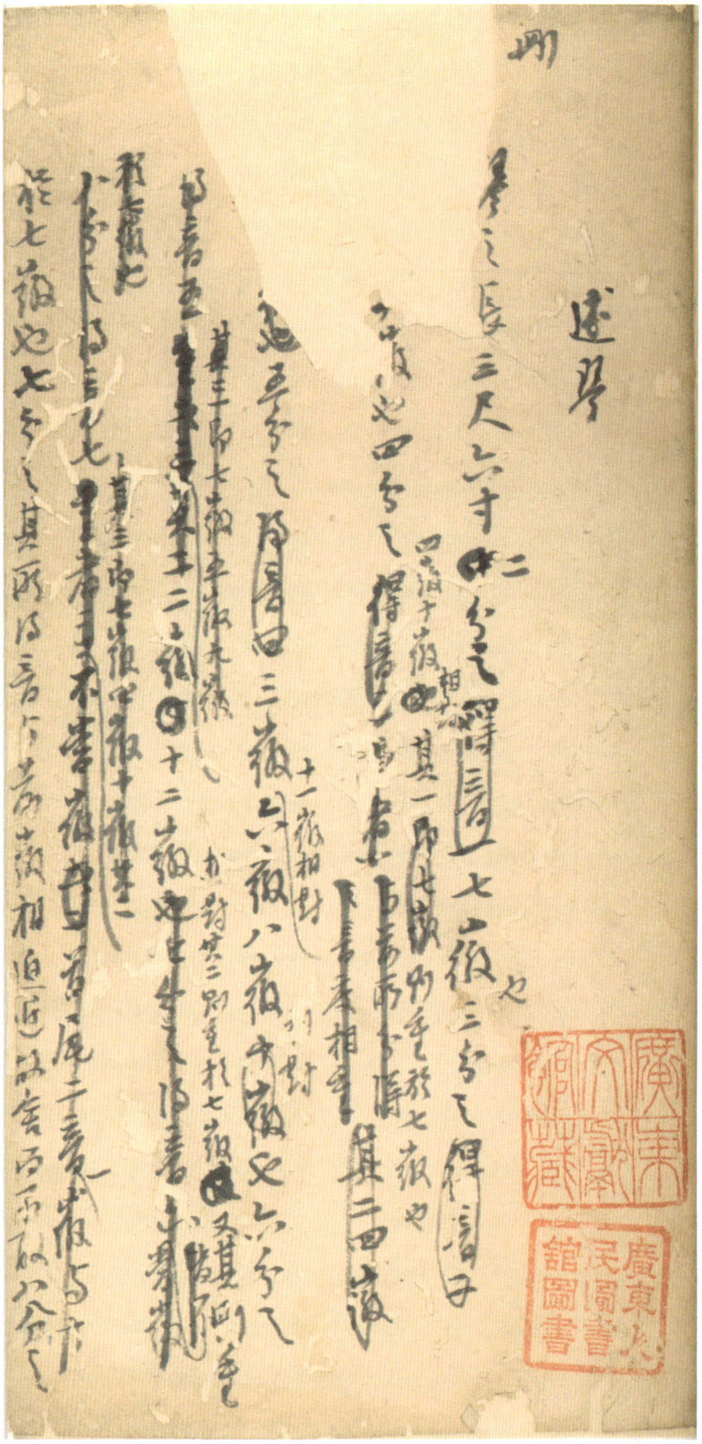

述樂一卷　（清）陳澧撰　稿本。一册。廣東省立中山圖書館藏。

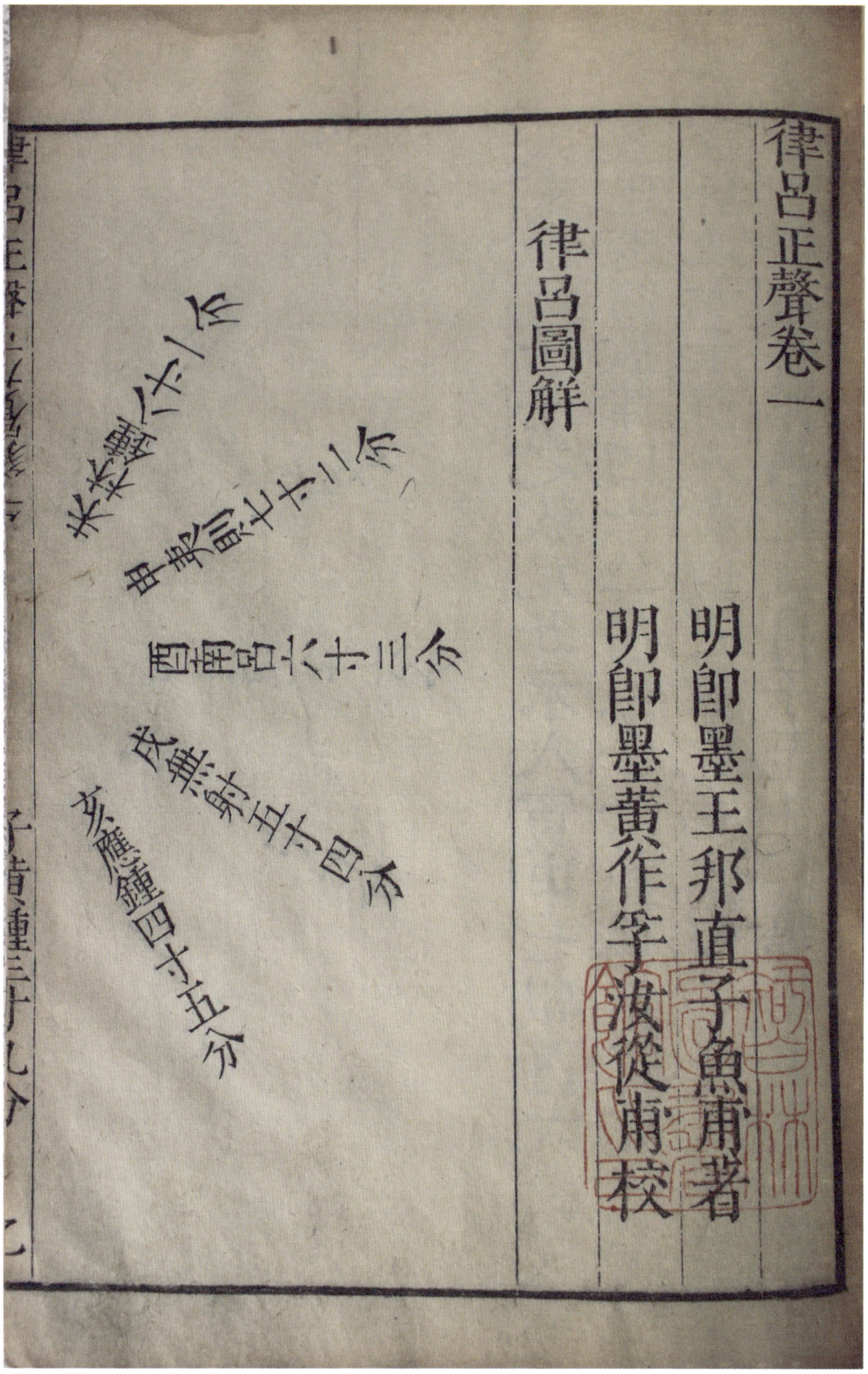

律呂正聲六十卷　（明）王邦直撰　明萬曆三十六年（1608）黃作孚刻本。二册。半頁十行二十字，小字雙行同，白口，四周單邊。框高21厘米、寬14厘米。廣東省社會科學院藏。

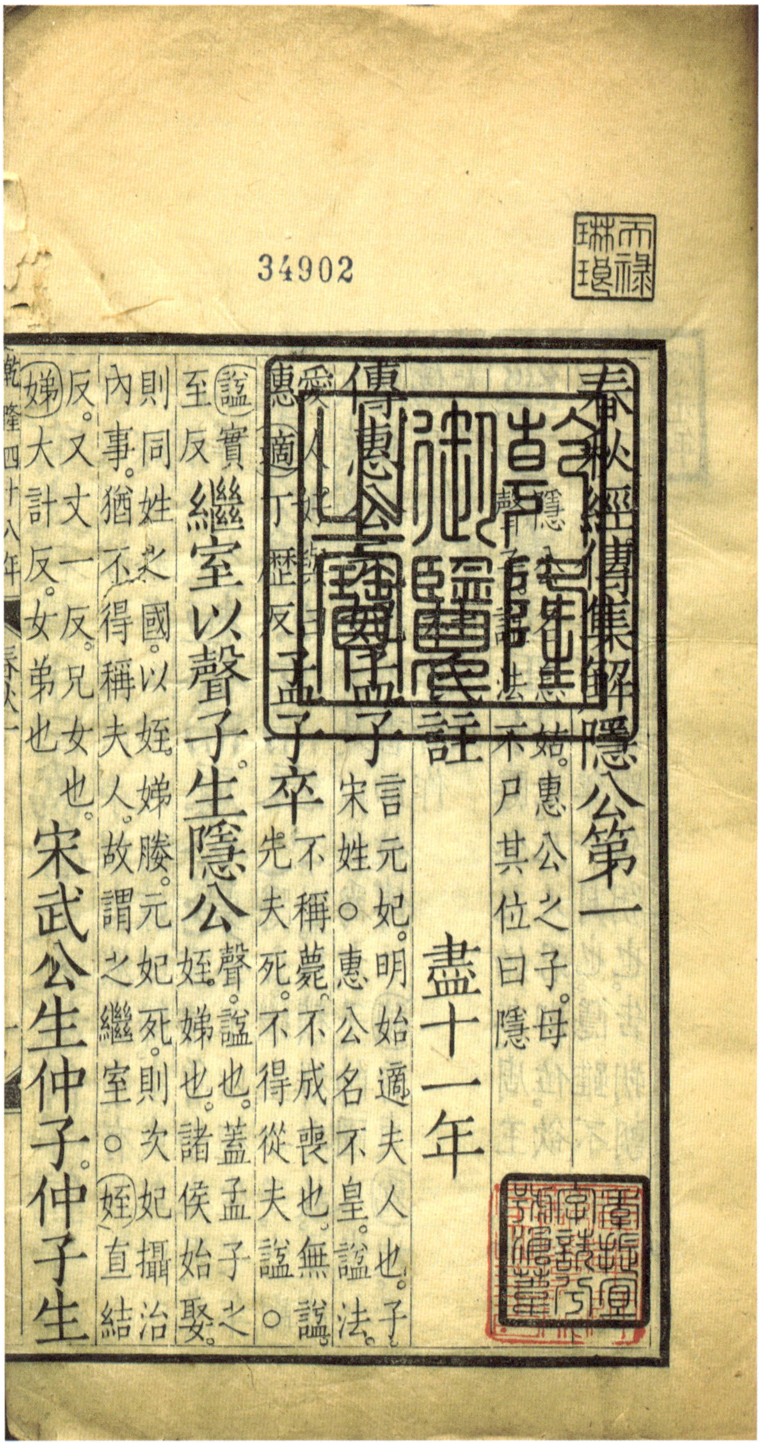

34902

春秋經傳集解隱公第一

隱公名息姑。惠公之子。母聲子。諡法。不尸其位曰隱。

杜氏註　盡十一年

傳惠公元妃孟子。言元妃。明始適夫人也。子宋姓。○惠公名不皇。諡法……

孟子卒。不稱薨。不成喪也。無諡。先夫死。不得從夫諡。○適丁歷反。

繼室以聲子。生隱公。聲。諡也。蓋孟子之姪娣也。諸侯始娶。則同姓之國。以姪娣媵。元妃死。則次妃攝治內事。猶不得稱夫人。故謂之繼室。○諡實至反。姪直結反。又丈一反。兄女也。娣大計反。女弟也。

宋武公生仲子。仲子生

乾隆四十八年

春秋經傳集解三十卷年表一卷考證十四卷　（晉）杜預注　（唐）陸德明音義　**春秋名號歸一圖二卷**　（後蜀）馮繼先撰　清乾隆四十八年（1783）武英殿刻御定仿宋相臺岳氏五經本。十六册。半頁八行十七字，小字雙行同，白口，四周雙邊。框高20.4厘米、寬13.7厘米。暨南大學圖書館藏。

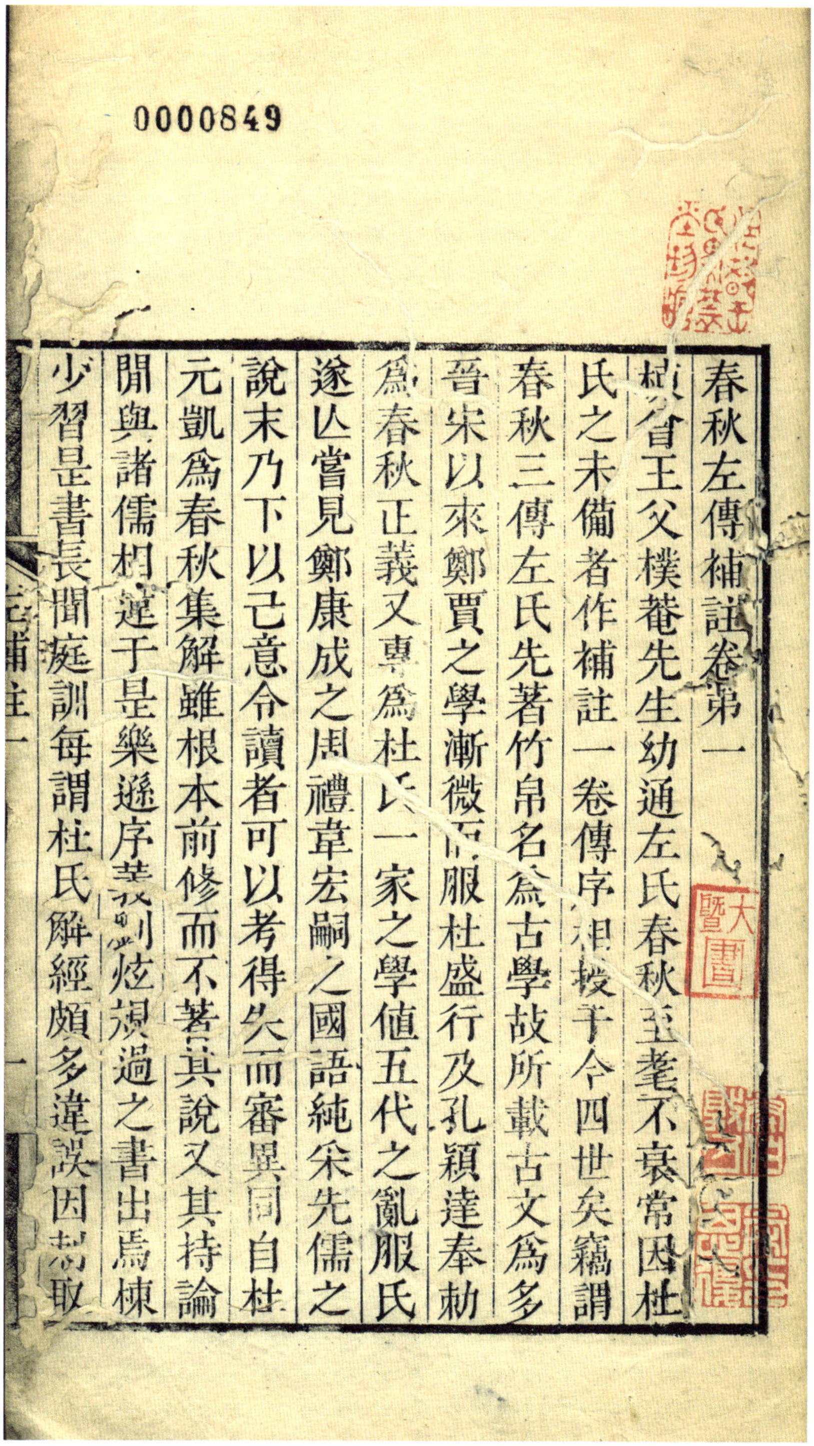
0000849

春秋左傳補註卷第一

棟曾王父樸菴先生幼通左氏春秋至耄不衰常因杜氏之未備者作補註一卷傳序相授于今四世矣竊謂春秋三傳左氏先著竹帛名爲古學故所載古文爲多晉宋以來鄭賈之學漸微而服杜盛行及孔穎達奉勅爲春秋正義又專爲杜氏一家之學值五代之亂服氏遂亾嘗見鄭康成之周禮韋宏嗣之國語純采先儒之說末乃下以己意令讀者可以考得失而審異同自杜元凱爲春秋集解雖根本前修而不著其說又其持論閒與諸儒相違于是樂遜序義劉炫規過之書出焉棟少習是書長聞庭訓每謂杜氏解經頗多違誤因剏取

春秋左傳補註六卷　（清）惠棟撰　清乾隆三十九年（1774）益都李文藻廣州刻本。六册。半頁十一行二十一字，小字雙行同，黑口，左右雙邊。框高18厘米、寬14.4厘米。暨南大學圖書館藏。

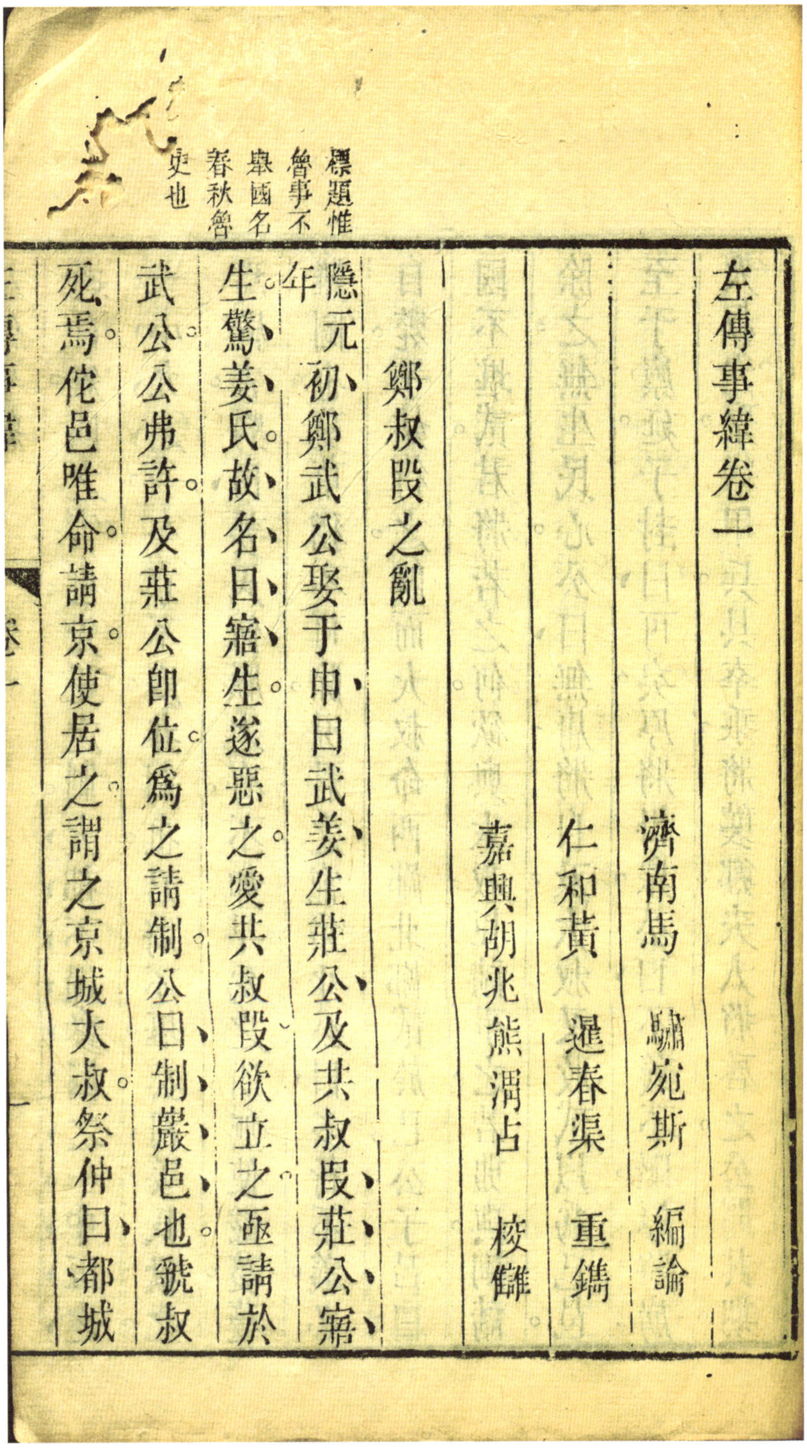

標題惟魯事不舉國名春秋魯史也

左傳事緯卷一

濟南馬　驌宛斯　編論

仁和黃　暹春渠　重鐫

嘉興胡兆熊渭占　校讎

鄭叔段之亂

隱元年

初鄭武公娶于申曰武姜生莊公及共叔段莊公寤生驚姜氏故名曰寤生遂惡之愛共叔段欲立之亟請於武公公弗許及莊公即位爲之請制公曰制巖邑也虢叔死焉佗邑唯命請京使居之謂之京城大叔祭仲曰都城

左傳事緯十二卷左傳字釋一卷　（清）馬驌撰　清乾隆四十九年（1784）仁和黄暹刻本。八册。半頁九行二十二字，小字雙行同，白口，左右雙邊。框高19.3厘米、寬13.9厘米。暨南大學圖書館藏。

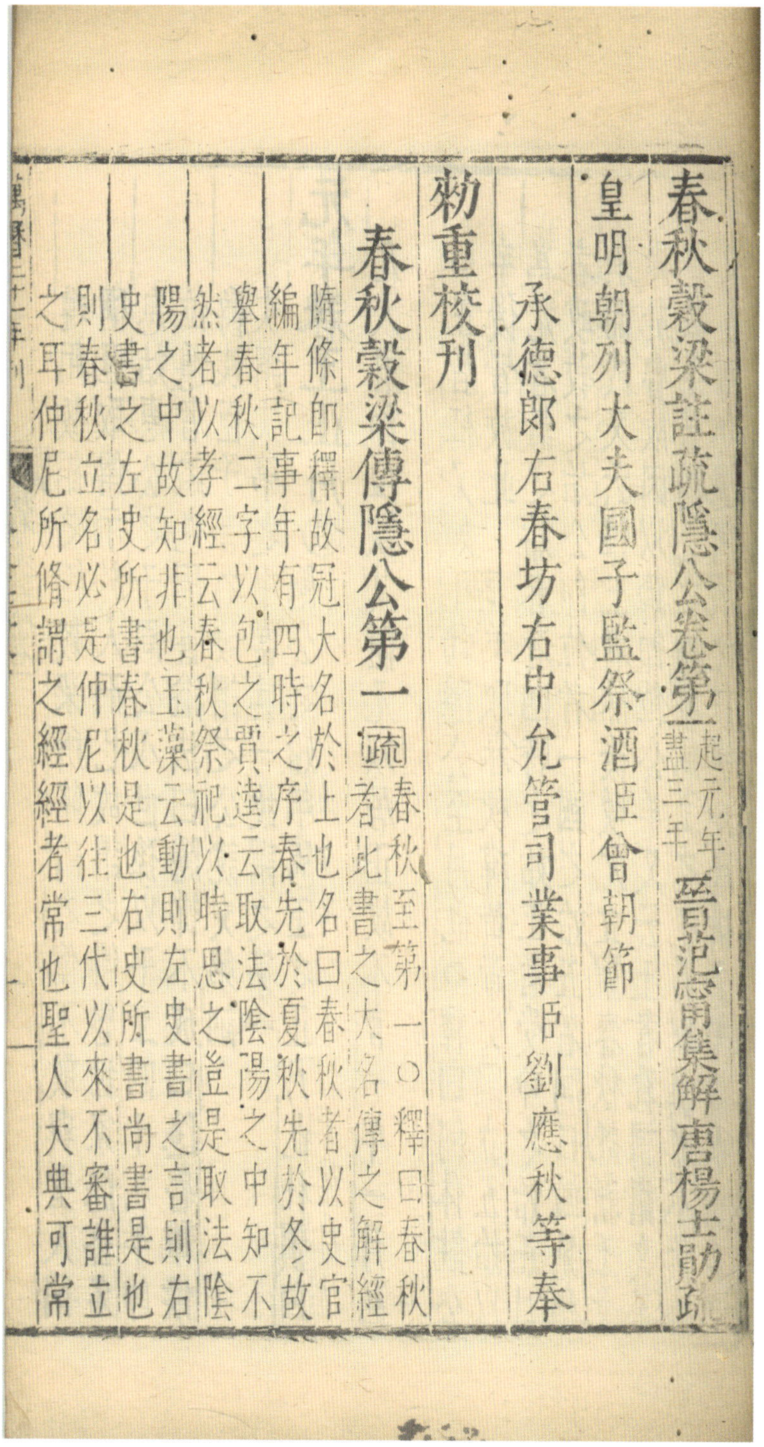
春秋穀梁註疏隱公卷第一 起元年盡三年 晉范甯集解 唐楊士勛疏
皇明朝列大夫國子監祭酒臣曾朝節
承德郎右春坊右中允管司業事臣劉應秋等奉
勅重校刊
春秋穀梁傳隱公第一 疏 春秋至第一○釋曰春秋者此書之大名傳之解經
隨條即釋故冠大名於上也名曰春秋者以史官
編年記事年有四時之序春先於夏秋先於冬故
舉春秋二字以包之賈逵云取法陰陽之中知不
然者以孝經云春秋祭祀以時思之豈是取法陰
陽之中故知非也玉藻云動則左史書之言則右
史書之左史所書春秋是也右史所書尚書是也
則春秋立名必是仲尼以往三代以來不審誰立
之耳仲尼所脩謂之經經者常也聖人大典可常
萬曆二十一年刊

春秋穀梁註疏二十卷　（晉）范甯集解　（唐）楊士勛疏　明萬曆二十一年（1593）刻十三經註疏本。四册。半頁九行二十一字，小字雙行同，白口，左右雙邊。框高23.8厘米、寬15.4厘米。廣東省立中山圖書館藏。

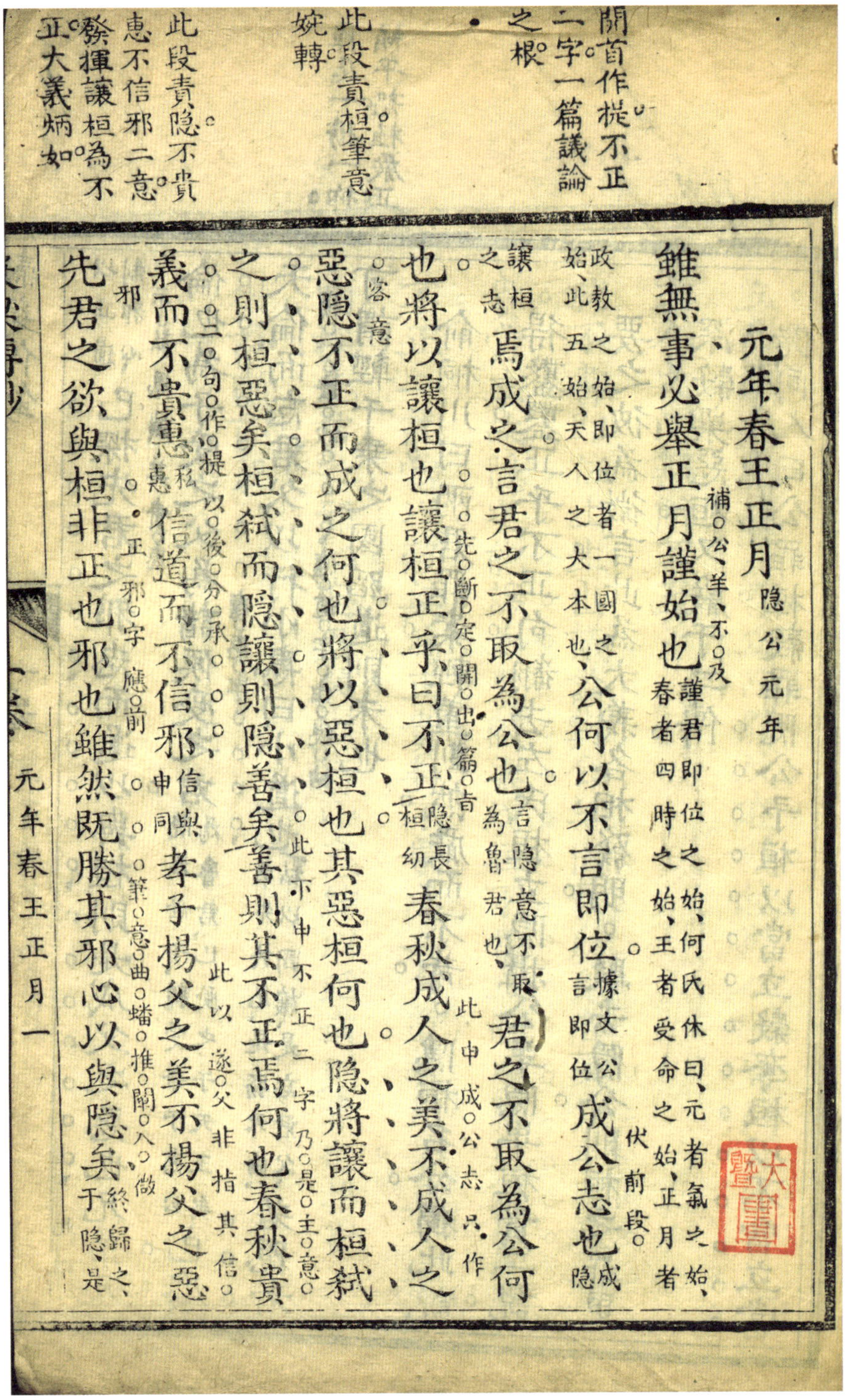

穀梁傳鈔一卷　（清）高嵣集評　清乾隆五十三年（1788）楊氏培元堂刻高梅亭讀書叢鈔本。一册。半頁九行二十五字，小字雙行同，白口，四周雙邊。框高21厘米、寬15.2厘米。暨南大學圖書館藏。

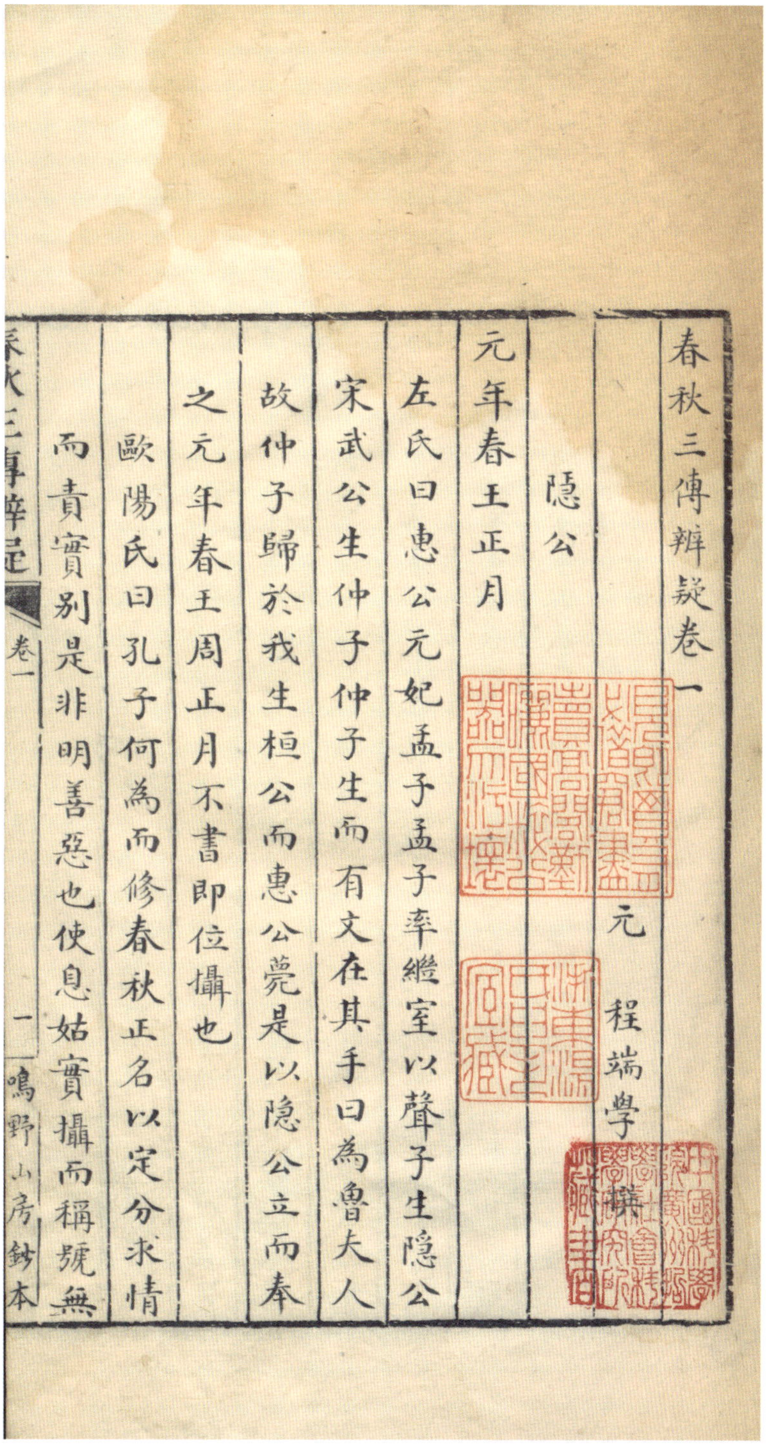

春秋三傳辨疑卷一

元　程端學　撰

隱公

元年春王正月

左氏曰惠公元妃孟子孟子卒繼室以聲子生隱公宋武公生仲子仲子生而有文在其手曰為魯夫人故仲子歸於我生桓公而惠公薨是以隱公立而奉之元年春王周正月不書即位攝也

歐陽氏曰孔子何為而修春秋正名以定分求情而責實別是非明善惡也使息姑實攝而稱號無

春秋三傳辨疑　卷一　一　鳴野山房鈔本

春秋三傳辨疑二十卷　（元）程端學撰　清沈氏鳴野山房鈔本。十九册。半頁十行二十一字，白口，四周單邊。框高19.1厘米、寬13.7厘米。廣東省社會科學院藏。

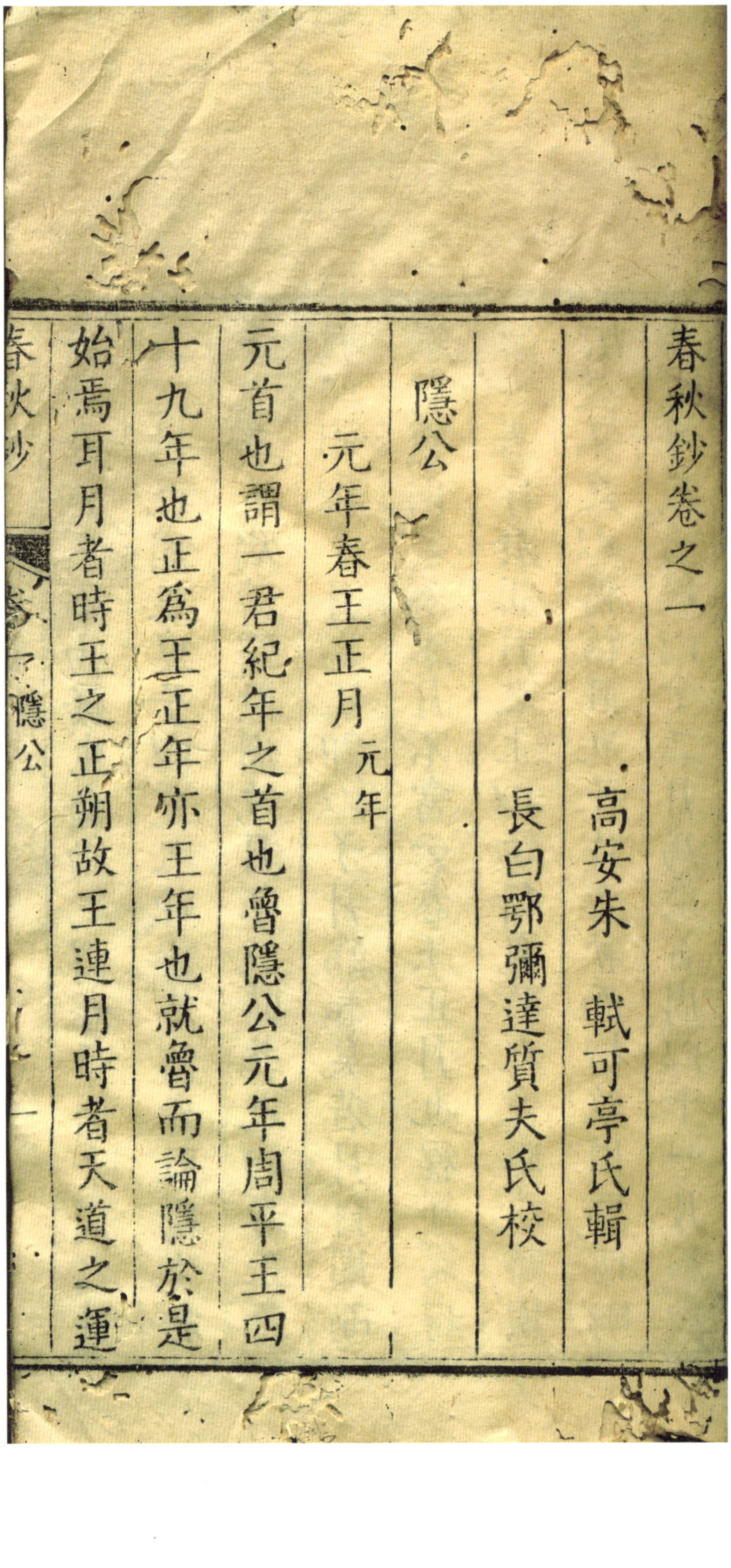

春秋鈔十卷首一卷　（清）朱軾輯　清乾隆元年（1736）刻本。二冊。半頁八行二十字，小字雙行同，白口，四周雙邊。框高19厘米、寬12.3厘米。暨南大學圖書館藏。

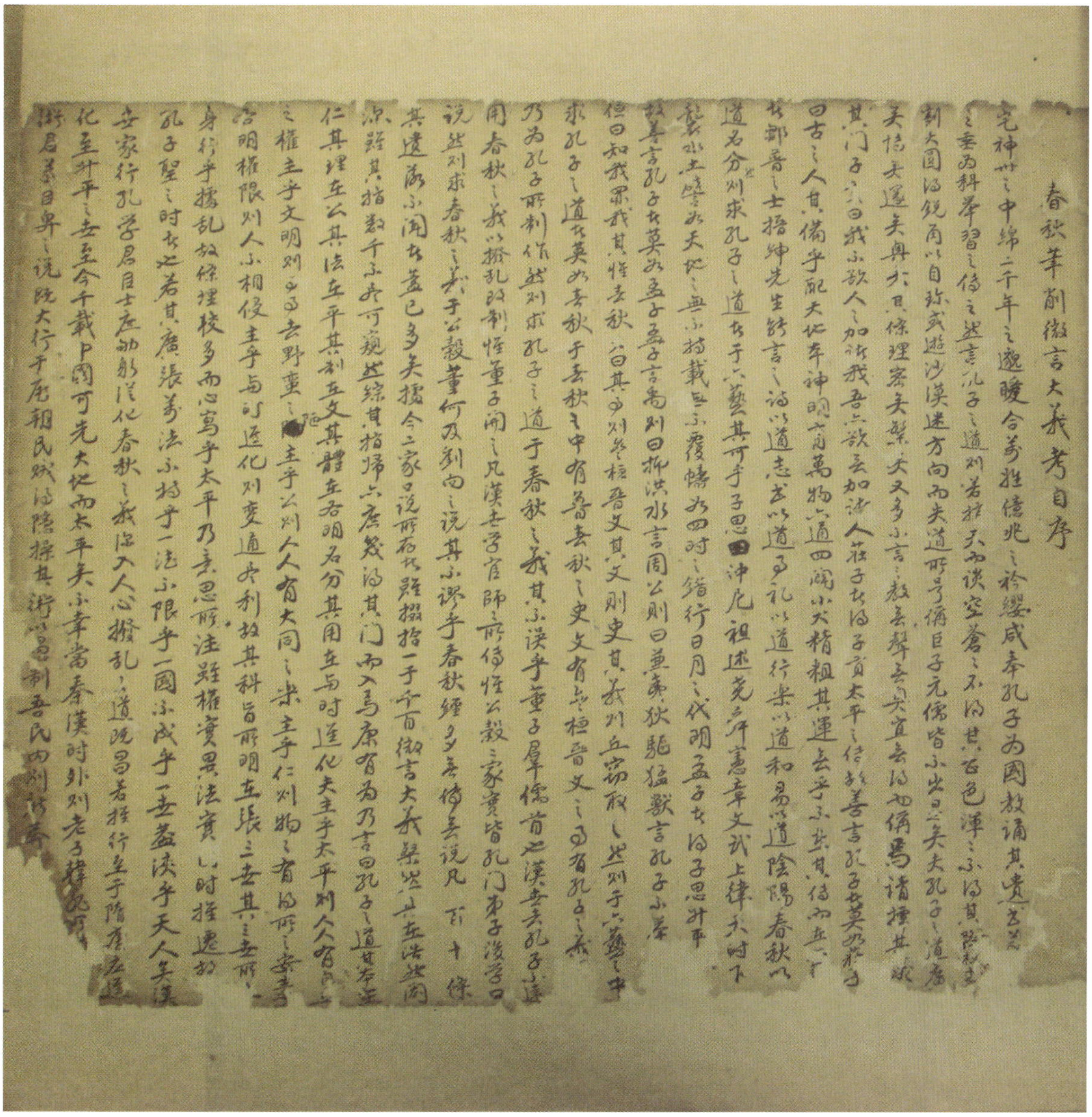
春秋筆削微言大義考自序

春秋筆削微言大義考十一卷　康有爲撰　稿本。存六卷（缺七至十一）。四册。廣東省立中山圖書館藏。國家名録號10114。

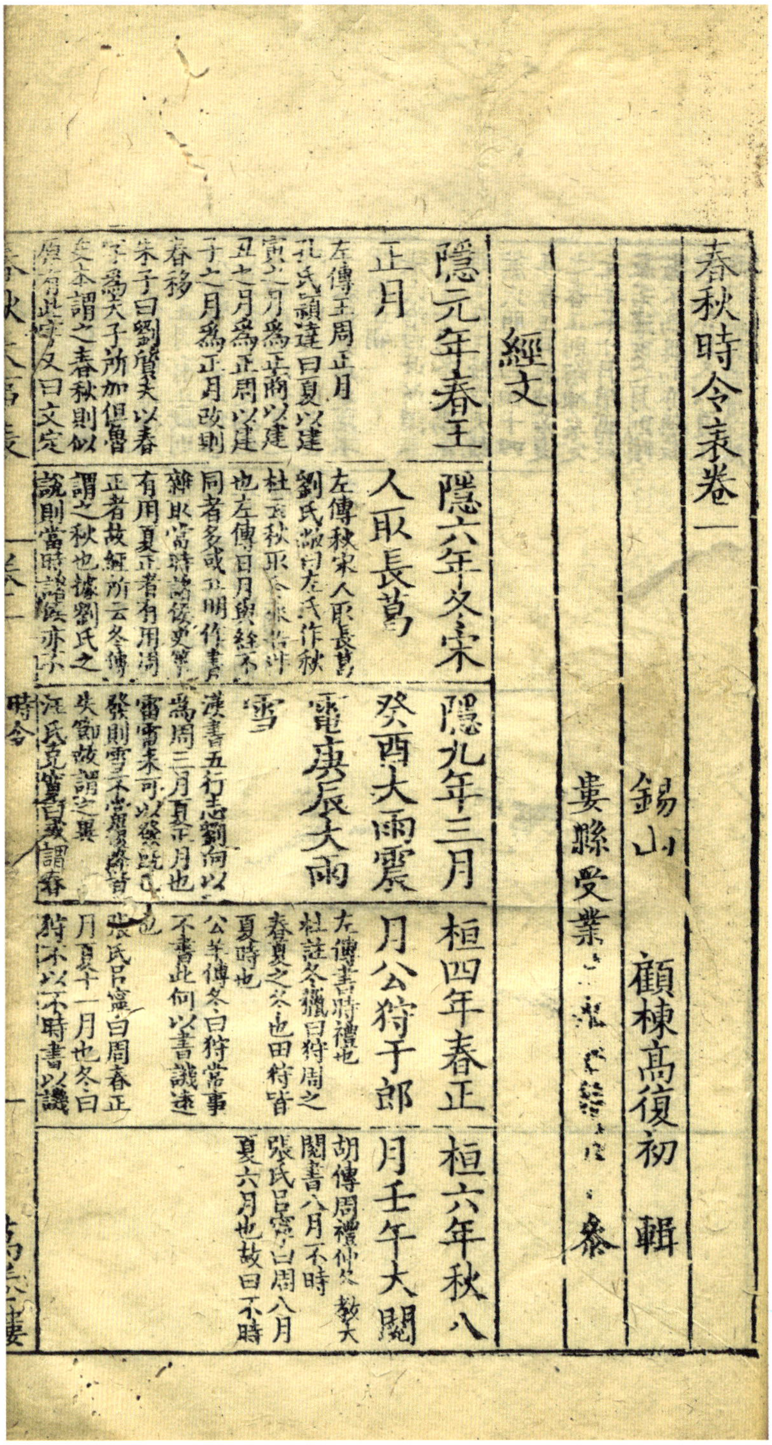
春秋時令表卷一

錫山　顧棟高復初　輯

經文

隱元年春王正月

隱六年冬宋人取長葛

隱九年三月癸酉大雨震電庚辰大雨雪

桓四年春正月公狩于郎

桓六年秋八月壬午大閱

春秋大事表五十卷春秋輿圖一卷附録一卷　（清）顧棟高輯　清乾隆錫山顧氏萬卷樓刻本。十五册。半頁行數字數不等，白口，四周單邊。框高21.7厘米、寬14.8厘米。暨南大學圖書館藏。

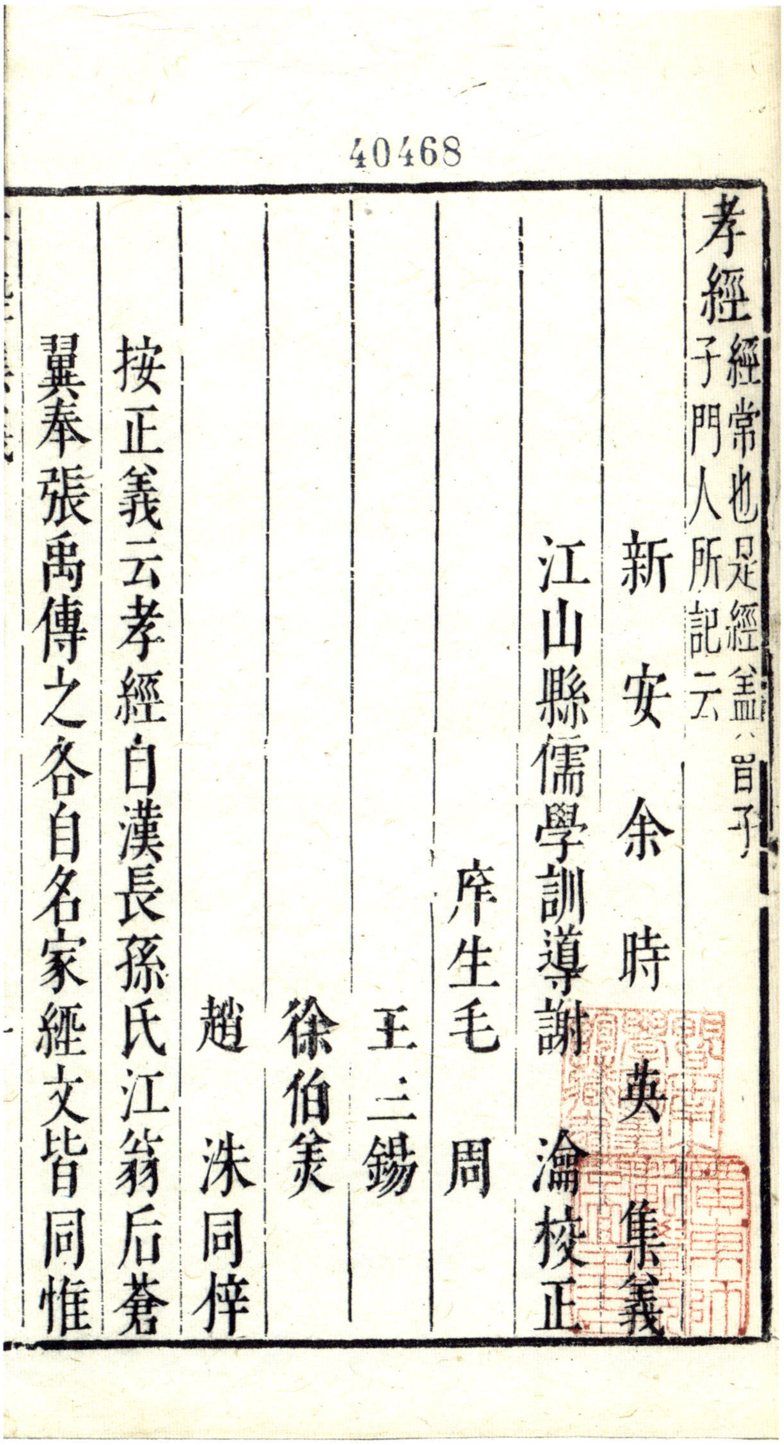

孝經經常也是經盖曾子門人所記云

新安余時英集義

江山縣儒學訓導謝　淪校正

庠生毛　周

王三錫

徐伯美

趙　洙同梓

按正義云孝經自漢長孫氏江翁后蒼

翼奉張禹傳之各自名家經文皆同惟

孝經集義一卷　（明）余時英撰　**孝經刊誤一卷**　（宋）朱熹撰　明天啓四年（1624）余紹祿等刻本。二册。半頁九行十七字，小字雙行同，白口，四周單邊。框高19.7厘米、寬13.5厘米。暨南大學圖書館藏。

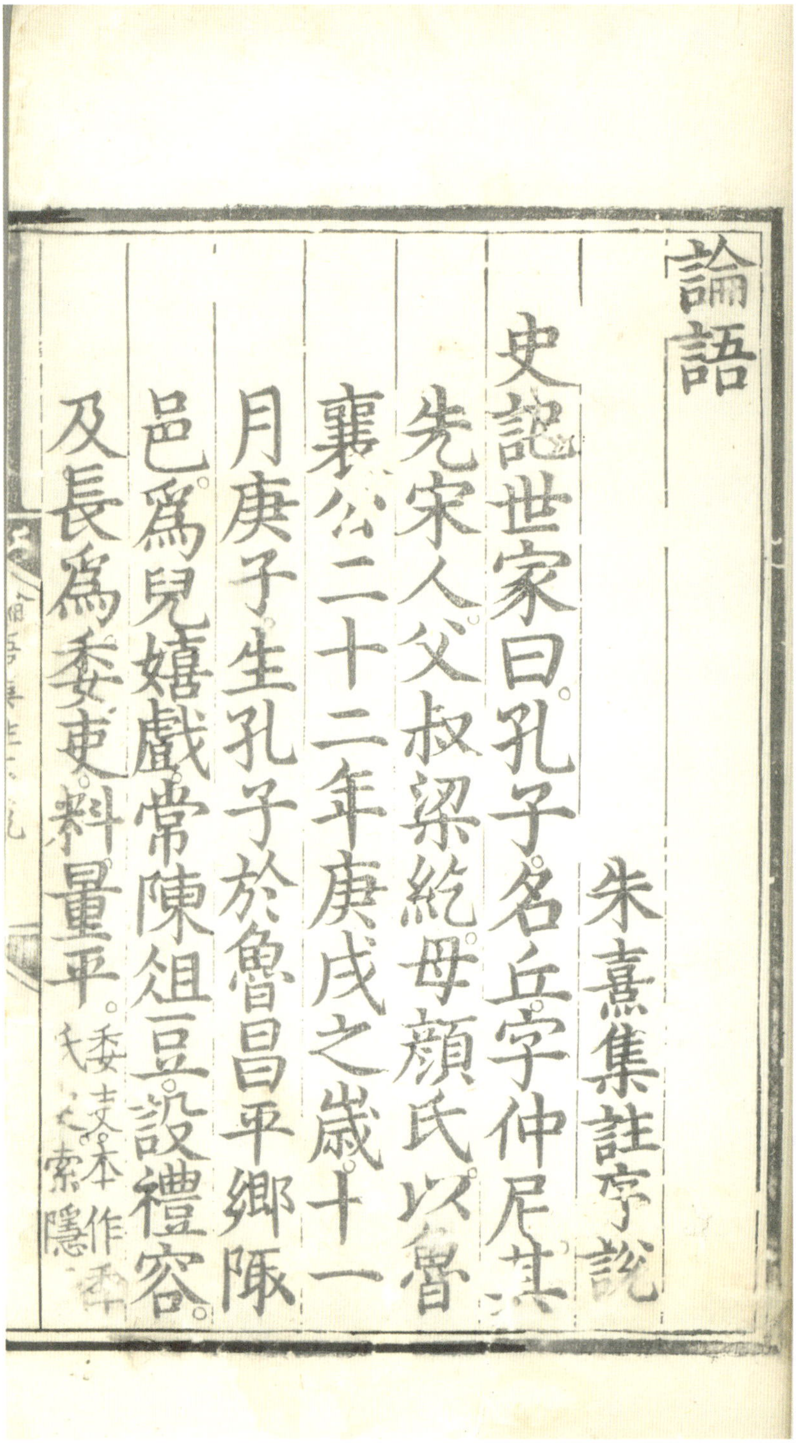

論語
朱熹集註序說
史記世家曰孔子名丘字仲尼其
先宋人父叔梁紇母顏氏以魯
襄公二十二年庚戌之歲十一
月庚子生孔子於魯昌平鄉陬
邑爲兒嬉戲常陳俎豆設禮容
及長爲委吏料量平委吏本作季氏史索隱

論語集註十卷序说一卷 （宋）朱熹撰　明刻本。存八卷（缺八至十）。三册。半頁八行十四字，小字雙行十八字，黑口，四周雙邊。框高22.3厘米、寬16.5厘米。廣東省立中山圖書館藏。

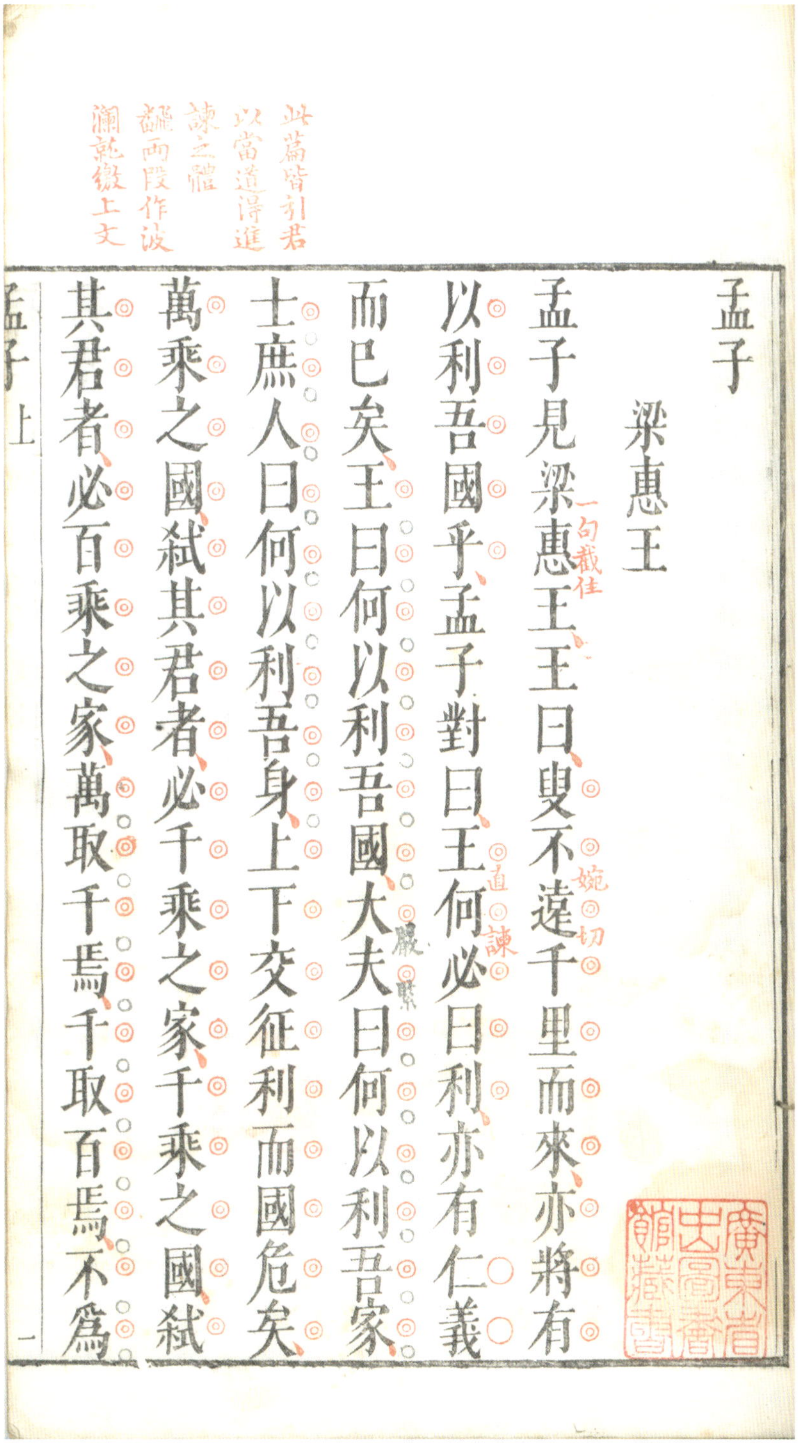

此篇皆引君
以當道滂進
諫之體
議兩段作波
瀾就繳上文

孟子

梁惠王

孟子見梁惠王一句截住王曰叟不遠千里而來亦將有
以利吾國乎孟子對曰王何必曰利亦有仁義
而已矣王曰何以利吾國大夫曰何以利吾家
士庶人曰何以利吾身上下交征利而國危矣
萬乘之國弑其君者必千乘之家千乘之國弑
其君者必百乘之家萬取千焉千取百焉不爲

婉切 直諫 嚴緊

孟子上 一

孟子二卷 題（宋）蘇洵批點 明萬曆四十五年（1617）閔齊伋刻三色套印三經評注本。二册。半頁八行十八字，白口，左右雙邊。框高20.7厘米、寬15.5厘米。廣東省立中山圖書館藏。

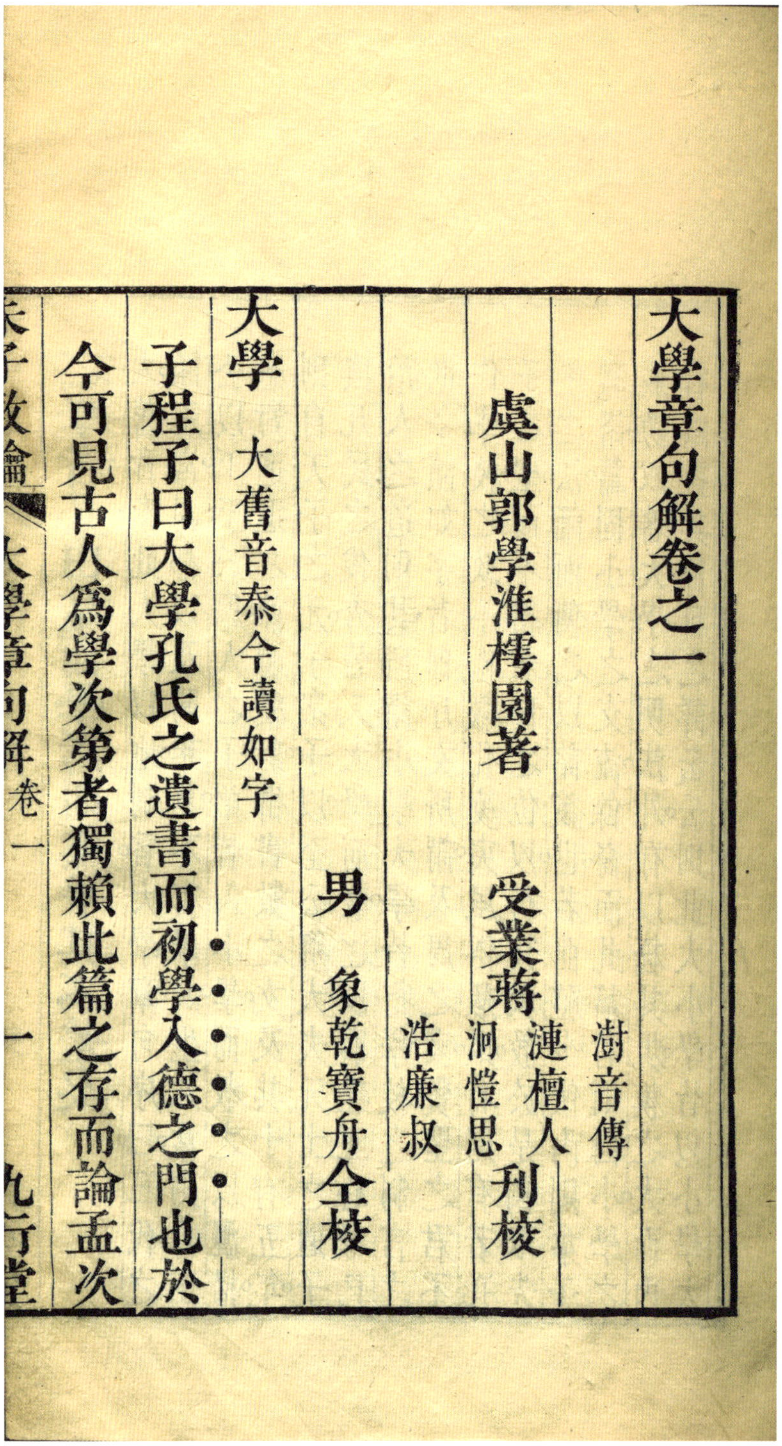
大學章句解卷之一
虞山郭學淮檇園著
澍音傳
受業蔣漣檀人
洞愷思刋校
浩廉叔
男 象乾寶舟仝校
大學 大舊音泰今讀如字
子程子曰大學孔氏之遺書而初學入德之門也於
今可見古人爲學次第者獨賴此篇之存而論孟次
大學章句解 卷一 一 九行堂

大學章句解三卷中庸章句解三卷 （清）郭學淮撰 清康熙五十四年（1715）九行堂刻本。四册。半頁八行二十一字，小字雙行同，白口，左右雙邊。框高19厘米、寬14.2厘米。暨南大學圖書館藏。

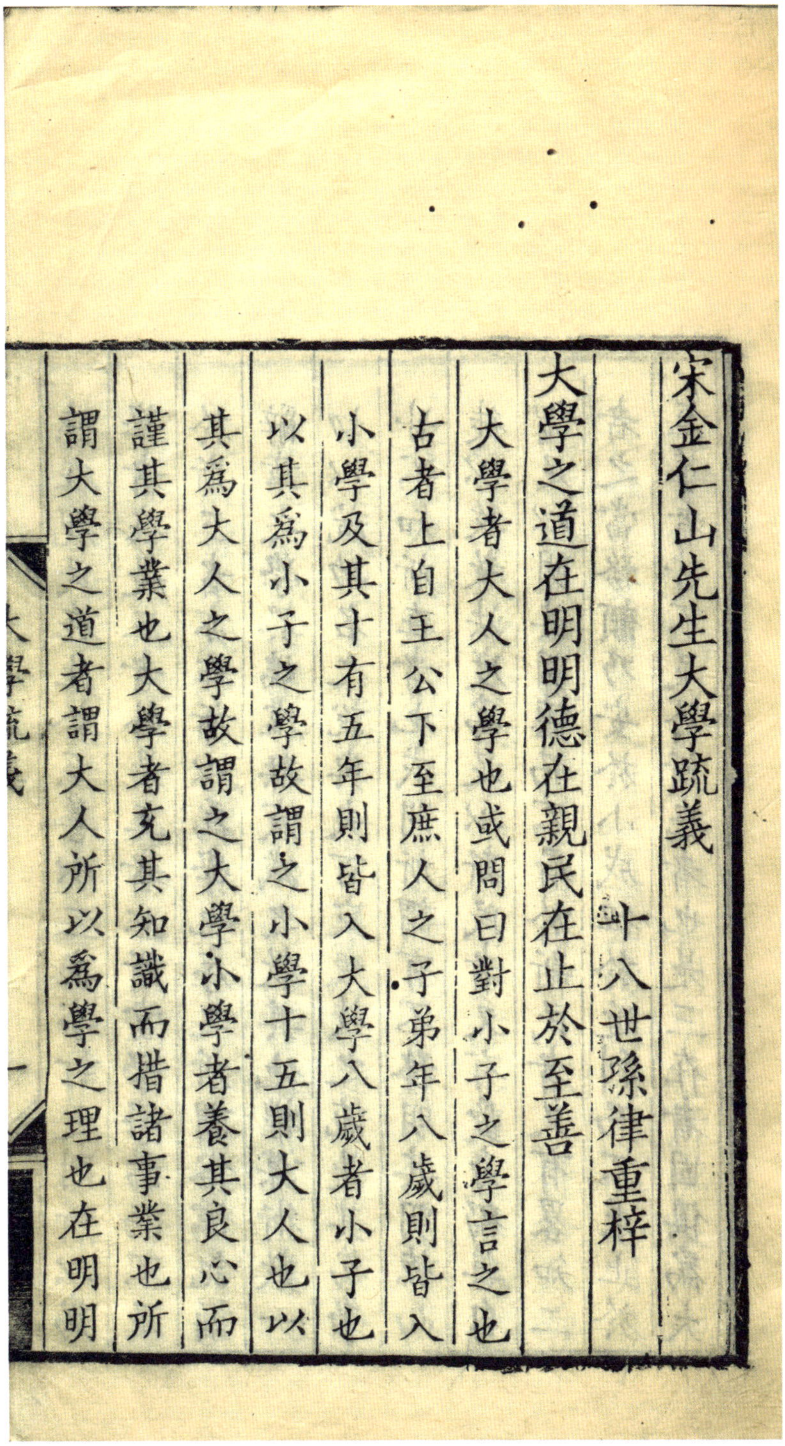
宋金仁山先生大學疏義
十八世孫律重梓
大學之道在明明德在親民在止於至善
大學者大人之學也或問曰對小子之學言之也
古者上自王公下至庶人之子弟年八歲則皆入
小學及其十有五年則皆入大學八歲者小子也
以其爲小子之學故謂之小學十五則大人也以
其爲大人之學故謂之大學小學者養其良心而
謹其學業也大學者充其知識而措諸事業也所
謂大學之道者謂大人所以爲學之理也在明明
大學疏義

宋金仁山先生大學疏義一卷　（宋）金履祥撰　清雍正五年（1727）刻率祖堂叢書本。一册。半頁十行二十字，小字雙行同，黑口，左右雙邊。框高17厘米、寬12.6厘米。暨南大學圖書館藏。

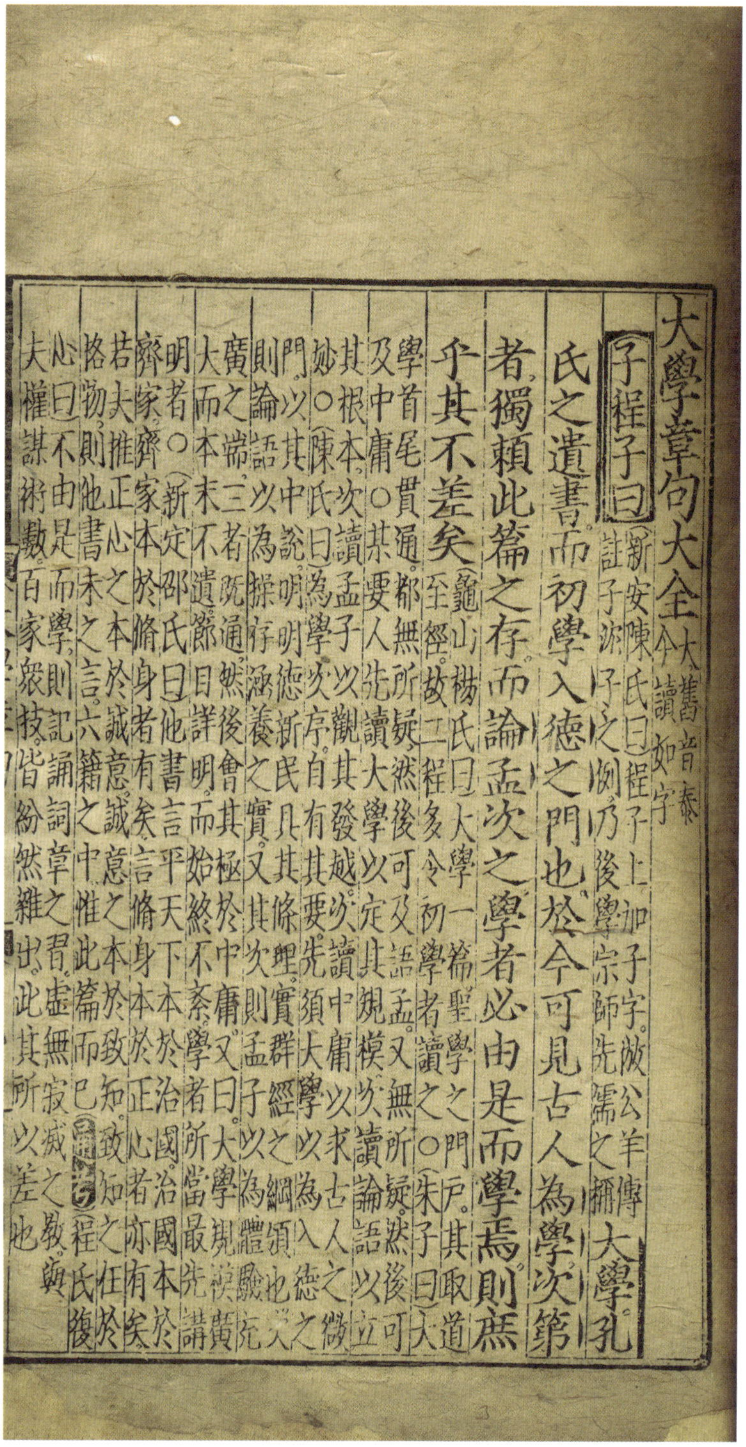

大學章句大全（大舊音泰今讀如字）

子程子曰（新安陳氏曰程子上加子字倣公羊傳註子沈子之例乃後學宗師先儒之稱）大學孔氏之遺書而初學入德之門也於今可見古人為學次第者獨賴此篇之存而論孟次之學者必由是而學焉則庶乎其不差矣（龜山楊氏曰大學一篇聖學之門戶其取道至徑故二程多令初學者讀之○朱子曰大學首尾貫通都無所疑然後可及語孟又無所疑然後可及中庸○其要人先讀大學以定其規模次讀論語以立其根本次讀孟子以觀其發越次讀中庸以求古人之微妙○陳氏曰為學次序自有其要先須大學以為入德之門以其中說明明德新民凡其條理實群經之綱領也次則論語以為操存涵養之實又其次則孟子以為體驗充廣之端三者既通然後會其極於中庸又曰大學規模廣大而本末不遺節目詳明而始終不紊學者所當最先講明者○新定邵氏曰他書言平天下本於治國治國本於齊家齊家本於脩身者有矣言脩身本於正心者亦有矣若夫推正心之本於誠意誠意之本於致知致知之在於格物則他書未之言六籍之中惟此篇而已○[illegible]程氏復心曰不由是而學則記誦詞章之習虛無寂滅之教與夫權謀術數百家衆技皆紛然雜出此其所以差也

四書集註大全四十二卷　（明）胡廣等輯　明刻本。十八册。半頁十二行二十三字，小字雙行同，黑口，四周雙邊。框高19.8厘米、寬13.2厘米。暨南大學圖書館藏。

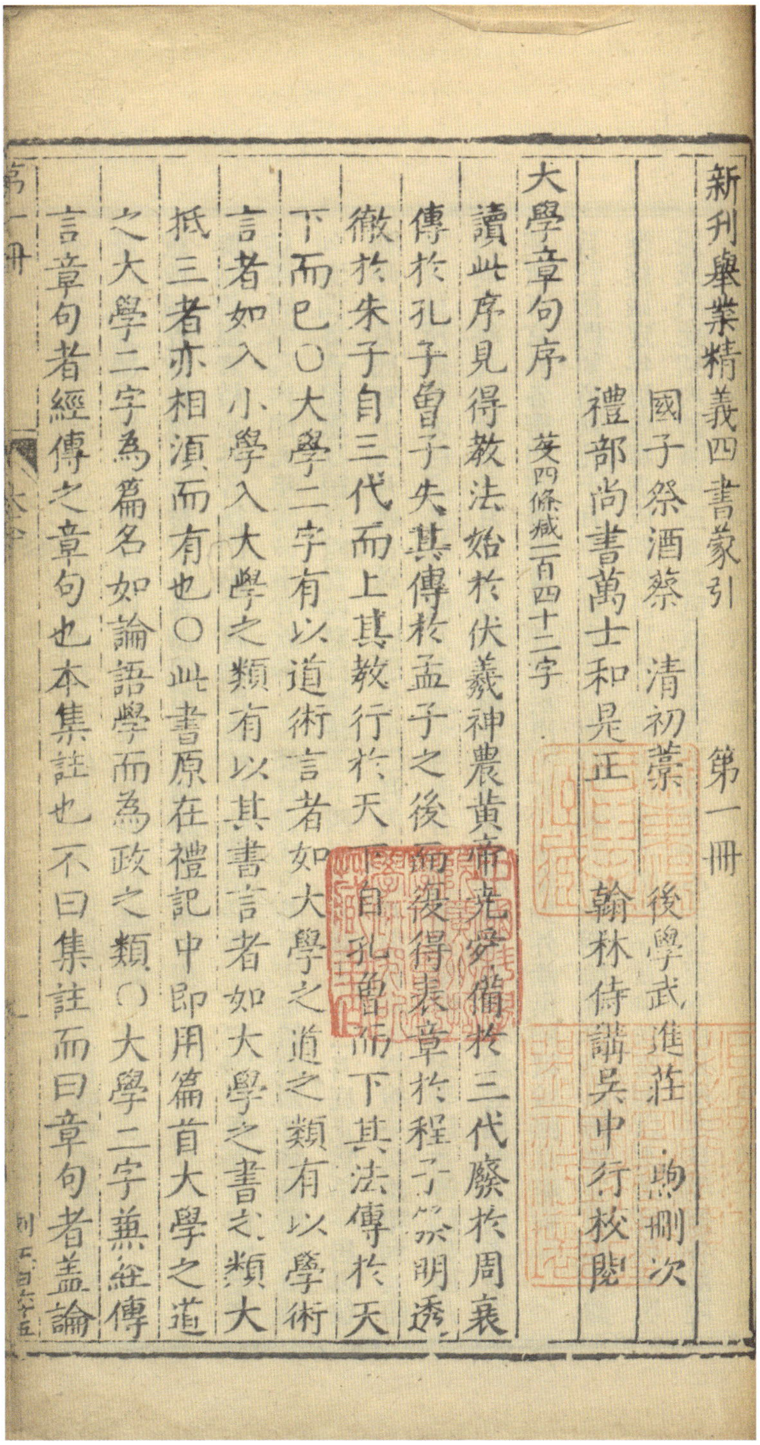
新刊舉業精義四書蒙引　第一冊
國子祭酒蔡　清初藁　後學武進莊　煦刪次
禮部尚書萬士和昰正　翰林侍講吳中行校閲
大學章句序　凡四條減二百四十二字
讀此序見得教法始於伏羲神農黃帝堯舜備於三代㢘於周衰
傳於孔子曾子失其傳於孟子之後而復得表章於程子發明透
徹於朱子自三代而上其教行於天下自孔曾而下其法傳於天
下而已○大學二字有以道術言者如大學之道之類有以學術
言者如入小學入大學之類有以其書言者如大學之書之類大
抵三者亦相須而有也○此書原在禮記中即用篇首大學之道
之大學二字為篇名如論語學而為政之類○大學二字兼經傳
言章句者經傳之章句也本集註也不曰集註而曰章句者盖論

新刊舉業精義四書蒙引十五卷　（明）蔡清撰　**王孚齋先生繙閲四書索引別録一卷**　（明）莊煦輯　明刻本。二十八册。半頁十二行二十六字，白口，四周雙邊。框高19.6厘米、寬12.2厘米。廣東省社會科學院藏。

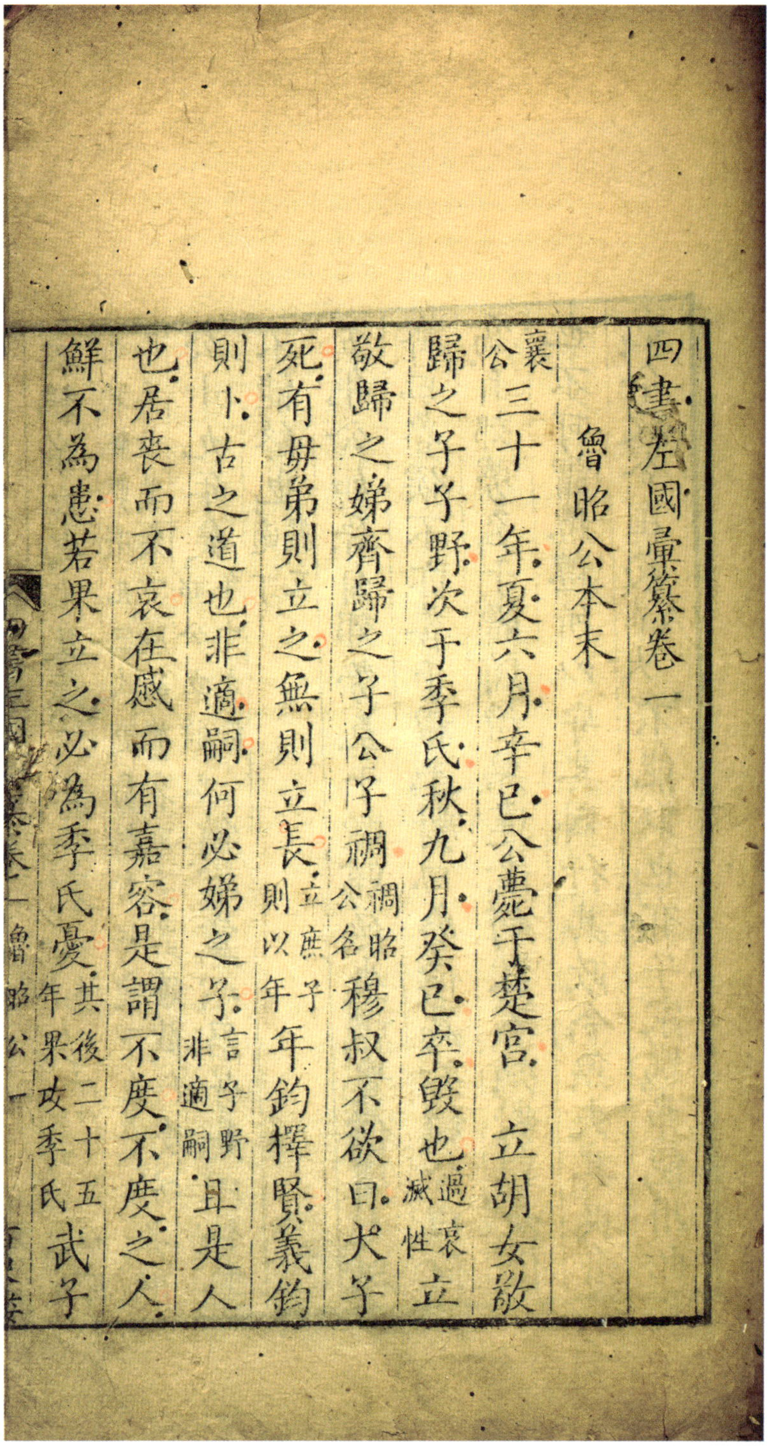
四書左國彙纂卷一
魯昭公本末
襄公三十一年夏六月辛巳公薨于楚宮 立胡女敬
歸之子子野次于季氏秋九月癸巳卒毀也過哀滅性立
敬歸之娣齊歸之子公子裯裯昭公名穆叔不欲曰大子
死有母弟則立之無則立長立庶子則以年年鈞擇賢義鈞
則卜古之道也非適嗣何必娣之子言子野非適嗣且是人
也居喪而不哀在慼而有嘉容是謂不度不度之人
鮮不為患若果立之必為季氏憂其後二十五年果攵季氏武子

四書左國彙纂四卷　（清）高其名　鄭師成輯　清乾隆三十九年（1774）百尺樓刻本。二册。半頁九行二十字，小字雙行同，白口，左右雙邊。框高17厘米、寬12.5厘米。暨南大學圖書館藏。

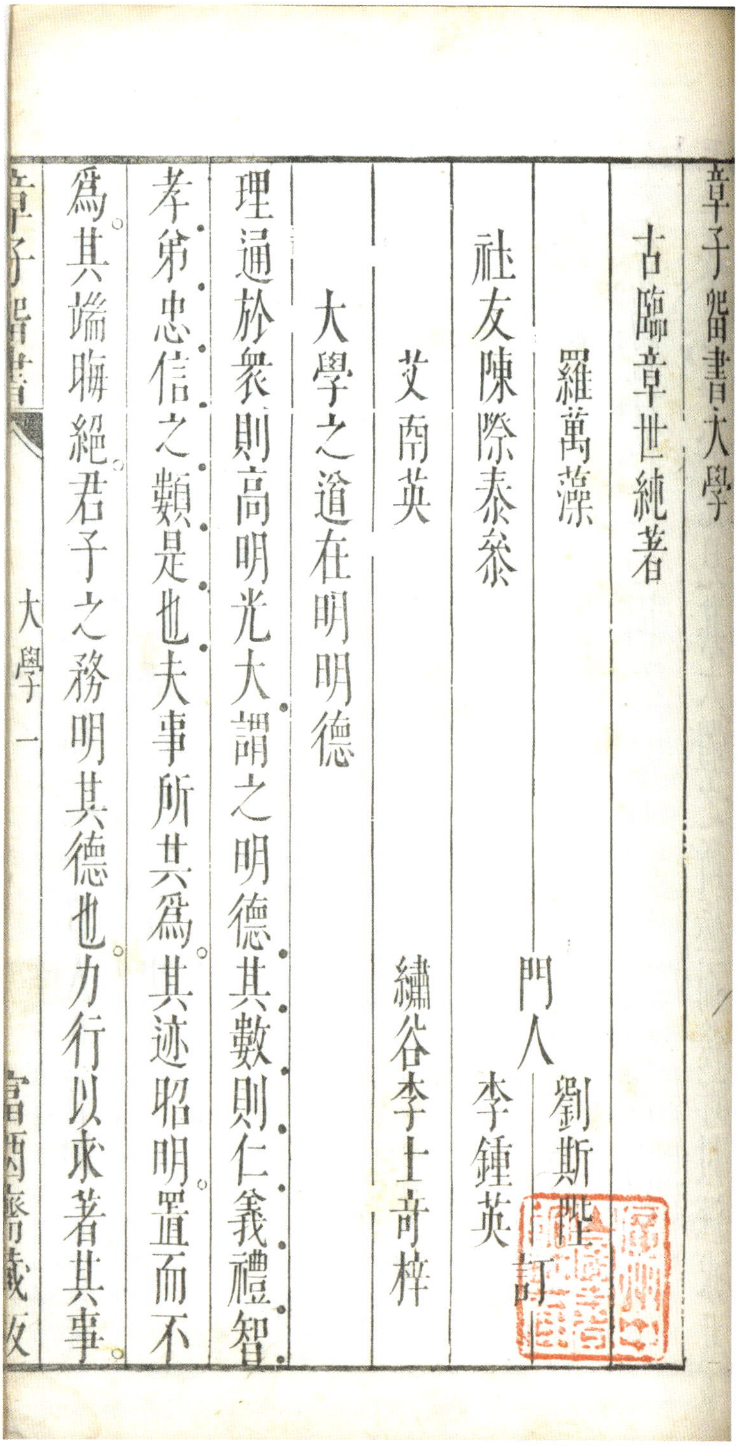
章子留書大學
古臨章世純著
羅萬藻
社友陳際泰
艾南英
門人劉斯陞
李鍾英訂
繡谷李士奇梓
大學之道在明明德
理通於衆則高明光大謂之明德其數則仁義禮智孝弟忠信之類是也夫事所共爲其迹昭明置而不爲其端晦絕君子之務明其德也力行以求著其事
章子留書　大學　一　富西齋藏板

章子留書六卷　（明）章世純撰　明末富西齋刻本。四册。半頁九行二十字，白口，四周單邊。框高21.5厘米、寬14厘米。廣東省立中山圖書館藏。

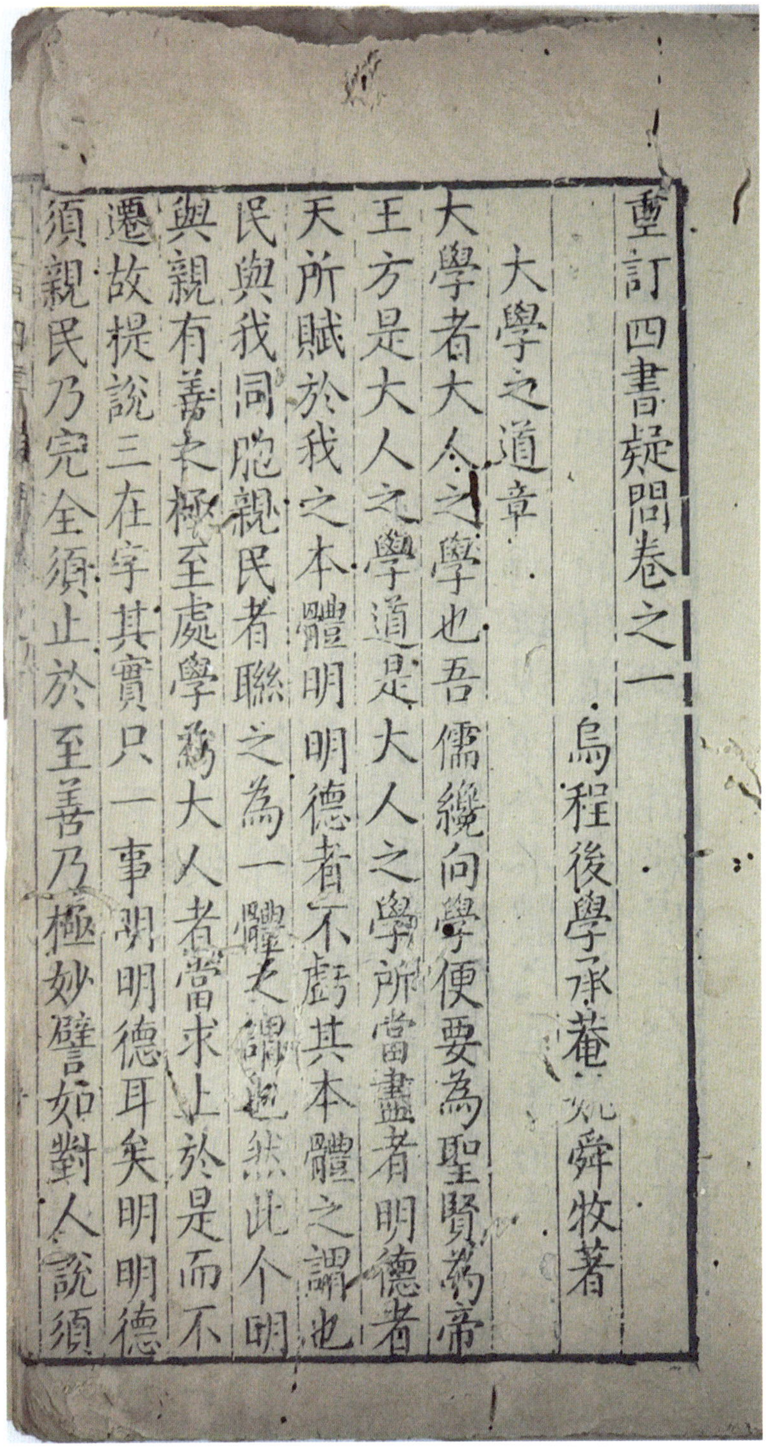

重訂四書疑問十一卷 （明）姚舜牧撰 明萬曆四十五年（1617）六經堂刻本。存八卷（缺九至十一）。四册。半頁十行二十字，白口，四周單邊。框高20.7厘米、寬12.2厘米。汕頭市金山中學藏。

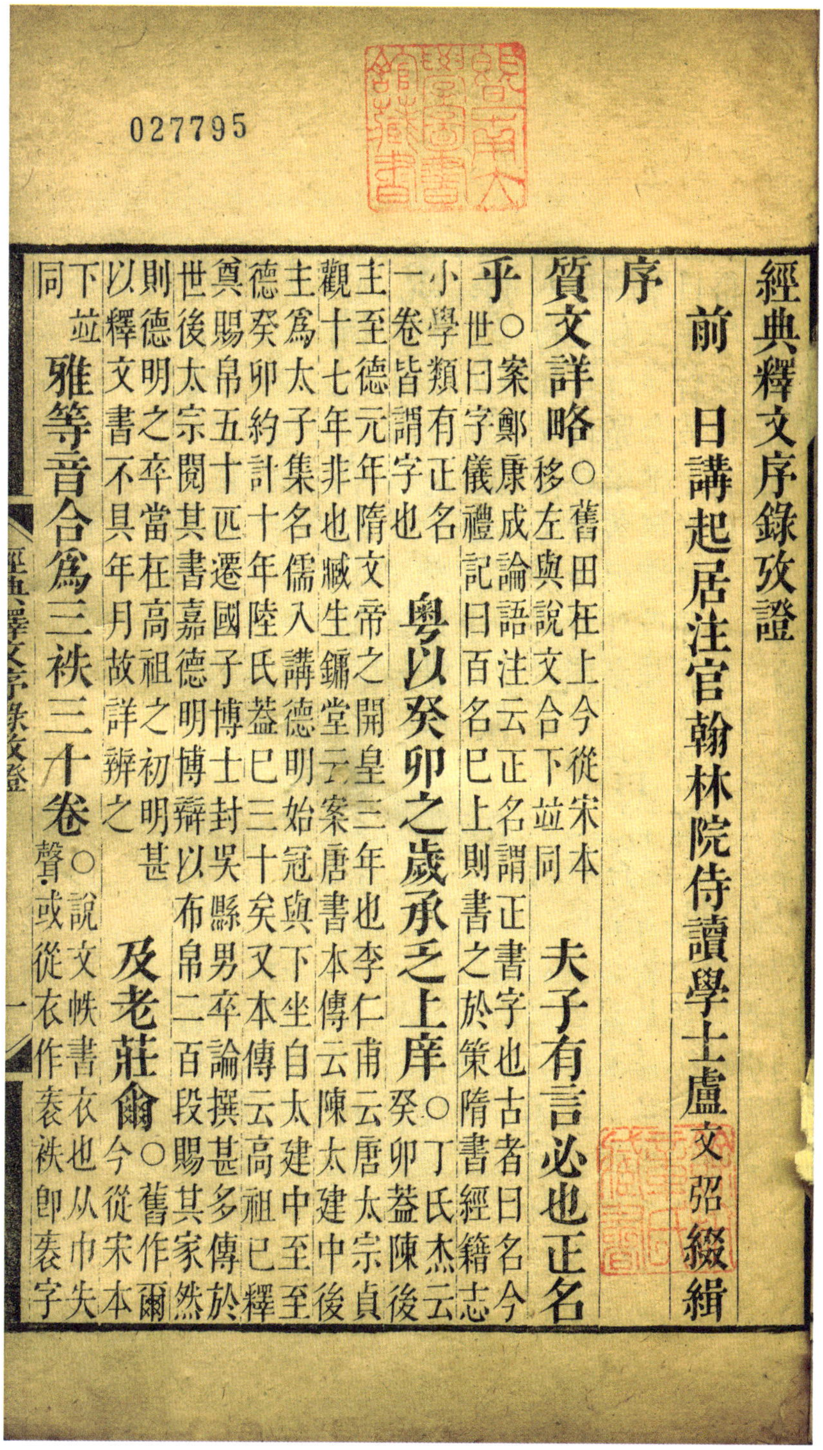
經典釋文序錄攷證

前 日講起居注官翰林院侍讀學士盧文弨緝

序

質文詳略○舊田在上今從宋本移左與說文合下竝同 夫子有言必也正名乎○案鄭康成論語注云正名謂正書字也古者曰名今世曰字儀禮記曰百名巳上則書之於策隋書經籍志小學類有正名一卷皆謂字也 粵以癸卯之歲承乏上庠○丁氏杰云癸卯蓋陳後主至德元年隋文帝之開皇三年也李仁甫云唐太宗貞觀十七年非也臧生鏞堂云案唐書本傳云陳太建中後主爲太子集名儒入講德明始冠與下坐自太建中至至德癸卯約計十年陸氏蓋已三十矣又本傳云高祖已釋奠賜帛五十匹遷國子博士封吳縣男卒論撰甚多傳於世後太宗閱其書嘉德明博辯以布帛二百段賜其家然則德明之卒當在高祖之初明甚以釋文書不具年月故詳辨之 及老莊尒○舊作爾今從宋本下竝同 雅等音合爲三袟三十卷○說文帙書衣也从巾失聲或從衣作袠袟即袠字

經典釋文序錄攷證 一

經典釋文三十卷序録攷證三十卷 （唐）陸德明撰 （清）盧文弨輯 清乾隆五十六年（1791）常州龍城書院刻本。十二册。半頁十一行二十二字，小字雙行同，黑口，四周單邊。框高19.2厘米、寬14.5厘米。暨南大學圖書館藏。

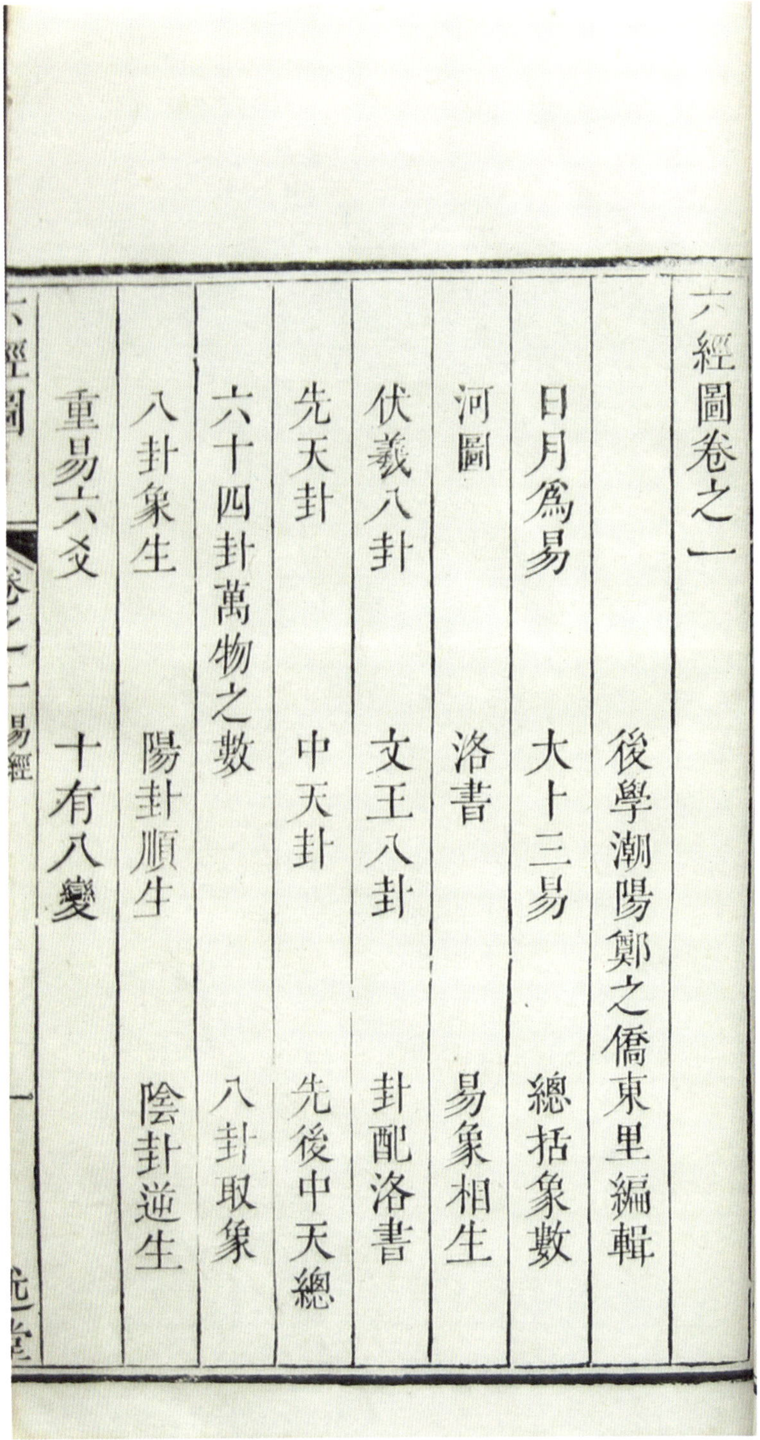

六經圖卷之一
後學潮陽鄭之僑東里編輯
日月爲易　大卜三易　總括象數
河圖　洛書　易象相生
伏羲八卦　文王八卦　卦配洛書
先天卦　中天卦　先後中天總
六十四卦萬物之數　八卦取象
八卦象生　陽卦順生　陰卦逆生
重易六爻　十有八變

六經圖　卷之一　易經　一　述堂

六經圖二十四卷　（清）鄭之僑輯　清乾隆九年（1744）述堂刻本。存二十二卷（缺九至十）。十一册。半頁九行二十二字，小字雙行同，白口，四周雙邊。框高20.7厘米、寬14.5厘米。汕頭市圖書館藏。

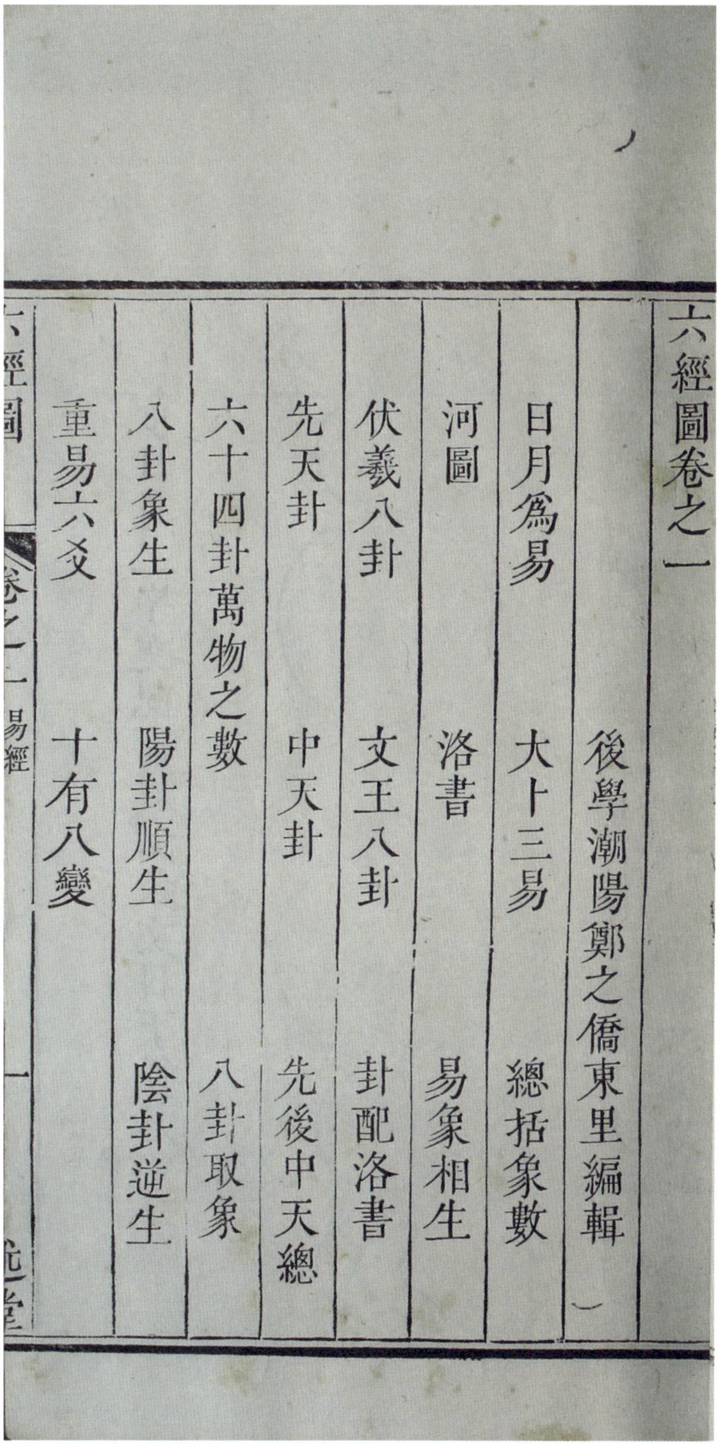
六經圖卷之一
後學潮陽鄭之僑東里編輯
日月爲易　大十三易　總括象數
河圖　洛書　易象相生
伏羲八卦　文王八卦　卦配洛書
先天卦　中天卦　先後中天總
六十四卦萬物之數　八卦取象
八卦象生　陽卦順生　陰卦逆生
重易六爻　十有八變

六經圖　卷之一　易經　一　述堂

六經圖二十四卷　（清）鄭之僑輯　清乾隆九年（1744）述堂刻本。十二册。半頁九行二十二字，小字雙行同，白口，四周雙邊。框高20.8厘米、寬14.5厘米。梅州市劍英圖書館藏。

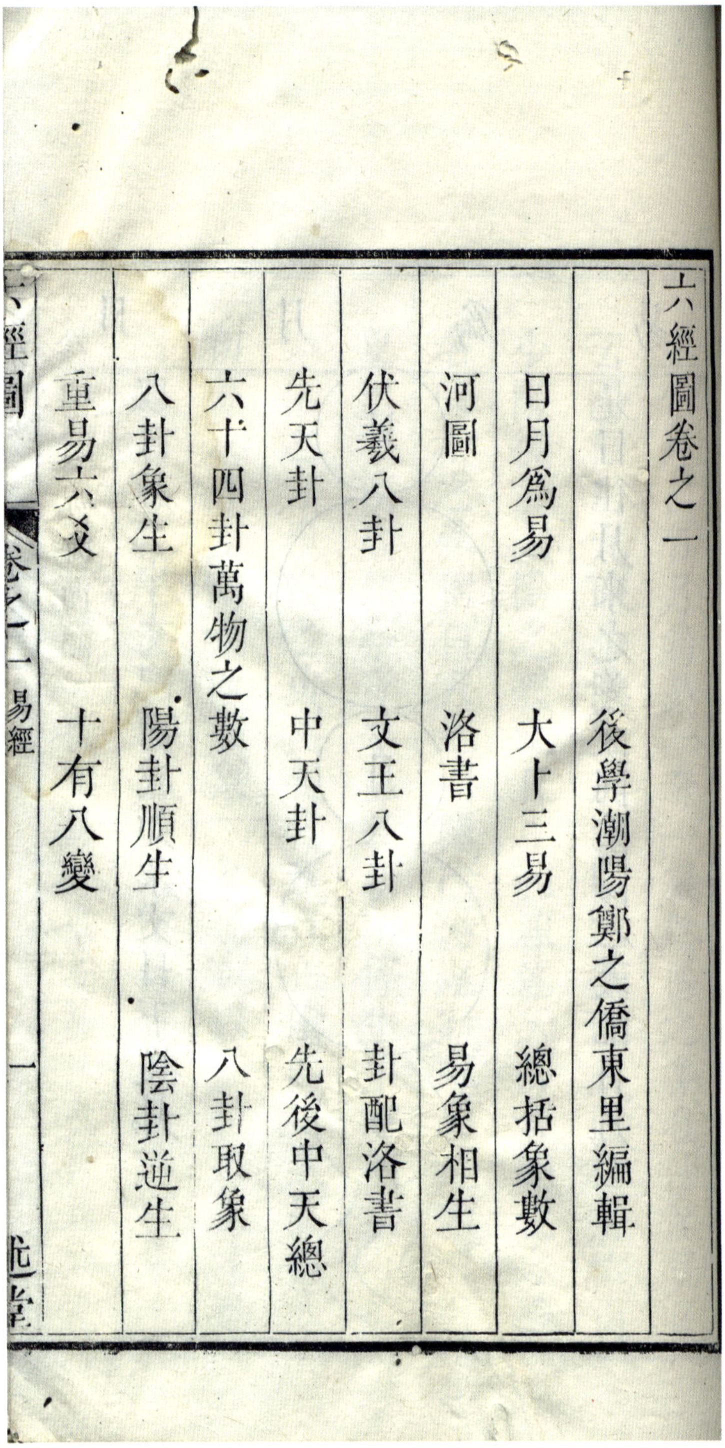

六經圖卷之一　　後學潮陽鄭之僑東里編輯

日月爲易　大卜三易　總括象數

河圖　洛書　易象相生

伏羲八卦　文王八卦　卦配洛書

先天卦　中天卦　先後中天總

六十四卦萬物之數　八卦取象

八卦象生　陽卦順生　陰卦逆生

重易六爻　十有八變

六經圖　卷之一　易經　一　述堂

六經圖二十四卷　（清）鄭之僑輯　清乾隆九年（1744）述堂刻本。十二册。半頁九行二十二字，小字雙行同，白口，四周雙邊。框高20.9厘米、寬14.5厘米。暨南大學圖書館藏。

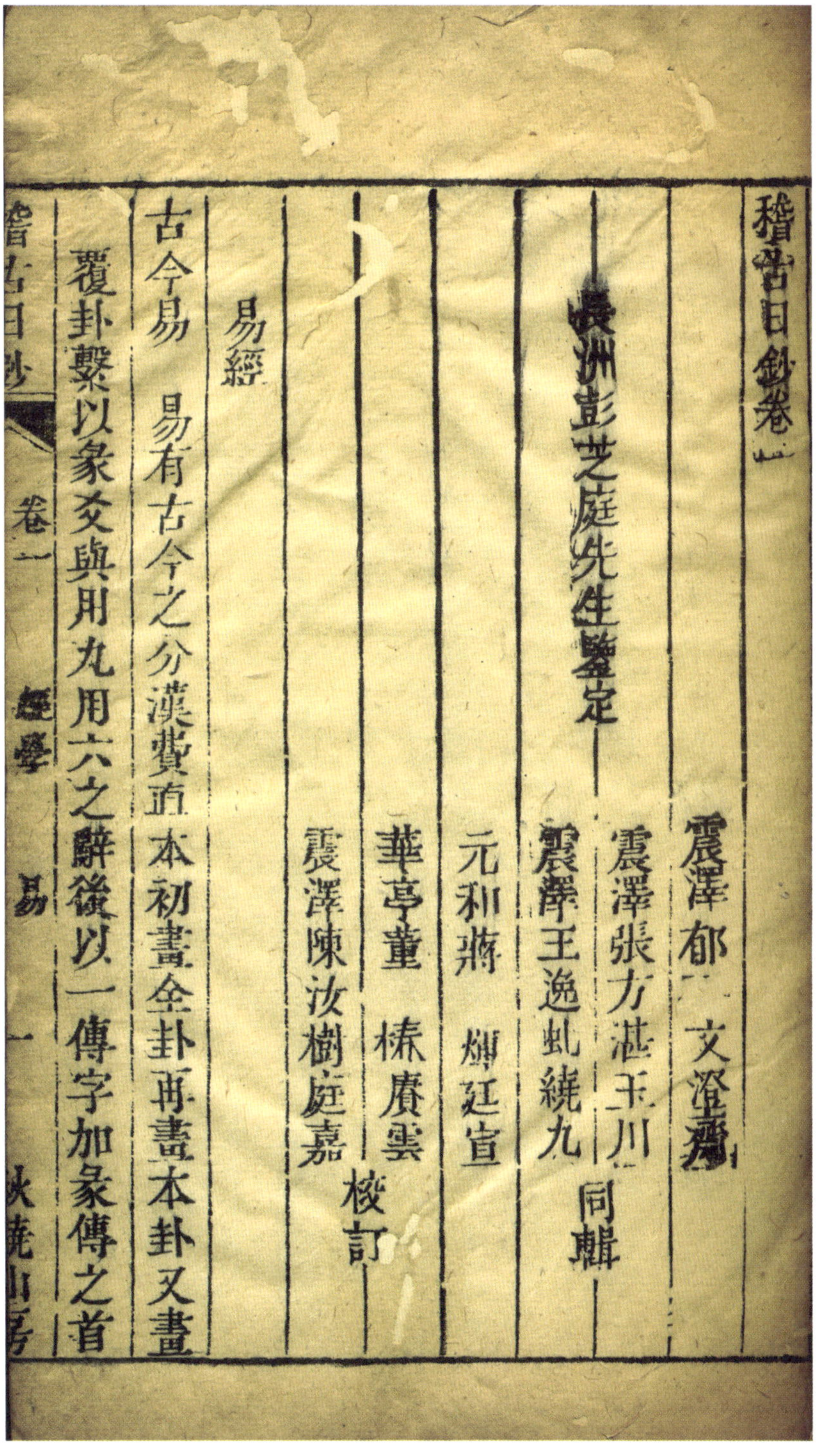
稽古日鈔卷一

長洲彭芝庭先生鑒定

震澤郁□ 文澄爲

震澤張方湛玉川 同輯

震澤王逸虬繞九

元和蔣 燀廷宣

華亭董 榛賡雲 校訂

震澤陳汝樹庭嘉

易經

古今易 易有古今之分漢費直本初畫全卦再畫本卦又畫覆卦繫以象爻與用九用六之辭後以一傳字加彖傳之首

稽古日鈔 卷一 經學 易 一 秋曉山房

稽古日鈔八卷 （清）張方湛等輯 清乾隆二十九年（1764）秋曉山房刻本。二册。半頁十行二十四字，小字雙行同，白口，左右雙邊。框高17.6厘米、寬11.4厘米。暨南大學圖書館藏。

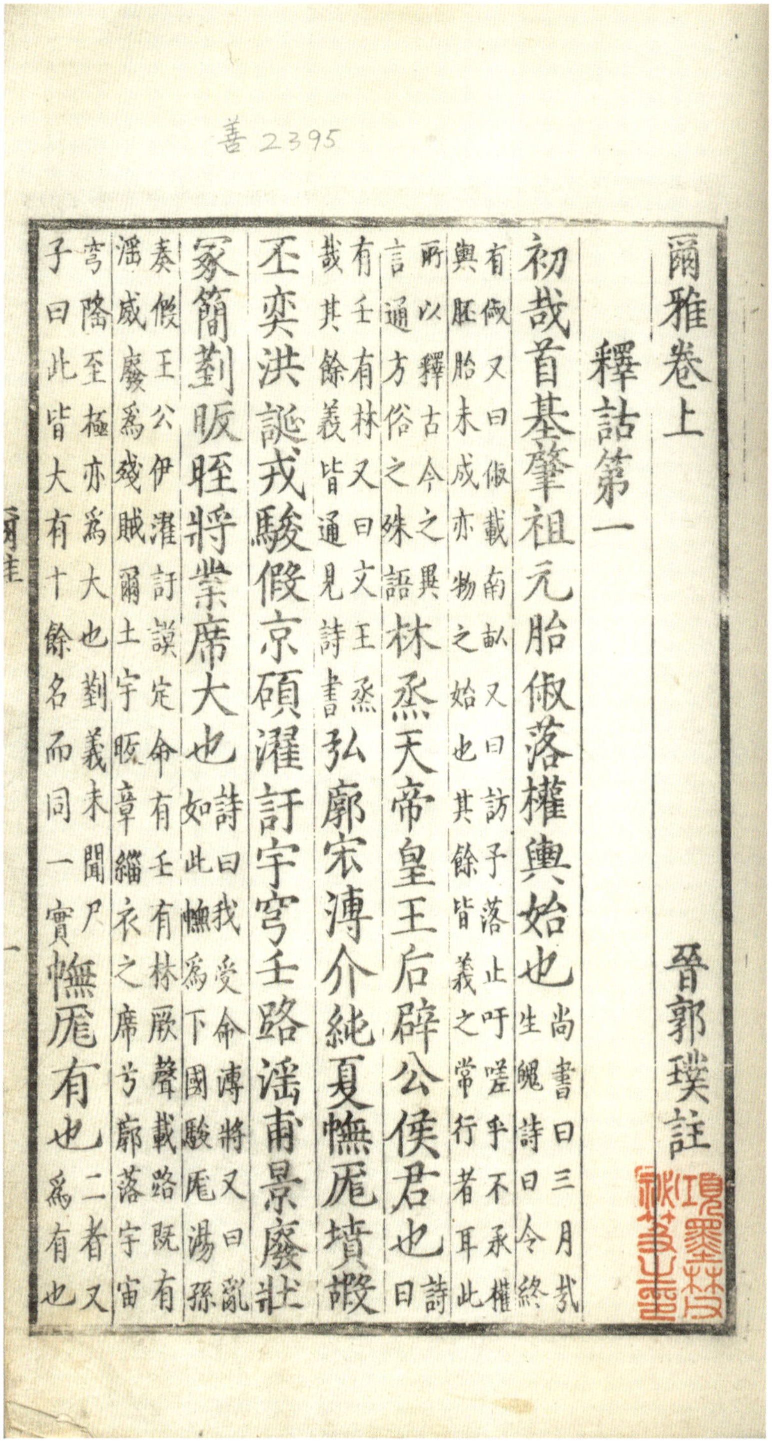

爾雅卷上　　　晉郭璞註
釋詁第一
初哉首基肇祖元胎俶落權輿始也尚書曰三月哉生魄詩曰令終有俶又曰俶載南畝又曰訪予落止吁嗟乎不承權輿胚胎未成亦物之始也其餘皆義之常行者耳此所以釋古今之異言通方俗之殊語
林烝天帝皇王后辟公侯君也詩曰有壬有林又曰文王烝哉其餘義皆通見詩書
弘廓宏溥介純夏幠厖墳嘏丕奕洪誕戎駿假京碩濯訏宇穹壬路淫甫景廢壯冢簡箌昄晊將業席大也詩曰我受命溥將又曰亂如此幠爲下國駿厖湯孫奏假王公伊濯訏謨定命有壬有林厥聲載路既有淫威廢爲殘賊爾土宇昄章緇衣之席兮廓落宇宙穹隆至極亦爲大也箌義未聞尸子曰此皆大有十餘名而同一實
幠厖有也二者又爲有也

爾雅二卷音釋二卷　（晉）郭璞注　明刻本。二册。半頁十行二十字，小字雙行同，白口，四周單邊。框高22.4厘米、寬14.8厘米。廣東省立中山圖書館藏。國家名録號10132。

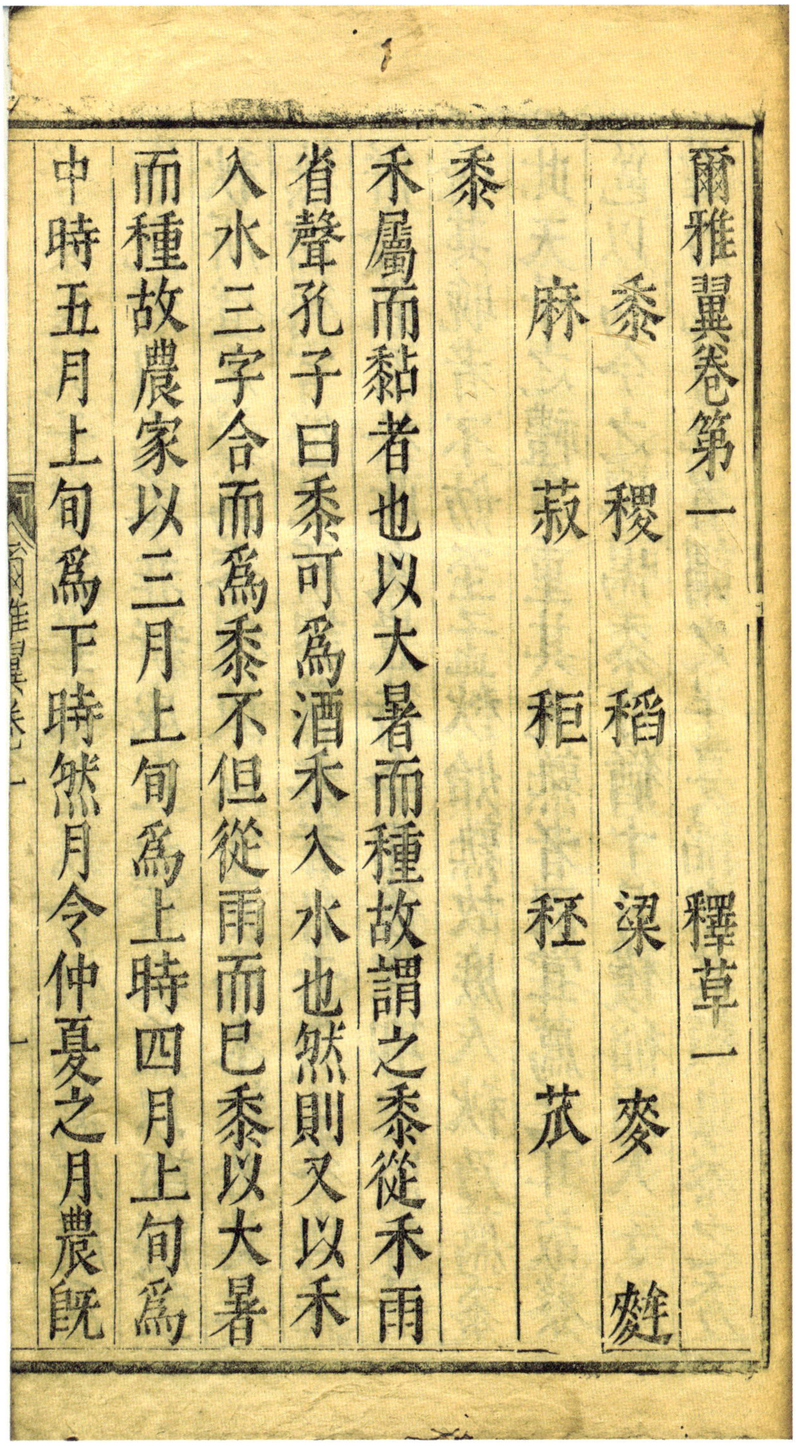

爾雅翼卷第一　　釋草一

黍　稷　稻　粱　麥　麰

麻　菽　秬　秠　苽

黍

禾屬而黏者也以大暑而種故謂之黍從禾雨省聲孔子曰黍可爲酒禾入水也然則又以禾入水三字合而爲黍不但從雨而已黍以大暑而種故農家以三月上旬爲上時四月上旬爲中時五月上旬爲下時然月令仲夏之月農既

爾雅翼三十二卷　（宋）羅願撰　（元）洪焱祖音釋　明萬曆三十三年（1605）羅文瑞刻天啓至崇禎羅朗遞修本。六册。半頁九行十八字，小字雙行同，白口，四周雙邊。框高23.8厘米、寬14.9厘米。暨南大學圖書館藏。

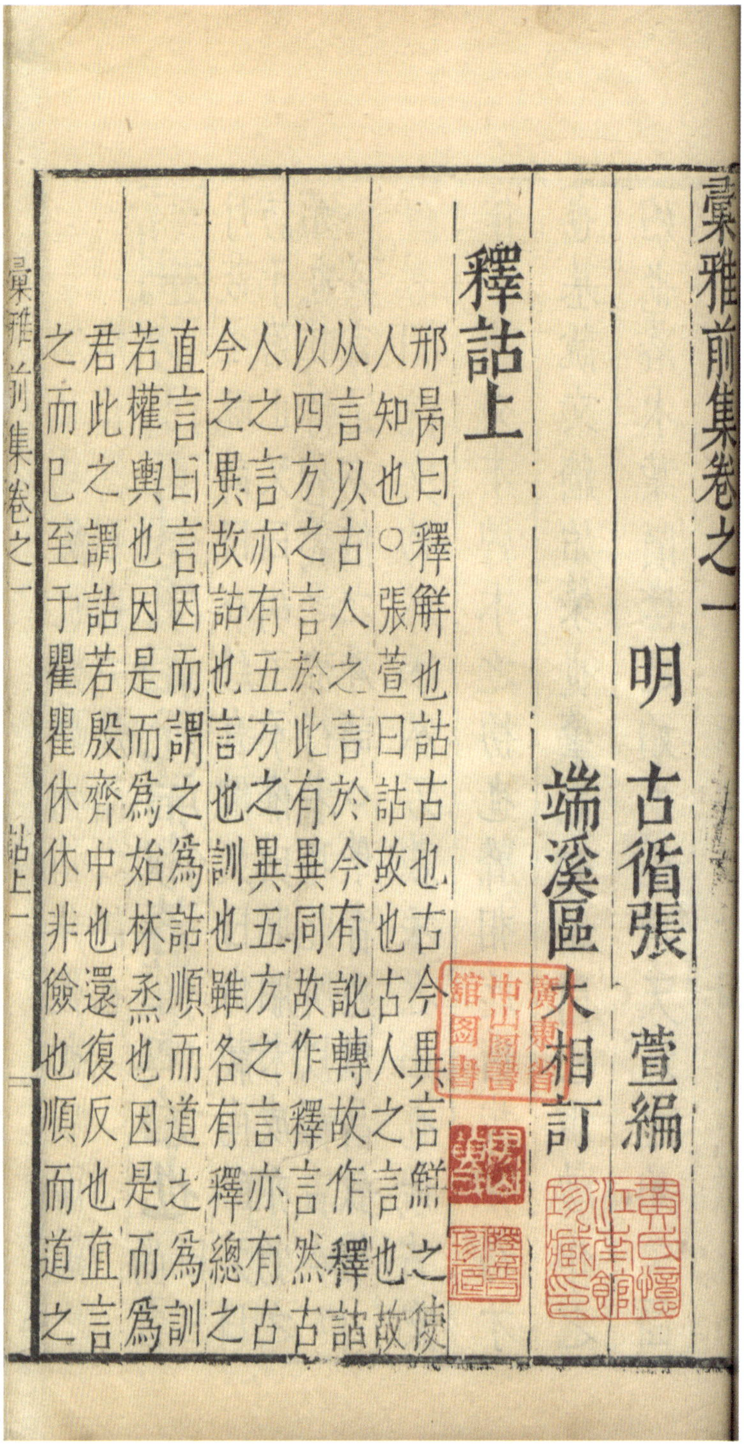
彙雅前集卷之一
明　古循張　萱編
端溪區　大相訂
釋詁上
邢昺曰釋解也詁古也古今異言解之使人知也○張萱曰詁故也古人之言也故从言从古人之言於今有訛轉故作釋詁以四方之言於此有異同故作釋言然古人之言亦有五方之異五方之言亦有古今之異故詁也言也訓也雖各有釋總之直言曰言因而謂之爲詁順而道之爲訓若權輿也因是而爲始林烝也因是而爲君此之謂詁若殷齊中也還復反也直言之而已至于瞿瞿休休非儉也順而道之
彙雅前集卷之一　詁上一

彙雅前集二十卷後編二十八卷　（明）張萱撰　明萬曆三十三年（1605）清眞館刻本。十二册。半頁九行十八字，小字雙行同，白口，四周單邊。框高22厘米、寬14.7厘米。廣東省立中山圖書館藏。

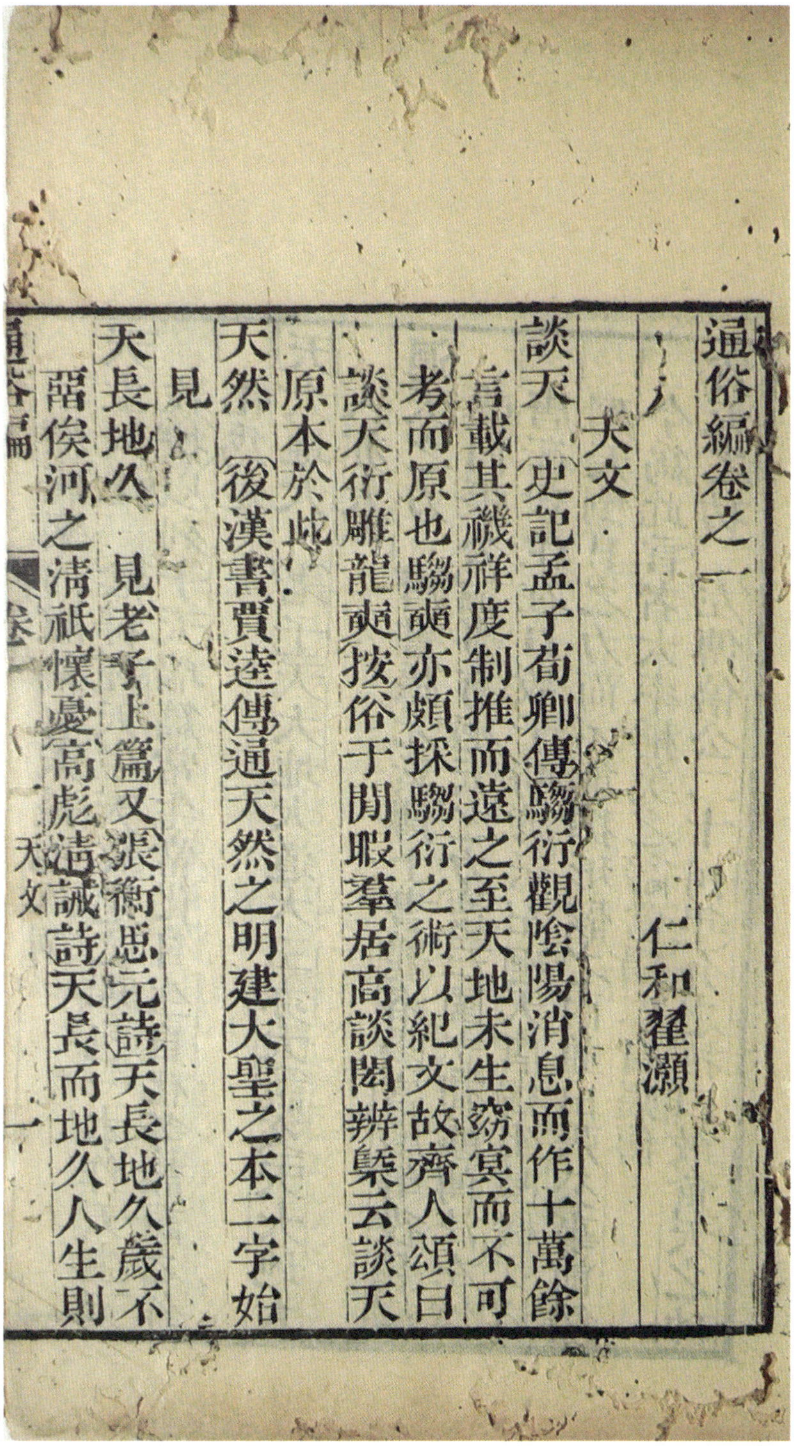

通俗編卷之一

仁和翟灝

天文

談天　史記孟子荀卿傳騶衍觀陰陽消息而作十萬餘言載其禨祥度制推而遠之至天地未生窈冥而不可考而原也騶奭亦頗採騶衍之術以紀文故齊人頌曰談天衍雕龍奭按俗于閒暇羣居高談闊辨槩云談天原本於此

天然　後漢書賈逵傳通天然之明建大聖之本二字始見

天長地久　見老子上篇又張衡思元詩天長地久歲不留俟河之清祇懷憂高彪清誡詩天長而地久人生則

通俗編　卷一　天文　一

通俗編三十八卷　（清）翟灝撰　清乾隆十六年（1751）仁和翟氏無不宜齋刻本。十二册。半頁十二行二十二字，白口，左右雙邊。框高17.1厘米、寬12.8厘米。汕頭市金山中學藏。

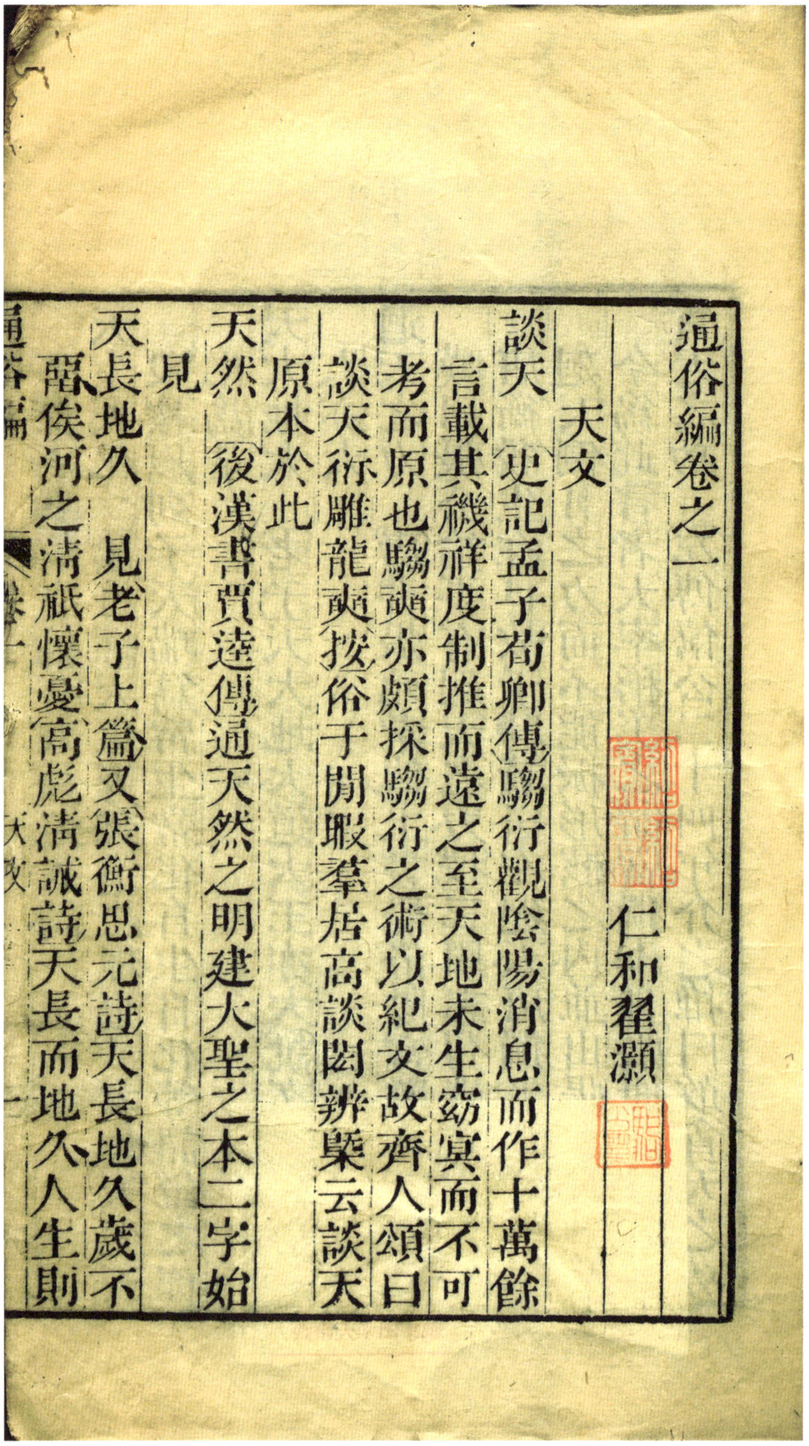

通俗編卷之一

天文　　仁和翟灝

談天〔史記孟子荀卿傳〕騶衍觀陰陽消息而作十萬餘言載其禨祥度制推而遠之至天地未生窈冥而不可考而原也騶奭亦頗采騶衍之術以紀文故齊人頌曰談天衍雕龍奭按俗于閒暇羣居高談闊辨槩云談天原本於此

天然〔後漢書賈逵傳〕通天然之明建大聖之本二字始見

天長地久〔見老子上篇〕又張衡思元詩天長地久歲不留俟河之清祇懷憂〔高彪清誡〕詩天長而地久人生則

通俗編　卷之一　天文　一

通俗編三十八卷　（清）翟灝撰　清乾隆十六年（1751）仁和翟氏無不宜齋刻本。十二册。半頁十二行二十二字，白口，左右雙邊。框高17厘米、寬12.6厘米。暨南大學圖書館藏。

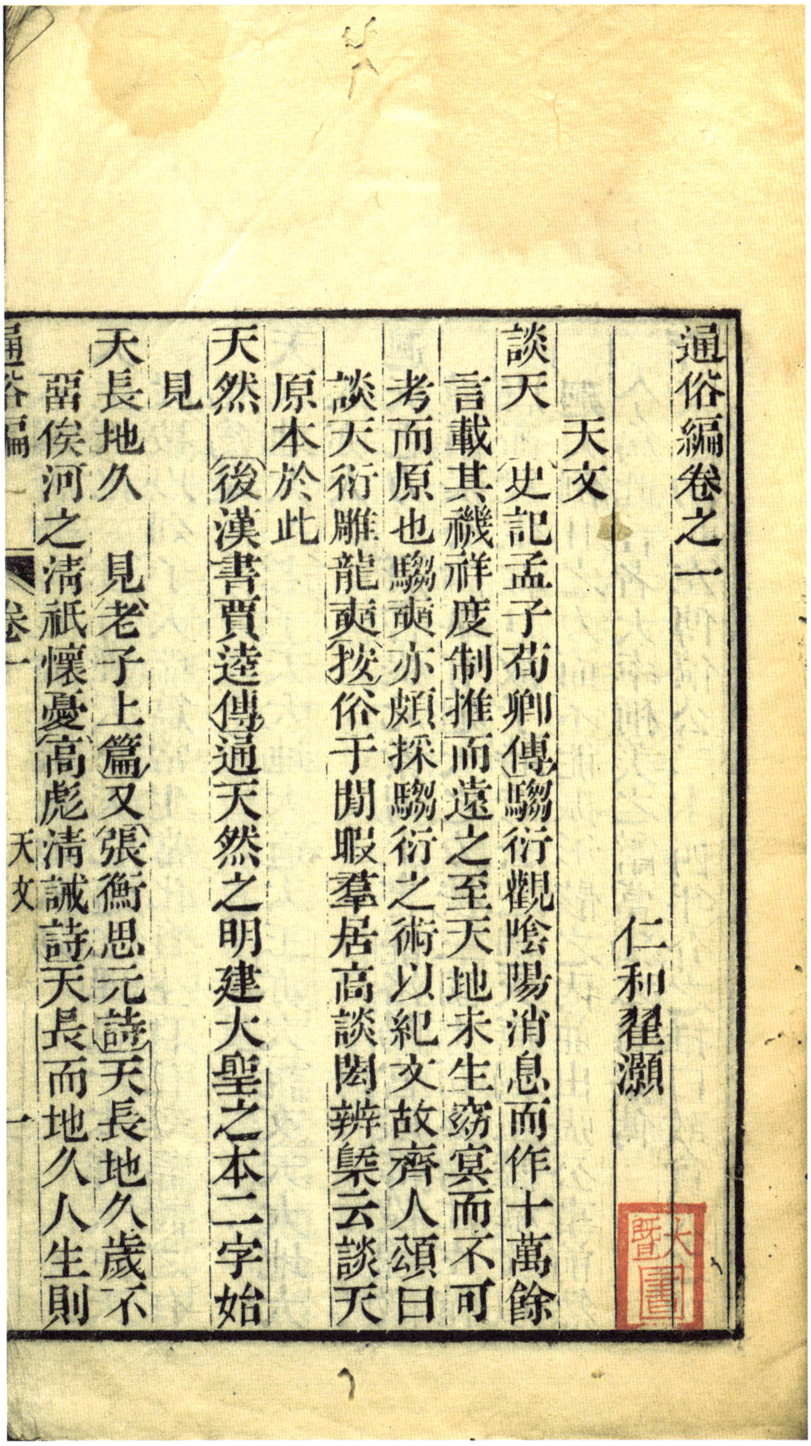

通俗編卷之一

仁和翟灝

天文

談天　史記孟子荀卿傳騶衍覩陰陽消息而作十萬餘言載其禨祥度制推而遠之至天地未生窈冥而不可考而原也騶奭亦頗采騶衍之術以紀文故齊人頌曰談天衍雕龍奭按俗于閑暇羣居高談闊辨槩云談天原本於此

天然　後漢書賈逵傳通天然之明建大聖之本二字始見

天長地久　見老子上篇又張衡思元詩天長地久歲不留俟河之清祇懷憂高彪清誡詩天長而地久人生則

通俗編　卷一　天文　一

暨大圖

通俗編三十八卷　（清）翟灝撰　清乾隆十六年（1751）仁和翟氏無不宜齋刻本。十二册。半頁十二行二十二字，白口，左右雙邊。框高17厘米、寬12.6厘米。暨南大學圖書館藏。

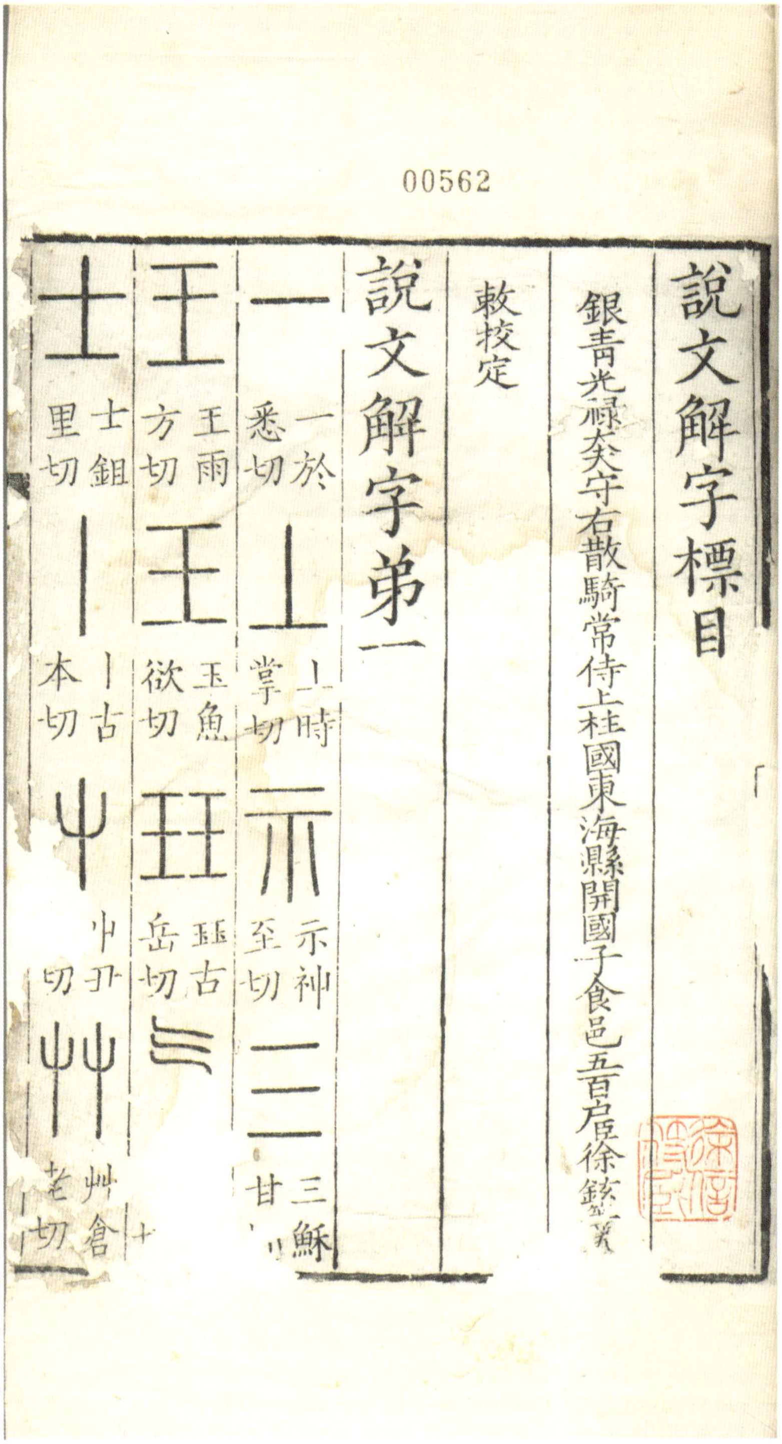

说文解字十五卷　（漢）許慎撰　（宋）徐鉉等校　清初毛氏汲古閣刻本。十四册。半頁七行字數不等，小字雙行二十二字，白口，左右雙邊。框高20.5厘米、寬15.8厘米。廣東省立中山圖書館藏。

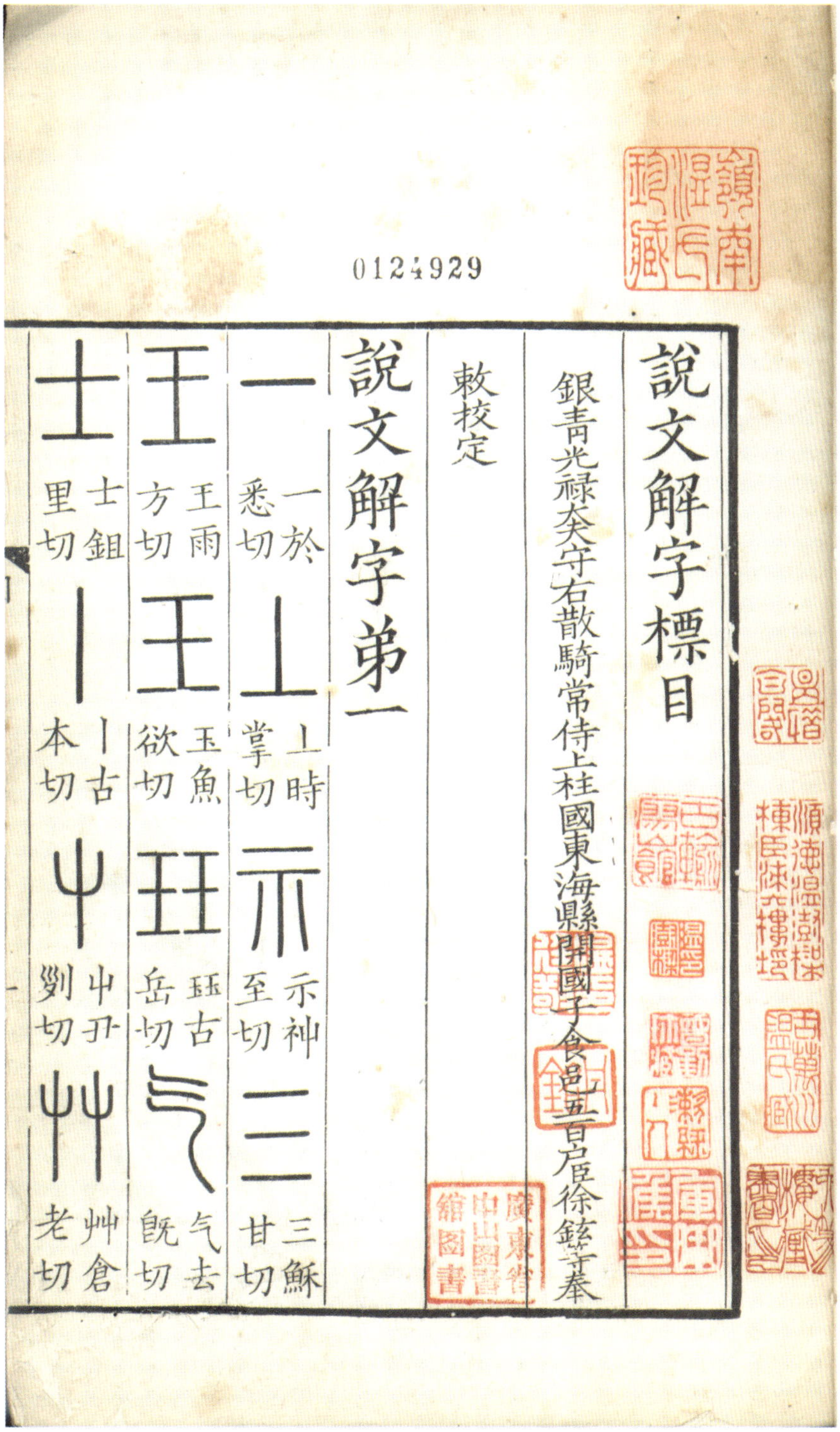

说文解字十五卷　（漢）許慎撰　（宋）徐鉉等校　清初毛氏汲古閣刻本。六册。半頁七行字數不等，小字雙行二十二字，白口，左右雙邊。框高21厘米、寬15.9厘米。廣東省立中山圖書館藏。

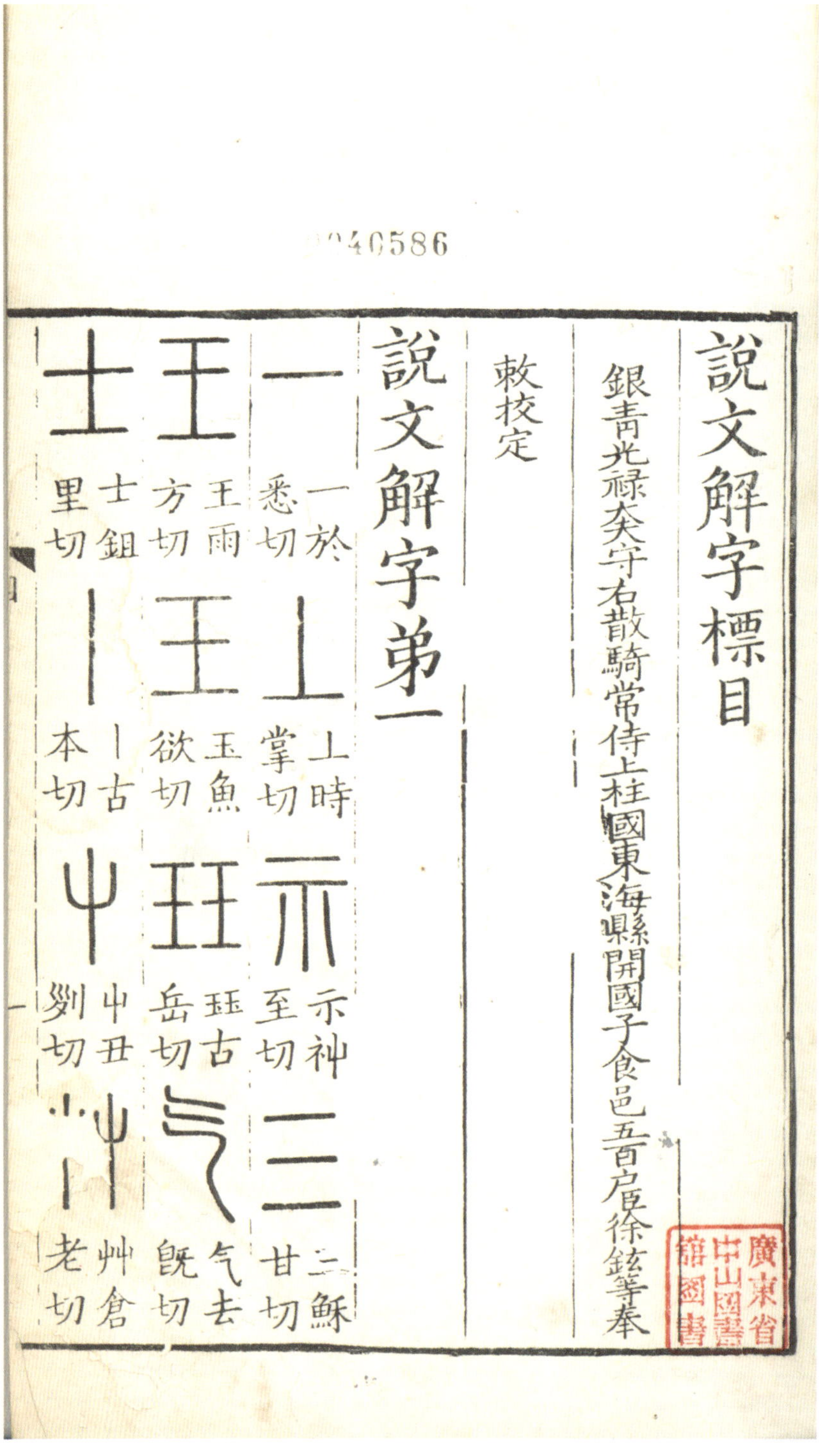

说文解字十五卷　（漢）許愼撰　（宋）徐鉉等校　清初毛氏汲古閣刻本。八册。半頁七行字數不等，小字雙行二十二字，白口，左右雙邊。框高20.5厘米、寬15.8厘米。廣東省立中山圖書館藏。

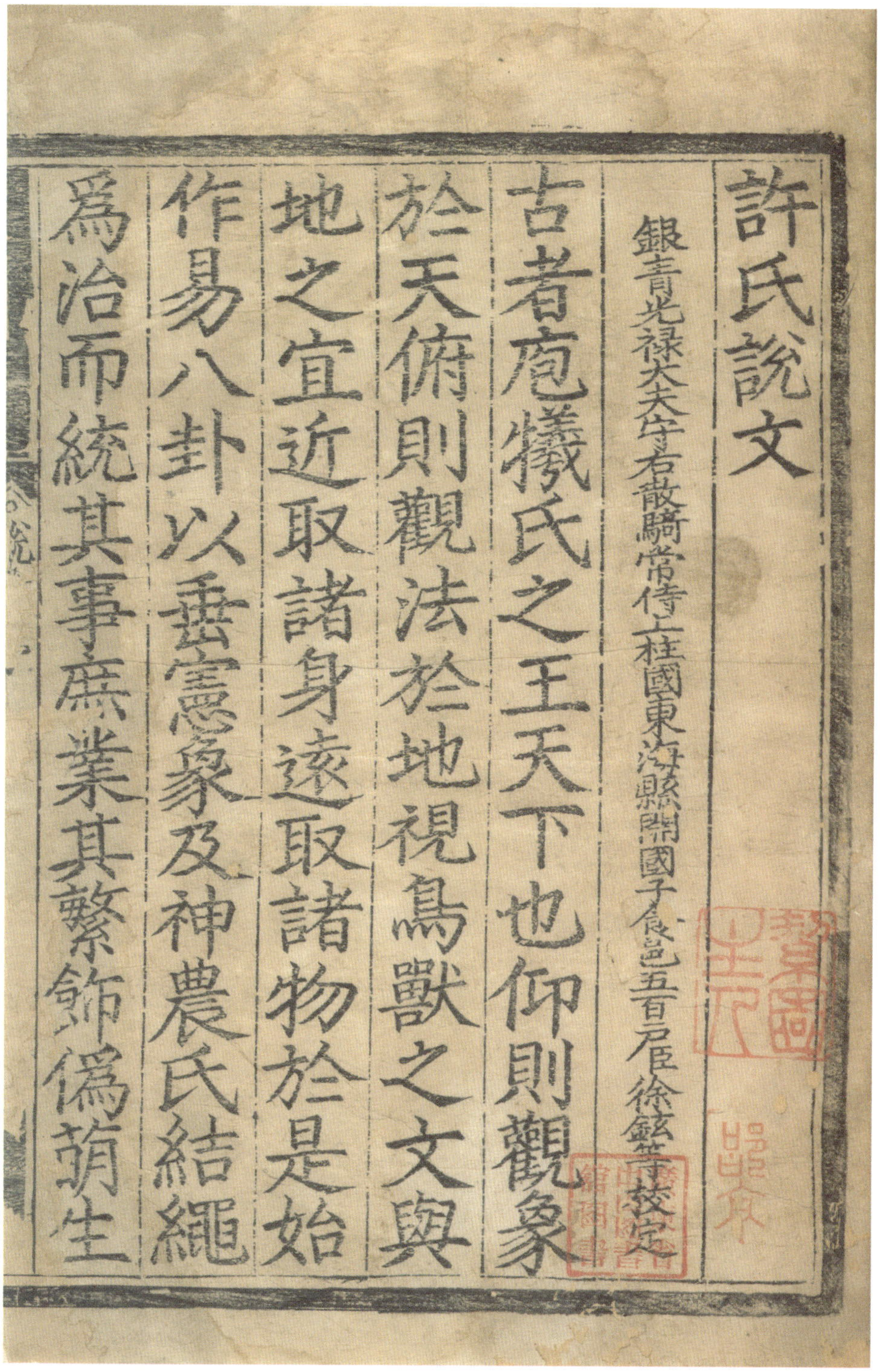
許氏説文
銀青光禄大夫守右散騎常侍上柱國東海縣開國子食邑五百戸臣徐鉉等校定
古者庖犧氏之王天下也仰則觀象
於天俯則觀法於地視鳥獸之文與
地之宜近取諸身遠取諸物於是始
作易八卦以垂憲象及神農氏結繩
爲治而統其事庶業其繁飾僞萌生

重刊許氏说文解字五音韻譜十二卷　（宋）李燾撰　明刻本。十二册。半頁七行十四字，小字雙行二十字，黑口，四周雙邊。框高24.5厘米、寬18厘米。廣東省立中山圖書館藏。

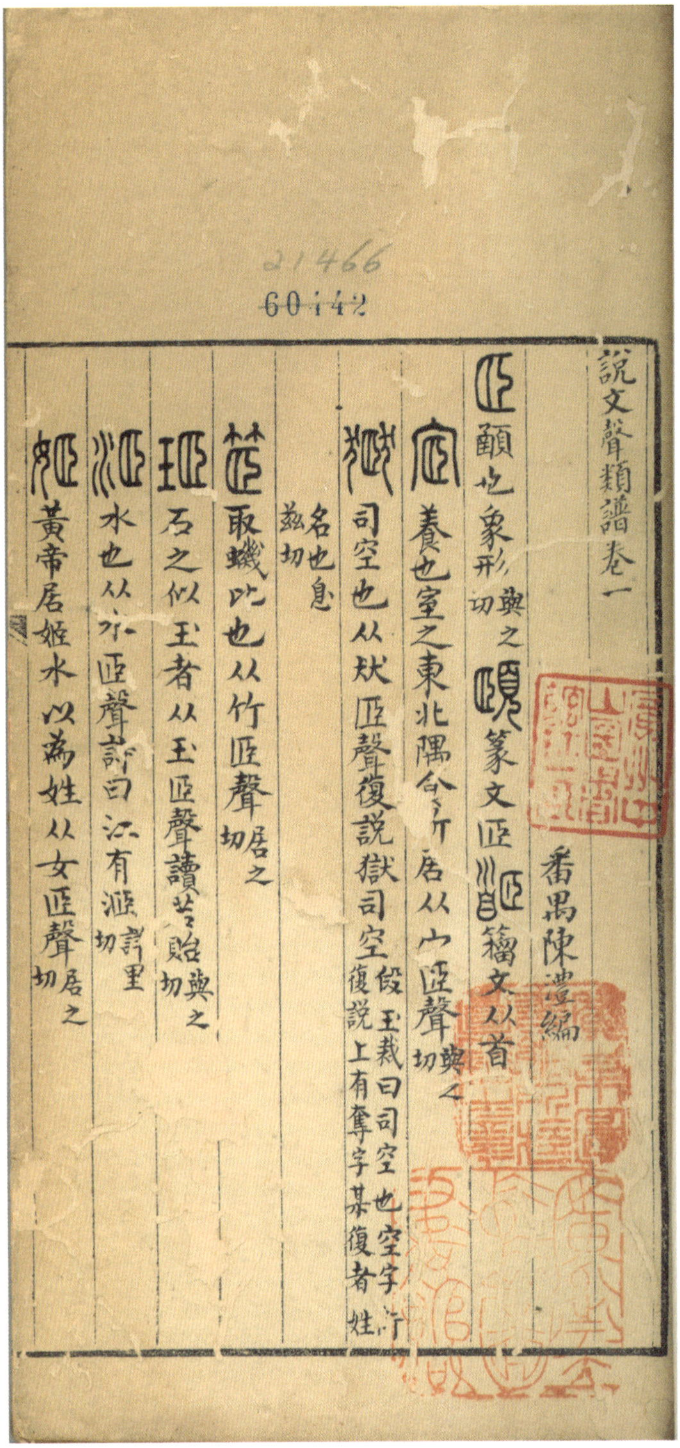
21466
60142
說文聲類譜卷一
番禺陳澧編
𦣝 顄也象形 與之切 頤 篆文𦣝 𩠗 籀文从首
宧 養也室之東北隅食所居从宀𦣝聲 與之切
[illegible] 司空也从狀𦣝聲復說獄司空 段玉裁曰司空也空字衍復說上有奪字某復者姓名也 息茲切
[illegible] 取蟣比也从竹𦣝聲 居之切
[illegible] 石之似玉者从玉𦣝聲讀若貽 與之切
洍 水也从水𦣝聲詩曰江有洍 詳里切
姬 黃帝居姬水以爲姓从女𦣝聲 居之切

説文聲類譜十七卷　（清）陳澧撰　稿本。十八册。半頁十行字數不等，左右雙邊。框高19厘米、寬12.8厘米。廣東省立中山圖書館藏。國家名録號10147。

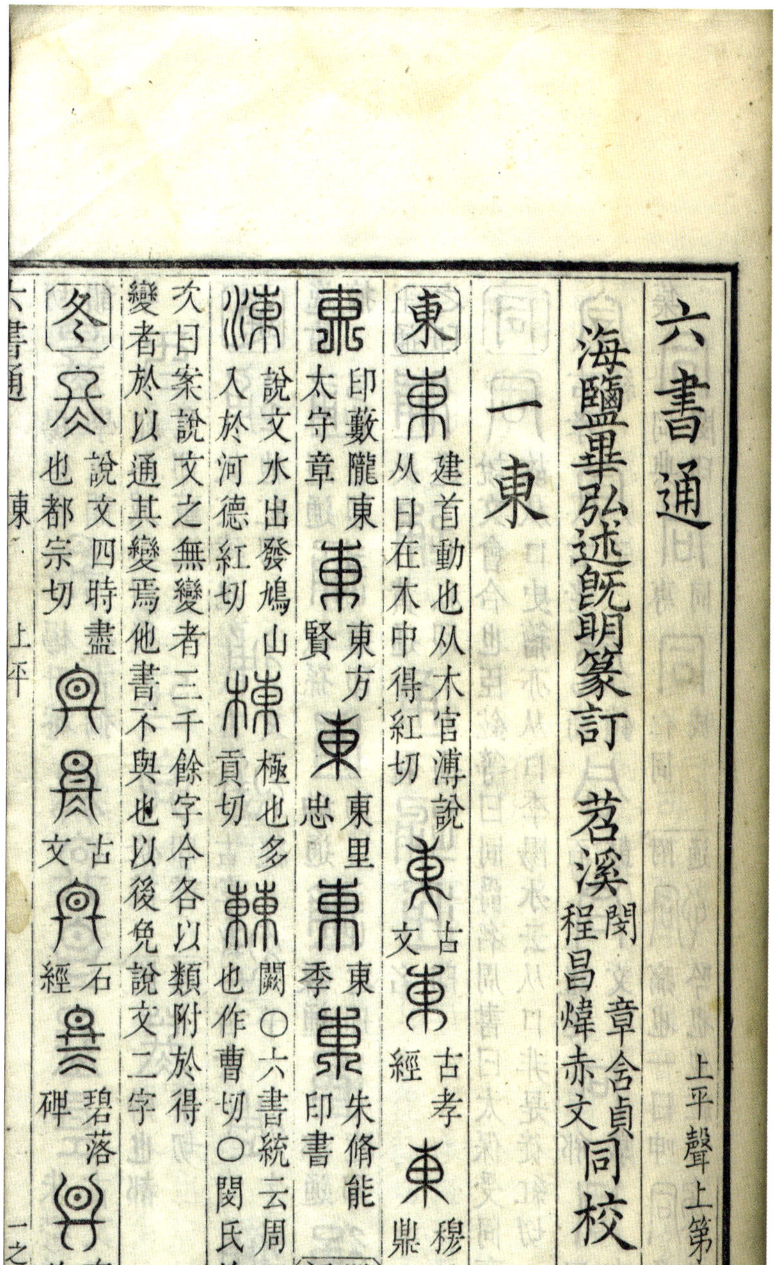

六書通　　上平聲上第一
海鹽畢弘述旣明篆訂　苕溪閔章含貞 程昌煒赤文 同校
一東
東 建首動也从木官溥說从日在木中得紅切 古文 古孝經 鼎 穆公
印藪 太守章 東方賢 東里忠 東季 朱脩能 印書 附通
凍 說文水出發鳩山入於河德紅切
棟 極也多貢切
鶇 闕○六書統云周帀也作曹切○閔氏詮次曰案說文之無變者三千餘字今各以類附於得變者於以通其變焉他書不與也以後免說文之字
冬 說文四時盡也都宗切 古文 石經 碧落碑 存乂
六書通　東　上平　一之一

六書通十卷　（明）閔齊伋撰　（清）畢弘述篆訂　清康熙五十九年（1720）基聞堂刻本。五册。半頁八行十二字，小字雙行二十四字，白口，四周雙邊。框高21.4厘米、寬15.4厘米。暨南大學圖書館藏。

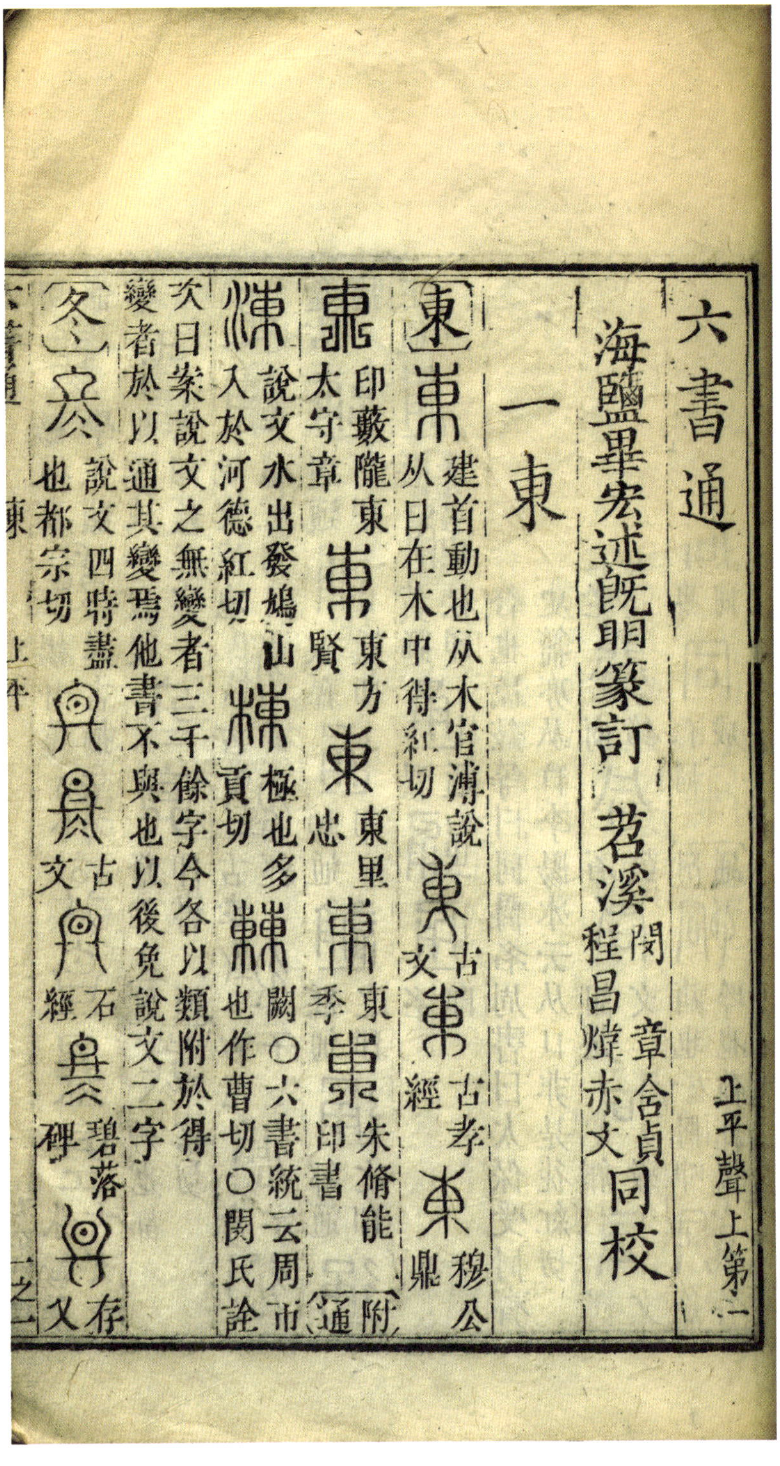
六書通　上平聲上第一
海鹽畢宏述既明篆訂　茗溪閔章含貞程昌煒赤文同校
一東
東　建首動也从木官溥說从日在木中得紅切　古文　古孝經　穆公鼎
印藪隴東太守章　東方賢　東里忠　季　朱脩能印書　附通
說文水出發鳩山入於河德紅切　極也多貢切　闕〇六書統云周市也作曹切〇閔氏詮
次日篆說文之無變者三千餘字今各以類附於得
變者於以通其變焉他書不與也以後免說文二字
冬　說文四時盡也都宗切　古文　石經　碧落碑　存乂
六書通　東　上平　一之一

六書通十卷　（明）閔齊伋撰　（清）畢弘述篆訂　清康熙五十九年（1720）基聞堂刻乾隆重修本。五册。半頁八行十二字，小字雙行二十四字，白口，四周雙邊。框高20.9厘米、寬15.4厘米。暨南大學圖書館藏。

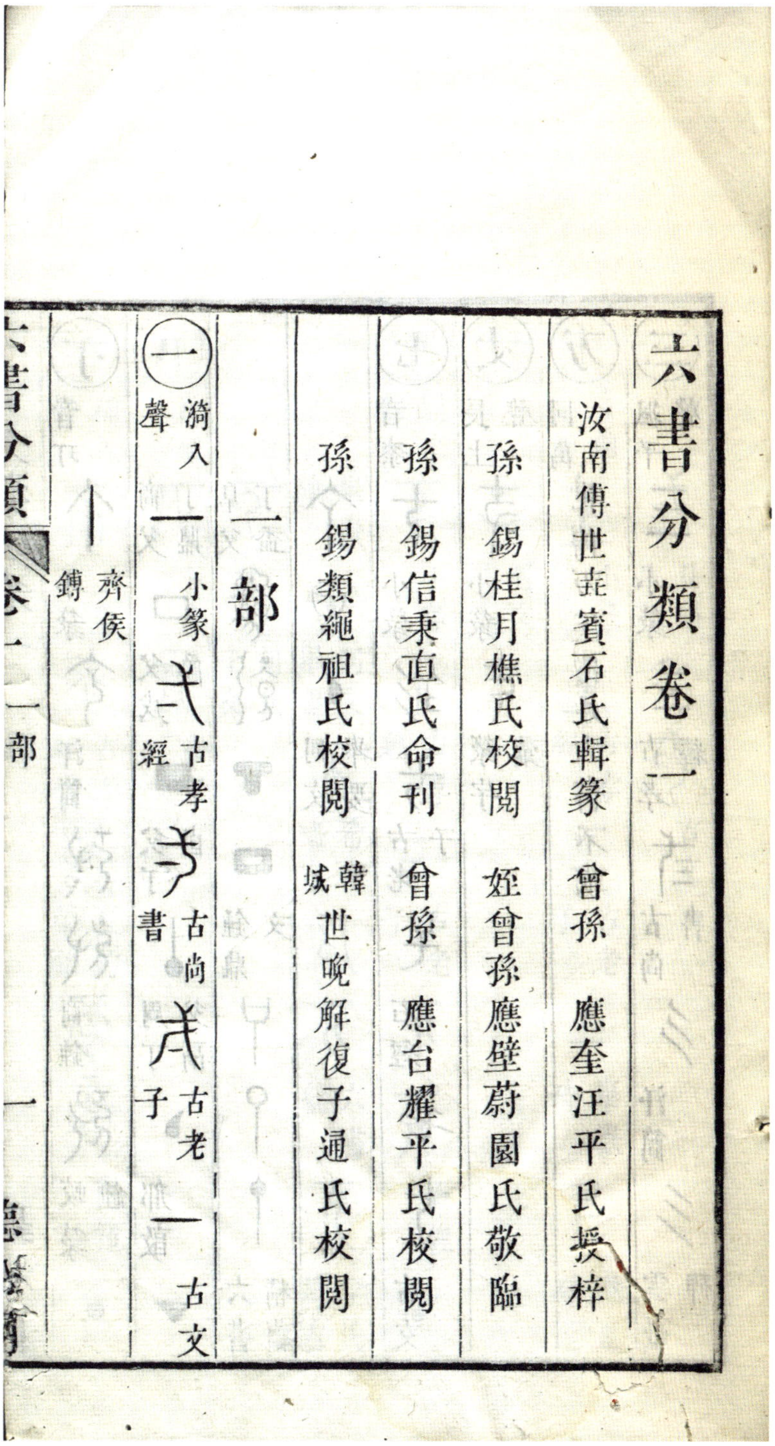
六書分類卷一

汝南傅世垚賓石氏輯篆　曾孫　應奎汪平氏授梓

孫　錫桂月樵氏校閱　姪曾孫應璧蔚園氏敬臨

孫　錫信秉直氏命刊　曾孫　應台耀平氏校閱

孫　錫類繩祖氏校閱　韓城世晚解復子通氏校閱

一部

一　漪入聲　一　小篆　古孝經　古尚書　古老子　一　古文

丨　齊侯鎛

六書分類　卷一　一部　一

六書分類十二卷首一卷　（清）傅世垚輯　清乾隆五十四年（1789）傅應奎聽松閣刻本。十三册。半頁八行十二字，小字雙行二十四字，白口，四周單邊。框高20厘米、寬14厘米。暨南大學圖書館藏。

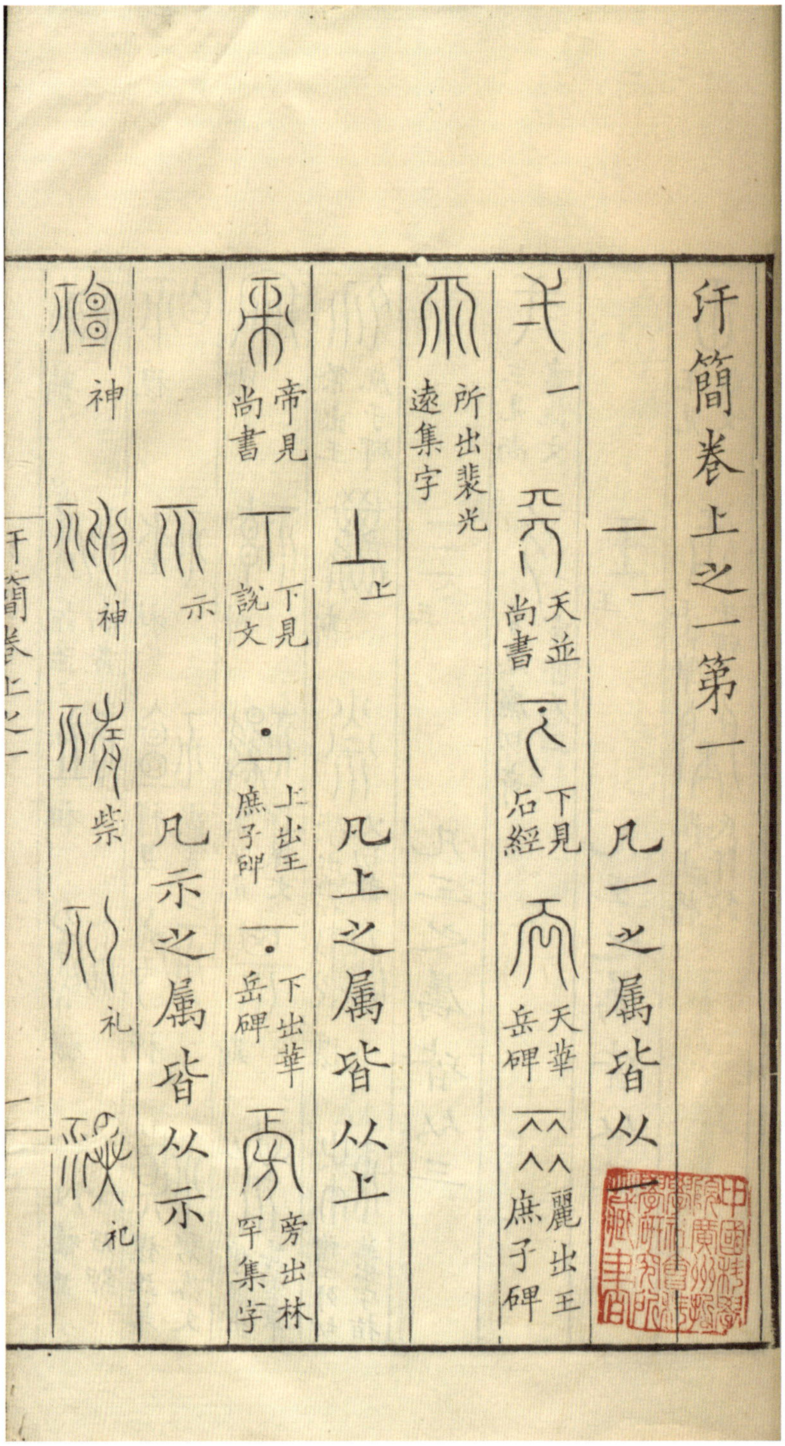

汗簡七卷　（宋）郭忠恕撰　清康熙四十二年（1703）汪立名一隅草堂刻本。一册。半頁八行字數不等，小字雙行二十八字，白口，左右雙邊。框高20.9厘米、寬14.4厘米。廣東省社會科學院藏。

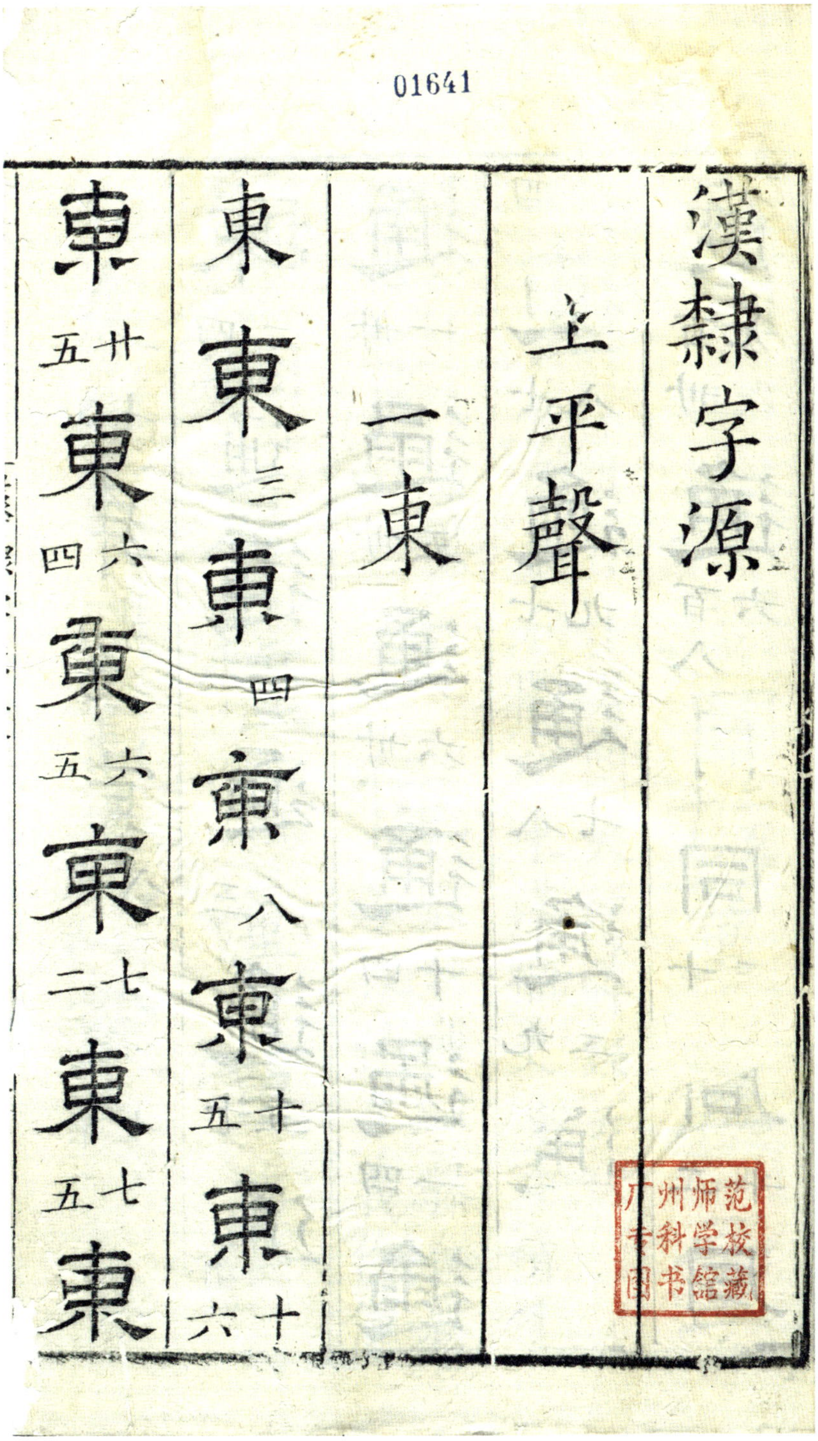
01641

漢隸字源

上平聲

一東

東 東三 東四 東八 東十五 東十六

東廿五 東六四 東六五 東七二 東七五 東

广州师范专科学校图书馆藏

漢隸字源五卷碑目一卷附字一卷 （宋）婁機撰　明末毛氏汲古閣刻本。六册。半頁五行字數不等，小字雙行字數不等，白口，左右雙邊。框高24厘米、寬16.7厘米。暨南大學圖書館藏。

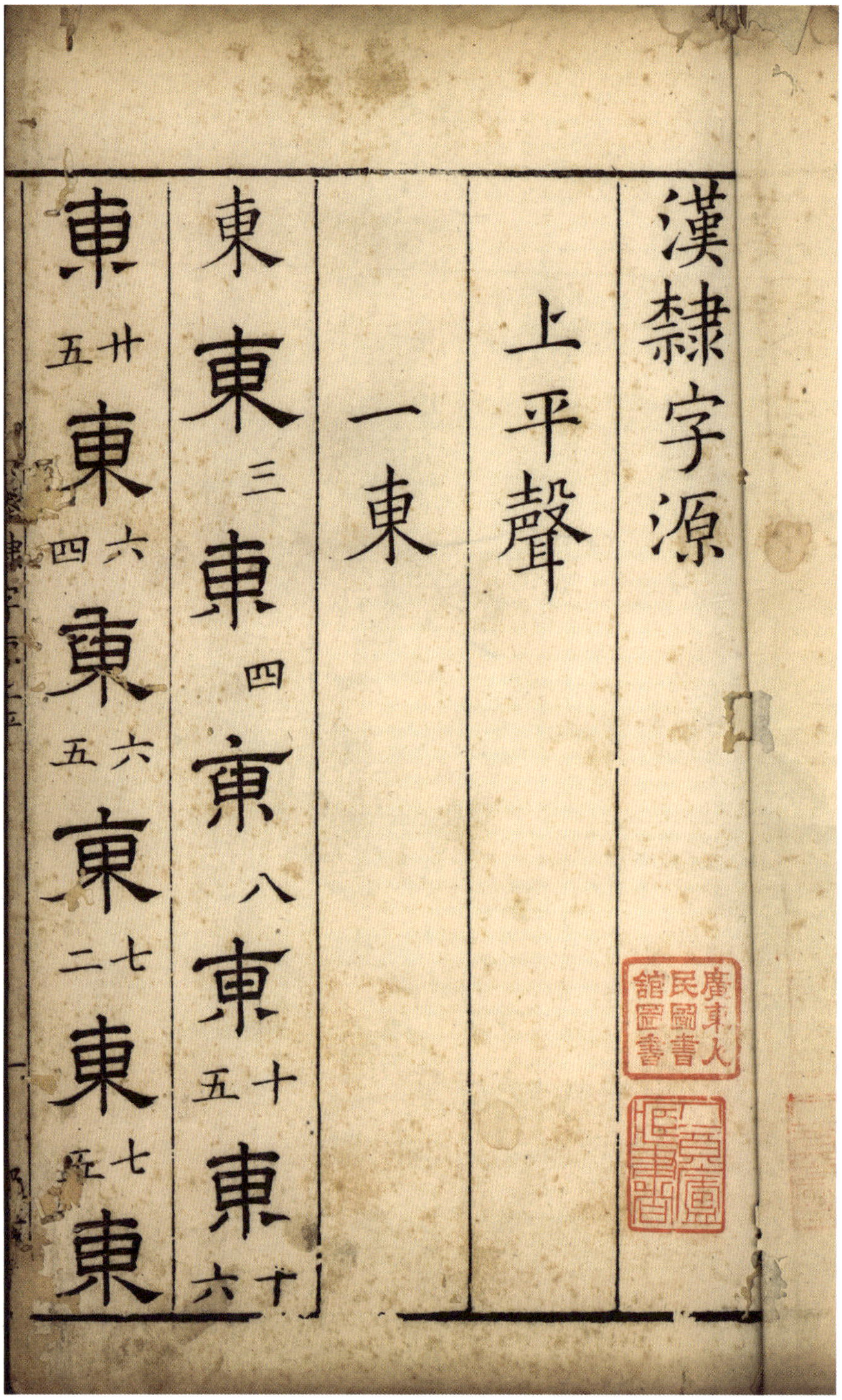

漢隸字源五卷碑目一卷附字一卷　（宋）婁機撰　明末毛氏汲古閣刻本。十册。半頁五行字數不等，小字雙行字數不等，白口，左右雙邊。框高24厘米、寬16.8厘米。廣東省立中山圖書館藏。

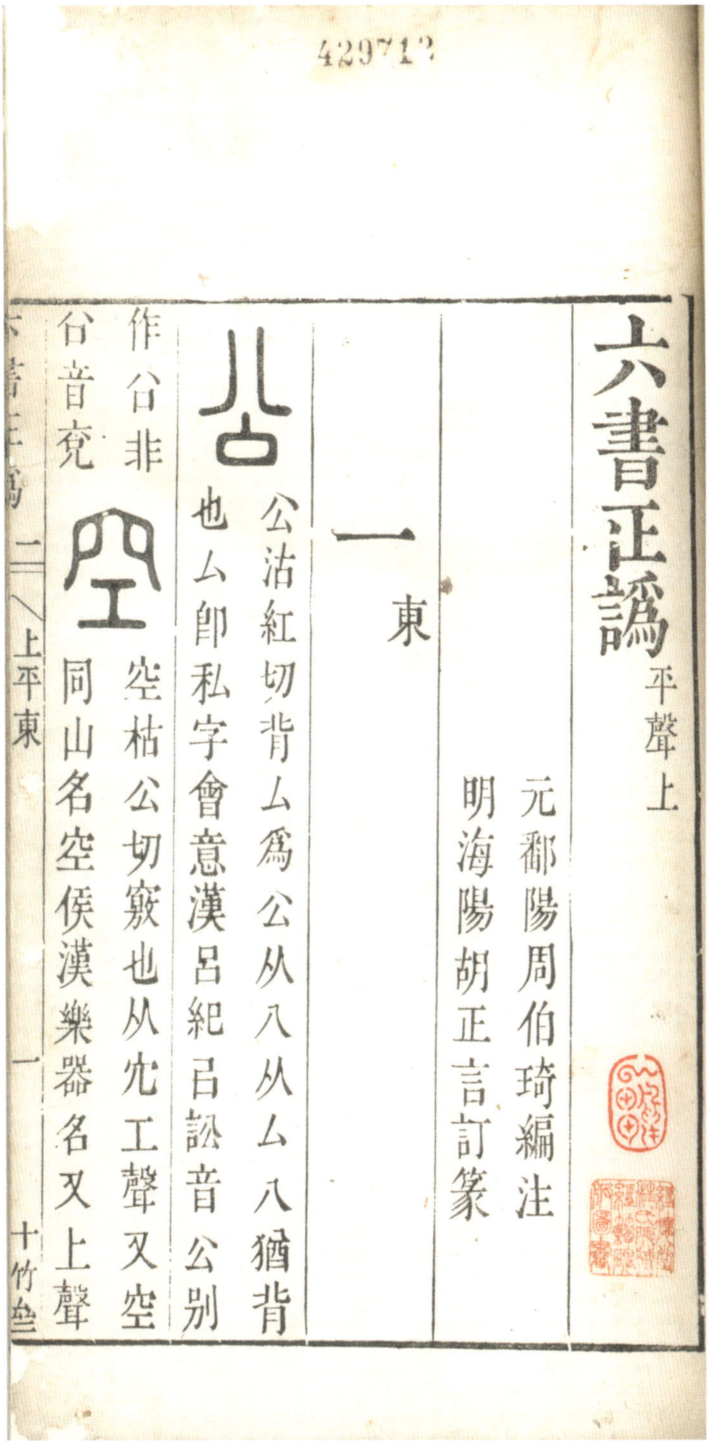
六書正譌 平聲上
元鄱陽周伯琦編注
明海陽胡正言訂篆
一 東
公 公沽紅切背厶爲公从八从厶八猶背也厶卽私字會意漢呂紀呂諗音公別作谷非
空 空枯公切竅也从穴工聲又空谷音兖同山名空侯漢樂器名又上聲
六書正譌 二 上平東 一 十竹齋

六書正譌五卷 （元）周伯琦撰 明崇禎七年（1634）胡正言十竹齋刻本。四册。半頁五行字數不等，小字雙行十八字，白口，四周單邊。框高20.4厘米、寬14.1厘米。廣東省立中山圖書館藏。

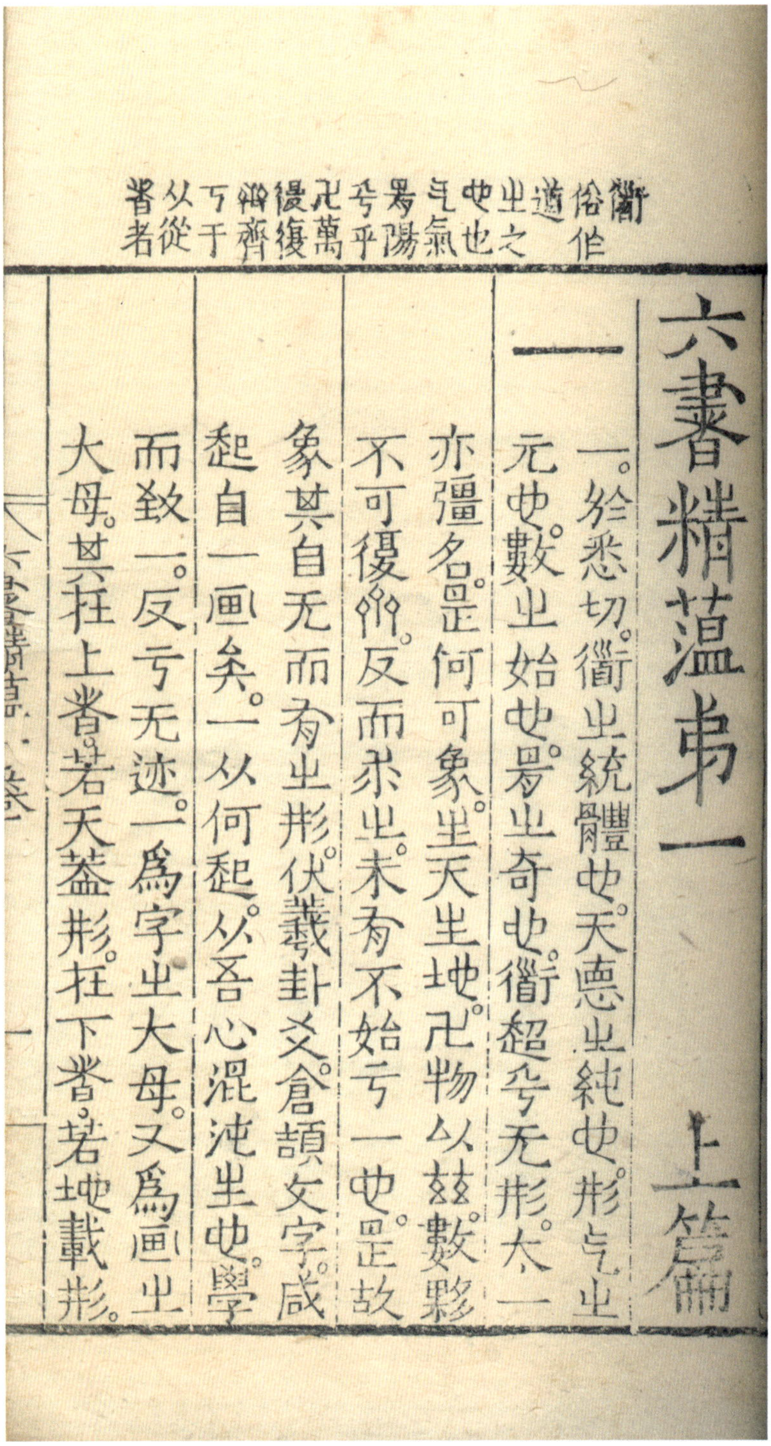

六書精蘊弟一　上篇

一。於悉切。衜之統體也。天悳之純也。形气之元也。數之始也。畧之奇也。衜超乎无形。太一亦彊名。是何可象。之天之地。凡物从茲數夥。不可僂。所反而求之。未有不始乎一也。是故象其自无而有之形。伏羲卦爻。倉頡文字。咸起自一畫矣。一从何起。从吾心混沌之也。學而致一。反乎无迹。一爲字之大母。又爲畫之大母。其在上者若天蓋形。在下者若地載形。

六書精藴六卷　（明）魏校撰　**音釋舉要一卷**　（明）徐官撰　明嘉靖十九年（1540）魏希明刻本。十二册。半頁五行字數不等，小字雙行十七字，黑口，左右雙邊。框高18厘米、寬13.9厘米。廣東省立中山圖書館藏。

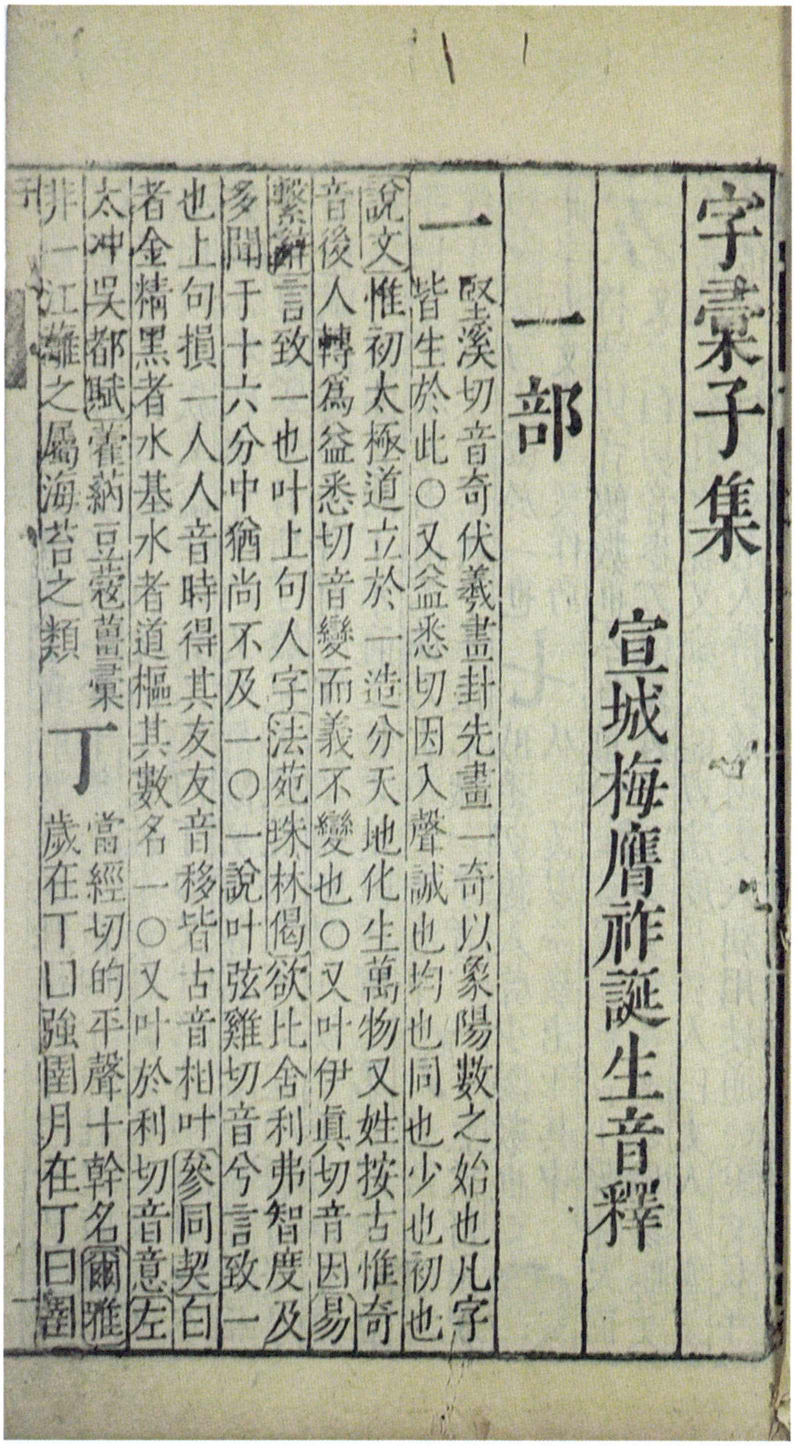
字彙子集
宣城梅膺祚誕生音釋
一部
一 堅溪切音奇伏羲畫卦先畫一奇以象陽數之始也凡字皆生於此○又益悉切因入聲誠也均也同也少也初也說文惟初太極道立於一造分天地化生萬物又姓按古惟奇音後人轉爲益悉切音變而義不變也○又叶伊眞切音因易繫辭言致一也叶上句人字法苑珠林偈欲比舍利弗智度及多聞于十六分中猶尚不及一○一說叶弦雞切音兮言致一也上句損一人人音時得其友友音移皆古音相叶參同契白者金精黑者水基水者道樞其數名一○又叶於利切音意左太冲吳都賦藿蒳豆蔻薑彙非一江蘺之屬海苔之類
丁 當經切的平聲十幹名爾雅歲在丁曰強圉月在丁曰圉

字彙十二卷首一卷末一卷附韻法直圖一卷韻法横圖一卷　（明）梅膺祚音釋　明萬曆鹿角山房刻本。十四册。半頁八行字數不等，小字雙行字數不等，白口，左右雙邊。框高22厘米、寬14.8厘米。汕頭市金山中學藏。

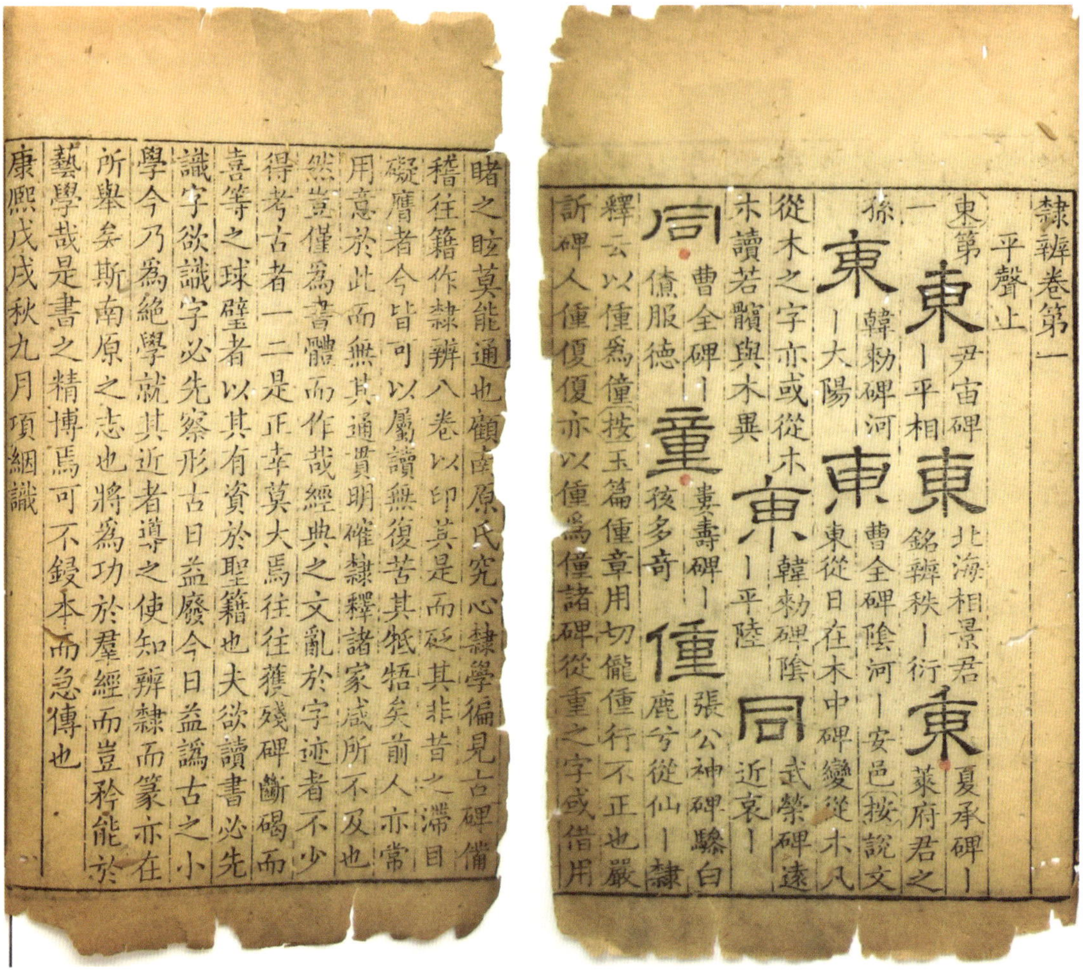

隸辨八卷　（清）顧藹吉撰　清乾隆八年（1743）黄晟刻本。八册。半頁十二行二十字，白口，四周單邊。框高18.9厘米、寬14.6厘米。汕頭市圖書館藏。

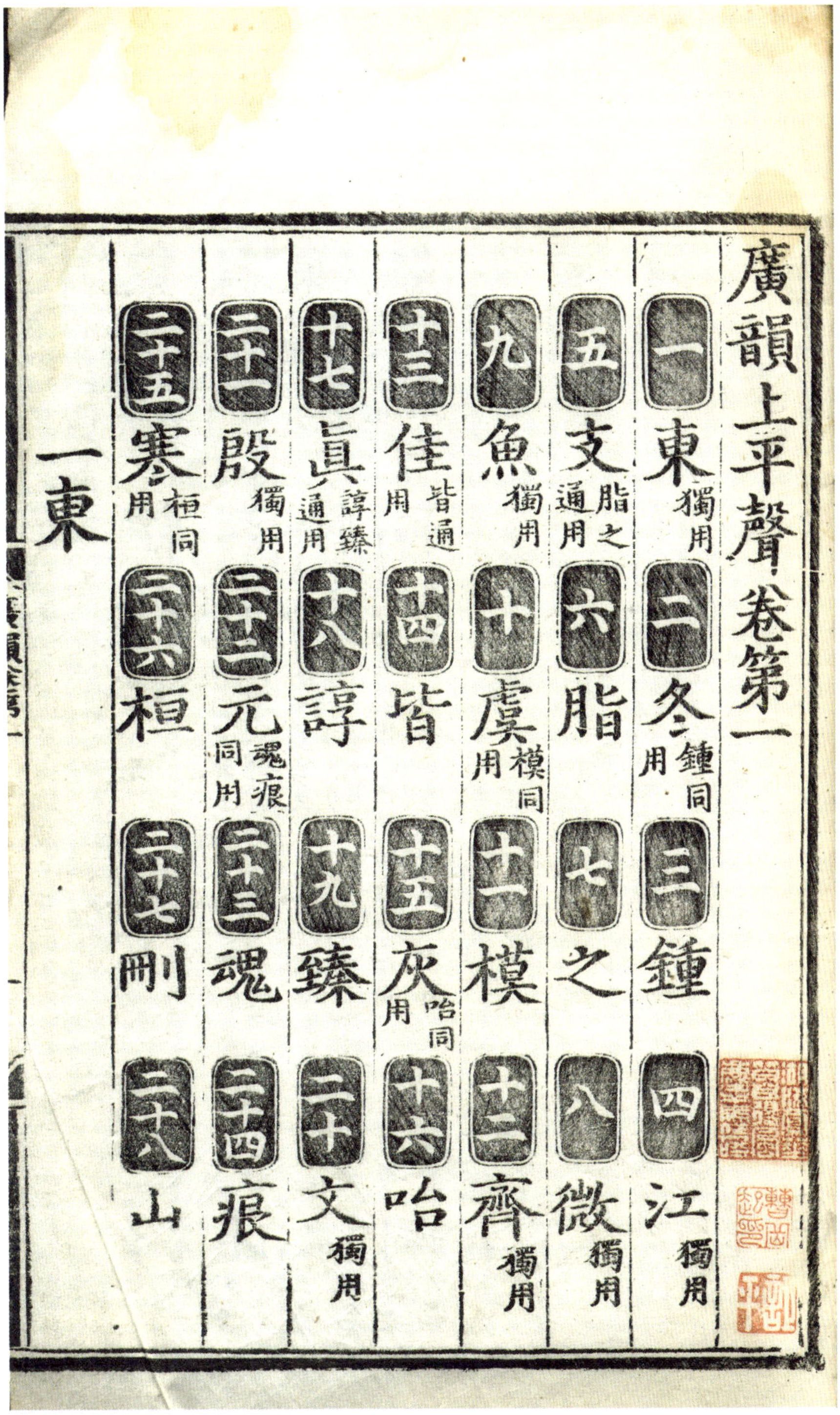
廣韻上平聲卷第一

一東獨用　二冬鍾同用　三鍾　四江獨用

五支脂之通用　六脂　七之　八微獨用

九魚獨用　十虞模同用　十一模　十二齊獨用

十三佳皆通用　十四皆　十五灰咍同用　十六咍

十七眞諄臻通用　十八諄　十九臻　二十文獨用

二十一殷獨用　二十二元魂痕同用　二十三魂　二十四痕

二十五寒桓同用　二十六桓　二十七刪　二十八山

一東

廣韻五卷　（宋）陳彭年等撰　明刻本。五册。半頁九行十七字，小字雙行三十四字，黑口，四周雙邊。框高24.5厘米、寬18厘米。暨南大學圖書館藏。

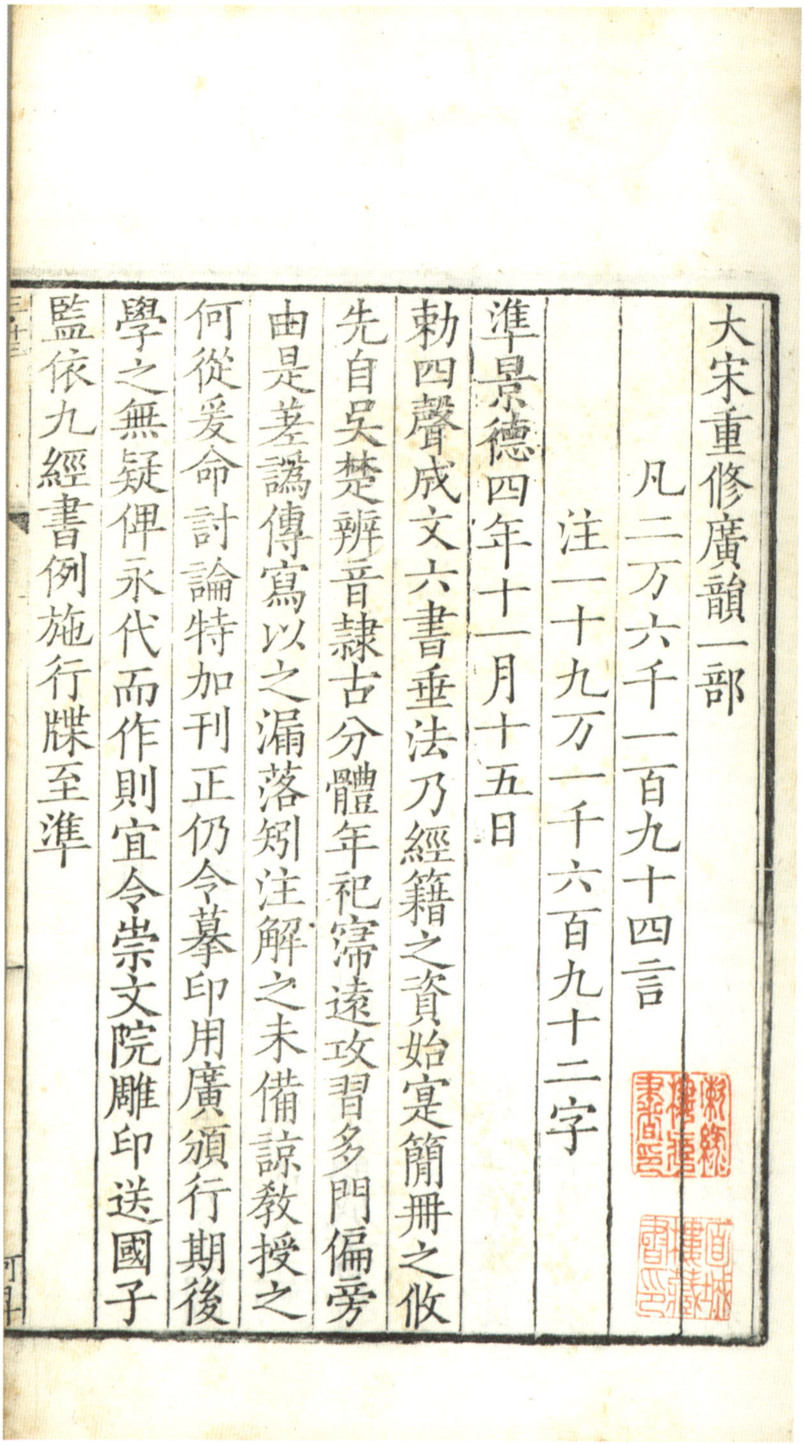
大宋重修廣韻一部
凡二万六千一百九十四言
注一十九万一千六百九十二字
準景德四年十一月十五日
勑四聲成文六書垂法乃經籍之資始寔簡冊之攸
先自吳楚辨音隸古分體年祀寖遠攻習多門偏旁
由是差譌傳寫以之漏落矧注解之未備諒教授之
何從爰命討論特加刊正仍令摹印用廣頒行期後
學之無疑俾永代而作則宜令崇文院雕印送國子
監依九經書例施行牒至準

廣韻五卷　（宋）陳彭年等撰　清康熙四十三年（1704）張士俊刻澤存堂五種本。二册。半頁十行字數不等，小字雙行二十七字，白口，左右雙邊。框高20.8厘米、寬15.7厘米。廣東省立中山圖書館藏。

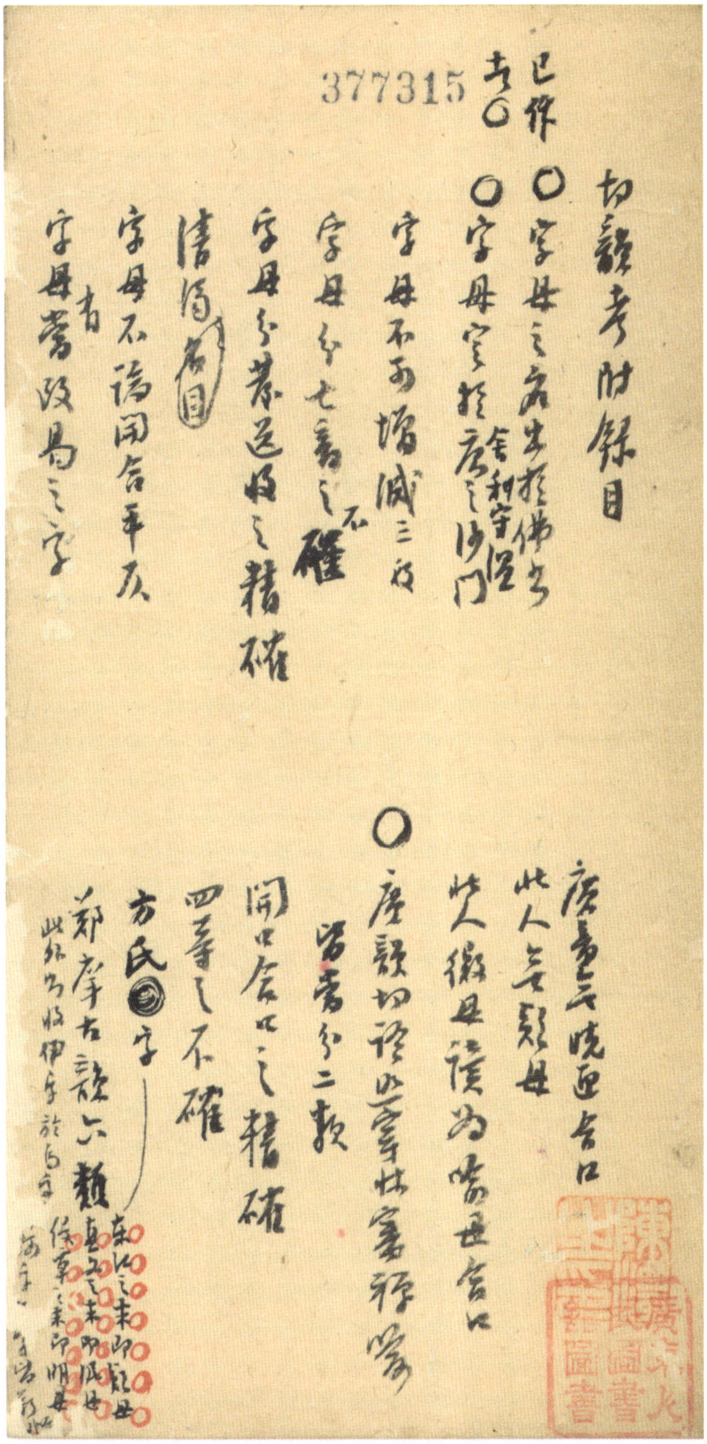

切韻考一卷　（清）陳澧撰　稿本。一册。廣東省立中山圖書館藏。

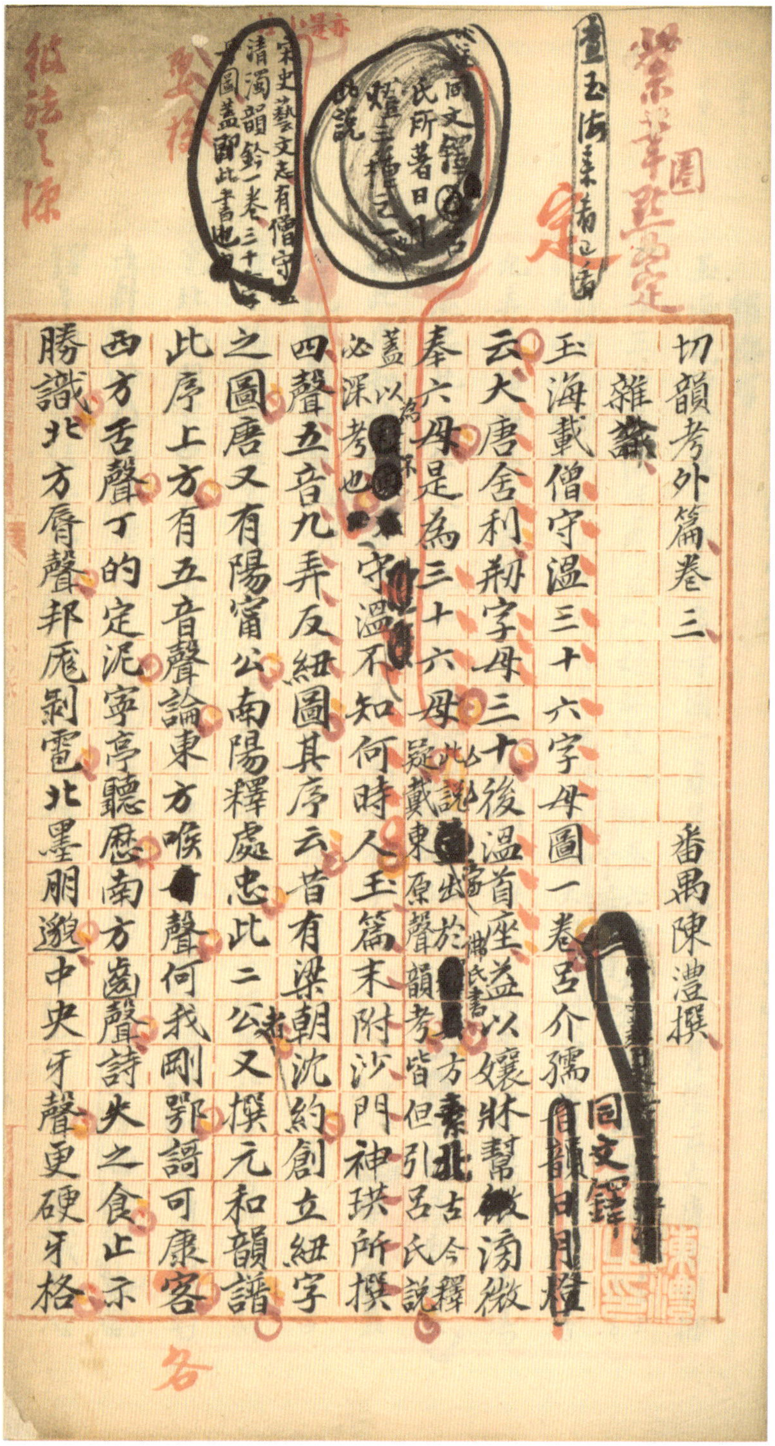

切韻考外篇三卷 （清）陳澧撰　稿本。二册。左右雙邊，紅格。框高20厘米、寬14.9厘米。廣東省立中山圖書館藏。

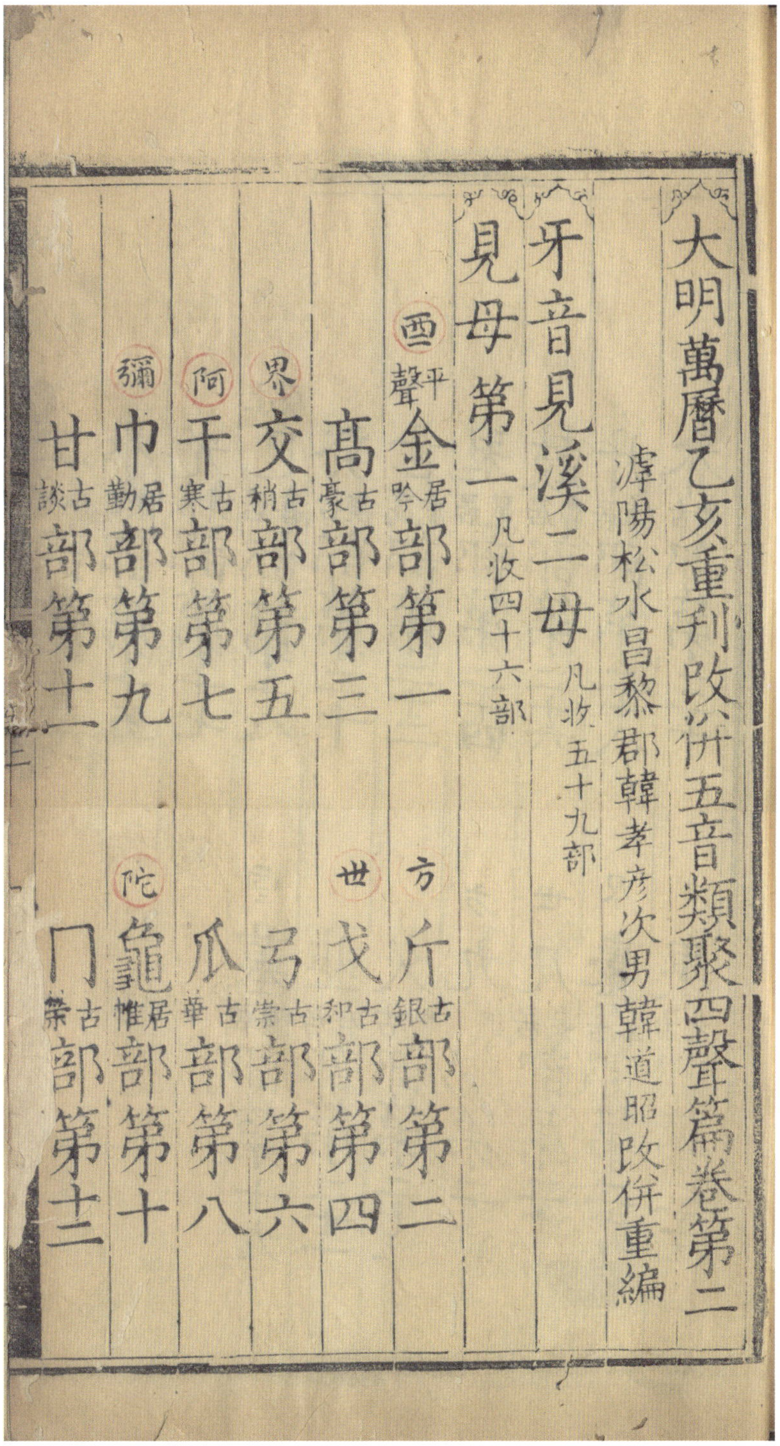
大明萬曆乙亥重刊改併五音類聚四聲篇卷第二
滹陽松水昌黎郡韓孝彥次男韓道昭改併重編
牙音見溪二母 凡收五十九部
見母第一 凡收四十六部
西
平聲金居吟部第一 方 斤古銀部第二
高古豪部第三 世 戈古和部第四
界 交古稍部第五 弓古崇部第六
阿 干古寒部第七 瓜古華部第八
彌 巾居勤部第九 陀 龜居惟部第十
甘古談部第十一 冂古熒部第十二

大明萬曆乙亥重刊改併五音類聚四聲篇十五卷己丑重刊改併五音集韻十五卷　（金）韓道昭撰　**新編經史正音切韻指南一卷**　（元）劉鑑撰　**新編篇韻貫珠集一卷**　（明）釋眞空撰　明萬曆三年至十七年（1575—1589）崇德圓通菴釋如彩刻重修本。八册。半頁十行字數不等，小字雙行字數不等，黑口，四周雙邊。框高30厘米、寬18.7厘米。廣東省社會科學院藏。

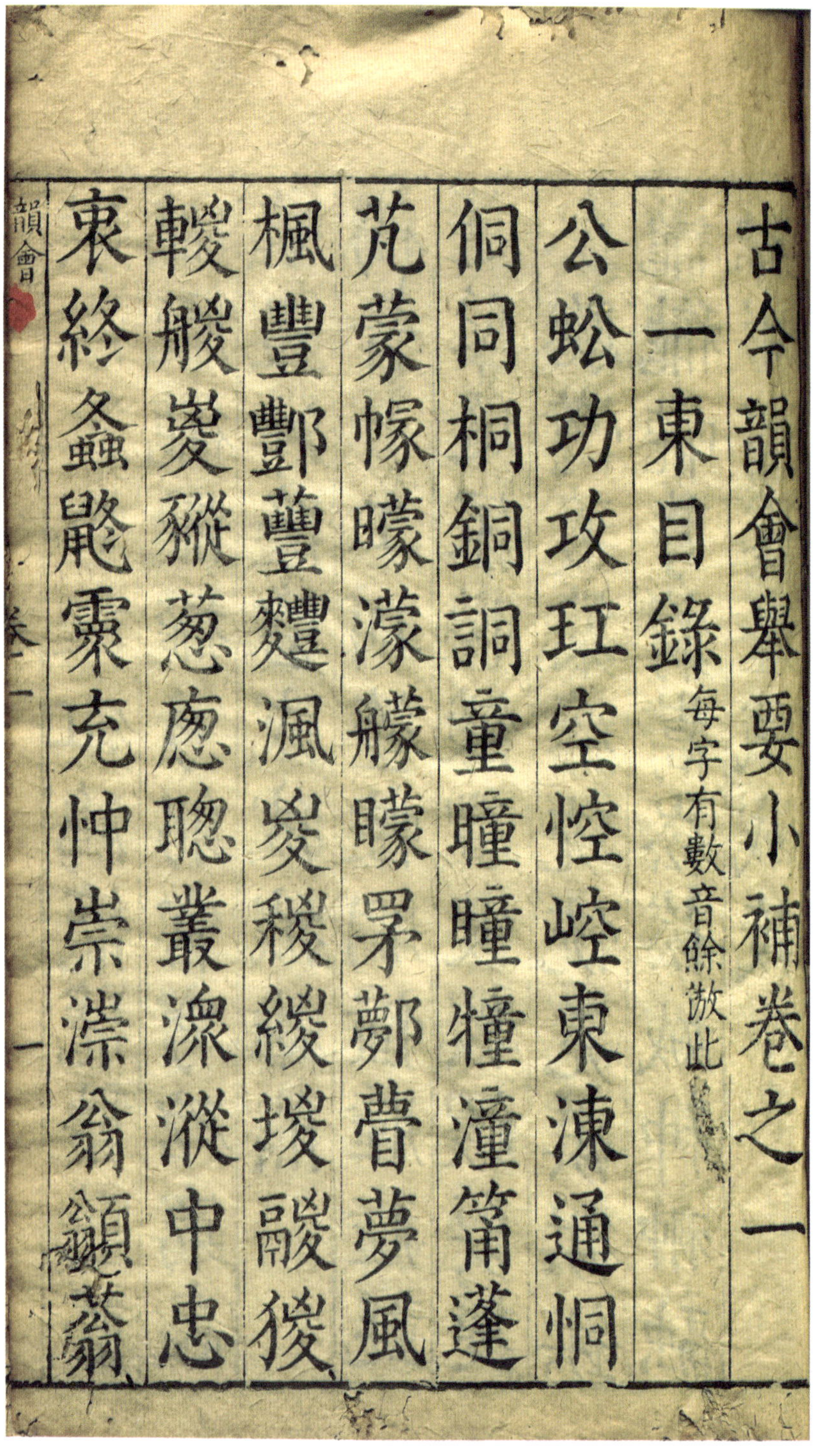
古今韻會舉要小補卷之一

一東目錄 每字有數音餘倣此

公蚣功攻玒空悾崆東涷通恫

侗同桐銅詷童瞳曈憧潼筩蓬

芃蒙幪曚濛艨矇罞鄸瞢夢風

楓豐酆蘴麷渢㚇稯緵堫鬷猣

輚艐嵏豵葱𢈧聰叢潀潨中忠

東終螽鼨霟充忡崇漴翁嗡螉

韻會 卷之一 一

古今韻會舉要小補三十卷 （明）方日升撰 明萬曆三十四年（1606）周士顯刻重修本。十册。半頁八行十二字，小字雙行二十四字，白口，四周單邊。框高19.7厘米、寬14.5厘米。暨南大學圖書館藏。

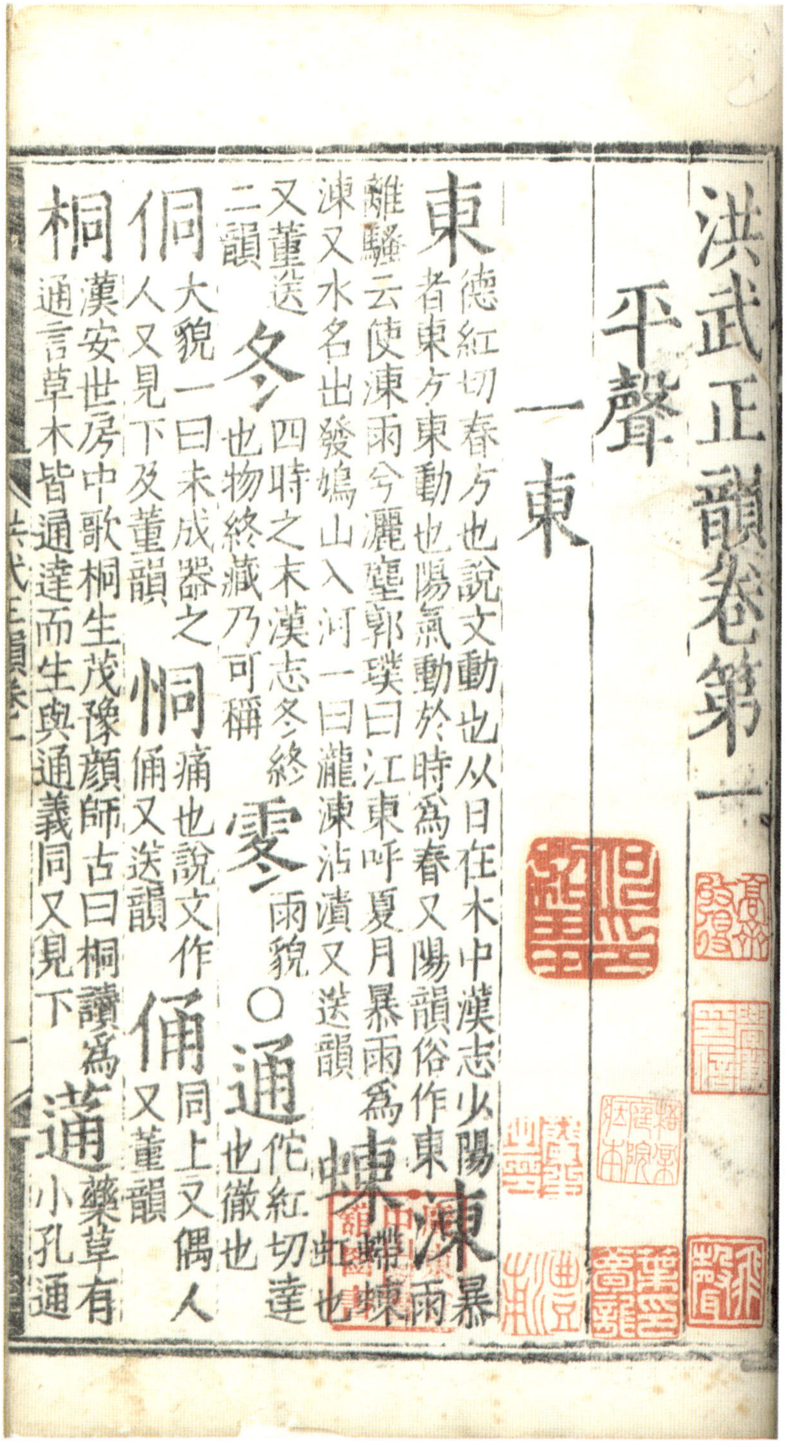

洪武正韻十六卷　（明）樂韶鳳　宋濂等撰　明隆慶元年（1567）衡藩刻本。十册。半頁八行字數不等，小字雙行二十四字，黑口，四周雙邊。框高22厘米、寬14.7厘米。廣東省立中山圖書館藏。

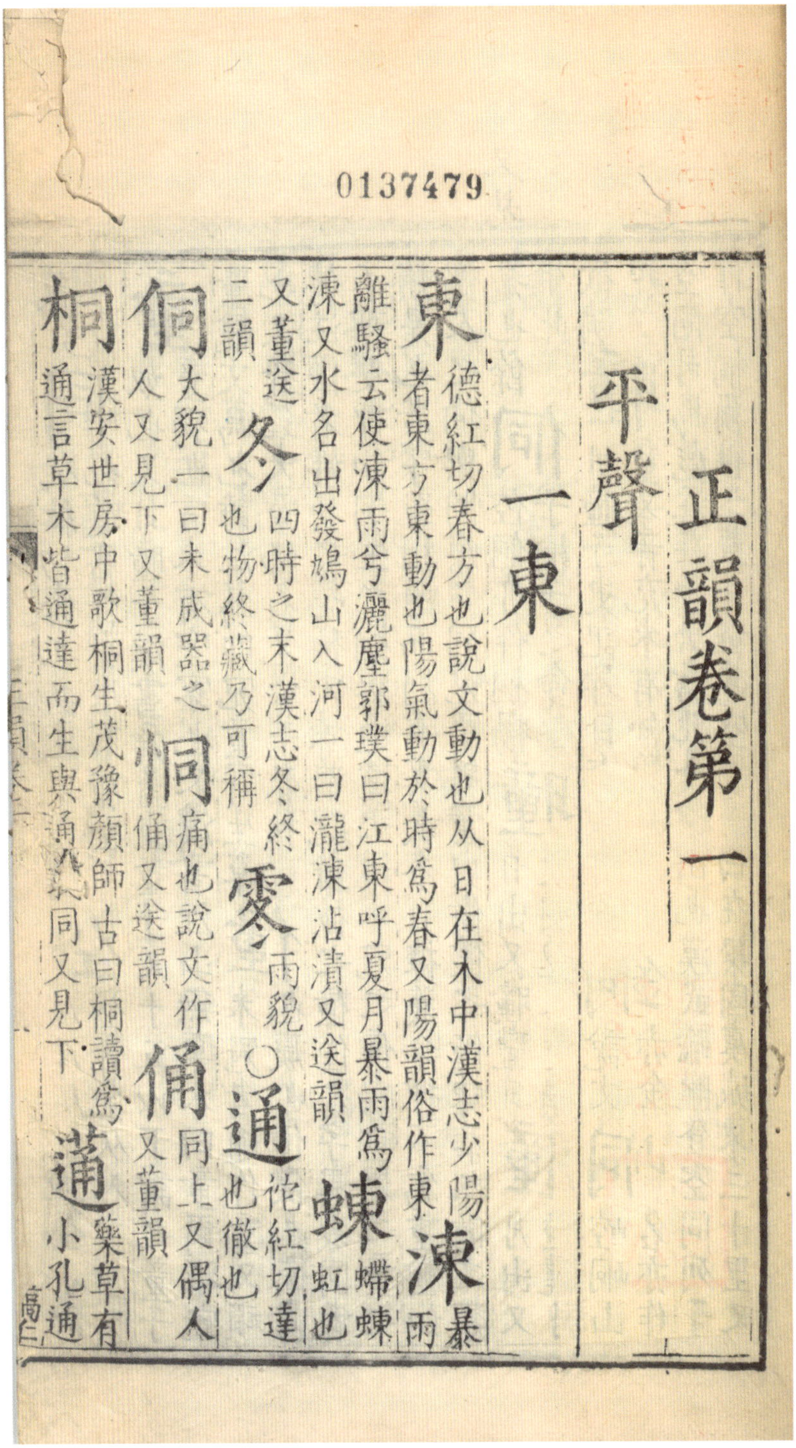

0137479

正韻卷第一

平聲

一東

東德紅切春方也說文動也从日在木中漢志少陽者東方東動也陽氣動於時爲春又陽韻俗作東 涷暴雨離騷云使涷雨兮灑塵郭璞曰江東呼夏月暴雨爲涷又水名出發鳩山入河一曰瀧涷沾漬又送韻 蝀螮蝀虹也又董送二韻 冬四時之末漢志冬終也物終藏乃可稱 䨴雨貌 ○通佗紅切達也徹也 侗大貌一曰未成器之人又見下又董韻 恫痛也說文作俑又送韻 俑同上又偶人又董韻 桐漢安世房中歌桐生茂豫顏師古曰桐讀爲通言草木皆通達而生與通同又見下 蓪藥草有小孔通

洪武正韻十六卷　（明）樂韶鳳　宋濂等撰　明崇禎三年（1630）廣益堂刻本。四册。半頁八行字數不等，小字雙行二十四字，白口，四周雙邊。框高20.7厘米、寬14.5厘米。廣東省立中山圖書館藏。

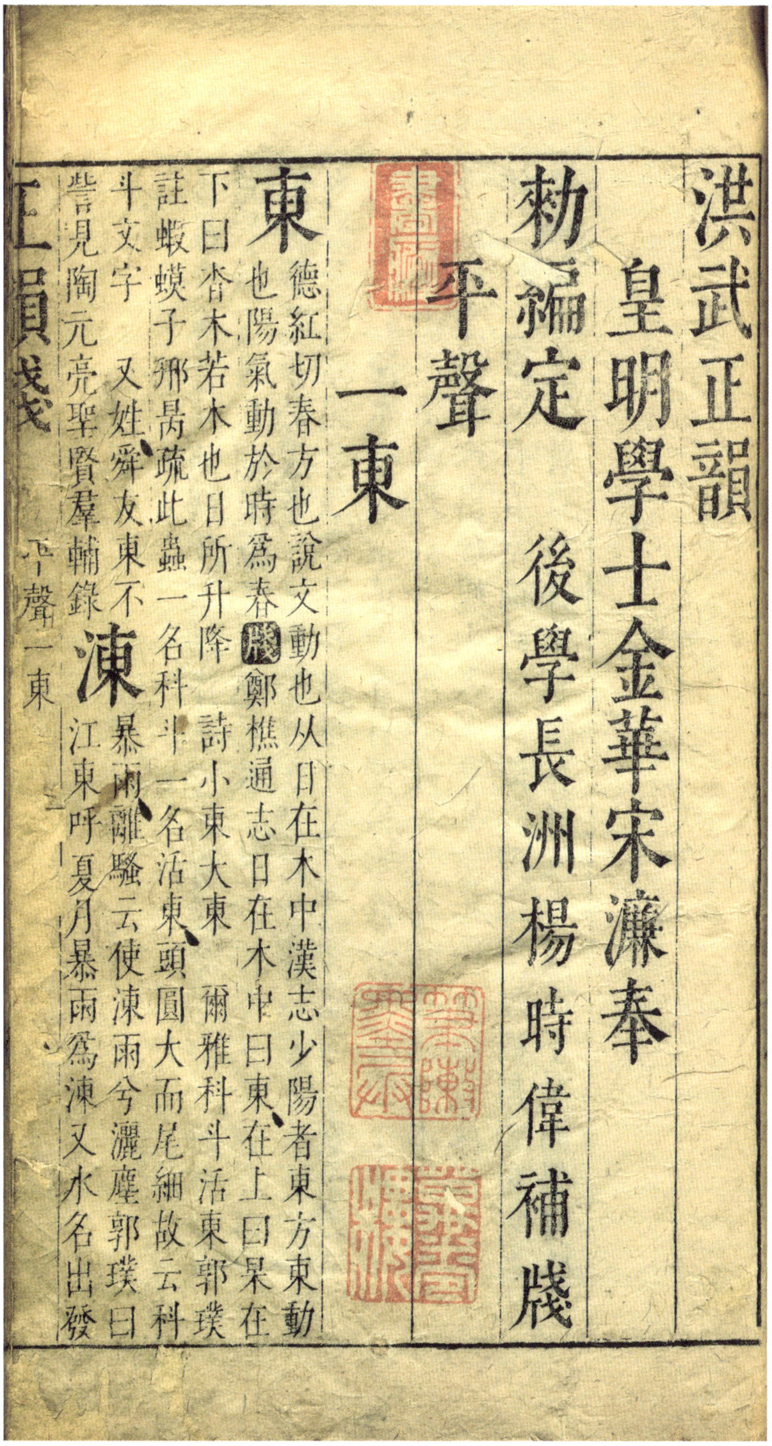

洪武正韻

皇明學士金華宋濂奉

勑編定　後學長洲楊時偉補箋

平聲

一東

東 德紅切春方也說文動也从日在木中漢志少陽者東方東動也陽氣動於時爲春【箋】鄭樵通志日在木中曰東在上曰杲在下曰杳木若木也日所升降　詩小東大東　爾雅科斗活東郭璞註蝦蟆子邢昺疏此蟲一名科斗一名活東頭圓大而尾細故云科斗文字　又姓舜友東不訾見陶元亮聖賢羣輔錄

凍 暴雨離騷云使凍雨兮灑塵郭璞曰江東呼夏月暴雨爲凍又水名出發

正韻箋　平聲一東

洪武正韻十卷　（明）樂韶鳳　宋濂等撰　（明）楊時偉補箋　明崇禎四年（1631）申用楙刻本。十册。半頁八行十三字，小字雙行二十六字，白口，四周單邊。框高21.4厘米、寬14.3厘米。暨南大學圖書館藏。

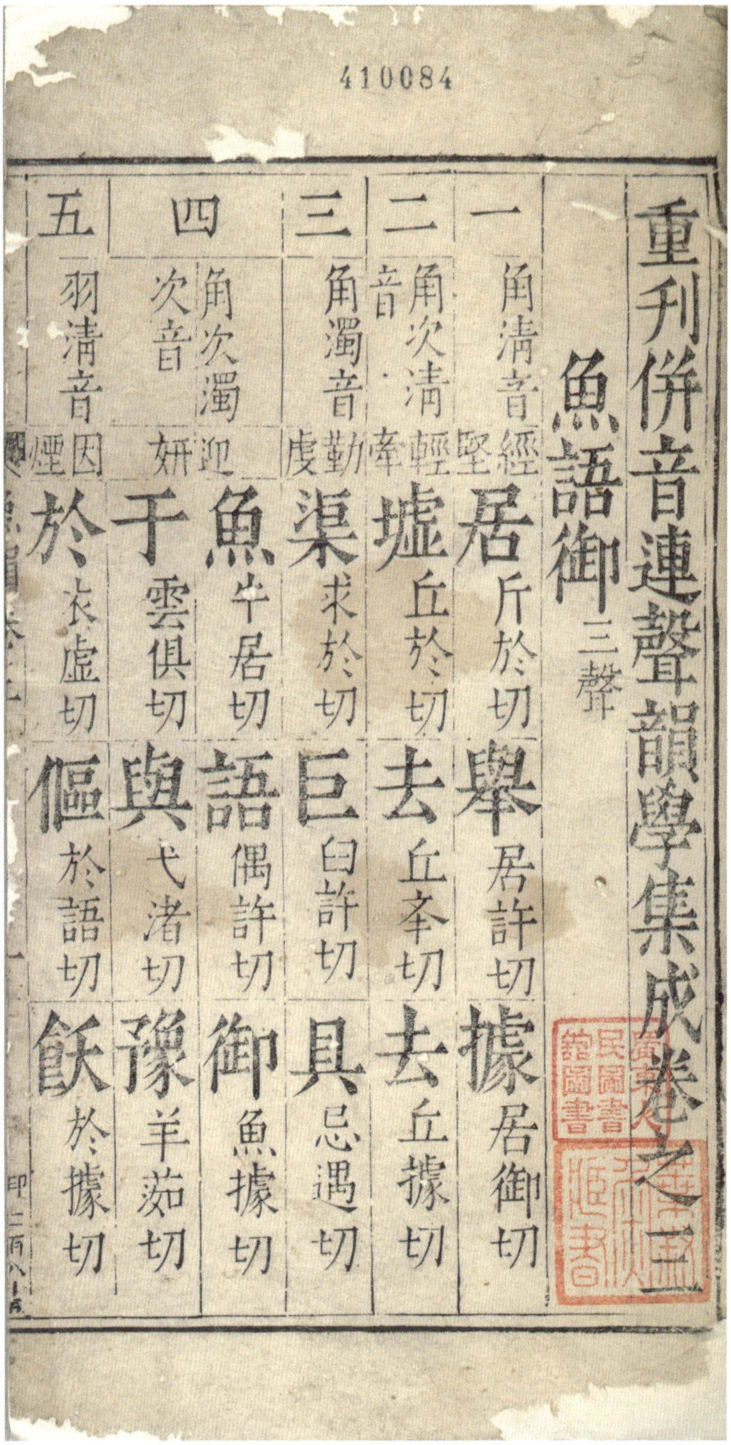
410084

重刊併音連聲韻學集成卷之三

魚語御 三聲

一 角清音 經堅 居 斤於切 舉 居許切 據 居御切
二 角次清音 輕牽 墟 丘於切 去 丘舉切 去 丘據切
三 角濁音 勤虔 渠 求於切 巨 臼許切 具 忌遇切
四 角次濁 迎 魚 牛居切 語 偶許切 御 魚據切
次音 妍 于 雲俱切 與 弋渚切 豫 羊茹切
五 羽清音 因煙 於 衣虛切 傴 於語切 飫 於據切

重刊併音連聲韻學集成十三卷直音篇七卷 （明）章黼撰　明萬曆六年（1578）維揚資政左室刻本。十一册。半頁八行字數不等，小字雙行二十四字，白口，四周雙邊。框高23.8厘米、寬15厘米。廣東省立中山圖書館藏。

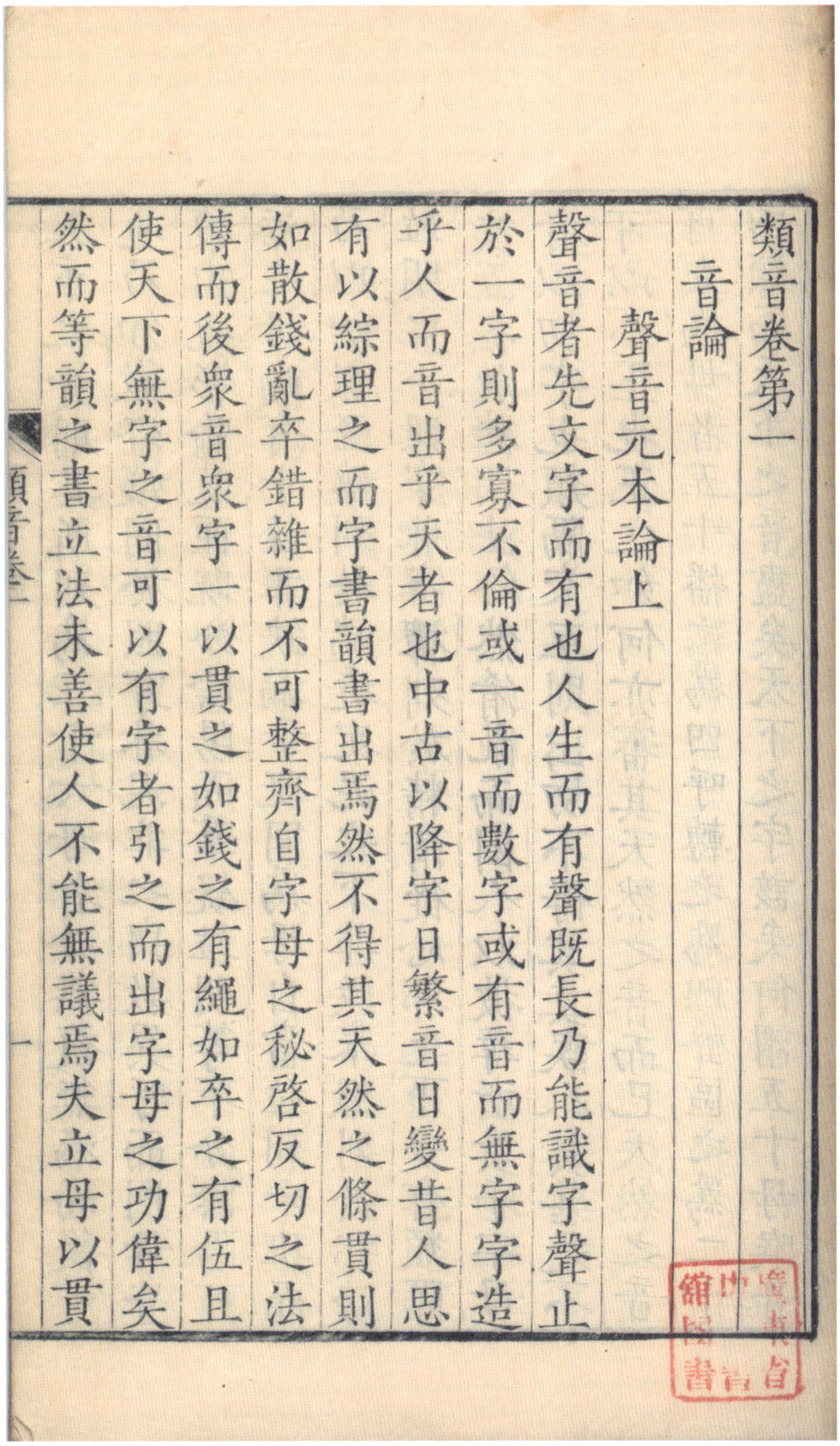
類音卷第一

音論

聲音元本論上

聲音者先文字而有也人生而有聲既長乃能識字聲止於一字則多寡不倫或一音而數字或有音而無字字造乎人而音出乎天者也中古以降字日繁音日變昔人思有以綜理之而字書韻書出焉然不得其天然之條貫則如散錢亂卒錯雜而不可整齊自字母之秘啓反切之法傳而後衆音衆字一以貫之如錢之有繩如卒之有伍且使天下無字之音可以有字者引之而出字母之功偉矣然而等韻之書立法未善使人不能無議焉夫立母以貫

類音卷一　一

類音八卷　（清）潘耒撰　清康熙潘氏遂初堂刻本。四册。半頁十一行二十二字，白口，左右雙邊。框高20.6厘米、寬15.1厘米。廣東省立中山圖書館藏。

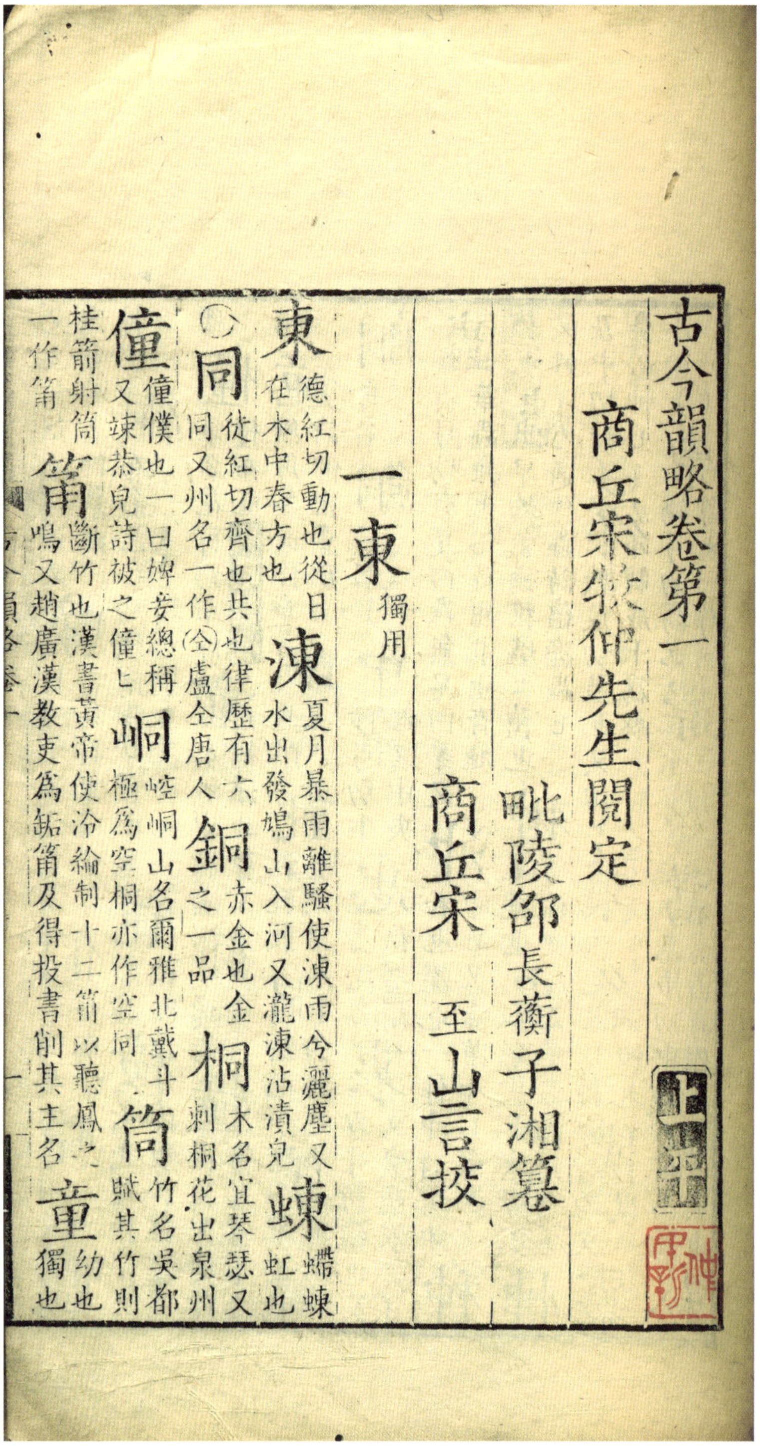

古今韻略五卷　（清）邵長蘅撰　清康熙三十五年（1696）商丘宋犖刻本。五册。半頁九行十四字，小字雙行二十八字，黑口，四周單邊。框高19.9厘米、寬14.4厘米。暨南大學圖書館藏。

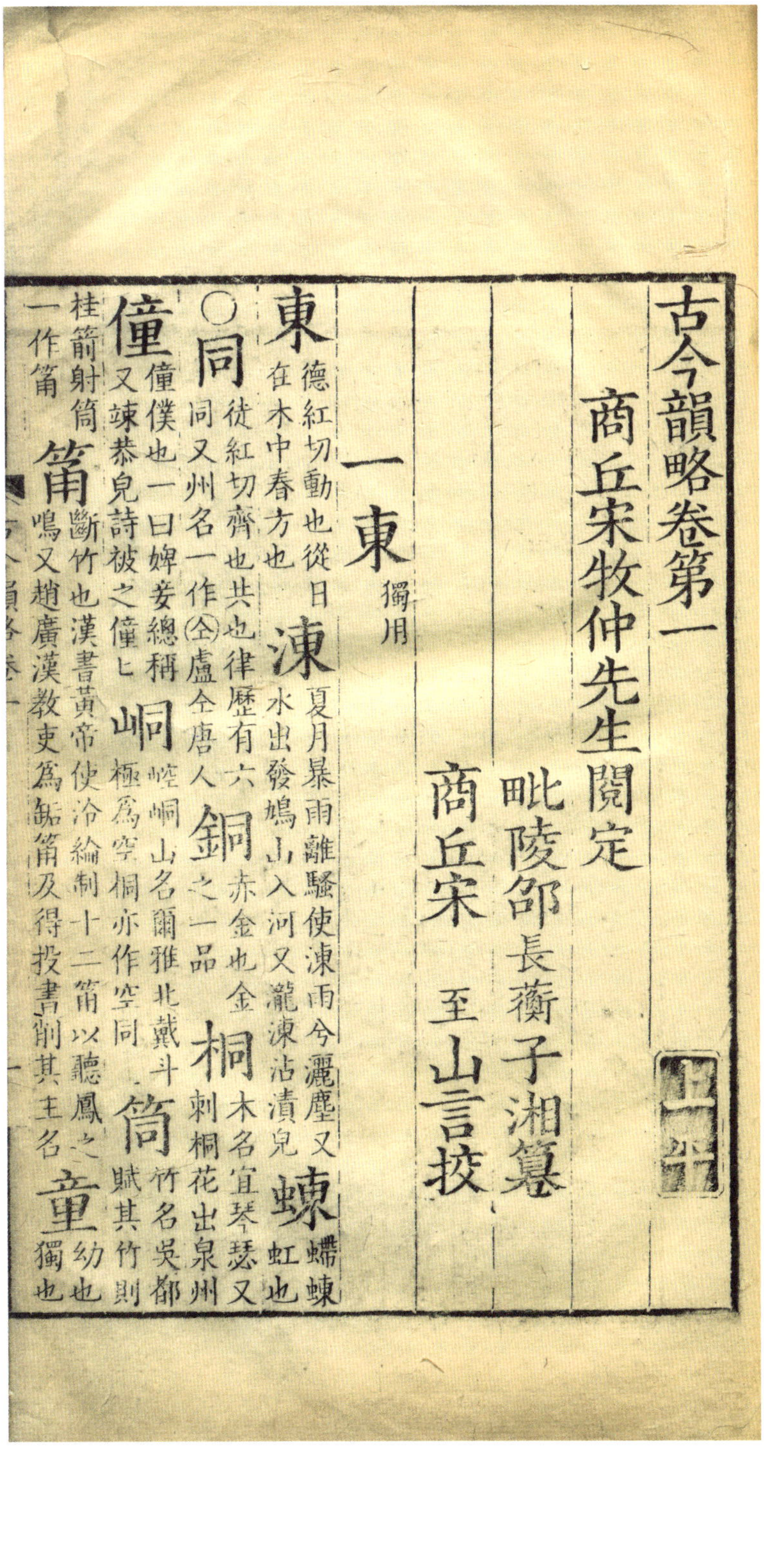

古今韻略卷第一

商丘宋牧仲先生閱定

毗陵邵長蘅子湘纂

商丘宋至山言挍

一東 獨用

東 德紅切動也從日在木中春方也 涷 夏月暴雨離騷使涷雨兮灑塵又水出發鳩山入河又瀧涷沾漬皃 蝀 螮蝀虹也

○同 徒紅切齊也共也律歷有六同又州名一作仝 仝 盧仝唐人 銅 赤金也金之一品 桐 木名宜琴瑟又刺桐花出泉州

僮 僮僕也一曰婢妾總稱又竦恭皃詩被之僮僮 峒 崆峒山名爾雅北戴斗極爲空桐亦作空同 筒 竹名吳都賦其竹則桂箭射筒一作筩 筩 斷竹也漢書黃帝使泠綸制十二筩以聽鳳之鳴又趙廣漢教吏爲缿筩及得投書削其主名 童 幼也獨也

古今韻略五卷 （清）邵長蘅撰 清康熙三十五年（1696）商丘宋犖刻本。五册。半頁九行十四字，小字雙行二十八字，黑口，四周單邊。框高19.9厘米、寬14.4厘米。暨南大學圖書館藏。

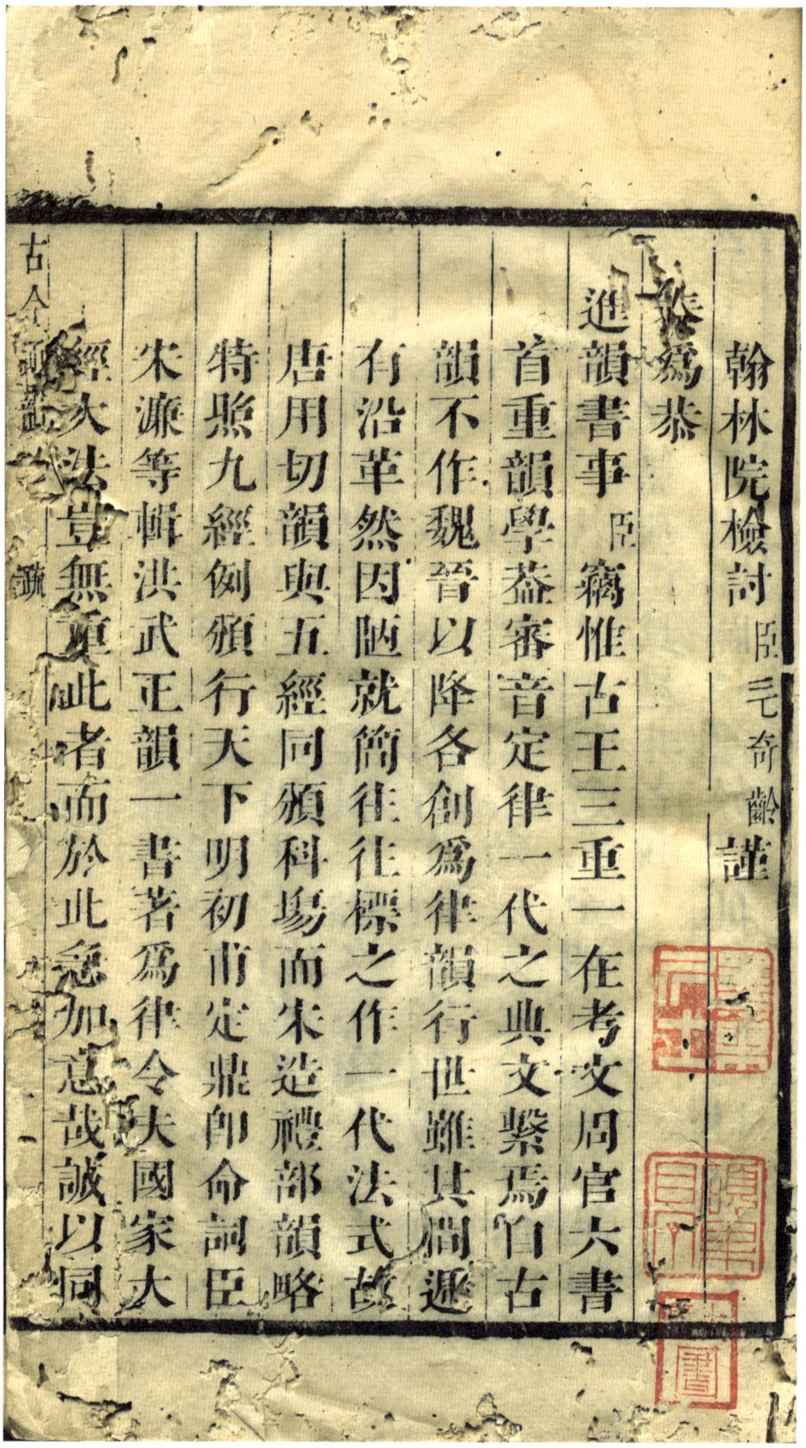
翰林院檢討臣毛奇齡謹
奏爲恭
進韻書事臣竊惟古王三重一在考文周官六書
首重韻學蓋審音定律一代之典文繫焉自古
韻不作魏晉以降各創爲律韻行世雖其間遞
有沿革然因陋就簡往往標之作一代法式故
唐用切韻與五經同頒科場而宋造禮部韻略
特照九經例頒行天下明初甫定鼎卽命詞臣
宋濂等輯洪武正韻一書著爲律令夫國家大
經大法豈無重此者而於此急加意哉誠以同
古今通韻　疏

康熙甲子史館新刊古今通韻十二卷　（清）毛奇齡撰　清康熙二十三年（1684）史館刻本。四册。半頁十行二十字，小字雙行同，白口，四周單邊。框高19.5厘米、寬14.2厘米。暨南大學圖書館藏。

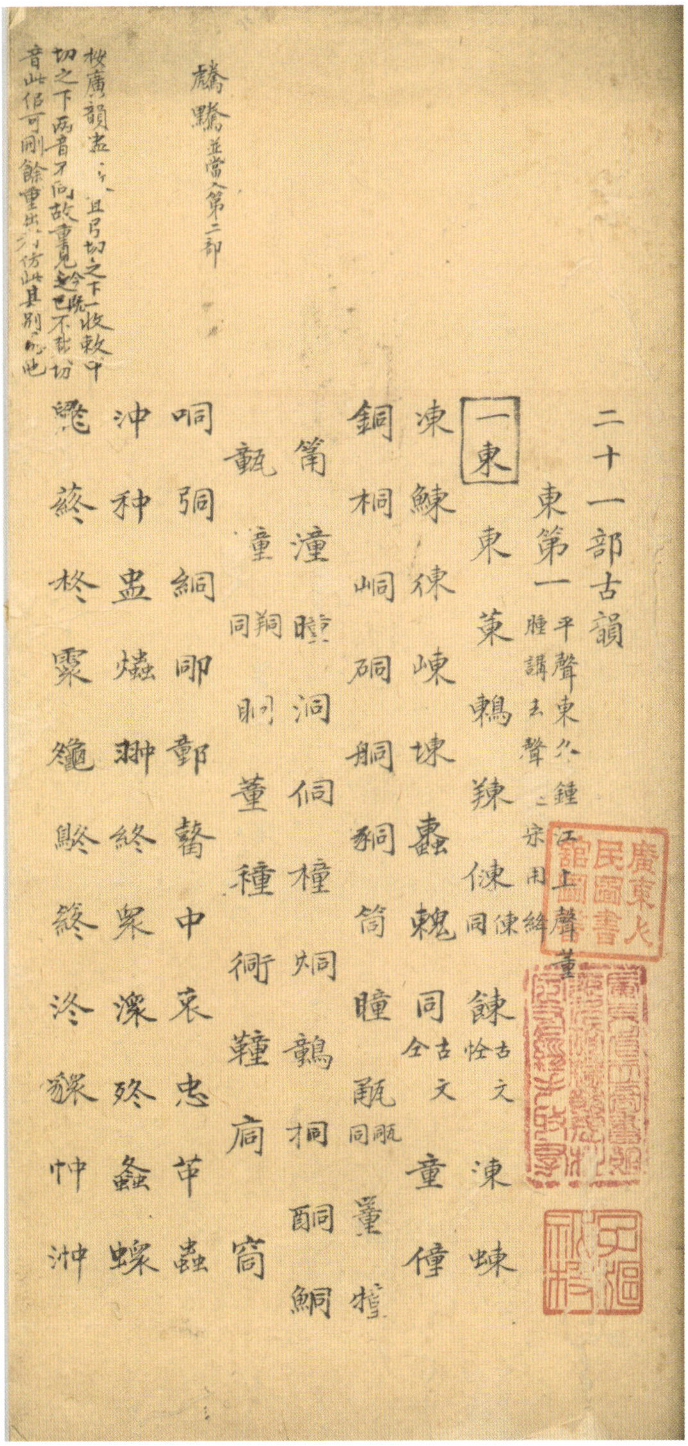

二十一部古韻

東第一 平聲東冬鍾江上聲董

一東

二十一部古韻二卷　（清）曾釗撰　稿本。存一卷（上）。一册。白口，左右雙邊，紅格。框高18.3厘米、寬12.4厘米。廣東省立中山圖書館藏。

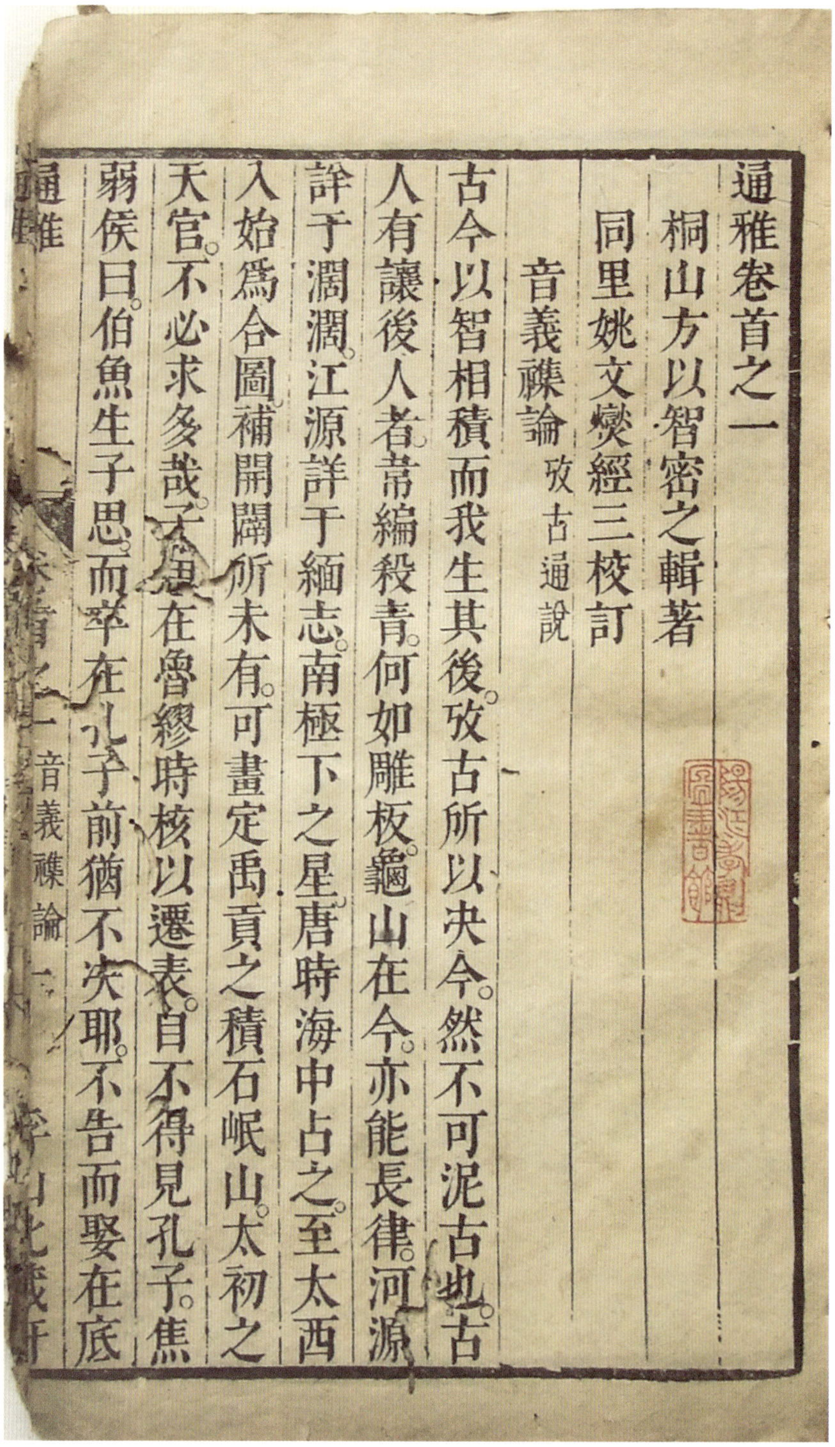

通雅卷首之一
桐山方以智密之輯著
同里姚文燮經三校訂
音義雜論　攷古通說
古今以智相積而我生其後攷古所以决今然不可泥古也古
人有讓後人者韋編殺青何如雕板龜山在今亦能長律河源
詳于濶濶江源詳于緬志南極下之星唐時海中占之至太西
入始爲合圖補開闢所未有可畫定禹貢之積石岷山太初之
天官不必求多哉子思在魯繆時核以遷表自不得見孔子焦
弱侯曰伯魚生子思而卒在孔子前猶不决耶不告而娶在底

通雅五十二卷首三卷　（明）方以智撰　清康熙五年（1666）浮山此藏軒刻本。存五十一卷（缺三十至三十三）。十五册。半頁十行二十四字，小字雙行同，白口，四周單邊。框高21.3厘米、寬13.5厘米。陽江市圖書館藏。

史部

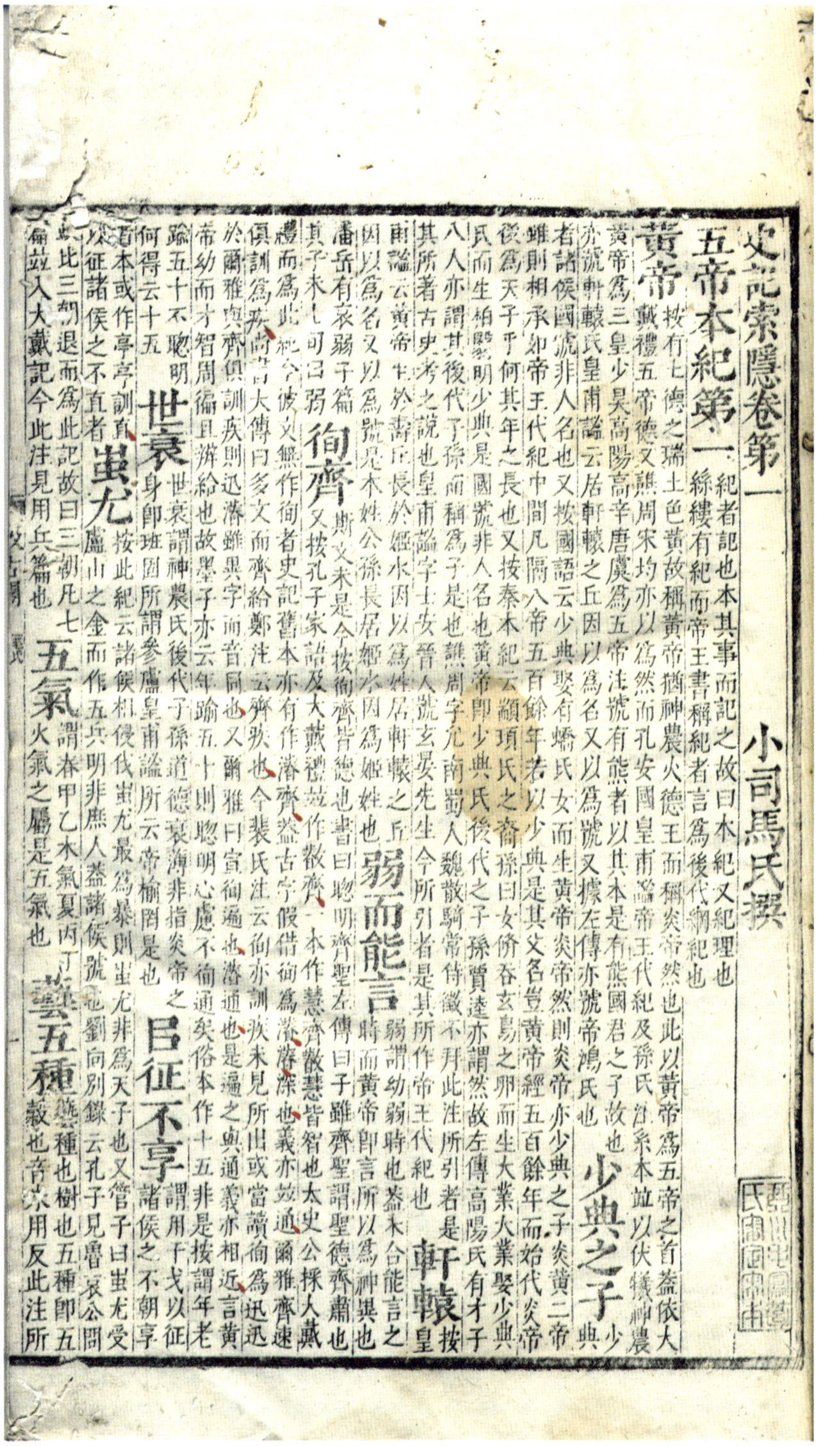

史記索隱卷第一

五帝本紀第一　紀者記也本其事而記之故曰本紀又紀理也絲縷有紀而帝王書稱紀者言爲後代綱紀也

小司馬氏撰

黃帝　按有土德之瑞土色黃故稱黃帝猶神農火德王而稱炎帝然也此以黃帝爲五帝之首蓋依大戴禮五帝德又譙周宋均亦以爲然而孔安國皇甫謐帝王代紀及孫氏注系本並以伏犧神農黃帝爲三皇少昊高陽高辛唐虞爲五帝注號有熊者以其本是有熊國君之子故也亦號軒轅氏皇甫謐云居軒轅之丘因以爲名又以爲號又據左傳亦號帝鴻氏也

少典之子　少典者諸侯國號非人名也又按國語云少典娶有蟜氏女而生黃帝炎帝然則炎帝亦少典之子炎黃二帝雖則相承如帝王代紀中間凡隔八帝五百餘年若以少典是其父名豈黃帝經五百餘年而始代炎帝後爲天子乎何其年之長也又按秦本紀云顓頊氏之裔孫曰女脩吞玄鳥之卵而生大業大業娶少典氏而生柏翳明少典是國號非人名也黃帝即少典氏後代之子孫賈逵亦謂然故左傳高陽氏有才子八人亦謂其後代子孫而稱爲子是也譙周字允南蜀人魏散騎常侍徵不拜此注所引者是其所著古史考之說也皇甫謐字士安晉人號玄晏先生今所引者是其所作帝王代紀也

軒轅　皇甫謐云黃帝生於壽丘長於姬水因以爲姓居軒轅之丘因以爲名又以爲號是本姓公孫長居姬水因改姓姬也

弱而能言　弱謂幼弱時也蓋未合能言之時而黃帝即言所以爲神異也潘岳有哀弱子篇其子未七旬曰弱

徇齊　斯文未是今按徇齊皆德也書曰聰明齊聖左傳曰子雖齊聖謂聖德齊肅也又按孔子家語及大戴禮並作叡齊一本作慧齊叡慧皆智也太史公採大戴禮而爲此紀今彼文無作徇者史記舊本亦有作濬齊蓋古字假借徇爲濬濬深也義亦並通爾雅齊速俱訓爲疾尚書大傳曰多聞而齊給鄭注云齊疾也今裴氏注云徇亦訓疾未見所出或當讀徇爲迅迅於爾雅與齊俱訓疾則迅濬雖異字而音同也又爾雅曰宣徇遍也濬通也是遍之與通義亦相近言黃帝幼而才智周徧且辨給也故墨子亦云年踰五十則聰明心慮不徇通矣俗本作十五非是按謂年老踰五十不聰明何得云十五

世衰　世衰謂神農氏後代子孫道德衰薄非指炎帝之身即班固所謂參盧皇甫謐所云帝榆罔是也

以征不享　謂用干戈以征諸侯之不朝享者本或作亭亭訓直以征諸侯之不直者

蚩尤　按此紀云諸侯相侵伐蚩尤最爲暴則蚩尤非爲天子也又管子曰蚩尤受盧山之金而作五兵明非庶人蓋諸侯號也劉向別錄云孔子見魯哀公問政比三朝退而爲此記故曰三朝凡七篇並入大戴記今此注見用兵篇也

五氣　謂春甲乙木氣夏丙丁火氣之屬是五氣也

蓺五種　蓺種也樹也五種即五穀也音朱用反此注所

史記索隱三十卷　（唐）司馬貞撰　明末毛氏汲古閣刻本。二册。半頁十四行二十七字，小字雙行四十字，白口，左右雙邊。框高21.7厘米、寬15.5厘米。暨南大學圖書館藏。

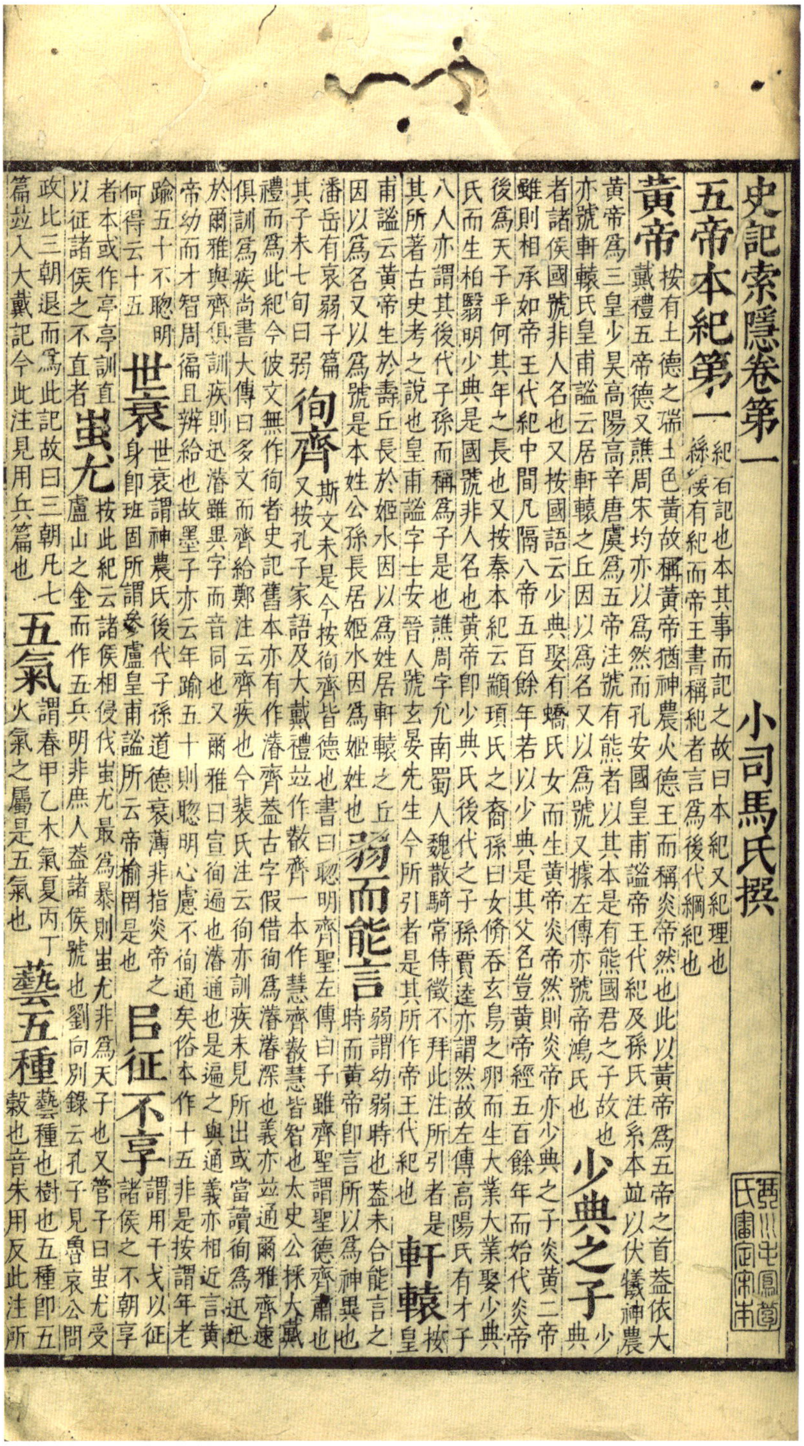

史記索隱卷第一　　小司馬氏撰

五帝本紀第一 紀者記也本其事而記之故曰本紀又紀理也絲縷有紀而帝王書稱紀者言為後代綱紀也

黃帝 按有土德之瑞土色黃故稱黃帝猶神農火德王而稱炎帝然也此以黃帝為五帝之首蓋依大戴禮五帝德又譙周宋均亦以為然而孔安國皇甫謐帝王代紀及孫氏注系本並以伏犧神農黃帝為三皇少昊高陽高辛唐虞為五帝注號有熊者以其本是有熊國君之子故也亦號軒轅氏皇甫謐云居軒轅之丘因以為名又以為號又據左傳亦號帝鴻氏也

少典之子 少典者諸侯國號非人名也又按國語云少典娶有蟜氏女而生黃帝炎帝然則炎帝亦少典之子炎黃二帝雖則相承如帝王代紀中間凡隔八帝五百餘年若以少典是其父名豈黃帝經五百餘年而始代炎帝後為天子乎何其年之長也又按秦本紀云顓頊氏之裔孫曰女脩吞玄鳥之卵而生大業大業娶少典氏而生柏翳明少典是國號非人名也黃帝即少典氏後代之子孫賈逵亦謂然故左傳高陽氏有才子八人亦謂其後代子孫而稱為子是也譙周字允南蜀人魏散騎常侍徵不拜此注所引者是其所著古史考之說也皇甫謐字士安晉人號玄晏先生今所引者是其所作帝王代紀也

軒轅 按皇甫謐云黃帝生於壽丘長於姬水因以為姓居軒轅之丘因以為名又以為號是本姓公孫長居姬水因為姬姓也

弱而能言 弱謂幼弱時也蓋未合能言之時而黃帝即言所以為神異也潘岳有哀弱子篇其子未七旬曰弱

徇齊 斯文未是今按徇齊皆德也書曰聰明齊聖左傳曰子雖齊聖謂聖德齊肅也又按孔子家語及大戴禮並作叡齊一本作慧齊叡慧皆智也太史公採大戴禮而為此紀今彼文無作徇者史記舊本亦有作濬齊蓋古字假借徇為濬濬深也義亦並通爾雅齊速俱訓為疾尚書大傳曰多聞而齊給鄭注云齊疾也今裴氏注云徇亦訓疾未見所出或當讀徇為迅迅於爾雅與齊俱訓疾則迅濬雖異字而音同也又爾雅曰宣徇遍也濬通也是遍之與通義亦相近言黃帝幼而才智周遍且辨給也故墨子亦云年踰五十則聰明心慮不徇通矣俗本作十五非是按謂年老踰五十不聰明何得云十五

世衰 世衰謂神農氏後代子孫道德衰薄非指炎帝之身即班固所謂參盧皇甫謐所云帝榆罔是也

以征不享 謂用干戈以征諸侯之不朝享者本或作亭亭訓直以征諸侯之不直者

蚩尤 按此紀云諸侯相侵伐蚩尤最為暴則蚩尤非為天子也又管子曰蚩尤受盧山之金而作五兵明非庶人蓋諸侯號也劉向別錄云孔子見魯哀公問政比三朝退而為此記故曰三朝凡七篇並入大戴記今此注見用兵篇也

五氣 謂春甲乙木氣夏丙丁火氣之屬是五氣也

蓺五種 蓺種也樹也五種即五穀也音朱用反此注所

史記索隱三十卷　（唐）司馬貞撰　明末毛氏汲古閣刻本。二册。半頁十四行二十七字，小字雙行四十字，白口，左右雙邊。框高21.9厘米、寬15.3厘米。暨南大學圖書館藏。

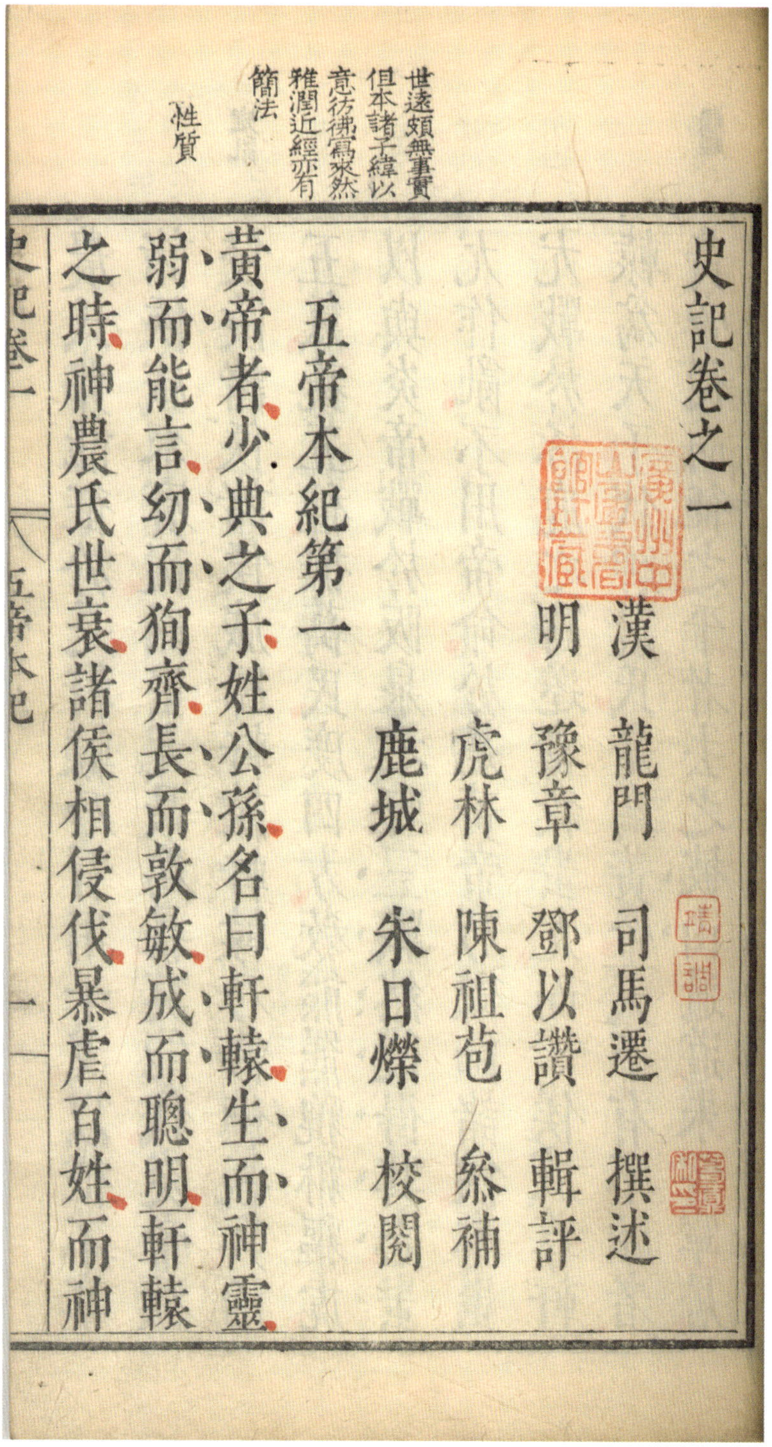

史記二十四卷　（漢）司馬遷撰　（明）鄧以讚輯評　（明）陳祖苞參補　明萬曆四十六年（1618）刻本。十二册。半頁九行十八字，白口，四周雙邊。框高21厘米、寬14.5厘米。廣東省立中山圖書館藏。

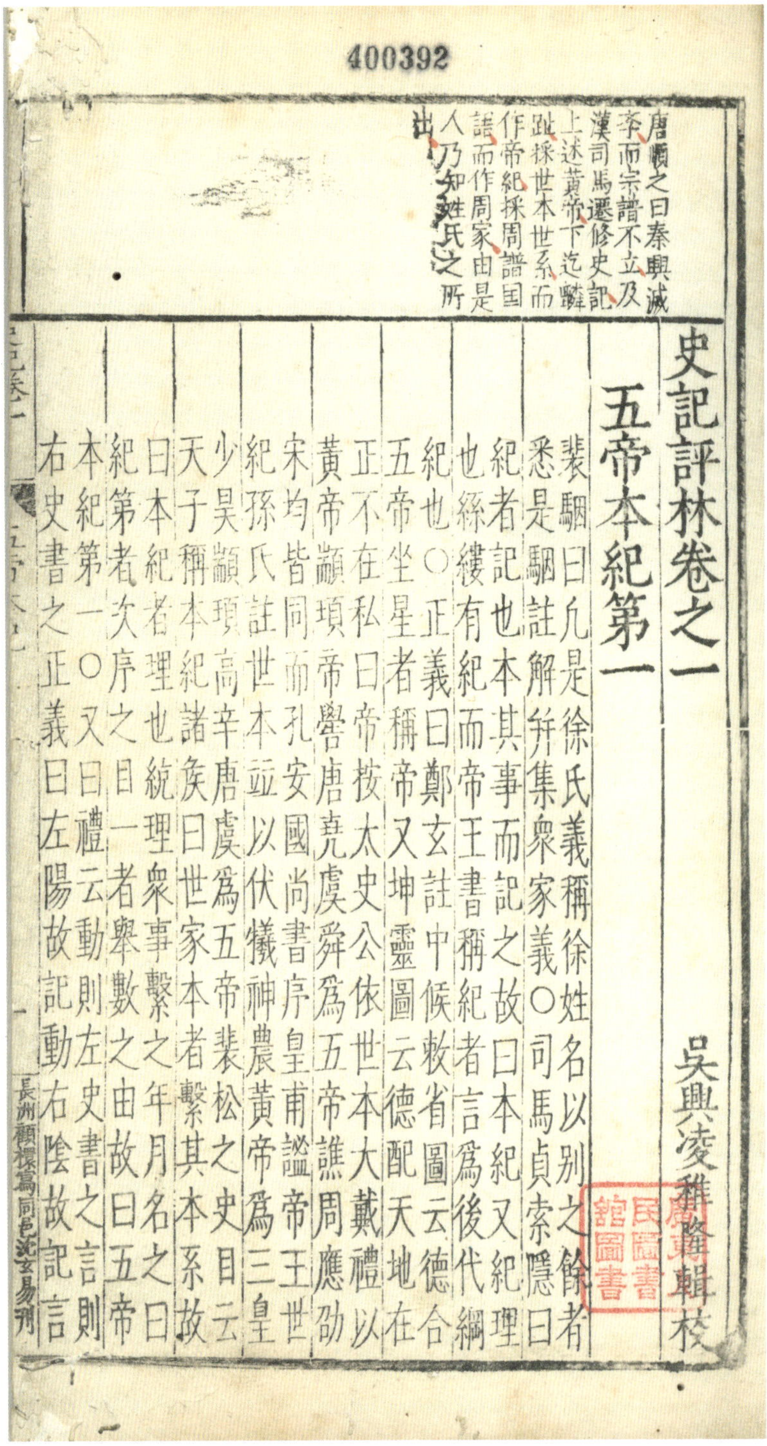

400392

唐順之曰秦興滅斈而宗譜不立及漢司馬遷修史記上述黃帝下迄麟趾採世本世系而作帝紀採周譜国語而作周家由是人乃知姓氏之所出

史記評林卷之一

吴興凌稚隆輯校

五帝本紀第一

裴駰曰凡是徐氏義稱徐姓名以別之餘者悉是駰註解并集衆家義○司馬貞索隱曰紀者記也本其事而記之故曰本紀又紀理也絲縷有紀而帝王書稱紀者言爲後代綱紀也○正義曰鄭玄註中候敕省圖云德合五帝坐星者稱帝又坤靈圖云德配天地在正不在私曰帝按太史公依世本大戴禮以黃帝顓頊帝嚳唐堯虞舜爲五帝譙周應劭宋均皆同而孔安國尚書序皇甫謐帝王世紀孫氏註世本竝以伏犧神農黃帝爲三皇少昊顓頊高辛唐虞爲五帝裴松之史目云天子稱本紀諸侯曰世家本者繫其本系故曰本紀者理也統理衆事繫之年月名之曰紀第者次序之目一者舉數之由故曰五帝本紀第一○又曰禮云動則左史書之言則右史書之正義曰左陽故記動右陰故記言

史記卷之一

長洲顧𢒰寫 同邑沈玄易刊

史記評林一百三十卷 （明）凌稚隆輯 明萬曆二年至四年（1574—1576）凌稚隆刻本。四十册。上下兩欄，半頁十行十九字，小字雙行同，白口，左右雙邊。框高23.9厘米、寬15厘米。廣東省立中山圖書館藏。

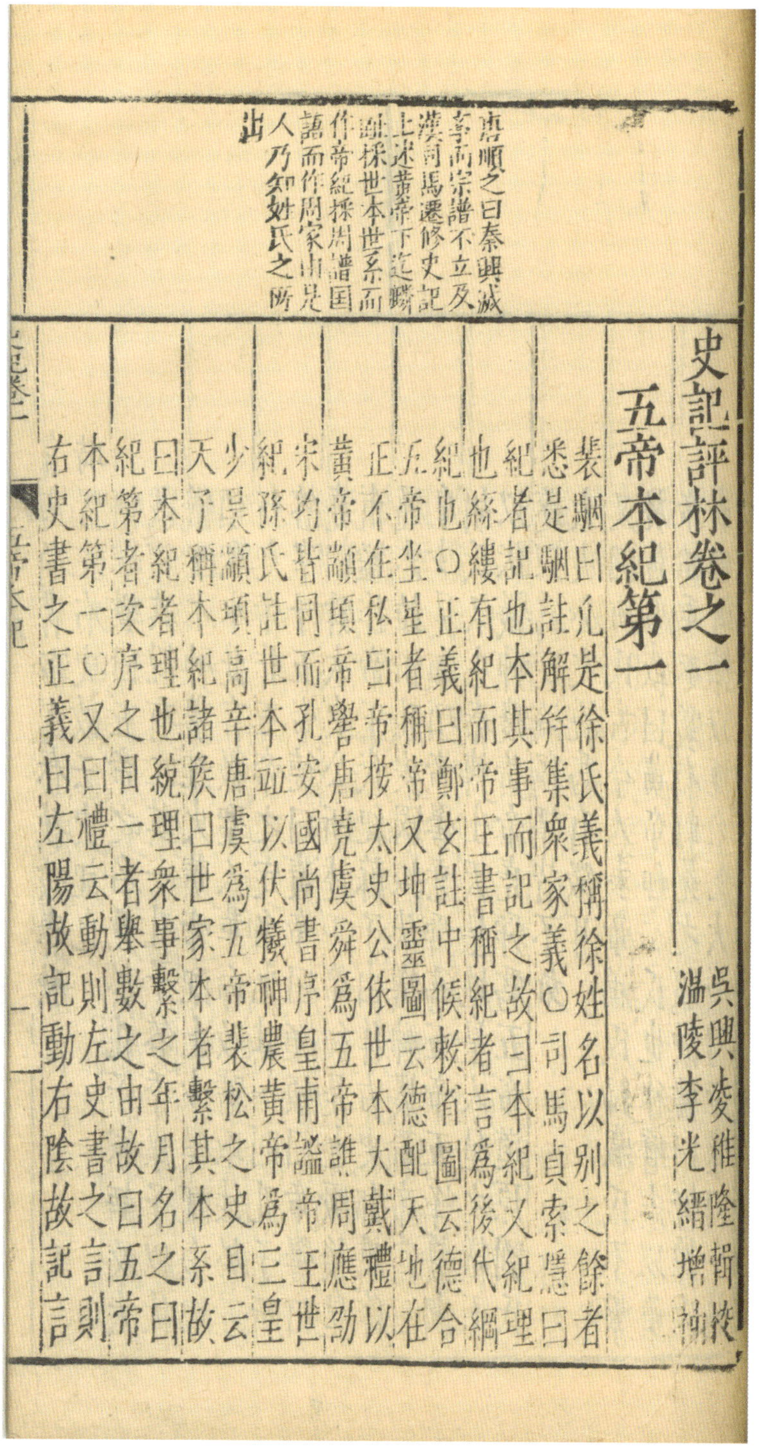
唐順之曰秦興滅亭而宗譜不立及漢司馬遷修史記上述黃帝下迄麟趾採世本世系而作帝紀採周譜國語而作周家由是人乃知姓氏之所出

史記評林卷之一

吳興凌稚隆輯校
溫陵李光縉增補

五帝本紀第一

裴駰曰凡是徐氏義稱徐姓名以別之餘者悉是駰註解幷集衆家義○司馬貞索隱曰紀者記也本其事而記之故曰本紀又紀理也絲縷有紀而帝王書稱紀者言爲後代綱紀也○正義曰鄭玄註中候敕省圖云德合五帝坐星者稱帝又坤靈圖云德配天地在正不在私曰帝按太史公依世本大戴禮以黃帝顓頊帝嚳唐堯虞舜爲五帝譙周應劭宋均皆同而孔安國尚書序皇甫謐帝王世紀孫氏注世本並以伏犧神農黃帝爲三皇少昊顓頊高辛唐虞爲五帝裴松之史目云天子稱本紀諸侯曰世家本者繫其本系故曰本紀者理也統理衆事繫之年月名之曰紀第者次序之目一者舉數之由故曰五帝本紀第一○又曰禮云動則左史書之言則右史書之正義曰左陽故記動右陰故記言

史記卷之一　五帝本紀　一

史記評林一百三十卷　（明）凌稚隆輯　（明）李光縉增補　明熊氏種德堂刻本。二十册。上下兩欄，半頁十行十九字，小字雙行同，白口，左右雙邊，間四周單邊。框高18.4厘米、寬14厘米。廣東省立中山圖書館藏。

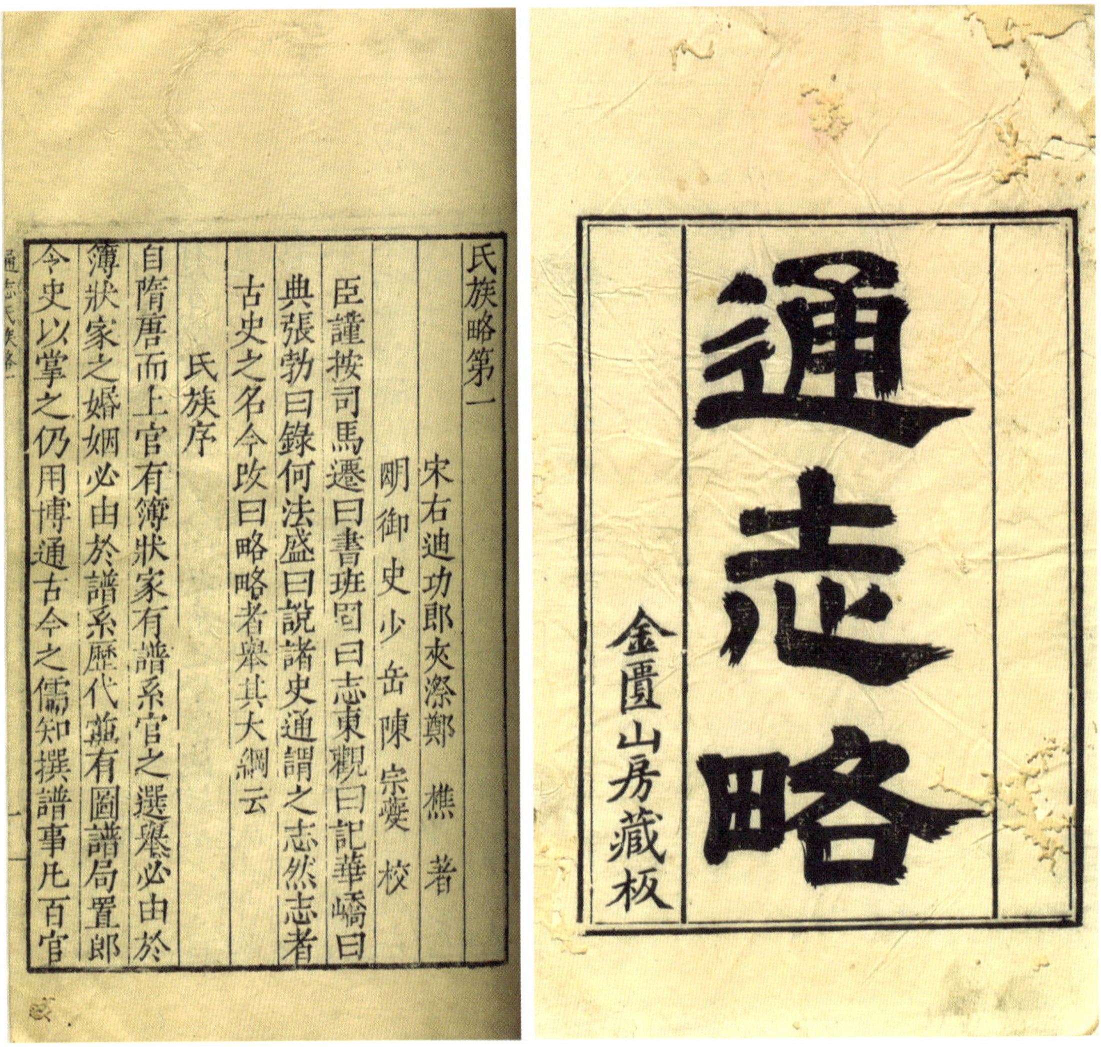
通志略
金匱山房藏板

氏族略第一
宋右迪功郎夾漈鄭　樵　著
明御史少岳陳宗夔　校
臣謹按司馬遷曰書班固曰志東觀曰記華嶠曰
典張勃曰錄何法盛曰說諸史通謂之志然志者
古史之名今改曰略略者舉其大綱云
氏族序
自隋唐而上官有簿狀家有譜系官之選舉必由於
簿狀家之婚姻必由於譜系歷代並有圖譜局置郎
令史以掌之仍用博通古今之儒知撰譜事凡百官
通志氏族略一

通志略五十二卷　（宋）鄭樵撰　（明）陳宗夔校　清乾隆十三年（1748）金壇于敏中刻本。二十四册。半頁十行二十字，小字雙行同，白口，四周單邊。框高18.7厘米、寬13.2厘米。江門市新會區景堂圖書館藏。

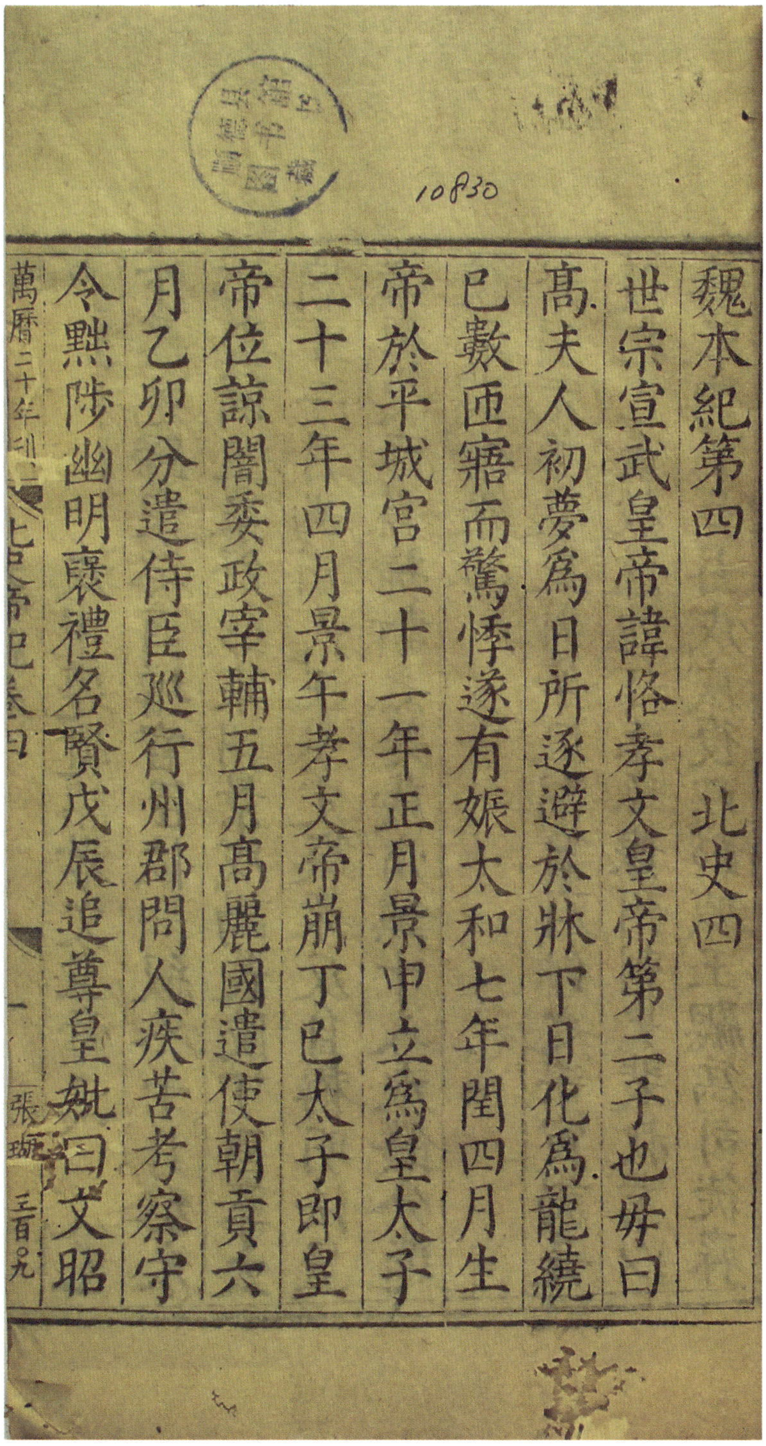
魏本紀第四　北史四
世宗宣武皇帝諱恪孝文皇帝第二子也母曰
高夫人初夢爲日所逐避於牀下日化爲龍繞
已數匝寤而驚悸遂有娠太和七年閏四月生
帝於平城宮二十一年正月景申立爲皇太子
二十三年四月景午孝文帝崩丁巳太子即皇
帝位諒闇委政宰輔五月高麗國遣使朝貢六
月乙卯分遣侍臣巡行州郡問人疾苦考察守
令黜陟幽明褒禮名賢戊辰追尊皇妣曰文昭
萬曆二十年刊　北史帝紀卷四　張珹　三百九

北史一百卷　（唐）李延壽撰　明萬曆十九年至二十一年（1591—1593）南京國子監刻本。三十二册。半頁九行十八字，白口，四周雙邊。框高20.5厘米、寬14.8厘米。順德圖書館藏。

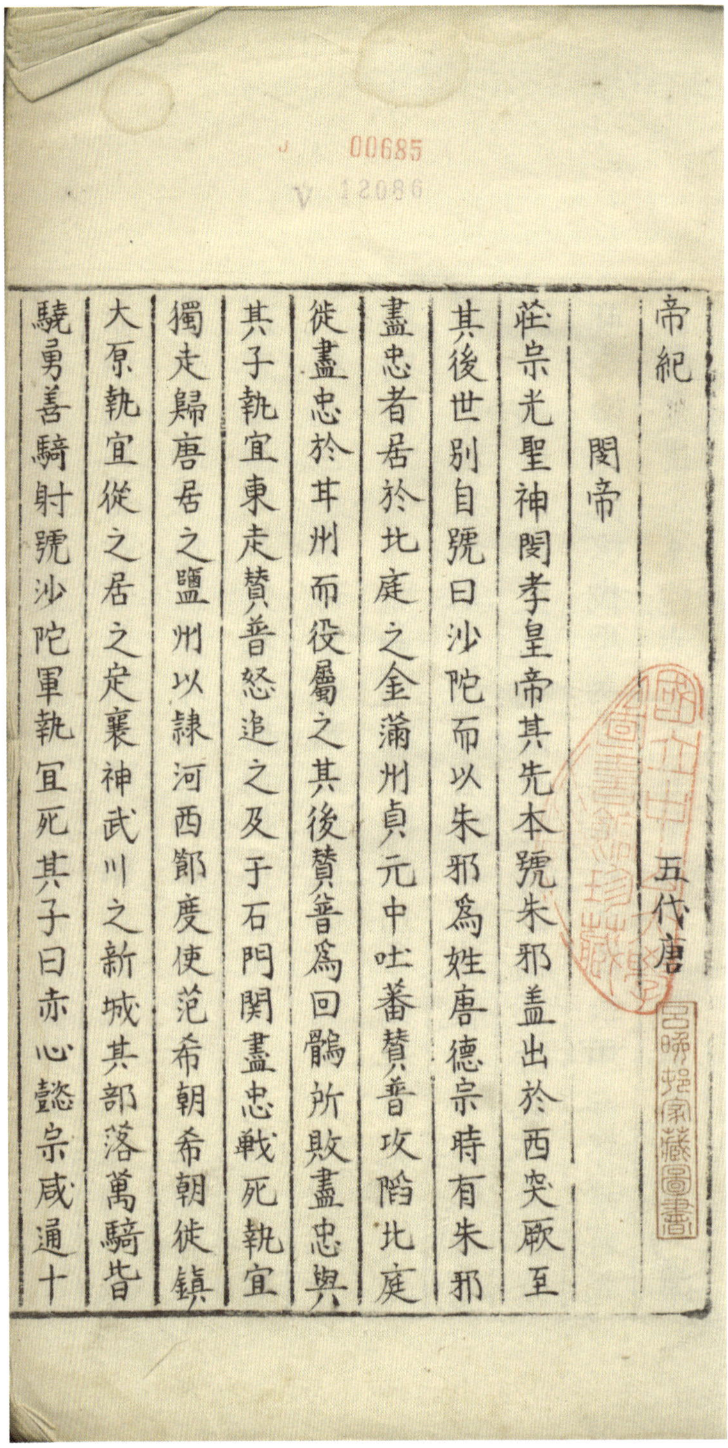

五代史纂不分卷　明抄本。存五代唐、晉、漢、周、總一至七。三册。半頁十行二十二字，白口，四周單邊，黑格。框高23厘米、寬15.8厘米。中山大學圖書館藏。

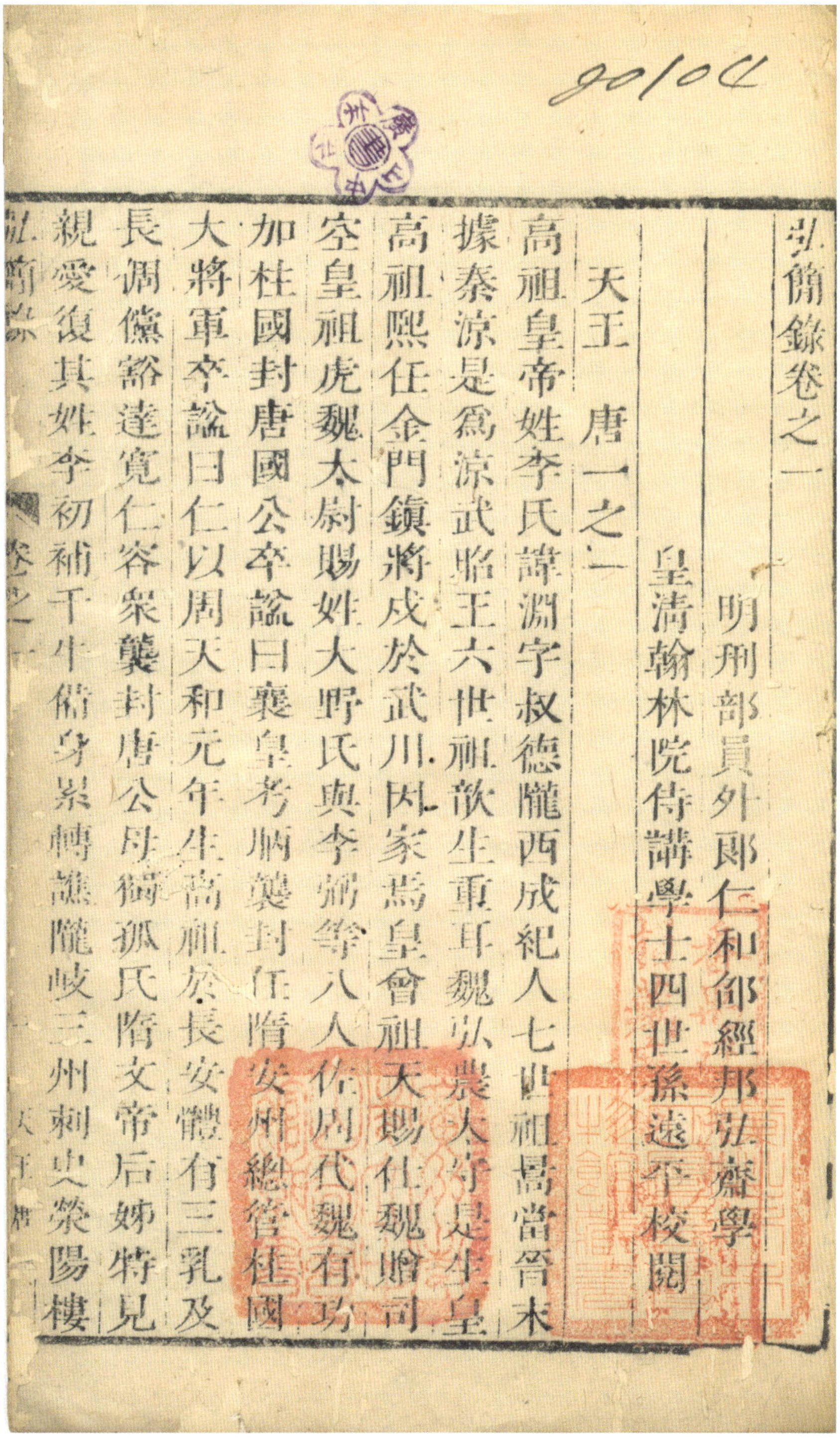
弘簡錄卷之一
明刑部員外郎仁和邵經邦弘齋學
皇清翰林院侍講學士四世孫遠平校閱
天王　唐一之一
高祖皇帝姓李氏諱淵字叔德隴西成紀人七世祖暠當晉末據秦涼是爲涼武昭王六世祖歆生重耳魏弘農太守是生皇高祖熙任金門鎮將戍於武川因家焉皇曾祖天賜仕魏贈司空皇祖虎魏太尉賜姓大野氏與李弼等八人佐周代魏有功加柱國封唐國公卒謚曰襄皇考昞襲封仕隋安州總管柱國大將軍卒謚曰仁以周天和元年生高祖於長安體有三乳及長倜儻豁達寬仁容衆襲封唐公母獨孤氏隋文帝后姊特見親愛復其姓李初補千牛備身累轉譙隴岐三州刺史滎陽樓
弘簡錄　卷之一　天王唐一

弘簡録二百五十四卷　（明）邵經邦撰　（清）邵遠平重訂　**續弘簡録元史類編四十二卷**　（清）邵遠平撰　清康熙二十七年至四十五年（1688—1706）刻乾隆重修本。九十二册。半頁十二行二十四字，小字雙行同，白口，四周單邊。框高20.2厘米、寬15.1厘米。廣東省立中山圖書館藏。

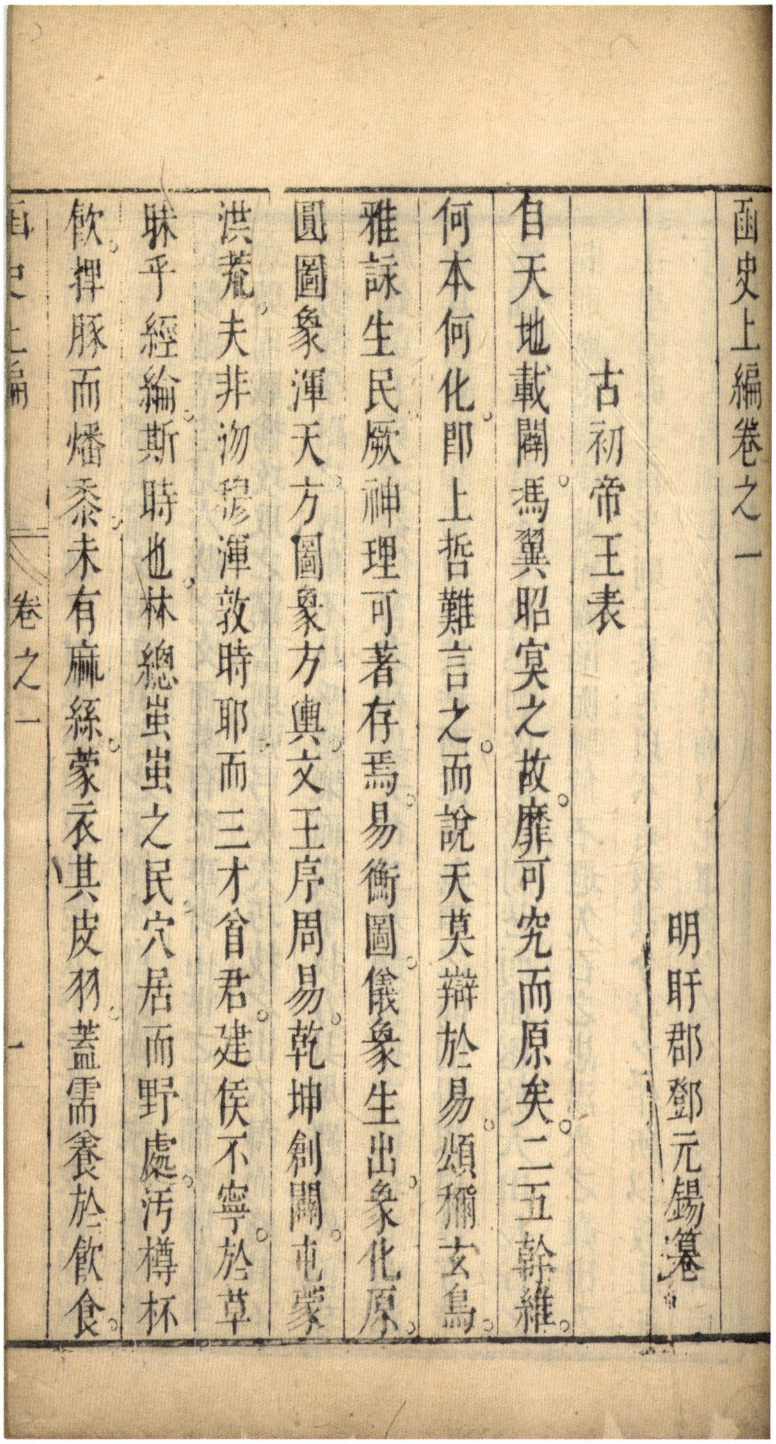

函史上編卷之一

明旴郡鄧元錫纂

古初帝王表

自天地載闢焉冀昭冥之故靡可究而原矣二五斡維何本何化即上哲難言之而說天莫辯於易頌稱玄鳥雅詠生民厥神理可著存焉易衡圖儀象生出象化原圓圖象渾天方圖象方輿文王序周易乾坤剏闢屯蒙洪荒夫非沕穆渾敦時耶而三才肖君建侯不寧於草昧乎經綸斯時也林總蚩蚩之民穴居而野處汚樽杯飲捭豚而燔黍未有麻絲蒙衣其皮羽蓋需養於飲食

函史上編　卷之一　一

函史上編八十一卷下編二十一卷　（明）鄧元錫撰　明崇禎七年（1634）鄧應瑞刻本。一百二十册。半頁十行二十一字，小字雙行同，白口，四周單邊。框高21.4厘米、寬14.9厘米。廣東省立中山圖書館藏。

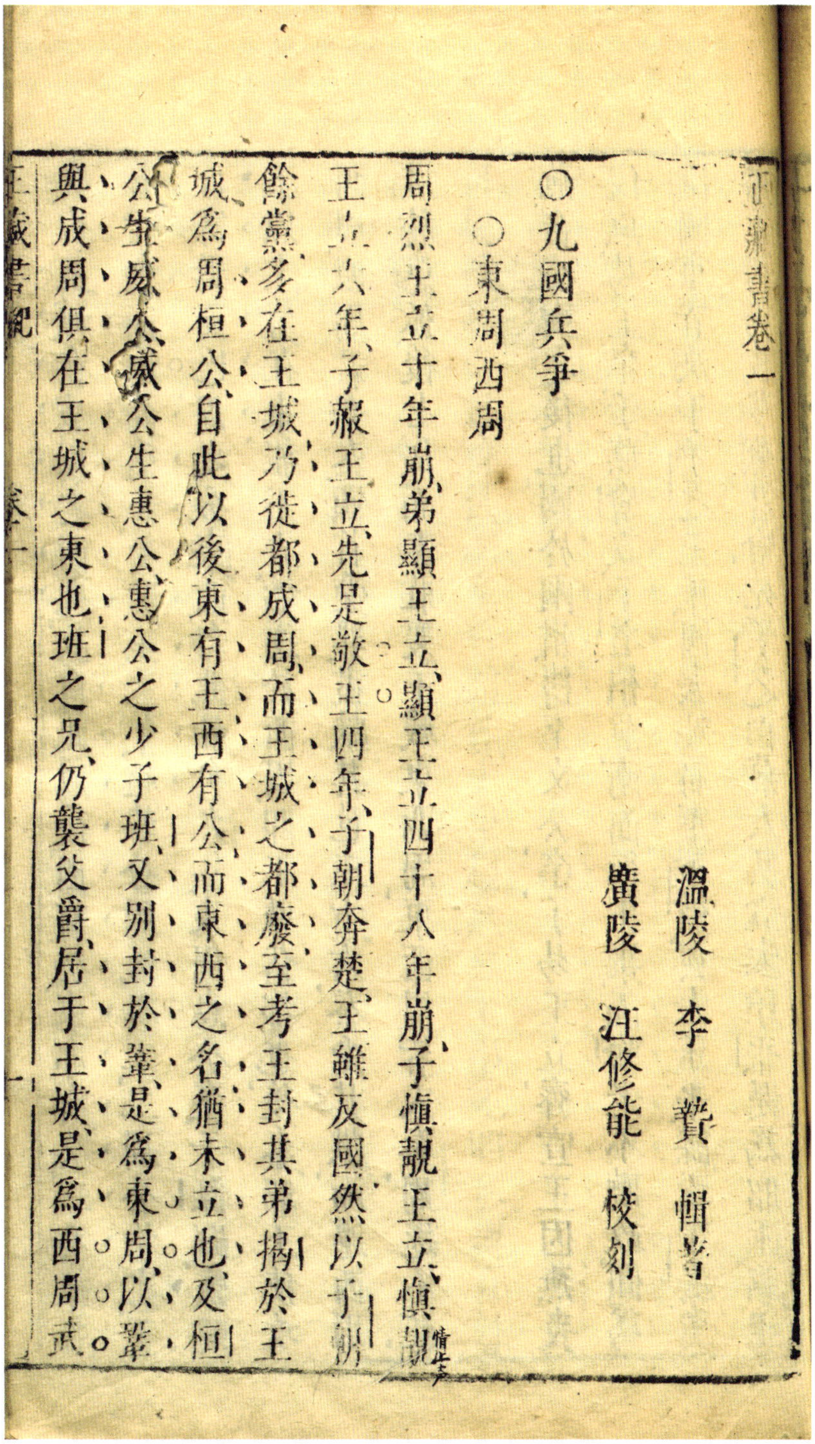
正藏書卷一
溫陵 李贄 輯著
廣陵 汪修能 校刻
○九國兵爭
○東周西周
周烈王立十年崩弟顯王立顯王立四十八年崩子慎靚王立慎靚情上聲
王立六年子赧王立先是敬王四年子朝奔楚王雖反國然以子朝
餘黨多在王城乃徙都成周而王城之都廢至考王封其弟揭於王
城爲周桓公自此以後東有王西有公而東西之名猶未立也及桓
公生威公威公生惠公惠公之少子班又別封於鞏是爲東周以鞏
與成周俱在王城之東也班之兄仍襲父爵居于王城是爲西周武
正藏書紀 卷一 一

正藏書六十卷 （明）李贄撰 明汪修能刻本。十八册。半頁十一行二十六字，白口，四周單邊。框高22.8厘米、寬15.2厘米。暨南大學圖書館藏。

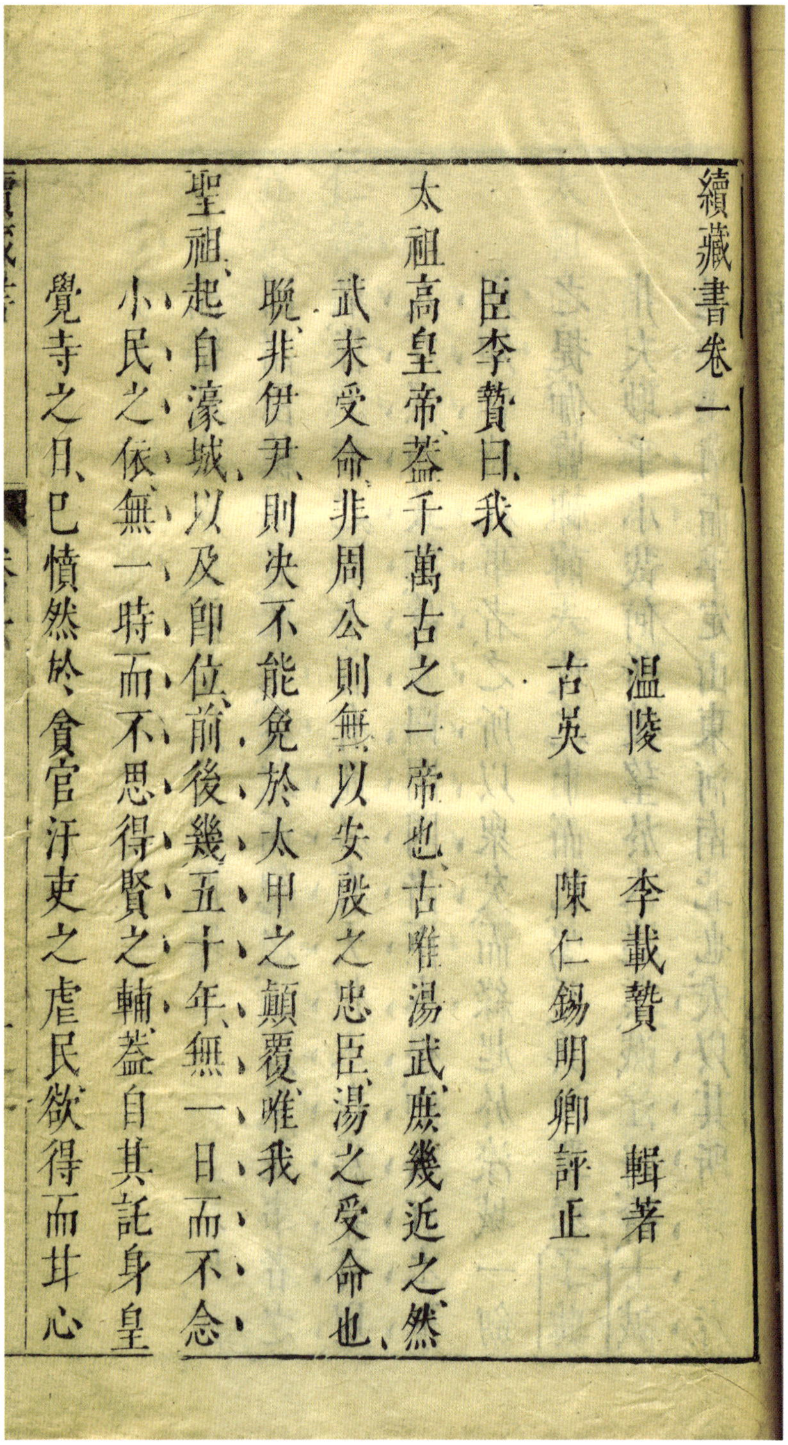

續藏書卷一

溫陵　李載贄　輯著

古吳　陳仁錫明卿　評正

臣李贄曰我

太祖高皇帝蓋千萬古之一帝也古雖湯武庶幾近之然

武未受命非周公則無以安殷之忠臣湯之受命也

既非伊尹則决不能免於太甲之顛覆唯我

聖祖起自濠城以及即位前後幾五十年無一日而不念

小民之依無一時而不思得賢之輔蓋自其託身皇

覺寺之日已憤然於貪官汙吏之虐民欲得而甘心

續藏書二十七卷　（明）李贄撰　（明）陳仁錫評　明天啓三年（1623）刻本。八册。半頁十行二十二字，白口，四周單邊。框高22.2厘米、寬14.7厘米。暨南大學圖書館藏。

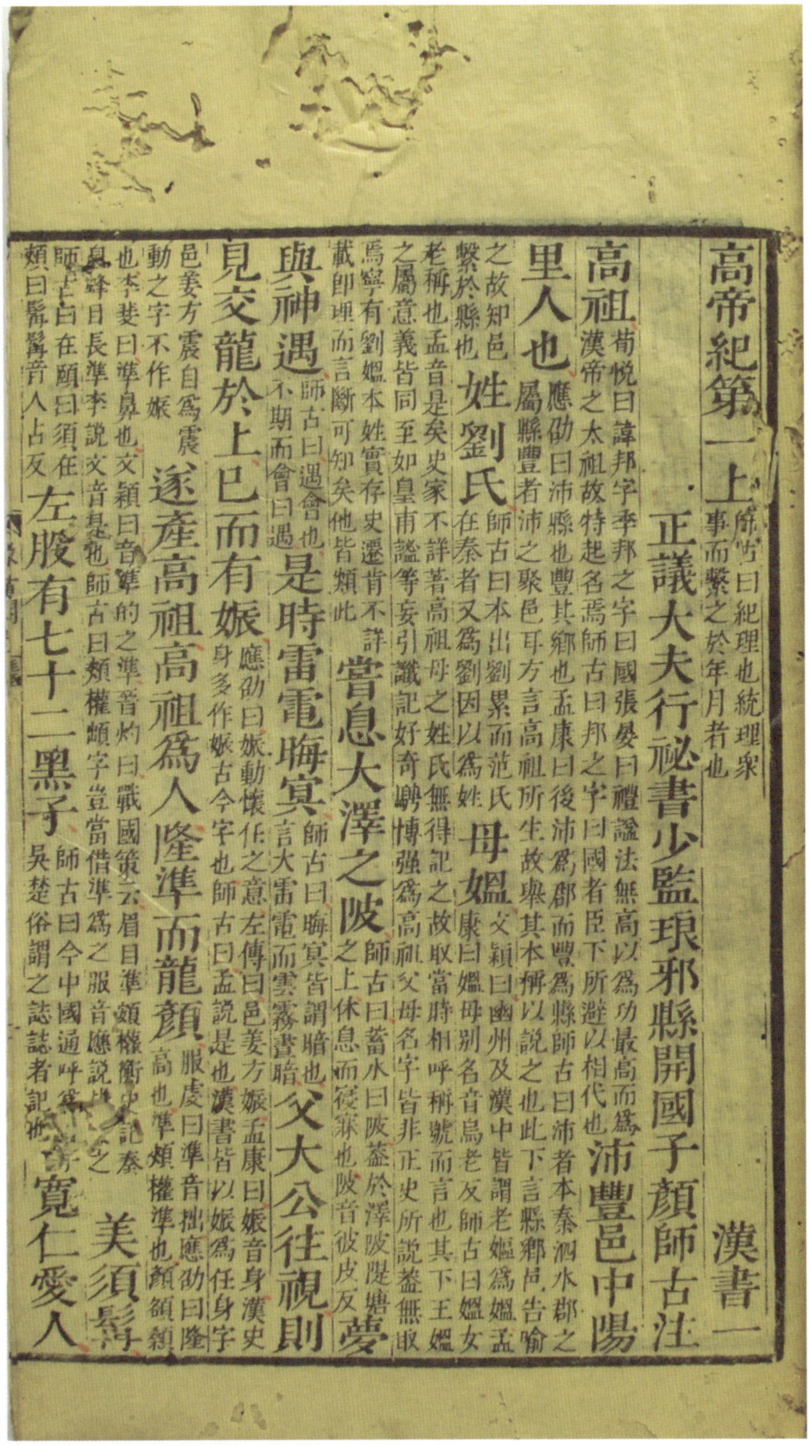

高帝紀第一上 師古曰紀理也統理衆事而繫之於年月者也 漢書一

正議大夫行祕書少監琅邪縣開國子顏師古注

高祖 荀悅曰諱邦字季邦之字曰國張晏曰禮謚法無高以爲功最高而爲漢帝之太祖故特起名焉師古曰邦之字曰國者臣下所避以相代也 沛豐邑中陽里人也 應劭曰沛縣也豐其鄉也孟康曰後沛爲郡而豐爲縣師古曰沛者本秦泗水郡之屬縣豐者沛之聚邑耳方言高祖所生故舉其本稱以說之也此下言縣鄉邑告喻之故知邑繫於縣也 姓劉氏 師古曰本出劉累而范氏在秦者又爲劉因以爲姓 母媼 文穎曰幽州及漢中皆謂老嫗爲媼孟康曰媼母別名音烏老反師古曰媼女老稱也孟音是矣史家不詳著高祖母之姓氏無得記之故取當時相呼稱號而言也其下王媼之屬意義皆同至如皇甫謐等妄引讖記好奇騁博强爲高祖父母名字皆非正史所說蓋無取焉寧有劉媼本姓實存史遷肯不詳載即理而言斷可知矣他皆類此 嘗息大澤之陂 師古曰蓄水曰陂蓋於澤陂隄塘之上休息而寢寐也陂音彼皮反 夢與神遇 師古曰遇會也不期而會曰遇 是時雷電晦冥 師古曰晦冥皆謂暗也言大雷電而雲霧晝暗 父大公往視則見交龍於上已而有娠 應劭曰娠動懷任之意左傳曰邑姜方娠孟康曰娠音身漢史身多作娠古今字也師古曰孟說是也漢書皆以娠爲任身字邑姜方震自爲震動之字不作娠 遂產高祖高祖爲人隆準而龍顏 服虔曰準音拙應劭曰隆高也準頰權準也顏額顙也李斐曰準鼻也文穎曰音準的之準晉灼曰戰國策云眉目準頞權衡史記秦皇蜂目長準李說文音是也師古曰頰權頞字豈當借準爲之服音應說皆失之 美須髯 師古曰在頤曰須在頰曰髯髯音人占反 左股有七十二黑子 師古曰今中國通呼爲黶子吳楚俗謂之誌誌者記也 寬仁愛人

漢書一百卷　（漢）班固撰　（唐）顏師古注　明崇禎十五年（1642）毛氏汲古閣刻本。二十四册。半頁十二行二十五字，小字雙行三十七字，白口，左右雙邊。框高21.2厘米、寬15.3厘米。順德圖書館藏。

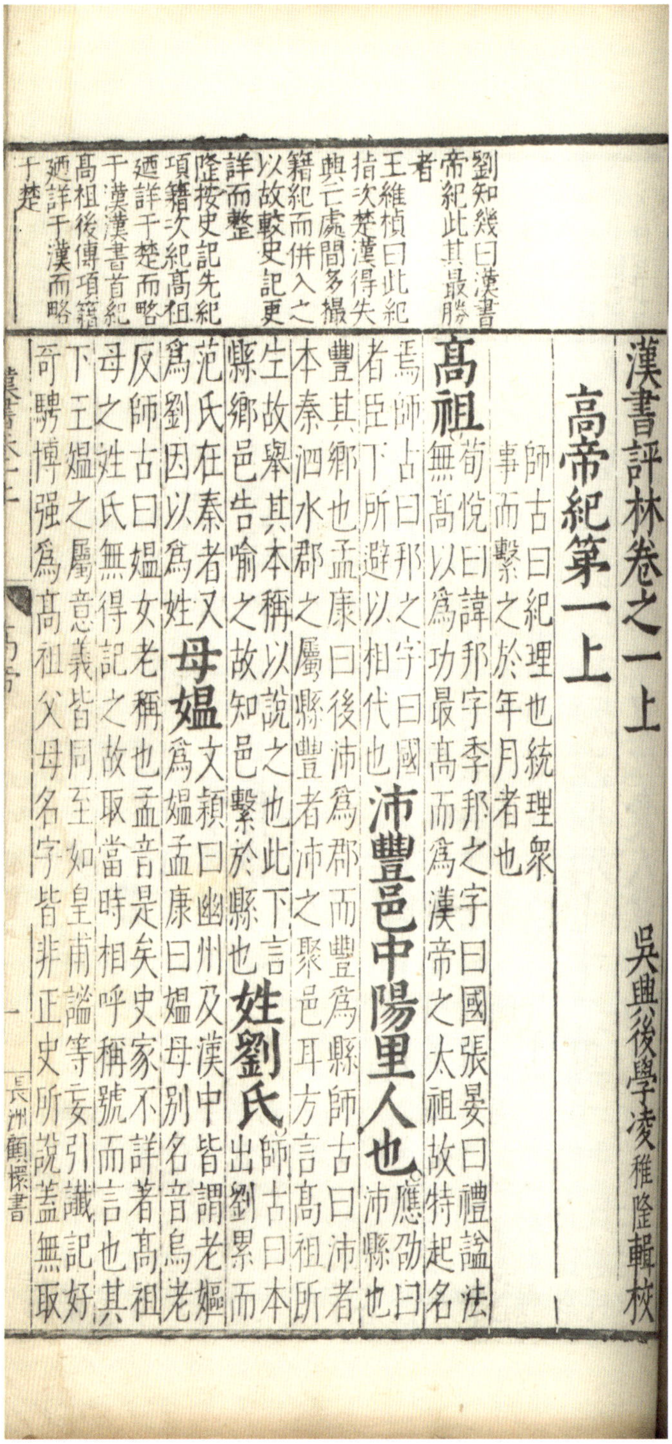

劉知幾曰漢書帝紀此其最勝者
王維楨曰此紀指次楚漢得失興亡處間多攝籍紀而併入之以故較史記更詳而整
隆按史記先紀項籍次紀高祖迺詳于楚而略于漢漢書首紀高祖後傳項籍迺詳于漢而略于楚

漢書評林卷之一上

吳興後學凌稚隆輯校

高帝紀第一上

師古曰紀理也統理衆事而繫之於年月者也

高祖 荀悅曰諱邦字季邦之字曰國張晏曰禮謚法無高以爲功最高而爲漢帝之太祖故特起名焉師古曰邦之字曰國者臣下所避以相代也 **沛豐邑中陽里人也** 應劭曰沛縣也豐其鄉也孟康曰後沛爲郡而豐爲縣師古曰沛者本秦泗水郡之屬縣豐者沛之聚邑耳方言高祖所生故舉其本稱以說之也此下言縣鄉邑告喻之故知邑繫於縣也 **姓劉氏** 師古曰本出劉累而范氏在秦者又爲劉因以爲姓 **母媼** 文穎曰幽州及漢中皆謂老嫗爲媼孟康曰媼母別名音烏老反師古曰媼女老稱也孟音是矣史家不詳著高祖母之姓氏無得記之故取當時相呼稱號而言也其下王媼之屬意義皆同至如皇甫謐等妄引讖記好奇騁博強爲高祖父母名字皆非正史所說蓋無取

漢書卷一上　高帝　一　長洲顧檈書

漢書評林一百卷　（明）凌稚隆輯　明萬曆九年（1581）凌稚隆刻本。二十册。上下兩欄，半頁十行二十字，小字雙行同，白口，左右雙邊。框高23.9厘米、寬14.6厘米。廣東省立中山圖書館藏。

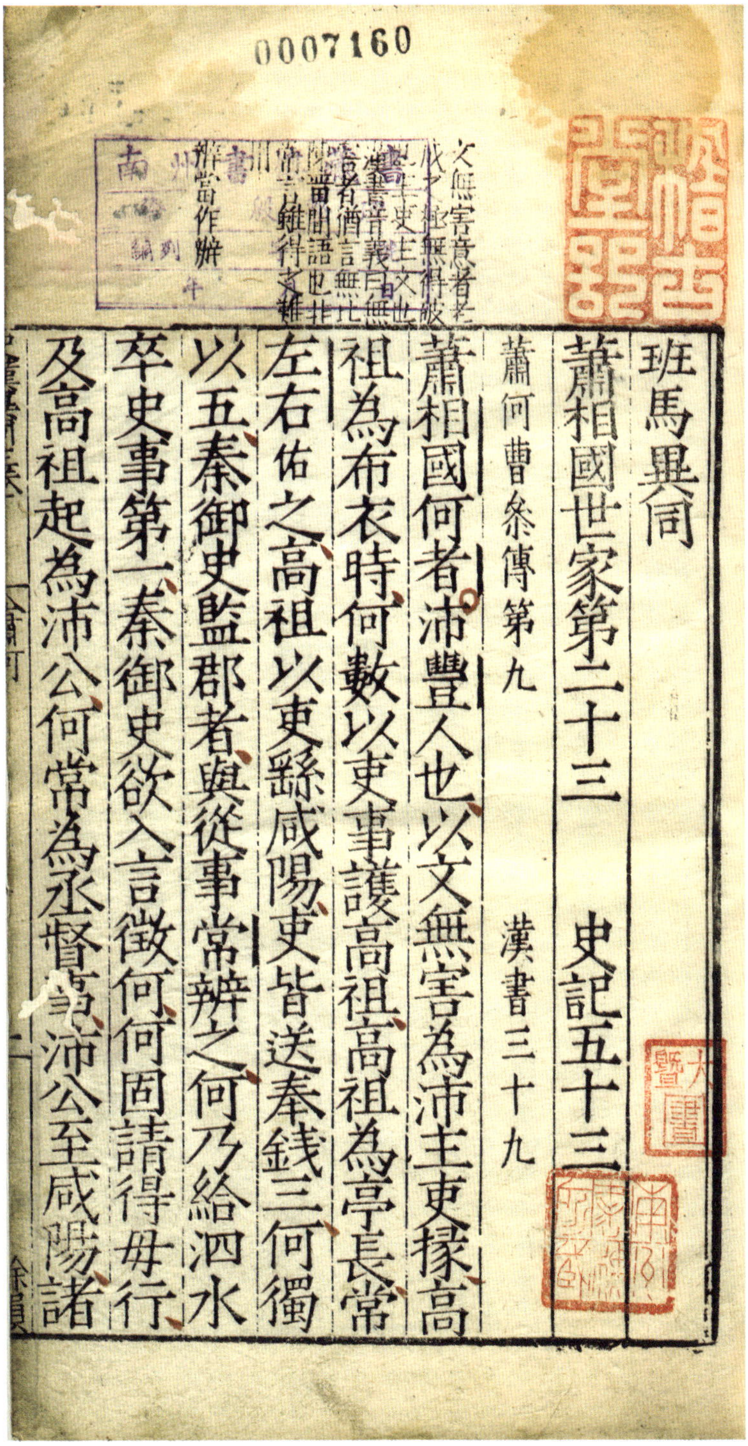

班馬異同三十五卷　（宋）倪思撰　（宋）劉辰翁評　明嘉靖十六年（1537）李元陽刻本（卷二十一至二十二抄配）。十二册。半頁九行十九字，白口，左右雙邊。框高17.2厘米、寬12.8厘米。暨南大學圖書館藏。

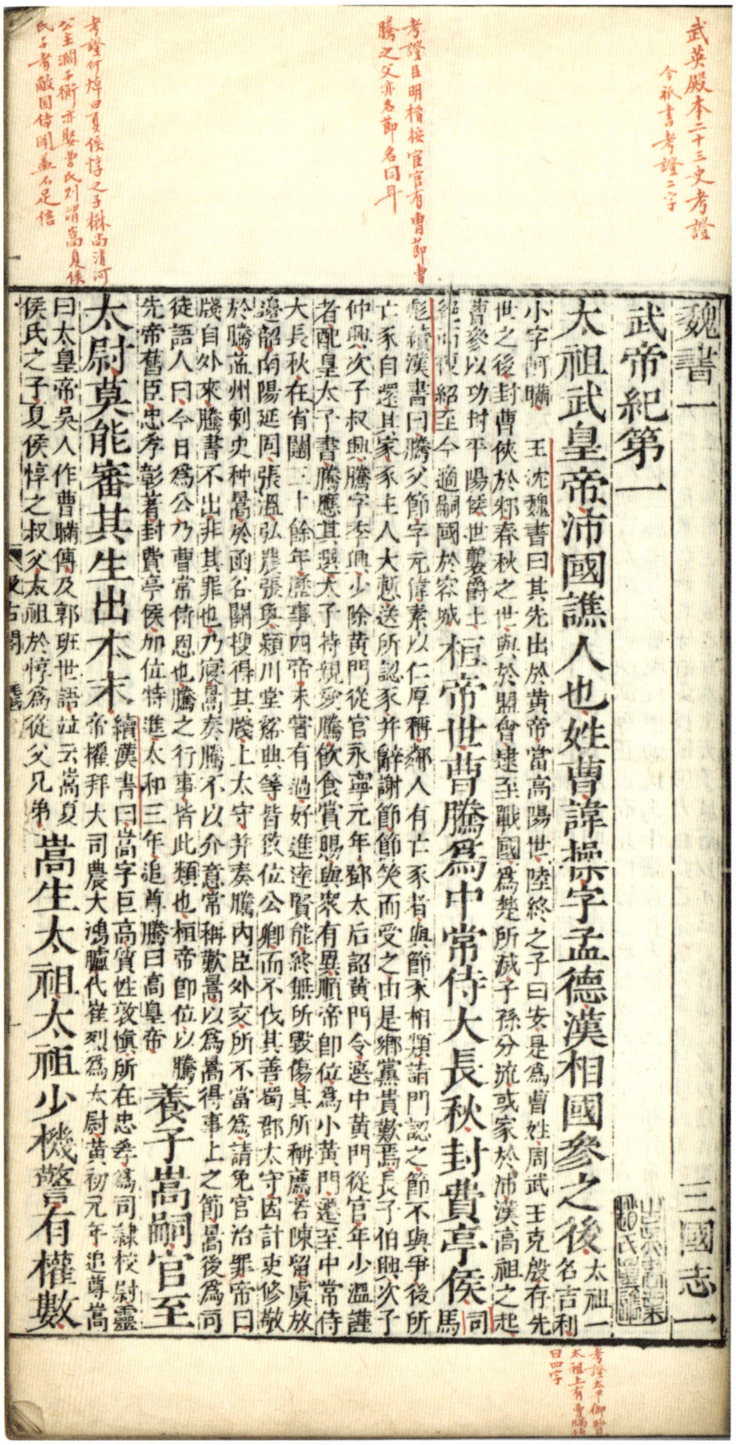
魏書一　三國志一

武帝紀第一

太祖武皇帝沛國譙人也姓曹諱操字孟德漢相國參之後太祖一名吉利小字阿瞞王沈魏書曰其先出於黃帝當高陽世陸終之子曰安是爲曹姓周武王克殷存先世之後封曹俠於邾春秋之世與於盟會逮至戰國爲楚所滅子孫分流或家於沛漢高祖之起曹參以功封平陽侯世襲爵土絕而復紹至今適嗣國於容城桓帝世曹騰爲中常侍大長秋封費亭侯司馬彪續漢書曰騰父節字元偉素以仁厚稱鄰人有亡豕者與節豕相類詣門認之節不與爭後所亡豕自還其家豕主人大慙送所認豕并辭謝節節笑而受之由是鄉黨貴歎焉長子伯興次子仲興次子叔興騰字季興少除黃門從官永寧元年鄧太后詔黃門令選中黃門從官年少溫謹者配皇太子書騰應其選太子特親愛騰飲食賞賜與衆有異順帝即位爲小黃門遷至中常侍大長秋在省闥三十餘年歷事四帝未嘗有過好進達賢能終無所毀傷其所稱薦若陳留虞放邊韶南陽延固張溫弘農張奐潁川堂谿典等皆致位公卿而不伐其善蜀郡太守因計吏修敬於騰益州刺史种暠於函谷關搜得其牋上太守并奏騰內臣外交所不當爲請免官治罪帝曰牋自外來騰書不出非其罪也乃寢暠奏騰不以介意常稱歎暠以爲暠得事上之節暠後爲司徒語人曰今日爲公乃曹常侍恩也騰之行事皆此類也桓帝即位以騰先帝舊臣忠孝彰著封費亭侯加位特進太和三年追尊騰曰高皇帝養子嵩嗣官至太尉莫能審其生出本末續漢書曰嵩字巨高質性敦慎所在忠孝爲司隸校尉靈帝擢拜大司農大鴻臚代崔烈爲太尉黃初元年追尊嵩曰太皇帝吳人作曹瞞傳及郭頒世語並云嵩夏侯氏之子夏侯惇之叔父太祖於惇爲從父兄弟嵩生太祖太祖少機警有權數

汲古閣

三國志六十五卷　（晉）陳壽撰　（南朝宋）裴松之注　明崇禎十七年（1644）毛氏汲古閣刻本。清何焯批校。八册。半頁十二行二十五字，小字雙行三十七字，白口，左右雙邊。框高21.6厘米、寬15.3厘米。廣東省立中山圖書館藏。

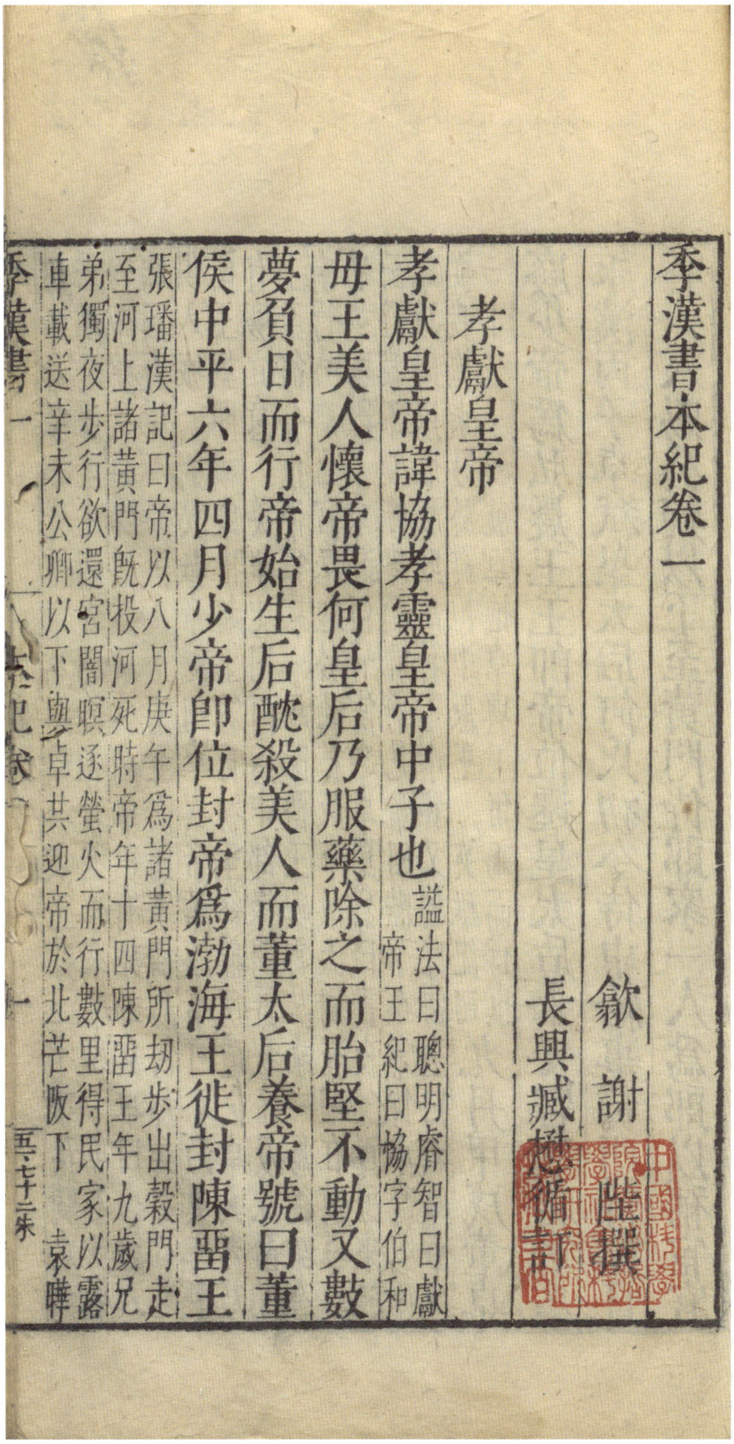

季漢書本紀卷一

欽 謝陛撰

長興臧懋循訂

孝獻皇帝

孝獻皇帝諱協孝靈皇帝中子也諡法曰聰明睿智曰獻帝王紀曰協字伯和母王美人懷帝畏何皇后乃服藥除之而胎堅不動又數夢負日而行帝始生后酖殺美人而董太后養帝號曰董侯中平六年四月少帝即位封帝爲渤海王徙封陳留王

張璠漢記曰帝以八月庚午爲諸黃門所劫步出穀門走至河上諸黃門既投河死時帝年十四陳留王年九歲兄弟獨夜步行欲還宮闇暝逐螢火而行數里得民家以露車載送辛未公卿以下與卓共迎帝於北芒阪下 袁暐

季漢書一 本紀卷一 一

季漢書六十卷正論一卷答問一卷　（明）謝陛撰　（明）臧懋循訂　明萬曆刻本。十册。半頁十行二十二字，小字雙行同，白口，四周單邊。框高21.1厘米、寬13.5厘米。廣東省社會科學院藏。

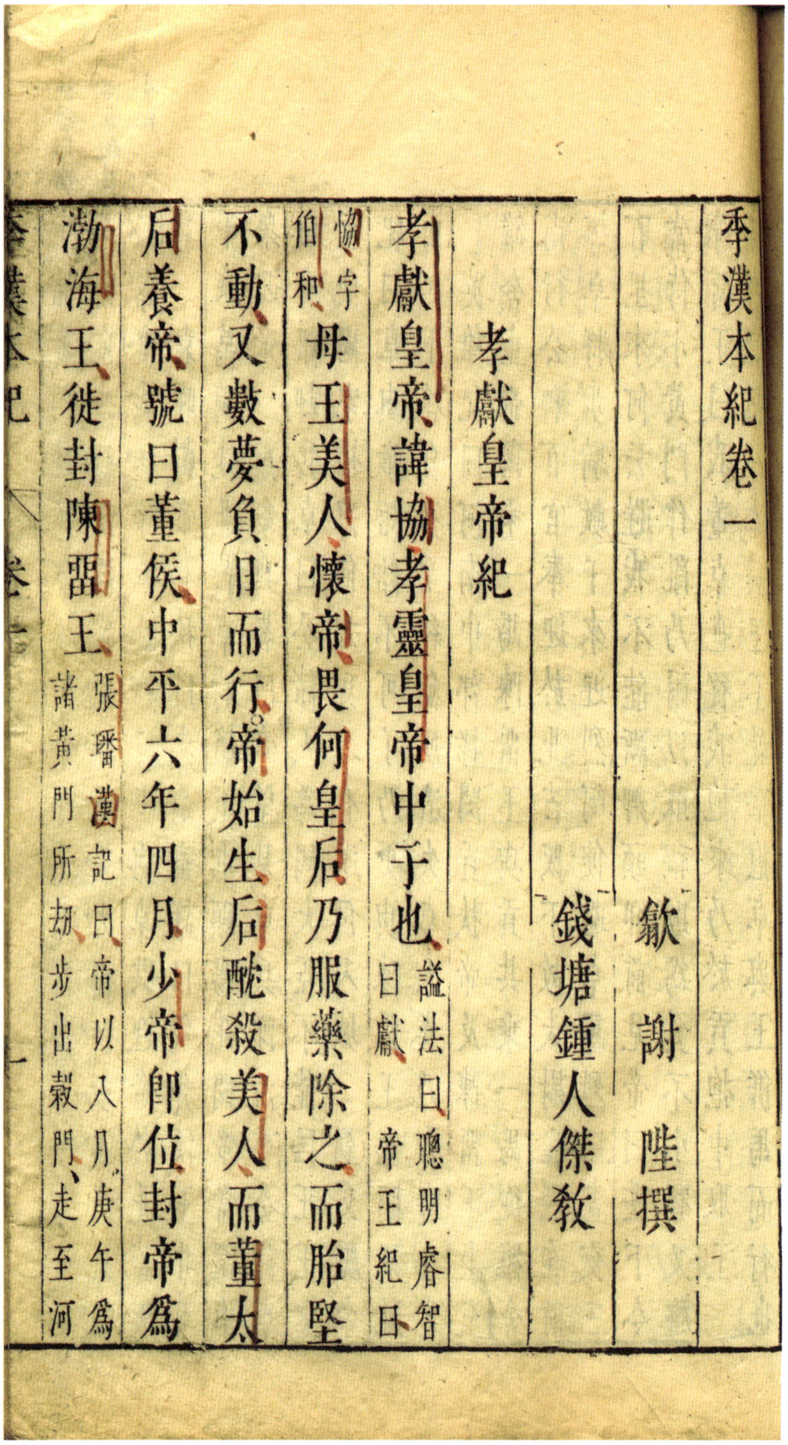

季漢本紀卷一

歙　謝　陛　撰

錢塘鍾人傑　教

孝獻皇帝紀

孝獻皇帝諱協孝靈皇帝中子也謚法曰聰明睿智曰獻帝王紀曰協字伯和母王美人懷帝畏何皇后乃服藥除之而胎堅不動又數夢負日而行帝始生后酖殺美人而董太后養帝號曰董侯中平六年四月少帝即位封帝爲渤海王徙封陳留王張璠漢記曰帝以八月庚午爲諸黄門所劫步出穀門走至河

季漢本紀　卷一

季漢書六十卷正論一卷答問一卷　（明）謝陛撰　明末鍾人傑刻本。十册。半頁九行二十字，小字雙行同，白口，四周單邊。框高21.5厘米、寬15厘米。暨南大學圖書館藏。

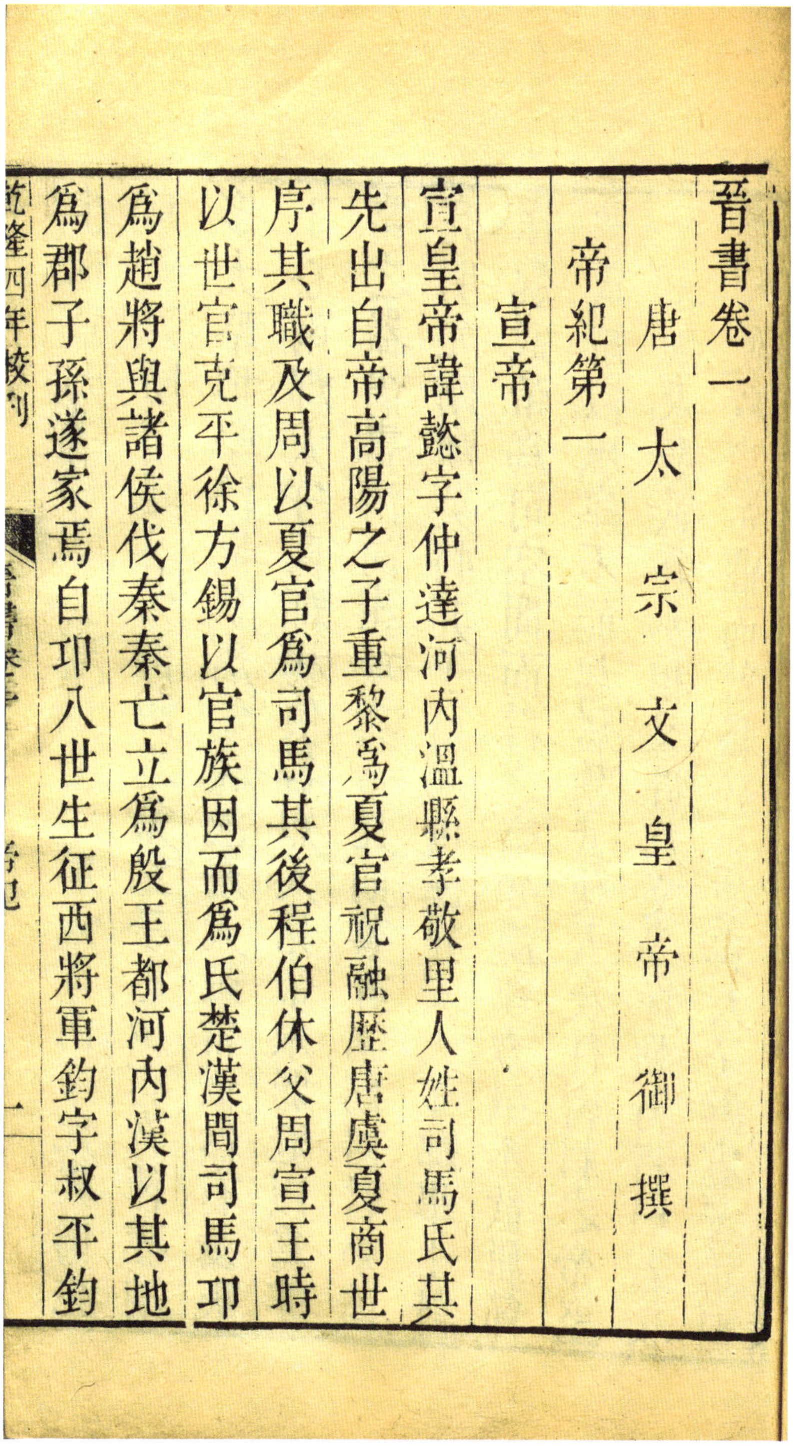

晉書卷一

唐　太　宗　文　皇　帝　御　撰

帝紀第一

宣帝

宣皇帝諱懿字仲達河內溫縣孝敬里人姓司馬氏其
先出自帝高陽之子重黎爲夏官祝融歷唐虞夏商世
序其職及周以夏官爲司馬其後程伯休父周宣王時
以世官克平徐方錫以官族因而爲氏楚漢間司馬卬
爲趙將與諸侯伐秦秦亡立爲殷王都河內漢以其地
爲郡子孫遂家焉自卬八世生征西將軍鈞字叔平鈞

乾隆四年校刊

晉書一百三十卷音義三卷　（唐）房玄齡等撰　（唐）何超音義　清乾隆四年（1739）武英殿刻二十四史本。三十册。半頁十行二十一字，白口，左右雙邊。框高22.3厘米、寬15.3厘米。暨南大學圖書館藏。

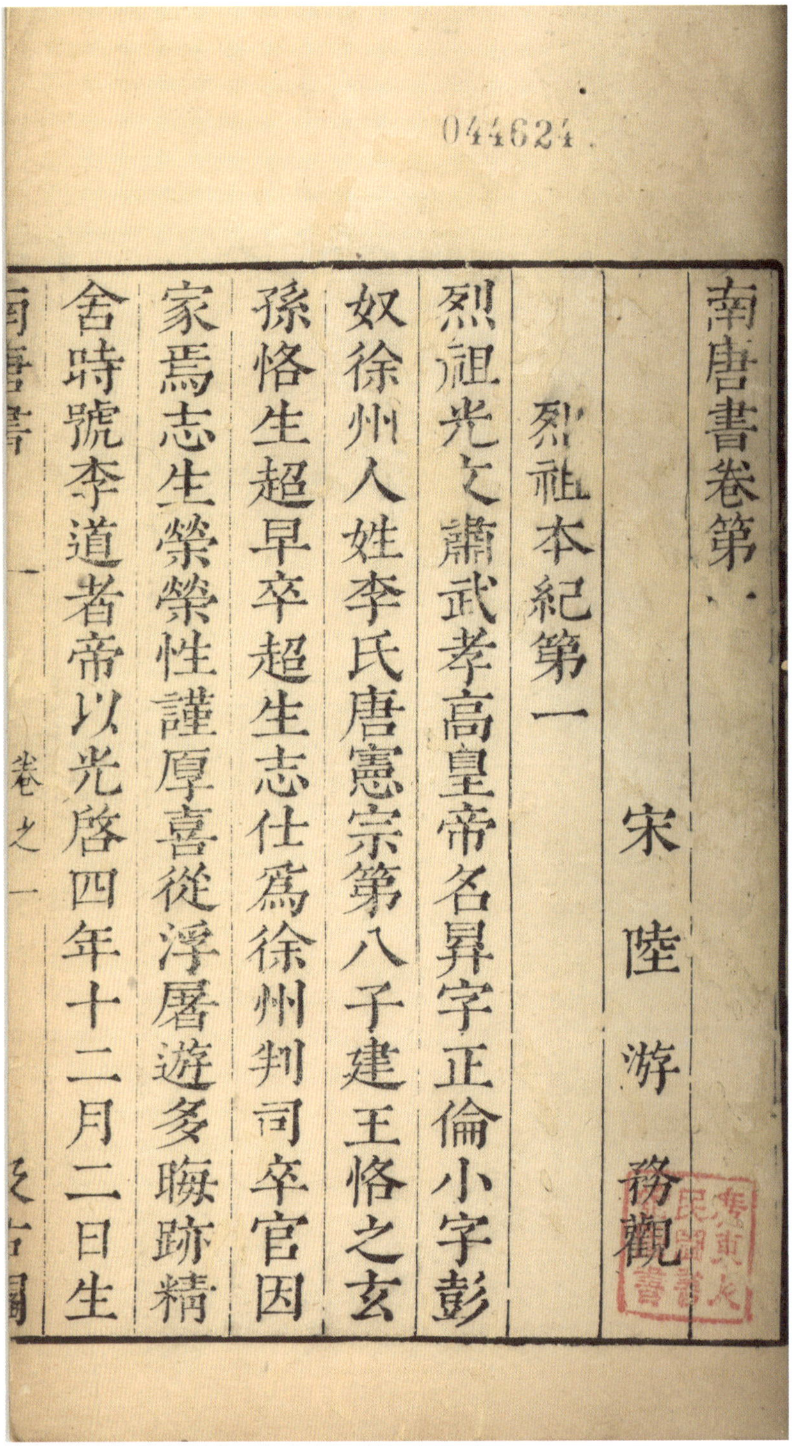

南唐書卷第
宋 陸游務觀
烈祖本紀第一
烈祖光文肅武孝高皇帝名昪字正倫小字彭
奴徐州人姓李氏唐憲宗第八子建王恪之玄
孫恪生超早卒超生志仕爲徐州判司卒官因
家焉志生榮榮性謹厚喜從浮屠遊多晦跡精
舍時號李道者帝以光啓四年十二月二日生
南唐書 一 卷之一 汲古閣

南唐書十八卷 （宋）陸游撰 **附音釋一卷** （元）戚光撰 明崇禎毛氏汲古閣刻陸放翁全集本。六册。半頁八行十八字，白口，左右雙邊。框高18.3厘米、寬14厘米。廣東省立中山圖書館藏。

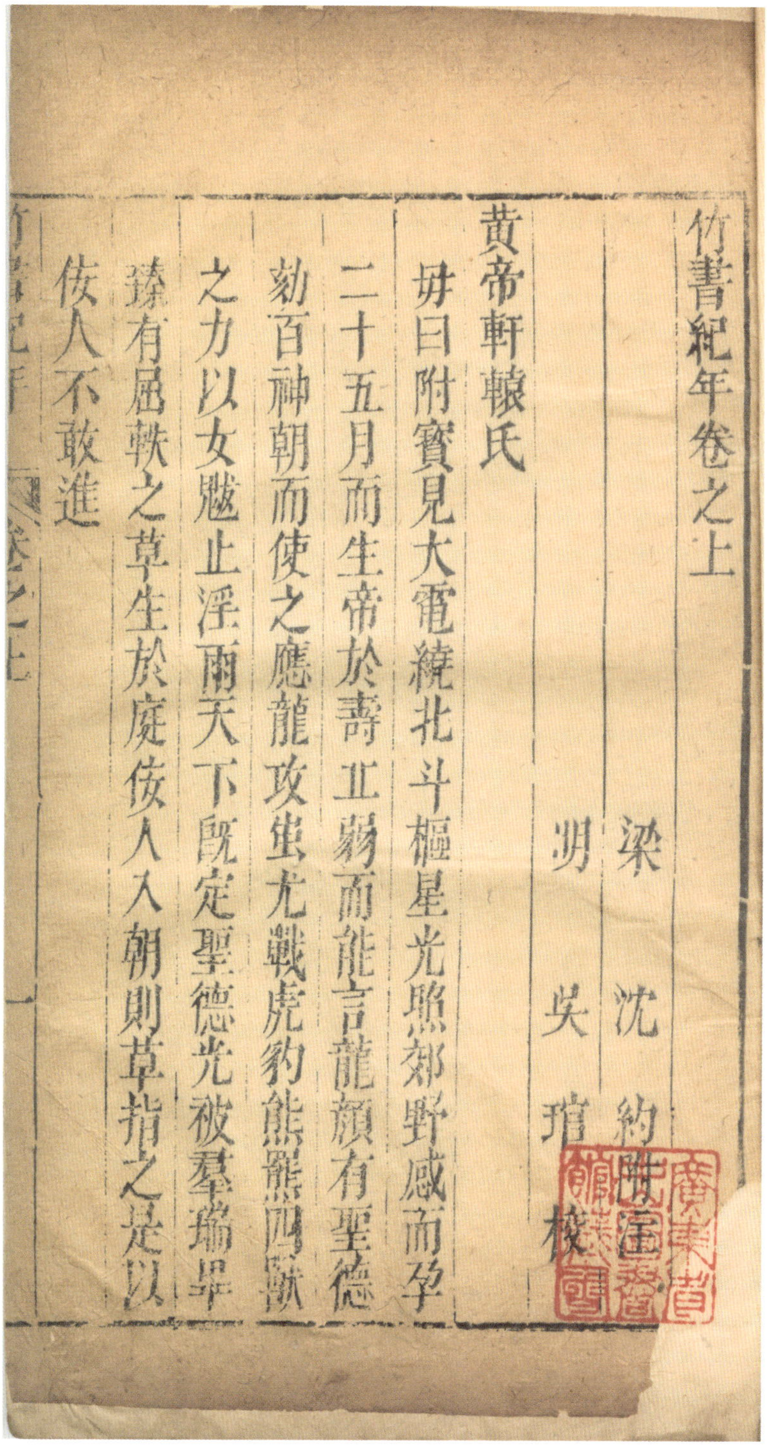

竹書紀年卷之上

梁　沈約　附注

明　吴琯　校

黄帝軒轅氏

母曰附寶見大電繞北斗樞星光照郊野感而孕二十五月而生帝於壽丘弱而能言龍顔有聖德劾百神朝而使之應龍攻蚩尤戰虎豹熊羆四獸之力以女魃止淫雨天下既定聖德光被羣瑞畢臻有屈軼之草生於庭佞人入朝則草指之是以佞人不敢進

竹書紀年　卷之上　一

竹書紀年二卷　題（南朝梁）沈約注　明吴琯刻古今逸史本。一册。半頁十行二十字，白口，四周單邊。框高19.4厘米、寬13.7厘米。廣東省立中山圖書館藏。

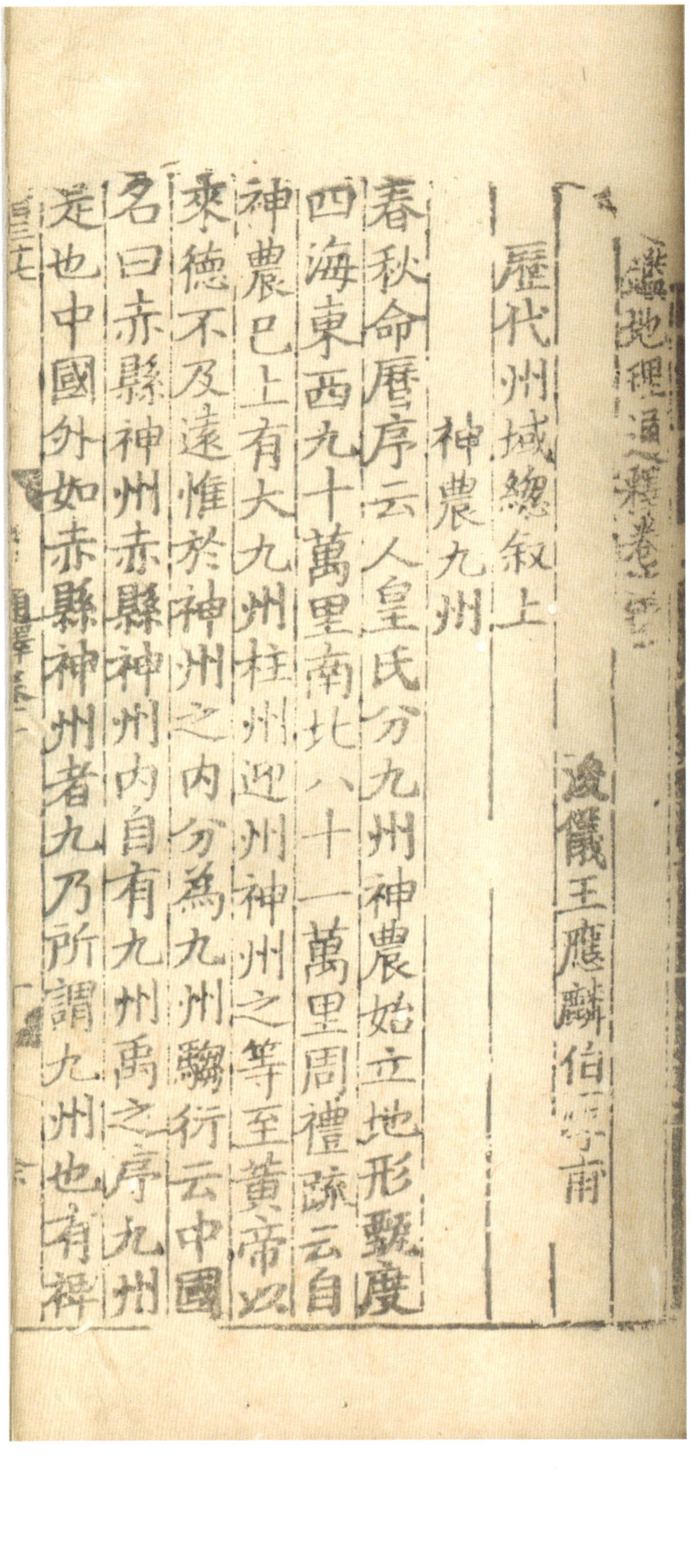

通鑑地理通釋卷一

浚儀王應麟伯厚甫

歷代州域總叙上

神農九州

春秋命曆序云人皇氏分九州神農始立地形甄度四海東西九十萬里南北八十一萬里周禮疏云自神農巳上有大九州柱州迎州神州之等至黃帝以來德不及遠惟於神州之内分為九州騶衍云中國名曰赤縣神州赤縣神州内自有九州禹之序九州是也中國外如赤縣神州者九乃所謂九州也有裨

通鑑地理通釋十四卷　（宋）王應麟撰　元後至元六年（1340）慶元路儒學刻元明遞修玉海本。十二册。半頁十行二十字，白口，左右雙邊。框高21.5厘米、寬13.8厘米。廣東省立中山圖書館藏。

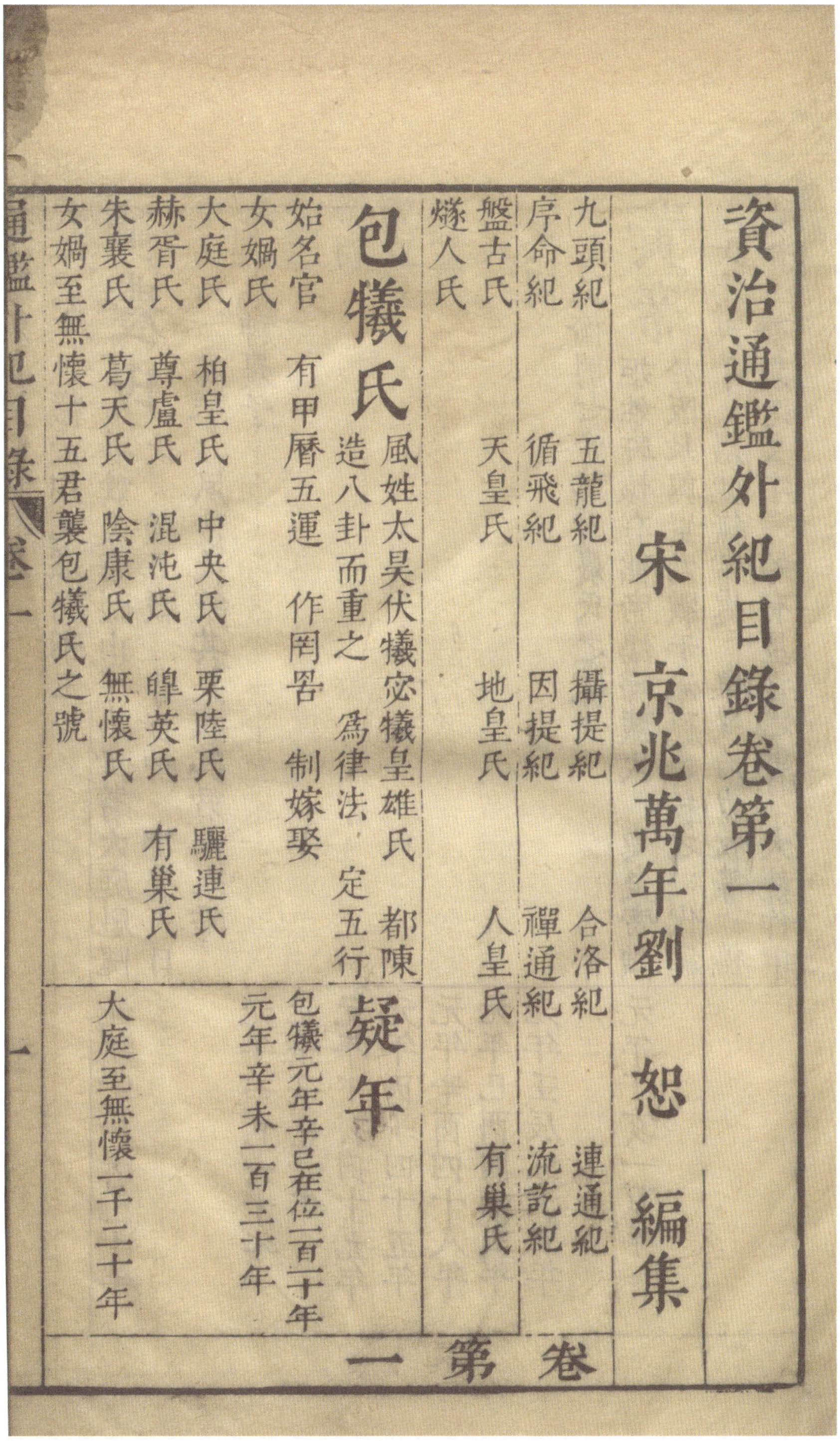

資治通鑑外紀目錄卷第一

宋 京兆萬年劉 恕 編集

九頭紀 五龍紀 攝提紀 合洛紀 連通紀

序命紀 循飛紀 因提紀 禪通紀 流訖紀

盤古氏 天皇氏 地皇氏 人皇氏 有巢氏

燧人氏

包犧氏 風姓太昊伏犧宓犧皇雄氏 都陳

造八卦而重之 爲律法 定五行

始名官 有甲曆五運 作罔罟 制嫁娶

女媧氏

大庭氏 柏皇氏 中央氏 栗陸氏 驪連氏

赫胥氏 尊盧氏 混沌氏 皞英氏 有巢氏

朱襄氏 葛天氏 陰康氏 無懷氏

女媧至無懷十五君襲包犧氏之號

疑年

包犧元年辛巳在位一百一十年

元年辛未一百三十年

大庭至無懷一千二十年

卷第一

通鑑外紀目錄 卷一 一

資治通鑑外紀十卷目録五卷 （宋）劉恕撰　明刻本。八册。半頁八行二十字，小字雙行字數不等，白口，四周單邊。框高21.2厘米、寬14厘米。中山大學圖書館藏。

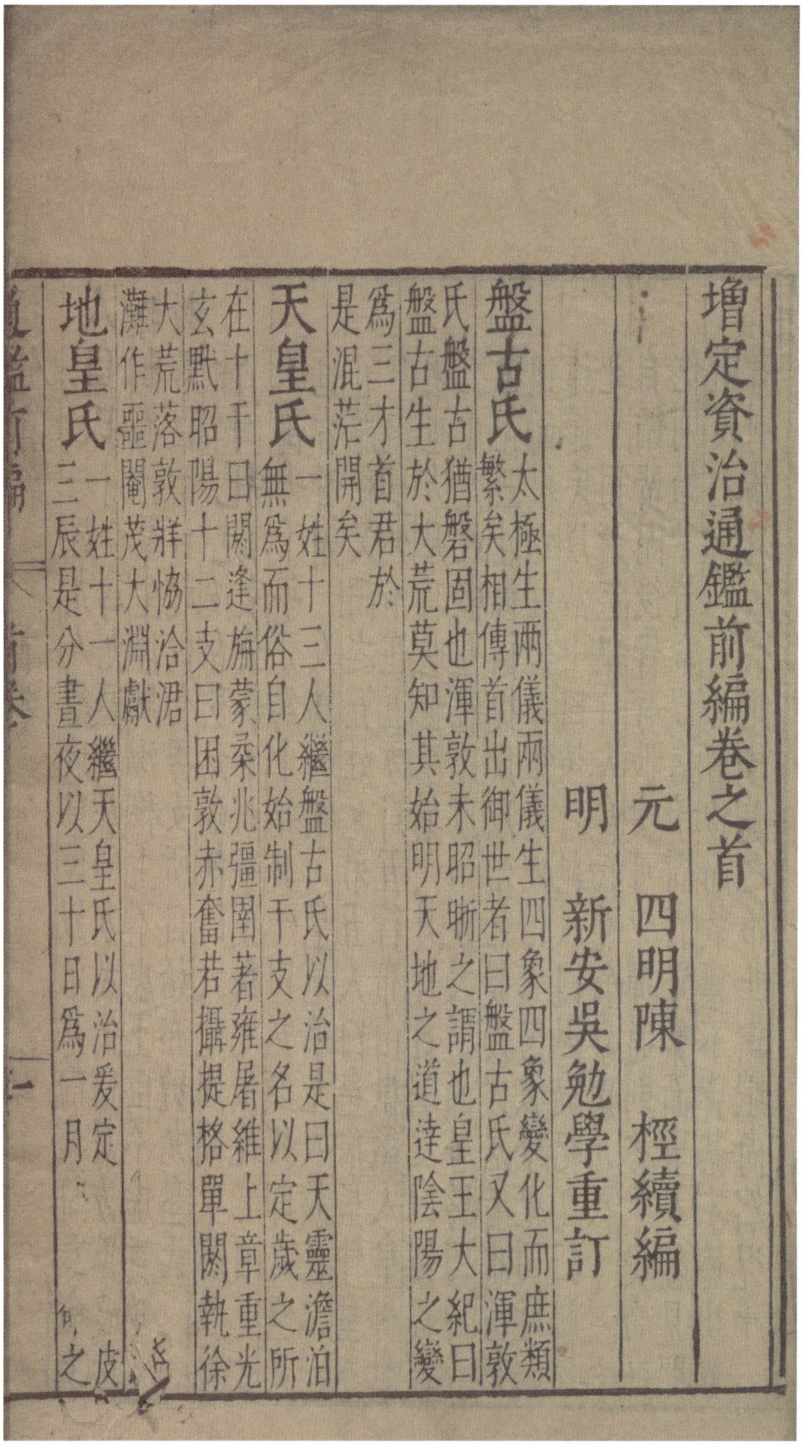
增定資治通鑑前編卷之首

元　四明陳　桱續編

明　新安吳勉學重訂

盤古氏　太極生兩儀兩儀生四象四象變化而庶類繁矣相傳首出御世者曰盤古氏又曰渾敦氏盤古猶磐固也渾敦未昭晰之謂也皇王大紀曰盤古生於大荒莫知其始明天地之道達陰陽之變爲三才首君於是混茫開矣

天皇氏　一姓十三人繼盤古氏以治是曰天靈澹泊無爲而俗自化始制干支之名以定歲之所在十干曰閼逢旃蒙柔兆彊圉著雍屠維上章重光玄黓昭陽十二支曰困敦赤奮若攝提格單閼執徐大荒落敦牂協洽涒灘作噩閹茂大淵獻

地皇氏　一姓十一人繼天皇氏以治爰定三辰是分晝夜以三十日爲一月

通鑑前編十八卷舉要二卷　（宋）金履祥撰　**首一卷**　（明）陳桱編　明吳勉學刻本。十二册。半頁十行二十字，小字雙行同，白口，左右雙邊。框高19.8厘米、寬13.4厘米。中山大學圖書館藏。

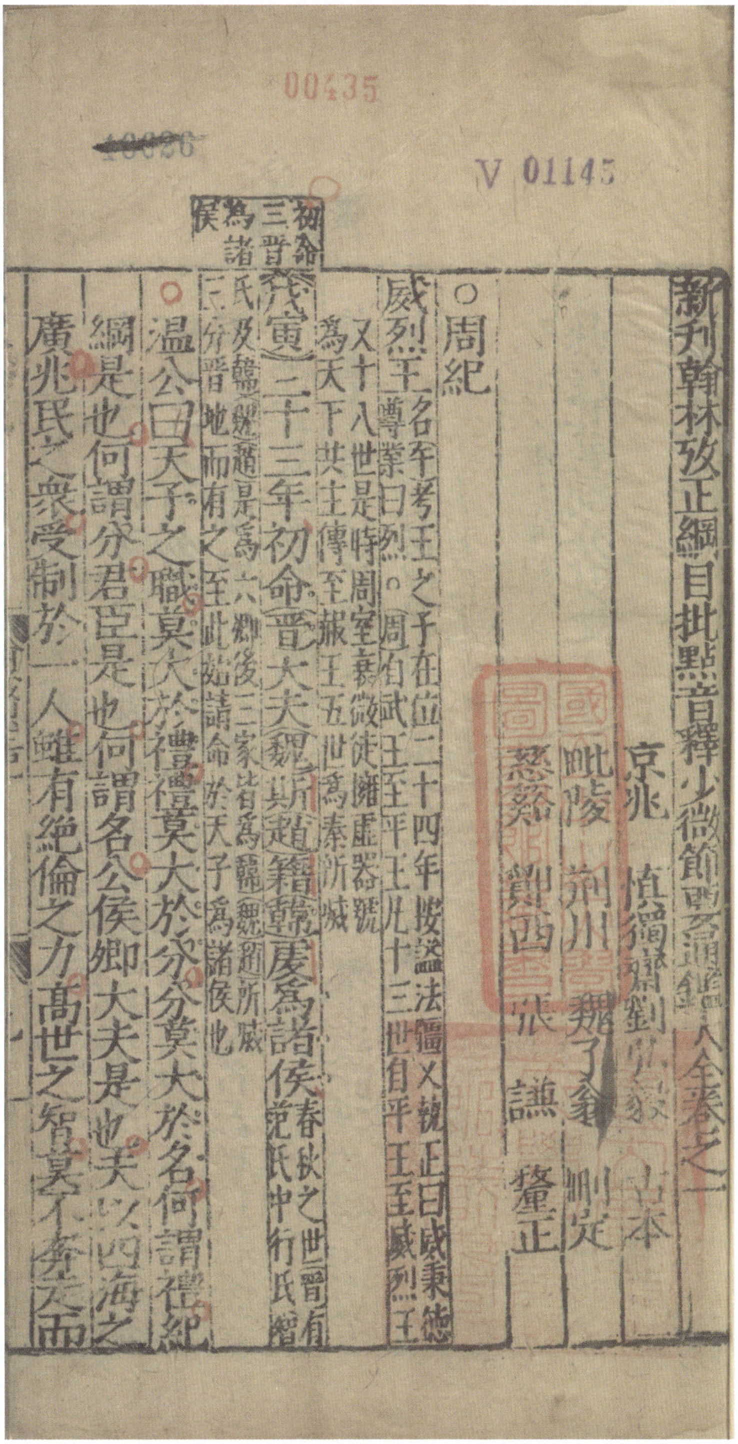

新刊翰林攷正綱目批點音釋少微節要通鑑大全二十卷外紀二卷　（宋）江贄撰　明劉弘毅慎獨齋刻本。十册。半頁十二行二十六字，小字雙行同，白口，四周單邊。框高18.5厘米、寬14.2厘米。中山大學圖書館藏。

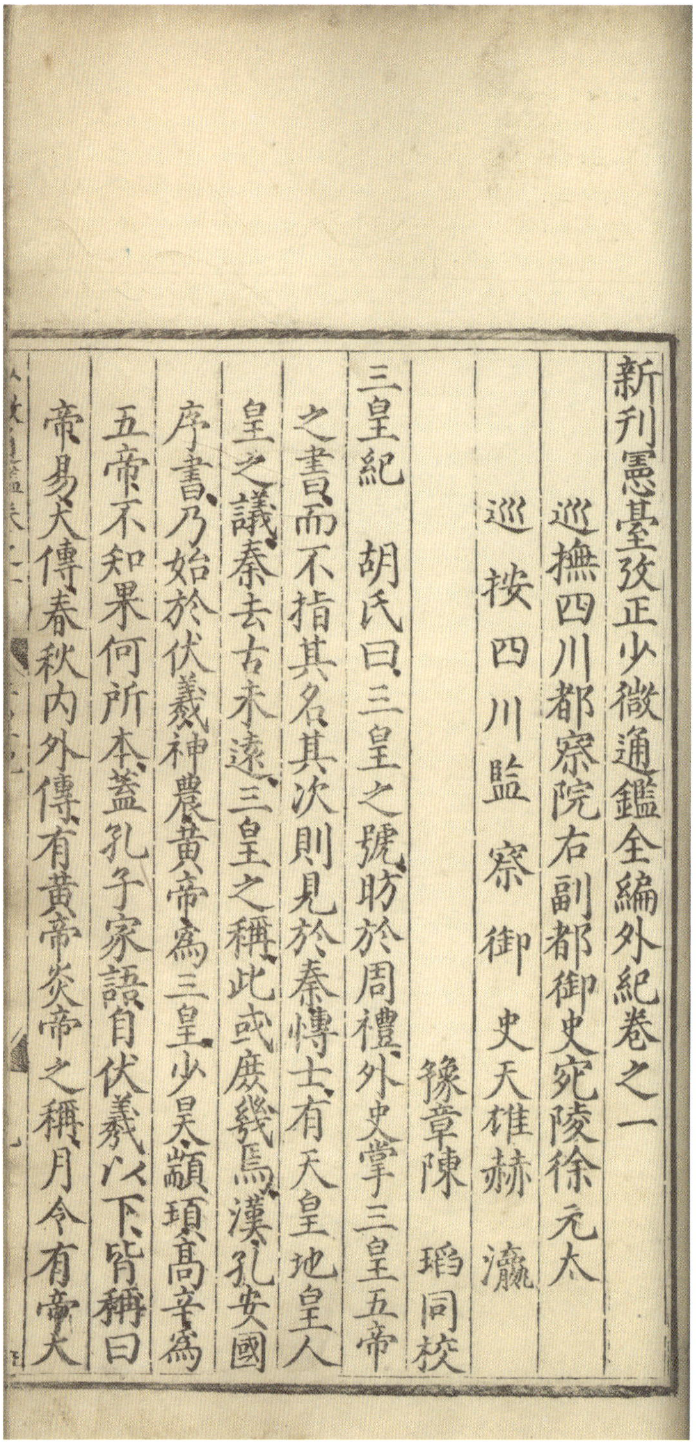

新刊憲臺攷正少微通鑑全編外紀卷之一
巡撫四川都察院右副都御史宛陵徐元太
巡按四川監察御史天雄赫瀛
豫章陳瑫同校
三皇紀　胡氏曰三皇之號昉於周禮外史掌三皇五帝之書而不指其名其次則見於秦博士有天皇地皇人皇之議秦去古未遠三皇之稱此或庶幾焉漢孔安國序書乃始於伏羲神農黃帝爲三皇少昊顓頊高辛爲五帝不知果何所本蓋孔子家語自伏羲以下皆稱曰帝易大傳春秋內外傳有黃帝炎帝之稱月令有帝大

新刊憲臺攷正少微通鑑全編二十卷外紀二卷總論一卷　（宋）江贄輯　明萬曆十四年（1586）四川徐元太等刻本。二十二册。半頁十行二十二字，小字雙行同，白口，四周雙邊。框高22厘米、寬14厘米。中山大學圖書館藏。

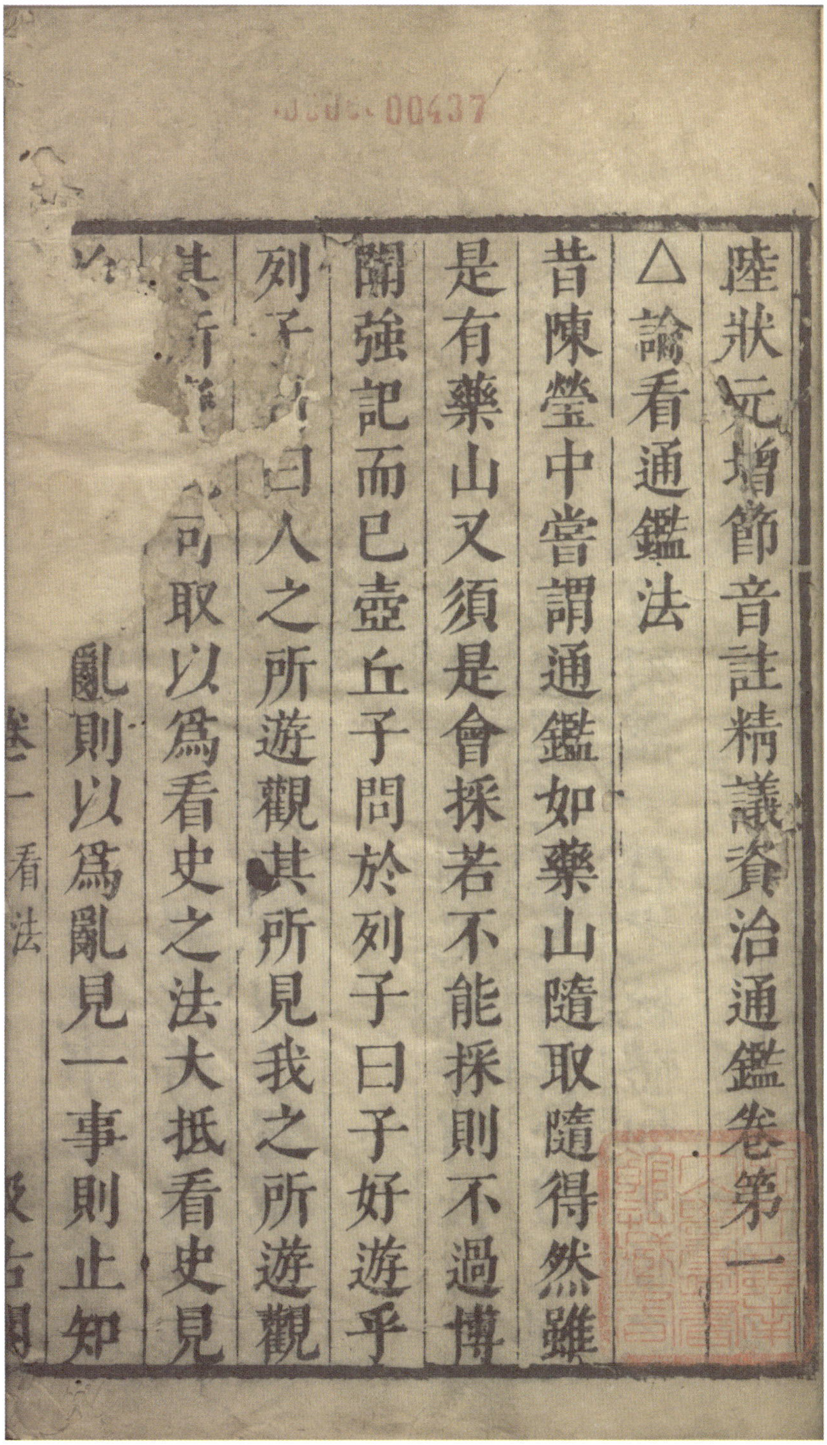
陸狀元增節音註精議資治通鑑卷第一
△論看通鑑法
昔陳瑩中嘗謂通鑑如藥山隨取隨得然雖
是有藥山又須是會採若不能採則不過博
聞強記而已壺丘子問於列子曰子好遊乎
列子[illegible]曰人之所遊觀其所見我之所遊觀
其所[illegible][illegible]可取以爲看史之法大抵看史見
亂則以爲亂見一事則止知
卷一　看法　汲古閣

陸狀元增節音註精議資治通鑑一百二十卷目録三卷首一卷　（宋）陸唐老集注　明末毛氏汲古閣刻本。八十册。半頁八行十七字，小字雙行同，白口，左右雙邊。框高18.5厘米、寬12.6厘米。中山大學圖書館藏。

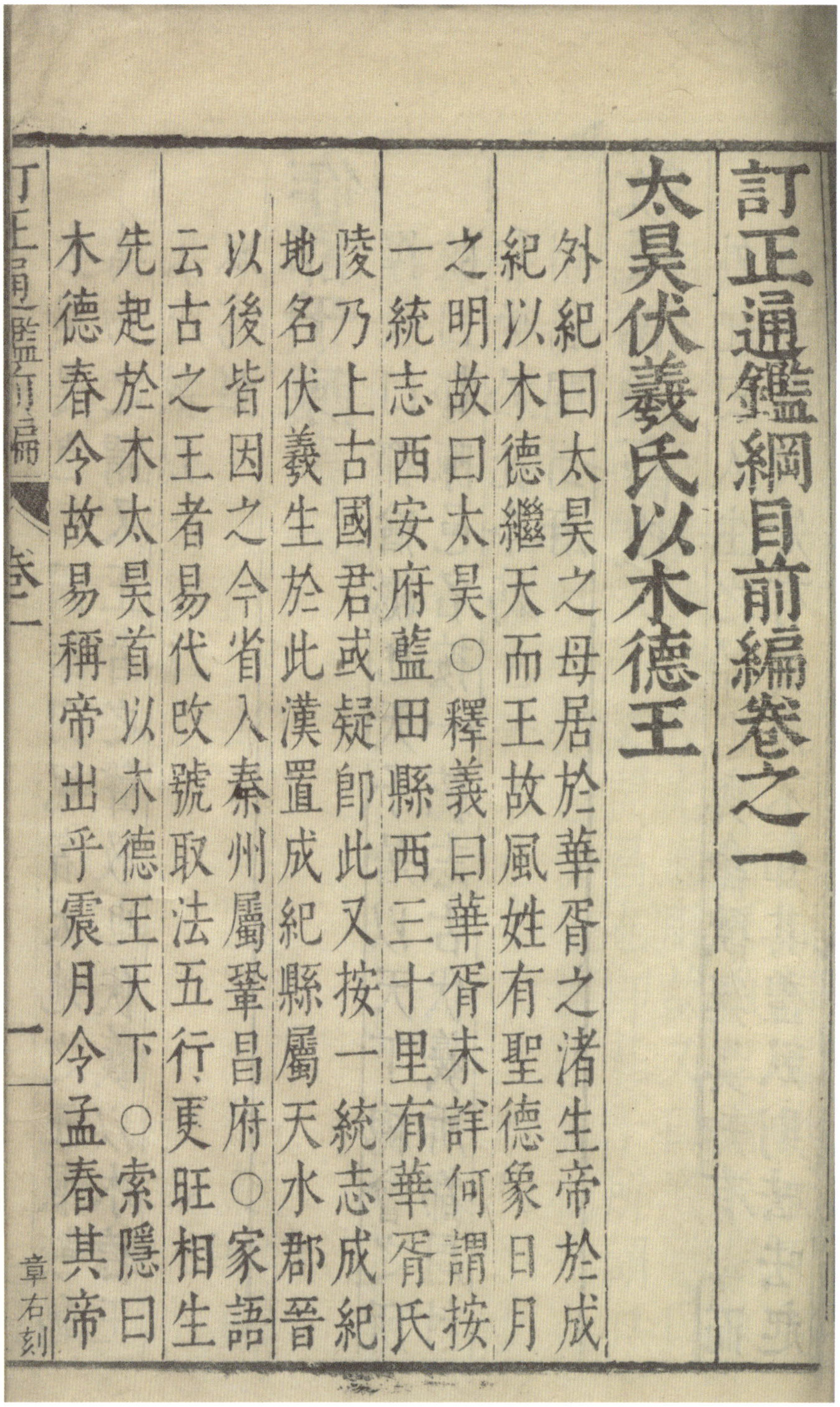

訂正通鑑綱目前編卷之一

太昊伏羲氏以木德王

外紀曰太昊之母居於華胥之渚生帝於成紀以木德繼天而王故風姓有聖德象日月之明故曰太昊○釋義曰華胥未詳何謂按一統志西安府藍田縣西三十里有華胥氏陵乃上古國君或疑即此又按一統志成紀地名伏羲生於此漢置成紀縣屬天水郡晉以後皆因之今省入秦州屬鞏昌府○家語云古之王者易代改號取法五行更旺相生先起於木太昊首以木德王天下○索隱曰木德春令故易稱帝出乎震月令孟春其帝

訂正通鑑前編　卷之一　一　章右刻

訂正通鑑綱目前編二十五卷　（宋）金履祥撰　（明）南軒訂正　明刻本。九册。半頁七行十八字，小字雙行同，白口，左右雙邊。框高22.8厘米、寬15.1厘米。中山大學圖書館藏。

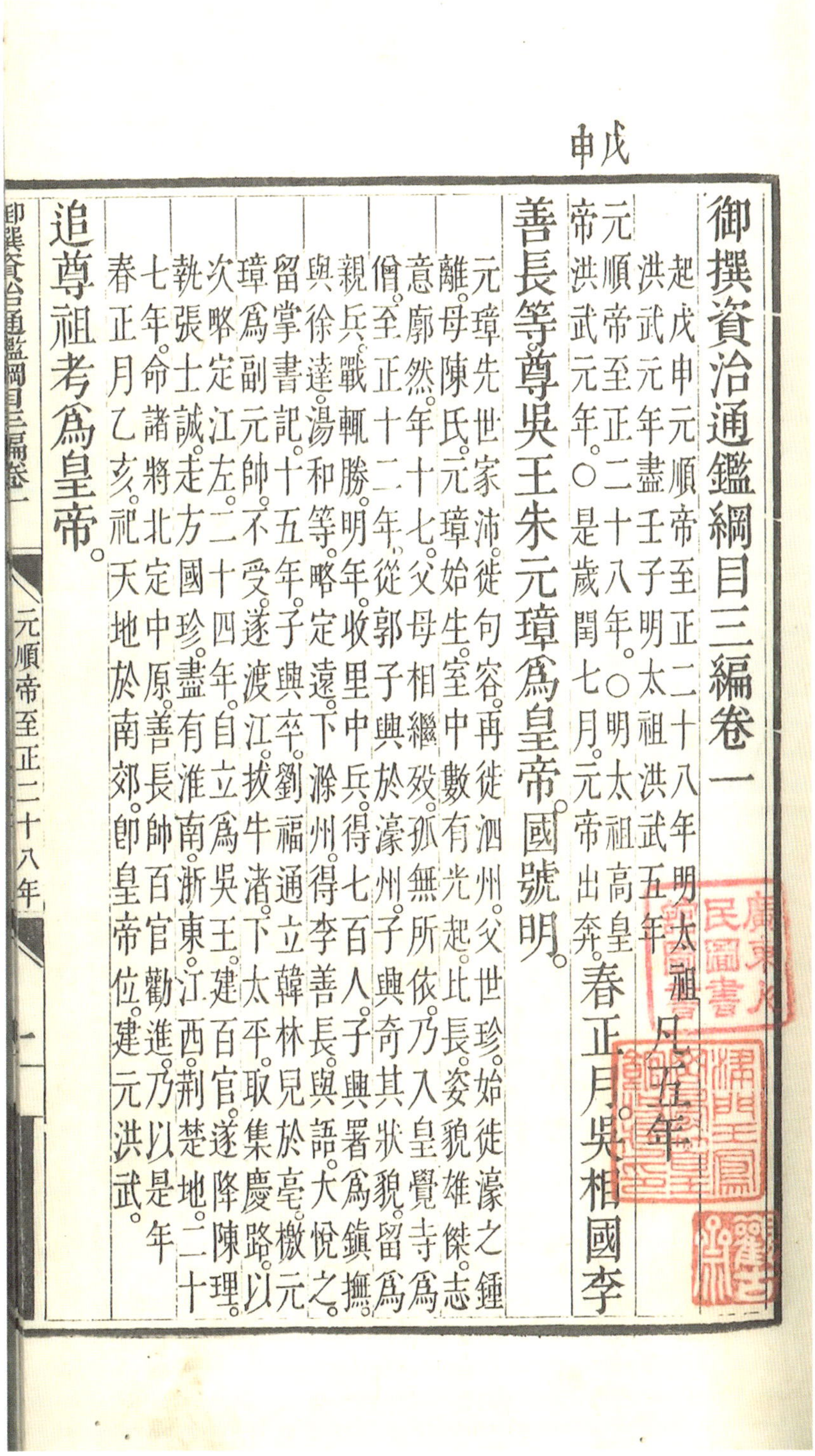
戊申

御撰資治通鑑綱目三編卷一

起戊申元順帝至正二十八年明太祖洪武元年盡壬子明太祖洪武五年凡五年

元順帝至正二十八年。明太祖高皇帝洪武元年。是歲閏七月。元帝出奔。

春正月。吳相國李善長等尊吳王朱元璋爲皇帝。國號明。

元璋先世家沛。徙句容。再徙泗州。父世珍。始徙濠之鍾離。母陳氏。元璋始生。室中數有光起。比長。姿貌雄傑。志意廓然。年十七。父母相繼殁。孤無所依。乃入皇覺寺爲僧。至正十二年。從郭子興於濠州。子興奇其狀貌。留爲親兵。戰輒勝。明年。收里中兵。得七百人。子興署爲鎮撫。與徐達湯和等略定遠。下滁州。得李善長。與語大悦之。留掌書記。十五年。子興卒。劉福通立韓林兒於亳。檄元璋爲副元帥。不受。遂渡江。拔牛渚。下太平。取集慶路。以次略定江左。二十四年。自立爲吳王。建百官。遂降陳理。執張士誠。走方國珍。盡有淮南浙東江西荆楚地。二十七年。命諸將北定中原。善長帥百官勸進。乃以是年春正月乙亥。祀天地於南郊。即皇帝位。建元洪武。

追尊祖考爲皇帝。

御撰資治通鑑綱目三編卷一　元順帝至正二十八年　一

御撰資治通鑑綱目三編二十卷　（清）張廷玉等撰　清乾隆十一年（1746）武英殿刻本。四册。半頁十一行二十二字，小字雙行同，黑口，四周雙邊。框高19.2厘米，寬13厘米。廣東省立中山圖書館藏。

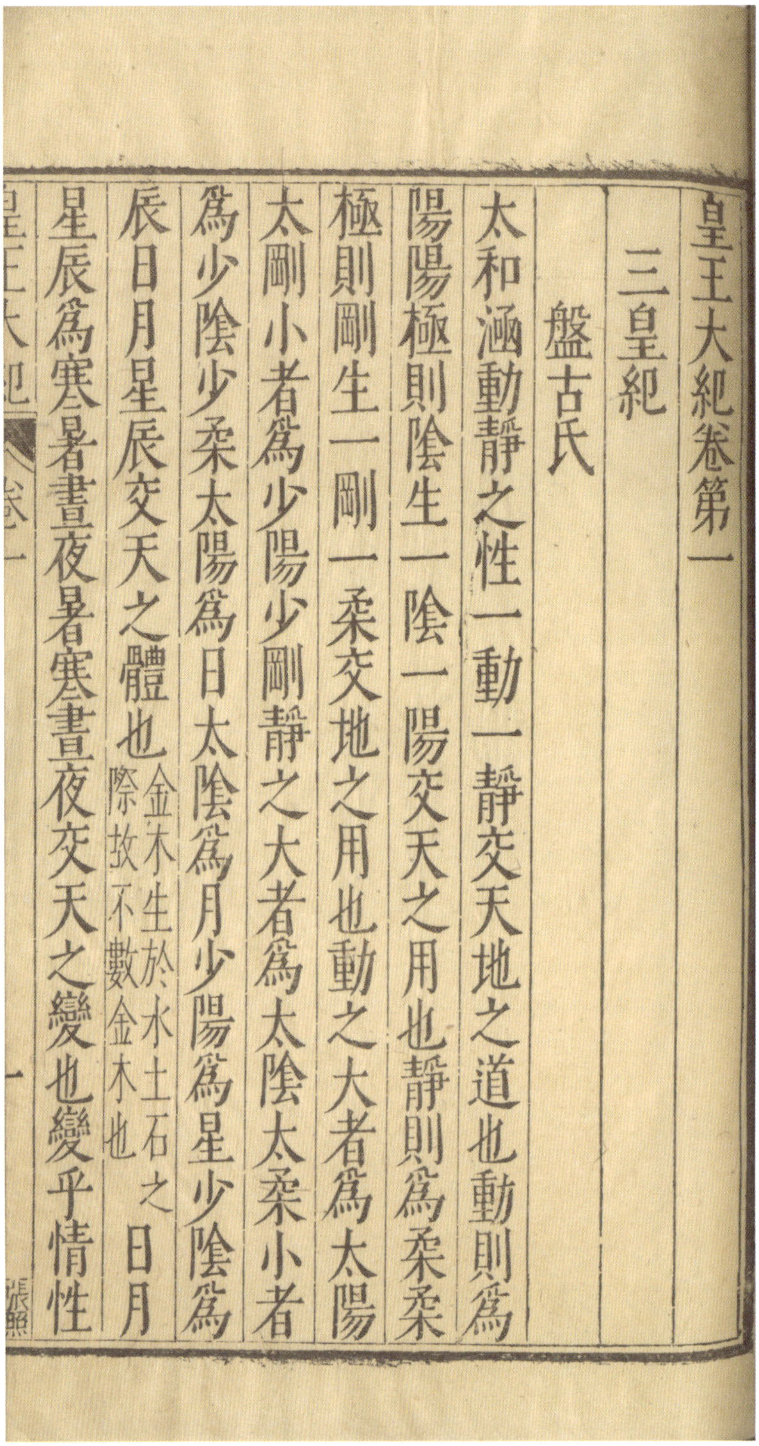

皇王大紀卷第一

三皇紀

盤古氏

太和涵動靜之性一動一靜交天地之道也動則爲陽陽極則陰生一陰一陽交天之用也靜則爲柔柔極則剛生一剛一柔交地之用也動之大者爲太陽太剛小者爲少陽少剛靜之大者爲太陰太柔小者爲少陰少柔太陽爲日太陰爲月少陽爲星少陰爲辰日月星辰交天之體也金木生於水土石之際故不數金木也日月星辰爲寒暑晝夜暑寒晝夜交天之變也變乎情性

皇王大紀　卷一　一　張照

皇王大紀八十卷　（宋）胡宏撰　明萬曆三十九年（1611）陳邦瞻刻本。存五十三卷（缺四十一至五十三、六十七至八十）。十六册。半頁十行二十字，小字雙行同，白口，四周雙邊。框高22厘米、寬13.7厘米。中山大學圖書館藏。

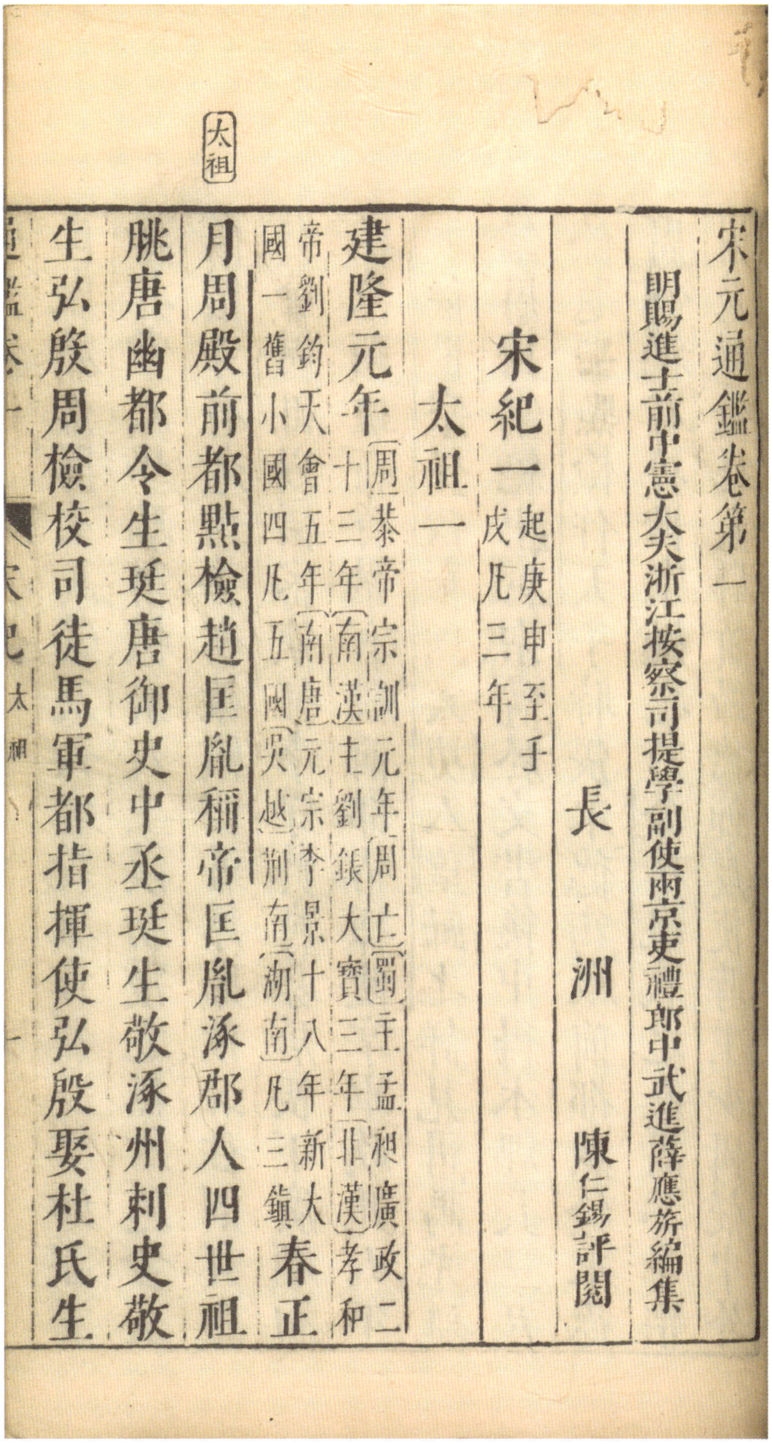

宋元通鑑一百五十七卷　（明）薛應旂撰　（明）陳仁錫評　明天啓六年（1626）陳仁錫刻本。二十四册。半頁十行二十字，小字雙行同，白口，四周單邊。框高21.4厘米、寬14.9厘米。廣東省立中山圖書館藏。

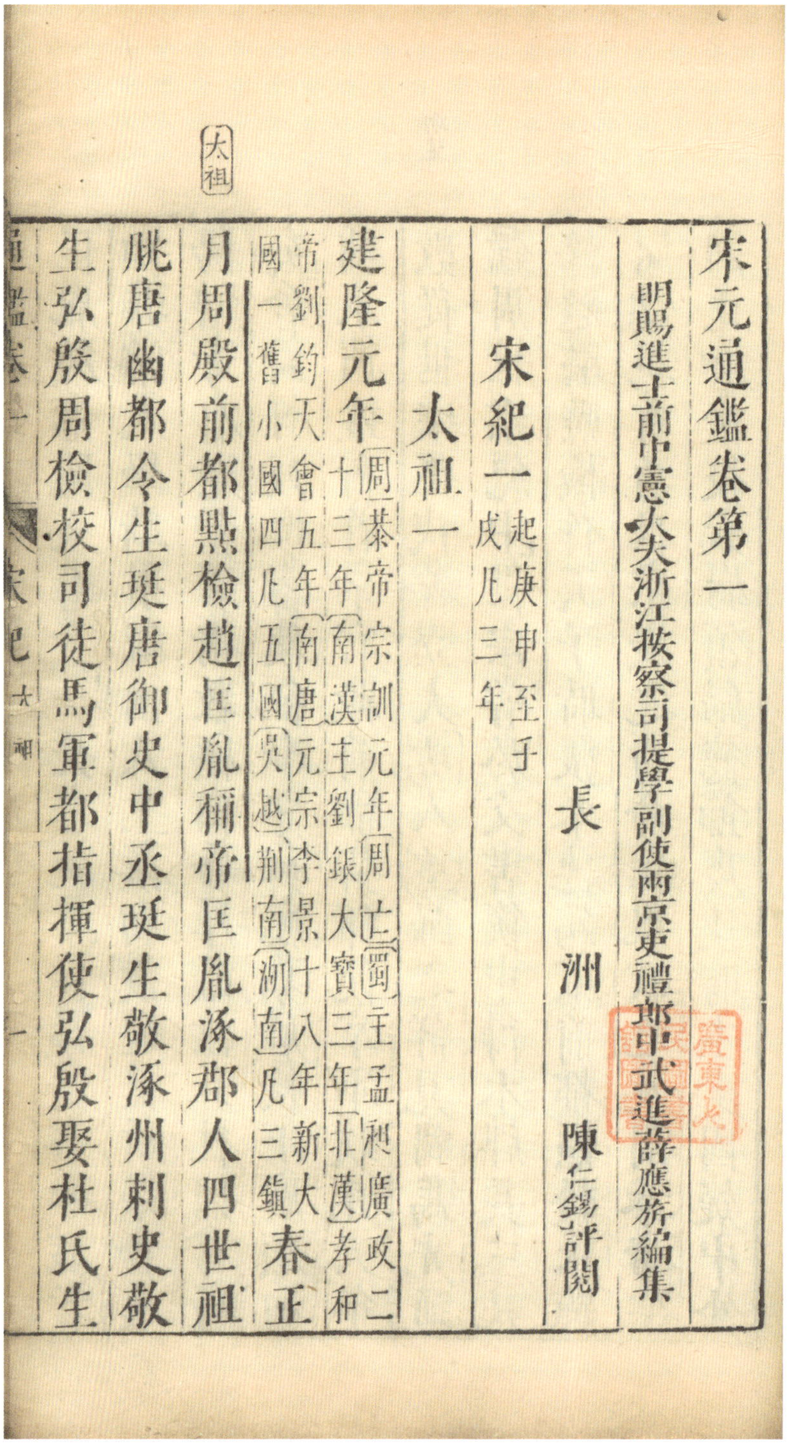

太祖

宋元通鑑卷第一

明賜進士前中憲大夫浙江按察司提學副使兩京吏禮部郎中武進薛應旂編集

長洲　陳仁錫評閱

宋紀一　起庚申至壬戌凡三年

太祖一

建隆元年　周恭帝宗訓元年周亡蜀主孟昶廣政二十三年南漢主劉鋹大寶三年北漢孝和帝劉鈞天會五年南唐元宗李景十八年新大國一舊小國四凡五國吳越荆南湖南凡三鎮　春正月周殿前都點檢趙匡胤稱帝匡胤涿郡人四世祖朓唐幽都令生珽唐御史中丞珽生敬涿州刺史敬生弘殷周檢校司徒馬軍都指揮使弘殷娶杜氏生

通鑑卷一　宋紀　太祖　一

宋元通鑑一百五十七卷　（明）薛應旂撰　（明）陳仁錫評　明天啓六年（1626）陳仁錫刻本。三十六册。半頁十行二十字，小字雙行同，白口，四周單邊。框高21.4厘米、寬14.9厘米。廣東省立中山圖書館藏。

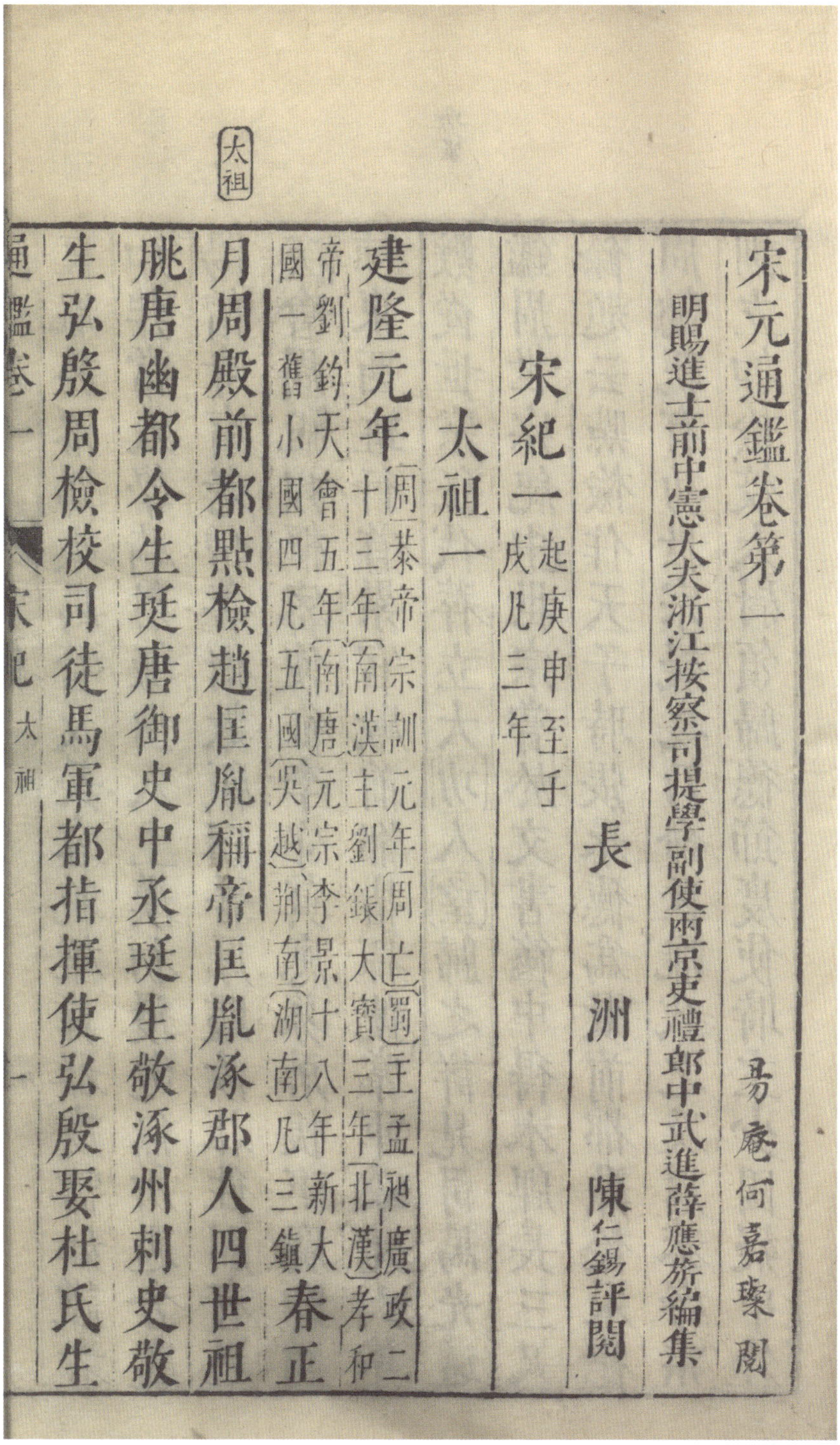
太祖
宋元通鑑卷第一　　　易菴何嘉璨閱
明賜進士前中憲大夫浙江按察司提學副使兩京吏禮郎中武進薛應旂編集
長洲　陳仁錫評閱
宋紀一 起庚申至壬戌凡三年
太祖一
建隆元年 周恭帝宗訓元年周亡蜀主孟昶廣政二十三年南漢主劉鋹大寶三年北漢孝和帝劉鈞天會五年南唐元宗李景十八年新大國一舊小國四凡五國吳越荊南湖南凡三鎮 春正月周殿前都點檢趙匡胤稱帝匡胤涿郡人四世祖朓唐幽都令生珽唐御史中丞珽生敬涿州刺史敬生弘殷周檢校司徒馬軍都指揮使弘殷娶杜氏生
通鑑卷一　宋紀　太祖　一

宋元通鑑一百五十七卷　（明）薛應旂撰　（明）陳仁錫評　明天啓六年（1626）陳仁錫刻本。三十册。半頁十行二十字，小字雙行同，白口，四周單邊。框高21.2厘米、寬14.9厘米。中山大學圖書館藏。

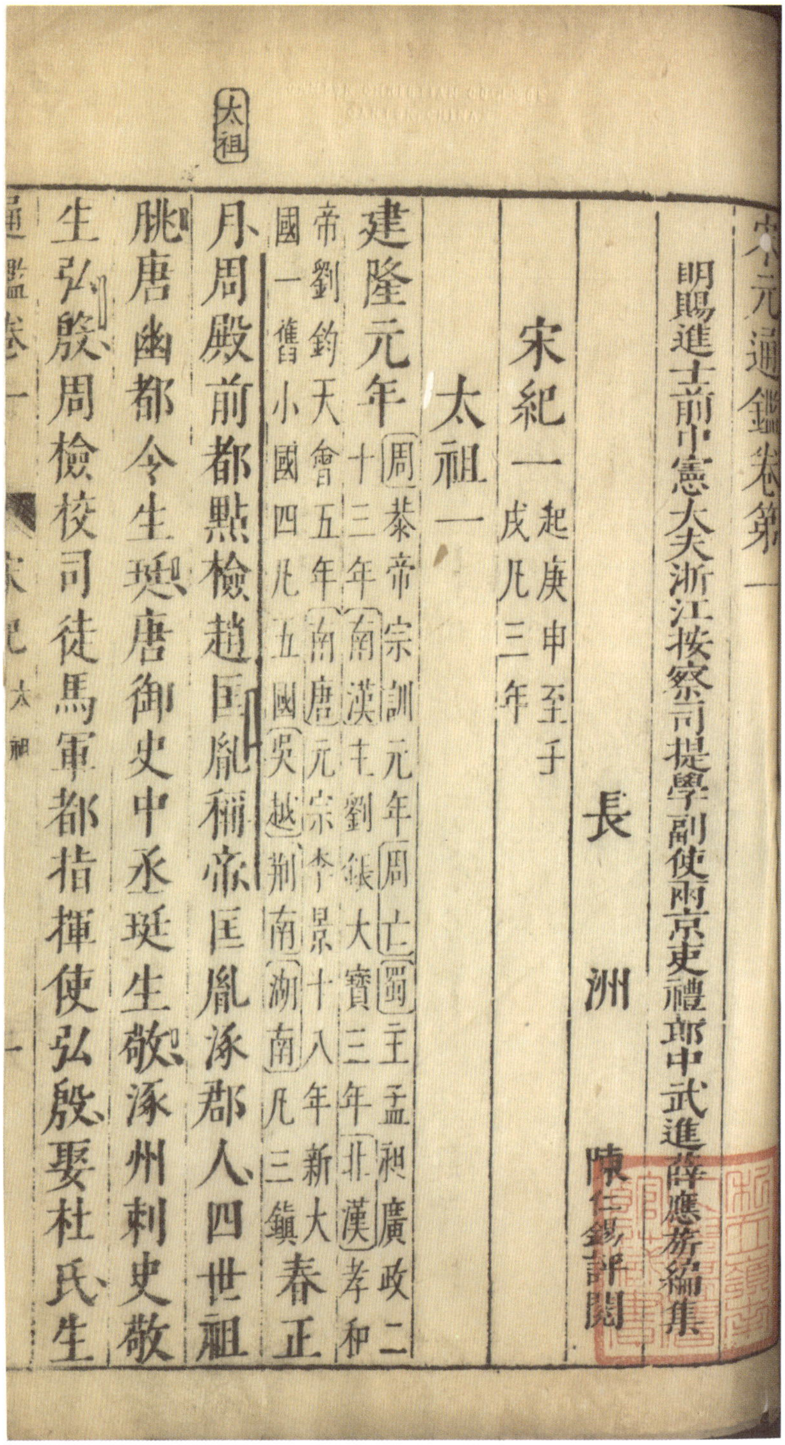
太祖

宋元通鑑卷第一

明賜進士前中憲大夫浙江按察司提學副使兩京吏禮郎中武進薛應旂編集

長洲　陳仁錫評閱

宋紀一　起庚申至壬戌凡三年

太祖一

建隆元年　周恭帝宗訓元年周亡蜀主孟昶廣政二十三年南漢主劉鋹大寶三年北漢孝和帝劉鈞天會五年南唐元宗李景十八年新大國一舊小國四凡五國吳越荆南湖南凡三鎮　春正月周殿前都點檢趙匡胤稱帝匡胤涿郡人四世祖朓唐幽都令生珽唐御史中丞珽生敬涿州刺史敬生弘殷周檢校司徒馬軍都指揮使弘殷娶杜氏生

通鑑卷一　宋紀　太祖　一

宋元通鑑一百五十七卷　（明）薛應旂撰　（明）陳仁錫評　明天啓六年（1626）陳仁錫刻本。三十四册。半頁十行二十字，小字雙行同，白口，四周單邊。框高21.2厘米、寬14.9厘米。中山大學圖書館藏。

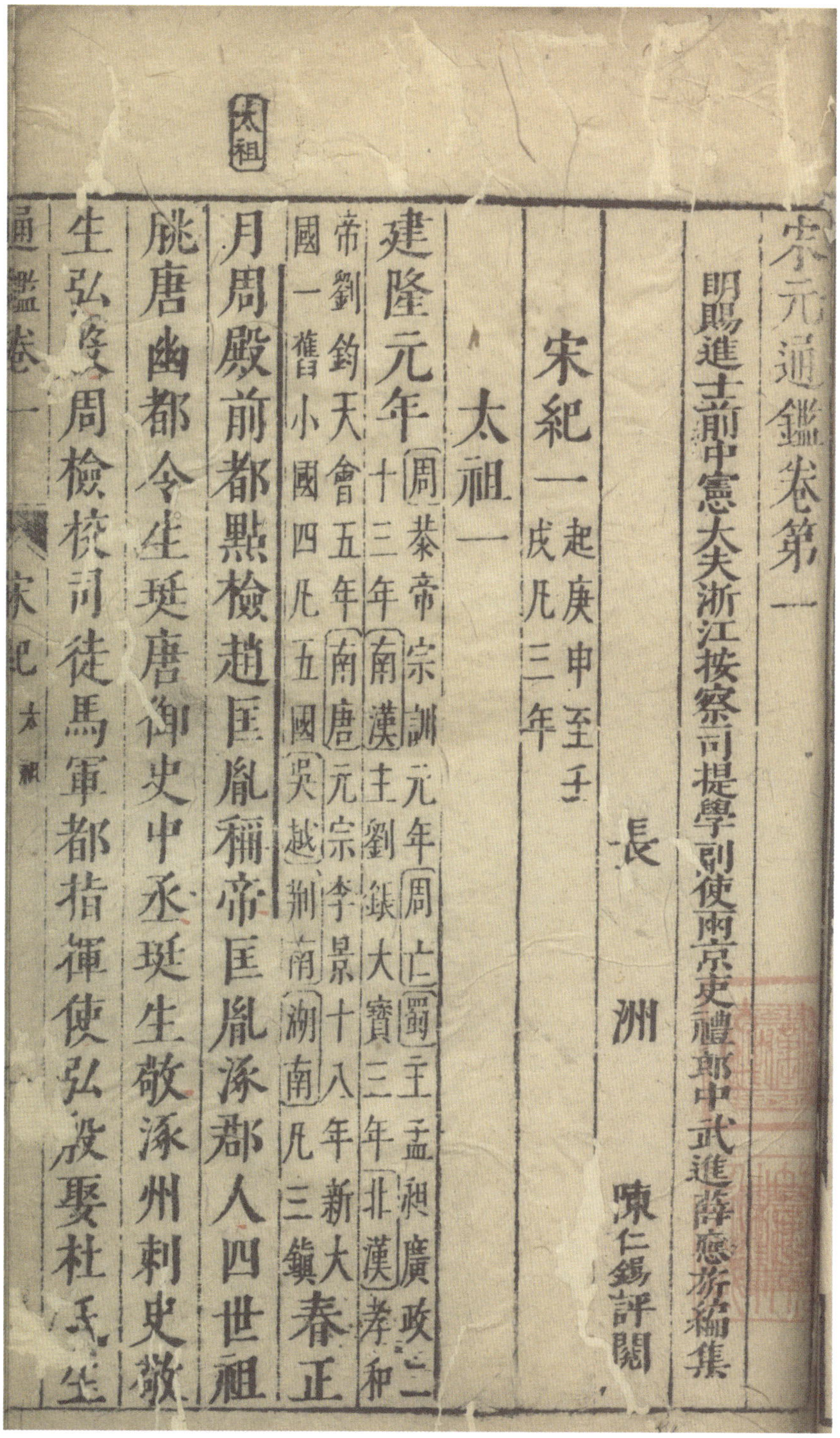

太祖

宋元通鑑卷第一

明賜進士前中憲大夫浙江按察司提學副使南京吏禮郎中武進薛應旂編集

長洲　陳仁錫評閱

宋紀一 起庚申至壬戌凡三年

太祖一

建隆元年 周恭帝宗訓元年周亡蜀主孟昶廣政二十三年南漢主劉鋹大寶三年北漢孝和帝劉鈞天會五年南唐元宗李景十八年新大國一舊小國四凡五國吳越荆南湖南凡三鎮 春正月周殿前都點檢趙匡胤稱帝匡胤涿郡人四世祖朓唐幽都令生珽唐御史中丞珽生敬涿州刺史敬生弘殷周檢校司徒馬軍都指揮使弘殷娶杜氏生

通鑑卷一　宋紀　太祖

宋元通鑑一百五十七卷　（明）薛應旂撰　（明）陳仁錫評　明天啓六年（1626）陳仁錫刻本。二十八册。半頁十行二十字，小字雙行同，白口，四周單邊。框高21.2厘米、寬14.9厘米。中山大學圖書館藏。

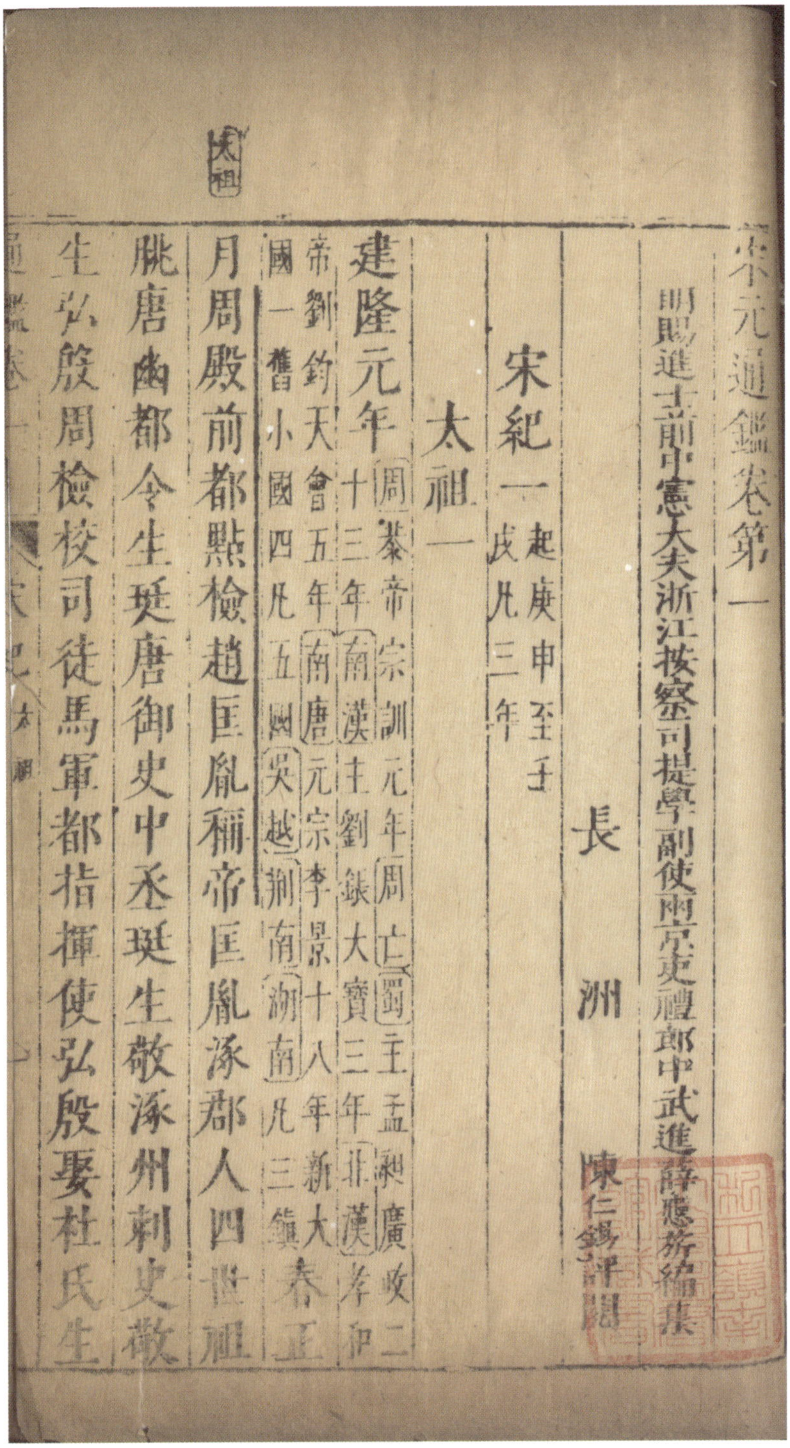
宋太祖

宋元通鑑卷第一

明賜進士前中憲大夫浙江按察司提學副使兩京吏禮郎中武進薛應旂編集

長洲　陳仁錫評閱

宋紀一　起庚申至壬戌凡三年

太祖一

建隆元年　周恭帝宗訓元年周亡　蜀主孟昶廣政二十三年　南漢主劉鋹大寶三年　北漢孝和帝劉鈞天會五年　南唐元宗李景十八年　新大國一　舊小國四　凡五國　吳越　荆南　湖南　凡三鎮　春正月周殿前都點檢趙匡胤稱帝匡胤涿郡人四世祖朓唐幽都令生珽唐御史中丞珽生敬涿州刺史敬生弘殷周檢校司徒馬軍都指揮使弘殷娶杜氏生

通鑑卷一　宋紀　太祖

宋元通鑑一百五十七卷　（明）薛應旂撰　（明）陳仁錫評　明天啓六年（1626）陳仁錫刻本。三十一册。半頁十行二十字，小字雙行同，白口，四周單邊。框高21.2厘米、寬14.9厘米。中山大學圖書館藏。

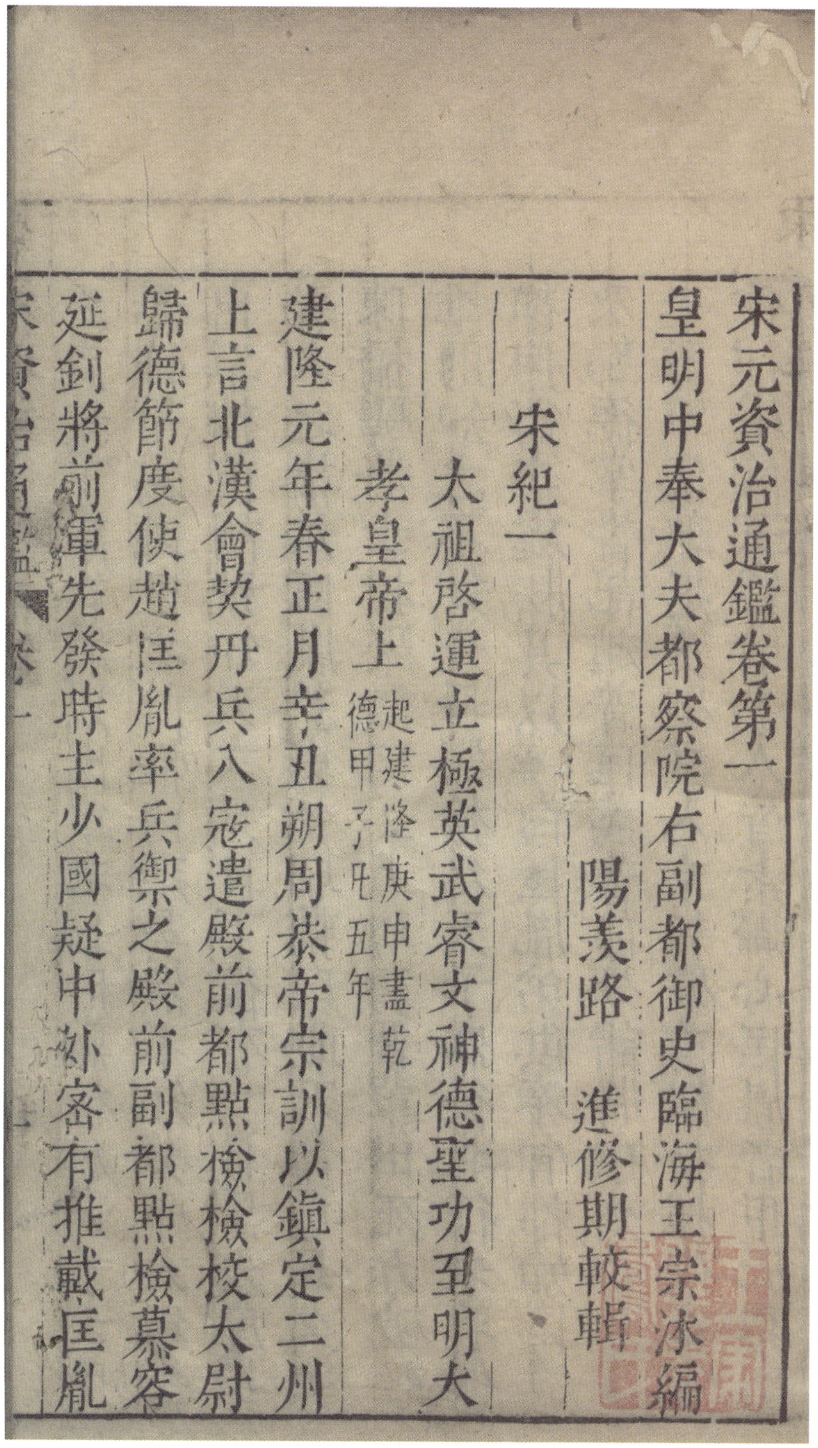
宋元資治通鑑卷第一
皇明中奉大夫都察院右副都御史臨海王宗沐編
陽羨路　進修期較輯
宋紀一
太祖啓運立極英武睿文神德聖功至明大
孝皇帝上 起建隆庚申盡乾德甲子凡五年
建隆元年春正月辛丑朔周恭帝宗訓以鎮定二州
上言北漢會契丹兵入寇遣殿前都點檢檢校太尉
歸德節度使趙匡胤率兵禦之殿前副都點檢慕容
延釗將前軍先發時主少國疑中外客有推戴匡胤

宋元資治通鑑六十四卷　（明）王宗沐撰　明刻本。十六册。半頁十行二十字，小字雙行同，白口，四周單邊。框高19.3厘米、寬12.7厘米。中山大學圖書館藏。

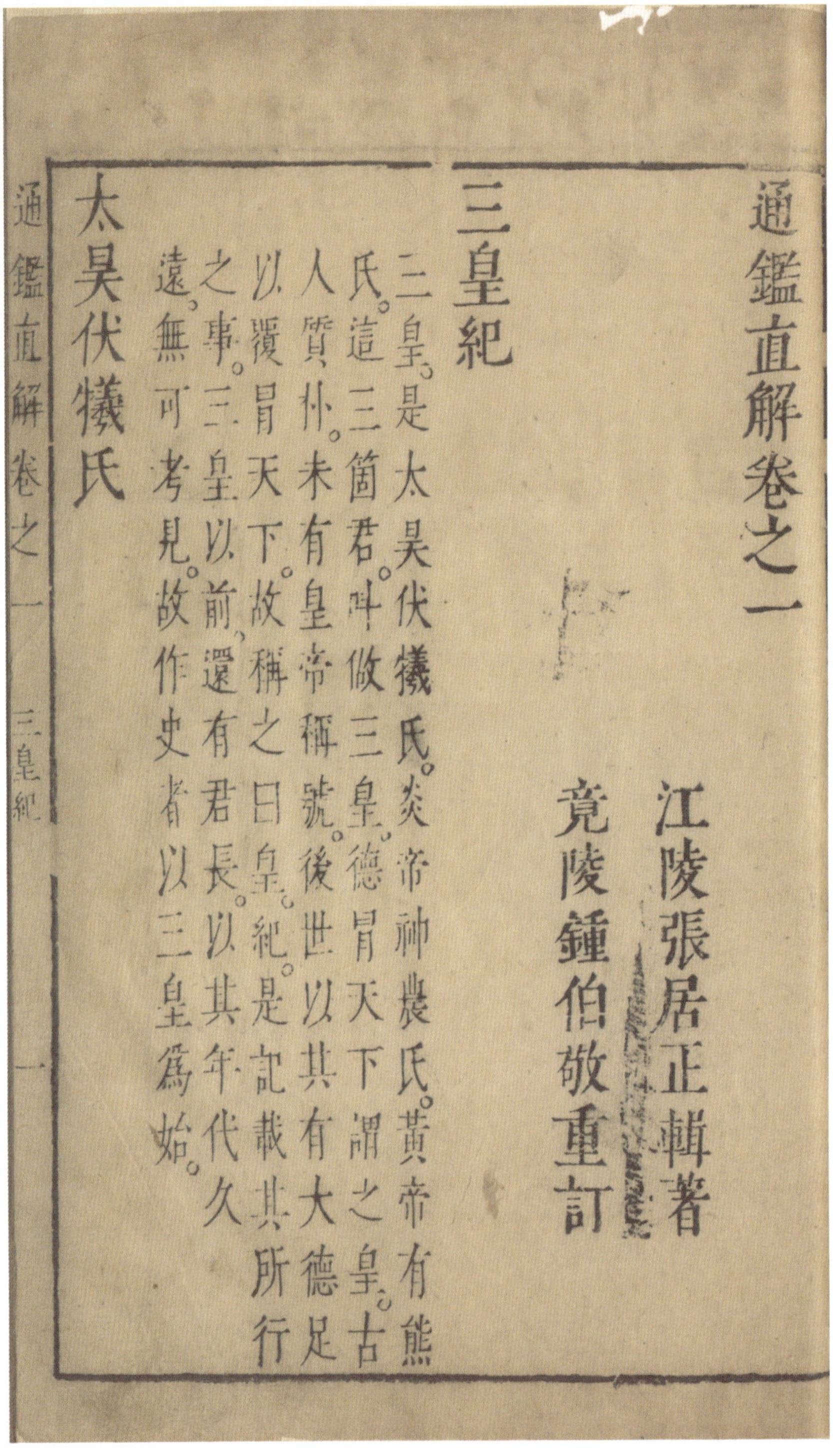
通鑑直解卷之一
江陵張居正輯著
竟陵鍾伯敬重訂
三皇紀
三皇。是太昊伏羲氏。炎帝神農氏。黃帝有熊氏。這三箇君。叫做三皇。皇德冐天下。謂之皇。古人質朴。未有皇帝稱號。後世以其有大德足以覆冐天下。故稱之曰皇。紀。是記載其所行之事。三皇以前。還有君長。以其年代久遠。無可考見。故作史者以三皇爲始。
太昊伏羲氏
通鑑直解卷之一　三皇紀　一

通鑑直解二十八卷　（明）張居正撰　明末刻本。三十二册。半頁八行十八字，小字雙行同，白口，四周單邊。框高20.7厘米、寬14.2厘米。中山大學圖書館藏。

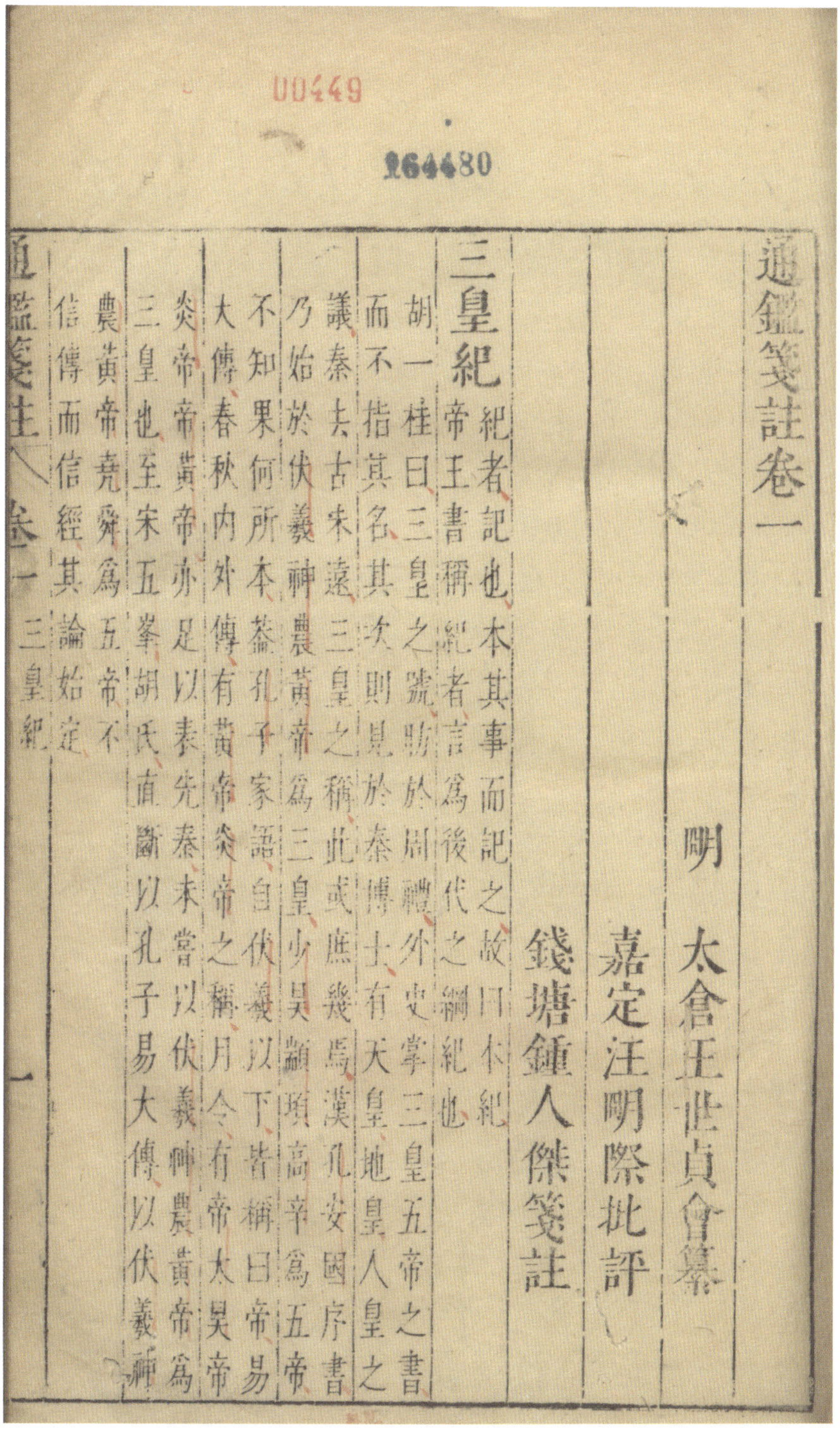

通鑑箋註卷一

明 太倉王世貞會纂

嘉定汪明際批評

錢塘鍾人傑箋註

三皇紀 紀者記也本其事而記之故曰本紀 帝王書稱紀者言爲後代之綱紀也

胡一桂曰三皇之號昉於周禮外史掌三皇五帝之書而不指其名其次則見於秦博士有天皇地皇人皇之議秦去古未遠三皇之稱此或庶幾焉漢孔安國序書乃始於伏羲神農黃帝爲三皇少昊顓頊高辛爲五帝不知果何所本蓋孔子家語自伏羲以下皆稱曰帝易大傳春秋內外傳有黃帝炎帝之稱月令有帝太昊帝炎帝帝黃帝亦足以表先秦未嘗以伏羲神農黃帝爲三皇也至宋五峯胡氏直斷以孔子易大傳以伏羲神農黃帝堯舜爲五帝不信傳而信經其論始定

通鑑箋註 卷一 三皇紀 一

通鑑箋註七十二卷 （明）王世貞輯 （明）汪明際評 （明）鍾人傑注 明崇禎刻本。六十册。半頁十行二十二字，小字雙行同，白口，四周單邊。框高21厘米、寬14厘米。中山大學圖書館藏。

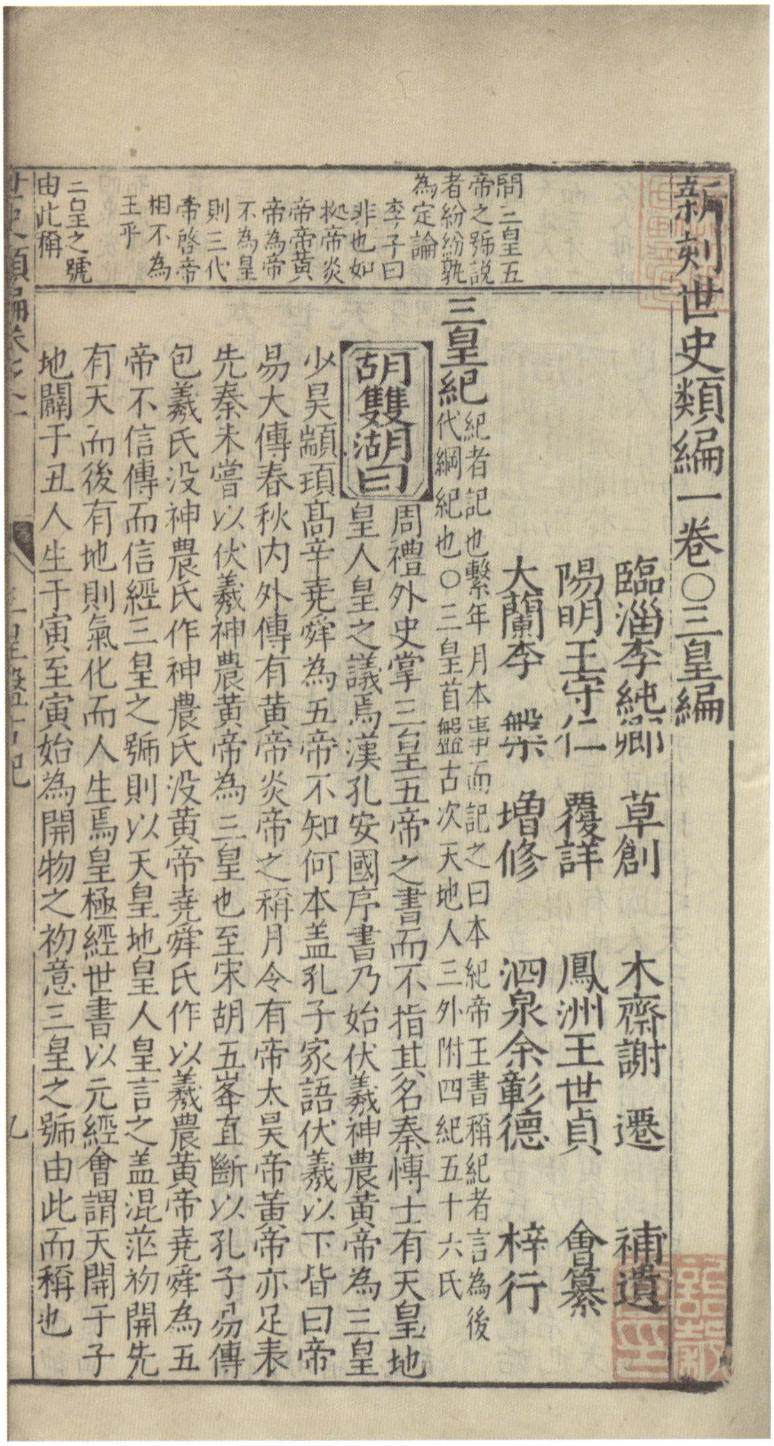

問三皇五帝之號説者紛紛孰為定論　李子曰非也如擬帝炎帝黄帝為帝不為皇則三代帝啓帝相不為王乎　三皇之號由此稱

新刻世史類編一卷○三皇編

臨淄李純卿 草創　木齋謝 遷 補遺
陽明王守仁 覆詳　鳳洲王世貞 會纂
大巓李 槃 增修　泗泉余彰德 梓行

三皇紀 紀者記也繫年月本事而記之曰本紀帝王書稱紀者言為後代綱紀也○三皇首盤古次天地人三外附四紀五十六氏

胡雙湖曰 周禮外史掌三皇五帝之書而不指其名秦博士有天皇地皇人皇之議焉漢孔安國序書乃始伏羲神農黄帝為三皇少昊顓頊高辛堯舜為五帝不知何本盖孔子家語伏羲以下皆曰帝易大傳春秋内外傳有黄帝炎帝之稱月令有帝太昊帝黄帝亦足表先秦未嘗以伏羲神農黄帝為三皇也至宋胡五峯直斷以孔子易傳包羲氏没神農氏作神農氏没黄帝堯舜氏作以羲農黄帝堯舜為五帝不信傳而信經三皇之號則以天皇地皇人皇言之盖混茫初開先有天而後有地則氣化而人生焉皇極經世書以元經會謂天開于子地闢于丑人生于寅至寅始為開物之初意三皇之號由此而稱也

新刻世史類編四十五卷　（明）李純卿編　（明）謝遷補遺　明萬曆三十四年（1606）余彰德刻本。十六册。上下兩欄，半頁十四行二十八字，白口，四周單邊。框高23.5厘米、寬13.9厘米。中山大學圖書館藏。

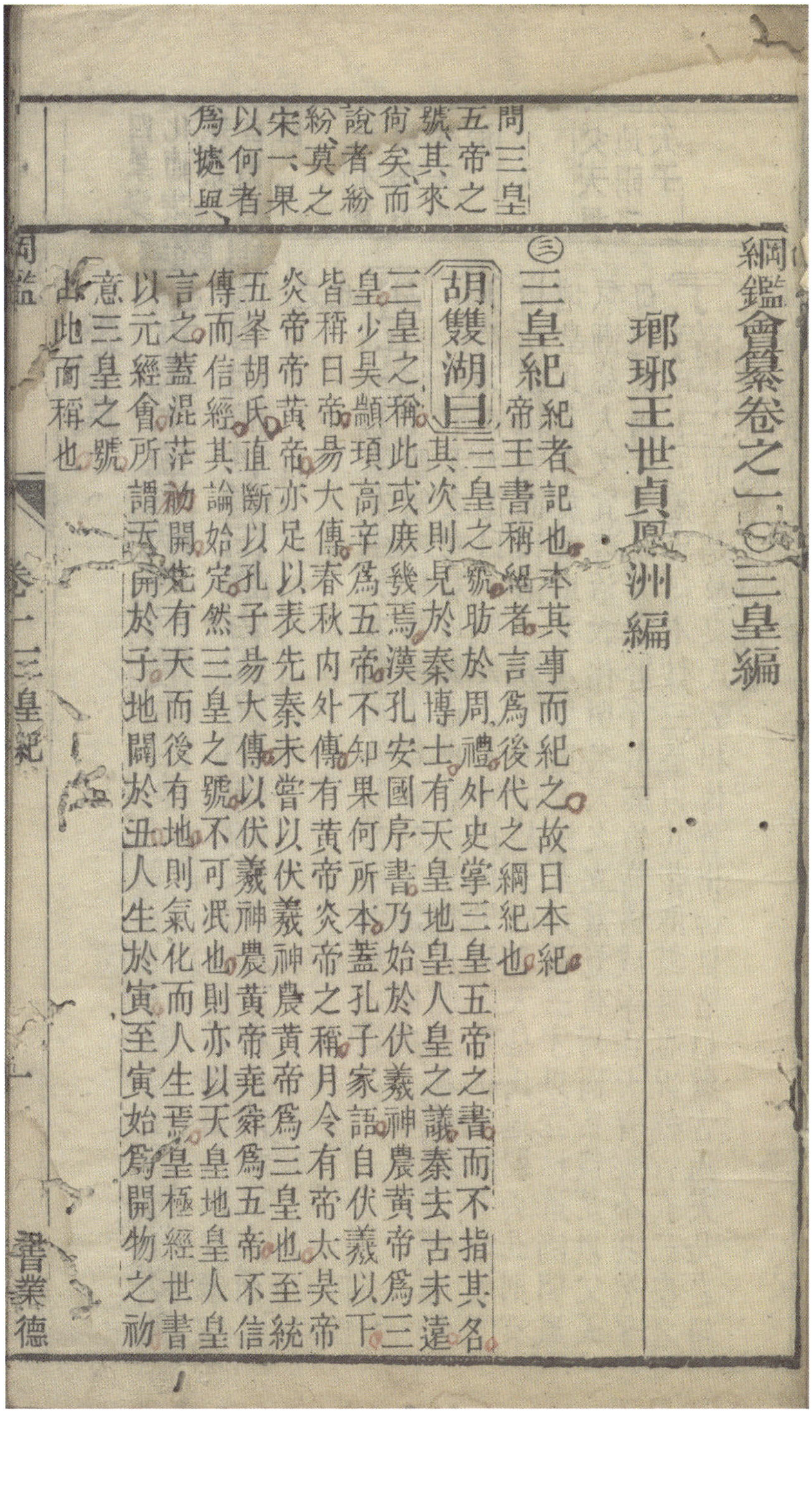

問三皇五帝之號其來尚矣而說者紛紛莫之衷一果以何者爲據與

綱鑑會纂卷之一　三皇編

瑯琊王世貞鳳洲編

三皇紀　紀者記也本其事而紀之故曰本紀帝王書稱紀者言爲後代之綱紀也

胡雙湖曰　三皇之號昉於周禮外史掌三皇五帝之書而不指其名其次則見於秦博士有天皇地皇人皇之議秦去古未遠三皇之稱此或庶幾焉漢孔安國序書乃始於伏羲神農黃帝爲三皇少昊顓頊高辛爲五帝不知果何所本蓋孔子家語自伏羲以下皆稱曰帝易大傳春秋內外傳有黃帝炎帝之稱月令有帝太昊帝炎帝帝黃帝亦足以表先秦未嘗以伏羲神農黃帝爲三皇也至五峯胡氏直斷以孔子易大傳以伏羲神農黃帝堯舜爲五帝不信傳而信經其論始定然三皇之號不可泯也則亦以天皇地皇人皇言之蓋混茫初開先有天而後有地則氣化而人生焉皇極經世書以元經會所謂天開於子地闢於丑人生於寅至寅始爲開物之初意三皇之號出此而稱也

綱鑑　卷一三皇紀　一　書業德

綱鑑會纂三十九卷首一卷　（明）王世貞編　清乾隆五十六年（1791）書業德刻本。存三十九卷（缺二十八）。六册。上下兩欄，半頁十行二十七字，小字雙行同，白口，四周單邊。框高22.2厘米、寬14.5厘米。佛山市圖書館藏。

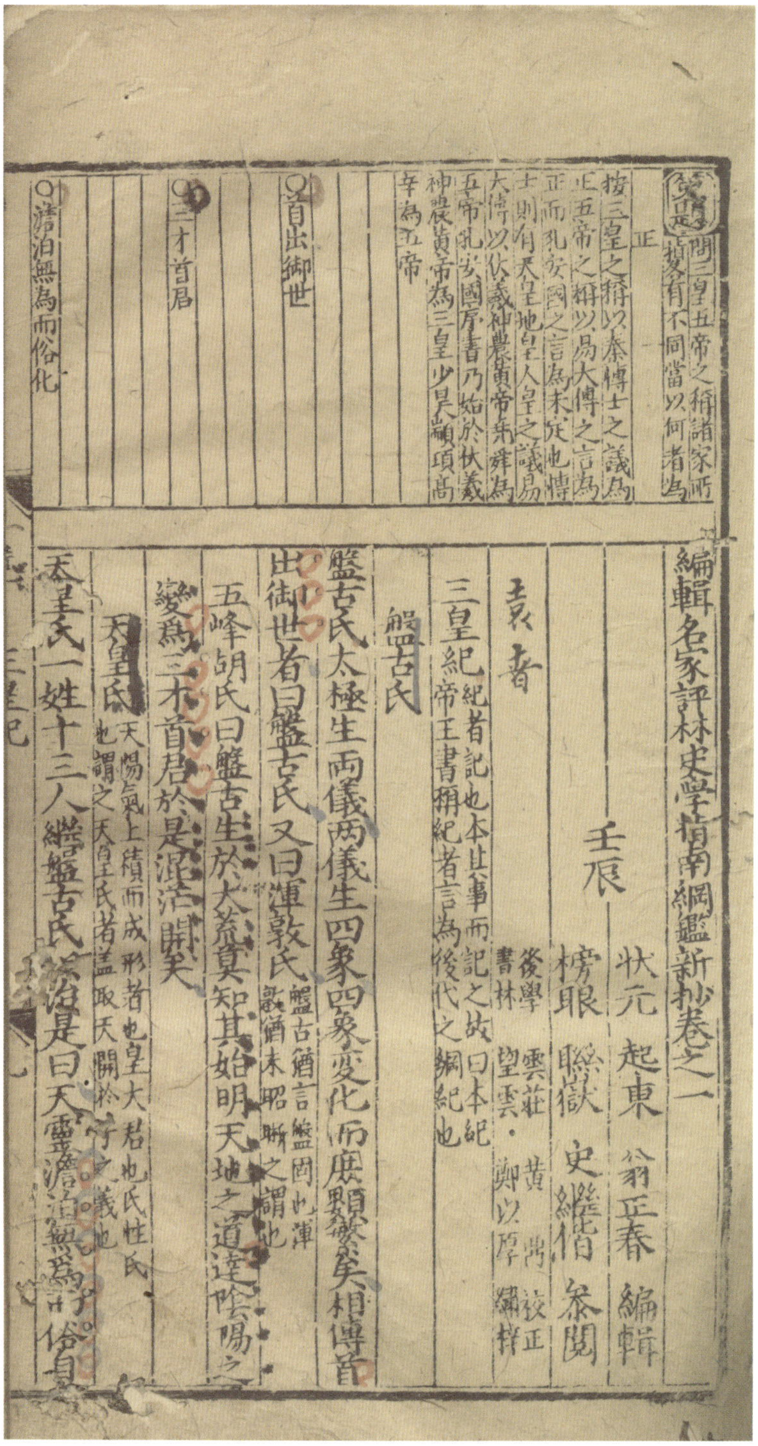

〔發題〕問三皇五帝之稱諸家所據各有不同當以何者為正

按三皇之稱以秦博士之議為正五帝之稱以易大傳之言為正而孔安國之言為未定也博士則有天皇地皇人皇之議易大傳以伏羲神農黄帝堯舜為五帝孔安國序書乃始於伏羲神農黄帝為三皇少昊顓頊高辛為五帝

首出御世

三才首君

清泊無為而俗化

編輯名家評林史學指南綱鑑新抄卷之一

狀元　起東　翁正春　編輯

壬辰　榜眼　聯嶽　史繼偕　參閱

後學　雲莊　黄　尚　校正

書林　望雲　鄭以厚　繡梓

袁黄

三皇紀　紀者記也本其事而記之故曰本紀帝王書稱紀者言為後代之綱紀也

盤古氏

盤古氏太極生兩儀兩儀生四象四象變化而庶類繁矣相傳首出御世者曰盤古氏又曰渾敦氏　盤古猶言盤固也渾敦猶未昭晰之謂也

五峰胡氏曰盤古生於大荒莫知其始明天地之道達陰陽之變為三才首君於是混茫開矣

天皇氏　天陽氣上積而成形者也皇大君也氏姓氏也謂之天皇氏者蓋取天開於子之義也

天皇氏一姓十三人繼盤古氏以治是曰天靈澹泊無為而俗自[化]

編輯名家評林史學指南綱鑑新抄二十卷總論一卷　（明）翁正春撰　明萬曆鄭以厚刻本。二十四册。上下兩欄，半頁十二行二十五字，白口，四周雙邊。框高21.5厘米、寬12.5厘米。中山大學圖書館藏。

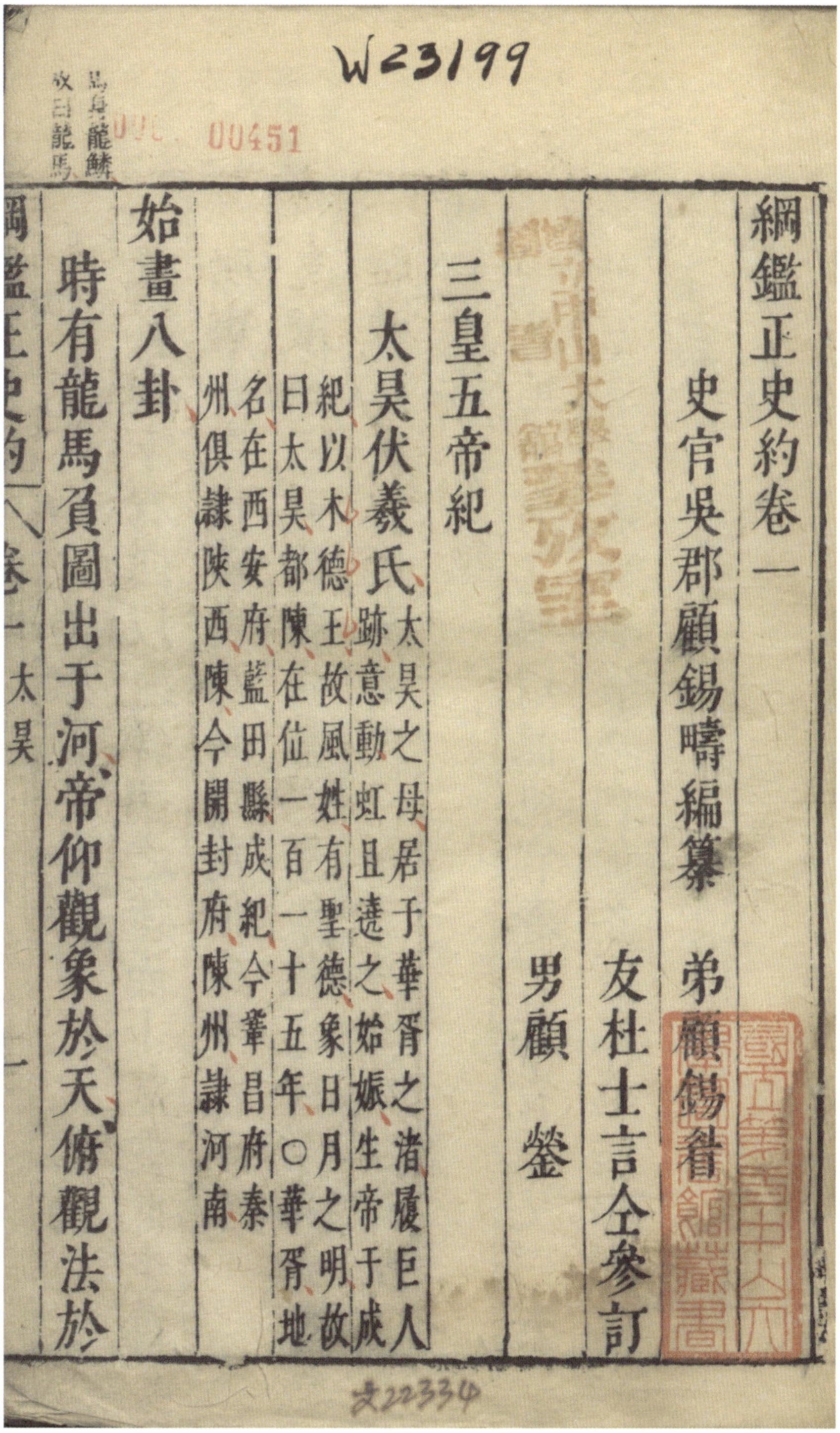

綱鑑正史約三十六卷　（明）顧錫疇撰　明崇禎三年（1630）刻本。四十八册。半頁十行二十字，小字雙行同，白口，左右雙邊。框高20厘米、寬13.7厘米。中山大學圖書館藏。

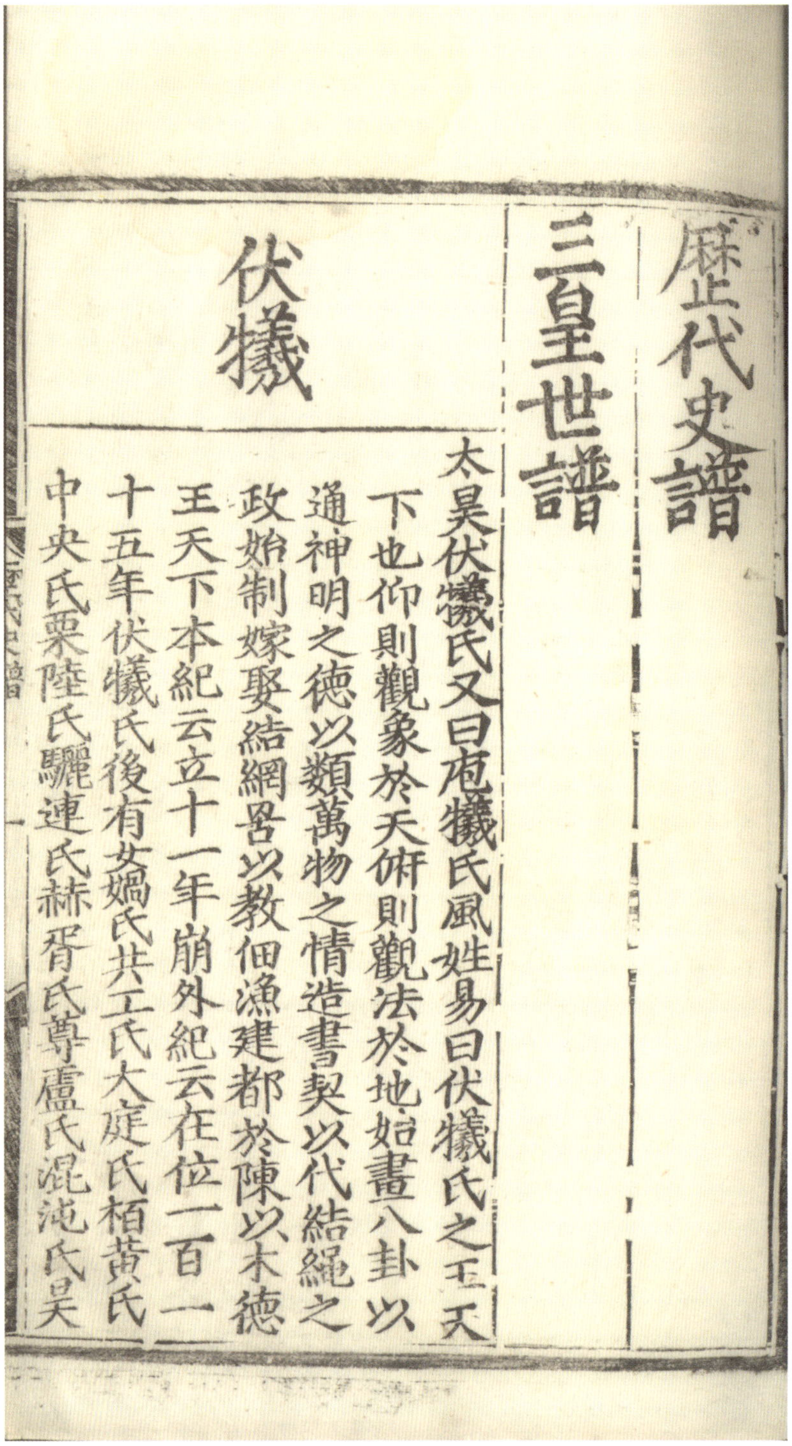
歷代史譜
三皇世譜
伏犧
太昊伏犧氏又曰庖犧氏風姓易曰伏犧氏之王天
下也仰則觀象於天俯則觀法於地始畫八卦以
通神明之德以類萬物之情造書契以代結繩之
政始制嫁娶結網罟以教佃漁建都於陳以木德
王天下本紀云立十一年崩外紀云在位一百一
十五年伏犧氏後有女媧氏共工氏大庭氏栢黃氏
中央氏栗陸氏驪連氏赫胥氏尊盧氏混沌氏昊天

歷代史譜不分卷　（元）鄭鎮孫撰　明刻本。存三皇至隋末。二册。半頁十一行字數不等，黑口，四周雙邊。框高23.7厘米、寬15.9厘米。中山大學圖書館藏。

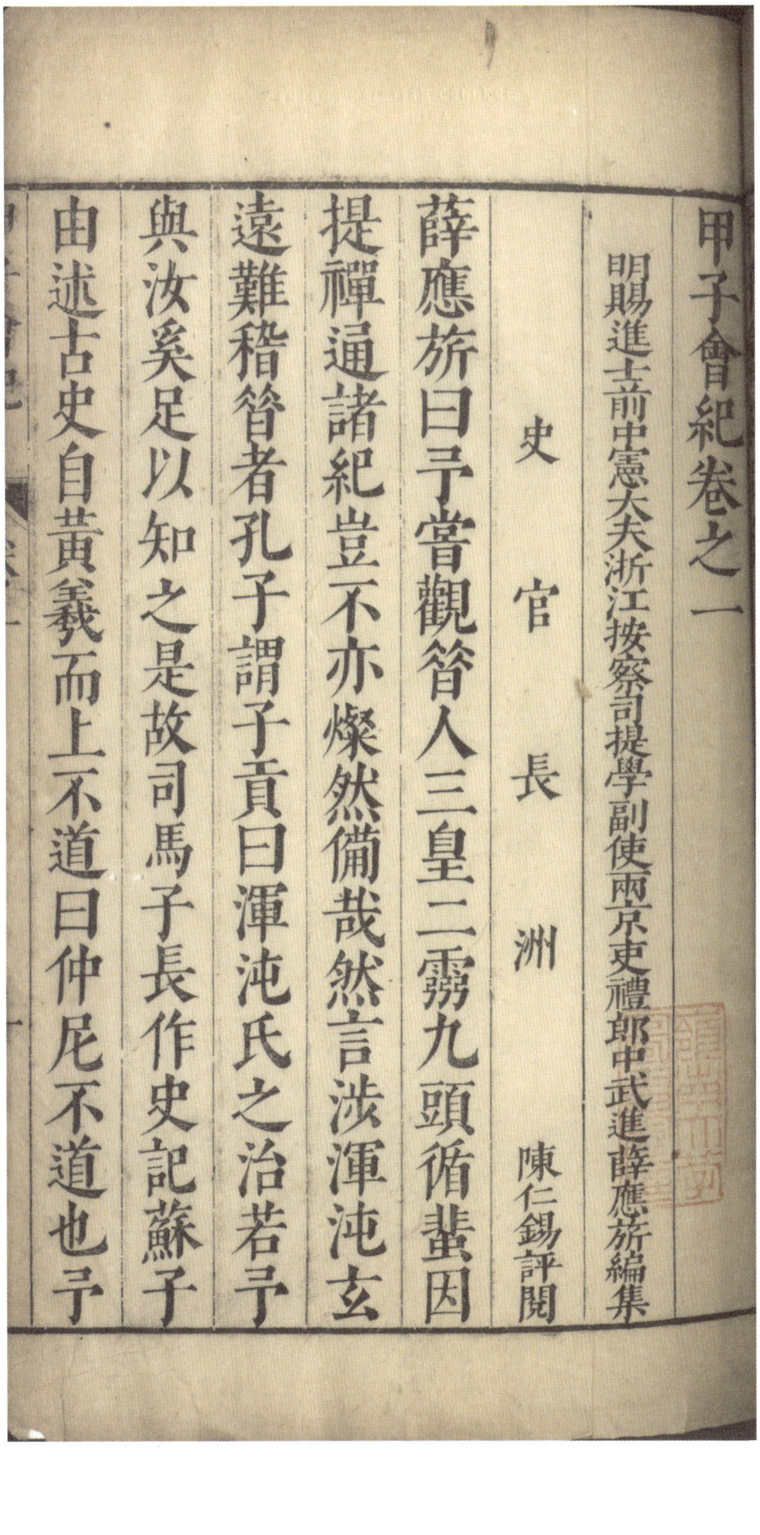

甲子會紀卷之一

明賜進士前中憲大夫浙江按察司提學副使兩京吏禮郎中武進薛應旂編集

史官長洲　陳仁錫評閱

薛應旂曰予嘗觀昔人三皇二覇九頭循蜚因提禪通諸紀豈不亦燦然備哉然言涉渾沌玄遠難稽昔者孔子謂子貢曰渾沌氏之治若予與汝奚足以知之是故司馬子長作史記蘇子由述古史自黃羲而上不道曰仲尼不道也予

甲子會紀五卷　（明）薛應旂輯　（明）陳仁錫評　明陳仁錫刻本。四册。半頁八行十八字，小字雙行同，白口，四周單邊。框高21.3厘米、寬14.2厘米。中山大學圖書館藏。

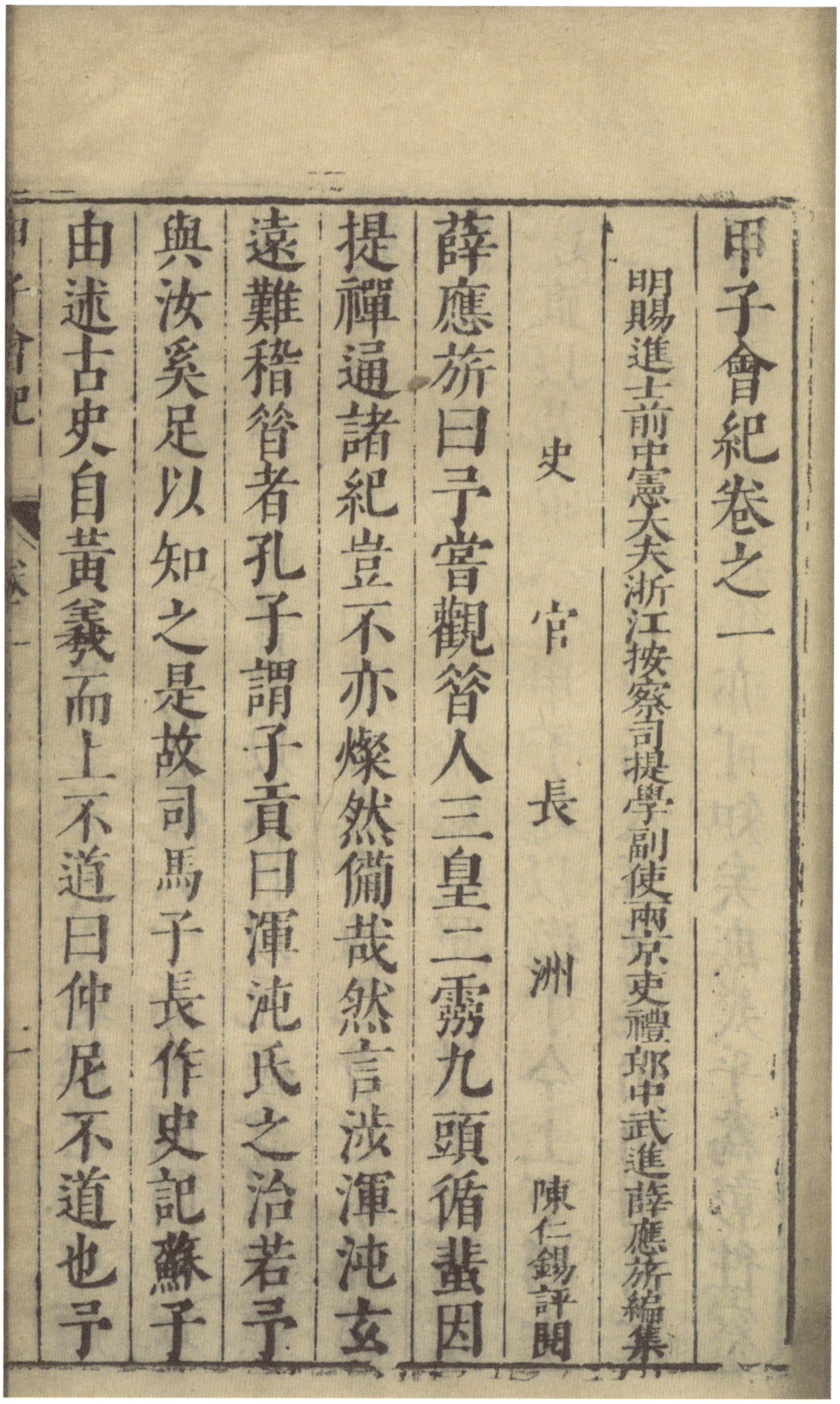

甲子會紀卷之一

明賜進士前中憲大夫浙江按察司提學副使兩京吏禮郎中武進薛應旂編集

史官長洲　陳仁錫評閱

薛應旂曰予嘗觀昔人三皇二霧九頭循蜚因提禪通諸紀豈不亦燦然備哉然言涉渾沌玄遠難稽昔者孔子謂子貢曰渾沌氏之治若予與汝奚足以知之是故司馬子長作史記蘇子由述古史自黃羲而上不道曰仲尼不道也予

甲子會紀五卷　（明）薛應旂輯　（明）陳仁錫評　明陳仁錫刻本。四册。半頁八行十八字，小字雙行同，白口，四周單邊。框高21.3厘米、寬14.2厘米。中山大學圖書館藏。

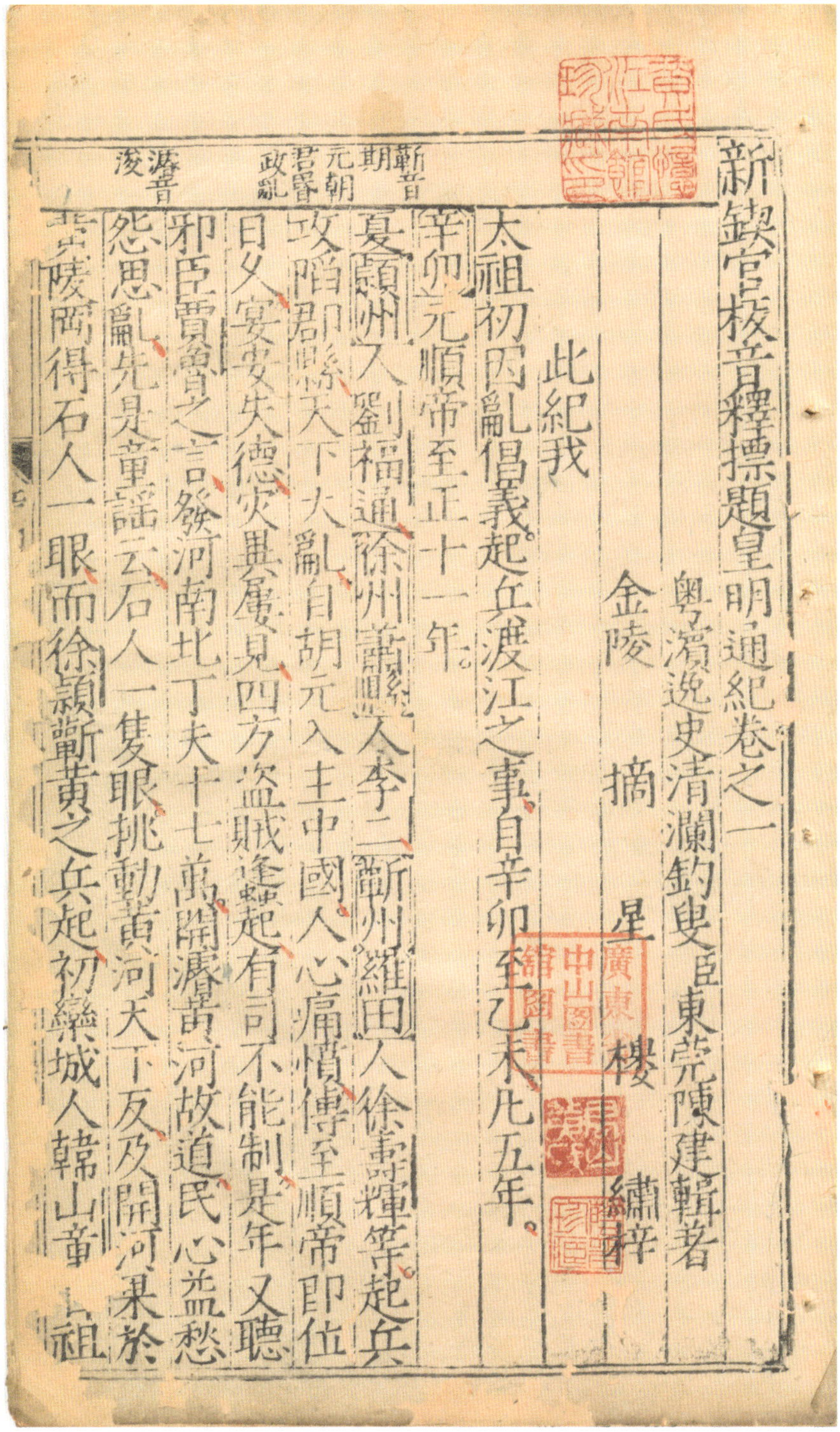
新鍥官板音釋標題皇明通紀卷之一
粤濱逸史清瀾釣叟臣東莞陳建輯著
金陵 摘 星 樓 繡梓
此紀我
太祖初因亂倡義起兵渡江之事自辛卯至乙未凡五年。
辛卯元順帝至正十一年。
夏潁州人劉福通徐州蕭縣人李二蘄州羅田人徐壽輝等起兵
攻陷郡縣天下大亂自胡元入主中國人心厭憤傳至順帝即位
日久宴安失德災異屢見四方盜賊蜂起有司不能制是年又聽
邪臣賈魯之言發河南北丁夫十七萬開濬黃河故道民心益愁
怨思亂先是童謠云石人一隻眼挑動黃河天下反及開河果於
黄陵岡得石人一眼而徐潁蘄黄之兵起初欒城人韓山童[illegible]祖
蘄音期
元朝君昏政亂
濬音浚

新鍥官板音釋標題皇明通紀十卷 （明）陳建撰 明萬曆金陵摘星樓刻本。三十册。半頁十二行二十五字，白口，四周雙邊。框高22.4厘米、寬14.5厘米。廣東省立中山圖書館藏。

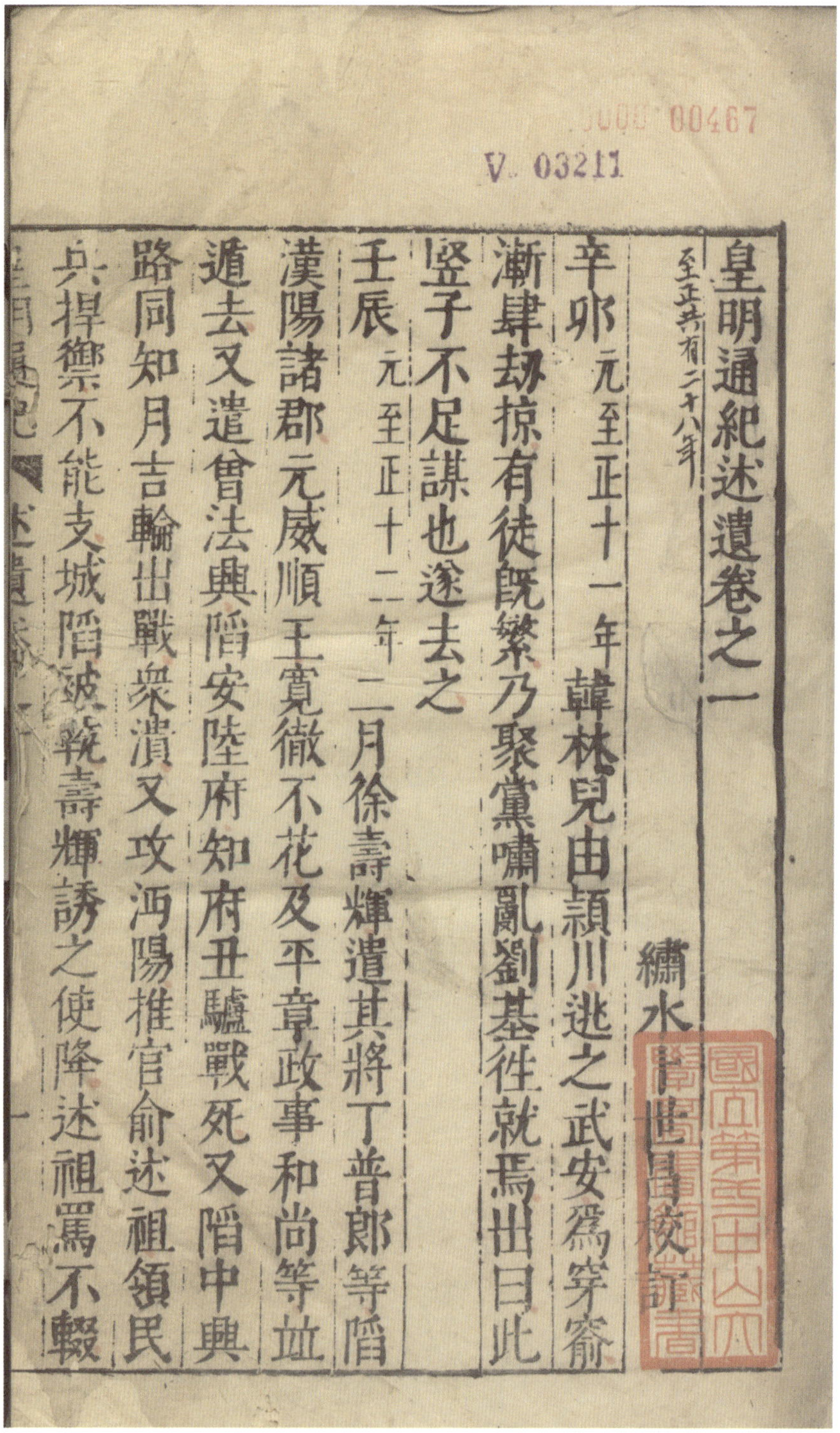
皇明通紀述遺卷之一　　繡水卜世昌校訂
至正共有二十八年
辛卯　元至正十一年　韓林兒由潁川逃之武安爲穿窬
漸肆刼掠有徒既繁乃聚黨嘯亂劉基往就焉曰此
豎子不足謀也遂去之
壬辰　元至正十二年二月徐壽輝遣其將丁普郎等陷
漢陽諸郡元威順王寬徹不花及平章政事和尚等並
遁去又遣曾法興陷安陸府知府丑驢戰死又陷中興
路同知月吉輪出戰衆潰又攻沔陽推官俞述祖領民
兵捍禦不能支城陷被執壽輝誘之使降述祖罵不輟

皇明通紀述遺十二卷　（明）卜世昌　屠衡撰　明萬曆刻本。十二册。半頁十行二十一字，小字雙行同，白口，四周單邊。框高20.6厘米、寬14.4厘米。中山大學圖書館藏。

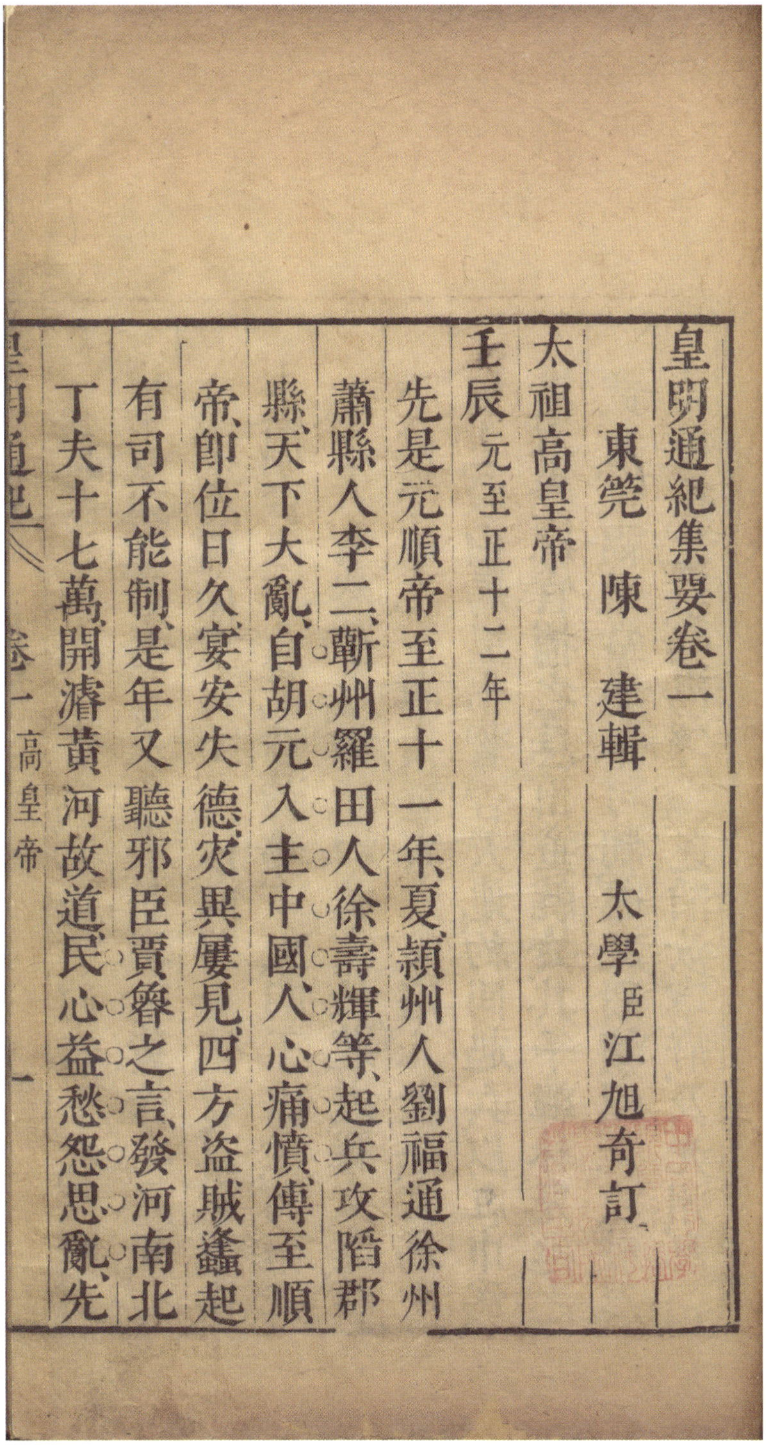

皇明通紀集要卷一

東莞　陳　建輯　　太學臣江旭奇訂

太祖高皇帝

壬辰元至正十二年

先是元順帝至正十一年夏潁州人劉福通徐州蕭縣人李二蘄州羅田人徐壽輝等起兵攻陷郡縣天下大亂自胡元入主中國人心痛憤傳至順帝即位日久宴安失德災異屢見四方盜賊蠭起有司不能制是年又聽邪臣賈魯之言發河南北丁夫十七萬開濬黄河故道民心益愁怨思亂先

皇明通紀　卷一　高皇帝　一

皇明通紀集要六十卷　（明）陳建撰　（明）江旭奇補訂　明末刻本。八册。半頁十行二十字，小字雙行同，白口，左右雙邊。框高19.3厘米、寬13.5厘米。廣東省社會科學院藏。

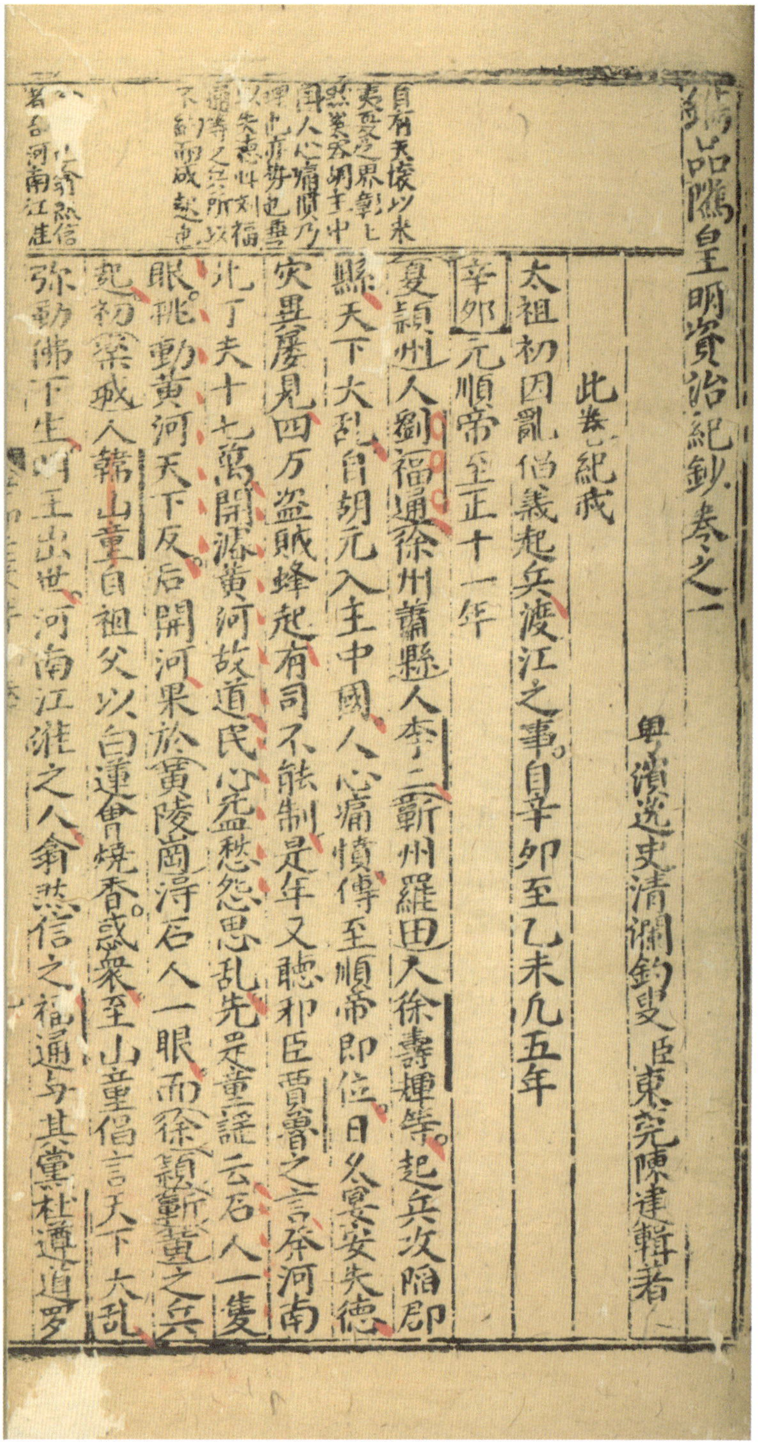
鐫品隲皇明資治紀鈔卷之一
粵濱逸史清瀾釣叟臣東莞陳建輯著
此卷止紀戒
太祖初因亂倡義起兵渡江之事。自辛卯至乙未凡五年
辛卯 元順帝至正十一年
夏潁州人劉福通徐州蕭縣人李二蘄州羅田人徐壽輝等。起兵攻陷郡縣天下大亂自胡元入主中國人心痛憤傳至順帝即位。日久宴安失德災異屢見四方盜賊蜂起有司不能制是年又聽邪臣賈魯之言発河南北丁夫十七萬開濬黄河故道民心忿愁怨思乱先是童謡云石人一隻眼。挑動黄河天下反后開河果於黄陵岡得石人一眼而徐潁蘄黄之兵起初欒城人韓山童自祖父以白蓮會燒香。惑衆至山童倡言天下大乱弥勒佛下生明王出世河南江淮之人翕然信之福通与其黨杜遵道罗

鐫品隲皇明資治紀鈔十卷　（明）陳建撰　明萬曆二十二年（1594）永慶堂刻本。四册。上下兩欄，半頁十二行二十八字，白口，四周雙邊。框高21.3厘米、寬12.7厘米。廣東省立中山圖書館藏。

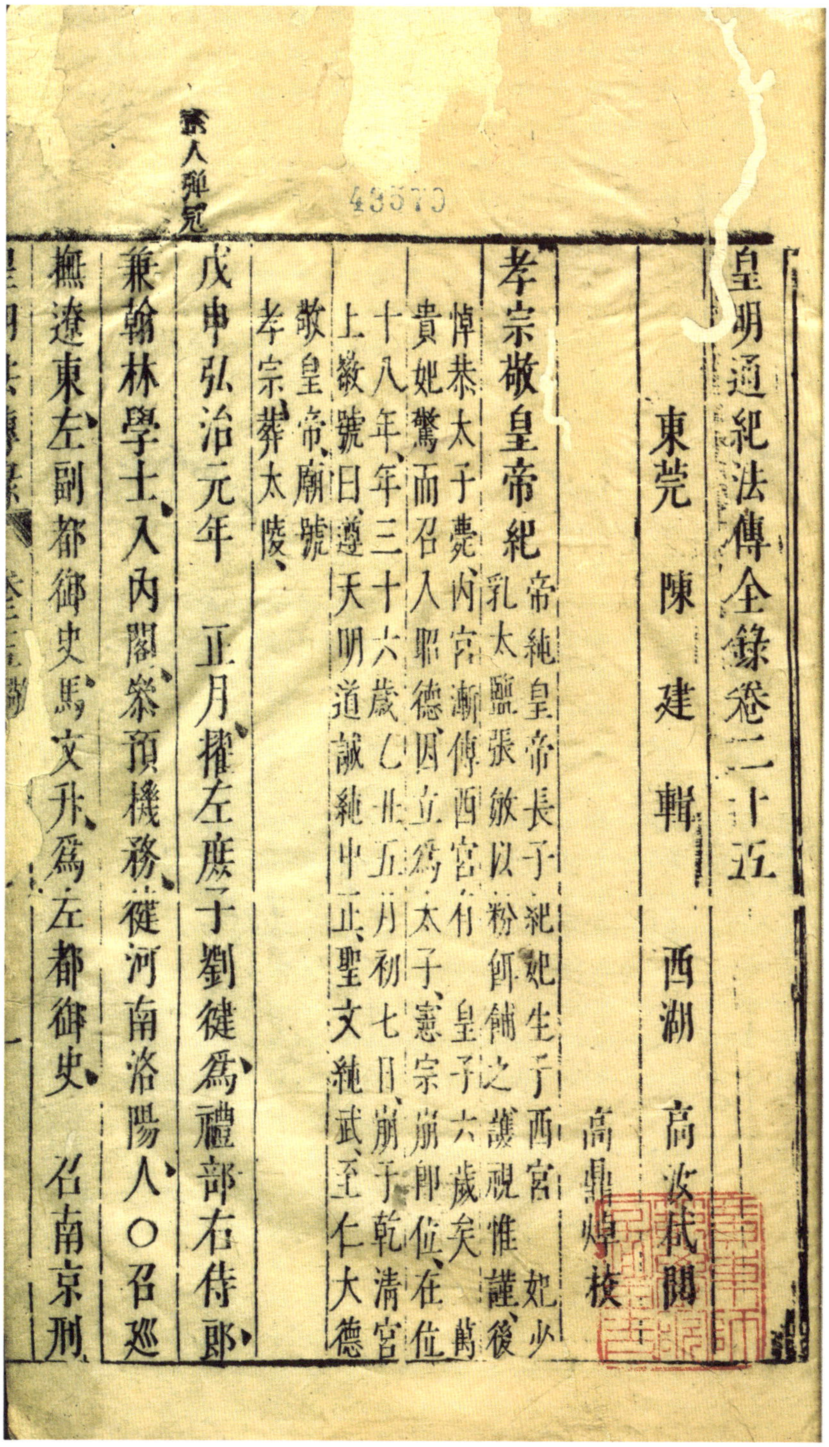
皇明通紀法傳全錄卷二十五
東莞　陳　建　輯　　西湖　高汝栻閱
高鼎燁校
孝宗敬皇帝紀　帝純皇帝長子紀妃生于西宮妃少乳太監張敏以粉餌餔之護視惟謹後
悼恭太子薨內宮漸傳西宮有皇子六歲矣萬貴妃驚而召入耶德因立為太子憲宗崩即位在位
十八年年三十六歲乙丑五月初七日崩于乾清宮
上謚號曰達天明道誠純中正聖文純武至仁大德
敬皇帝廟號
孝宗葬太陵
戊申弘治元年　正月擢左庶子劉健為禮部右侍郎
兼翰林學士入內閣參預機務健河南洛陽人○召巡
撫遼東左副都御史馬文升為左都御史　召南京刑

皇明通紀法傳全録二十八卷　（明）陳建輯　（明）高汝栻訂　（明）吴禎增删　**皇明法傳録嘉隆記六卷續紀三朝法傳全録十六卷**　（明）高汝栻輯　明崇禎九年（1636）刻本。存四卷（缺一至二十四）。四册。半頁十行二十一字，小字雙行同，白口，左右雙邊。框高20.1厘米、寬14.7厘米。暨南大學圖書館藏。

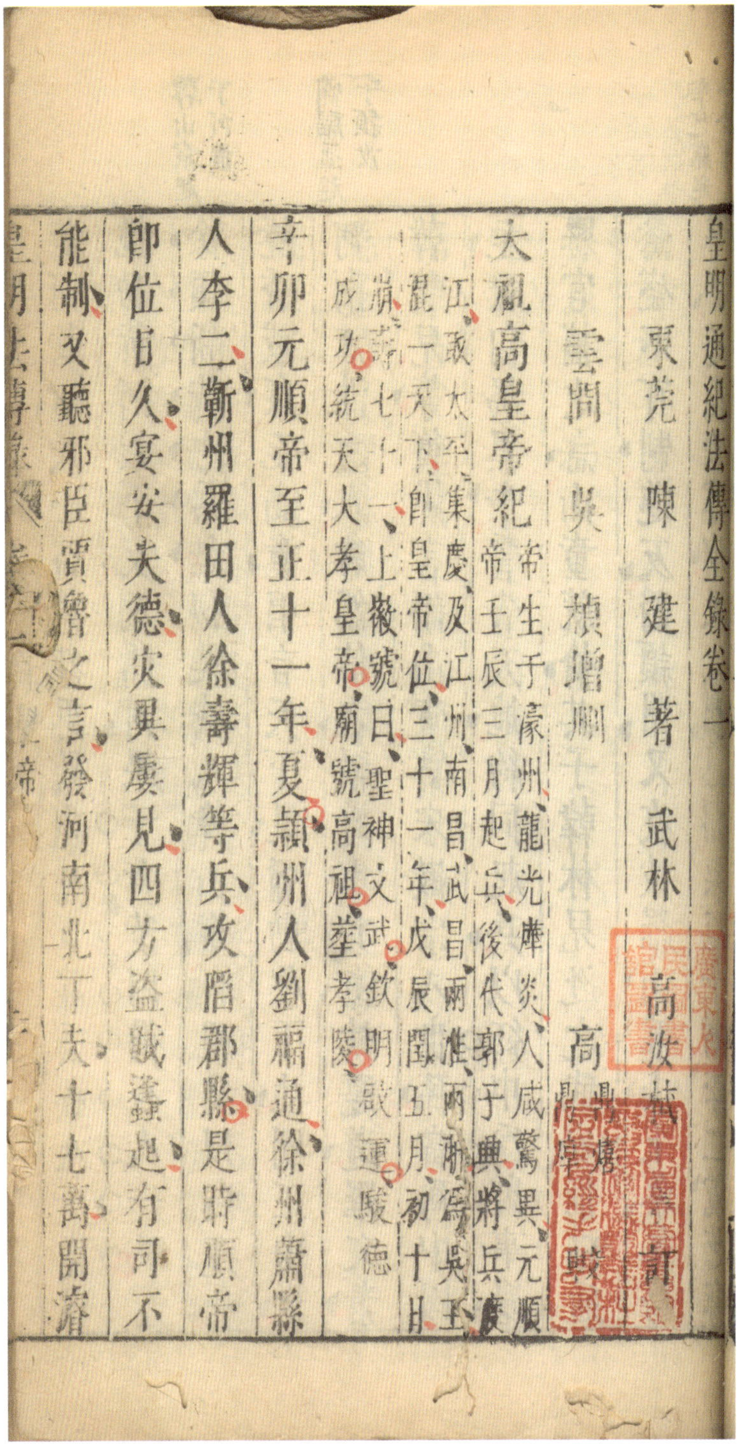

皇明通紀法傳全録二十八卷　（明）陳建撰　（明）高汝栻訂　（明）吴禎增删　**皇明法傳録嘉隆紀六卷續紀三朝法傳全録十六卷**　（明）高汝栻輯　明崇禎九年（1636）刻本。六册。半頁十行二十一字，小字雙行同，白口，左右雙邊，間四周單邊。框高20.5厘米、寬14.9厘米。廣東省立中山圖書館藏。

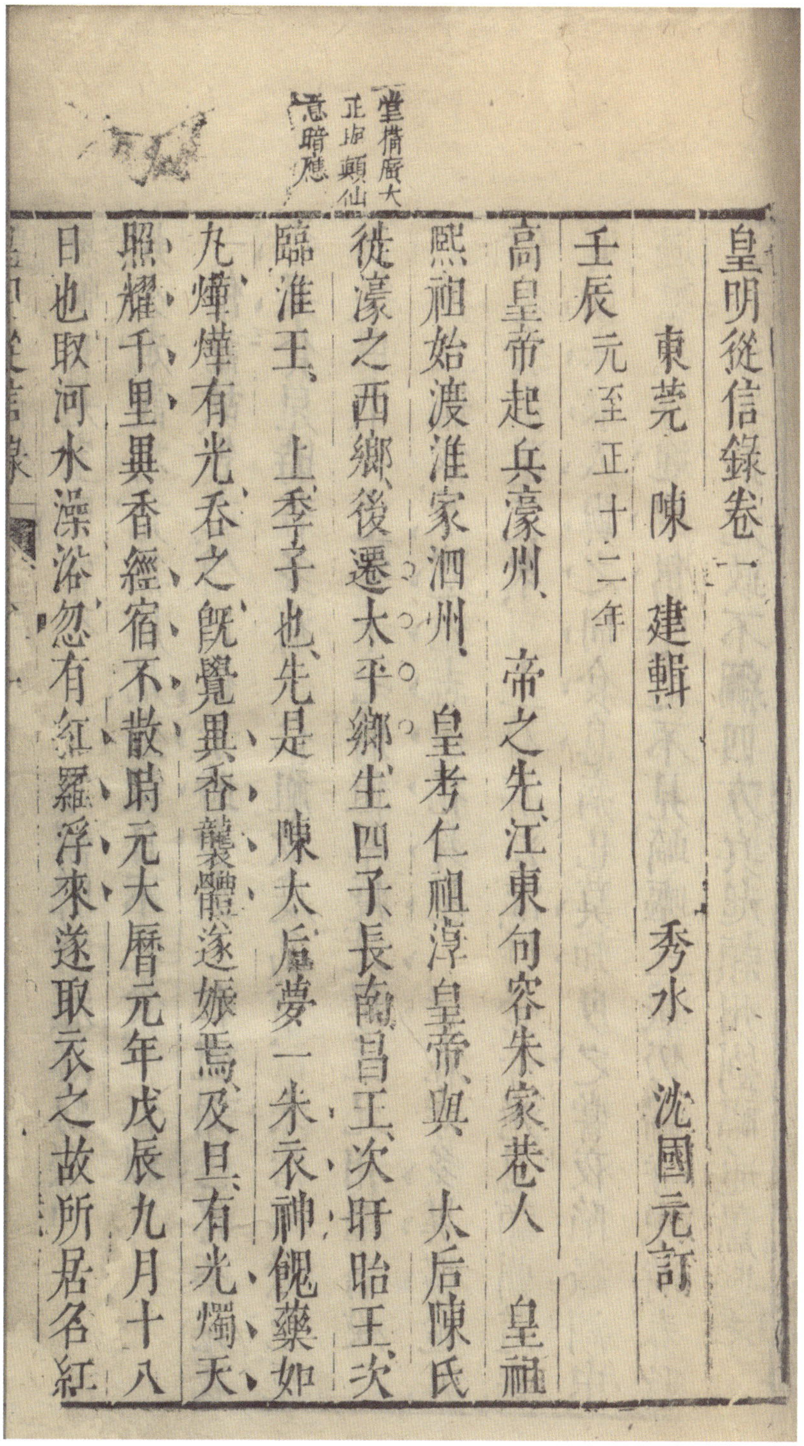
皇明從信録卷一
東莞 陳 建輯 秀水 沈國元訂
壬辰 元至正十二年
高皇帝起兵濠州 帝之先江東句容朱家巷人 皇祖
熙祖始渡淮家泗州 皇考仁祖淳皇帝與 太后陳氏
徙濠之西鄉後遷太平鄉生四子長南昌王次盱眙王次
臨淮王 上季子也先是 陳太后夢一朱衣神餽藥如
丸燁燁有光吞之既覺異香襲體遂娠焉及旦有光燭天
照耀千里異香經宿不散時元大曆元年戊辰九月十八
日也取河水澡浴忽有紅羅浮來遂取衣之故所居名紅

皇明從信録四十卷 （明）陳建撰 （明）沈國元訂 明天啓七年（1627）沈國元刻本。存三十九卷（缺四十）。四十六册。半頁十行二十二字，小字雙行同，白口，四周單邊。框高21.4厘米、寬13.8厘米。中山大學圖書館藏。

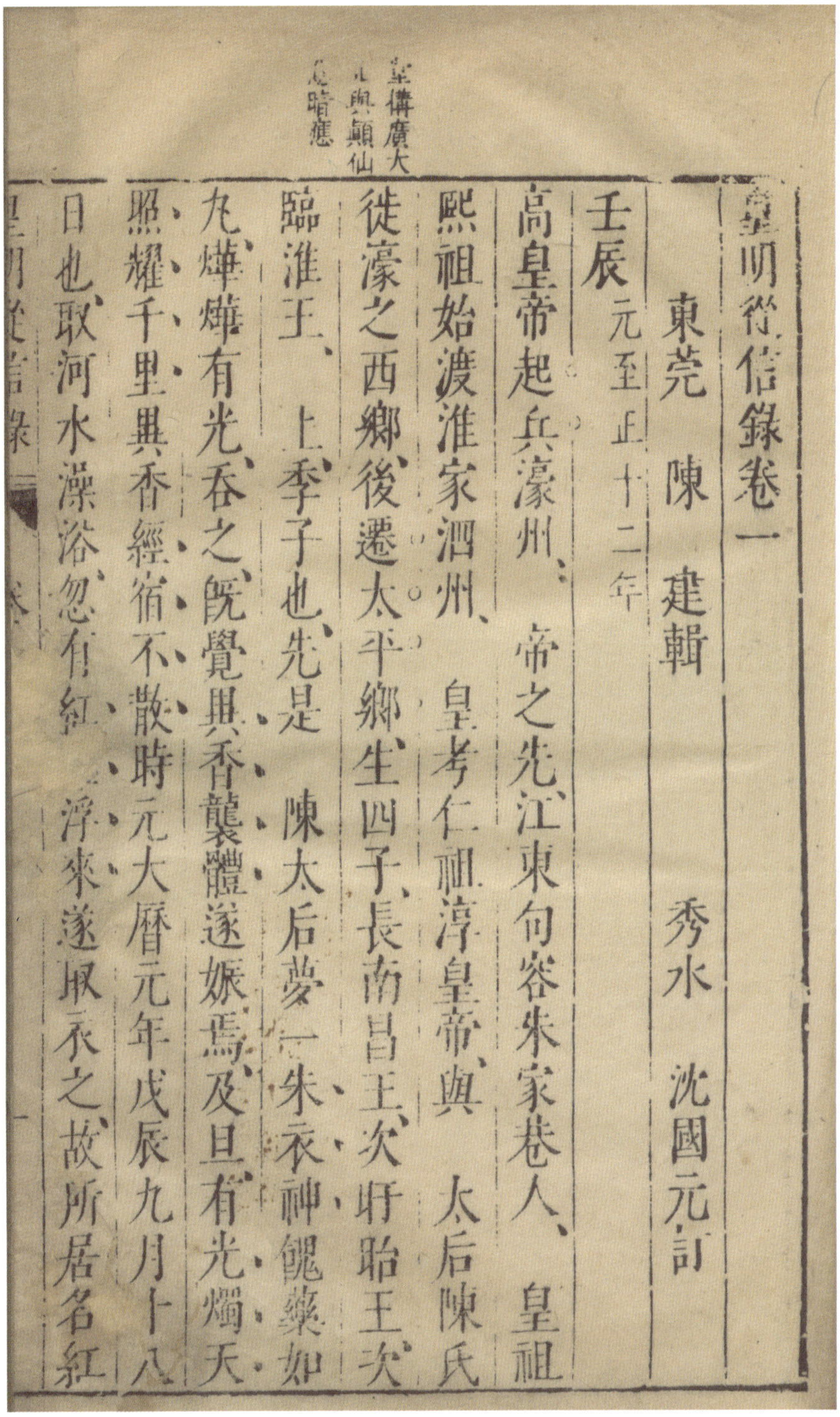

皇明從信録卷一

東莞　陳　建輯　　秀水　沈國元訂

壬辰　元至正十二年

高皇帝起兵濠州、帝之先江東句容朱家巷人、皇祖熙祖始渡淮家泗州、皇考仁祖淳皇帝與太后陳氏徙濠之西鄉後遷太平鄉生四子、長南昌王、次盱眙王、次臨淮王、上季子也、先是陳太后夢一朱衣神餽藥如丸燁燁有光、吞之既覺異香襲體遂娠焉、及旦有光燭天、照耀千里異香經宿不散時元天曆元年戊辰九月十八日也取河水澡浴忽有紅羅浮來遂取衣之故所居名紅

皇明從信録四十卷　（明）陳建撰　（明）沈國元訂　明末刻本。十四册。半頁十行二十二字，小字雙行同，白口，四周單邊。框高21.5厘米、寬13.8厘米。中山大學圖書館藏。

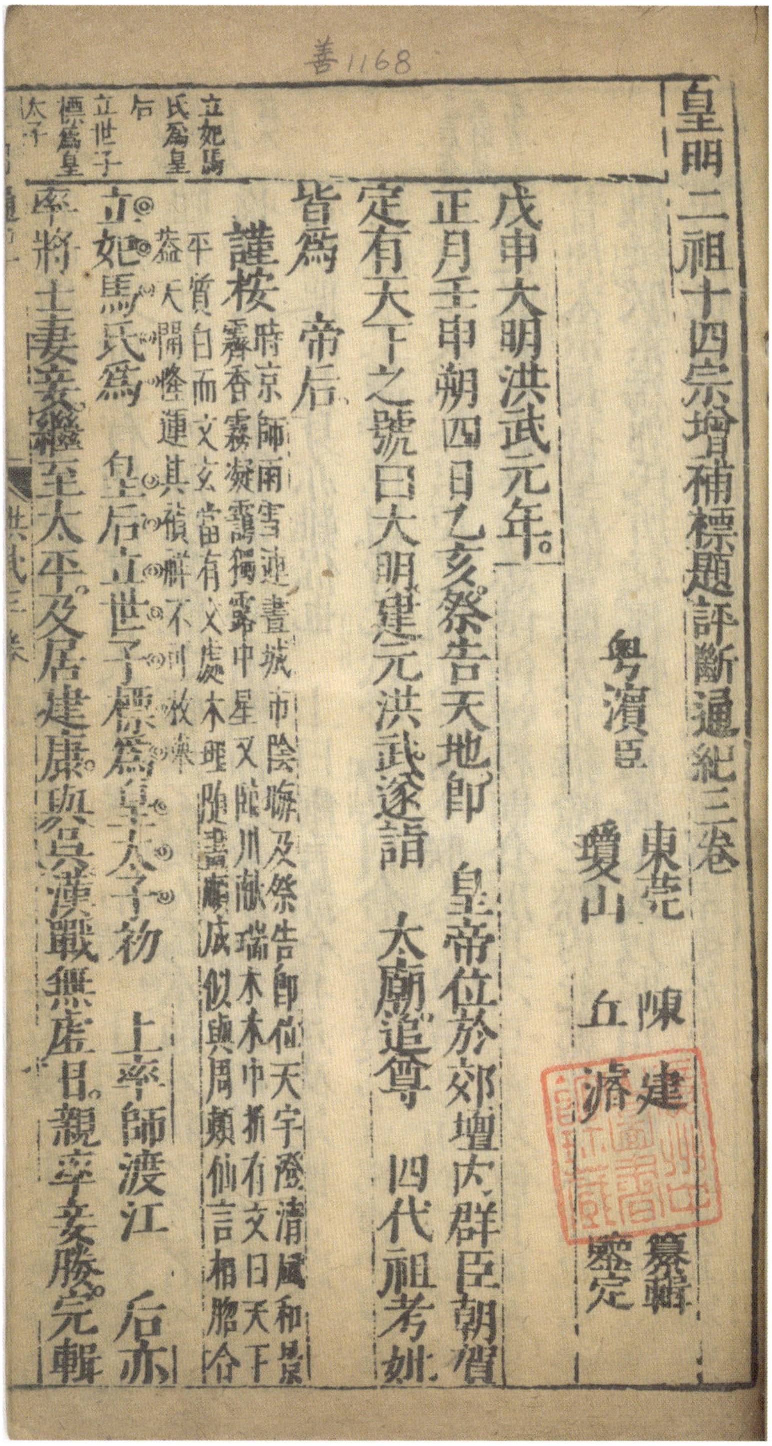

皇明二祖十四宗增補標題評斷通紀二十七卷　（明）陳建　陳龍可撰　明末天德堂刻本。十二册。上下兩欄，半頁十一行二十六字，小字雙行同，白口，四周單邊。框高21.9厘米、寬12.8厘米。廣東省立中山圖書館藏。

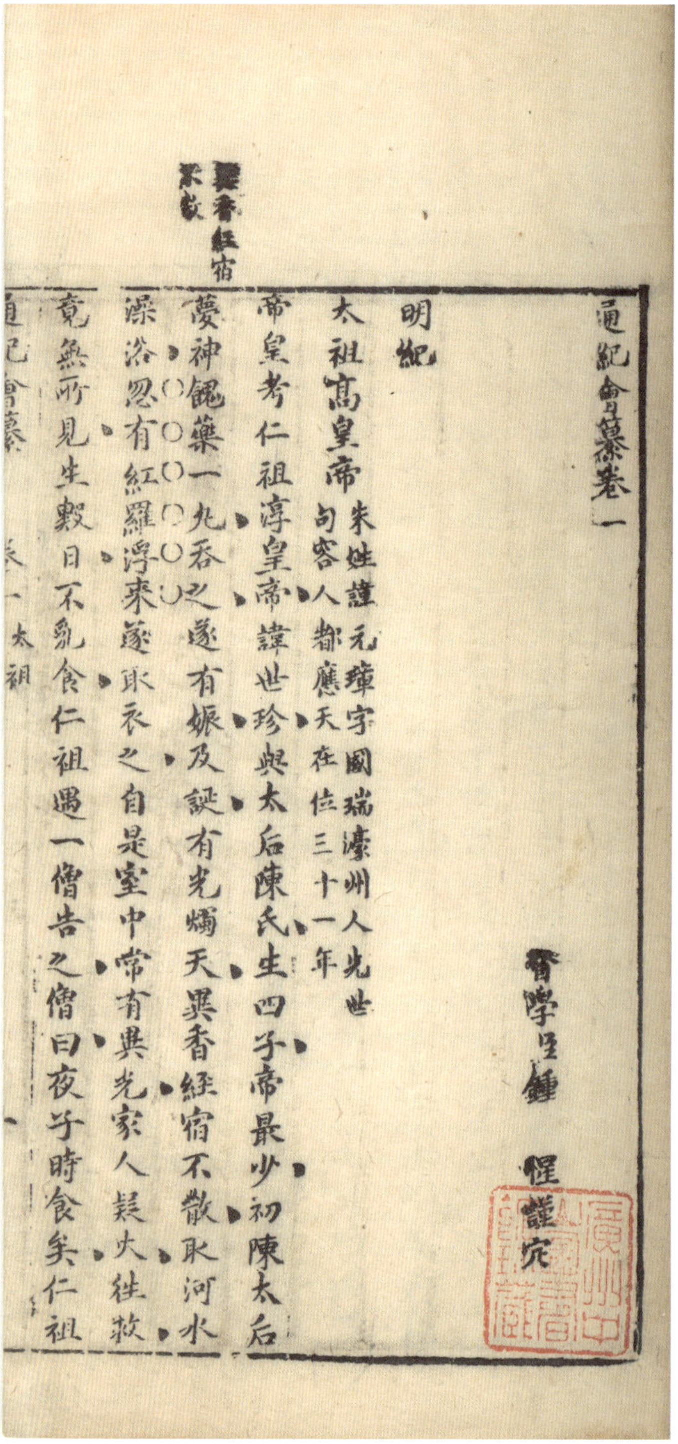
異香經宿不散

通紀會纂卷一

晉學生鍾　惺謹究

明紀

太祖高皇帝朱姓諱元璋字國瑞濠州人先世句容人都應天在位三十一年

帝皇考仁祖淳皇帝諱世珍與太后陳氏生四子帝最少初陳太后

夢神餽藥一丸香之遂有娠及誕有光燭天異香經宿不散取河水

澡浴忽有紅羅浮來遂取衣之自是室中常有異光家人疑火往救

竟無所見生數日不乳食仁祖遇一僧告之僧曰夜子時食矣仁祖

通紀會纂　卷一　太祖

通紀會纂十卷　（明）鍾惺撰　（清）王汝南補　清順治十七年（1660）積秀堂刻本。十册。半頁九行二十六字，白口，四周單邊。框高19.1厘米、寬12厘米。廣東省立中山圖書館藏。

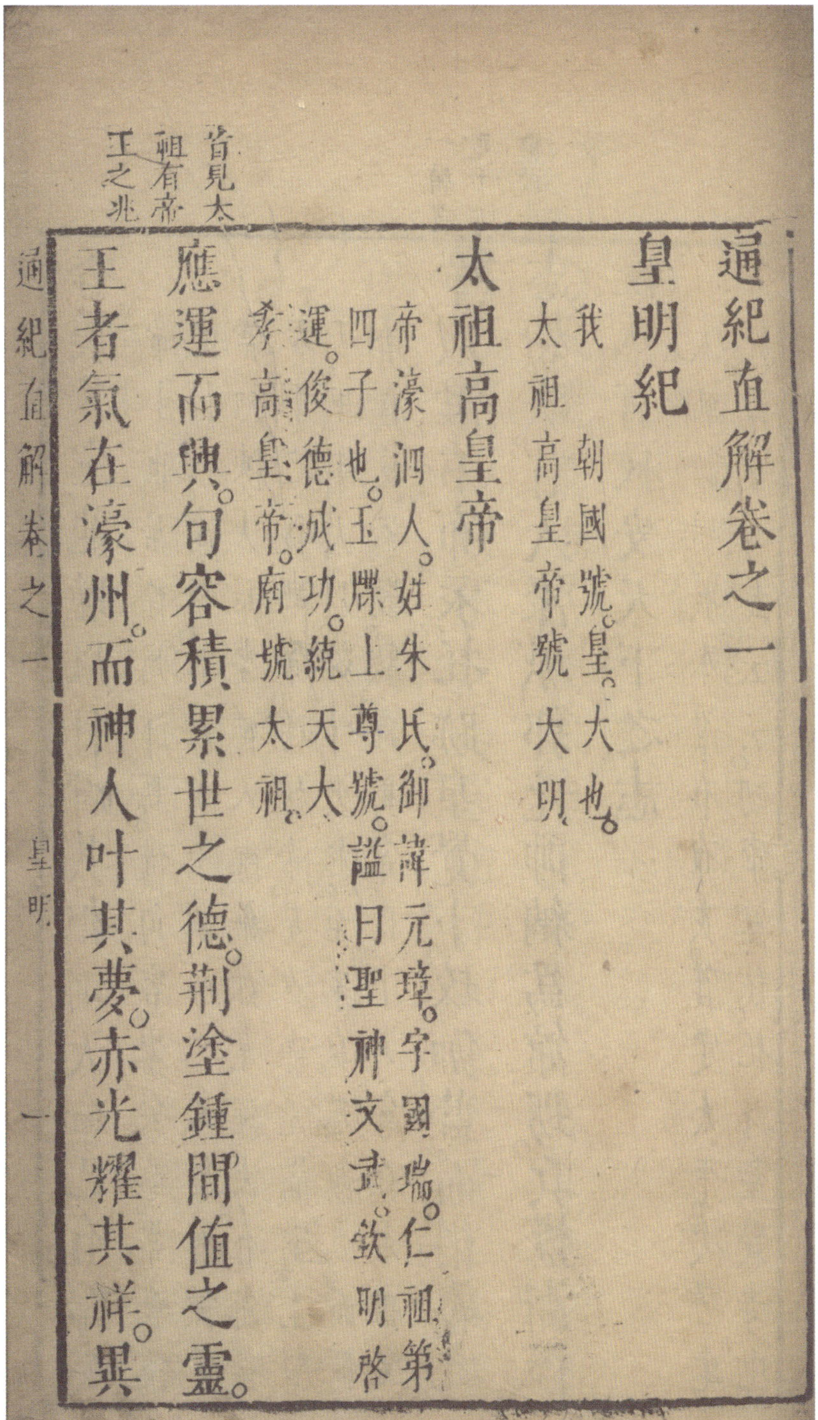

首見太祖有帝王之兆

通紀直解卷之一

皇明紀

我朝國號皇。大也。太祖高皇帝號大明。

太祖高皇帝

帝濠泗人。姓朱氏。御諱元璋。字國瑞。仁祖第四子也。玉牒上尊號。謚曰聖神文武欽明啓運。俊德成功。統天大孝高皇帝。廟號太祖。

應運而興。句容積累世之德。荊塗鍾間值之靈。王者氣在濠州。而神人叶其夢。赤光耀其祥。異

通紀直解卷之一　皇明　一

通紀直解十四卷續二卷　（明）張嘉和撰　（明）鍾惺補釋　明崇禎刻清初續刻本。八册。半頁八行十八字，小字雙行同，白口，四周單邊。框高20.6厘米、寬13.6厘米。中山大學圖書館藏。

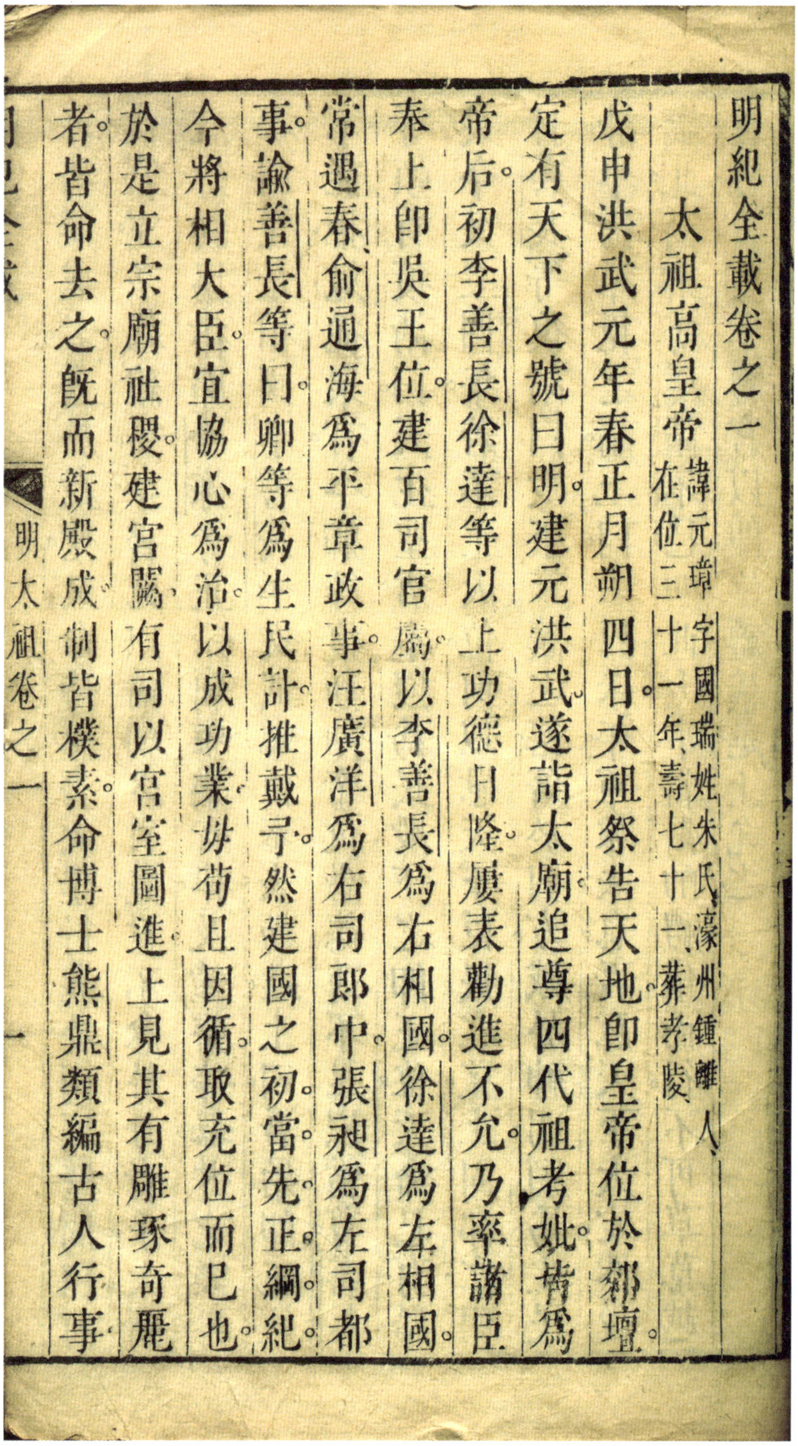
明紀全載卷之一
太祖高皇帝諱元璋字國瑞姓朱氏濠州鍾離人在位三十一年壽七十一葬孝陵
戊申洪武元年春正月朔四日太祖祭告天地卽皇帝位於郊壇定有天下之號曰明建元洪武遂詣太廟追尊四代祖考妣皆爲帝后初李善長徐達等以上功德日隆屢表勸進不允乃率諸臣奉上卽吳王位建百司官屬以李善長爲右相國徐達爲左相國常遇春俞通海爲平章政事汪廣洋爲右司郎中張昶爲左司都事諭善長等曰卿等爲生民計推戴予然建國之初當先正綱紀今將相大臣宜協心爲治以成功業毋苟且因循取充位而已也於是立宗廟社稷建宮闕有司以宮室圖進上見其有雕琢奇麗者皆命去之既而新殿成制皆樸素命博士熊鼎類編古人行事
明紀全載 明太祖卷之一 一

明紀全載十六卷 （清）朱璘撰　清康熙乾隆間刻本。八册。半頁十一行二十五字，小字雙行同，白口，左右雙邊。框高23厘米、寬14.7厘米。暨南大學圖書館藏。

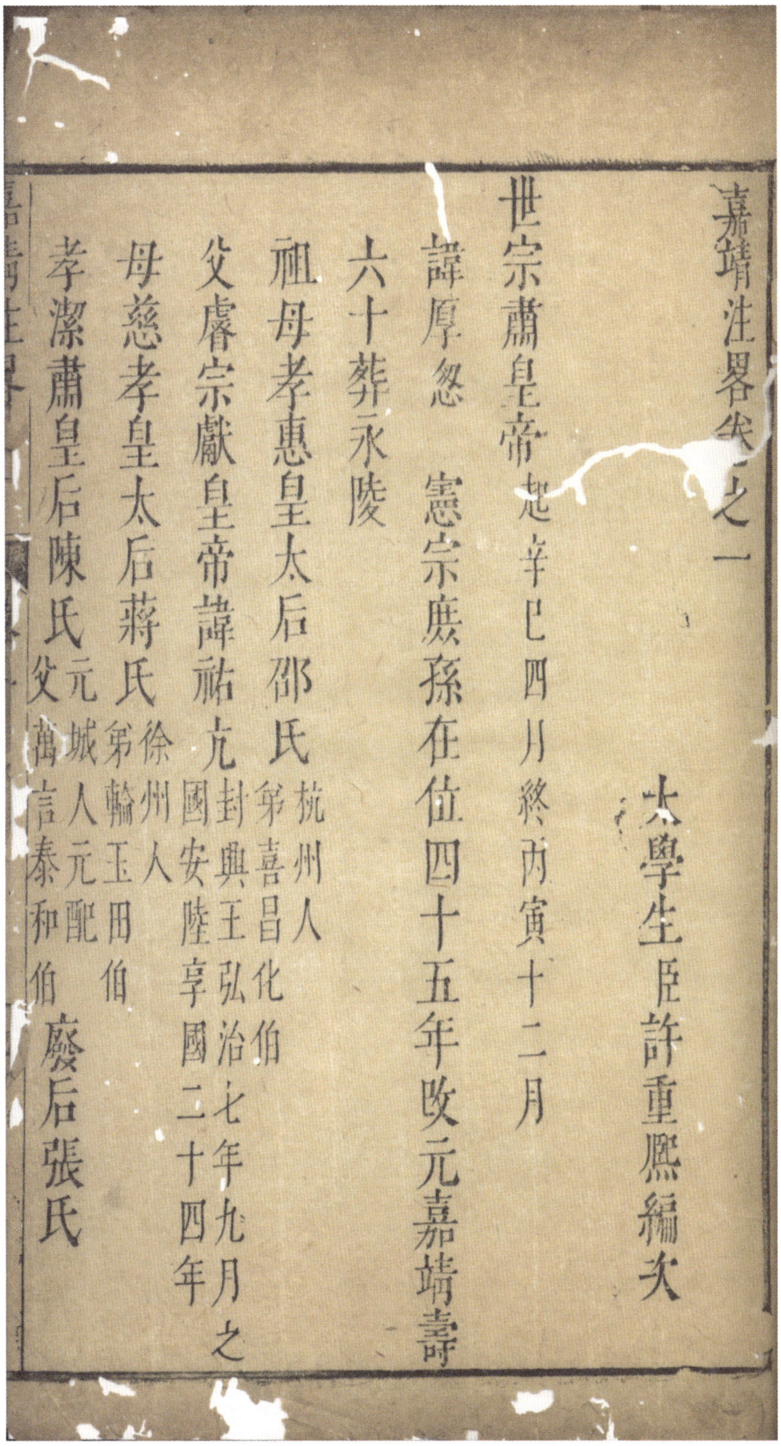
嘉靖注畧卷之一
大學生臣許重熙編次
世宗肅皇帝起辛巳四月終丙寅十二月
諱厚熜　憲宗庶孫在位四十五年改元嘉靖壽
六十葬永陵
祖母孝惠皇太后邵氏杭州人弟喜昌化伯
父睿宗獻皇帝諱祐杬封興王弘治七年九月之國安陸享國二十四年
母慈孝皇太后蔣氏徐州人弟輪玉田伯
孝潔肅皇后陳氏元城人元配父萬言泰和伯　廢后張氏

憲章外史續編十四卷　（明）許重熙撰　明崇禎刻本。存十一卷（缺十二至十四）。四册。半頁十行二十字，小字雙行同，白口，四周單邊。框高21.7厘米、寬13.8厘米。中山大學圖書館藏。

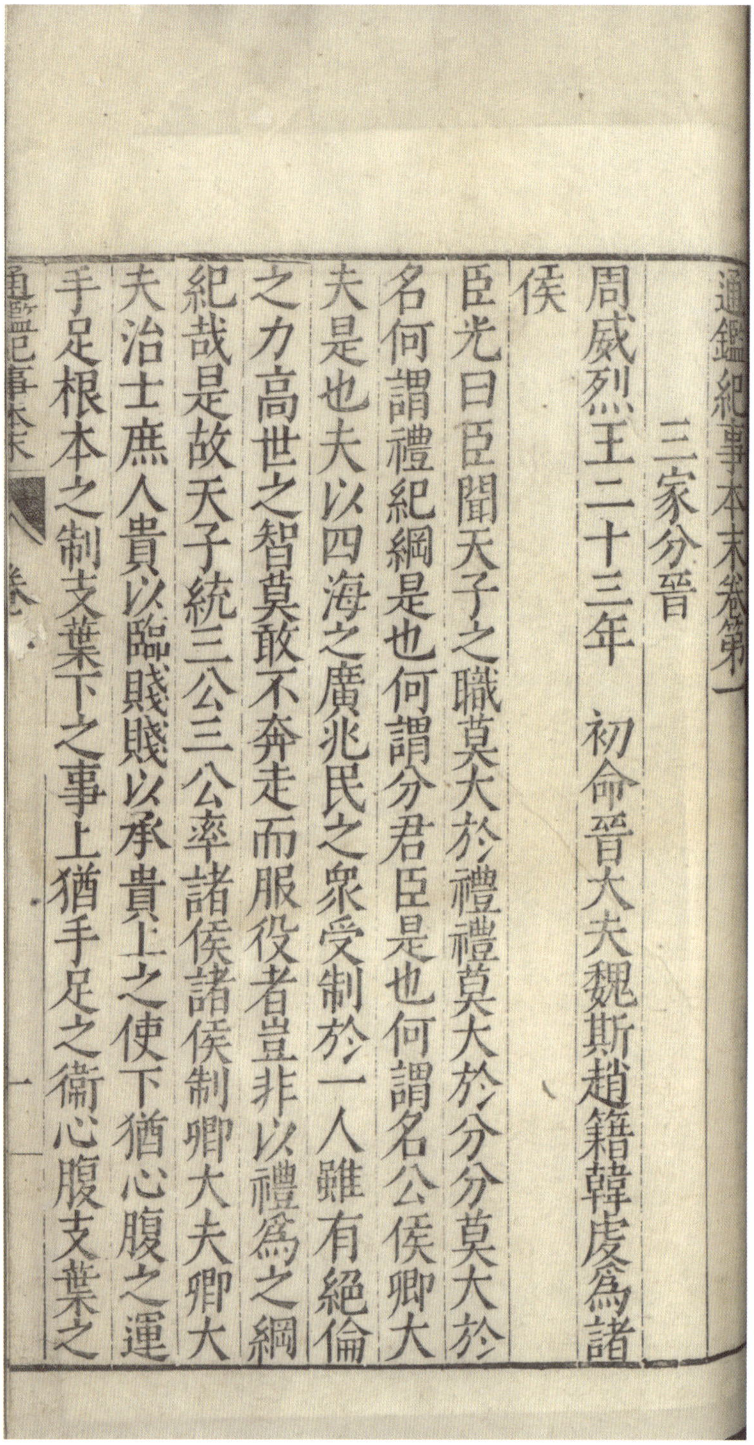

通鑑紀事本末卷第一

三家分晉

周威烈王二十三年　初命晉大夫魏斯趙籍韓虔爲諸侯

臣光曰臣聞天子之職莫大於禮禮莫大於分分莫大於名何謂禮紀綱是也何謂分君臣是也何謂名公侯卿大夫是也夫以四海之廣兆民之衆受制於一人雖有絕倫之力高世之智莫敢不奔走而服役者豈非以禮爲之綱紀哉是故天子統三公三公率諸侯諸侯制卿大夫卿大夫治士庶人貴以臨賤賤以承貴上之使下猶心腹之運手足根本之制支葉下之事上猶手足之衛心腹支葉之

通鑑紀事本末　卷一　一

通鑑紀事本末四十二卷　（宋）袁樞撰　明萬曆三十四年（1606）黄吉士刻本。四十二册。半頁十一行二十二字，小字雙行同，白口，四周單邊。框高21厘米、寬14厘米。中山大學圖書館藏。

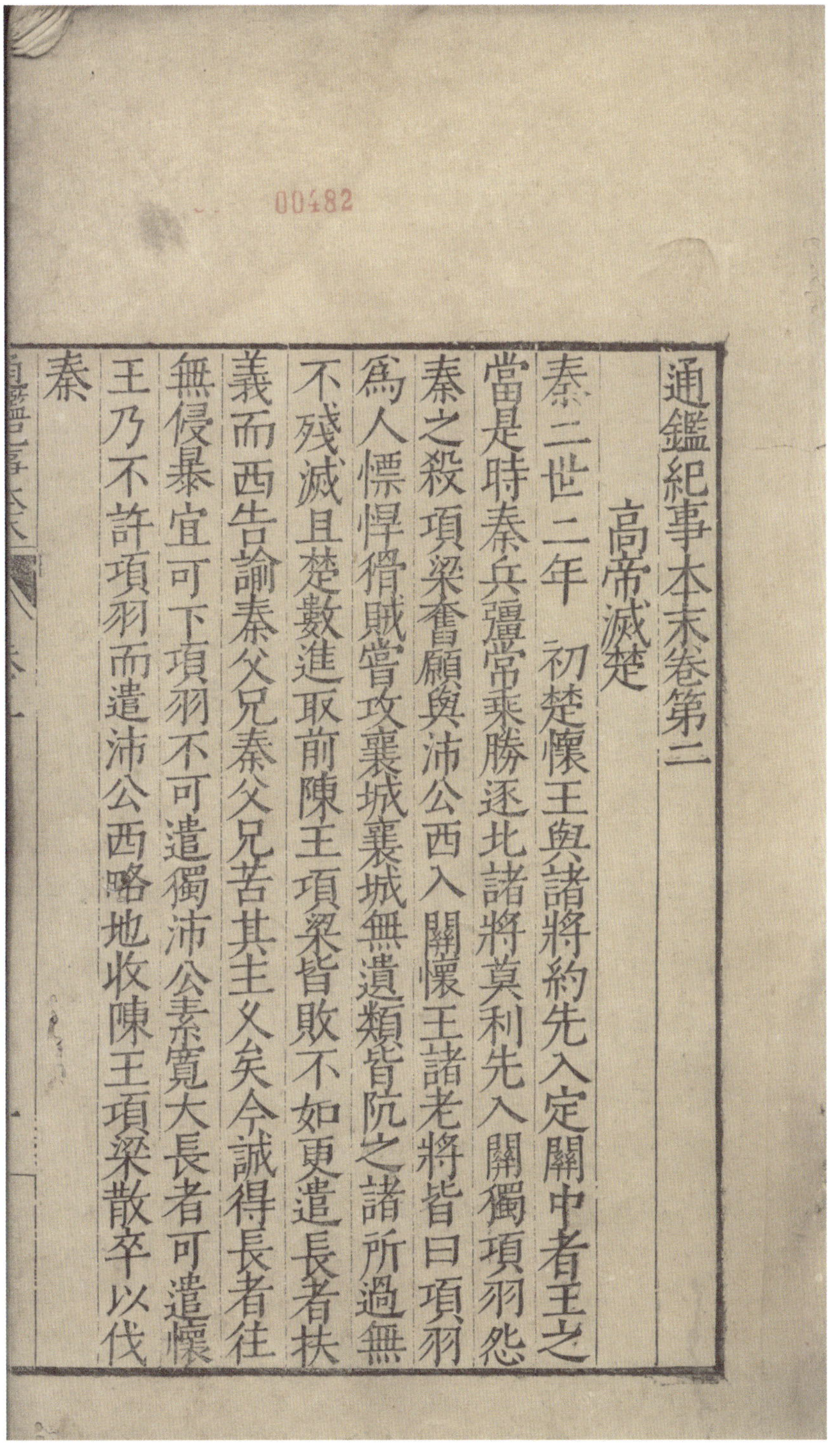

通鑑紀事本末卷第二

高帝滅楚

秦二世二年　初楚懷王與諸將約先入定關中者王之當是時秦兵彊常乘勝逐北諸將莫利先入關獨項羽怨秦之殺項梁奮願與沛公西入關懷王諸老將皆曰項羽爲人慓悍猾賊嘗攻襄城襄城無遺類皆阬之諸所過無不殘滅且楚數進取前陳王項梁皆敗不如更遣長者扶義而西告諭秦父兄秦父兄苦其主久矣今誠得長者往無侵暴宜可下項羽不可遣獨沛公素寬大長者可遣懷王乃不許項羽而遣沛公西略地收陳王項梁散卒以伐秦

通鑑紀事本末四十二卷　（宋）袁樞撰　明萬曆三十四年（1606）黄吉士刻本。存四十一卷（缺一）。四十七册。半頁十一行二十二字，小字雙行同，白口，四周單邊。框高21厘米、寬14厘米。中山大學圖書館藏。

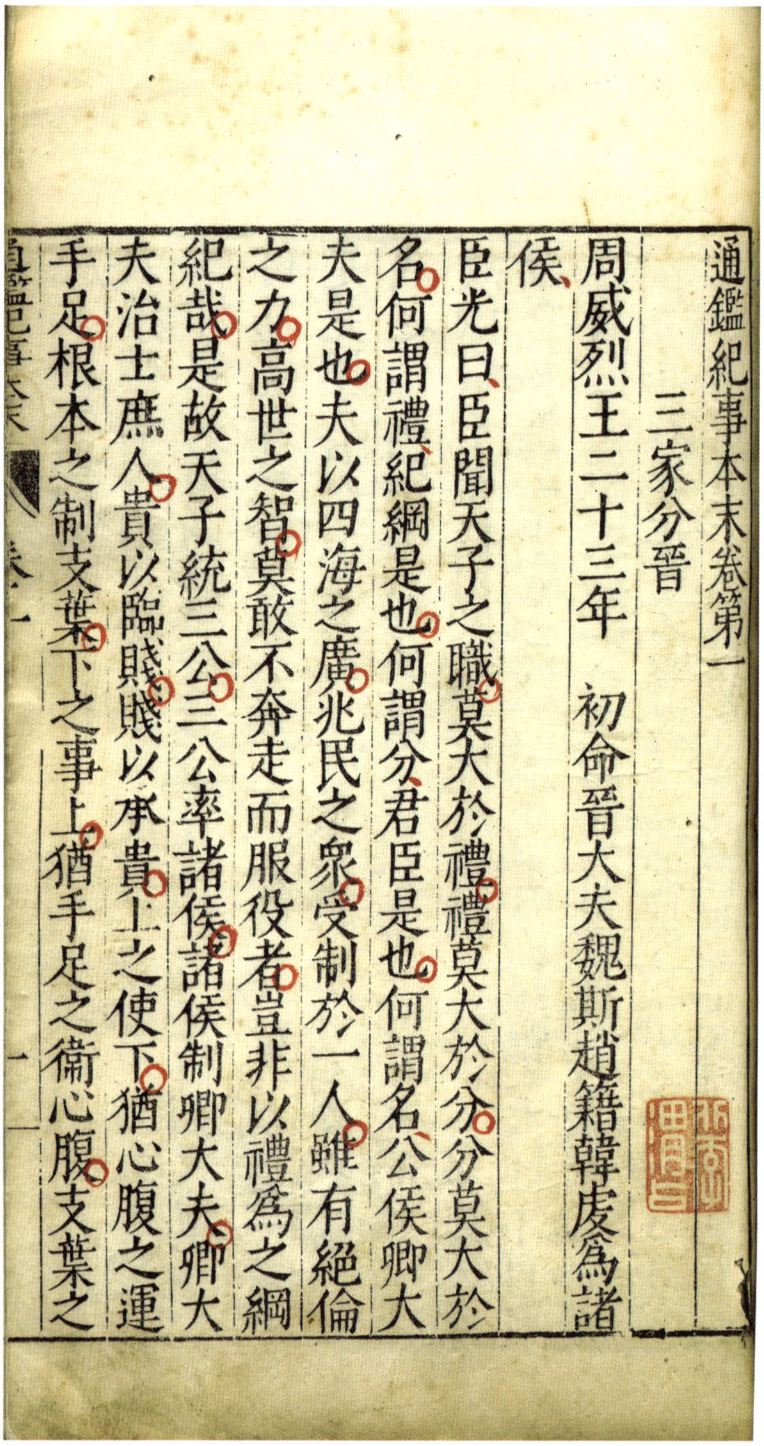

通鑑紀事本末卷第一

三家分晉

周威烈王二十三年　初命晉大夫魏斯趙籍韓虔爲諸侯

臣光曰臣聞天子之職莫大於禮禮莫大於分分莫大於名何謂禮紀綱是也何謂分君臣是也何謂名公侯卿大夫是也夫以四海之廣兆民之衆受制於一人雖有絕倫之力高世之智莫敢不奔走而服役者豈非以禮爲之綱紀哉是故天子統三公三公率諸侯諸侯制卿大夫卿大夫治士庶人貴以臨賤賤以承貴上之使下猶心腹之運手足根本之制支葉下之事上猶手足之衛心腹支葉之

通鑑紀事本末　卷一　一

通鑑紀事本末四十二卷　（宋）袁樞撰　明萬曆三十四年（1606）黄吉士刻本。四十二册。半頁十一行二十二字，小字雙行同，白口，四周單邊。框高21.5厘米、寬15厘米。暨南大學圖書館藏。

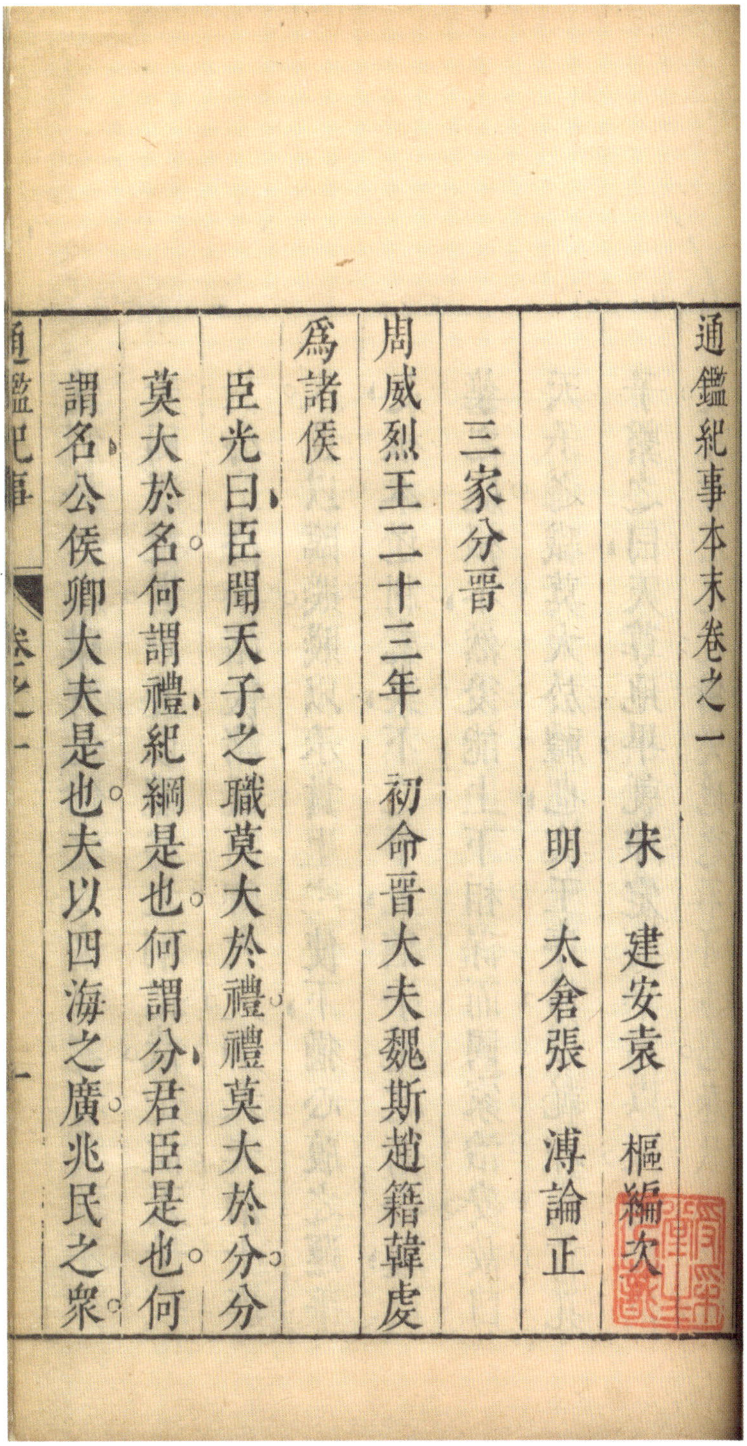
通鑑紀事本末卷之一

宋　建安袁　樞編次

明　太倉張　溥論正

三家分晉

周威烈王二十三年　初命晉大夫魏斯趙籍韓虔爲諸侯

臣光曰臣聞天子之職莫大於禮禮莫大於分分莫大於名何謂禮紀綱是也何謂分君臣是也何謂名公侯卿大夫是也夫以四海之廣兆民之衆

通鑑紀事　卷之一　一

通鑑紀事本末二百三十九卷　（宋）袁樞撰　（明）張溥論正　明末正雅堂刻本。五十册。半頁九行二十字，白口，左右雙邊。框高18.7厘米、寬14.2厘米。廣東省立中山圖書館藏。

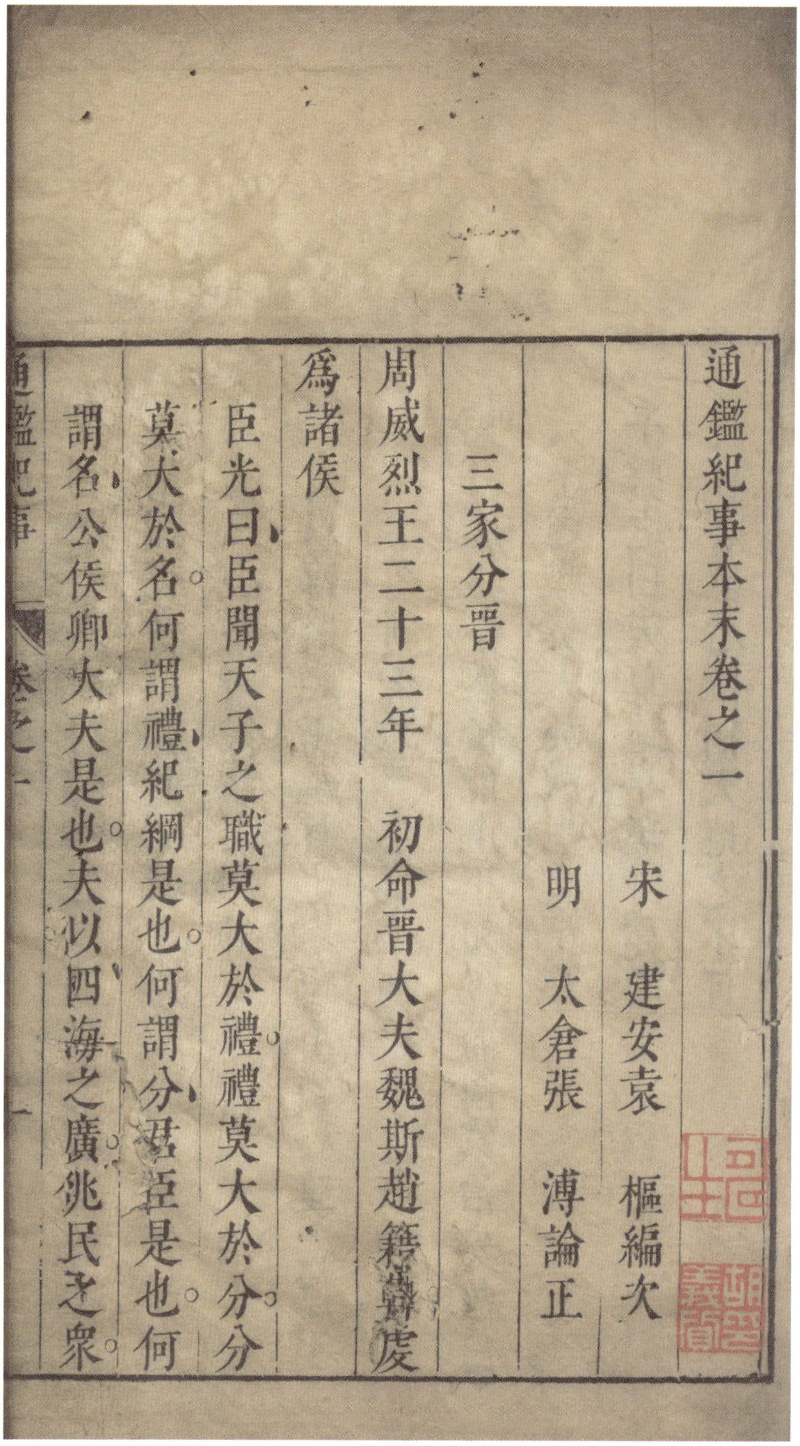

通鑑紀事本末卷之一

宋　建安袁　樞編次

明　太倉張　溥論正

三家分晉

周威烈王二十三年　初命晉大夫魏斯趙籍韓虔

爲諸侯

臣光曰臣聞天子之職莫大於禮禮莫大於分分

莫大於名何謂禮紀綱是也何謂分君臣是也何

謂名公侯卿大夫是也夫以四海之廣兆民之衆

通鑑紀事　卷之一　一

通鑑紀事本末二百三十九卷　（宋）袁樞撰　（明）張溥論正　明末正雅堂刻本。存二百三十卷（缺三至十一）。六十三册。半頁九行二十字，白口，左右雙邊。框高18.1厘米、寬13.2厘米。中山大學圖書館藏。

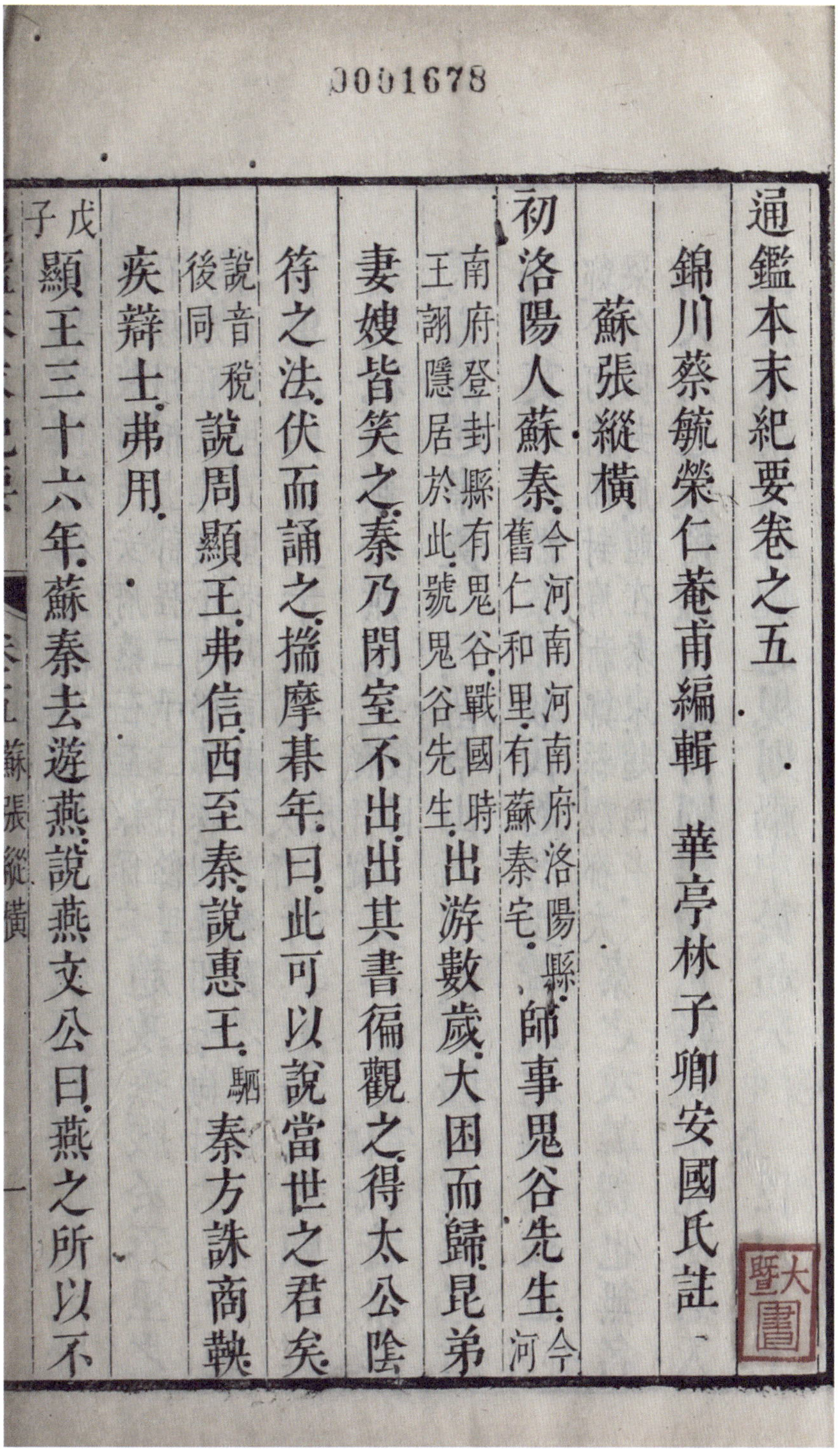
0001678

通鑑本末紀要卷之五

錦川蔡毓榮仁菴甫編輯　華亭林子卿安國氏註

蘇張縱横

初洛陽人蘇秦。今河南河南府洛陽縣。舊仁和里。有蘇秦宅。師事鬼谷先生。今河南府登封縣有鬼谷。戰國時王詡隱居於此。號鬼谷先生。出游數歲。大困而歸。昆弟妻嫂皆笑之。秦乃閉室不出。出其書徧觀之。得太公陰符之法。伏而誦之。揣摩朞年。曰。此可以說當世之君矣。說音稅。後同。說周顯王。弗信。西至秦。說惠王。駟。秦方誅商鞅。疾辯士。弗用。

戊子顯王三十六年。蘇秦去遊燕。說燕文公曰。燕之所以不

暨大圖

通鑑本末紀要八十一卷首三卷　（清）蔡毓榮輯　（清）林子卿注　清康熙刻本。八十册。半頁十行二十二字，小字雙行同，白口，左右雙邊。框高21.3厘米、寬14.2厘米。暨南大學圖書館藏。

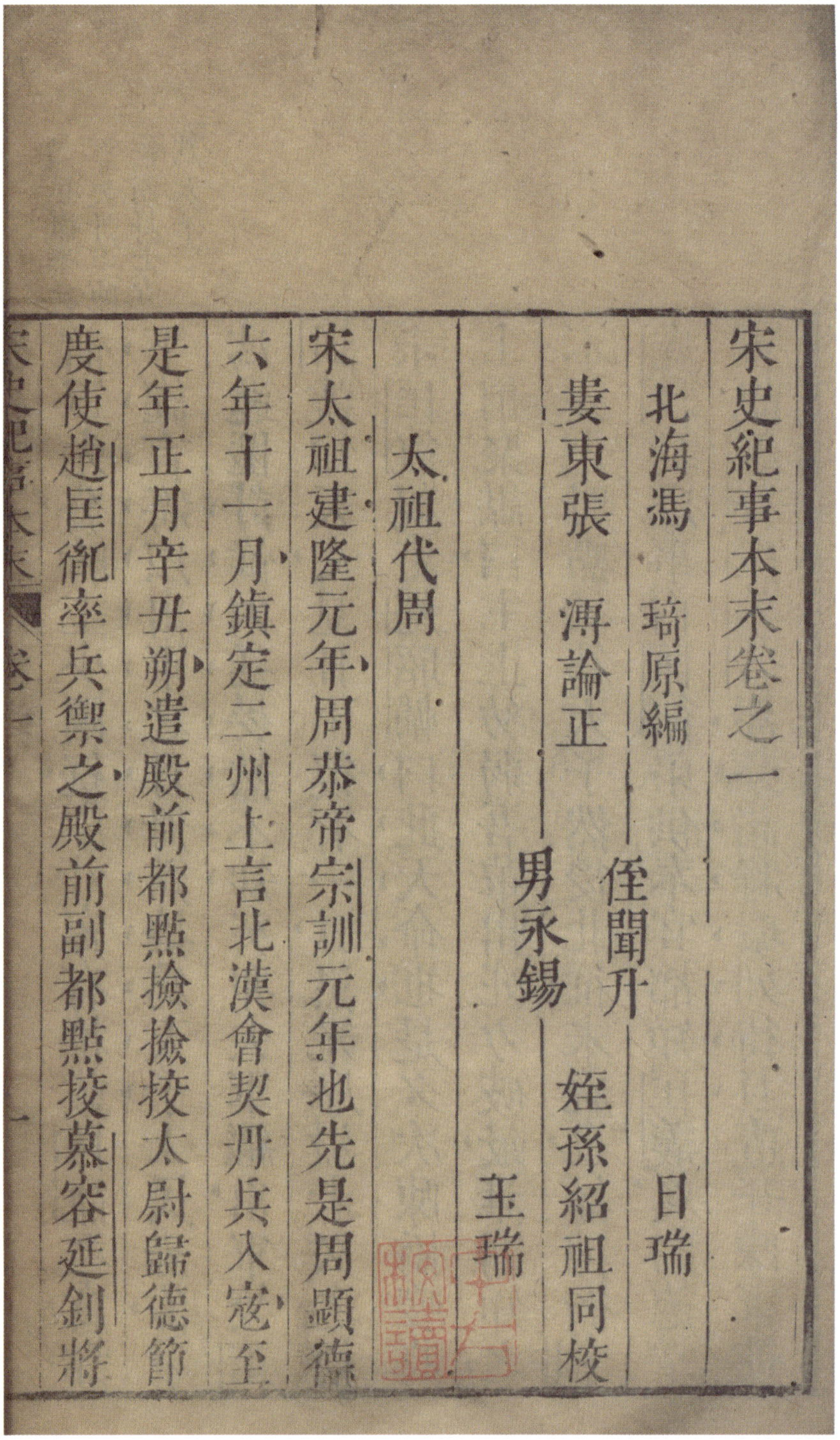
宋史紀事本末卷之一
北海馮　琦原編　侄聞升　日瑞
婁東張　溥論正　男永錫　玉瑞　姪孫紹祖同校
太祖代周
宋太祖建隆元年周恭帝宗訓元年也先是周顯德
六年十一月鎮定二州上言北漢會契丹兵入寇至
是年正月辛丑朔遣殿前都點檢檢校太尉歸德節
度使趙匡胤率兵禦之殿前副都點檢慕容延釗將
宋史紀事本末　卷一　一

宋史紀事本末一百九卷　（明）馮琦撰　（明）陳邦瞻補　清初張聞升刻本。二十册。半頁九行二十字，白口，左右雙邊。框高18.3厘米、寬13.3厘米。中山大學圖書館藏。

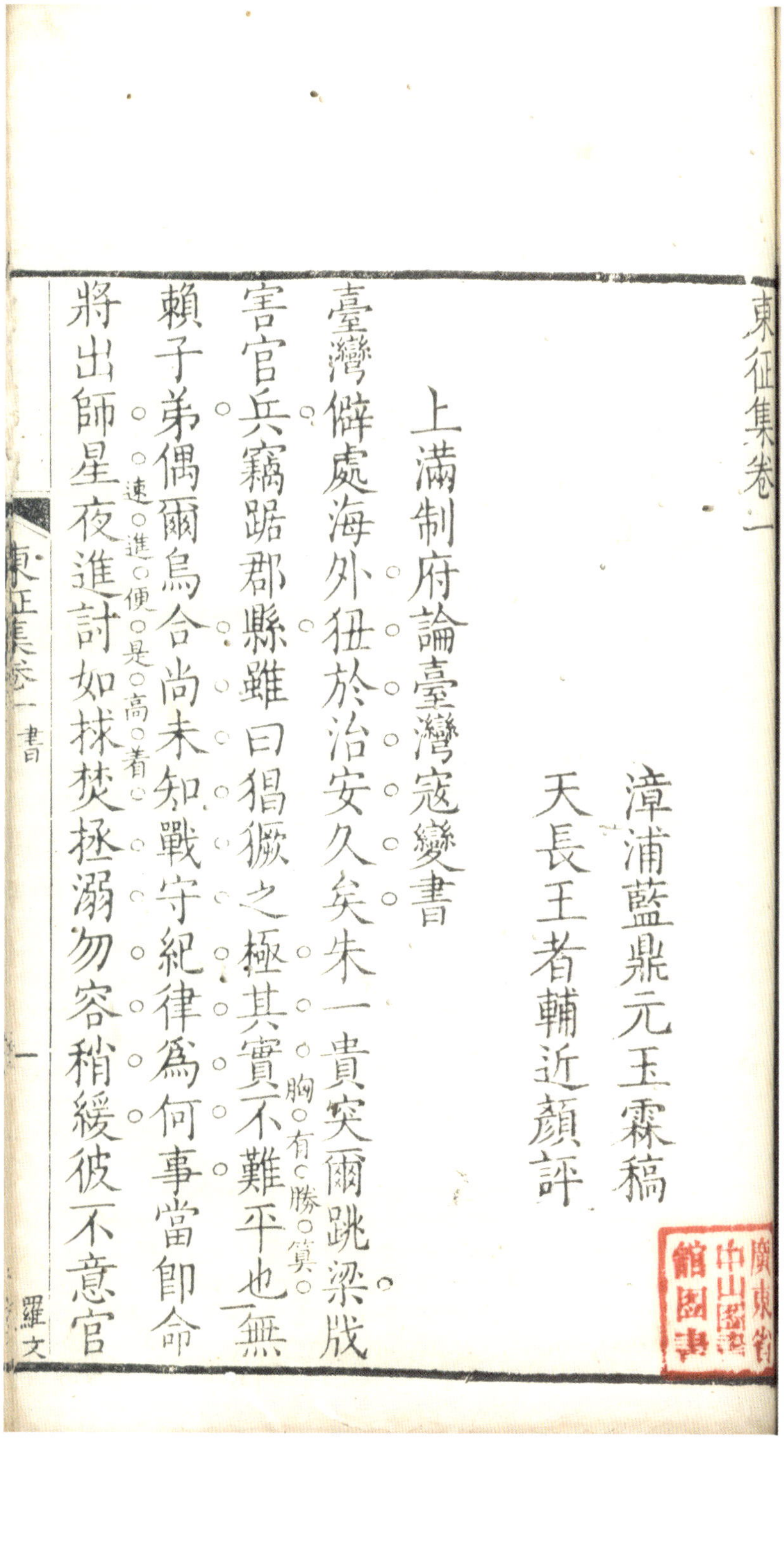

東征集六卷　（清）藍鼎元撰　（清）王者輔評　清雍正十年（1732）刻本。四册。半頁八行二十字，白口，左右雙邊。框高18.7厘米、寬14厘米。廣東省立中山圖書館藏。

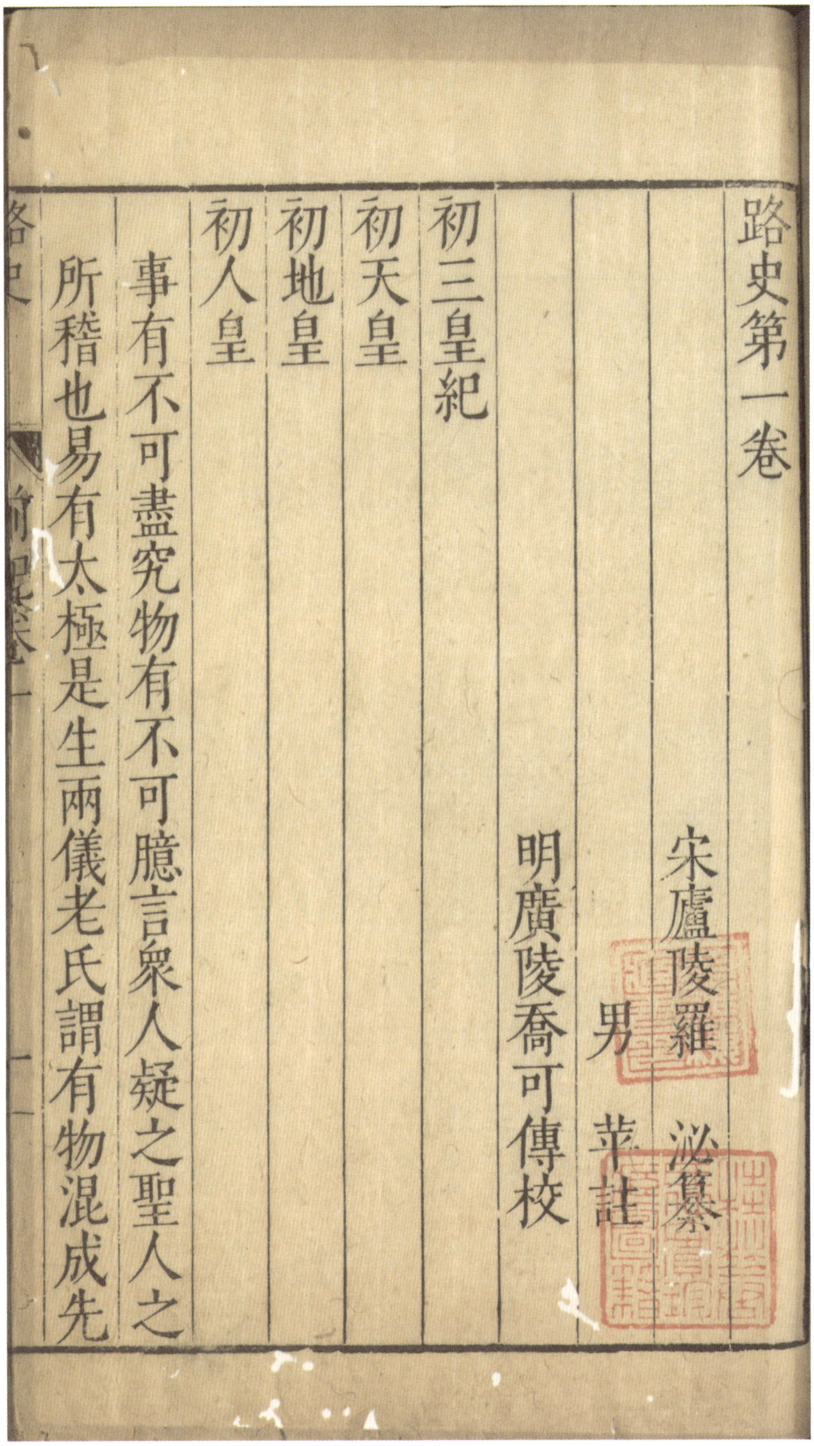
路史第一卷

宋廬陵羅　泌纂

男　苹註

明廣陵喬可傳校

初三皇紀

初天皇

初地皇

初人皇

事有不可盡究物有不可臆言衆人疑之聖人之所稽也易有太極是生兩儀老氏謂有物混成先

路史前紀九卷後紀十四卷餘論十四卷發揮六卷國名紀八卷　（宋）羅泌撰　（宋）羅苹注　明萬曆三十九年（1611）喬可傳刻本。存三十四卷（缺後紀十四、餘論一至十四、國名紀七至八）。八册。半頁十行二十字，小字雙行同，白口，四周單邊。框高20.7厘米、寬14厘米。中山大學圖書館藏。

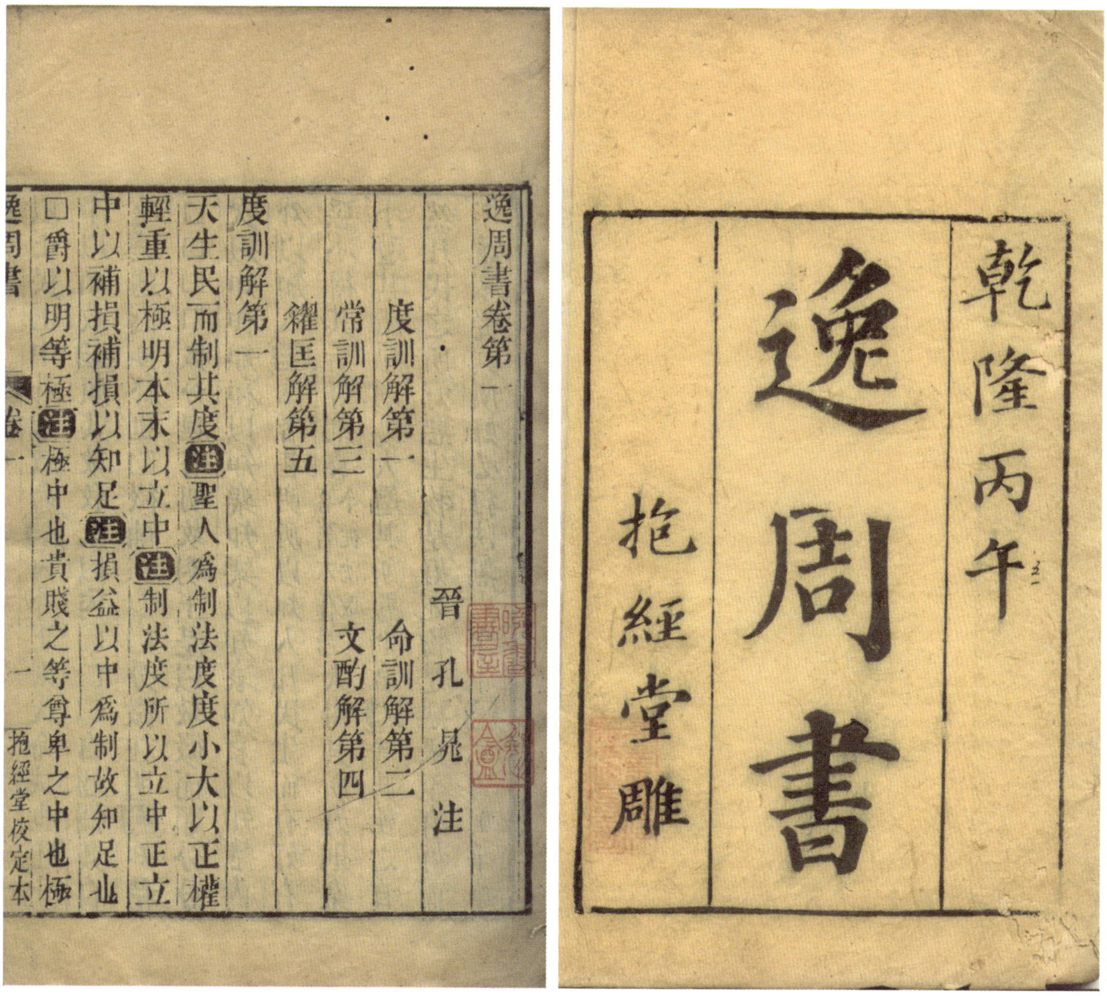

逸周書十卷校正補遺一卷附録一卷 （晉）孔晁注 （清）盧文弨校 清乾隆五十一年（1786）盧氏抱經堂刻抱經堂叢書本。二册。半頁十行二十字，小字雙行同，白口，左右雙邊。框高18厘米、寬13.4厘米。佛山市圖書館藏。

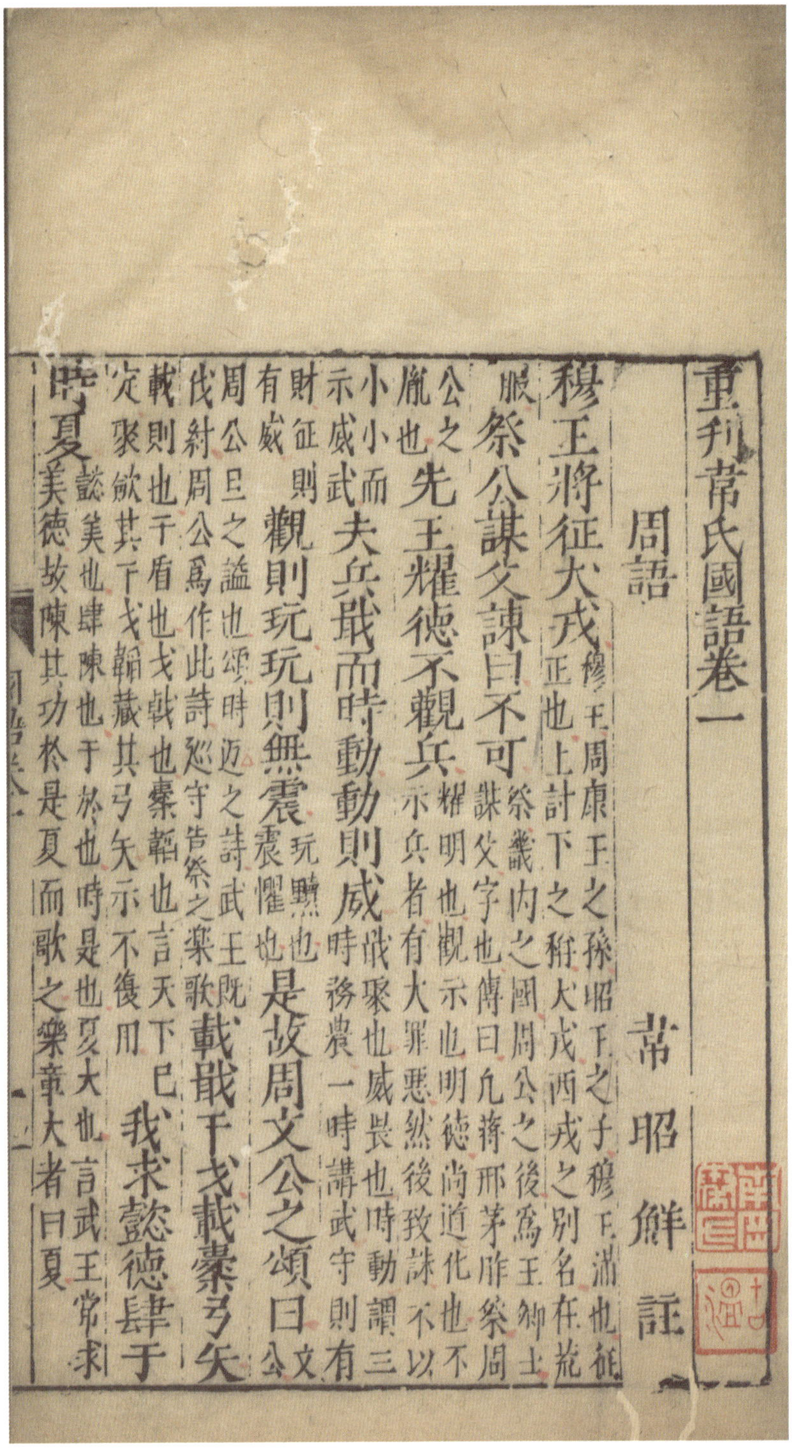

重刊韋氏國語卷一

周語　韋昭解註

穆王將征犬戎 穆王周康王之孫昭王之子穆王滿也征正也上討下之稱犬戎西戎之別名在荒服 祭公謀父諫曰不可 祭畿內之國周公之後爲王卿士謀父字也傳曰凡蔣邢茅胙祭周公之胤也 先王耀德不觀兵 耀明也觀示也明德尚道化也不示兵者有大罪惡然後致誅不以小小而示威武 夫兵戢而時動動則威 戢聚也威畏也時動謂三時務農一時講武守則有財征則有威 觀則玩玩則無震 玩黷也震懼也 是故周文公之頌曰 文公周公旦之謚也頌時邁之詩武王既伐紂周公爲作此詩巡守告祭之樂歌 載戢干戈載櫜弓矢 載則也干盾也戈戟也櫜韜也言天下已定聚斂其干戈韜藏其弓矢示不復用 我求懿德肆于時夏 懿美也肆陳也于於也時是也夏大也言武王常求美德故陳其功於是夏而歌之樂章大者曰夏

重刊韋氏國語二十一卷　（三國吴）韋昭注　明刻本。四册。半頁十行二十二字，小字雙行同，白口，四周單邊。框高17.6厘米、寬12.9厘米。中山大學圖書館藏。

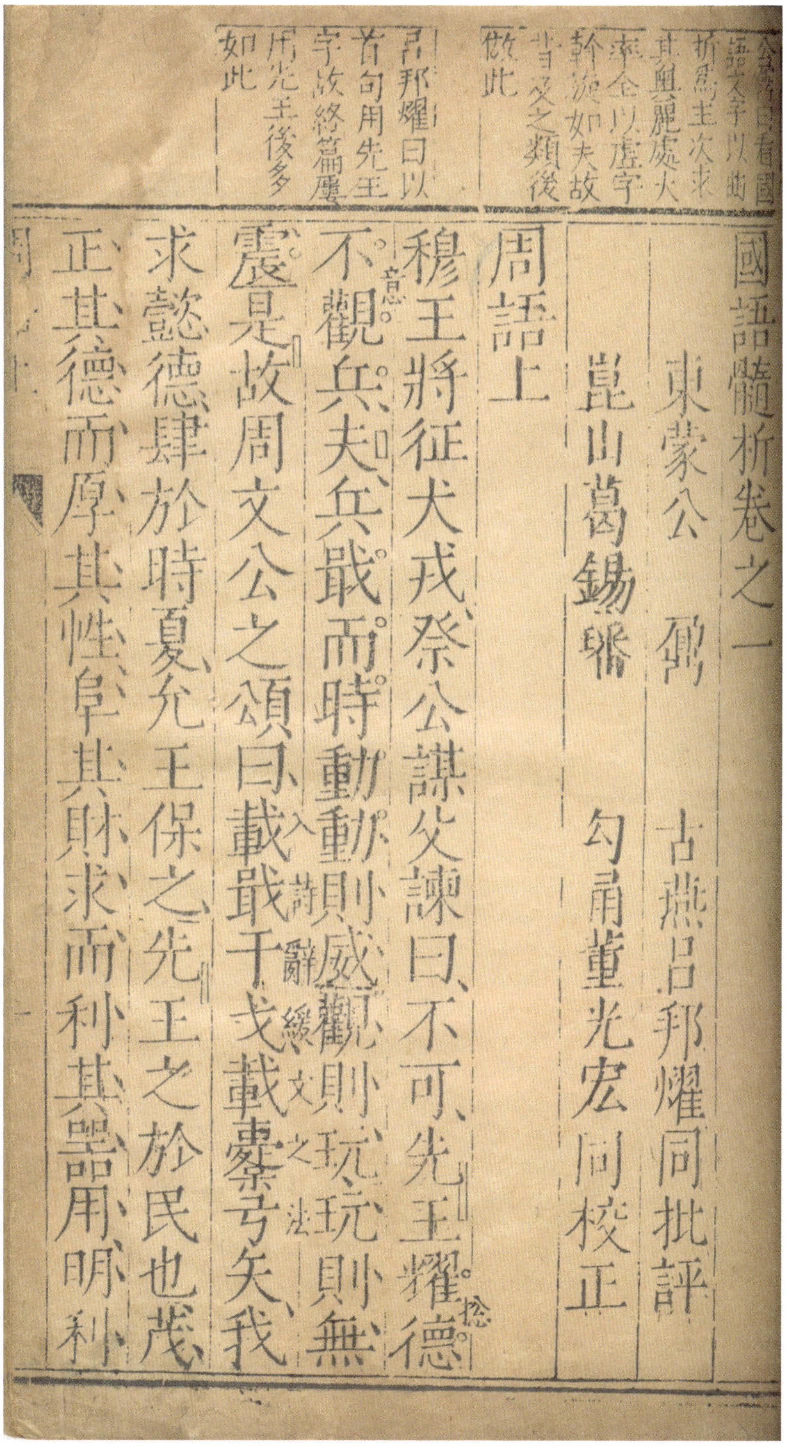
公名曰看國語文字以幽析爲主次求其質麗處大率全以虛字幹旋如夫故昔及之類後倣此
呂邦燿曰以首句用先王字故終篇屢用先王後多如此

國語髓析卷之一

東蒙公　鼐　古燕呂邦燿同批評

崑山葛錫璠　勾甬董光宏同校正

周語上

穆王將征犬戎祭公謀父諫曰不可先王燿德不觀兵夫兵戢而時動動則威觀則玩玩則無震是故周文公之頌曰載戢干戈載櫜弓矢我求懿德肆於時夏允王保之先王之於民也茂正其德而厚其性阜其財求而利其器用明利

國語髓析二十一卷　（明）公鼐　呂邦燿撰　明唐暉刻本。六册。半頁九行十八字，白口，四周雙邊。框高21.2厘米、寬15厘米。廣東省立中山圖書館藏。

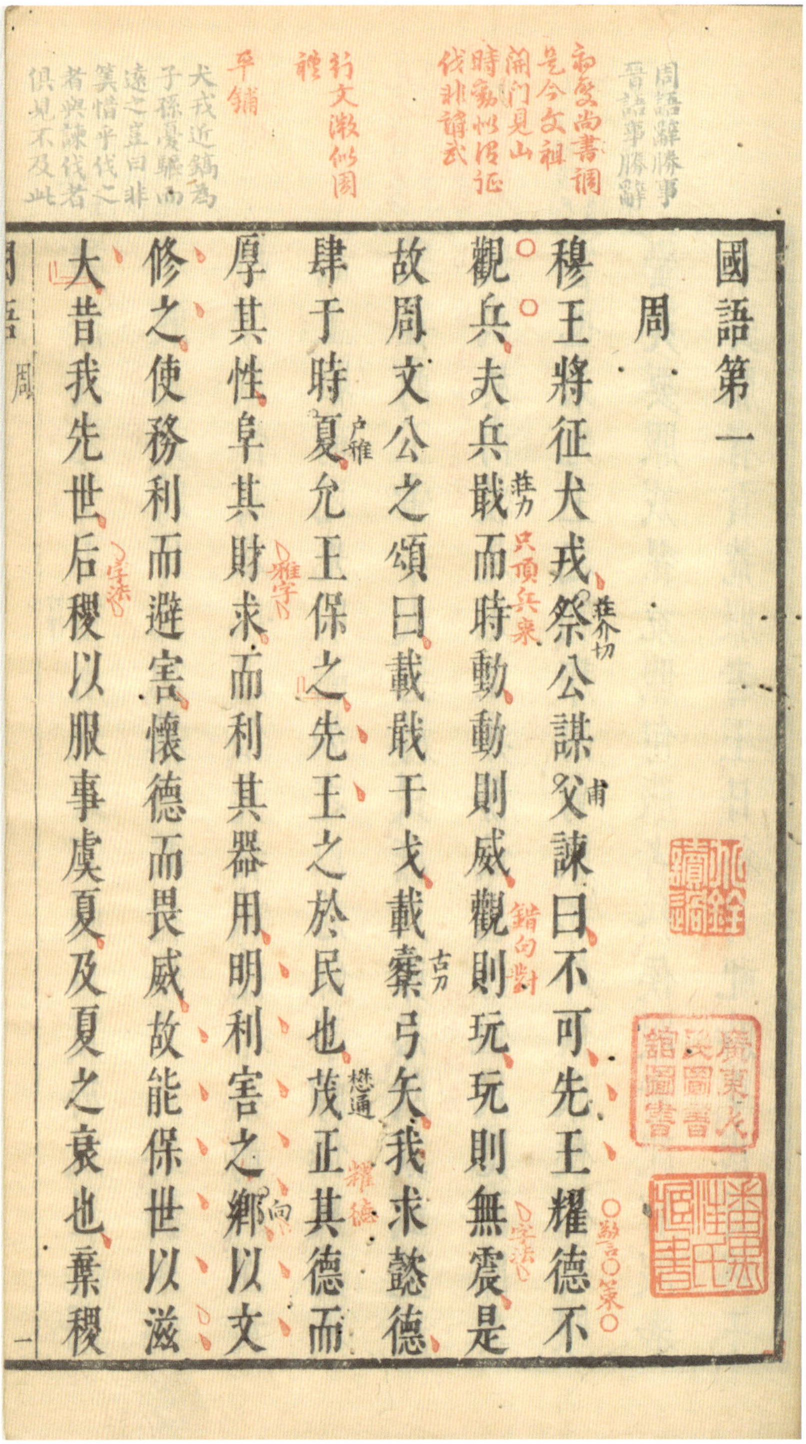
國語第一
周
穆王將征犬戎祭公謀父諫曰不可先王耀德不
觀兵夫兵戢而時動動則威觀則玩玩則無震是
故周文公之頌曰載戢干戈載櫜弓矢我求懿德
肆于時夏允王保之先王之於民也茂正其德而
厚其性阜其財求而利其器用明利害之鄉以文
修之使務利而避害懷德而畏威故能保世以滋
大昔我先世后稷以服事虞夏及夏之衰也棄稷
周語　周　一

國語九卷　（明）閔齊伋裁注　明萬曆四十七年（1619）閔齊伋刻三色套印本。三册。半頁九行十九字，小字雙行十八字，白口，四周單邊。框高21.2厘米、寬15.1厘米。廣東省立中山圖書館藏。

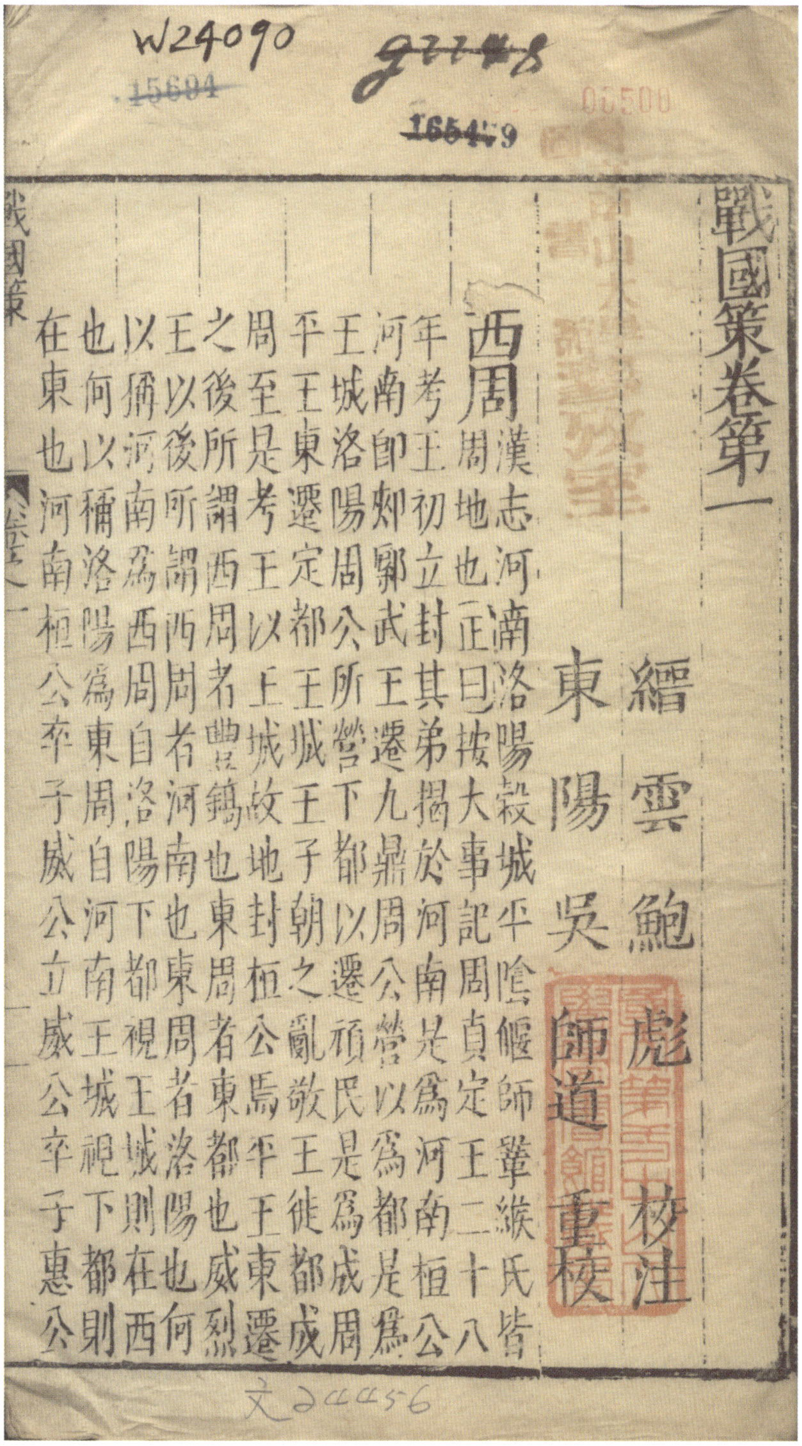

戰國策卷第一

縉雲鮑彪校注

東陽吴師道重校

西周 漢志河南洛陽穀城平陰偃師鞏緱氏皆周地也正曰按大事記周貞定王二十八年考王初立封其弟揭於河南是爲河南桓公河南即郟鄏武王遷九鼎周公營以爲都是爲王城洛陽周公所營下都以遷頑民是爲成周平王東遷定都王城王子朝之亂敬王徙都成周至是考王以王城故地封桓公焉平王東遷之後所謂西周者豐鎬也東周者東都也威烈王以後所謂西周者河南也東周者洛陽也何以稱河南爲西周自洛陽下都視王城則在西也何以稱洛陽爲東周自河南王城視下都則在東也河南桓公卒子威公立威公卒子惠公

戰國策　卷之一　一

戰國策十卷　（宋）鮑彪注　（元）吴師道補正　明萬曆九年（1581）張一鯤刻本。二十册。半頁九行二十字，小字雙行同，白口，左右雙邊。框高20.9厘米、寬13.7厘米。中山大學圖書館藏。

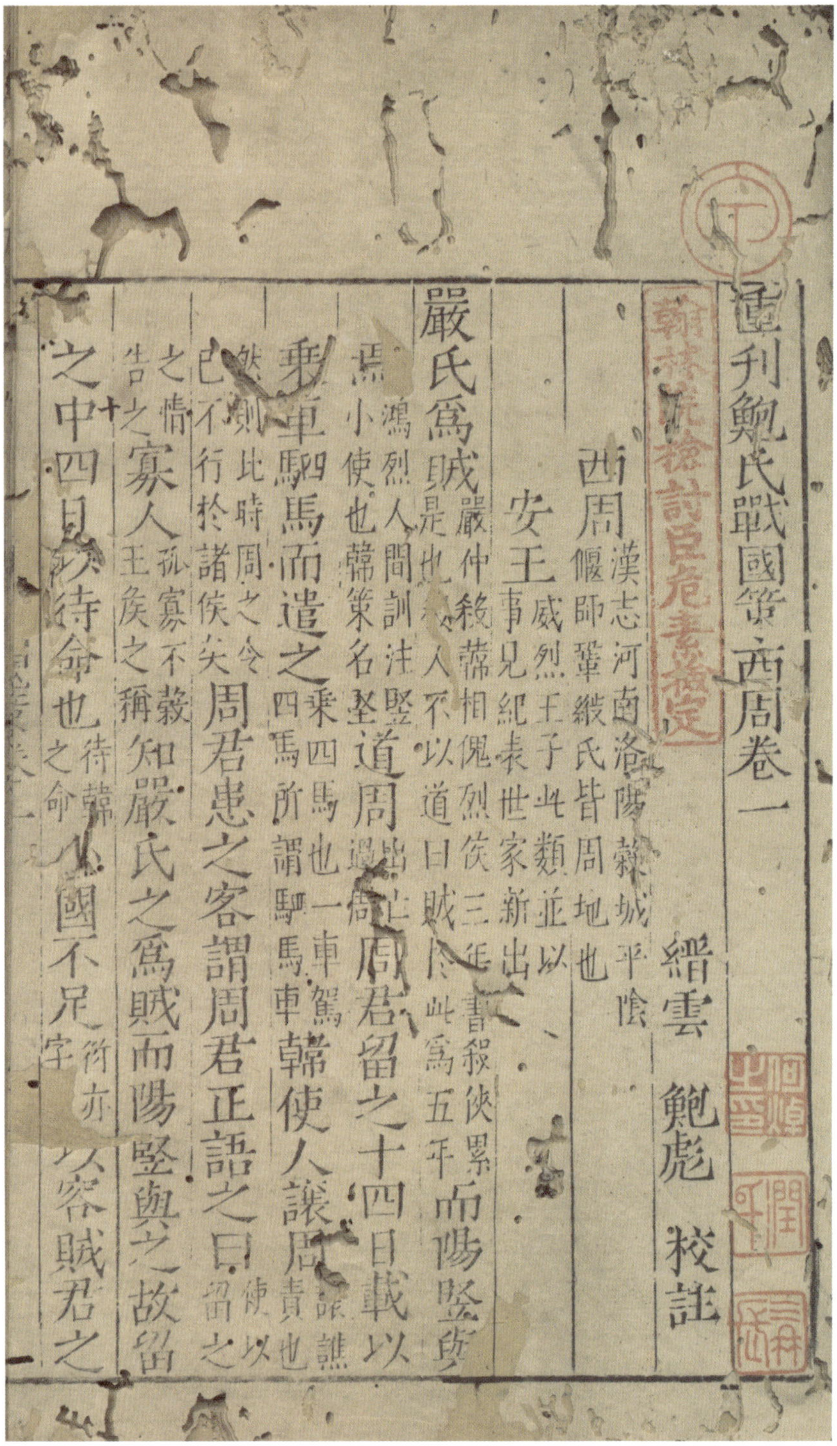
重刊鮑氏戰國策西周卷一
縉雲　鮑彪　校註
西周漢志河南洛陽穀城平陰偃師鞏緱氏皆周地也
安王威烈王子此類並以事見紀表世家新出
嚴氏爲賊嚴仲殺韓相傀烈侯三年書殺俠累是也此人不以道曰賊此爲五年而陽竪與
焉鴻烈人間訓注竪小使也韓策名竪道周過周出止周君留之十四日載以
乘車駟馬而遣之乘四馬也一車駕四馬所謂駟馬車韓使人讓周讓誚責也
然則此時周之令已不行於諸侯矣周君患之客謂周君正語之曰使以留之
之情告之寡人孤寡不穀王侯之稱知嚴氏之爲賊而陽竪與之故留
之中十四日以待命也待韓之命小國不足衍亦字以容賊君之
翰林院檢討臣危素校定

重刊鮑氏戰國策十二卷　（宋）鮑彪校注　明刻本。存七卷（缺三至六、九）。六册。半頁十行二十二字，小字雙行同，白口，四周單邊。框高18厘米、寬12.8厘米。中山大學圖書館藏。

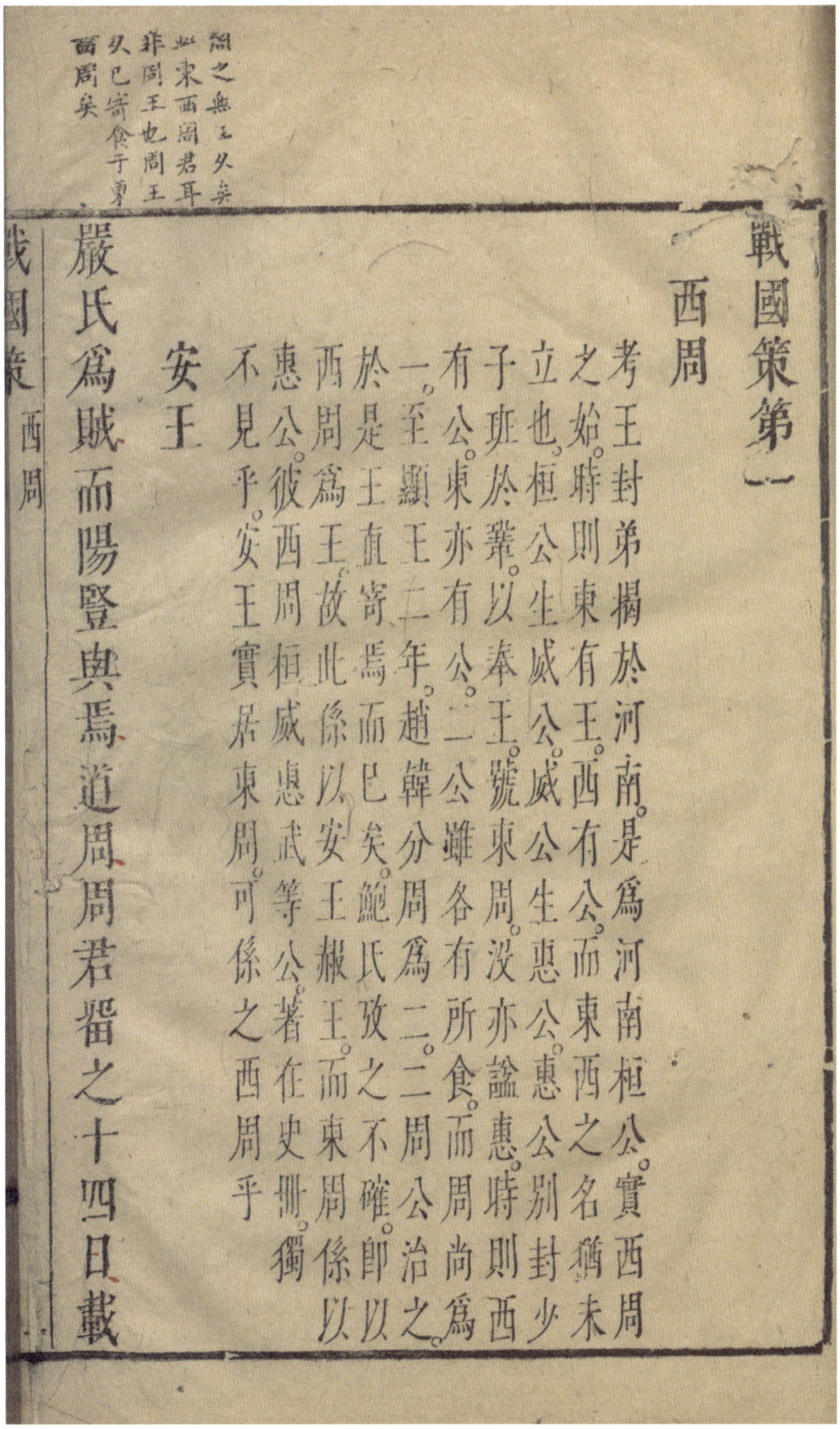
閔之無王久矣也東西周君耳非周王也周王久已寄食于東西周矣

戰國策第一

西周

考王封弟揭於河南。是爲河南桓公。實西周之始。時則東有王。西有公。而東西之名猶未立也。桓公生威公。威公生惠公。惠公別封少子班於鞏。以奉王。號東周。沒亦謚惠。時則西有公。東亦有公。二公雖各有所食。而周尚爲一。至顯王二年。趙韓分周爲二。二周公治之。於是王直寄焉而已矣。鮑氏攷之不確。即以西周爲王。故此係以安王赧王。而東周係以惠公。彼西周桓威惠武等公。著在史冊。獨不見乎。安王實居東周。可係之西周乎

安王

嚴氏爲賊而陽豎與焉道周周君留之十四日載

戰國策　西周

戰國策十二卷　（明）閔齊伋裁注　明萬曆四十八年（1620）閔齊伋刻本。八册。半頁九行十九字，白口，四周單邊。框高20.6厘米、寬14.4厘米。中山大學圖書館藏。

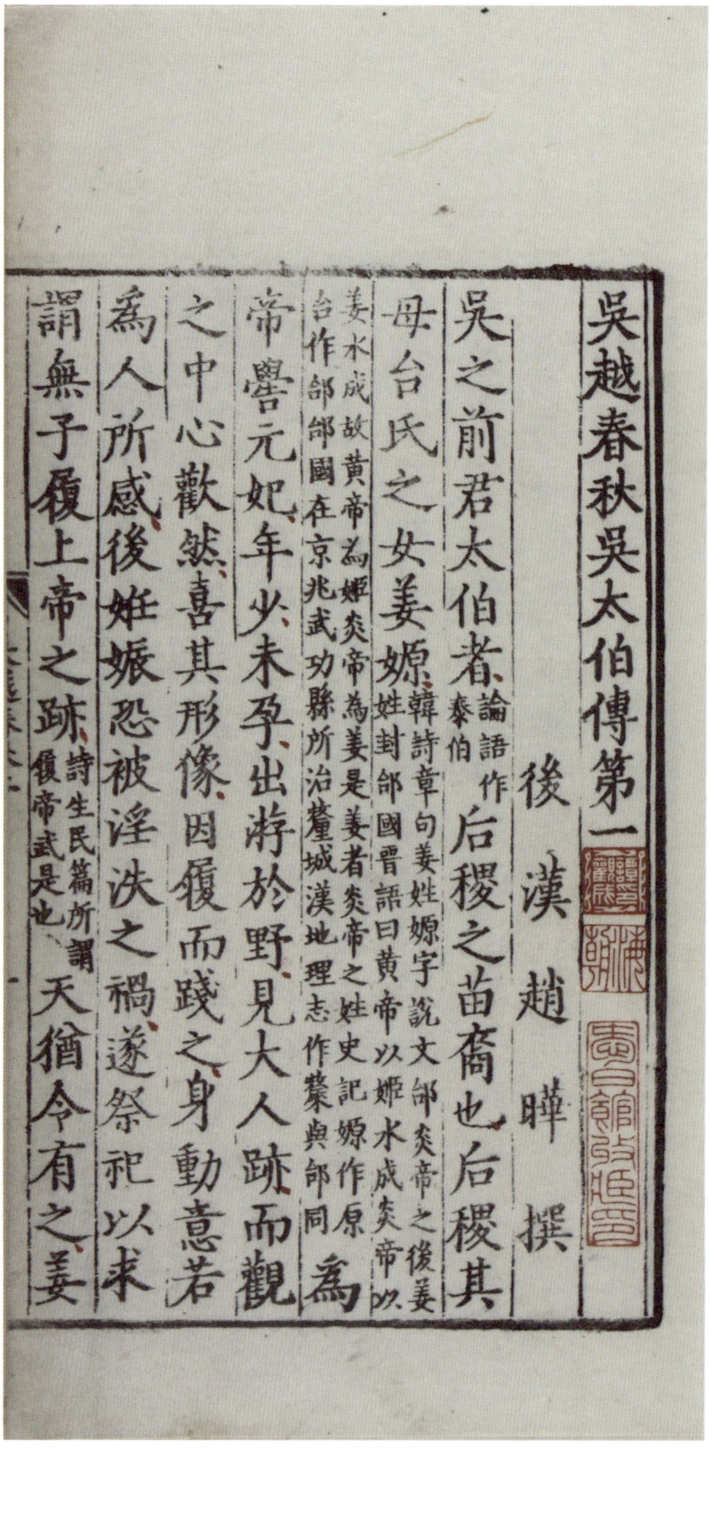
吳越春秋吳太伯傳第一
後漢　趙曄　撰
吳之前君太伯者論語作泰伯后稷之苗裔也后稷其
母台氏之女姜嫄韓詩章句姜姓嫄字說文部炎帝之後姜姓封部國晉語曰黃帝以姬水成炎帝以姜水成故黃帝爲姬炎帝爲姜是姜者炎帝之姓史記嫄作原台作部部國在京兆武功縣所治斄城漢地理志作斄與部同爲
帝嚳元妃年少未孕出遊於野見大人跡而觀
之中心歡然喜其形像因履而踐之身動意若
爲人所感後姙娠恐被淫泆之禍遂祭祀以求
謂無子履上帝之跡詩生民篇所謂履帝武是也天猶令有之姜

吳越春秋十卷附徐氏補註一卷　（漢）趙曄撰　（元）徐天祐音注　明弘治十四年（1501）鄺廷瑞、馮弋刻本。四册。半頁九行十八字，小字雙行二十六字，白口，左右雙邊。框高20厘米、寬12.8厘米。廣東省博物館藏。

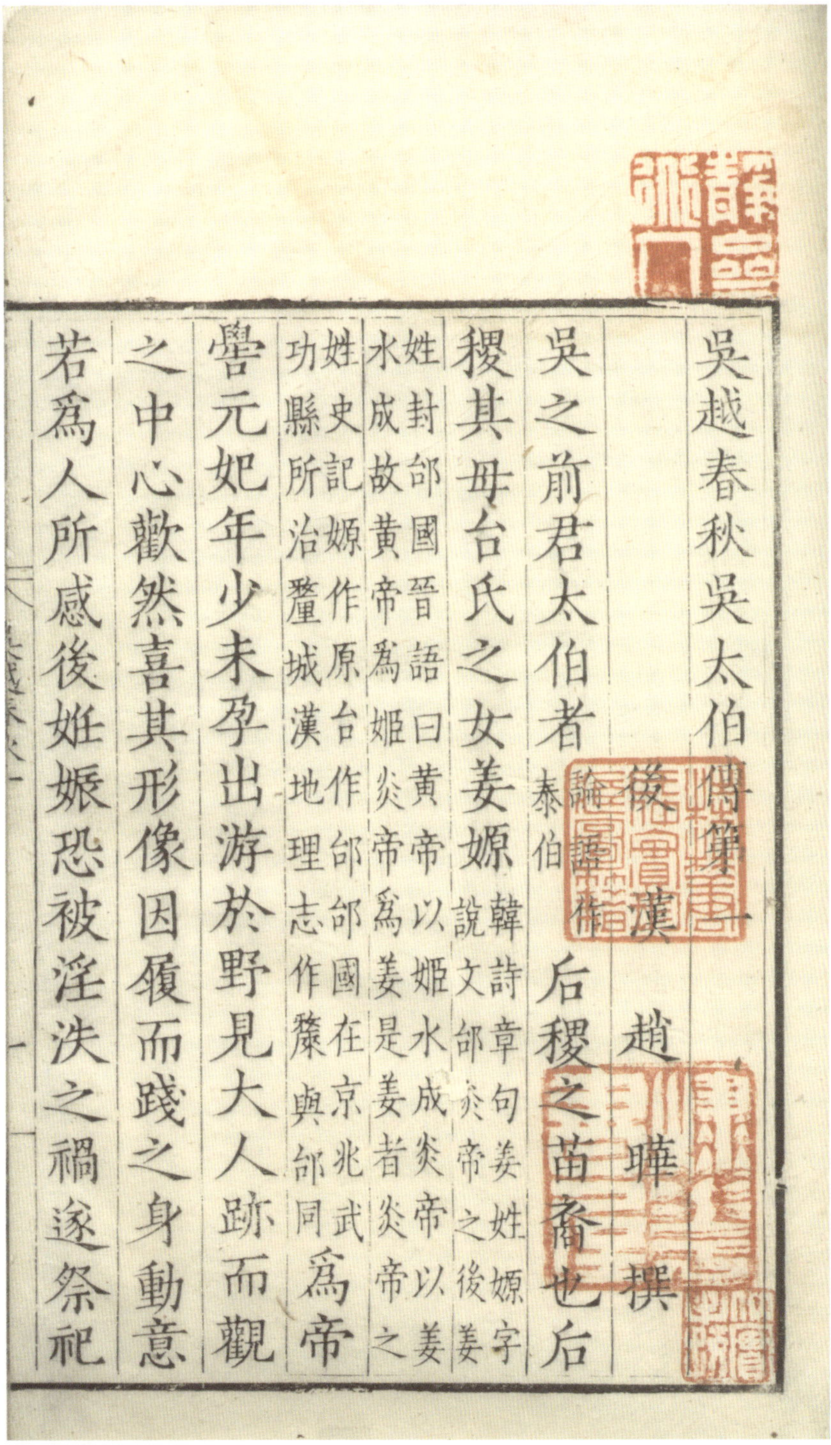

吴越春秋吴太伯傳第一

後漢 趙曄 撰

吴之前君太伯者（論語作泰伯）后稷之苗裔也后稷其母台氏之女姜嫄（韓詩章句姜姓嫄字說文邰炎帝之後姜姓封邰國晋語曰黄帝以姬水成炎帝以姜水成故黄帝爲姬炎帝爲姜是姜者炎帝之姓史記嫄作原台作邰邰國在京兆武功縣所治斄城漢地理志作斄與邰同）爲帝嚳元妃年少未孕出游於野見大人跡而觀之中心歡然喜其形像因履而踐之身動意若爲人所感後妊娠恐被淫泆之禍遂祭祀

吴越春秋十卷 （漢）趙曄撰 （元）徐天祐音注 明刻本。存七卷（缺六至八）。三册。半頁九行十七字，小字雙行同，白口，四周雙邊。框高18.7厘米、寬13.1厘米。中山大學圖書館藏。

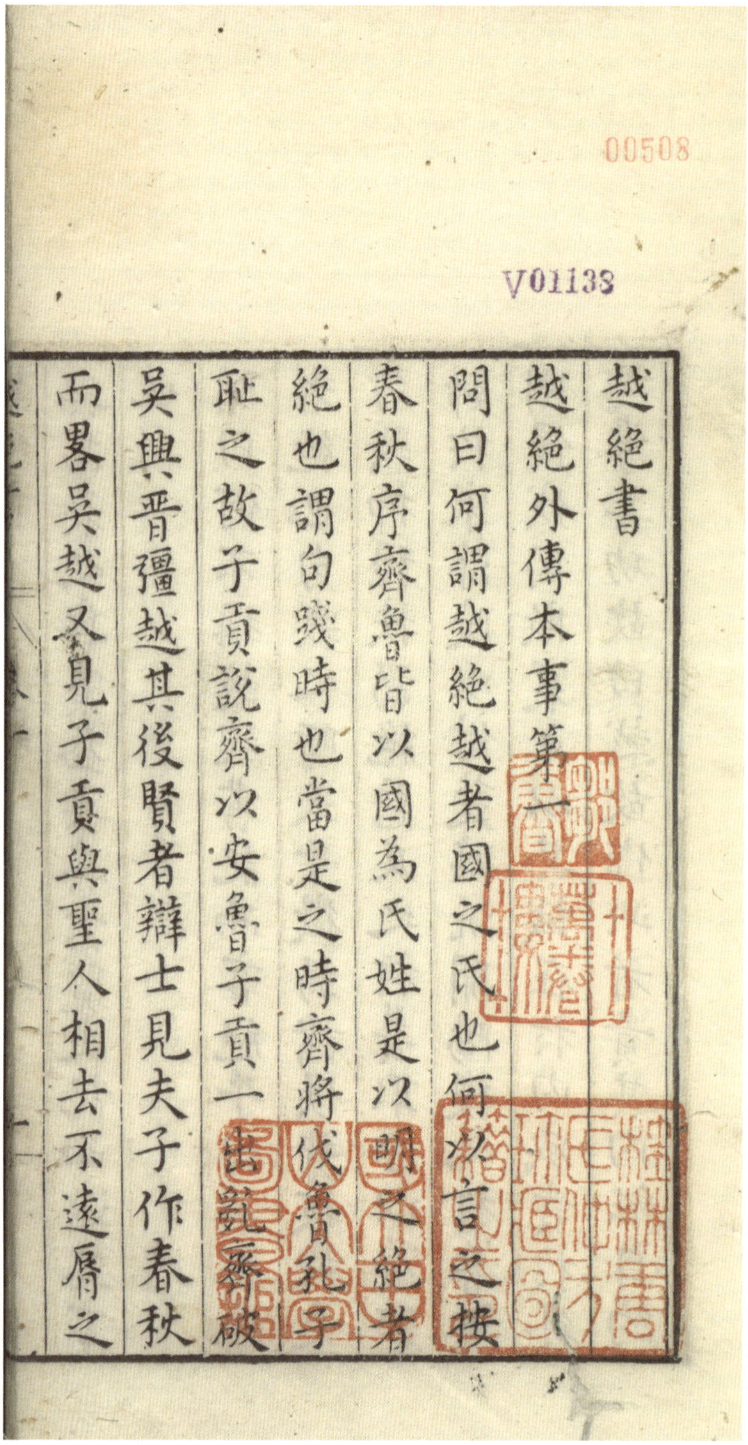

00508

V01133

越絶書

越絶外傳本事第一

問曰何謂越絶越者國之氏也何以言之按

春秋序齊魯皆以國爲氏姓是以明之絶者

絶也謂句踐時也當是之時齊將伐魯孔子

恥之故子貢說齊以安魯子貢一出亂齊破

吳興晋彊越其後賢者辯士見夫子作春秋

而畧吳越又見子貢與聖人相去不遠脣之

越絶書十五卷　（漢）袁康撰　明刻本。二册。半頁八行十七字，白口，左右雙邊。框高19.2厘米、寬12.3厘米。中山大學圖書館藏。

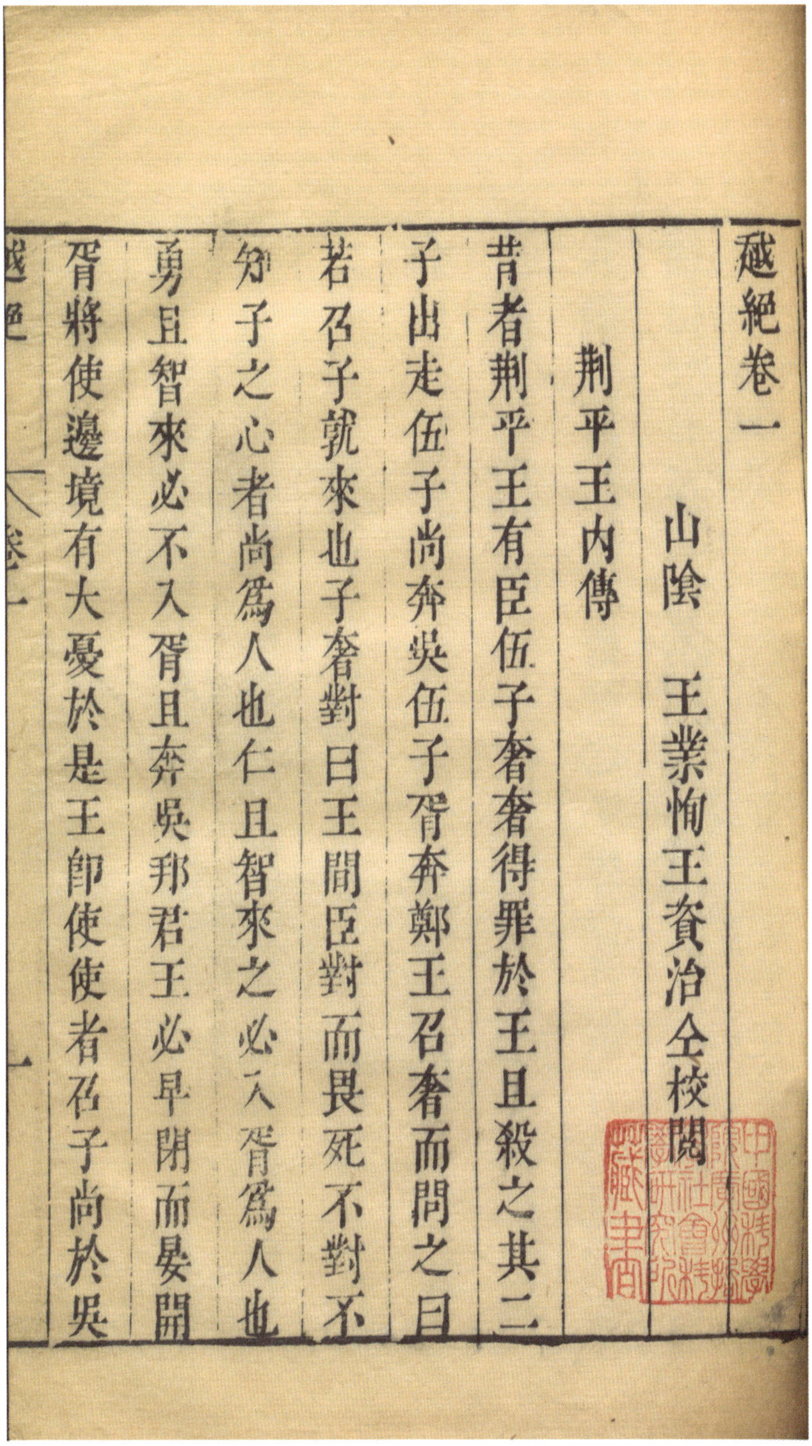
越絕卷一

山陰　王業恂王資治全校閱

荆平王內傳

昔者荆平王有臣伍子奢奢得罪於王且殺之其二子出走伍子尚奔吳伍子胥奔鄭王召奢而問之曰若召子孰來也子奢對曰王問臣對而畏死不對不知子之心者尚爲人也仁且智來之必入胥爲人也勇且智來必不入胥且奔吳邦君王必早閉而晏開胥將使邊境有大憂於是王即使使者召子尚於吳

越絕　卷一　一

越絕十五卷　（漢）袁康撰　清刻本。四册。半頁九行二十字，白口，左右雙邊。框高19厘米、寬13.6厘米。廣東省社會科學院藏。

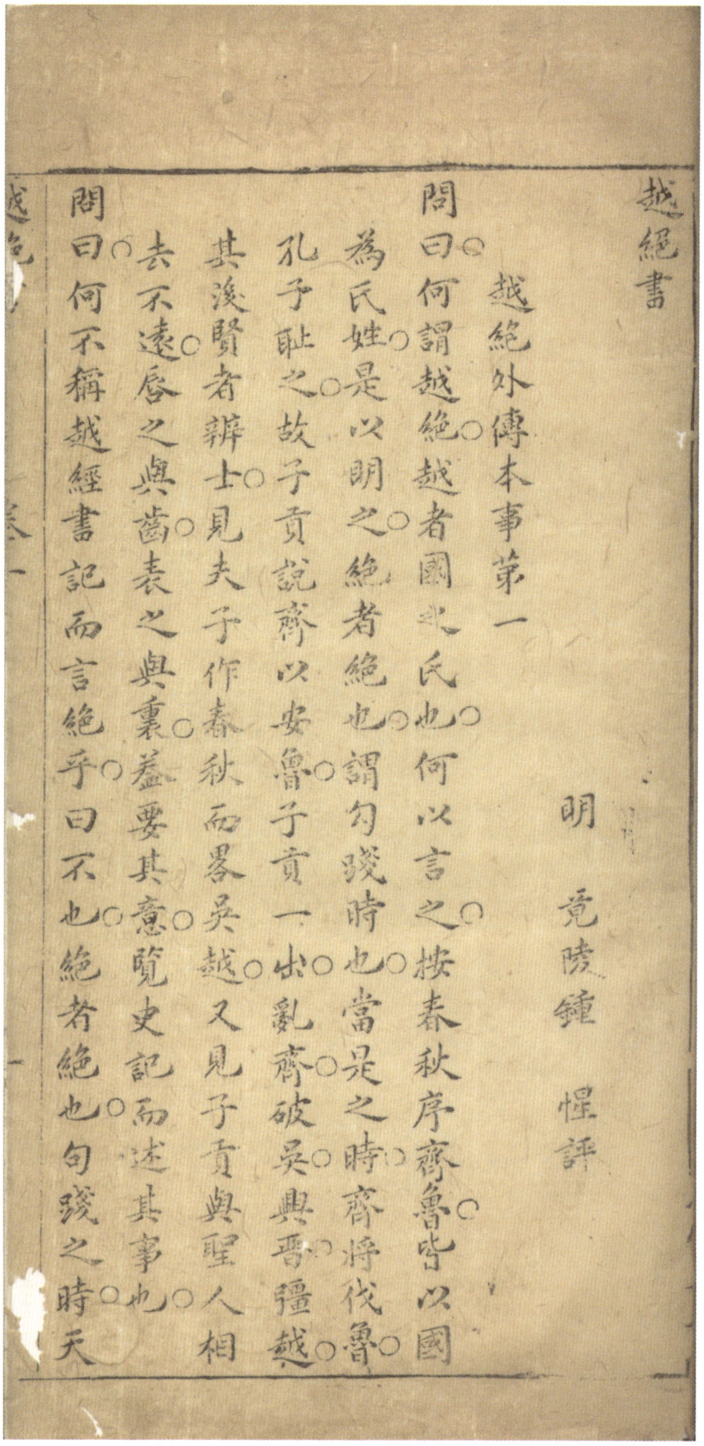

越絕書

明 竟陵鍾 惺評

越絕外傳本事第一

問曰○何謂越絕○越者國之氏也○何以言之○按春秋序齊魯○皆以國為氏姓○是以明之○絕者絕也○謂句踐時也○當是之時○齊將伐魯○孔子恥之○故子貢說齊以安魯○子貢一出○亂齊○破吳○興晉○彊越○其後賢者辨士○見夫子作春秋而略吳越○又見子貢與聖人相去不遠○唇之與齒○表之與裏○蓋要其意○覽史記而述其事也○

問曰○何不稱越經書記而言絕乎○曰不也○絕者絕也○句踐之時○天

越絕書十五卷　（漢）袁康撰　（明）鍾惺評　明末刻本。四册。半頁九行二十五字，白口，四周單邊。框高20.7厘米、寬11.6厘米。中山大學圖書館藏。

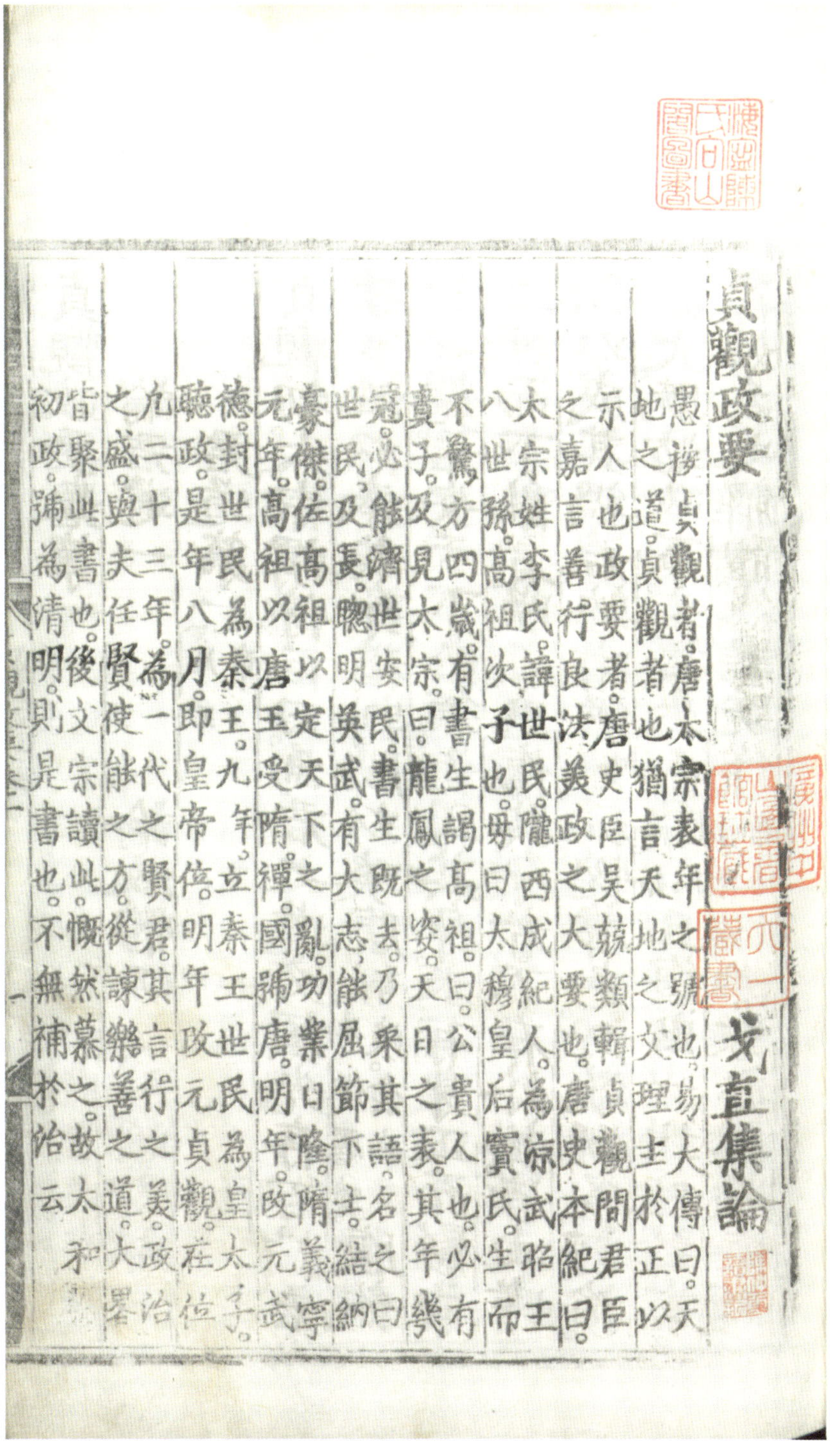
貞觀政要　　　戈直集論
愚按貞觀者唐太宗表年之號也易大傳曰天
地之道貞觀者也猶言天地之文理主於正以
示人也政要者唐史臣吴兢類輯貞觀間君臣
之嘉言善行良法美政之大要也唐史本紀曰
太宗姓李氏諱世民隴西成紀人涼武昭王
八世孫高祖次子也母曰太穆皇后竇氏生而
不驚方四歲有書生謁高祖曰公貴人也必有
貴子及見太宗曰龍鳳之姿天日之表其年幾
冠必能濟世安民書生既去乃采其語名之曰
世民及長聰明英武有大志能屈節下士結納
豪傑佐高祖以定天下之亂功業日隆隋義寧
元年高祖以唐王受隋禪國號唐明年改元武
德封世民為秦王九年立秦王世民為皇太子
聽政是年八月即皇帝位明年改元貞觀在位
凡二十三年為一代之賢君其言行之美政治
之盛與夫任賢使能之方從諫樂善之道大略
皆聚此書也後文宗讀此慨然慕之故太和
初政號為清明則是書也不無補於治云

貞觀政要十卷　（唐）吴兢撰　（元）戈直集論　明刻本。四册。半頁十行二十字，小字雙行同，黑口，四周雙邊。框高25.9厘米、寬19厘米。廣東省立中山圖書館藏。

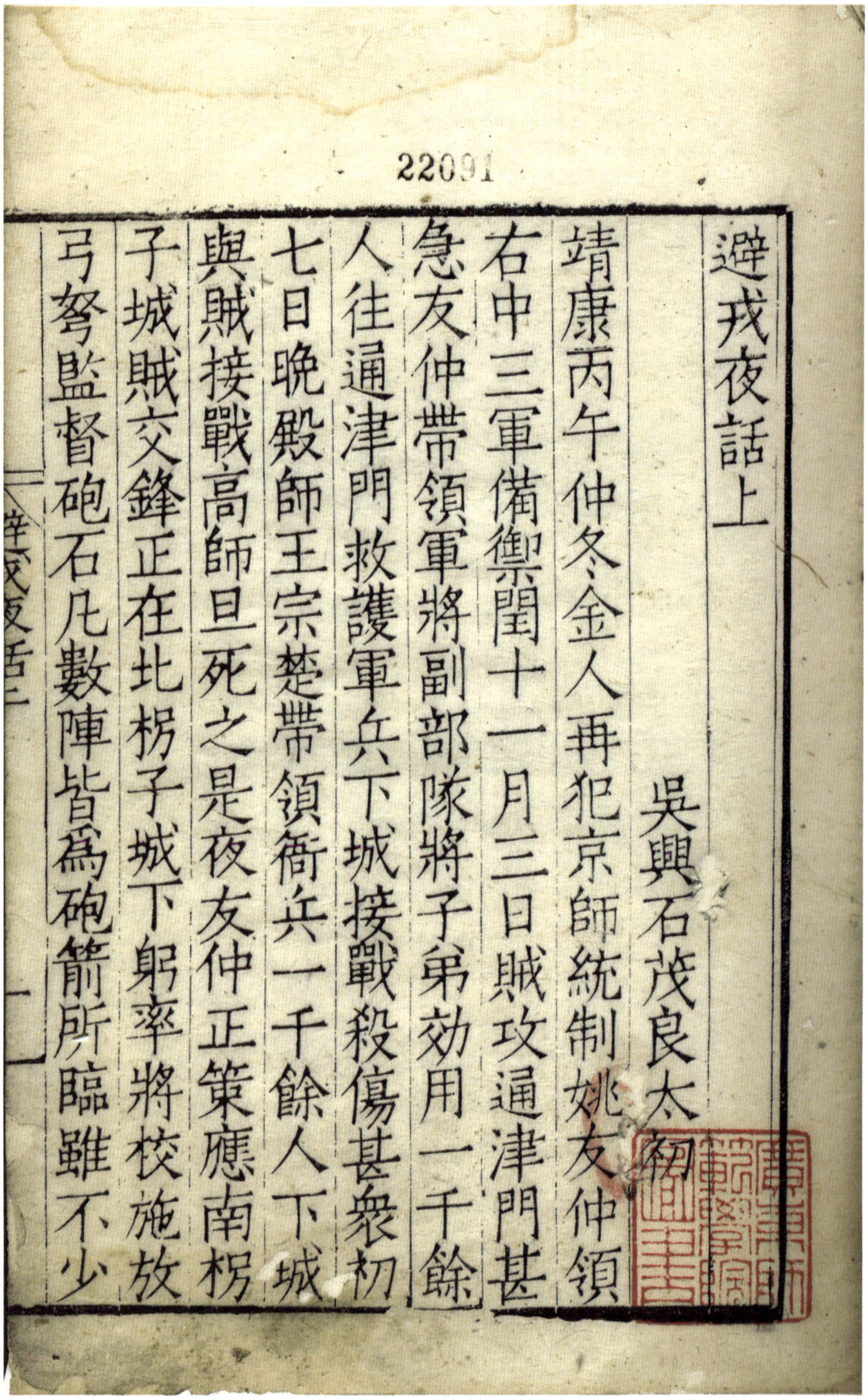
22091
避戎夜話上
吳興石茂良太初
靖康丙午仲冬金人再犯京師統制姚友仲領
右中三軍備禦閏十一月三日賊攻通津門甚
急友仲帶領軍將副部隊將子弟効用一千餘
人往通津門救護軍兵下城接戰殺傷甚衆初
七日晚殿師王宗楚帶領銜兵一千餘人下城
與賊接戰高師旦死之是夜友仲正策應南枴
子城賊交鋒正在北枴子城下躬率將校施放
弓弩監督砲石凡數陣皆為砲箭所臨雖不少
避戎夜話上　一

避戎夜話二卷　（宋）石茂良撰　明嘉靖十八年至二十年（1539—1541）顧氏大石山房刻顧氏明朝四十家小说本。一册。半頁十行十八字，白口，左右雙邊。框高17.5厘米、寬13厘米。暨南大學圖書館藏。

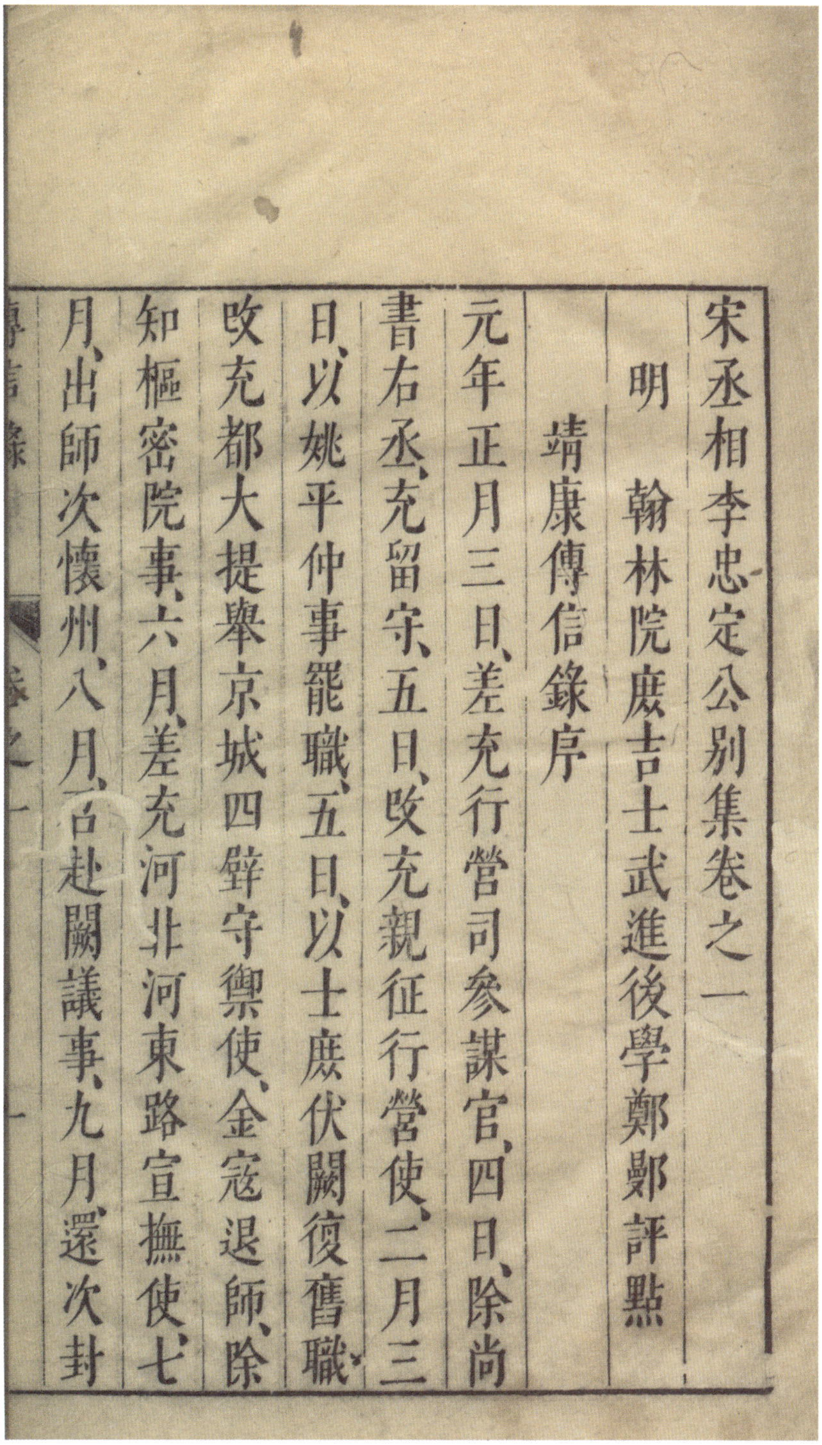

宋丞相李忠定公別集卷之一

明　翰林院庶吉士武進後學鄭鄤評點

靖康傳信錄序

元年正月三日、差充行營司參謀官、四日、除尚書右丞、充留守、五日、改充親征行營使、二月三日、以姚平仲事罷職、五日、以士庶伏闕復舊職、改充都大提舉京城四壁守禦使、金寇退師、除知樞密院事、六月、差充河北河東路宣撫使、七月、出師次懷州、八月、召赴闕議事、九月、還次封

傳信錄　卷之一　一

宋丞相李忠定公別集三卷　（宋）李綱撰　（明）鄭鄤評點　明崇禎刻本。四冊。半頁九行十八字，白口，四周單邊。框高20.2厘米、寬13.5厘米。中山大學圖書館藏。

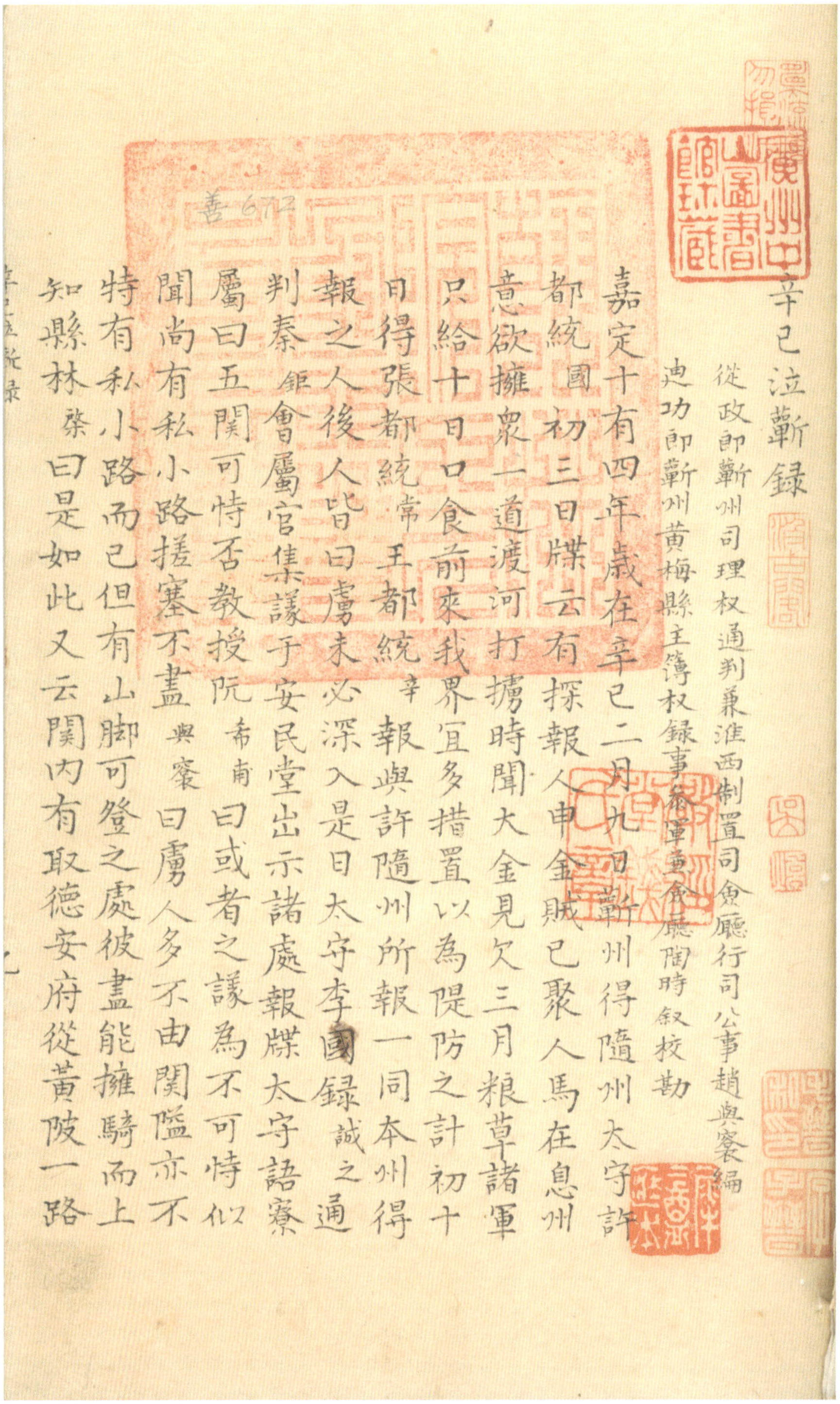

辛巳泣蘄録
從政郎蘄州司理權通判兼淮西制置司僉廳行司公事趙與褰編
廸功郎蘄州黄梅縣主簿權録事參軍兼僉廳陶時叙校勘
嘉定十有四年歲在辛巳二月九日蘄州得隨州太守許
都統國初三日牒云有探報人申金賊已聚人馬在息州
意欲擁衆一道渡河打擄時聞大金見欠三月粮草諸軍
只給十日口食前來我界宜多措置以為隄防之計初十
日得張都統常王都統辛報與許隨州所報一同本州得
報之人後人皆曰虜未必深入是日太守李國録誠之通
判秦鉅會屬官集議于安民堂出示諸處報牒太守語寮
屬曰五關可恃否教授阮希甫曰或者之議為不可恃似
聞尚有私小路搓塞不盡與褰曰虜人多不由關隘亦不
特有私小路而已但有山脚可登之處彼盡能擁騎而上
知縣林棨曰是如此又云關内有取德安府從黄陂一路

辛巳泣蘄録一卷　（宋）趙與褰撰　清初抄本。一册。半頁十四行二十二字。廣東省立中山圖書館藏。

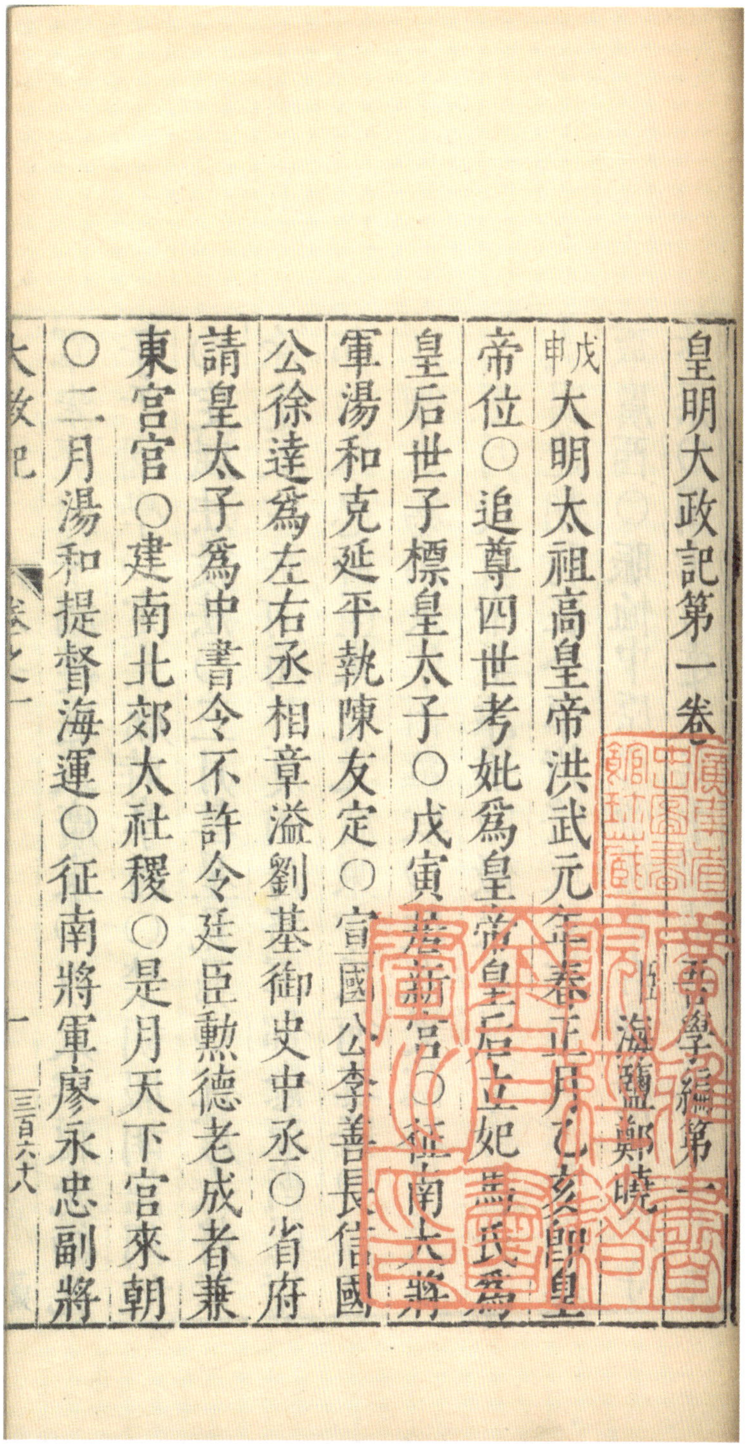

皇明大政記第一卷　吾學編第一
海鹽鄭曉
戊申大明太祖高皇帝洪武元年春正月乙亥朔皇
帝位○追尊四世考妣爲皇帝皇后立妃馬氏爲
皇后世子標皇太子○戊寅[illegible][illegible]宮○征南大將
軍湯和克延平執陳友定○宣國公李善長信國
公徐達爲左右丞相章溢劉基御史中丞○省府
請皇太子爲中書令不許令廷臣勳德老成者兼
東宮官○建南北郊太社稷○是月天下官來朝
○二月湯和提督海運○征南將軍廖永忠副將
大政記　卷之一　一　三百六十八

吾學編六十九卷　（明）鄭曉撰　明萬曆二十七年（1599）鄭心材刻本。十册。半頁十行十九字，白口，左右雙邊。框高18厘米、寬13.8厘米。廣東省立中山圖書館藏。

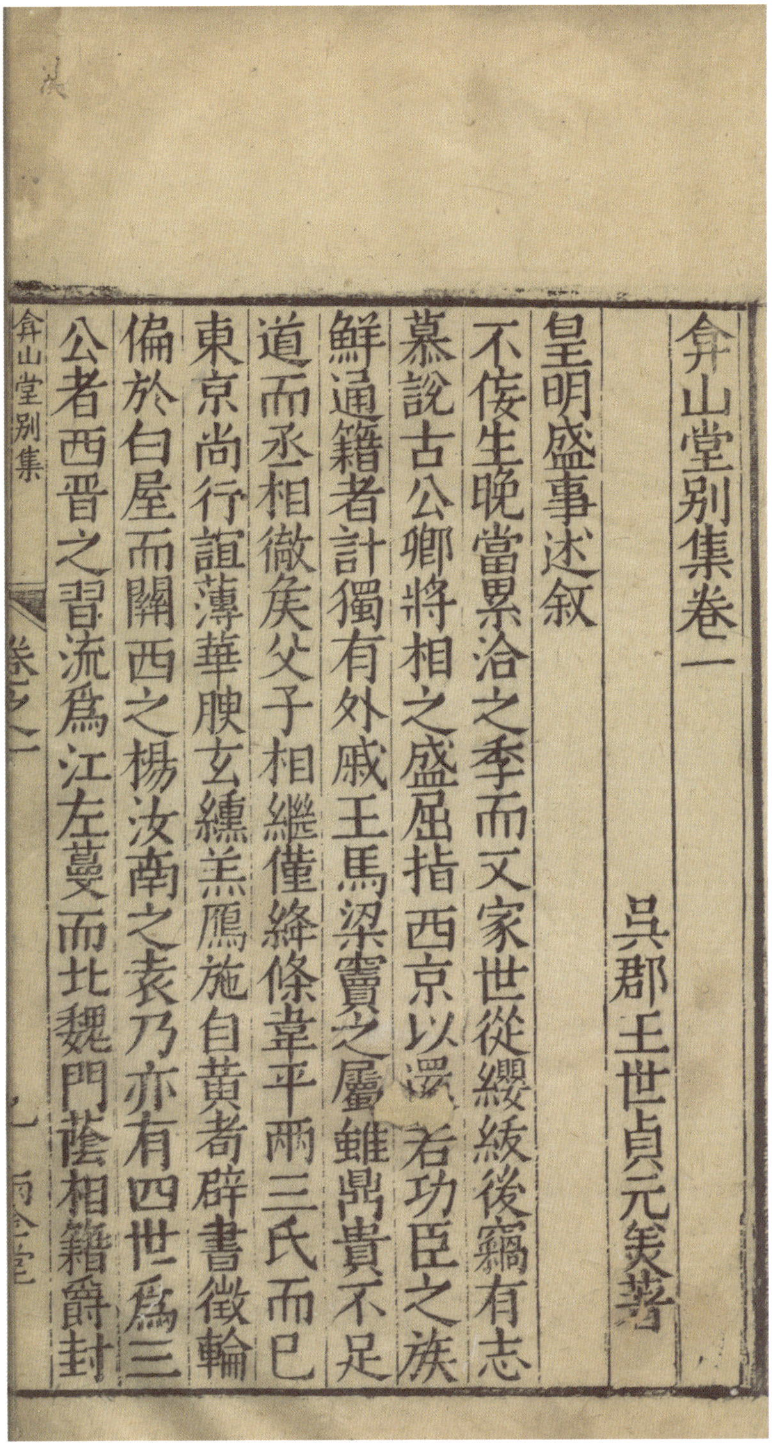

弇山堂別集卷一

吳郡王世貞元美著

皇明盛事述敘

不佞生晚當累洽之季而又家世從纓綬後竊有志慕說古公卿將相之盛屈指西京以還若功臣之族鮮通籍者計獨有外戚王馬梁竇之屬雖貴不足道而丞相徹侯父子相繼僅絳條韋平兩三氏而已東京尚行誼薄華腴玄纁羔鴈施自黄耉辟書徵輪偏於白屋而關西之楊汝南之袁乃亦有四世爲三公者西晉之習流爲江左蔓而北魏門蔭相籍爵封

弇山堂別集　卷之一　一　雨金堂

弇山堂別集一百卷　（明）王世貞撰　明萬曆十八年（1590）翁良瑜雨金堂刻本。存八十七卷（缺四十九至六十一）。三十二册。半頁十行二十字，小字雙行同，白口，左右雙邊。框高19.4厘米、寬13厘米。中山大學圖書館藏。

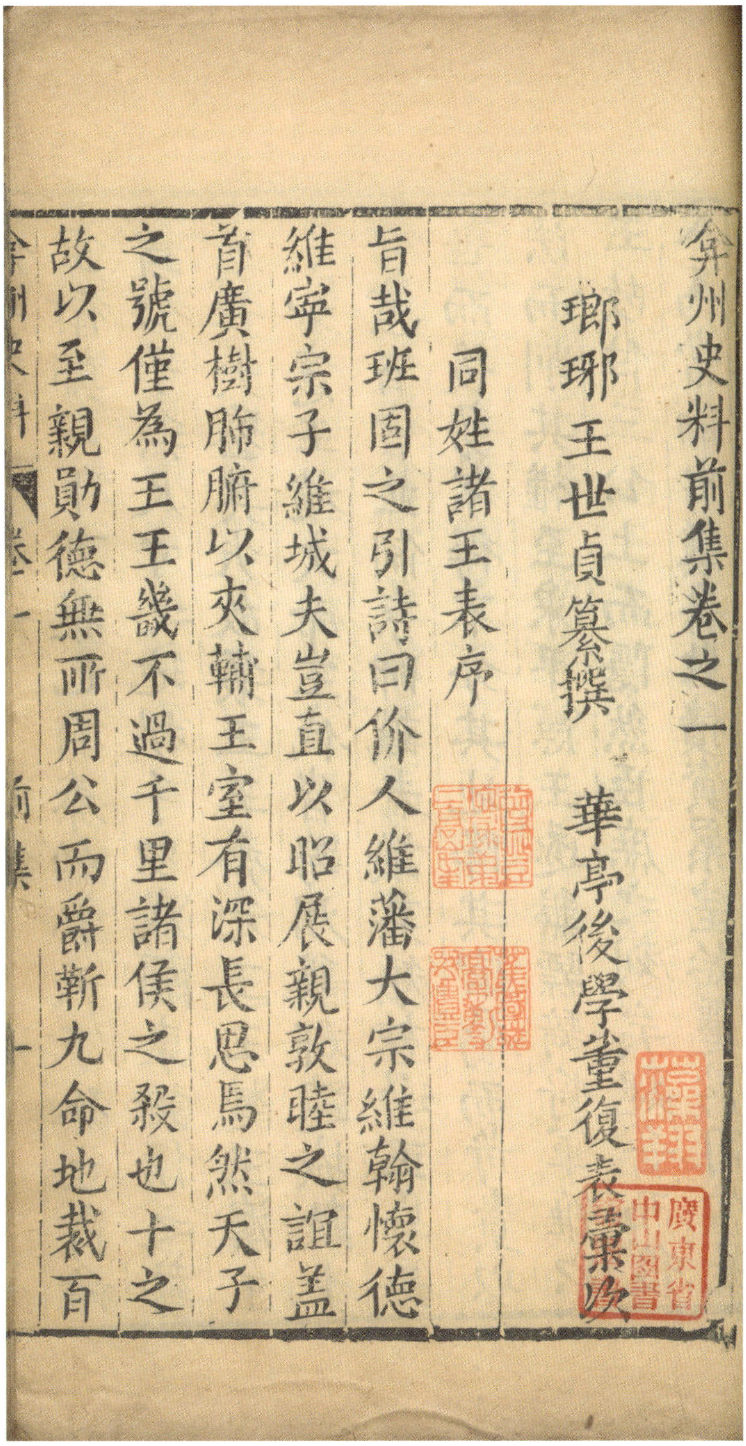
弇州史料前集卷之一
瑯琊王世貞纂撰　華亭後學董復表彙次
同姓諸王表序
旨哉班固之引詩曰价人維藩大宗維翰懷德維寧宗子維城夫豈直以昭展親敦睦之誼蓋首廣樹肺腑以夾輔王室有深長思焉然天子之號僅為王王畿不過千里諸侯之殺也十之故以至親勛德無所周公而爵靳九命地裁百

弇州史料前集三十卷後集七十卷　（明）王世貞撰　（明）董復表輯　明刻本。二十册。半頁九行十八字，白口，四周單邊。框高20.8厘米、寬14.7厘米。廣東省立中山圖書館藏。

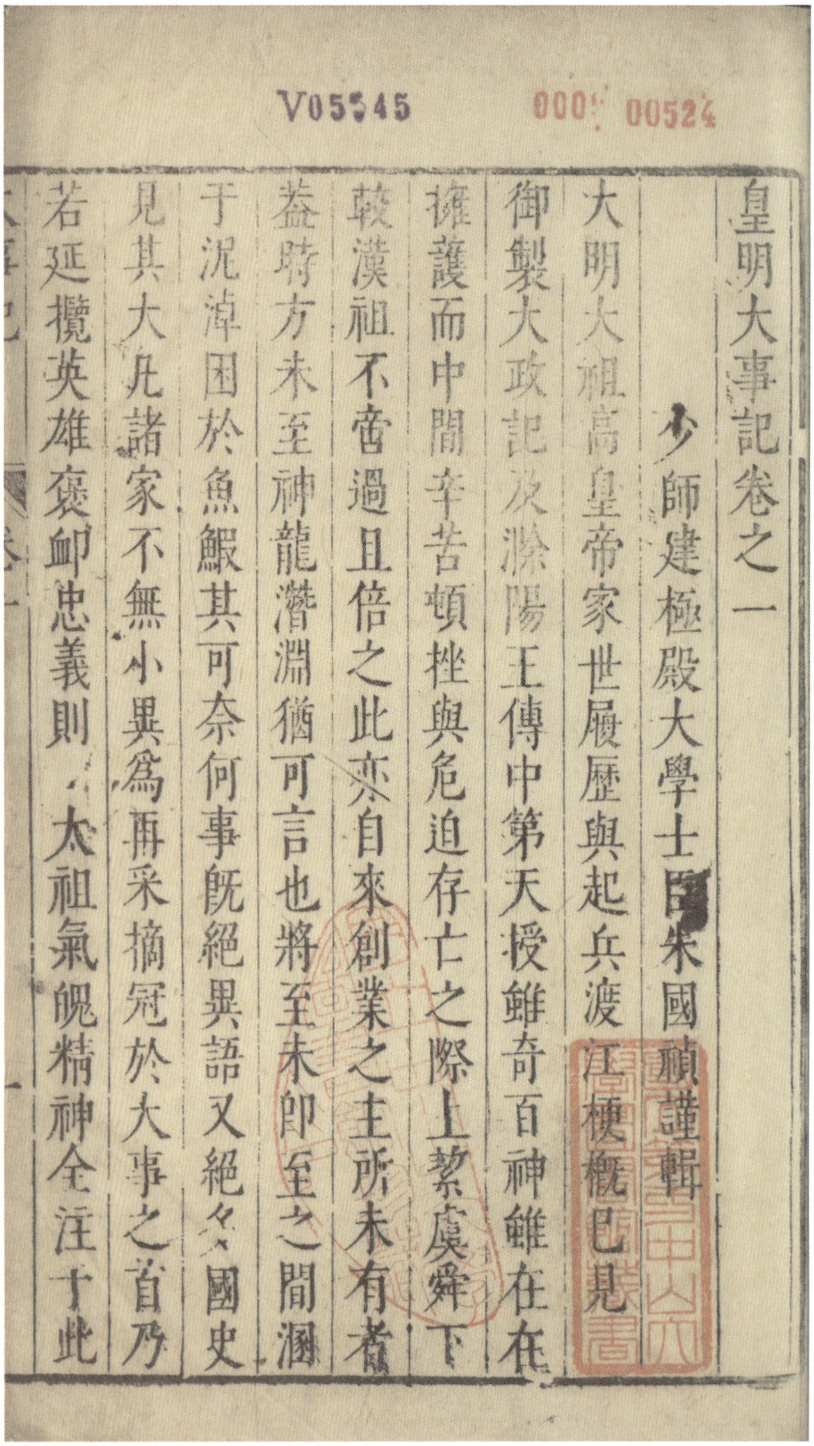

皇明大事記卷之一
少師建極殿大學士臣朱國禎謹輯
大明太祖高皇帝家世履歷與起兵渡江梗概已悉
御製大政記及滁陽王傳中第天授雖奇百神雖在在
擁護而中間辛苦頓挫與危迫存亡之際上絜虞舜下
較漢祖不啻過且倍之此亦自來創業之主所未有者
蓋時方未至神龍潛淵猶可言也將至未即至之間瀕
于泥淖困於魚鰕其可奈何事既絕異語又絕々國史
見其大凡諸家不無小異爲再采摘冠於大事之首乃
若延攬英雄褒卹忠義則 太祖氣魄精神全注于此

皇明大事記五十卷 （明）朱國禎輯 明崇禎刻皇明史概本。存三十卷（缺三十一至五十）。三十册。半頁十行二十一字，白口，左右雙邊。框高21.5厘米、寬14厘米。中山大學圖書館藏。

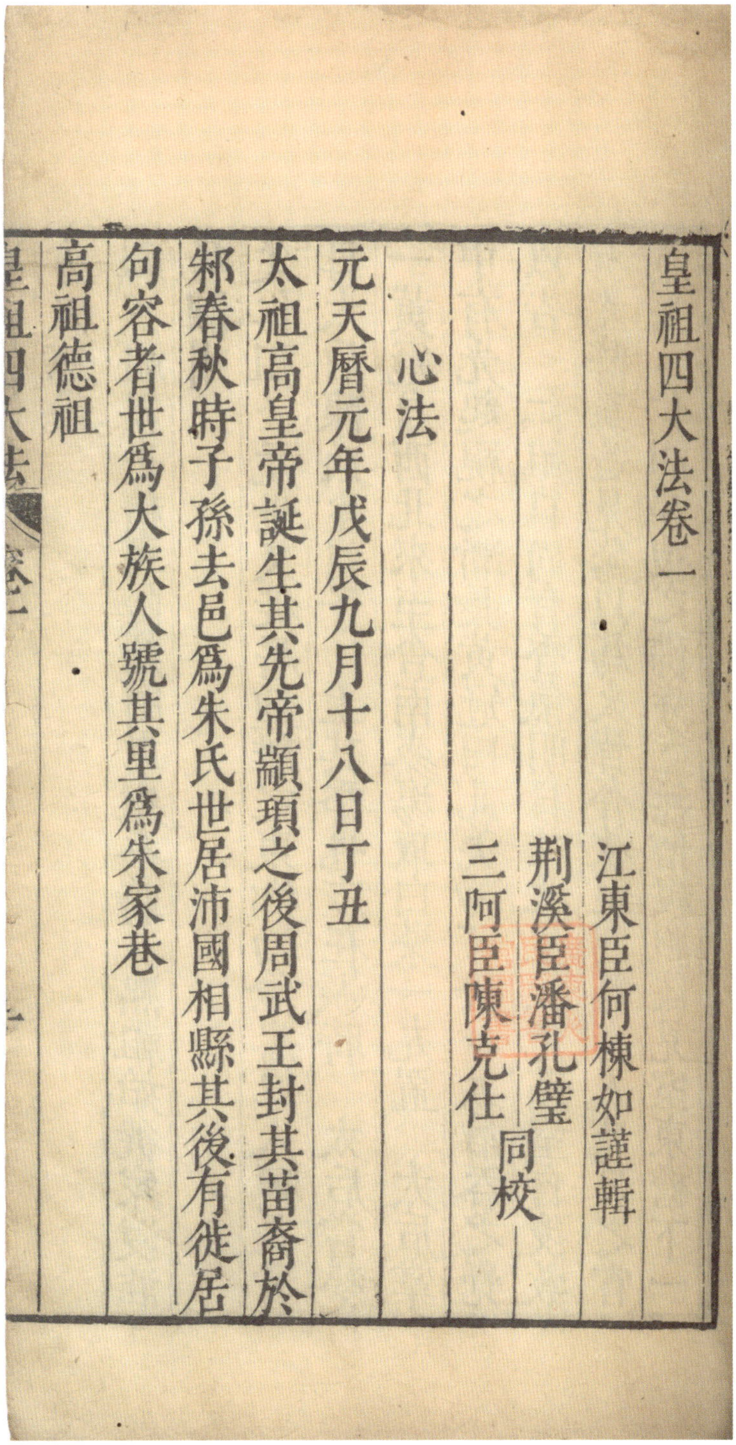

皇祖四大法卷一

江東臣何棟如譔輯

荆溪臣潘孔璧 同校

三河臣陳克仕

心法

元天曆元年戊辰九月十八日丁丑

太祖高皇帝誕生其先帝顓頊之後周武王封其苗裔於邾春秋時子孫去邑爲朱氏世居沛國相縣其後有徙居句容者世爲大族人號其里爲朱家巷

高祖德祖

皇祖四大法十二卷 （明）何棟如輯　明萬曆四十二年（1614）何氏刻本。十册。半頁十行二十二字，白口，左右雙邊。框高27.4厘米、寬16.9厘米。廣東省立中山圖書館藏。

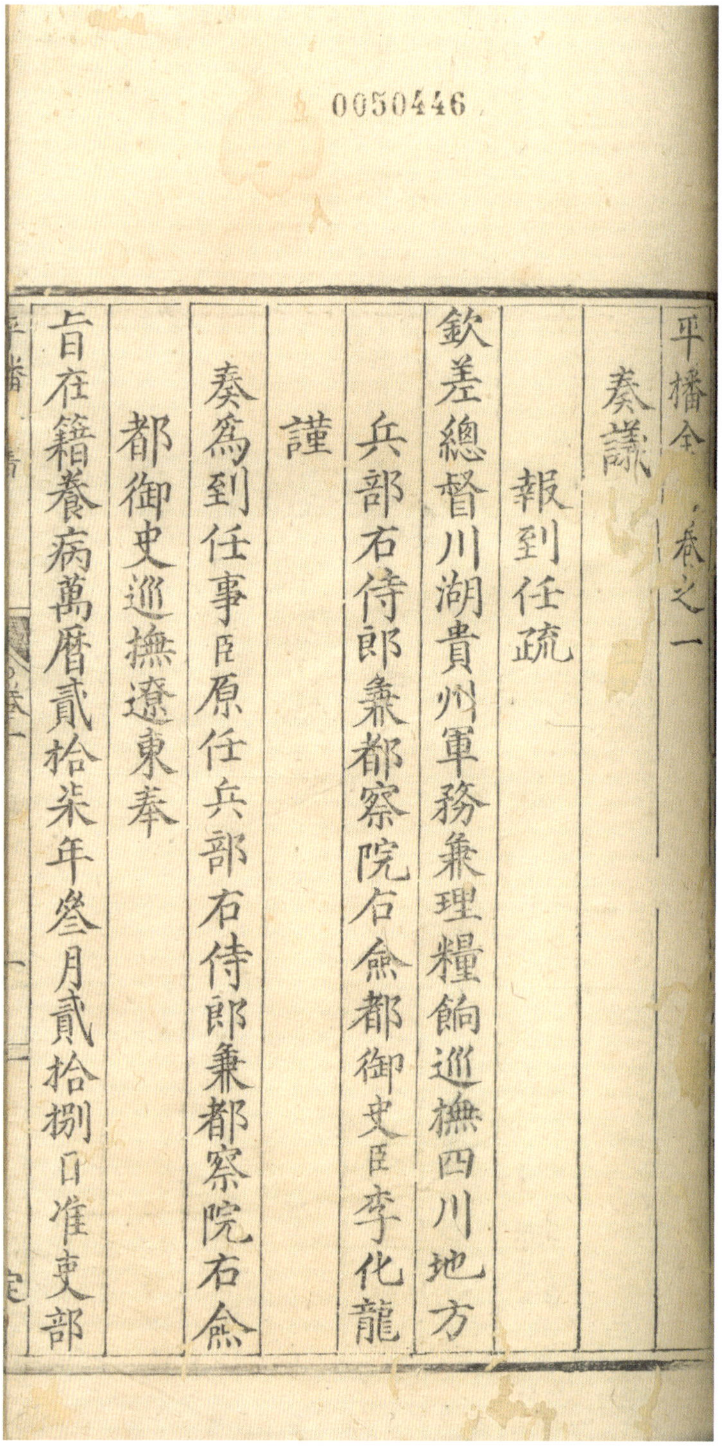
0050446

平播全書卷之一

奏議

報到任疏

欽差總督川湖貴州軍務兼理糧餉巡撫四川地方

兵部右侍郎兼都察院右僉都御史臣李化龍

謹

奏爲到任事臣原任兵部右侍郎兼都察院右僉

都御史巡撫遼東奉

旨在籍養病萬曆貳拾柒年叁月貳拾捌日准吏部

平播全書十五卷　（明）李化龍撰　明萬曆刻本。十四册。半頁九行二十字，白口，四周雙邊。框高22厘米、寬15.5厘米。廣東省立中山圖書館藏。

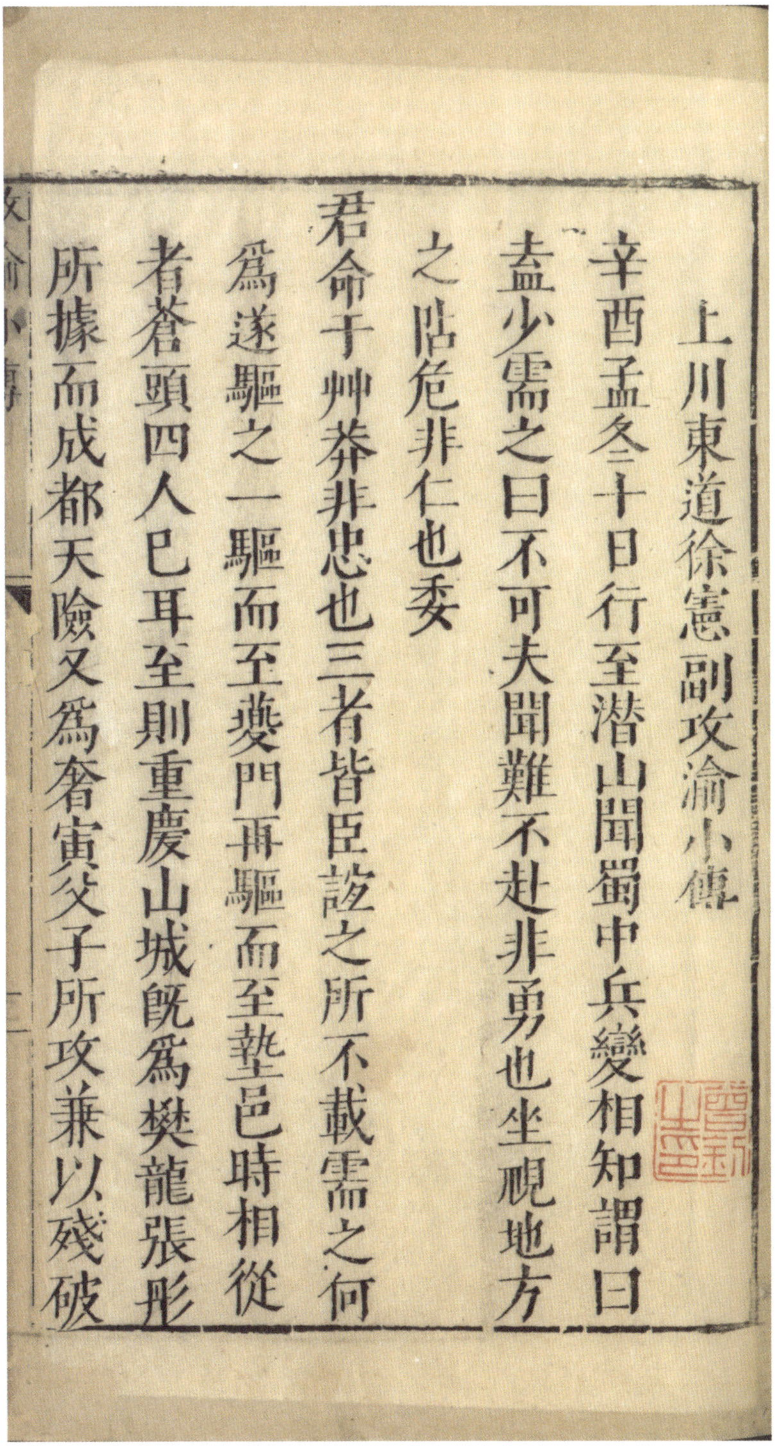
上川東道徐憲副攻渝小傳

辛酉孟冬二十日行至潛山聞蜀中兵變相知謂曰盍少需之曰不可夫聞難不赴非勇也坐覗地方之阽危非仁也委

君命于艸莽非忠也三者皆臣誼之所不載需之何爲遂驅之一驅而至夔門再驅而至墊邑時相從者蒼頭四人已耳至則重慶山城旣爲樊龍張彤所據而成都天險又爲奢寅父子所攻兼以殘破

攻渝小傳　三

攻渝諸將小傳一卷刻徐念陽西征雜記一卷　（明）徐如珂撰　明天啓徐氏刻本。一册。半頁八行二十字，白口，四周單邊。框高21厘米、寬13.5厘米。中山大學圖書館藏。

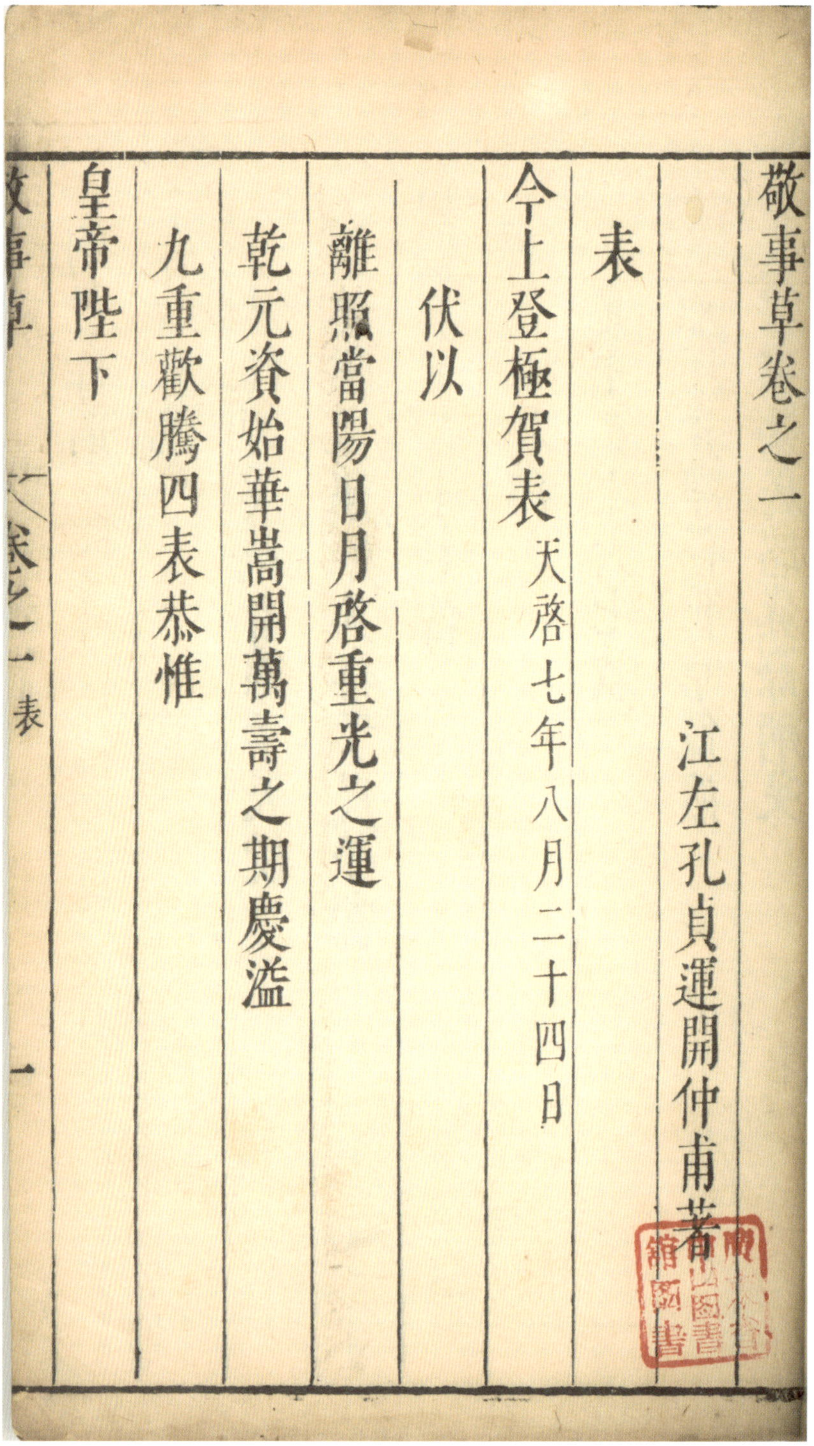

敬事草卷之一
江左孔貞運開仲甫著
表
今上登極賀表 天啓七年八月二十四日
伏以
離照當陽日月啓重光之運
乾元資始華嵩開萬壽之期慶溢
九重歡騰四表恭惟
皇帝陛下

敬事草 卷之一 表 一

敬事草五卷　（明）孔貞運撰　明崇禎十竹齋刻本。四册。半頁九行二十字，白口，四周單邊。框高21.5厘米、寬14.5厘米。廣東省立中山圖書館藏。

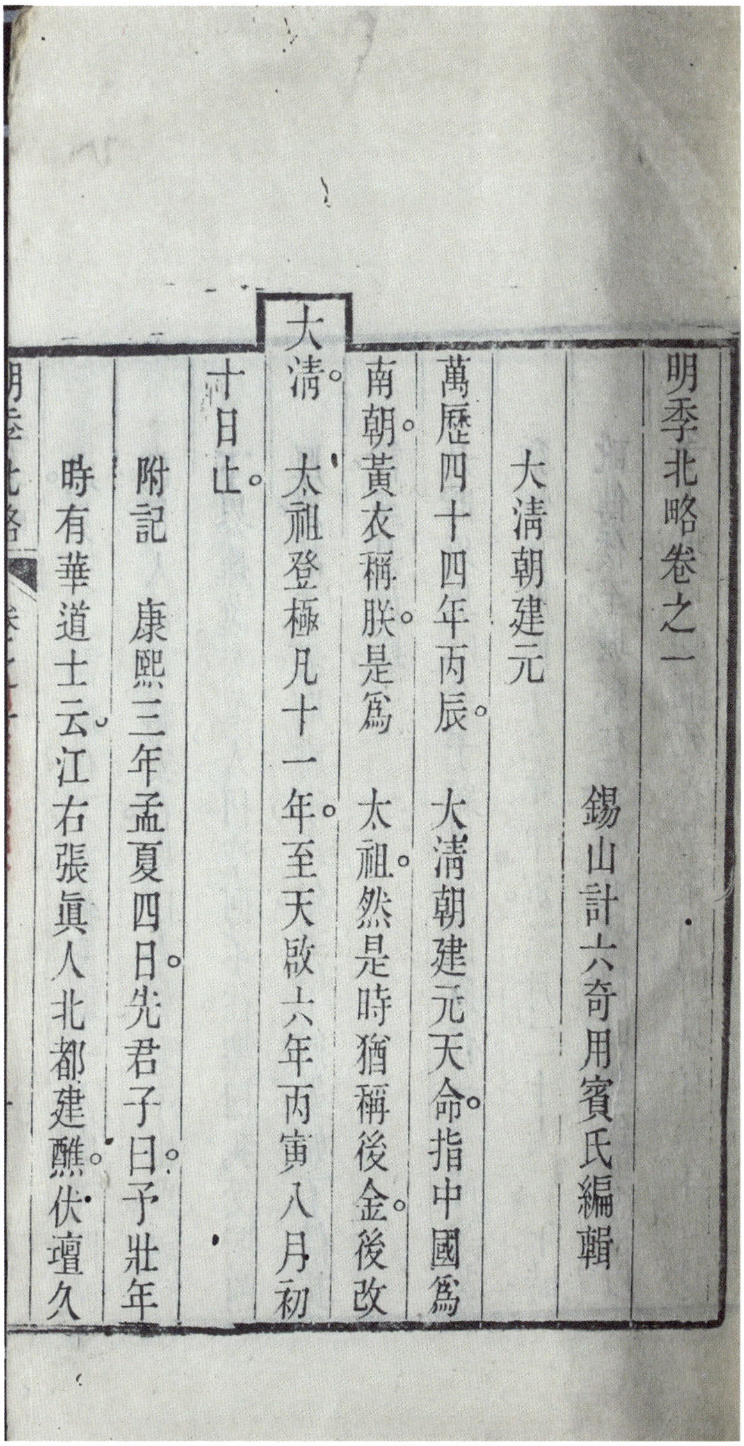
明季北略卷之一

錫山計六奇用賓氏編輯

大清朝建元

萬歷四十四年丙辰。大清朝建元天命。指中國爲南朝。黃衣稱朕。是爲太祖。然是時猶稱後金。後改大清。太祖登極凡十一年。至天啟六年丙寅八月初十日止。

附記 康熙三年孟夏四日。先君子曰。予壯年時有華道士云。江右張眞人北都建醮。伏壇久

明季北略二十卷南略十八卷 （清）計六奇輯　清刻本。存三十五卷（缺北略十八至二十）。十册。半頁九行二十字，白口，左右雙邊。框高16.5厘米、寬12.7厘米。四會市圖書館藏。

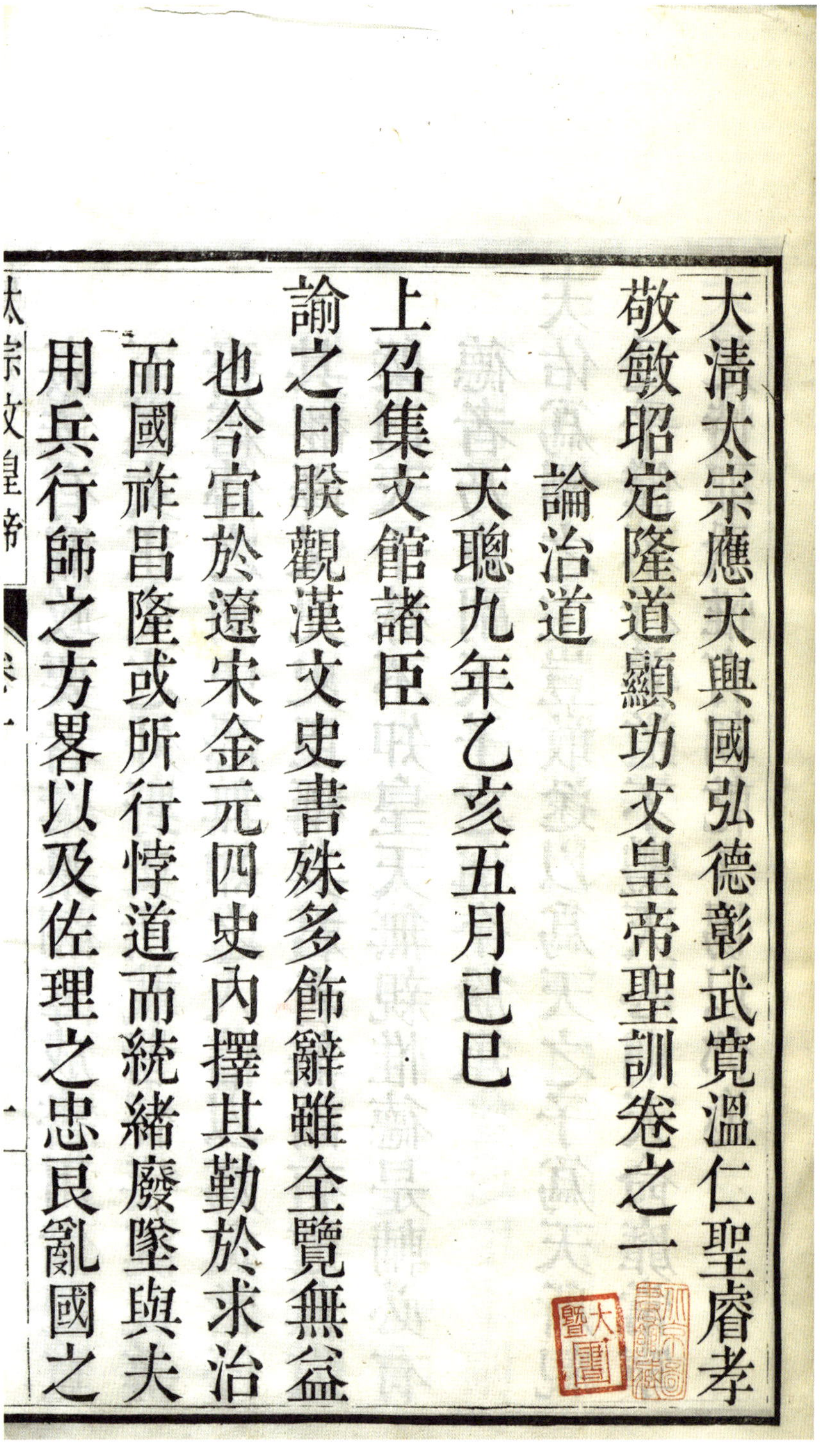
大清太宗應天興國弘德彰武寛溫仁聖睿孝
敬敏昭定隆道顯功文皇帝聖訓卷之一
論治道
天聰九年乙亥五月己巳
上召集文館諸臣
諭之曰朕觀漢文史書殊多飾辭雖全覽無益
也今宜於遼宋金元四史內擇其勤於求治
而國祚昌隆或所行悖道而統緒廢墜與夫
用兵行師之方畧以及佐理之忠良亂國之
太宗文皇帝

大清太宗文皇帝聖訓六卷　清乾隆四年（1739）武英殿刻本。一册。半頁九行十八字，白口，四周雙邊。框高24.2厘米、寬17.1厘米。暨南大學圖書館藏。

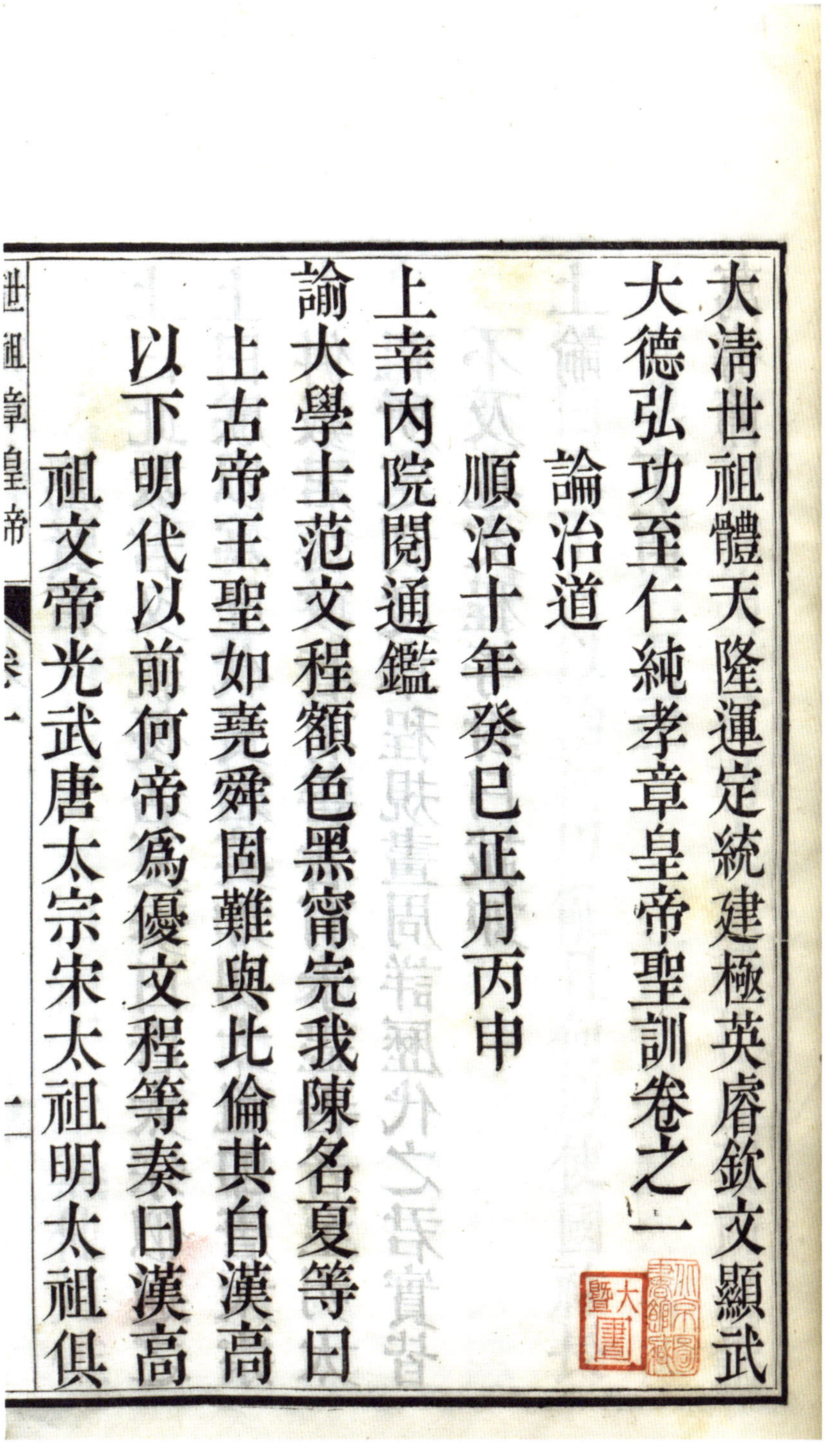

大清世祖體天隆運定統建極英睿欽文顯武
大德弘功至仁純孝章皇帝聖訓卷之一
論治道
順治十年癸巳正月丙申
上幸內院閱通鑑
諭大學士范文程額色黑甯完我陳名夏等曰
上古帝王聖如堯舜固難與比倫其自漢高
以下明代以前何帝爲優文程等奏曰漢高
祖文帝光武唐太宗宋太祖明太祖俱

大清世祖章皇帝聖訓六卷　清乾隆四年（1739）武英殿刻本。一册。半頁九行十八字，白口，四周雙邊。框高24.1厘米、寬17.1厘米。暨南大學圖書館藏。

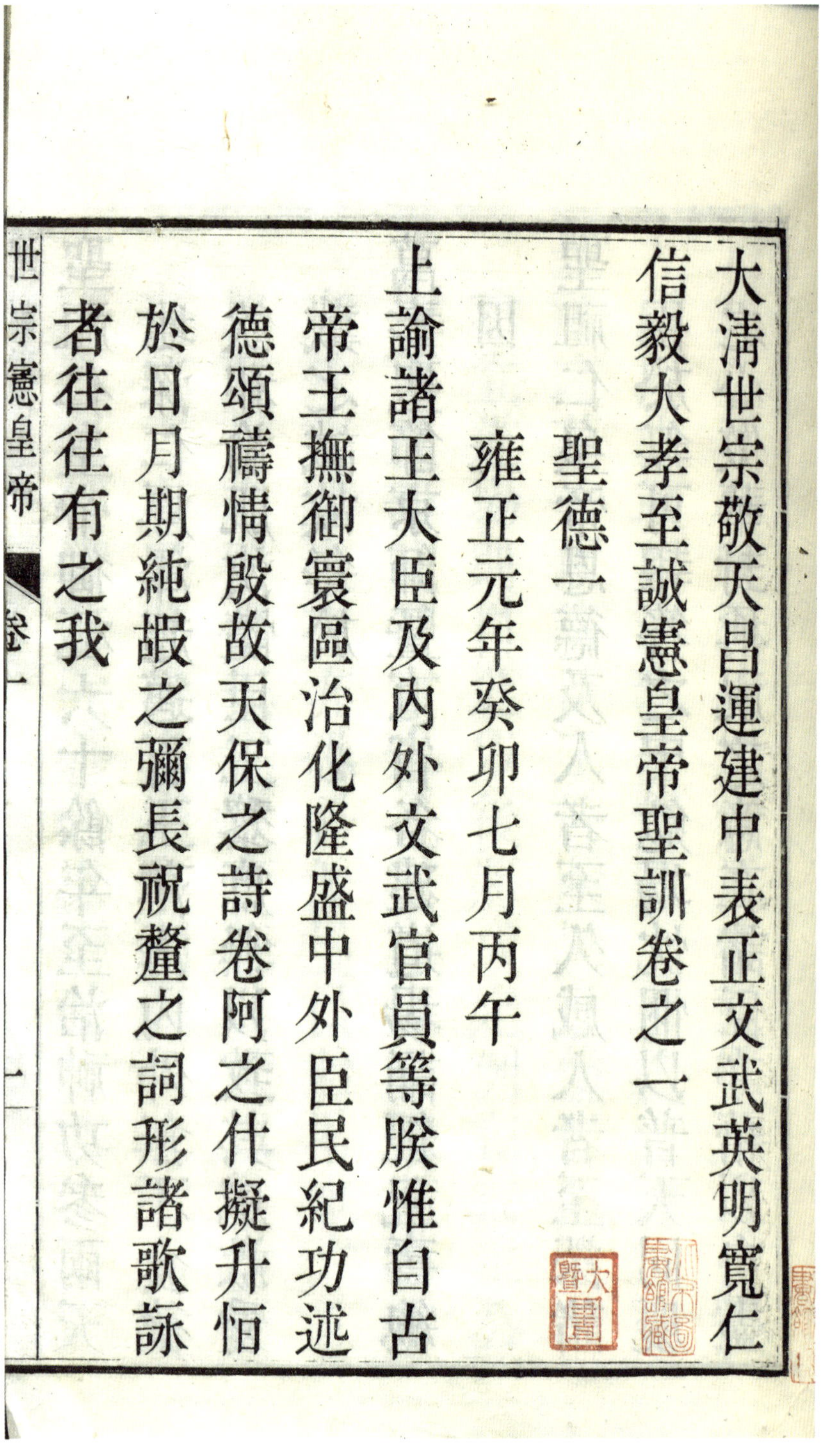

大清世宗敬天昌運建中表正文武英明寬仁
信毅大孝至誠憲皇帝聖訓卷之一
聖德一
雍正元年癸卯七月丙午
上諭諸王大臣及內外文武官員等朕惟自古
帝王撫御寰區治化隆盛中外臣民紀功述
德頌禱情殷故天保之詩卷阿之什擬升恒
於日月期純嘏之彌長祝釐之詞形諸歌詠
者往往有之我

世宗憲皇帝　卷一

大清世宗憲皇帝聖訓三十六卷　清乾隆六年（1741）武英殿刻本。十二册。半頁九行十八字，白口，四周雙邊。框高23.9厘米、寬17厘米。暨南大學圖書館藏。

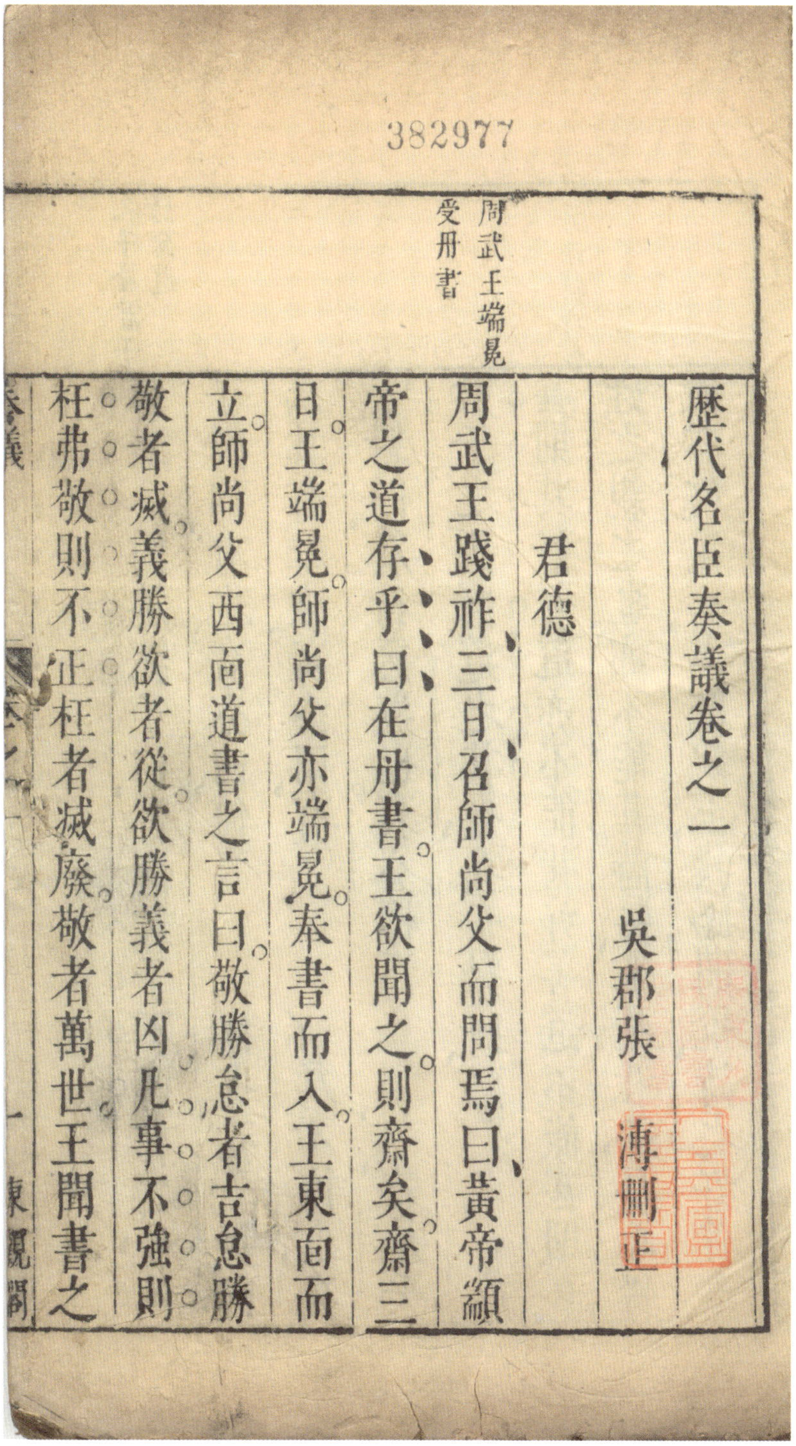
382977

周武王端冕
受丹書

歷代名臣奏議卷之一

吳郡張溥刪正

君德

周武王踐祚三日召師尚父而問焉曰黃帝顓
帝之道存乎曰在丹書王欲聞之則齋矣齋三
日王端冕師尚父亦端冕奉書而入王東面而
立師尚父西面道書之言曰敬勝怠者吉怠勝
敬者滅義勝欲者從欲勝義者凶凡事不強則
枉弗敬則不正枉者滅廢敬者萬世王聞書之

歷代名臣奏議三百五十卷　（明）黄淮　楊士奇等輯　（明）張溥刪正　明崇禎東觀閣刻本。存三百零四卷（缺九十三至一百零二、一百十九至一百二十二、二百三十一至二百三十六、二百五十二至二百五十六、二百七十九至二百八十七、三百二十四至三百三十五）。五十一册。上下兩欄，半頁九行十八字，白口，左右雙邊。框高20.5厘米、寬14.3厘米。廣東省立中山圖書館藏。

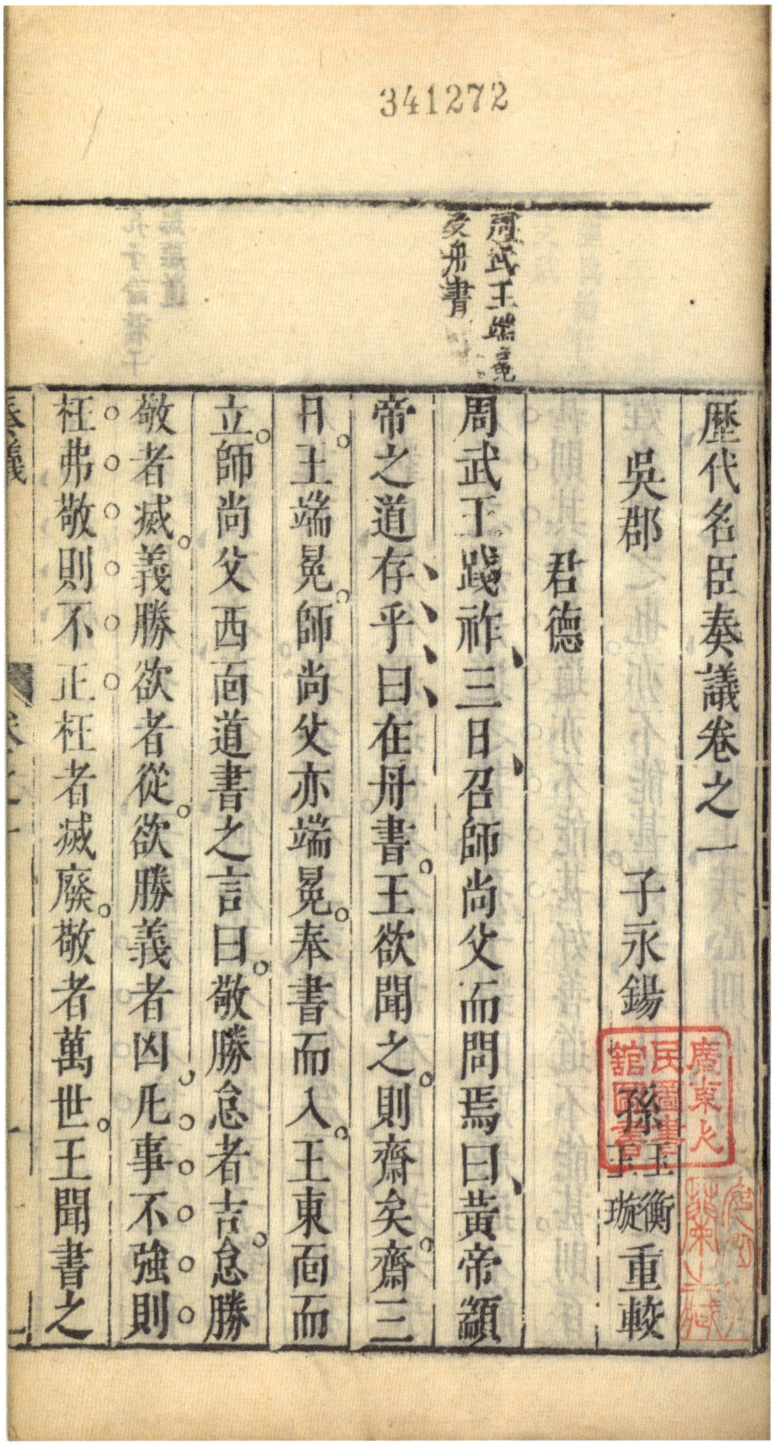

歷代名臣奏議三百五十卷　（明）黄淮　楊士奇等輯　（明）張溥刪正　明末刻本。存三百十七卷（缺二百七十五至二百七十六、三百十九至三百五十）。六十九册。上下兩欄，半頁九行十八字，白口，左右雙邊。框高20.5厘米、寬14.3厘米。廣東省立中山圖書館藏。

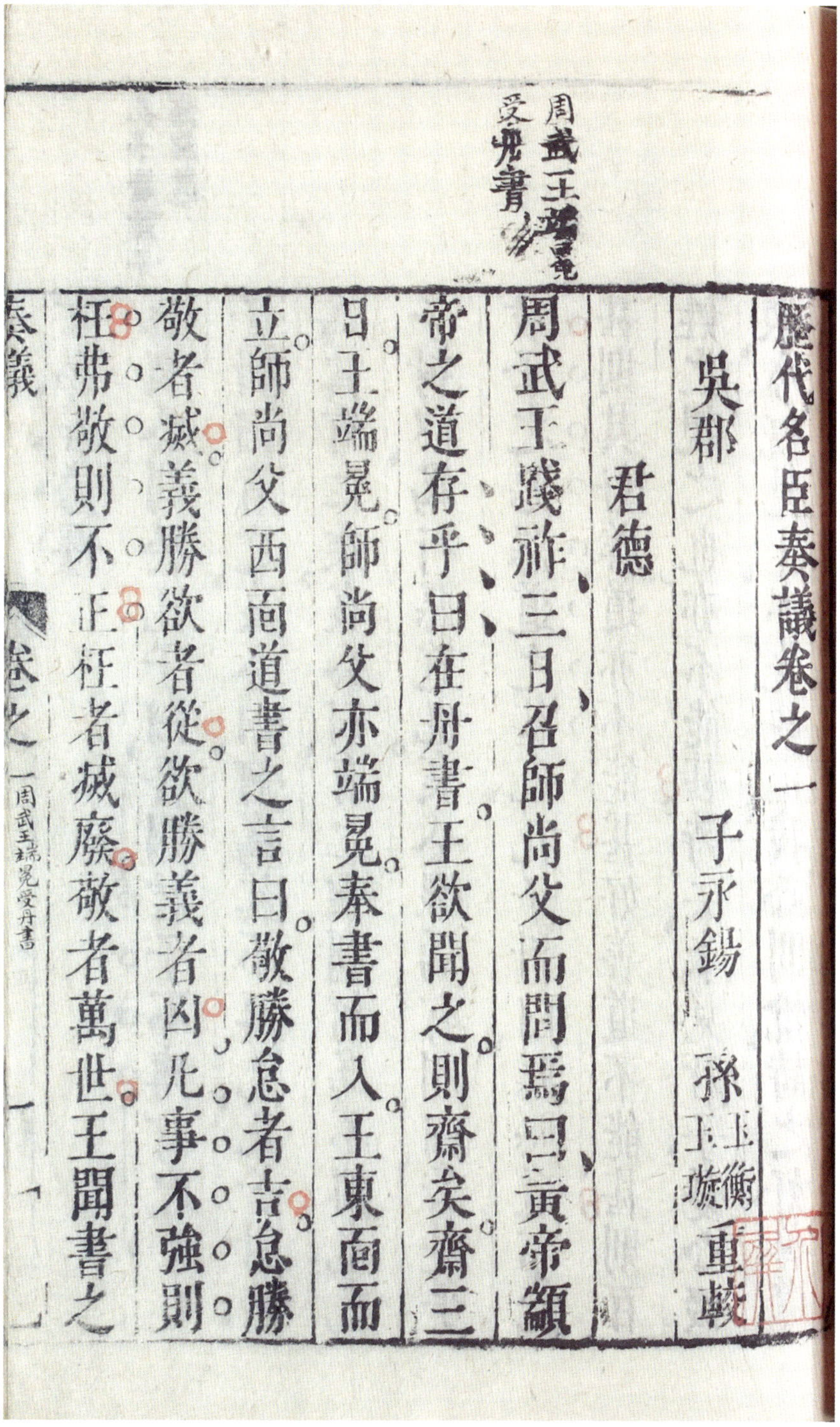
周武王端冕受丹書

歷代名臣奏議卷之一
吳郡　子永錫　孫玉衡 玉璇　重較
君德
周武王踐祚三日召師尚父而問焉曰黃帝顓
帝之道存乎曰在丹書王欲聞之則齋矣齋三
日王端冕師尚父亦端冕奉書而入王東面而
立師尚父西面道書之言曰敬勝怠者吉怠勝
敬者滅義勝欲者從欲勝義者凶凡事不強則
枉弗敬則不正枉者滅廢敬者萬世王聞書之

奏議　卷之一　周武王端冕受丹書　一

歷代名臣奏議三百二十卷　（明）黄淮　楊士奇等輯　（明）張溥刪正　明崇禎刻清聚英堂印本。四十六册。上下兩欄，半頁九行十八字，白口，左右雙邊。框高20.5厘米、寬13.9厘米。惠州慈雲圖書館藏。

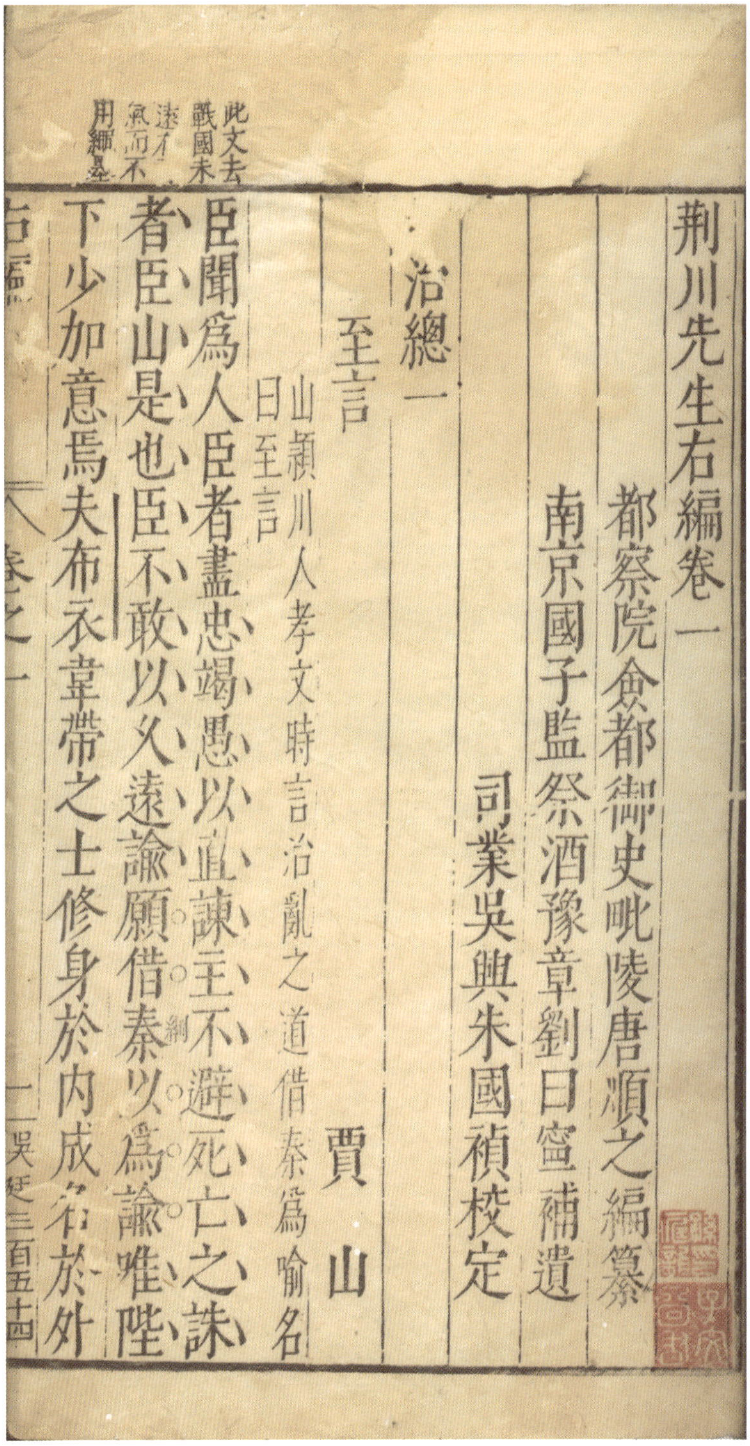
荊川先生右編卷一
都察院僉都御史毗陵唐順之編纂
南京國子監祭酒豫章劉曰寧補遺
司業吳興朱國禎校定
治總一
至言　賈山
山潁川人孝文時言治亂之道借秦爲喻名曰至言
此文去戰國未遠才氣而不用繩墨
臣聞爲人臣者盡忠竭愚以直諫主不避死亡之誅者臣山是也臣不敢以久遠諭願借秦以爲諭唯陛下少加意焉夫布衣韋帶之士修身於內成名於外
右編　卷之一　一　三百五十四

荊川先生右編四十卷　（明）唐順之編　（明）劉曰寧補　明萬曆三十三年（1605）南京國子監刻本。三十册。半頁十行二十字，小字雙行同，白口，左右雙邊。框高22.1厘米、寬13.6厘米。中山大學圖書館藏。

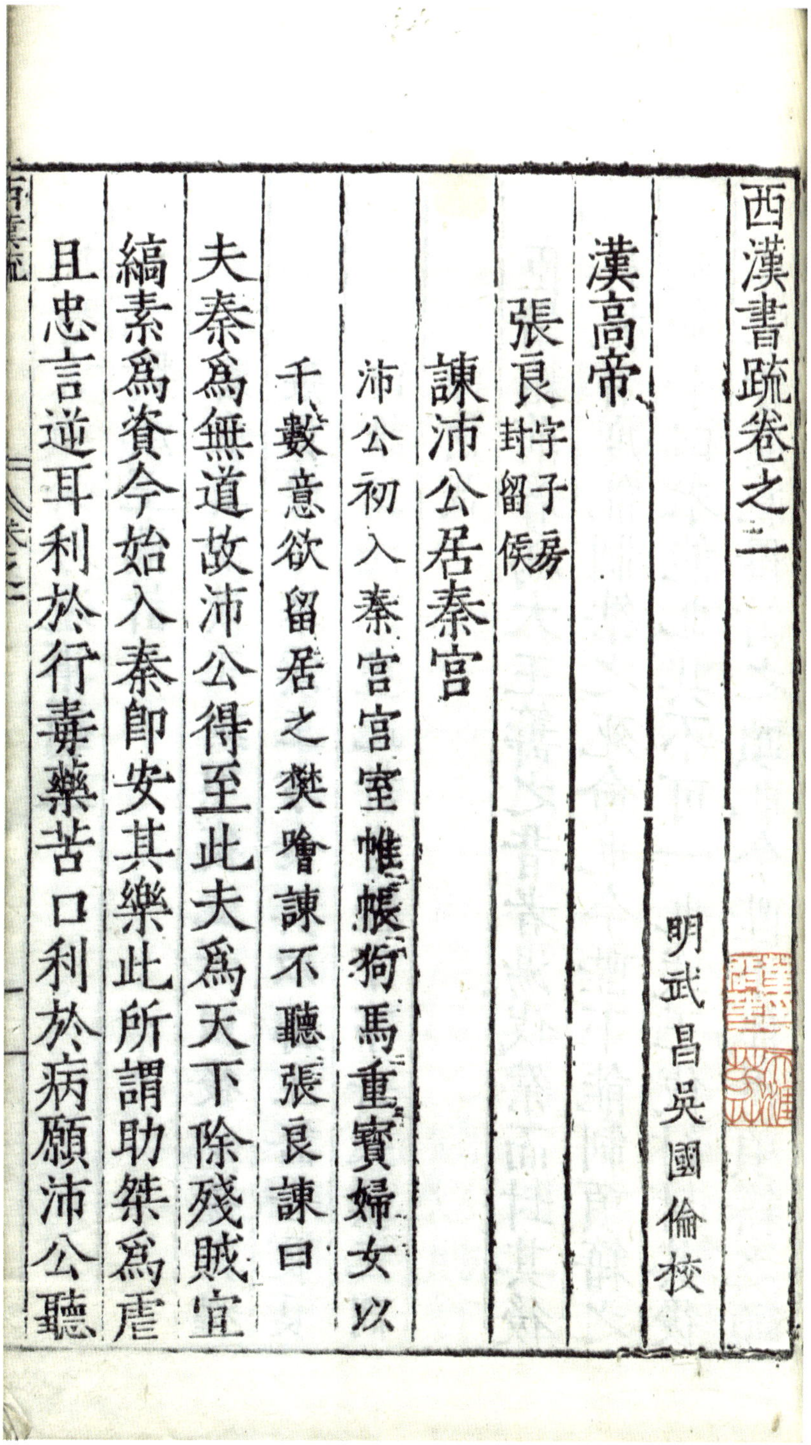
西漢書疏卷之一

明武昌吳國倫校

漢高帝

張良字子房封留侯

諫沛公居秦宮

沛公初入秦宮宮室帷帳狗馬重寶婦女以千數意欲留居之樊噲諫不聽張良諫曰

夫秦爲無道故沛公得至此夫爲天下除殘賊宜縞素爲資今始入秦卽安其樂此所謂助桀爲虐且忠言逆耳利於行毒藥苦口利於病願沛公聽

西漢書疏　卷之一　一

秦漢書疏十八卷　明嘉靖三十七年（1558）吴國倫刻本。存十五卷（缺秦書疏一至三）。八册。半頁十行二十字，白口，四周單邊。框高22.8厘米、寬15厘米。暨南大學圖書館藏。

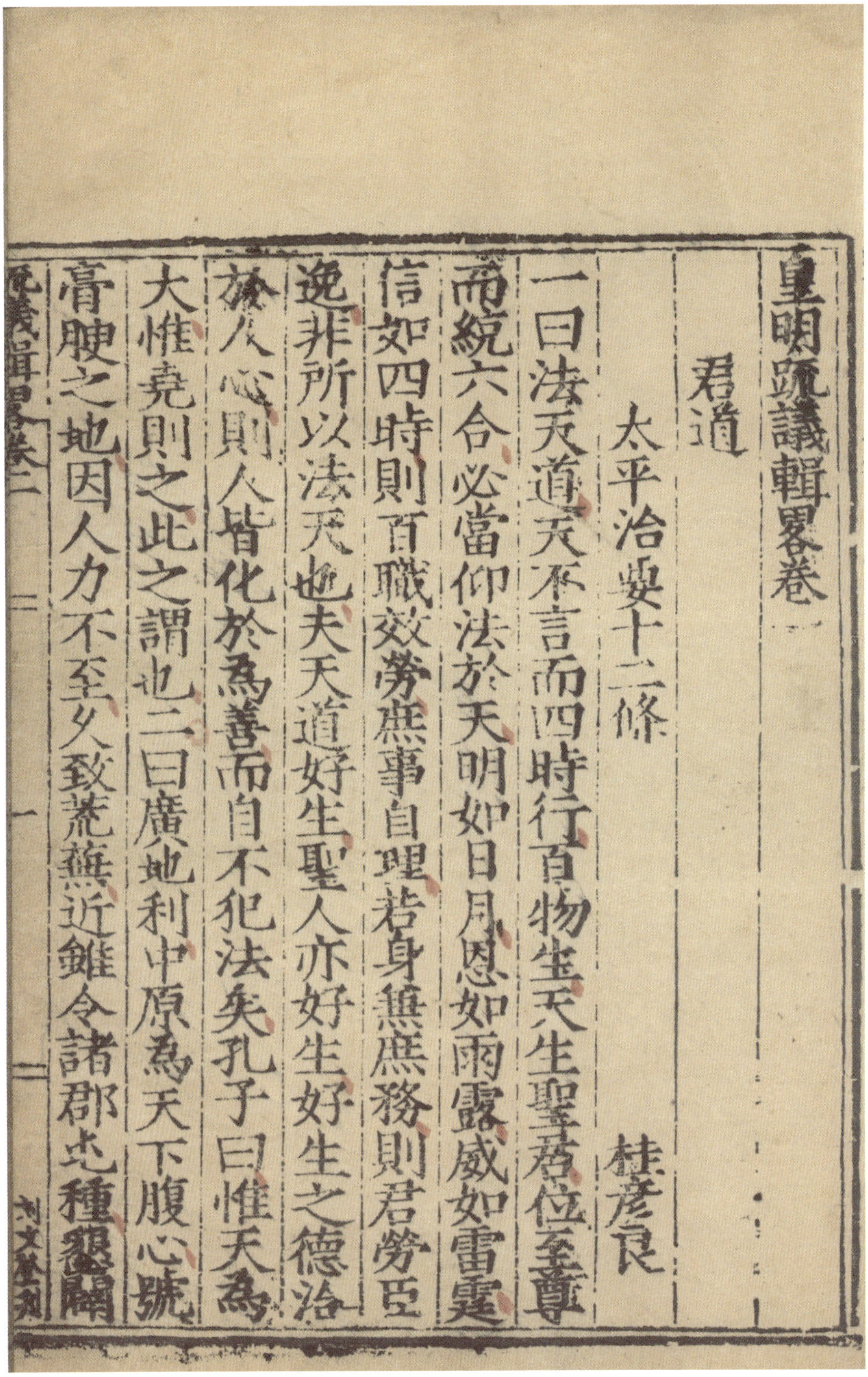

皇明疏議輯畧卷一

君道

太平治要十二條　桂彥良

一曰法天道天不言而四時行百物生天生聖君位至尊而統六合必當仰法於天明如日月恩如雨露威如雷霆信如四時則百職效勞庶事自理若身兼庶務則君勞臣逸非所以法天也夫天道好生聖人亦好生好生之德洽於人心則人皆化於為善而自不犯法矣孔子曰惟天為大惟堯則之此之謂也二曰廣地利中原為天下腹心號膏腴之地因人力不至久致荒蕪近雖令諸郡屯種闢

疏議輯畧卷一　二　一　二　劉文登刻

皇明疏議輯畧三十七卷　（明）張瀚輯　明王汝訓、萬世德刻本。存十二卷（一至十二）。八册。半頁十行二十二字，白口，四周雙邊。框高19.1厘米、寬14.4厘米。中山大學圖書館藏。

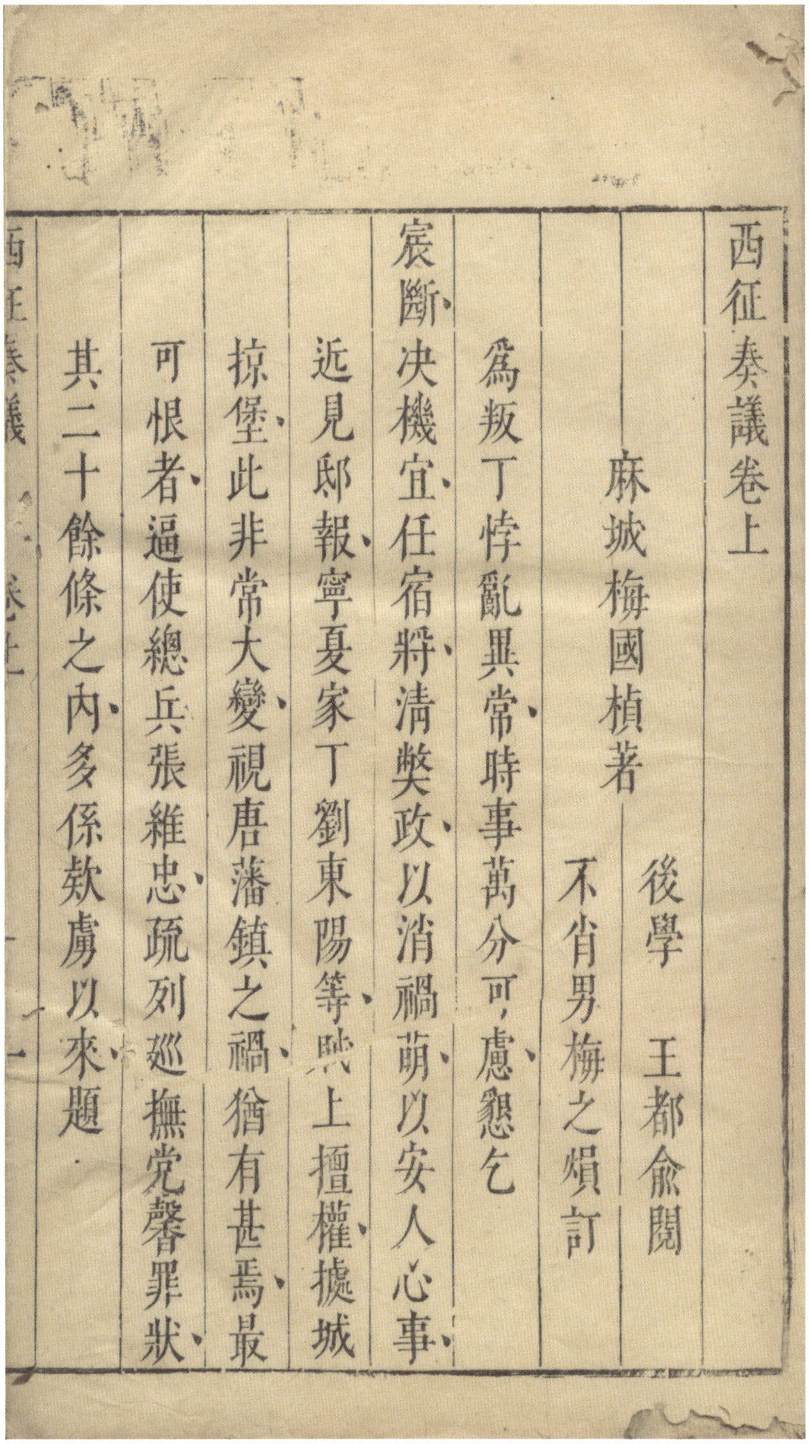
西征奏議卷上
麻城梅國楨著
後學　王都僉閱
不肖男梅之熉訂
爲叛丁悖亂異常、時事萬分可慮、懇乞
宸斷決機宜、任宿將、清弊政、以消禍萌、以安人心事、
近見邸報、寧夏家丁劉東陽等、興上擅權、據城
掠堡、此非常大變、視唐藩鎮之禍、猶有甚焉、最
可恨者、逼使總兵張維忠、疏列巡撫党馨罪狀、
其二十餘條之內、多係欵虜以來題
西征奏議　卷上　一

西征奏議二卷　（明）梅國楨撰　明末刻本。存二卷（缺卷下下）。三冊。半頁九行二十字，白口，四周單邊。框高20.5厘米、寬13.7厘米。中山大學圖書館藏。

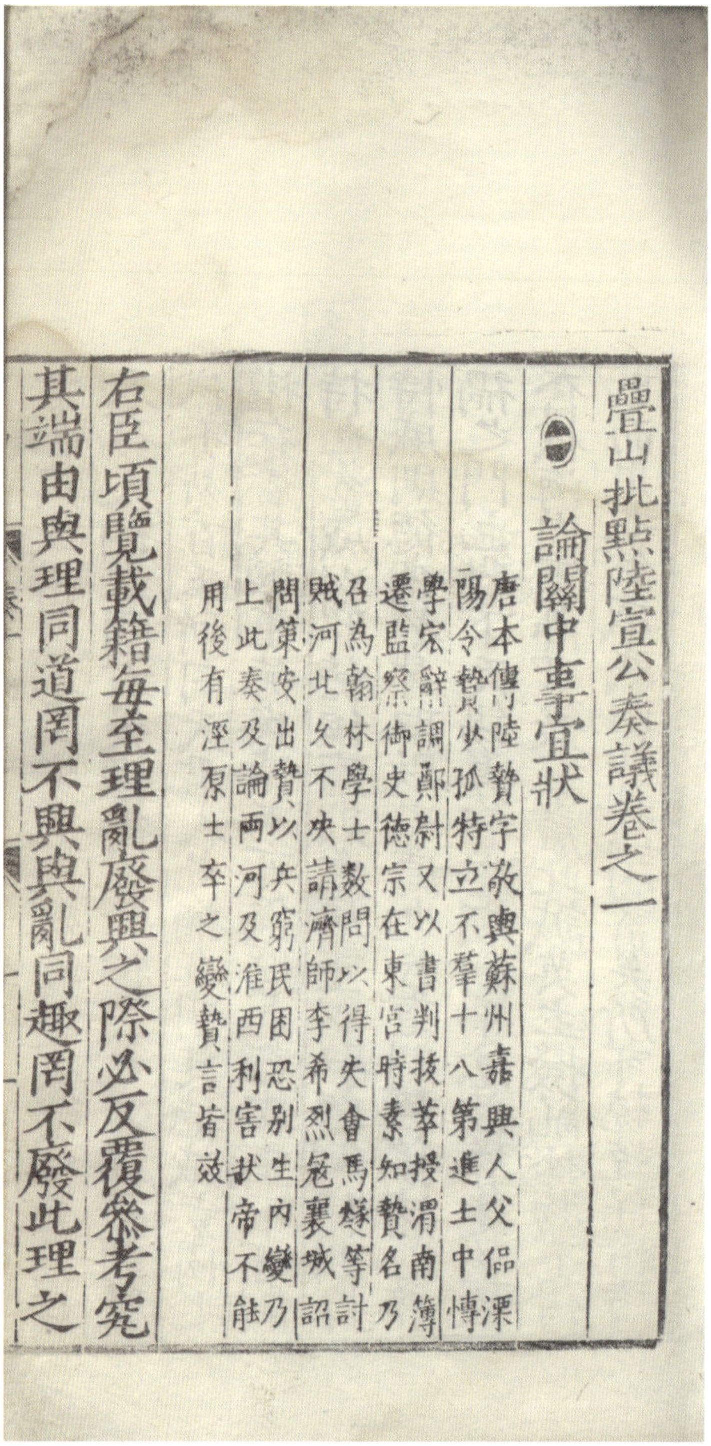
疊山批點陸宣公奏議卷之一

㊀論關中事宜狀

唐本傳陸贄字敬輿蘇州嘉興人父侃溧陽令贄少孤特立不羣十八第進士中博學宏辭調鄭尉又以書判拔萃授渭南簿遷監察御史德宗在東宮時素知贄名乃召為翰林學士數問以得失會馬燧等討賊河北久不決請濟師李希烈寇襄城詔問策安出贄以兵窮民困恐別生內變乃上此奏及論兩河及淮西利害狀帝不能用後有涇原士卒之變贄言皆效

右臣頃覽載籍每至理亂廢興之際必反覆參考竟其端由與理同道罔不興與亂同趣罔不廢此理之

疊山批點陸宣公奏議十五卷　（唐）陸贄撰　（宋）謝枋得批點　明刻本。四册。半頁九行二十字，小字雙行同，白口，四周單邊。框高18.7厘米、寬12.4厘米。中山大學圖書館藏。

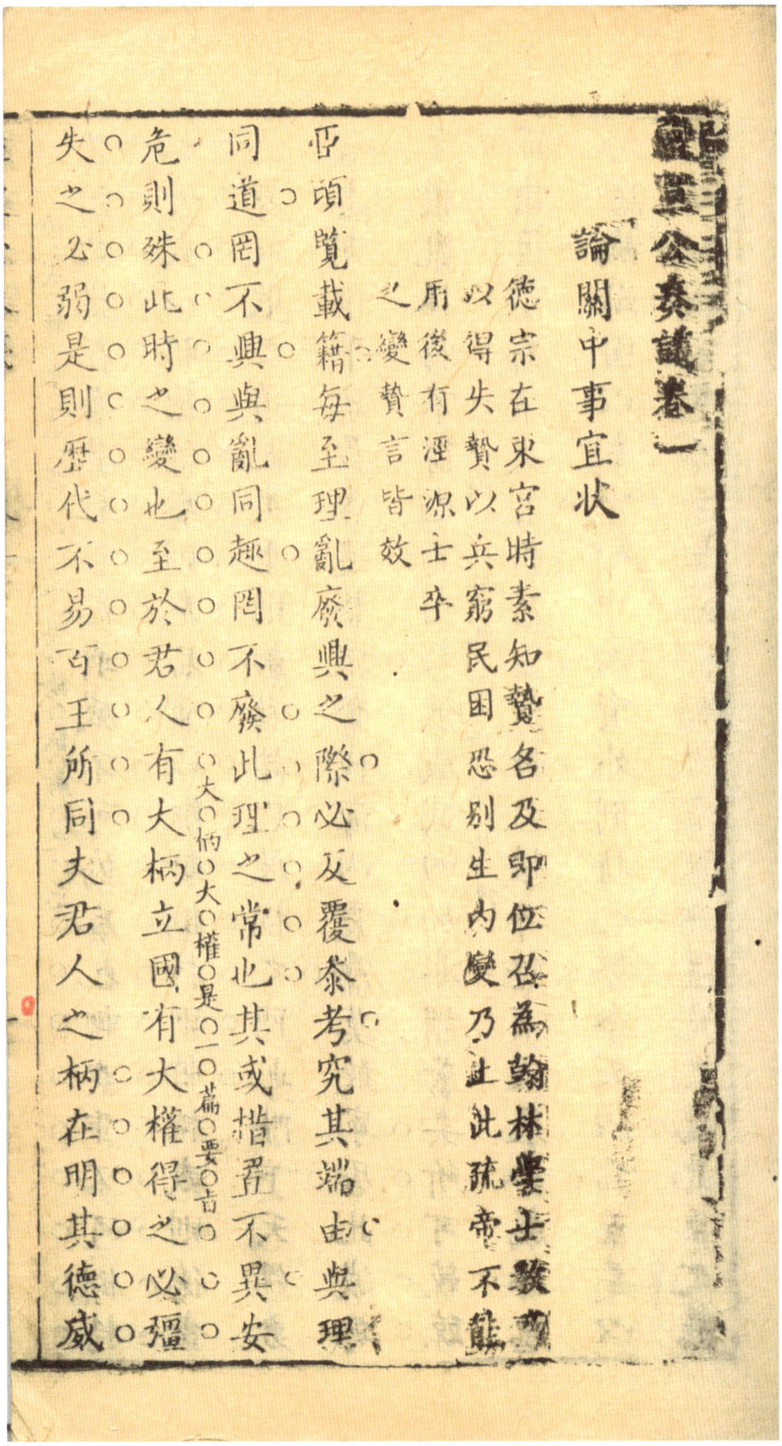

陸宣公奏議四卷　（唐）陸贄撰　（宋）蘇軾選　（清）蔡方炳評　清乾隆十一年（1746）江榕刻本。二册。半頁八行二十四字，小字雙行同，白口，四周單邊。框高20.3厘米、寬12厘米。佛山市圖書館藏。

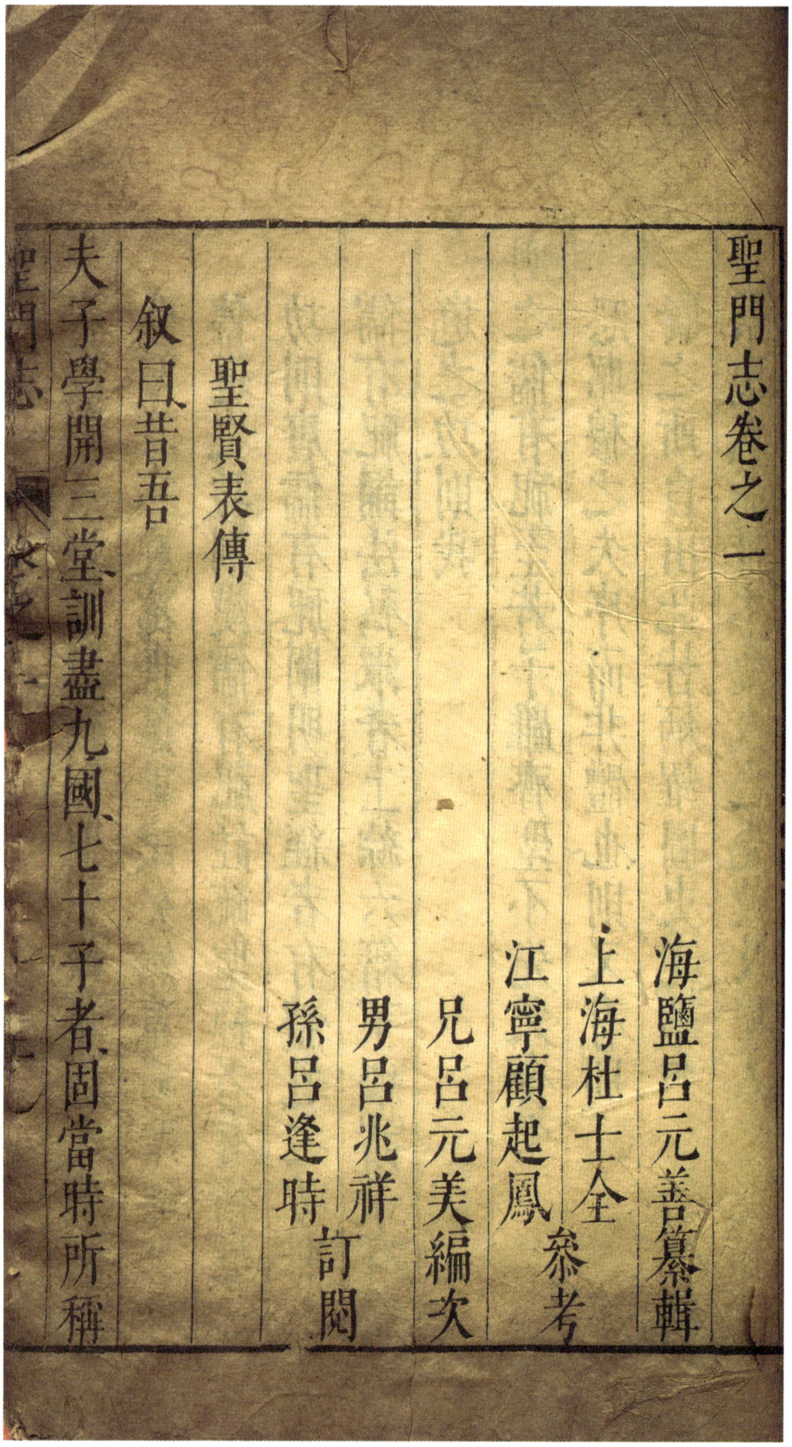

聖門志卷之一
海鹽呂元善纂輯
上海杜士全
江寧顧起鳳叅考
兄呂元美編次
男呂兆祥
孫呂逢時訂閱
聖賢表傳
叙曰昔吾
夫子學開三堂訓盡九國七十子者固當時所稱
聖門志　卷之一

聖門志六卷　（明）呂元善輯　明天啓五年（1625）刻本。七册。半頁十行十九字，白口，左右雙邊。框高20.4厘米、寬14.8厘米。暨南大學圖書館藏。

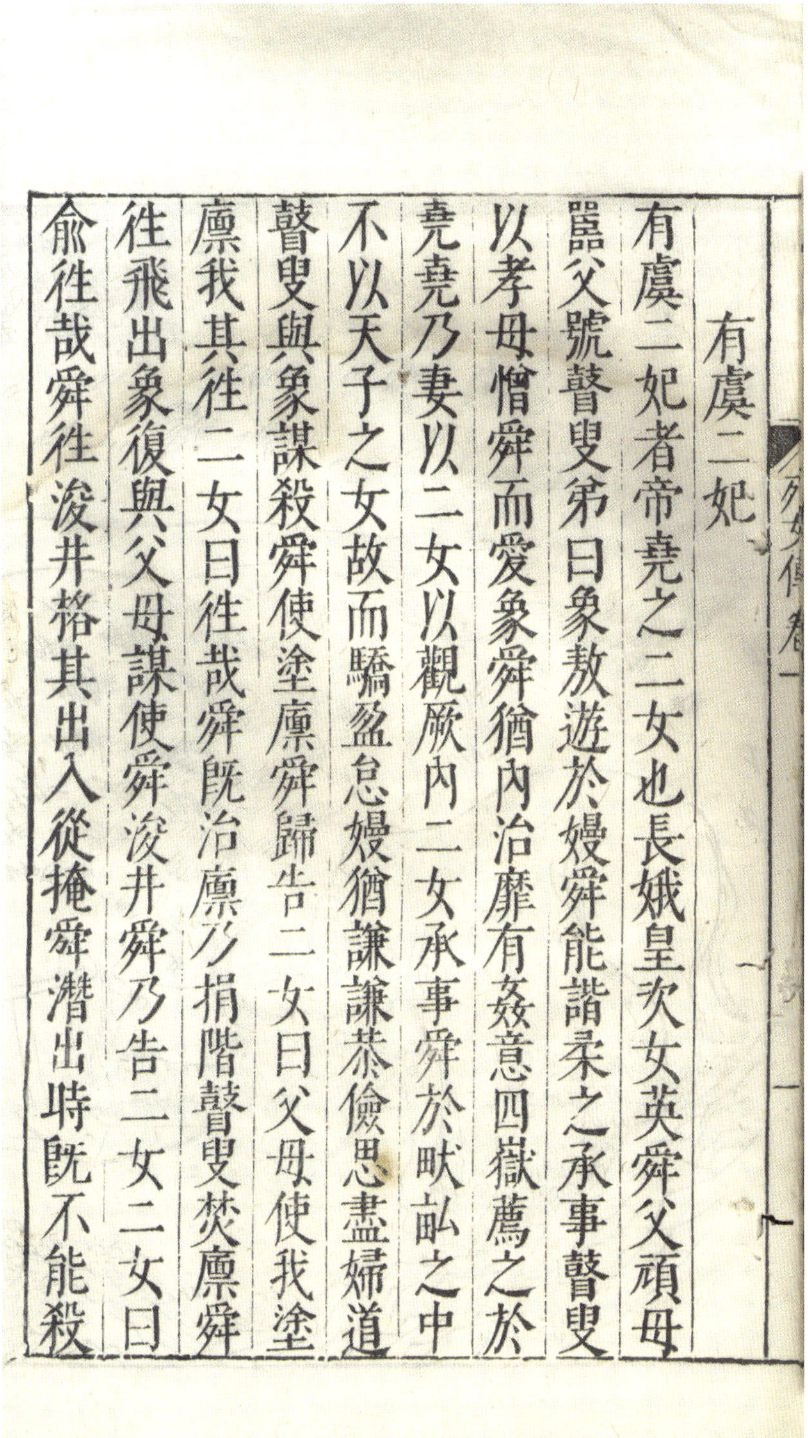
列女傳卷一　一

有虞二妃

有虞二妃者帝堯之二女也長娥皇次女英舜父頑母嚚父號瞽叟弟曰象敖遊於嫚舜能諧柔之承事瞽叟以孝母憎舜而愛象舜猶內治靡有姦意四嶽薦之於堯堯乃妻以二女以觀厥內二女承事舜於畎畝之中不以天子之女故而驕盈怠嫚猶謙謙恭儉思盡婦道瞽叟與象謀殺舜使塗廩舜歸告二女曰父母使我塗廩我其往二女曰往哉舜既治廩乃捐階瞽叟焚廩舜往飛出象復與父母謀使舜浚井舜乃告二女二女曰俞往哉舜往浚井格其出入從掩舜潛出時既不能殺

列女傳十六卷　（漢）劉向撰　（明）汪道昆輯　（明）仇英繪圖　明萬曆刻清乾隆四十四年（1779）鮑氏知不足齋印本。八册。半頁十行二十一字，白口，四周單邊。框高22.3厘米、寬14.6厘米。中山大學圖書館藏。

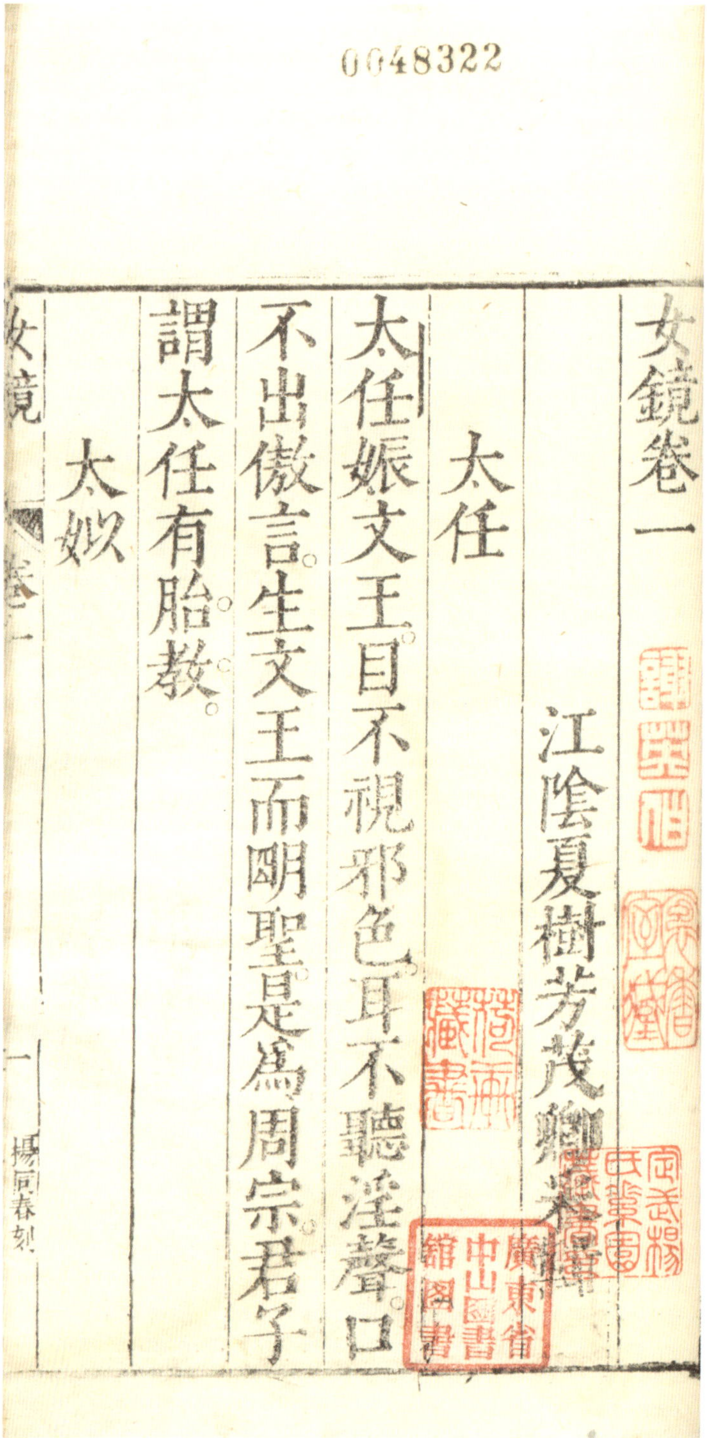

女鏡卷一

江陰夏樹芳茂卿輯

太任

太任娠文王。目不視邪色，耳不聽淫聲，口不出傲言。生文王而明聖。是為周宗。君子謂太任有胎教。

太姒

女鏡 卷一 一

揚同春刻

女鏡八卷　（明）夏樹芳輯　明萬曆刻本。八册。半頁七行十六字，白口，四周單邊。框高18.5厘米、寬12.4厘米。廣東省立中山圖書館藏。

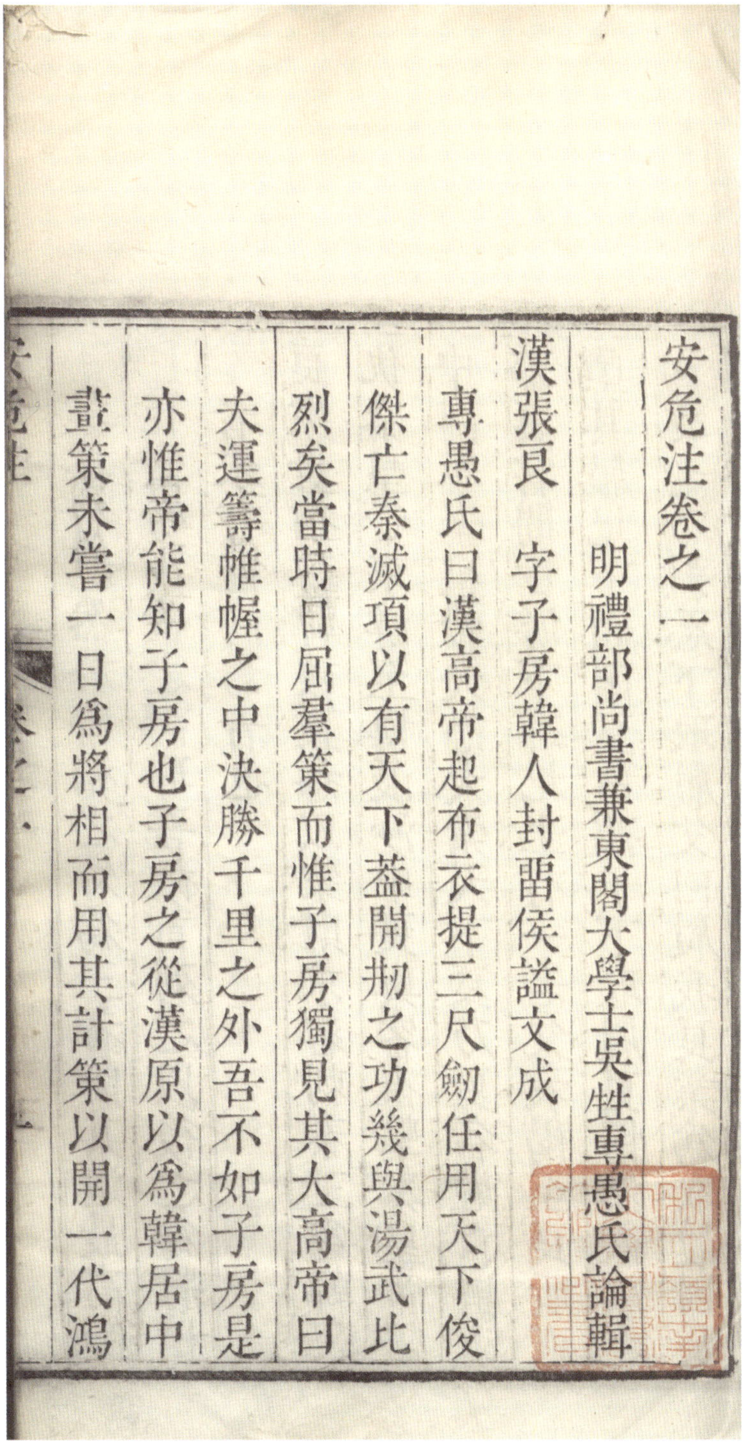
安危注卷之一
明禮部尚書兼東閣大學士吳甡專愚氏論輯
漢張良　字子房韓人封留侯謚文成
專愚氏曰漢高帝起布衣提三尺劒任用天下俊
傑亡秦滅項以有天下蓋開刱之功幾與湯武比
烈矣當時日屈羣策而惟子房獨見其大高帝曰
夫運籌帷幄之中決勝千里之外吾不如子房是
亦惟帝能知子房也子房之從漢原以爲韓居中
畫策未嘗一日爲將相而用其計策以開一代鴻

安危注四卷　（明）吳甡輯　清初吳元復刻本。二册。半頁九行二十字，白口，四周雙邊。框高16.1厘米、寬12.7厘米。中山大學圖書館藏。

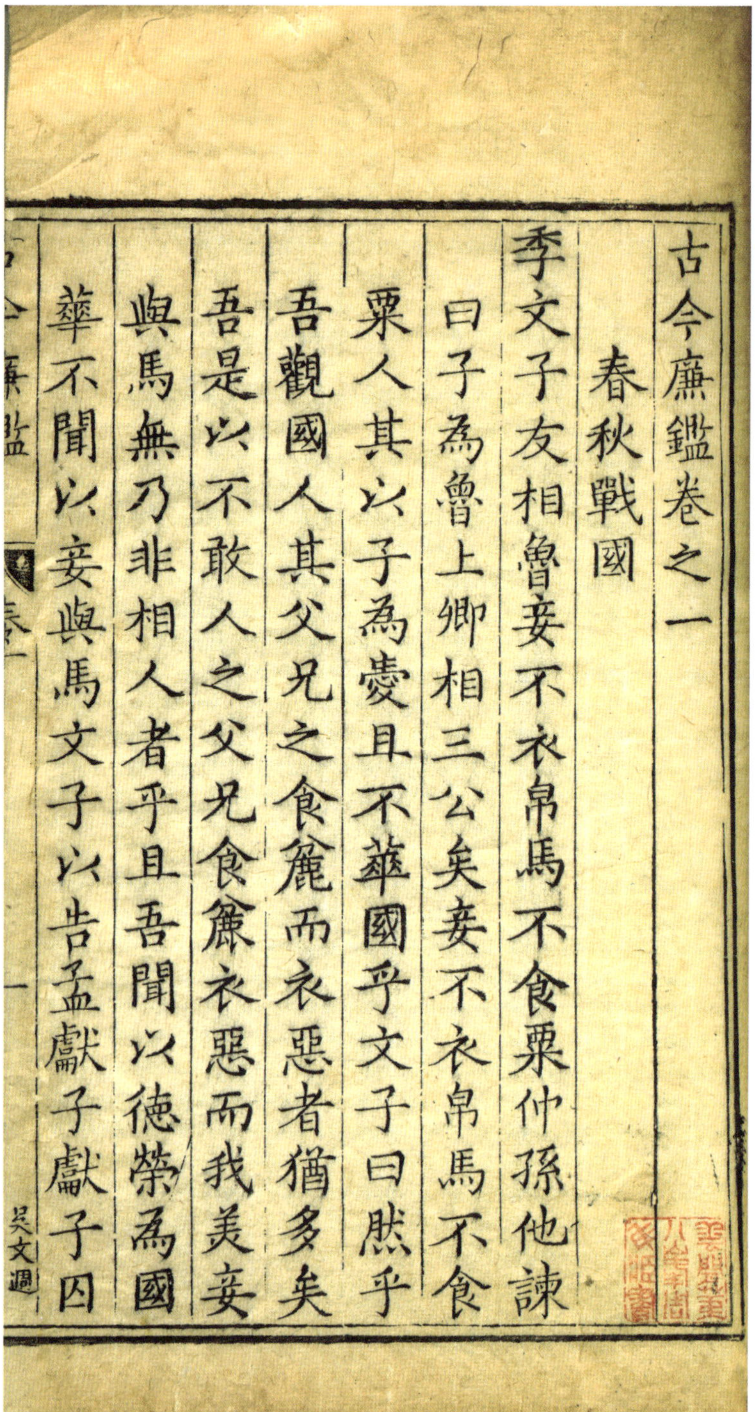

古今廉鑑卷之一

春秋戰國

季文子友相魯妾不衣帛馬不食粟仲孫他諫曰子為魯上卿相三公矣妾不衣帛馬不食粟人其以子為愛且不華國乎文子曰然乎吾觀國人其父兄之食麁而衣惡者猶多矣吾是以不敢人之父兄食麁衣惡而我美妾與馬無乃非相人者乎且吾聞以德榮為國華不聞以妾與馬文子以告孟獻子獻子囚

古今廉鑑　卷一　一

吳文週

古今廉鑑八卷　（明）喬懋敬撰　明萬曆九年（1581）兩淮都轉運監使司刻本。四册。半頁九行十八字，小字雙行同，白口，四周雙邊。框高20.9厘米、寬14.1厘米。暨南大學圖書館藏。

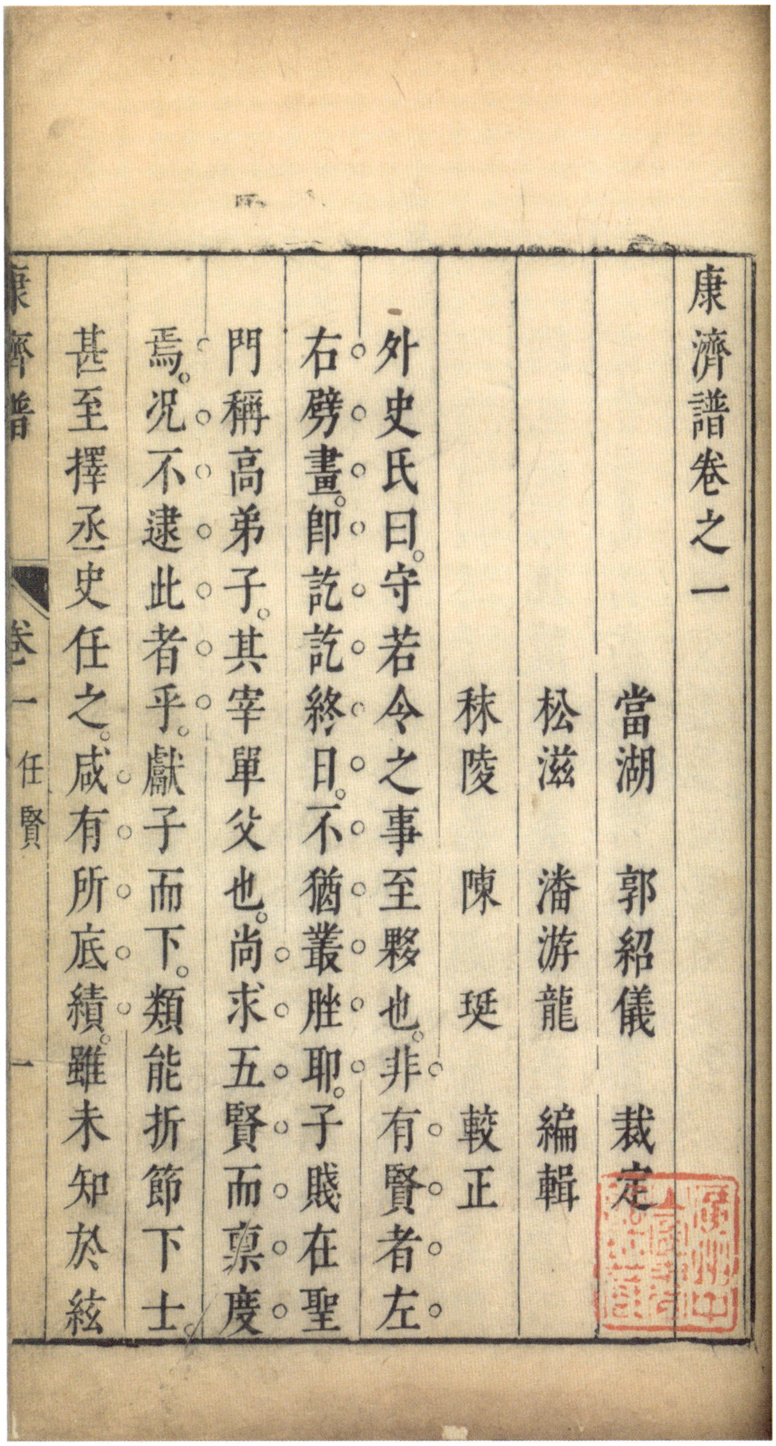
康濟譜卷之一
當湖　郭紹儀　裁定
松滋　潘游龍　編輯
秣陵　陳珽　較正
外史氏曰。守若令之事至夥也。非有賢者左右劈畫。即訖訖終日。不猶叢脞耶。子賤在聖門稱高弟子。其宰單父也。尚求五賢而稟度焉。況不逮此者乎。獻子而下。類能折節下士。甚至擇丞史任之。咸有所底績。雖未知於絃
康濟譜　卷一　任賢　一

康濟譜二十三卷　（明）潘游龍編　明崇禎九年（1636）刻本。十册。半頁九行十八字，白口，左右雙邊。框高20.5厘米、寬14.5厘米。廣東省立中山圖書館藏。

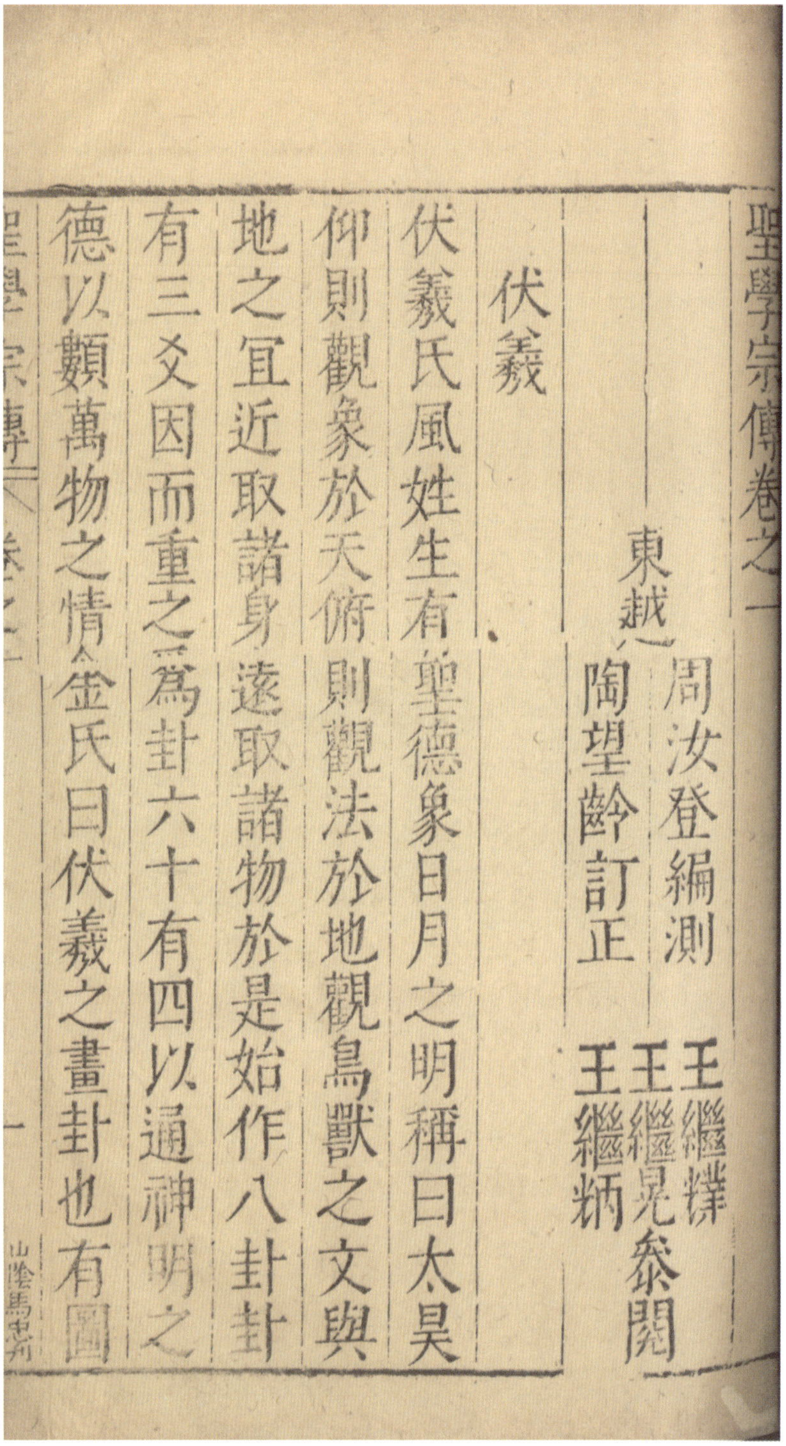

聖學宗傳卷之一

東越 周汝登編測

陶望齡訂正

王繼纀
王繼晃參閱
王繼炳

伏羲

伏羲氏風姓生有聖德象日月之明稱曰太昊仰則觀象於天俯則觀法於地觀鳥獸之文與地之宜近取諸身遠取諸物於是始作八卦卦有三爻因而重之爲卦六十有四以通神明之德以類萬物之情金氏曰伏羲之畫卦也有圖

聖學宗傳 卷之一 一

山陰馬忠刊

聖學宗傳十八卷　（明）周汝登撰　明萬曆三十三年（1605）王世韶等刻本。十六册。半頁九行十八字，小字雙行同，白口，四周單邊。框高20.2厘米、寬13.5厘米。中山大學圖書館藏。

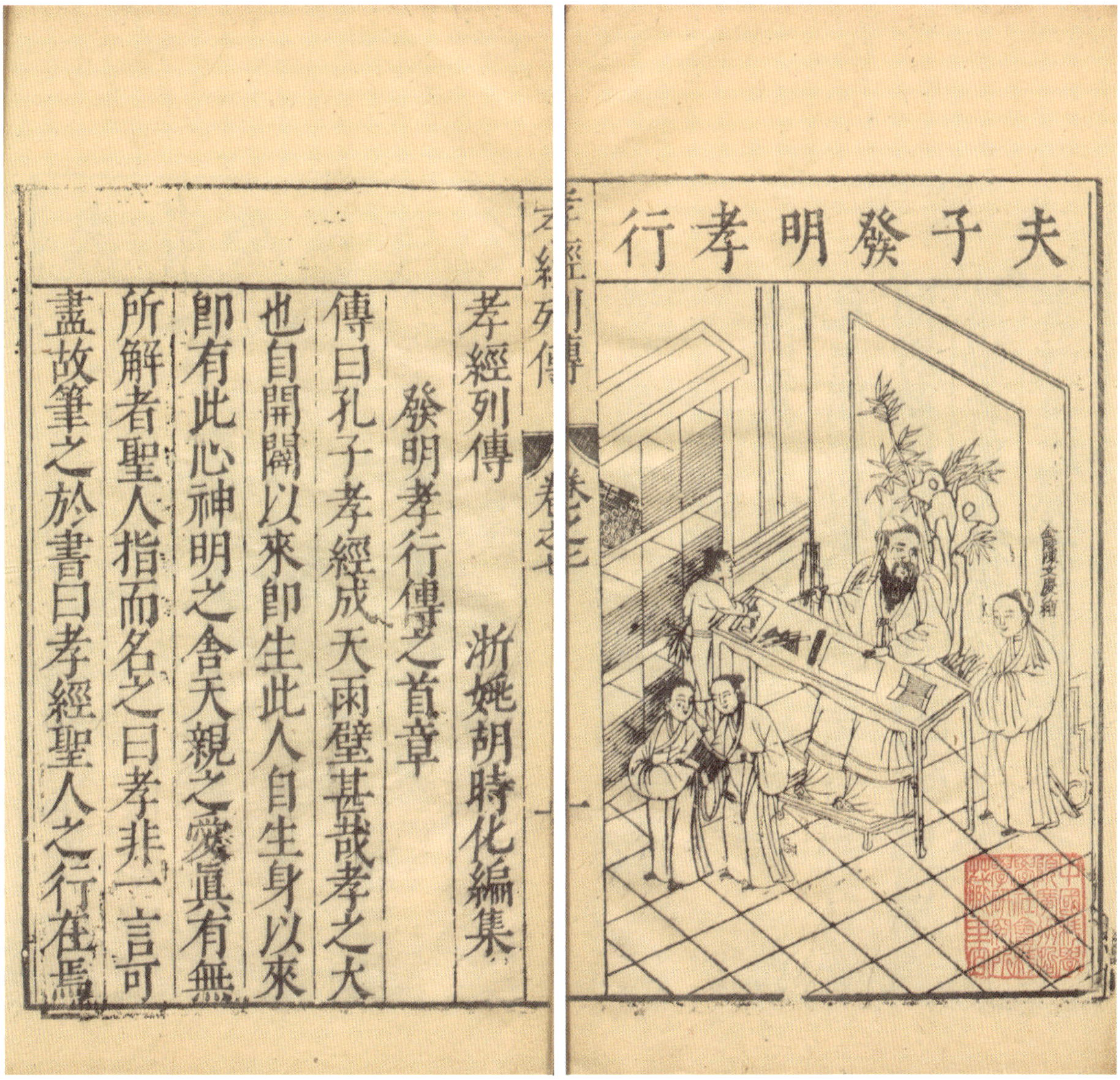

孝經列傳七卷　（明）胡時化撰　明萬曆刻本。五册。上下兩欄，半頁七行十五字，小字雙行同，白口，左右雙邊。框高18.3厘米、寬13厘米。廣東省社會科學院藏。

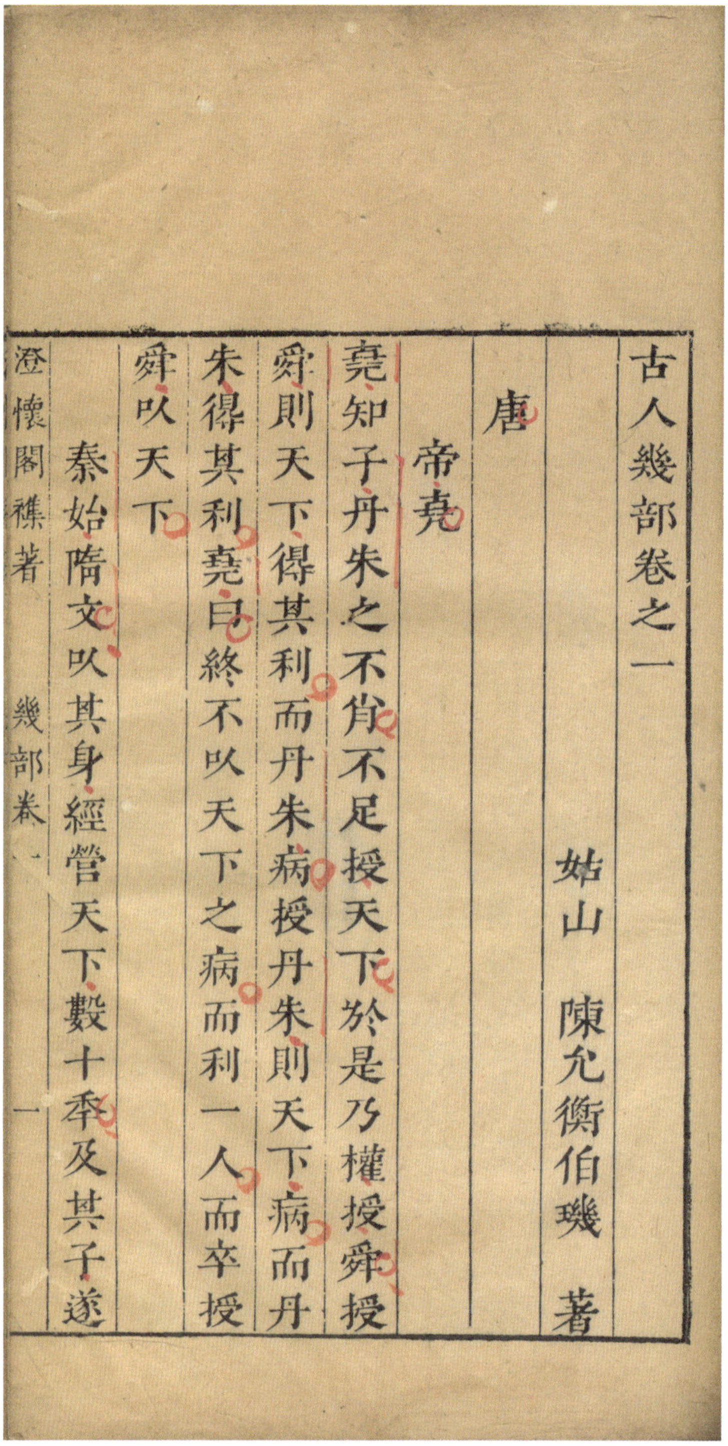

古人幾部卷之一

姑山　陳允衡伯璣　著

唐

帝堯

堯知子丹朱之不肖不足授天下於是乃權授舜授舜則天下得其利而丹朱病授丹朱則天下病而丹朱得其利堯曰終不以天下之病而利一人而卒授舜以天下

秦始隋文以其身經營天下數十季及其子遂

澄懷閣襍著　幾部卷一　一

古人幾部六卷　（清）陳允衡撰　清初刻本。四册。半頁九行二十字，白口，四周單邊。框高17厘米、寬12.8厘米。廣東省立中山圖書館藏。

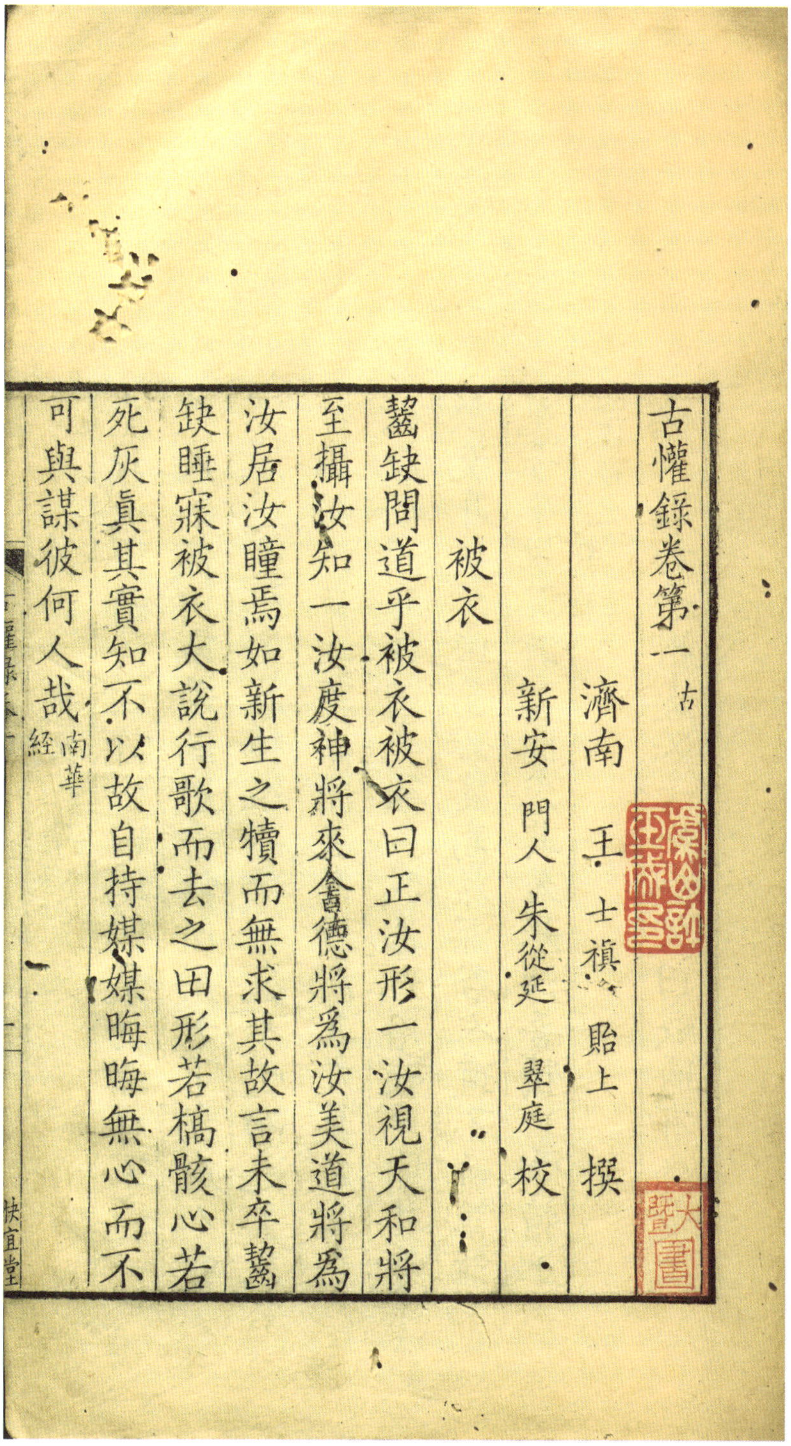
古懽録卷第一
濟南 王士禛 貽上 撰
新安 門人 朱從延 翠庭 校
被衣
齧缺問道乎被衣被衣曰正汝形一汝視天和將至攝汝知一汝度神將來舍德將爲汝美道將爲汝居汝瞳焉如新生之犢而無求其故言未卒齧缺睡寐被衣大說行歌而去之曰形若槁骸心若死灰眞其實知不以故自持媒媒晦晦無心而不可與謀彼何人哉南華經

古懽録八卷　（清）王士禛撰　清康熙刻王漁洋遺書本。二册。半頁十行十九字，小字雙行同，白口，左右雙邊。框高16.7厘米、寬13.3厘米。暨南大學圖書館藏。

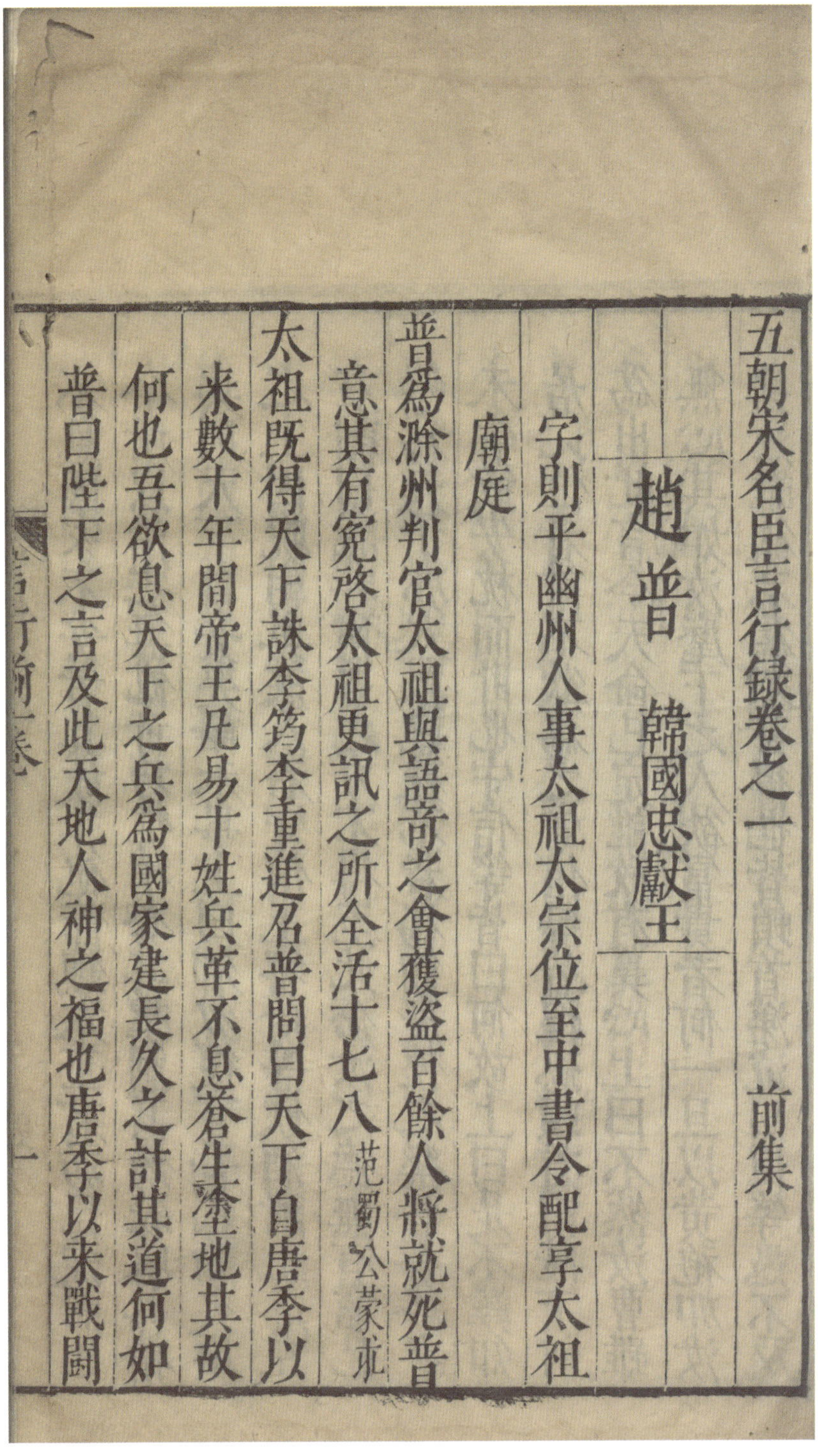
五朝宋名臣言行録卷之一　前集
趙普　韓國忠獻王
字則平幽州人事太祖太宗位至中書令配享太祖
廟庭
普爲滁州判官太祖與語奇之會獲盜百餘人將就死普
意其有冤啓太祖更訊之所全活十七八 范蜀公蒙求
太祖既得天下誅李筠李重進召普問曰天下自唐季以
來數十年間帝王凡易十姓兵革不息蒼生塗地其故
何也吾欲息天下之兵爲國家建長久之計其道何如
普曰陛下之言及此天地人神之福也唐季以來戰鬪

五朝宋名臣言行録前集十卷後集十四卷　（宋）朱熹撰　**宋名臣言行録續集八卷别集二十六卷外集十七卷**　（宋）李幼武撰　明張鰲山刻本。十二册。半頁十一行二十二字，小字單行同，白口，四周單邊。框高20厘米、寬14.1厘米。中山大學圖書館藏。

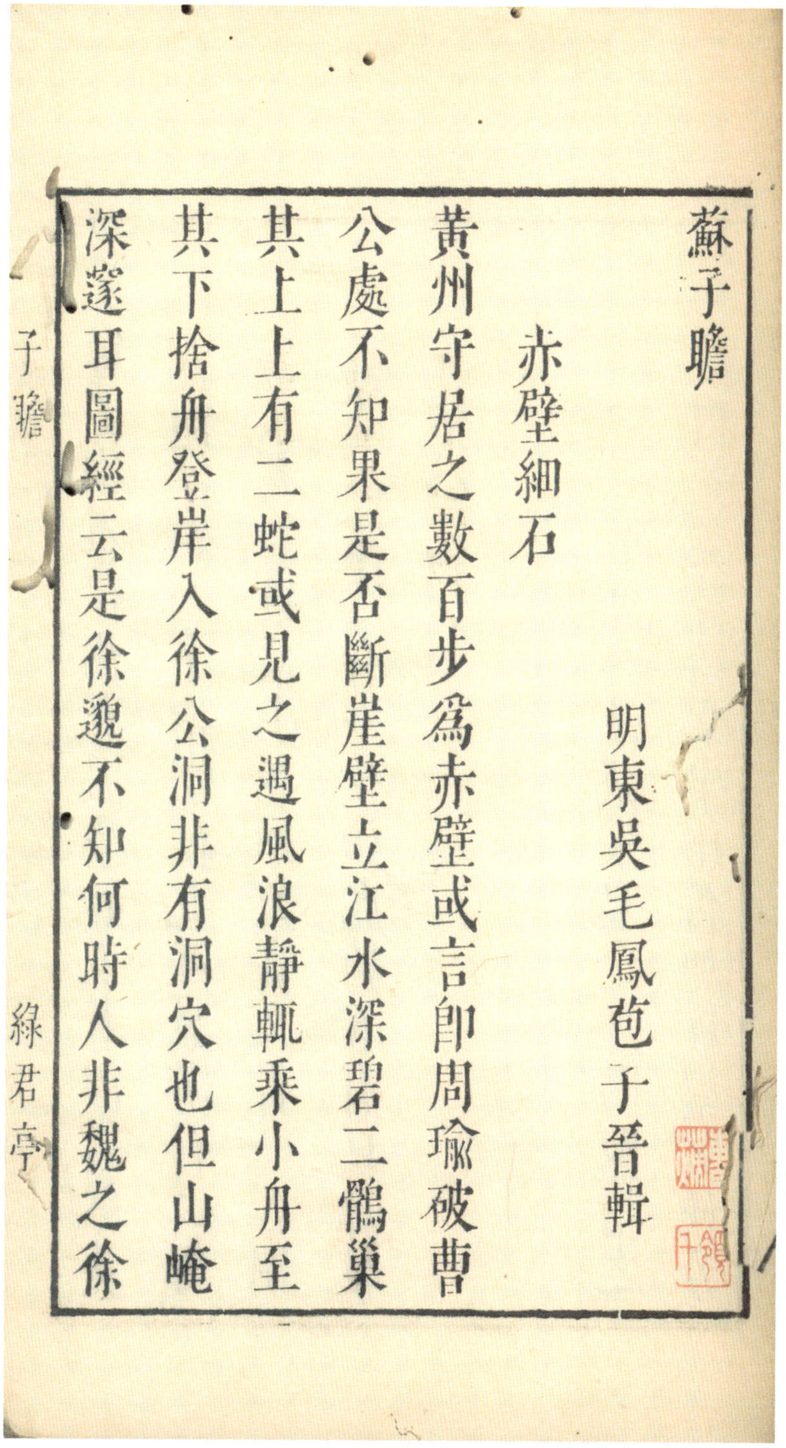

蘇子贍

明東吳毛鳳苞子晉輯

赤壁細石

黃州守居之數百步爲赤壁或言即周瑜破曹公處不知果是否斷崖壁立江水深碧二鶻巢其上上有二蛇或見之遇風浪靜輒乘小舟至其下捨舟登岸入徐公洞非有洞穴也但山崦深邃耳圖經云是徐邈不知何時人非魏之徐

子贍　綠君亭

蘇米志林三卷　（明）毛晉輯　明天啓五年（1625）毛氏綠君亭刻本。三册。半頁八行十八字，白口，四周單邊。框高20.3厘米、寬13.1厘米。廣東省立中山圖書館藏。

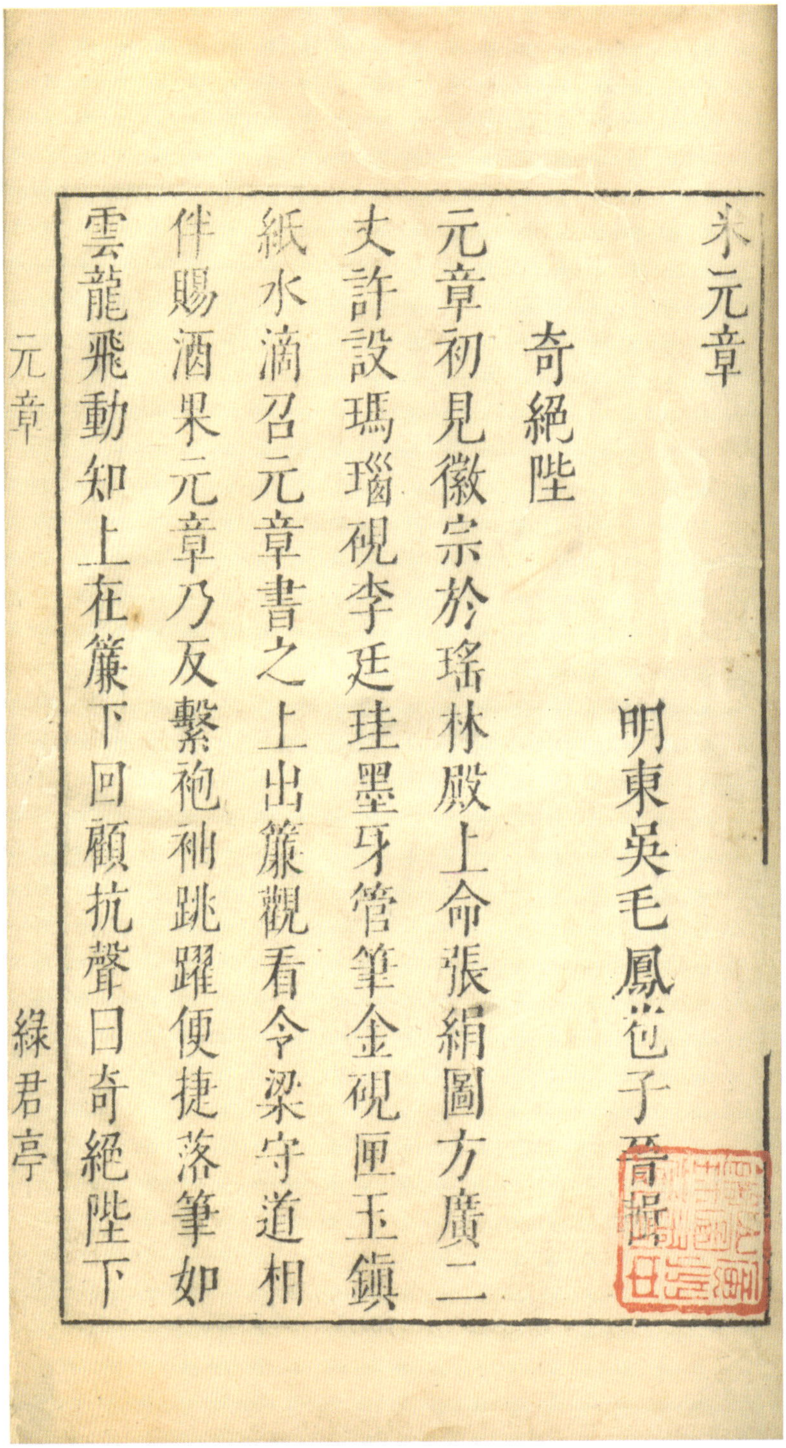
米元章

明東吳毛鳳苞子晉輯

奇絕陛

元章初見徽宗於瑤林殿上命張絹圖方廣二丈許設瑪瑙硯李廷珪墨牙管筆金硯匣玉鎮紙水滴召元章書之上出簾觀看令梁守道相伴賜酒果元章乃反繫袍袖跳躍便捷落筆如雲龍飛動知上在簾下回顧抗聲曰奇絕陛下

元章　　綠君亭

蘇米志林三卷　（明）毛晉輯　明天啓五年（1625）毛氏綠君亭刻本。二册。半頁八行十八字，白口，四周單邊。框高20.5厘米、寬13厘米。廣東省立中山圖書館藏。

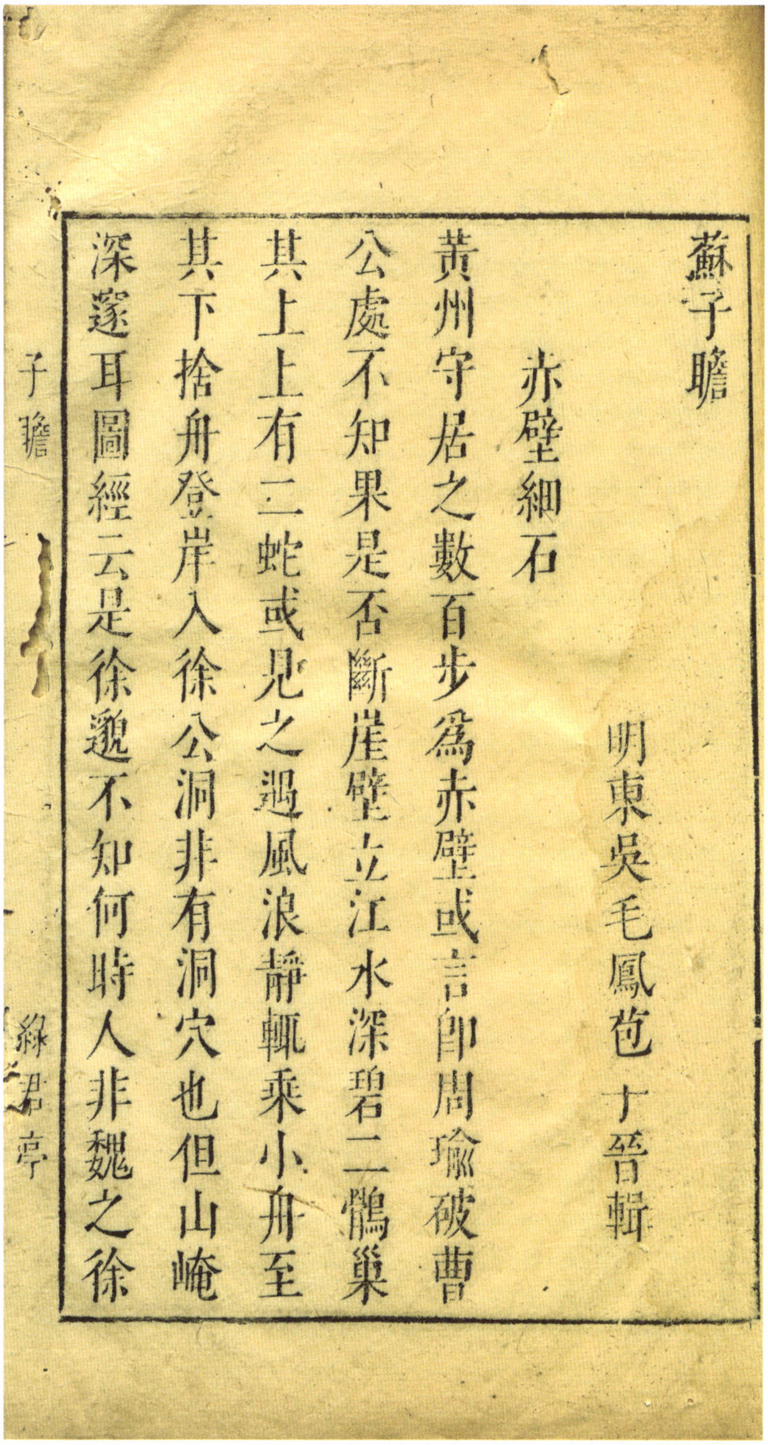
蘇子瞻

明東吳毛鳳苞子晉輯

赤壁細石

黃州守居之數百步爲赤壁或言即周瑜破曹公處不知果是否斷崖壁立江水深碧二鶻巢其上上有二蛇或見之遇風浪靜輒乘小舟至其下捨舟登岸入徐公洞非有洞穴也但山崦深邃耳圖經云是徐邈不知何時人非魏之徐

子瞻　綠君亭

蘇米志林三卷　（明）毛晉輯　明天啓五年（1625）毛氏綠君亭刻本。六册。半頁八行十八字，白口，四周單邊。框高20.5厘米、寬13.3厘米。暨南大學圖書館藏。

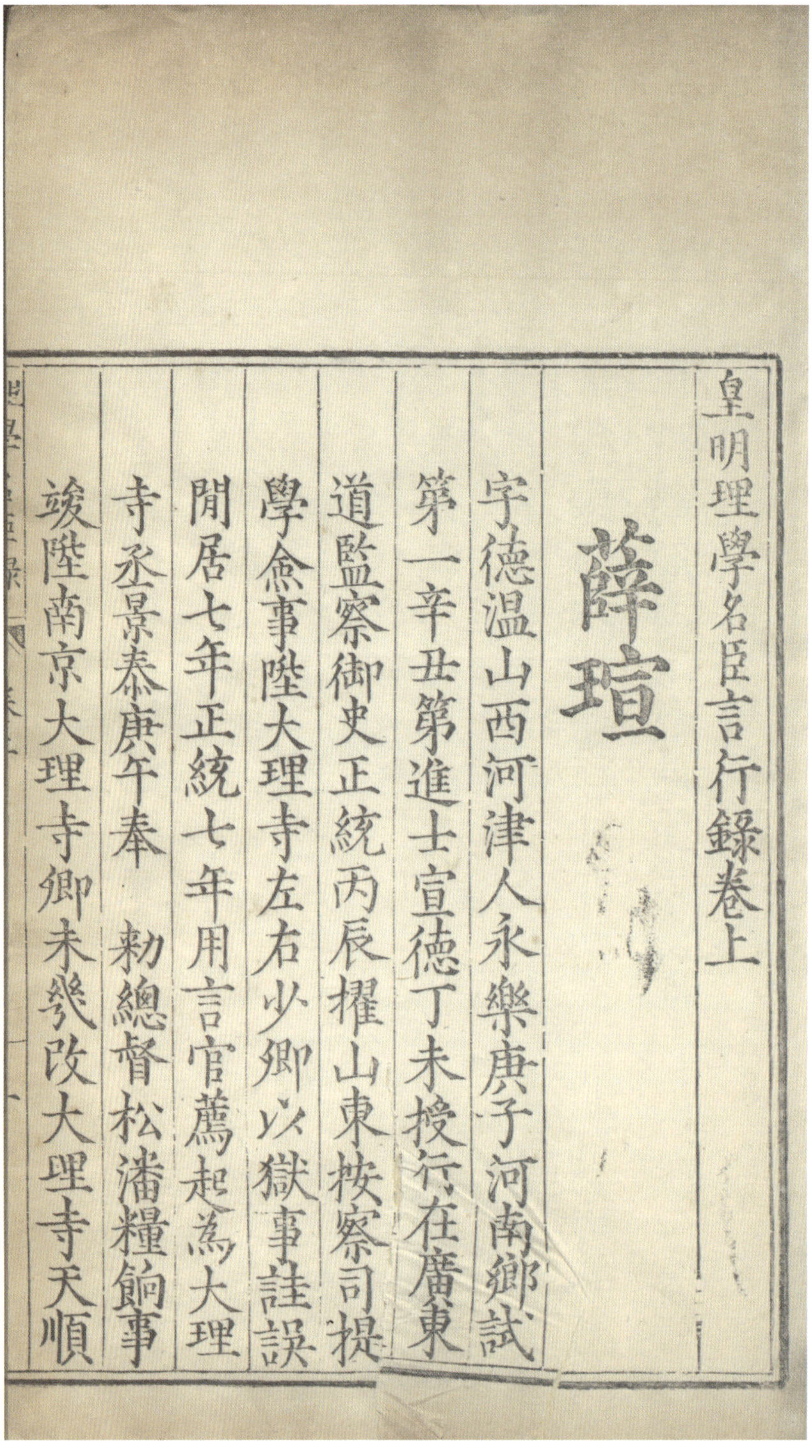

皇明理學名臣言行錄卷上

薛瑄

字德温山西河津人永樂庚子河南鄉試第一辛丑第進士宣德丁未授行在廣東道監察御史正統丙辰擢山東按察司提學僉事陞大理寺左右少卿以獄事註誤閒居七年正統七年用言官薦起為大理寺丞景泰庚午奉　勑總督松潘糧餉事竣陞南京大理寺卿未幾改大理寺天順

皇明理學名臣言行録二卷續一卷　（明）楊廉輯　（明）劉涇續輯　明萬曆十八年（1590）崔士棨刻本。三册。半頁十行十八字，小字雙行同，白口，四周雙邊。框高19厘米、寬14.4厘米。中山大學圖書館藏。

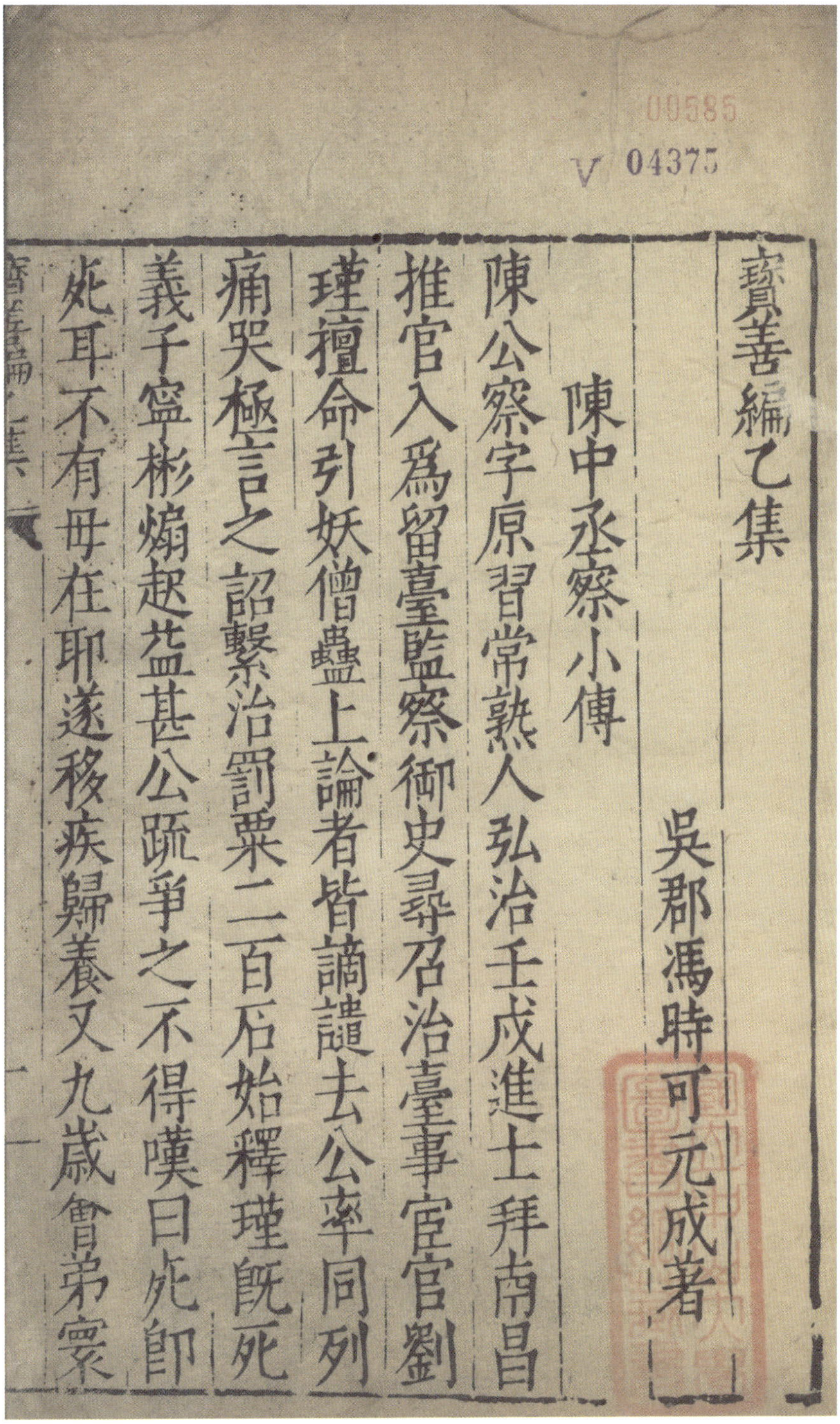

寶善編乙集

吳郡馮時可元成著

陳中丞察小傳

陳公察字原習常熟人弘治壬戌進士拜南昌推官入爲留臺監察御史尋召治臺事宦官劉瑾擅命引妖僧蠱上論者皆謫譴去公率同列痛哭極言之詔繫治罰粟二百石始釋瑾既死義子寧彬煽赵益甚公疏爭之不得嘆曰死即死耳不有母在耶遂移疾歸養又九歲會弟家

寶善編乙集　一

寶善編甲集一卷乙集一卷　（明）馮時可撰　明萬曆二十六年（1598）刻本。四册。半頁九行十八字，白口，四周單邊。框高19.9厘米、寬13.3厘米。中山大學圖書館藏。

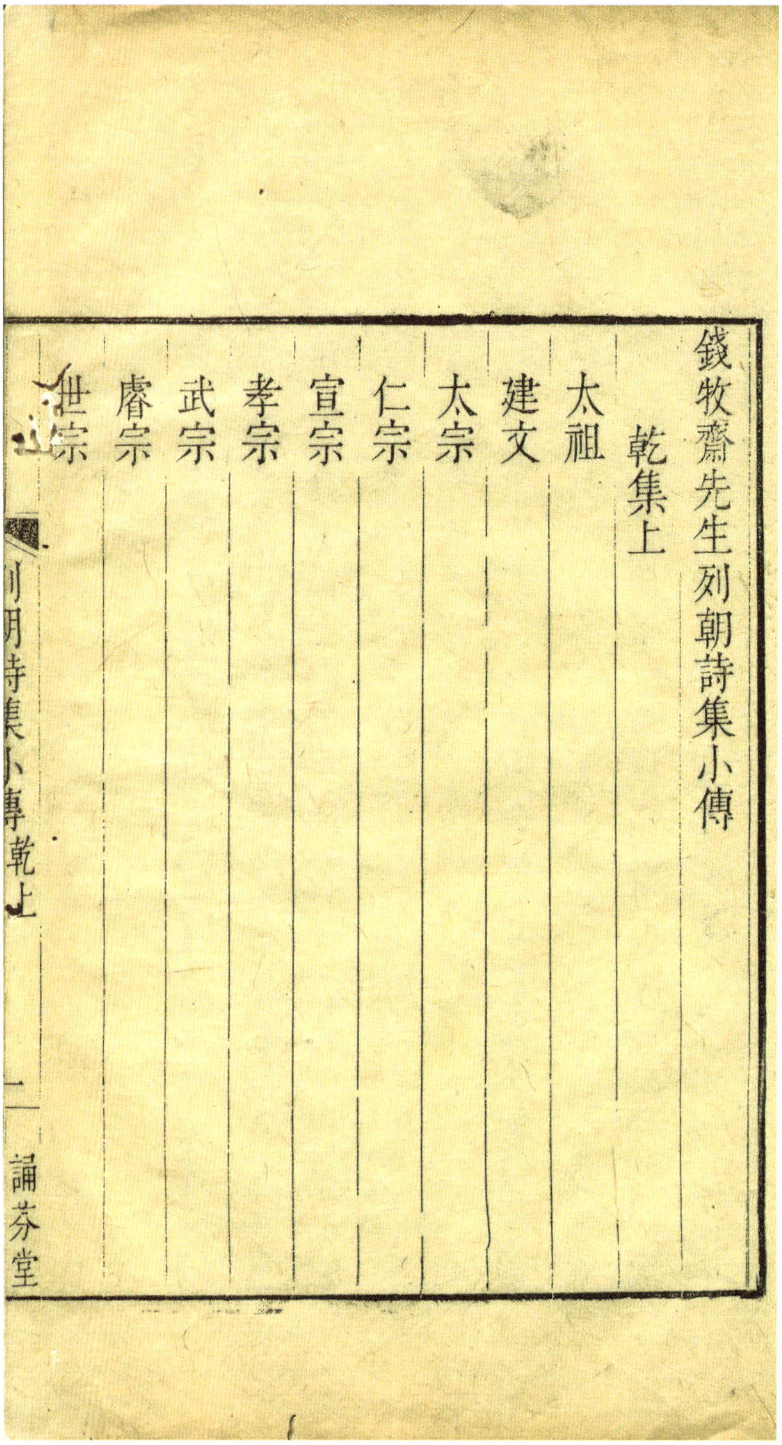

錢牧齋先生列朝詩集小傳

乾集上

太祖
建文
太宗
仁宗
宣宗
孝宗
武宗
睿宗
世宗

列朝詩集小傳乾上　一　誦芬堂

錢牧齋先生列朝詩集小傳十卷　（清）錢謙益撰　（清）錢陸燦輯　清康熙三十七年（1698）誦芬堂刻本。十六册。半頁十一行二十一字，小字雙行同，白口，左右雙邊。框高17.6厘米、寬12.6厘米。暨南大學圖書館藏。

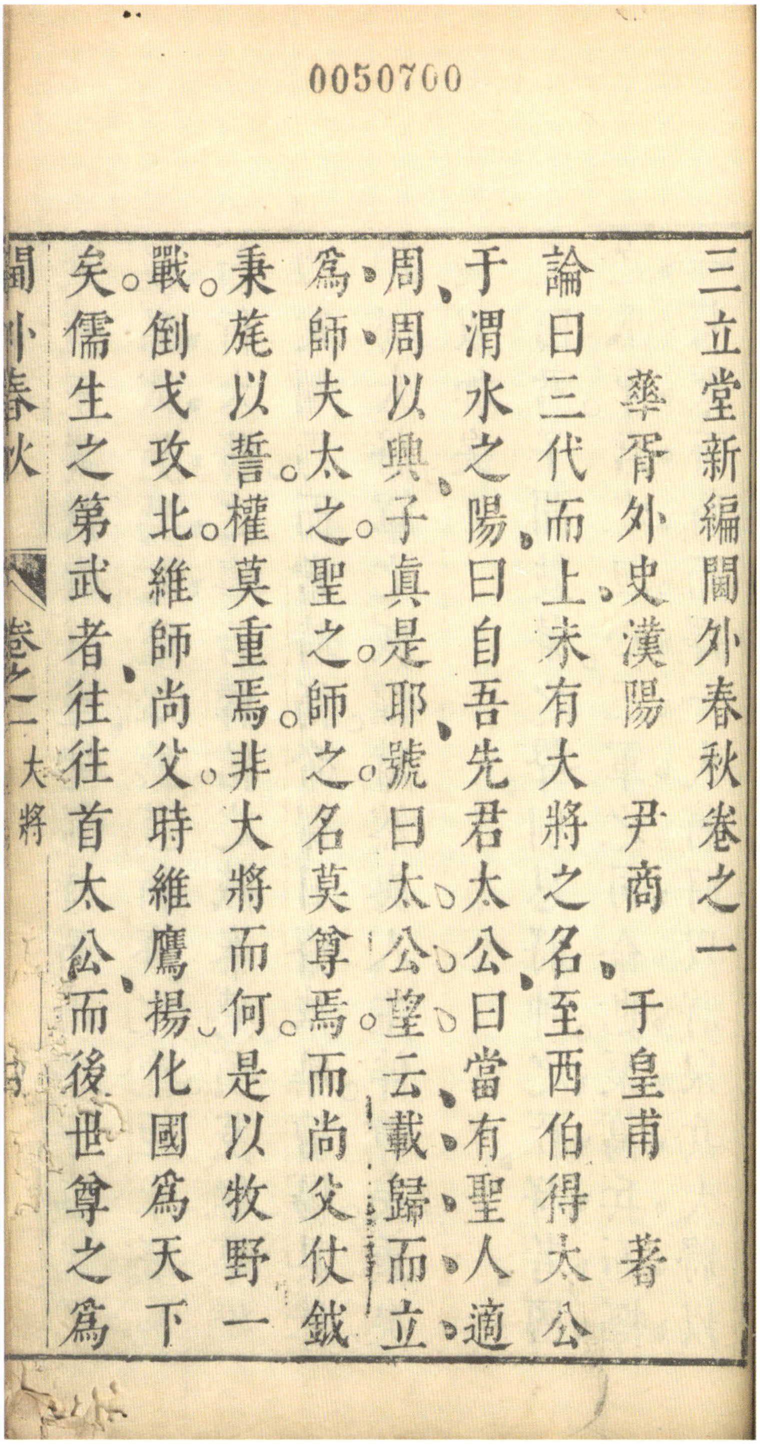
0050700

三立堂新編閫外春秋卷之一

華胥外史漢陽　尹商　于皇甫　著

論曰三代而上未有大將之名至西伯得太公于渭水之陽曰自吾先君太公曰當有聖人適周周以興子眞是耶號曰太公望云載歸而立爲師夫太之聖之師之名莫尊焉而尚父仗鉞秉旄以誓權莫重焉非大將而何是以牧野一戰倒戈攻北維師尚父時維鷹揚化國爲天下矣儒生之第武者往往首太公而後世尊之爲

閫外春秋　卷之一　大將

三立堂新編閫外春秋三十二卷　（明）尹商撰　明崇禎刻本。十六册。半頁九行十八字，白口，四周單邊。框高20.1厘米、寬14厘米。廣東省立中山圖書館藏。

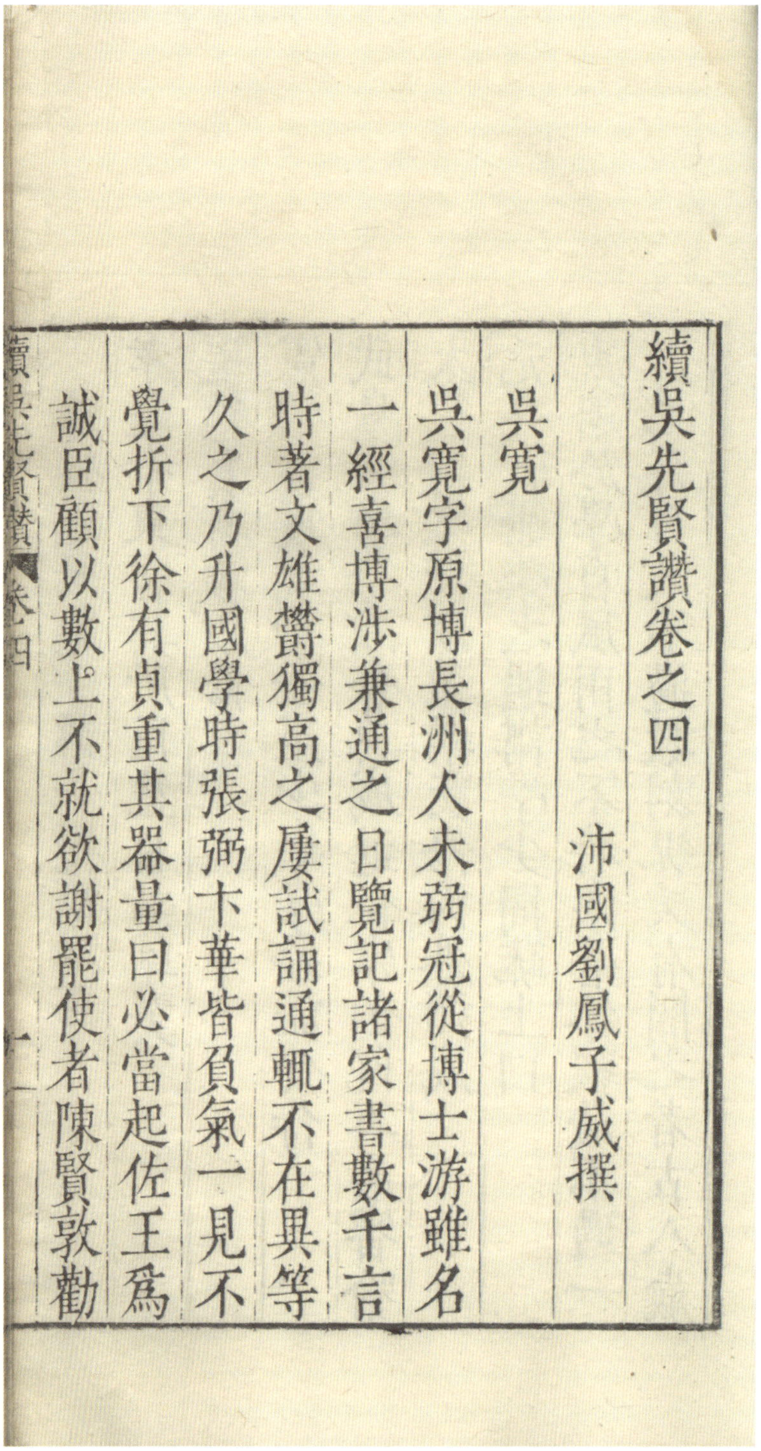
續吳先賢讚卷之四
沛國劉鳳子威撰
吳寬
吳寬字原博長洲人未弱冠從博士游雖名
一經喜博涉兼通之日覽記諸家書數千言
時著文雄欝獨高之屢試誦通輒不在異等
久之乃升國學時張弼卞華皆負氣一見不
覺折下徐有貞重其器量曰必當起佐王爲
誠臣顧以數上不就欲謝罷使者陳賢敦勸
續吳先賢讚　卷四　一

續吳先賢讚十五卷　（明）劉鳳撰　明萬曆刻本（卷一至二抄配）。六册。半頁九行十八字，白口，左右雙邊。框高18.8厘米、寬12.9厘米。中山大學圖書館藏。

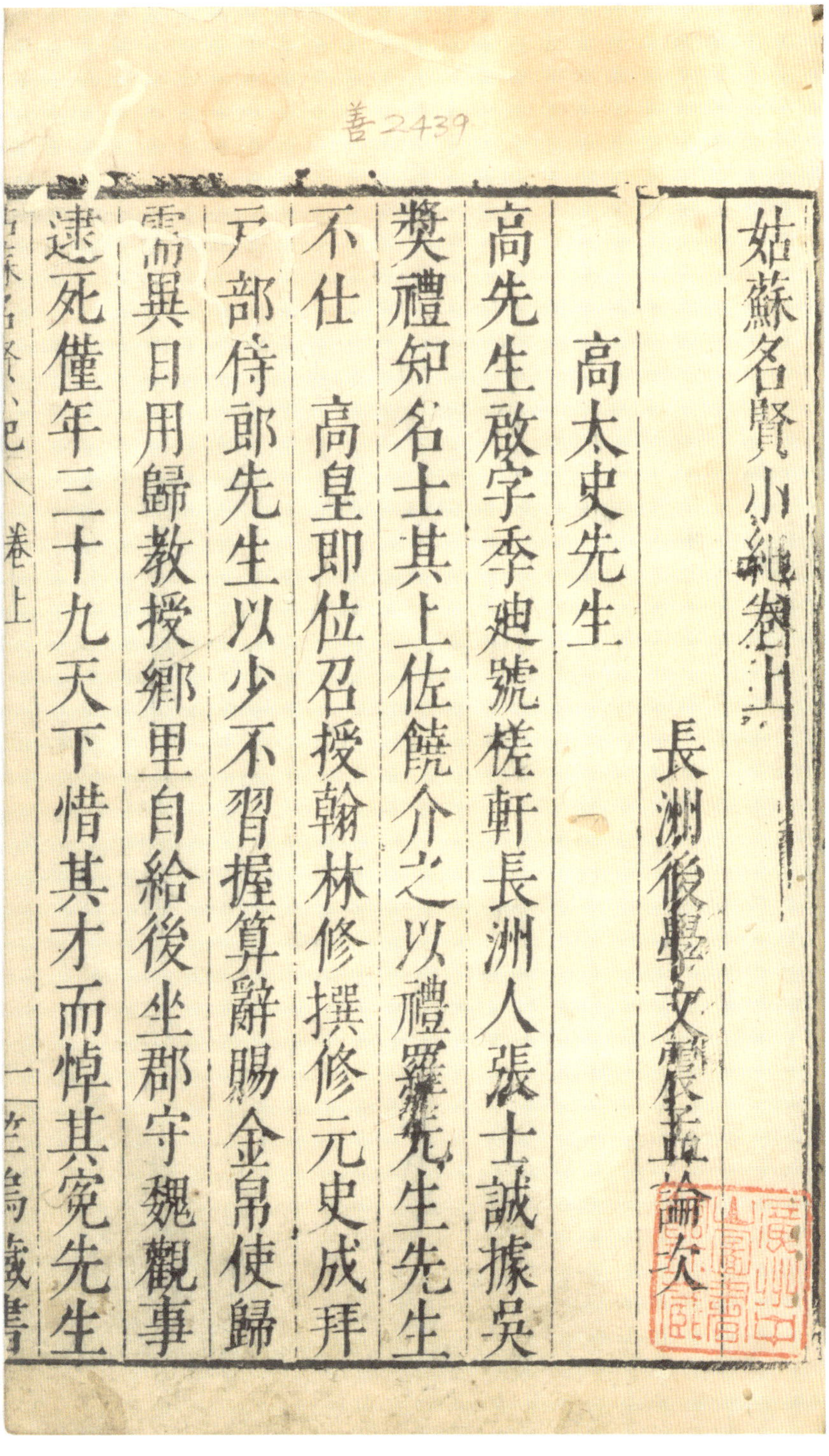

姑蘇名賢小紀一卷　（明）文震孟撰　明萬曆四十二年（1614）文氏竺塢刻清順治九年（1652）文然重修本。三册。半頁九行十八字，白口，左右雙邊。框高20.4厘米、寬14.6厘米。廣東省立中山圖書館藏。

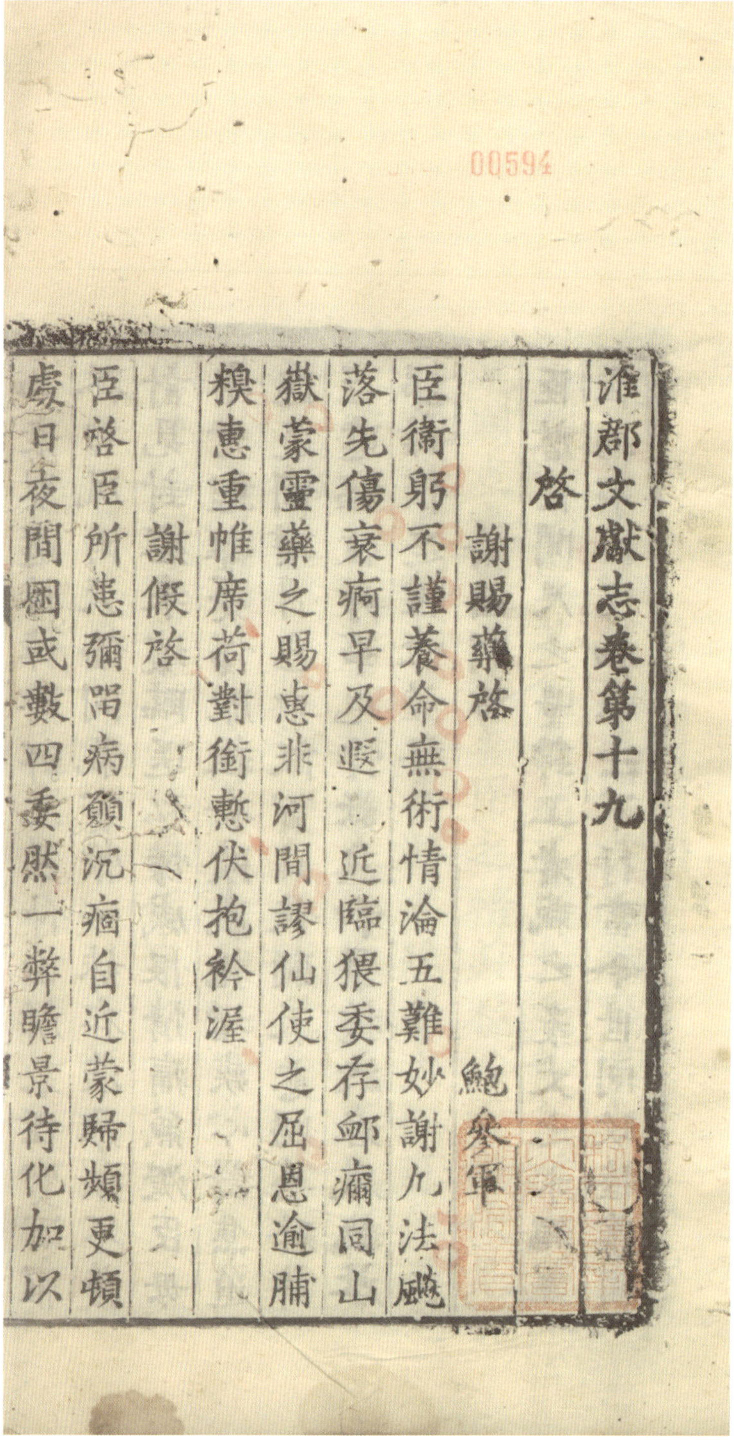

淮郡文獻志卷第十九

啓

謝賜藥啓　鮑參軍

臣衛躬不謹養命無術情淪五難妙謝九法飈落先傷衰病早及遐　近臨猥委存郵癘同山嶽蒙靈藥之賜惠非河間謬仙使之屈恩踰脯糗惠重帷席荷對衡慙伏抱衿渥

謝假啓

臣啓臣所患彌留病頗沉痼自近蒙歸頻更頓處日夜閒困惑數四委然一弊瞻景待化加以

淮郡文獻志二十六卷補遺一卷　（明）潘塤輯　明嘉靖三十四年（1555）淮安府刻本。存八卷（十八至二十一、二十四至二十六，補遺一卷）。六册。半頁十行十八字，白口，左右雙邊。框高18.8厘米、寬13厘米。中山大學圖書館藏。

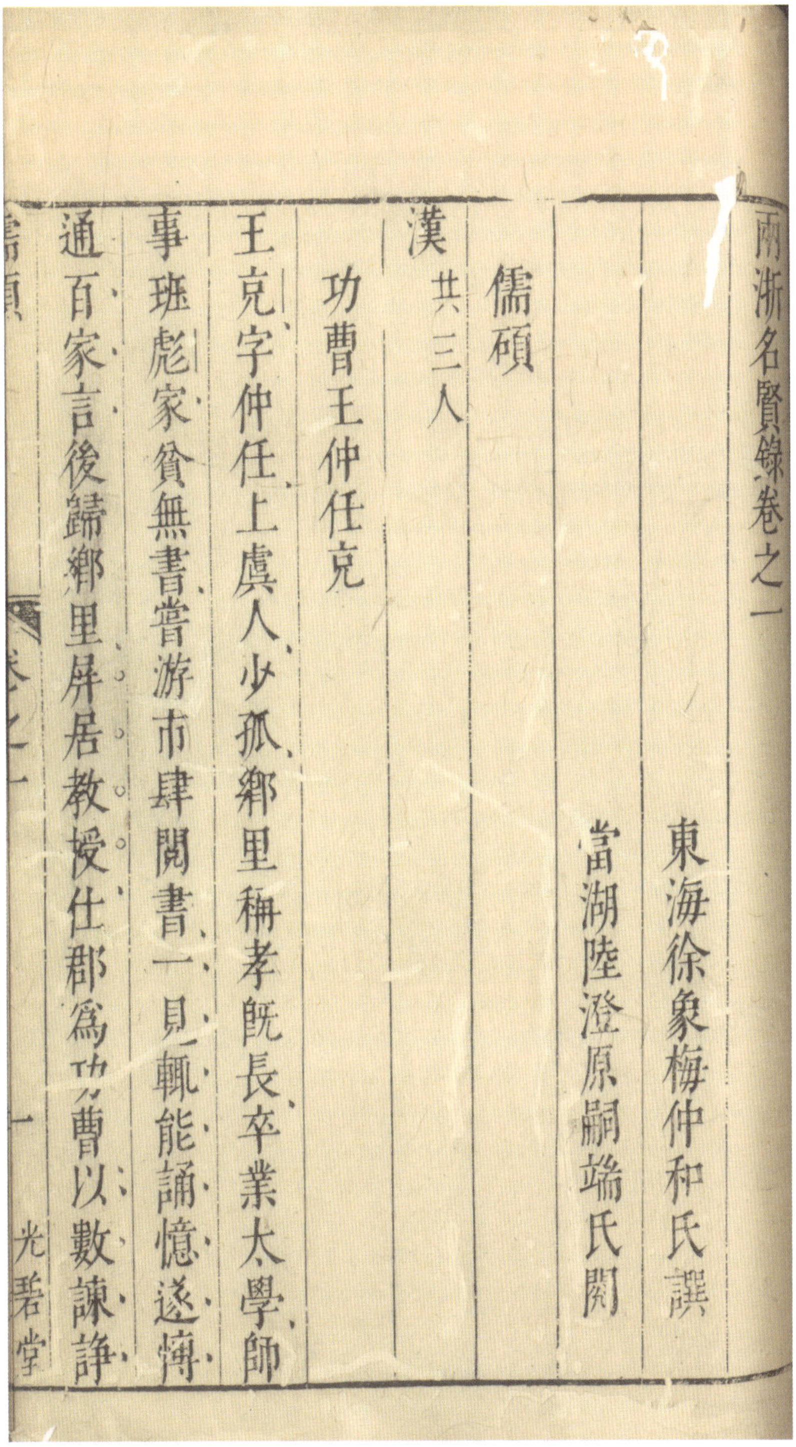
兩浙名賢錄卷之一

東海徐象梅仲和氏譔

嵩湖陸澄原嗣端氏閱

儒碩

漢 共三人

功曹王仲任充

王充字仲任上虞人少孤鄉里稱孝既長卒業太學師事班彪家貧無書嘗游市肆閱書一見輒能誦憶遂博通百家言後歸鄉里屏居教授仕郡爲功曹以數諫諍

儒碩 卷之一 一 光碧堂

兩浙名賢録五十四卷外録八卷　（明）徐象梅撰　明天啓三年（1623）徐氏光碧堂刻本。四十八册。半頁九行二十一字，小字雙行同，白口，四周單邊。框高21厘米、寬13.6厘米。中山大學圖書館藏。

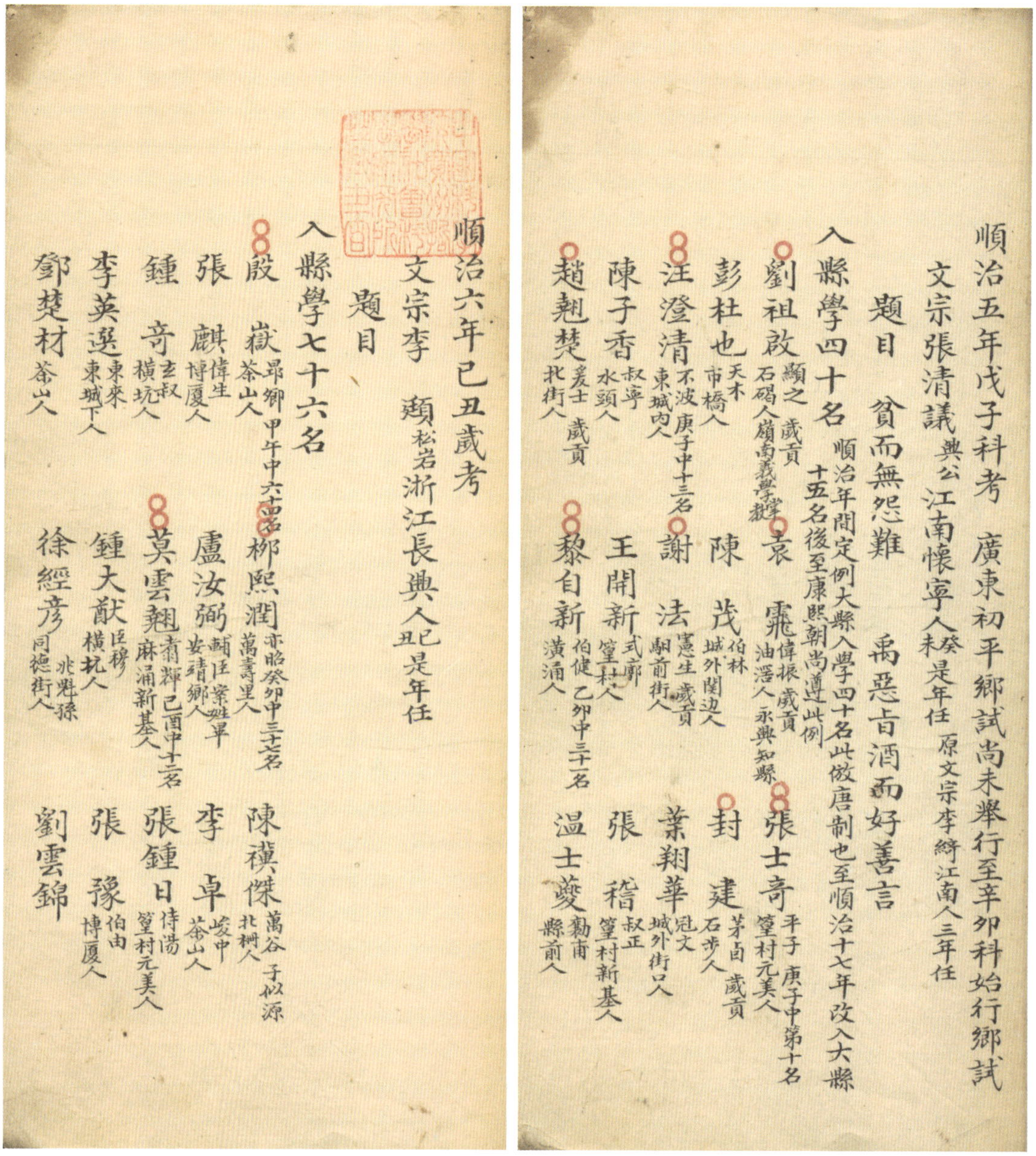

順治五年戊子科考　廣東初平鄉試尚未舉行至辛卯科始行鄉試
文宗張清議典公江南懷寧人癸未是年任　原文宗李綺江南人三年任
題目　貧而無怨難　禹惡旨酒而好善言
入縣學四十名　順治年間定例大縣入學四十名此倣唐制也至順治十七年改入大縣十五名後至康熙朝尚遵此例
劉祖啟顯之石碣人嶺南義學掌教歲貢　袁霈偉振油滘人永興知縣歲貢　張士奇平子篁村元美人庚子中第十名
彭杜也天木市橋人　陳茂伯林城外閘边人　封建茅白石步人歲貢
汪澄清不波東城內人庚子中十三名　謝法憲生駟前街人歲貢　葉翔華冠文城外街口人
陳子香叔寧水頭人　王開新式廓篁村人　張稽叔正篁村新基人
趙翹楚爰士北街人歲貢　黎自新伯健潢涌人乙卯中三十一名　温士夔勳甫縣前人

順治六年己丑歲考
文宗李顯松岩浙江長興人己丑是年任
題目
入縣學七十六名
殷嶽昂卿茶山人甲午中六十四名　柳熙潤亦昭萬壽里人癸卯中三十七名　陳禩傑萬谷北栅人子似源
張麒偉生博廈人　盧汝弼輔臣安靖鄉人案姓畢　李卓峻中茶山人
鍾奇玄叔橫坑人　莫雲翹翥輝麻涌新基人己酉中十二名　張鍾日侍揚篁村元美人
李英選東來東城下人　鍾大猷臣穆橫坑人　張豫伯由博廈人
鄧楚材茶山人　徐經彥同德街人兆煃孫　劉雲錦

廣東貢士録三卷　（清）張瓚輯　稿本。四册。廣東省社會科學院藏。

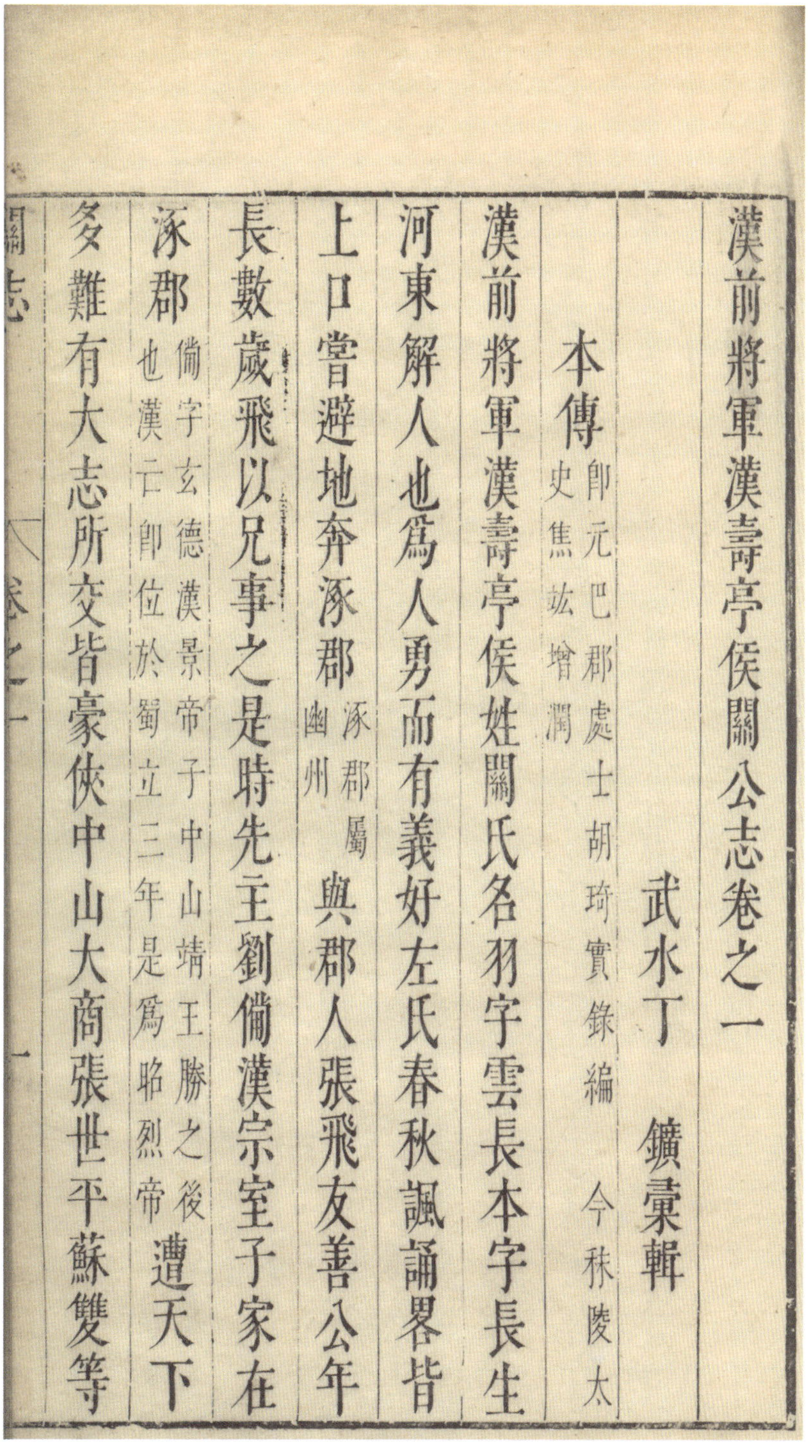

漢前將軍漢壽亭侯關公志卷之一

武水丁　鑛彙輯

本傳（即元巴郡處士胡琦實録編　今秣陵太史焦竑增潤）

漢前將軍漢壽亭侯姓關氏名羽字雲長本字長生河東解人也爲人勇而有義好左氏春秋諷誦畧皆上口嘗避地奔涿郡（涿郡屬幽州）與郡人張飛友善公年長數歲飛以兄事之是時先主劉備漢宗室子家在涿郡（備字玄德漢景帝子中山靖王勝之後也漢亡即位於蜀立三年是爲昭烈帝）遭天下多難有大志所交皆豪俠中山大商張世平蘇雙等

關志　卷之一　一

漢前將軍漢壽亭侯關公志十二卷　（明）丁鑛輯　明崇禎五年（1632）自刻本。八册。半頁九行二十字，小字雙行同，白口，四周單邊。框高22厘米、寬13.5厘米。中山大學圖書館藏。

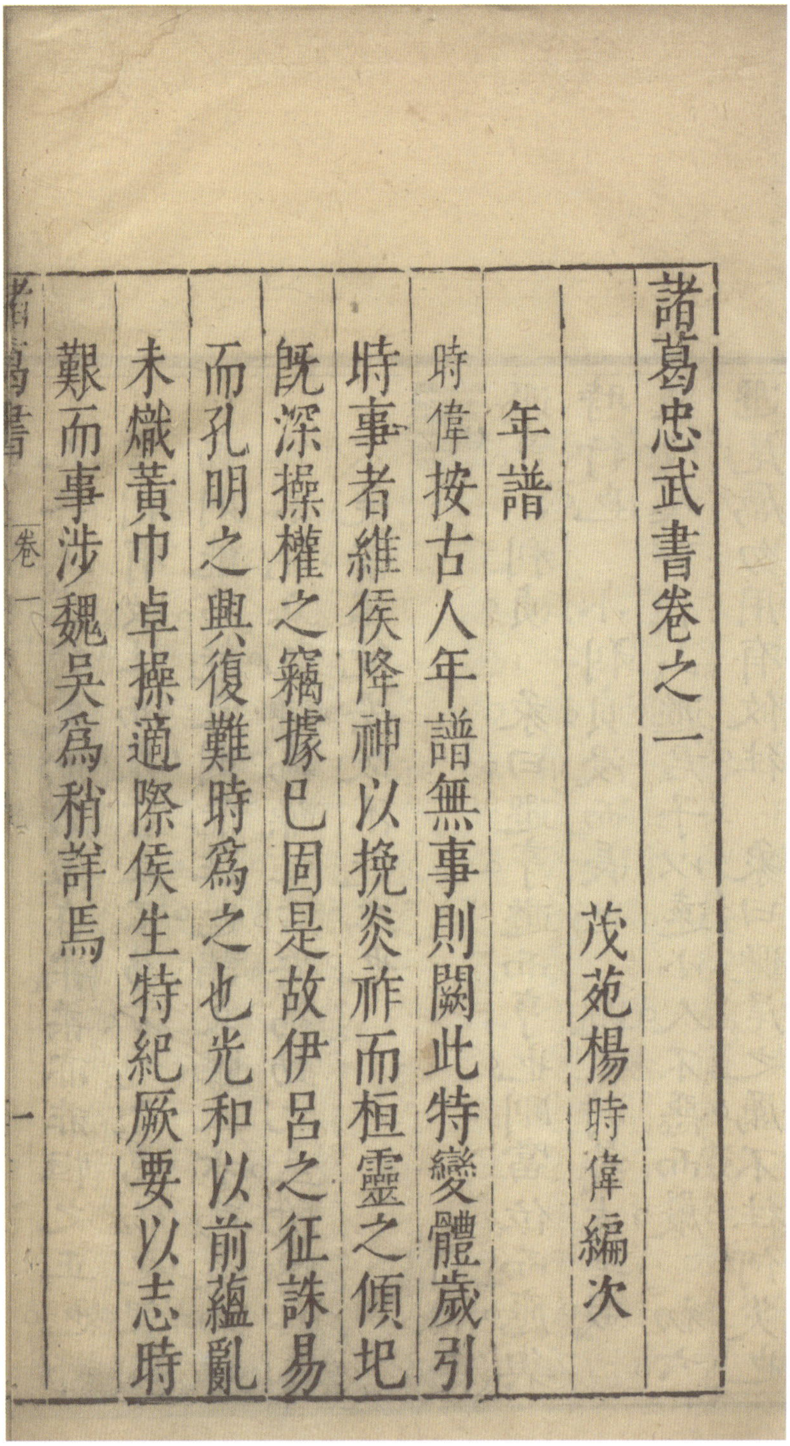

諸葛忠武書卷之一

茂苑楊時偉編次

年譜

時偉按古人年譜無事則闕此特變體歲引時事者維侯降神以挽炎祚而桓靈之傾圯既深操權之竊據已固是故伊呂之征誅易而孔明之興復難時爲之也光和以前蘊亂未熾黃巾卓操適際侯生特紀厥要以志時艱而事涉魏吳爲稍詳焉

諸葛書　卷一　一

諸葛忠武書十卷　（明）楊時偉輯　明萬曆四十七年（1619）自刻本。四册。半頁九行十八字，小字雙行同，白口，四周單邊。框高19.6厘米、寬12.1厘米。中山大學圖書館藏。

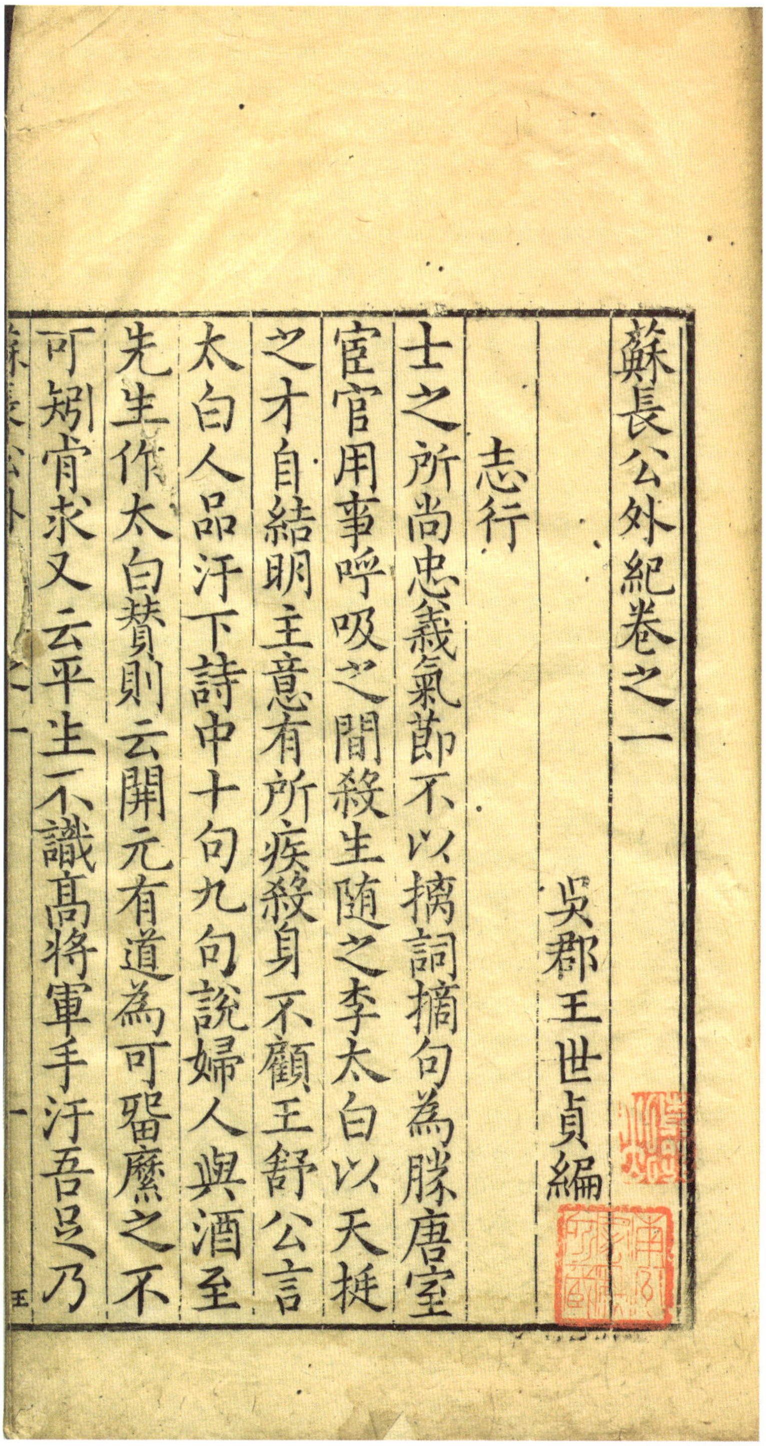
蘇長公外紀卷之一
吳郡王世貞編
志行
士之所尚忠義氣節不以摛詞摘句爲勝唐室
宦官用事呼吸之間殺生隨之李太白以天挺
之才自結明主意有所疾殺身不顧王舒公言
太白人品汙下詩中十句九句說婦人與酒至
先生作太白贊則云開元有道爲可畱縶之不
可矧肯求又云平生不識高將軍手汙吾足乃
蘇長公外紀卷之一　一
王

蘇長公外紀十六卷　（明）王世貞編　明刻本。八册。半頁九行十八字，白口，左右雙邊。框高20.2厘米、寬14厘米。暨南大學圖書館藏。

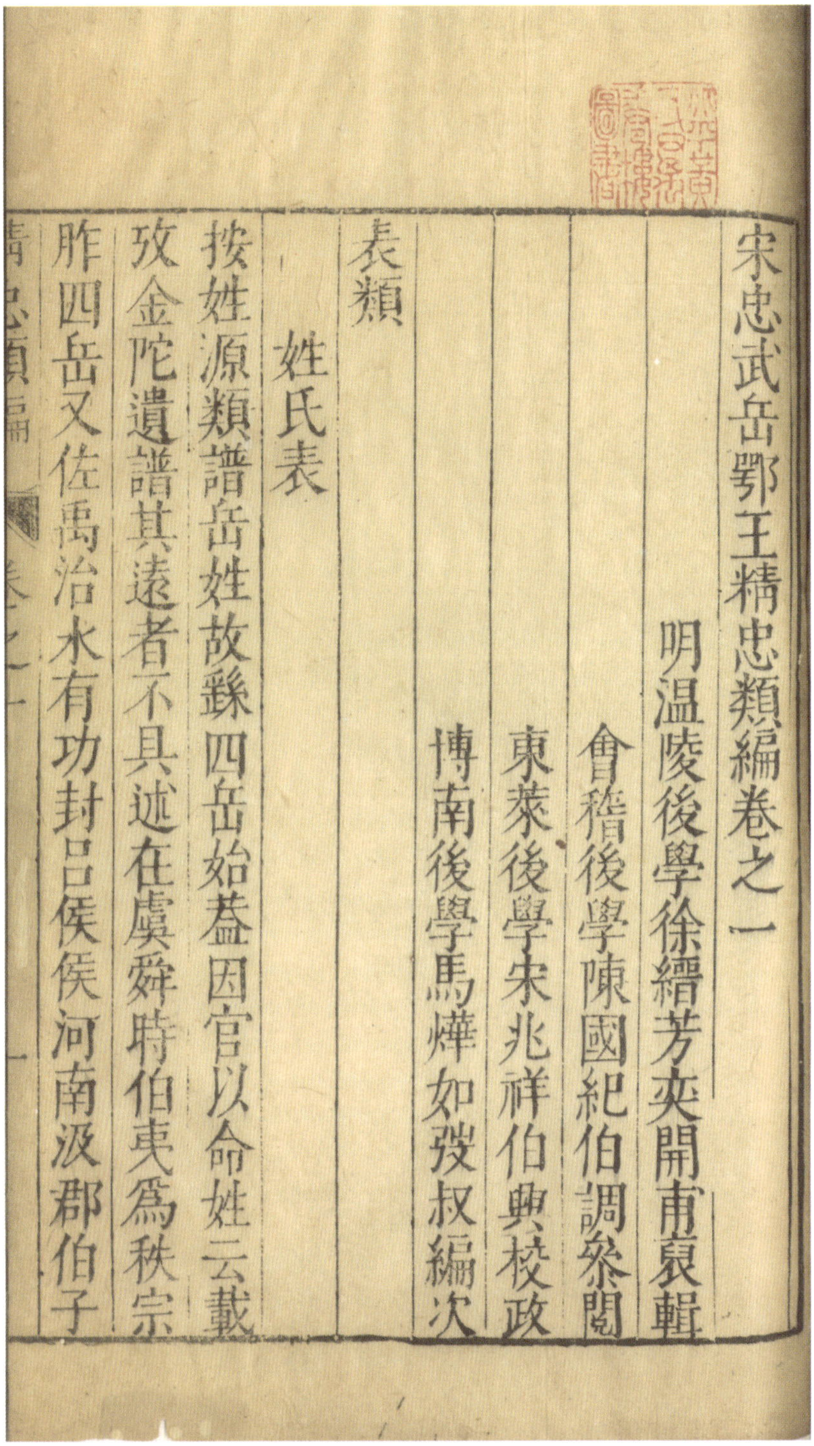
宋忠武岳鄂王精忠類編卷之一
明温陵後學徐縉芳爽開甫裒輯
會稽後學陳國紀伯調參閱
東萊後學宋兆祥伯輿校政
博南後學馬㦃如璞叔編次
表類
姓氏表
按姓源類譜岳姓故緜四岳始葢因官以命姓云載
攷金陀遺譜其遠者不具述在虞舜時伯夷爲秩宗
胙四岳又佐禹治水有功封呂侯河南汲郡伯子
精忠類編　卷之一

宋忠武岳鄂王精忠類編八卷　（明）徐縉芳輯　明萬曆刻本。存七卷（缺三）。七册。半頁十行二十字，小字雙行同，白口，左右雙邊。框高20.7厘米、寬14.4厘米。中山大學圖書館藏。

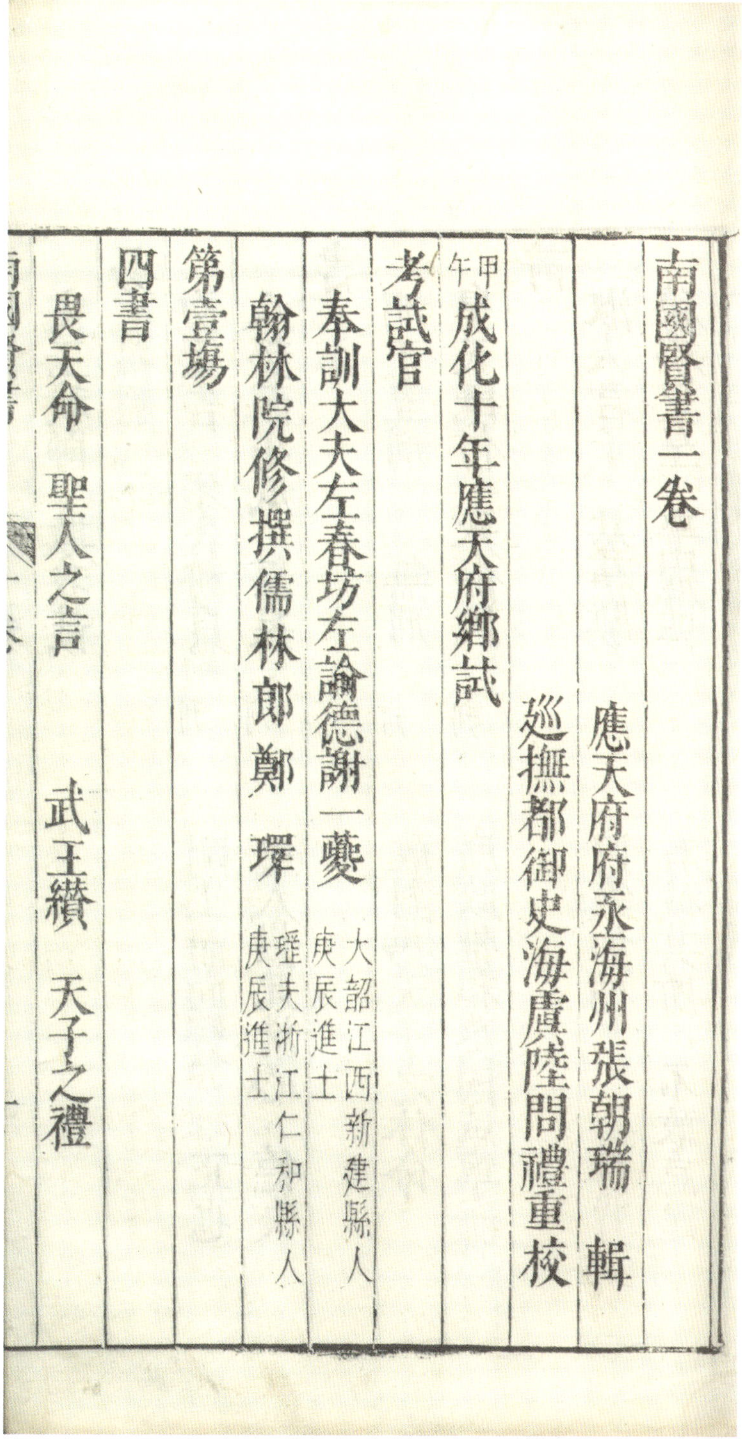
南國賢書一卷
應天府府丞海州張朝瑞　輯
巡撫都御史海虞陸問禮重校
甲午 成化十年應天府鄉試
考試官
奉訓大夫左春坊左諭德謝一夔 大部江西新建縣人 庚辰進士
翰林院修撰儒林郎鄭　環 瑶夫浙江仁和縣人 庚辰進士
第壹場
四書
畏天命　聖人之言
武王纘　天子之禮

南國賢書六卷前編二卷　（明）張朝瑞輯　（明）陸問禮續輯　明崇禎五年（1632）陸問禮刻本。七册。半頁十行二十三字，小字雙行同，白口，左右雙邊。框高21.3厘米、寬13厘米。中山大學圖書館藏。

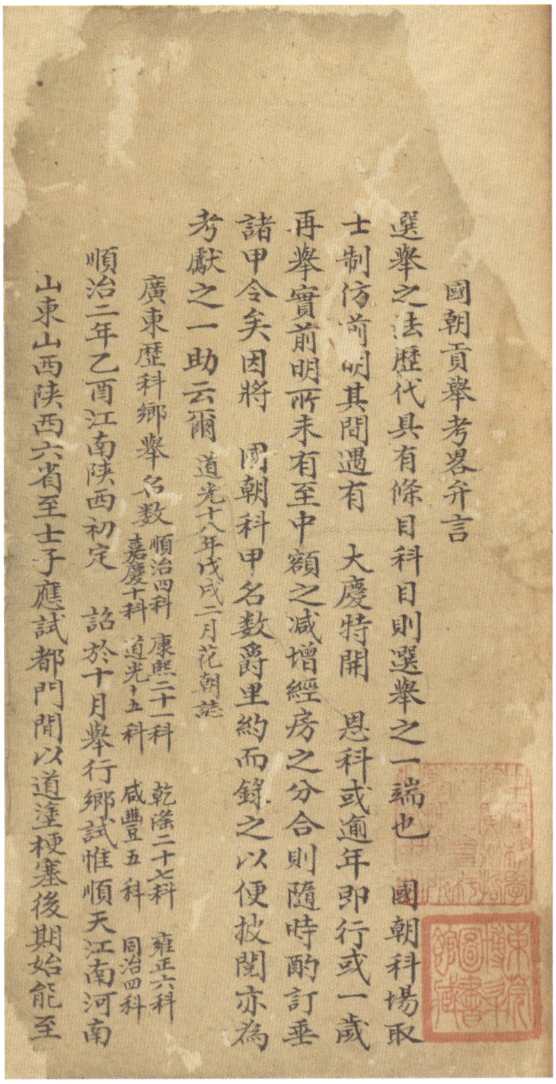

國朝貢舉考畧弁言

選舉之法歷代具有條目科目則選舉之一端也　國朝科場取士制倣前明其間遇有　大慶特開　恩科或逾年即行或一歲再舉實前明所未有至中額之減增經房之分合則隨時酌訂垂諸甲令矣因將　國朝科甲名數爵里約而録之以便披閱亦為考獻之一助云爾　道光十八年戊戌二月花朝誌

廣東歷科鄉舉名數　順治四科　康熙二十一科　乾隆二十七科　雍正六科　嘉慶十科　道光十五科　咸豐五科　同治四科

順治二年乙酉江南陝西初定　詔於十月舉行鄉試惟順天江南河南山東山西陝西六省至士子應試都門閒以道塗梗塞後期始能至

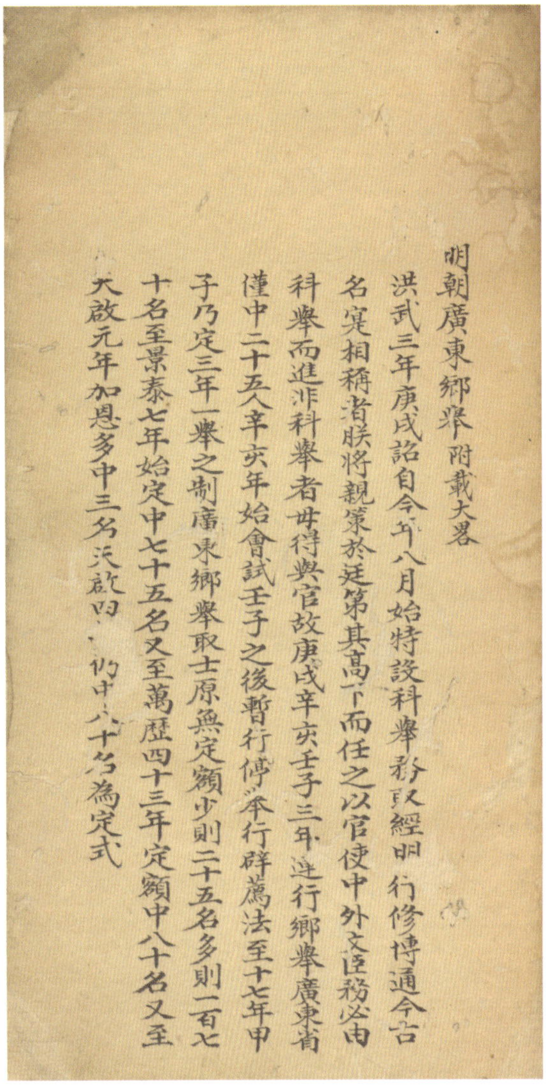

明朝廣東鄉舉附載大畧

洪武三年庚戌詔自今年八月始特設科舉務取經明行修博通今古名實相稱者朕將親策於廷第其高下而任之以官使中外文臣務必由科舉而進非科舉者毋得與官故庚戌辛亥壬子三年連行鄉舉廣東省僅中二十五人辛亥年始會試壬子之後暫行停〃罷行辟薦法至十七年甲子乃定三年一舉之制廣東鄉舉取士原無定額少則二十五名多則一百七十名至景泰七年始定中七十五名又至萬歷四十三年定額中八十名又至天啟元年加恩多中三名天啟四、、仍中八十名為定式

東莞庠士録四卷　（清）張瓚輯　稿本。四册。廣東省社會科學院藏。

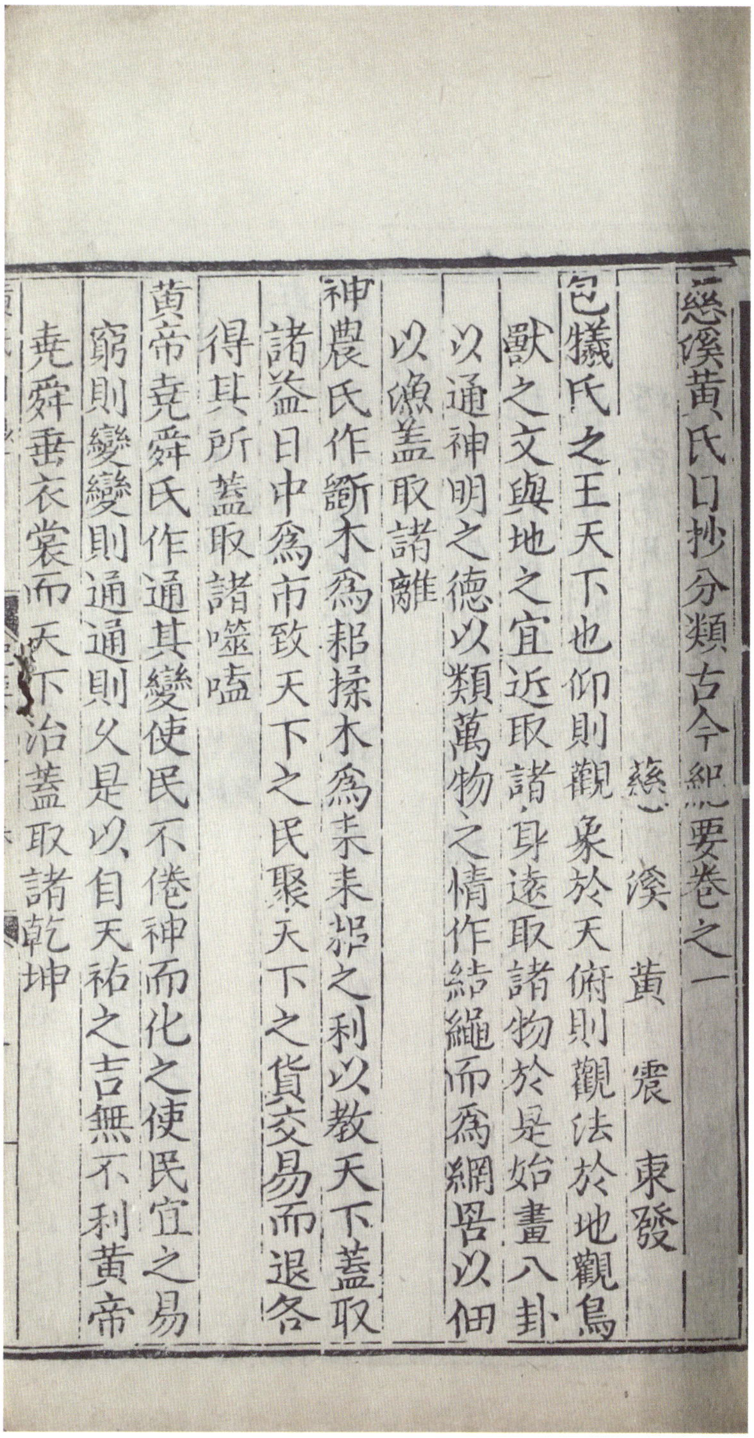
慈溪黃氏日抄分類古今紀要卷之一
慈溪　黃震　東發
包犧氏之王天下也仰則觀象於天俯則觀法於地觀鳥獸之文與地之宜近取諸身遠取諸物於是始畫八卦以通神明之德以類萬物之情作結繩而爲網罟以佃以漁蓋取諸離
神農氏作斲木爲耜揉木爲耒耒耨之利以教天下蓋取諸益日中爲市致天下之民聚天下之貨交易而退各得其所蓋取諸噬嗑
黃帝堯舜氏作通其變使民不倦神而化之使民宜之易窮則變變則通通則久是以自天祐之吉無不利黃帝堯舜垂衣裳而天下治蓋取諸乾坤

慈溪黃氏日抄分類古今紀要十九卷　（宋）黃震撰　清乾隆三十二年（1767）刻本。五册。半頁十二行二十二字，白口，四周雙邊。框高19厘米、寬13.2厘米。四會市圖書館藏。

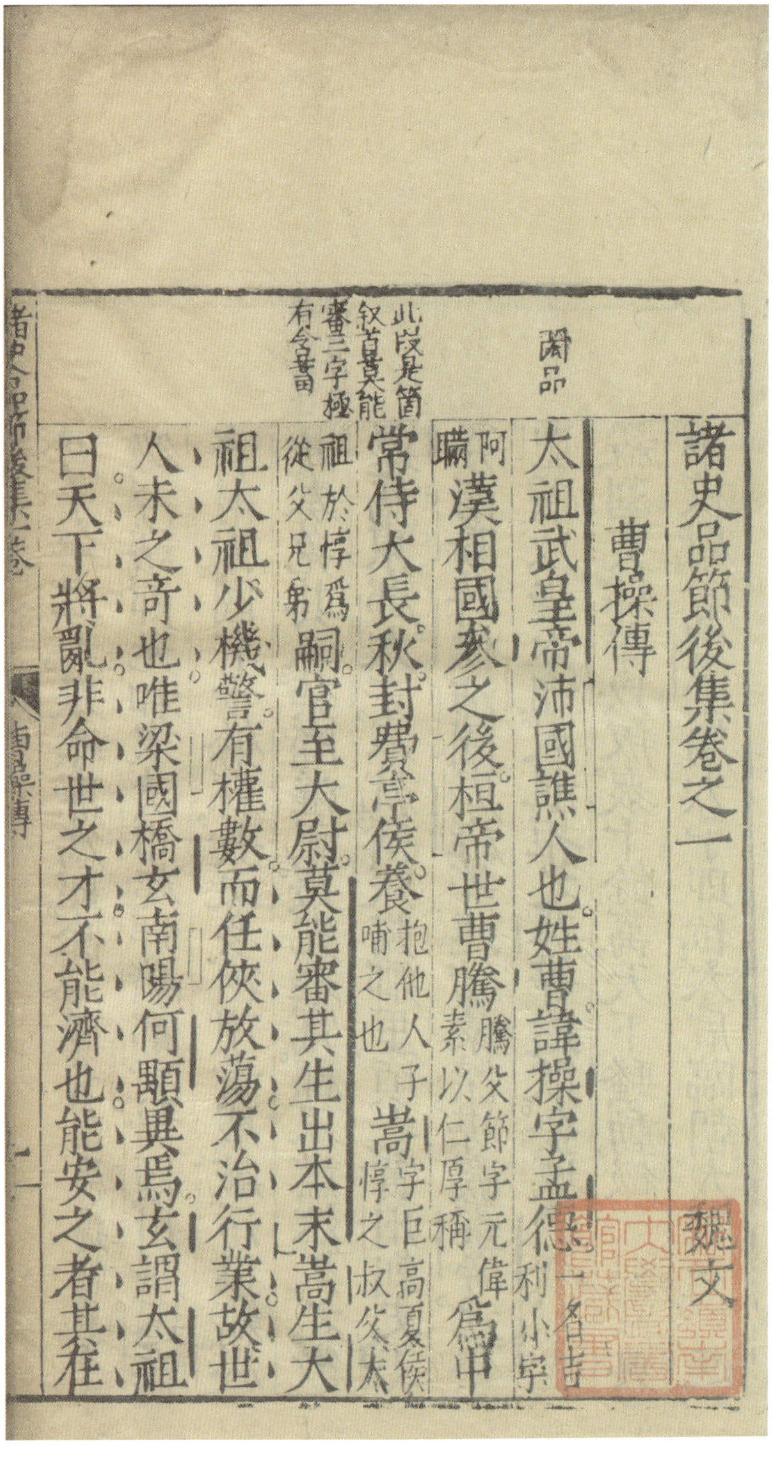

諸史品節後集卷之一

曹操傳　　魏文

闕品

太祖武皇帝沛國譙人也姓曹諱操字孟德（一名吉利小字阿瞞）漢相國參之後桓帝世曹騰（騰父節字元偉素以仁厚稱）爲中常侍大長秋封費亭侯養（抱他人子哺之也）嵩（字巨高夏侯惇之叔父太祖於惇爲從父兄弟）嗣官至大尉莫能審其生出本末嵩生大祖太祖少機警有權數而任俠放蕩不治行業故世人未之奇也唯梁國橋玄南陽何顒異焉玄謂太祖曰天下將亂非命世之才不能濟也能安之者其在

此段是節叙首莫能審二字極有含蓄

諸史品節後集一卷　曹操傳　一

諸史品節後集八卷　（明）陳深輯　明萬曆刻本。四册。上下兩欄，半頁九行二十字，小字雙行同，白口，四周單邊。框高21.3厘米、寬14厘米。中山大學圖書館藏。

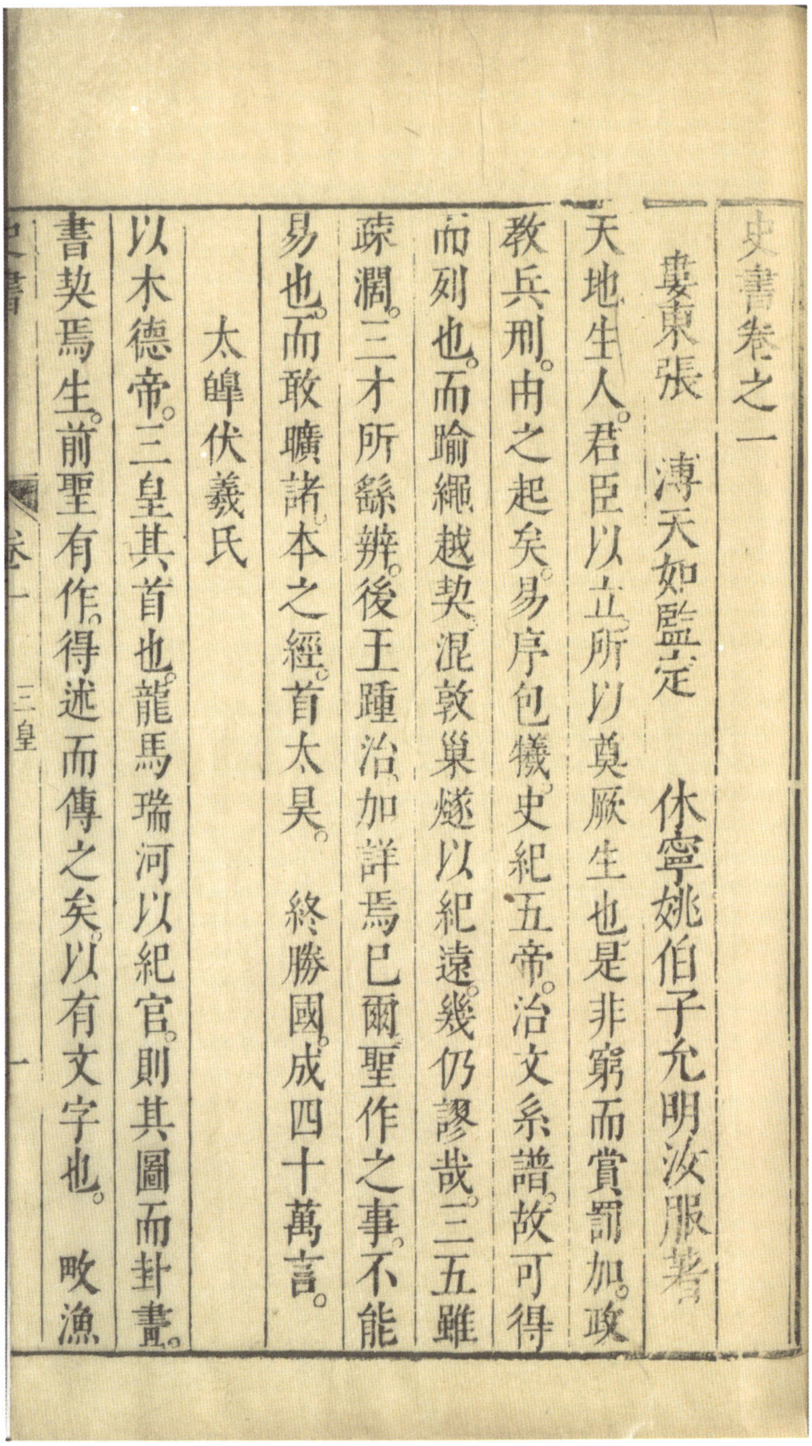
史書卷之一
婁東張　溥天如鑒定
休寧姚伯子允明汝服著
天地生人。君臣以立。所以奠厥生也。是非窮而賞罰加。政
教兵刑。由之起矣。易序包犧。史紀五帝。治文系譜。故可得
而列也。而踰繩越契。混敦巢燧。以紀遠幾。仍謬哉。三五雖
疏濶。三才所繇辨。後王踵治。加詳焉。已爾聖作之事。不能
易也。而敢曠諸本之經。首太昊。　終勝國。成四十萬言。
太皞伏羲氏
以木德帝。三皇其首也。龍馬瑞河以紀官。則其圖而封畫。
書契焉生。前聖有作。得述而傳之矣。以有文字也。　畋漁
史書　卷一　三皇　一

史書十卷　（明）姚允明撰　明崇禎十年（1637）刻本。十册。半頁十行二十二字，白口，左右雙邊。框高20.5厘米、寬13.9厘米。中山大學圖書館藏。

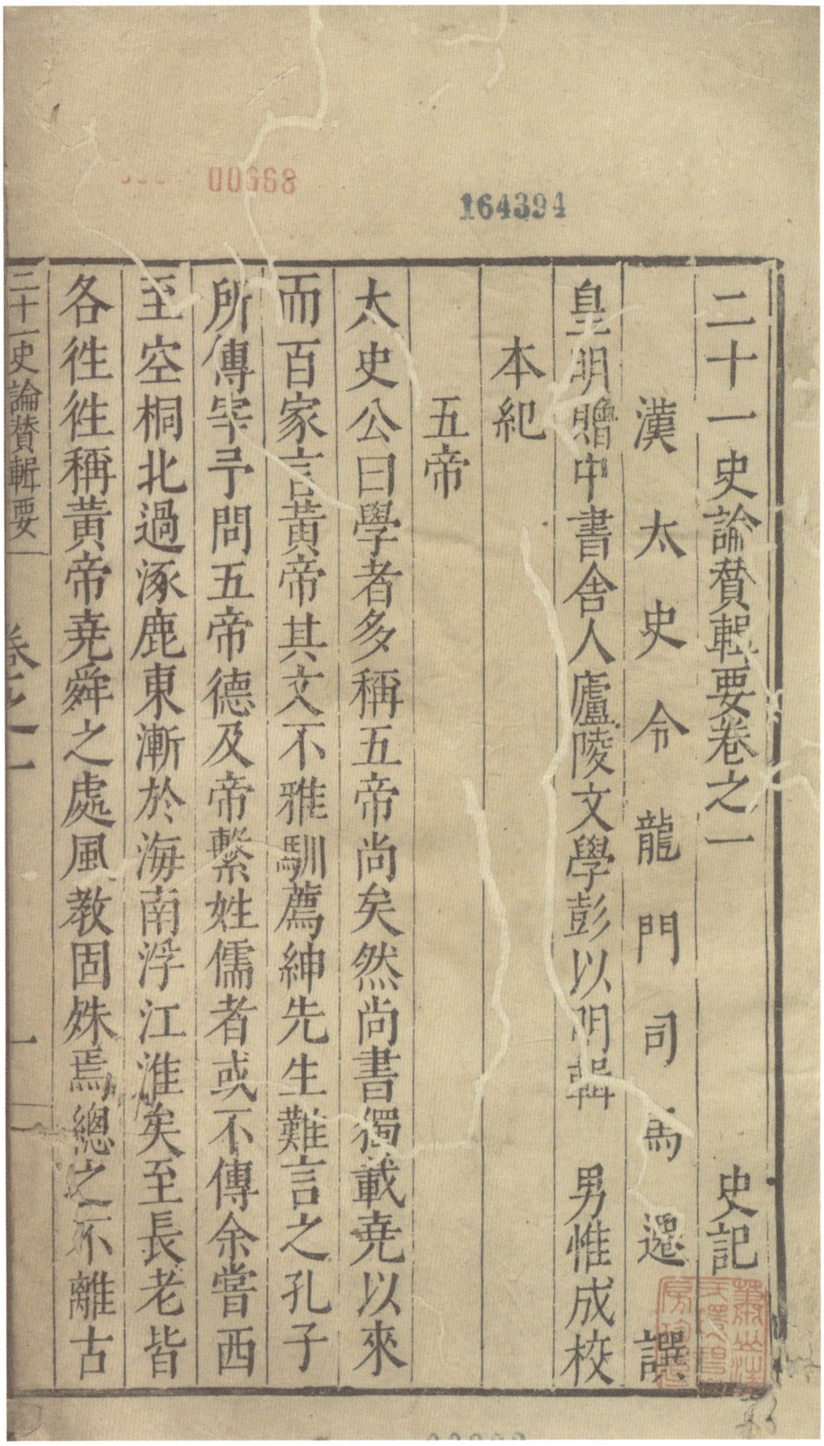

二十一史論贊輯要卷之一　史記
漢太史令龍門司馬遷撰
皇明贈中書舍人廬陵文學彭以明輯　男惟成校
本紀
五帝
太史公曰學者多稱五帝尚矣然尚書獨載堯以來而百家言黃帝其文不雅馴薦紳先生難言之孔子所傳宰予問五帝德及帝繫姓儒者或不傳余嘗西至空桐北過涿鹿東漸於海南浮江淮矣至長老皆各往往稱黃帝堯舜之處風教固殊焉總之不離古

二十一史論贊輯要　卷之一　一

二十一史論贊輯要三十六卷　（明）彭以明輯　明萬曆三十七年（1609）彭惟成、彭惟直刻本。二十四册。半頁十行二十字，白口，左右雙邊。框高20.4厘米、寬13.5厘米。中山大學圖書館藏。

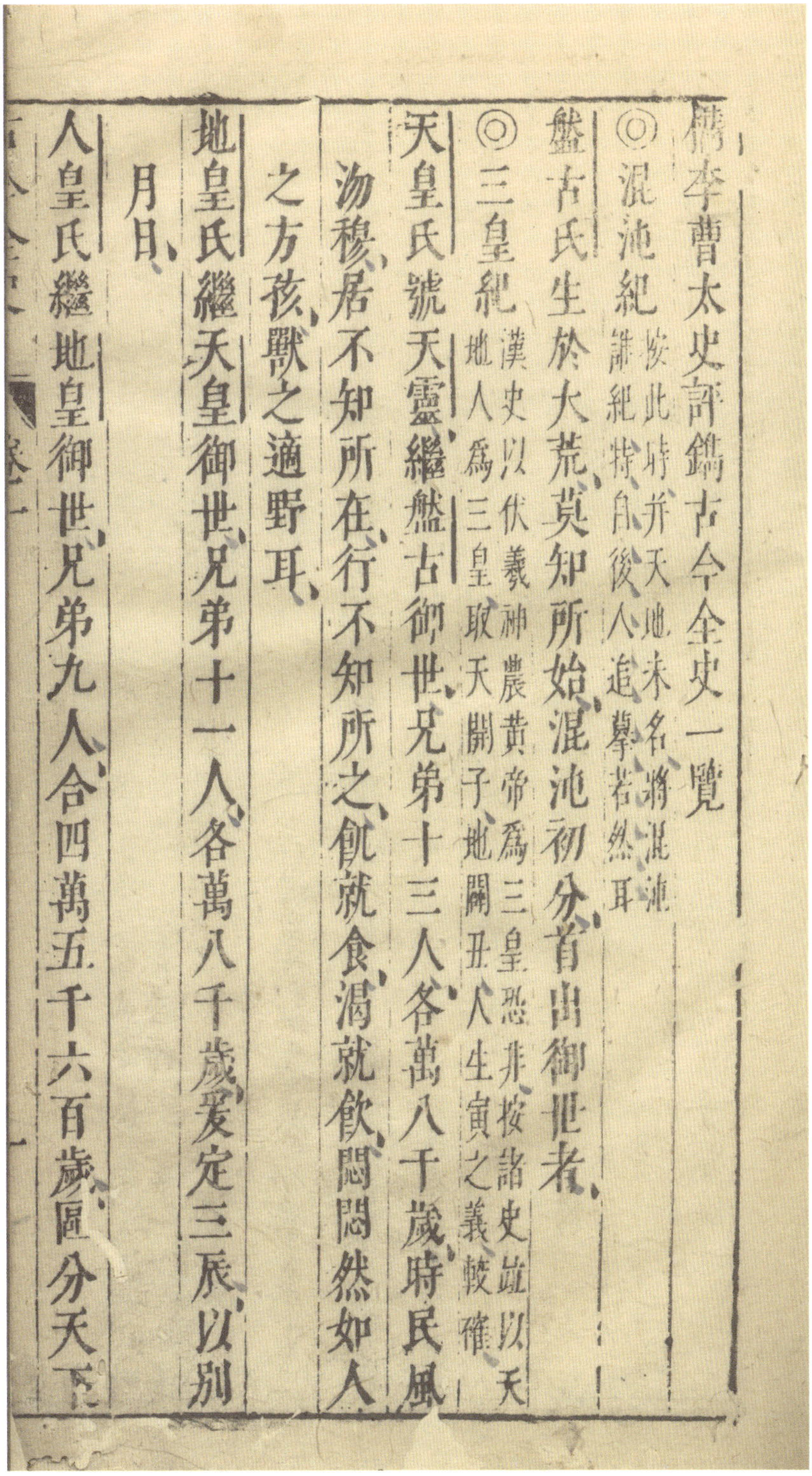

檇李曹太史評鐫古今全史一覽

◎混沌紀　按此時并天地未名將混沌兼紀特自後人追舉若然耳

盤古氏生於大荒莫知所始混沌初分首出御世者

◎三皇紀　漢史以伏羲神農黄帝爲三皇恐非按諸史並以天地人爲三皇取天開子地闢丑人生寅之義較確

天皇氏號天靈繼盤古御世兄弟十三人各萬八千歲時民風沕穆居不知所在行不知所之飢就食渴就飲悶悶然如人之方孩獸之適野耳

地皇氏繼天皇御世兄弟十一人各萬八千歲爰定三辰以別月日

人皇氏繼地皇御世兄弟九人合四萬五千六百歲區分天下

檇李曹太史評鐫古今全史一覽五卷　（明）舒弘諤輯　明崇禎二年（1629）周覺正刻本。六册。半頁十行二十四字，小字雙行同，白口，四周雙邊，間四周單邊。框高21厘米、寬11.3厘米。中山大學圖書館藏。

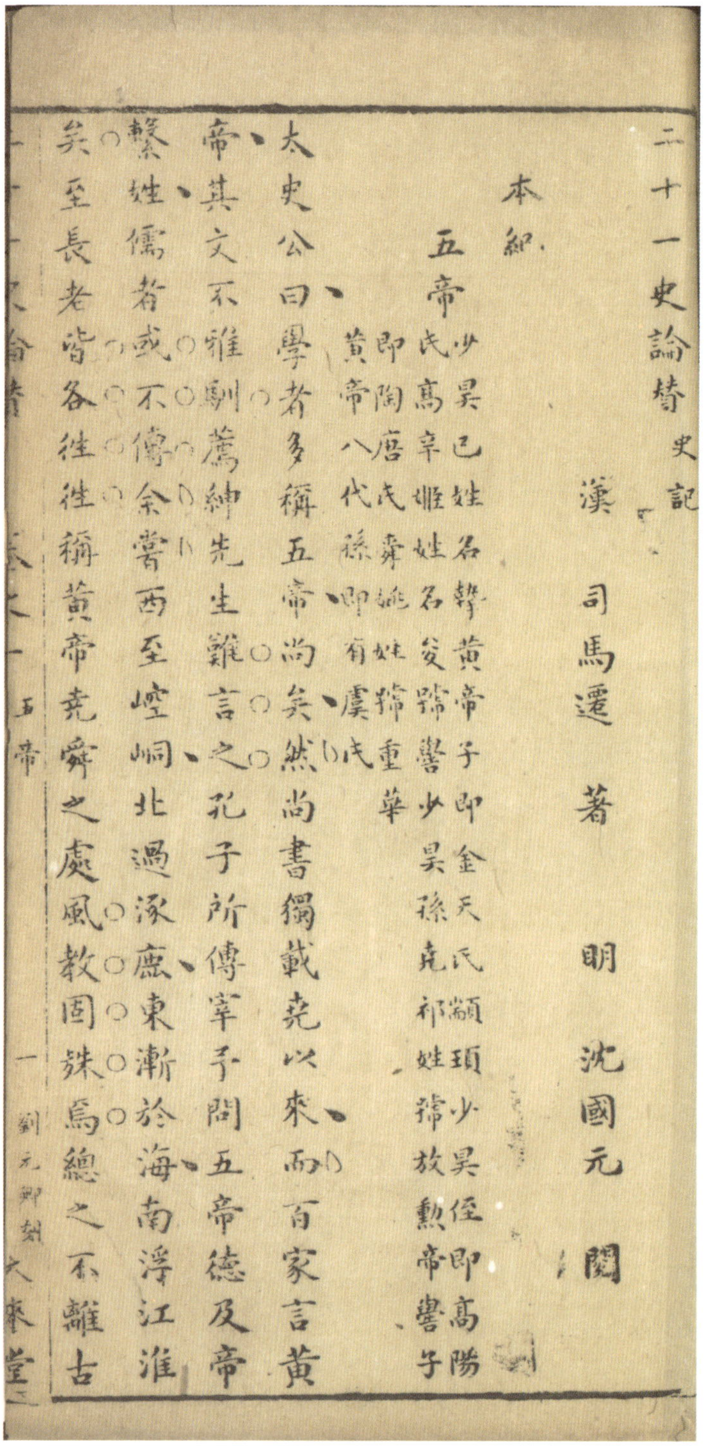
二十一史論贊 史記

漢 司馬遷 著 明 沈國元 閱

本紀

五帝 少昊已姓名摯黃帝子即金天氏顓頊少昊侄即高陽氏高辛姬姓名夋號嚳少昊孫堯祁姓號放勳帝嚳子即陶唐氏舜姚姓號重華黃帝八代孫即有虞氏

太史公曰學者多稱五帝尚矣然尚書獨載堯以來而百家言黃帝其文不雅馴薦紳先生難言之孔子所傳宰予問五帝德及帝繫姓儒者或不傳余嘗西至崆峒北過涿鹿東漸於海南浮江淮矣至長老皆各往往稱黃帝堯舜之處風教固殊焉總之不離古

二十一史論贊三十六卷 （明）沈國元輯 明崇禎十年（1637）大來堂刻本。二十八册。半頁九行二十五字，小字雙行同，白口，四周單邊。框高21.7厘米、寬11.4厘米。中山大學圖書館藏。

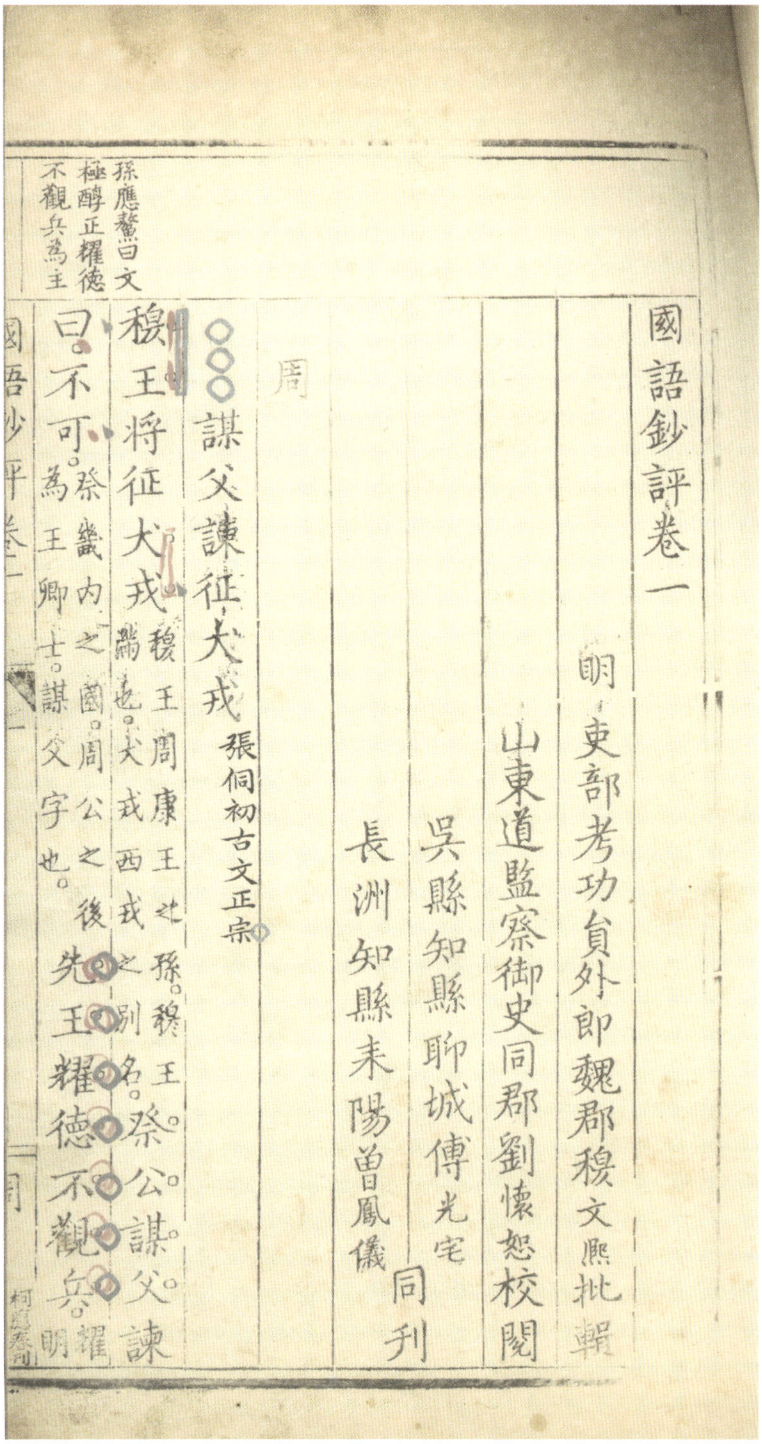
孫應鰲曰文極醇正耀德不觀兵為主

國語鈔評卷一

明吏部考功員外郎魏郡穆文熙批輯

山東道監察御史同郡劉懷恕校閱

吳縣知縣聊城傅光宅

長洲知縣耒陽曾鳳儀　同刊

周

謀父諫征犬戎　張侗初古文正宗

穆王將征犬戎穆王周康王之孫。穆王。祭公。謀父。諫也。犬戎西戎之別名。祭公謀父諫

曰不可。祭畿內之國。周公之後。為王卿士。謀父字也。先王耀德不觀兵耀明

國語鈔評卷一　周

國語鈔評八卷　（明）穆文熙輯　明萬曆十二年（1584）傅光宅、曾鳳儀刻本。四册。上下兩欄，半頁九行二十字，白口，四周雙邊。框高24厘米、寬13.5厘米。中山大學圖書館藏。

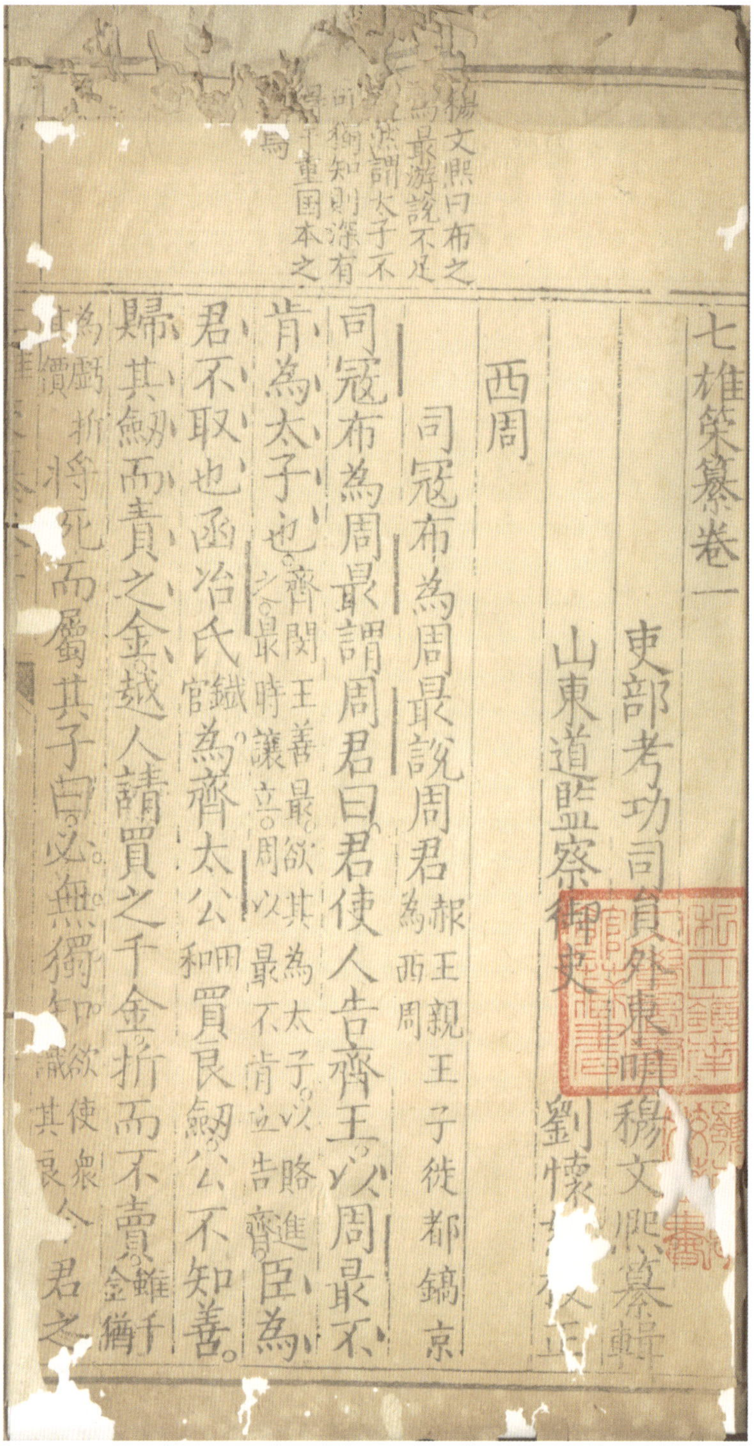

穆文熙曰布之為最游說不足然謂太子不可獨知則深有得于重國本之意焉

七雄策纂卷一

吏部考功司員外東明穆文熙纂輯

山東道監察御史劉懷恕校正

西周

司寇布為周最謂周君（赧王親王子徙都鎬京為西周）

司寇布為周最謂周君曰：君使人告齊王以周最不肯為太子也（齊閔王善最，欲其為太子，以賂進之。最時讓立周，以最不肯立告齊。）臣為君不取也。函冶氏（鐵官）為齊太公（和田）買良劍，公不知善，歸其劍而責之金。越人請買之千金，折而不賣（雖千金猶為虧其價）。折將死而屬其子曰：必無獨知（欲使衆識其良）。今君之

七雄策纂八卷　（明）穆文熙輯　明萬曆劉懷恕刻本。四册。上下兩欄，半頁十行二十字，小字雙行同，白口，四周雙邊。框高24厘米、寬13.9厘米。中山大學圖書館藏。

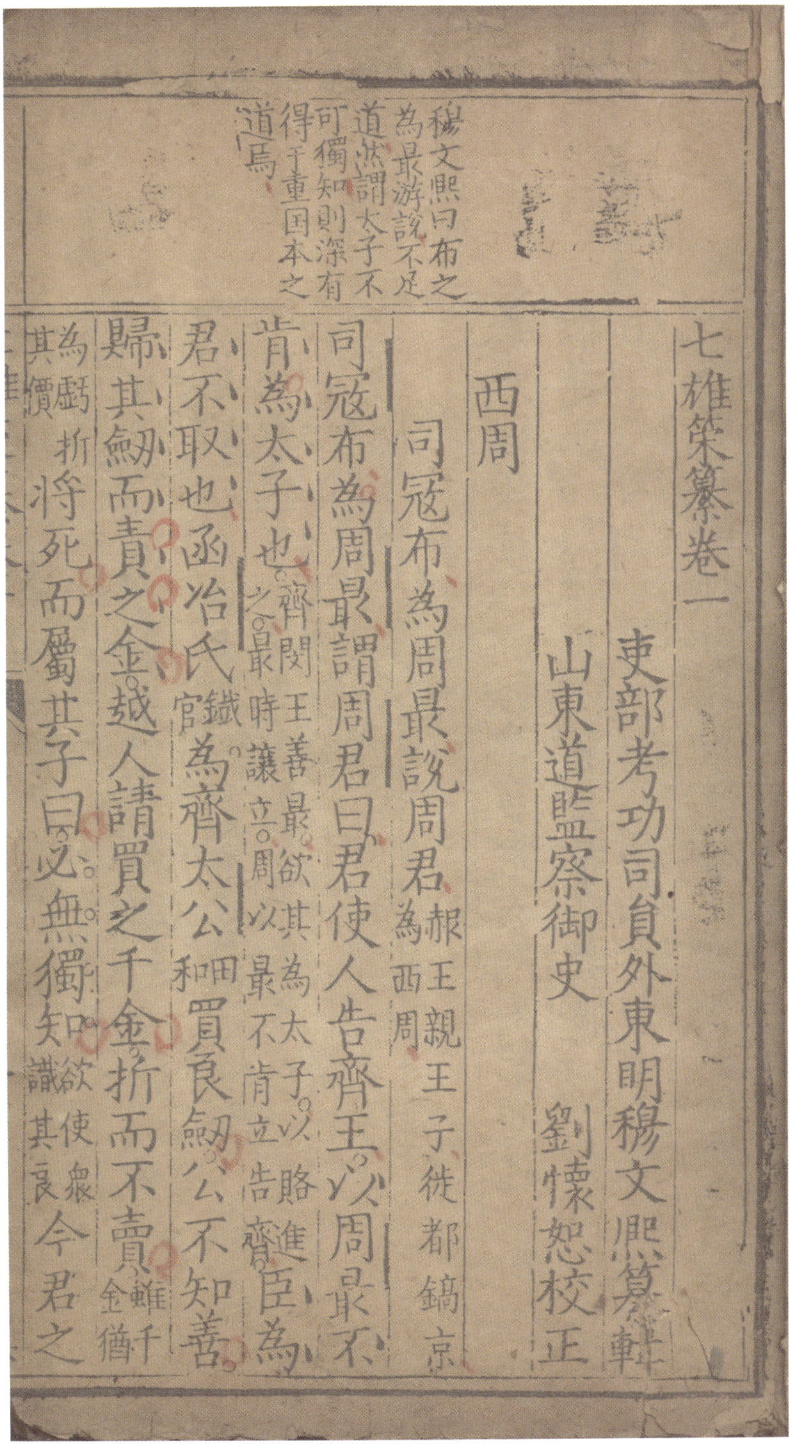

七雄策纂八卷　（明）穆文熙輯　明萬曆劉懷恕刻本。四册。上下兩欄，半頁十行二十字，小字雙行同，白口，四周雙邊。框高24厘米、寬13.9厘米。中山大學圖書館藏。

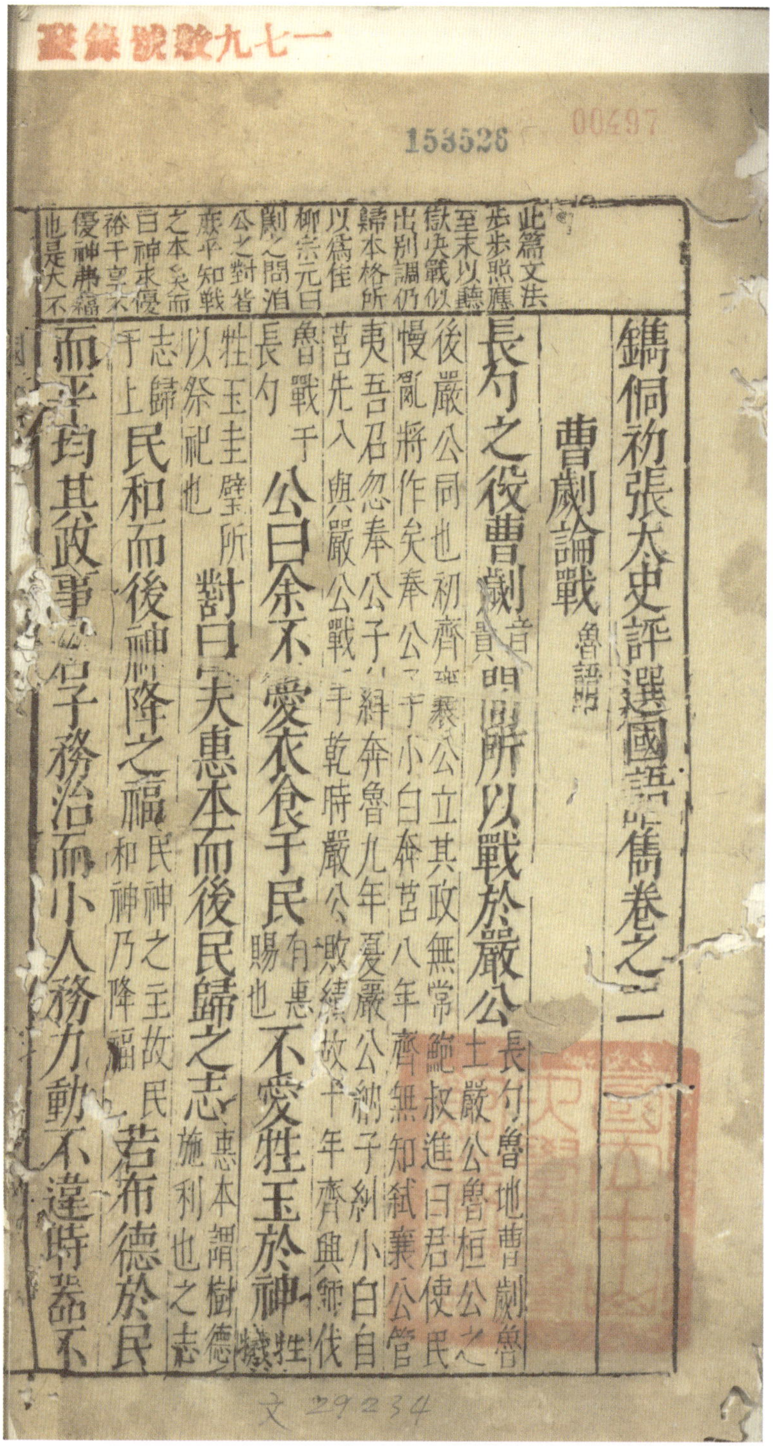

鐫侗初張太史評選國語雋四卷　（明）張鼐輯　明蕭少衢刻本。存三卷（缺一）。三册。上下兩欄，半頁九行二十一字，小字雙行同，白口，四周單邊。框高21.3厘米、寬12.1厘米。中山大學圖書館藏。

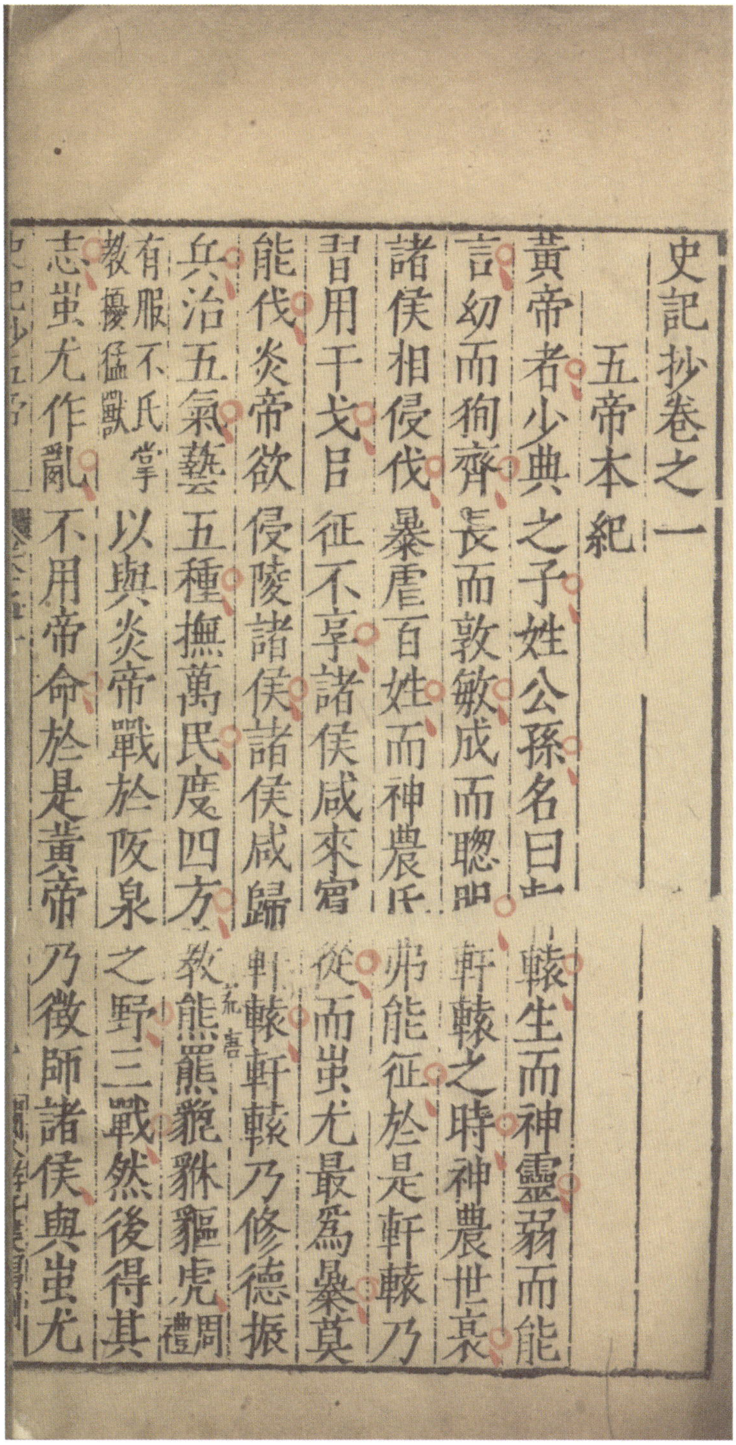

史記抄卷之一

五帝本紀

黃帝者少典之子姓公孫名曰軒轅生而神靈弱而能言幼而徇齊長而敦敏成而聰明軒轅之時神農世衰諸侯相侵伐暴虐百姓而神農氏弗能征於是軒轅乃習用干戈以征不享諸侯咸來賓從而蚩尤最為暴莫能伐炎帝欲侵陵諸侯諸侯咸歸軒轅軒轅乃修德振兵治五氣蓺五種撫萬民度四方教熊羆貔貅貙虎周禮有服不氏掌教擾猛獸以與炎帝戰於阪泉之野三戰然後得其志蚩尤作亂不用帝命於是黃帝乃徵師諸侯與蚩尤

史記抄九十一卷補遺十二卷首一卷　（明）茅坤輯　明萬曆三年（1575）自刻本。二十四册。半頁十行二十一字，白口，四周單邊。框高29.5厘米、寬12厘米。中山大學圖書館藏。

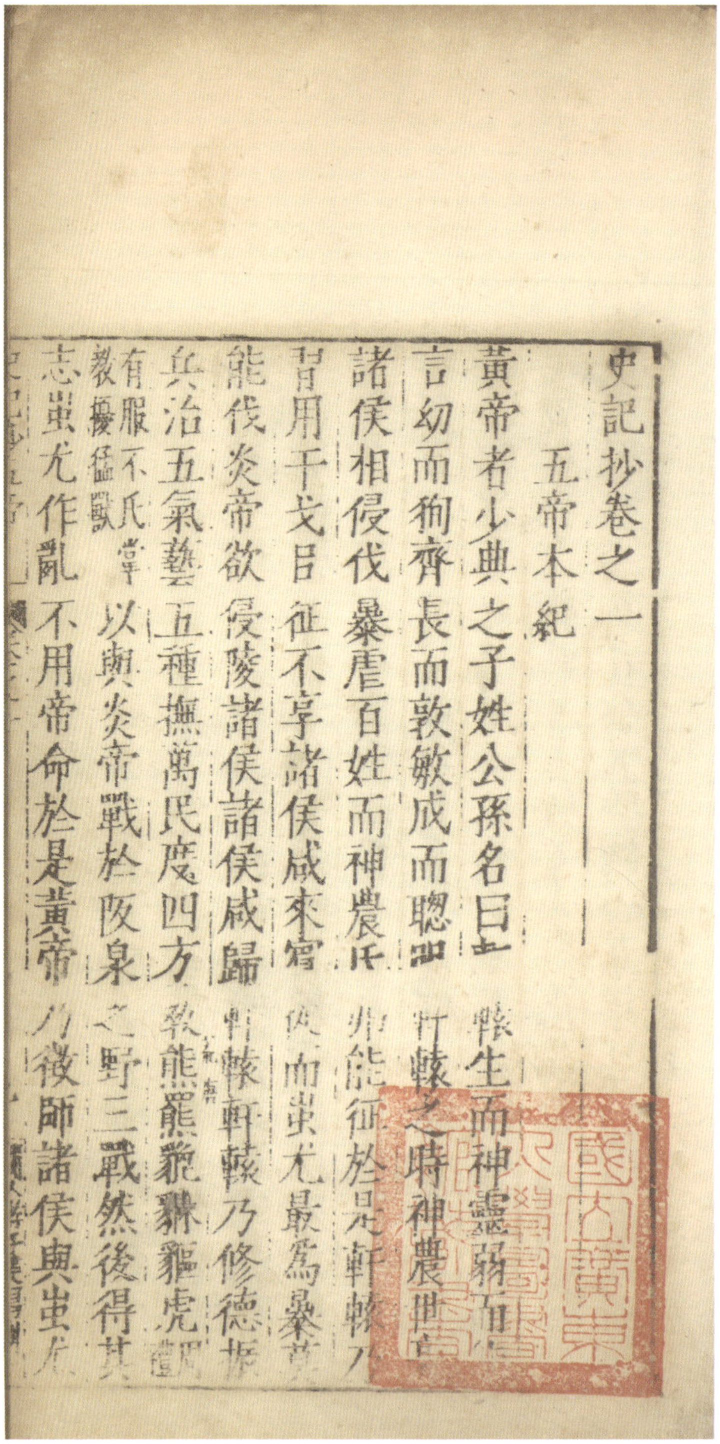
史記抄卷之一
五帝本紀
黃帝者少典之子姓公孫名曰軒轅生而神靈弱而能
言幼而徇齊長而敦敏成而聰明軒轅之時神農氏世衰
諸侯相侵伐暴虐百姓而神農氏弗能征於是軒轅乃
習用干戈以征不享諸侯咸來賓從而蚩尤最為暴莫
能伐炎帝欲侵陵諸侯諸侯咸歸軒轅軒轅乃修德振
兵治五氣蓺五種撫萬民度四方教熊羆貔貅貙虎
有服不氏掌教擾猛獸以與炎帝戰於阪泉之野三戰然後得其
志蚩尤作亂不用帝命於是黃帝乃徵師諸侯與蚩尤

史記抄九十一卷補遺十二卷首一卷　（明）茅坤輯　明萬曆三年（1575）自刻本。十六册。半頁十行二十一字，白口，四周單邊。框高29.5厘米、寬12厘米。中山大學圖書館藏。

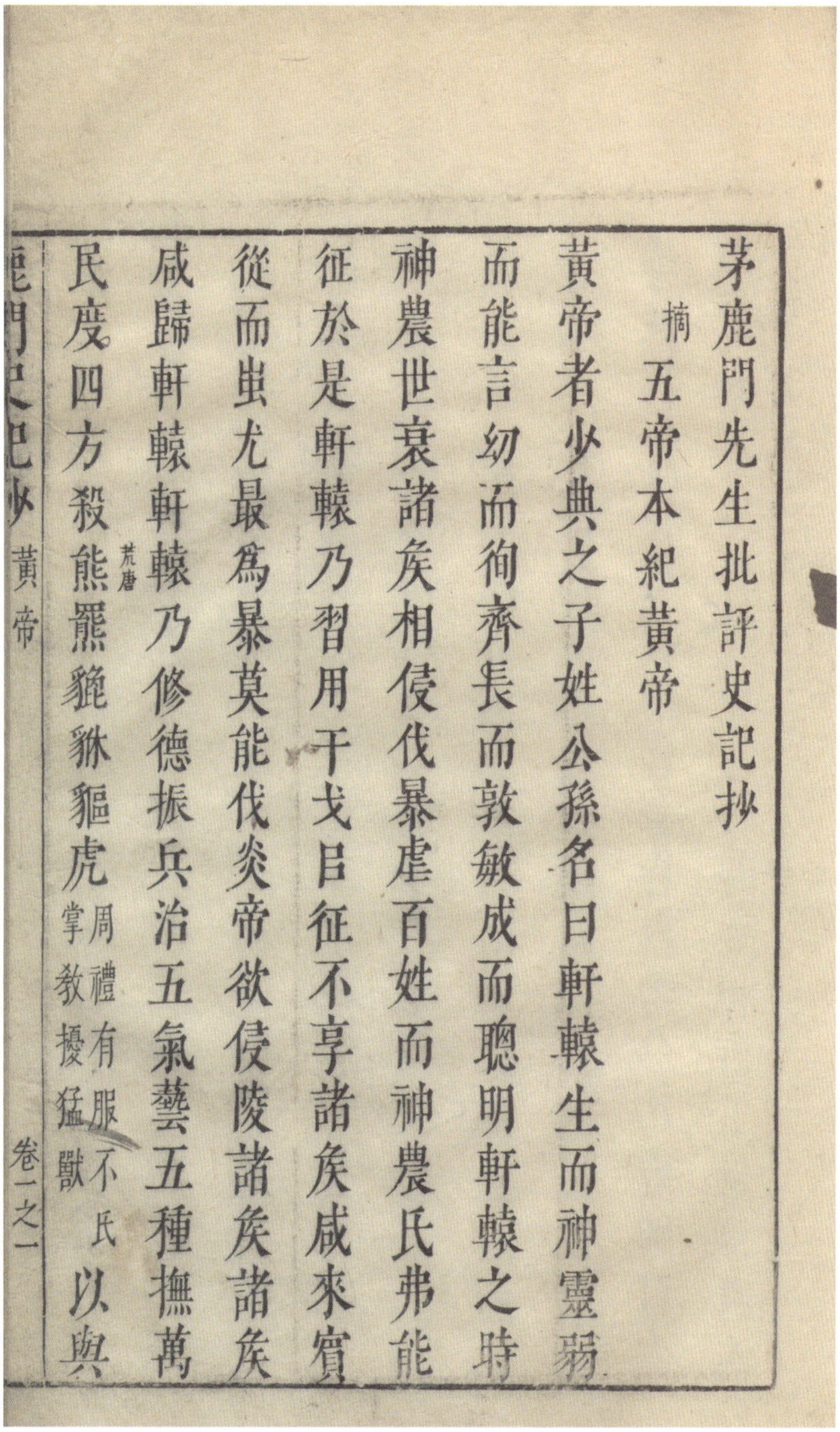

茅鹿門先生批評史記抄

摘 五帝本紀黃帝

黃帝者少典之子姓公孫名曰軒轅生而神靈弱而能言幼而徇齊長而敦敏成而聰明軒轅之時神農世衰諸侯相侵伐暴虐百姓而神農氏弗能征於是軒轅乃習用干戈以征不享諸侯咸來賓從而蚩尤最爲暴莫能伐炎帝欲侵陵諸侯諸侯咸歸軒轅軒轅乃修德振兵治五氣藝五種撫萬民度四方殺熊羆貔貅貙虎周禮有服不氏掌教擾猛獸以與

荒唐

鹿門史記抄 黃帝 卷一之一

茅鹿門先生批評史記抄一百四卷 （明）茅坤撰 明天啓元年（1621）茅兆海刻本。二十四册。半頁九行十九字，小字雙行同，白口，四周單邊。框高21.7厘米、寬13.5厘米。中山大學圖書館藏。

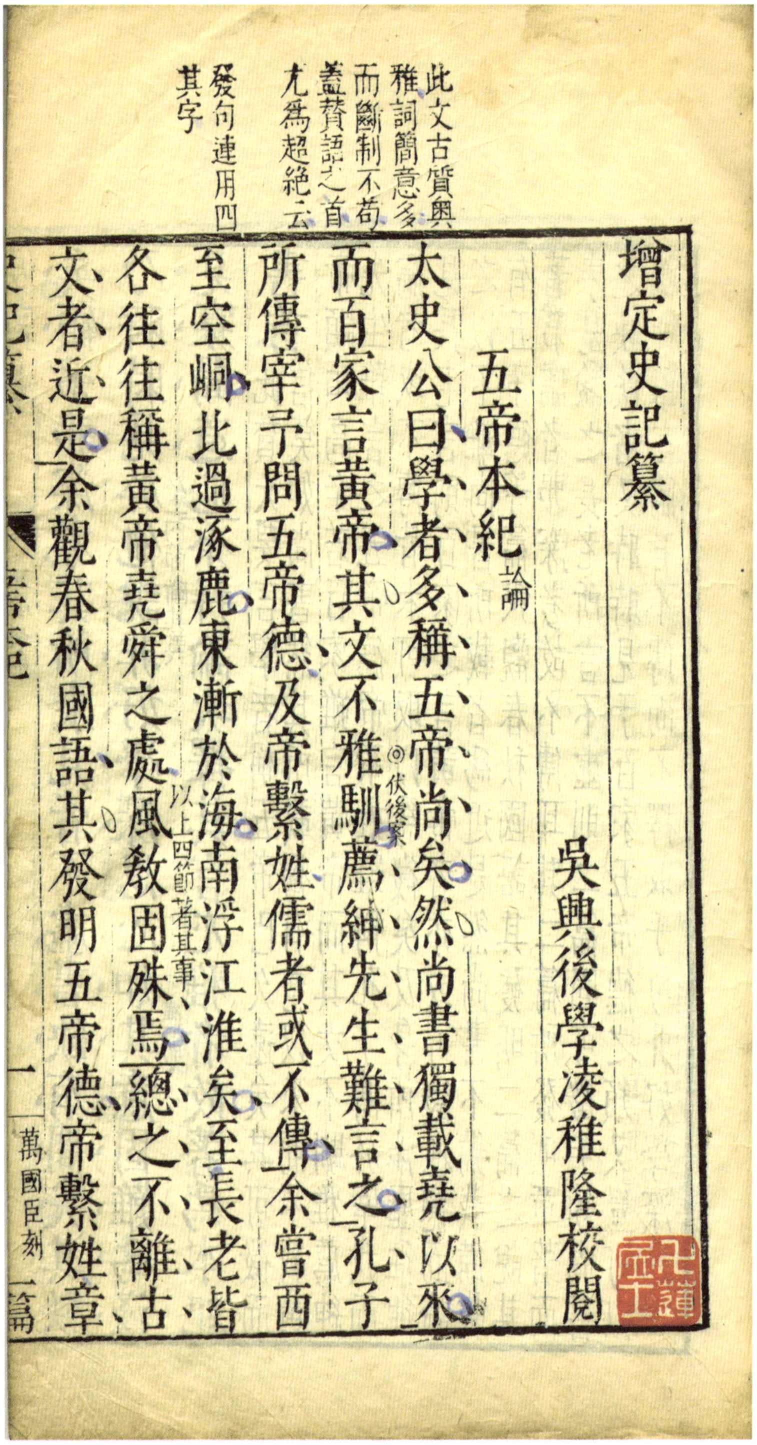
此文古質典雅詞簡意多而斷制不苟蓋贊語之首尤爲超絕云
發句連用四其字

增定史記纂

吳興後學凌稚隆校閱

五帝本紀 論

太史公曰學者多稱五帝尚矣然尚書獨載堯以來而百家言黃帝其文不雅馴薦紳先生難言之孔子所傳宰予問五帝德及帝繫姓儒者或不傳余嘗西至空峒北過涿鹿東漸於海南浮江淮矣至長老皆各往往稱黃帝堯舜之處風教固殊焉總之不離古文者近是余觀春秋國語其發明五帝德帝繫姓章

伏後案

以上四節著其事

史記纂 卷一

萬國臣刻

增定史記纂不分卷 （明）凌稚隆輯 明萬曆四十八年（1620）刻本。八册。半頁九行二十字，小字不等，白口，左右雙邊。框高20.8厘米、寬13.5厘米。暨南大學圖書館藏。

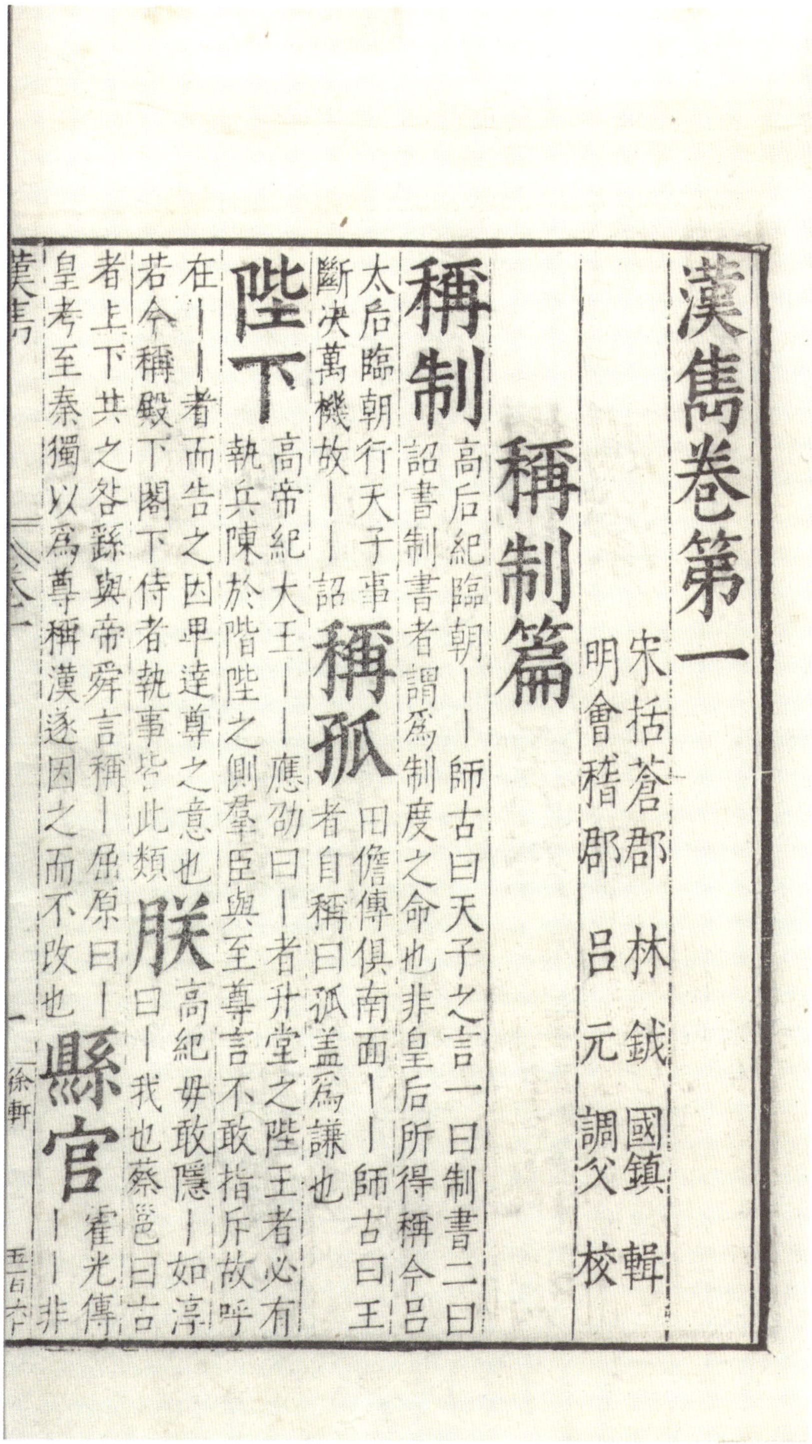
漢雋卷第一
宋括蒼郡林鉞國鎮輯
明會稽郡呂元調父校
稱制篇
稱制 高后紀臨朝｜｜師古曰天子之言一曰制書二曰詔書制書者謂爲制度之命也非皇后所得稱今呂太后臨朝行天子事斷決萬機故｜｜詔
稱孤 田儋傳俱南面｜｜師古曰王者自稱曰孤蓋爲謙也
陛下 高帝紀大王｜｜應劭曰｜者升堂之陛王者必有執兵陳於階陛之側羣臣與至尊言不敢指斥故呼在｜｜者而告之因卑達尊之意也若今稱殿下閣下侍者執事皆此類
朕 高紀毋敢隱｜如淳曰｜我也蔡邕曰古者上下共之咎繇與帝舜言稱｜屈原曰｜皇考至秦獨以爲尊稱漢遂因之而不改也
縣官 霍光傳｜｜非
漢雋 卷一

漢雋十卷　（宋）林鉞輯　明萬曆十二年（1584）吕元刻本。五册。半頁八行十二字，小字雙行二十四字，白口，左右雙邊。框高20.5厘米、寬13.7厘米。中山大學圖書館藏。

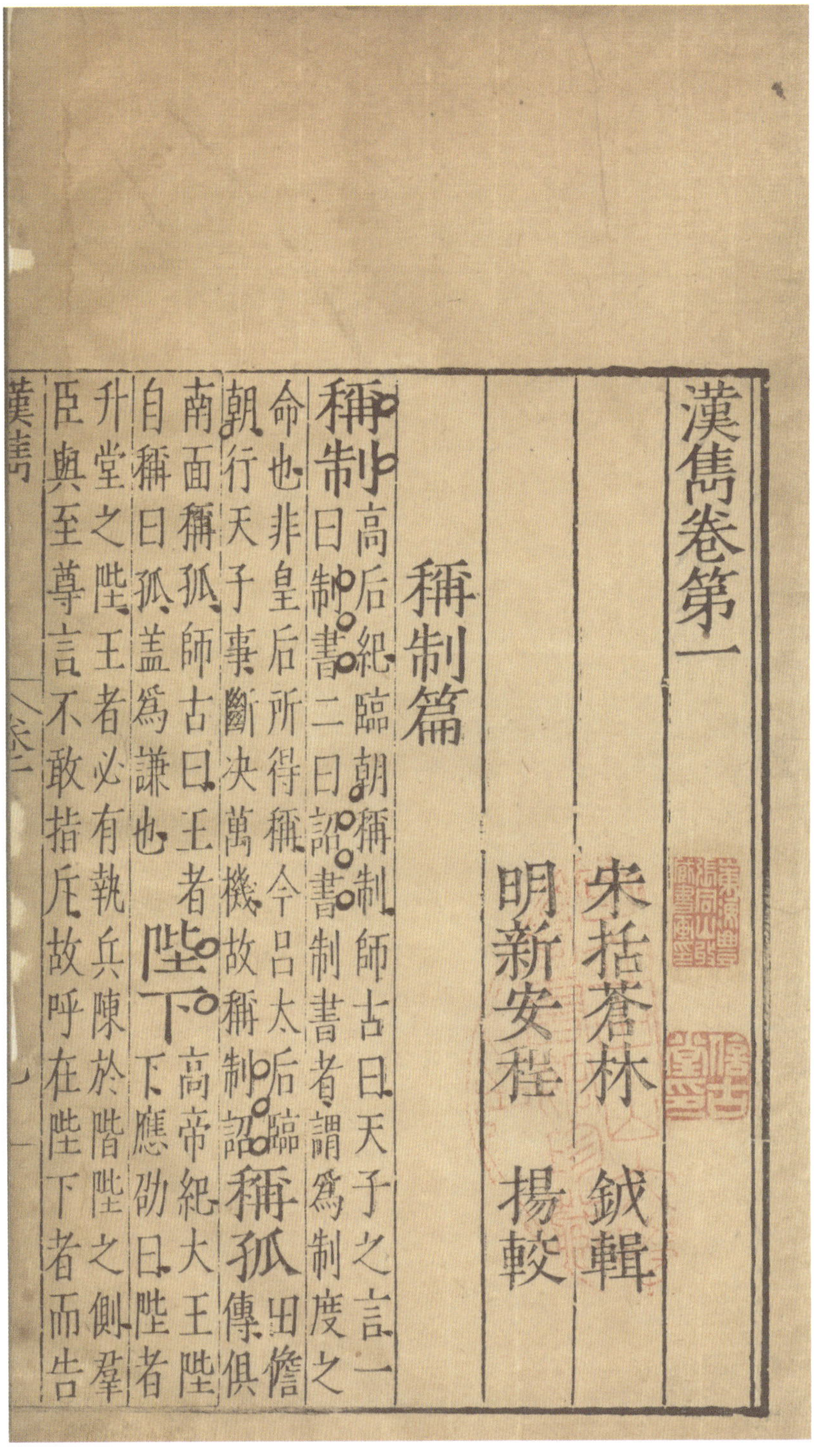
漢雋卷第一

宋括蒼林　鉞輯

明新安程　揚校

稱制篇

稱制　高后紀臨朝稱制師古曰天子之言一曰制書二曰詔書制書者謂爲制度之命也非皇后所得稱今呂太后臨朝行天子事斷决萬機故稱制詔

稱孤　田儋傳俱南面稱孤師古曰王者自稱曰孤盖爲謙也

陛下　高帝紀大王陛下應劭曰陛者升堂之陛王者必有執兵陳於階陛之側羣臣與至尊言不敢指斥故呼在陛下者而告

漢雋　卷一　一

漢雋十卷　（宋）林鉞輯　明崇禎十二年（1639）程揚刻本。六册。半頁八行十七字，小字雙行同，白口，左右雙邊。框高17.6厘米、寬12.6厘米。中山大學圖書館藏。

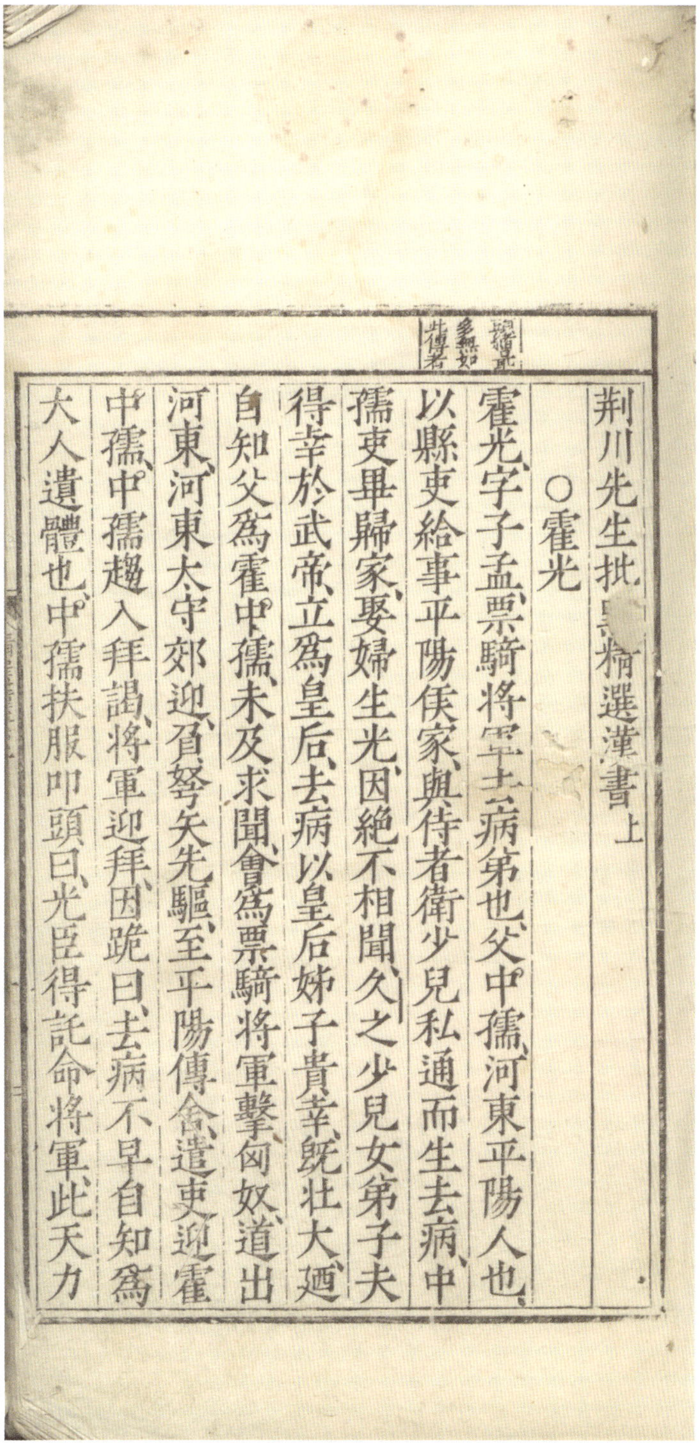

[illegible]多無如此傳者

荊川先生批點精選漢書上

○霍光

霍光字子孟、票騎將軍去病弟也、父中孺、河東平陽人也、以縣吏給事平陽侯家、與侍者衛少兒私通而生去病、中孺吏畢歸家、娶婦生光、因絕不相聞、久之、少兒女弟子夫得幸於武帝、立爲皇后、去病以皇后姊子貴幸、既壯大、迺自知父爲霍中孺、未及求問、會爲票騎將軍擊匈奴、道出河東、河東太守郊迎、負弩矢先驅、至平陽傳舍、遣吏迎霍中孺、中孺趨入拜謁、將軍迎拜、因跪曰、去病不早自知爲大人遺體也、中孺扶服叩頭曰、光臣得託命將軍、此天力

荊川先生批點精選漢書二卷　（明）唐順之評選　明刻本。六册。上下兩欄，半頁十行二十二字，白口，四周雙邊。框高20.9厘米、寬13.2厘米。中山大學圖書館藏。

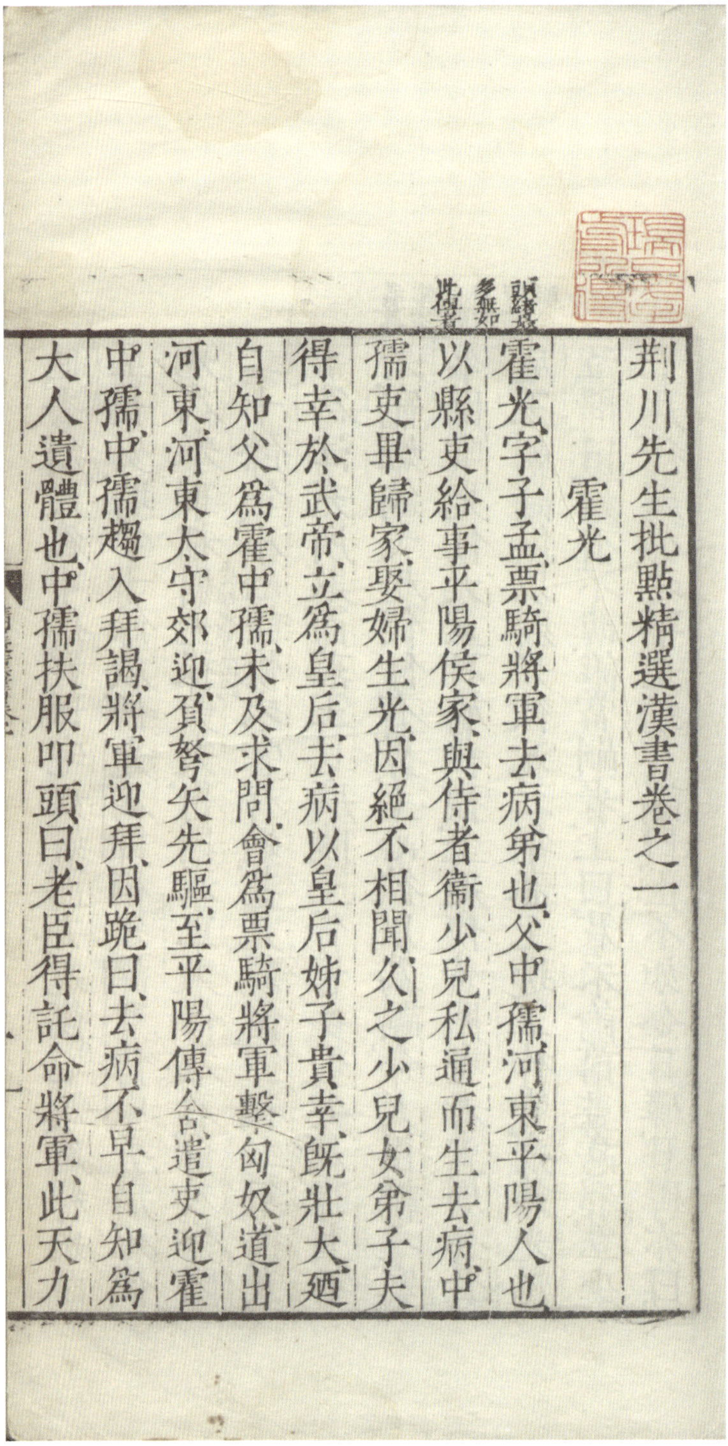

頭緒最多無如此傳者

荆川先生批點精選漢書卷之一

霍光

霍光字子孟票騎將軍去病弟也父中孺河東平陽人也以縣吏給事平陽侯家與侍者衛少兒私通而生去病中孺吏畢歸家娶婦生光因絶不相聞久之少兒女弟子夫得幸於武帝立爲皇后去病以皇后姊子貴幸既壯大迺自知父爲霍中孺未及求問會爲票騎將軍擊匈奴道出河東河東太守郊迎負弩矢先驅至平陽傳舍遣吏迎霍中孺中孺趨入拜謁將軍迎拜因跪曰去病不早自知爲大人遺體也中孺扶服叩頭曰老臣得託命將軍此天力

荆川先生批點精選漢書六卷　（明）唐順之評選　明刻本。五册。半頁十行二十二字，白口，四周單邊。框高18.8厘米、寬13.2厘米。中山大學圖書館藏。

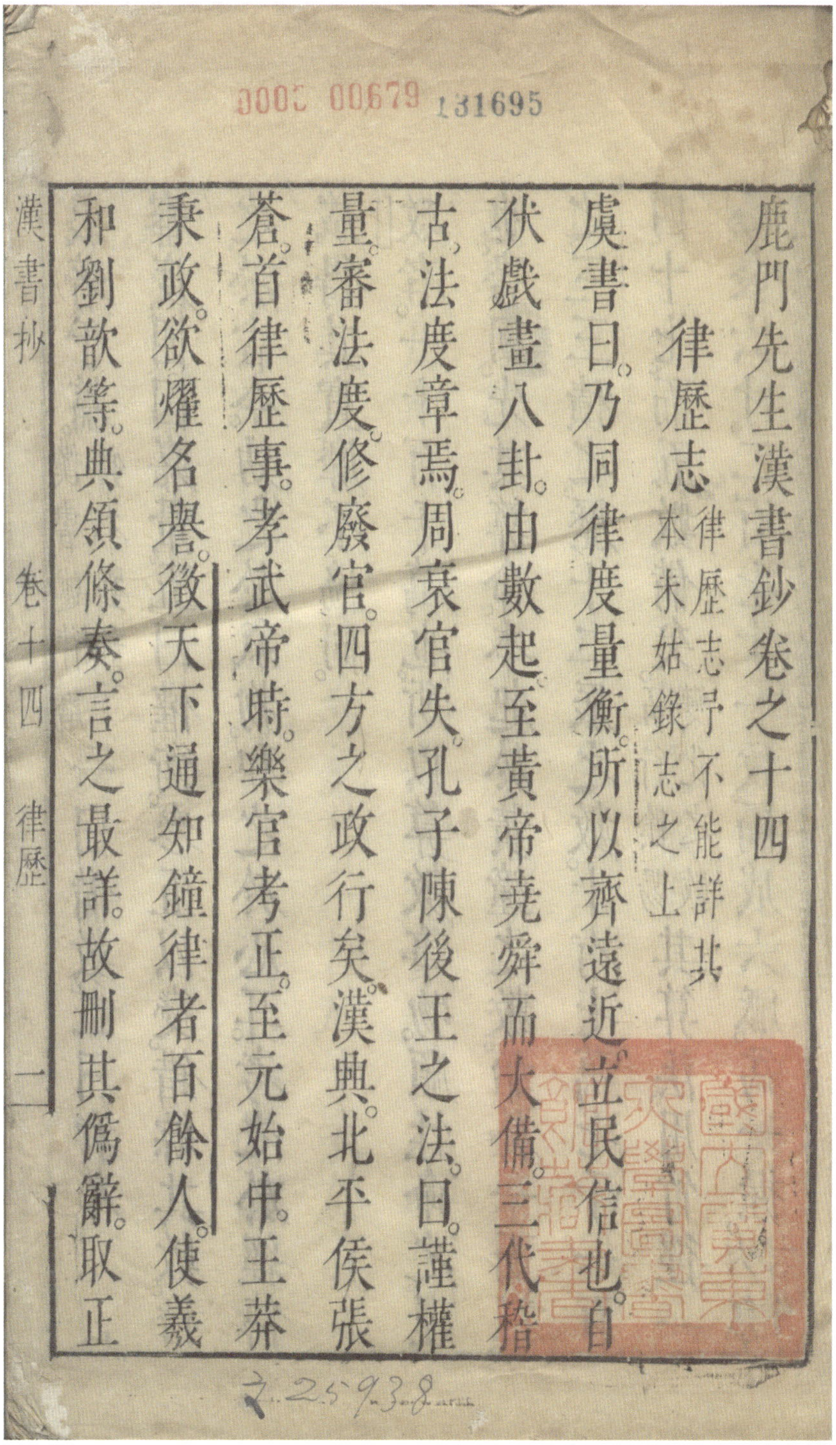

鹿門先生漢書鈔九十三卷　（明）茅坤輯　明刻本。存十八卷（存十四至二十三、四十一至四十八）。三册。半頁九行十九字，小字雙行同，白口，四周單邊。框高21厘米、寬13.9厘米。中山大學圖書館藏。

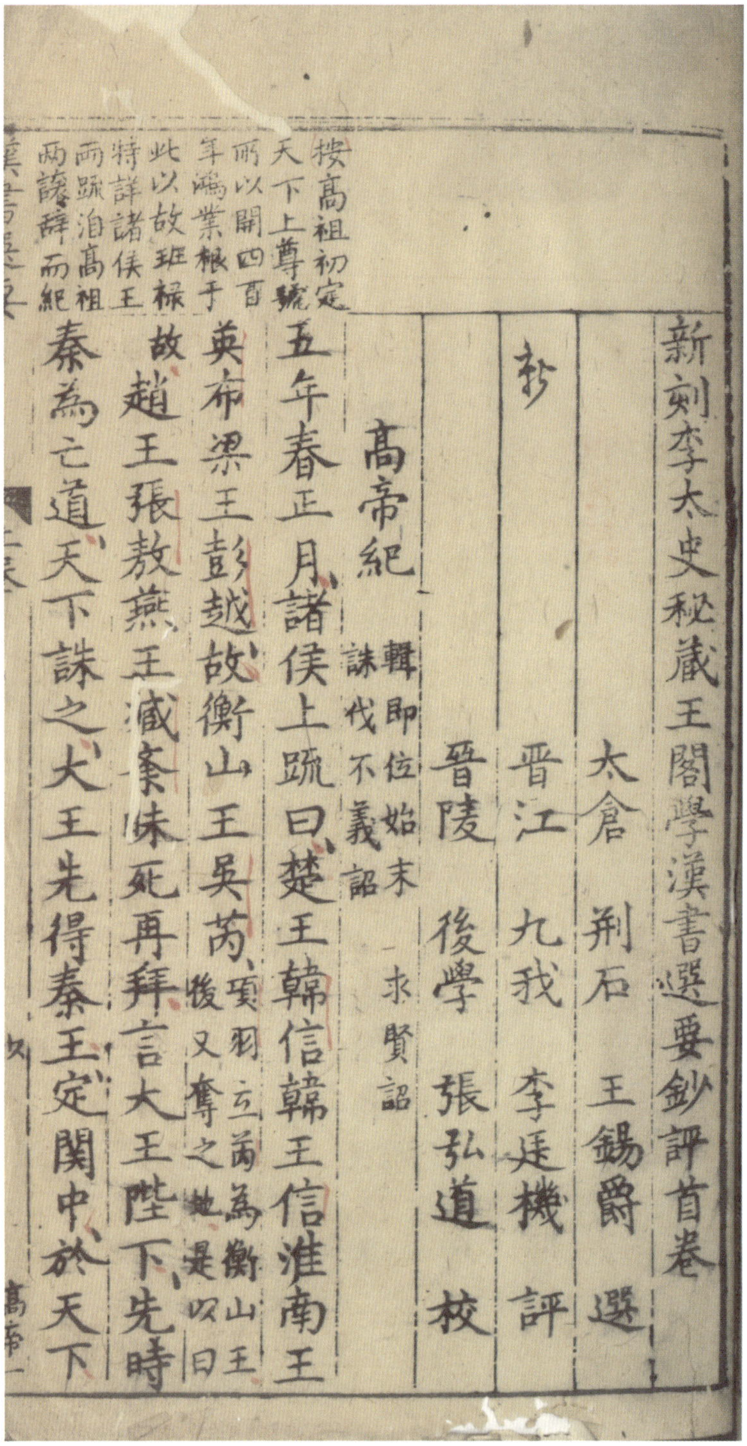
新刻李太史秘藏王閣學漢書選要鈔評首卷
太倉 荆石 王錫爵 選
晋江 九我 李廷機 評
晋陵 後學 張弘道 校
鈔
高帝紀
按高祖初定天下上尊號所以開四百年鴻業根于此以故班椽特詳諸侯王兩疏洎高祖兩讓辭而紀
五年春正月諸侯上疏曰楚王韓信韓王信淮南王英布梁王彭越故衡山王吴芮項羽立芮為衡山王後又奪之地是以曰王故趙王張敖燕王臧荼昧死再拜言大王陛下先時秦為亡道天下誅之大王先得秦王定關中於天下

新刻李太史秘藏王閣學漢書選要鈔評二卷　（明）王錫爵選　（明）李廷機評　明萬曆十五年（1587）張弘道刻本。四册。上下兩欄，半頁九行二十字，小字雙行同，白口，四周單邊。框高22厘米、寬12.3厘米。中山大學圖書館藏。

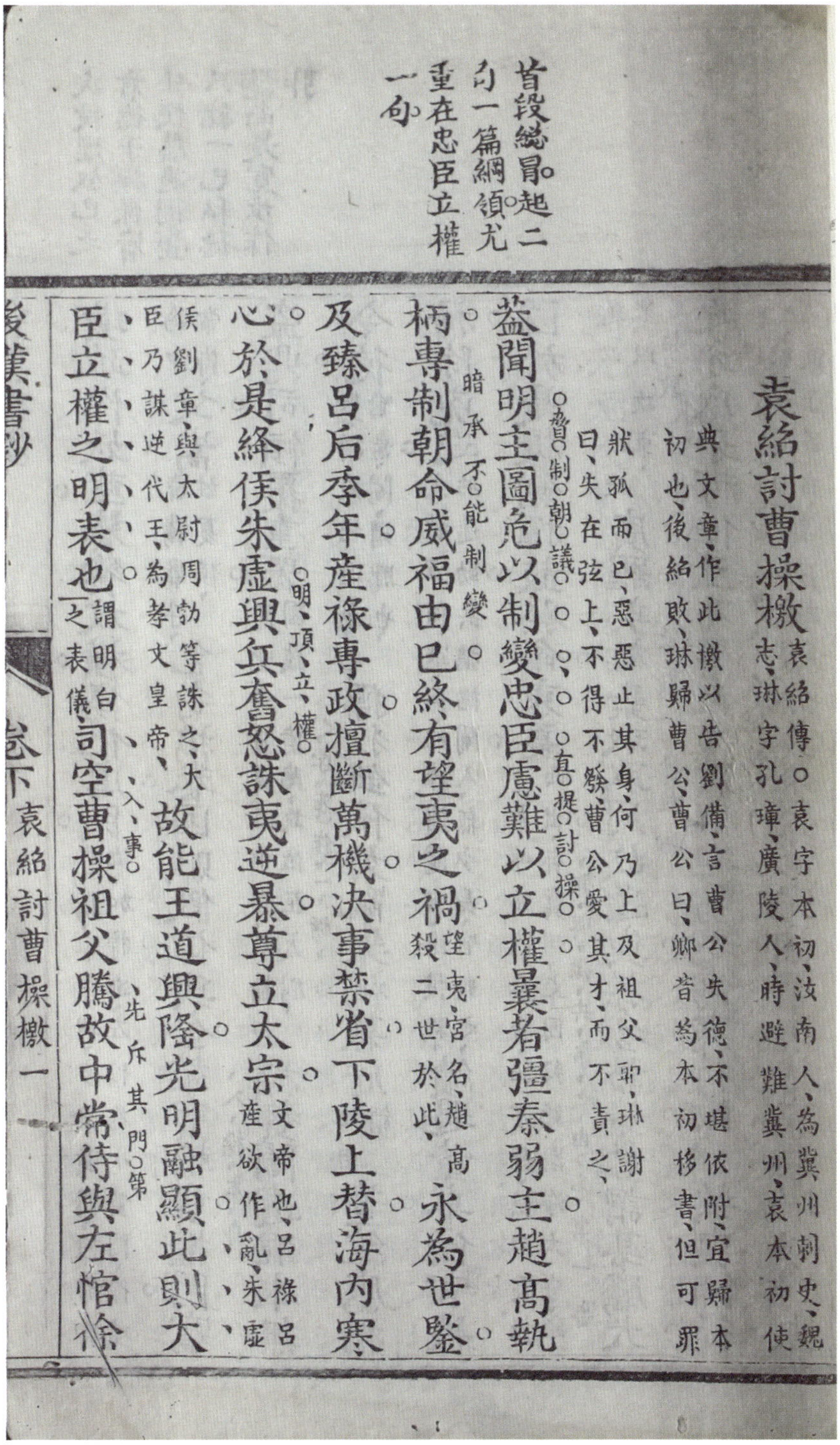

首段總冒。起二句一篇綱領，尤重在忠臣立權一句

袁紹討曹操檄 袁紹傳○袁字本初、汝南人、為冀州刺史、魏志、琳字孔璋、廣陵人、時避難冀州、袁本初使典文章、作此檄以告劉備、言曹公失德、不堪依附、宜歸本初也、後紹敗、琳歸曹公、曹公曰、卿昔為本初移書、但可罪狀孤而已、惡惡止其身、何乃上及祖父耶、琳謝曰、矢在弦上、不得不發、曹公愛其才、而不責之。

蓋聞明主圖危以制變、忠臣慮難以立權。暗承不能制變。曩者彊秦弱主、趙高執柄、專制朝命、威福由己、終有望夷之禍、望夷、宮名、趙高殺二世於此。永為世鑒。及臻呂后季年、產祿專政、擅斷萬機、決事禁省、下陵上替、海內寒心。明、項、立、權。於是絳侯朱虛興兵奮怒、誅夷逆暴、尊立太宗、文帝也、呂祿呂產欲作亂、朱虛侯劉章與太尉周勃等誅之、大臣乃誅逆、代王為孝文皇帝。故能王道興隆、光明融顯、此則大臣立權之明表也。謂明白之表儀。司空曹操祖父騰、故中常侍、與左悺徐

後漢書鈔 卷下 袁紹討曹操檄 一

後漢書鈔二卷 （清）高嵣集評 清乾隆五十三年（1788）刻本。二冊。半頁九行二十五字，小字雙行同，白口，四周雙邊。框高19.6厘米、寬15.3厘米。四會市圖書館藏。

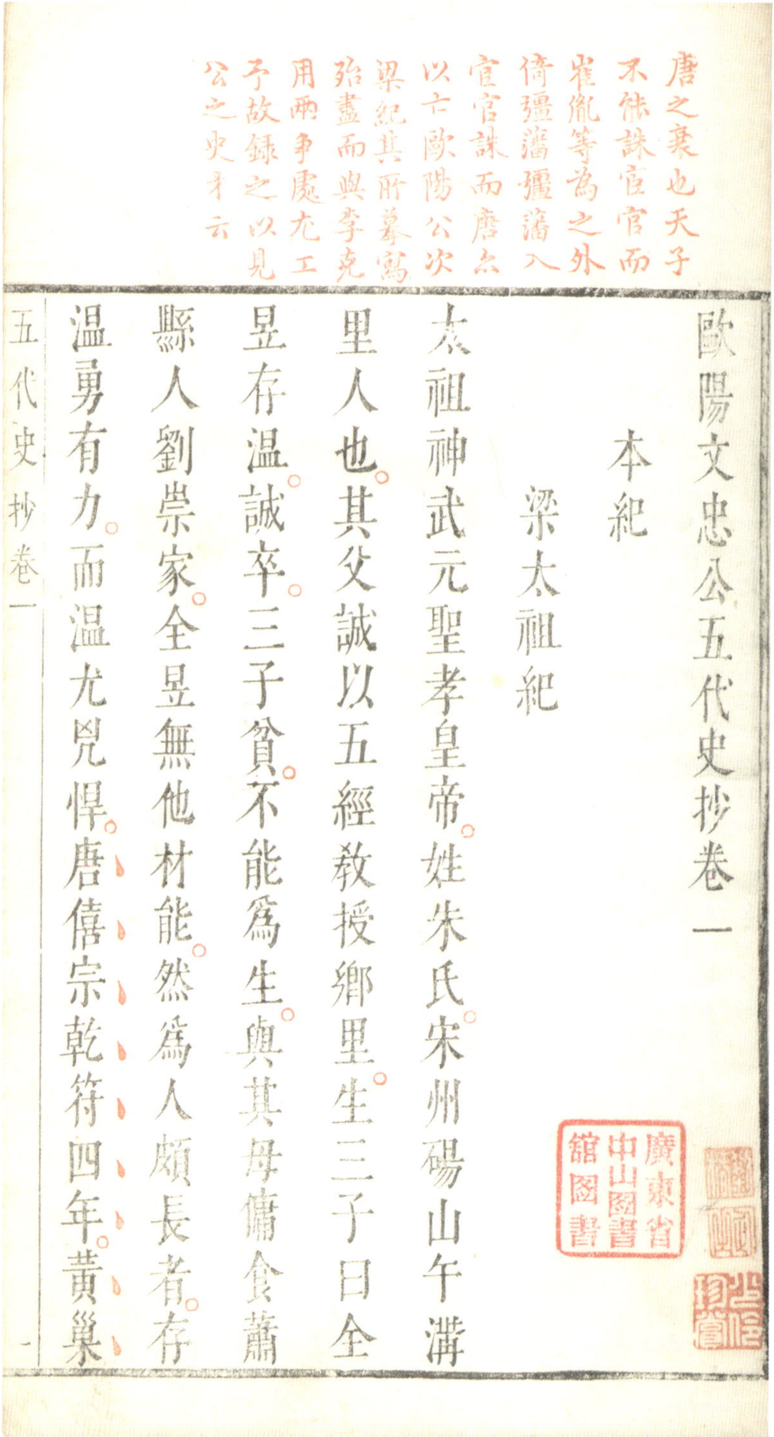

唐之衰也天子不能誅宦官而崔胤等爲之外倚彊藩彊藩入宦官誅而唐亦以亡歐陽公次梁紀其所纂寫殆盡而與李克用兩爭處尤工予故録之以見公之史才云

歐陽文忠公五代史抄卷一

本紀

梁太祖紀

太祖神武元聖孝皇帝姓朱氏宋州碭山午溝里人也其父誠以五經教授鄉里生三子曰全昱存溫誠卒三子貧不能爲生與其母傭食蕭縣人劉崇家全昱無他材能然爲人頗長者存溫勇有力而溫尤兇悍唐僖宗乾符四年黃巢

五代史抄卷一　一

歐陽文忠公五代史抄二十卷　（明）茅坤輯　明刻朱墨套印本。十册。半頁八行十八字，白口，四周單邊。框高20.4厘米、寬14.6厘米。廣東省立中山圖書館藏。

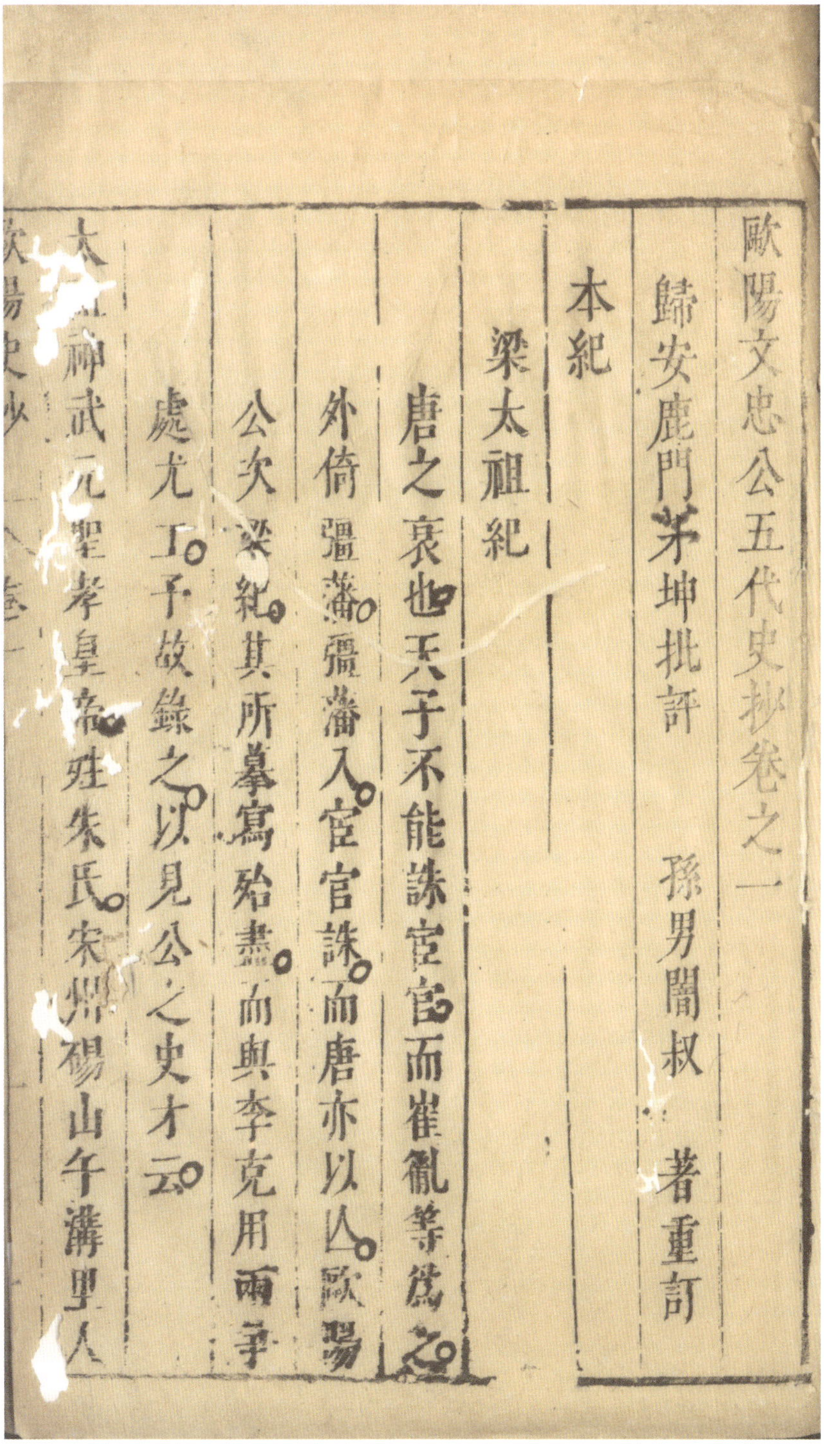

歐陽文忠公五代史抄卷之一

歸安鹿門茅坤批許　孫男闇叔著重訂

本紀

梁太祖紀

唐之衰也天子不能誅宦官而崔胤等爲之外倚彊藩彊藩入宦官誅而唐亦以亾歐陽公次梁紀其所摹寫殆盡而與李克用兩爭處尤工予故錄之以見公之史才云

太祖神武元聖孝皇帝姓朱氏宋州碭山午溝里人

歐陽史抄　卷一　一

歐陽文忠公五代史抄二十卷　（明）茅坤輯　明刻本。十册。半頁九行二十字，白口，四周單邊。框高21.1厘米、寬14厘米。中山大學圖書館藏。

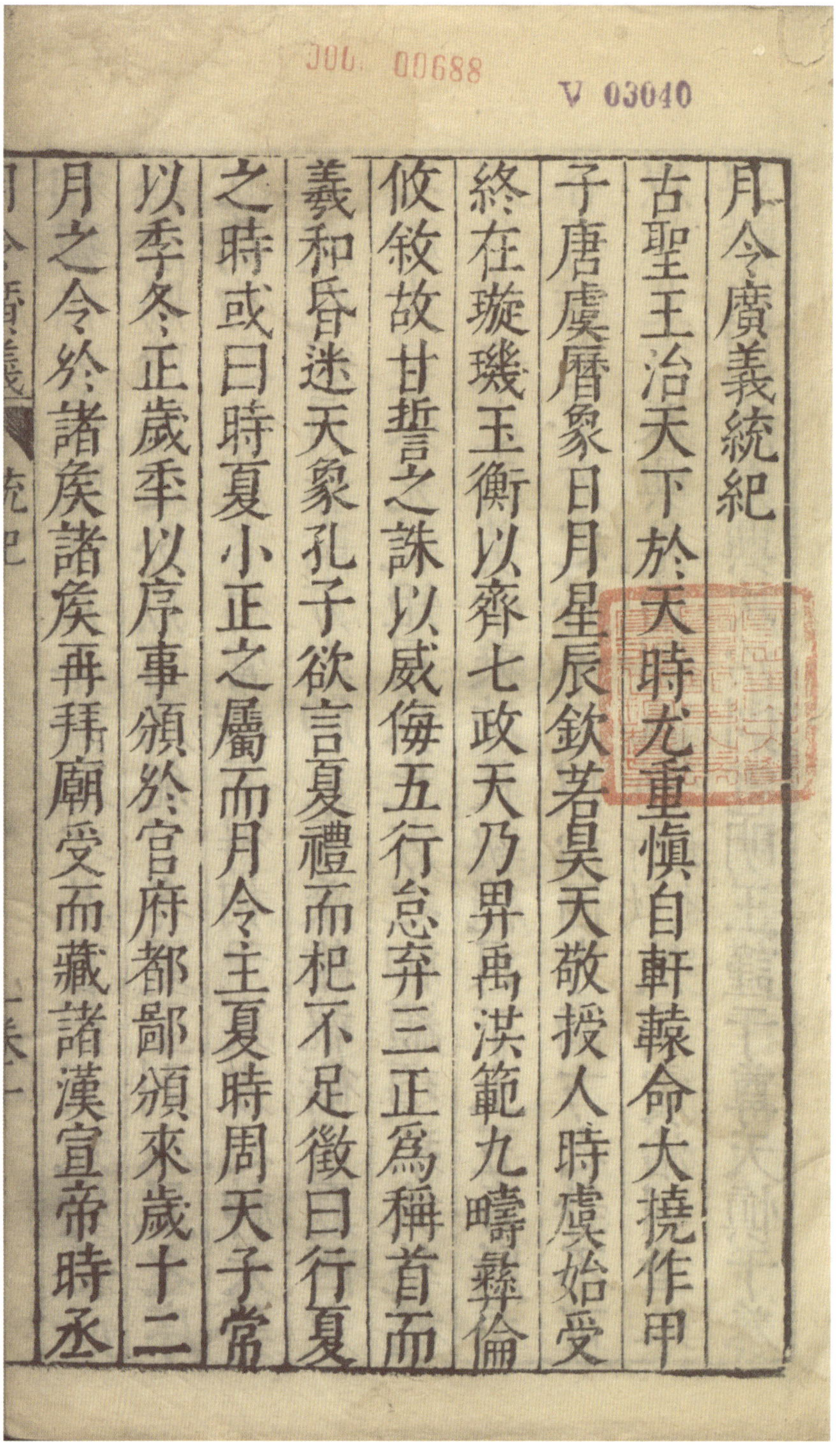

月令廣義統紀

古聖王治天下於天時尤重慎自軒轅命大撓作甲子唐虞曆象日月星辰欽若昊天敬授人時虞始受終在璇璣玉衡以齊七政天乃畀禹洪範九疇彝倫攸敘故甘誓之誅以威侮五行怠棄三正爲稱首而羲和昏迷天象孔子欲言夏禮而杞不足徵曰行夏之時或曰時夏小正之屬而月令主夏時周天子常以季冬正歲年以序事頒於官府都鄙頒來歲十二月之令於諸侯諸侯再拜廟受而藏諸漢宣帝時丞

月令廣義　統紀　卷一

月令廣義二十四卷首一卷附録一卷　（明）馮應京輯　（明）戴任增釋　明萬曆三十年（1602）陳邦泰刻本。十二册。半頁九行二十字，小字雙行同，白口，四周單邊。框高22.5厘米、寬14.2厘米。中山大學圖書館藏。

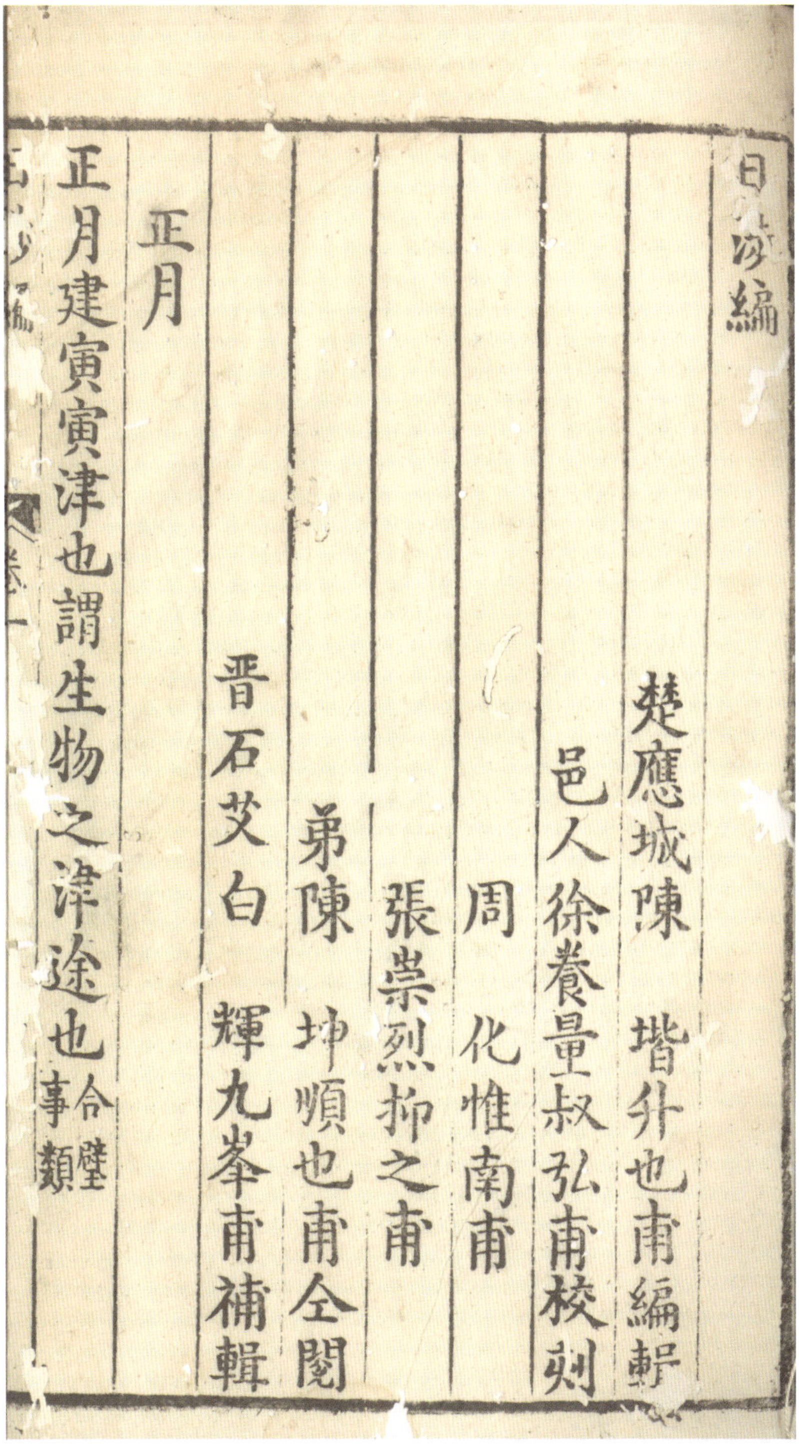

日涉編

楚應城陳　堦升也甫編輯

邑人徐養量叔弘甫校刻

周　化惟南甫

張崇烈抑之甫

弟陳　坤順也甫仝閱

晋石艾白　輝九峯甫補輯

正月

正月建寅寅津也謂生物之津途也合璧事類

日涉編　卷一

日涉編十二卷　（明）陳堦輯　（清）白輝補輯　明萬曆三十九年（1611）徐養量刻清康熙六年（1667）白輝、二十七年（1688）紀元遞修本。十二册。半頁九行十九字，小字雙行同，白口，四周單邊。框高22.6厘米、寬13.6厘米。中山大學圖書館藏。

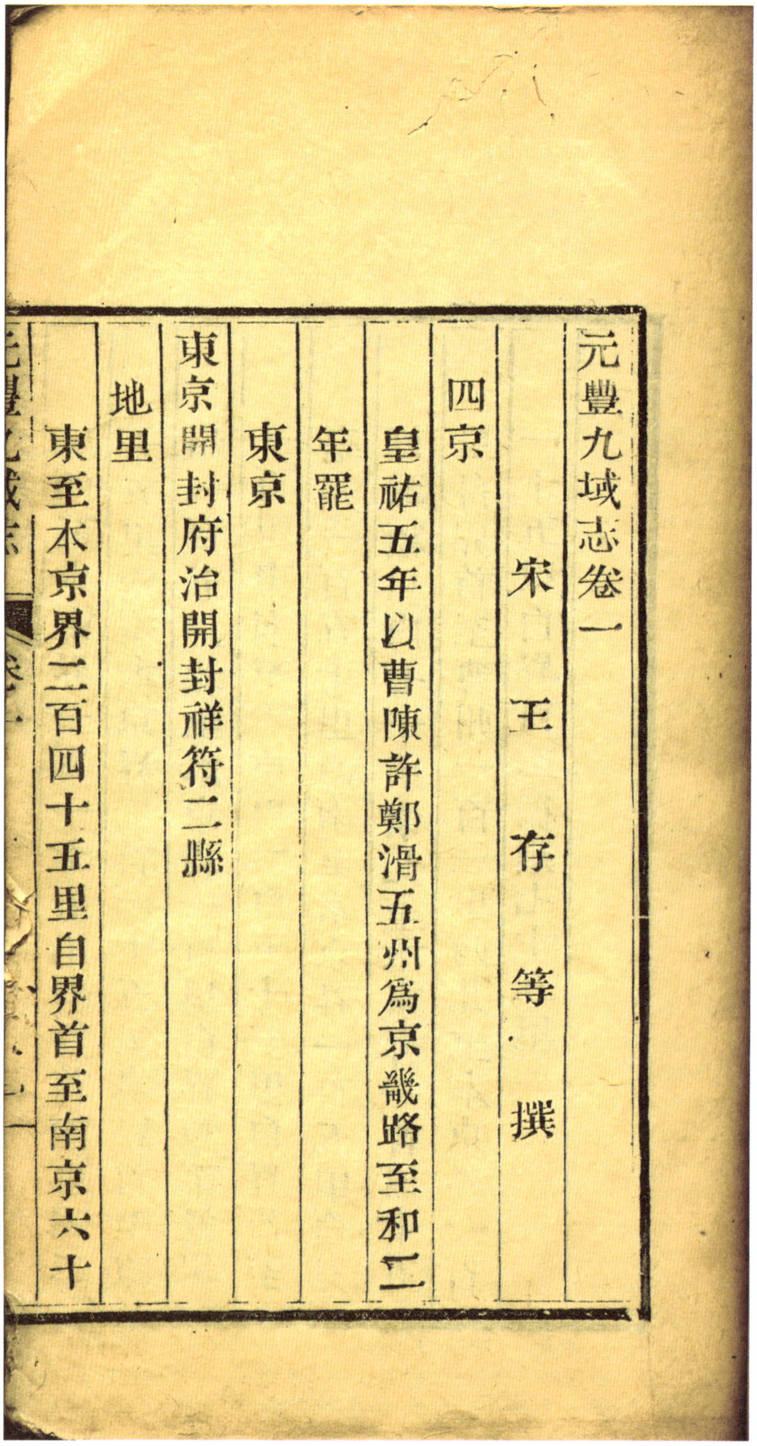

元豐九域志十卷　（宋）王存等撰　清乾隆武英殿木活字印武英殿聚珍版書本。六册。半頁九行二十一字，白口，四周雙邊。框高19.2厘米、寬12.6厘米。暨南大學圖書館藏。

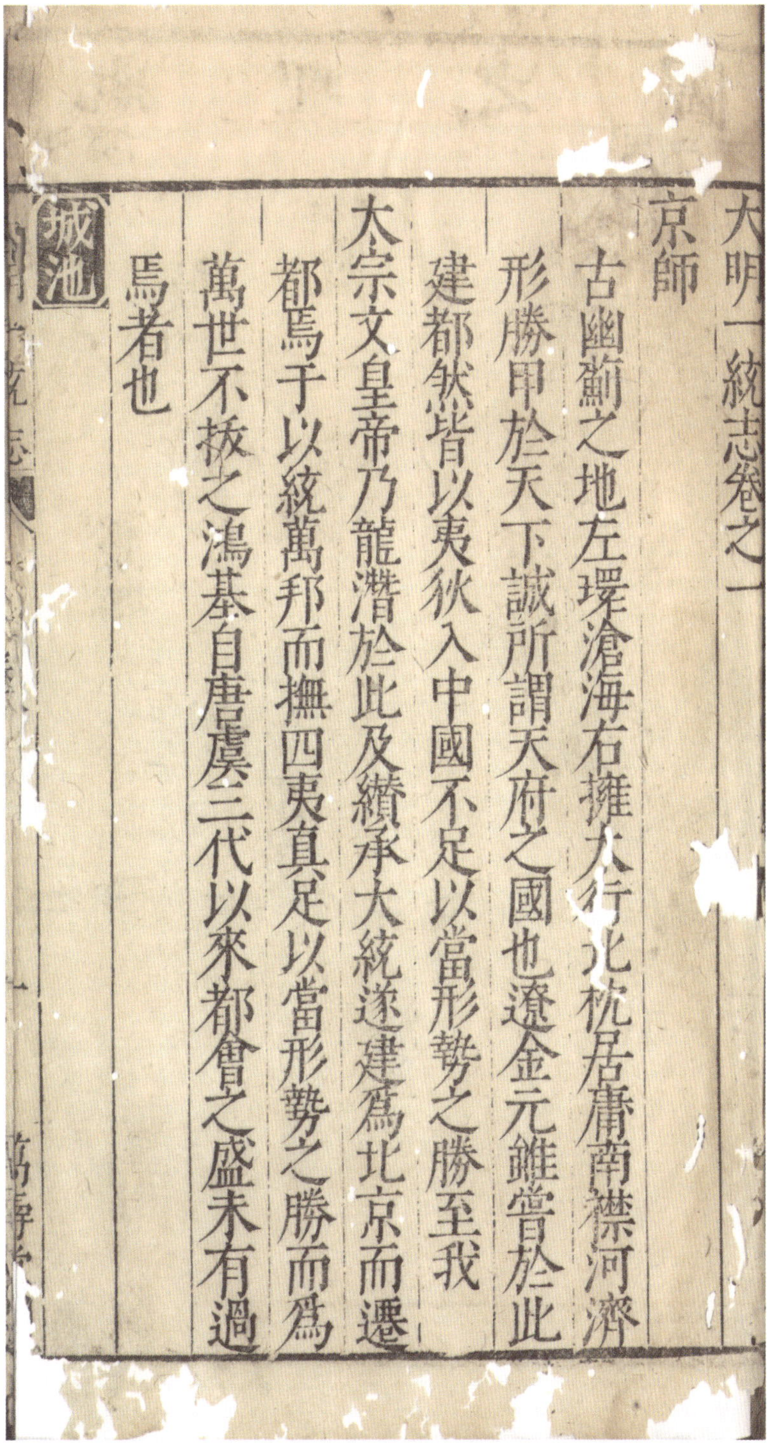
大明一統志卷之一
京師
古幽薊之地左環滄海右擁太行北枕居庸南襟河濟
形勝甲於天下誠所謂天府之國也遼金元雖嘗於此
建都然皆以夷狄入中國不足以當形勢之勝至我
太宗文皇帝乃龍潛於此及續承大統遂建爲北京而遷
都焉于以統萬邦而撫四夷眞足以當形勢之勝而爲
萬世不拔之鴻基自唐虞三代以來都會之盛未有過
焉者也
城池

大明一統志九十卷圖一卷　（明）李賢　萬安等纂修　明萬壽堂刻本。五十册。半頁十行二十二字，小字雙行同，白口，四周單邊。框高21.2厘米、寬14厘米。中山大學圖書館藏。

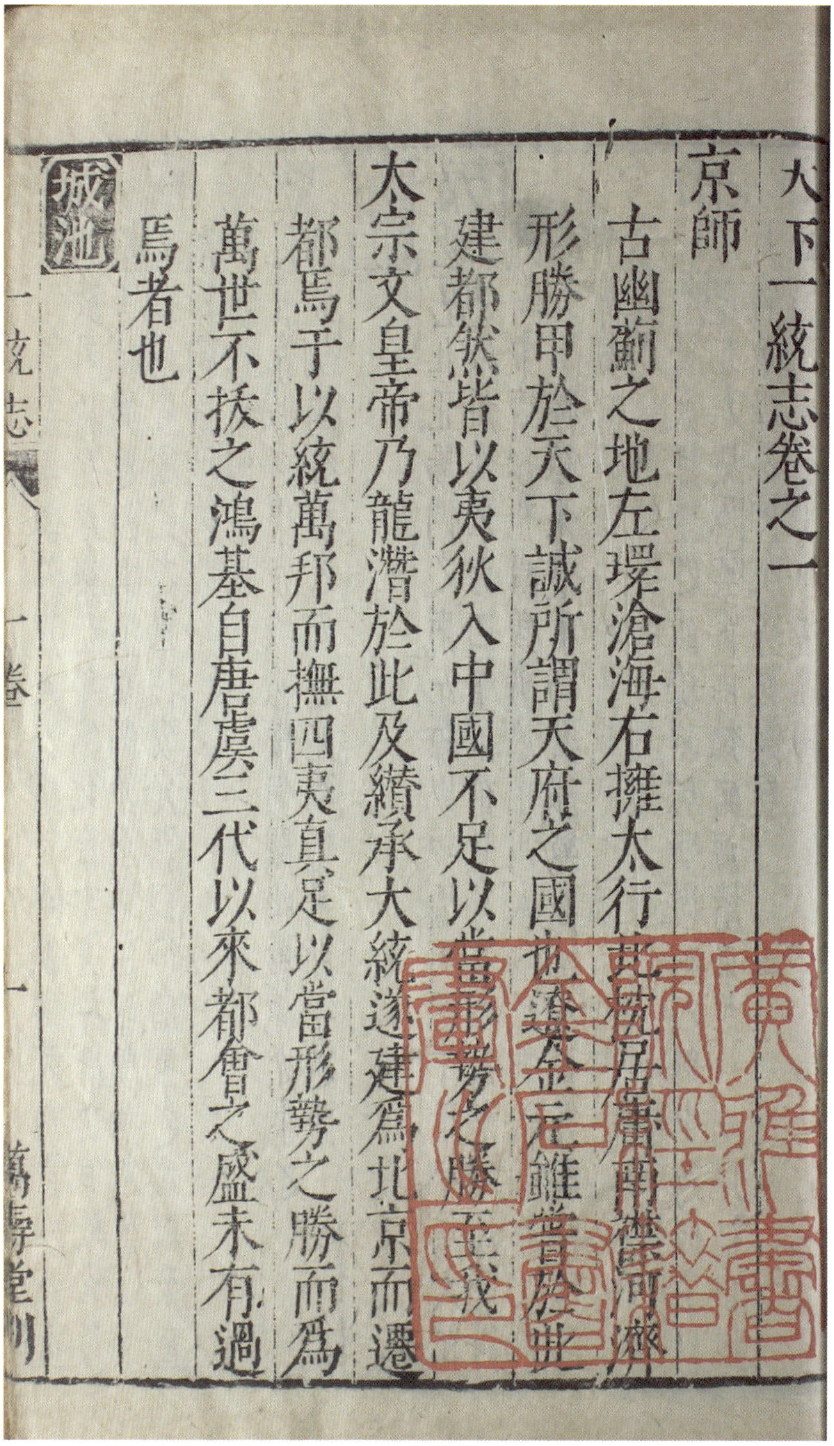

天下一統志卷之一

京師

古幽薊之地左環滄海右擁太行北枕居庸南襟河濟形勝甲於天下誠所謂天府之國也遼金元雖嘗於此建都然皆以夷狄入中國不足以當形勢之勝至我太宗文皇帝乃龍潛於此及纘承大統遂建爲北京而遷都焉于以統萬邦而撫四夷眞足以當形勢之勝而爲萬世不拔之鴻基自唐虞三代以來都會之盛未有過焉者也

城池

一統志　一卷　一　萬壽堂刊

天下一統志九十卷　（明）李賢　萬安等纂修　明萬壽堂刻清剜改印本。二十八册。半頁十行二十二字，小字雙行同，白口，四周單邊。框高21.6厘米、寬14.2厘米。華南師範大學圖書館藏。

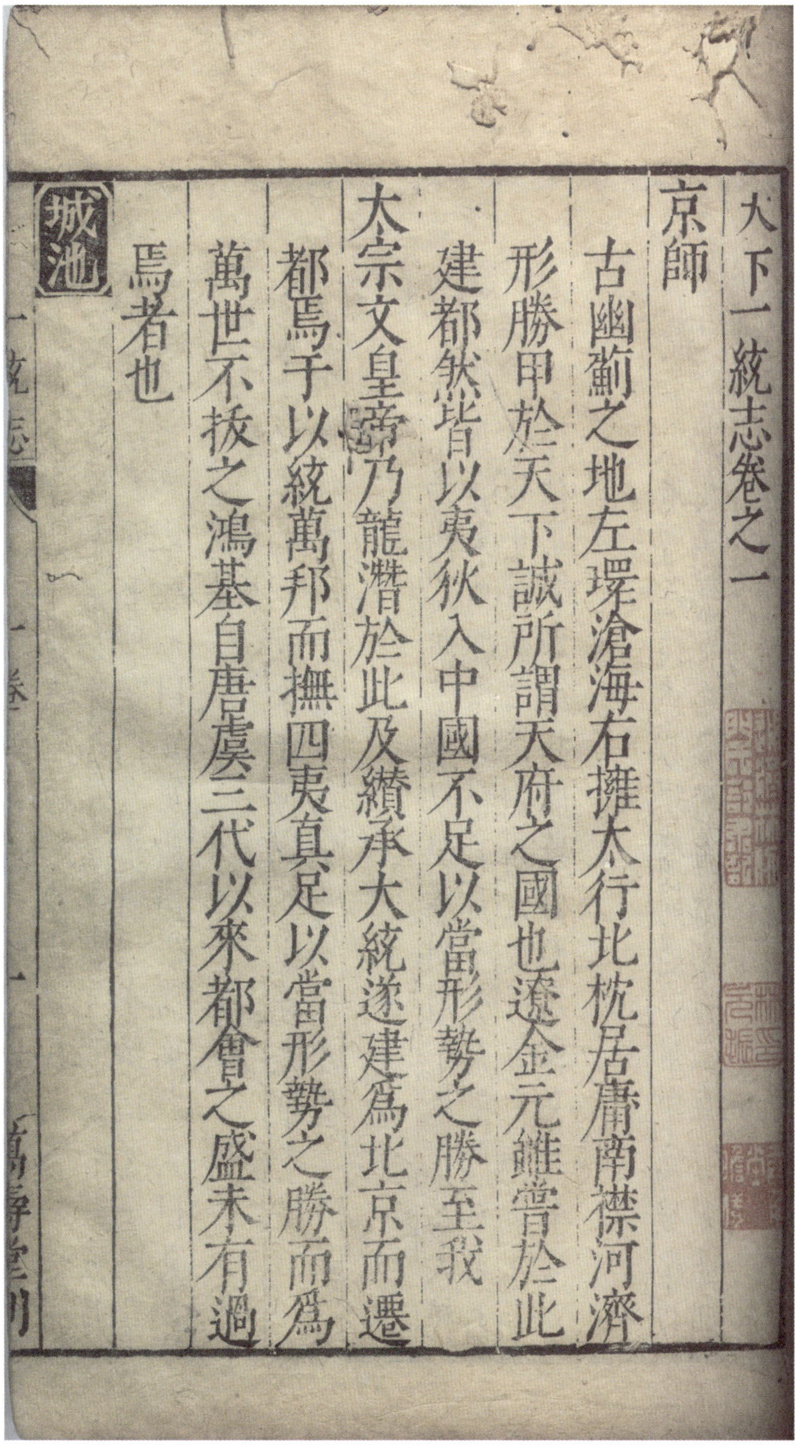
天下一統志卷之一

京師

古幽薊之地左環滄海右擁太行北枕居庸南襟河濟形勝甲於天下誠所謂天府之國也遼金元雖嘗於此建都然皆以夷狄入中國不足以當形勢之勝至我

太宗文皇帝乃龍潛於此及纘承大統遂建爲北京而遷都焉于以統萬邦而撫四夷真足以當形勢之勝而爲萬世不拔之鴻基自唐虞三代以來都會之盛未有過焉者也

城池

一統志　一卷　一　萬壽堂刊

天下一統志九十卷　（明）李賢　萬安等纂修　明萬壽堂刻清剜改印本。存六十八卷（缺三十三至四十二、五十八至六十一、七十九至八十二、八十七至九十）。十七册。半頁十行二十二字，小字雙行同，白口，四周單邊。框高21厘米、寬14.5厘米。潮州市博物館藏。

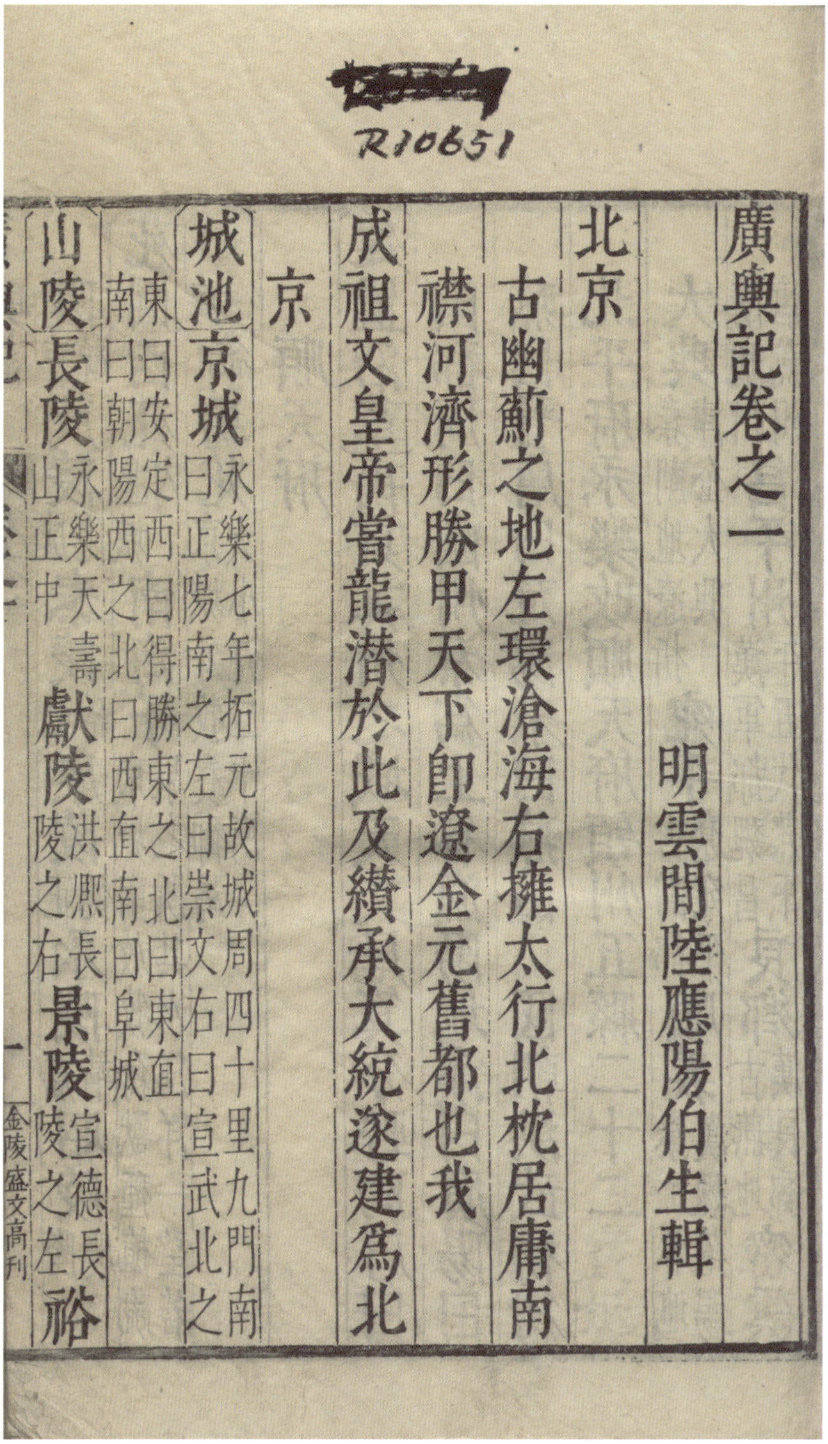

廣輿記卷之一

明雲間陸應陽伯生輯

北京

古幽薊之地左環滄海右擁太行北枕居庸南襟河濟形勝甲天下卽遼金元舊都也我成祖文皇帝嘗龍潛於此及纘承大統遂建爲北京

城池京城永樂七年拓元故城周四十里九門南曰正陽南之左曰崇文右曰宣武北之東曰安定西曰得勝東之北曰東直南曰朝陽西之北曰西直南曰阜城

山陵長陵永樂天壽山正中獻陵洪熙長陵之右景陵宣德長陵之左裕

廣輿記　卷一　一

金陵盛文高刊

廣輿記二十四卷　（明）陸應陽撰　明萬曆刻本（卷十至十一抄配）。八册。半頁十行十九字，小字雙行同，白口，左右雙邊。框高20.7厘米、寬14.3厘米。中山大學圖書館藏。

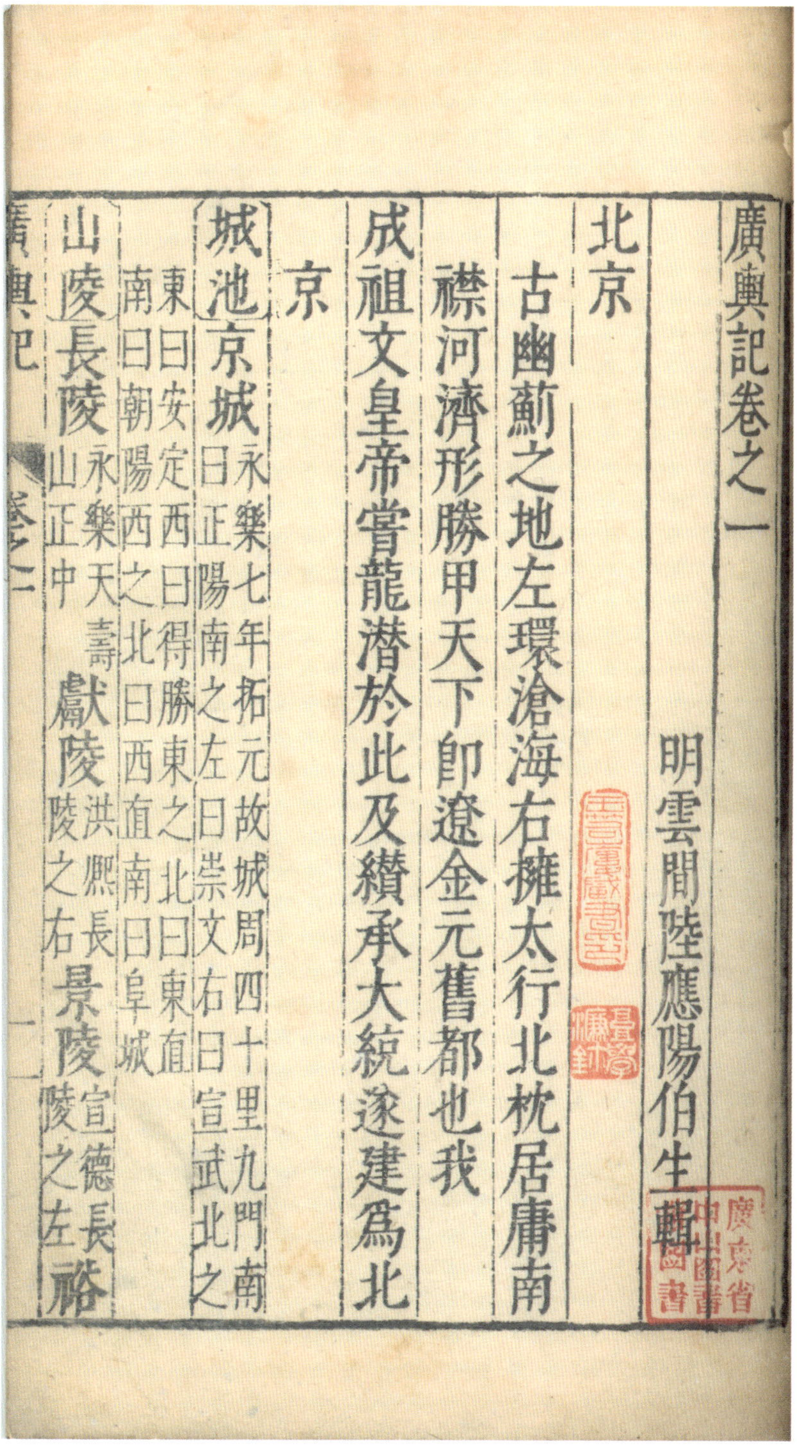
廣輿記卷之一
明雲間陸應陽伯生輯
北京
古幽薊之地左環滄海右擁太行北枕居庸南襟河濟形勝甲天下即遼金元舊都也我
成祖文皇帝嘗龍潛於此及纘承大統遂建爲北京
城池京城永樂七年拓元故城周四十里九門南曰正陽南之左曰崇文右曰宣武北之東曰安定西曰得勝東之北曰東直南曰朝陽西之北曰西直南曰阜城
山陵長陵永樂天壽山正中獻陵洪熙長陵之右景陵宣德長陵之左裕

廣輿記二十四卷 （明）陸應陽撰　明萬曆刻本。十六册。半頁十行十九字，小字雙行同，白口，左右雙邊。框高21厘米、寬14.8厘米。廣東省立中山圖書館藏。

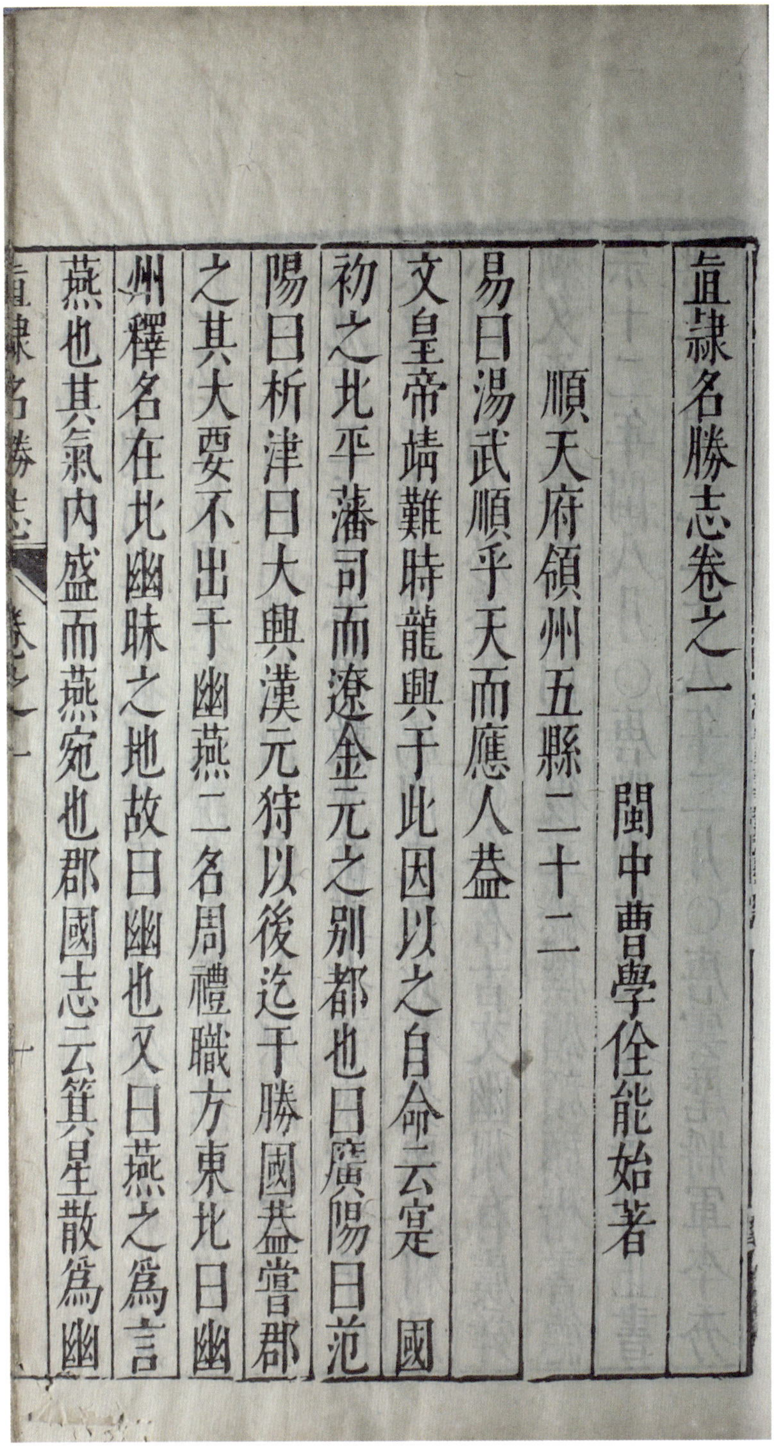
直隸名勝志卷之一
閩中曹學佺能始著
順天府領州五縣二十二
易曰湯武順乎天而應人盖
文皇帝靖難時龍興于此因以之自命云寔　國
初之北平藩司而遼金元之別都也曰廣陽曰范
陽曰析津曰大興漢元狩以後迄于勝國盖嘗郡
之其大要不出于幽燕二名周禮職方東北曰幽
州釋名在北幽昧之地故曰幽也又曰燕之爲言
燕也其氣內盛而燕宛也郡國志云箕星散爲幽
直隸名勝志　卷之一　一

大明輿地名勝志二百八卷　（明）曹學佺撰　明崇禎三年（1630）刻本。二十四册。半頁十行十九字，小字雙行同，白口，左右雙邊。框高20.5厘米、寬14厘米。華南師範大學圖書館藏。

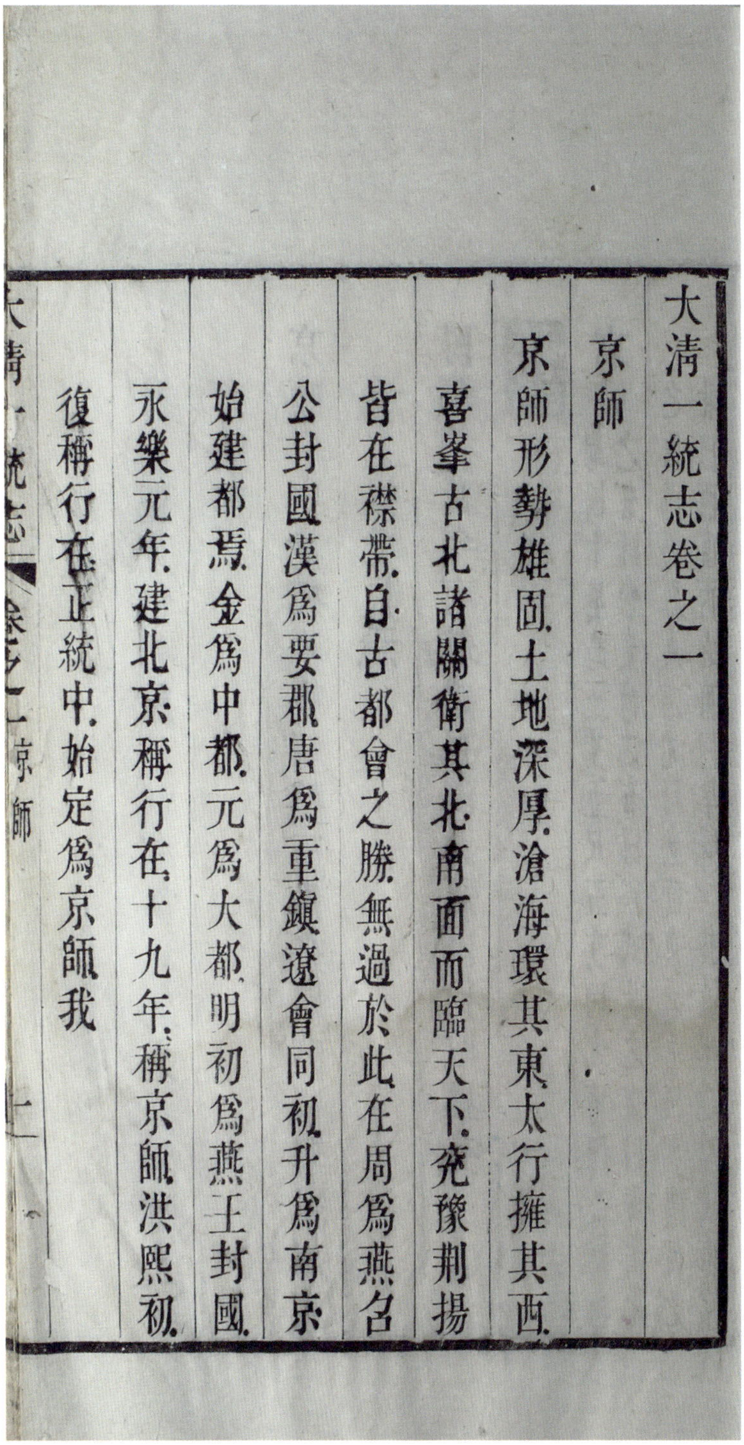
大清一統志卷之一

京師

京師形勢雄固土地深厚滄海環其東太行擁其西喜峯古北諸關衛其北南面而臨天下兗豫荆揚皆在襟帶自古都會之勝無過於此在周爲燕名公封國漢爲要郡唐爲重鎮遼會同初升爲南京始建都焉金爲中都元爲大都明初爲燕王封國永樂元年建北京稱行在十九年稱京師洪熙初復稱行在正統中始定爲京師我

大清一統志　卷之一　京師

[乾隆] 大清一統志三百五十六卷　（清）蔣廷錫　王安國等纂修　清道光二十九年（1849）薛子瑜木活字印本。一百二十册。半頁九行二十一字，小字雙行同，白口，四周單邊。框高21.9厘米、寬15.2厘米。華南師範大學圖書館藏。

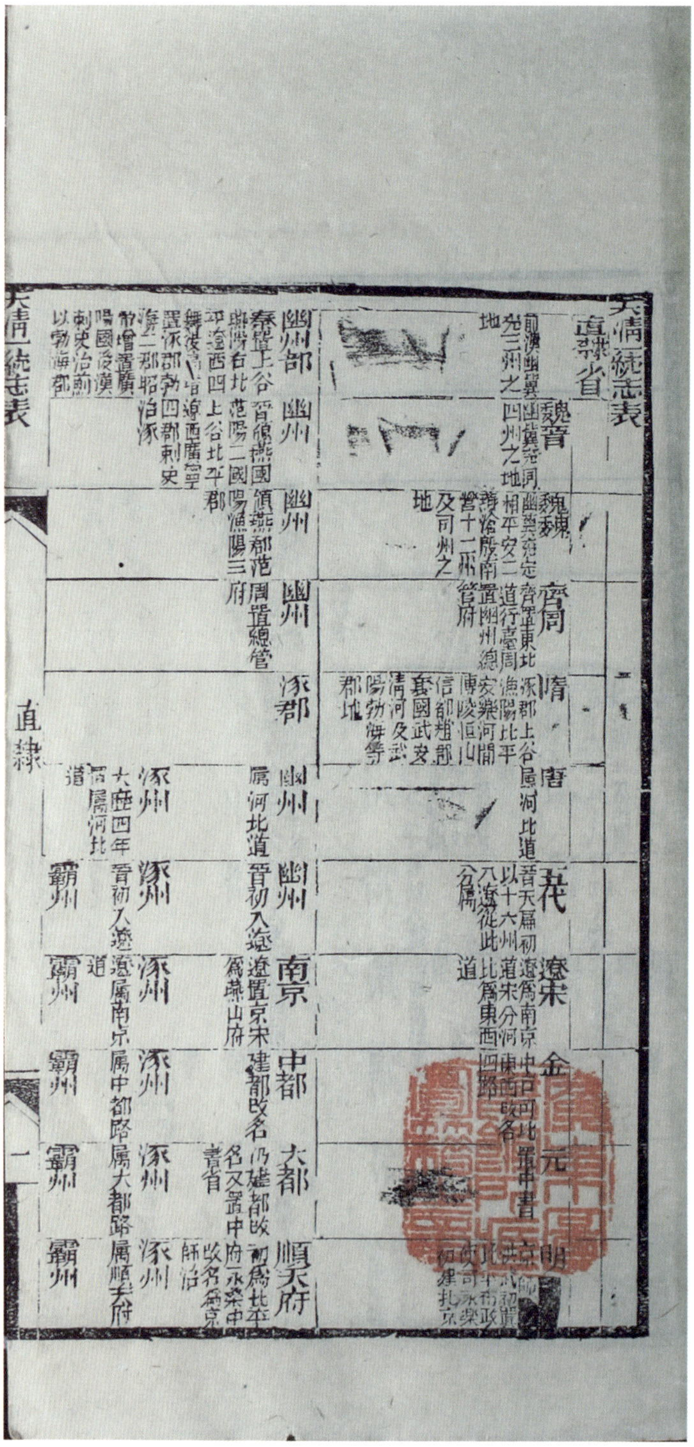

[乾隆]大清一統志表不分卷 （清）徐午撰　清乾隆五十八年（1793）刻本。八册。半頁行數字數不等，黑口，四周單邊。框高18.4厘米、寬11.8厘米。華南師範大學圖書館藏。

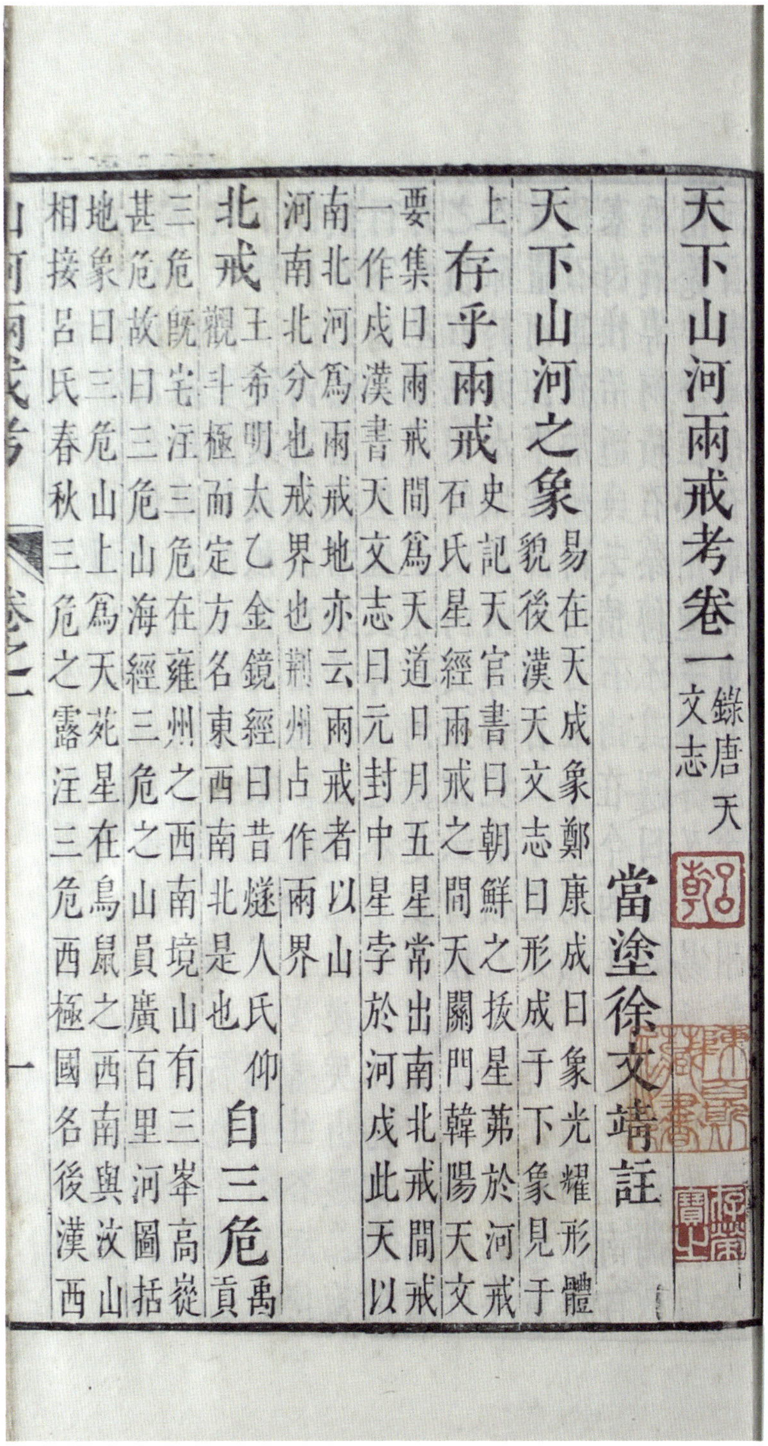
天下山河兩戒考卷一錄唐天文志
當塗徐文靖註
易在天成象鄭康成曰象光耀形體
天下山河之象貌後漢天文志曰形成于下象見于
史記天官書曰朝鮮之拔星茀於河戒
上存乎兩戒石氏星經兩戒之間天闕門韓陽天文
要集日兩戒間爲天道日月五星常出南北戒間戒
一作戍漢書天文志曰元封中星孛於河戍此天以
南北河爲兩戒地亦云兩戒者以山
河南北分也戒界也荆州占作兩界
北戒王希明太乙金鏡經曰昔燧人氏仰觀斗極而定方名東西南北是也自三危禹貢
三危既宅注三危在雍州之西南境山有三峯高竦
甚危故曰三危山海經三危之山員廣百里河圖括
地象曰三危山上爲天苑星在烏鼠之西西南與汶山
相接呂氏春秋三危之露注三危西極國名後漢西

天下山河兩戒考十四卷　（清）徐文靖注　清雍正二年（1724）刻本。四册。半頁九行二十字，小字雙行同，白口，左右雙邊。框高19.7厘米、寬13.3厘米。華南師範大學圖書館藏。

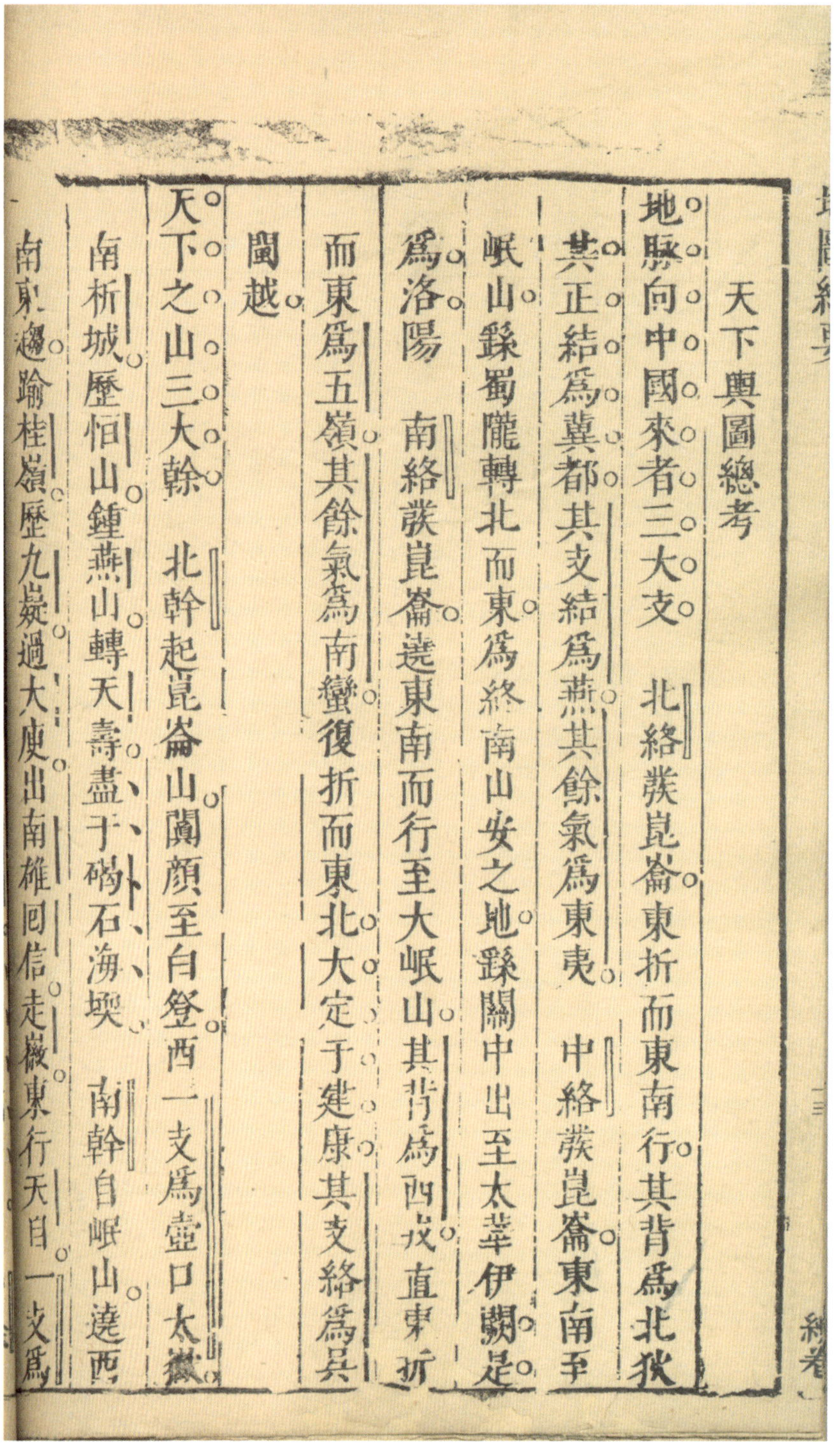
天下輿圖總考
地勢向中國來者三大支　北絡葱崑崙東折而東南行其背爲北狄
其正結爲冀都其支結爲燕其餘氣爲東夷　中絡葱崑崙東南至
岷山繇蜀隴轉北而東爲終南山安之地繇關中出至太華伊闕是
爲洛陽　南絡葱崑崙遶東南而行至大岷山其背爲西戎直東折
而東爲五嶺其餘氣爲南蠻復折而東北大定于建康其支絡爲吳
閩越
天下之山三大幹　北幹起崑崙山闐顏至白登西一支爲壺口太嶽
南析城歷恒山鍾燕山轉天壽盡于碣石海堧　南幹自岷山遶西
南東邊踰桂嶺歷九嶷過大庾出南雄回信走嶺東行天目一支爲

地圖綜要三卷　（明）吴學儼等撰　明末刻本。十四册。半頁十行二十七字，白口，四周單邊。框高20.8厘米、寬14.8厘米。廣東省立中山圖書館藏。

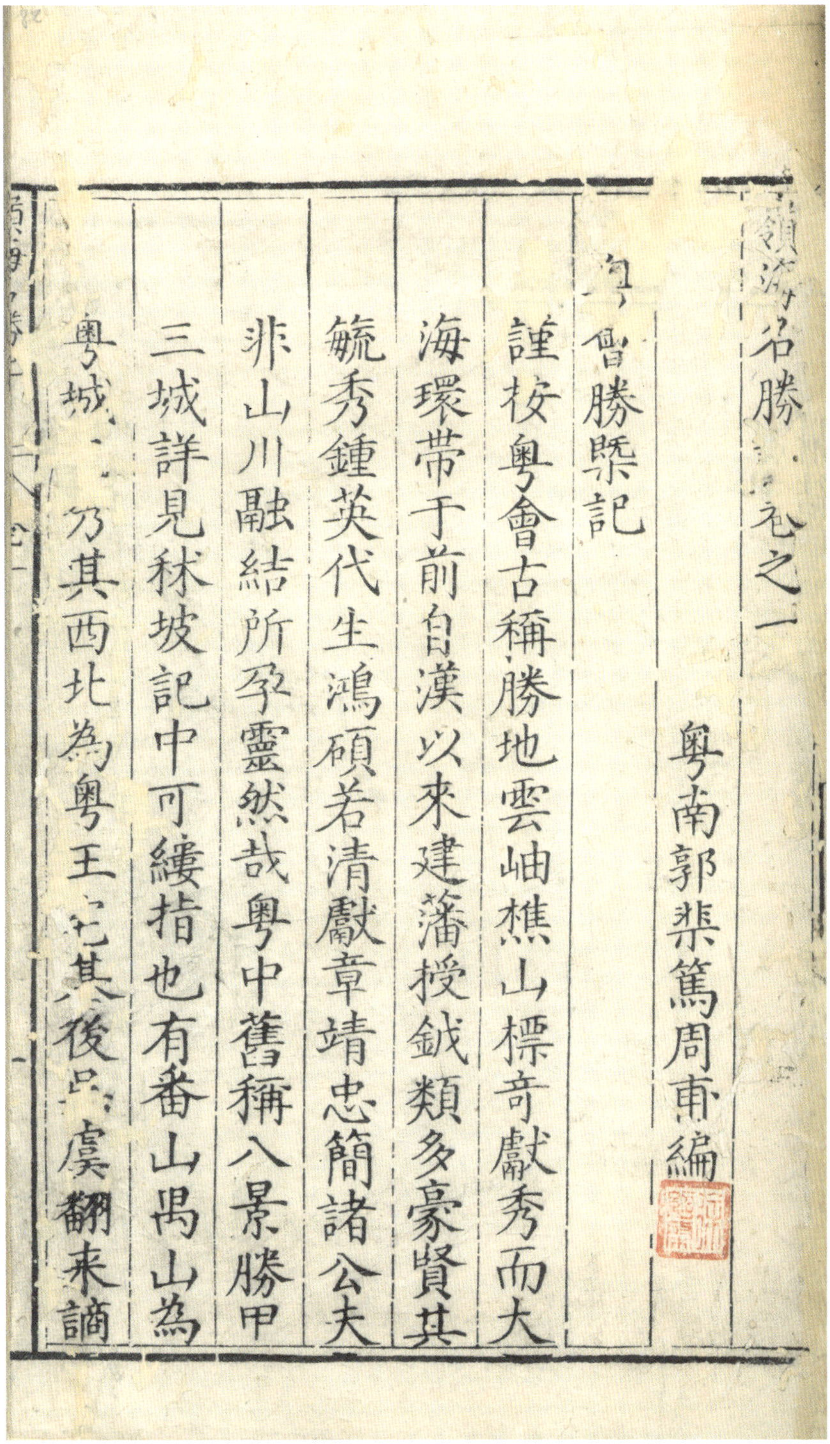
嶺海名勝記卷之一
粵南郭棐篤周甫編
粵會勝槩記
謹按粵會古稱勝地雲岫樵山標奇獻秀而大
海環帶于前自漢以來建藩授鉞類多豪賢其
毓秀鍾英代生鴻碩若清獻章靖忠簡諸公夫
非山川融結所孕靈然哉粵中舊稱入景勝甲
三城詳見秫坡記中可縷指也有番山禺山為
粵城乃其西北為粵王其後虞翻來謫

嶺海名勝記二十卷　（明）郭棐輯　明萬曆二十四年（1596）自刻本。三十二册。半頁九行二十字，白口，四周雙邊。框高20.3厘米、寬14.8厘米。廣東省立中山圖書館藏。

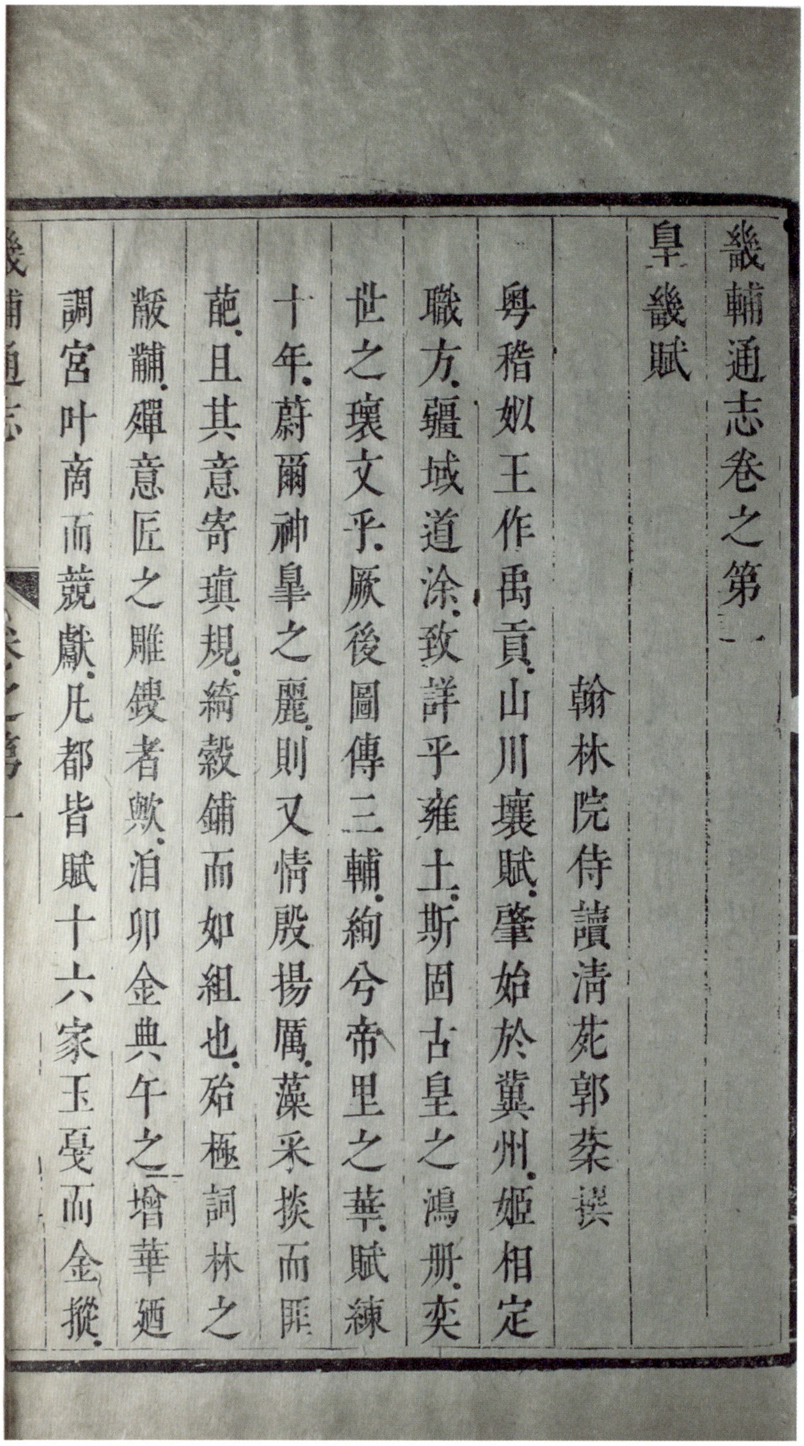

畿輔通志卷之第一

皇畿賦

翰林院侍讀淸苑郭棻譔

粤稽姒王作禹貢山川壤賦肇始於冀州姬相定職方疆域道涂致詳乎雍土斯固古皇之鴻册奕世之瓌文乎厥後圖傳三輔絢兮帝里之華賦練十年蔚爾神臯之麗則又情殷揚厲藻采掞而匪葩且其意寄塡規綺縠鋪而如組也殆極詞林之黻黼殫意匠之雕鏤者歟洎卯金典午之增華迺調宮叶商而競獻凡都皆賦十六家玉戞而金摐

畿輔通志 卷之第一

[康熙]畿輔通志四十六卷首一卷 （清）于成龍修 （清）郭棻纂 （清）馬兆臣校補 清康熙六十一年（1722）刻本。二十四册。半頁十行二十字，小字雙行同，白口，四周雙邊。框高25.1厘米、寬18厘米。華南師範大學圖書館藏。

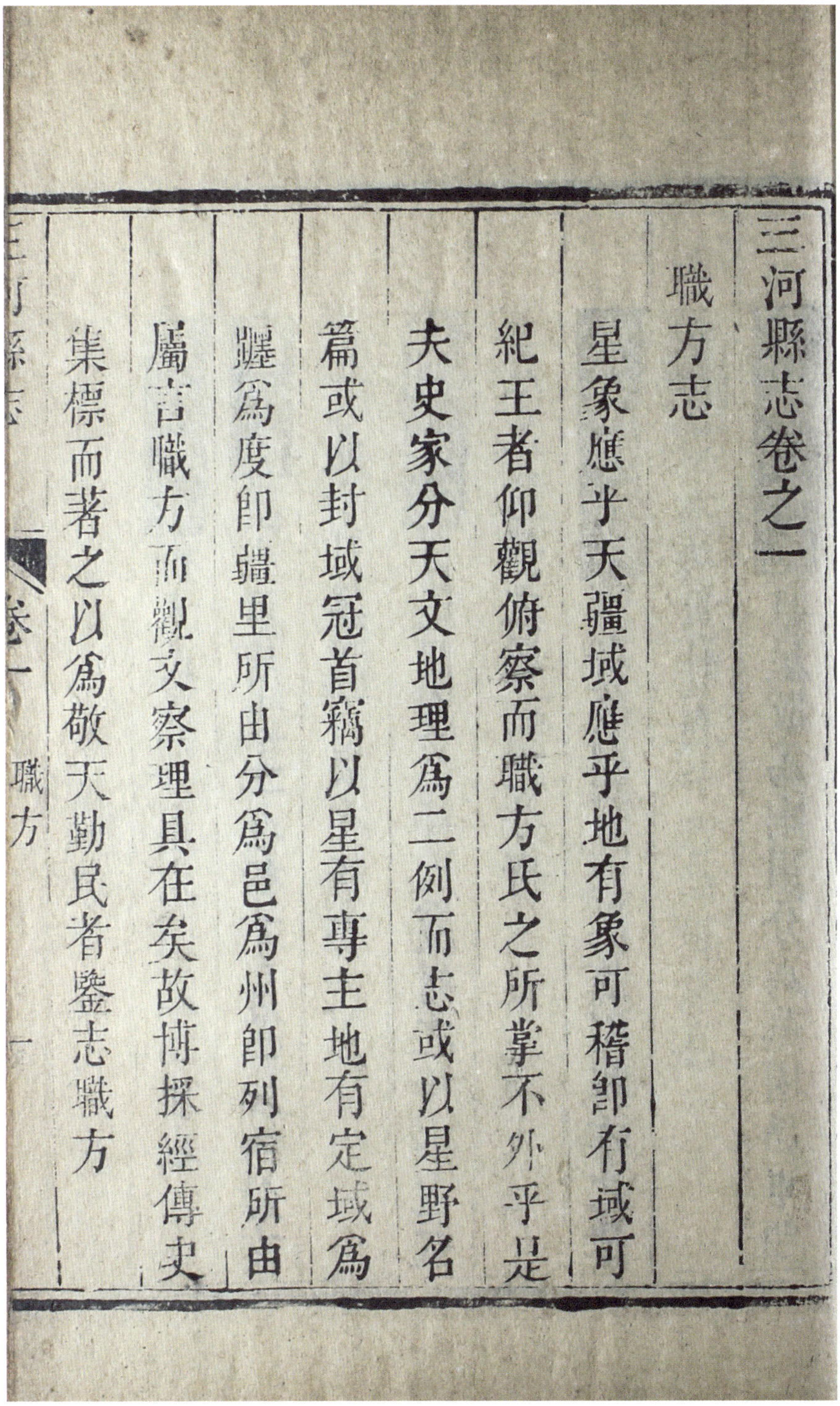
三河縣志卷之一

職方志

星象應乎天疆域應乎地有象可稽即有域可紀王者仰觀俯察而職方氏之所掌不外乎是夫史家分天文地理爲二例而志或以星野名篇或以封域冠首竊以星有專主地有定域爲躔爲度即疆里所由分爲邑爲州即列宿所由屬言職方而觀文察理具在矣故博採經傳史集標而著之以爲敬天勤民者鑒志職方

三河縣志 卷一 職方 一

[乾隆] 三河縣志十六卷首一卷 （清）陳景修 （清）王大信等纂 清乾隆二十五年（1760）刻本。四册。半頁九行二十字，小字雙行同，白口，四周雙邊。框高19厘米、寬14.9厘米。華南師範大學圖書館藏。

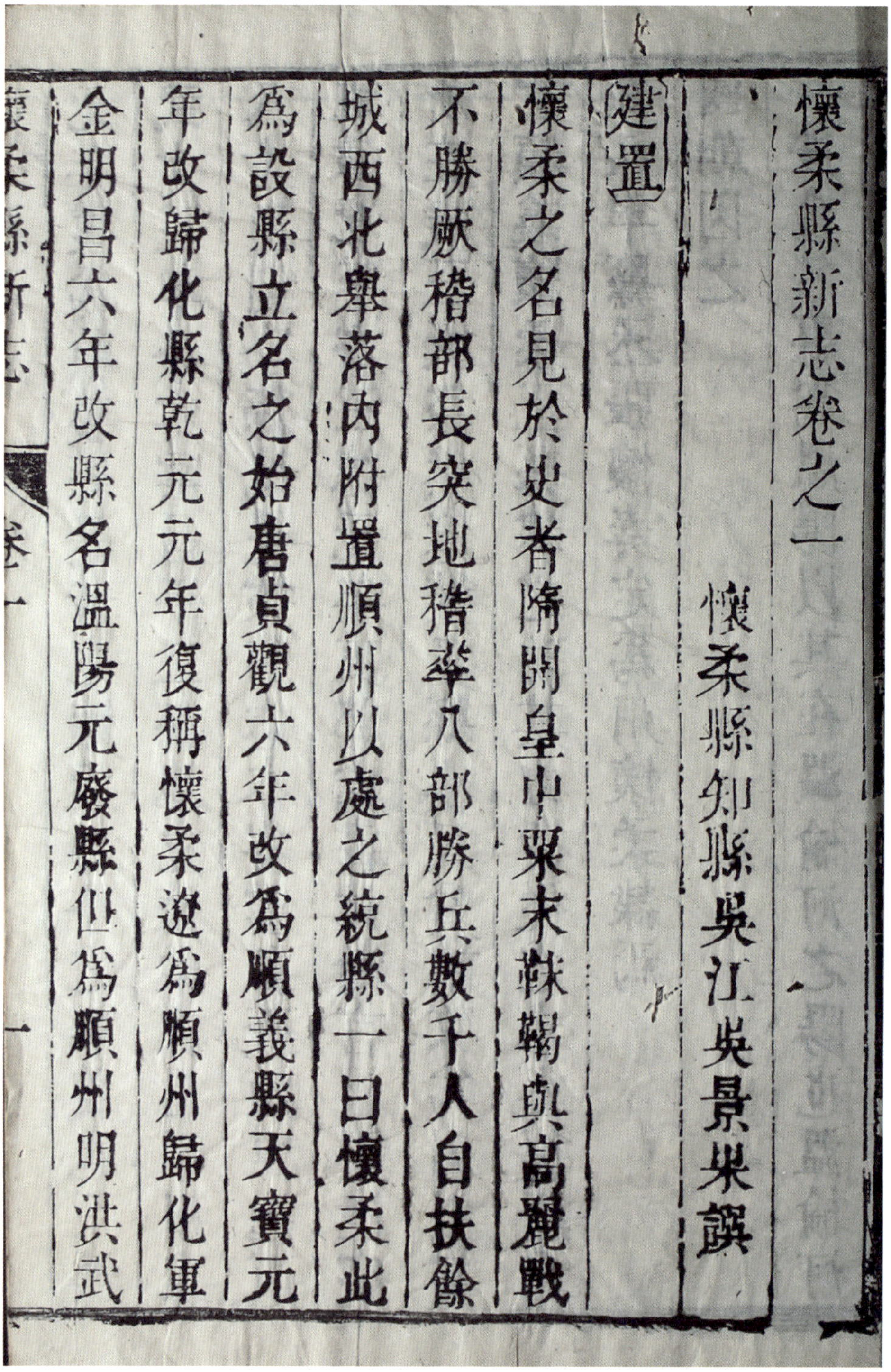
懷柔縣新志卷之一

懷柔縣知縣吳江吳景果譔

建置

懷柔之名見於史者隋開皇中粟末靺鞨與高麗戰不勝厥稽部長突地稽率八部勝兵數千人自扶餘城西北舉落內附置順州以處之統縣一曰懷柔此爲設縣立名之始唐貞觀六年改爲順義縣天寶元年改歸化縣乾元元年復稱懷柔遼爲順州歸化軍金明昌六年改縣名溫陽元廢縣但爲順州明洪武

懷柔縣新志　卷一　一

[康熙] 懷柔縣新志八卷　（清）吴景果纂修　清康熙六十年（1721）刻本。四册。半頁九行二十字，白口，左右雙邊。框高19.5厘米、寬14.4厘米。華南師範大學圖書館藏。

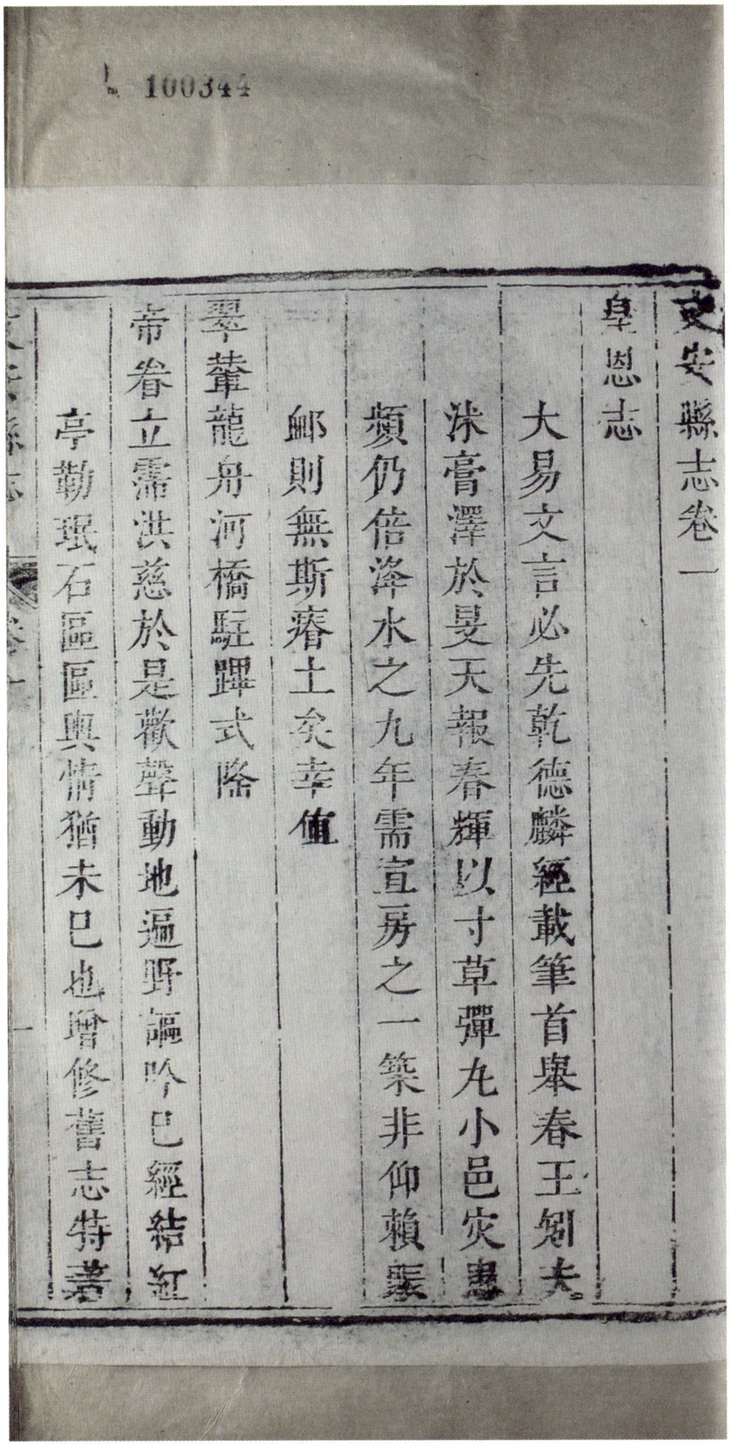

文安縣志卷一

皇恩志

大易文言必先乾德麟經載筆首舉春王劉夫

洊膏澤於旻天報春輝以寸草彈丸小邑災患

頻仍倍洚水之九年需宣房之一築非仰賴宸

鄰則無斯瘠土奚幸值

翠輦龍舟河橋駐蹕式臨

帝眷立霈洪慈於是歡聲動地遍野謳吟已經結紅

亭勒珉石區區輿情猶未已也增修舊志特書

[康熙] 文安縣志八卷　（清）楊朝麟修　（清）胡湝纂　清康熙四十二年（1703）刻本。八册。半頁九行二十字，小字雙行同，白口，四周雙邊。框高18.7厘米、寬13.6厘米。華南師範大學圖書館藏。

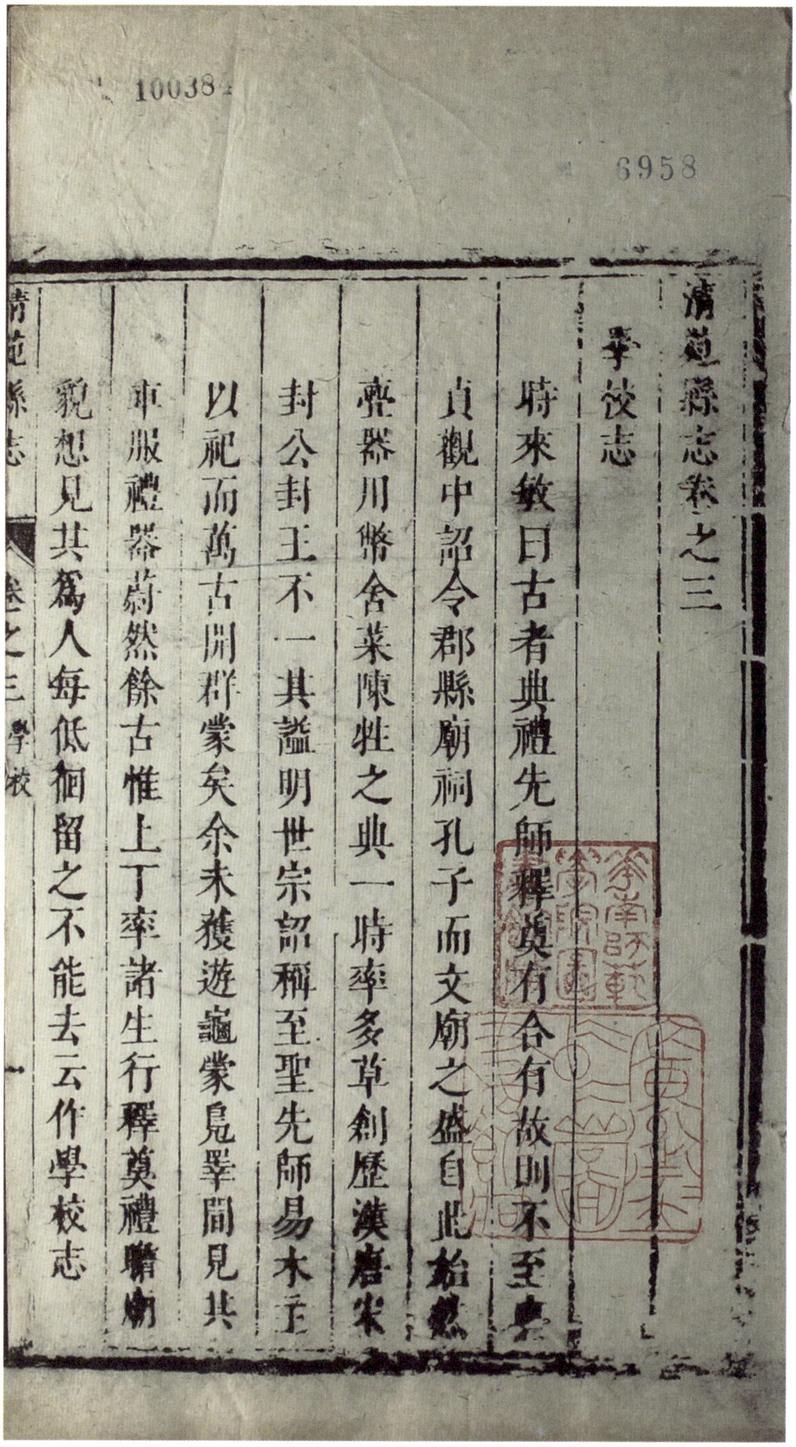

[康熙]清苑縣志十二卷首一卷　（清）時來敏修　（清）郭棻等纂　清康熙十六年（1677）刻本。四册。半頁九行二十二字，小字雙行同，白口，四周雙邊。框高21.2厘米、寬15厘米。華南師範大學圖書館藏。

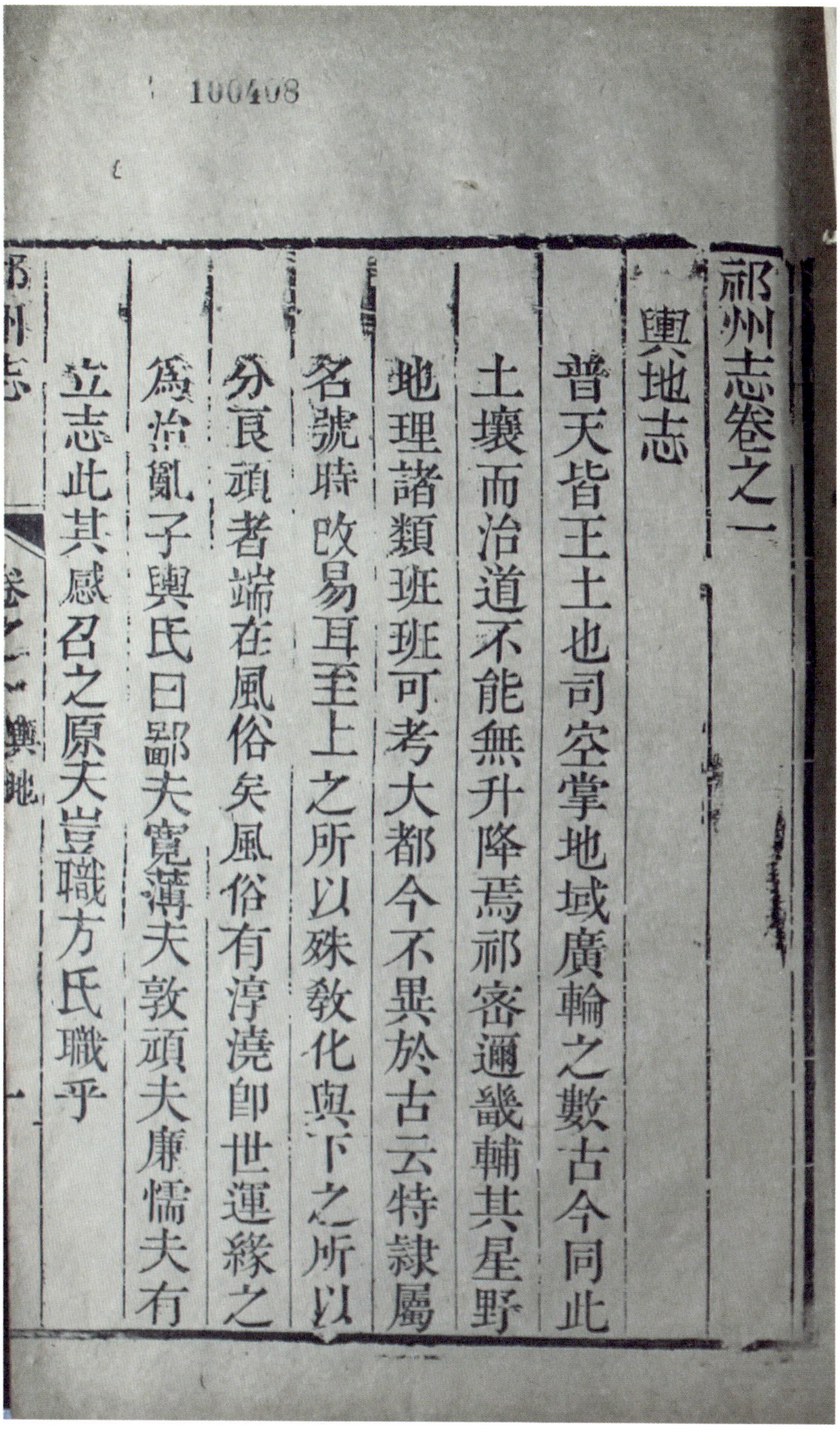

100408

祁州志卷之一

輿地志

普天皆王土也司空掌地域廣輪之數古今同此土壤而治道不能無升降焉祁密邇畿輔其星野地理諸類班班可考大都今不異於古云特隸屬名號時改易耳至上之所以殊教化與下之所以分良頑者端在風俗矣風俗有淳澆即世運緣之爲治亂子輿氏曰鄙夫寬薄夫敦頑夫廉懦夫有立志此其感召之原夫豈職方氏職乎

祁州志　卷之一　輿地　一

[乾隆] 祁州志八卷　（清）羅以桂　王楷修　（清）張萬銓　刁錦纂　清乾隆二十一年（1756）刻本。四册。半頁九行二十一字，小字雙行同，白口，左右雙邊。框高18.6厘米、寬14.3厘米。華南師範大學圖書館藏。

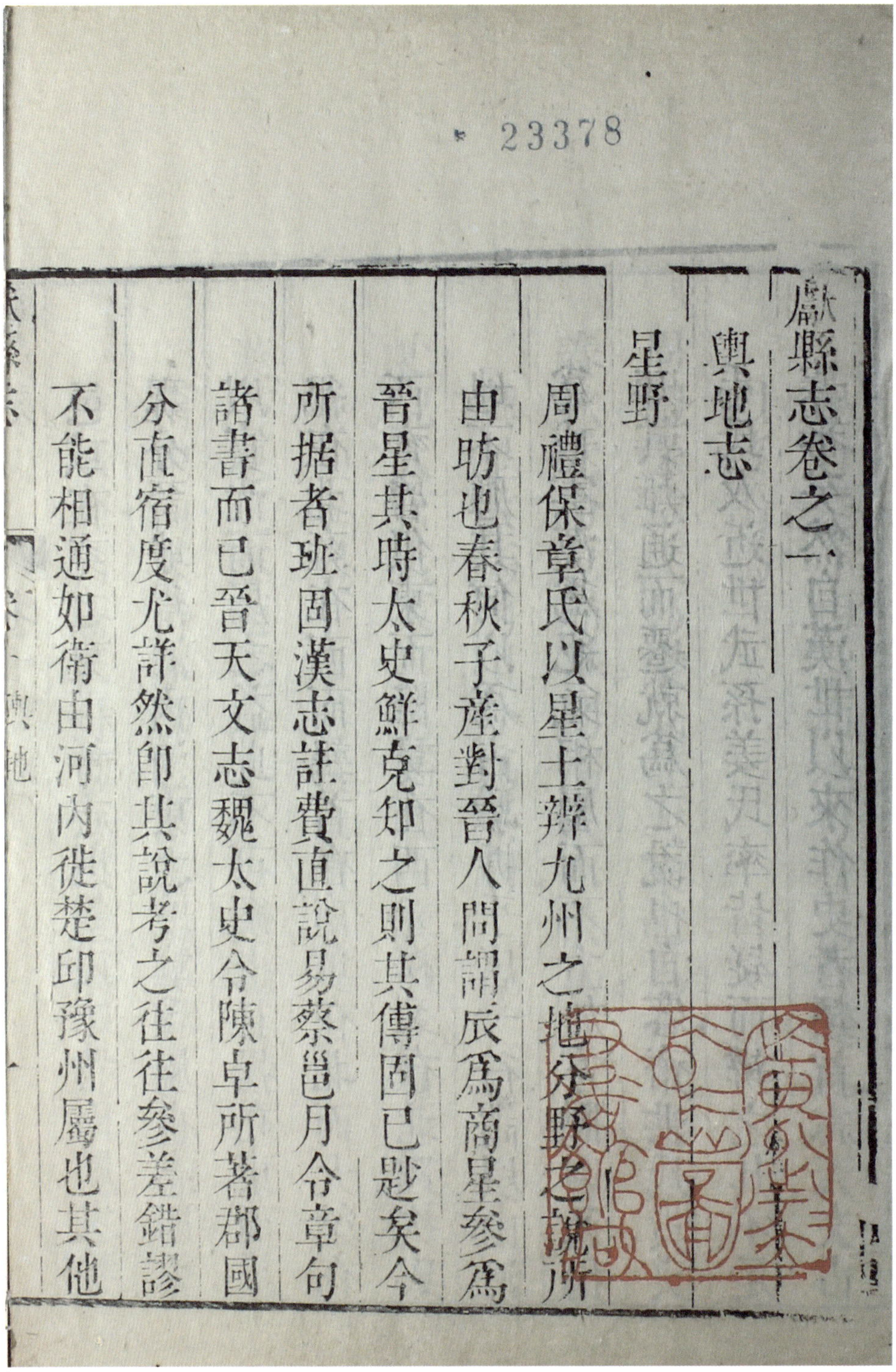
23378

獻縣志卷之一

輿地志

星野

周禮保章氏以星土辨九州之地分野之說所由昉也春秋子產對晉人問謂辰爲商星參爲晉星其時太史鮮克知之則其傳固已尠矣今所据者班固漢志註費直說易蔡邕月令章句諸書而已晉天文志魏太史令陳卓所著郡國分直宿度尤詳然卽其說考之往往參差錯謬不能相通如衛由河內徙楚邱豫州屬也其他

[乾隆] 獻縣志二十卷圖一卷表一卷　（清）萬廷蘭修　（清）戈濤纂　清乾隆二十六年（1761）刻本。六册。半頁十行二十字，小字雙行同，白口，左右雙邊。框高16.4厘米、寬14.4厘米。華南師範大學圖書館藏。

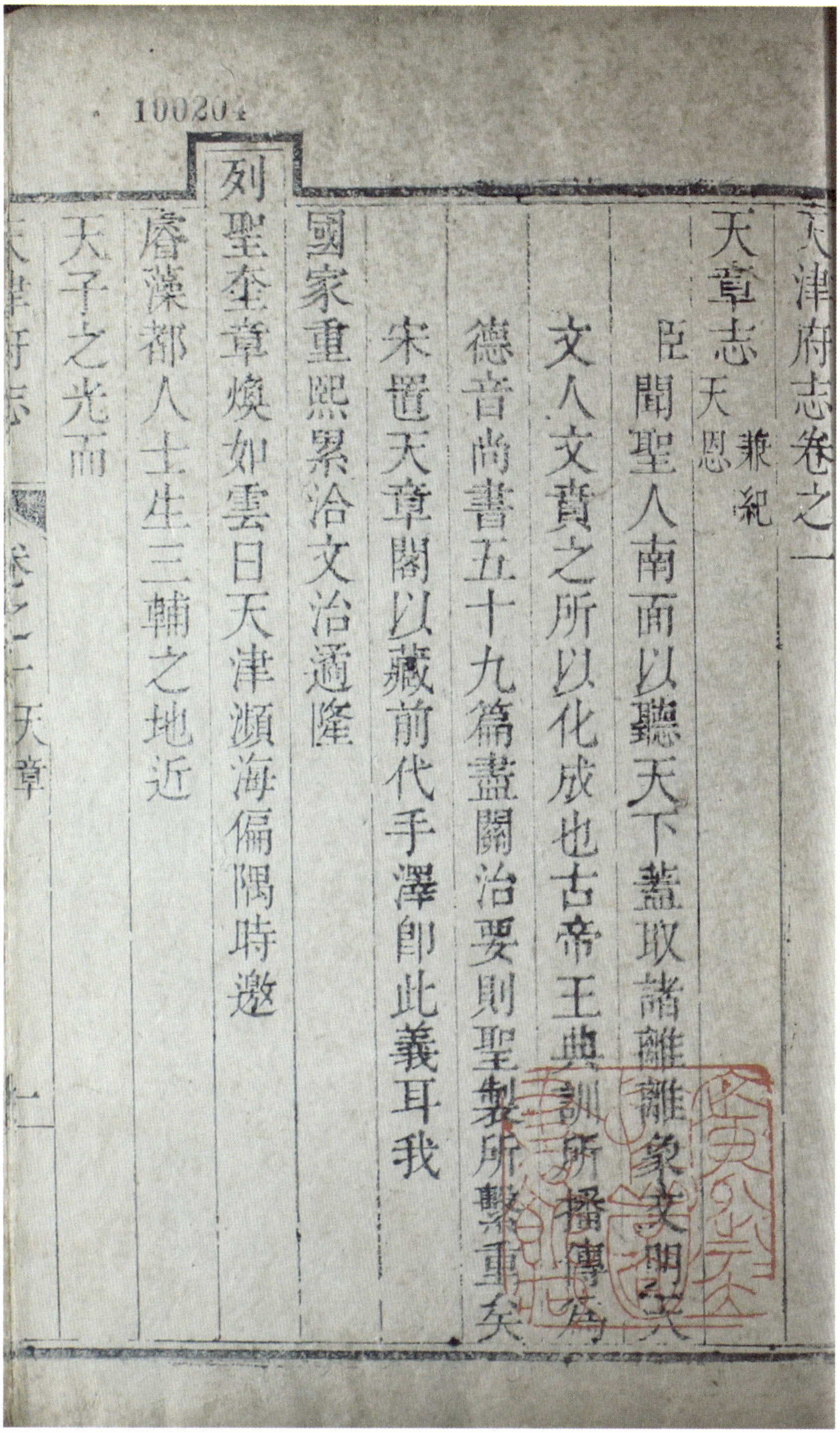

[乾隆] 天津府志四十卷 （清）李梅賓　程鳳文修　（清）吴廷華　汪沆纂　清乾隆四年（1739）刻本。十六册。半頁十行二十一字，小字雙行同，白口，四周雙邊。框高19厘米、寬14.9厘米。華南師範大學圖書館藏。

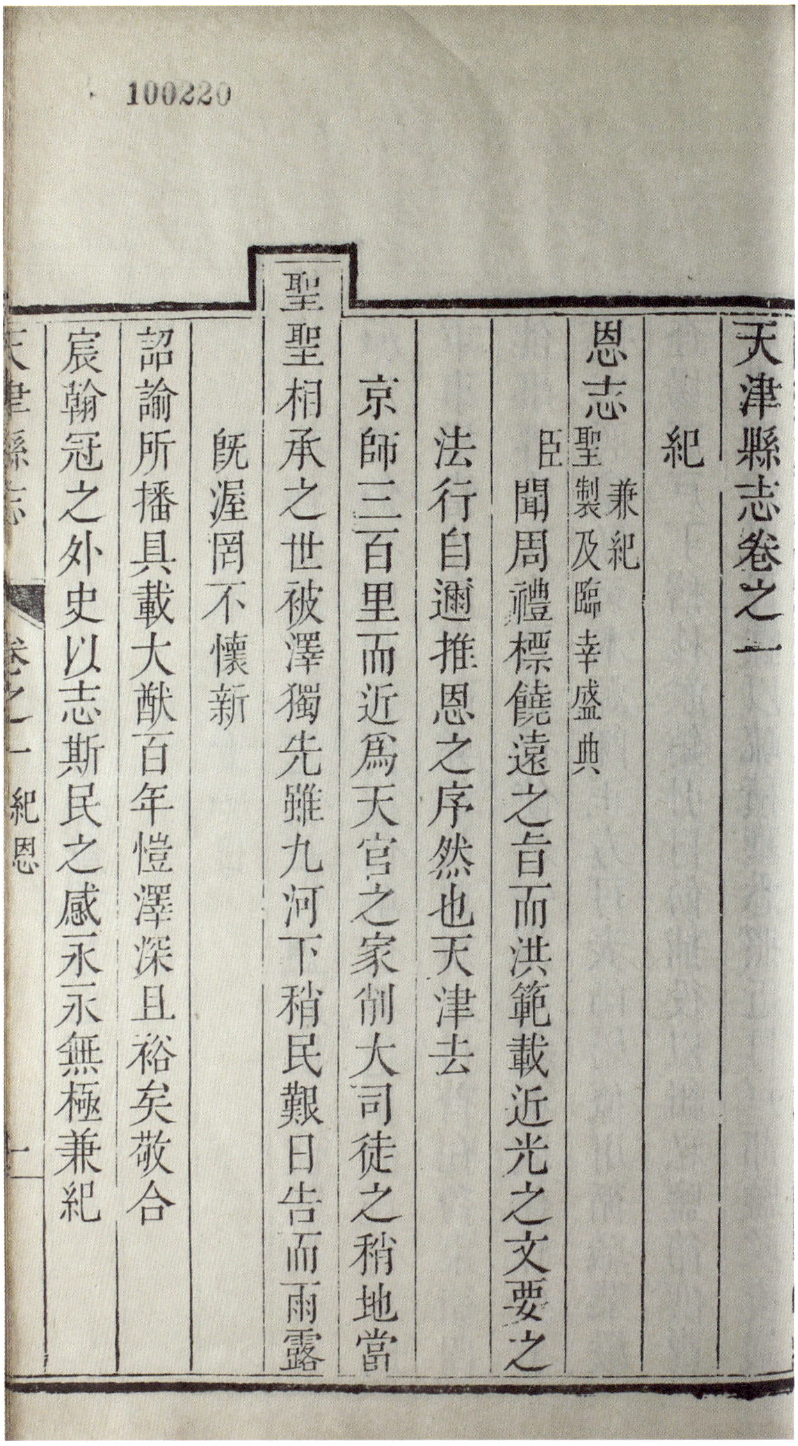

天津縣志卷之一

紀

恩志 兼紀 聖製及臨幸盛典

臣聞周禮標餼遠之旨而洪範載近光之文要之法行自邇推恩之序然也天津去京師三百里而近爲天官之家削大司徒之稍地當聖聖相承之世被澤獨先雖九河下稍民艱日告而雨露旣渥罔不懷新詔諭所播具載大猷百年愷澤深且裕矣敬合宸翰冠之外史以志斯民之感永永無極兼紀

天津縣志　卷之一　紀恩

[乾隆]天津縣志二十四卷　（清）朱奎揚　張志奇修　（清）吴廷華等纂　清乾隆四年（1739）刻本。八册。半頁十行二十一字，小字雙行同，白口，四周雙邊。框高19厘米、寬14.8厘米。華南師範大學圖書館藏。

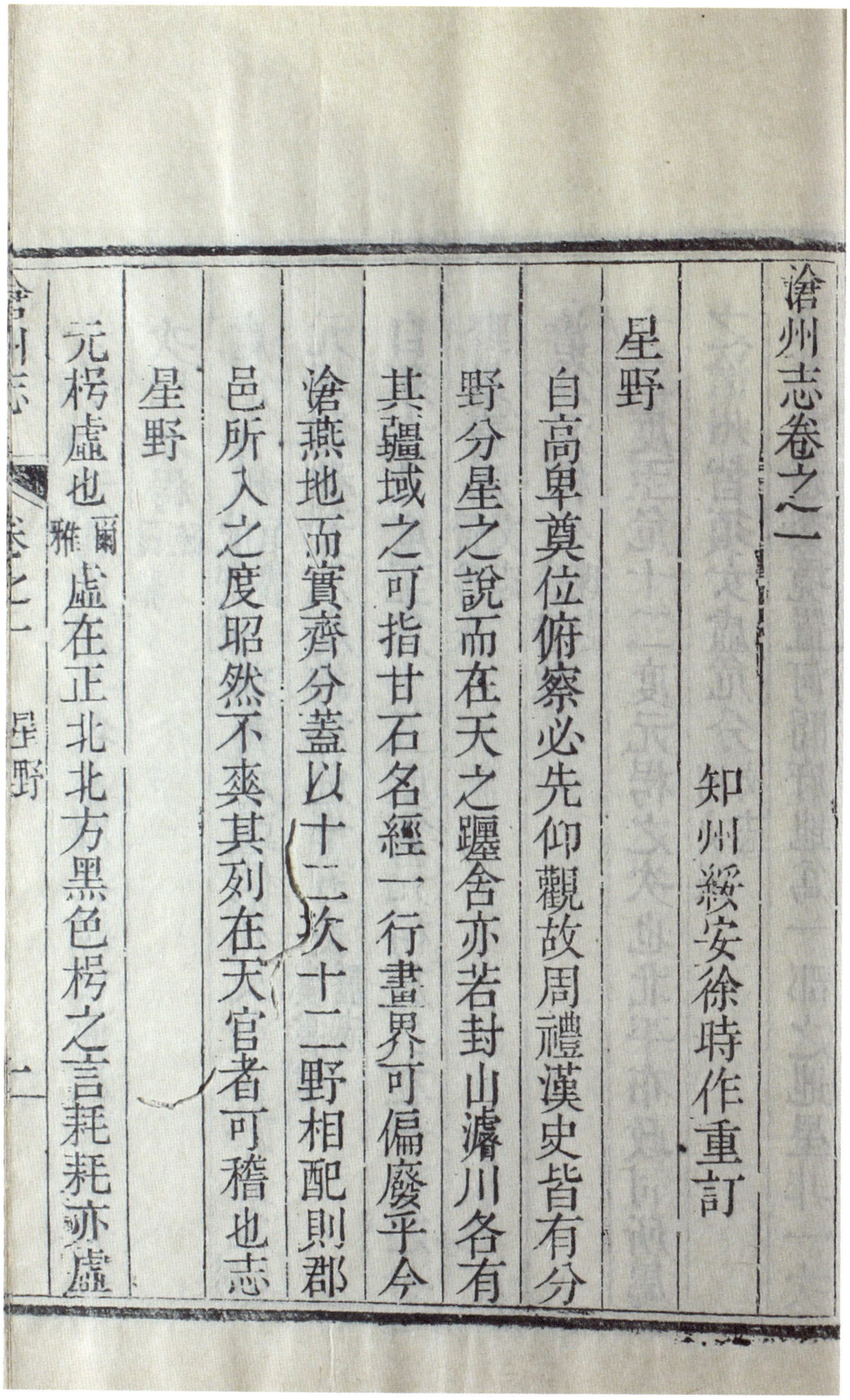

滄州志卷之二

知州綏安徐時作重訂

星野

自高卑奠位俯察必先仰觀故周禮漢史皆有分野分星之説而在天之躔舍亦若封山濬川各有其疆域之可指甘石名經一行晝界可偏廢乎今滄燕地而實齊分蓋以十二次十二野相配則郡邑所入之度昭然不爽其列在天官者可稽也志星野

元枵虛也爾雅虛在正北北方黑色枵之言耗耗亦虛

滄州志　卷之二　星野　二

[乾隆] 滄州志十六卷　（清）徐時作修　（清）胡淦等纂　清乾隆八年（1743）刻本。八册。半頁十行二十一字，小字雙行同，白口，四周雙邊。框高18.3厘米、寬15厘米。華南師範大學圖書館藏。

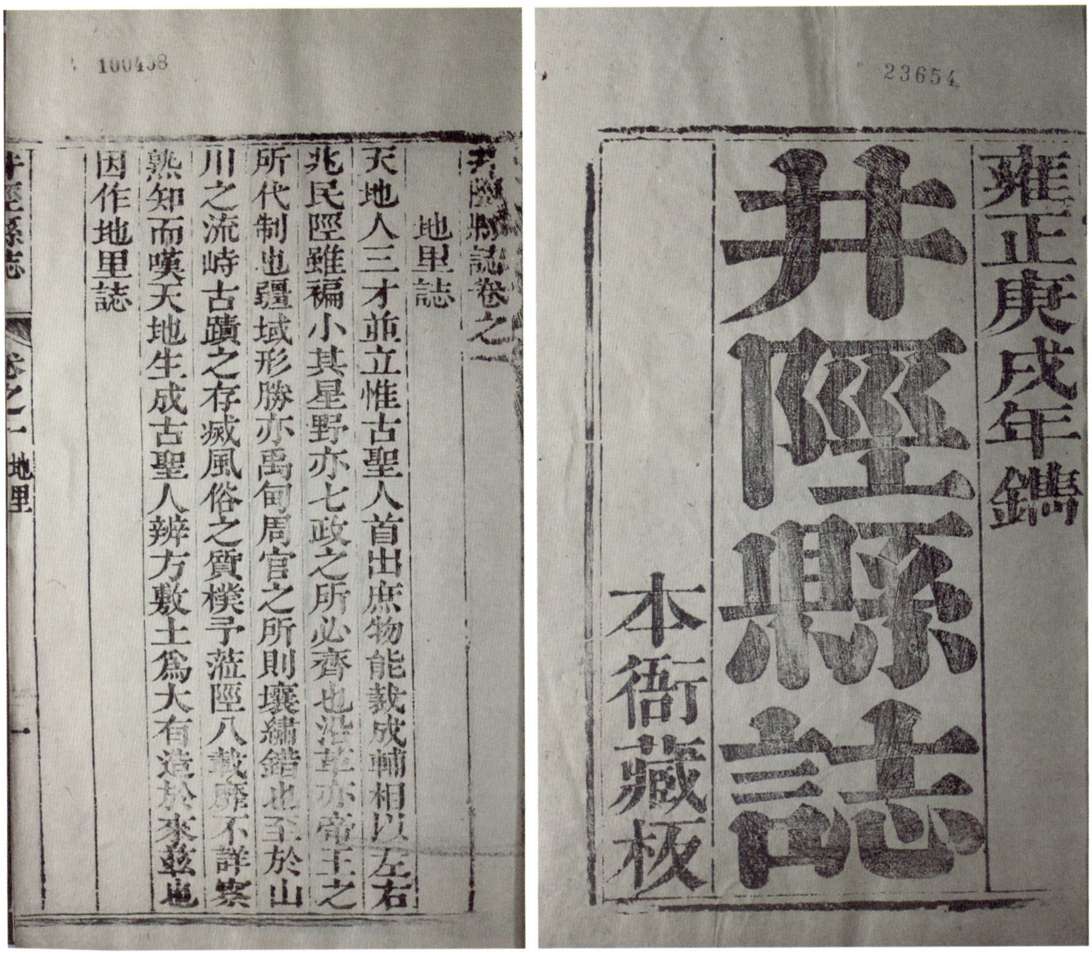

[雍正] 井陘縣志八卷　（清）鍾文英纂修　清雍正八年（1730）刻本。六册。半頁九行二十三字，小字雙行同，白口，四周雙邊。框高21厘米、寬14.8厘米。華南師範大學圖書館藏。

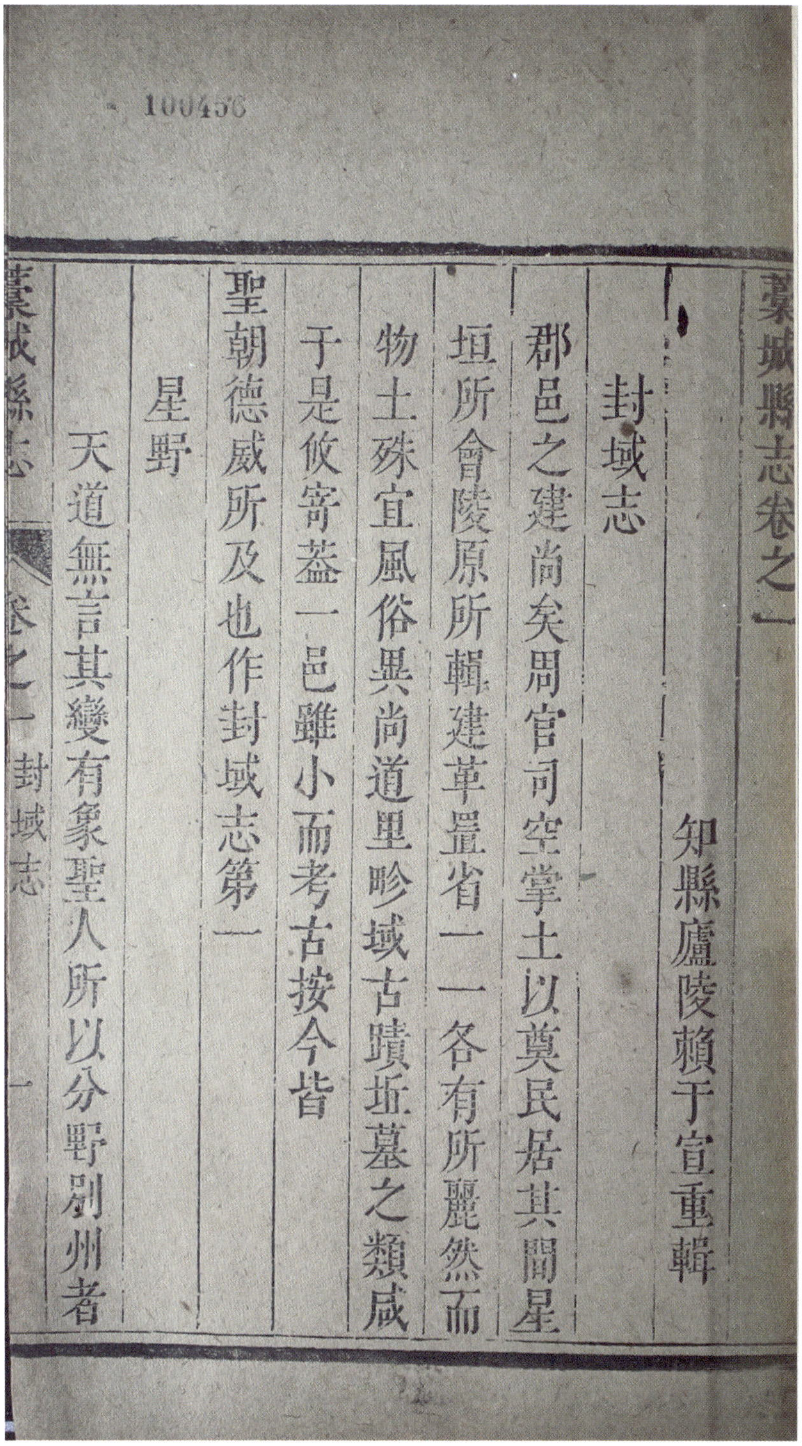

藳城縣志卷之一

知縣廬陵賴于宣重輯

封域志

郡邑之建尚矣周官司空掌土以奠民居其閒星垣所會陵原所輯建革疊省一一各有所麗然而物土殊宜風俗異尚道里畛域古蹟坵墓之類咸于是攸寄蓋一邑雖小而考古按今皆

聖朝德威所及也作封域志第一

星野

天道無言其變有象聖人所以分野別州者

藳城縣志　卷之一　封域志　一

[康熙] 藳城縣志十二卷　（清）賴于宣修　（清）張丙宿纂　清康熙三十七年（1698）刻本。四册。半頁十行二十字，小字雙行同，白口，四周雙邊。框高20.4厘米、寬16厘米。華南師範大學圖書館藏。

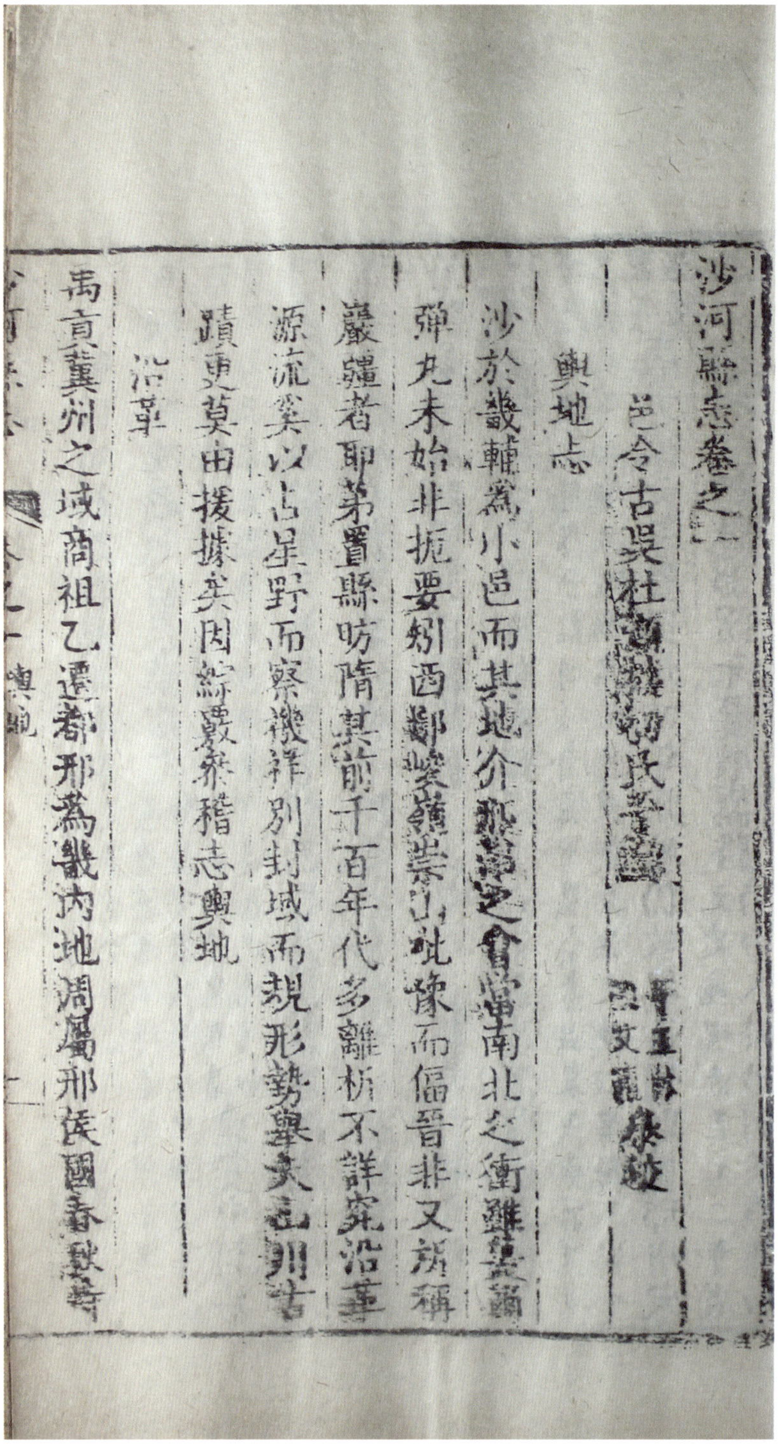

[乾隆]沙河縣志十卷首一卷末一卷　（清）杜灝纂修　清乾隆二十二年（1757）刻本。四册。半頁十行二十四字，小字雙行同，白口，左右雙邊。框高19.1厘米、寬14厘米。華南師範大學圖書館藏。

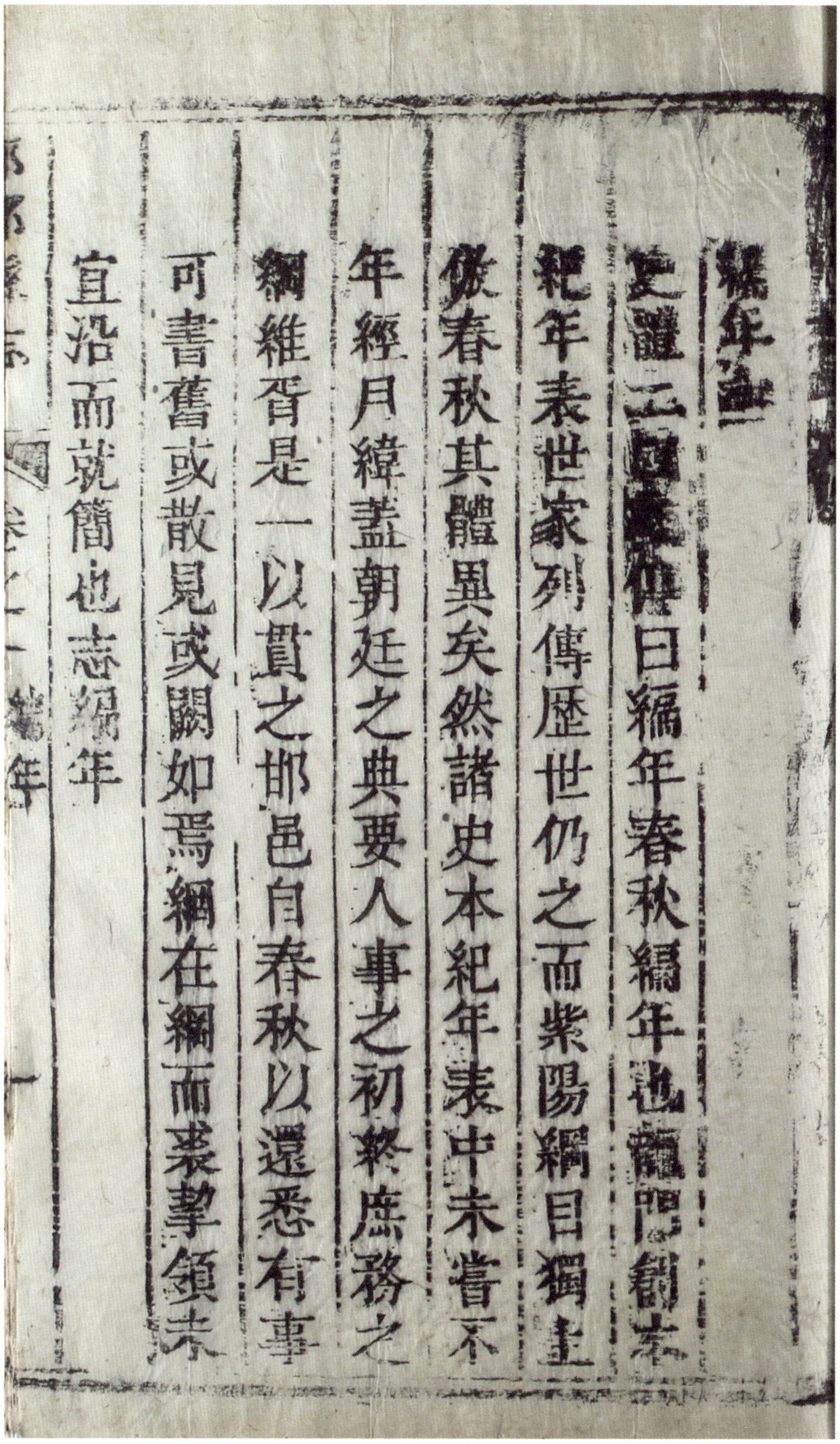
編年論
史體二曰紀傳曰編年春秋編年也龍門創本
紀年表世家列傳歷世仍之而紫陽綱目獨主
倣春秋其體異矣然諸史本紀年表中未嘗不
年經月緯蓋朝廷之典要人事之初終庶務之
綱維胥是一以貫之邯邑自春秋以還悉有事
可書舊或散見或闕如焉網在綱而裘挈領[illegible]
宜沿而就簡也志編年
邯鄲縣志　卷之十一　編年　一

[乾隆] 邯鄲縣志十二卷首一卷　（清）王炯纂修　清乾隆二十一年（1756）刻本。六册。半頁八行二十字，小字雙行同，白口，四周雙邊。框高20厘米、寬14.4厘米。華南師範大學圖書館藏。

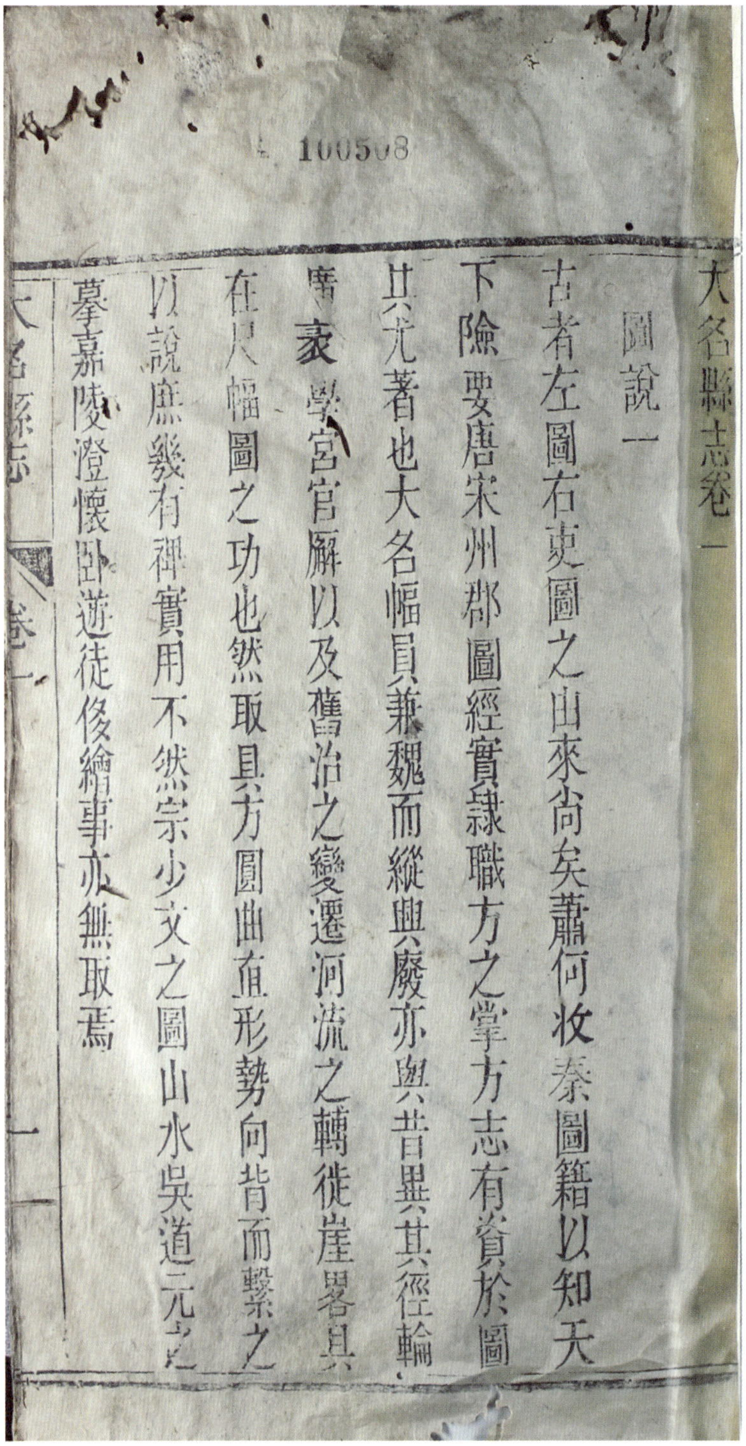

大名縣志卷一

圖說一

古者左圖右史圖之由來尚矣蕭何收秦圖籍以知天下險要唐宋州郡圖經實錄職方之掌方志有資於圖其尤著也大名幅員兼魏而縱與廢亦與昔異其徑輪廣袤學宮官廨以及舊治之變遷河流之轉徙崖畧具在尺幅圖之功也然取其方圓曲直形勢向背而繫之以說庶幾有裨實用不然宗少文之圖山水吳道元之摹嘉陵澄懷卧遊徒侈繪事亦無取焉

大名縣志　卷一　一

[乾隆]大名縣志四十卷首一卷　（清）張維祺修　（清）李棠纂　清乾隆五十四年（1789）刻本。二册。半頁九行二十一字，白口，四周雙邊。框高19.3厘米、寬13.7厘米。華南師範大學圖書館藏。

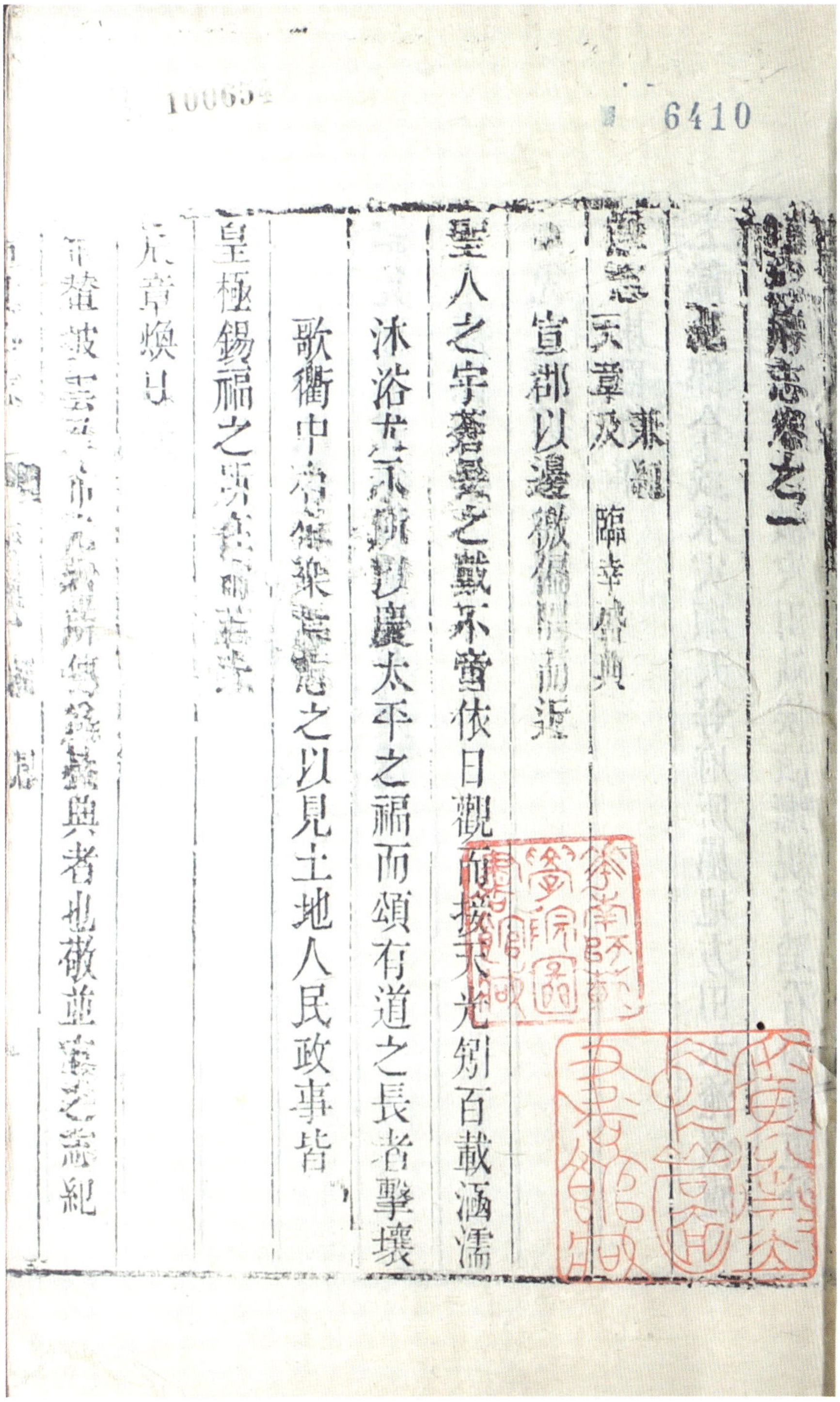
宣化府志卷之一
聖製 天章及 臨幸典
宣郡以邊徼偏隅而近
聖人之宇蒼昊之戴不啻依日觀而接天光者百載涵濡
沐浴[illegible]慶太平之福而頌有道之長者擊壤
歌衢中[illegible]之以見土地人民政事皆
皇極錫福之[illegible]
[illegible]煥[illegible]
[illegible]與者也敬並[illegible]紀

[乾隆]宣化府志四十二卷首一卷 （清）王者輔纂修 （清）張志奇續修 （清）黃可潤續纂 清乾隆二十二年（1757）刻本。十六册。半頁十行二十二字，小字雙行同，白口，左右雙邊。框高18.5厘米、寬15.1厘米。華南師範大學圖書館藏。

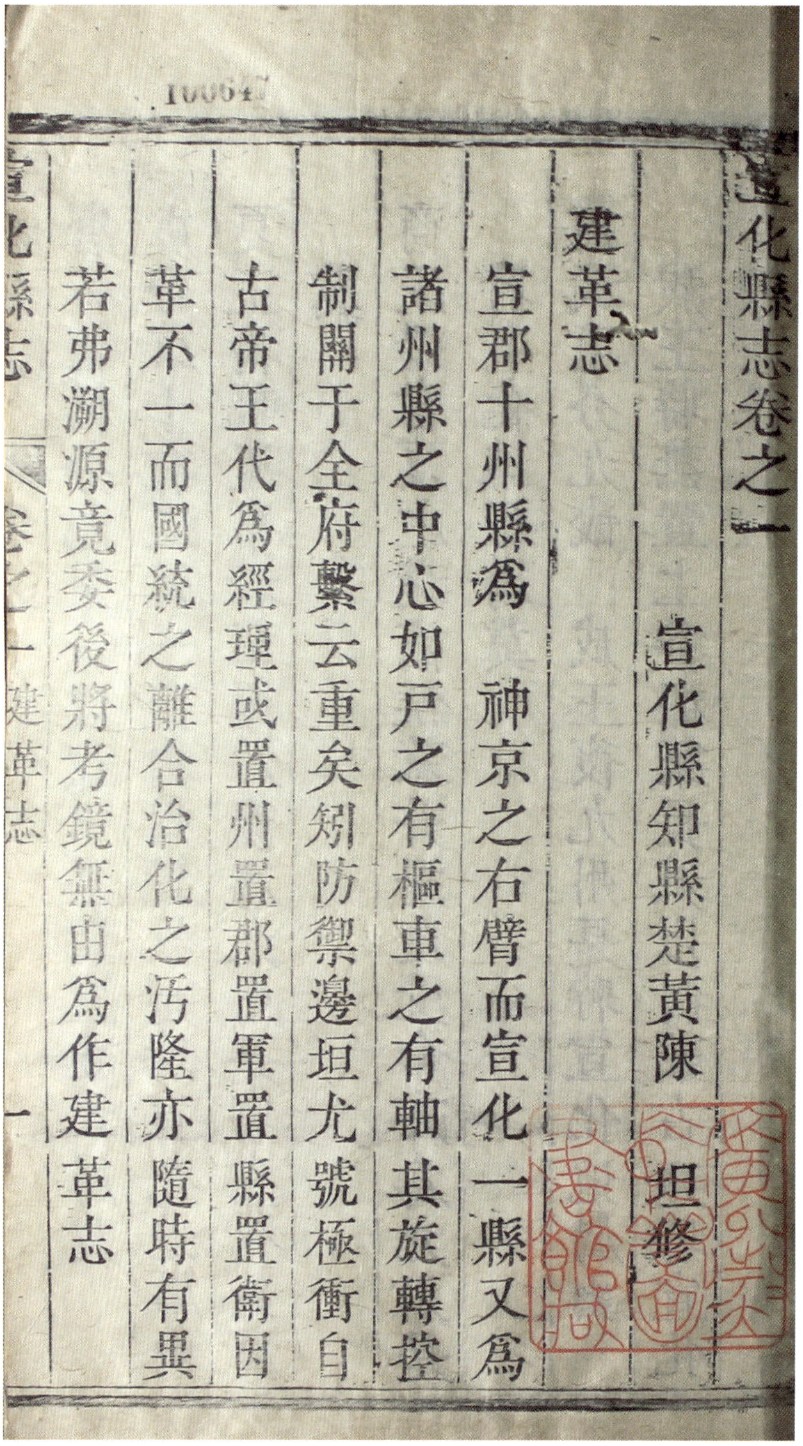
宣化縣志卷之一

宣化縣知縣楚黃陳　坦修

建革志

宣郡十州縣爲　神京之右臂而宣化一縣又爲諸州縣之中心如戶之有樞車之有軸其旋轉控制關于全府繫云重矣剏防禦邊垣尤號極衝自古帝王代爲經理或置州置郡置軍置縣置衛因革不一而國統之離合治化之汚隆亦隨時有異若弗溯源竟委後將考鏡無由爲作建革志

宣化縣志　卷之一　建革志　一

[康熙] 宣化縣志三十卷　（清）陳坦纂修　清康熙五十年（1711）刻本。六册。半頁九行二十一字，小字雙行同，白口，四周雙邊。框高22.1厘米、寬14.8厘米。華南師範大學圖書館藏。

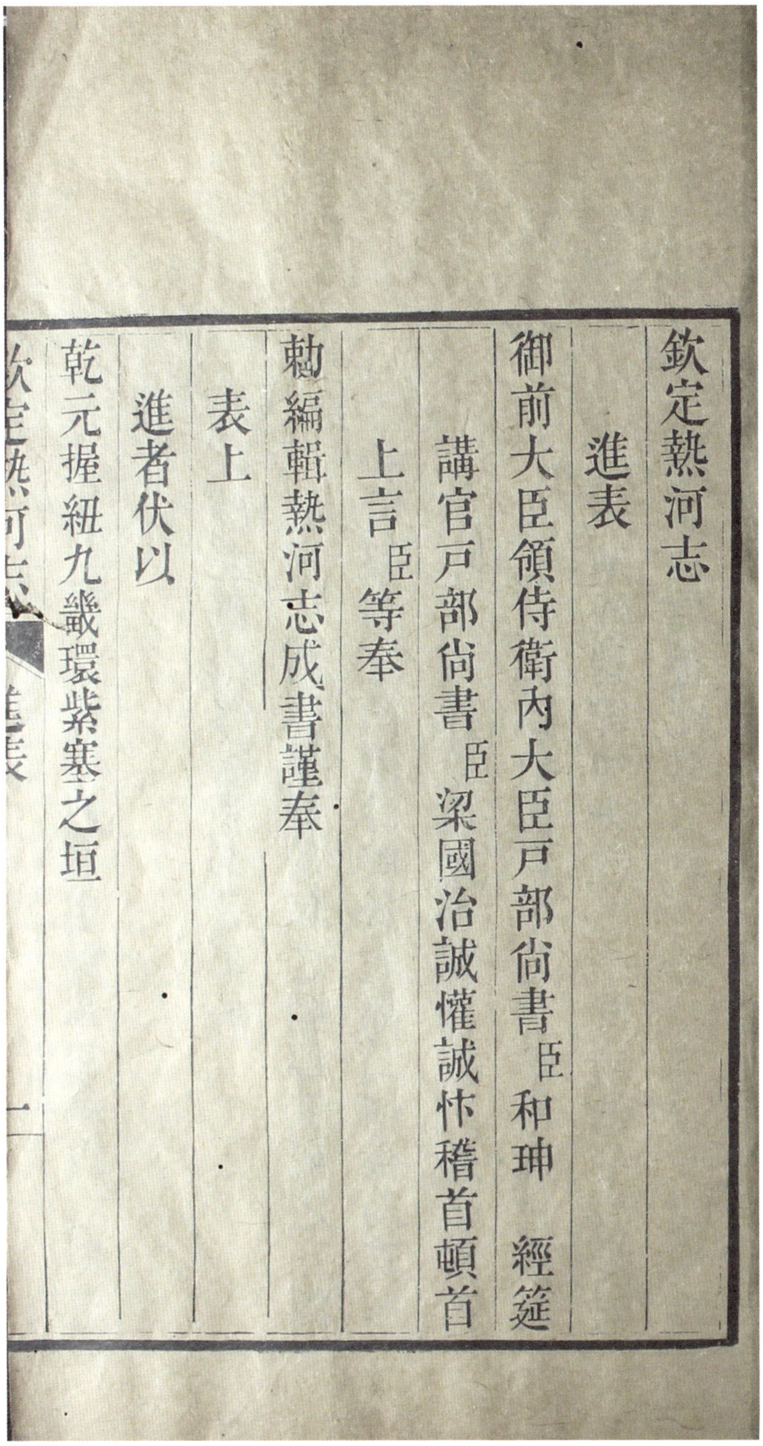

欽定熱河志

進表

御前大臣領侍衛內大臣戶部尚書臣和珅　經筵

講官戶部尚書臣梁國治誠懽誠忭稽首頓首

上言臣等奉

勅編輯熱河志成書謹奉

表上

進者伏以

乾元握紐九幾環紫塞之垣

欽定熱河志　進表　一

[乾隆]欽定熱河志一百二十卷　（清）和珅　梁國治纂修　清乾隆四十六年（1781）刻本。存一百十卷（缺二十三至三十二）。四十三册。半頁九行二十字，小字雙行同，白口，四周雙邊。框高19.3厘米、寬14.2厘米。華南師範大學圖書館藏。

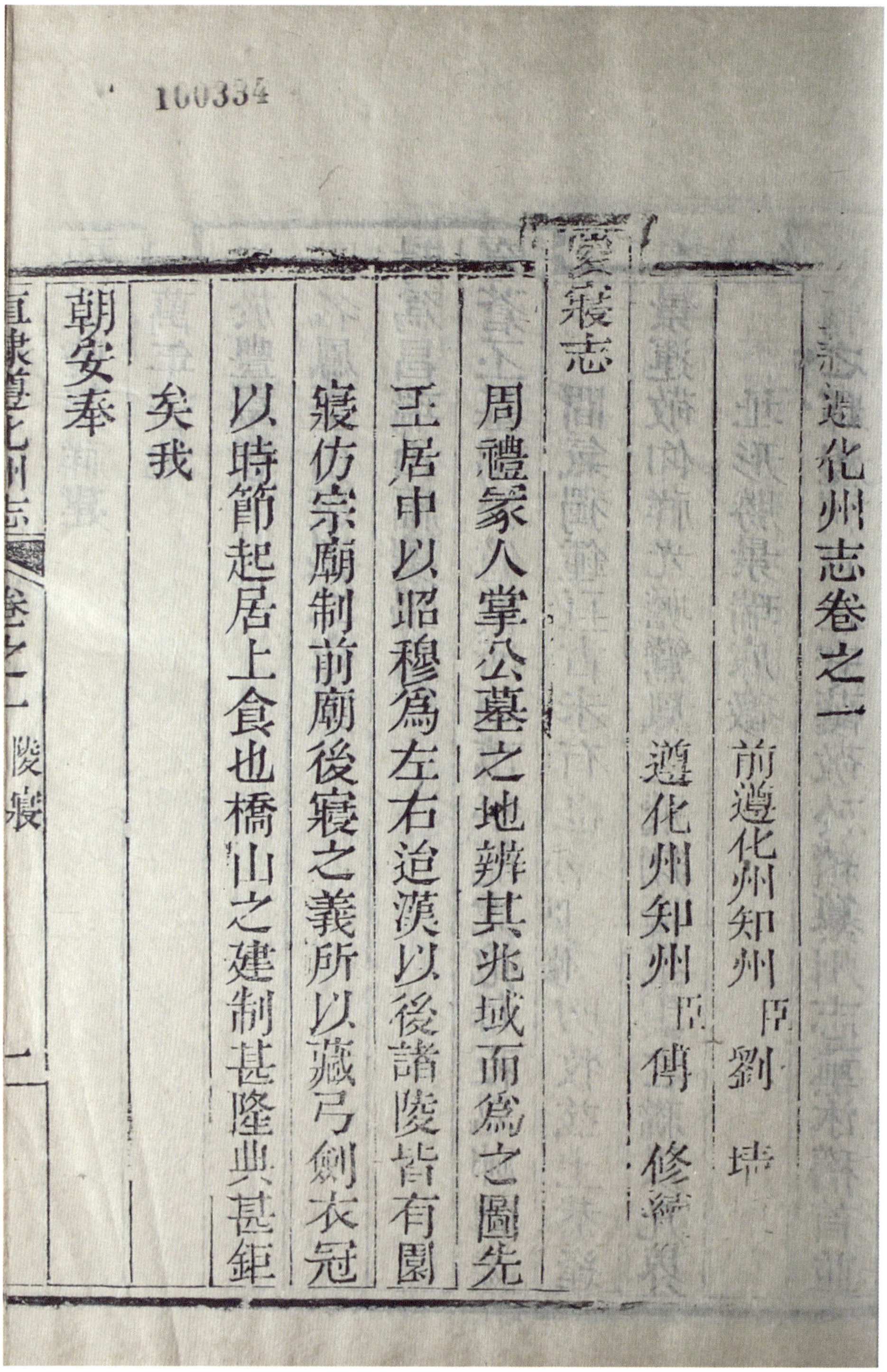

直隸遵化州志卷之一

前遵化州知州臣劉埥

遵化州知州臣傅修纂

陵寢志

周禮冢人掌公墓之地辨其兆域而爲之圖先王居中以昭穆爲左右迨漢以後諸陵皆有園寢仿宗廟制前廟後寢之義所以藏弓劍衣冠以時節起居上食也橋山之建制甚隆典甚鉅矣我

朝安奉

直隸遵化州志　卷之一　陵寢　一

[乾隆] 直隸遵化州志二十卷　（清）傅修等纂修　清乾隆五十九年（1794）刻本。四册。半頁十行二十字，小字雙行同，白口，四周雙邊。框高16.8厘米、寬14.8厘米。華南師範大學圖書館藏。

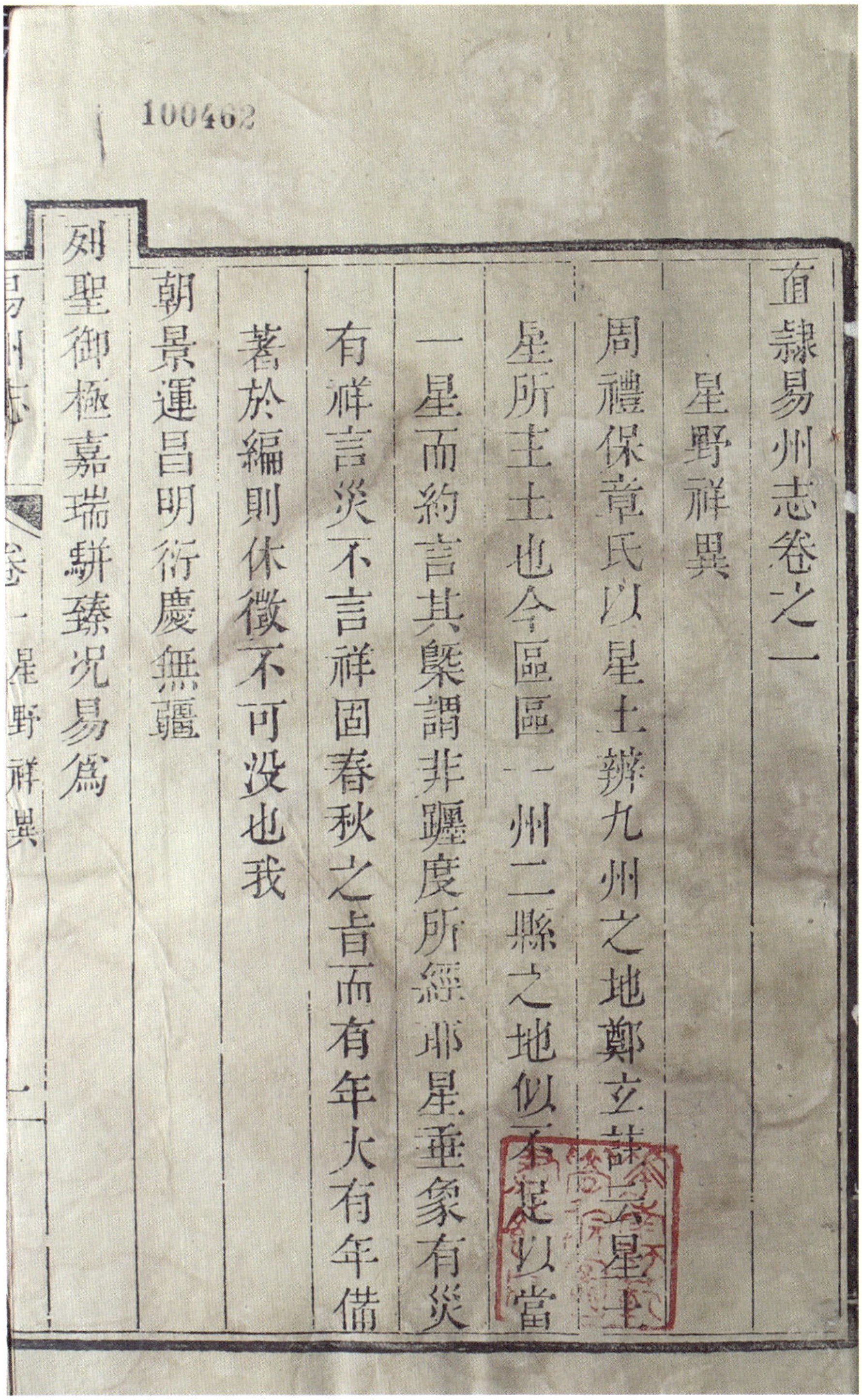
100462
直隸易州志卷之一
星野祥異
周禮保章氏以星土辨九州之地鄭玄註云星土
星所主土也今區區一州二縣之地似不足以當
一星而約言其槩謂非躔度所經耶星垂象有災
有祥言災不言祥固春秋之旨而有年大有年備
著於編則休徵不可没也我
朝景運昌明衍慶無疆
列聖御極嘉瑞駢臻况易爲
易州志　卷一　星野祥異

[乾隆] 直隸易州志十八卷首一卷　（清）楊芊纂修　（清）張登高續纂修　清乾隆十二年（1747）刻本。十册。半頁九行二十字，小字雙行同，白口，四周雙邊。框高18.5厘米、寬14.6厘米。華南師範大學圖書館藏。

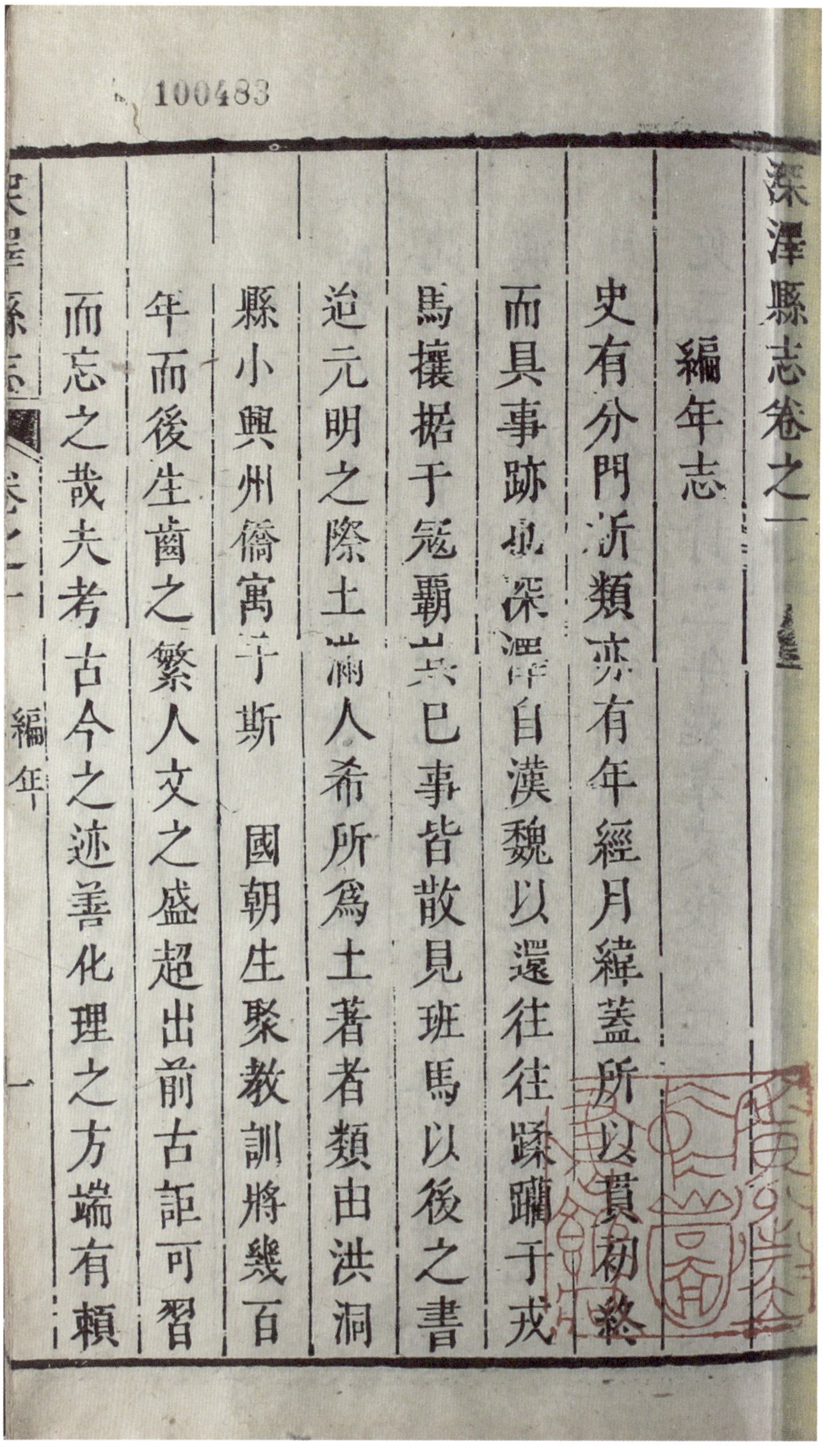
100483
深澤縣志卷之一
編年志
史有分門沂類亦有年經月緯蓋所以貫初終
而具事跡也深澤自漢魏以還往往蹂躪于戎
馬擾据于寇覇其已事皆散見班馬以後之書
迨元明之際土滿人希所爲土著者類由洪洞
縣小興州僑寓于斯　國朝生聚教訓將幾百
年而後生齒之繁人文之盛超出前古詎可習
而忘之哉夫考古今之迹善化理之方端有賴
深澤縣志　卷之一　編年　一

[雍正] 深澤縣志十二卷首一卷　（清）趙憲修　（清）王植纂　清雍正十三年（1735）刻本。四册。半頁九行二十字，小字雙行同，白口，左右雙邊。框高20厘米、寬14.2厘米。華南師範大學圖書館藏。

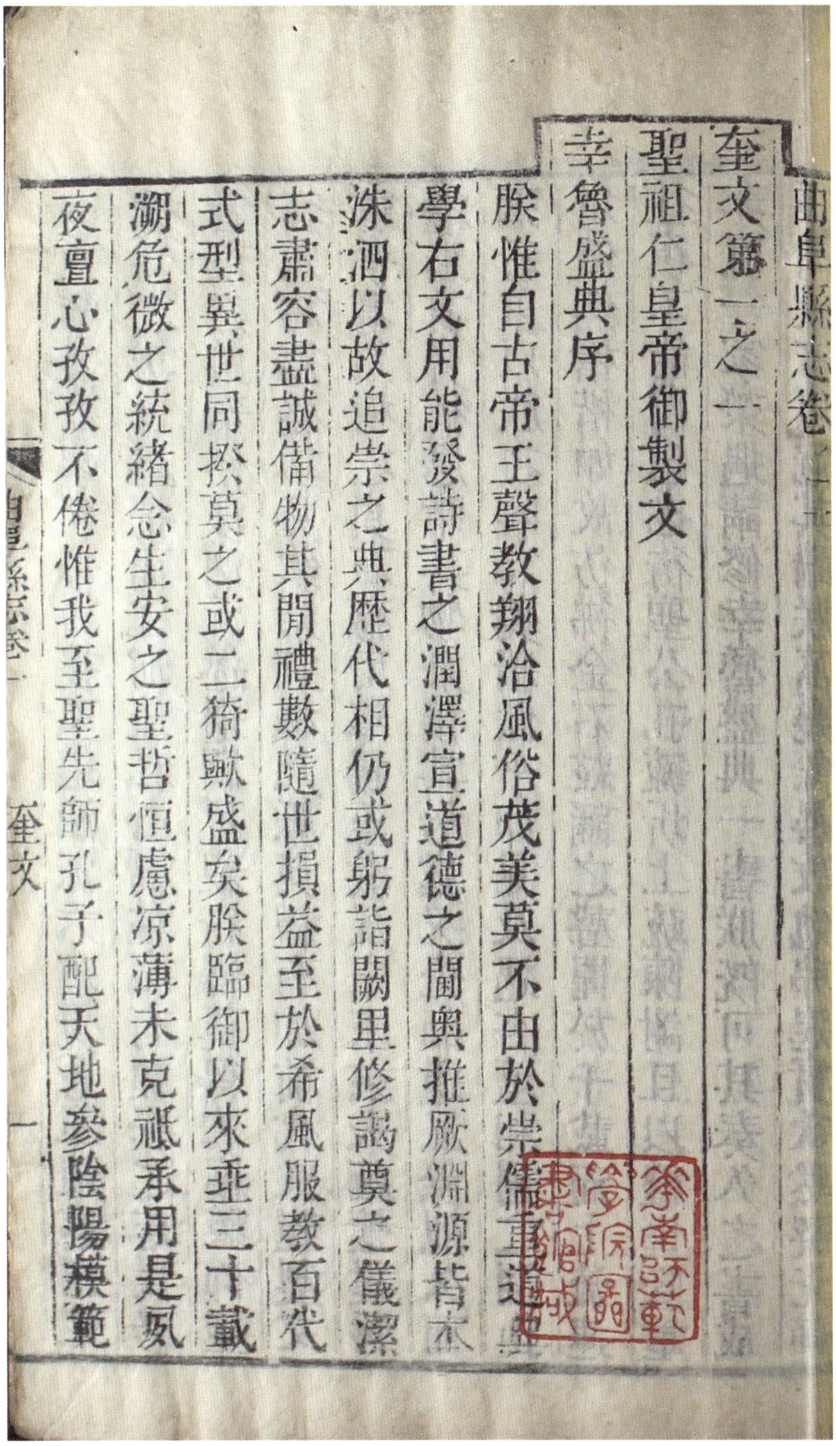

[乾隆] 曲阜縣志一百卷 （清）潘相等纂修 清乾隆三十九年（1774）刻本。十二册。半頁十一行二十三字，小字雙行同，白口，左右雙邊。框高19.5厘米、寬14.9厘米。華南師範大學圖書館藏。

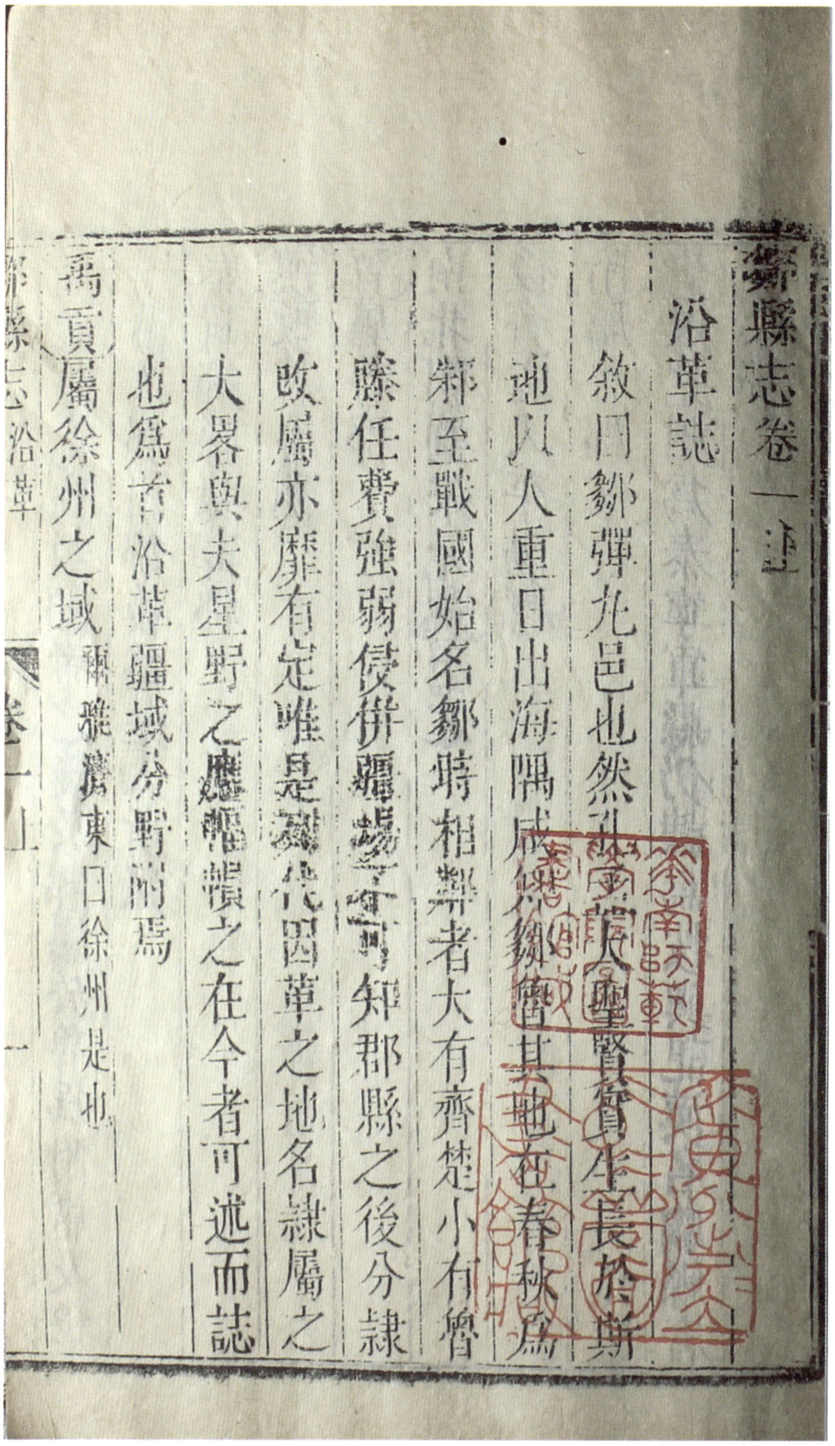

[康熙] 鄒縣志三卷 （清）婁一均修 （清）周翼纂 清康熙五十五年（1716）刻本。四册。半頁十行二十字，小字雙行同，白口，四周雙邊。框高18.5厘米、寬13.8厘米。華南師範大學圖書館藏。

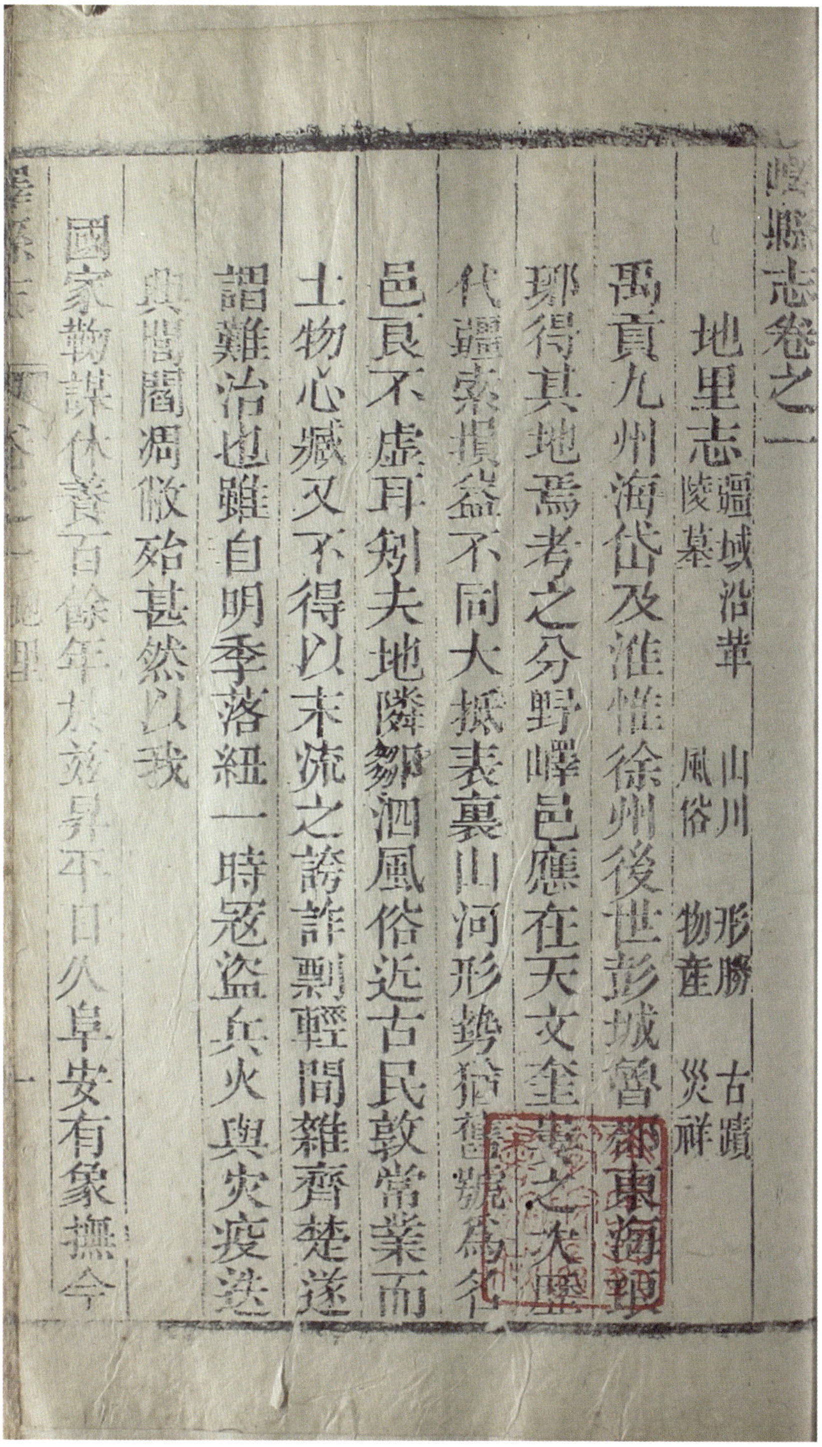
嶧縣志卷之一

地里志 疆域沿革 山川 形勝 古蹟 陵墓 風俗 物產 災祥

禹貢九州海岱及淮惟徐州後世彭城魯郯東海瑯琊得其地焉考之分野嶧邑應在天文奎婁之次歷代疆索損益不同大抵表裏山河形勢猶舊號爲名邑良不虛耳矧夫地隣鄒泗風俗近古民敦常業而士物心臧又不得以末流之誇詐剽輕間雜齊楚遂謂難治也雖自明季落紐一時寇盜兵火與災疫迭興閭閻凋敝殆甚然以我

國家勸謀休養百餘年於茲昇平日久阜安有象撫今

嶧縣志 卷之一 地理 一

[乾隆]嶧縣志十卷首一卷　（清）忠璉纂修　清乾隆二十六年（1761）刻本。八册。半頁十行二十二字，小字雙行同，白口，四周單邊。框高19.5厘米、寬14.1厘米。華南師範大學圖書館藏。

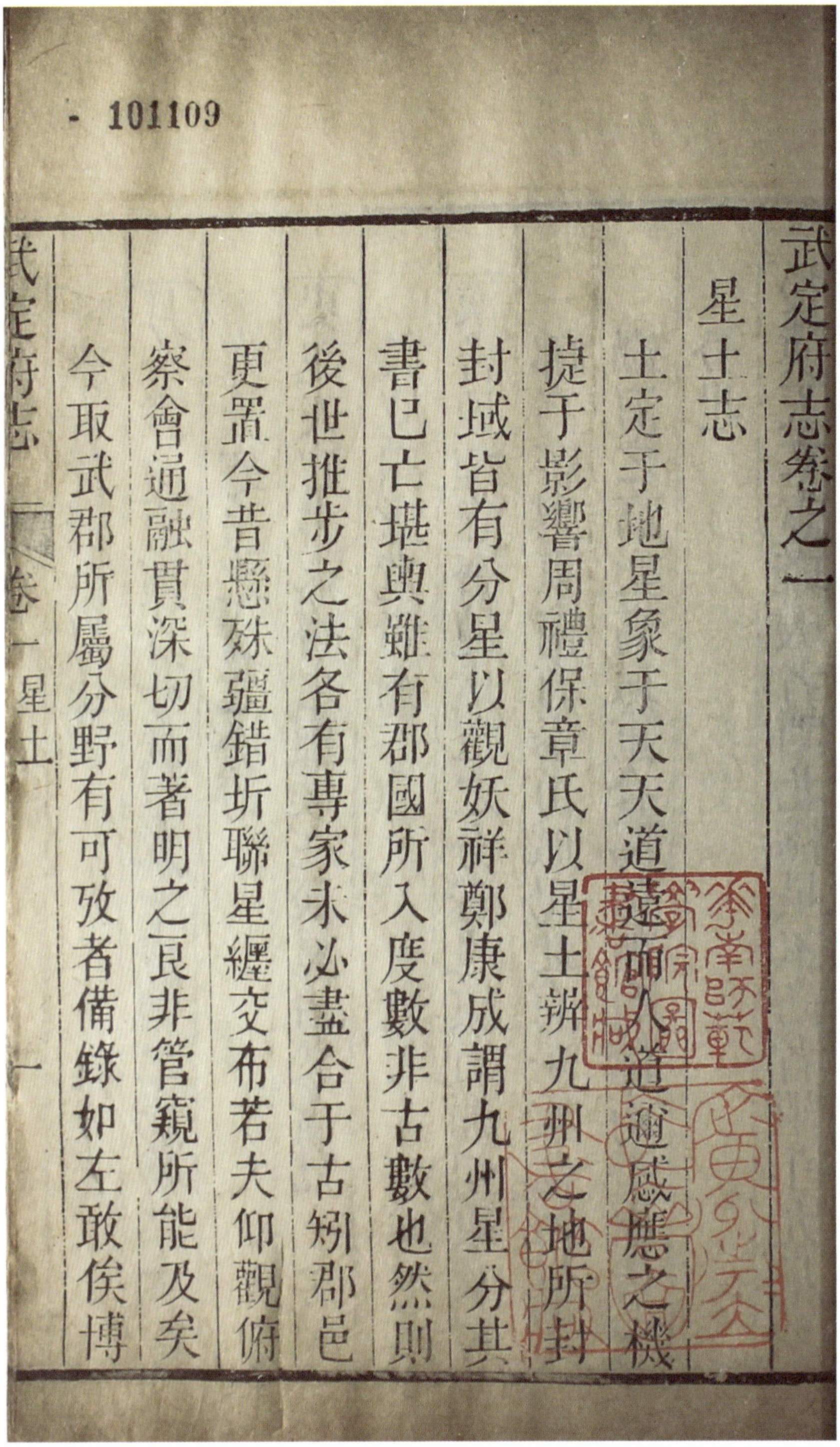

武定府志卷之一

星土志

土定于地星象于天天道遠而人道邇感應之機捷于影響周禮保章氏以星土辨九州之地所封封域皆有分星以觀妖祥鄭康成謂九州星分其書已亡堪輿雖有郡國所入度數非古數也然則後世推步之法各有專家未必盡合于古矧郡邑更置今昔懸殊疆錯圻聯星躔交布若夫仰觀俯察會通融貫深切而著明之艮非管窺所能及矣今取武郡所屬分野有可攷者備錄如左敢侯博

武定府志　卷一　星土　一

[乾隆]武定府志三十八卷首一卷　（清）赫達色修　（清）莊肇奎　沈中行纂　清乾隆二十四年（1759）刻本。二十册。半頁十行二十一字，小字雙行同，白口，左右雙邊。框高18.8厘米、寬14.6厘米。華南師範大學圖書館藏。

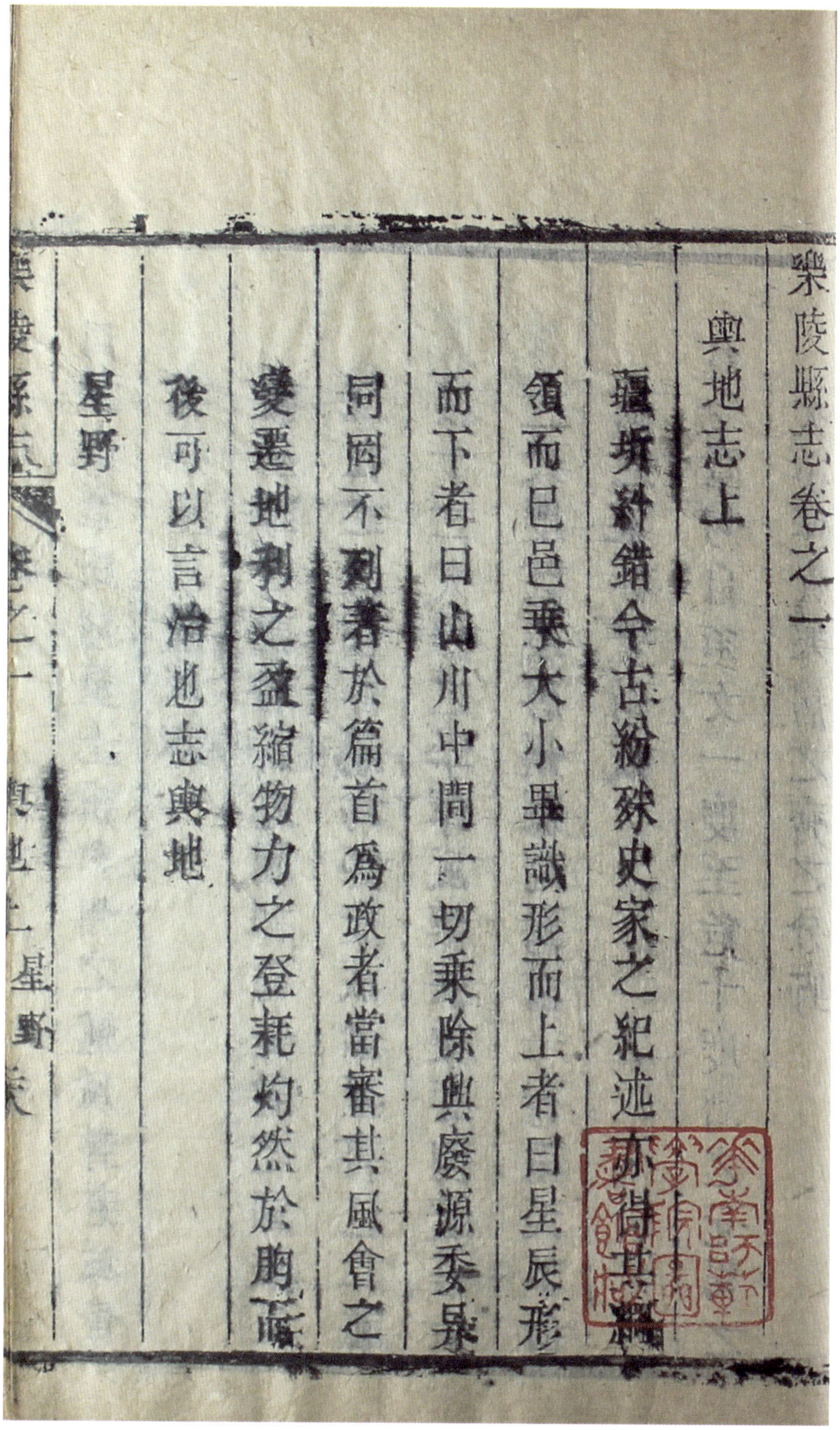

[乾隆] 樂陵縣志八卷首一卷末一卷　（清）王謙益修　（清）鄭成中纂　清乾隆二十七年（1762）刻本。五册。半頁九行十九字，小字雙行同，白口，左右雙邊。框高17.7厘米、寬14.2厘米。華南師範大學圖書館藏。

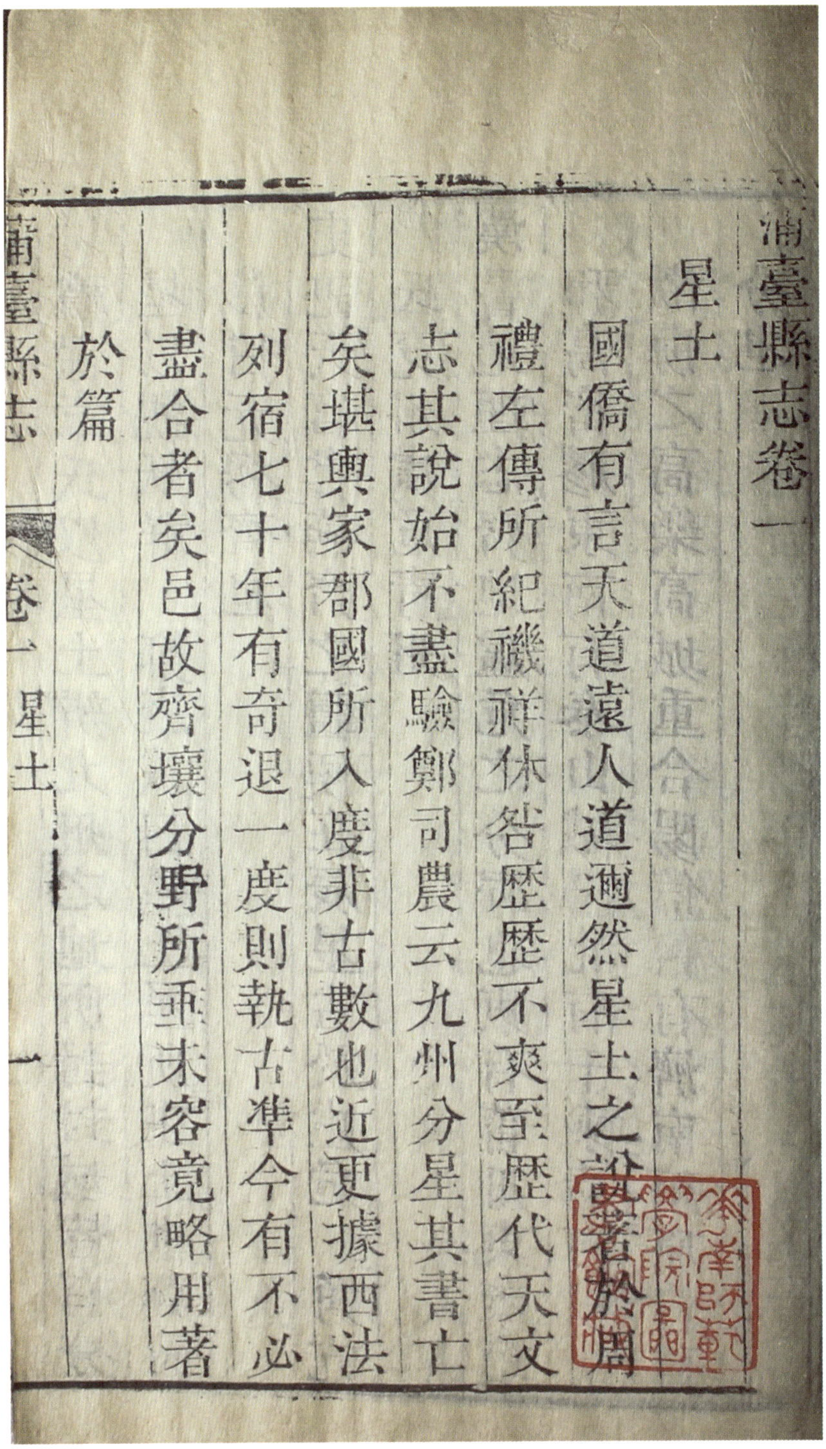

蒲臺縣志卷一

星土

國僑有言天道遠人道邇然星土之説蓋著於周禮左傳所紀禨祥休咎歷歷不爽至歷代天文志其説始不盡驗鄭司農云九州分星其書亡矣堪輿家郡國所入度非古數也近更據西法列宿七十年有奇退一度則執古準今有不必盡合者矣邑故齊壤分野所垂未容竟略用著於篇

蒲臺縣志　卷一　星土　一

[乾隆] 蒲臺縣志四卷首一卷　（清）嚴文典修　（清）任相纂　清乾隆二十八年（1763）刻本。四册。半頁九行二十字，小字雙行同，白口，左右雙邊。框高19.5厘米、寬13.8厘米。華南師範大學圖書館藏。

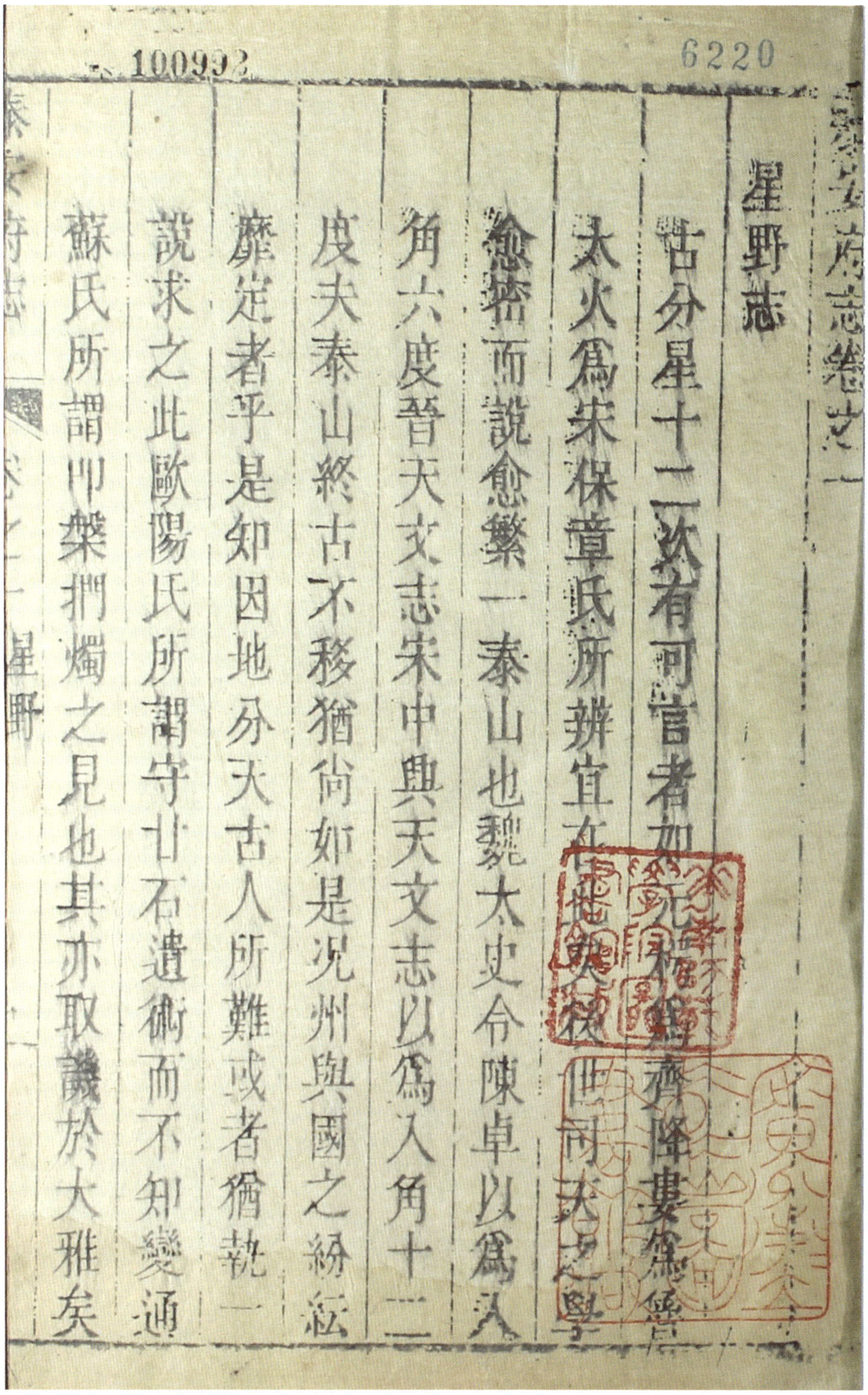

[乾隆] 泰安府志三十卷前一卷首二卷 （清）顔希深修 （清）成城等纂 清乾隆二十五年（1760）刻本。二十册。半頁十行二十一字，小字雙行同，白口，四周單邊。框高20.1厘米、寬14.8厘米。華南師範大學圖書館藏。

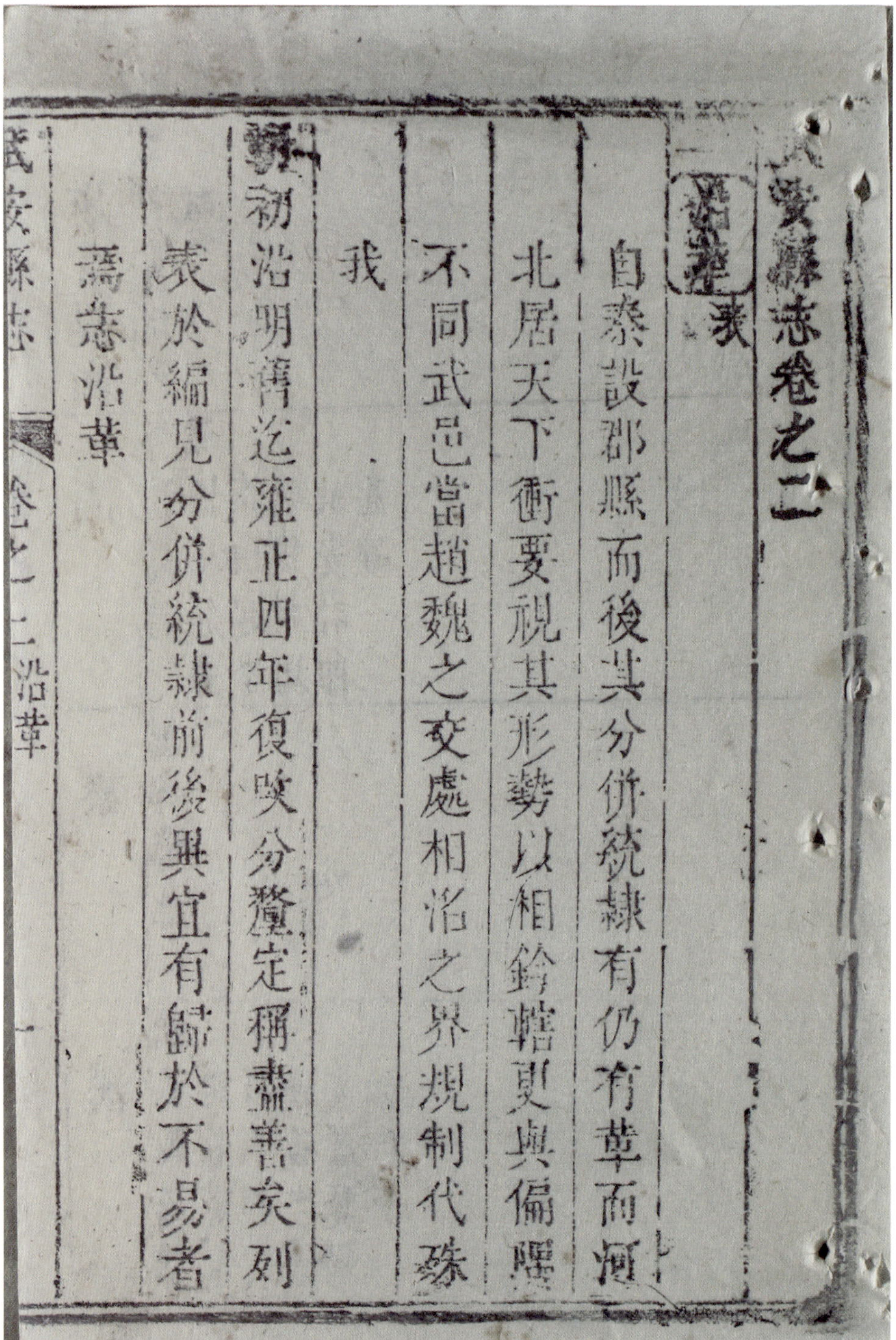
武安縣志卷之二

沿革表

自秦設郡縣而後其分併統隸有仍有革而河北居天下衝要視其形勢以相鈐轄更與偏隅不同武邑當趙魏之交處相沿之界規制代殊

我

朝初沿明舊迄雍正四年復改分釐定稱盡善矣列表於編見分併統隸前後異宜有歸於不易者爲志沿革

武安縣志 卷之二 沿革 一

[乾隆] 武安縣志二十卷　（清）蔣光祖修　（清）夏兆豐纂　清乾隆四年（1739）刻本。八册。半頁九行二十字，小字雙行同，白口，四周雙邊。框高19.5厘米、寬13.8厘米。華南師範大學圖書館藏。

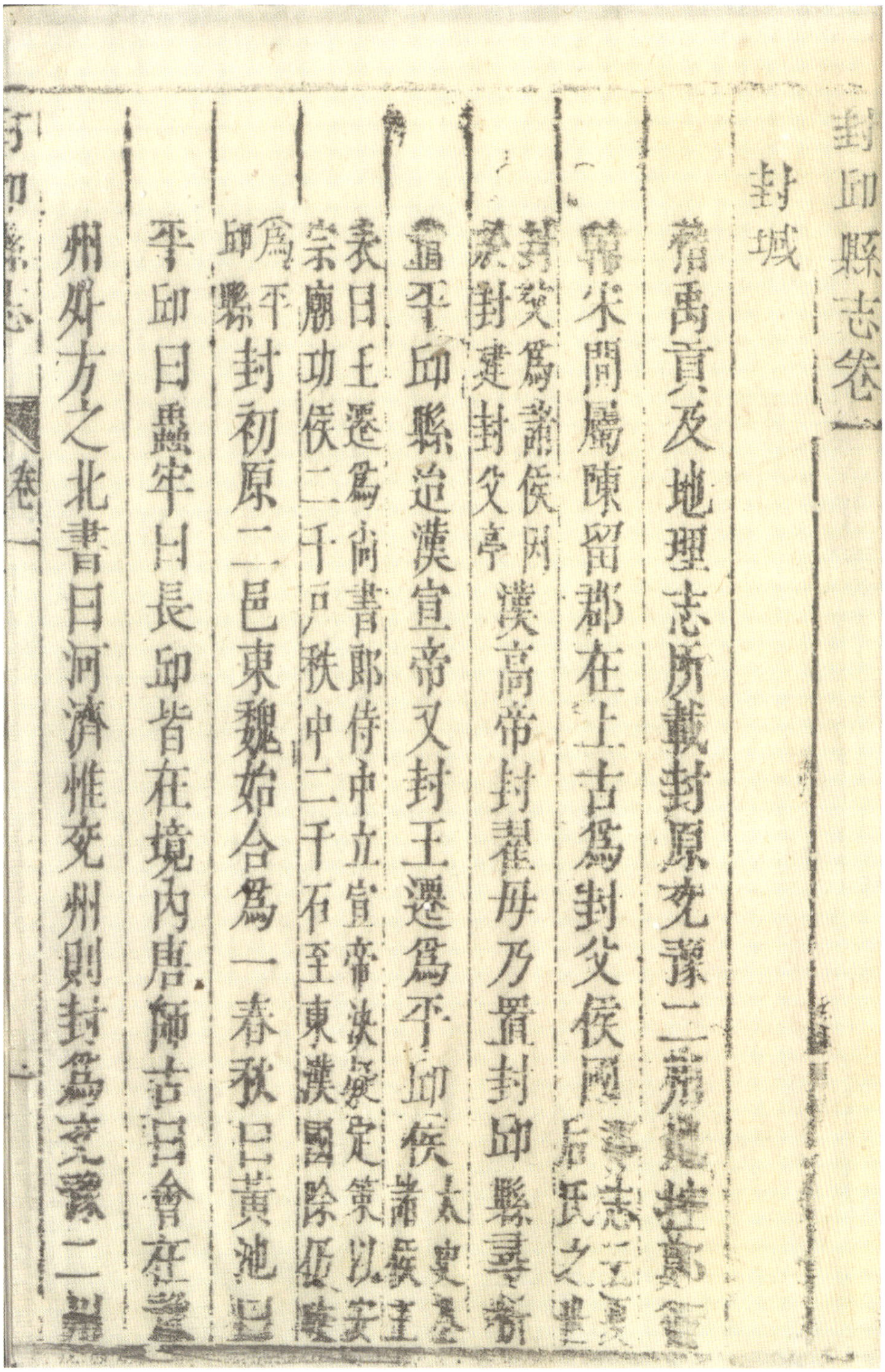

封邱縣志卷一

封域

稽禹貢及地理志所載封原兗豫二州地[illegible]

春秋時屬陳留郡在上古為封父侯國尋志云夏后氏之世

其後為諸侯國漢高帝封翟母乃置封邱縣[illegible]

秦封建封父亭

魏置平邱縣迨漢宣帝又封王遷為平邱侯太史公表蕭侯主

表曰王遷為尚書郎侍中立宣帝決疑定策以安

宗廟功侯二千戶秩中二千石至東漢國除後

為平邱縣封初原二邑東魏始合為一春秋曰黃池曰

平邱曰蟲牢曰長邱皆在境內唐師古曰會在豐

州舛方之北書曰河濟惟兗州則封為兗豫二州

封邱縣志　卷一

[順治] 封邱縣志九卷首一卷　（清）余縉修　（清）李嵩陽纂　清順治十六年（1659）刻本。五册。半頁十行二十一字，小字雙行同，白口，四周單邊。框高20.4厘米、寬14.3厘米。中山大學圖書館藏。

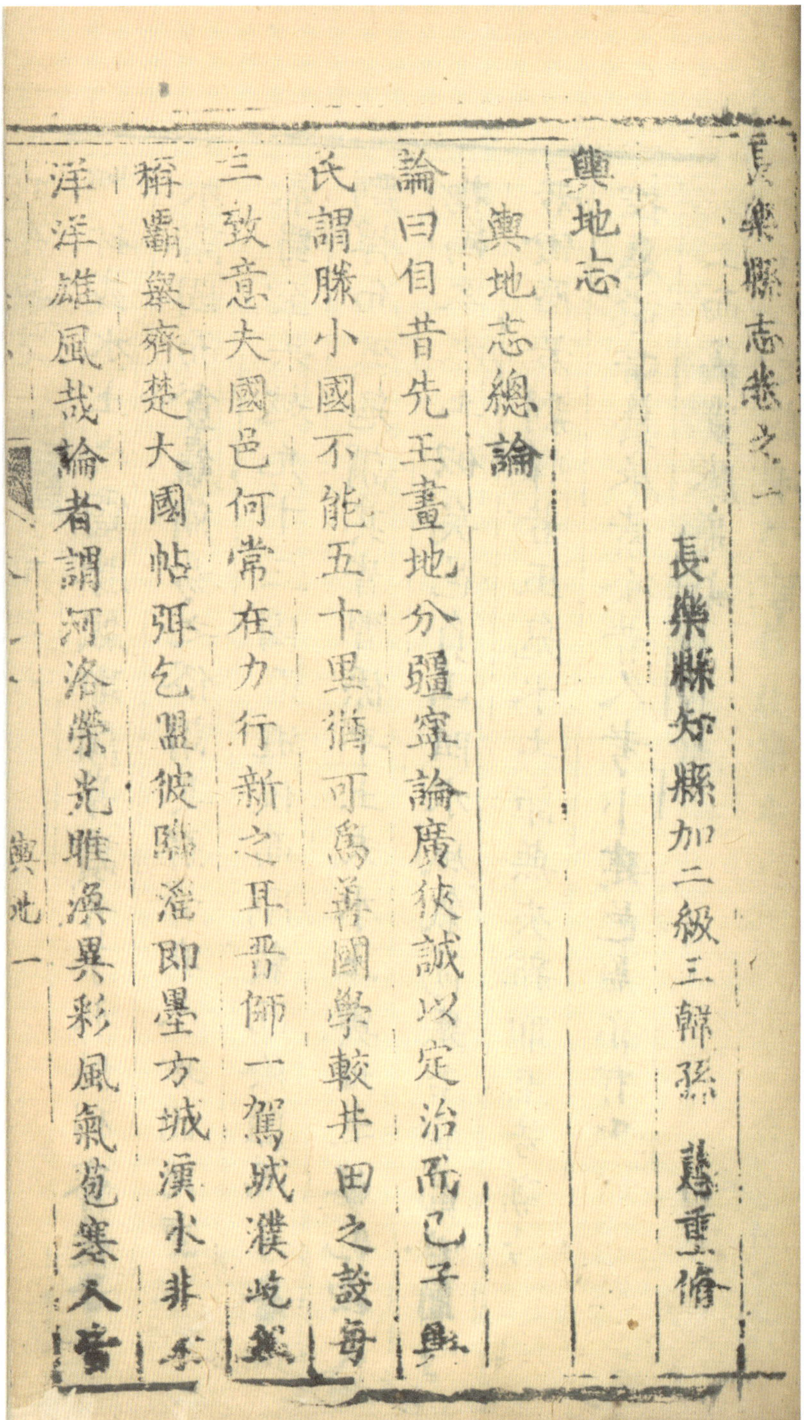

長樂縣志卷之一

長樂縣知縣加二級三韓孫蕙重修

輿地志

輿地志總論

論曰自昔先王畫地分疆序論廣袤誠以定治而已子輿氏謂滕小國不能五十里猶可爲善國學較井田之設每三致意夫國邑何常在力行新之耳晋師一駕城濮岐蹶稱霸舉齊楚大國帖弭乞盟彼驕淫即壘方城漢水非季洋洋雄風哉論者謂河洛榮光雎渙異彩風氣苞塞人嘗

輿地一

[康熙] 長樂縣志八卷　（清）孫蕙修　（清）孔元體等纂　清康熙二十六年（1687）刻本。五册。半頁九行二十二字，白口，四周雙邊。框高21厘米、寬14.2厘米。廣東省立中山圖書館藏。

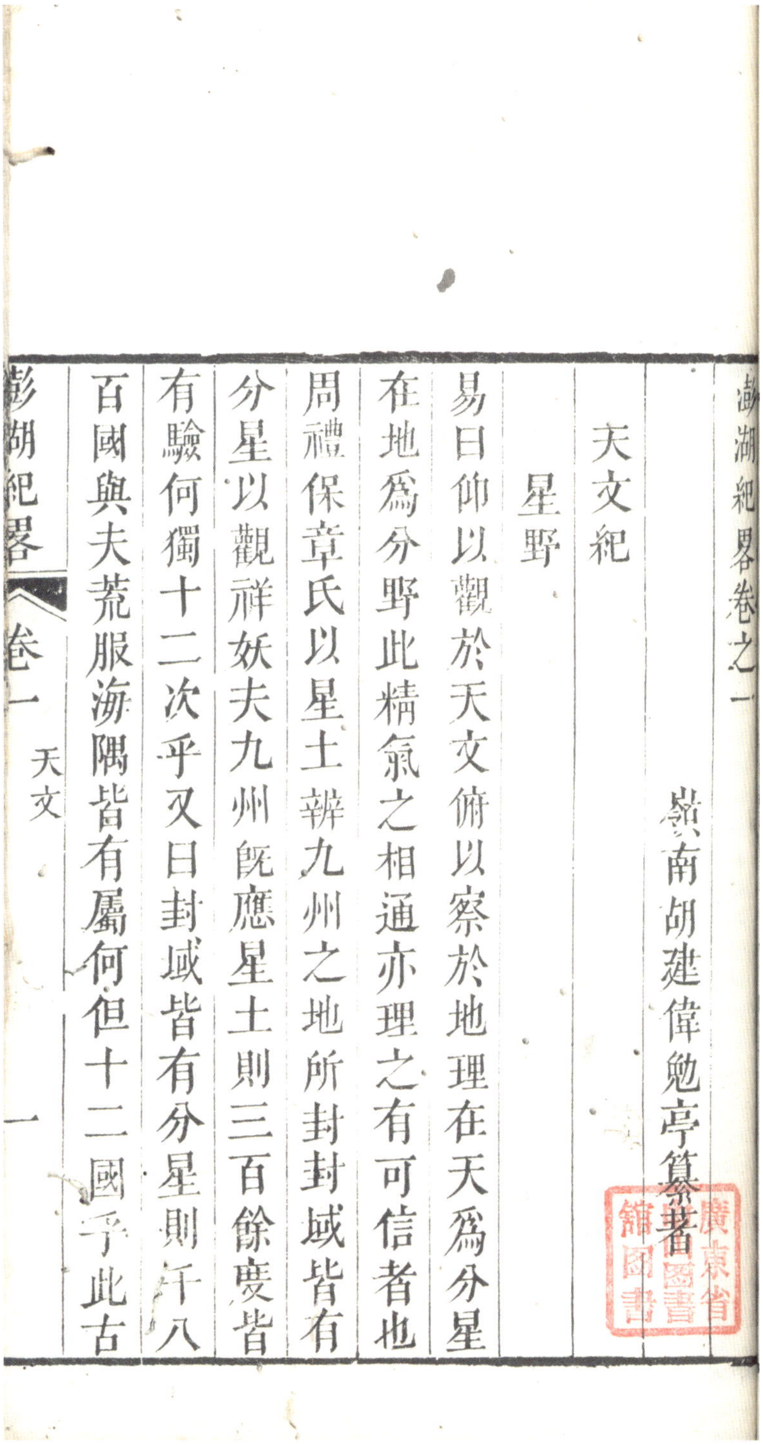
澎湖紀畧卷之一

嶺南胡建偉勉亭纂著

天文紀

星野

易曰仰以觀於天文俯以察於地理在天爲分星在地爲分野此精氣之相通亦理之有可信者也周禮保章氏以星土辨九州之地所封封域皆有分星以觀祥妖夫九州旣應星土則三百餘叓皆有驗何獨十二次乎又曰封域皆有分星則千八百國與夫荒服海隅皆有屬何但十二國乎此古

澎湖紀畧 卷一 天文 一

澎湖紀畧十二卷　（清）胡建偉撰　清乾隆刻本。六册。半頁十行十九字，白口，左右雙邊。框高17厘米、寬13.7厘米。廣東省立中山圖書館藏。

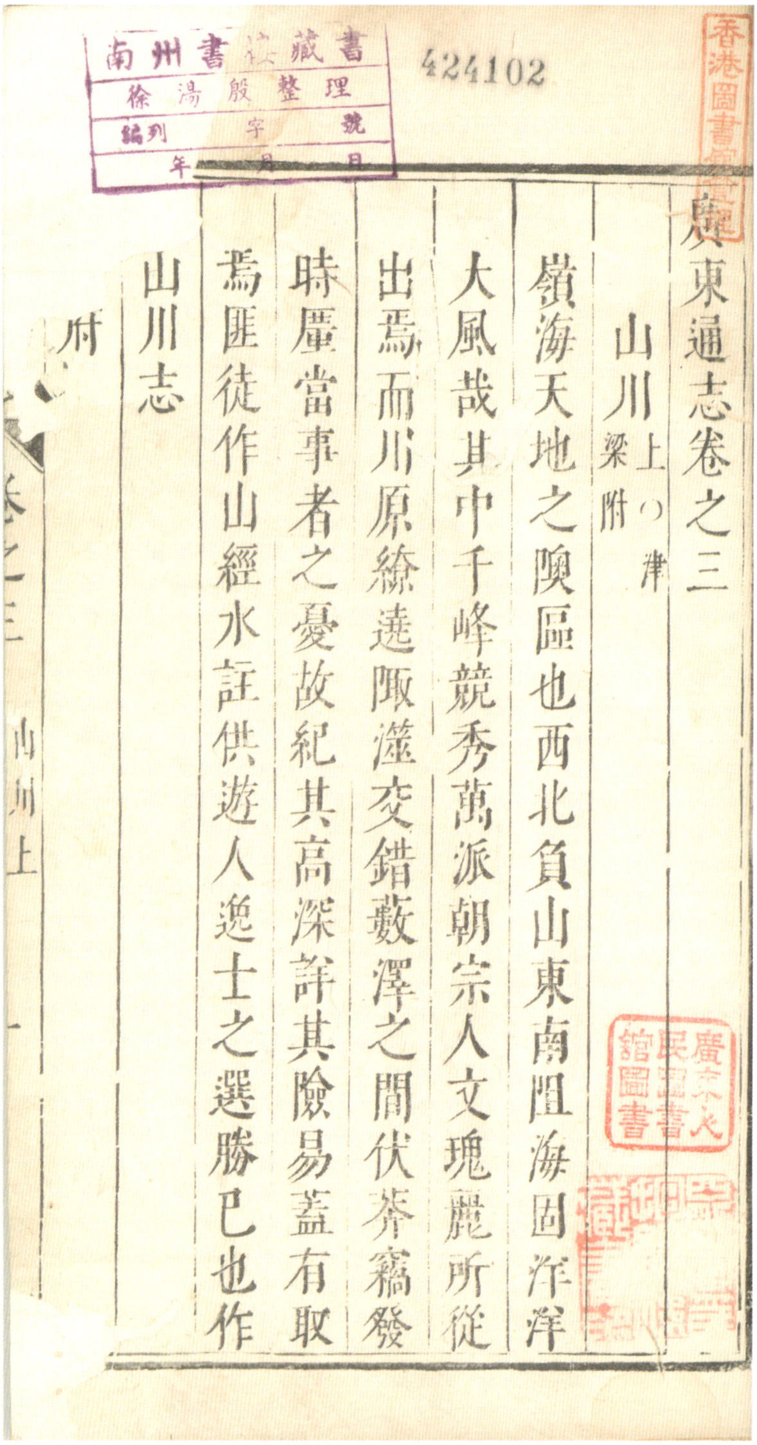
廣東通志卷之三
山川上 津梁附
嶺海天地之隩區也西北負山東南阻海固洋洋大風哉其中千峰競秀萬派朝宗人文瑰麗所從出焉而川原繚遶陬澨交錯藪澤之間伏莽竊發時釐當事者之憂故紀其高深詳其險易蓋有取焉匪徒作山經水註供遊人逸士之選勝已也作山川志

[康熙]廣東通志三十卷　（清）金光祖纂修　清康熙三十六年（1697）刻本。三十册。半頁九行二十字，白口，四周雙邊。框高22厘米、寬14.5厘米。廣東省立中山圖書館藏。

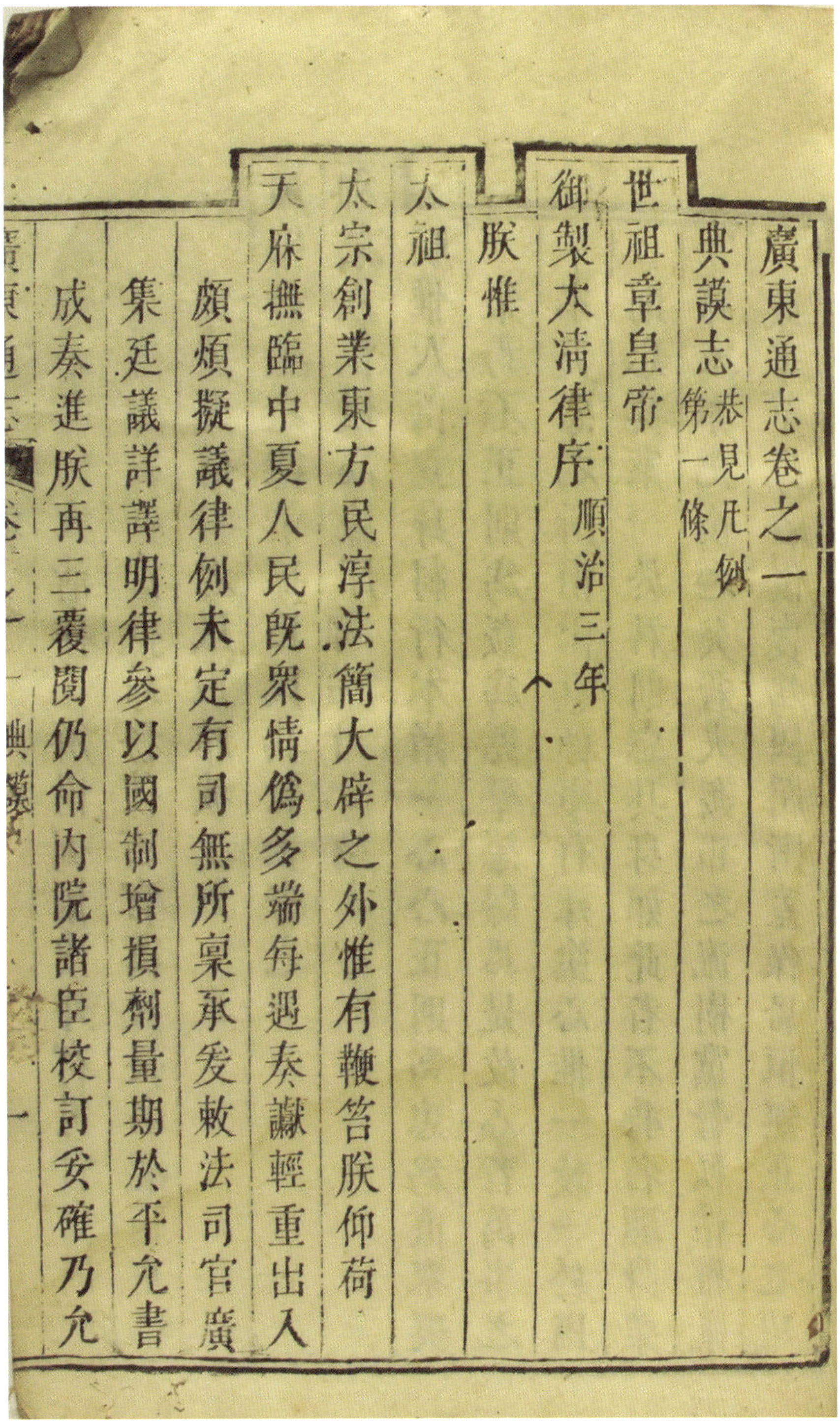
廣東通志卷之一

典謨志卷見凡例第一條

世祖章皇帝

御製大清律序順治三年

朕惟

太祖

太宗創業東方民淳法簡大辟之外惟有鞭笞朕仰荷

天庥撫臨中夏人民既衆情僞多端每遇奏讞輕重出入

頗煩擬議律例未定有司無所稟承爰敕法司官廣

集廷議詳譯明律參以國制增損劑量期於平允書

成奏進朕再三覆閱仍命內院諸臣校訂妥確乃允

廣東通志 卷之一 典謨 一

[雍正] 廣東通志六十四卷　（清）郝玉麟修　（清）魯曾煜等纂　清雍正九年（1731）刻本。存五十八卷（缺十至十一、二十六至二十八、三十）。三十五册。半頁十一行二十一字，小字雙行同，白口，四周雙邊。框高22.4厘米、寬16.3厘米。順德圖書館藏。

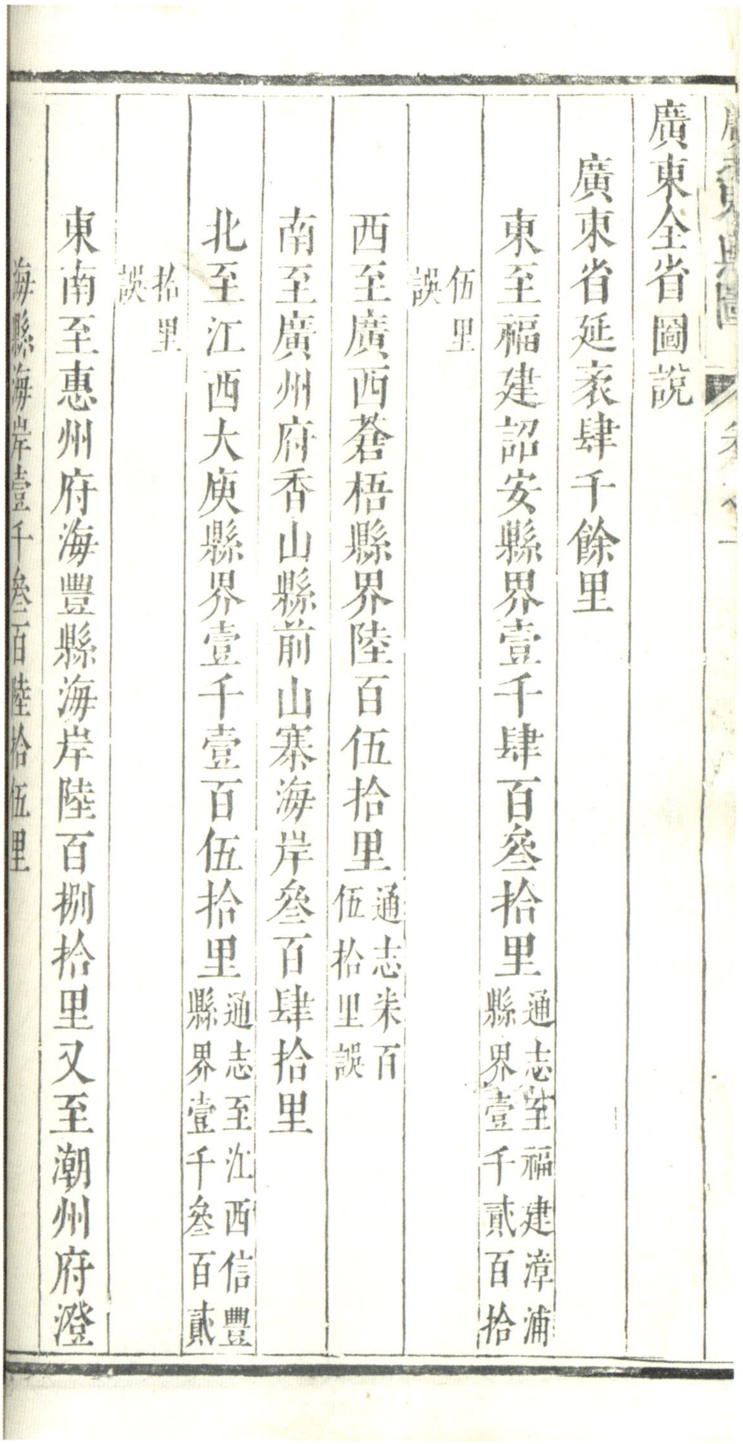
廣東輿圖

廣東全省圖說

廣東省延袤肆千餘里

東至福建詔安縣界壹千肆百叁拾里通志至福建漳浦縣界壹千貳百拾伍里誤

西至廣西蒼梧縣界陸百伍拾里通志米百伍拾里誤

南至廣州府香山縣前山寨海岸叁百肆拾里

北至江西大庾縣界壹千壹百伍拾里通志至江西信豐縣界壹千叁百貳拾里誤

東南至惠州府海豐縣海岸陸百捌拾里又至潮州府澄海縣海岸壹千叁百陸拾伍里

廣東輿圖十二卷　（清）蔣伊　韓作棟編　（清）盧士　劉任繪圖　清康熙二十四年（1685）韓作棟刻本。八册。半頁十行二十四字，白口，四周雙邊。框高24厘米、寬15.5厘米。廣東省立中山圖書館藏。

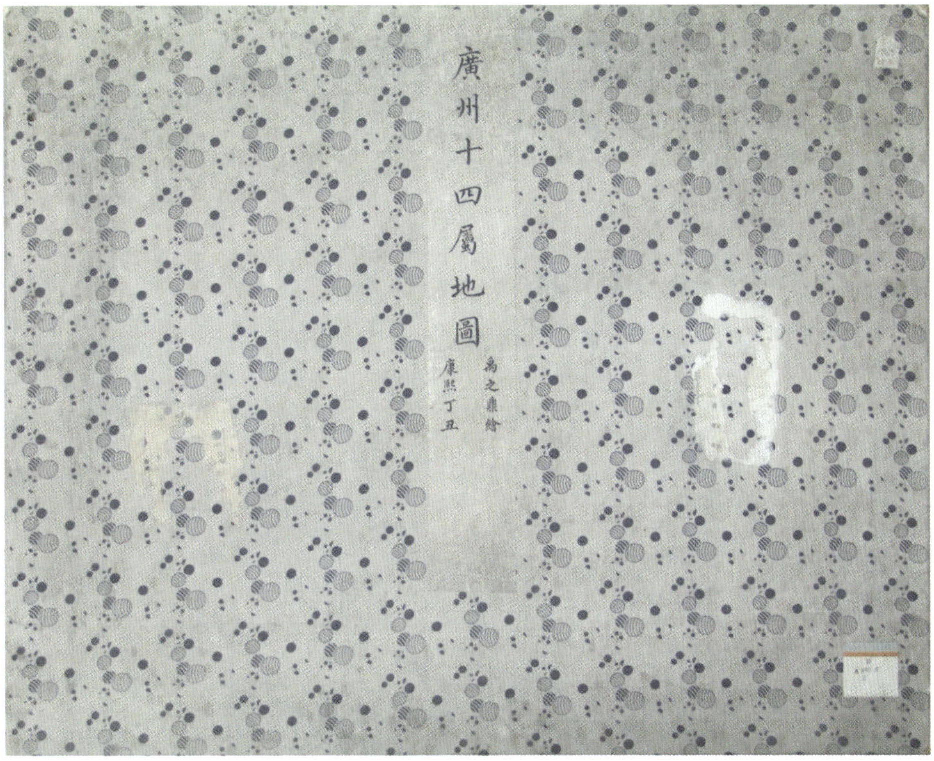

廣州十四屬地圖 （清）禹之鼎繪 清康熙三十六年（1697）禹氏彩繪本。存廣州府、東莞縣、順德縣、新會縣、香山縣、增城縣、三水縣、清遠縣、花縣、新寧縣、新安縣、從化縣、龍門縣。一册十三幅。推篷裝。高48厘米、寬60.8厘米。中山大學圖書館藏。

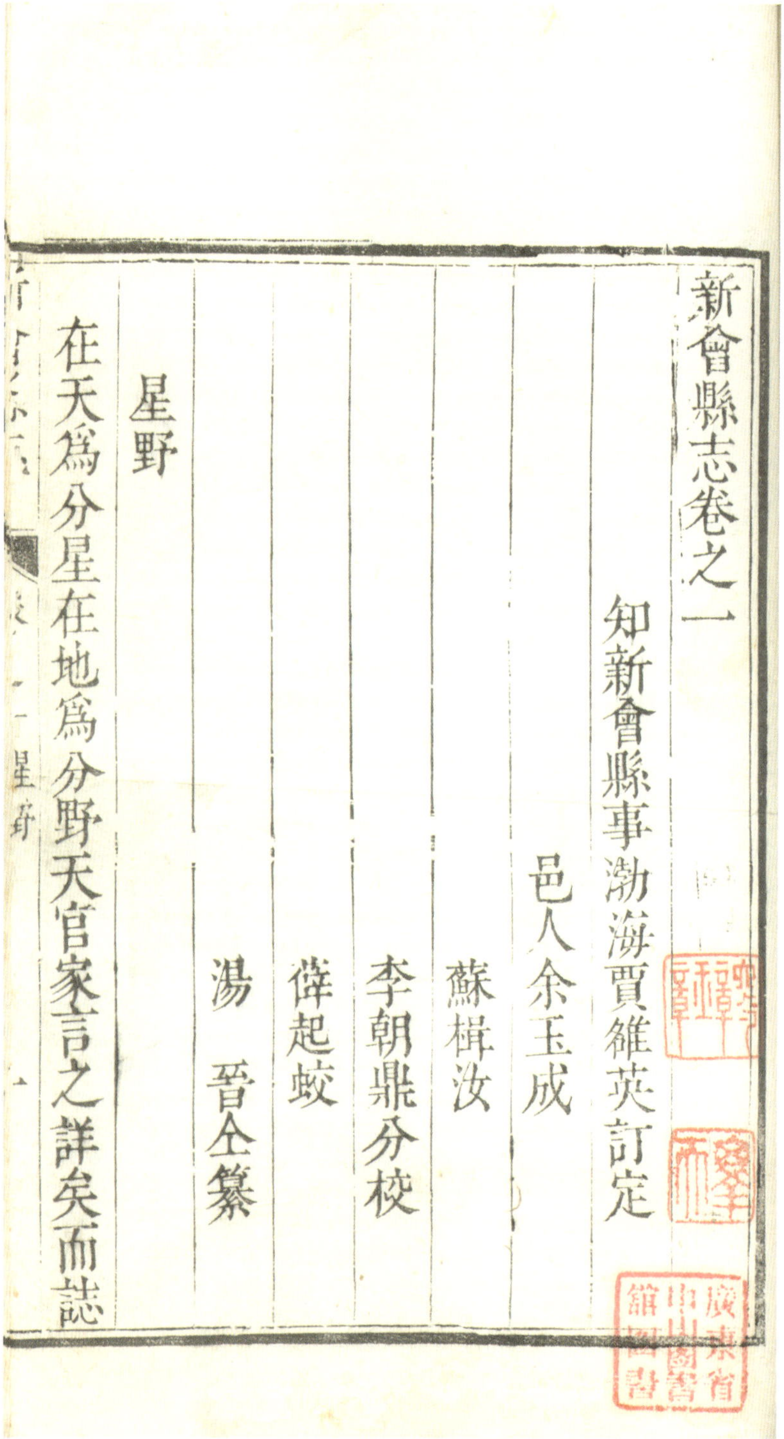

新會縣志卷之一

知新會縣事渤海賈雒英訂定

邑人余玉成

蘇楫汝

李朝鼎分校

薛起蛟

湯　晉仝纂

星野

在天爲分星在地爲分野天官家言之詳矣而誌

[康熙]新會縣志十八卷首一卷　（清）賈雒英修　（清）薛起蛟等纂　清康熙二十九年（1690）刻本。十六册。半頁九行二十字，小字雙行同，白口，四周雙邊。框高20.3厘米、寬14.5厘米。廣東省立中山圖書館藏。

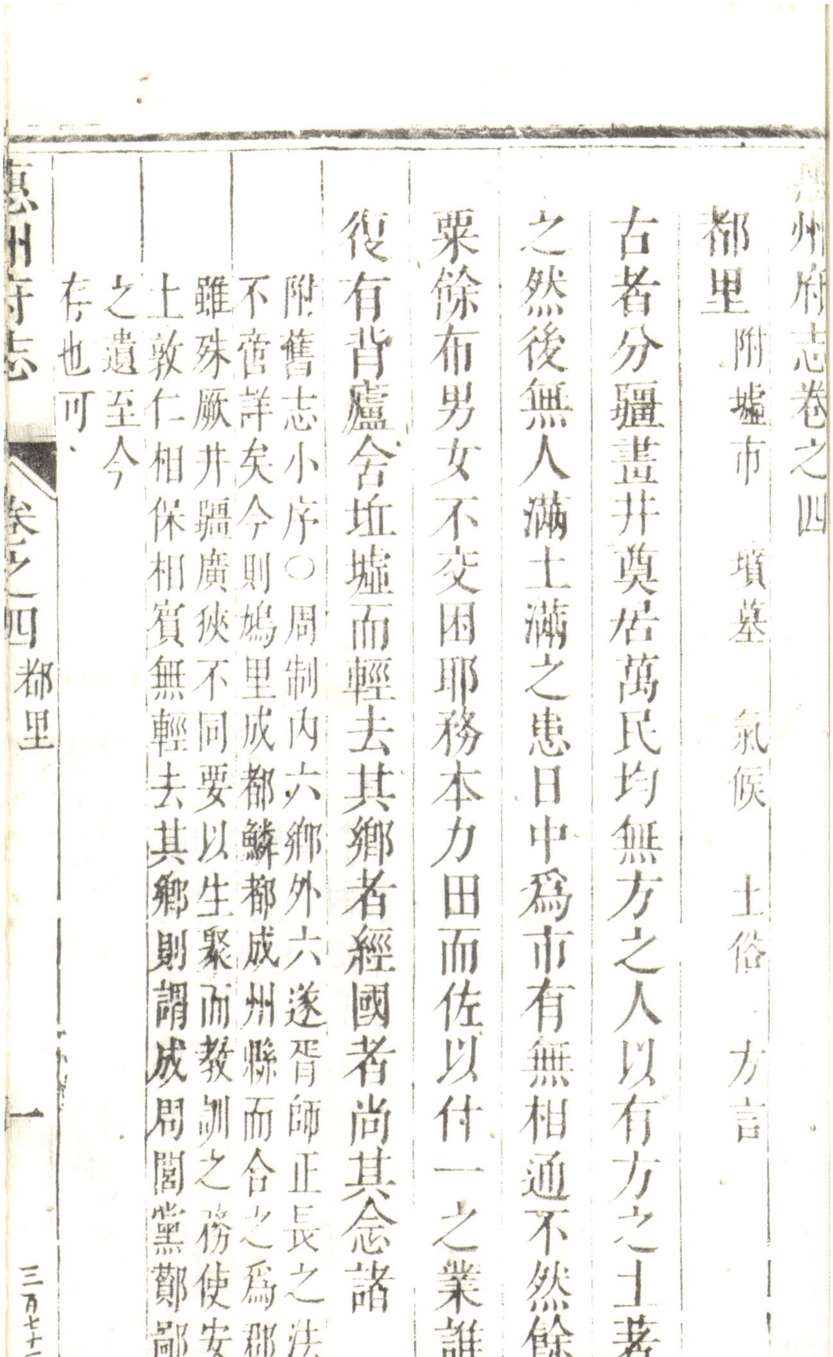
惠州府志卷之四

都里　附墟市　墳墓　氣候　土俗　方言

古者分疆畫井奠居萬民均無方之人以有方之土著之然後無人滿土滿之患日中爲市有無相通不然餘粟餘布男女不交困耶務本力田而佐以什一之業誰復有背廬舍坵墟而輕去其鄉者經國者尚其念諸

附舊志小序○周制内六鄉外六遂胥師正長之法不啻詳矣今則鳩里成都鱗都成州縣而合之爲郡雖殊厥井疆廣狹不同要以生聚而教訓之務使安上敦仁相保相賓無輕去其鄉則謂成周閭黨鄰鄙之遺至今存也可

惠州府志　卷之四　都里　一　三百七十一

[康熙] 惠州府志二十卷首一卷　（清）吕應奎等修　（清）黄挺華等纂　清康熙二十七年（1688）刻本。十二册。半頁九行二十二字，小字雙行同，白口，四周雙邊。框高22.3厘米、寬15.8厘米。廣東省立中山圖書館藏。

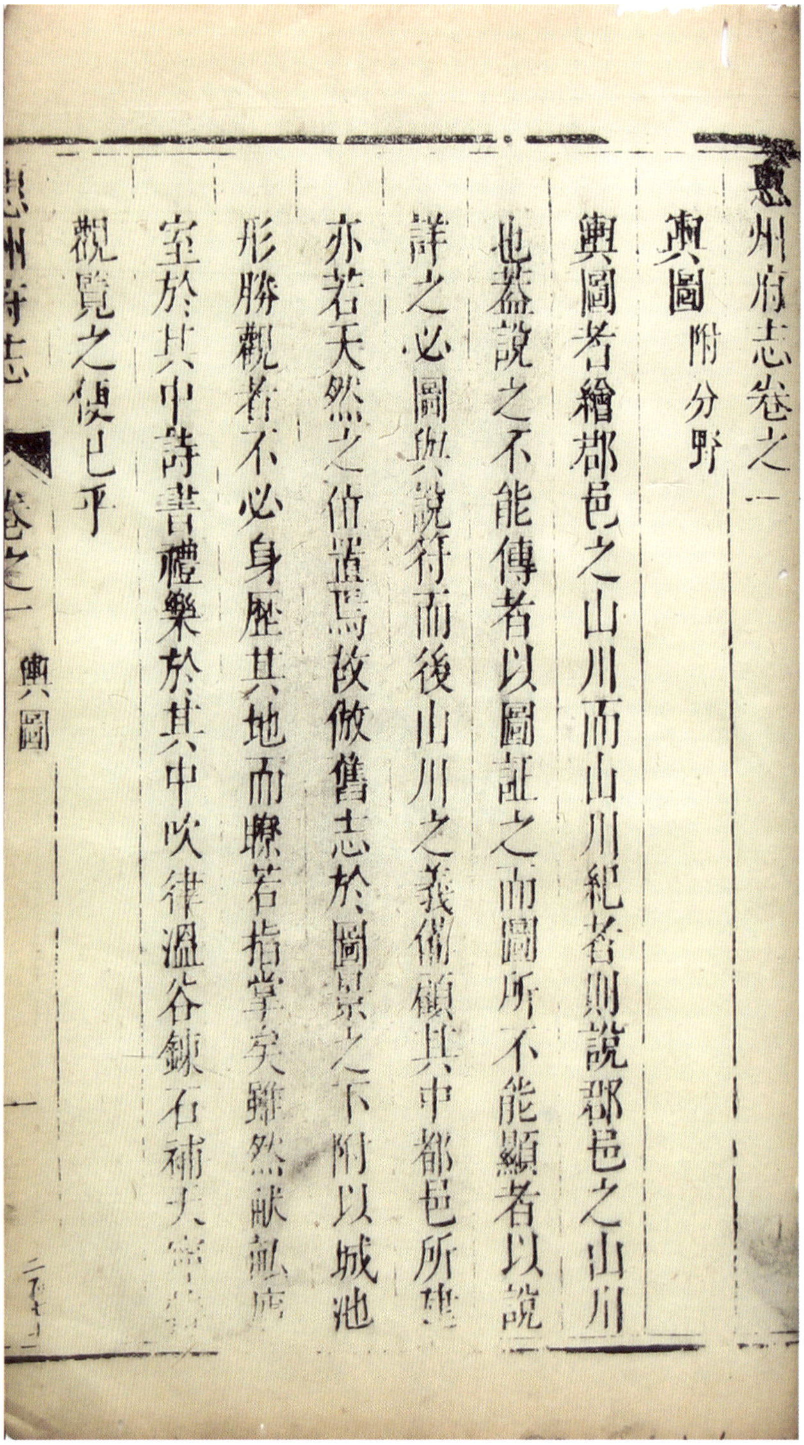

惠州府志卷之一

輿圖 附分野

輿圖者繪郡邑之山川而山川紀者則說郡邑之山川也蓋說之不能傳者以圖詮之而圖所不能顯者以說詳之必圖與說符而後山川之義備顧其中都邑所建亦若天然之位置焉故倣舊志於圖景之下附以城池形勝觀者不必身歷其地而瞭若指掌矣雖然獻亂所室於其中詩書禮樂於其中吹律溫谷鍊石補天[illegible]覲覽之便已乎

惠州府志 卷之一 輿圖 一

[康熙] 惠州府志二十卷首一卷 （清）吕應奎等修 （清）黄挺華等纂 清康熙二十七年（1688）刻本。存十九卷（缺十九至二十）。十一册。半頁九行二十二字，小字雙行同，白口，四周雙邊。框高23.0厘米、寬15.9厘米。汕頭市圖書館藏。

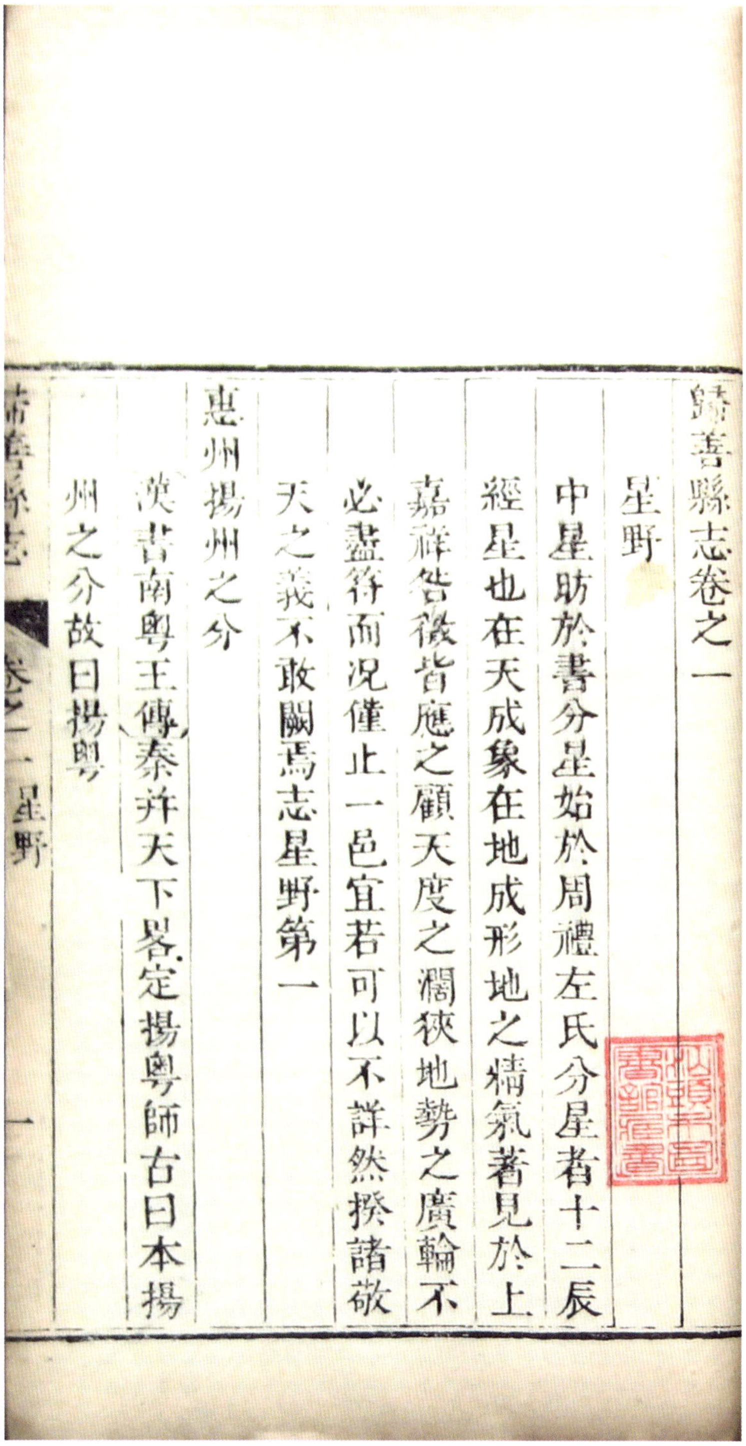
歸善縣志卷之一

星野

中星昉於書分星始於周禮左氏分星者十二辰經星也在天成象在地成形地之精氣著見於上嘉祥咎徵皆應之顧天度之濶狹地勢之廣輪不必盡符而況僅止一邑宜若可以不詳然揆諸敬天之義不敢闕焉志星野第一

惠州揚州之分

漢書南粵王傳秦并天下畧定揚粤師古曰本揚州之分故曰揚粤

歸善縣志　卷之一　星野　一

[乾隆] 歸善縣志十八卷首一卷　（清）章壽彭修　（清）陸飛纂　清乾隆四十八年（1783）刻本。七册。半頁十行二十一字，小字雙行同，白口，四周雙邊。框高18.3厘米、寬14.6厘米。汕頭市圖書館藏。

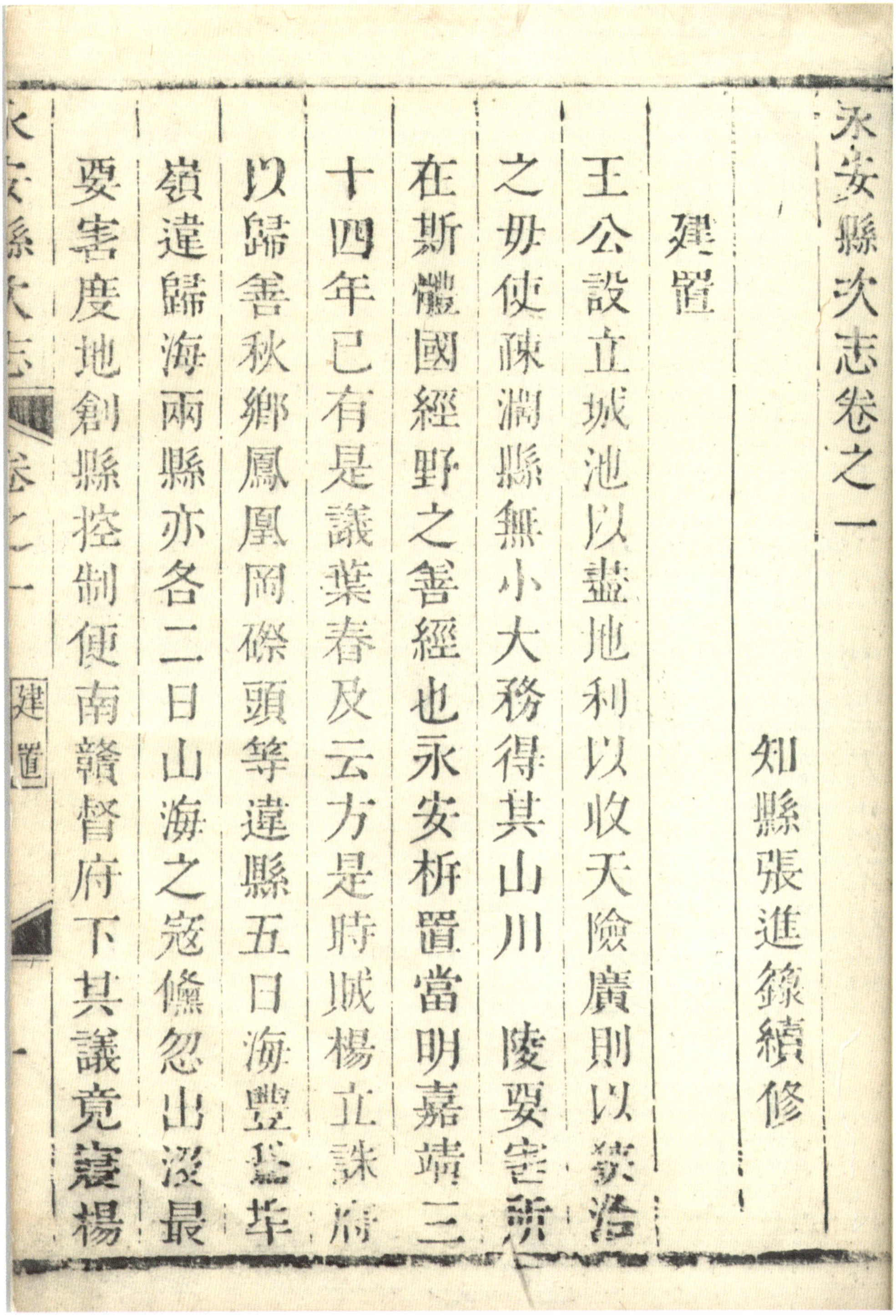
永安縣次志卷之一

知縣張進籙續修

建置

王公設立城池以盡地利以收天險廣則以蓄浩

之册使陳澗縣無小大務得其山川　陵要害所

在斯體國經野之書經也永安析置當明嘉靖三

十四年已有是議葉春及云方是時賊楊立誅府

以歸善秋鄉鳳凰岡磜頭等違縣五日海豐鹽埠

嶺違歸海兩縣亦各二日山海之寇倏忽出沒最

要害度地創縣控制便南贛督府下其議竟寢楊

永安縣次志卷之一　建置　一

[康熙] 永安縣次志十七卷　（清）張進籙纂修　清康熙刻本。二册。半頁十行二十字，白口，左右雙邊。框高21.8厘米、寬17厘米。廣東省立中山圖書館藏。

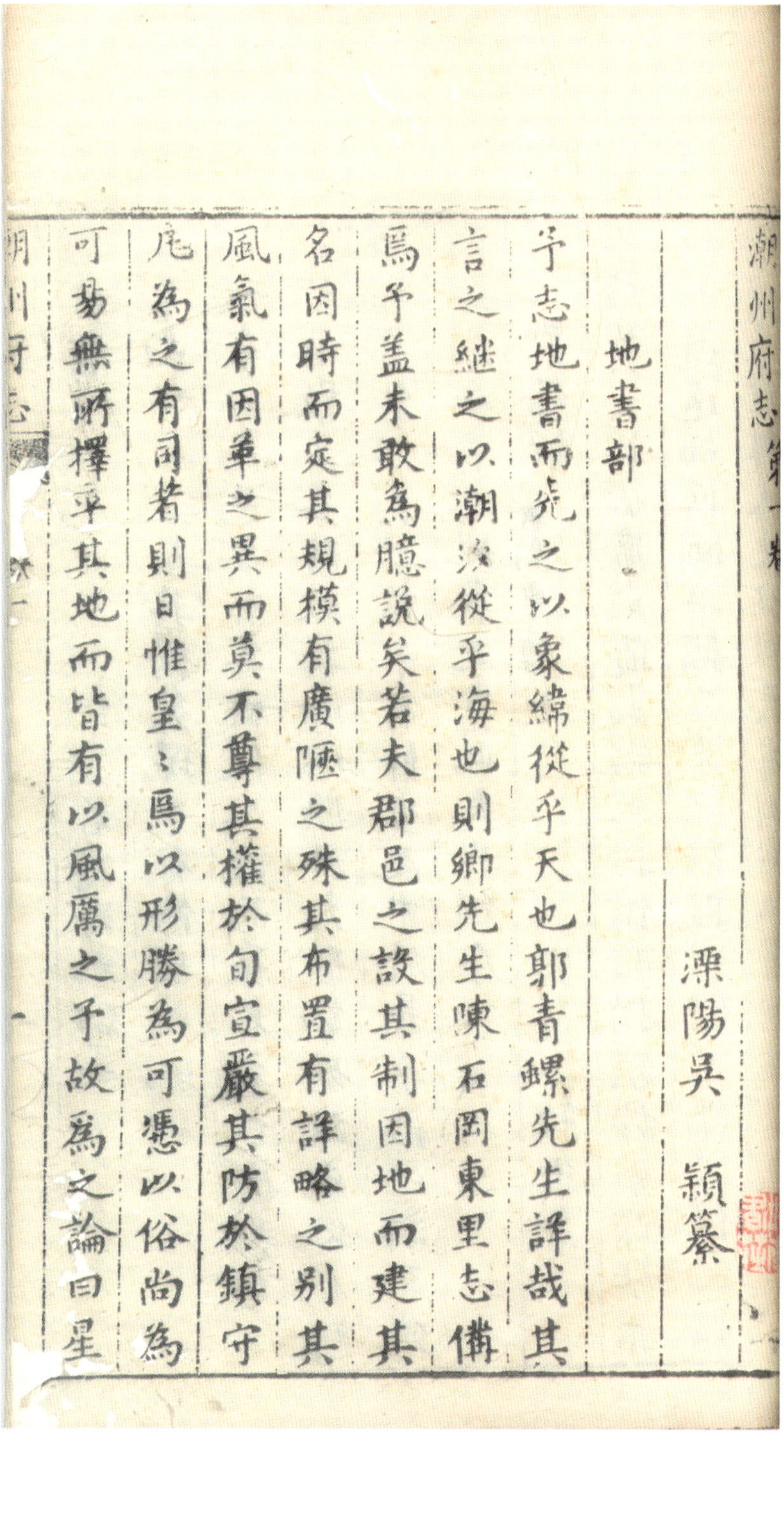
潮州府志第一卷
溧陽吳　穎纂
地書部
予志地書而先之以象緯從乎天也郭青螺先生詳哉其言之繼之以潮汐從乎海也則鄉先生陳石岡東里志備焉乎蓋未敢為臆說矣若夫郡邑之設其制因地而建其名因時而定其規模有廣陿之殊其布置有詳略之別其風氣有因革之異而莫不尊其權於甸宣嚴其防於鎮守凡為之有司者則日惟皇皇焉以形勝為可憑以俗尚為可易無所擇乎其地而皆有以風厲之予故為之論曰星
潮州府志　卷一　一

[順治] 潮州府志十二卷　（清）吴穎　賀寬等纂修　清順治刻本。八册。半頁十行二十二字，白口，四周單邊。框高19.6厘米、寬14.2厘米。廣東省立中山圖書館藏。

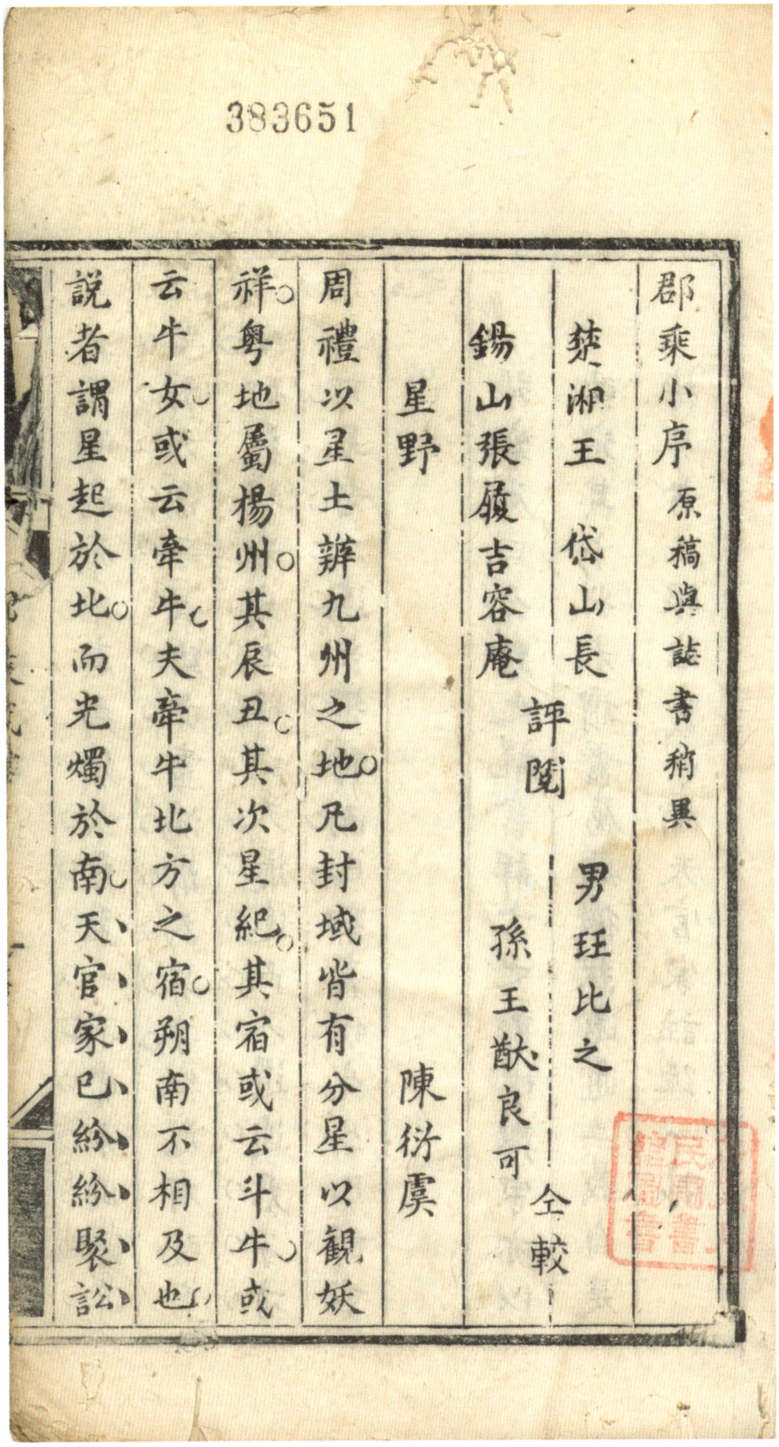

郡乘小序 原稿與誌書稍異
楚湘王 岱山長 評閱 男珏比之
錫山張履吉容庵 孫王猷良可 仝較
星野 陳衍虞
周禮以星土辨九州之地凡封域皆有分星以觀妖
祥粵地屬揚州其辰丑其次星紀其宿或云斗牛或
云牛女或云牽牛夫牽牛北方之宿殊南不相及也
說者謂星起於北而光燭於南天官家已紛紛聚訟

郡乘小序一卷　（清）陳衍虞撰　清康熙二十二年（1683）刻本。一册。半頁八行二十字，黑口，四周雙邊。框高17.9厘米、寬13厘米。廣東省立中山圖書館藏。

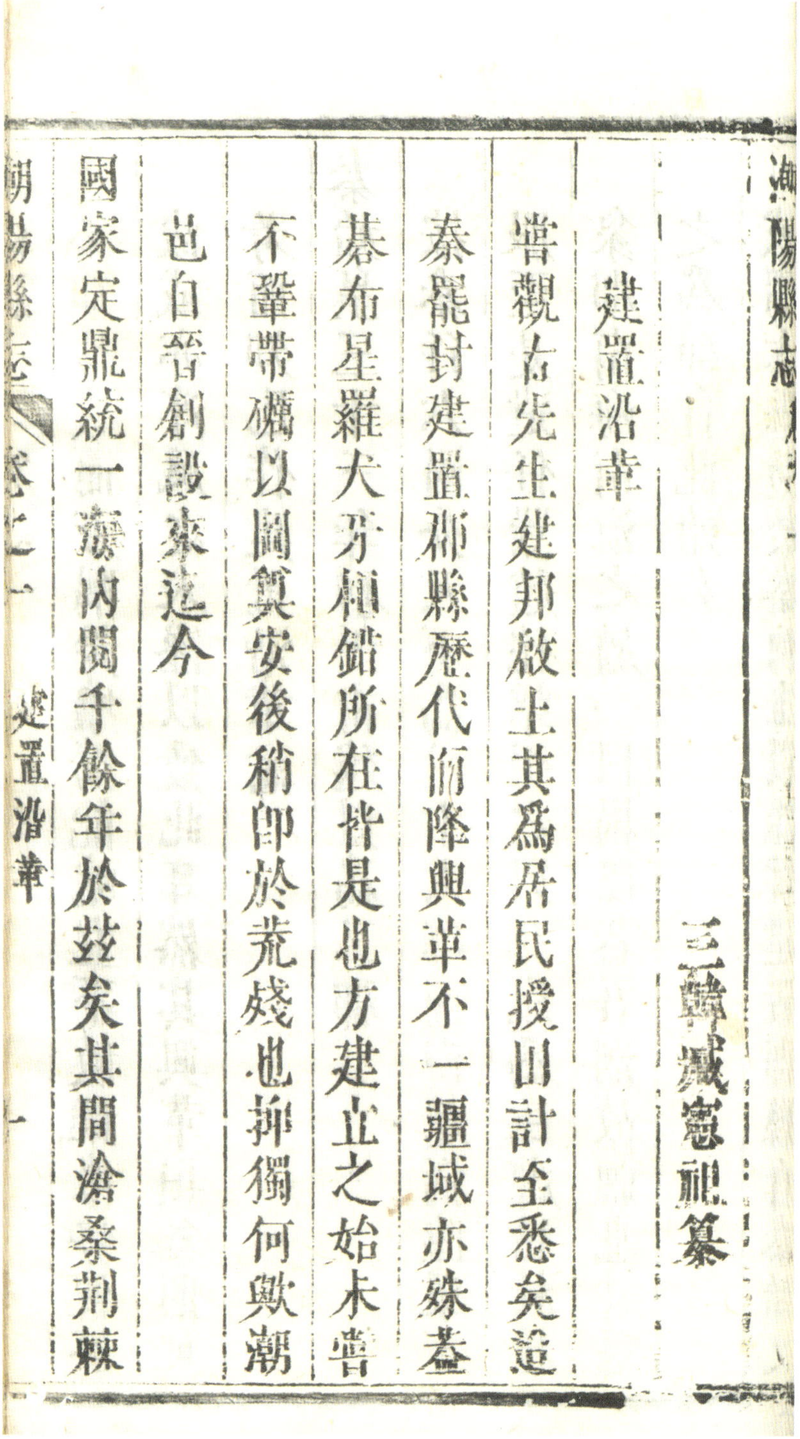
潮陽縣志卷之一

三韓臧憲祖纂

建置沿革

嘗觀古先生建邦啓土其爲居民授田計至悉矣迨秦罷封建置郡縣歷代而降興革不一疆域亦殊碁碁布星羅犬牙相錯所在皆是也方建立之始未嘗不鞏帶礪以圖奠安後稍即於荒殘也抑獨何歟潮邑自晉創設來迄今

國家定鼎統一海內閱千餘年於茲矣其間滄桑荊棘

潮陽縣志　卷之一　建置沿革　一

[康熙] 潮陽縣志二十卷首一卷　（清）臧憲祖　蕭掄錫等纂修　清康熙刻本。存十八卷（缺九、十三、二十）。六册。半頁九行二十一字，白口，四周雙邊。框高22厘米、寬14.7厘米。廣東省立中山圖書館藏。

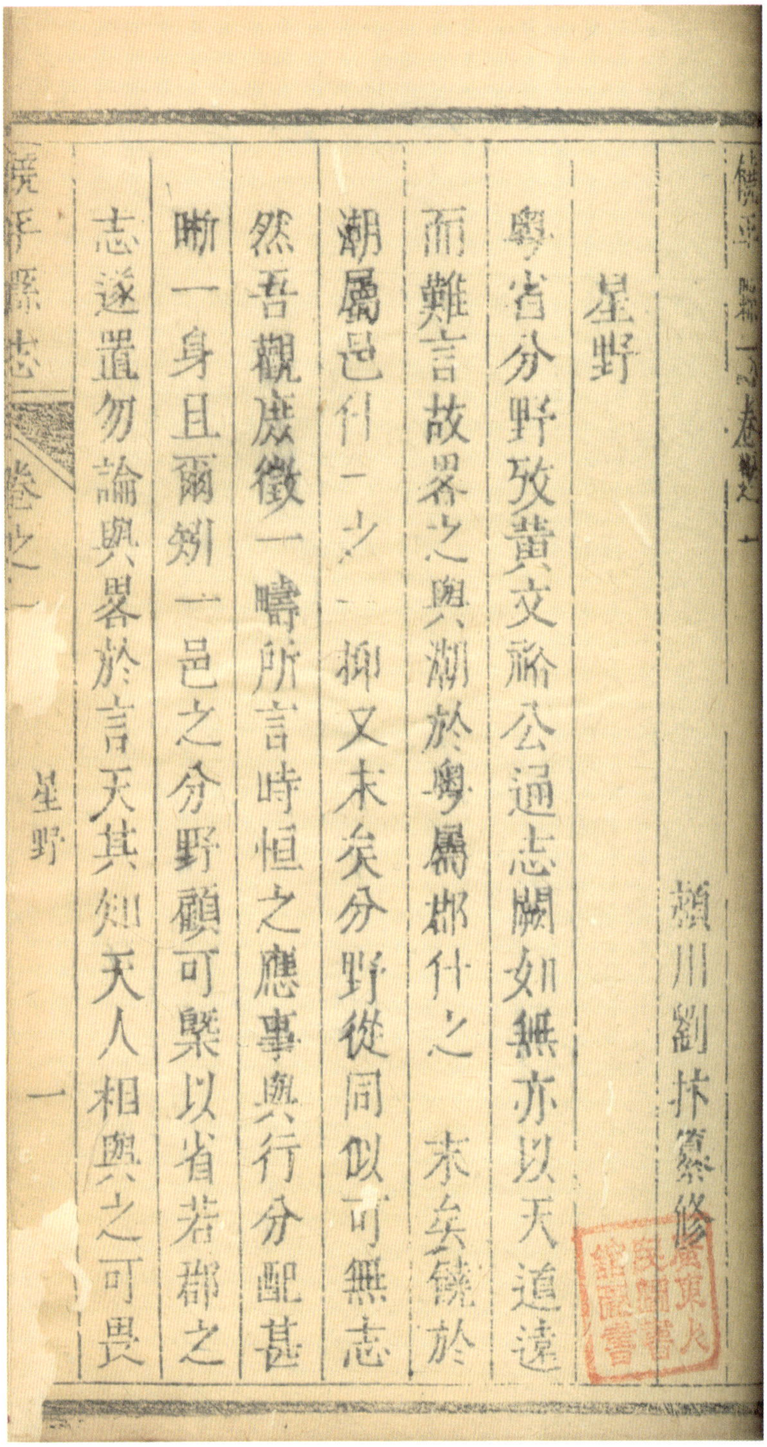

饒平縣志卷之一

潁川劉抃纂修

星野

粵省分野攷黃文裕公通志闕如無亦以天道遠而難言故畧之與潮於粵屬郡什之 末矣饒於潮屬邑什一之一抑又末矣分野從同似可無志然吾觀虞徵一疇所言時恒之應事與行分配甚晰一身且爾矧一邑之分野顧可槩以省若郡之志遂置勿論與畧於言天其知天人相與之可畏

饒平縣志 卷之一 星野 一

[康熙] 饒平縣志二十四卷　（清）劉抃等纂修　清康熙刻本。存十四卷（缺十五至二十四）。四册。半頁九行二十字，白口，四周雙邊。框高21.3厘米、寬14.3厘米。廣東省立中山圖書館藏。

雲南地輿全圖 （清）佚名繪 清彩繪本。二册十九幅。經折裝。中山大學圖書館藏。

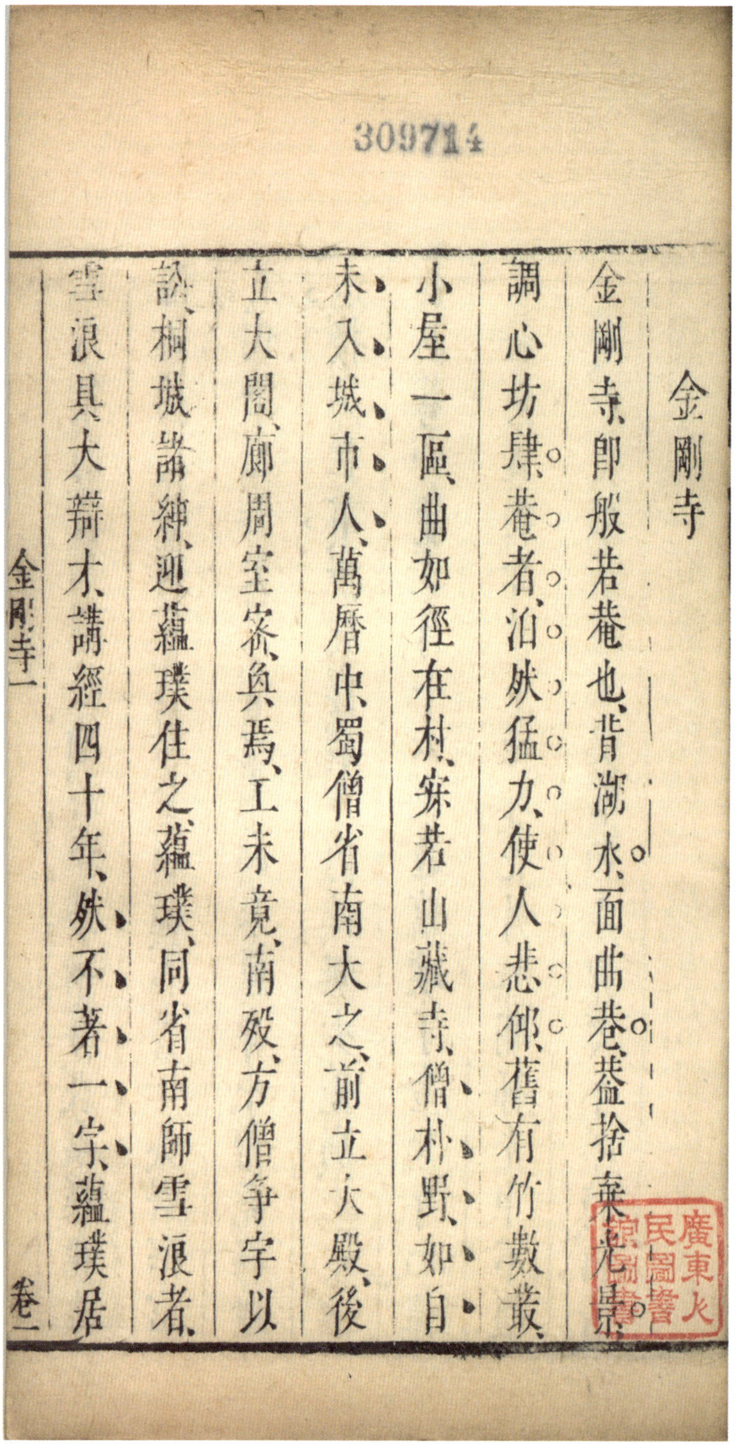

309714

金剛寺

金剛寺即般若菴也背湖水面曲巷蓋捨棄荒景

調心坊肆菴者汨然猛力使人悲傷舊有竹數叢

小屋一區曲如徑在村寂若山藏寺僧朴野如自

未入城市人萬曆中蜀僧省南大之前立大殿後

立大閣廊周室寮奐焉工未竟南殁方僧爭守以

訟桐城諸紳延蘊璞住之蘊璞同省南師雪浪者

雪浪具大辯才講經四十年然不著一宗蘊璞居

金剛寺一　　卷一

帝京景物略八卷　（明）劉侗　于奕正撰　明崇禎金陵弘道堂刻本。十二册。半頁八行十九字，白口，四周單邊。框高19厘米、寬13.8厘米。廣東省立中山圖書館藏。

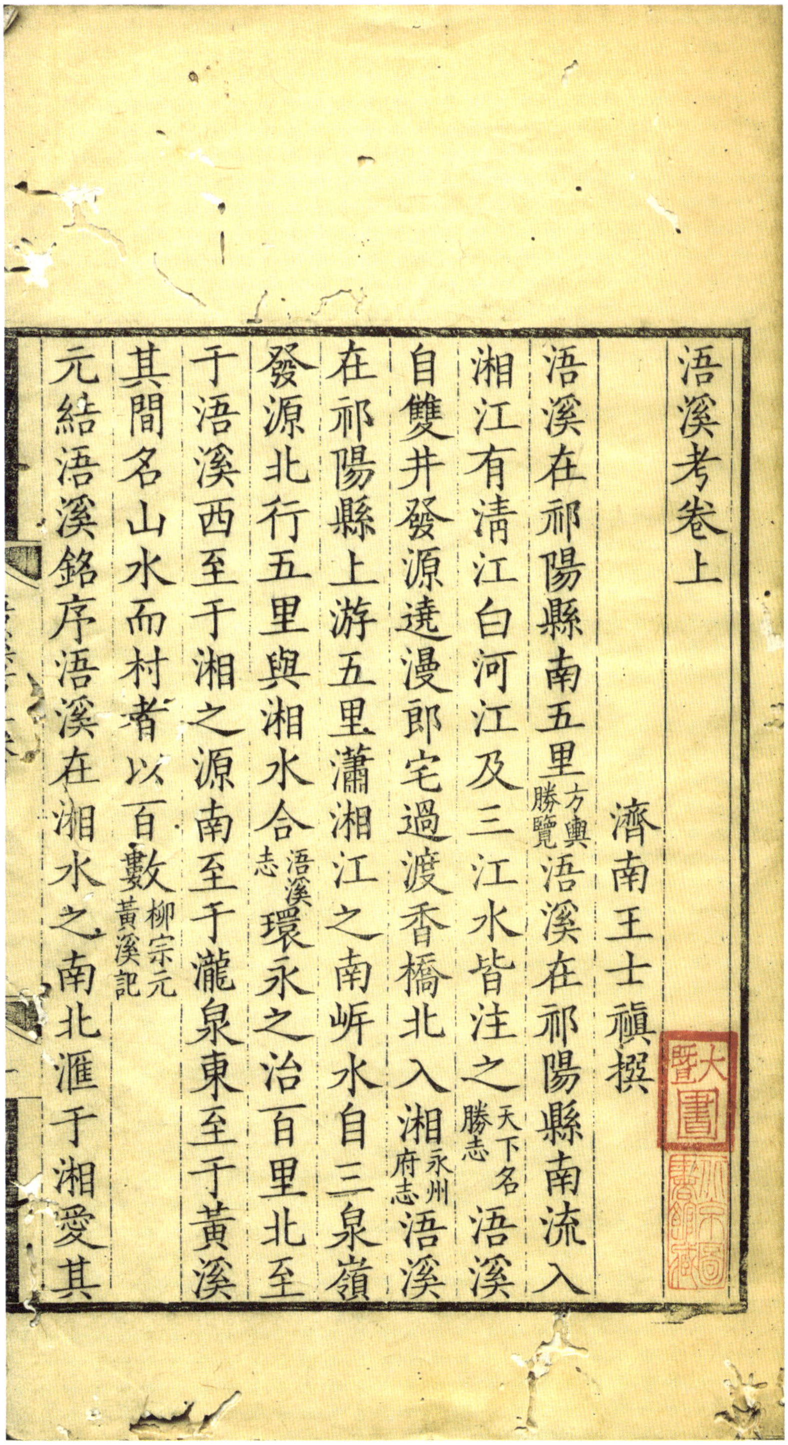

浯溪考卷上

濟南王士禛撰

浯溪在祁陽縣南五里（方輿勝覽）浯溪在祁陽縣南流入湘江有清江白河江及三江水皆注之（天下名勝志）浯溪自雙井發源遶漫郎宅過渡香橋北入湘（永州府志）浯溪在祁陽縣上游五里瀟湘江之南岸水自三泉嶺發源北行五里與湘水合（浯溪志）環永之治百里北至于浯溪西至于湘之源南至于瀧泉東至于黃溪其間名山水而村者以百數（柳宗元黃溪記）元結浯溪銘序浯溪在湘水之南北滙于湘愛其

浯溪考二卷　（清）王士禛撰　清康熙刻王漁洋遺書本。一册。半頁十行十九字，小字雙行同，黑口，左右雙邊。框高17.7厘米、寬14厘米。暨南大學圖書館藏。

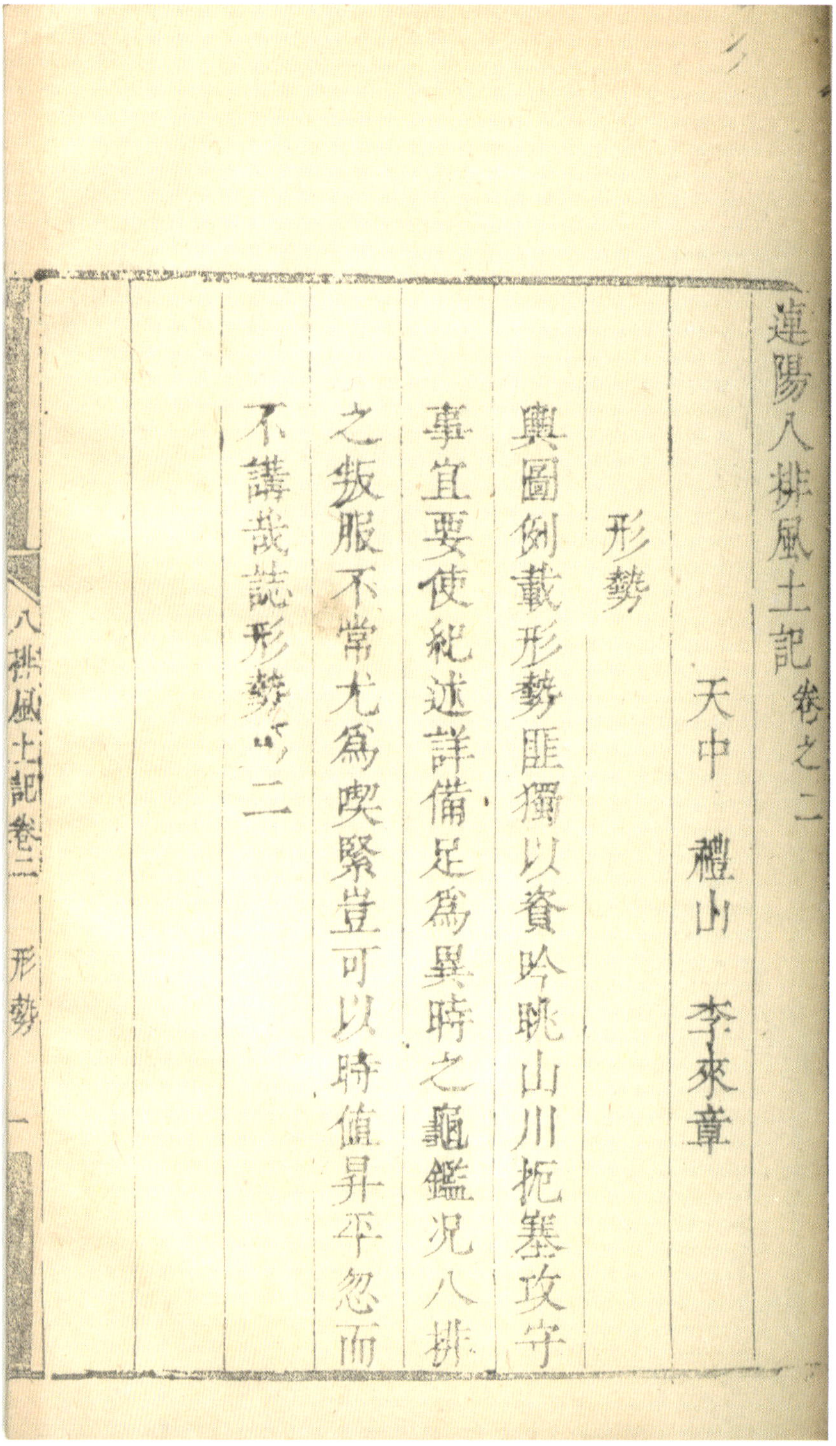

連陽八排風土記卷之二

天中 禮山 李來章

形勢

輿圖例載形勢匪獨以資吟眺山川扼塞攻守事宜要使紀述詳備足爲與時之龜鑑況八排之叛服不常尤爲喫緊豈可以時值昇平忽而不講哉誌形勢第二

八排風土記卷二 形勢 一

連陽八排風土記八卷 （清）李來章撰 清康熙刻本。四册。半頁九行二十字，黑口，左右雙邊。框高17厘米、寬14厘米。廣東省立中山圖書館藏。

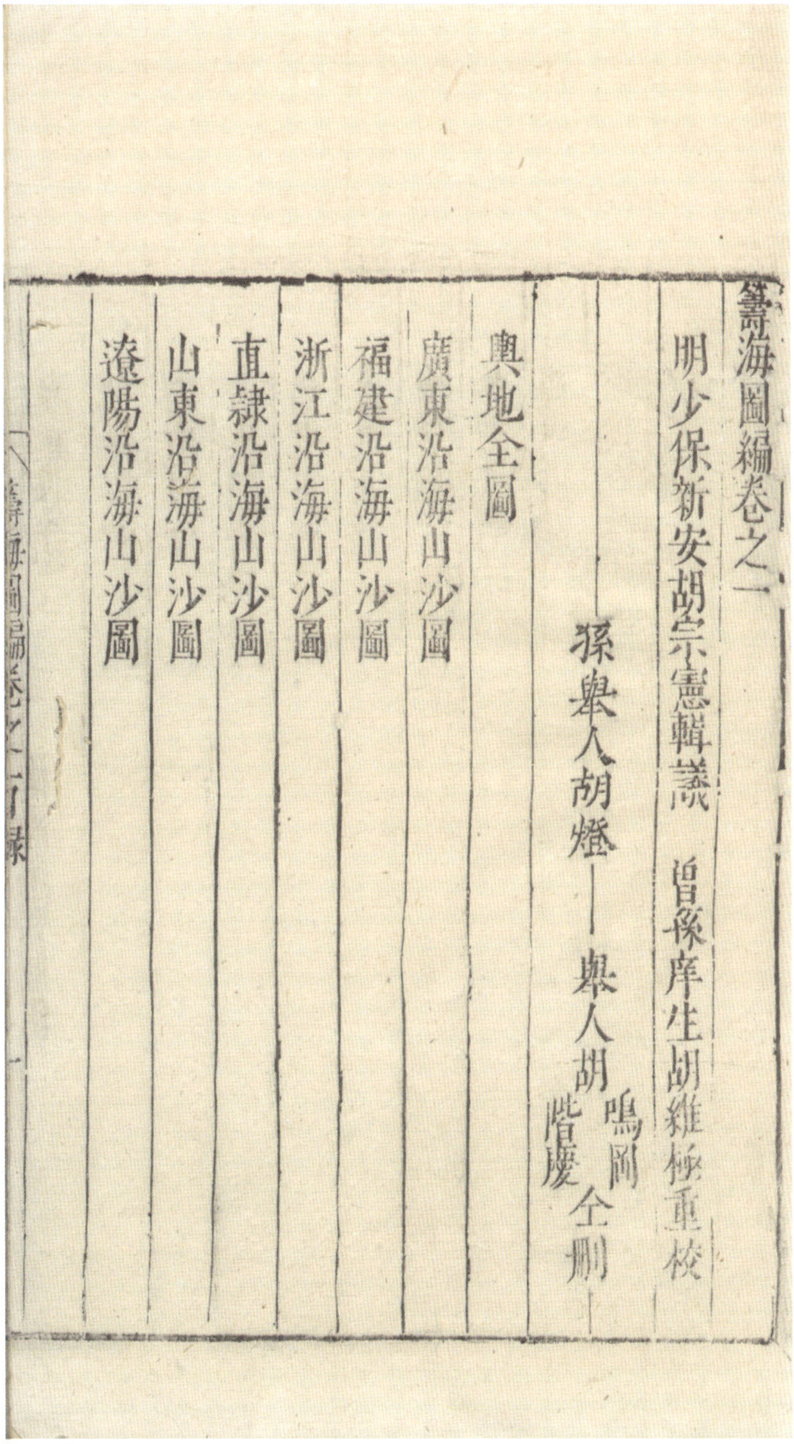

籌海圖編卷之一

明少保新安胡宗憲輯議　曾孫庠生胡維極重校

孫舉人胡燈　舉人胡鳴岡 階慶 仝刪

輿地全圖

廣東沿海山沙圖

福建沿海山沙圖

浙江沿海山沙圖

直隸沿海山沙圖

山東沿海山沙圖

遼陽沿海山沙圖

籌海圖編卷之一目録　一

籌海圖編十三卷　（明）胡宗憲撰　明天啓四年（1624）胡維極刻本。十八册。半頁十二行二十二字，小字雙行同，白口，四周單邊。框高19.9厘米、寬14.5厘米。中山大學圖書館藏。

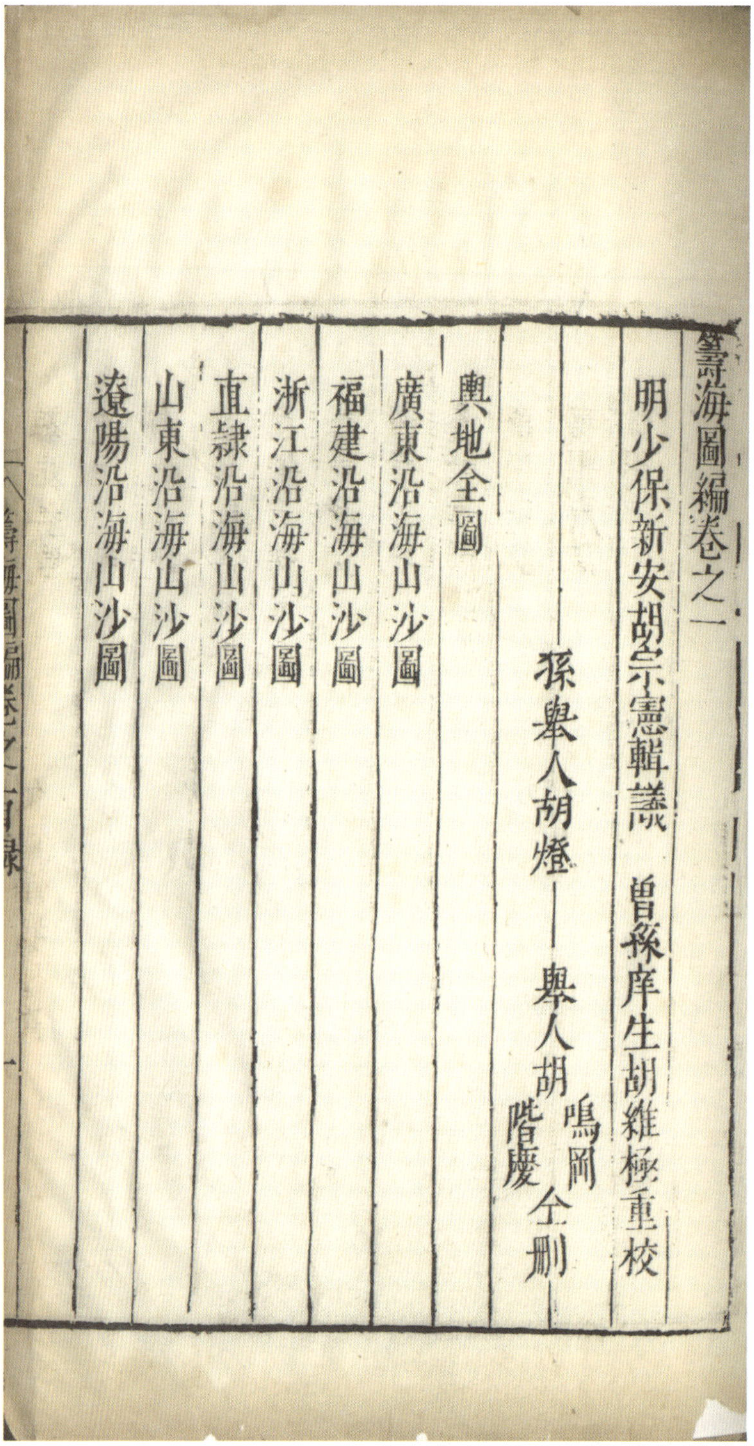
籌海圖編卷之一
明少保新安胡宗憲輯議　曾孫庠生胡維極重校
孫舉人胡燈　舉人胡鳴岡 階慶 仝删
輿地全圖
廣東沿海山沙圖
福建沿海山沙圖
浙江沿海山沙圖
直隸沿海山沙圖
山東沿海山沙圖
遼陽沿海山沙圖

籌海圖編十三卷　（明）胡宗憲撰　明天啓四年（1624）胡維極刻本。八册。半頁十二行二十二字，小字雙行同，白口，四周單邊。框高19.9厘米、寬14.5厘米。中山大學圖書館藏。

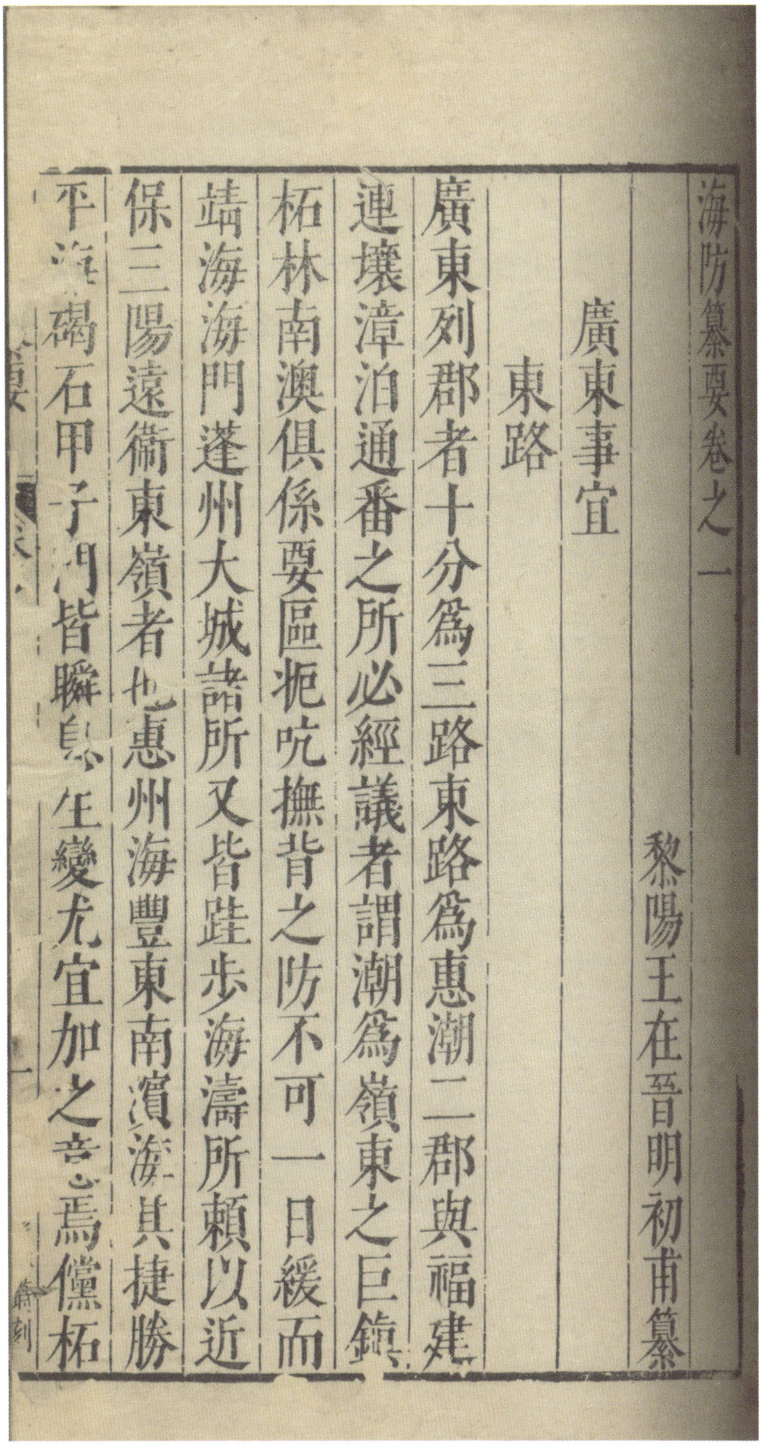

海防纂要卷之一

黎陽王在晉明初甫纂

廣東事宜

東路

廣東列郡者十分爲三路東路爲惠潮二郡與福建連壤漳泊通番之所必經議者謂潮爲嶺東之巨鎮柘林南澳俱係要區扼吭撫背之防不可一日緩而靖海海門蓬州大城諸所又皆跬步海濤所賴以近保三陽遠衛東嶺者也惠州海豐東南濱海其捷勝平海碣石甲子門皆瞬息生變尤宜加之意焉儻柘

海防纂要十三卷圖一卷　（明）王在晉撰　明萬曆四十一年（1613）自刻本。五册。半頁十行二十字，小字雙行同，白口，四周單邊。框高21.7厘米、寬13.7厘米。中山大學圖書館藏。

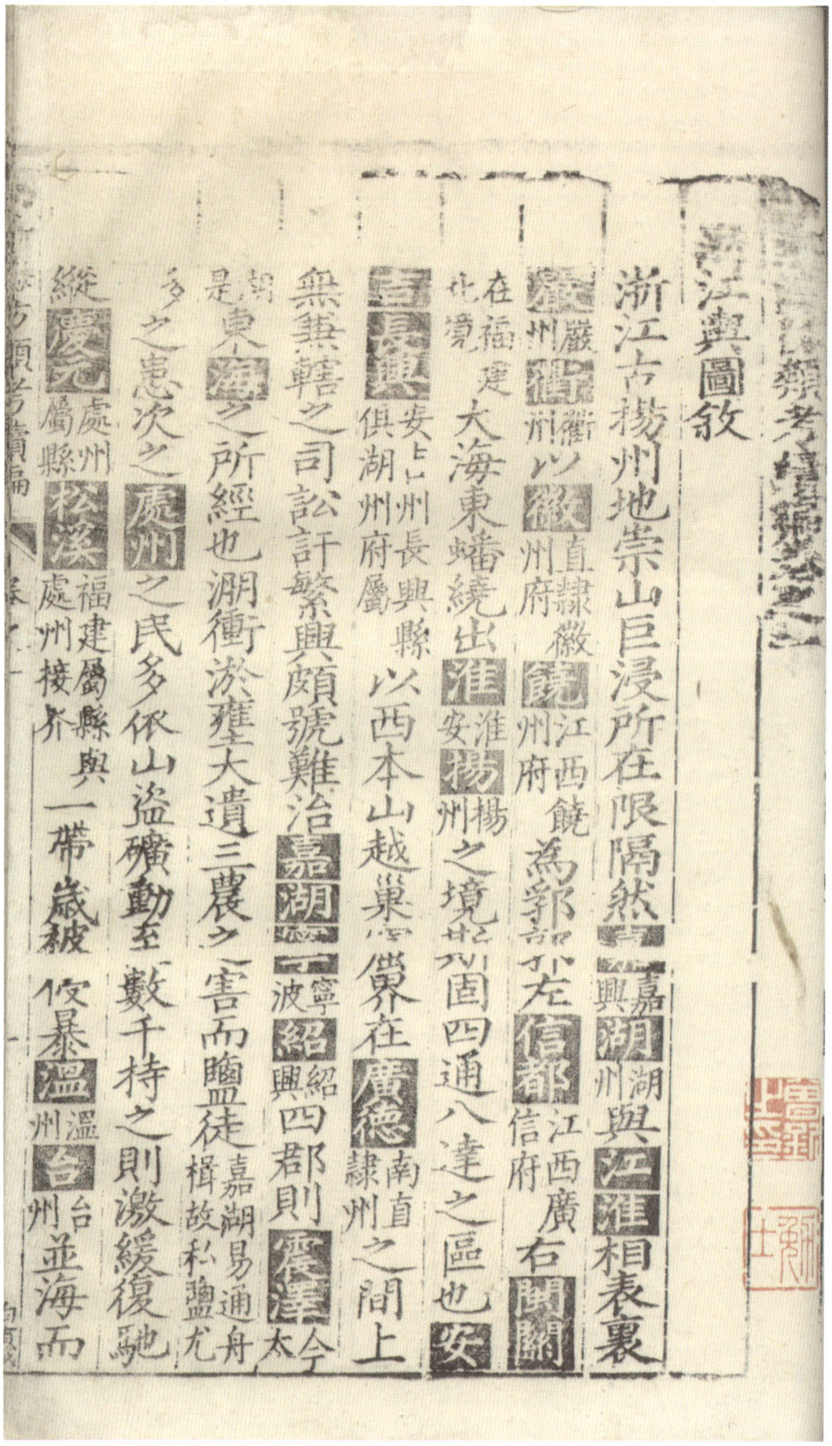

兩浙海防類考續編十卷　（明）范淶撰　明萬曆三十年（1602）刻本。十冊。半頁十行二十七字，小字雙行同，白口，四周單邊。框高22.4厘米、寬15.3厘米。中山大學圖書館藏。

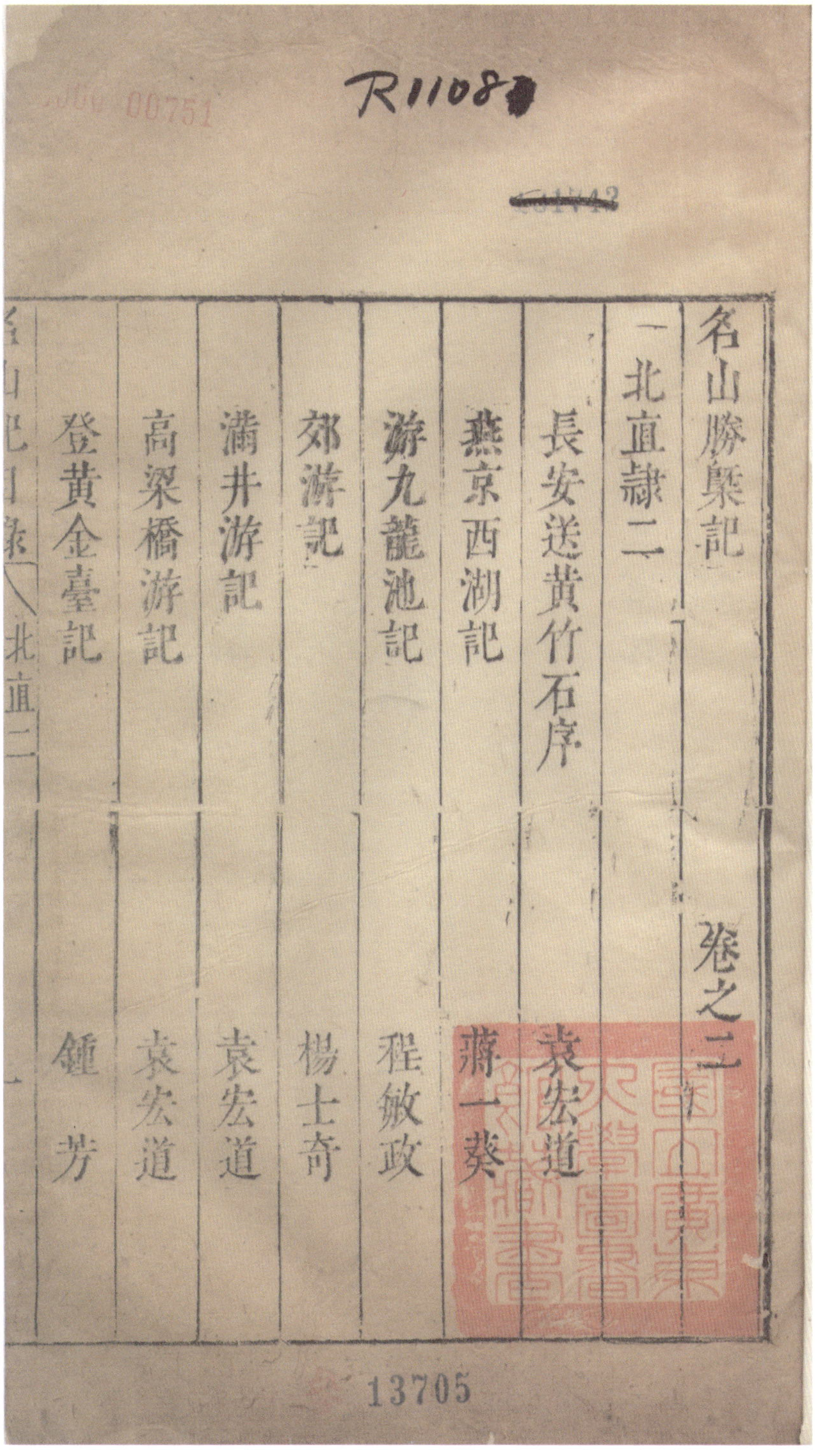
R1108

名山勝槩記　　卷之二

一北直隸二

長安送黃竹石序　袁宏道

燕京西湖記　蔣一葵

游九龍池記　程敏政

郊游記　楊士奇

滿井游記　袁宏道

高梁橋游記　袁宏道

登黃金臺記　鍾芳

名山記目錄　北直二

13705

名山勝槩記四十六卷圖一卷　（明）何鏜纂　（明）慎蒙輯　（明）張縉彥等補輯　明崇禎刻本。八十册。半頁九行二十字，白口，左右雙邊。框高20.4厘米、寬13.7厘米。中山大學圖書館藏。

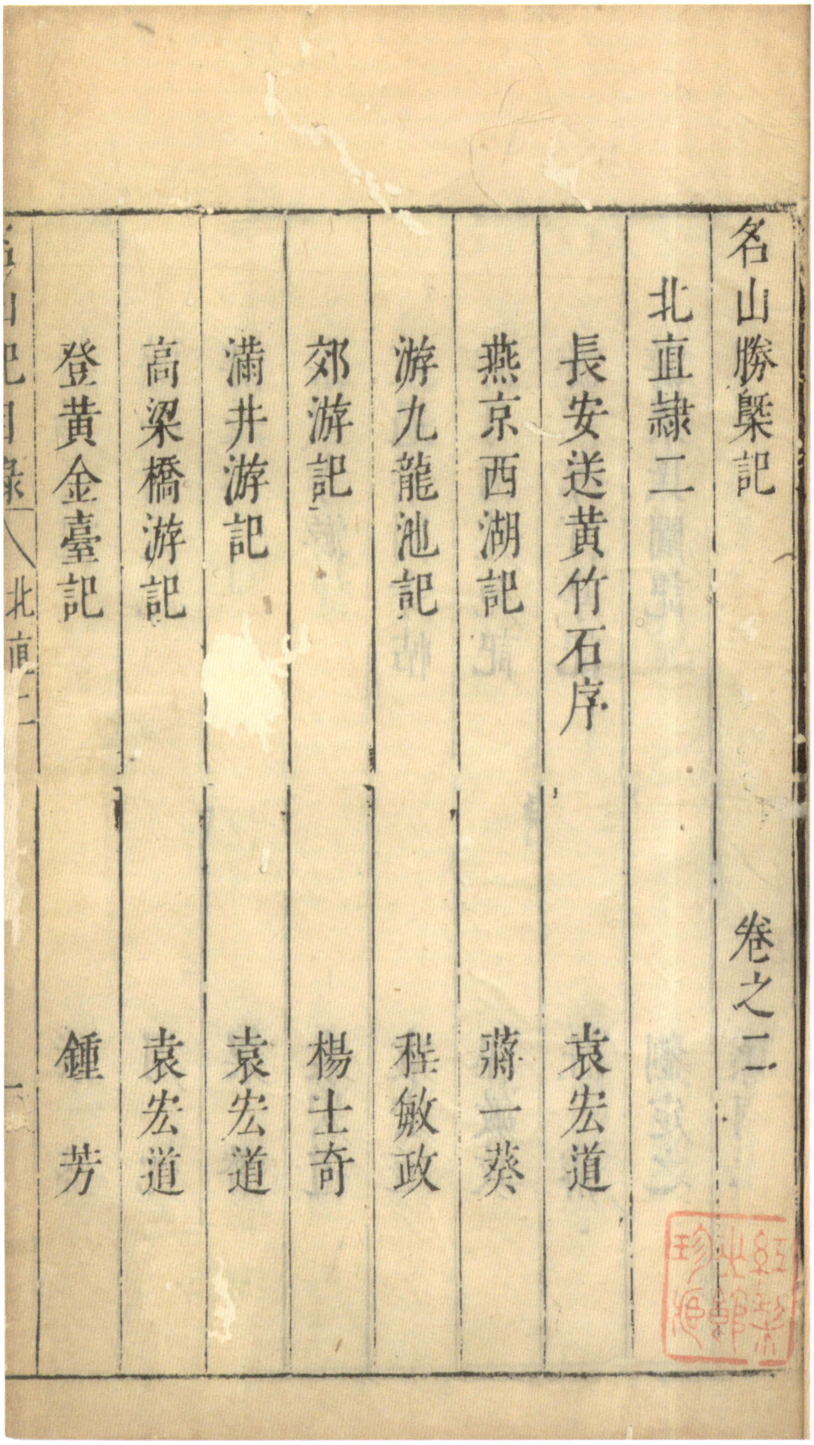
名山勝槩記　卷之二
北直隷二
長安送黃竹石序　袁宏道
燕京西湖記　蔣一葵
游九龍池記　程敏政
郊游記　楊士奇
滿井游記　袁宏道
高梁橋游記　袁宏道
登黃金臺記　鍾芳
名山記目録　北直二　一

名山勝槩記四十六卷圖一卷　（明）何鏜纂　（明）慎蒙輯　（明）張縉彦等補輯　明崇禎刻本。存四十六卷（缺圖）。四十六册。半頁九行二十字，白口，左右雙邊。框高19厘米、寬14.6厘米。廣東省立中山圖書館藏。

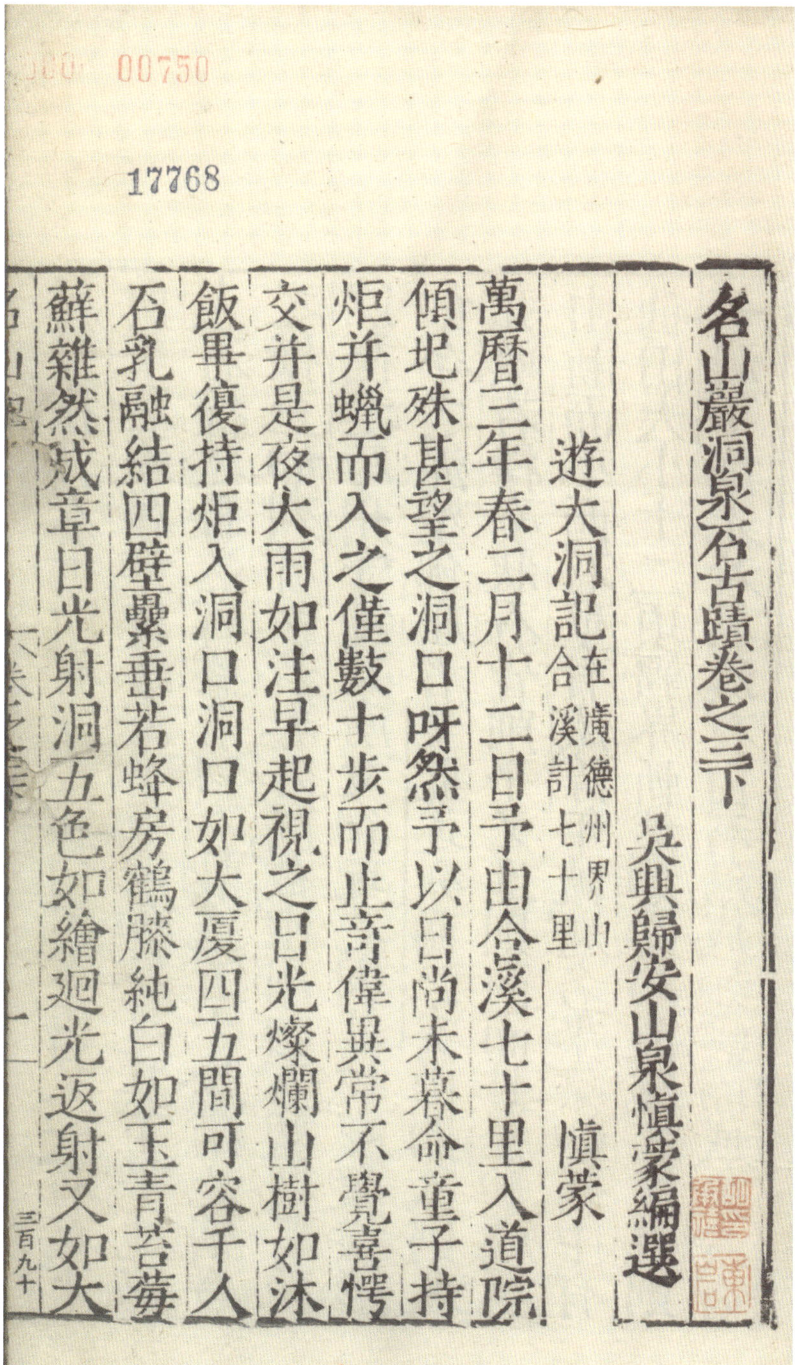

名山巖洞泉石古蹟卷之三下

吳興歸安山泉愼蒙編選

遊大洞記在廣德州界山合溪計七十里　愼蒙

萬曆三年春二月十二日予由合溪七十里入道隙傾圮殊甚望之洞口呀然予以日尚未暮命童子持炬并蠟而入之僅數十步而止奇偉異常不覺喜愕交并是夜大雨如注早起視之日光燦爛山樹如沐飯畢復持炬入洞口洞口如大廈四五間可容千人石乳融結四壁纍垂若蜂房鶴膝純白如玉青苔莓蘚雜然成章日光射洞五色如繪廻光返射又如大

三百九十

名山巖洞泉石古蹟十六卷　（明）愼蒙輯　明萬曆刻本。存十三卷（缺一、二、十四）。十五册。半頁十行二十字，小字雙行同，白口，左右雙邊。框高18.8厘米、寬13.3厘米。中山大學圖書館藏。

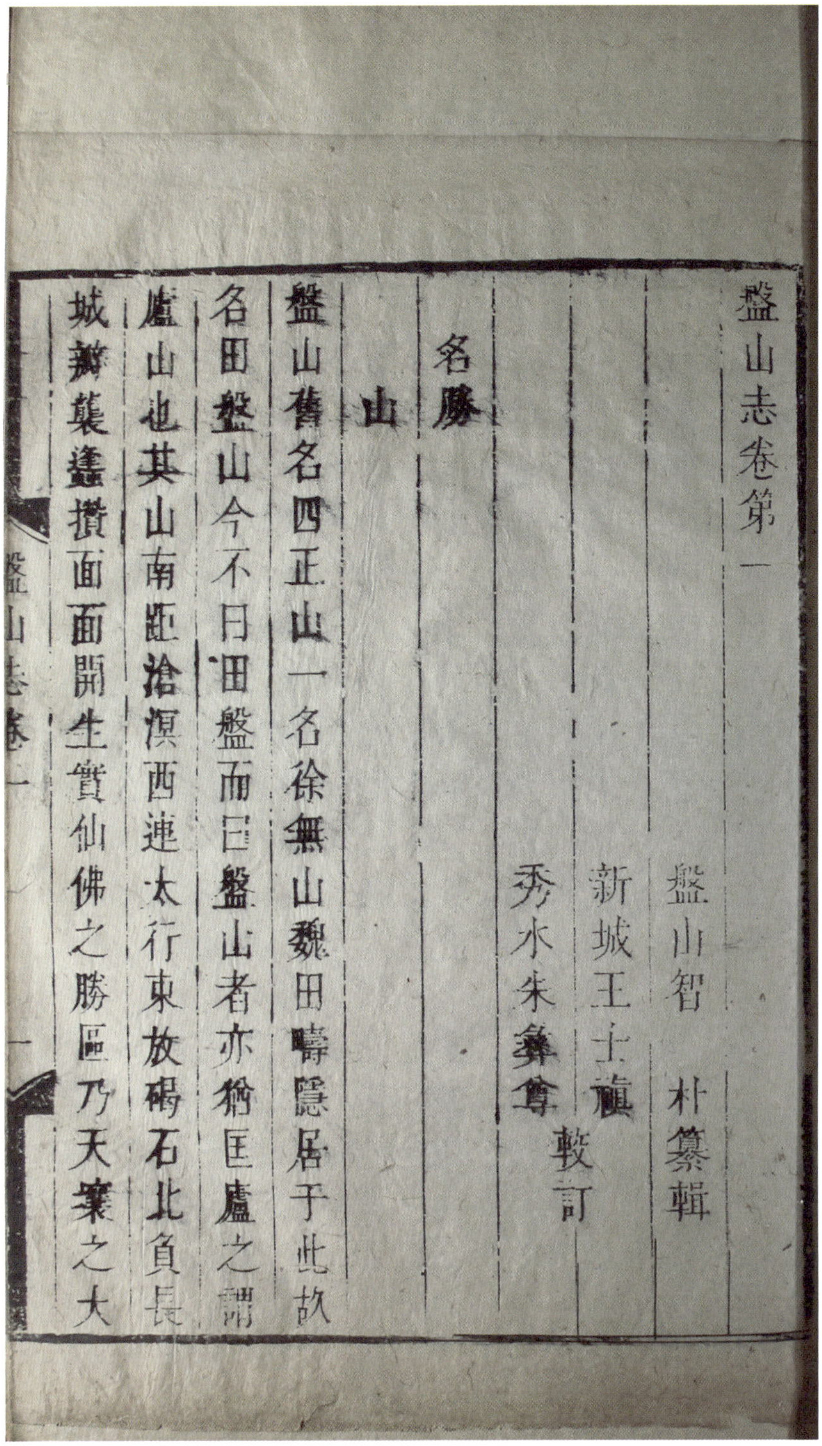

盤山志卷第一

盤山智　朴纂輯

新城王士禛
秀水朱彝尊　較訂

名勝

山

盤山舊名四正山一名徐無山魏田疇隱居于此故名田盤山今不曰田盤而曰盤山者亦猶匡廬之謂廬山也其山南距滄溟西連太行東放碣石北負長城辦襲蘧攢面面開生實仙佛之勝區乃天褰之大

盤山志卷一　一

盤山志十卷首一卷補遺四卷　（清）釋智朴撰　（清）王士禛　朱彝尊校訂　清康熙三十五年（1696）刻本。四册。半頁十行二十字，黑口，四周單邊。框高19.1厘米、寬14.2厘米。華南師範大學圖書館藏。

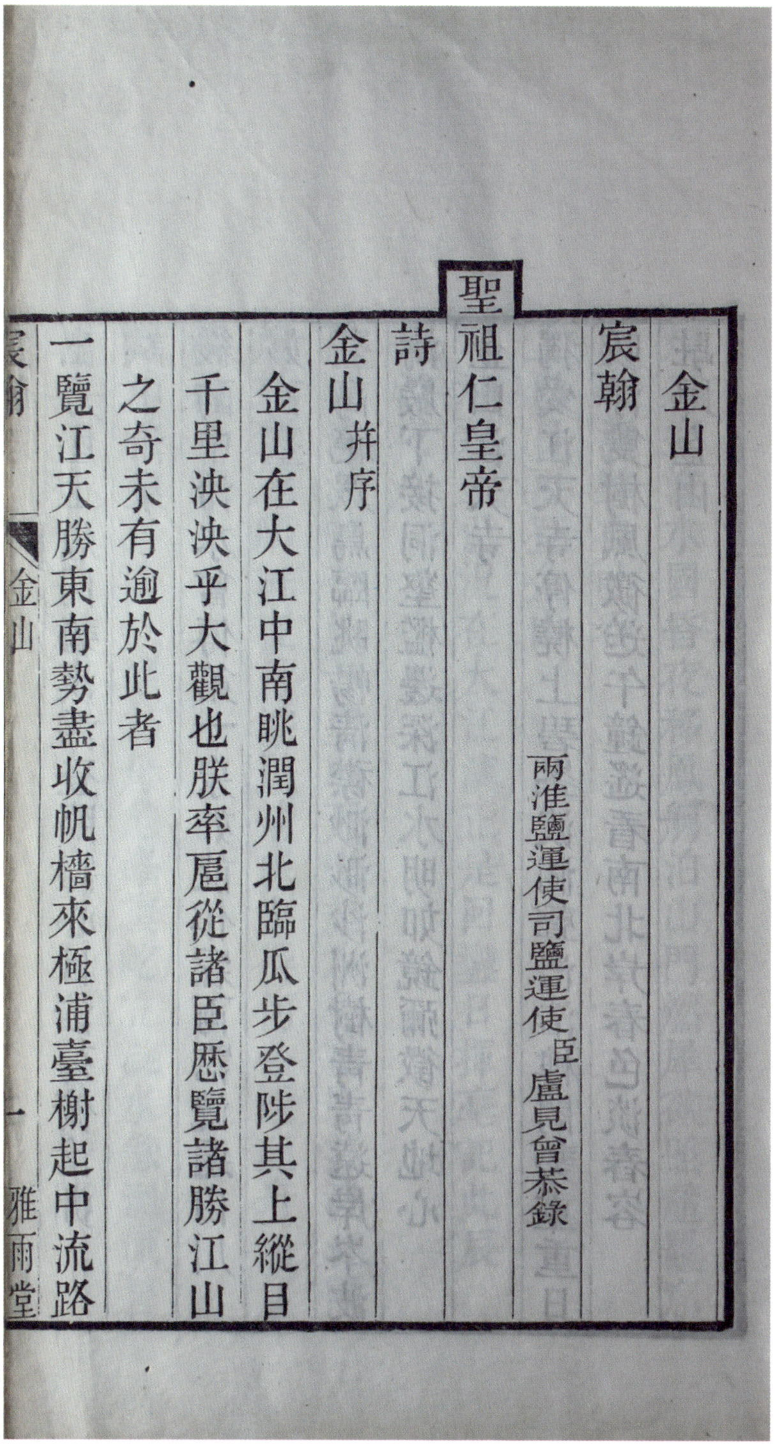
金山
宸翰　兩淮鹽運使司鹽運使臣盧見曾恭錄
聖祖仁皇帝
詩
金山并序
金山在大江中南眺潤州北臨瓜步登陟其上縱目
千里泱泱乎大觀也朕率扈從諸臣歴覽諸勝江山
之奇未有逾於此者
一覽江天勝東南勢盡收帆檣來極浦臺榭起中流路
宸翰　金山　一　雅雨堂

金山志十卷　（清）盧見曾撰　清乾隆二十七年（1762）雅雨堂刻本。四册。半頁十行二十一字，小字雙行同，白口，左右雙邊。框高18.9厘米、寬14厘米。華南師範大學圖書館藏。

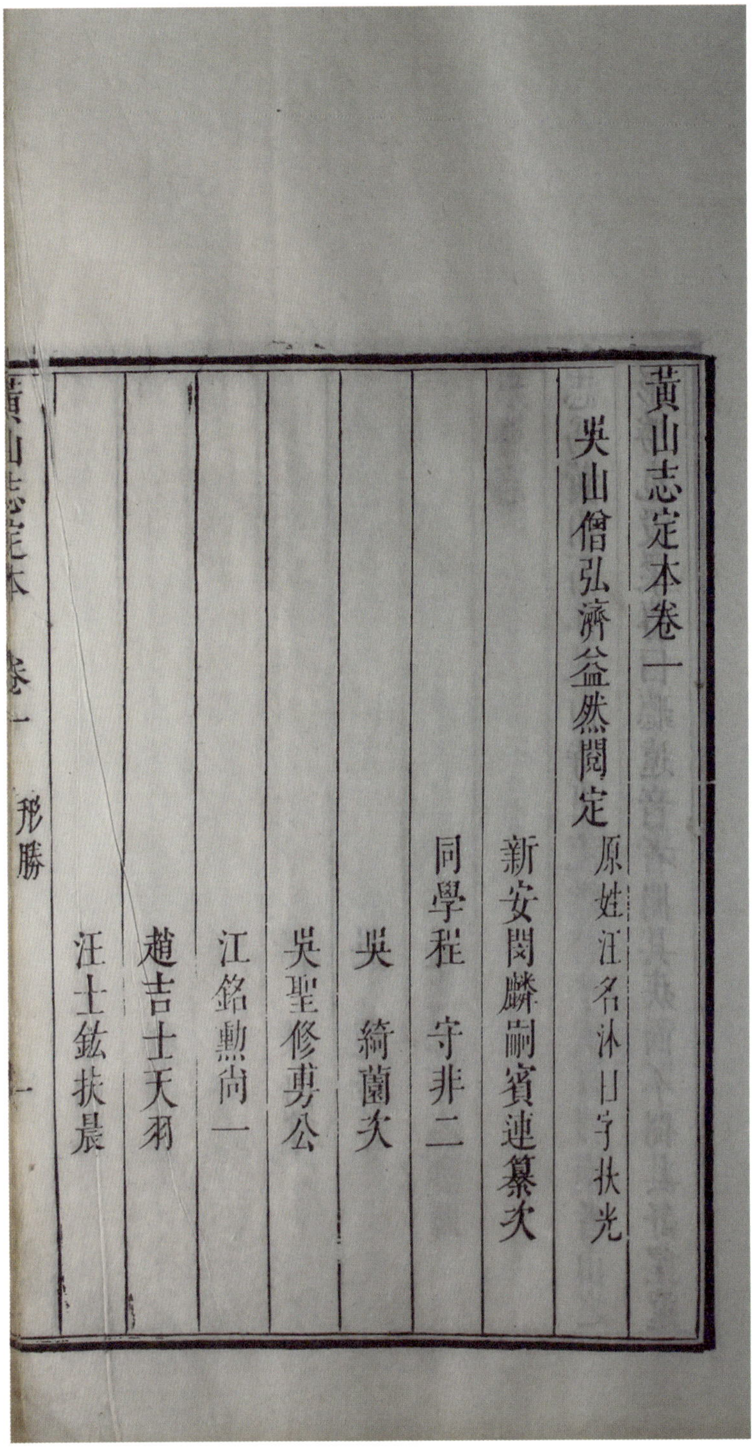

黃山志定本卷一

歙山僧弘濟益然閱定　原姓汪名沐日字扶光

新安閔麟嗣賓連纂次

同學程守非二

吳綺薗次

吳聖修勇公

江銘勲尚一

趙吉士天羽

汪士鋐扶晨

黃山志定本　卷一　形勝　一

黃山志定本七卷首一卷　（清）閔麟嗣纂　清康熙十八年（1679）刻二十五年（1686）增補本。七册。半頁九行二十一字，小字雙行同，白口，四周雙邊。框高19.2厘米、寬13.9厘米。華南師範大學圖書館藏。

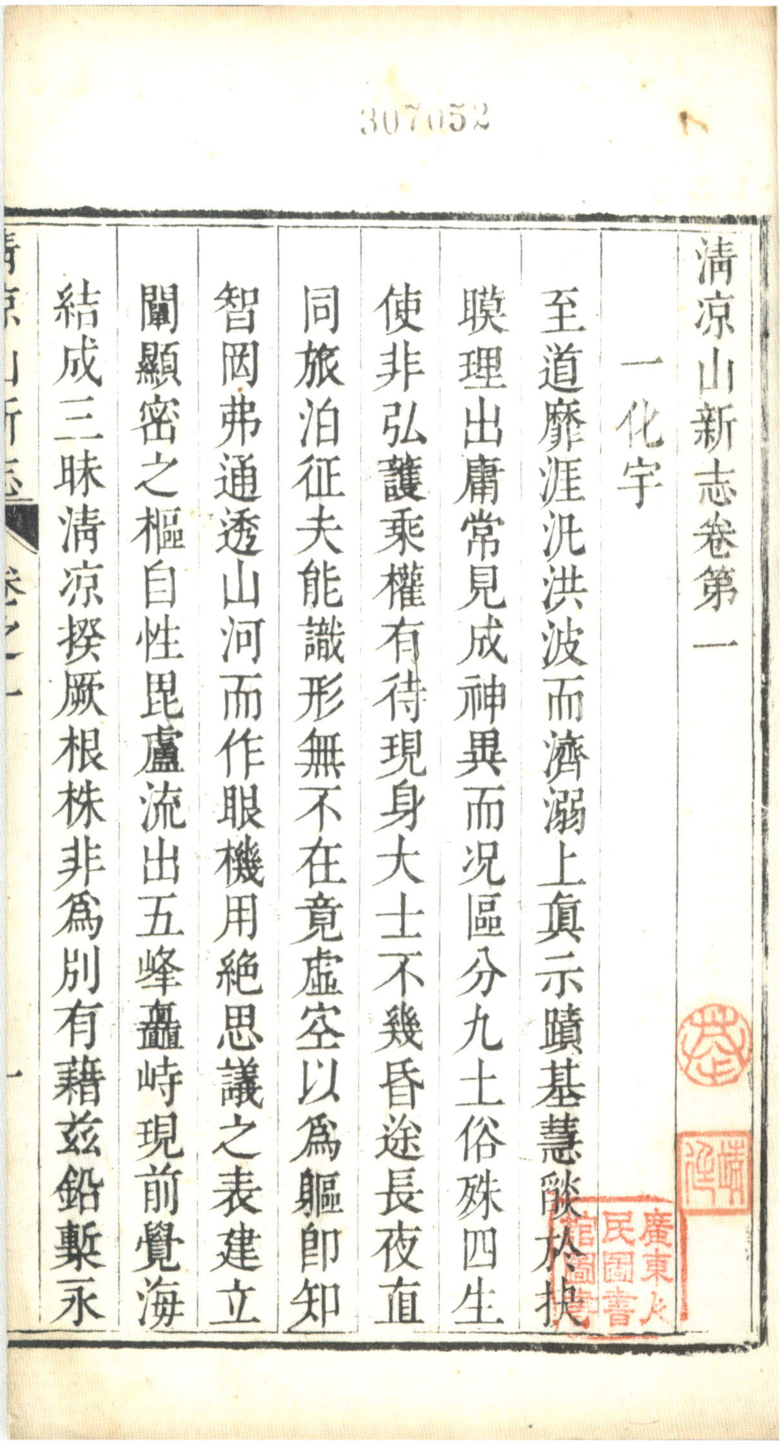
307052

清涼山新志卷第一

一化宇

至道靡涯汎洪波而濟溺上真示蹟基慧燄於挽

暌理出庸常見成神異而況區分九土俗殊四生

使非弘護乘權有待現身大士不幾昏逵長夜直

同旅泊征夫能識形無不在竟虛空以爲軀即知

智罔弗通透山河而作眼機用絕思議之表建立

闡顯密之樞自性毘盧流出五峰矗峙現前覺海

結成三昧清涼撰厥根株非爲別有藉茲鉛槧永

清涼山新志　卷之一　一

清涼山新志十卷　（清）釋丹巴撰　清康熙四十年（1701）刻本。六册。半頁九行二十字，小字雙行同，白口，四周雙邊。框高20.4厘米、寬14.3厘米。廣東省立中山圖書館藏。

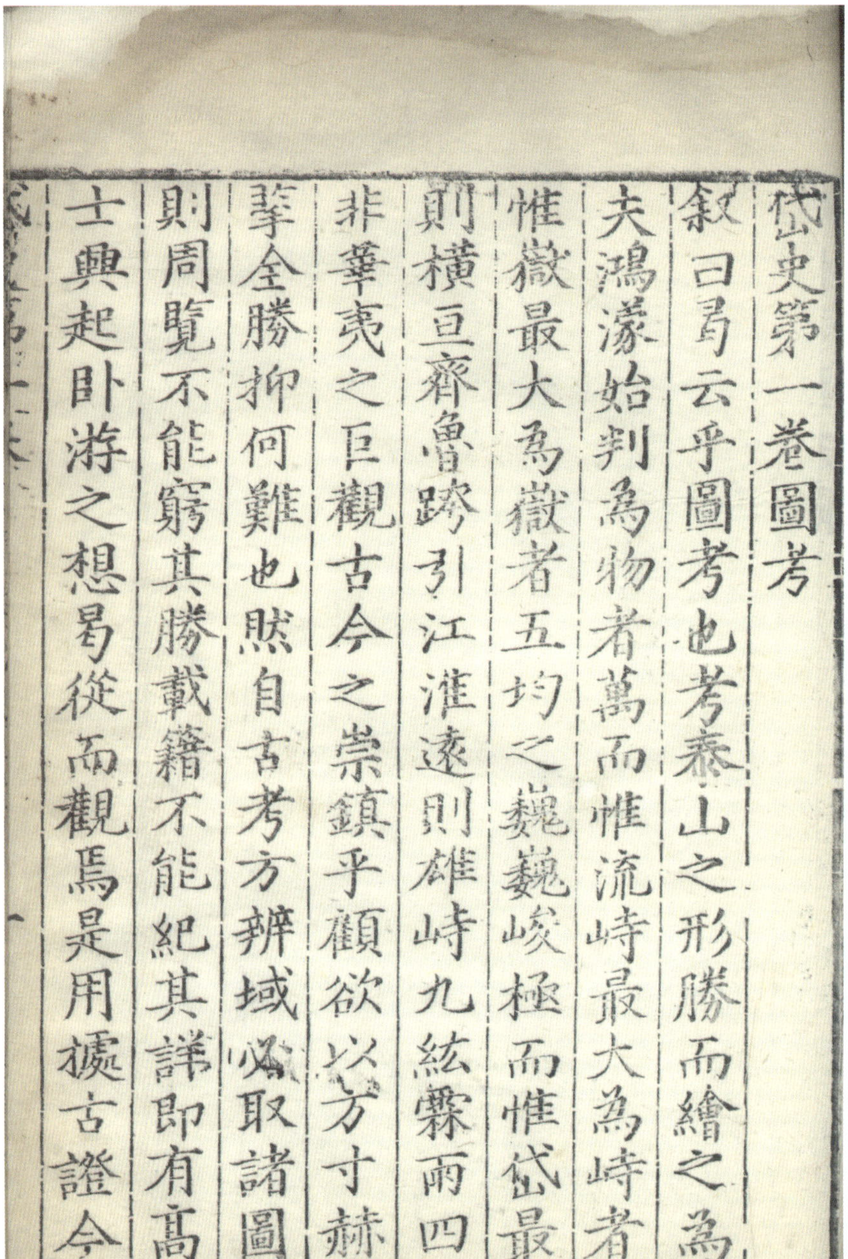
岱史第一卷圖考
叙曰曷云乎圖考也考泰山之形勝而繪之為圖也
夫鴻濛始判為物者萬而惟流峙最大為峙者萬而
惟嶽最大為嶽者五均之巍巍峻極而惟岱最大近
則横亘齊魯跨引江淮遠則雄峙九紘霖雨四海豈
非華夷之巨觀古今之崇鎮乎顧欲以方寸赫蹏摠
萃全勝抑何難也然自古考方辨域必取諸圖不然
則周覽不能窮其勝載籍不能紀其詳即有高雅之
士興起卧游之想曷從而觀焉是用攗古證今圖諸

岱史十八卷　（明）查志隆撰　明萬曆十五年（1587）戴相堯刻本。七冊。半頁九行二十字，白口，四周單邊。框高21.7厘米、寬14.5厘米。中山大學圖書館藏。

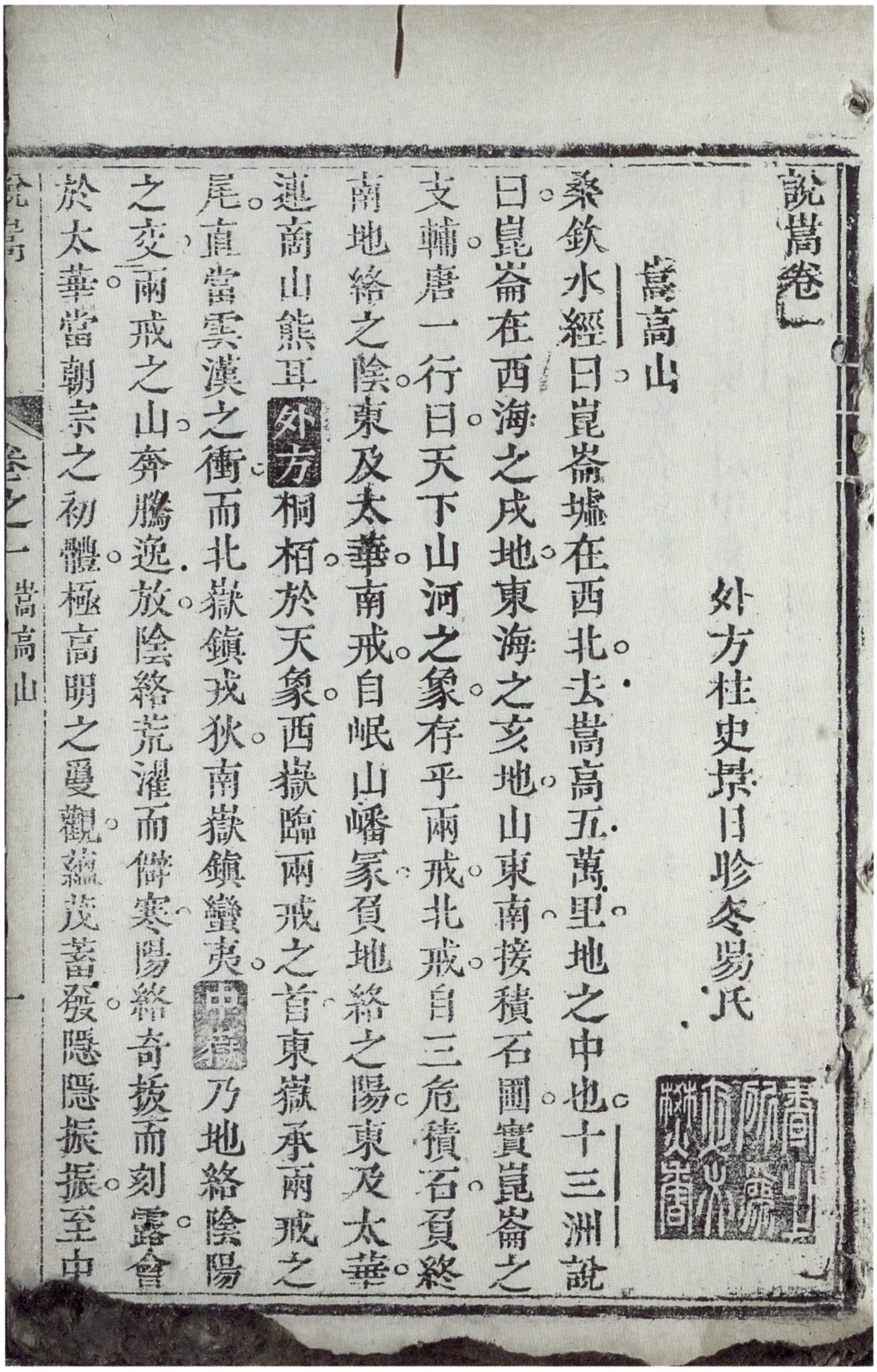

說嵩卷一

外方柱史景日昣冬暘氏

嵩高山

桑欽水經曰崑崙墟在西北去嵩高五萬里地之中也十三洲記曰崑崙在西海之戌地東海之亥地山東南接積石圃實崑崙之支輔唐一行曰天下山河之象存乎兩戒北戒自三危積石負終南地絡之陰東及太華南戒自岷山嶓冢負地絡之陽東及太華連商山熊耳外方桐栢於天象西嶽臨兩戒之首東嶽承兩戒之尾直當雲漢之衝而北嶽鎮戎狄南嶽鎮蠻夷中嶽乃地絡陰陽之交兩戒之山奔騰逸放陰絡荒濯而僻寒陽絡奇拔而刻露會於太華當朝宗之初體極高明之憂觀蘊茂蓄發隱隱振振至中

說嵩 卷之一 嵩高山 一

说嵩三十二卷 （清）景日昣撰 清康熙刻本。十册。半頁十一行二十五字，白口，四周雙邊。框高18.5厘米、寬14.5厘米。肇慶市高要區圖書館藏。

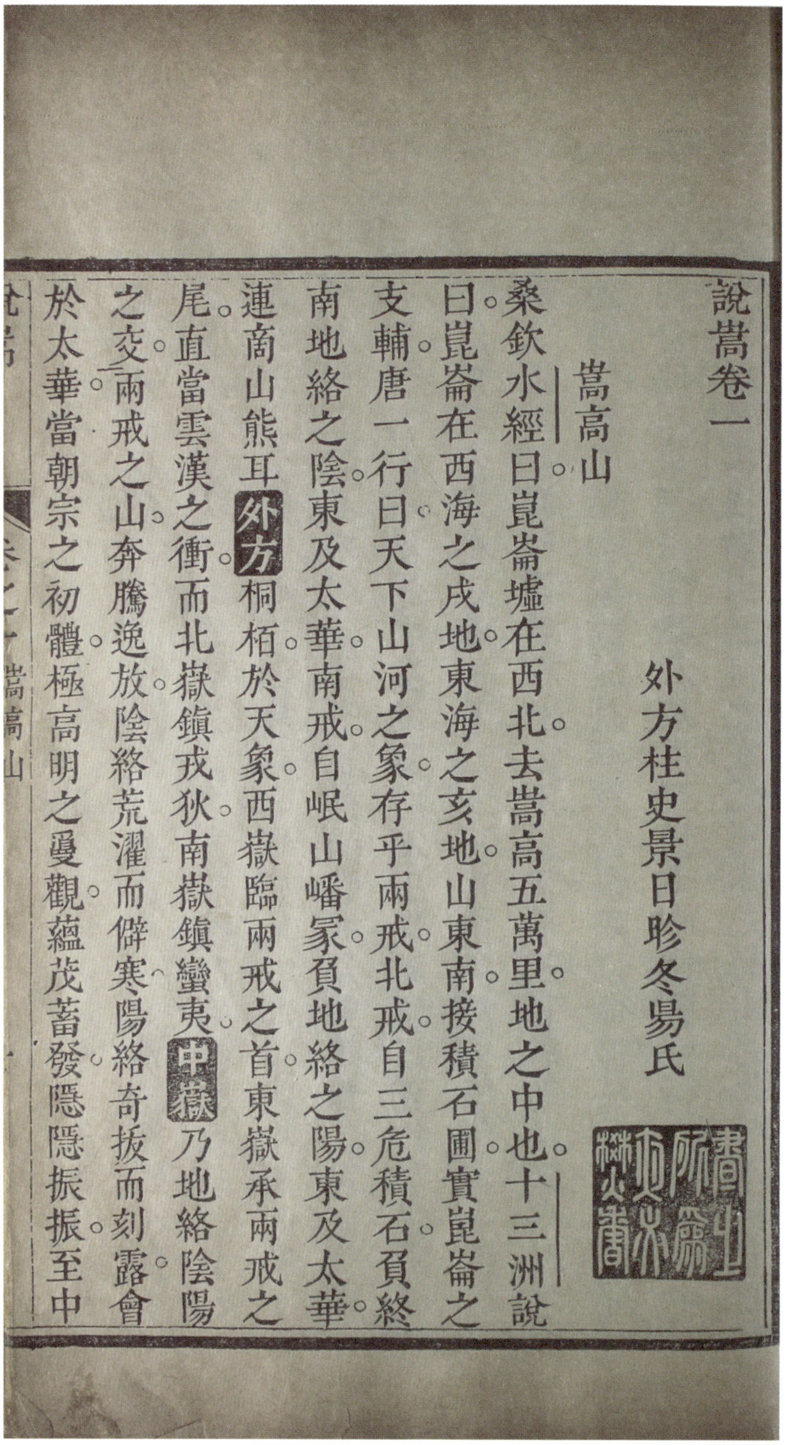

說嵩卷一

外方柱史景日昣冬暘氏

嵩高山

桑欽水經曰崑崙墟在西北去嵩高五萬里地之中也十三洲說曰崑崙在西海之戌地東海之亥地山東南接積石圃實崑崙之支輔唐一行曰天下山河之象存乎兩戒北戒自三危積石負終南地絡之陰東及太華南戒自岷山嶓冢負地絡之陽東及太華連商山熊耳外方桐栢於天象西嶽臨兩戒之首東嶽承兩戒之尾直當雲漢之衢而北嶽鎮戎狄南嶽鎮蠻夷中嶽乃地絡陰陽之交兩戒之山奔騰逸放陰絡荒濯而僻寒陽絡奇拔而刻露會於太華當朝宗之初體極高明之曼觀蘊茂蓄發隱隱振振至中

说嵩三十二卷　（清）景日昣撰　清康熙刻本。十册。半頁十一行二十五字，白口，四周雙邊。框高19.4厘米、寬14.6厘米。華南師範大學圖書館藏。

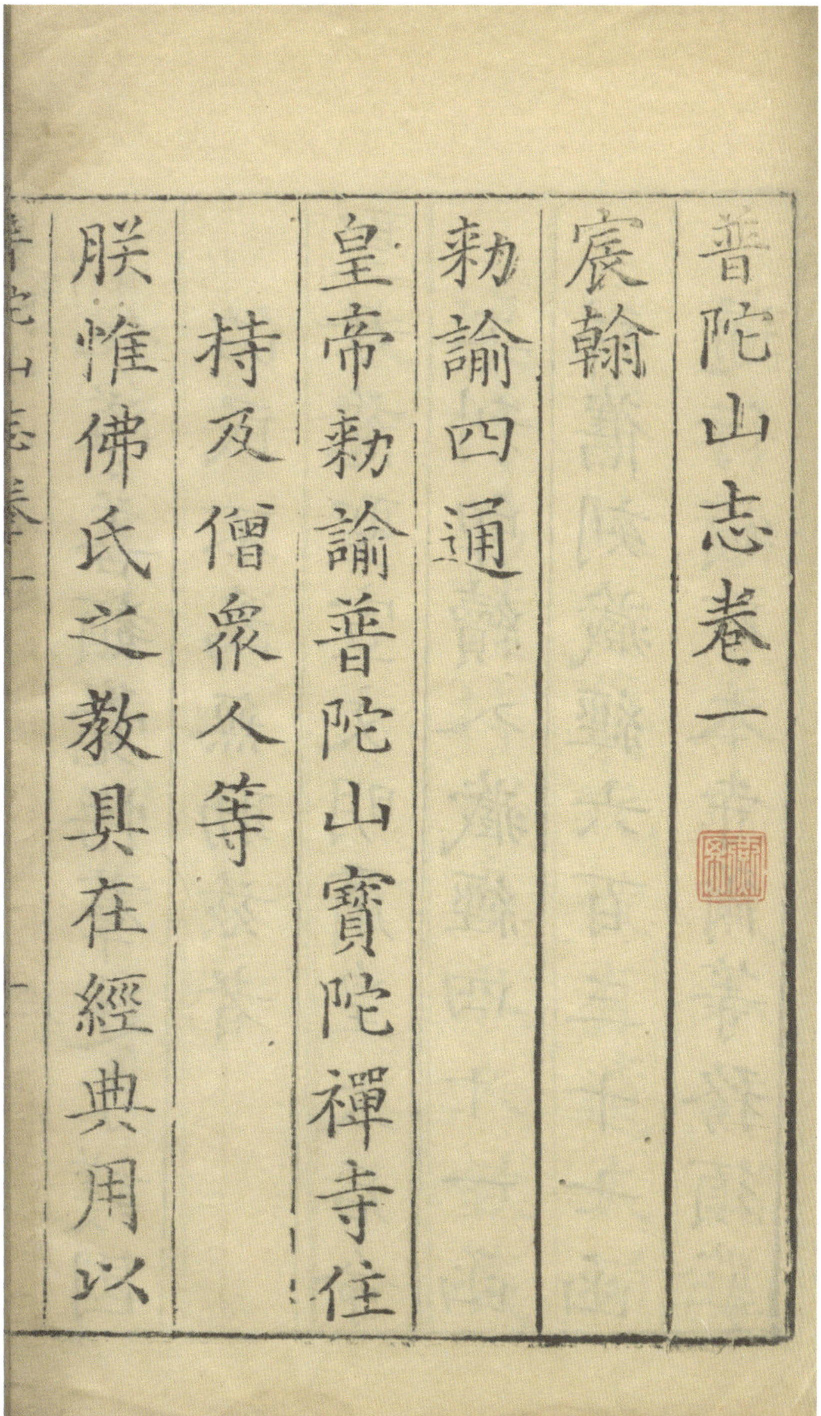

普陀山志六卷　（明）周應賓撰　明萬曆三十五年（1607）張隨刻本。六册。半頁八行十六字，小字雙行同，白口，四周單邊。框高20.2厘米、寬13.5厘米。中山大學圖書館藏。

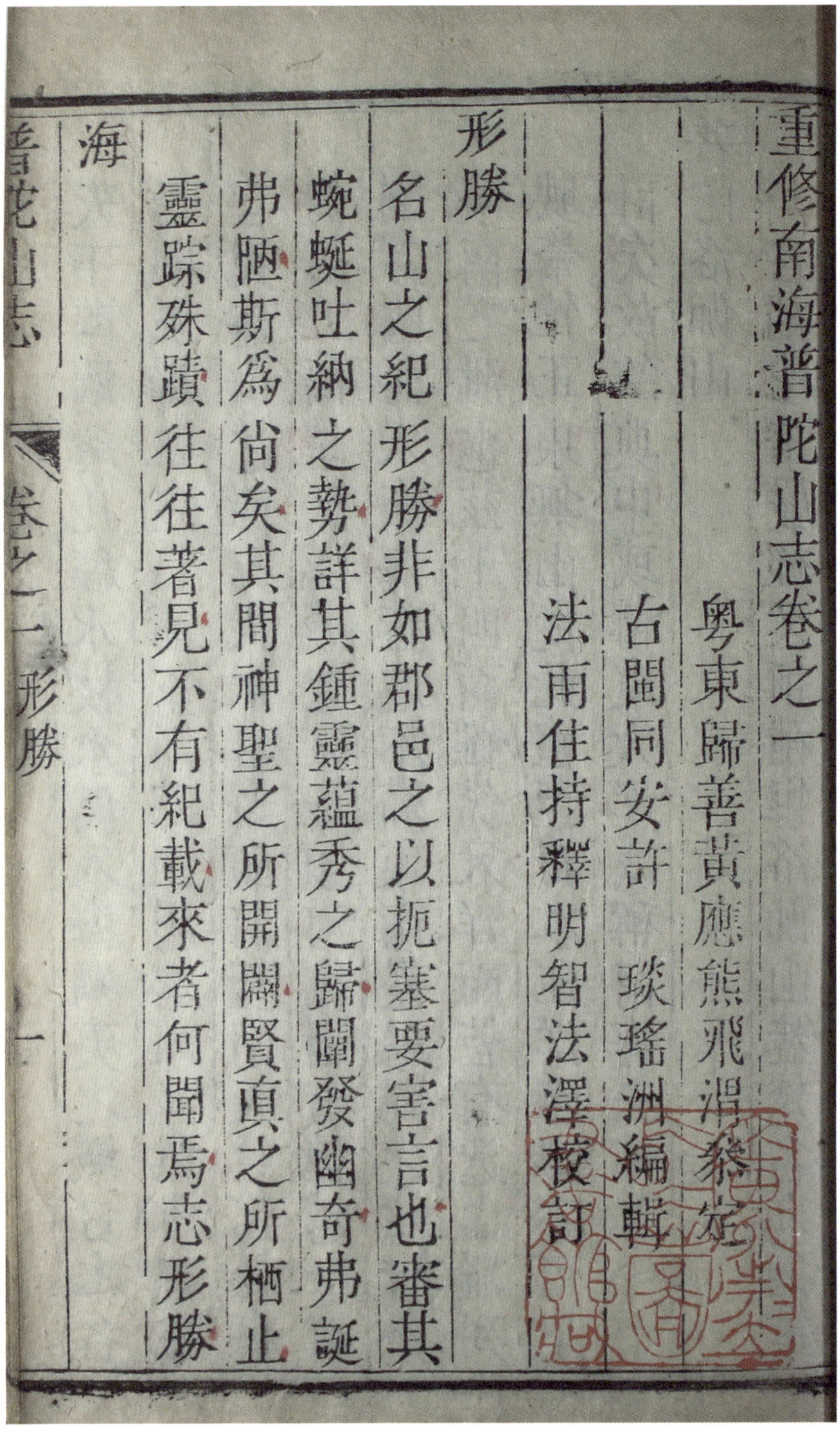

重修南海普陀山志卷之一
粵東歸善黃應熊飛渭參定
古閩同安許　琰瑤洲編輯
法雨住持釋明智法澤校訂
形勝
名山之紀形勝非如郡邑之以扼塞要害言也審其
蜿蜒吐納之勢詳其鍾靈蕴秀之歸闡發幽奇弗誕
弗陋斯爲尚矣其間神聖之所開闢賢真之所栖止
靈踪殊蹟往往著見不有紀載來者何聞焉志形勝
海

普陀山志　卷之一　形勝　一

重修南海普陀山志二十卷首一卷　（清）許琰編輯　清乾隆五年（1740）刻本。四册。半頁十行二十一字，白口，四周雙邊。框高21.2厘米、寬14.2厘米。華南師範大學圖書館藏。

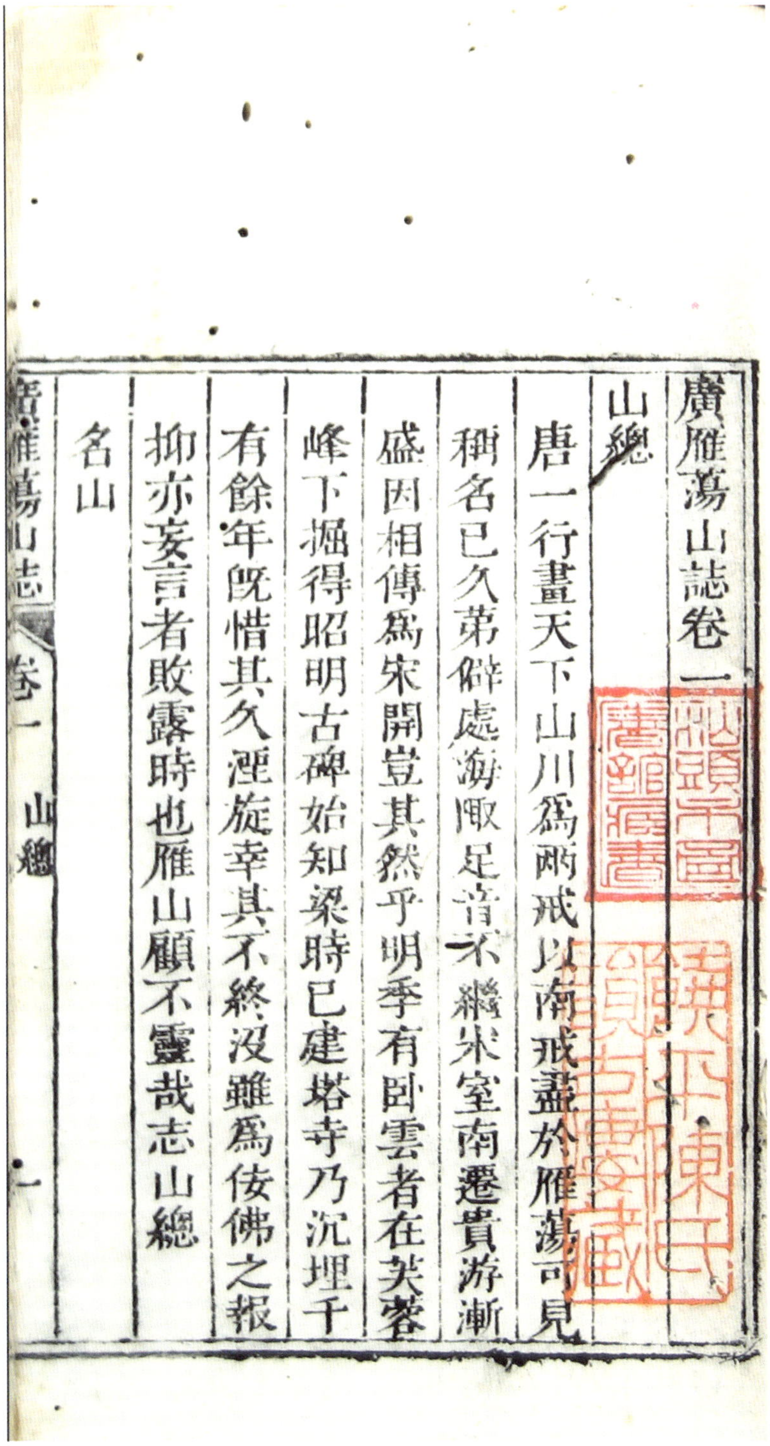
廣雁蕩山誌卷一
山總
唐一行畫天下山川爲兩戒以南戒盡於雁蕩可見
稱名已久第僻處海陬足音不繼宋室南遷貴游漸
盛因相傳爲宋開豈其然乎明季有卧雲者在芙蓉
峰下掘得昭明古碑始知梁時已建塔寺乃沉埋千
有餘年旣惜其久湮旋幸其不終沒雖爲侫佛之報
抑亦妄言者敗露時也雁山顧不靈哉志山總
名山
廣雁蕩山志 卷一 山總 一
汕頭市圖書館藏書
饒平陳氏頤古書屋藏

廣雁蕩山誌二十八卷首一卷末一卷　（清）曾唯輯　清乾隆五十五年（1790）刻本。八册。半頁九行二十一字，白口，四周雙邊。框高13.3厘米、寬10厘米。汕頭市圖書館藏。

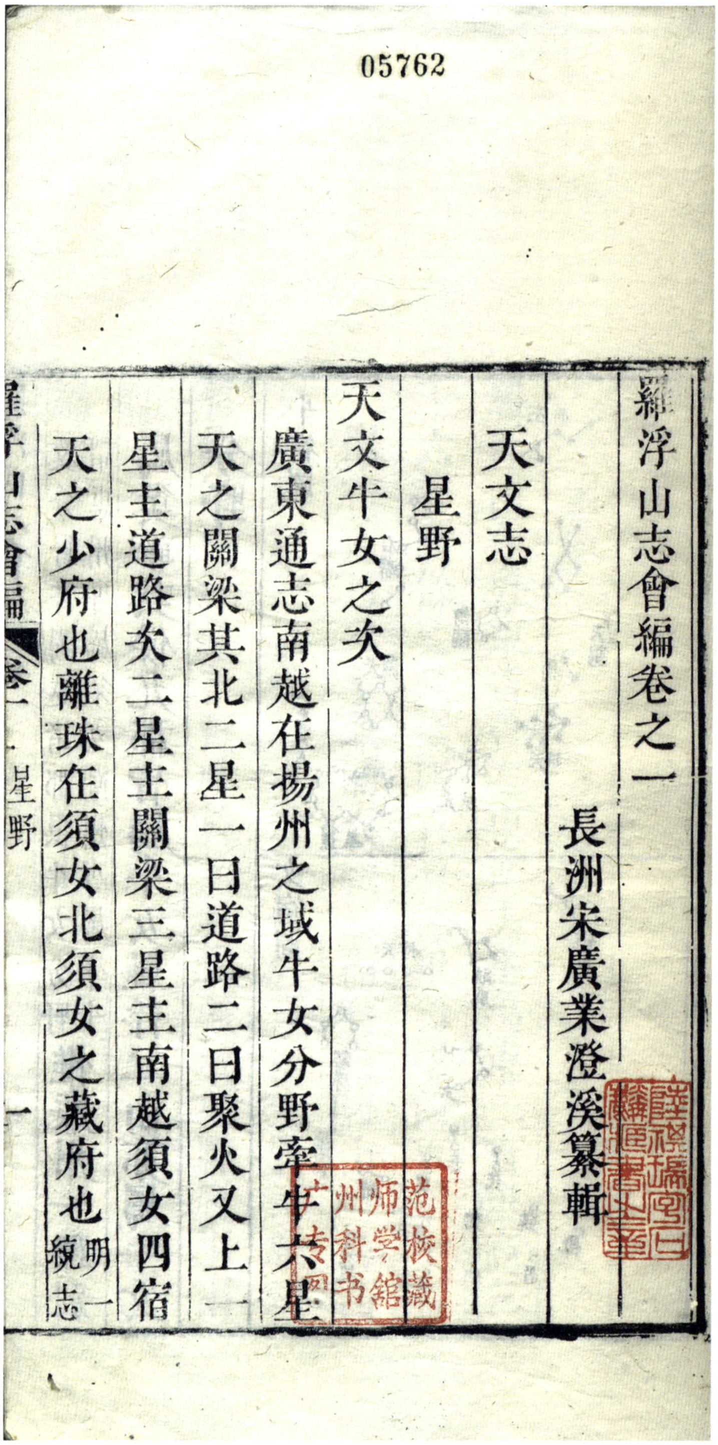

羅浮山志會編卷之一

長洲宋廣業澄溪纂輯

天文志

星野

天文牛女之次

廣東通志南越在揚州之域牛女分野牽牛六星

天之關梁其北二星一日道路二日聚火又上一

星主道路次二星主關梁三星主南越須女四宿

天之少府也離珠在須女北須女之藏府也明一統志

羅浮山志會編　卷一　星野　一

羅浮山志會編二十二卷首一卷　（清）宋廣業撰　清康熙五十六年（1717）宋志益聚英堂刻本。八册。半頁九行二十字，小字雙行同，白口，左右雙邊。框高18.7厘米、寬13.9厘米。暨南大學圖書館藏。

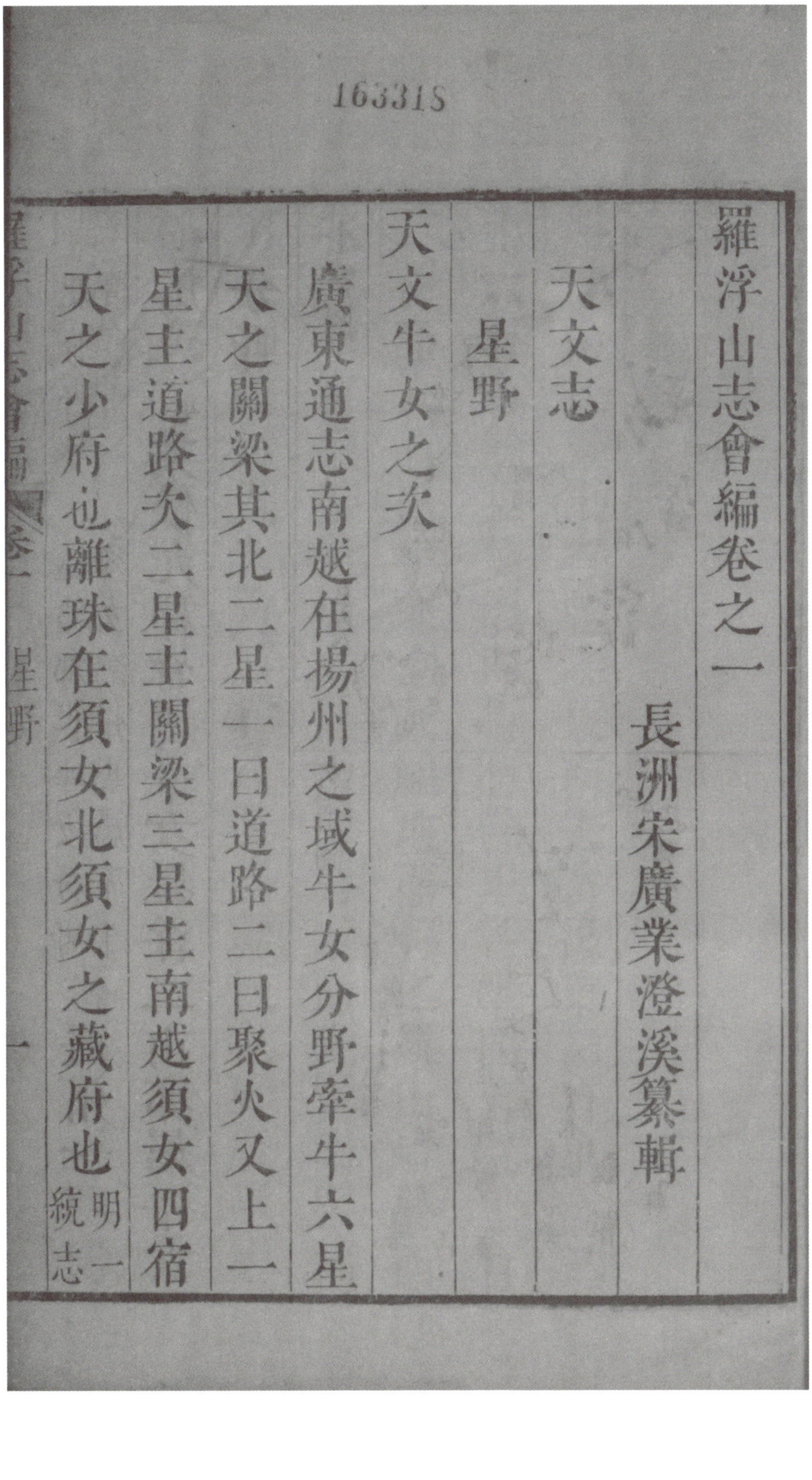

羅浮山志會編卷之一

長洲宋廣業澄溪纂輯

天文志

星野

天文牛女之次

廣東通志南越在揚州之域牛女分野牽牛六星天之關梁其北二星一曰道路二曰聚火又上一星主道路次二星主關梁三星主南越須女四宿天之少府也離珠在須女北須女之藏府也明一統志

羅浮山志會編　卷一　星野　一

羅浮山志會編二十二卷首一卷　（清）宋廣業撰　清康熙五十六年（1717）宋志益聚英堂刻本。十册。半頁九行二十字，小字雙行同，白口，左右雙邊。框高18.8厘米、寬13.8厘米。華南師範大學圖書館藏。

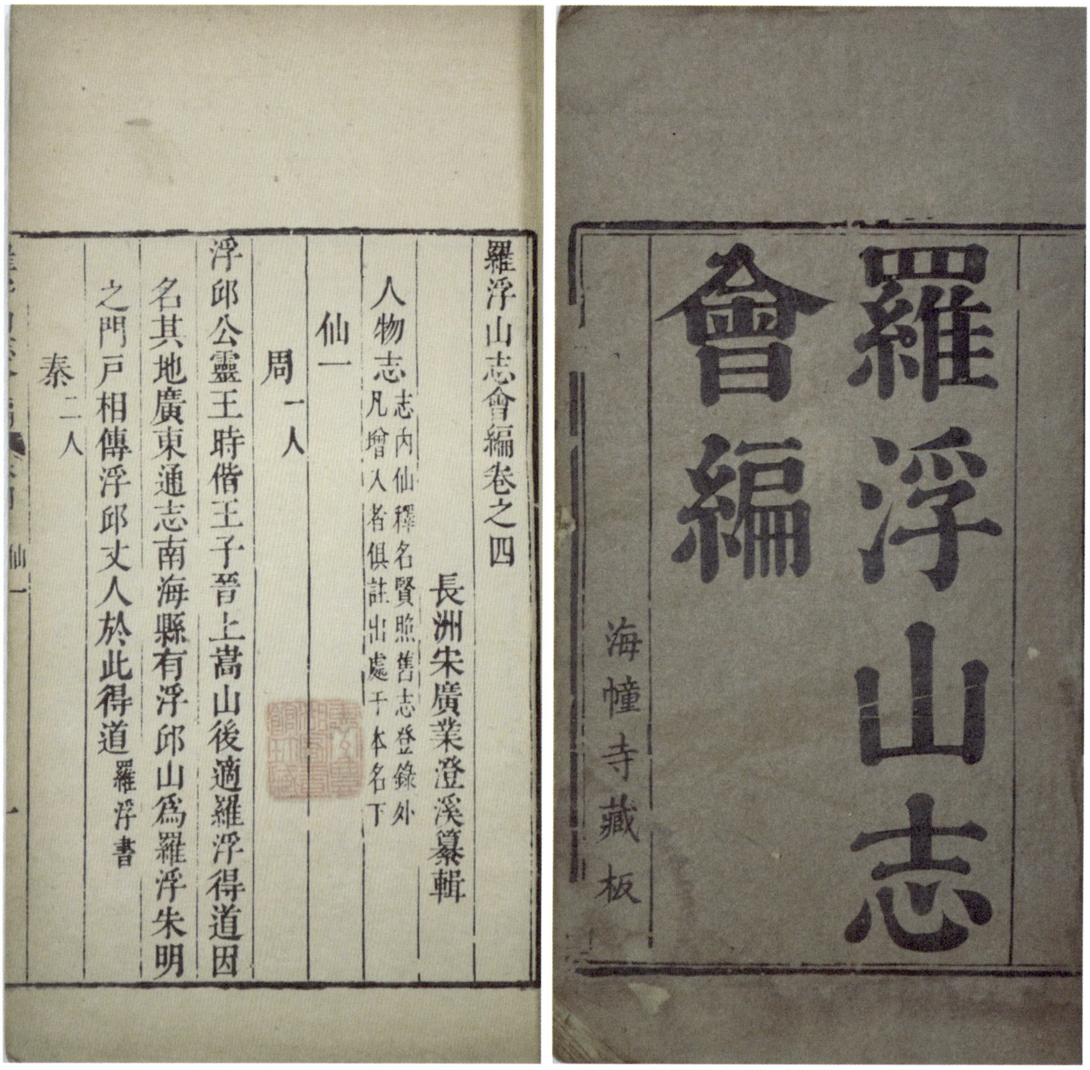
羅浮山志會編卷之四
長洲宋廣業登溪纂輯
人物志 志內仙釋名賢照舊志登錄外凡增入者俱註出處于本名下
仙一
周一人
浮邱公靈王時偕王子晉上嵩山後適羅浮得道因名其地廣東通志南海縣有浮邱山爲羅浮朱明之門戶相傳浮邱丈人於此得道 羅浮書
秦二人

羅浮山志
會編
海幢寺藏板

羅浮山志會編二十二卷首一卷 （清）宋廣業撰 清康熙五十六年（1717）宋志益聚英堂刻本。十册。半頁九行二十字，小字雙行同，白口，左右雙邊。框高18.5厘米、寬13.5厘米。惠州慈雲圖書館藏。

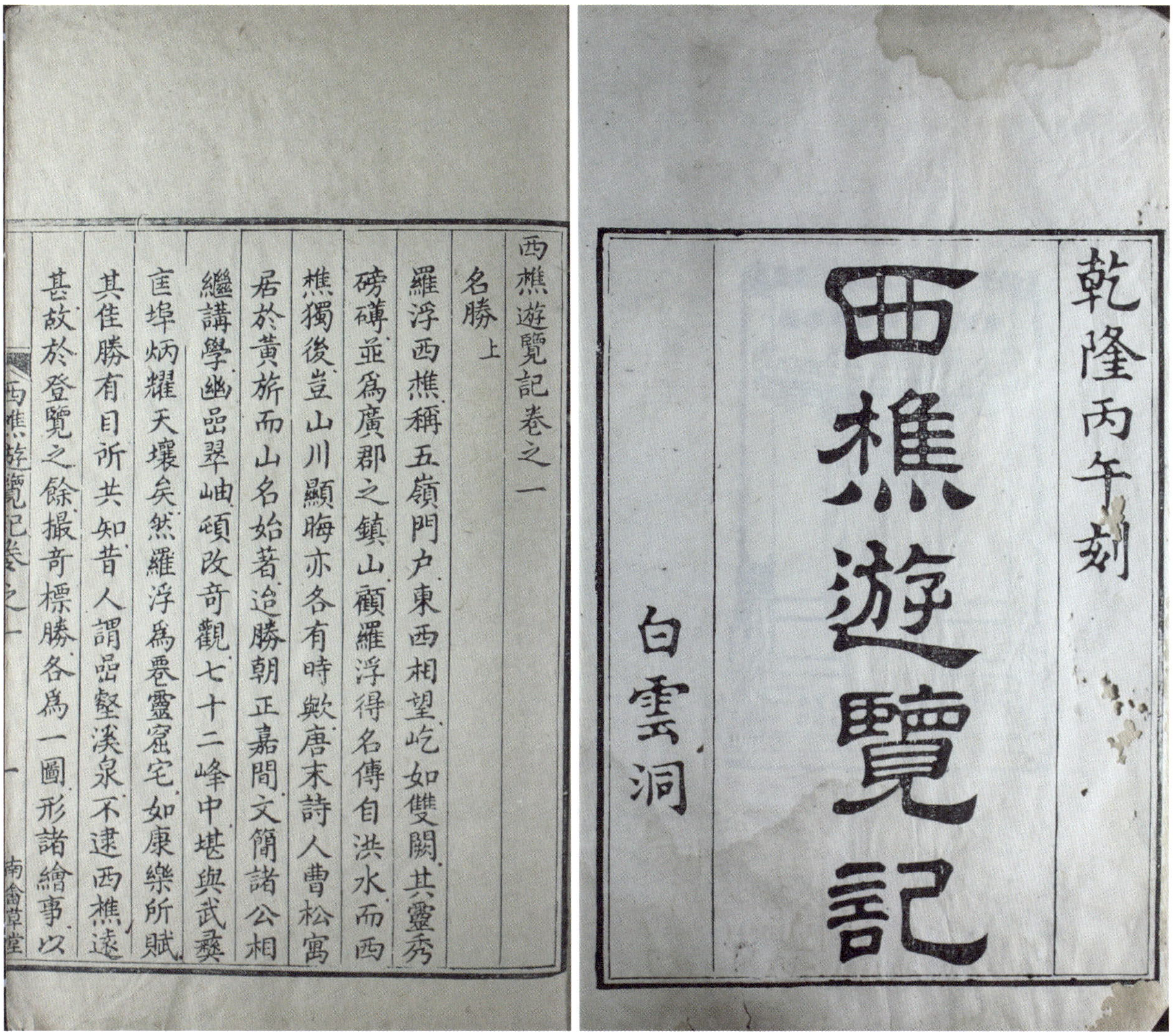
乾隆丙午刻

西樵遊覽記

白雲洞

西樵遊覽記卷之一

名勝上

羅浮西樵稱五嶺門户東西相望屹如雙闕其靈秀
磅礴並爲廣郡之鎮山顧羅浮得名傳自洪水而西
樵獨後豈山川顯晦亦各有時歟唐末詩人曹松寓
居於黄旂而山名始著迨勝朝正嘉間文簡諸公相
繼講學幽嵒翠岫頓改奇觀七十二峰中堪與武彝
匡阜炳耀天壤矣然羅浮爲僊靈窟宅如康樂所賦
其佳勝有目所共知昔人謂嵒壑溪泉不逮西樵遠
甚故於登覽之餘撮奇標勝各爲一圖形諸繪事以

西樵遊覽記卷之一　一　南畬草堂

西樵遊覽記十四卷　（清）劉子秀撰　清乾隆五十一年（1786）南畬草堂刻本。四册。半頁十行二十一字，小字雙行同，白口,四周雙邊。框高18.8厘米、寬14.8厘米。華南師範大學圖書館藏。

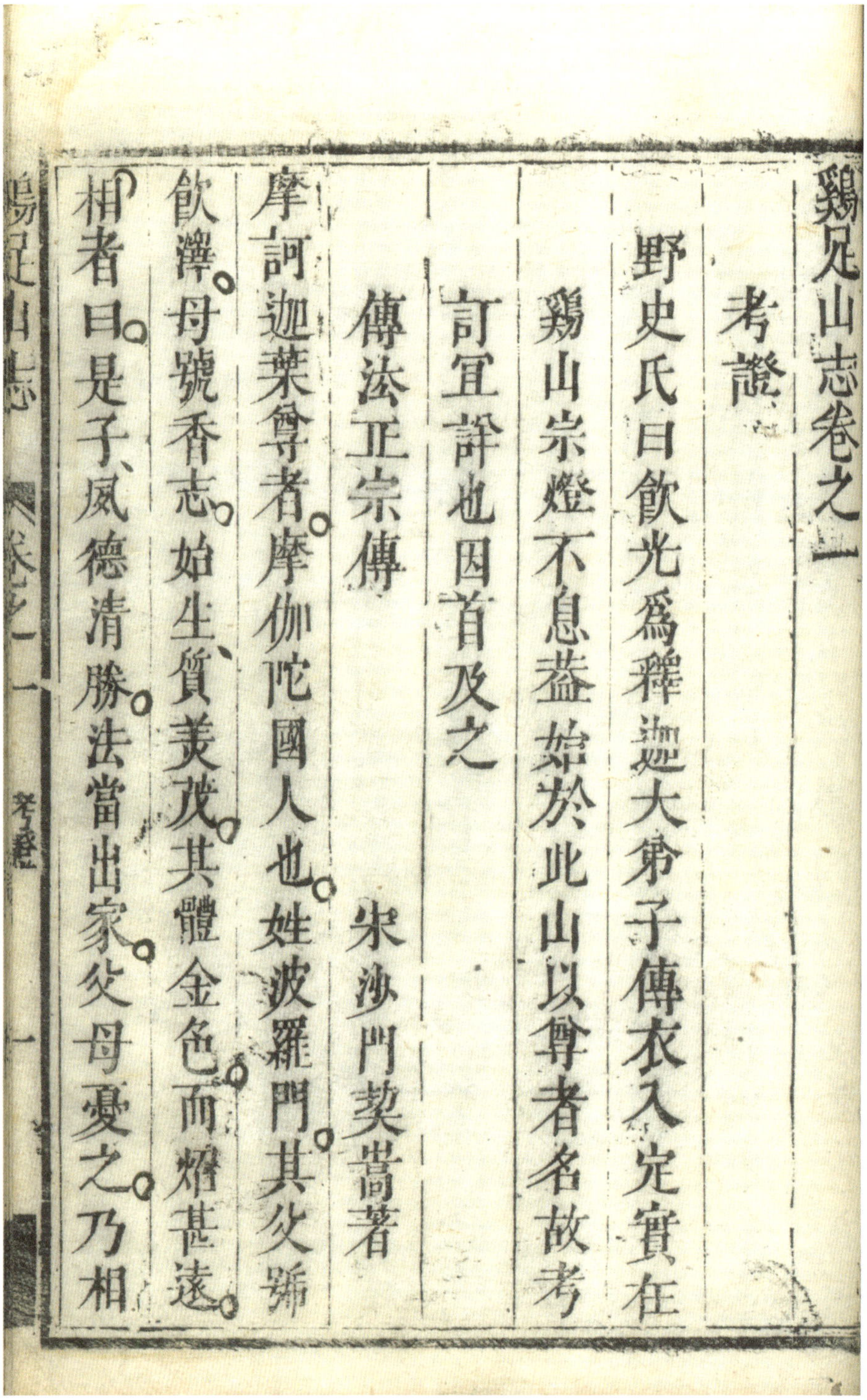
鷄足山志卷之一

考證

野史氏曰飲光爲釋迦大弟子傳衣入定實在鷄山宗燈不息葢始於此山以尊者名故考訂宜詳也因首及之

傳法正宗傳　　宋沙門契嵩著

摩訶迦葉尊者摩伽陀國人也姓波羅門其父號飲澤母號香志始生質美茂其體金色而熠甚遠相者曰是子夙德清勝法當出家父母憂之乃相

鷄足山志　卷之一　考證　一

雞足山志十卷首一卷　（清）范承勳撰　清康熙三十一年（1692）刻本。八册。半頁九行十九字，黑口，四周雙邊。框高19.8厘米、寬15.2厘米。廣東省立中山圖書館藏。

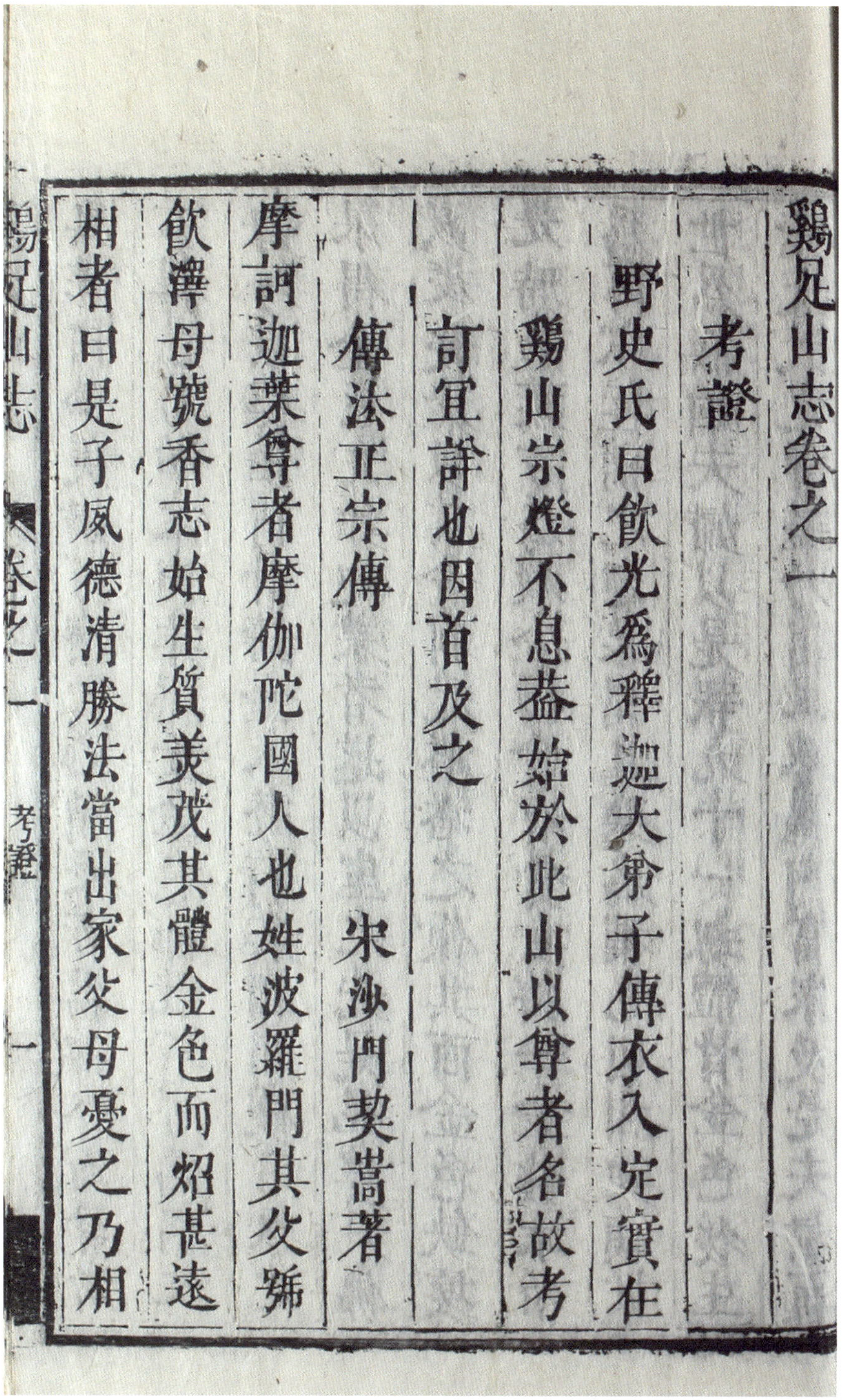

鷄足山志卷之一
考證
野史氏曰飲光爲釋迦大弟子傳衣入定實在鷄山宗燈不息葢始於此山以尊者名故考訂宜詳也因首及之
傳法正宗傳　宋沙門契嵩著
摩訶迦葉尊者摩伽陀國人也姓波羅門其父號飲澤母號香志始生質美茂其體金色而炤甚遠相者曰是子夙德清勝法當出家父母憂之乃相

鷄足山志　卷之一　考證　一

雞足山志十卷首一卷　（清）范承勳撰　清康熙三十一年（1692）刻本。七册。半頁九行十九字，黑口，四周雙邊。框高20厘米、寬15厘米。華南師範大學圖書館藏。

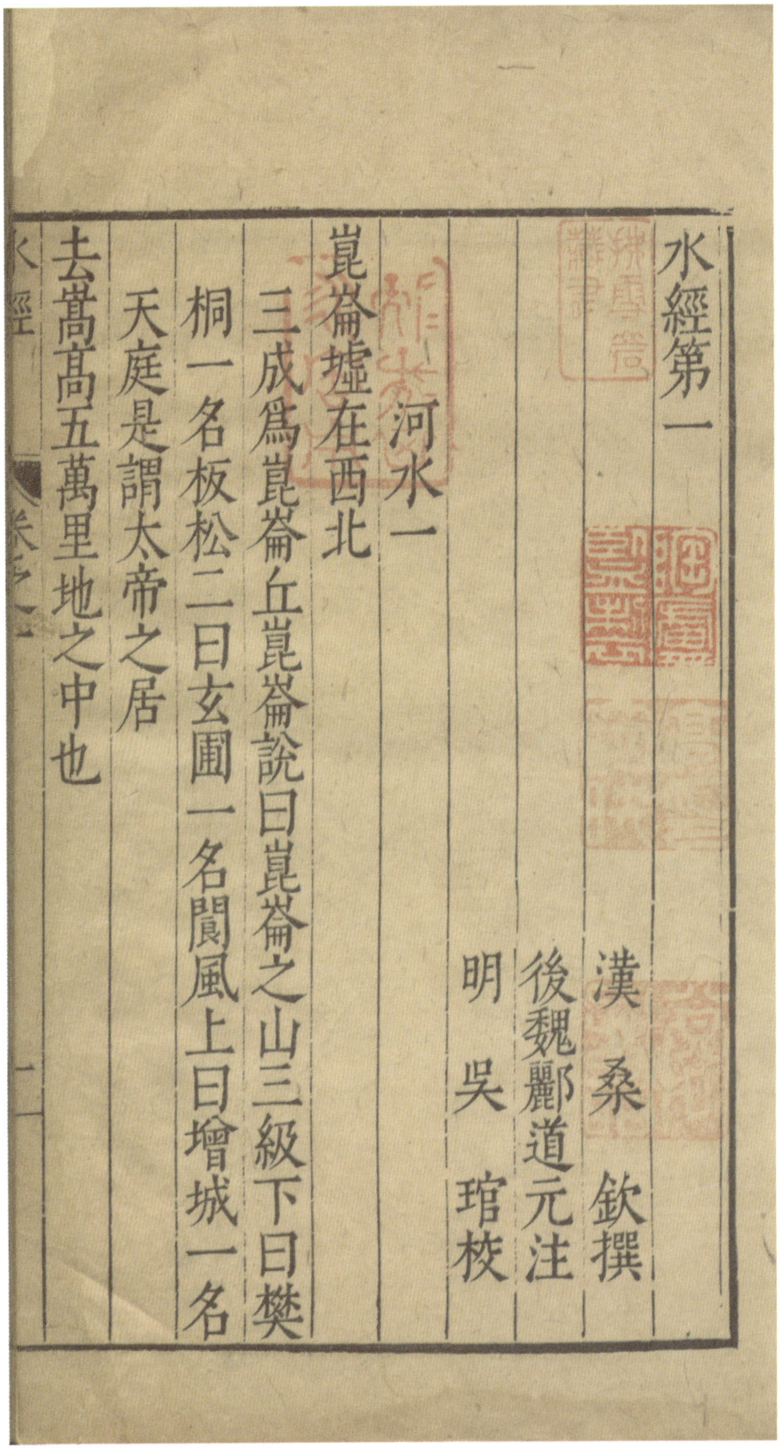
水經第一

漢　桑　欽撰
後魏酈道元注
明　吴　琯校

河水一

崑崙墟在西北
三成爲崑崙丘崑崙説曰崑崙之山三級下曰樊
桐一名板松二曰玄圃一名閬風上曰增城一名
天庭是謂太帝之居
去嵩高五萬里地之中也

水經四十卷　（漢）桑欽撰　（北魏）酈道元注　明萬曆十三年（1585）吴琯刻本。二十四册。半頁十行二十字，白口，左右雙邊。框高20.9厘米、寬13厘米。中山大學圖書館藏。

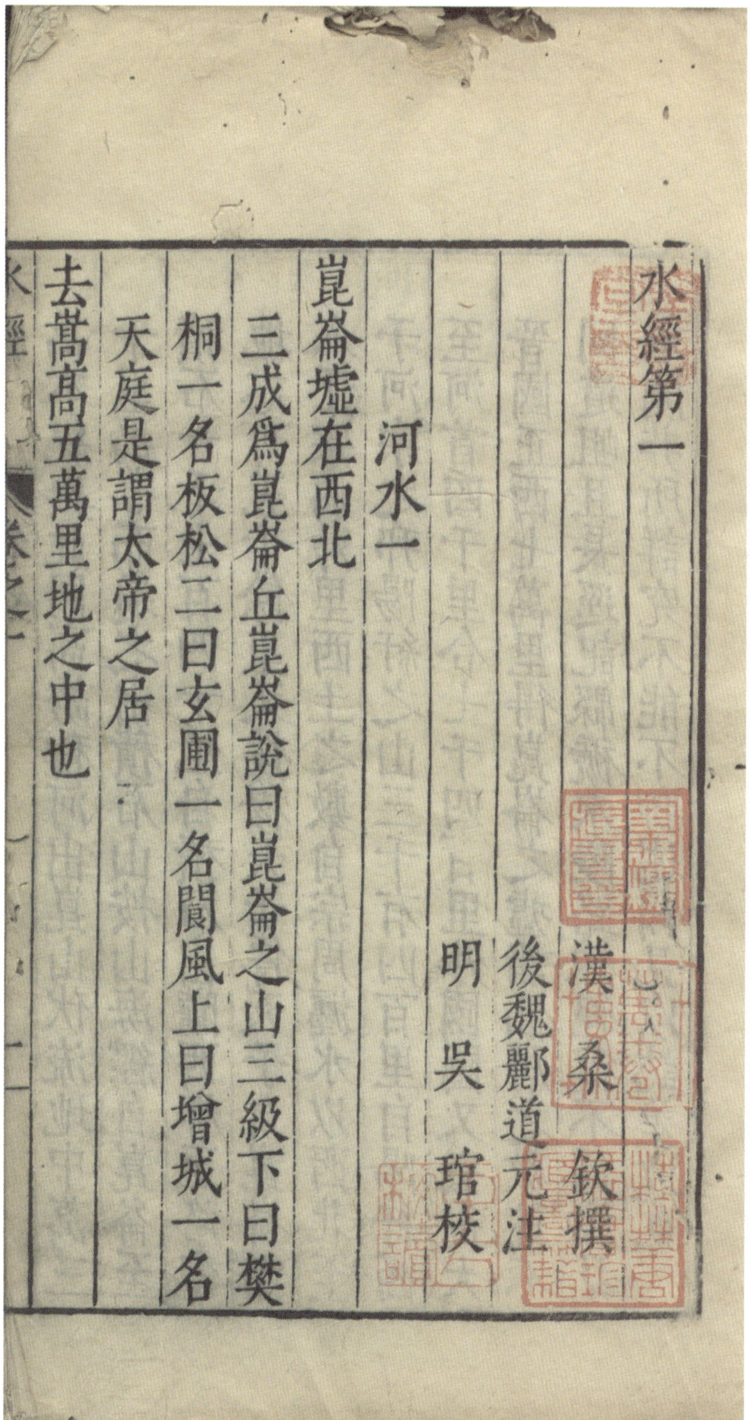
水經第一

漢　桑　欽撰

後魏酈道元注

明　吳　琯校

河水一

崑崙墟在西北

三成爲崑崙丘崑崙說曰崑崙之山三級下曰樊桐一名板松二曰玄圃一名閬風上曰增城一名天庭是謂太帝之居

去嵩高五萬里地之中也

水經　卷之一

水經四十卷　（漢）桑欽撰　（北魏）酈道元注　明萬曆十三年（1585）吴琯刻本。八册。半頁十行二十字，白口，左右雙邊。框高20.9厘米、寬13厘米。中山大學圖書館藏。

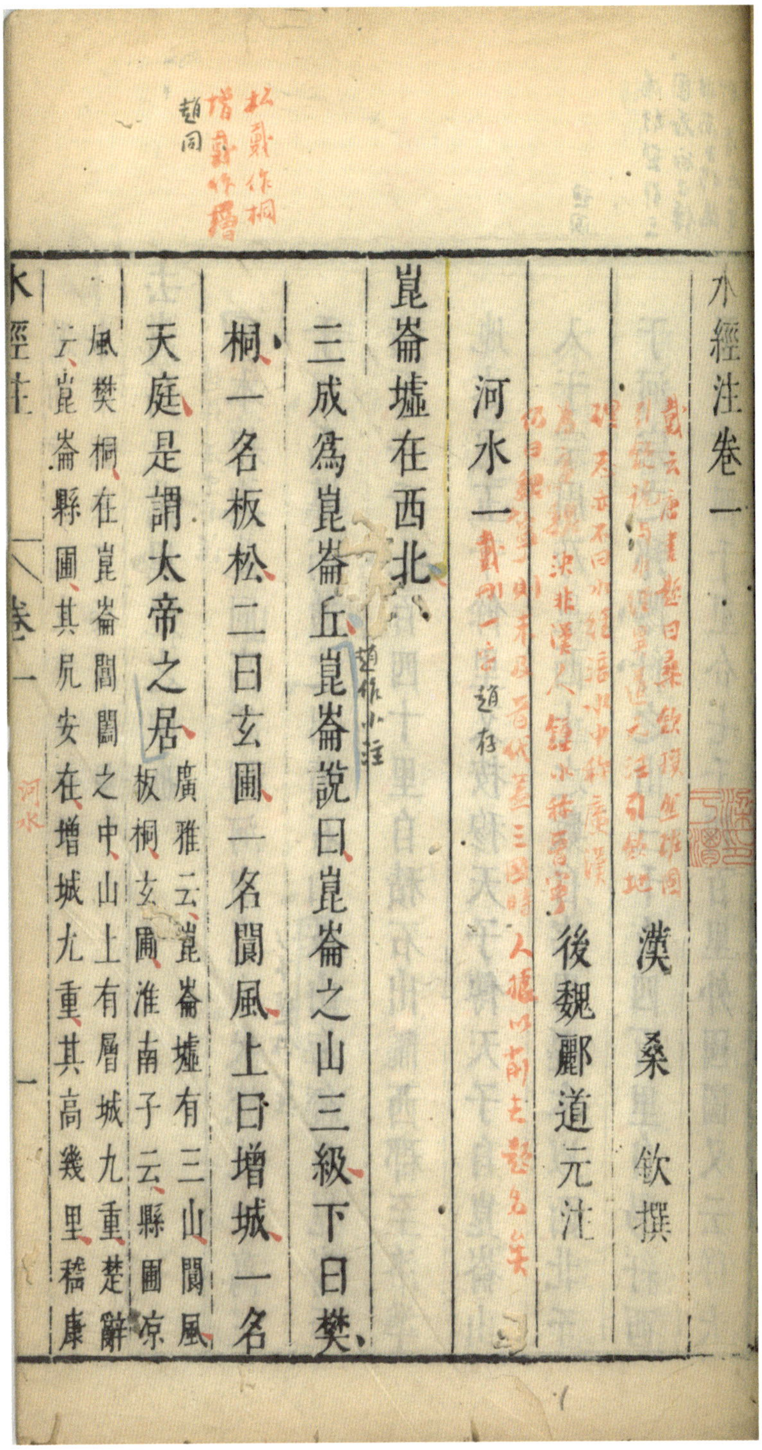

水經注四十卷　（北魏）酈道元撰　明末刻本。八册。半頁九行二十字，小字雙行同，白口，四周單邊。框高20.1厘米、寬14.2厘米。廣東省立中山圖書館藏。

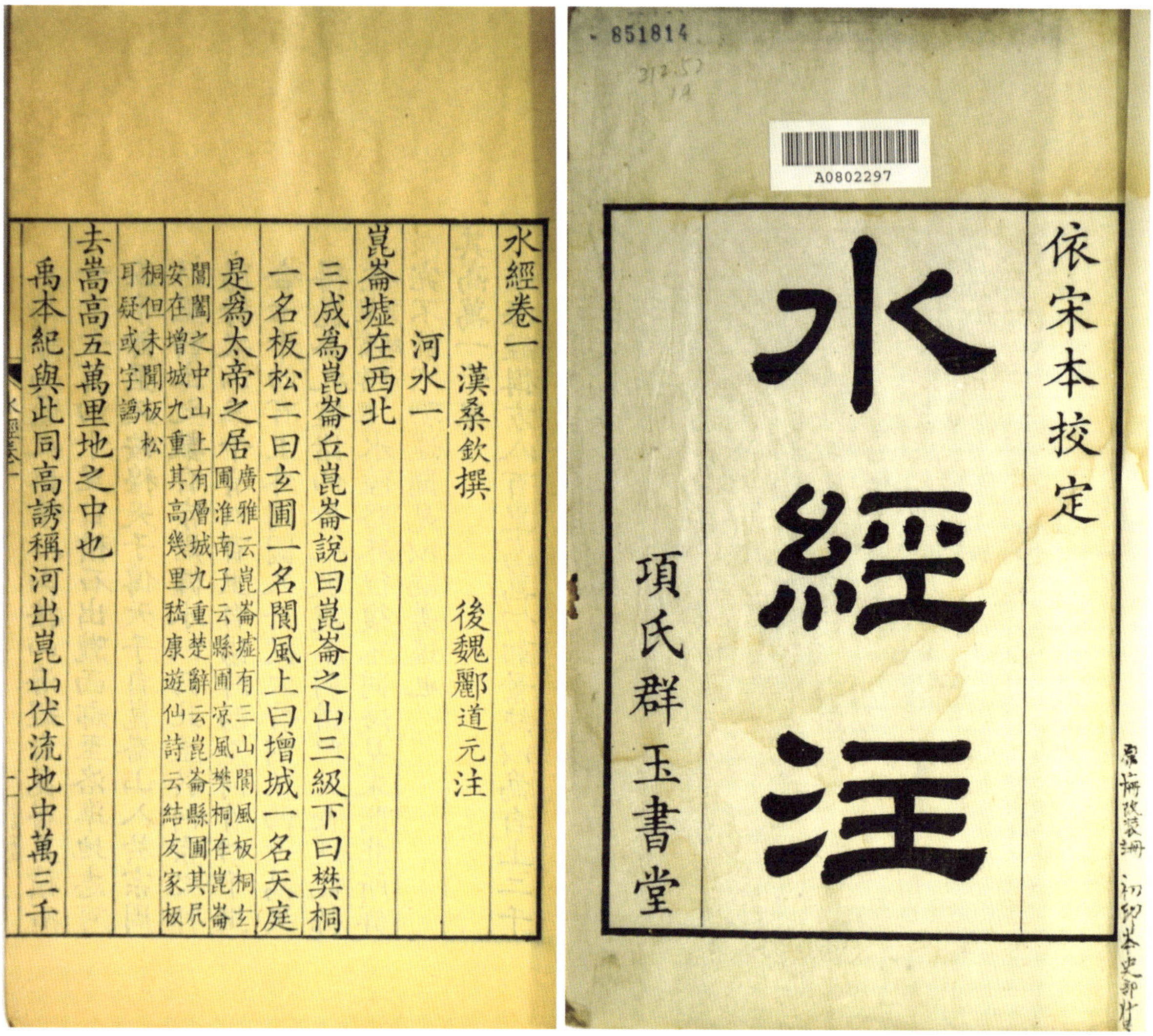

水經注四十卷　（北魏）酈道元撰　清康熙項氏群玉書堂刻本。八册。半頁十一行二十一字，小字雙行同，白口，四周單邊。框高17.9厘米、寬13.7厘米。韶關學院圖書館藏。

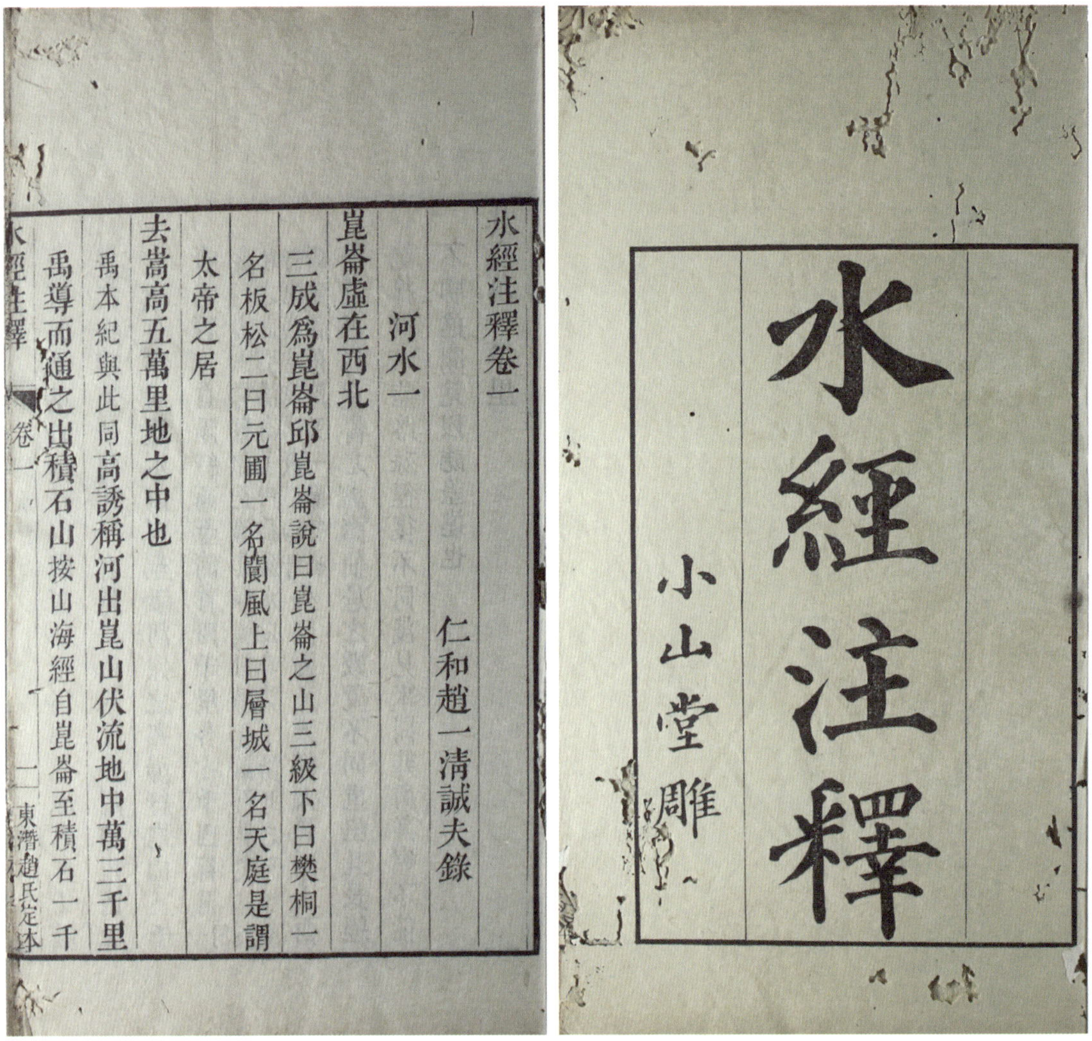
水經注釋
小山堂雕

水經注釋卷一
仁和趙一清誠夫録
河水一
崑崙虚在西北
三成爲崑崙邱崑崙說曰崑崙之山三級下曰樊桐一
名板松二曰元圃一名閬風上曰層城一名天庭是謂
太帝之居
去嵩高五萬里地之中也
禹本紀與此同高誘稱河出崑山伏流地中萬三千里
禹導而通之出積石山按山海經自崑崙至積石一千
水經注釋　卷一　二　東潛趙氏定本

水經注釋四十卷首一卷附録二卷水經注箋刊誤十二卷　（清）趙一清撰　清乾隆五十一年（1786）東潛趙氏小山堂刻本。十二册。半頁十行二十二字，小字雙行同，白口，左右雙邊。框高20.3厘米、寬14.6厘米。華南師範大學圖書館藏。

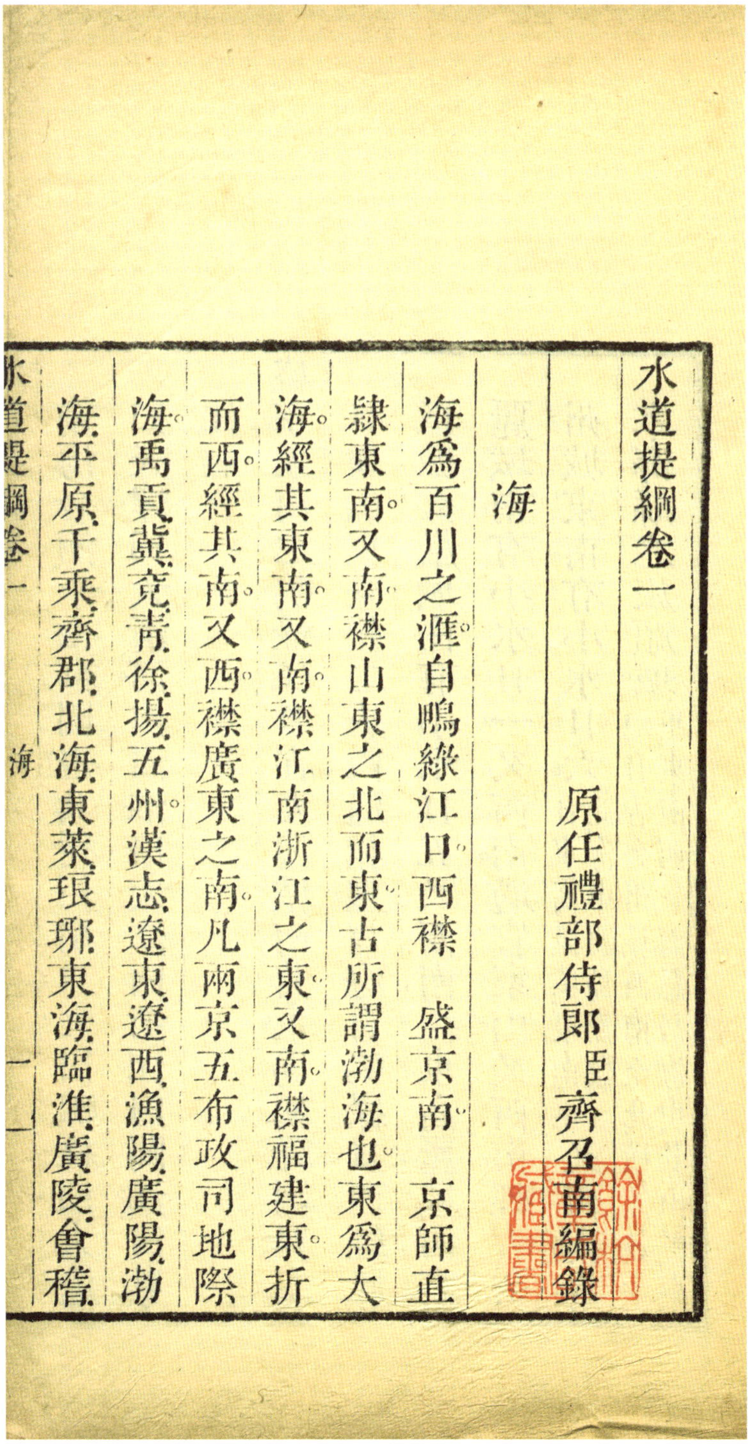

水道提綱卷一

原任禮部侍郎臣齊召南編錄

海

海爲百川之滙自鴨綠江口西襟　盛京南　京師直隸東南又南襟山東之北而東古所謂渤海也東爲大海經其東南又南襟江南浙江之東又南襟福建東折而西經其南又西襟廣東之南凡兩京五布政司地際海禹貢冀兗青徐揚五州漢志遼東遼西漁陽廣陽渤海平原千乘齊郡北海東萊琅琊東海臨淮廣陵會稽

水道提綱卷一　海　一

水道提綱二十八卷　（清）齊召南撰　清乾隆四十一年（1776）刻本。八册。半頁九行二十二字，小字雙行同，白口，左右雙邊。框高18.7厘米、寬13.7厘米。暨南大學圖書館藏。

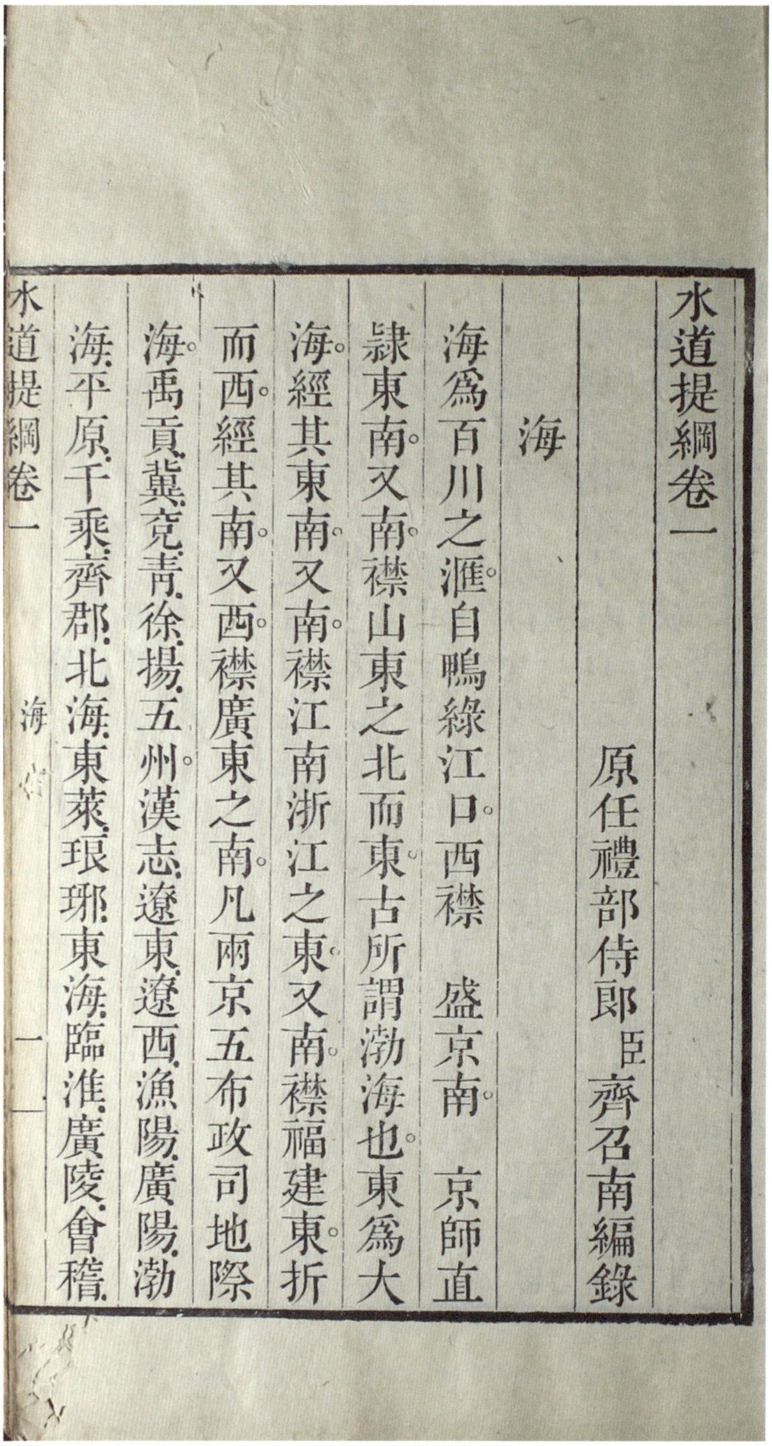
水道提綱卷一

原任禮部侍郎臣齊召南編錄

海

海爲百川之滙自鴨綠江口西襟盛京南　京師直隸東南又南襟山東之北而東古所謂渤海也東爲大海經其東南又南襟江南浙江之東又南襟福建東折而西經其南又西襟廣東之南凡兩京五布政司地際海禹貢冀兗青徐揚五州漢志遼東遼西漁陽廣陽渤海平原千乘齊郡北海東萊琅琊東海臨淮廣陵會稽

水道提綱卷一　海　一

水道提綱二十八卷　（清）齊召南撰　清乾隆四十一年（1776）刻本。五册。半頁九行二十二字，小字雙行同，白口，左右雙邊。框高18.7厘米、寬13.6厘米。華南師範大學圖書館藏。

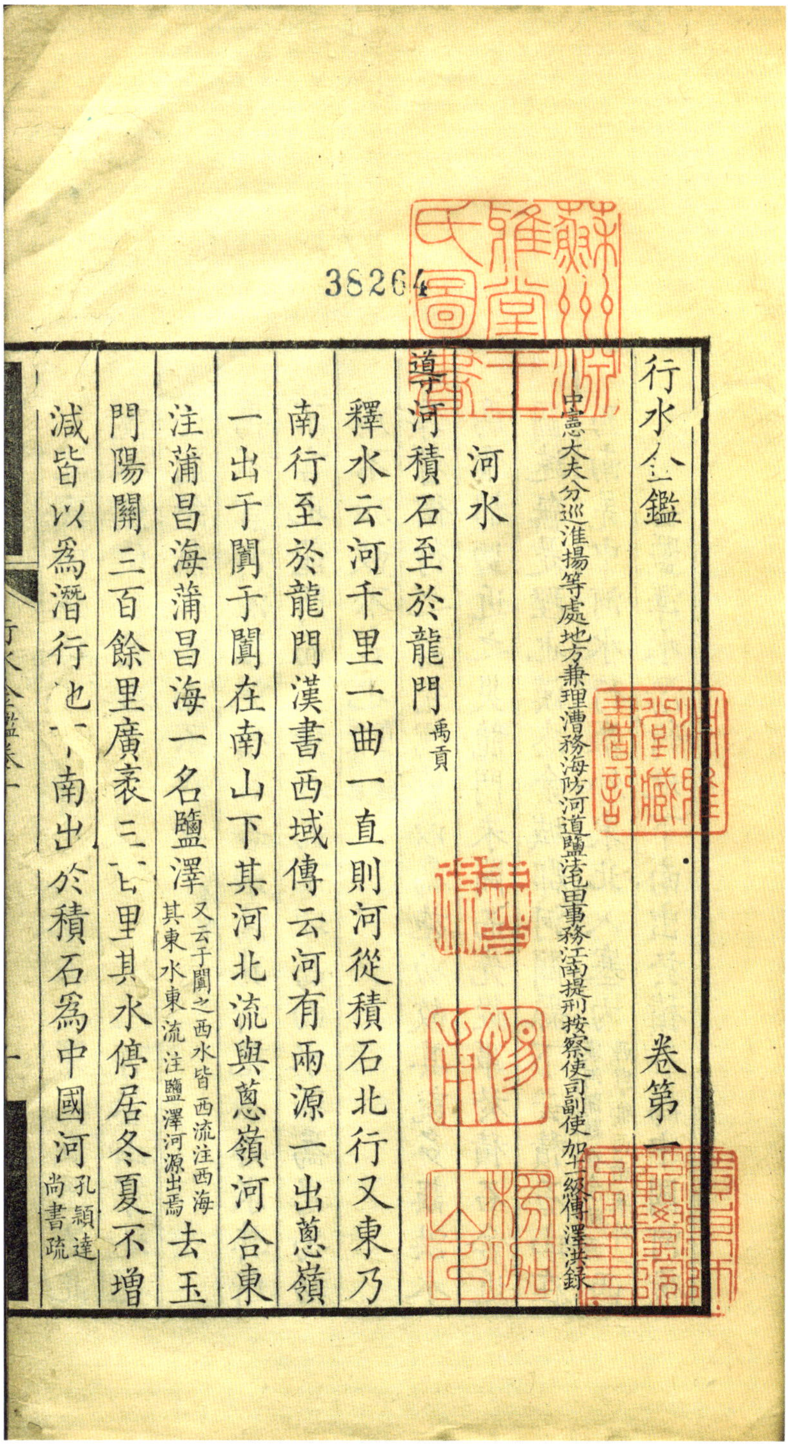
38264

行水金鑑　卷第一

中憲大夫分巡淮揚等處地方兼理漕務海防河道鹽法屯田事務江南提刑按察使司副使加三級傅澤洪録

河水

導河積石至於龍門 禹貢

釋水云河千里一曲一直則河從積石北行又東乃南行至於龍門漢書西域傳云河有兩源一出葱嶺一出于闐于闐在南山下其河北流與葱嶺河合東注蒲昌海蒲昌海一名鹽澤 又云于闐之西水皆西流注西海其東水東流注鹽澤河源出焉 去玉門陽關三百餘里廣袤三百里其水停居冬夏不增減皆以爲潛行地下南出於積石爲中國河 孔穎達尚書疏

行水金鑑一百七十五卷首一卷　（清）傅澤洪撰　清雍正三年（1725）淮揚官署刻本。三十六册。半頁十一行二十一字，小字雙行三十四字，黑口，左右雙邊。框高18.3厘米、寬13.6厘米。暨南大學圖書館藏。

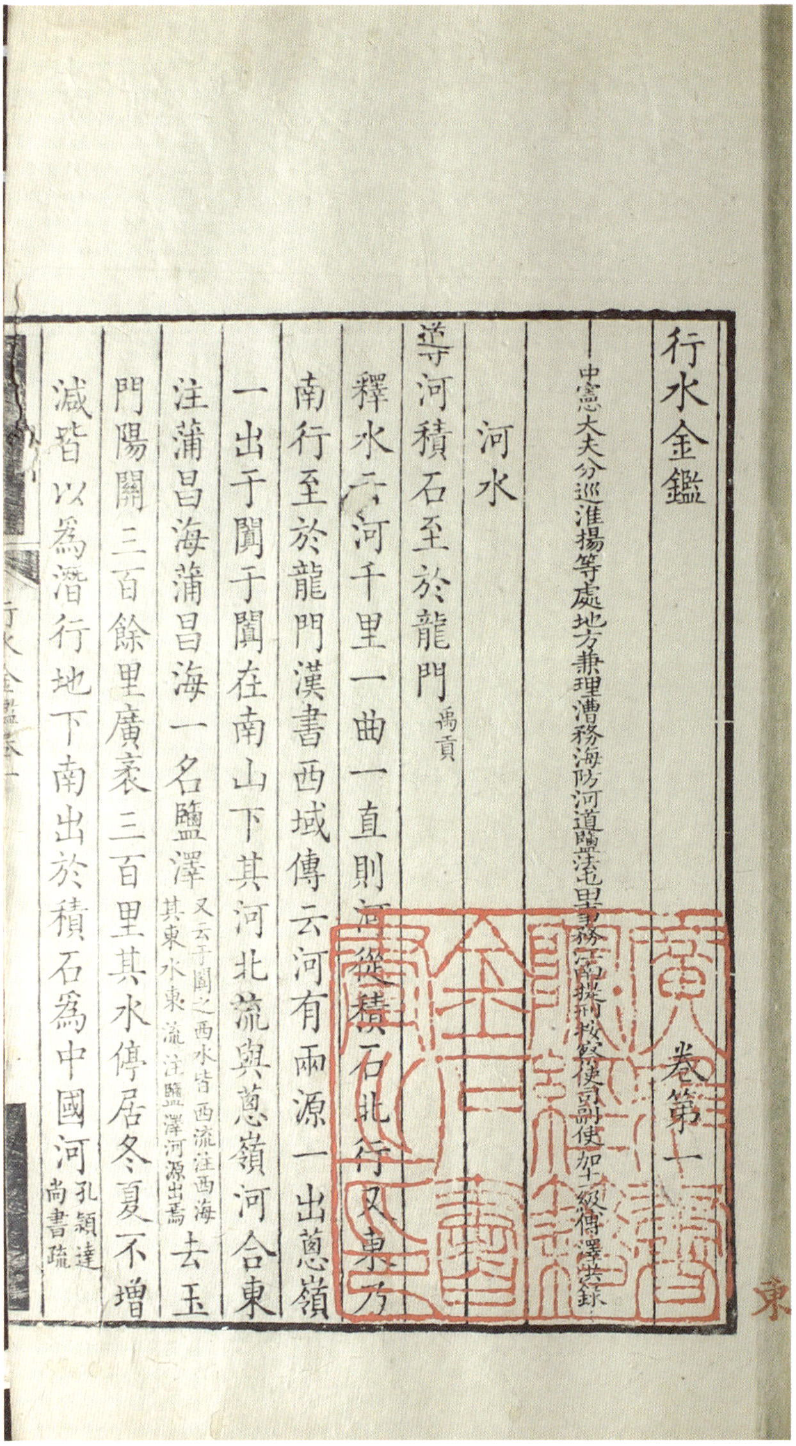

行水金鑑　卷第一
中憲大夫分巡淮揚等處地方兼理漕務海防河道臨清屯田事務江南提刑按察使司副使加一級傅澤洪錄

河水
導河積石至於龍門 禹貢
釋水云河千里一曲一直則河從積石北行又東乃南行至於龍門漢書西域傳云河有兩源一出蔥嶺一出于闐于闐在南山下其河北流與蔥嶺河合東注蒲昌海蒲昌海一名鹽澤 又云于闐之西水皆西流注西海其東水東流注鹽澤河源出焉 去玉門陽關三百餘里廣袤三百里其水停居冬夏不增減皆以爲潛行地下南出於積石爲中國河 孔穎達尚書疏

行水金鑑一百七十五卷首一卷　（清）傅澤洪撰　清雍正三年（1725）淮揚官署刻本。二十八册。半頁十一行二十一字，小字雙行三十四字，黑口，左右雙邊。框高17.7厘米、寬13.7厘米。華南師範大學圖書館藏。

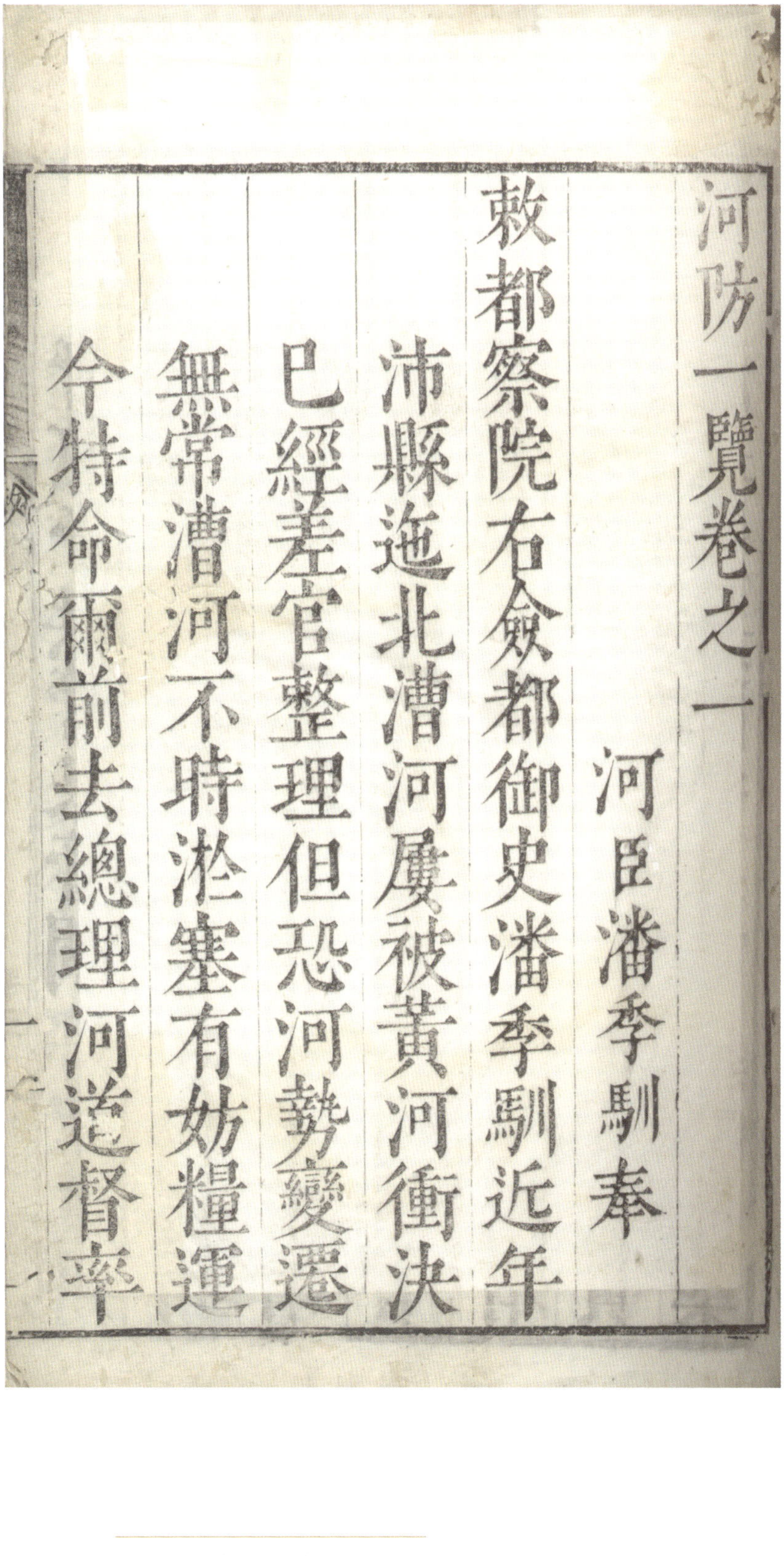
河防一覽卷之一
河臣潘季馴奉
敕都察院右僉都御史潘季馴近年
沛縣迤北漕河屢被黃河衝決
已經差官整理但恐河勢變遷
無常漕河不時淤塞有妨糧運
今特命爾前去總理河道督率

河防一覽十四卷　（明）潘季馴撰　明萬曆十八年（1590）自刻本。十册。半頁九行二十字，黑口，四周單邊。框高22.2厘米、寬15.8厘米。中山大學圖書館藏。

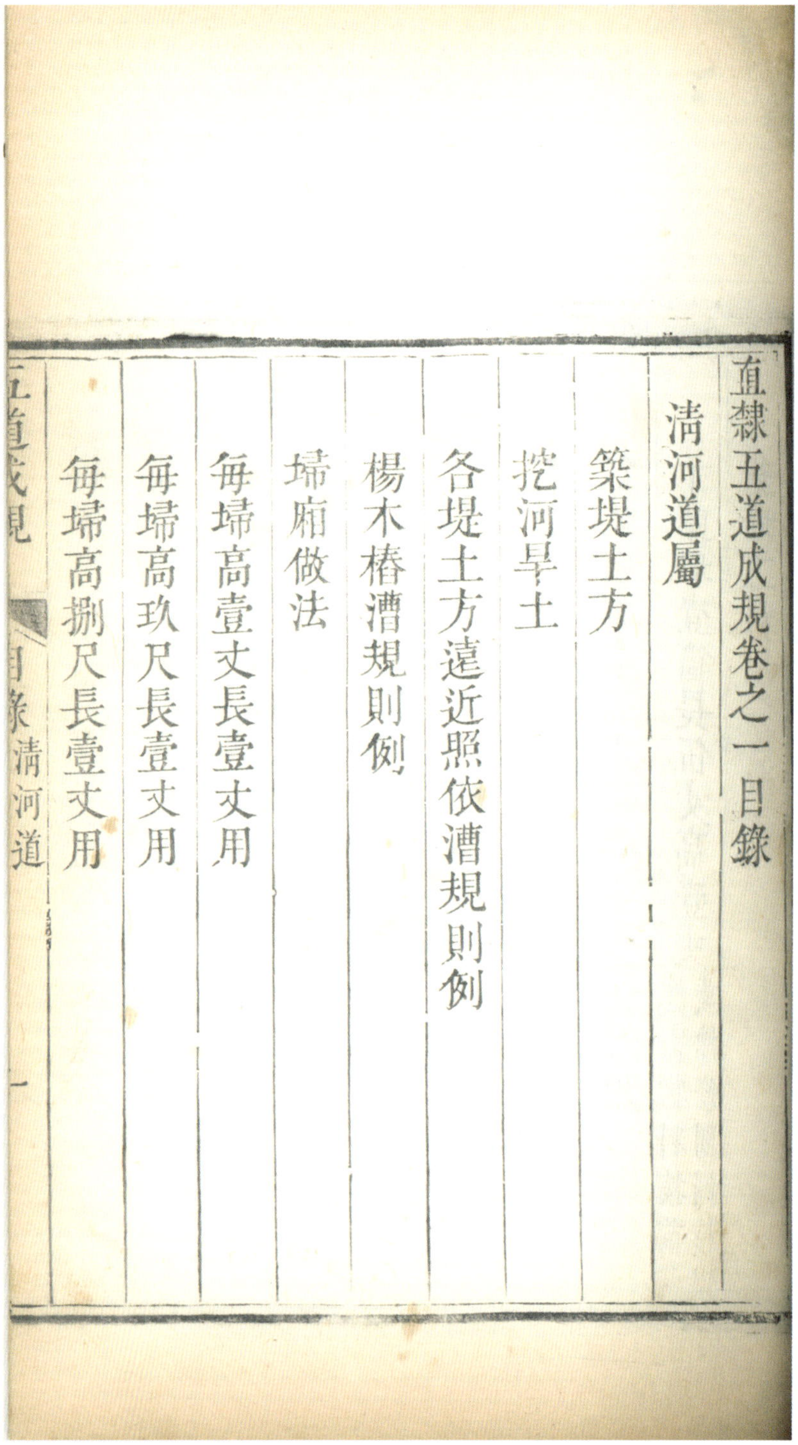
直隸五道成規卷之一目錄

清河道屬

築堤土方

挖河旱土

各堤土方遠近照依漕規則例

楊木樁漕規則例

埽廂做法

每埽高壹丈長壹丈用

每埽高玖尺長壹丈用

每埽高捌尺長壹丈用

五道成規　目錄　清河道　一

直隸五道成規五卷　（清）高斌輯　清乾隆刻本。五册。半頁十行二十字，白口，四周雙邊。框高18.2厘米、寬14.9厘米。廣東省立中山圖書館藏。

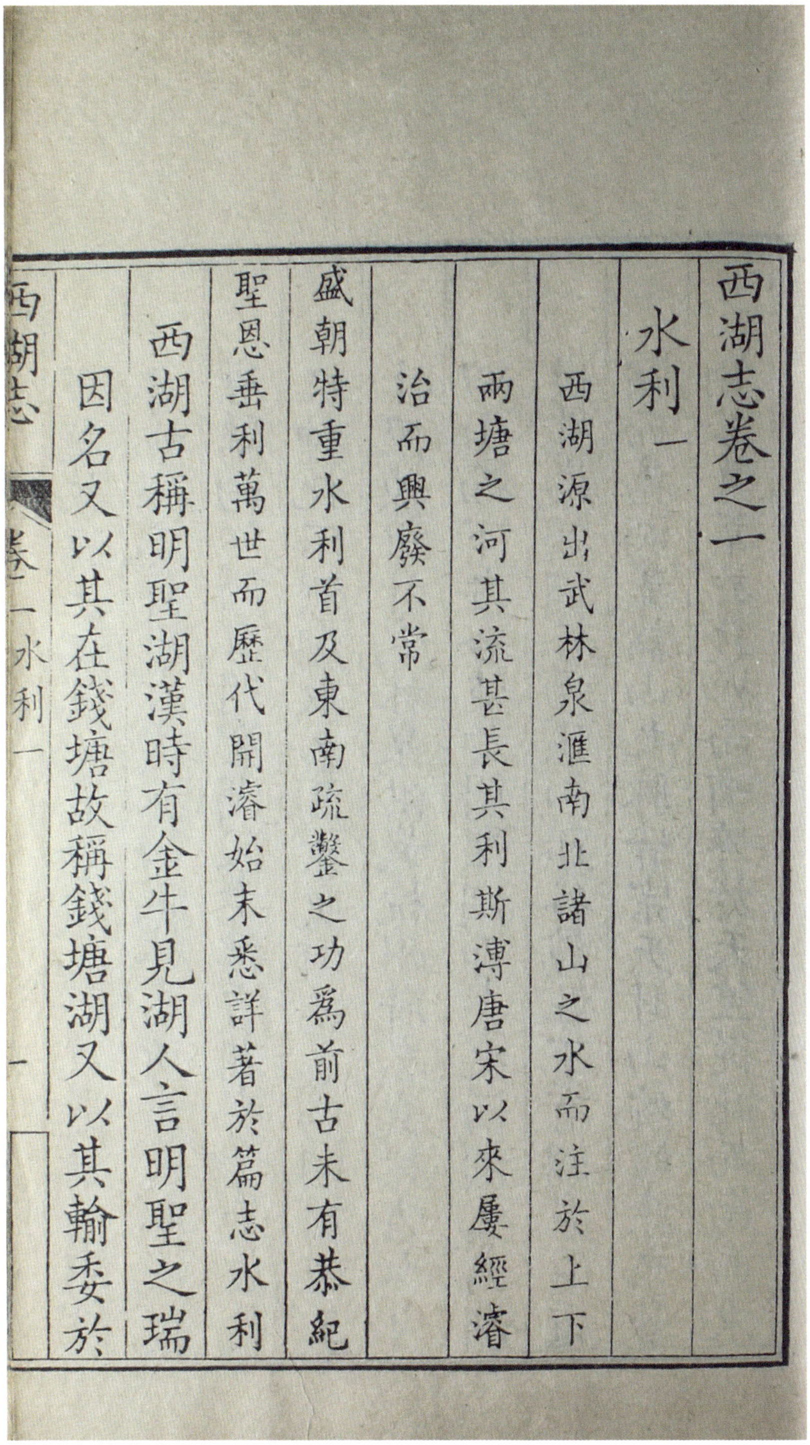
西湖志卷之一

水利一

西湖源出武林泉滙南北諸山之水而注於上下
兩塘之河其流甚長其利斯溥唐宋以來屢經濬
治而興廢不常
盛朝特重水利首及東南疏鑿之功爲前古未有恭紀
聖恩垂利萬世而歷代開濬始末悉詳著於篇志水利
西湖古稱明聖湖漢時有金牛見湖人言明聖之瑞
因名又以其在錢塘故稱錢塘湖又以其輸委於

西湖志　卷之一　水利　一

西湖志四十八卷　（清）傅王露等撰　清雍正十三年（1735）刻本。二十册。半頁九行二十一字，小字雙行同，白口，四周雙邊。框高20.1厘米、寬14.4厘米。華南師範大學圖書館藏。

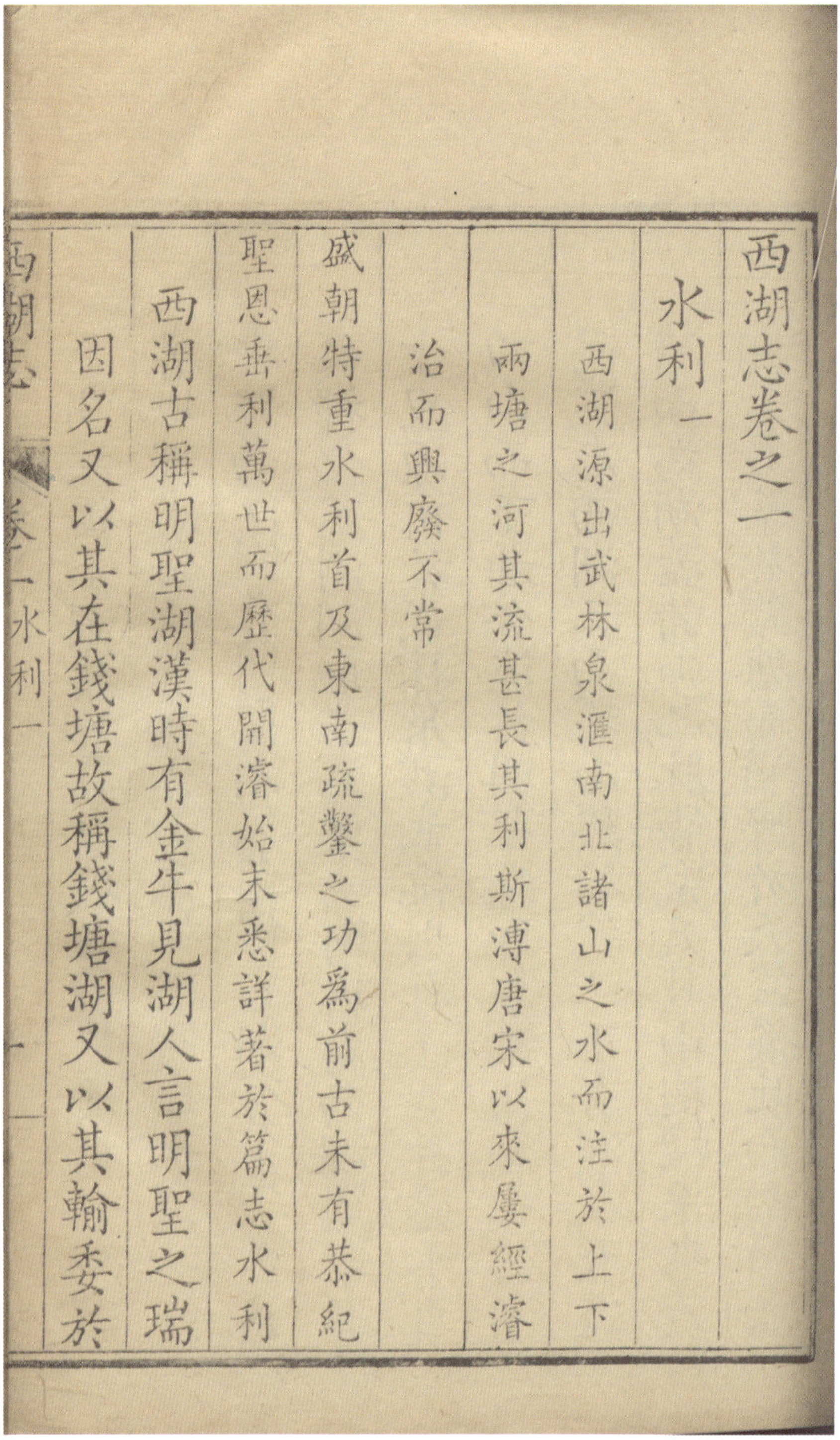

西湖志卷之一

水利一

西湖源出武林泉滙南北諸山之水而注於上下兩塘之河其流甚長其利斯溥唐宋以來屢經濬治而興廢不常

盛朝特重水利首及東南疏鑿之功爲前古未有恭紀

聖恩垂利萬世而歷代開濬始末悉詳著於篇志水利

西湖古稱明聖湖漢時有金牛見湖人言明聖之瑞因名又以其在錢塘故稱錢塘湖又以其輸委於

西湖志　卷之一　水利一　一

西湖志四十八卷　（清）傅王露等撰　清雍正十三年（1735）刻本。二十册。半頁九行二十一字，小字雙行同，白口，四周雙邊。框高20厘米、寬14.4厘米。佛山市圖書館藏。

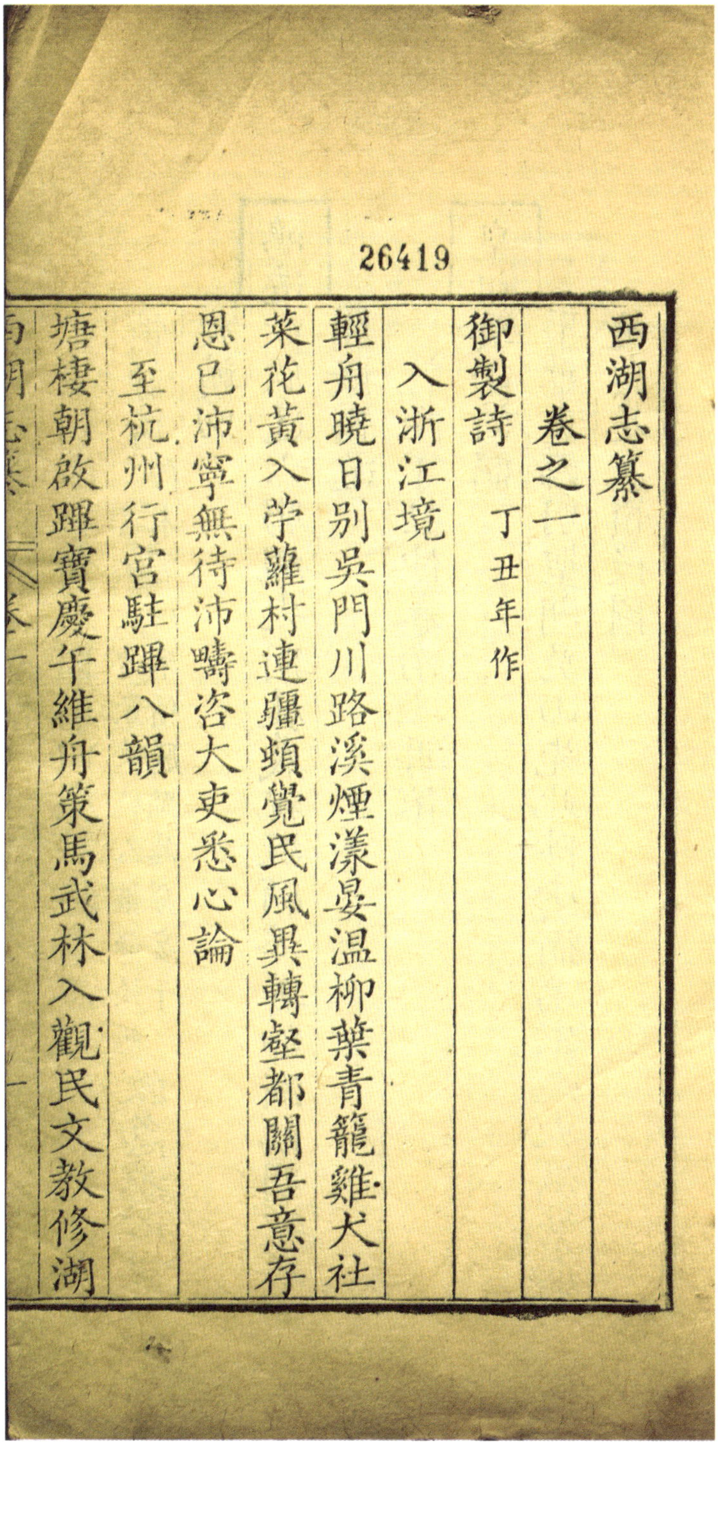

26419

西湖志纂

卷之一

御製詩 丁丑年作

入浙江境

輕舟曉日別吳門川路溪煙漾晏温柳葉青籠雞犬社

菜花黃入苧蘿村連疆頻覺民風異轉壑都關吾意存

恩已沛寧無待沛疇咨大吏悉心論

至杭州行宮駐蹕八韻

塘棲朝啟蹕寶慶午維舟策馬武林入觀民文教修湖

西湖志纂 卷一

西湖志纂十五卷首一卷 （清）沈德潛 傅王露輯 清乾隆二十年（1755）刻二十七年（1762）增修本。五册。半頁九行二十一字，小字雙行同，白口，四周雙邊。框高17.9厘米、寬12厘米。暨南大學圖書館藏。

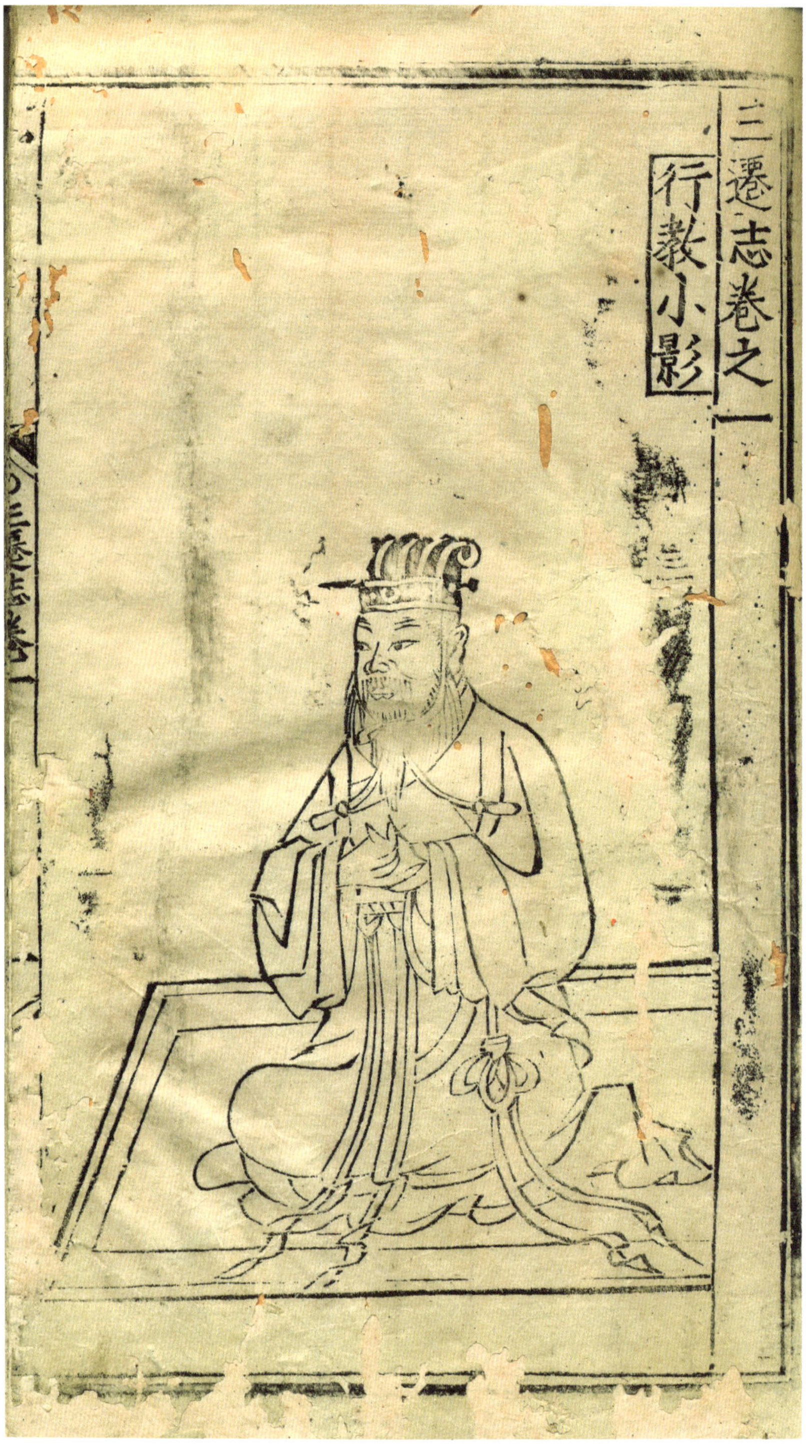

三遷志六卷　（明）吕元善撰　（明）費增輯　明萬曆刻本。四册。半頁十行二十一字，黑口，四周雙邊。框高22.2厘米、寬13.7厘米。暨南大學圖書館藏。

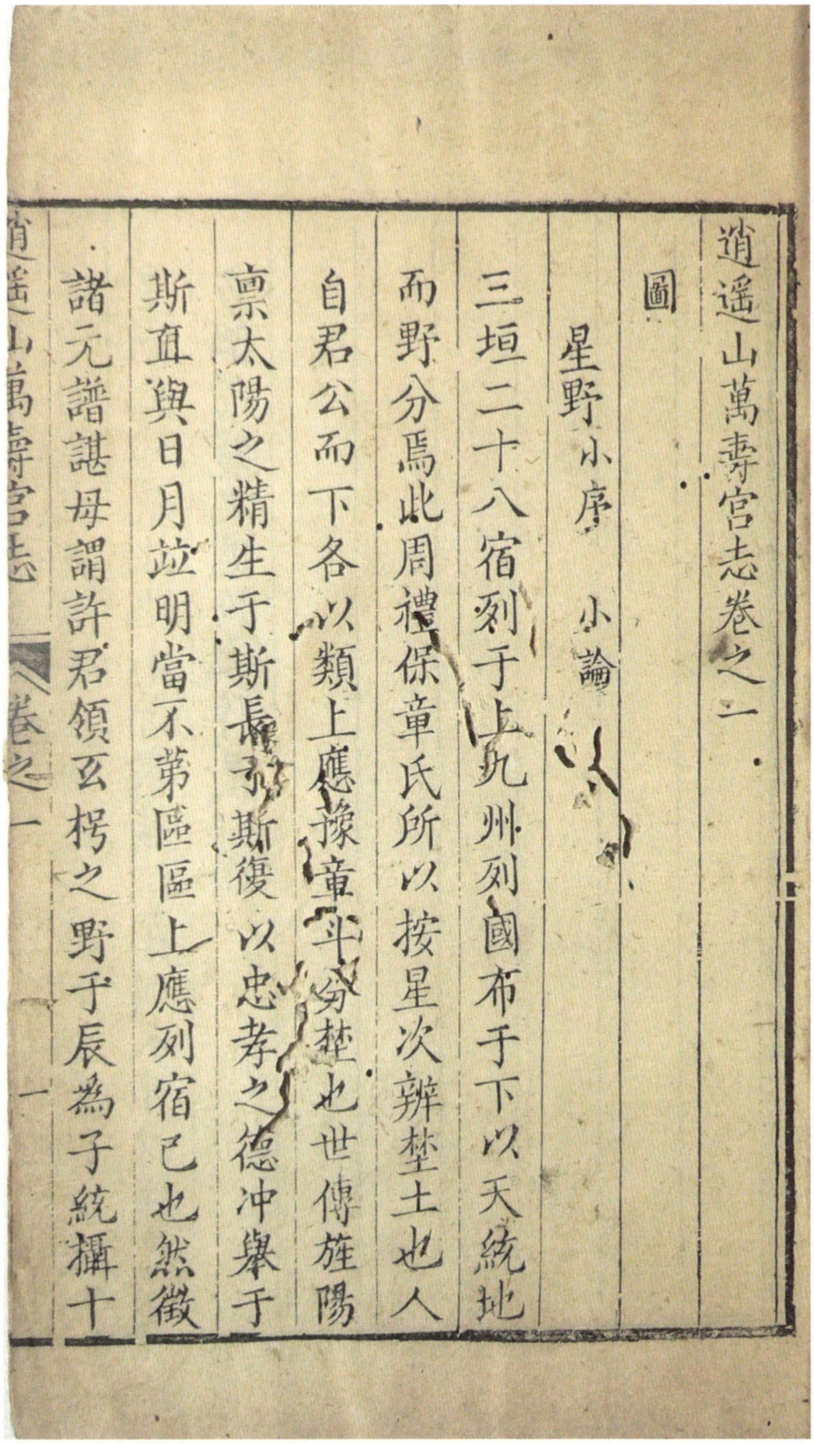

逍遥山萬壽宮志卷之一

圖

星野小序　小論

三垣二十八宿列于上九州列國布于下以天統地
而野分焉此周禮保章氏所以按星次辨埜土也人
自君公而下各以類上應豫章平分楚也世傳旌陽
禀太陽之精生于斯長于斯復以忠孝之德冲舉于
斯直與日月竝明當不第區區上應列宿已也然微
諸元譜諶母謂許君領玄枵之野于辰爲子統攝十

逍遥山萬壽宮志　卷之一　一

逍遥山萬壽宮志二十卷首一卷　（清）丁步上　郭懋隆輯　清乾隆五年（1740）逍遥山萬壽宮刻本。八册。半頁九行二十一字，小字雙行同，白口，左右雙邊。框高19.4厘米、寬13.6厘米。汕頭市金山中學藏。

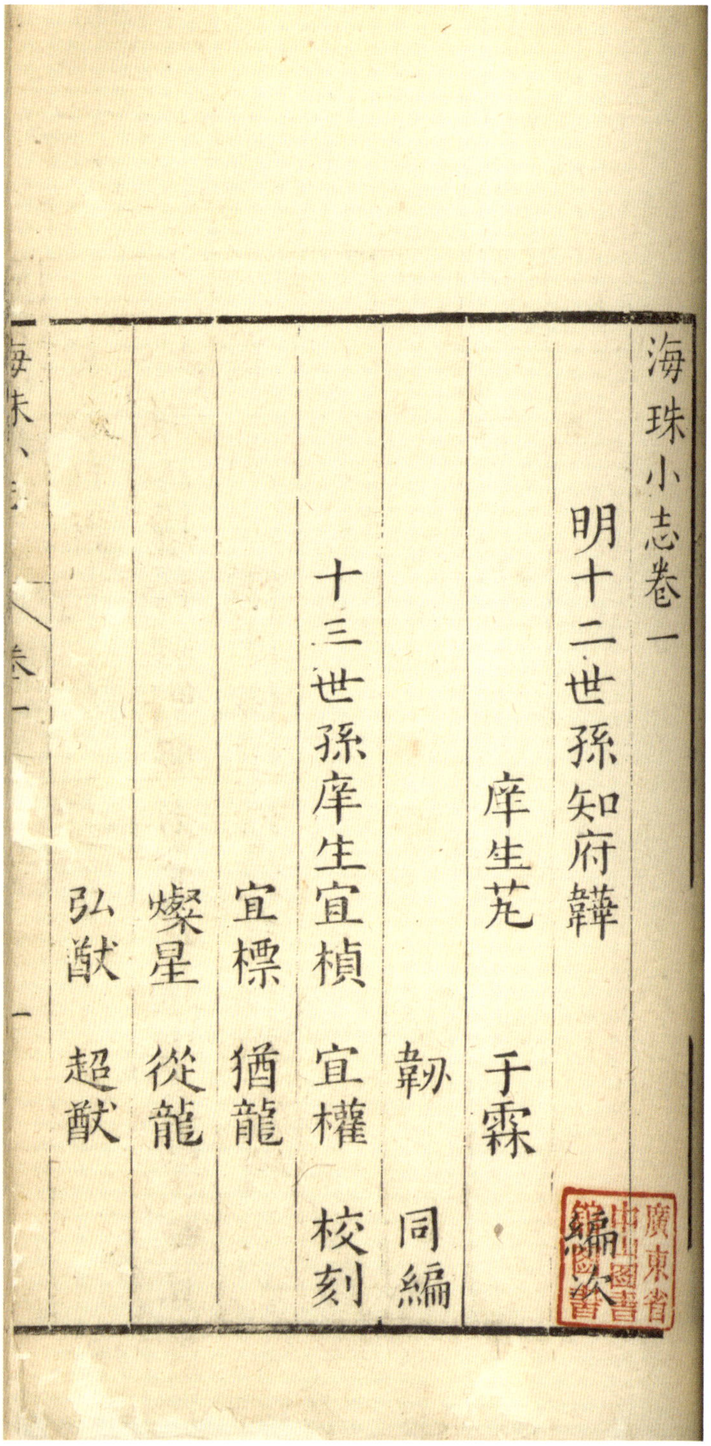
海珠小志卷一
明十二世孫知府韡
庠生芃　于霖
翺　同編
十三世孫庠生宜楨　宜權　校刻
宜標　猶龍
爕星　從龍
弘猷　超猷

海珠小志五卷　（明）李韡撰　（清）李文焰增補　清康熙三十六年（1697）刻本。六册。半頁八行十七字，白口，四周單邊。框高19厘米、寬13.4厘米。廣東省立中山圖書館藏。

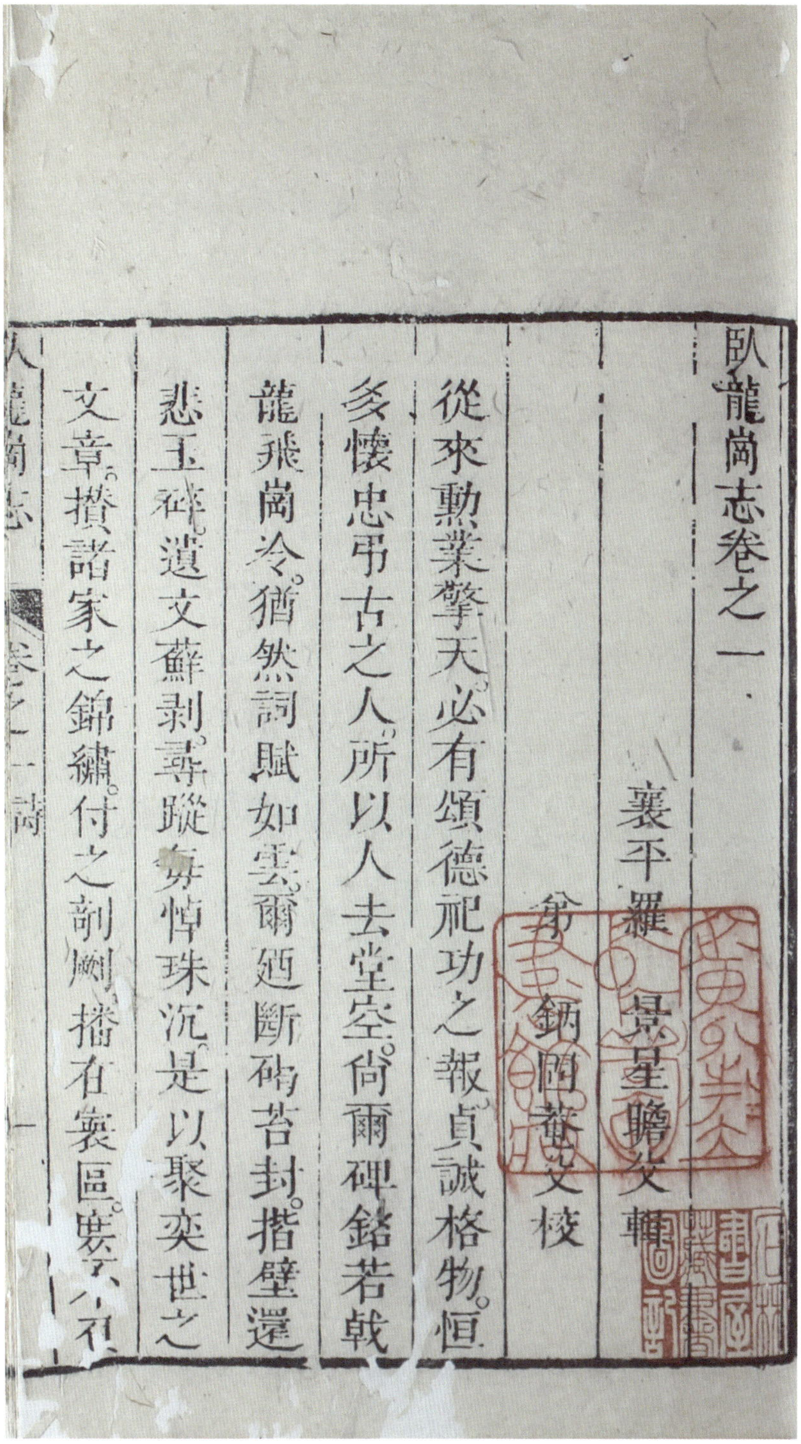
臥龍崗志卷之一
襄平羅　景星瞻文輯
弟　鈵國華文校
從來勳業擎天，必有頌德祀功之報；貞誠格物，恒
多懷忠弔古之人。所以人去堂空，尚爾碑銘若載；
龍飛崗冷，猶然詞賦如雲。爾廼斷碣苔封，揩壁還
悲玉碎；遺文蘚剝，尋蹤每悼珠沉。是以聚奕世之
文章，攢諸家之錦繡，付之剞劂，播在寰區。寔不
臥龍崗志　卷之一　詩　一

臥龍崗志二卷　（清）羅景輯　清康熙五十一年（1712）刻本。四册。半頁八行二十字，白口，左右雙邊。框高17.6厘米、寬13.6厘米。華南師範大學圖書館藏。

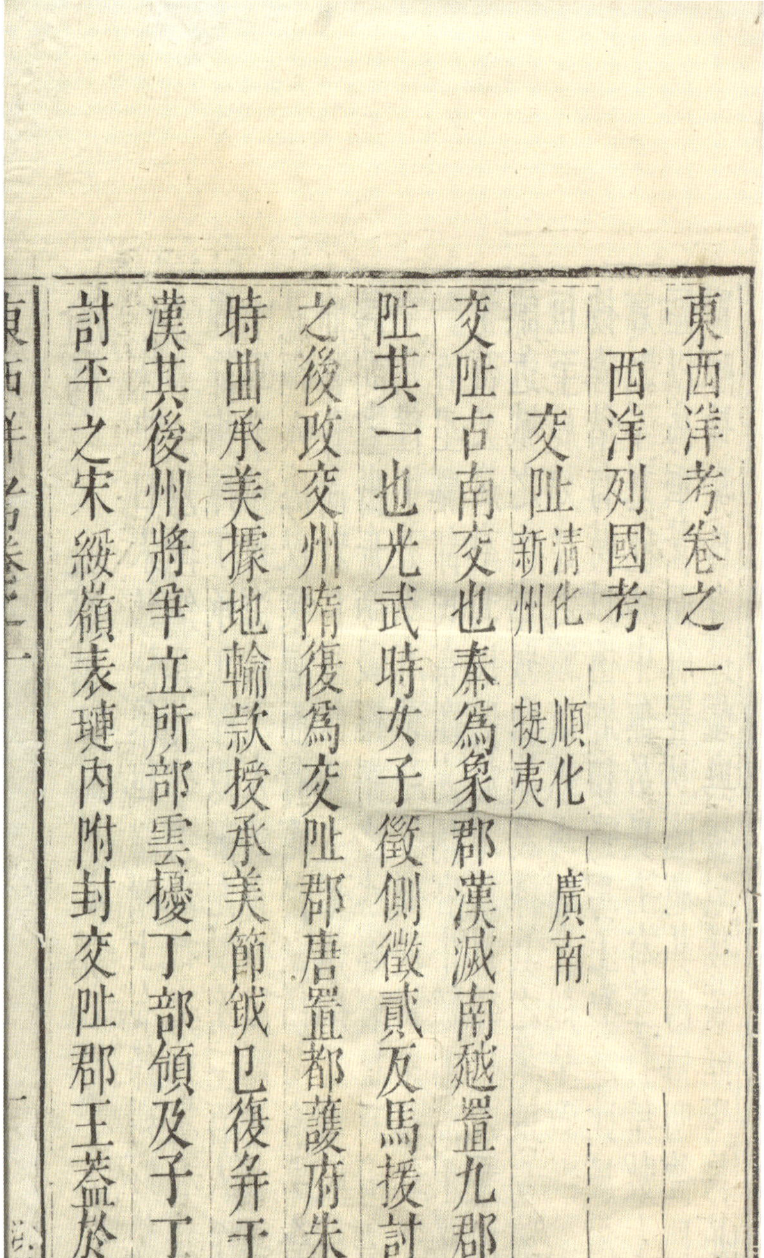
東西洋考卷之一

西洋列國考

交阯 清化 順化 廣南 新州 提夷

交阯古南交也秦爲象郡漢滅南越置九郡交阯其一也光武時女子徵側徵貳反馬援討平之後改交州隋復爲交阯郡唐置都護府朱梁時曲承美據地輸款授承美節鉞已復并于南漢其後州將爭立所部雲擾丁部領及子丁璉討平之宋綏嶺表璉內附封交阯郡王蓋於是

東西洋考十二卷　（明）張燮撰　明萬曆四十六年（1618）王起宗刻本。四册。半頁九行十八字，小字雙行同，白口，四周雙邊。框高20.3厘米、寬13.8厘米。中山大學圖書館藏。

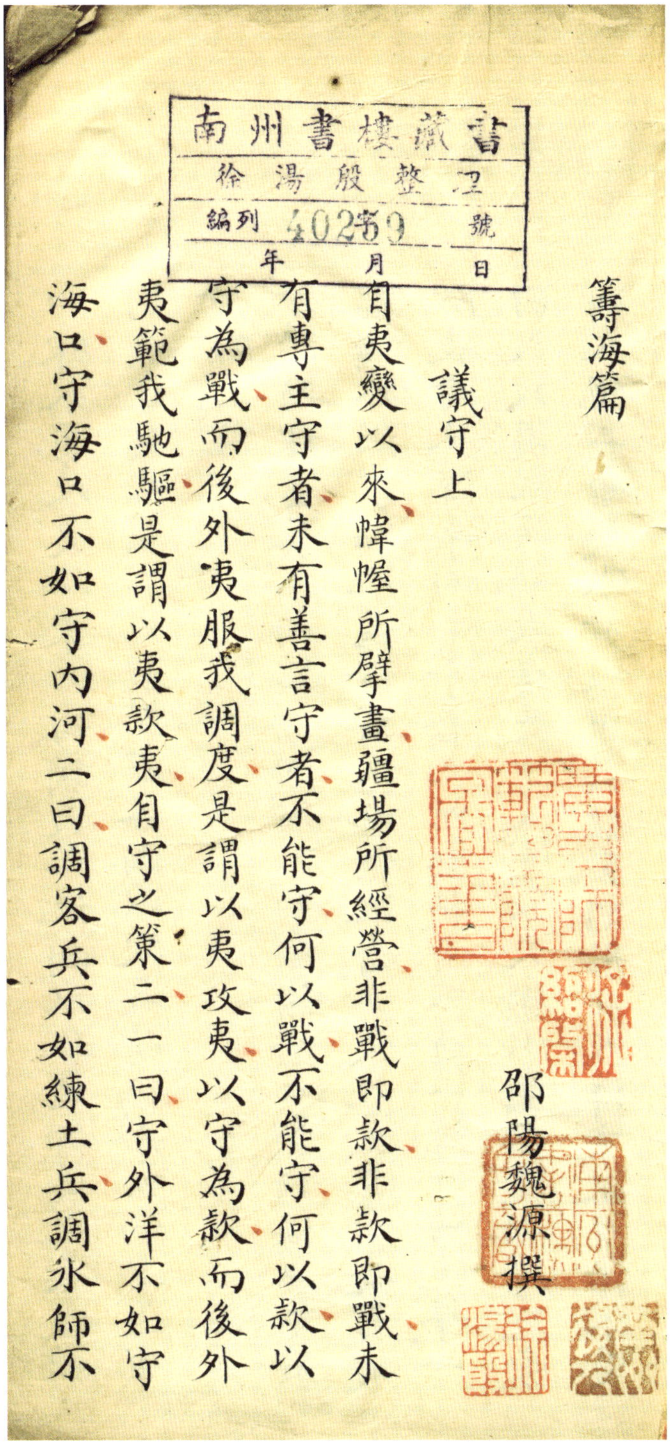

籌海篇三卷　（清）魏源撰　清抄本。一册。半頁八行二十四字，小字雙行同。暨南大學圖書館藏。

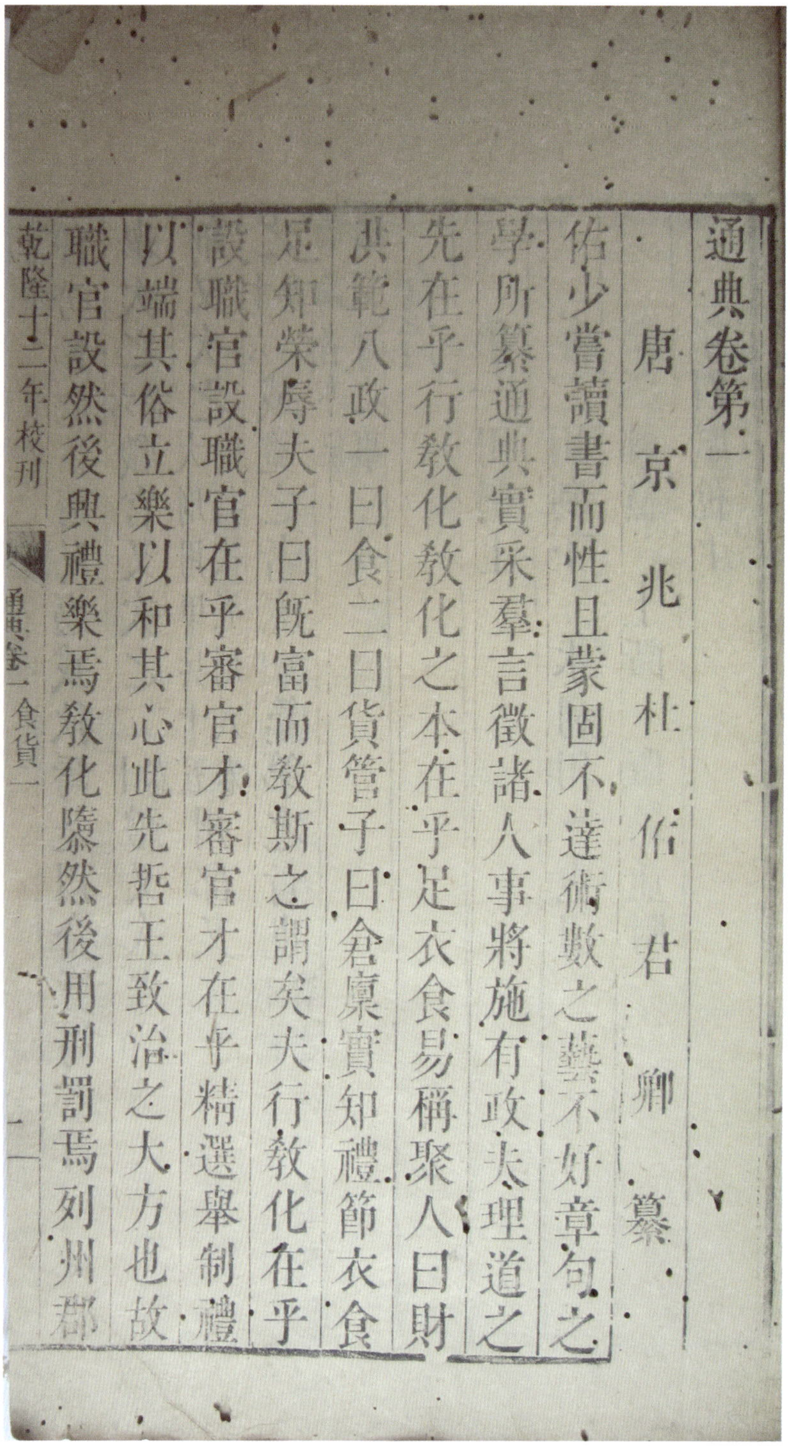
通典卷第一

唐京兆杜佑君卿纂

佑少嘗讀書而性且蒙固不達術數之藝不好章句之學所纂通典實采羣言徵諸人事將施有政夫理道之先在乎行教化教化之本在乎足衣食易稱聚人曰財洪範八政一曰食二曰貨管子曰倉廩實知禮節衣食足知榮辱夫子曰既富而教斯之謂矣夫行教化在乎設職官設職官在乎審官才審官才在乎精選舉制禮以端其俗立樂以和其心此先哲王致治之大方也故職官設然後興禮樂焉教化隳然後用刑罰焉列州郡

乾隆十二年校刊

通典卷一食貨一　一

通典二百卷　（唐）杜佑撰　清乾隆十二年（1747）武英殿刻本。存一百九十六卷（缺九十一、九十三、九十四、一百六十四）。三十六册。半頁十行二十一字，小字雙行同，白口，左右雙邊。框高21.7厘米、寬14.3厘米。五華縣圖書館藏。

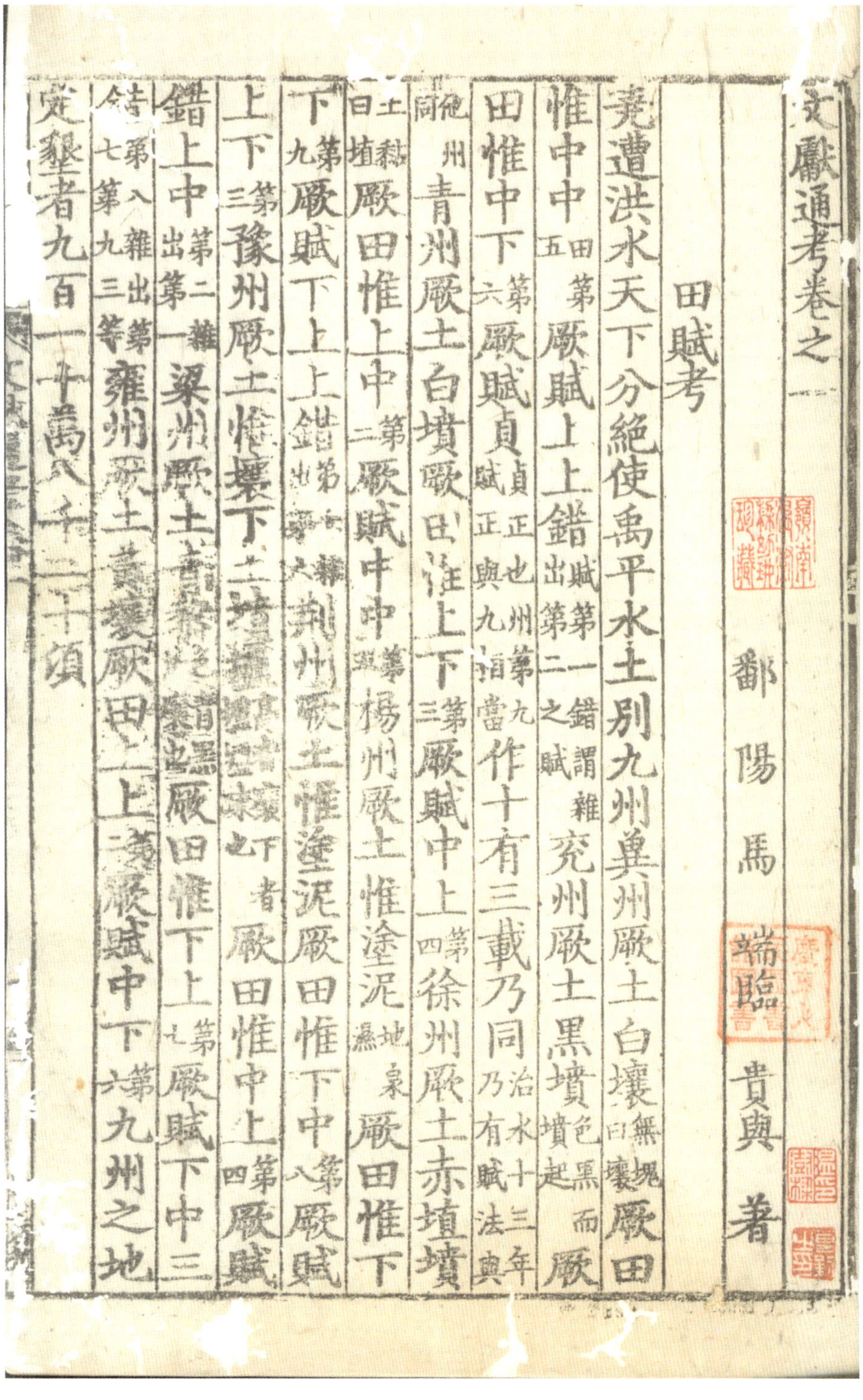

文獻通考三百四十八卷 （元）馬端臨撰　元泰定元年（1324）杭州西湖書院刻元明遞修本。一百三十六册。半頁十三行二十六字，小字雙行同，白口，左右雙邊。框高25.7厘米、寬19.5厘米。廣東省立中山圖書館藏。

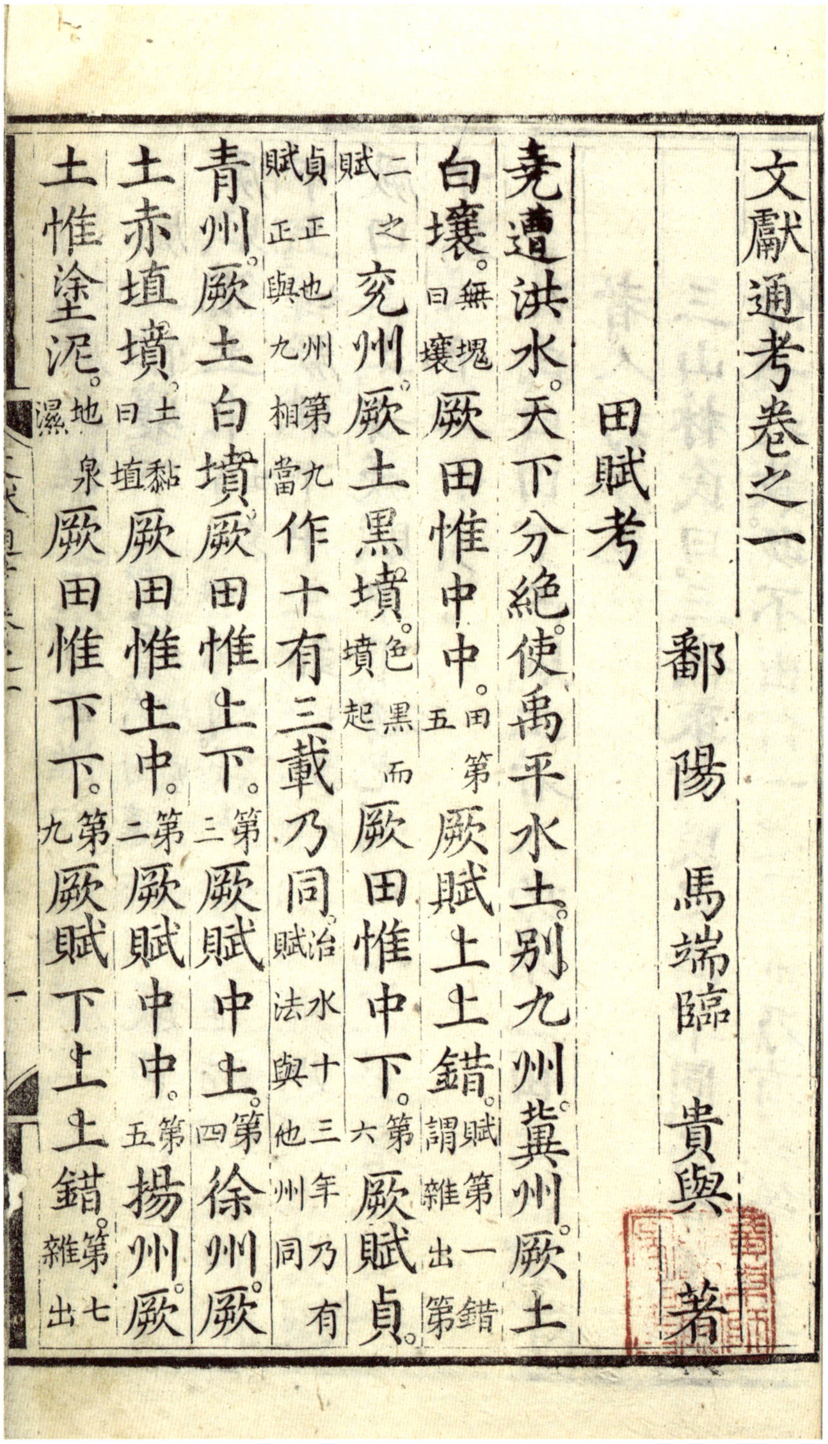
文獻通考卷之一
鄱陽　馬端臨　貴與　著
田賦考
堯遭洪水。天下分絶。使禹平水土。別九州。冀州厥土白壤。無塊曰壤厥田惟中中。田第五厥賦上上錯。賦第一錯謂雜出第二之賦兖州厥土黑墳。色黑而墳起厥田惟中下。第六厥賦貞。貞正也州第九賦正與九州相當作十有三載乃同。治水十三年乃有賦法與他州同青州。厥土白墳。厥田惟上下。第三厥賦中上。第四徐州厥土赤埴墳。土黏曰埴厥田惟上中。第二厥賦中中。第五揚州厥土惟塗泥。地泉濕厥田惟下下。第九厥賦下上上錯。第七雜出

文獻通考三百四十八卷　（元）馬端臨撰　明嘉靖三年（1524）司禮監刻本。一百册。半頁十行二十字，小字雙行同，黑口，四周雙邊。框高25.5厘米、寬17.5厘米。暨南大學圖書館藏。

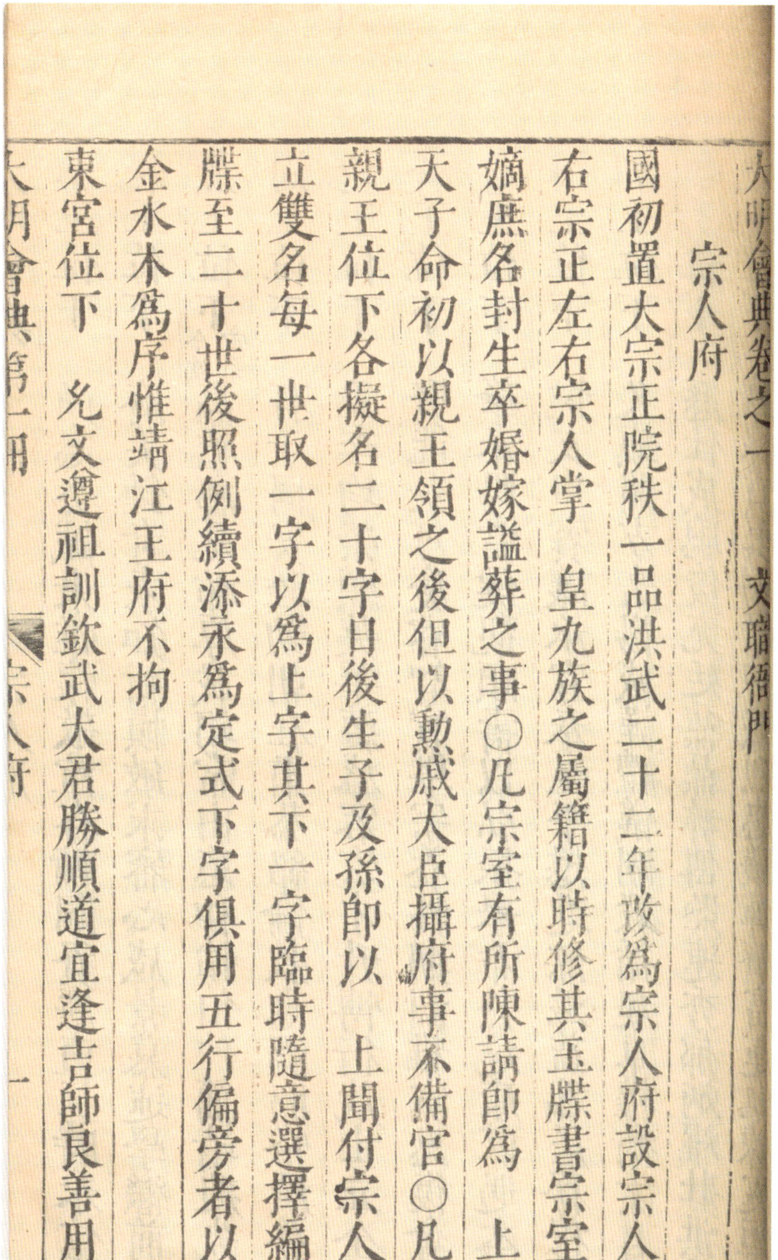
大明會典卷之一　文職衙門

宗人府

國初置大宗正院秩一品洪武二十二年改爲宗人府設宗人令左右宗正左右宗人掌　皇九族之屬籍以時修其玉牒書宗室子女嫡庶名封生卒婚嫁謚葬之事○凡宗室有所陳請即爲　上聞聽天子命初以親王領之後但以勳戚大臣攝府事不備官○凡東宮親王位下各擬名二十字日後生子及孫即以　上聞付宗人府所立雙名每一世取一字以爲上字其下一字臨時隨意選擇編入玉牒至二十世後照例續添永爲定式下字俱用五行偏旁者以火土金水木爲序惟靖江王府不拘

東宮位下　允文遵祖訓欽武大君勝順道宜逢吉師良善用晟

大明會典第一冊　宗人府　一

大明會典二百二十八卷　（明）申時行　趙用賢等纂修　明天啓元年（1621）張京元等刻本。二十四册。半頁十一行二十六字，小字雙行同，白口，四周單邊。框高23厘米、寬15.5厘米。廣東省立中山圖書館藏。

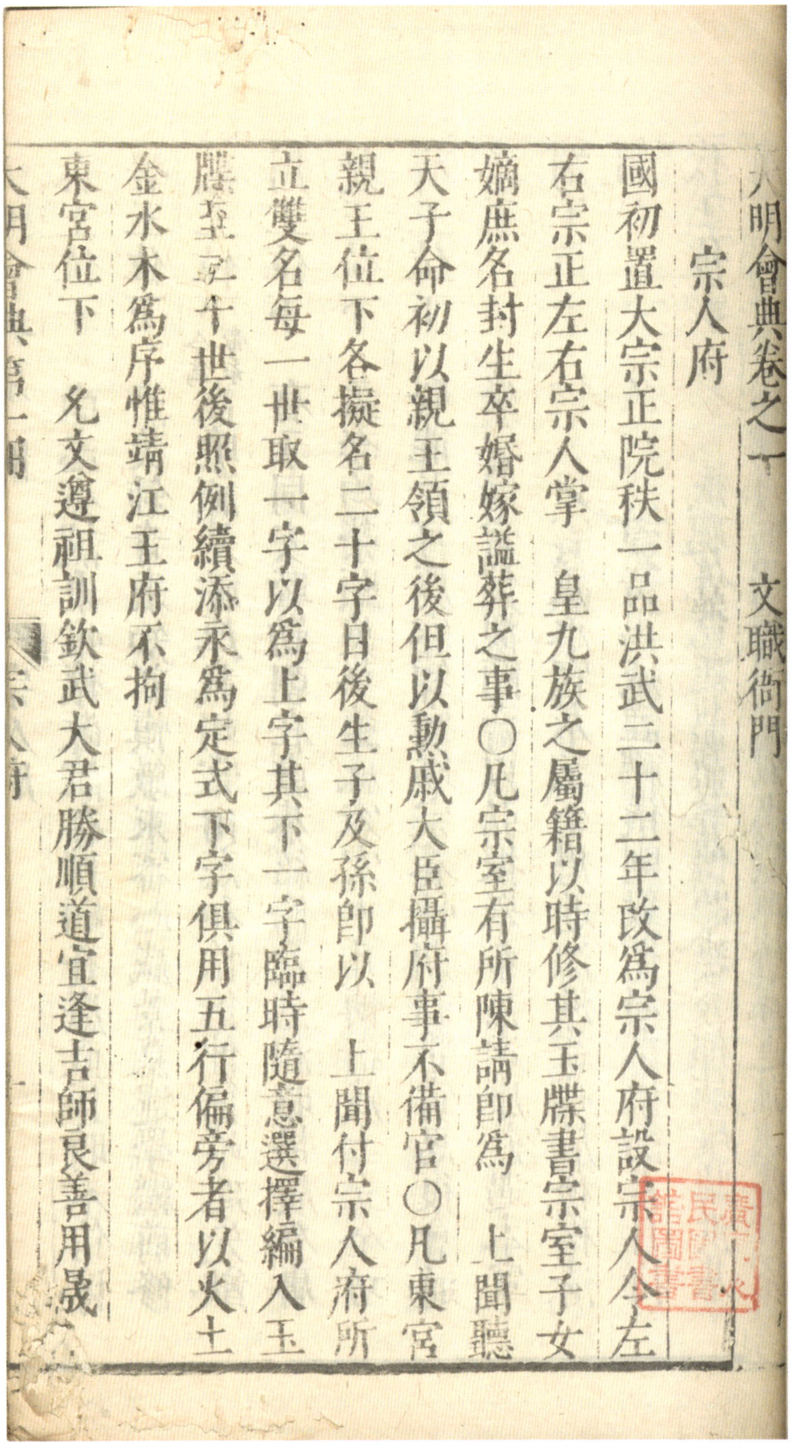
大明會典卷之一　文職衙門
宗人府
國初置大宗正院秩一品洪武二十二年改爲宗人府設宗人令左
右宗正左右宗人掌　皇九族之屬籍以時修其玉牒書宗室子女
嫡庶名封生卒婚嫁謚葬之事○凡宗室有所陳請卽爲　上聞聽
天子命初以親王領之後但以勳戚大臣攝府事不備官○凡東宮
親王位下各擬名二十字日後生子及孫卽以　上聞付宗人府所
立雙名每一世取一字以爲上字其下一字臨時隨意選擇編入玉
牒至二十世後照例續添永爲定式下字俱用五行偏旁者以火土
金水木爲序惟靖江王府不拘
東宮位下　允文遵祖訓欽武大君勝順道宜逢吉師良善用晟
大明會典卷一　宗人府

大明會典二百二十八卷　（明）申時行　趙用賢等纂修　明天啓元年（1621）張京元等刻本。十二册。半頁十一行二十六字，小字雙行同，白口，四周單邊。框高23厘米、寬15.5厘米。廣東省立中山圖書館藏。

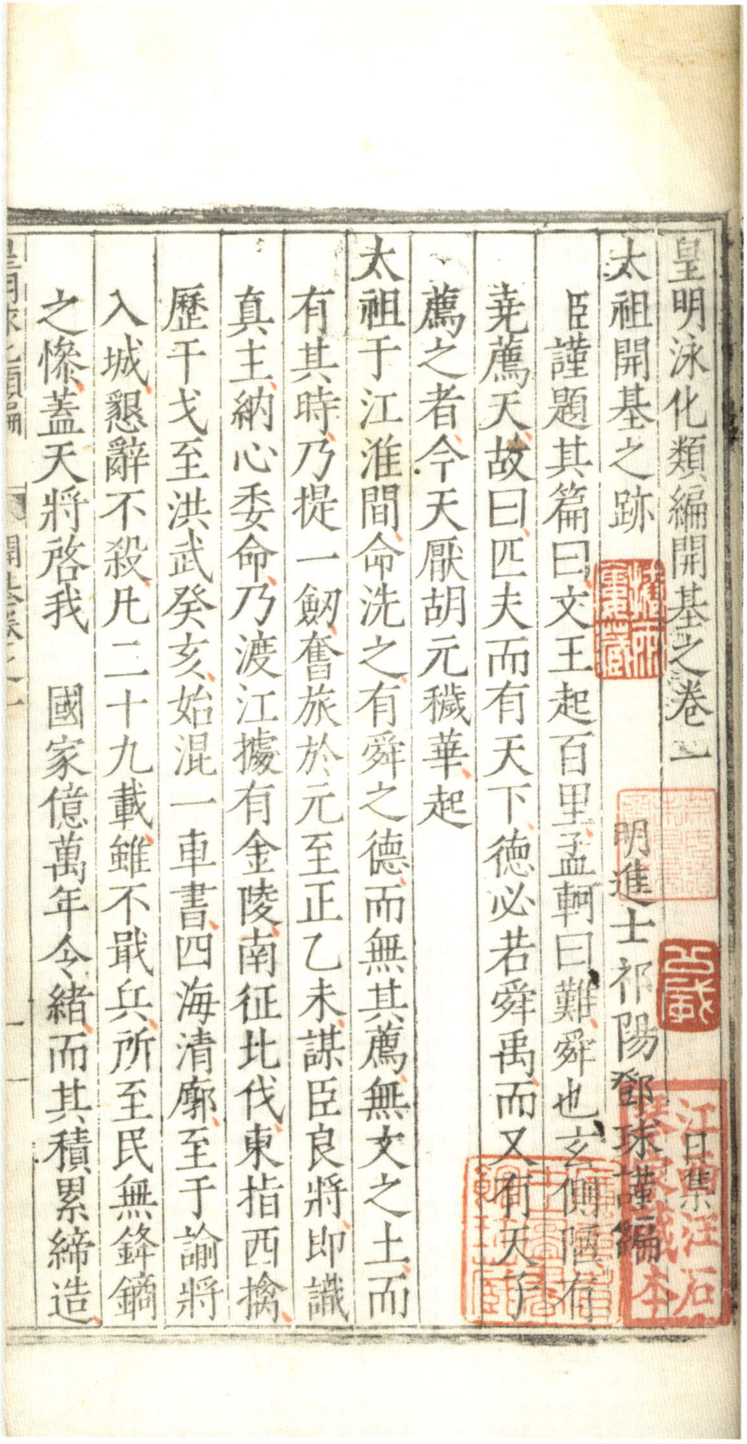
皇明泳化類編開基之卷二
太祖開基之跡　明進士祁陽鄧球謹編
臣謹題其篇曰文王起百里孟軻曰難舜也玄側陋有
堯薦天故曰匹夫而有天下德必若舜禹而又有天子
薦之者今天厭胡元穢華起
太祖于江淮間命洗之有舜之德而無其薦無文之土而
有其時乃提一劍奮旅於元至正乙未謀臣良將卽識
真主納心委命乃渡江據有金陵南征北伐東指西擒
歷干戈至洪武癸亥始混一車書四海清廓至于諭將
入城嚴辭不殺凡二十九載雖不戢兵所至民無鋒鏑
之慘蓋天將啓我　國家億萬年令緒而其積累締造
皇明泳化類編　開基卷之二　一

皇明泳化類編一百三十六卷續編十七卷　（明）鄧球撰　明隆慶刻萬曆重修本。六十四册。半頁十一行二十二字，小字雙行同，白口，四周雙邊，間有左右雙邊及四周單邊。框高19.6厘米、寬13.5厘米。廣東省立中山圖書館藏。

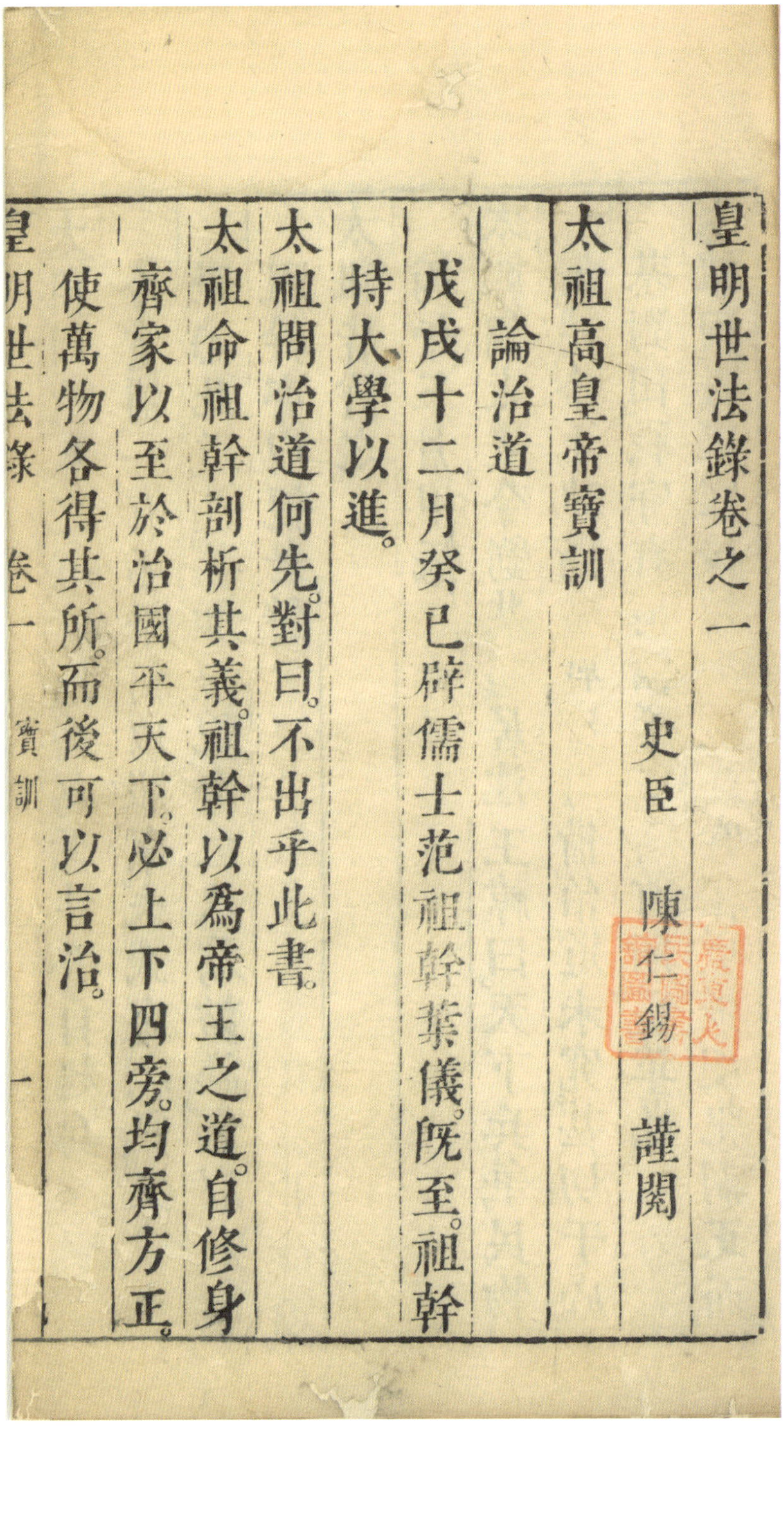
皇明世法錄卷之一

史臣　陳仁錫　謹閱

太祖高皇帝寶訓

論治道

戊戌十二月癸巳辟儒士范祖幹葉儀。既至。祖幹持大學以進。太祖問治道何先。對曰。不出乎此書。太祖命祖幹剖析其義。祖幹以爲帝王之道。自修身齊家以至於治國平天下。必上下四旁。均齊方正。使萬物各得其所。而後可以言治。

皇明世法錄　卷一　寶訓　一

皇明世法録九十二卷　（明）陳仁錫撰　明崇禎刻本。五十册。半頁十行二十字，白口，四周單邊。框高21.4厘米、寬14.5厘米。廣東省立中山圖書館藏。

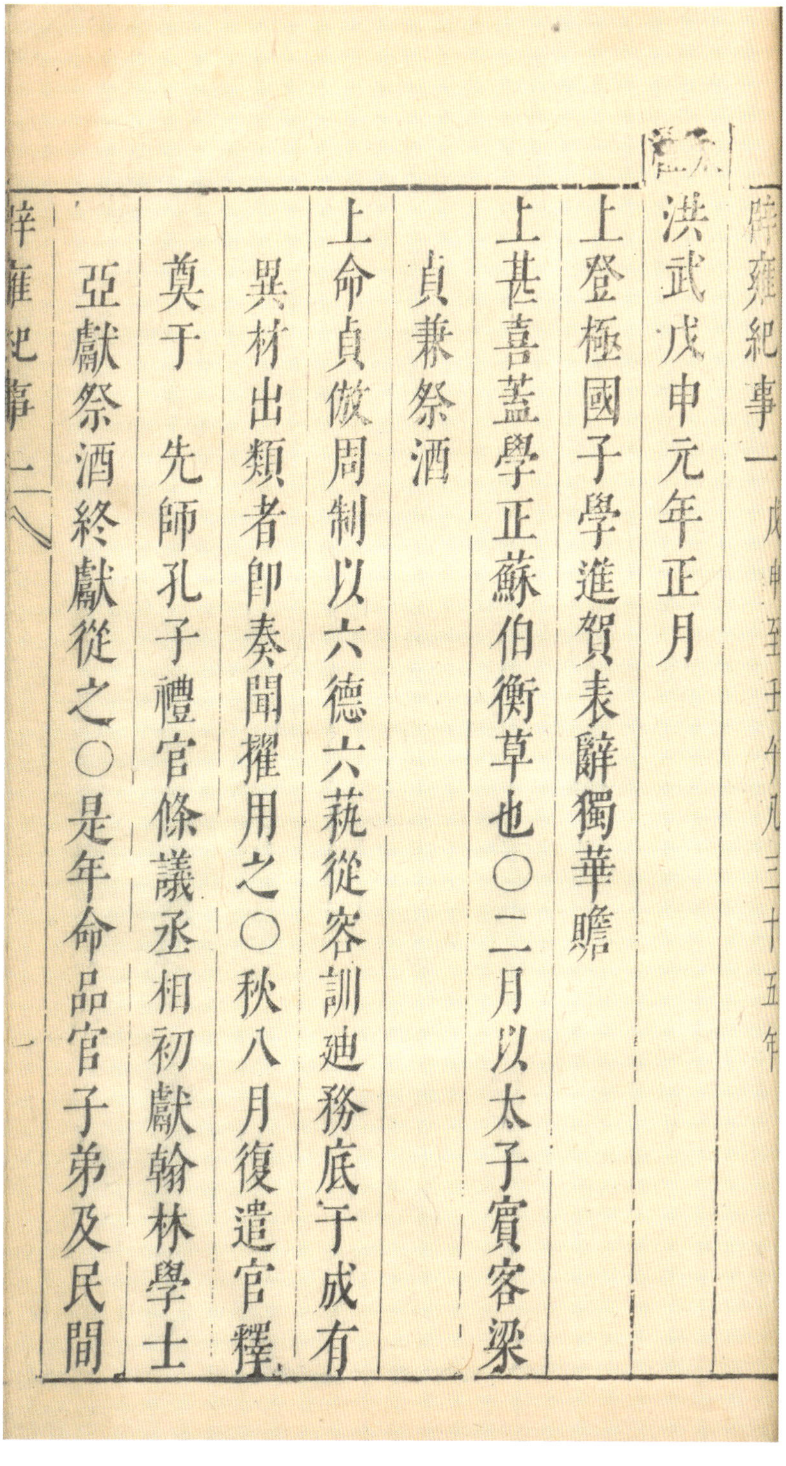

辟雍紀事一 戊申至壬午凡三十五年

太祖

洪武戊申元年正月

上登極國子學進賀表辭獨華贍

上甚喜藎學正蘇伯衡草也○二月以太子賓客梁

貞兼祭酒

上命貞倣周制以六德六藝從容訓廸務底于成有

異材出類者即奏聞擢用之○秋八月復遣官釋

奠于 先師孔子禮官條議丞相初獻翰林學士

亞獻祭酒終獻從之○是年命品官子弟及民間

辟雍紀事 一 一

辟雍紀事不分卷 （明）盧上銘 馮士驊撰 明崇禎刻本。四册。半頁九行二十字，白口，四周單邊。框高20.7厘米、寬14.7厘米。廣東省立中山圖書館藏。

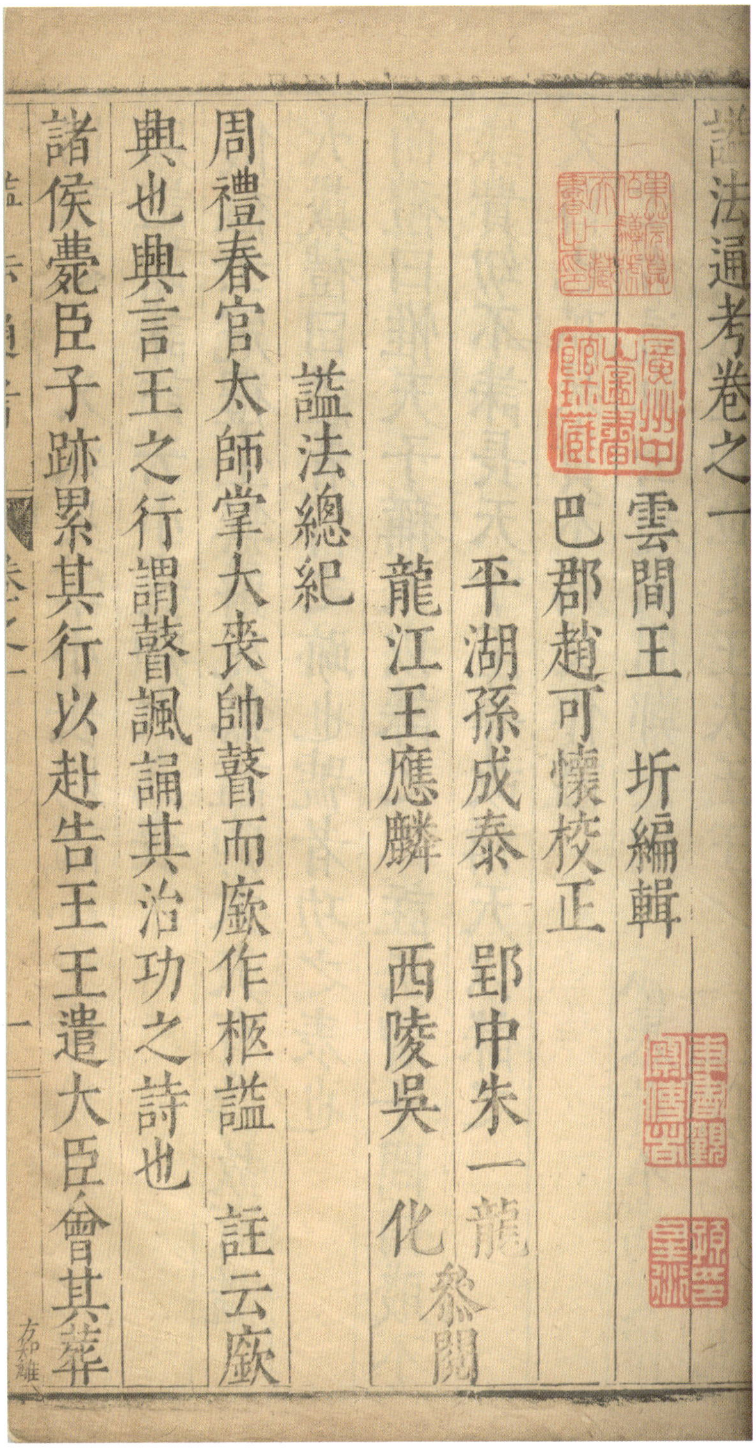
謚法通考卷之一
雲間王 圻編輯
巴郡趙可懷校正
平湖孫成泰 郢中朱一龍
龍江王應麟 西陵吳 化 參閱
謚法總紀
周禮春官太師掌大喪帥瞽而廞作柩謚 註云廞
興也興言王之行謂瞽諷誦其治功之詩也
諸侯薨臣子跡累其行以赴告王王遣大臣會其葬
謚法通考 卷之一 一
方如雄

謚法通考十八卷 （明）王圻撰 明萬曆二十四年（1596）刻本。六册。半頁九行二十字，白口，四周雙邊。框高26.5厘米、寬16.4厘米。廣東省立中山圖書館藏。

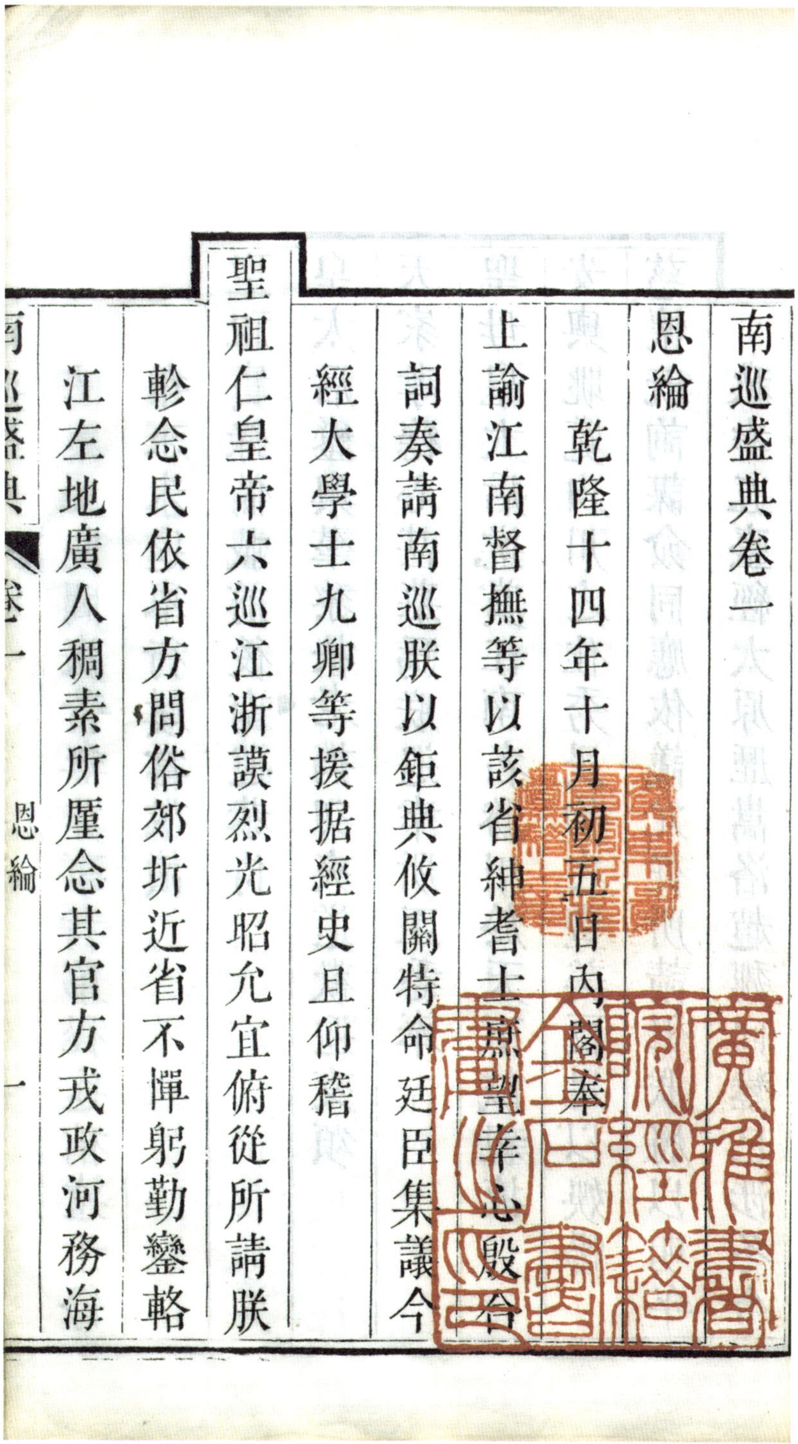
南巡盛典卷一

恩綸

乾隆十四年十月初五日內閣奉

上諭江南督撫等以該省紳耆士庶望幸心殷合

詞奏請南巡朕以鉅典攸關特命廷臣集議今

經大學士九卿等援据經史且仰稽

聖祖仁皇帝六巡江浙謨烈光昭允宜俯從所請朕

軫念民依省方問俗郊圻近省不憚躬勤鑾輅

江左地廣人稠素所廑念其官方戎政河務海

南巡盛典　卷一　恩綸　一

南巡盛典一百二十卷　（清）高晉等撰　清乾隆三十六年（1771）內府刻本。三十六册。半頁九行十九字，白口，四周雙邊。框高21.7厘米、寬15.3厘米。暨南大學圖書館藏。

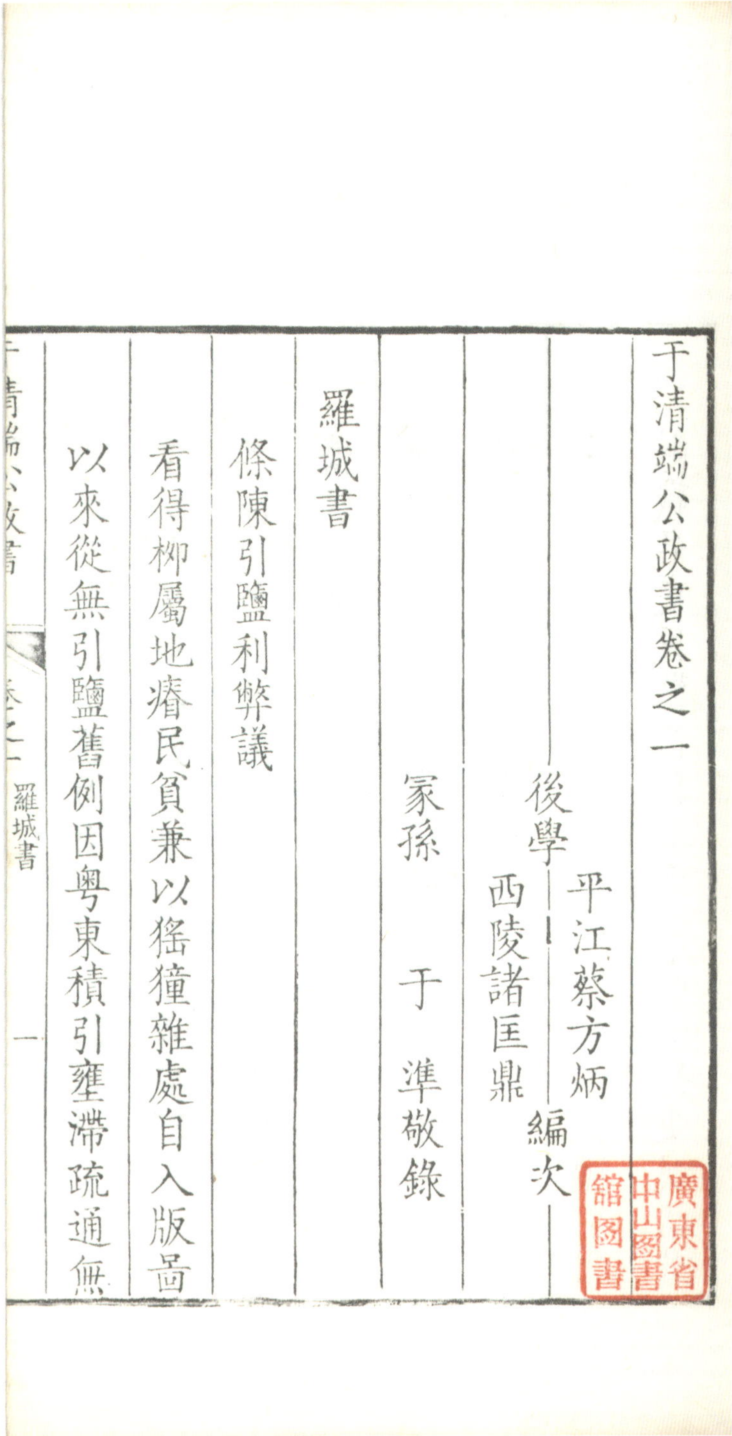
于清端公政書卷之一

後學 平江蔡方炳
西陵諸匡鼎 編次

冢孫 于 準敬錄

羅城書

條陳引鹽利弊議

看得柳屬地瘠民貧兼以猺獞雜處自入版圖以來從無引鹽舊例因粤東積引壅滯疏通無

于清端公政書 卷之一 羅城書 一

于清端公政書八卷首編一卷外集一卷 （清）于成龍撰 （清）蔡方炳 諸匡鼎編 清康熙四十六年（1707）刻本。六册。半頁八行二十字，白口，四周單邊。框高17.6厘米、寬13.5厘米。廣東省立中山圖書館藏。

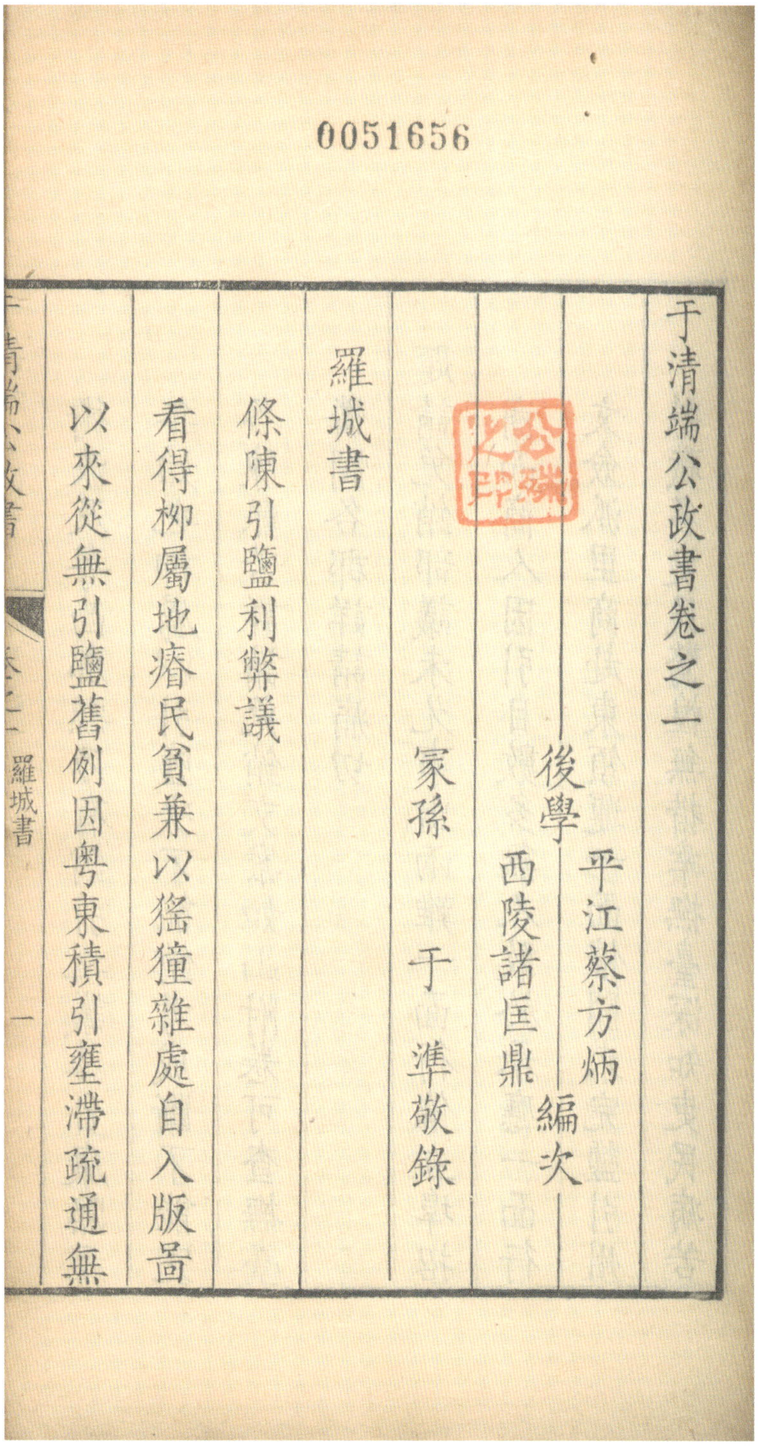

0051656

于清端公政書卷之一

後學 平江蔡方炳 編次

西陵諸匡鼎

冢孫 于 準敬錄

羅城書

條陳引鹽利弊議

看得柳屬地瘠民貧兼以猺獞雜處自入版啚

以來從無引鹽舊例因粤東積引壅滯疏通無

于清端公政書 卷之一 羅城書 一

于清端公政書八卷首編一卷外集一卷 （清）于成龍撰　（清）蔡方炳　諸匡鼎編　清康熙四十六年（1707）刻本。存九卷（缺首編）。十册。半頁八行二十字，白口，四周單邊。框高17.8厘米、寬13.5厘米。廣東省立中山圖書館藏。

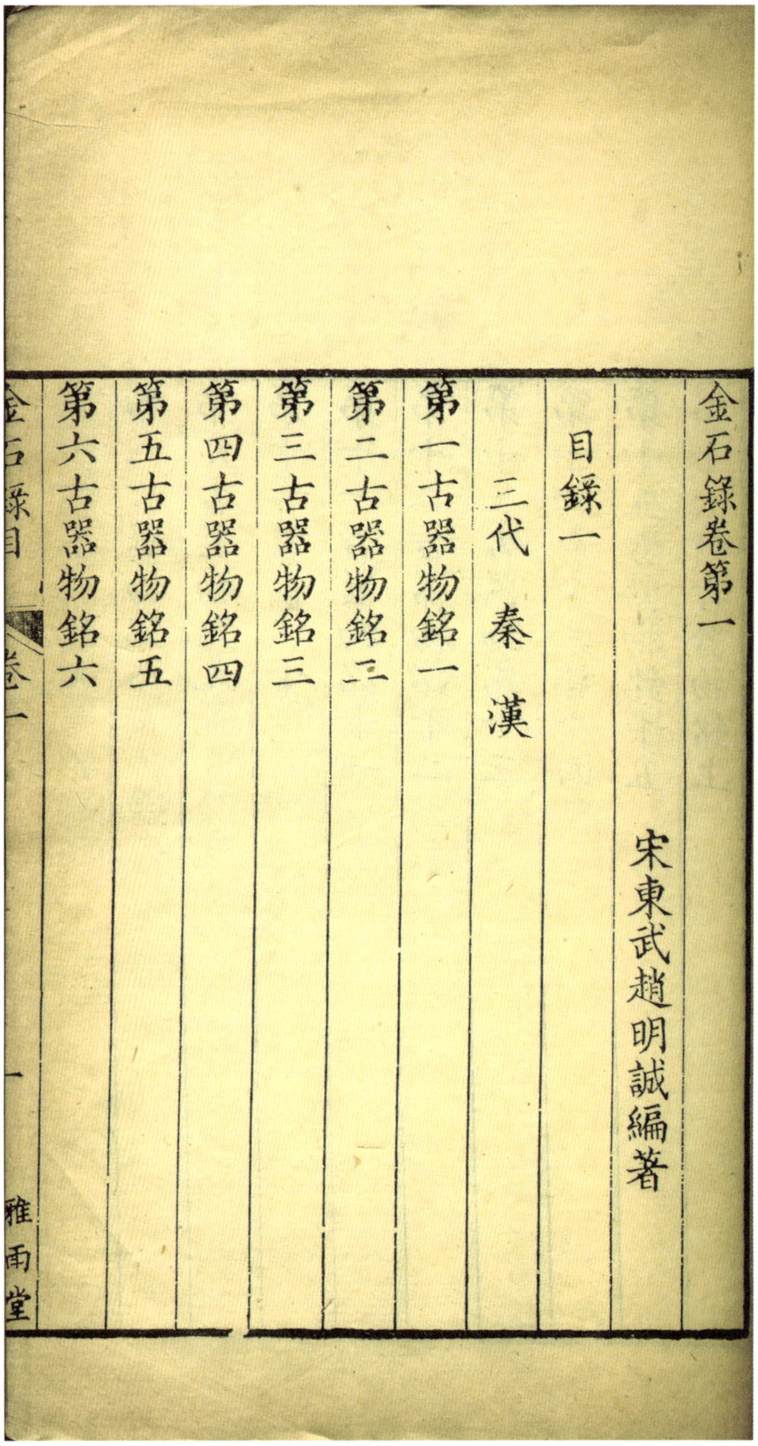

金石録卷第一

宋東武趙明誠編著

目録一

三代　秦　漢

第一古器物銘一

第二古器物銘二

第三古器物銘三

第四古器物銘四

第五古器物銘五

第六古器物銘六

金石録目　卷一　一　雅雨堂

金石録三十卷　（宋）趙明誠撰　清乾隆二十七年（1762）盧見曾刻雅雨堂叢書本。六册。半頁十行二十一字，小字雙行同，白口，四周單邊。框高17.7厘米、寬14.5厘米。暨南大學圖書館藏。

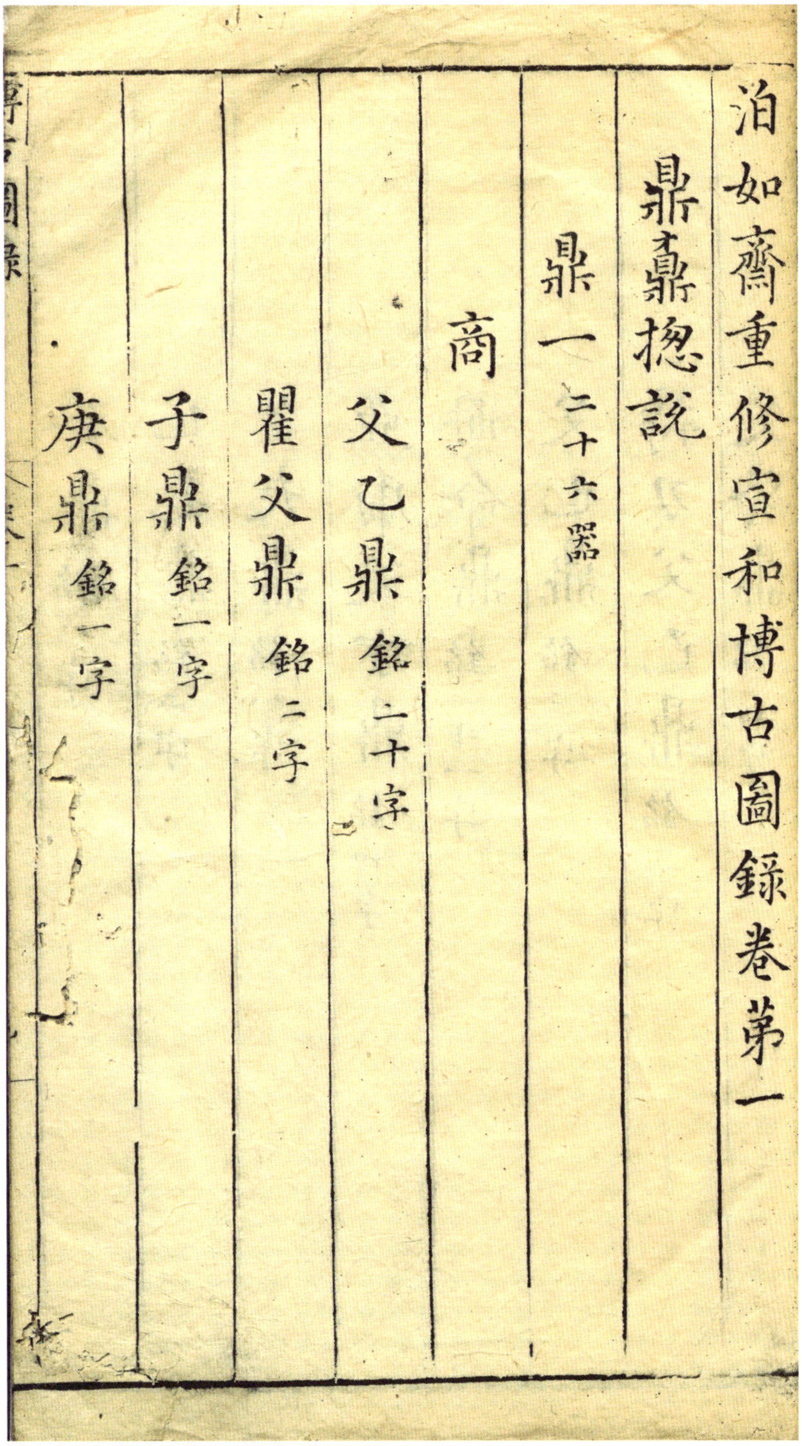
泊如齋重修宣和博古圖録卷第一
鼎鼒總説
鼎一 二十六器
商
父乙鼎 銘二十字
瞿父鼎 銘二字
子鼎 銘一字
庚鼎 銘一字

泊如齋重修宣和博古圖録三十卷 （宋）王黼等撰　明萬曆十六年（1588）泊如齋刻本。十二册。半頁八行十七字，白口，四周單邊。框高24.6厘米、寬15.5厘米。暨南大學圖書館藏。

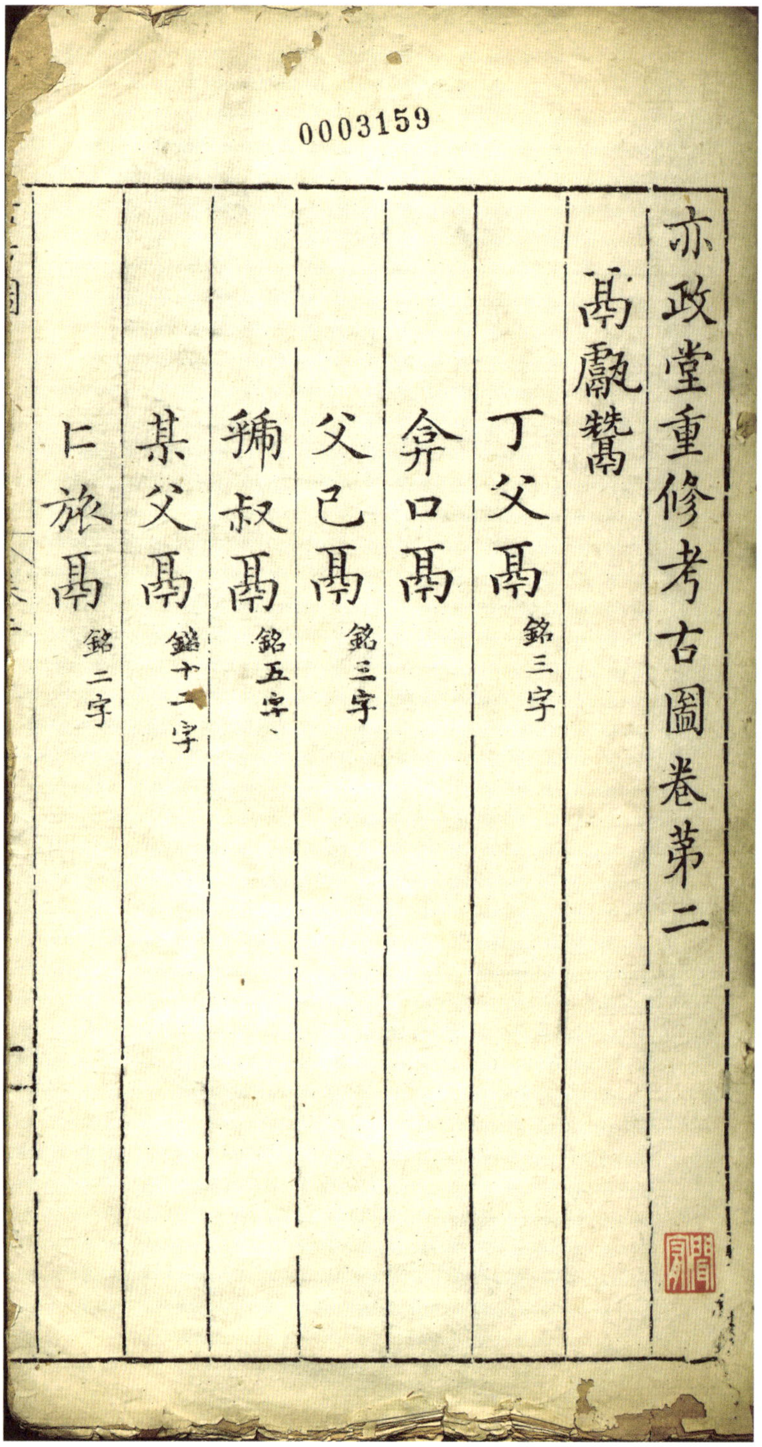
0003159

亦政堂重修考古圖卷第二

鬲甗鬵

丁父鬲 銘三字

弇口鬲

父己鬲 銘三字

稀叔鬲 銘五字、

棊父鬲 銘十二字

匕旅鬲 銘二字

亦政堂重修考古圖十卷 （宋）吕大臨撰 明萬曆刻清乾隆十七年（1752）天都黄氏槐蔭草堂剜改重印三古圖本。十册。半頁八行十七字，小字雙行字數不等，白口，四周單邊。框高24.1厘米、寬15.5厘米。暨南大學圖書館藏。

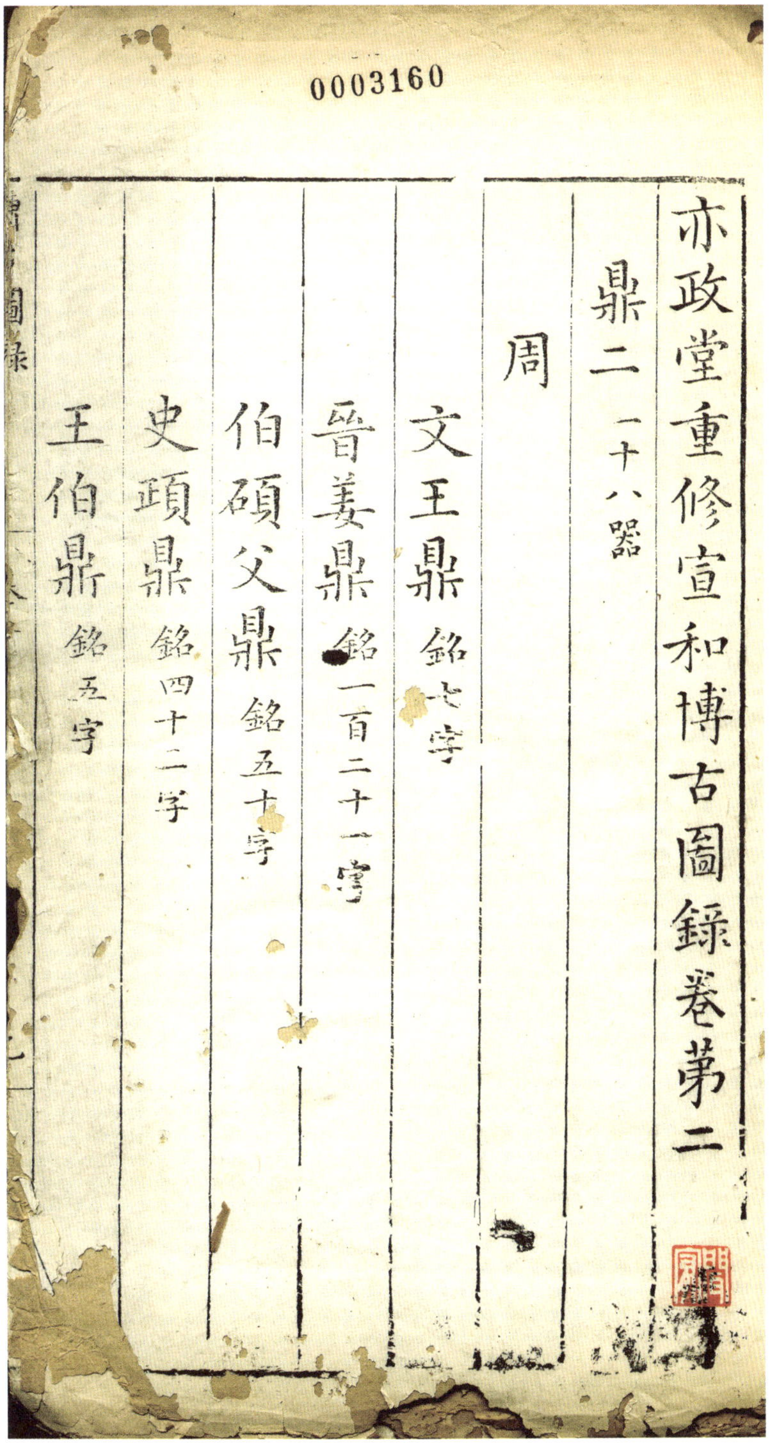
0003160

亦政堂重修宣和博古圖録卷第二

鼎二 二十八器

周

文王鼎 銘七字

晉姜鼎 銘一百二十一字

伯碩父鼎 銘五十字

史頙鼎 銘四十二字

王伯鼎 銘五字

亦政堂重修宣和博古圖録三十卷 （宋）王黼撰 明萬曆刻清乾隆十七年（1752）天都黄氏槐蔭草堂剜改重印三古圖本。存二十九卷（缺一）。三十四册。半頁八行十七字，白口，四周單邊。框高24.2厘米、寬15.3厘米。暨南大學圖書館藏。

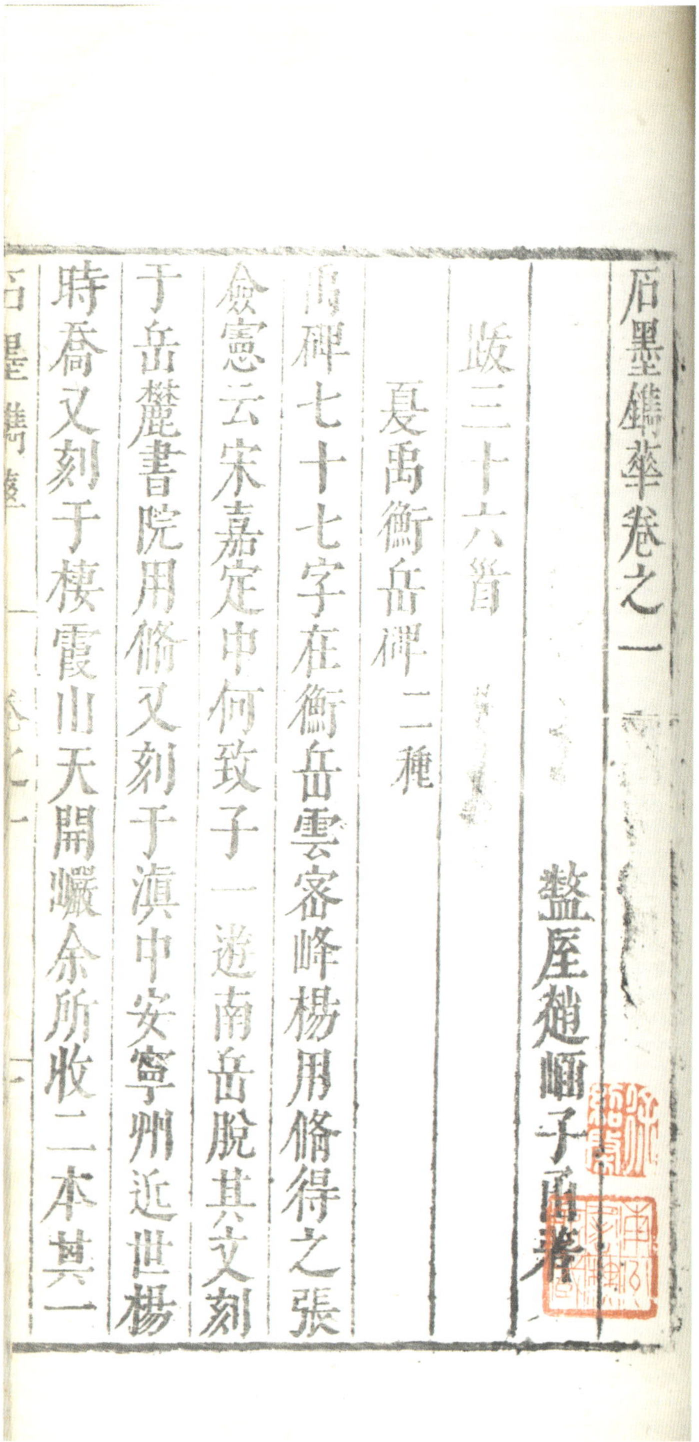
石墨鐫華卷之一
盩厔趙崡子函著
跋三十六首
夏禹衡岳碑二種
禹碑七十七字在衡岳雲密峰楊用脩得之張
僉憲云宋嘉定中何致子一遊南岳脫其文刻
于岳麓書院用脩又刻于滇中安寧州近世楊
時喬又刻于棲霞山天開巖余所收二本其一
石墨鐫 卷之一

石墨鐫華八卷　（明）趙崡撰　明萬曆四十六年（1618）刻本。四册。半頁八行十八字，白口，四周單邊。框高21.5厘米、寬13.6厘米。廣東省立中山圖書館藏。

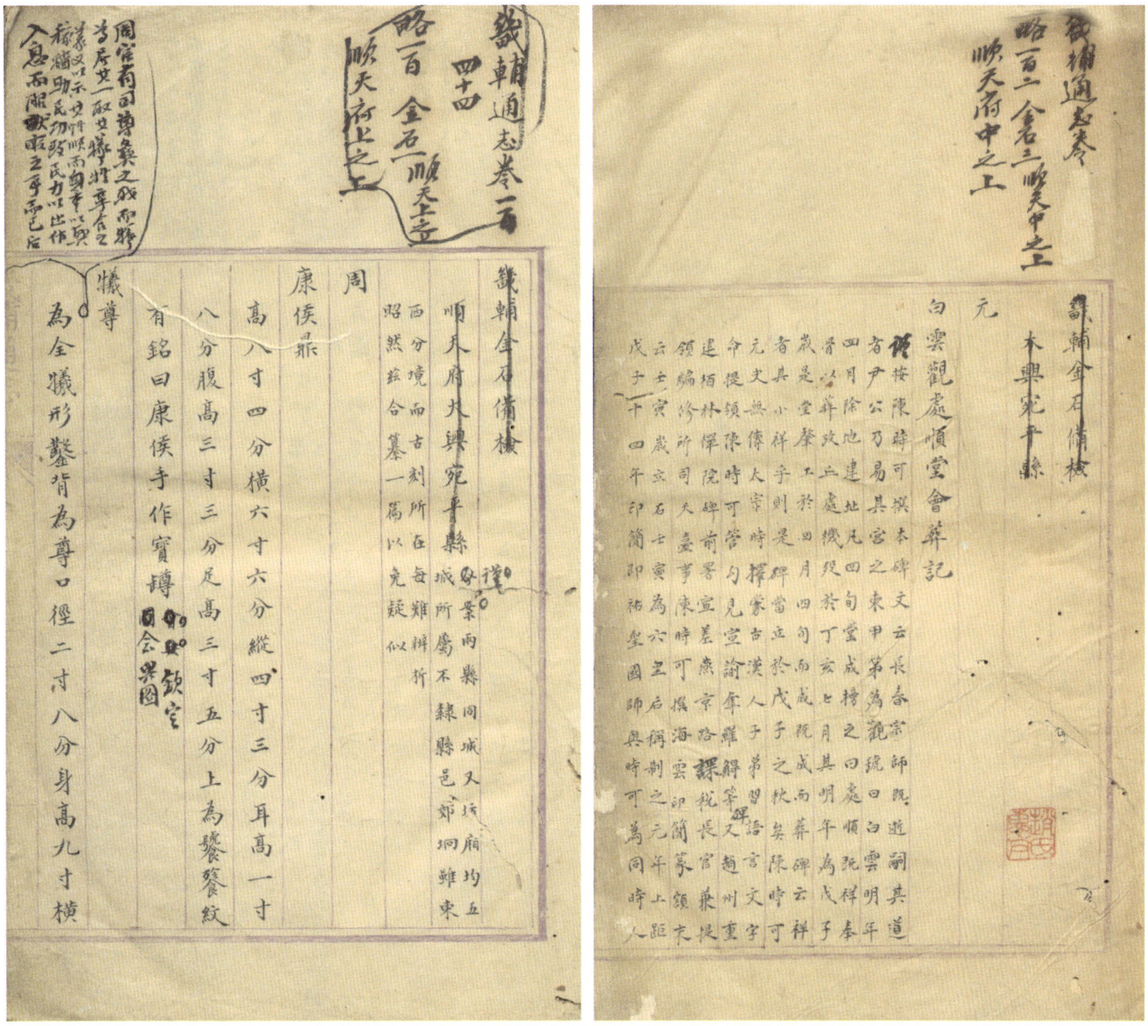

畿輔金石略不分卷　（清）趙烈文撰　稿本。十四册。半頁十行二十字，小字雙行十九字，白口，四周雙邊。框高19厘米、寬13.8厘米。廣東省社會科學院藏。

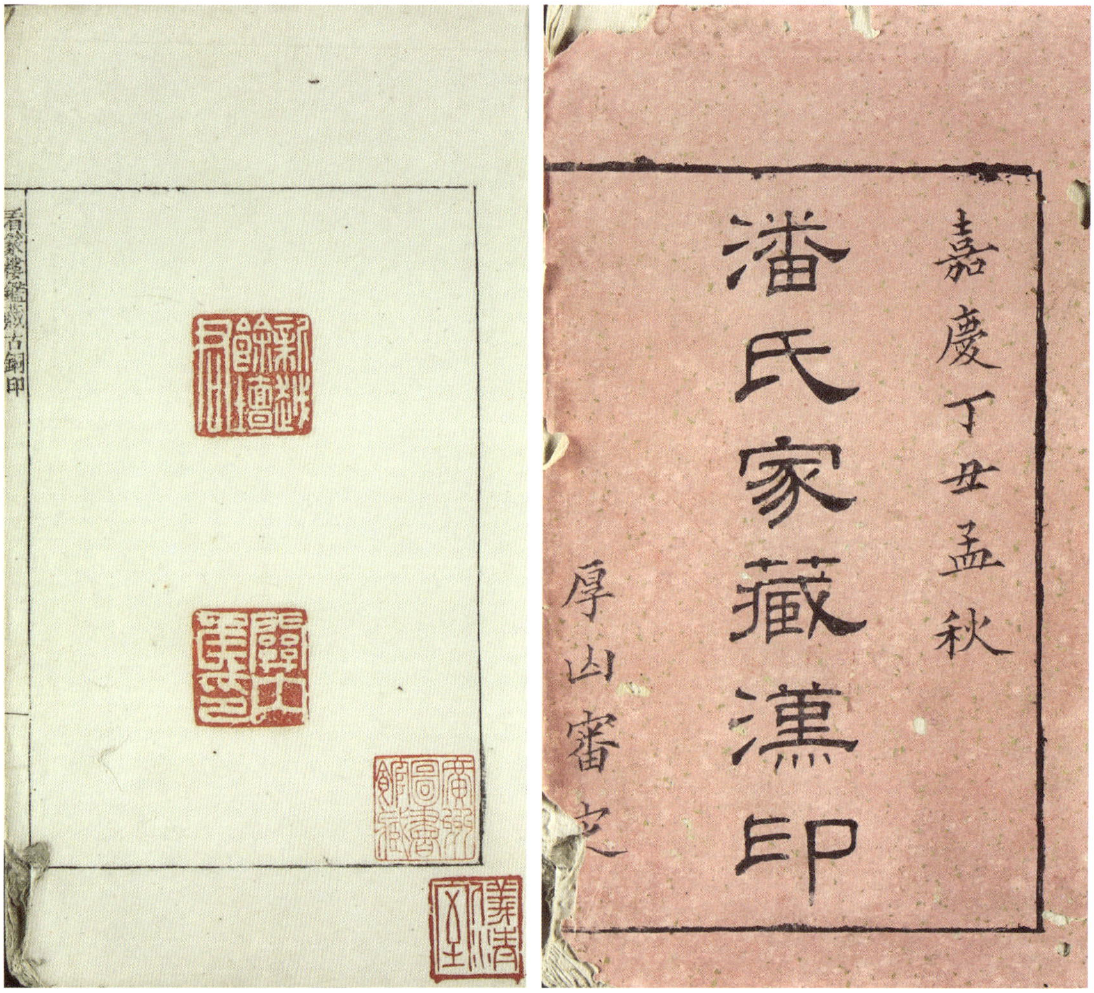

看篆樓鑑藏古銅印不分卷 （清）潘有為輯　清嘉慶二十二年（1817）鈐印本。八册。半頁白口，四周單邊。框高12.8厘米、寬9.3厘米。廣州圖書館藏。

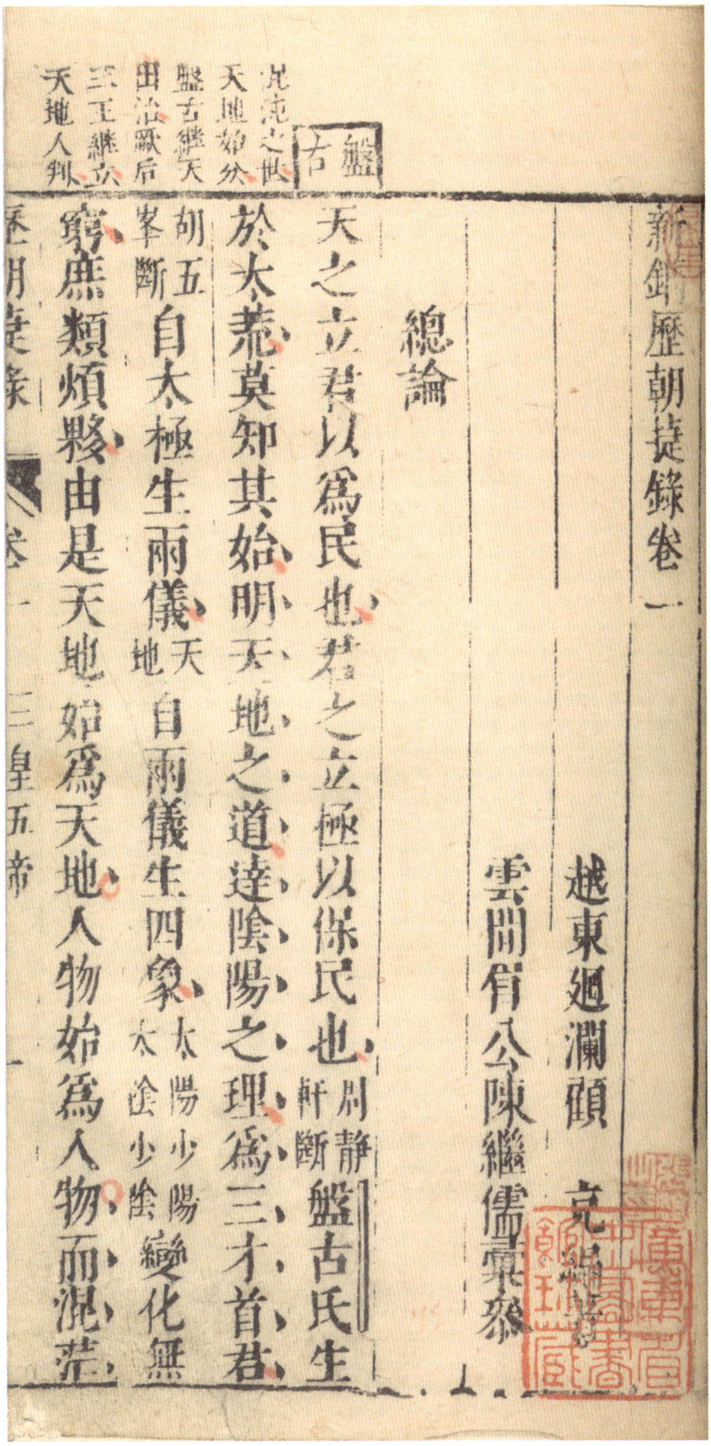

新鐫歷朝捷録四卷　（明）顧充撰　清康熙三十七年（1698）大盛堂刻本。八册。半頁八行二十二字，小字雙行同，白口，四周單邊。框高18.7厘米、寬11.8厘米。廣東省立中山圖書館藏。

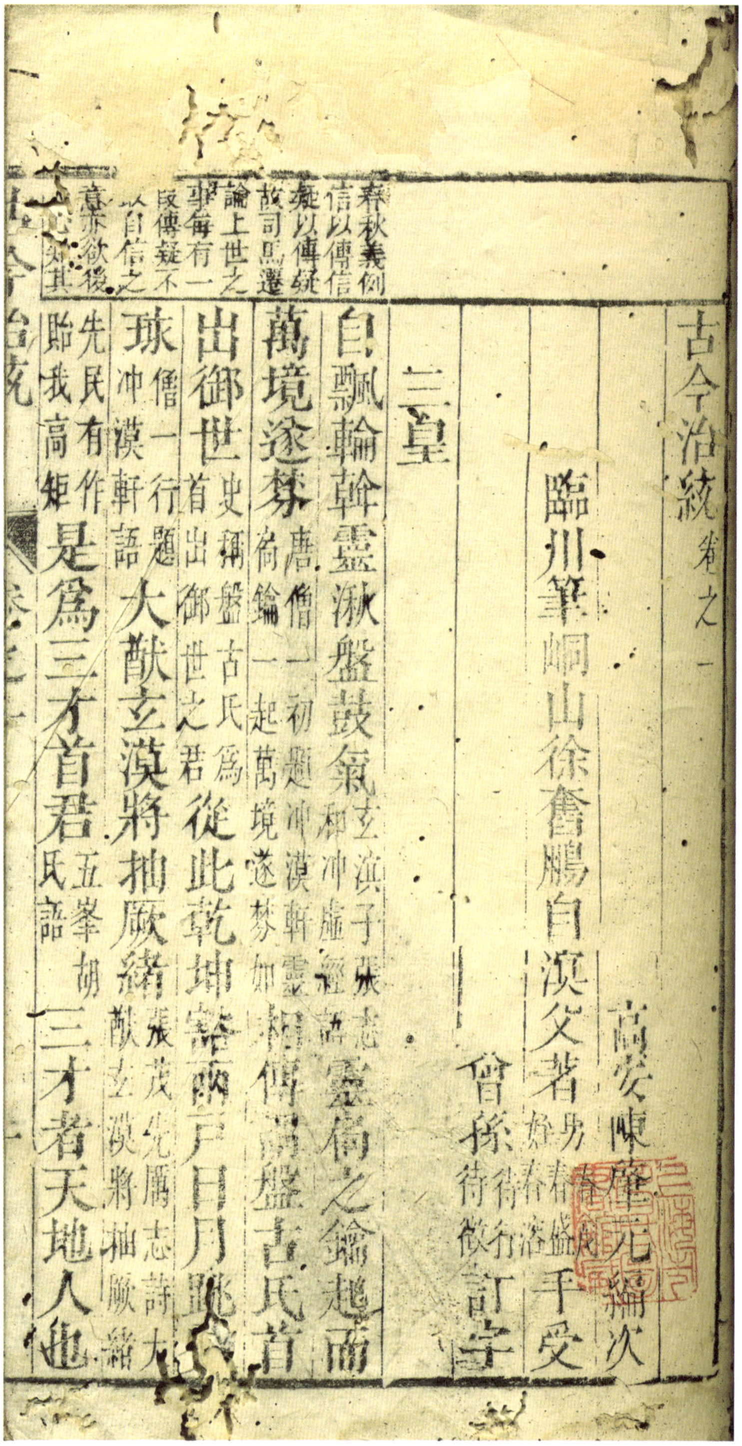
春秋義例信以傳信疑以傳疑故司馬遷論上世之事每有一段傳疑不敢自信之意亦欲後世知其

古今治統卷之一　　高安陳肇元編次

臨川筆峒山徐奮鵬自溟父著　男春盛手受

曾孫待符待衍待欽訂字

三皇

自飄輪斡靈湫盤鼓氣玄溟子張志和冲虚盤古靈倚之鑰趨而

薦境遂夢唐僧一初題冲漠軒靈相傳盤古氏首

出御世史稱盤古氏爲首出御世之君從此乾坤啓兩戸日月跳

球僧一行題冲漠軒語大猷玄漠將抽厥緒張茂先厲志詩大猷玄漠將抽厥緒

先民有作貽我高矩是爲三才首君五峯胡氏語三才者天地人也

古今治統二十卷　（明）徐奮鵬撰　（清）陳肇元編　清雍正元年（1723）槐柳齋刻本。十六册。上下兩欄，半頁十行二十字，小字雙行同，白口，四周單邊。框高21厘米、寬13.3厘米。暨南大學圖書館藏。

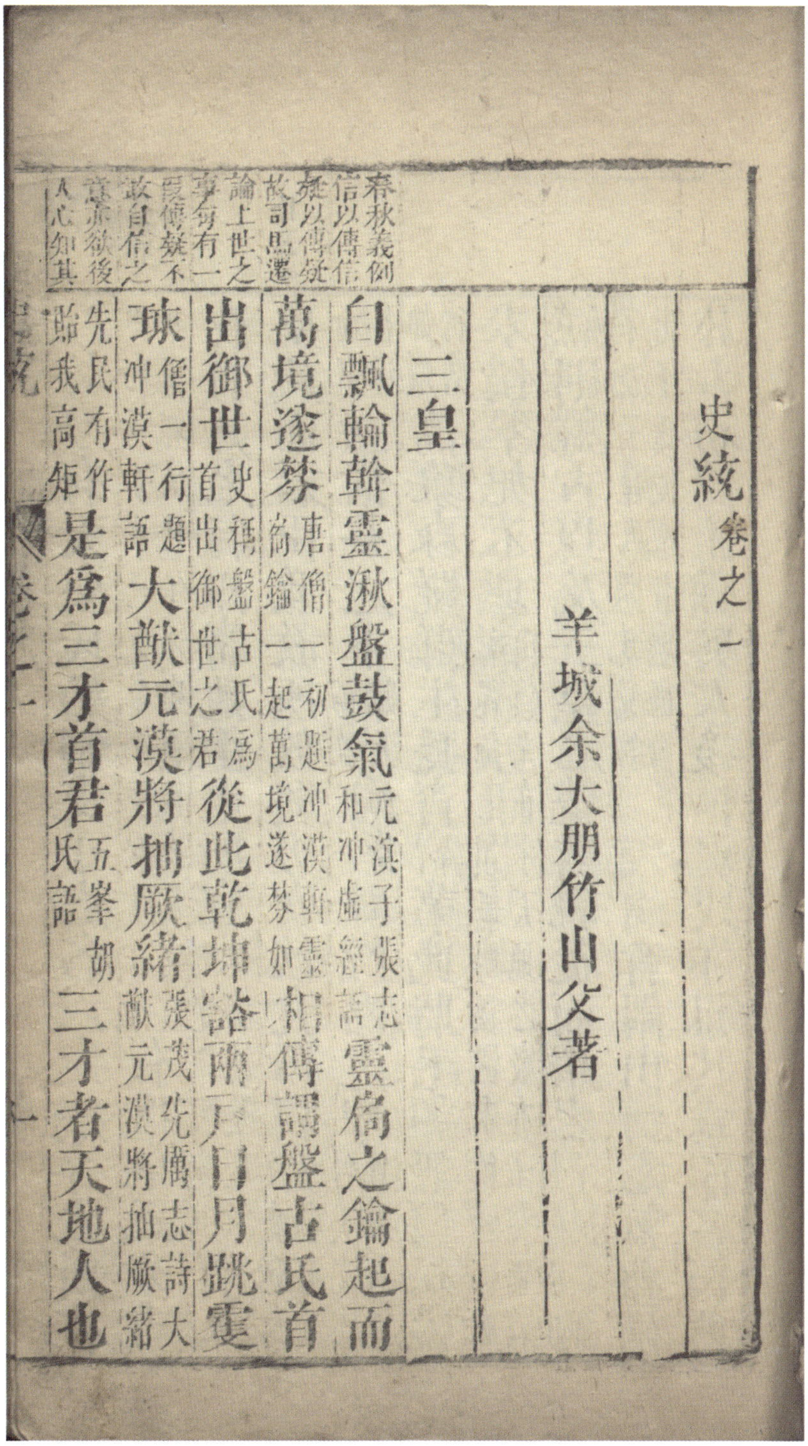

春秋義例信以傳信疑以傳疑故司馬遷論上世之事旬有一見傳疑不敢自信之意亦欲後人心知其

史統卷之一

羊城余大朋竹山父著

三皇

自飄輪幹靈湫盤鼓氣元漢子張志和沖虛經語靈胸之鑰起而萬境遂夢唐僧一初題沖漢軒靈相傳謂盤古氏首出御世史稱盤古氏爲首出御世之君從此乾坤諧兩戸日月跳霎琢僧一行題沖漢軒語大猷元漢將抽厥緒張茂先厲志詩大猷元漢將抽厥緒先民有作蹈我高矩是爲三才首君五峯胡氏語三才者天地人也

史統二十卷　（明）余大朋撰　明崇禎刻本。八册。上下兩欄，半頁十行二十字，小字雙行同，白口，四周單邊。框高21.7厘米、寬11.4厘米。中山大學圖書館藏。

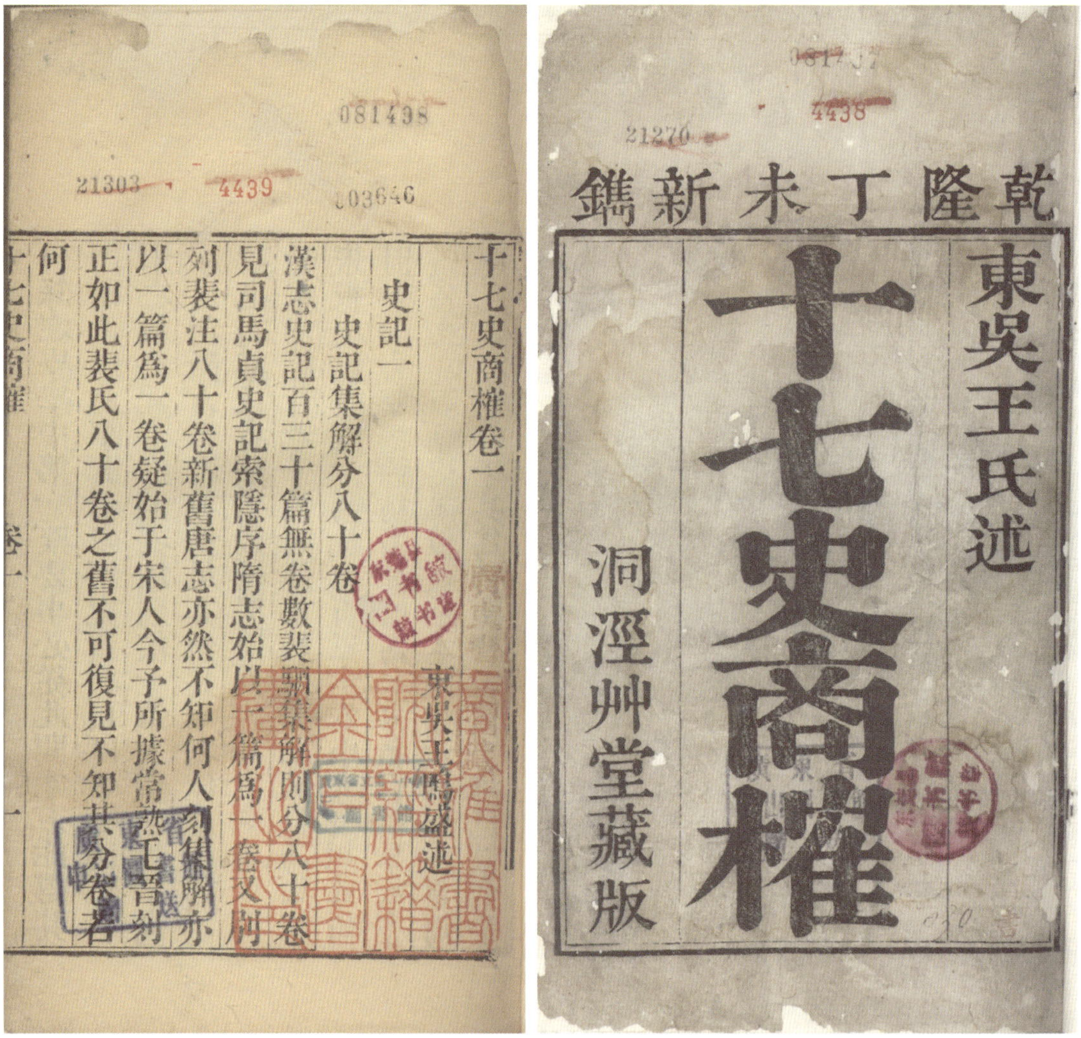
十七史商榷卷一
東吳王鳴盛述
史記一
史記集解分八十卷
漢志史記百三十篇無卷數裴駰集解則分八十卷
見司馬貞史記索隱序隋志始以一篇爲一卷又別
刻裴注八十卷新舊唐志亦然不知何人又併集解亦
以一篇爲一卷疑始于宋人今予所據常熟毛晉刻
正如此裴氏八十卷之舊不可復見不知其分卷若
何

乾隆丁未新鐫
東吳王氏述
十七史商榷
洞涇艸堂藏版

十七史商榷一百卷　（清）王鳴盛撰　清乾隆五十二年（1787）洞涇草堂刻本。十六册。半頁十行二十字，小字雙行同，白口，四周雙邊。框高18.4厘米、寬13.2厘米。東莞圖書館藏。

廣東省第二批珍貴古籍名録圖録

廣東省立中山圖書館
廣東省古籍保護中心 編

下

SPM 南方出版傳媒
廣東人民出版社
·廣州·

圖書在版編目（CIP）數據

廣東省第二批珍貴古籍名録圖録 / 廣東省立中山圖書館，廣東省古籍保護中心編. —廣州：廣東人民出版社，2019.9
ISBN 978-7-218-13326-3

Ⅰ.①廣… Ⅱ.①廣…②廣… Ⅲ.①古籍—圖書目録—廣東 Ⅳ.①Z838

中國版本圖書館CIP數據核字（2019）第001174號

GUANGDONGSHENG DIERPI ZHENGUI GUJI MINGLU TULU
廣東省第二批珍貴古籍名録圖録

廣東省立中山圖書館
廣東省古籍保護中心 編

出 版 人：肖風華

責任編輯：張賢明
裝幀設計：張力平
責任技編：周 傑 易志華 吴彦斌

出版發行：廣東人民出版社
地 址：廣州市海珠區新港西路204號2號樓（郵政編碼：510300）
電 話：（020）85716809（總編室）
傳 真：（020）85716872
網 址：http://www.gdpph.com
印 刷：廣州市中天彩色印刷有限公司
開 本：787mm × 1092mm 1/16
印 張：50.75 字 數：700千字
版 次：2019年9月第1版 2019年9月第1次印刷
定 價：800.00元（上、下册）

如發現印裝質量問題，影響閱讀，請與出版社（020-85716849）聯繫調换。
售書熱線：（020）85716826

子部

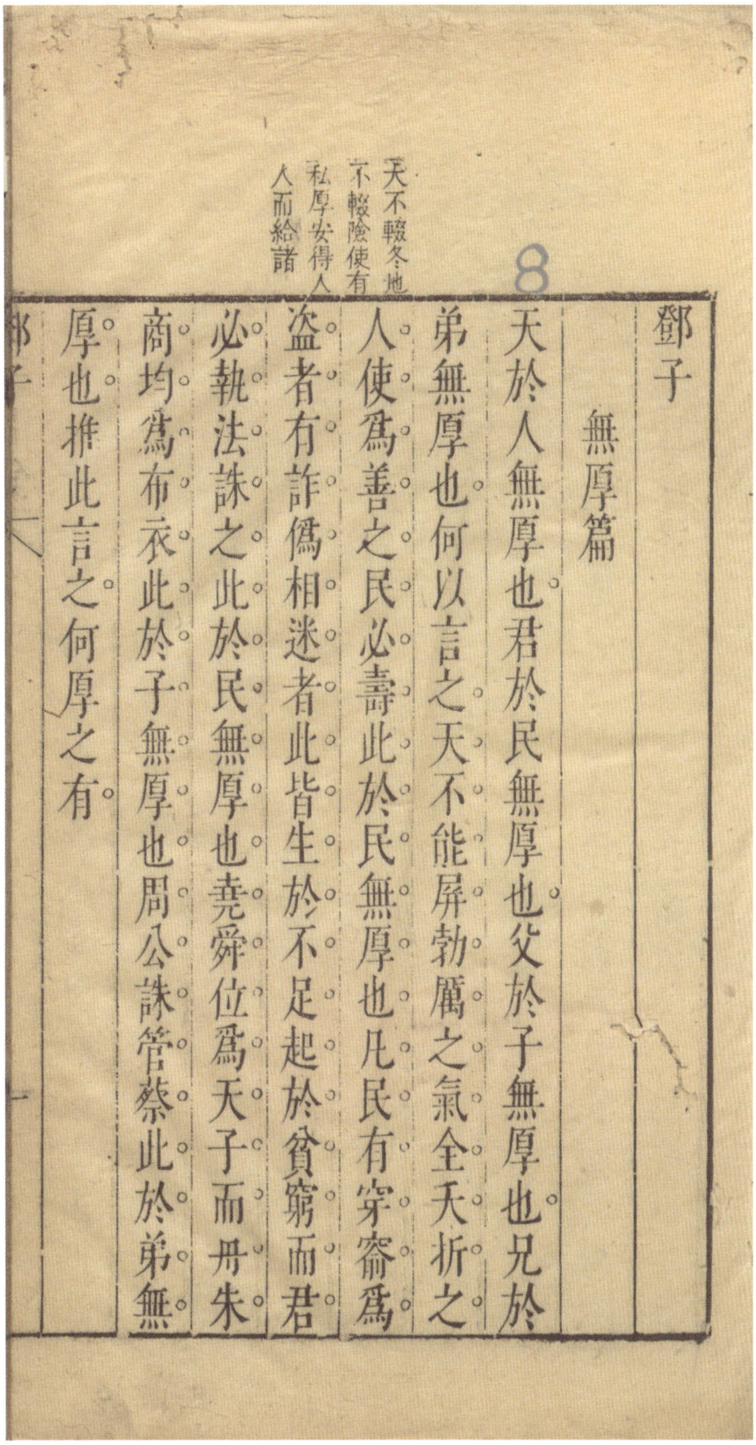
天不輟冬地不輟險使有私厚安得人人而給諸

鄧子

無厚篇

天於人無厚也君於民無厚也父於子無厚也兄於弟無厚也何以言之天不能屏勃厲之氣全夭折之人使爲善之民必壽此於民無厚也凡民有穿窬爲盜者有詐僞相迷者此皆生於不足起於貧窮而君必執法誅之此於民無厚也堯舜位爲天子而丹朱商均爲布衣此於子無厚也周公誅管蔡此於弟無厚也推此言之何厚之有

楊升菴先生評註先秦五子全書五卷　（明）張懋寀編　明天啓五年（1625）張氏横秋閣刻本。五册。半頁九行二十字，白口，四周單邊。框高20.2厘米、寬13.3厘米。中山大學圖書館藏。

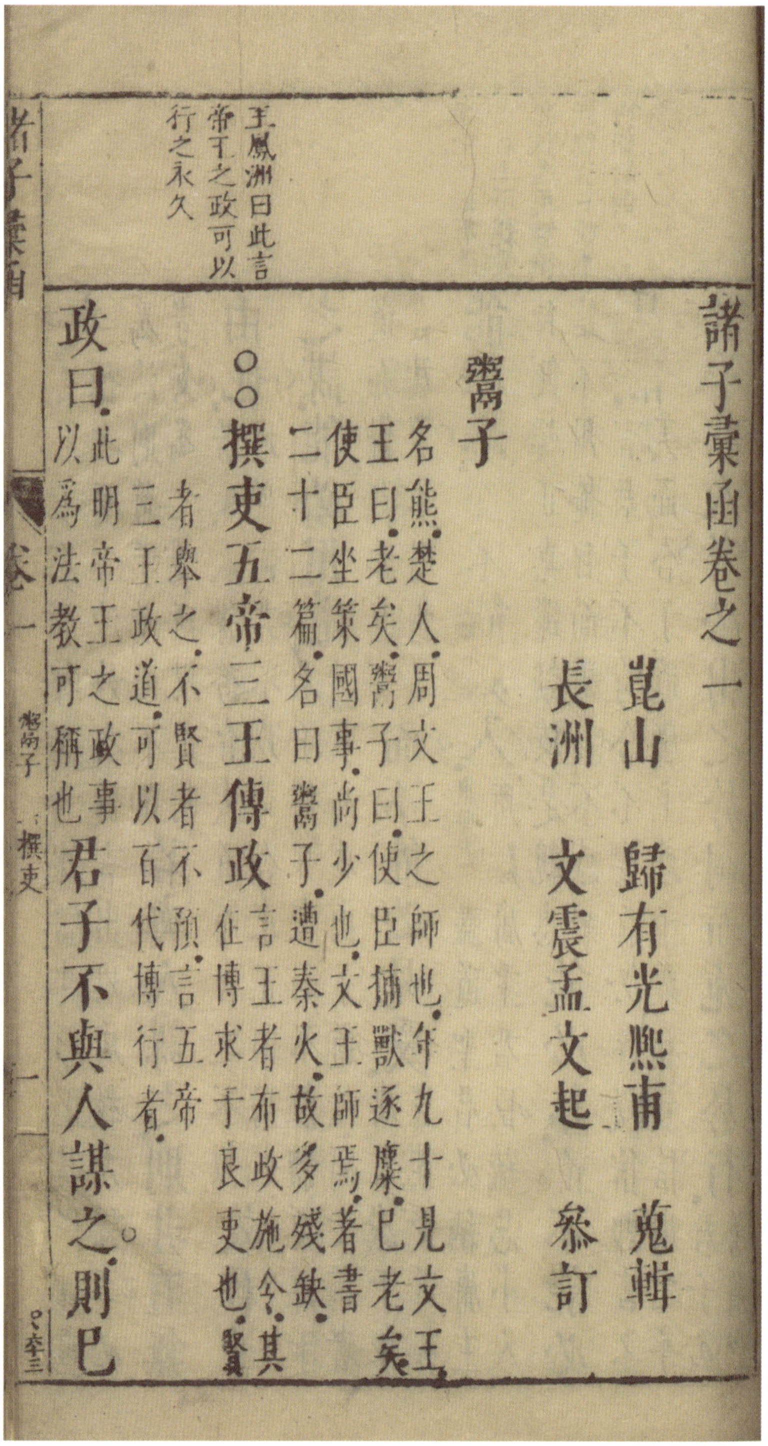

王鳳洲曰此言帝王之政可以行之永久

諸子彙函卷之一

崑山　歸有光熙甫　蒐輯

長洲　文震孟文起　叅訂

鬻子

名熊楚人周文王之師也年九十見文王王曰老矣鬻子曰使臣捕獸逐麋已老矣使臣坐策國事尚少也文王師焉著書二十二篇名曰鬻子遭秦火故多殘缺

○○撰吏五帝三王傳政　言王者布政施令其在博求于良吏也賢者舉之不賢者不預言五帝三王政道可以百代博行者

政曰　此明帝王之政事以爲法教可稱也　君子不與人謀之則已

諸子彙函　卷一　鬻子　撰吏　一

諸子彙函二十六卷談藪一卷　（明）歸有光輯　明末刻本。二十四册。上下兩欄，半頁九行十八字，小字雙行同，白口，四周單邊。框高22厘米、寬12.7厘米。中山大學圖書館藏。

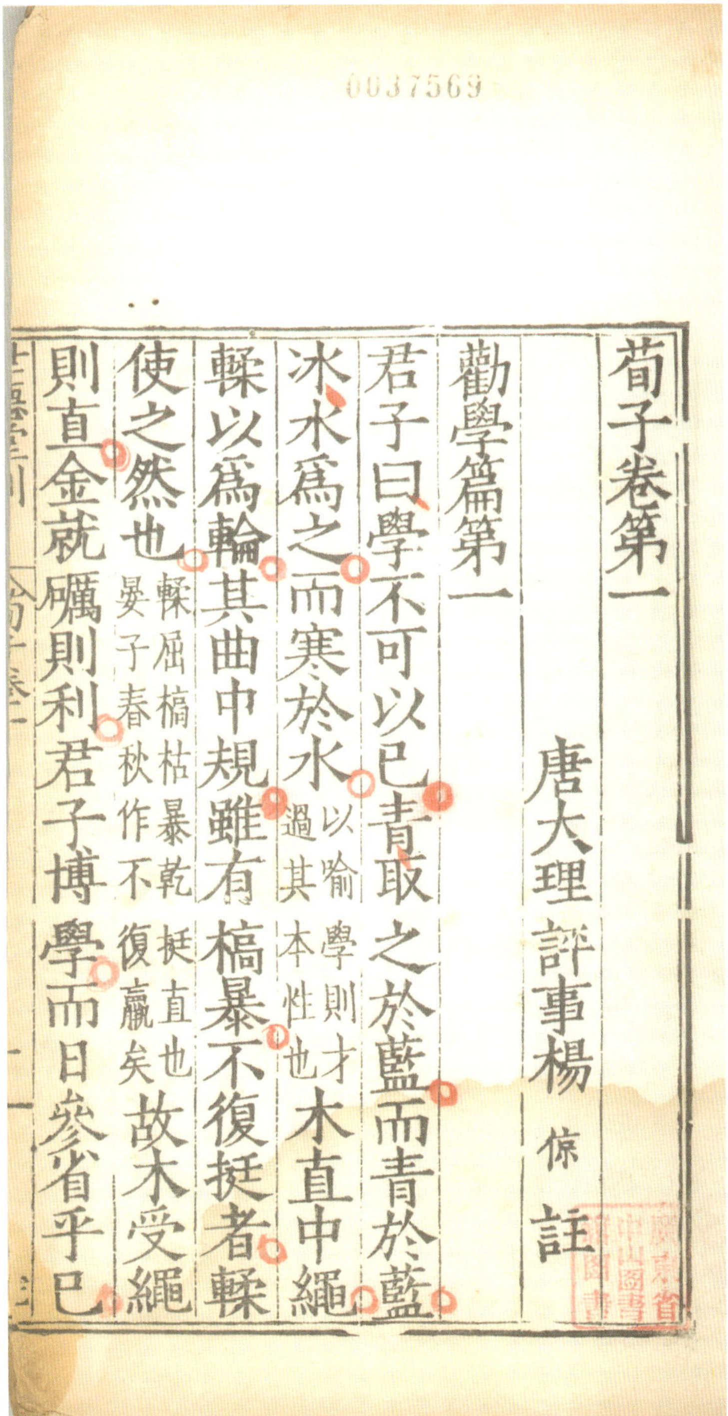

荀子二十卷 （唐）楊倞注 明嘉靖十二年（1533）顧春世德堂刻六子書本。六册。半頁八行十七字，小字雙行同，白口，四周雙邊。框高20.1厘米、寬14.1厘米。廣東省立中山圖書館藏。

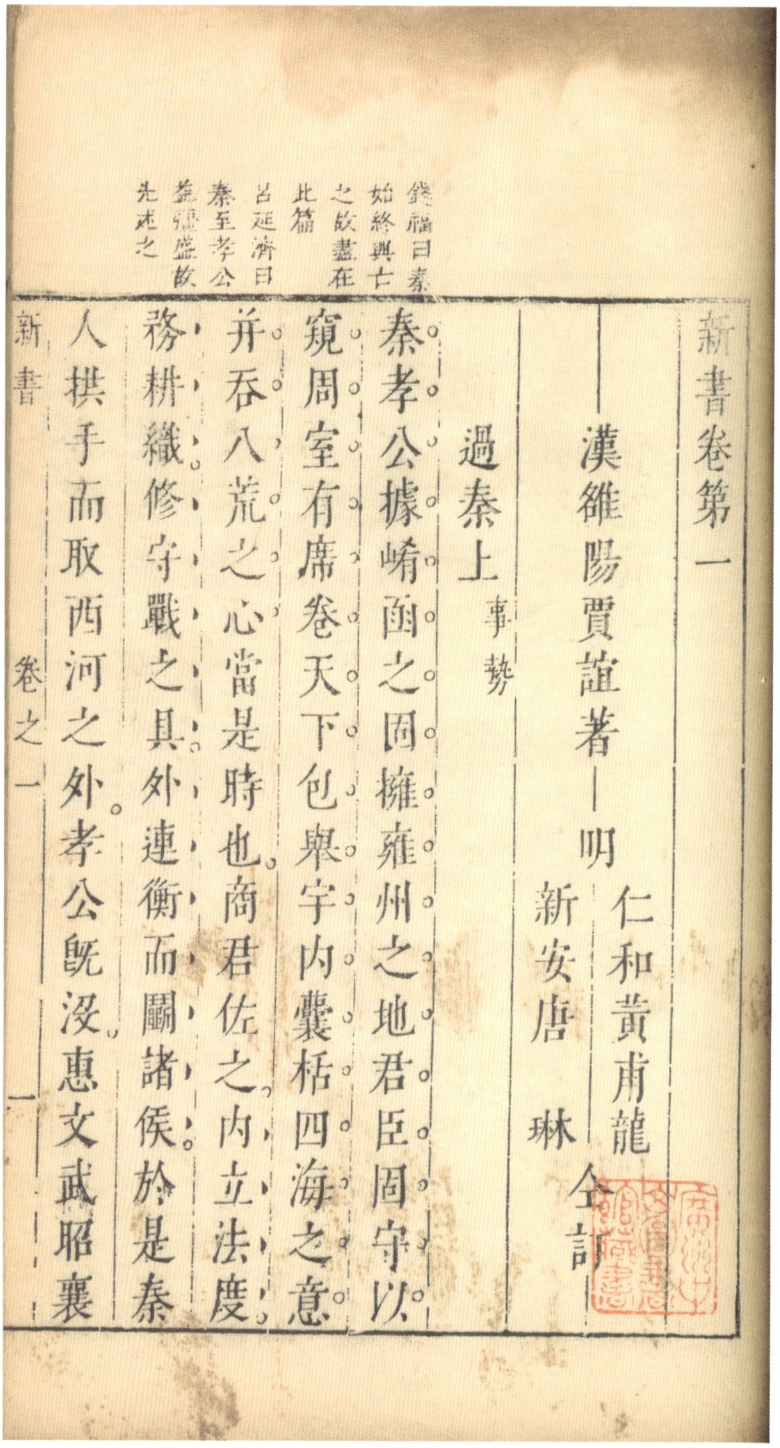

錢福曰秦始終與亡之故盡在此篇
呂延濟曰秦至孝公益彊盛故先述之

新書卷第一

漢雒陽賈誼著　明　仁和黃甫龍　新安唐琳　仝訂

過秦上　事勢

秦孝公據崤函之固擁雍州之地君臣固守以窺周室有席卷天下包舉宇內囊括四海之意并吞八荒之心當是時也商君佐之內立法度務耕織修守戰之具外連衡而鬬諸侯於是秦人拱手而取西河之外孝公既沒惠文武昭襄

新書　卷之一　一

新書十卷　（漢）賈誼撰　**附録一卷**　明末朱圖隆刻本。四册。半頁九行十八字，白口，四周單邊。框高19.7厘米、寬14.5厘米。廣東省立中山圖書館藏。

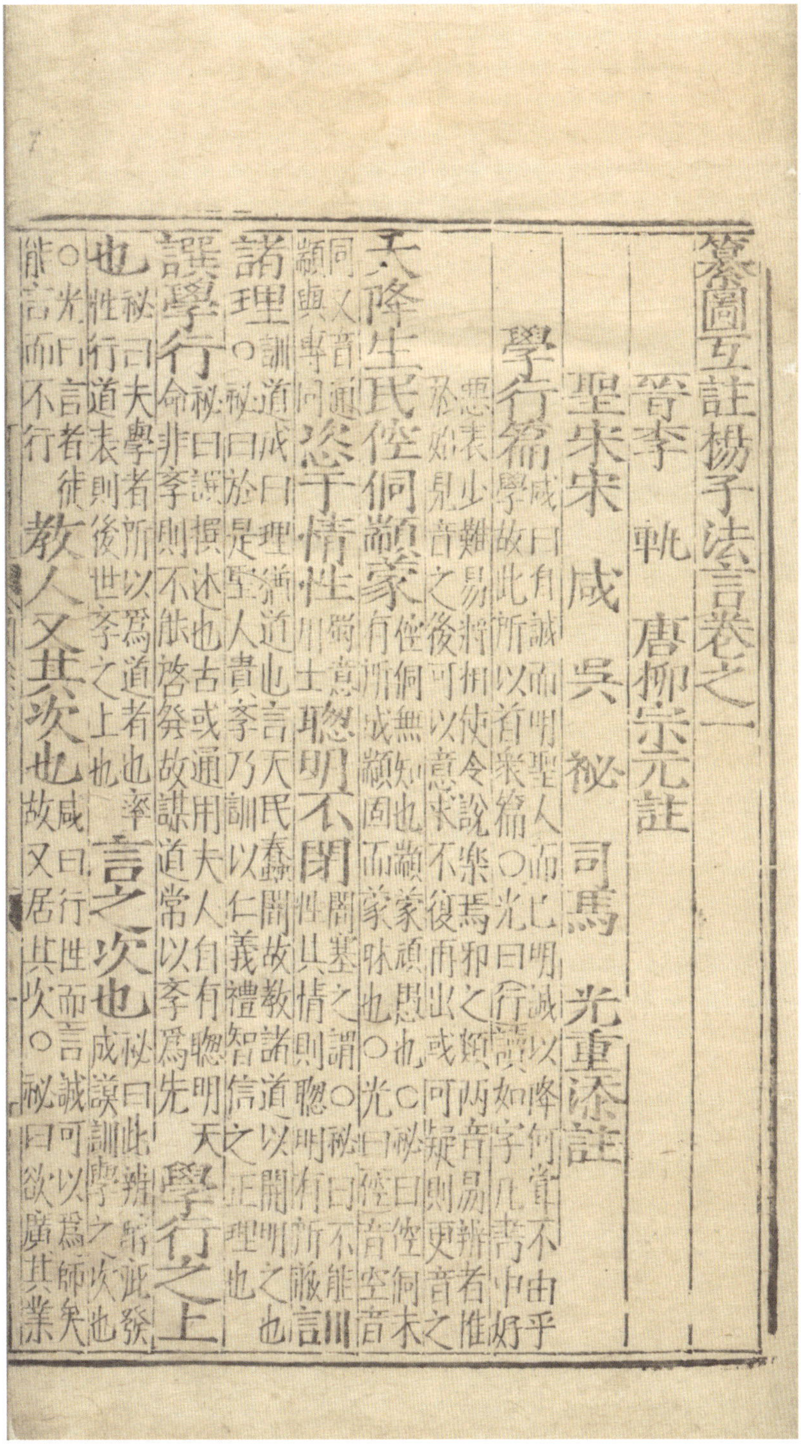

纂圖互註揚子法言十卷　（漢）揚雄撰　（晉）李軌　（唐）柳宗元　（宋）宋咸　（宋）吴祕　（宋）司馬光注　明刻六子全書本。四册。半頁十一行二十四字，小字雙行同，黑口，四周雙邊。框高19.4厘米、寬13厘米。中山大學圖書館藏。

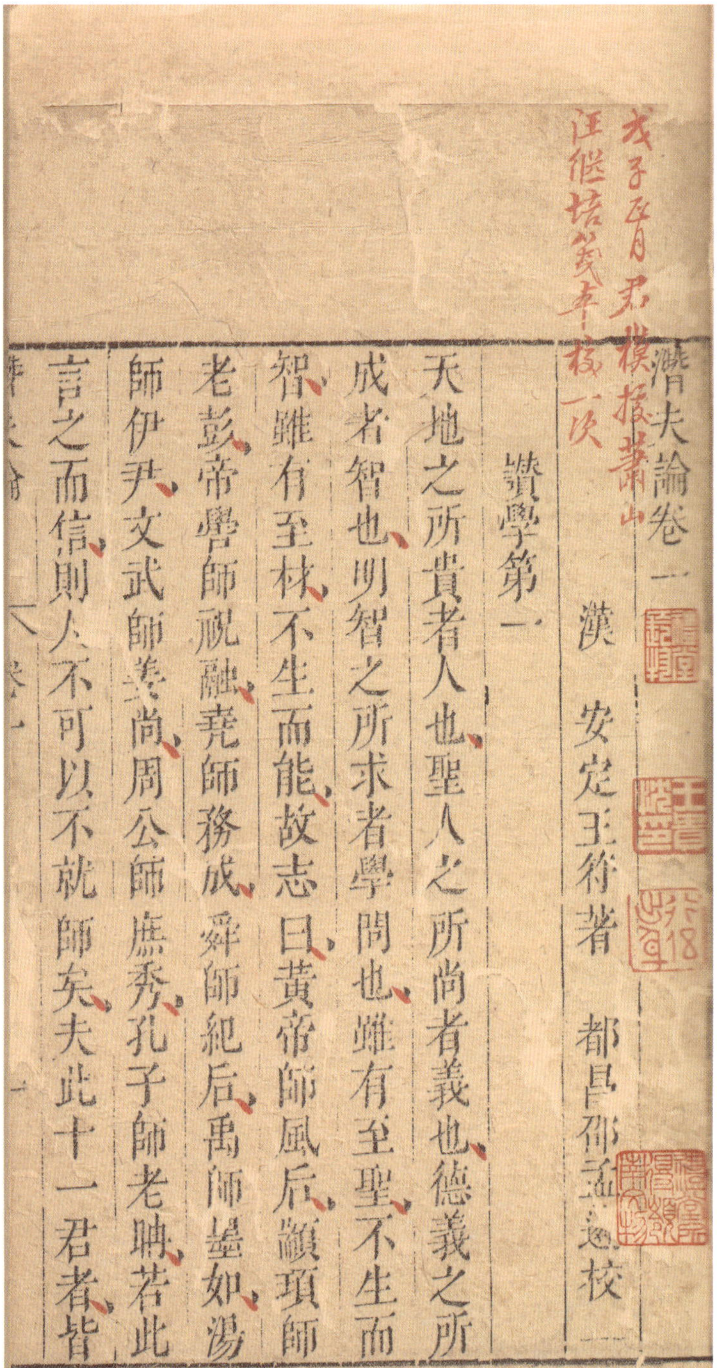

潛夫論十卷　（漢）王符撰　清乾隆五十六年（1791）王謨刻增訂漢魏叢書本。四册。半頁九行二十字，小字雙行三十六字，白口，左右雙邊。框高19.4厘米、寬14厘米。儀清室藏。

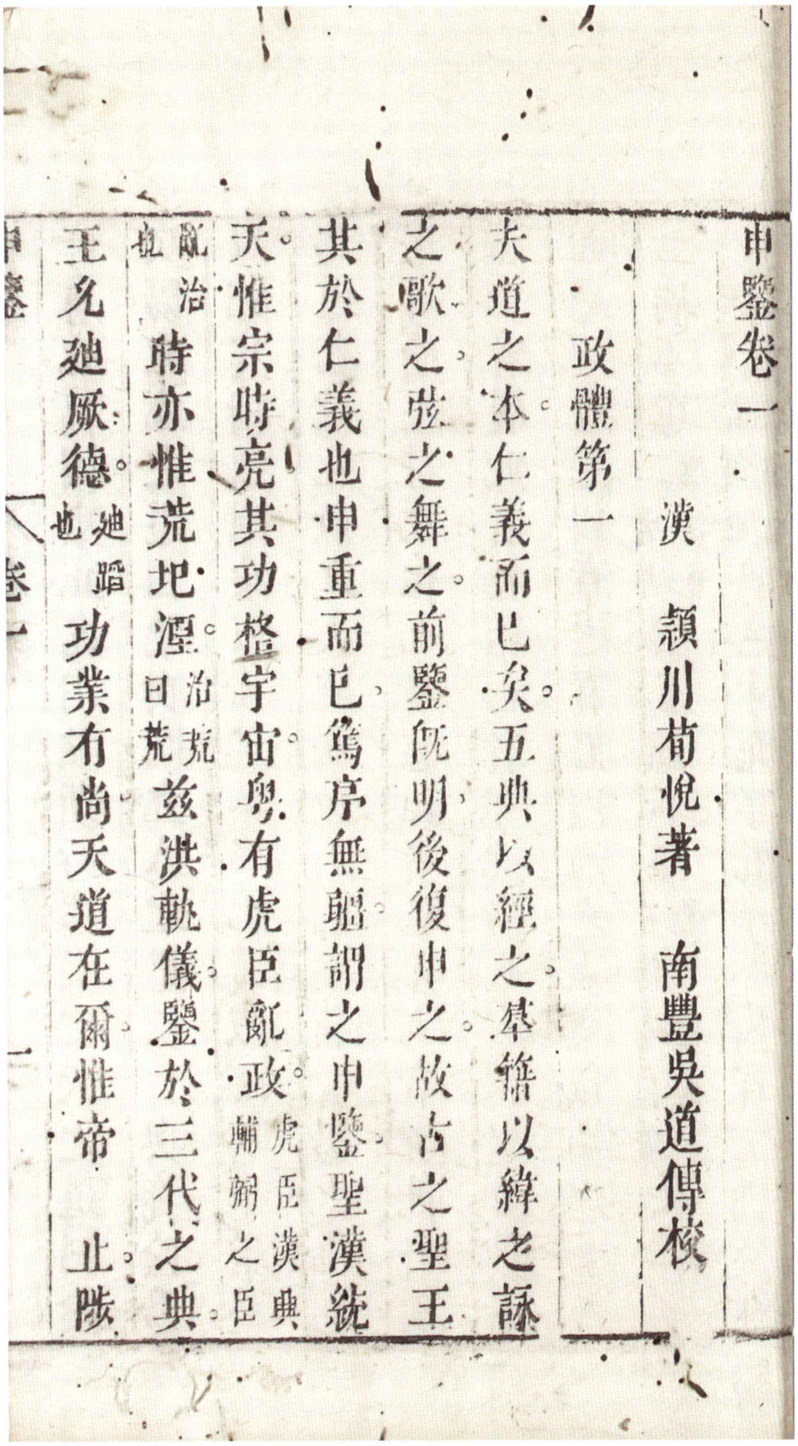
申鑒卷一
漢　潁川荀悅著　南豐吳道傳校
政體第一
夫道之本仁義而已矣五典以經之羣籍以緯之詠之歌之弦之舞之前鑒既明後復申之故古之聖王其於仁義也申重而已篤序無疆謂之申鑒聖漢統天惟宗時亮其功格宇宙粵有虎臣亂政虎臣漢典輔弼之臣亂治也時亦惟荒圮湮治荒曰荒茲洪軌儀鑒於三代之典王允迪厥德迪蹈也功業有尚天道在爾惟帝　止陂
申鑒　卷一　一

申鑒五卷　（漢）荀悅撰　（明）黃省曾注　清乾隆五十六年（1791）王謨刻增訂漢魏叢書本。一册。半頁九行二十字，白口，四周單邊。框高19.5厘米、寬14.5厘米。肇慶市高要區圖書館藏。

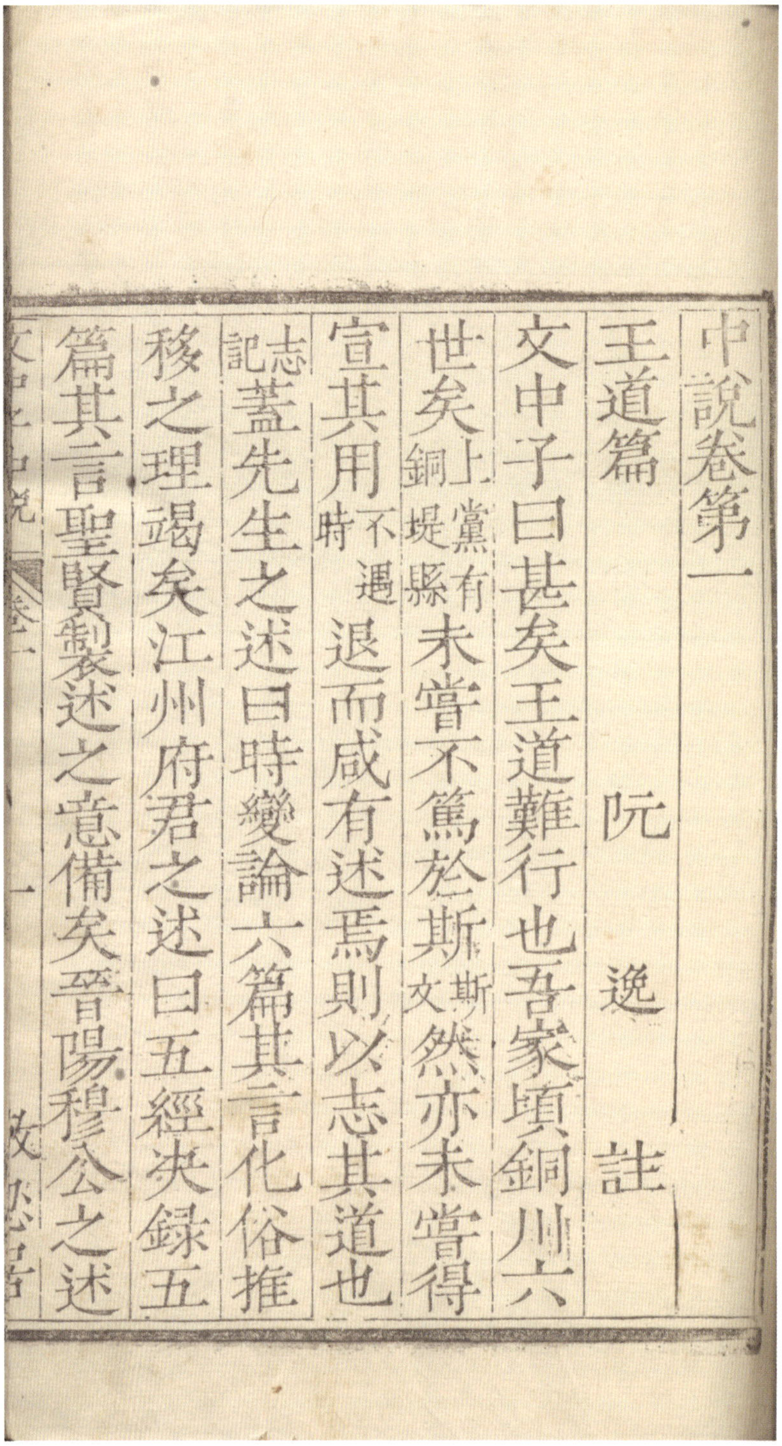

中說卷第一

王道篇　阮　逸　註

文中子曰甚矣王道難行也吾家頃銅川六世矣上黨有銅堤縣未嘗不篤於斯斯文然亦未嘗得宣其用不遇時退而咸有述焉則以志其道也志記蓋先生之述曰時變論六篇其言化俗推移之理竭矣江州府君之述曰五經決録五篇其言聖賢製述之意備矣晉陽穆公之述

文中子中說　卷一　一　敬恕居

中说十卷　題（隋）王通撰　（宋）阮逸注　明敬忍居刻本。四册。半頁八行十七字，小字雙行同，白口，四周雙邊。框高18.7厘米、寬13.5厘米。中山大學圖書館藏。

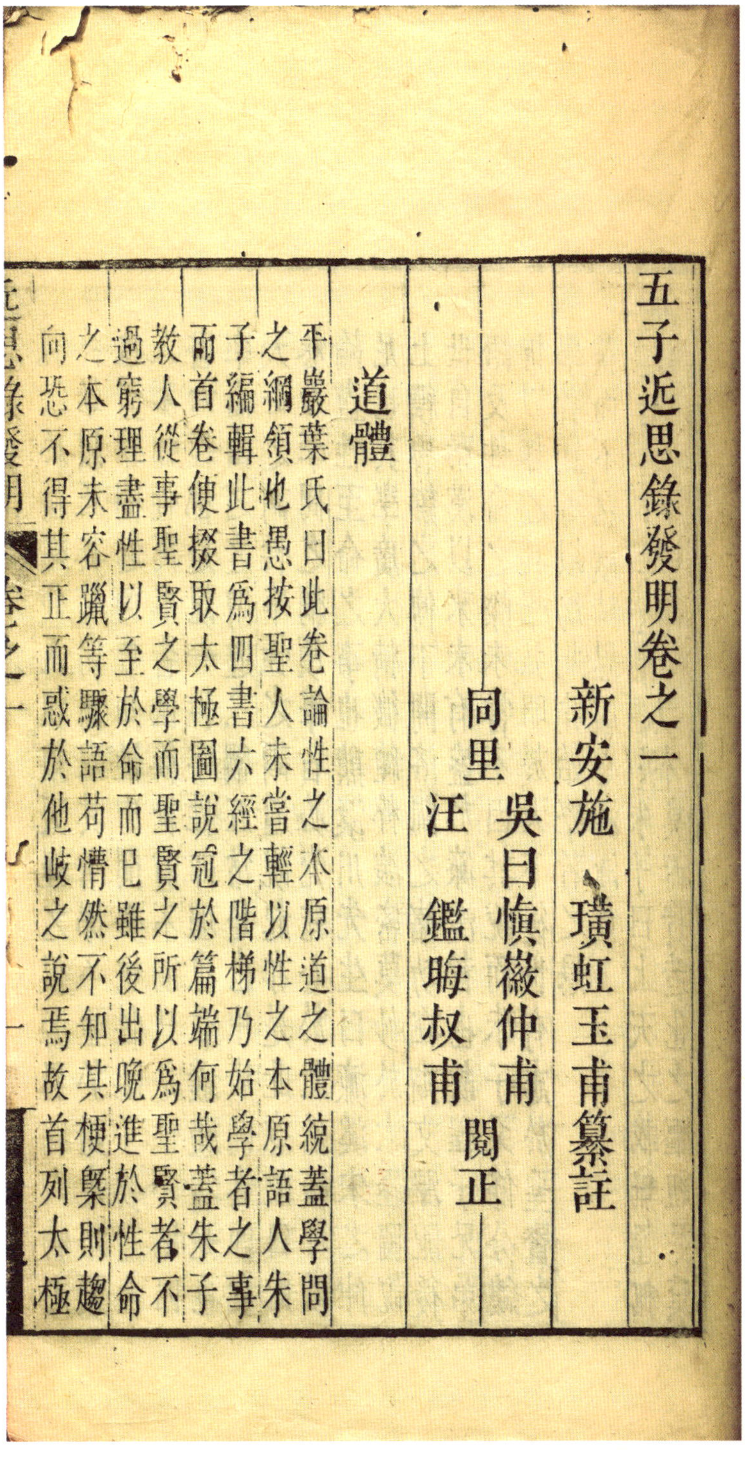

五子近思録發明十四卷　（清）施璜纂注　清康熙還古書院刻本。八冊。半頁九行二十字，小字雙行同，黑口，左右雙邊。框高20.5厘米、寬13.9厘米。暨南大學圖書館藏。

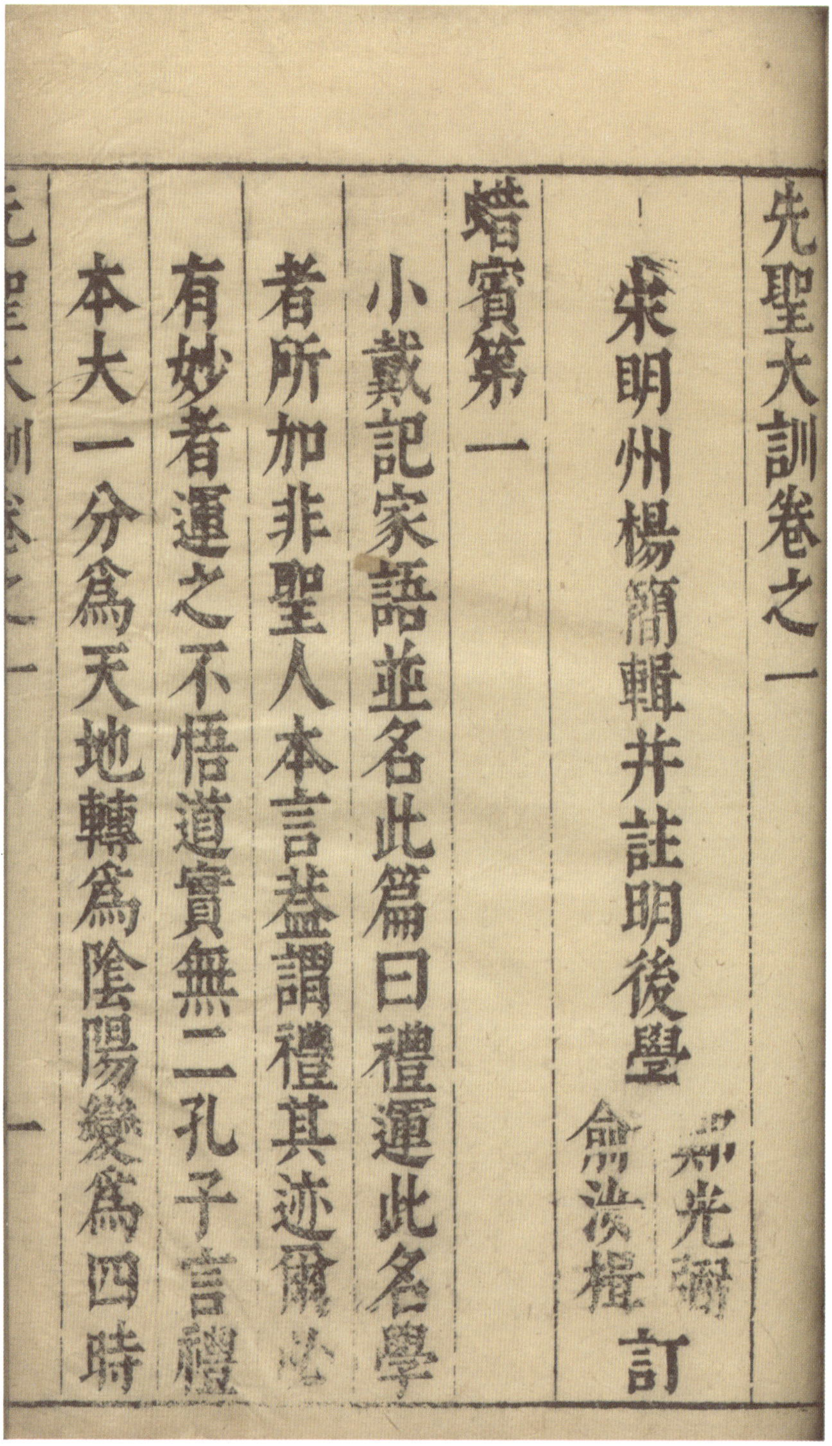

先聖大訓卷之一

宋明州楊簡輯并註明後學

鄭光弼 俞汝楫 訂

蜡賓第一

小戴記家語並名此篇曰禮運此名學者所加非聖人本言盖謂禮其迹爾必有妙者運之不悟道實無二孔子言禮本大一分爲天地轉爲陰陽變爲四時

先聖大訓卷之一　一

先聖大訓六卷　（宋）楊簡撰　明萬曆四十三年（1615）張翼軫等刻本。六册。半頁八行十六字，小字雙行同，白口，四周單邊。框高21.5厘米、寬14.3厘米。中山大學圖書館藏。

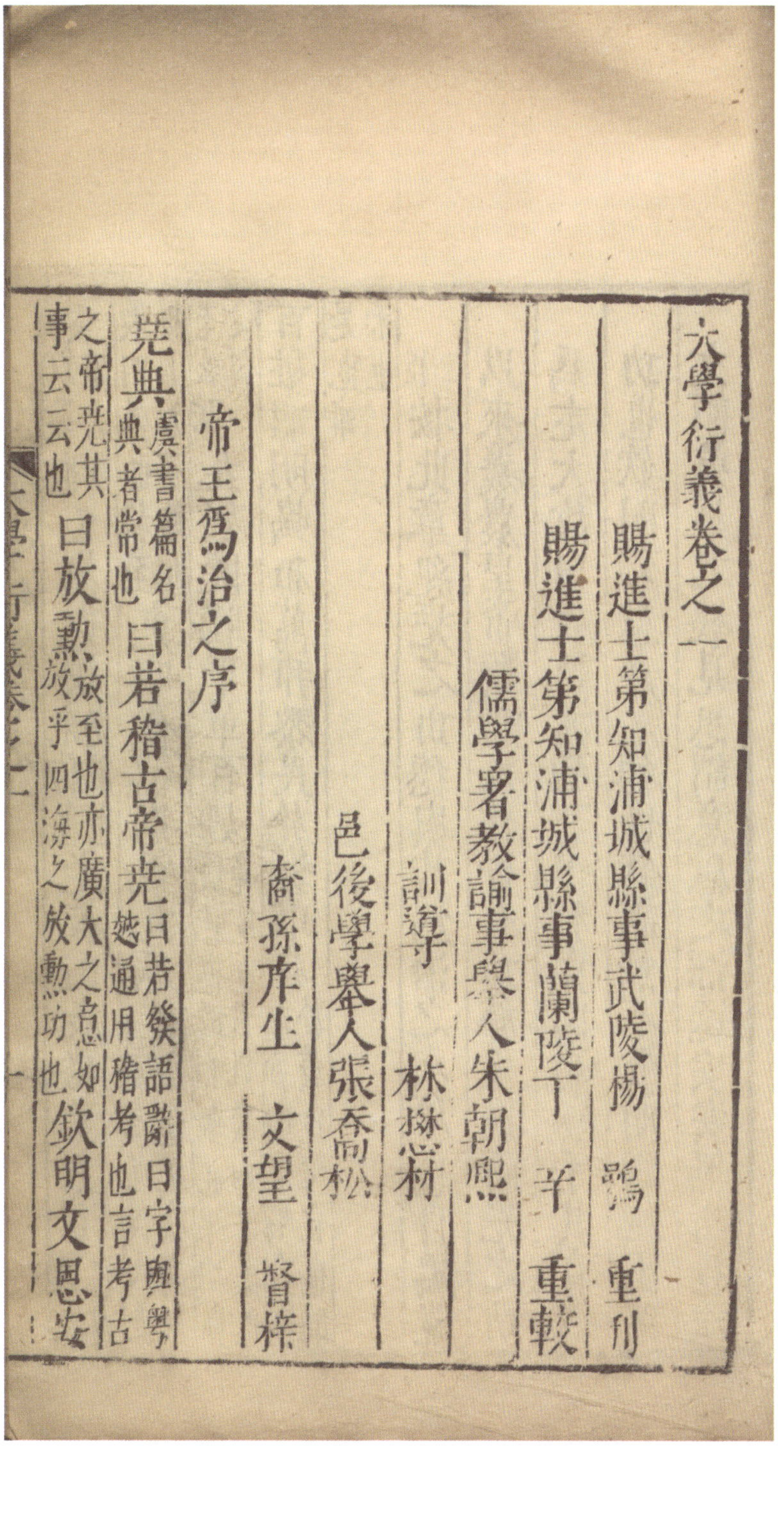

大學衍義卷之一

賜進士第知浦城縣事武陵楊鶚重刊

賜進士第知浦城縣事蘭陵丁子重較

儒學署教諭事舉人朱朝熙

訓導林懋材

邑後學舉人張喬松

裔孫庠生文望督梓

帝王爲治之序

堯典虞書篇名典者常也曰若稽古帝堯曰若發語辭曰字與粵通用稽考也言考古之帝堯其事云云也曰放勳放至也亦廣大之意如放乎四海之放勳功也欽明文思安

大學衍義四十三卷　（宋）眞德秀撰　明崇禎十一年（1638）楊鶚刻清乾隆重修本。十册。半頁十行二十一字，小字雙行同，白口，四周單邊。框高20.8厘米、寬13.9厘米。中山大學圖書館藏。

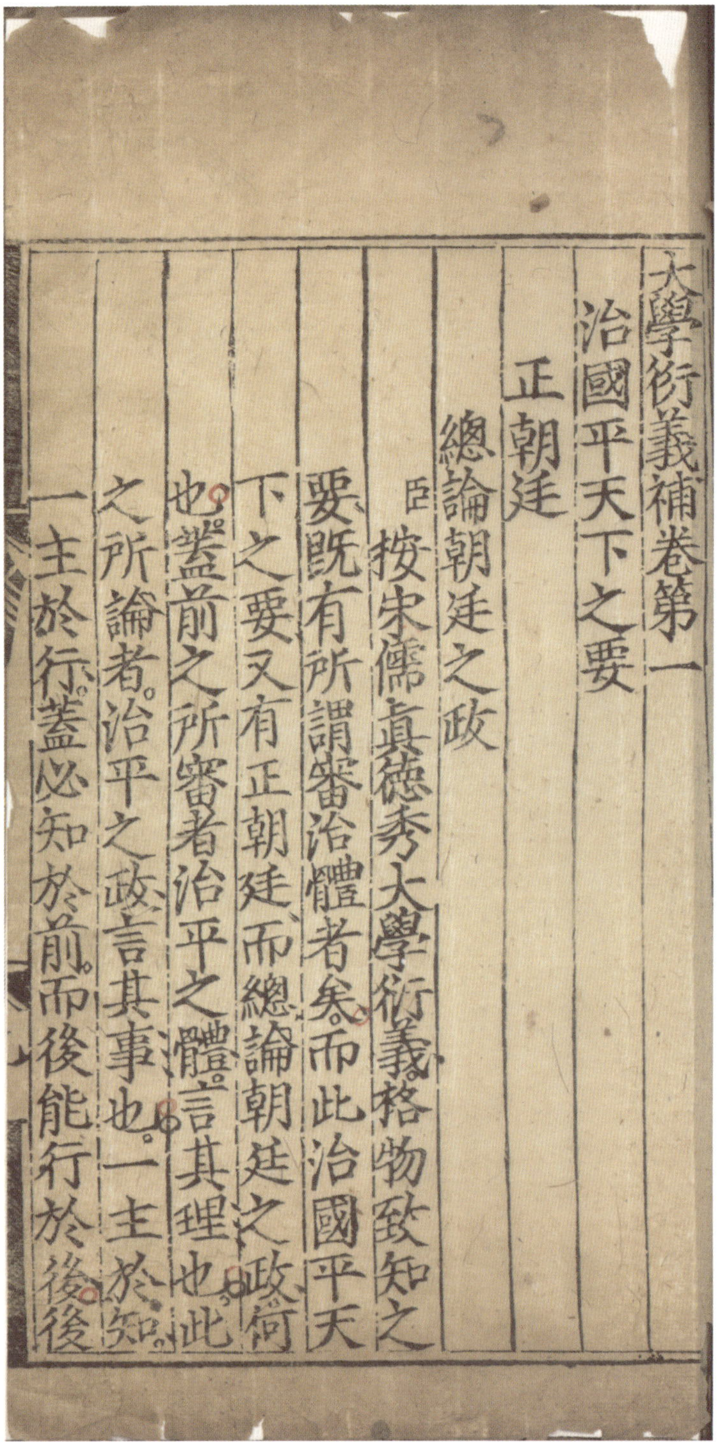

大學衍義補卷第一
治國平天下之要
正朝廷
總論朝廷之政
臣按宋儒真德秀大學衍義格物致知之
要既有所謂審治體者矣而此治國平天
下之要又有正朝廷而總論朝廷之政何
也蓋前之所審者治平之體言其理也此
之所論者治平之政言其事也一主於知
一主於行蓋必知於前而後能行於後後

大學衍義補一百六十卷首一卷　（明）丘濬撰　明刻本。存一百三十五卷（缺一百三十五至一百六十）。二十册。半頁十行二十字，黑口，四周雙邊。框高19.7厘米、寬12.5厘米。中山大學圖書館藏。

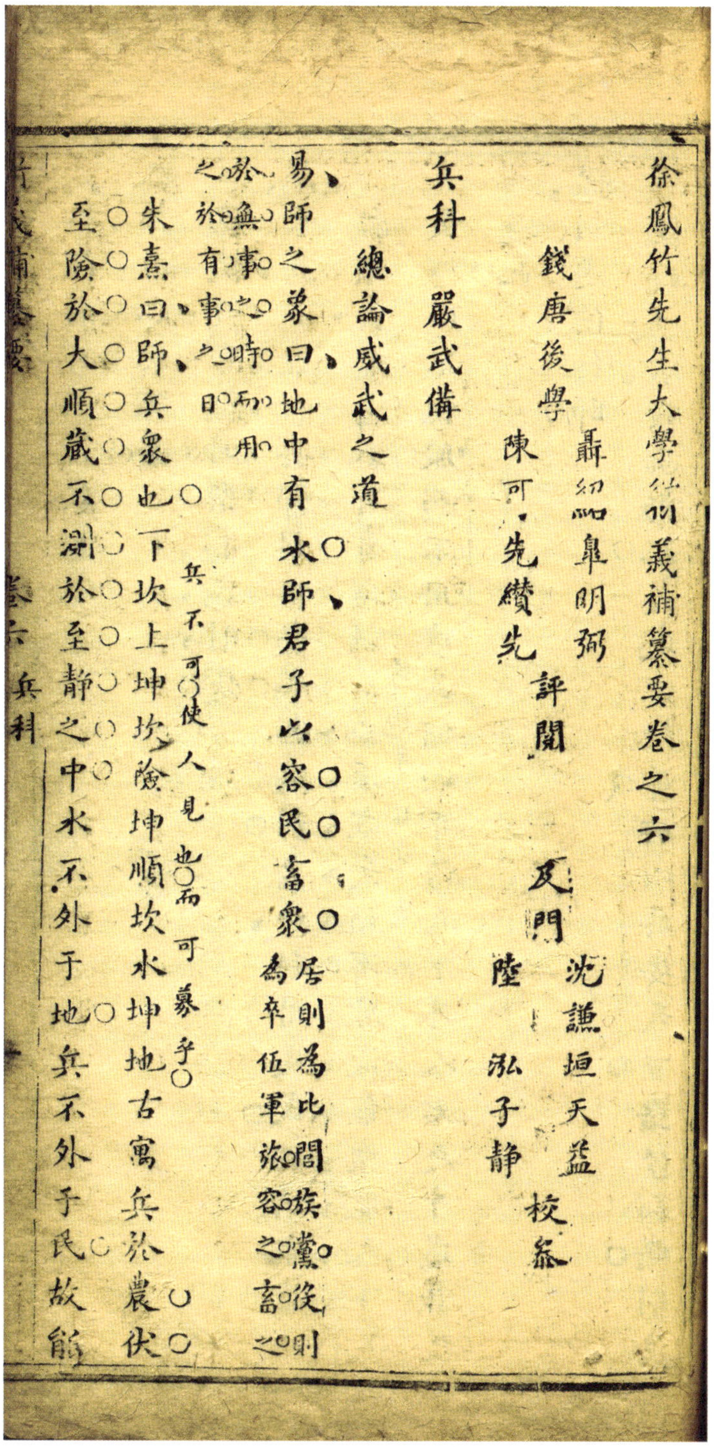

大學衍義補纂要六卷　（明）徐栻輯　清康熙二年（1663）陳可先刻本。三册。半頁九行二十六字，白口，四周雙邊。框高20.9厘米、寬10.7厘米。暨南大學圖書館藏。

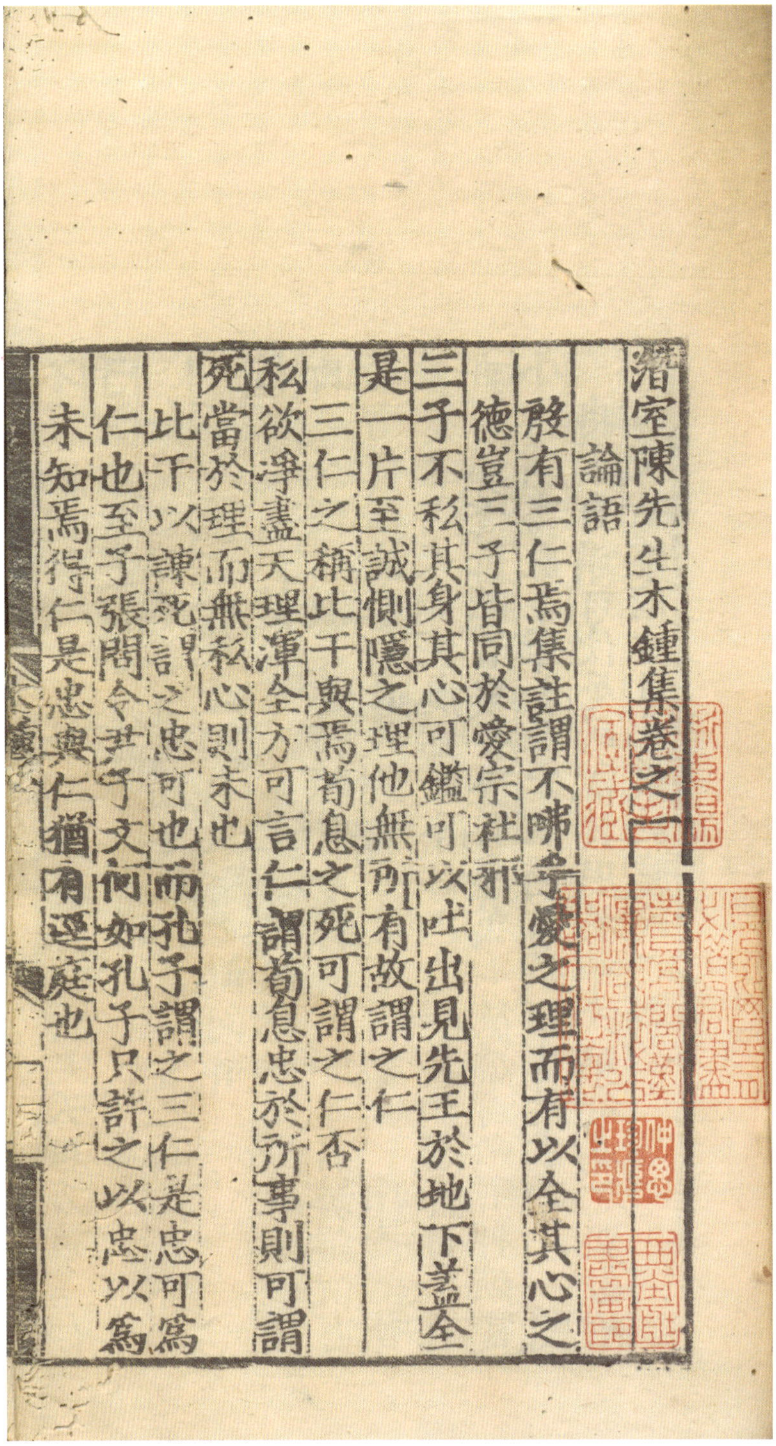
潛室陳先生木鍾集卷之一
論語
殷有三仁焉集註謂不咈乎愛之理而有以全其心之
德豈三子皆同於愛宗社邪
三子不私其身其心可鑑可以吐出見先王於地下蓋全
是一片至誠惻隱之理他無所有故謂之仁
三仁之稱比干與焉荀息之死可謂之仁否
私欲淨盡天理渾全方可言仁謂荀息忠於所事則可謂
死當於理而無私心則未也
比干以諫死謂之忠可也而孔子謂之三仁是忠可爲
仁也至子張問令尹子文何如孔子只許之以忠以爲
未知焉得仁是忠與仁猶有逕庭也

潛室陳先生木鍾集十一卷　（宋）陳埴撰　明弘治十四年（1501）鄧淮、高賓刻本。四册。半頁十二行二十二字，黑口，四周單邊。框高19.3厘米、寬12.6厘米。廣東省社會科學院藏。

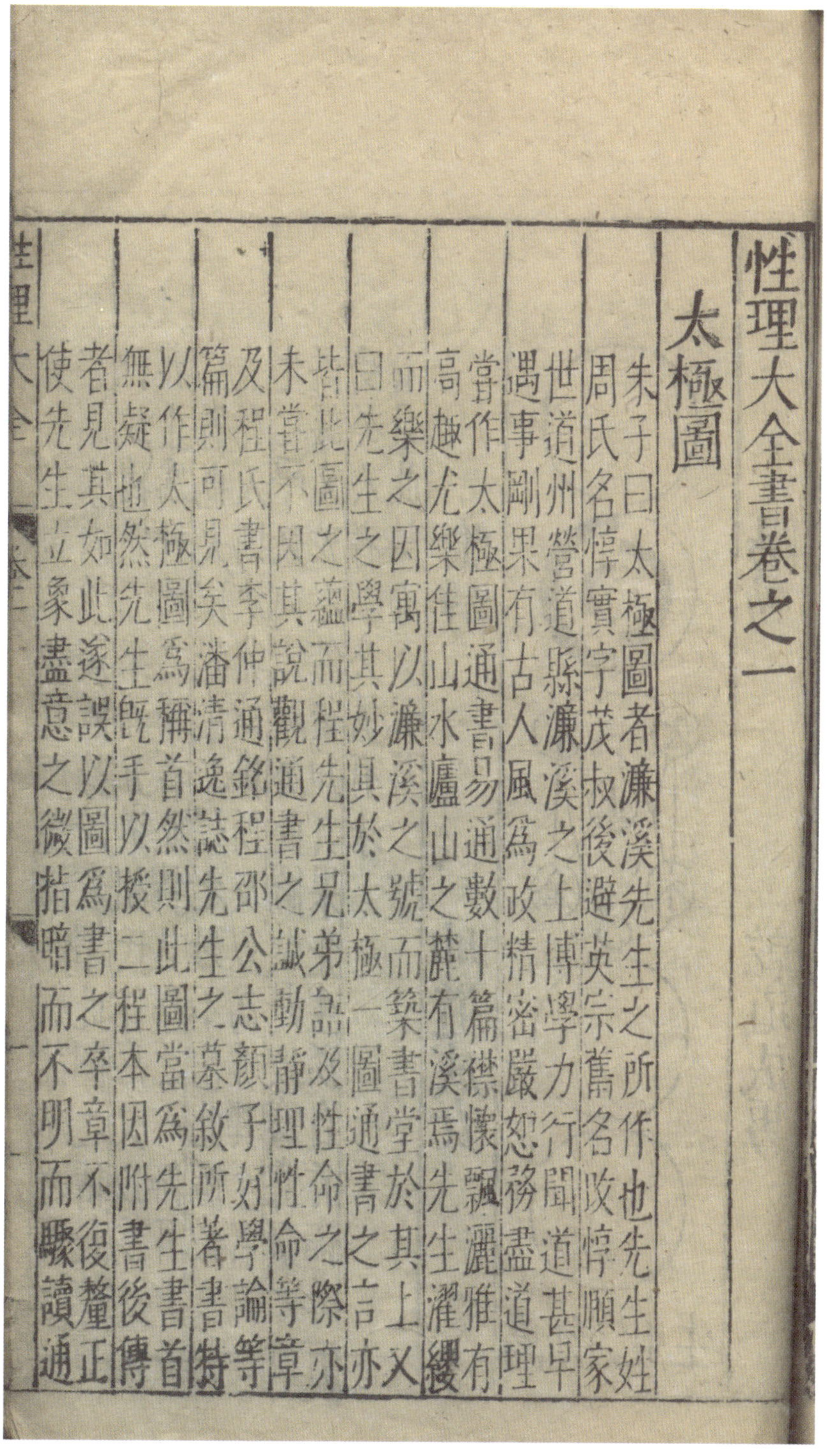

性理大全書七十卷 （明）胡廣等撰　明萬曆吴勉學師古齋刻明末重修本。十八册。半頁十行二十字，小字雙行同，白口，左右雙邊。框高20.7厘米、寬14厘米。中山大學圖書館藏。

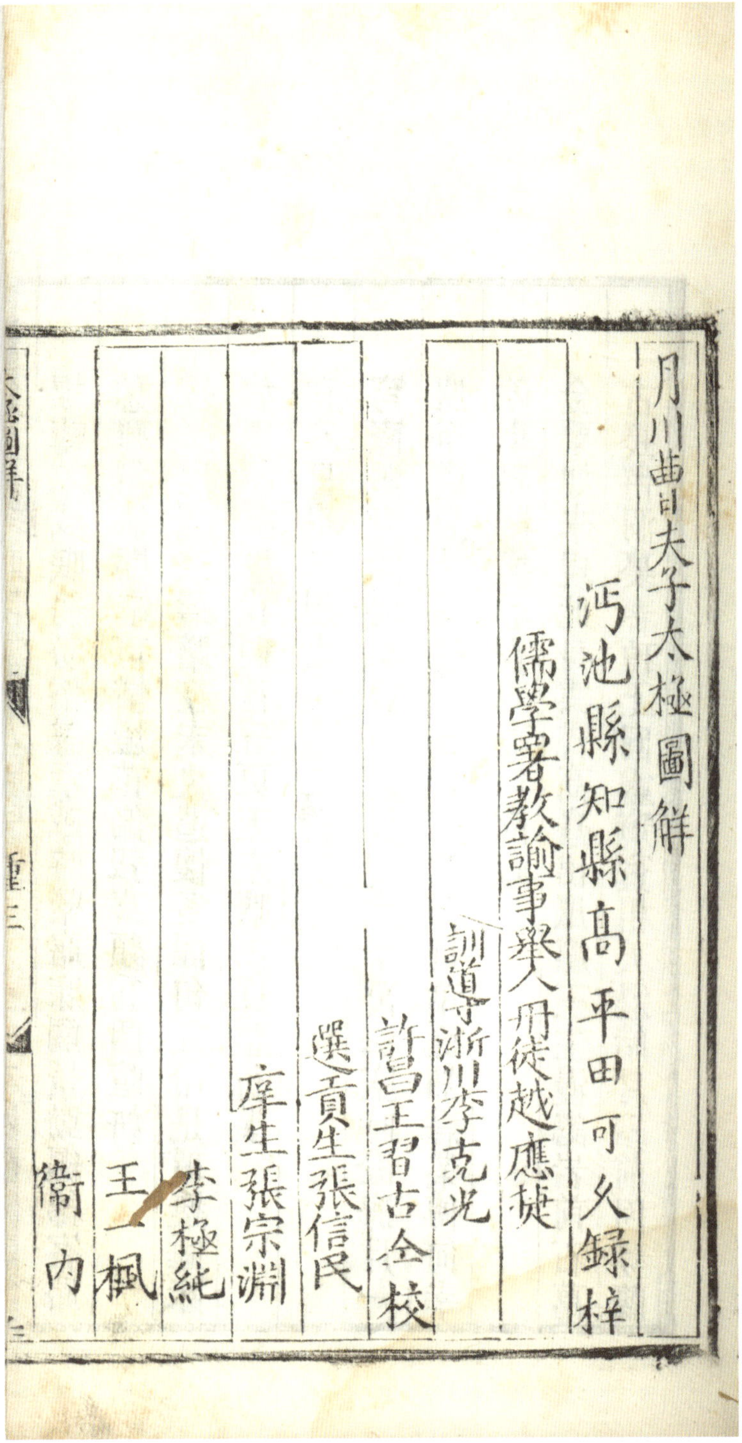
月川曹夫子太極圖解
汚池縣知縣高平田可久録梓
儒學署教諭事舉人丹徒越應徒
訓導宇浙川李克光
許昌王習古仝校
選貢生張信民
庠生張宗淵
李極純
王一楓
衛內

月川曹夫子太極圖解一卷西銘解一卷　（明）曹端撰　明萬曆田可久刻本。一册。半頁十行二十字，小字雙行同，白口，四周雙邊。框高21.8厘米、寬14.8厘米。廣東省立中山圖書館藏。

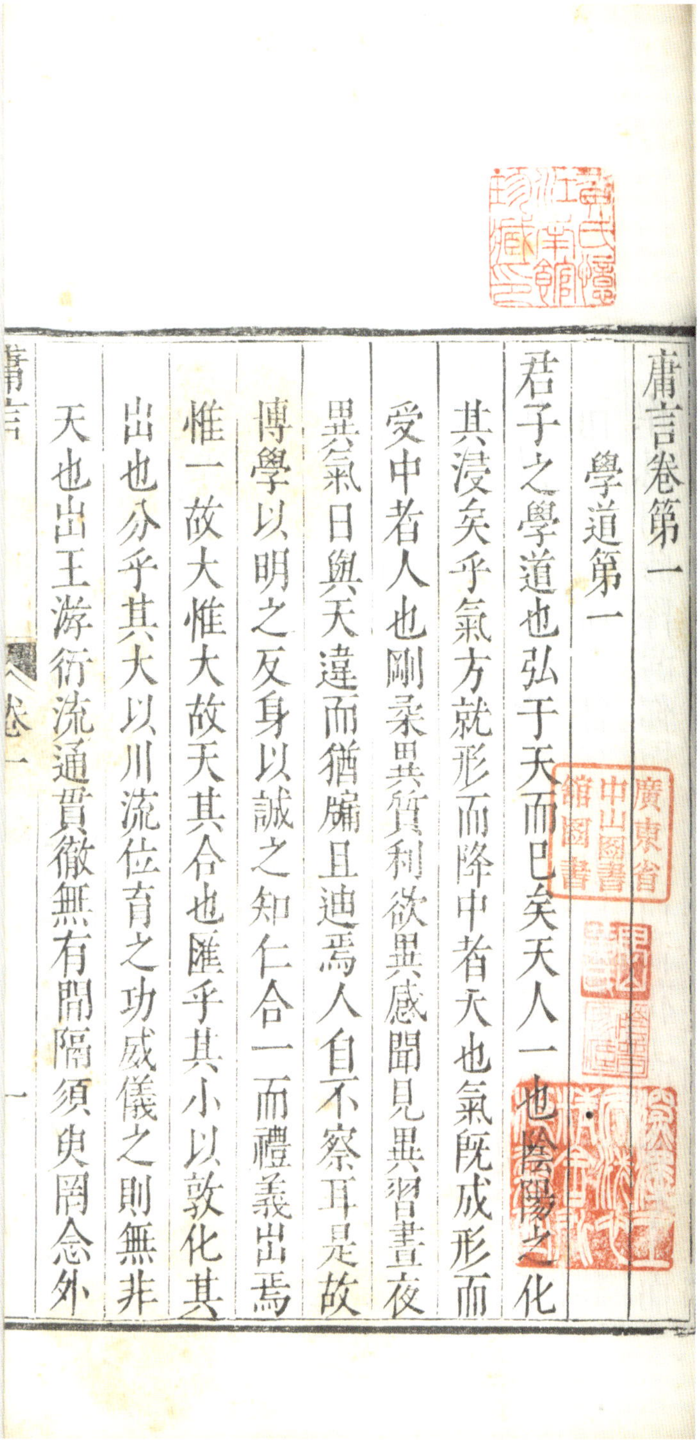

庸言卷第一

學道第一

君子之學道也弘于天而已矣天人一也陰陽之化

其浸矣乎氣方就形而降中者天也氣旣成形而

受中者人也剛柔異質利欲異感聞見異習晝夜

異氣日與天違而猶牖且廸焉人自不察耳是故

博學以明之反身以誠之知仁合一而禮義出焉

惟一故大惟大故天其合也匯乎其小以敦化其

出也分乎其大以川流位育之功威儀之則無非

天也出王游衍流通貫徹無有閒隔須臾罔念外

庸言　卷一　一

庸言十二卷　（明）黄佐撰　清康熙二十一年（1682）黄逵卿、黄銘刻本。四册。半頁十行二十字，白口，四周雙邊。框高18.9厘米、寬13.6厘米。廣東省立中山圖書館藏。

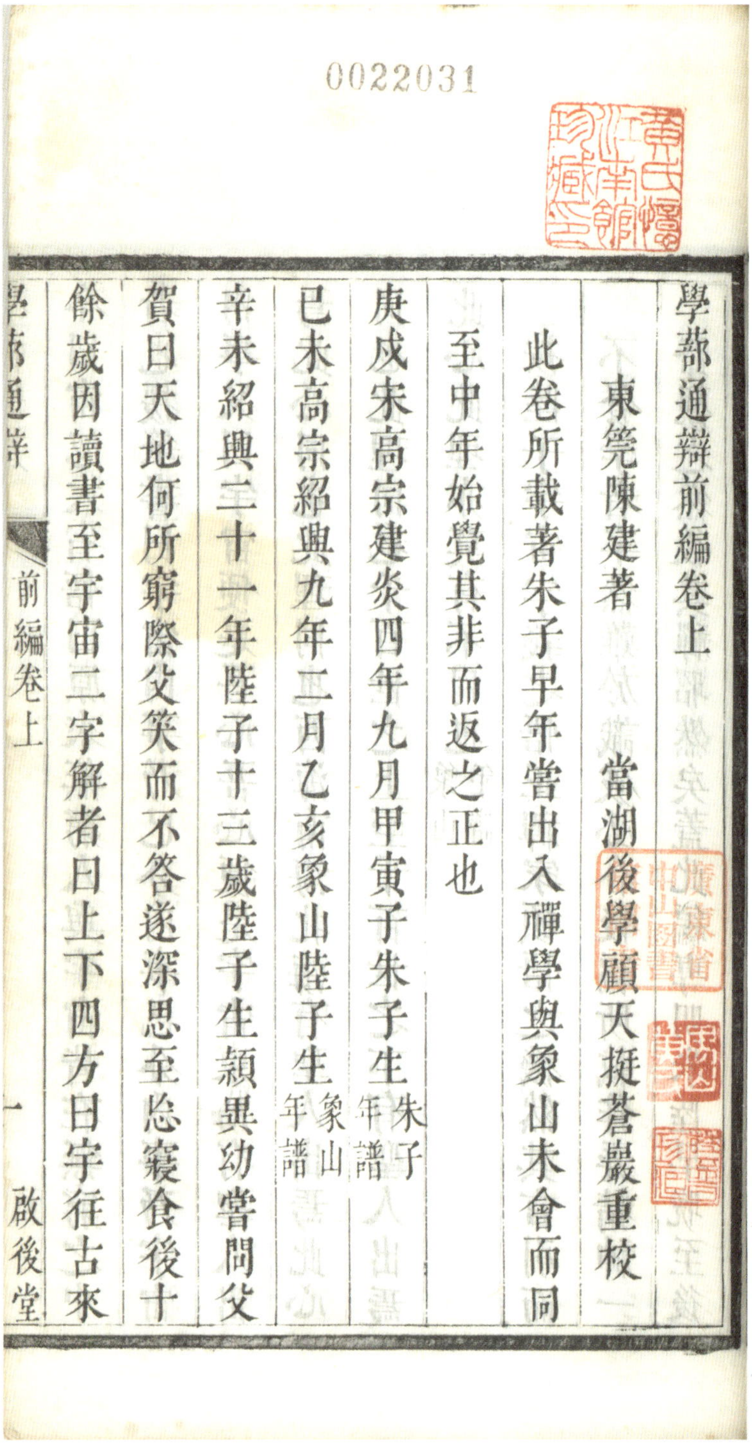
0022031

學蔀通辯前編卷上

東莞陳建著　當湖後學顧天挺蒼巖重校

此卷所載著朱子早年嘗出入禪學與象山未會而同

至中年始覺其非而返之正也

庚戌宋高宗建炎四年九月甲寅朱子生朱子年譜

已未高宗紹興九年二月乙亥象山陸子生象山年譜

辛未紹興二十一年陸子十三歲陸子生穎異幼嘗問父

賀曰天地何所窮際父笑而不荅遂深思至忘寢食後十

餘歲因讀書至宇宙二字解者曰上下四方曰宇往古來

學蔀通辯　前編卷上　一　啟後堂

學蔀通辯前編三卷後編三卷續編三卷終編三卷　（明）陳建撰　清康熙十七年（1678）啓後堂刻本。二册。半頁九行二十二字，白口，四周雙邊。框高19.5厘米、寬13.9厘米。廣東省立中山圖書館藏。

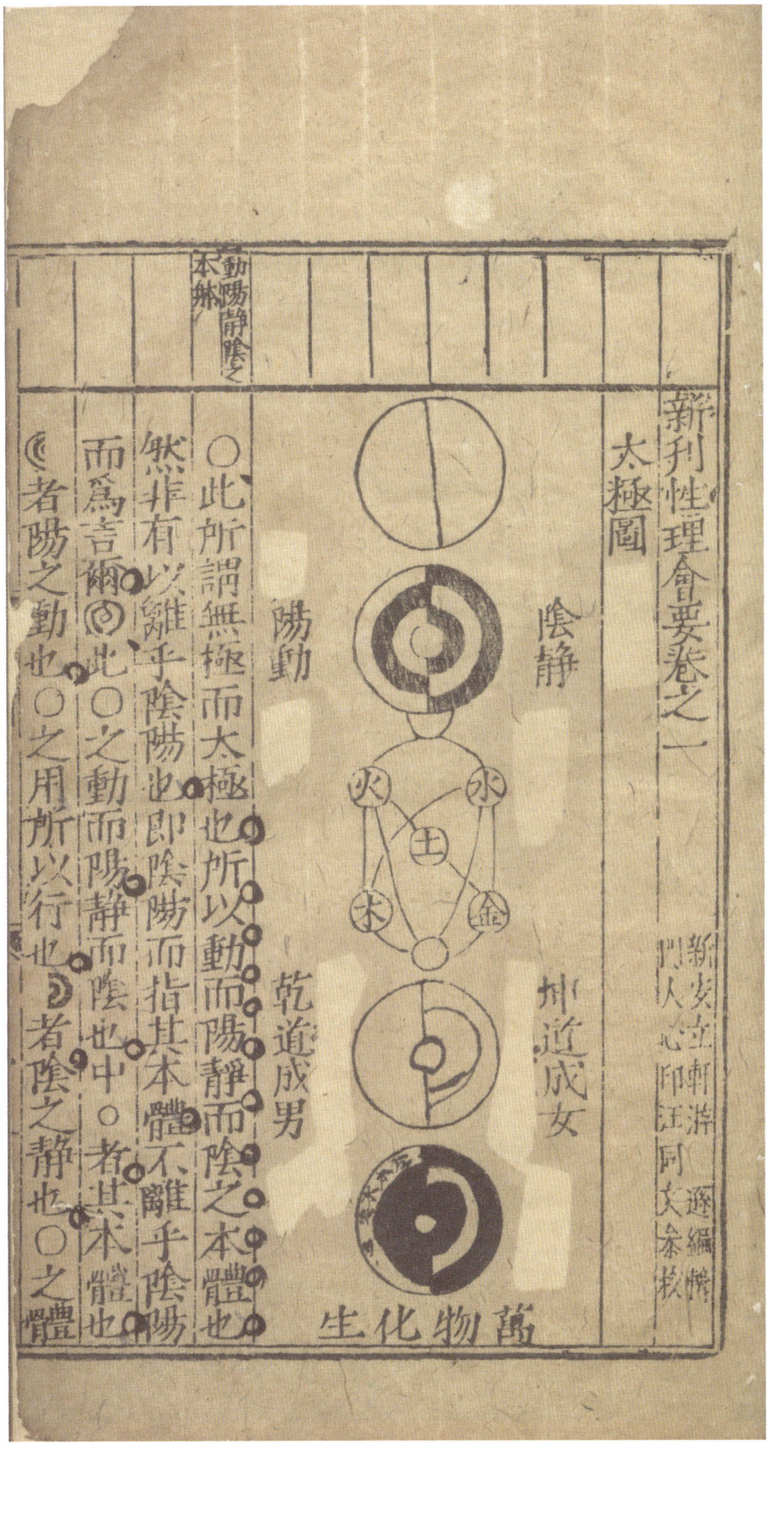

新刊性理會要十卷　（明）游遜輯　明刻本。存八卷（缺九至十）。八册。上下兩欄，半頁十二行二十三字，白口，四周雙邊。框高19厘米、寬12.3厘米。中山大學圖書館藏。

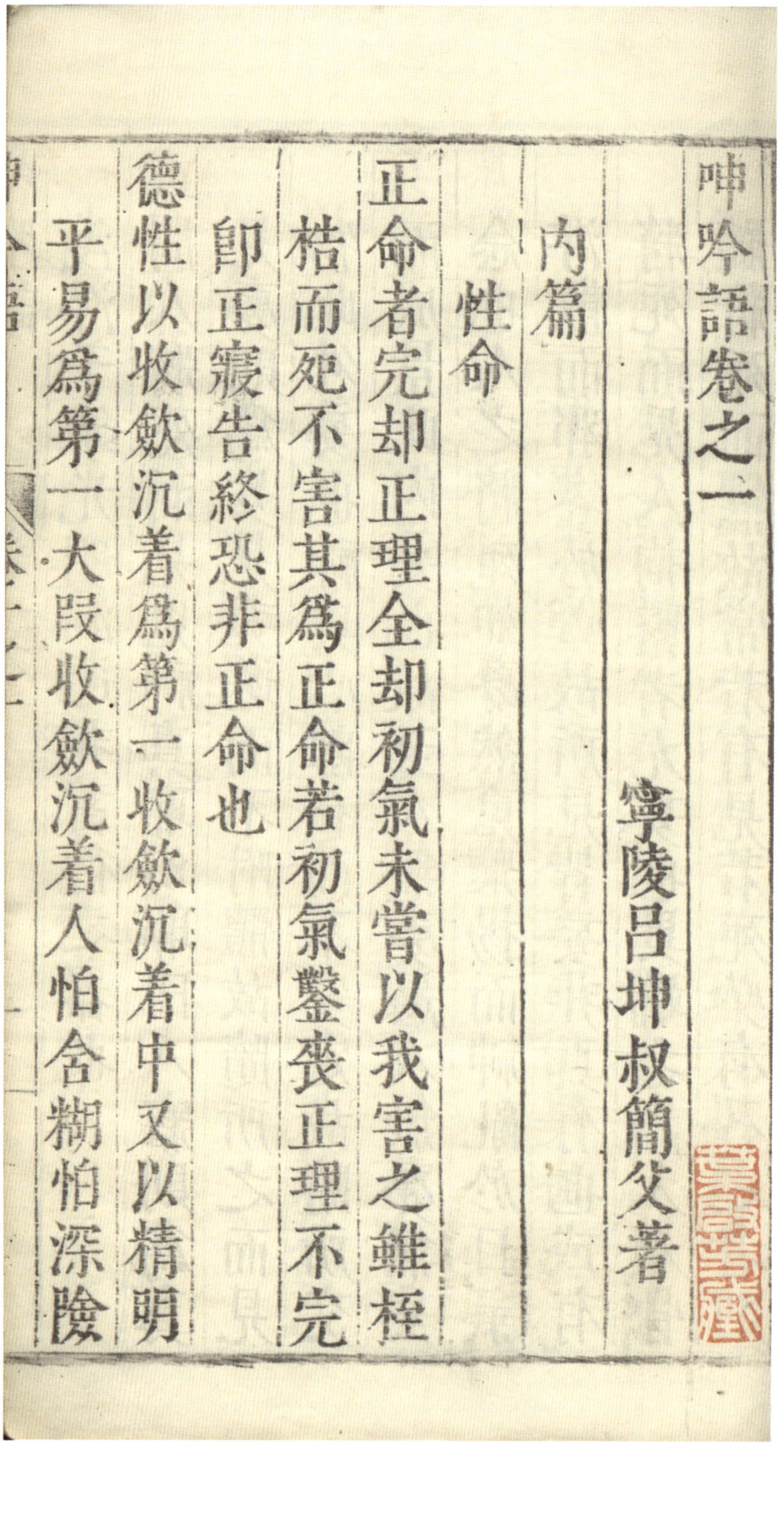

呻吟語卷之一

寧陵呂坤叔簡父著

內篇

性命

正命者完却正理全却初氣未嘗以我害之雖桎梏而死不害其爲正命若初氣鑿喪正理不完即正寢告終恐非正命也

德性以收斂沉着爲第一收斂沉着中又以精明平易爲第一大段收斂沉着人怕含糊怕深險

呻吟語六卷　（明）呂坤撰　明萬曆刻本。六册。半頁九行十九字，白口，左右雙邊。框高21.2厘米、寬13.3厘米。中山大學圖書館藏。

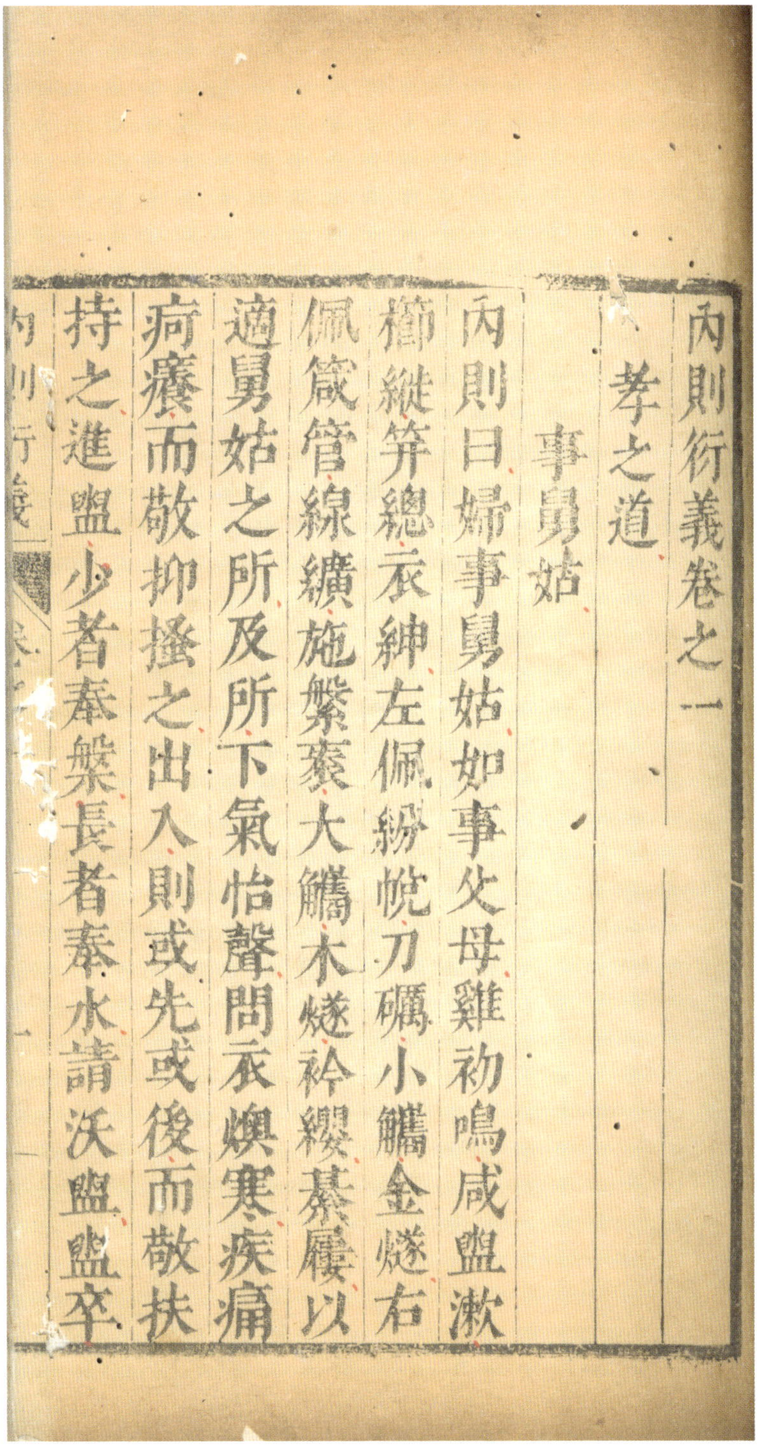
內則衍義卷之一

孝之道

事舅姑

內則曰婦事舅姑如事父母雞初鳴咸盥漱櫛縰笄總衣紳左佩紛帨刀礪小觿金燧右佩箴管線纊施縏袠大觿木燧衿纓綦屨以適舅姑之所及所下氣怡聲問衣燠寒疾痛疴癢而敬抑搔之出入則或先或後而敬扶持之進盥少者奉槃長者奉水請沃盥盥卒

內則衍義　卷一　一

內則衍義十六卷　（清）世祖福臨撰　清初刻本。八册。半頁九行十七字，白口，四周單邊。框高19.3厘米、寬13.7厘米。廣東省立中山圖書館藏。

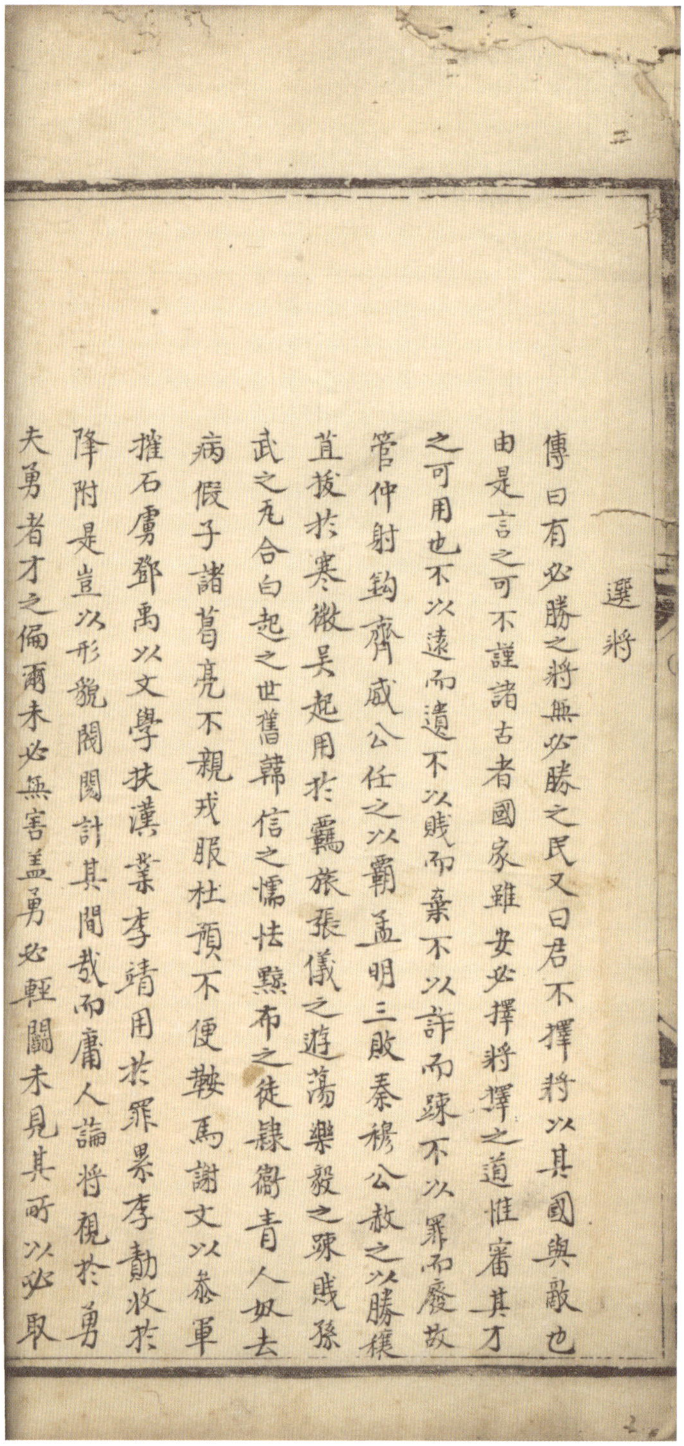

選將

傳曰有必勝之將無必勝之民又曰君不擇將以其國與敵也由是言之可不謹諸古者國家雖安必擇將擇之道惟審其才之可用也不以遠而遺不以賤而棄不以詐而疏不以罪而廢故管仲射鉤齊威公任之以霸孟明三敗秦穆公赦之以勝穰苴拔於寒微吳起用於羈旅張儀之遊蕩樂毅之踈賤孫武之亢合白起之世舊韓信之懦怯黥布之徒隸衞青人奴去病假子諸葛亮不親戎服杜預不便鞍馬謝文以參軍摧石虜鄧禹以文學扶漢業李靖用於罪累李勣收於降附是豈以形貌閥閱討其間哉而庸人論將視於勇夫勇者才之偏爾未必無害蓋勇必輕鬬未見其所以必取

武經總要前集二十卷後集二十卷　（宋）曾公亮等撰　明抄本。存二十一卷（缺後集二至二十）。十二册。半頁十一行字數不等，小字雙行字數不等，黑口，四周雙邊。框高26.7厘米、寬16.3厘米。中山大學圖書館藏。

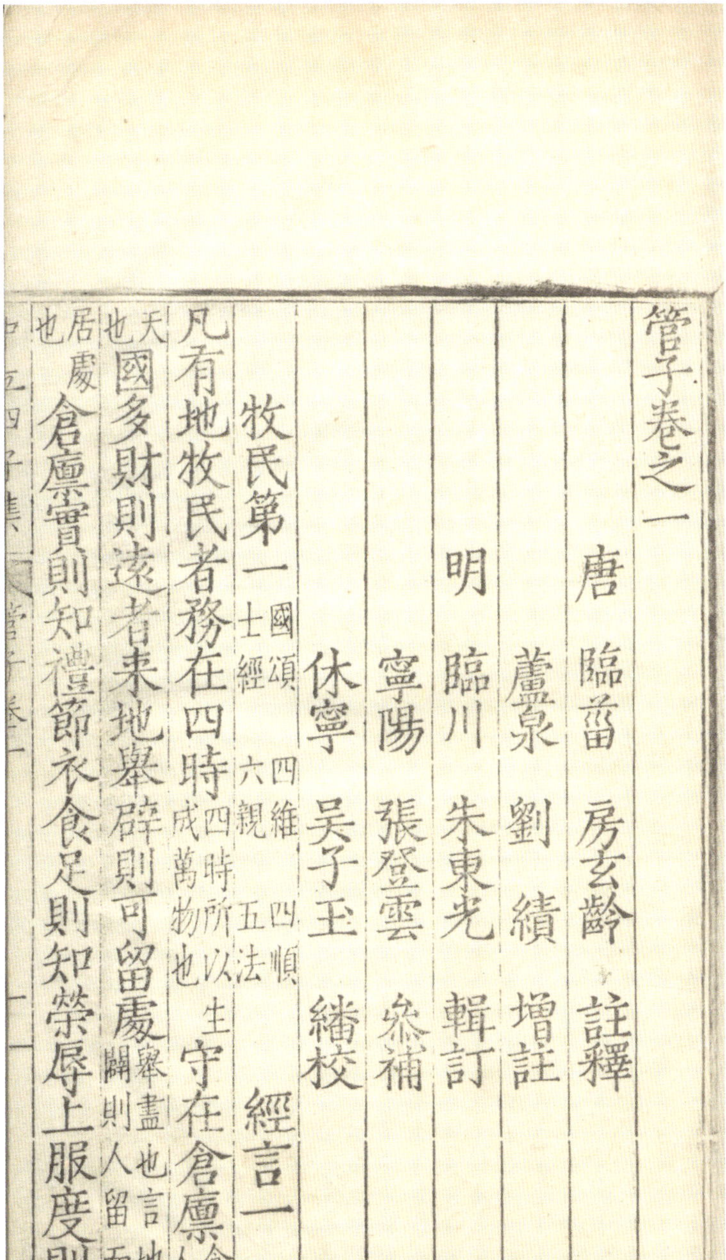
管子卷之一
唐 臨淄 房玄齡 註釋
蘆泉 劉績 增註
明 臨川 朱東光 輯訂
寧陽 張登雲 參補
休寧 吳子玉 讎校
牧民第一 國頌 四維 四順 士經 六親 五法 經言一
凡有地牧民者務在四時四時所以生成萬物也守在倉廩食者人之天也
國多財則遠者来地舉辟則可留處舉盡也言地盡闢則人留而安居處也
倉廩實則知禮節衣食足則知榮辱上服度則六
中立四子集 管子卷一 一

管子二十四卷 （唐）房玄齡注 （明）劉績補注 明萬曆七年（1579）刻中立四子集本。存十六卷（缺十七至二十四）。八册。半頁十行二十一字，小字雙行同，白口，四周雙邊。框高21.5厘米、寬14厘米。中山大學圖書館藏。

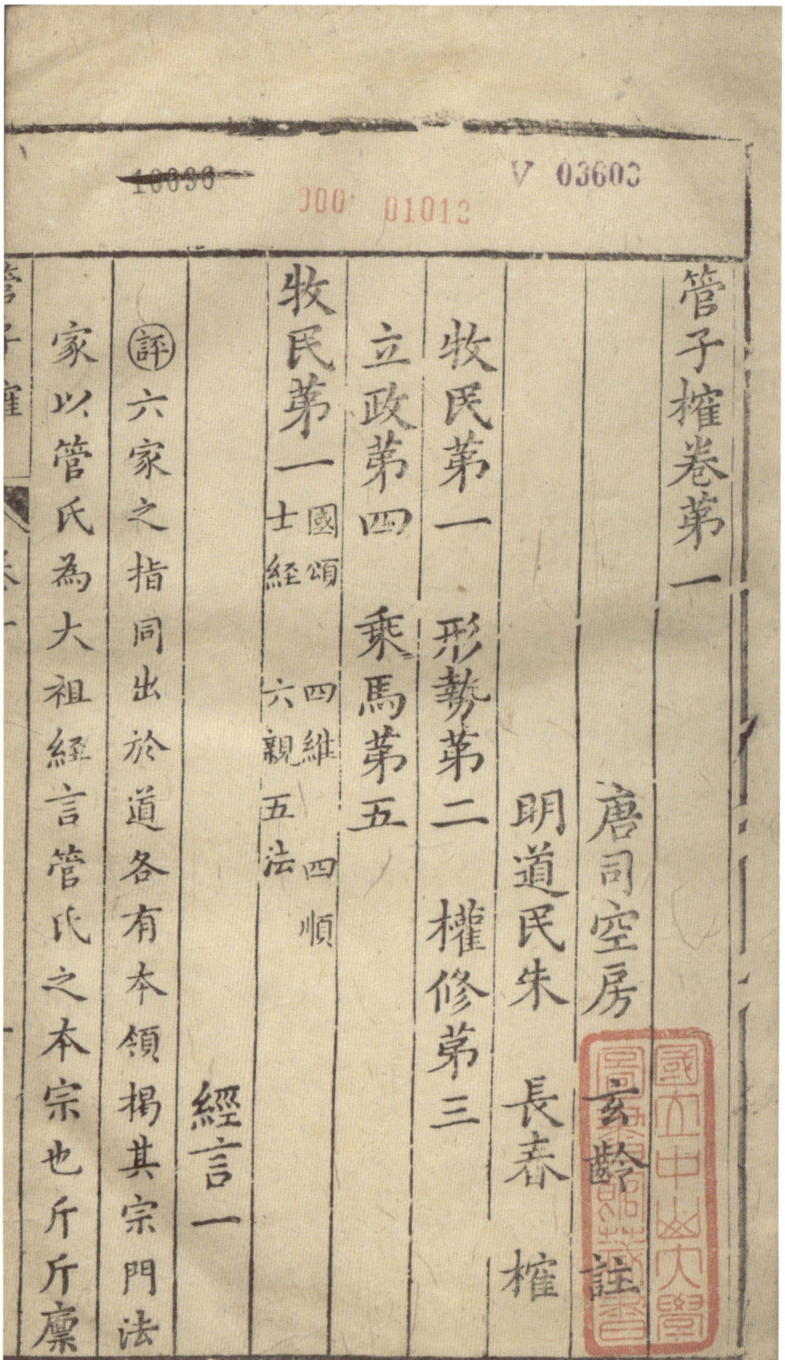
管子権卷第一
唐司空房　玄齡　註
明道民朱　長春　権
牧民第一　形勢第二　権修第三
立政第四　乘馬第五
牧民第一　國頌　四維　四順
士經　六親五法
經言一
評　六家之指同出於道各有本領揭其宗門法
家以管氏為大祖經言管氏之本宗也斤斤稟

管子権二十四卷　（明）朱長春撰　明萬曆四十年（1612）張維樞刻本。二十册。上下兩欄，半頁九行十九字，小字雙行同，白口，左右雙邊。框高22.8厘米、寬13.8厘米。中山大學圖書館藏。

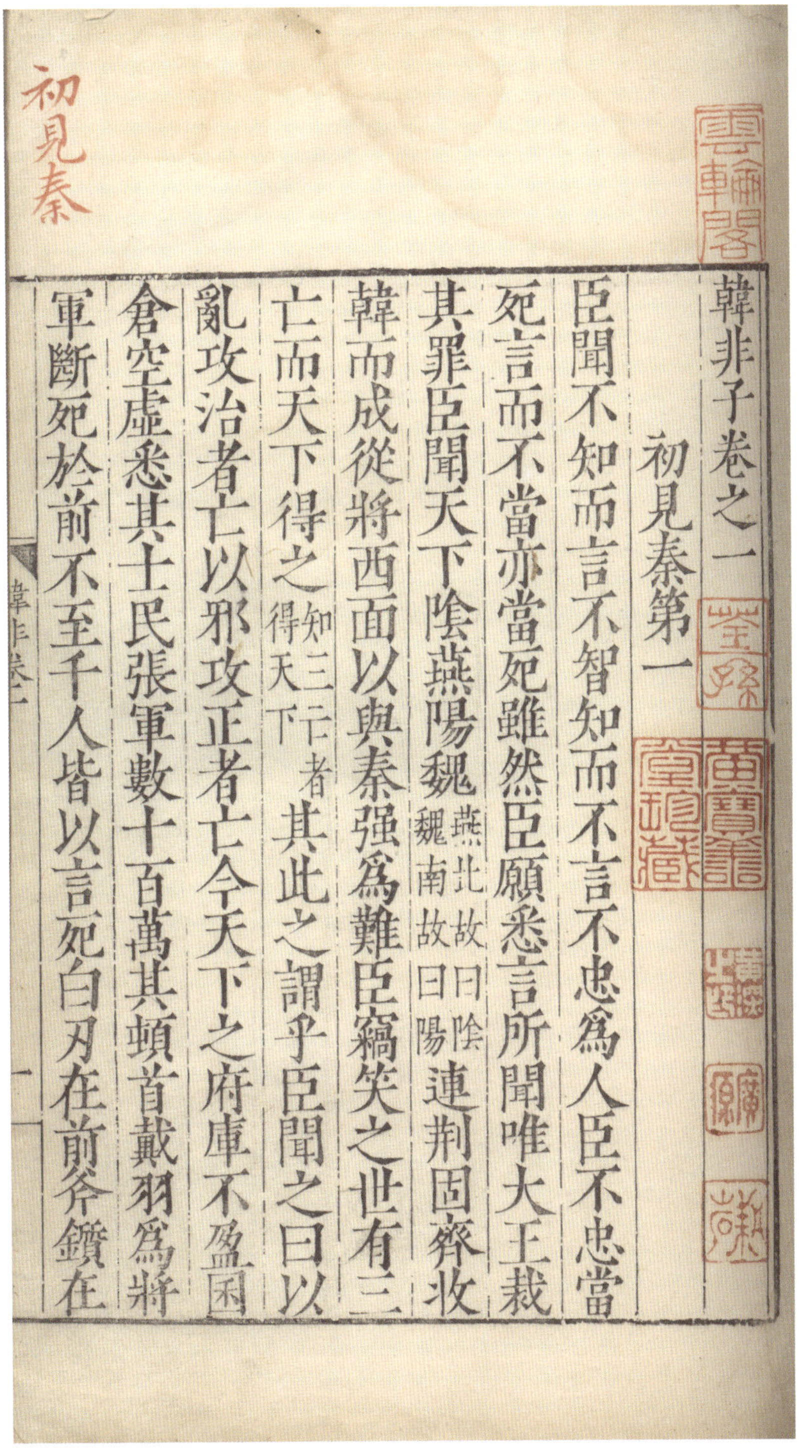

韓非子二十卷 明刻本。十册。半頁十行二十字，小字雙行同，白口，左右雙邊。框高20.1厘米、寬14.7厘米。中山大學圖書館藏。

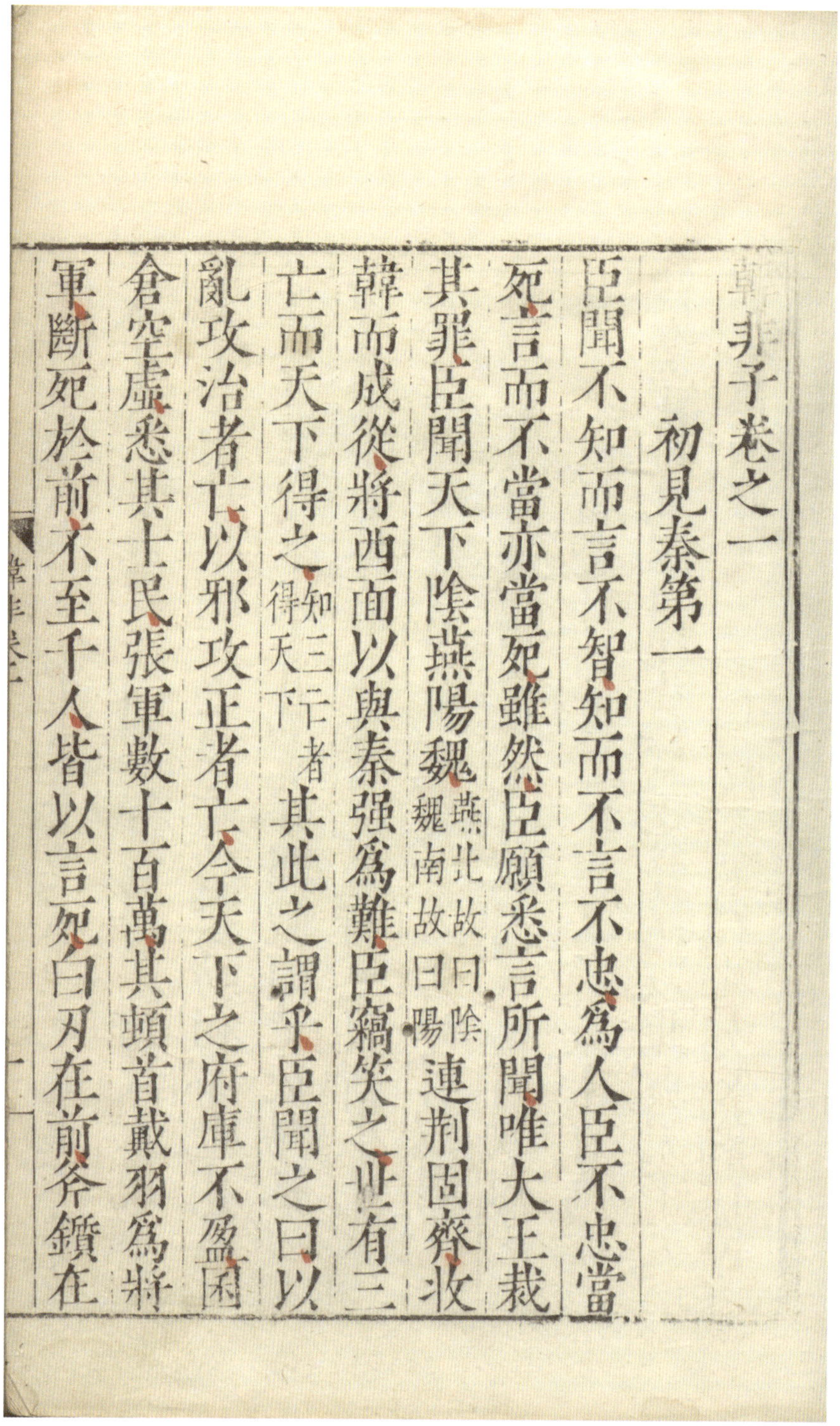
韓非子卷之一
初見秦第一
臣聞不知而言不智知而不言不忠爲人臣不忠當死言而不當亦當死雖然臣願悉言所聞唯大王裁其罪臣聞天下陰燕陽魏燕北故曰陰魏南故曰陽連荆固齊收韓而成從將西面以與秦强爲難臣竊笑之世有三亡而天下得之知三亡者得天下其此之謂乎臣聞之曰以亂攻治者亡以邪攻正者亡今天下之府庫不盈囷倉空虛悉其士民張軍數十百萬其頓首戴羽爲將軍斷死於前不至千人皆以言死白刃在前斧鑕在

韓非子二十卷 明刻本。四册。半頁十行二十字，小字雙行同，白口，左右雙邊。框高20.2厘米、寬14.7厘米。中山大學圖書館藏。

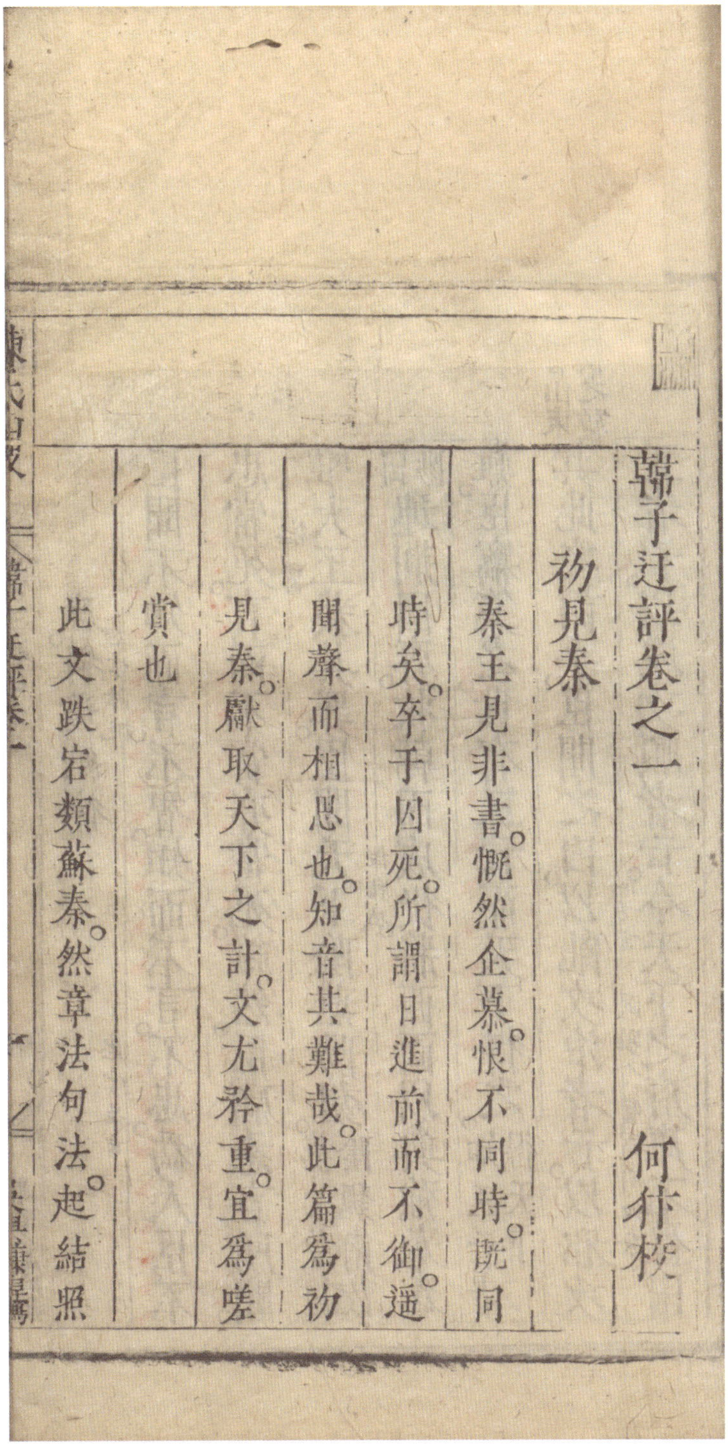
韓子迂評卷之一　何犿校
初見秦
秦王見非書。慨然企慕。恨不同時。既同
時矣。卒手囚死。所謂日進前而不御。適
聞聲而相思也。知音其難哉。此篇爲初
見秦。獻取天下之計。文尤矜重。宜爲嗟
賞也
此文跌宕類蘇秦。然章法句法。起結照

韓子迂評二十卷附録一卷　明萬曆六年（1578）自刻十一年（1583）重修本。五册。半頁八行十八字，小字雙行同，白口，四周雙邊。框高20.8厘米、寬13.7厘米。中山大學圖書館藏。

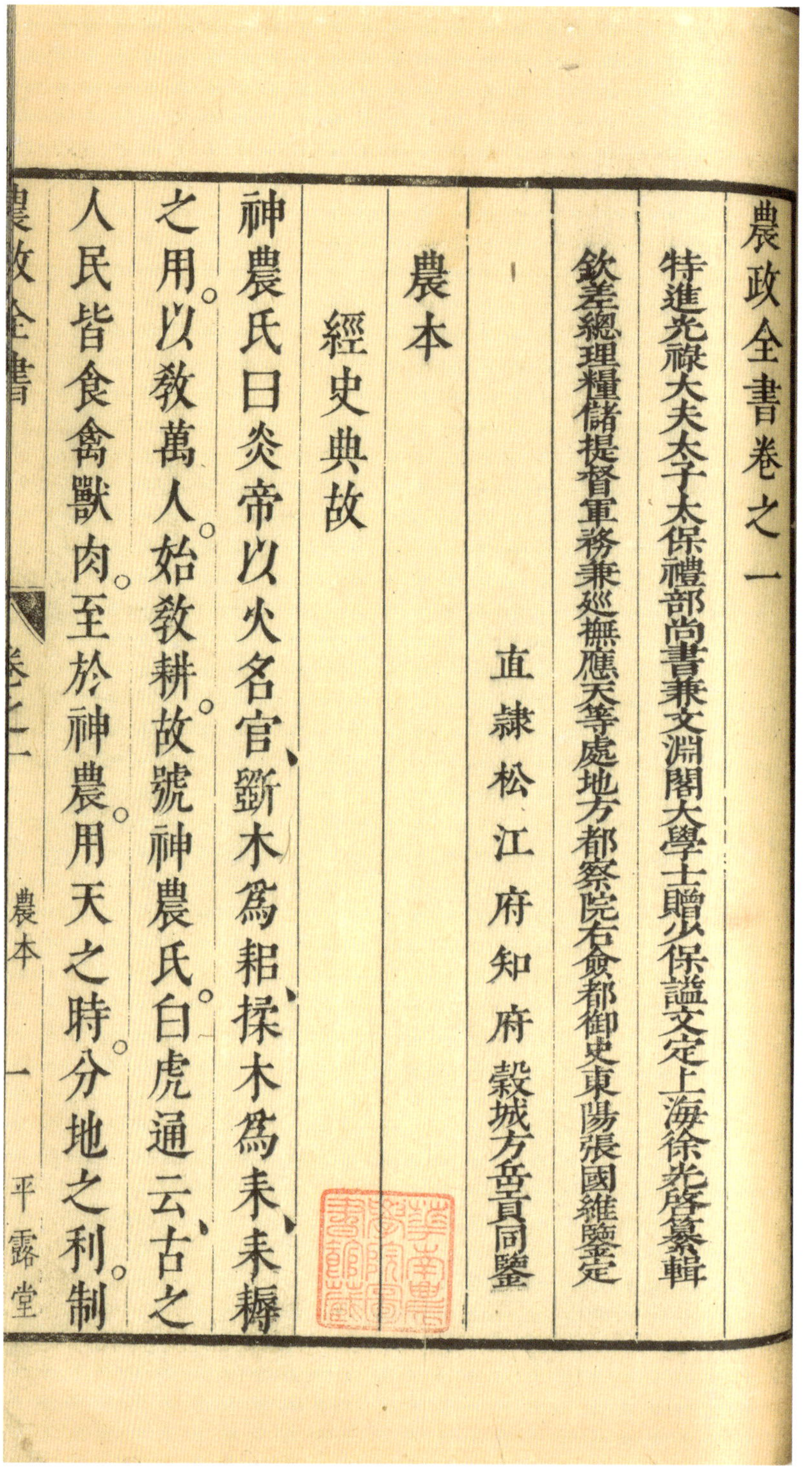
農政全書卷之一
特進光祿大夫太子太保禮部尚書兼文淵閣大學士贈少保謚文定上海徐光啓纂輯
欽差總理糧儲提督軍務兼巡撫應天等處地方都察院右僉都御史東陽張國維鑒定
直隸松江府知府穀城方岳貢同鑒
農本
經史典故
神農氏曰炎帝以火名官斲木爲耜揉木爲耒耒耨
之用以教萬人始教耕故號神農氏白虎通云古之
人民皆食禽獸肉至於神農用天之時分地之利制
農政全書 卷之一 農本 一 平露堂

農政全書六十卷 （明）徐光啓撰　明崇禎十二年（1639）平露堂刻本。二十二册。半頁九行二十字，白口，四周單邊。框高20.5厘米、寬14.1厘米。華南農業大學中國農業歷史遺産研究室藏。

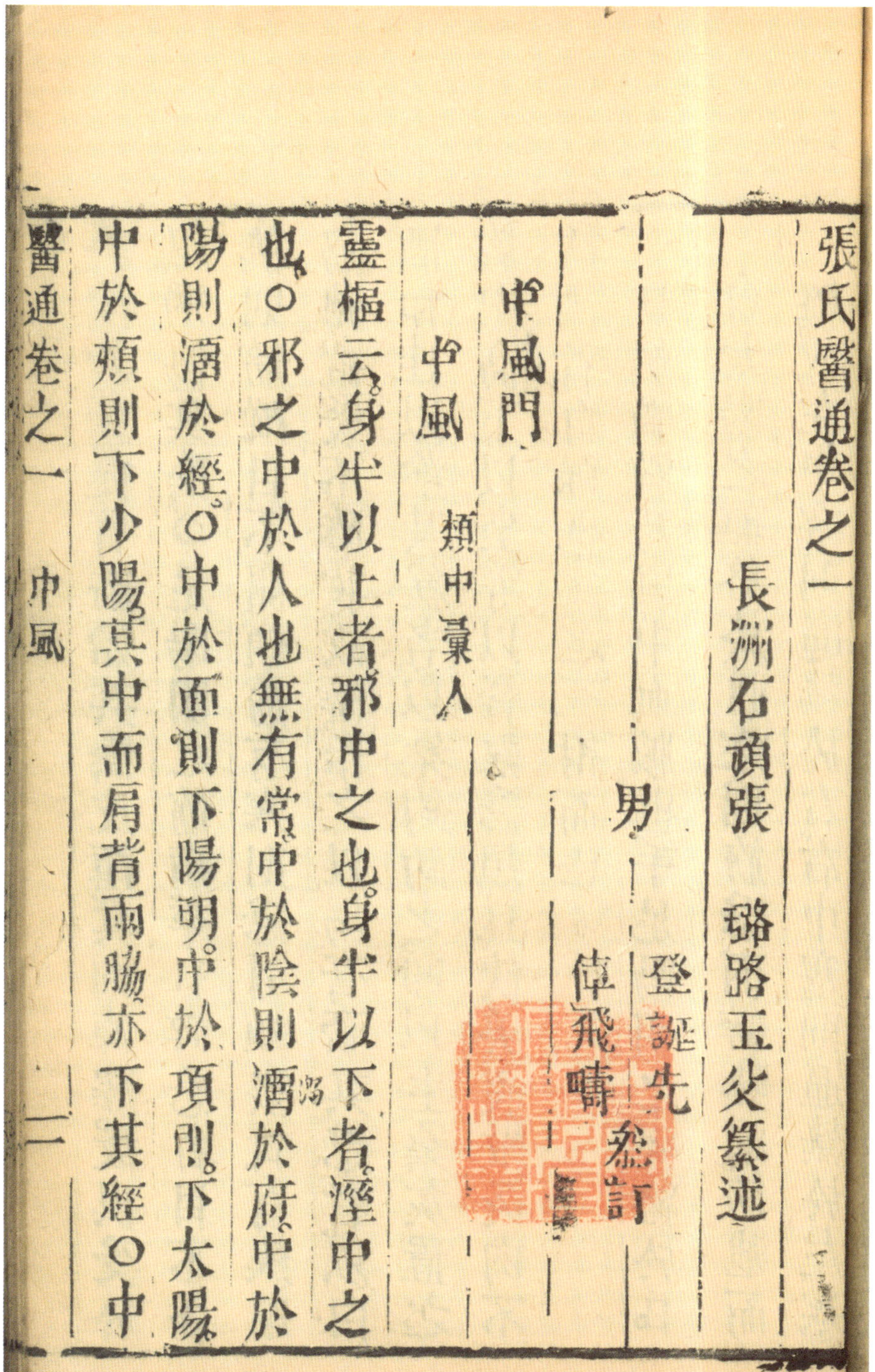
張氏醫通卷之一

長洲石頑張　璐路玉父纂述

男　登誕先　倬飛疇　叅訂

中風門

中風　類中　彙人

靈樞云。身半以上者。邪中之也。身半以下者。溼中之也。邪之中於人也無有常。中於陰則溜於府。中於陽則溜於經。中於面則下陽明。中於項則下太陽。中於頰則下少陽。其中而肩背兩脇亦下其經。中

醫通卷之一　中風　二

張氏醫書七種二十八卷　（清）張璐　張登撰　清康熙寶翰樓刻本。三十册。半頁十行二十字，白口，四周單邊。框高18厘米、寬13.5厘米。廣東省立中山圖書館藏。

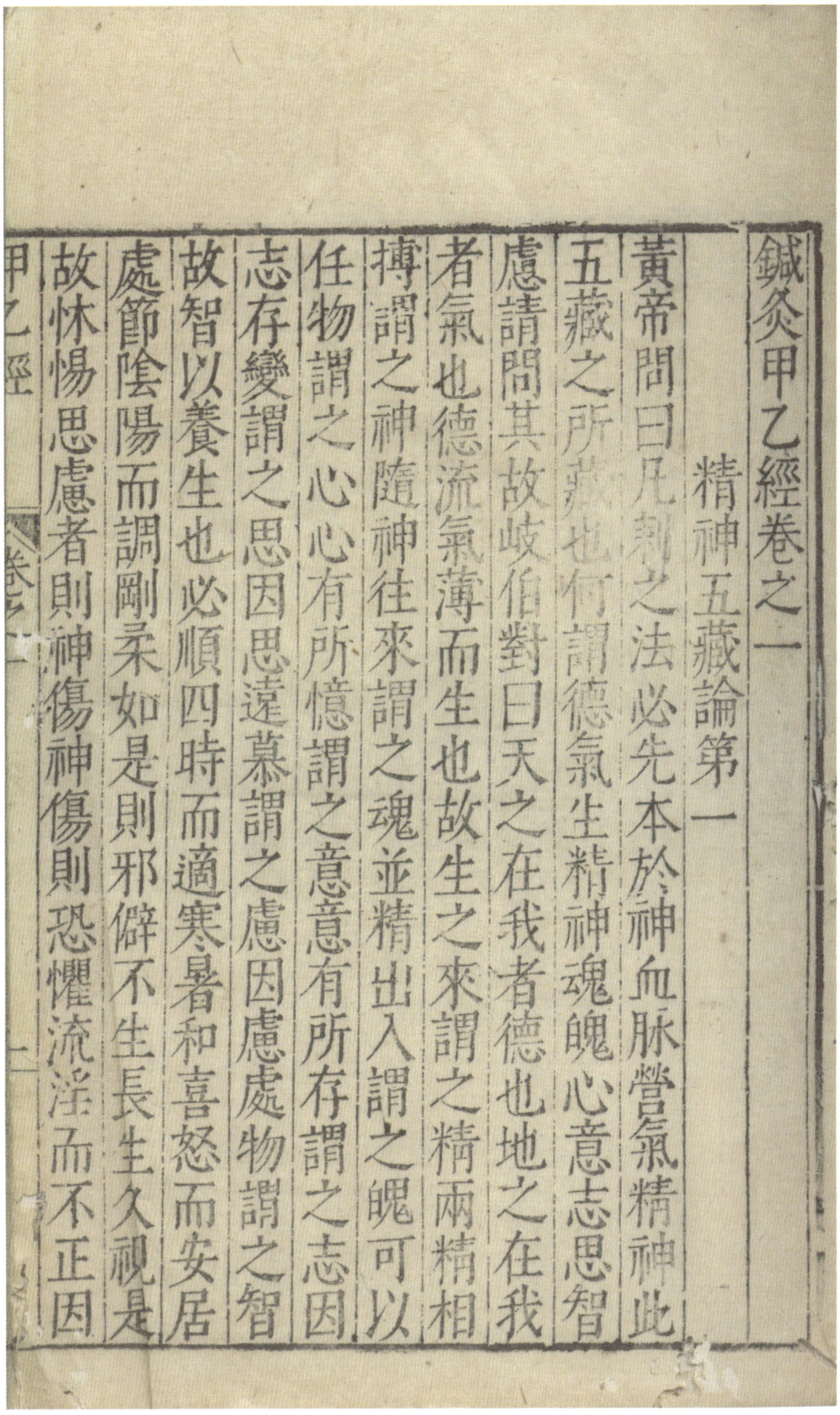
鍼灸甲乙經卷之一
精神五藏論第一
黃帝問曰凡刺之法必先本於神血脉營氣精神此五藏之所藏也何謂德氣生精神魂魄心意志思智慮請問其故岐伯對曰天之在我者德也地之在我者氣也德流氣薄而生也故生之來謂之精兩精相搏謂之神隨神往來謂之魂並精出入謂之魄可以任物謂之心心有所憶謂之意意有所存謂之志因志存變謂之思因思遠慕謂之慮因慮處物謂之智故智以養生也必順四時而適寒暑和喜怒而安居處節陰陽而調剛柔如是則邪僻不生長生久視是故怵惕思慮者則神傷神傷則恐懼流淫而不正因
甲乙經　卷之一　二

古今醫統正脈全書四十四種二百六卷　（明）王肯堂編　明萬曆二十九年（1601）吴勉學刻本。四十三册。半頁十行二十字，白口，左右雙邊間四周單邊、四周雙邊。框高21.3厘米、寬14.9厘米。中山大學圖書館藏。

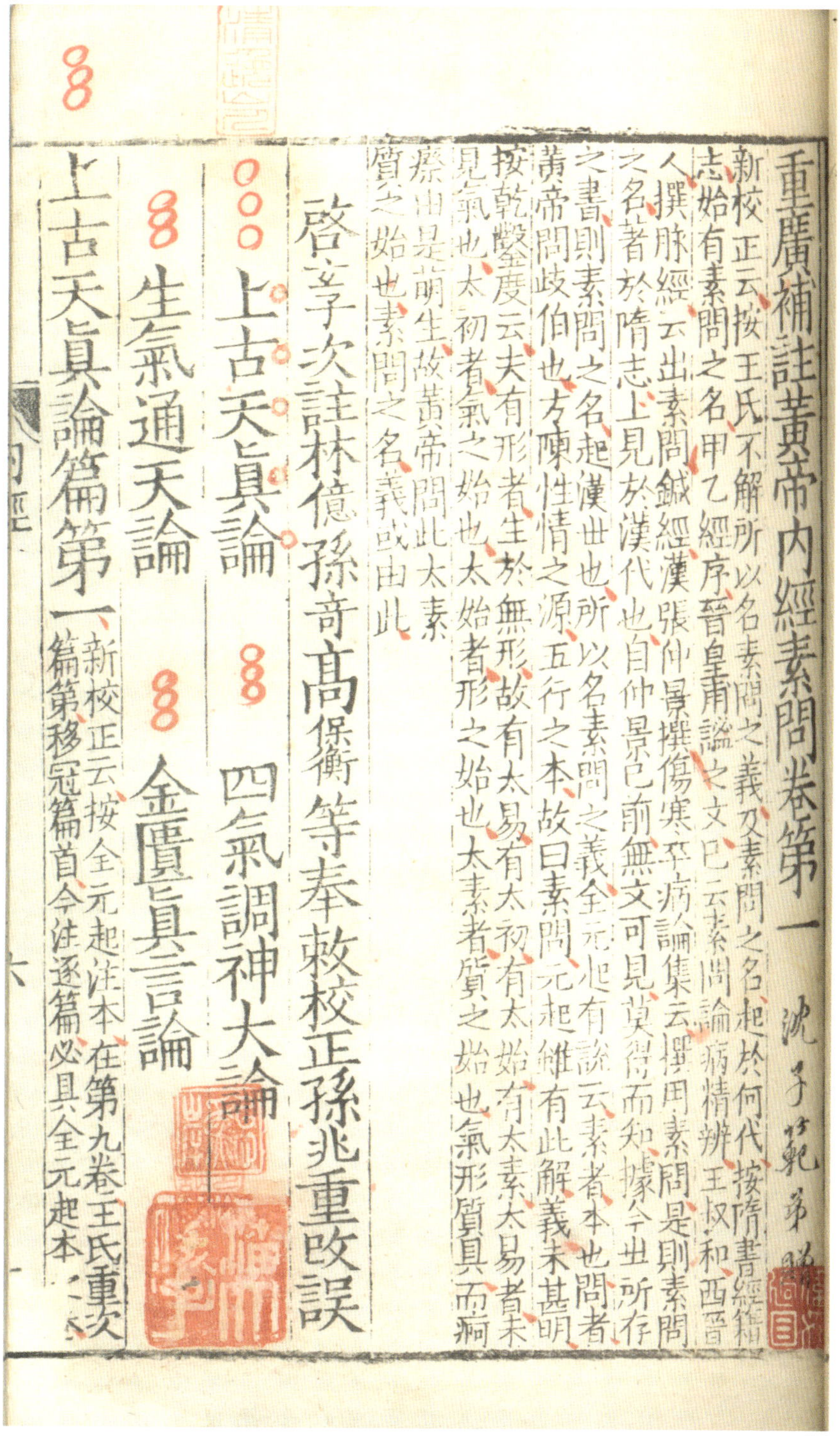
重廣補註黃帝內經素問卷第一
新校正云按王氏不解所以名素問之義及素問之名起於何代按隋書經籍志始有素問之名甲乙經序晉皇甫謐之文已云素問論病精辨王叔和西晉人撰脉經云出素問鍼經漢張仲景撰傷寒卒病論集云撰用素問是則素問之名著於隋志上見於漢代也自仲景已前無文可見莫得而知據今世所存之書則素問之名起漢世也所以名素問之義全元起有說云素者本也問者黃帝問岐伯也方陳性情之源五行之本故曰素問元起雖有此解義未甚明按乾鑿度云夫有形者生於無形故有太易有太初有太始有太素太易者未見氣也太初者氣之始也太始者形之始也太素者質之始也氣形質具而痾瘵由是萌生故黃帝問此太素質之始也素問之名義或由此
啓玄子次註林億孫奇高保衡等奉敕校正孫兆重改誤
上古天眞論　四氣調神大論
生氣通天論　金匱眞言論
上古天眞論篇第一　新校正云按全元起注本在第九卷王氏重次篇第移冠篇首今注逐篇必具全元起本之卷

重廣補註黃帝内經素問二十四卷　（唐）王冰注　（宋）林億等校正　（宋）孫兆改誤　明嘉靖二十九年（1550）顧從德影宋刻本（有抄配）。八册。半頁十行二十字，小字雙行三十字，白口，左右雙邊。框高20.9厘米、寬15.6厘米。廣東省立中山圖書館藏。

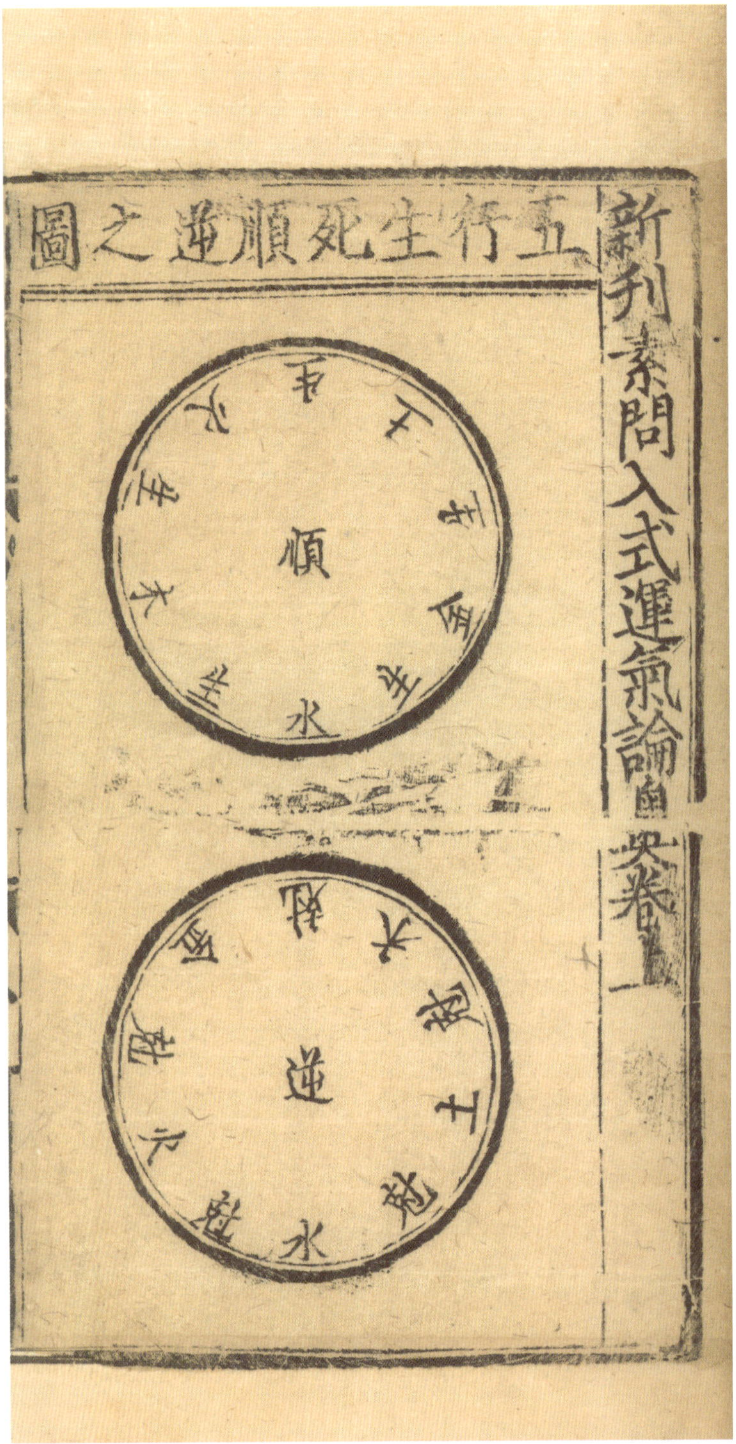
新刊素問入式運氣論奧卷上
五行生死順逆之圖
順
逆

新刊素問入式運氣論奧三卷　（宋）劉温舒撰　**黃帝内經素問遺篇一卷**　元後至元五年（1339）胡氏古林書堂刻本。二册。半頁十三行二十三字，黑口，四周雙邊。框高20.1厘米、寬12.4厘米。廣東省立中山圖書館藏。國家名録號00631。

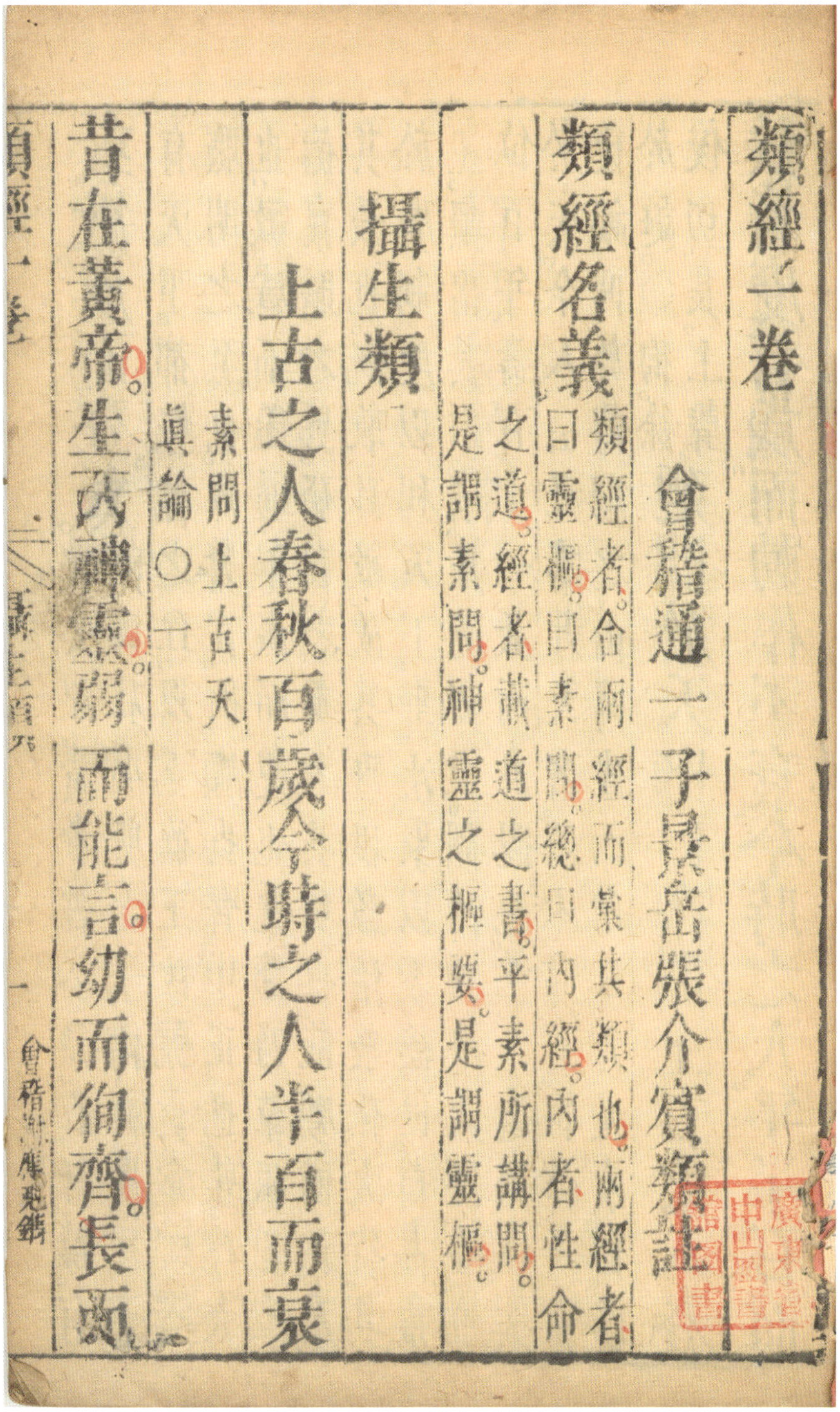

類經一卷

會稽通一子景岳張介賓類注

類經名義 類經者。合兩經而彙其類也。兩經者，曰靈樞。曰素問。總曰內經。內者，性命之道。經者，載道之書。平素所講問。是謂素問。神靈之樞要。是謂靈樞。

攝生類

上古之人春秋百歲今時之人半百而衰 素問上古天真論○一

昔在黃帝生而神靈弱而能言幼而徇齊長而

類經三十二卷 （明）張介賓類注 **圖翼十一卷附翼四卷** （明）張介賓撰 明天啓四年（1624）張氏刻本。二十一册。半頁八行十八字，小字雙行同，白口，四周單邊。框高21.5厘米、寬14.5厘米。廣東省立中山圖書館藏。

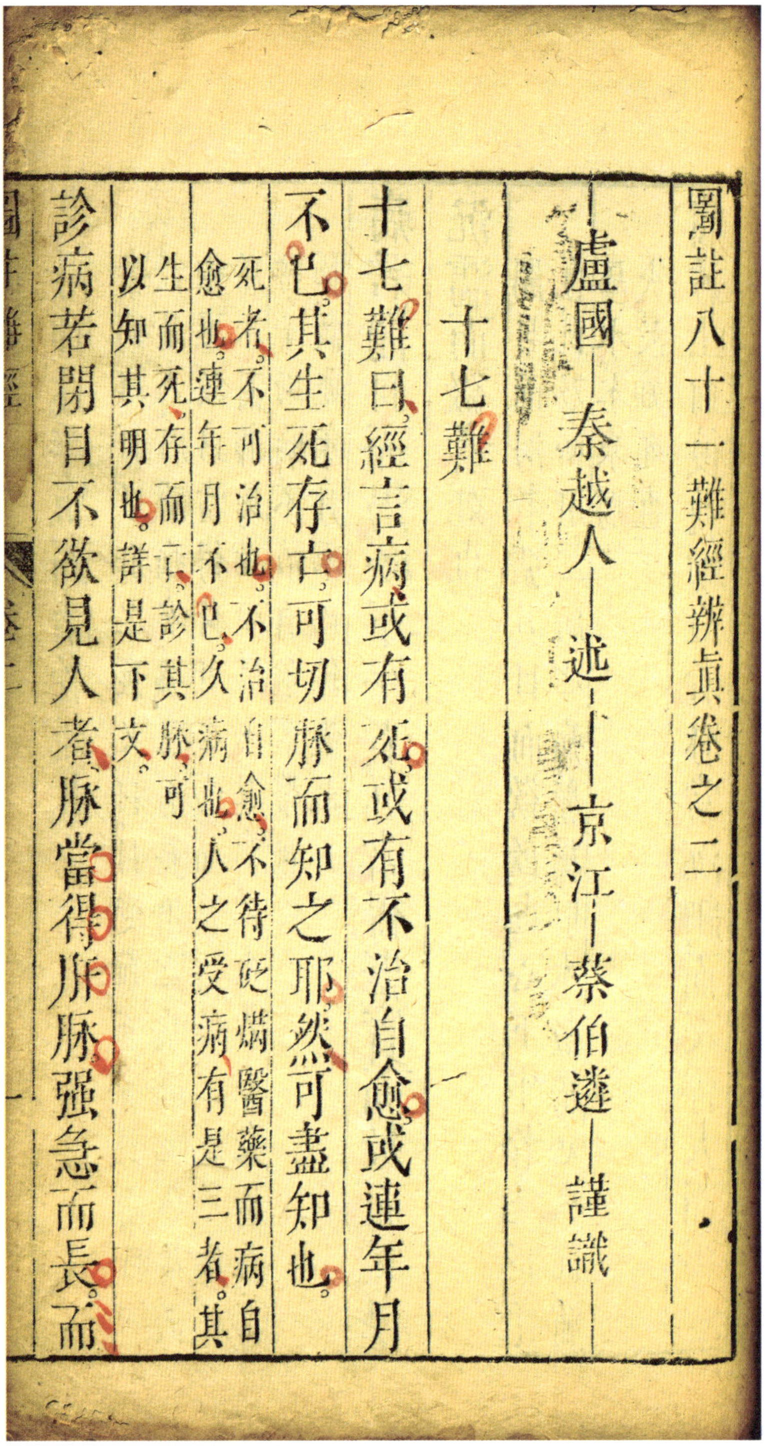

圖註八十一難經辨眞卷之二

盧國 秦越人 述 京江 蔡伯遴 謹識

十七難

十七難曰經言病或有死或有不治自愈或連年月不已其生死存亡可切脉而知之耶然可盡知也

死者不可治也不治自愈不待砭焫醫藥而病自愈也連年月不已久病也人之受病有是三者其生而死存而亡診其脉可以知其明也詳是下文

診病若閉目不欲見人者脉當得肝脉强急而長而

圖註難經　卷二

圖註八十一難經辨眞四卷　（明）張世賢撰　清乾隆十六年（1751）西山堂刻本。三册。半頁九行二十字，小字雙行同，白口，四周單邊。框高21.2厘米、寬13.5厘米。暨南大學圖書館藏。

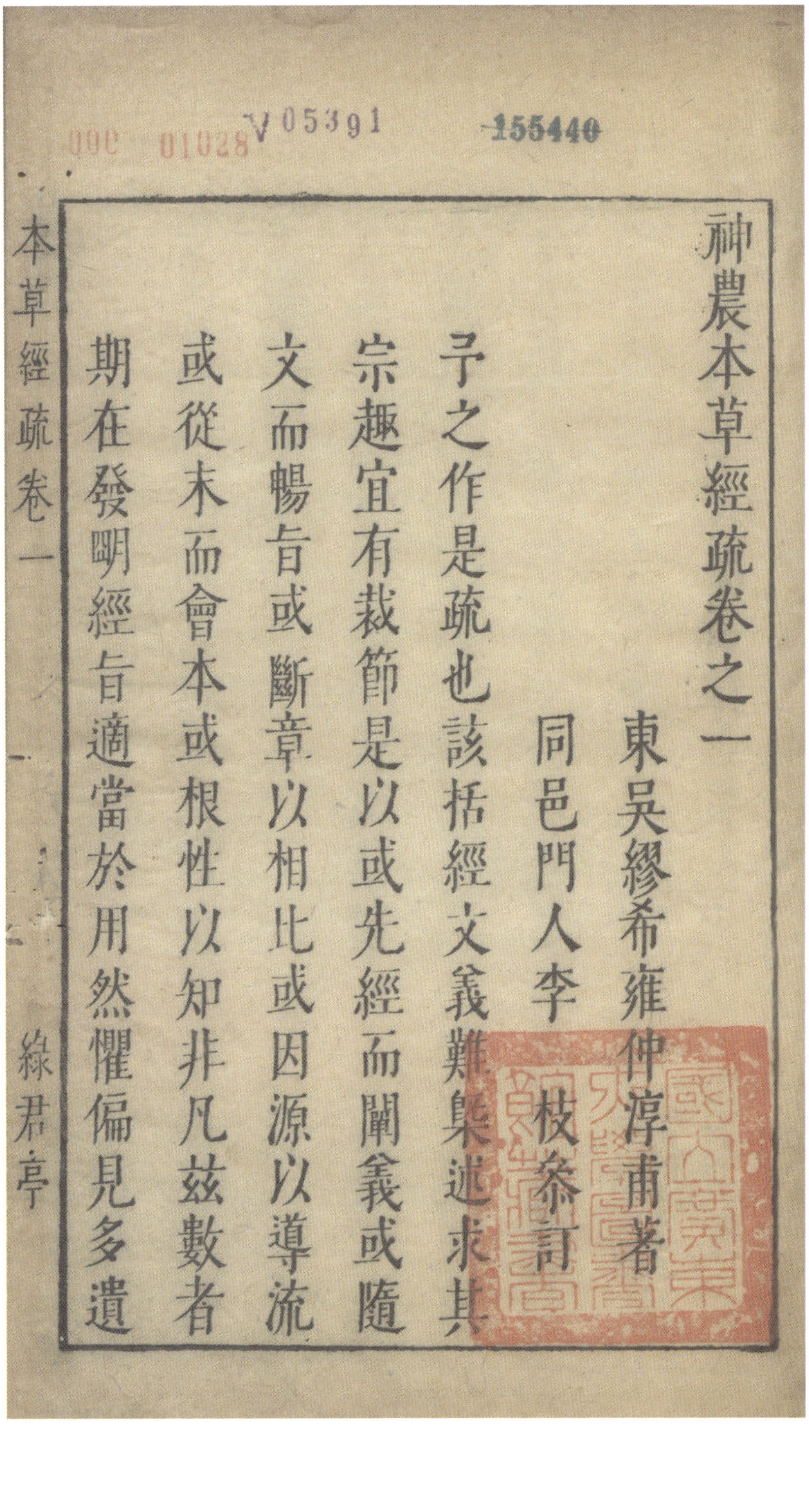

神農本草經疏卷之一
東吴繆希雍仲淳甫著
同邑門人李　枝叅訂
予之作是疏也該括經文義難梟述求其宗趣宜有裁節是以或先經而闡義或隨文而暢旨或斷章以相比或因源以導流或從末而會本或根性以知非凡茲數者期在發明經旨適當於用然懼偏見多遺

本草經疏卷一　綠君亭

神農本草經疏三十卷　（明）繆希雍撰　明天啓五年（1625）毛晉綠君亭刻本。二十四册。半頁八行十八字，白口，四周單邊。框高20.6厘米、寬13厘米。中山大學圖書館藏。

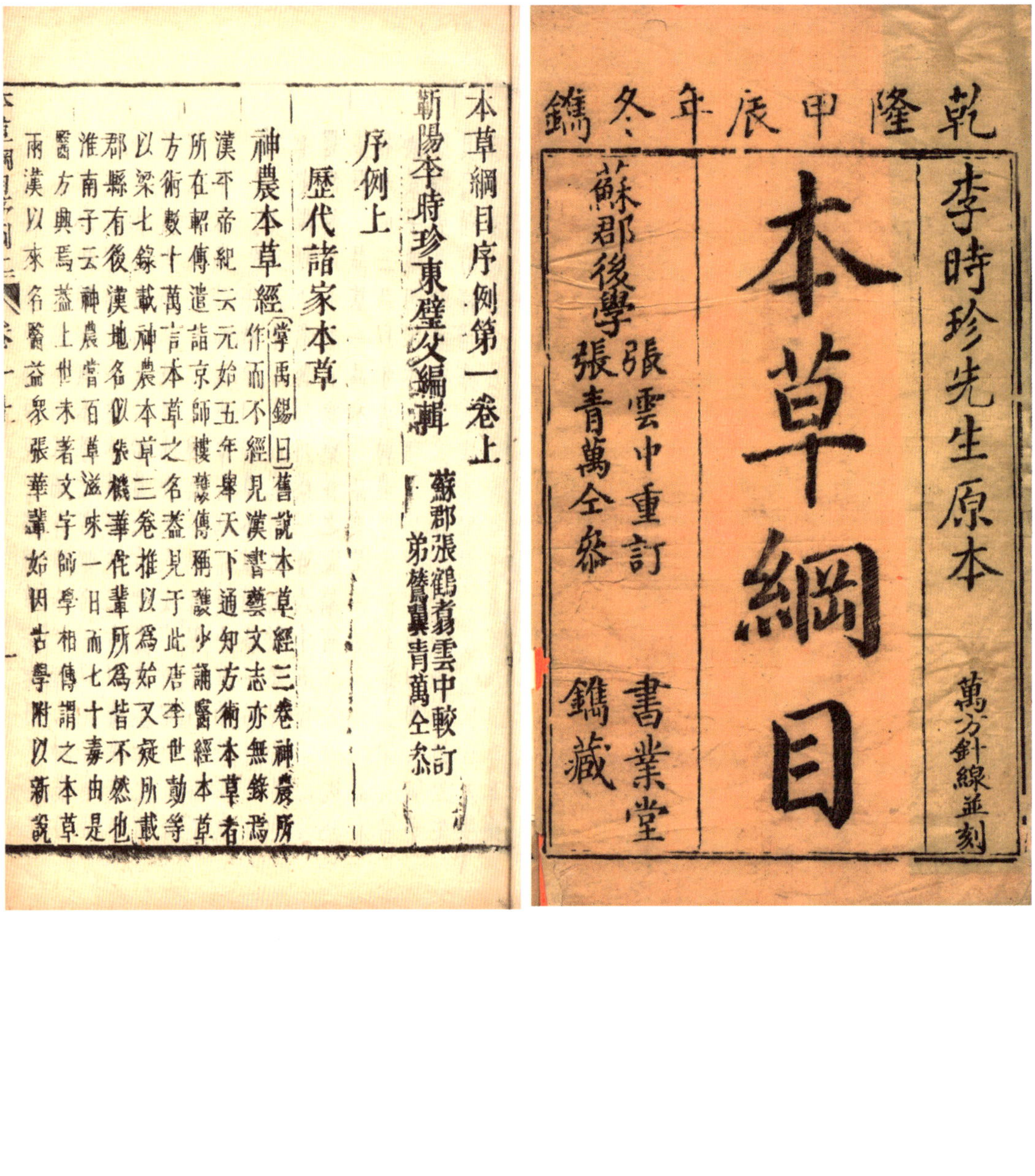

本草綱目五十二卷附圖三卷萬方鍼線八卷瀕湖脉學一卷奇經八脉攷一卷　（明）李時珍撰　清乾隆四十九年（1784）金閶書業堂刻本。存六十四卷（缺十四）。三十九册。半頁九行二十字，小字雙行同，白口，四周單邊。框高19.4厘米、寬13.5厘米。廣州中醫藥大學圖書館藏。

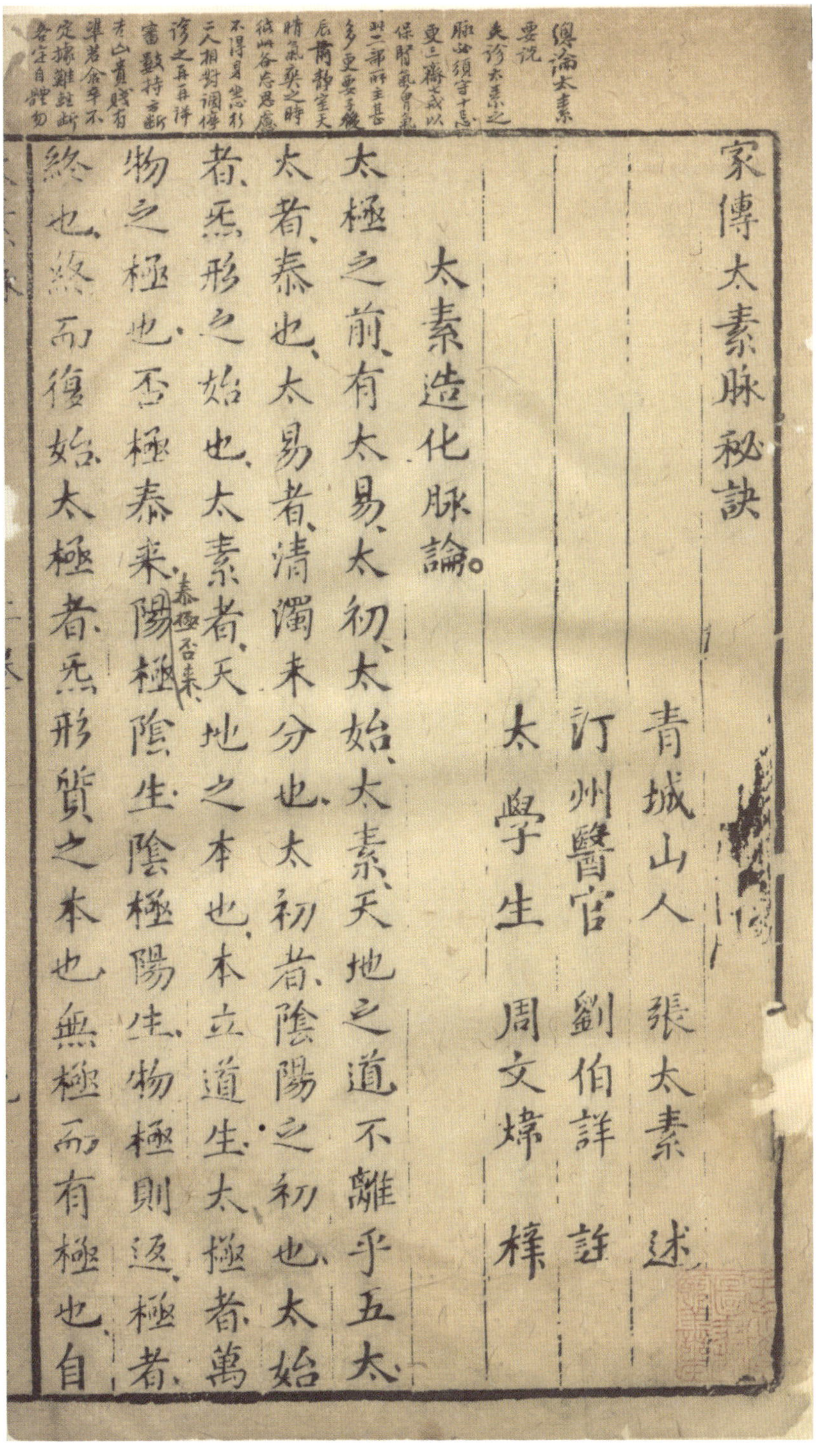

家傳太素脉秘訣二卷　（明）張太素撰　（明）劉伯詳注　明周文煒刻本。二册。半頁十行二十二字，小字雙行同，白口，四周單邊。框高22.7厘米、寬13.9厘米。中山大學圖書館藏。

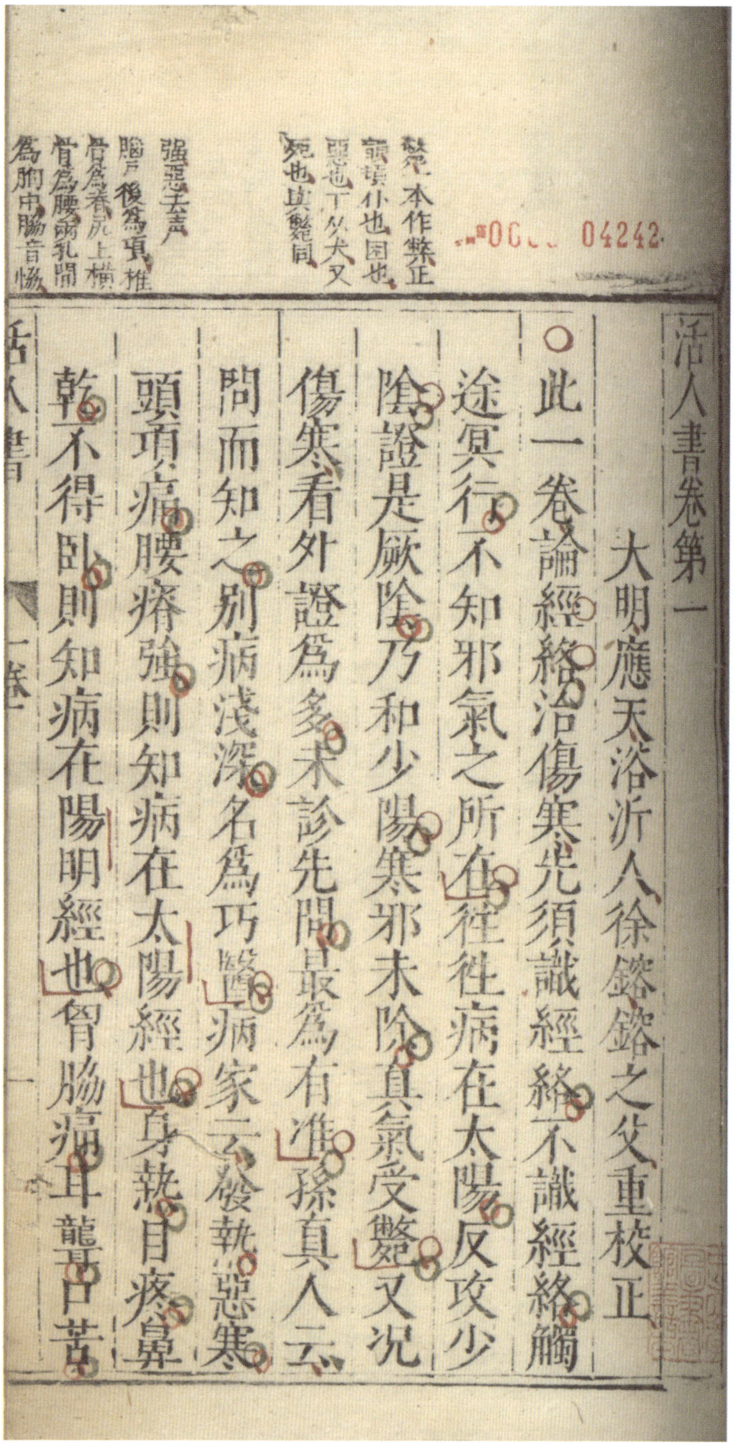
活人書卷第一
大明應天浴沂人徐鎔鎔之父重校正
○此一卷論經絡治傷寒先須識經絡不識經絡觸
途冥行不知邪氣之所在往往病在太陽反攻少
陰證是厥陰乃和少陽寒邪未除真氣受斃又況
傷寒看外證爲多未診先問最爲有準孫真人云
問而知之別病淺深名爲巧醫病家云發熱惡寒
頭項痛腰脊強則知病在太陽經也身熱目疼鼻
乾不得臥則知病在陽明經也胷脇痛耳聾口苦
活人書 卷一 一

活人書二十卷首一卷　（宋）朱肱撰　明萬曆四十四年（1616）張惟任等刻本。十册。半頁九行二十字，小字雙行同，白口，四周雙邊。框高18.8厘米、寬13.1厘米。中山大學圖書館藏。

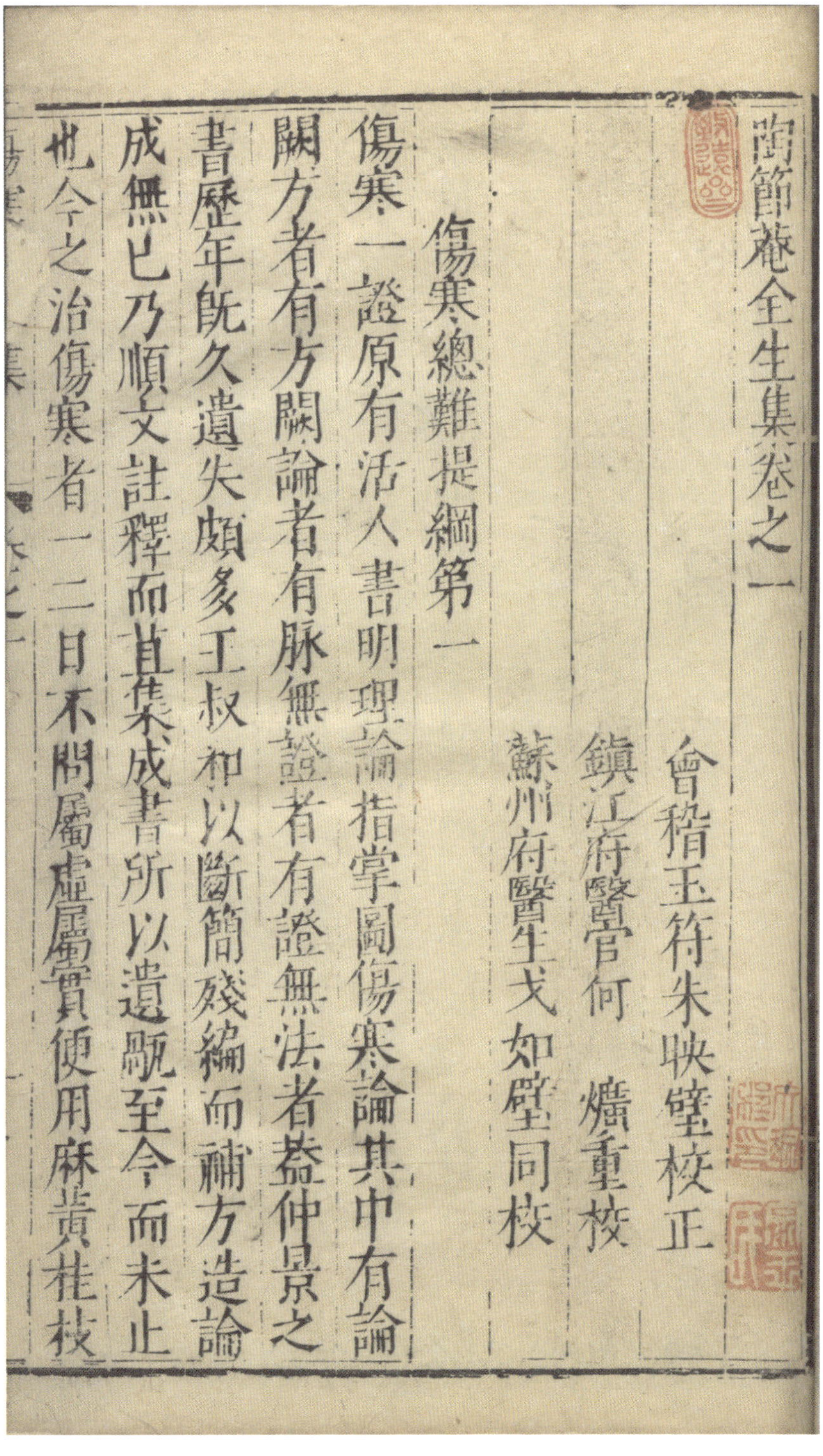
陶節菴全生集卷之一
會稽王符朱映璧校正
鎮江府醫官何 爌重校
蘇州府醫生戈 如壁同校
傷寒總難提綱第一
傷寒一證原有活人書明理論指掌圖傷寒論其中有論
闕方者有方闕論者有脉無證者有證無法者蓋仲景之
書歷年既久遺失頗多王叔和以斷簡殘編而補方造論
成無已乃順文註釋而直集成書所以遺䟽至今而未止
也今之治傷寒者一二日不問屬虛屬實便用麻黃桂枝

陶節菴全生集四卷　（明）陶華撰　明崇禎十三年（1640）刻本。十册。半頁十行二十二字，白口，四周雙邊。框高22厘米、寬14厘米。中山大學圖書館藏。

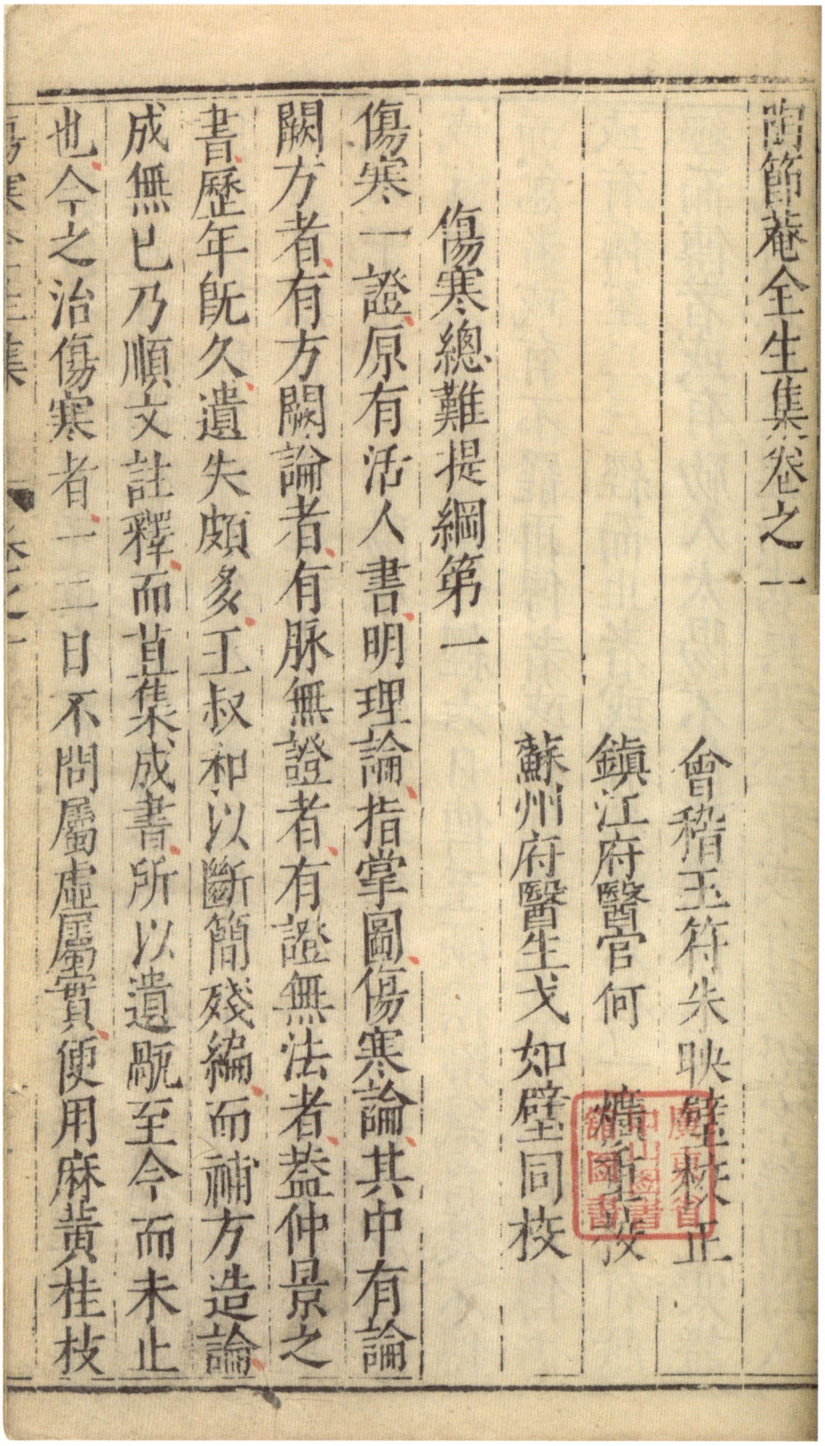

陶節菴全生集卷之一

會稽玉符朱映璧校正

鎮江府醫官何[illegible]校

蘇州府醫生戈如璧同校

傷寒總難提綱第一

傷寒一證原有活人書明理論指掌圖傷寒論其中有論闕方者有方闕論者有脉無證者有證無法者惟仲景之書歷年既久遺失頗多王叔和以斷簡殘編而補方造論成無已乃順文註釋而萑集成書所以遺訛至今而未止也今之治傷寒者一二日不問屬虛屬實便用麻黃桂枝

傷寒全生集　卷之一

陶節菴全生集四卷　（明）陶華撰　明崇禎十三年（1640）刻本。四册。半頁十行二十二字，白口，四周雙邊。框高22.2厘米、寬14.5厘米。廣東省立中山圖書館藏。

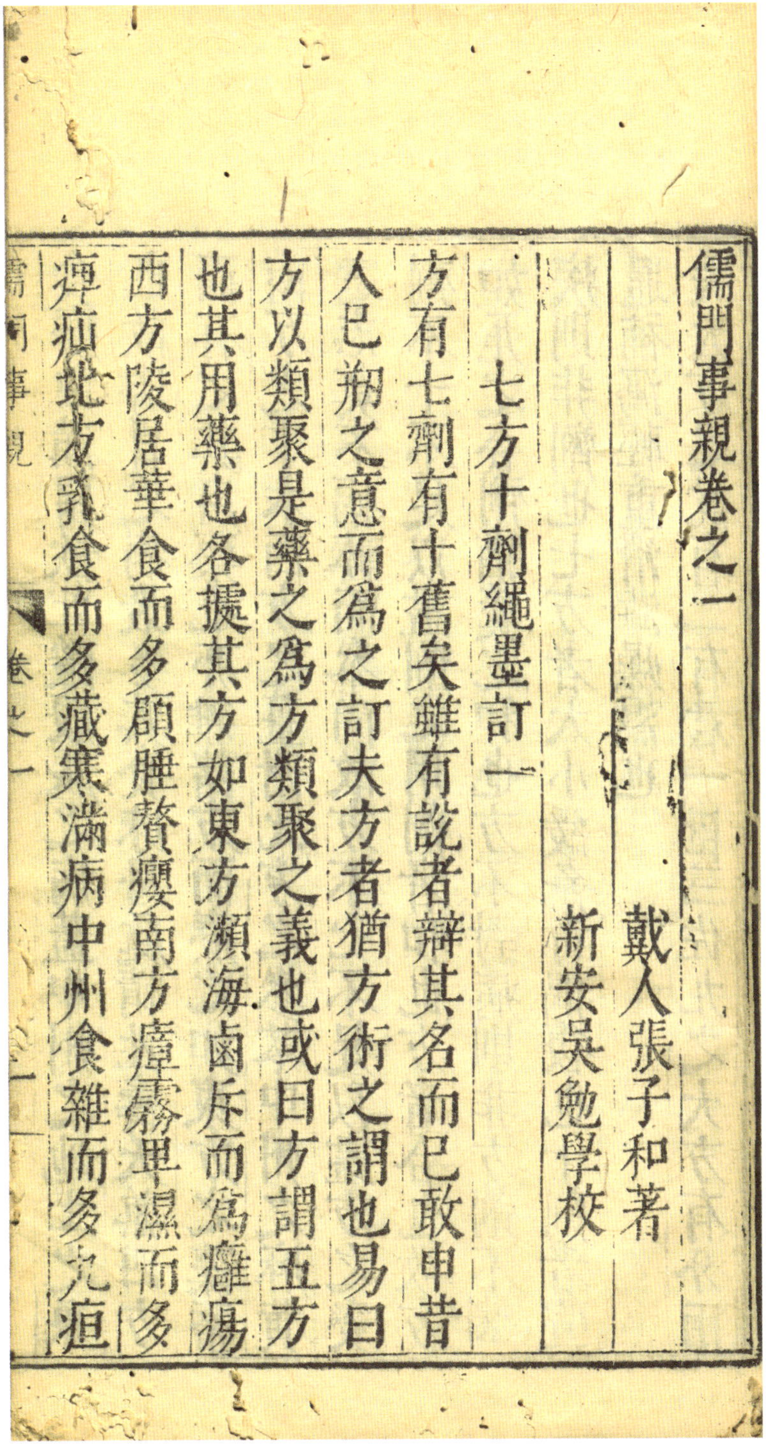

儒門事親卷之二
戴人張子和著
新安吳勉學校
七方十劑繩墨訂 一
方有七劑有十舊矣雖有說者辯其名而已敢申昔
人已發之意而爲之訂夫方者猶方術之謂也易曰
方以類聚是藥之爲方類聚之義也或曰方謂五方
也其用藥也各據其方如東方瀕海鹵斥而爲癰瘍
西方陵居華食而多顑腫贅癭南方瘴霧卑濕而多
痺疝北方乳食而多藏寒滿病中州食雜而多九疸

儒門事親十五卷　（金）張從正撰　明萬曆二十九年（1601）吴勉學刻古今醫統正脈全書本。存十二卷（缺十三至十五）。三册。半頁十行二十字，小字雙行同，白口，四周雙邊。框高19.9厘米、寬13.8厘米。江門市新會區景堂圖書館藏。

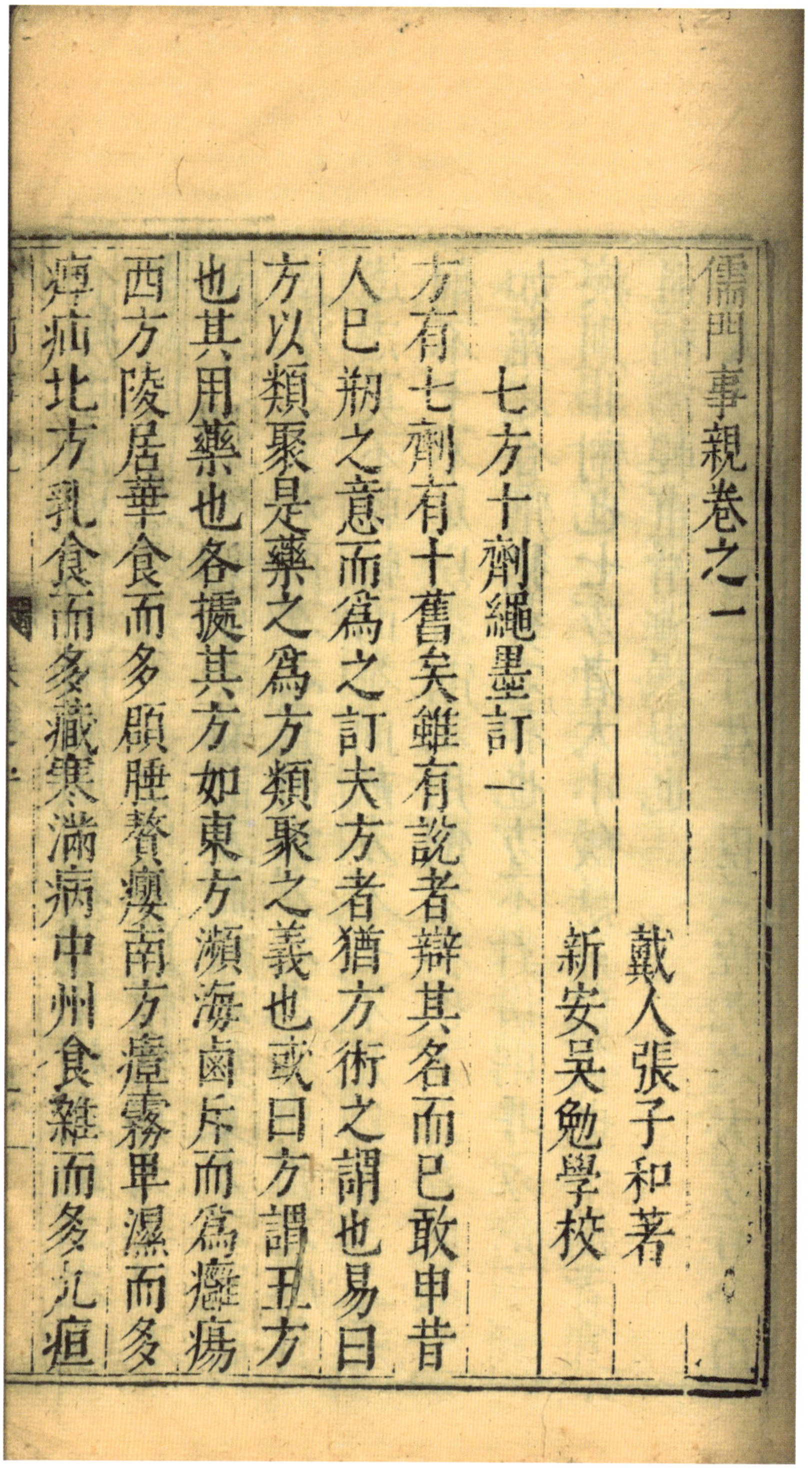
儒門事親卷之一
戴人張子和著
新安吳勉學校
七方十劑繩墨訂一
方有七劑有十舊矣雖有説者辯其名而已敢申昔
人已刱之意而爲之訂夫方者猶方術之謂也易曰
方以類聚是藥之爲方類聚之義也或曰方謂五方
也其用藥也各據其方如東方瀕海鹵斥而爲癰瘍
西方陵居華食而多顛腫贅癭南方瘴霧卑濕而多
痺疝北方乳食而多藏寒滿病中州食雜而多九疸

儒門事親十五卷　（金）張從正撰　明萬曆二十九年（1601）吳勉學刻古今醫統正脈全書本。六册。半頁十行二十字，小字雙行同，白口，四周雙邊。框高20厘米、寬13.5厘米。佛山市圖書館藏。

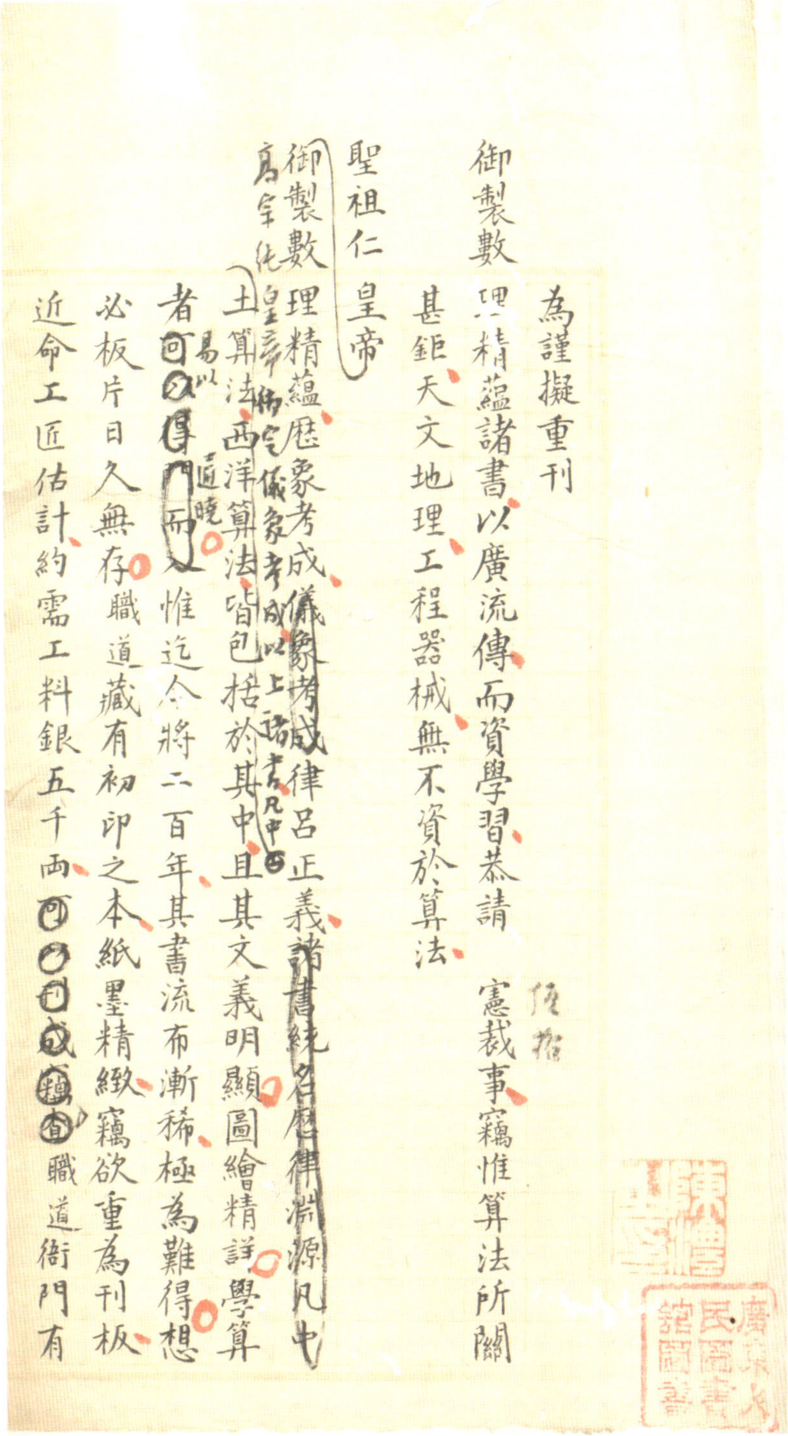
為謹擬重刊
御製數理精蘊諸書以廣流傳而資學習恭請　憲裁事竊惟算法所關
甚鉅天文地理工程器械無不資於算法
聖祖仁皇帝
御製數理精蘊歷象考成儀象考成律呂正義諸書統名曰律曆淵源凡中
高宗純皇帝御定儀象考成以上諸書凡中西
土算法西洋算法皆包括於其中且其文義明顯圖繪精詳學算
者皆以得門而入易以通曉惟迄今將二百年其書流布漸稀極為難得想
必板片日久無存職道藏有初印之本紙墨精緻竊欲重為刊板
近命工匠估計約需工料銀五千兩職道衙門有
陳澧
廣東省立民眾圖書館

東塾藥方一卷　（清）陳澧撰　稿本。一册。廣東省立中山圖書館藏。

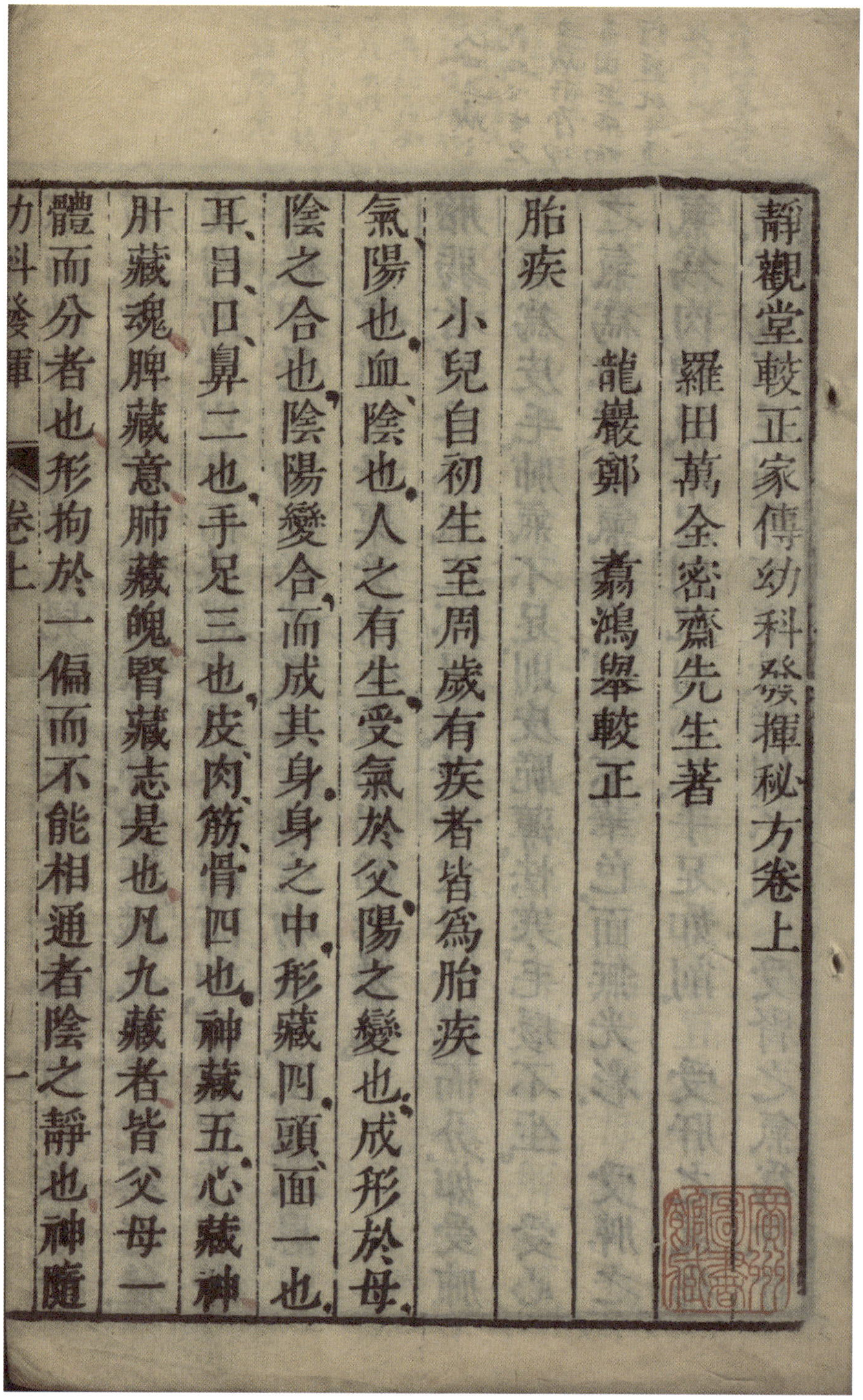
靜觀堂較正家傳幼科發揮秘方卷上
羅田萬全密齋先生著
龍巖鄭翥鴻舉較正
胎疾
小兒自初生至周歲有疾者皆為胎疾
氣陽也血陰也人之有生受氣於父陽之變也成形於母陰之合也陰陽變合而成其身身之中形藏四頭面一也耳目口鼻二也手足三也皮肉筋骨四也神藏五心藏神肝藏魂脾藏意肺藏魄腎藏志是也凡九藏者皆父母一體而分者也形拘於一偏而不能相通者陰之靜也神隨
幼科發揮　卷上　一

靜觀堂較正家傳幼科發揮秘方二卷　（明）萬全撰　（清）鄭翥校正　清康熙五十四年（1715）刻本。一册。半頁十行二十二字，小字雙行同，白口，四周單邊。框高17.9厘米、寬12.9厘米。廣州圖書館藏。

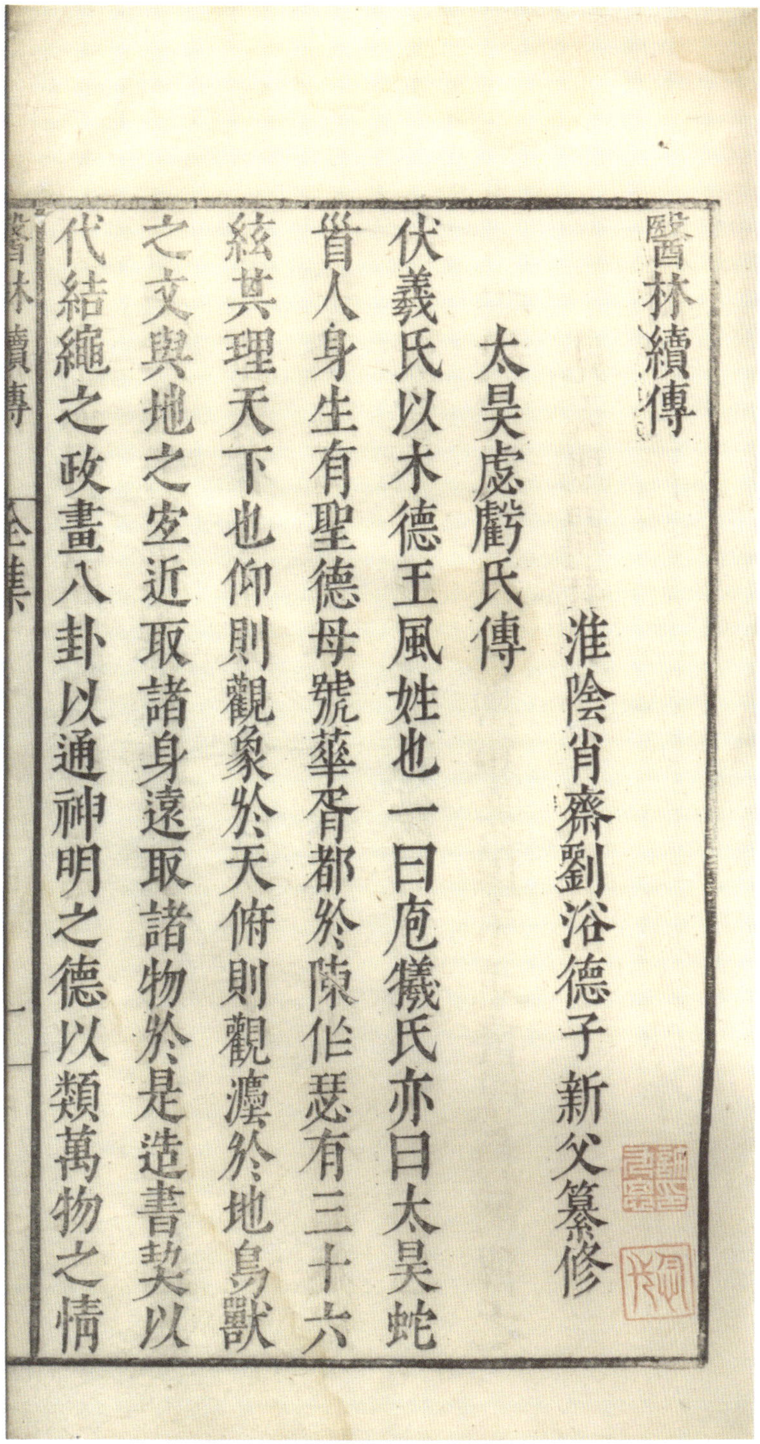
醫林續傳

淮陰肖齋劉浴德子新父纂修

太昊虙犧氏傳

伏羲氏以木德王風姓也一曰庖犧氏亦曰太昊蛇首人身生有聖德母號華胥都於陳作瑟有三十六絃其理天下也仰則觀象於天俯則觀灋於地鳥獸之文與地之宜近取諸身遠取諸物於是造書契以代結繩之政畫八卦以通神明之德以類萬物之情

醫林續傳 全集 一

醫林續傳不分卷 （明）劉浴德輯 明萬曆自刻本。二册。半頁八行二十字，白口，四周單邊。框高22.1厘米、寬13.1厘米。中山大學圖書館藏。

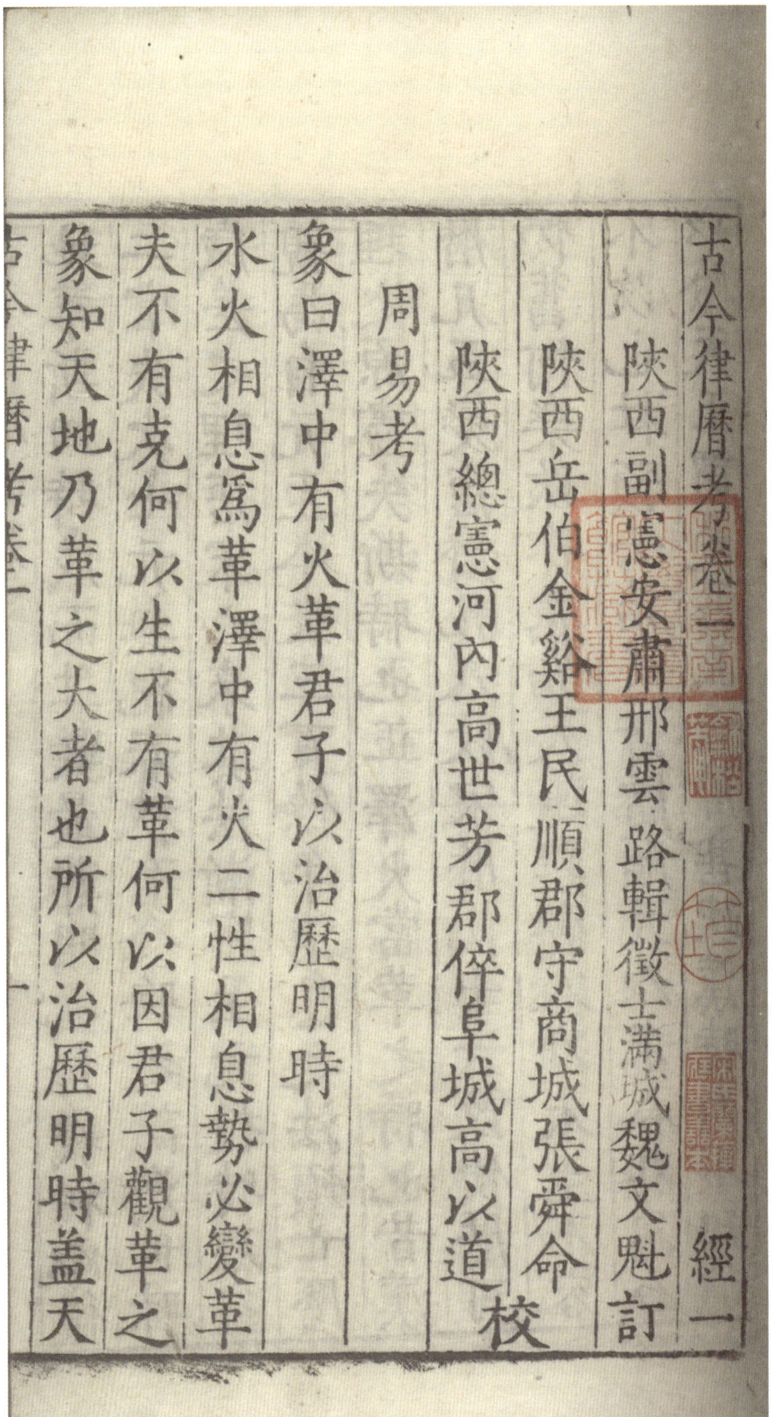
古今律曆考卷一　經一
陝西副憲安肅邢雲路輯　徵士滿城魏文魁訂
陝西岳伯金谿王民順郡守商城張舜命
陝西總憲河內高世芳郡倅阜城高以道校
周易考
象曰澤中有火革君子以治歷明時
水火相息爲革澤中有火二性相息勢必變革
夫不有克何以生不有革何以因君子觀革之
象知天地乃革之大者也所以治歷明時蓋天
古今律曆考卷一

古今律曆考七十二卷　（明）邢雲路撰　明萬曆二十七年（1599）徐安刻本。二十八册。半頁九行十八字，白口，四周單邊。框高19.8厘米、寬13.5厘米。中山大學圖書館藏。

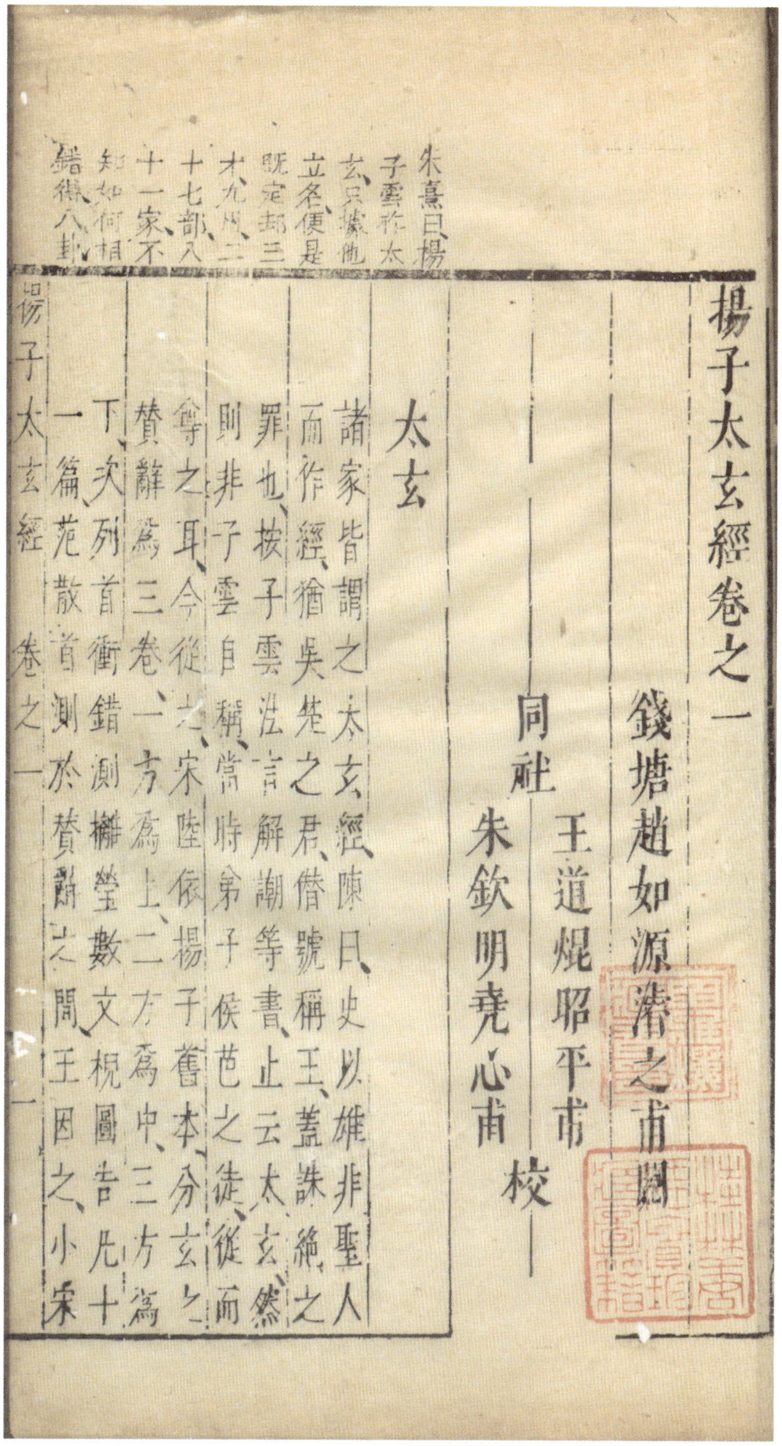

朱熹曰揚子雲作太玄只據他立名便是既定却三才九州二十七部八十一家不知如何相錯綜八卦

揚子太玄經卷之一

錢塘趙如源濬之甫輯

同社 王道焜昭平甫 朱欽明堯心甫 校

太玄

諸家皆謂之太玄經陳氏史以雄非聖人而作經猶吳楚之君僭號稱王蓋誅絕之罪也按子雲法言解嘲等書止云太玄然則非子雲自稱當時弟子侯芭之徒從而尊之耳今從之宋陸依揚子舊本分玄之贊辭爲三卷一方爲上二方爲中三方爲下次列首衡錯測攡瑩數文棿圖告凡十一篇范散首測於贊辭之間王因之小宋

揚子太玄經　卷之一　一

揚子太玄經十卷圖一卷　（漢）揚雄撰　（明）趙如源輯注　**説玄一卷**　（宋）司馬光撰　明天啓六年（1626）武林書坊趙世楷刻本。四册。半頁九行十八字，小字雙行同，白口，四周單邊。框高20厘米、寬13.6厘米。中山大學圖書館藏。

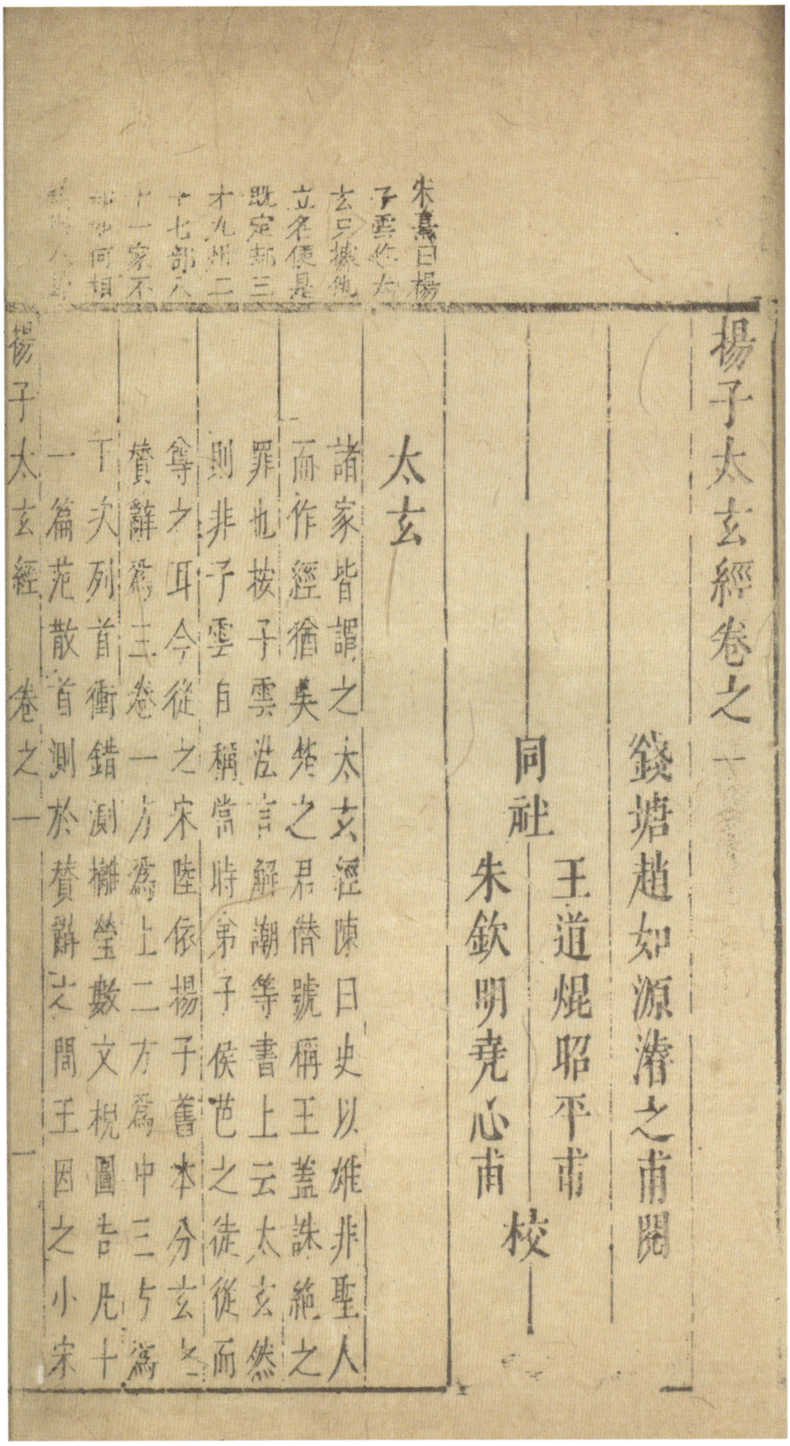

揚子太玄經十卷圖一卷　（漢）揚雄撰　（明）趙如源輯注　**説玄一卷**　（宋）司馬光撰　明天啓六年（1626）武林書坊趙世楷刻本。四册。半頁九行十八字，小字雙行同，白口，四周單邊。框高20厘米、寬13.6厘米。中山大學圖書館藏。

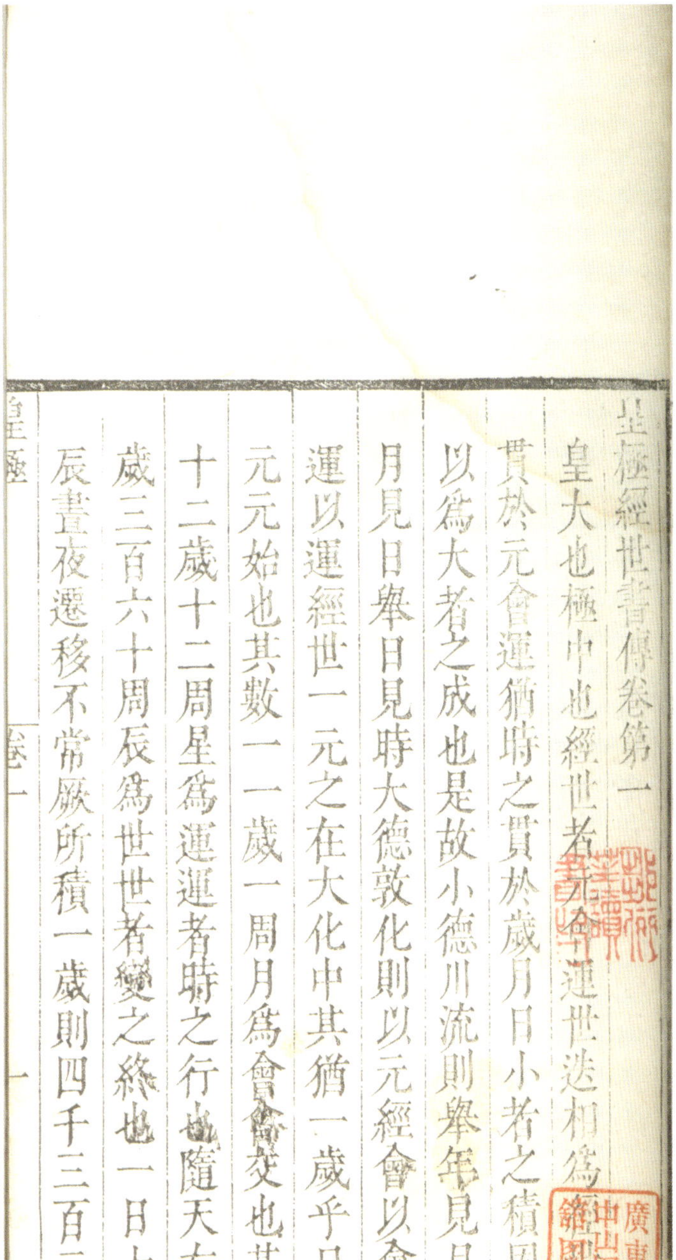

皇極經世書傳卷第一
皇大也極中也經世者元會運世迭相爲
貫於元會運猶時之貫於歲月日小者之積固所
以爲大者之成也是故小德川流則舉年見月舉
月見日舉日見時大德敦化則以元經會以會經
運以運經世一元之在大化中其猶一歲乎日爲
元元始也其數一一歲一周月爲會會交也其數
十二歲十二周星爲運運者時之行也隨天左旋
歲三百六十周辰爲世世者變之終也一日十二
辰晝夜遷移不常厥所積一歲則四千三百二十
皇極 卷一 一

皇極經世書傳八卷　（明）黄畿撰　清康熙二十一年（1682）刻本。四册。半頁十行二十字，小字雙行同，白口，左右雙邊。框高18.9厘米、寬13.6厘米。廣東省立中山圖書館藏。

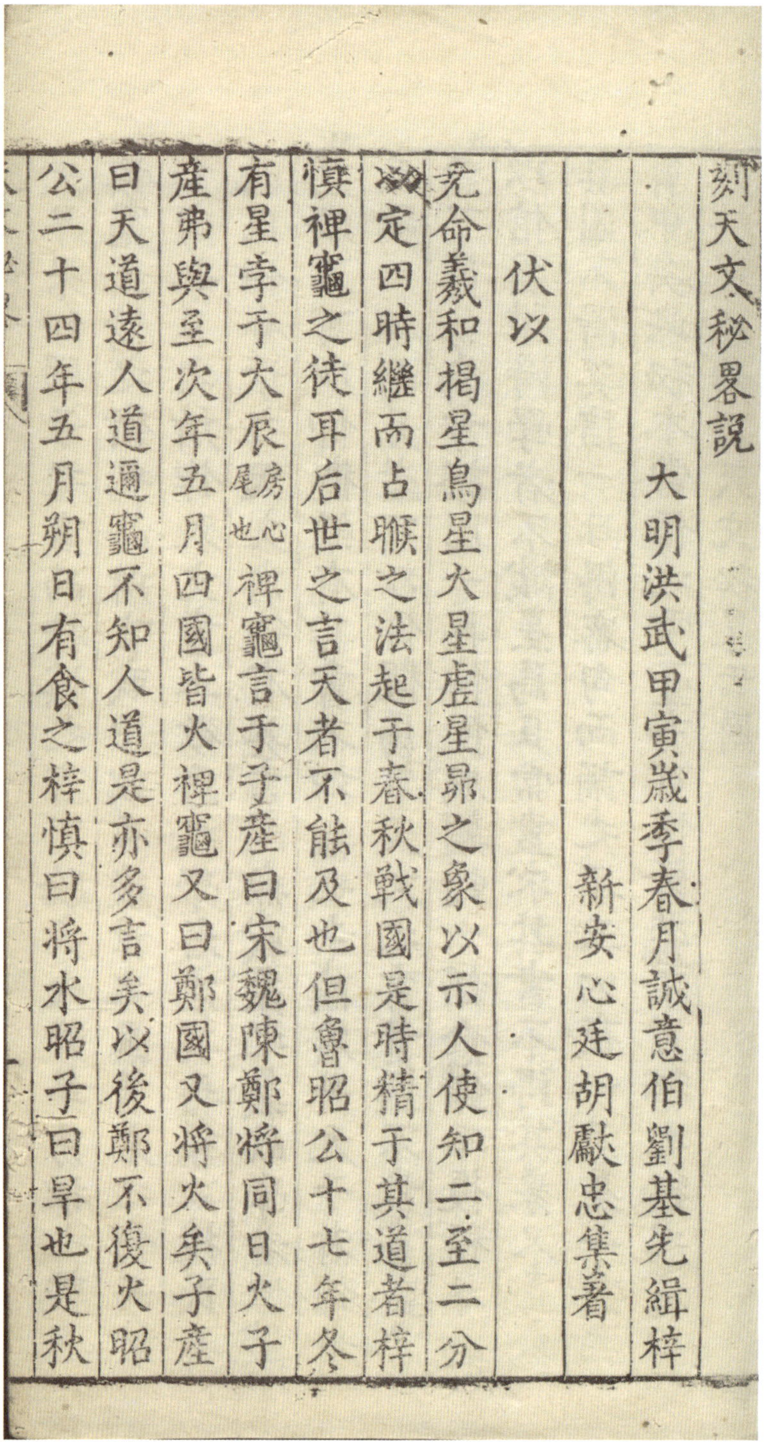
刻天文秘畧說
大明洪武甲寅歲季春月誠意伯劉基先緝梓
新安心廷胡獻忠集著
伏以
堯命羲和揭星鳥星火星虚星昴之象以示人使知二至二分
以定四時繼而占睺之法起于春秋戰國是時精于其道者梓
慎禆竈之徒耳后世之言天者不能及也但魯昭公十七年冬
有星孛于大辰房心尾也禆竈言于子產曰宋魏陳鄭將同日火子
產弗與至次年五月四國皆火禆竈又曰鄭國又將火矣子產
曰天道遠人道邇竈不知人道是亦多言矣以後鄭不復火昭
公二十四年五月朔日有食之梓慎曰將水昭子曰旱也是秋

刻天文秘畧不分卷　（明）胡獻忠撰　明萬曆刻胡氏三書合刻本。一册。半頁十一行二十四字，白口，四周單邊。框高24.6厘米、寬15.3厘米。中山大學圖書館藏。

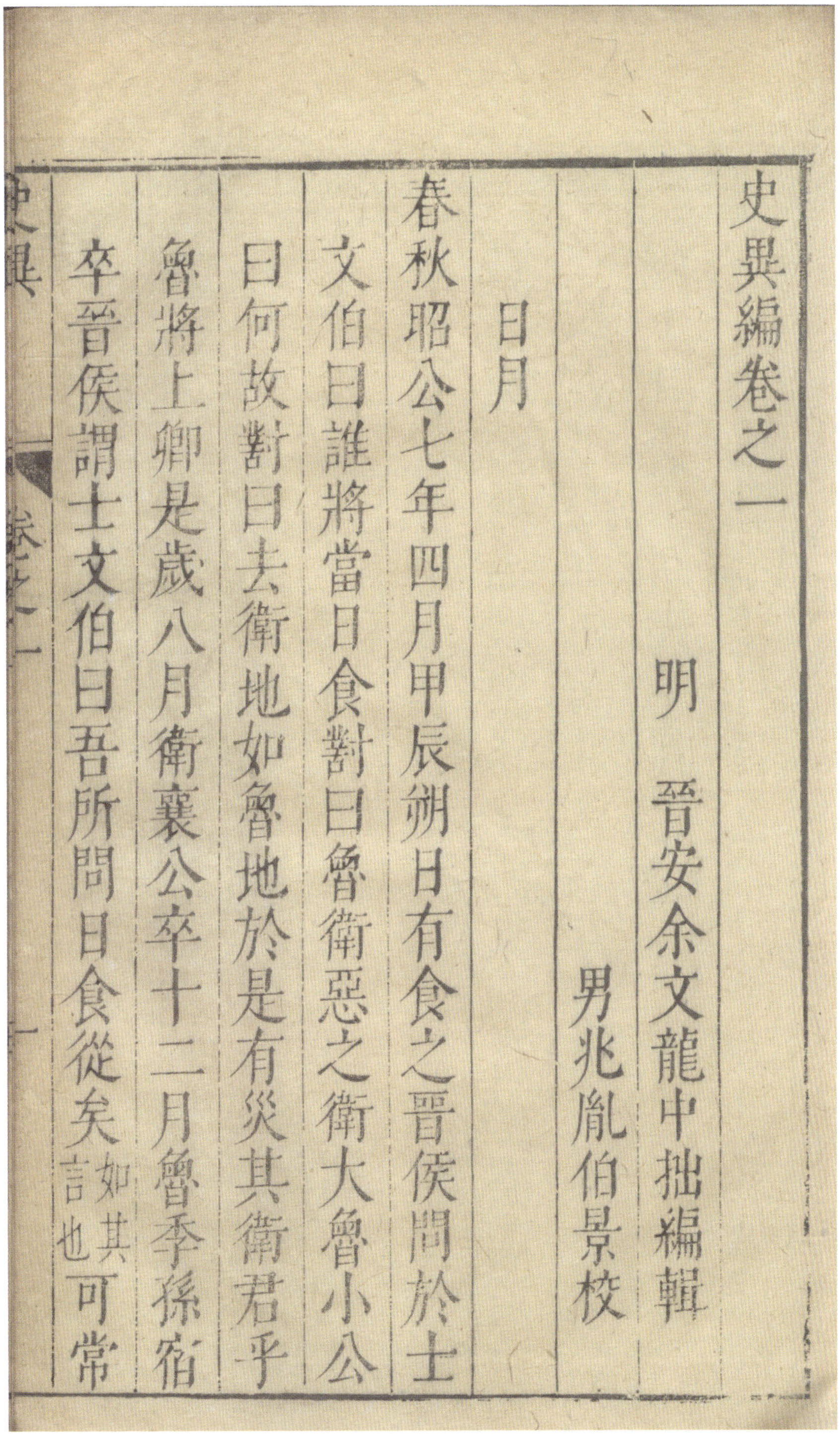

史異編卷之一

明　晉安余文龍中拙編輯

男兆胤伯景校

日月

春秋昭公七年四月甲辰朔日有食之晉侯問於士文伯曰誰將當日食對曰魯衛惡之衛大魯小公曰何故對曰去衛地如魯地於是有災其衛君乎魯將上卿是歲八月衛襄公卒十二月魯季孫宿卒晉侯謂士文伯曰吾所問日食從矣如其言也可常

史異　卷之一

史異編十七卷　（明）余文龍輯　明萬曆四十七年（1619）自刻本。八册。半頁九行二十字，小字雙行同，白口，四周單邊。框高21.5厘米、寬13.5厘米。中山大學圖書館藏。

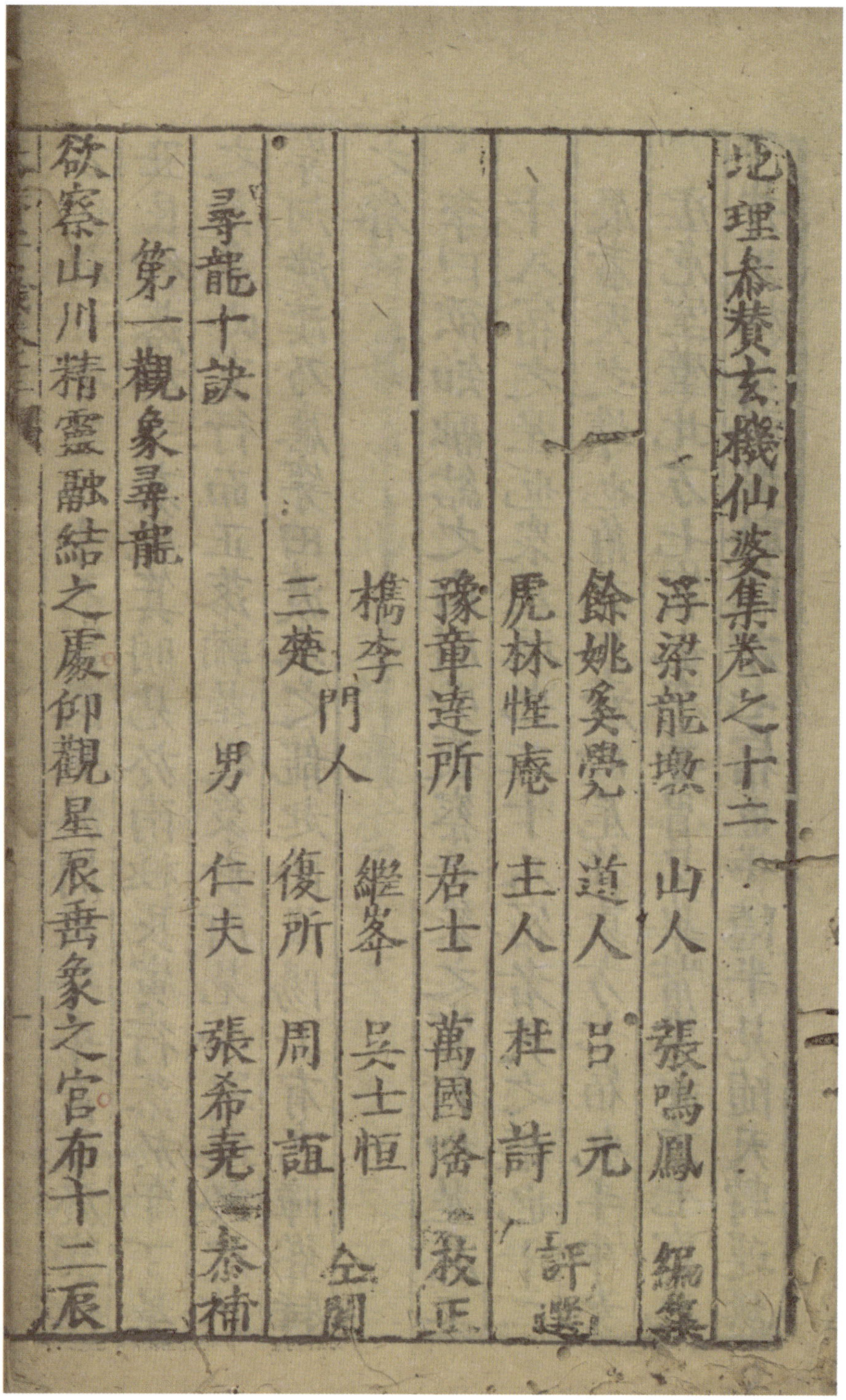

地理叅贊玄機仙婆集卷之十二
浮梁龍塽山人　張鳴鳳　編集
餘姚奚覺道人　吕元
虎林惺庵主人　杜詩　評選
豫章逵所居士　萬國隆　校正
檇李　繼峯　吴士恒
門人　　　　　　　仝閲
三楚　復所　周誼
男　仁夫　張希尭　叅補
尋龍十訣
第一觀象尋龍
欲察山川精靈融結之處仰觀星辰垂象之宫布十二辰

地理參贊玄機仙婆集十三卷　（明）張鳴鳳輯　（明）吕元　**杜詩評選**　（明）張希堯參補　明萬曆書林熊體忠刻本。四册。半頁十行二十二字，白口，四周單邊。框高20厘米、寬12.5厘米。中山大學圖書館藏。

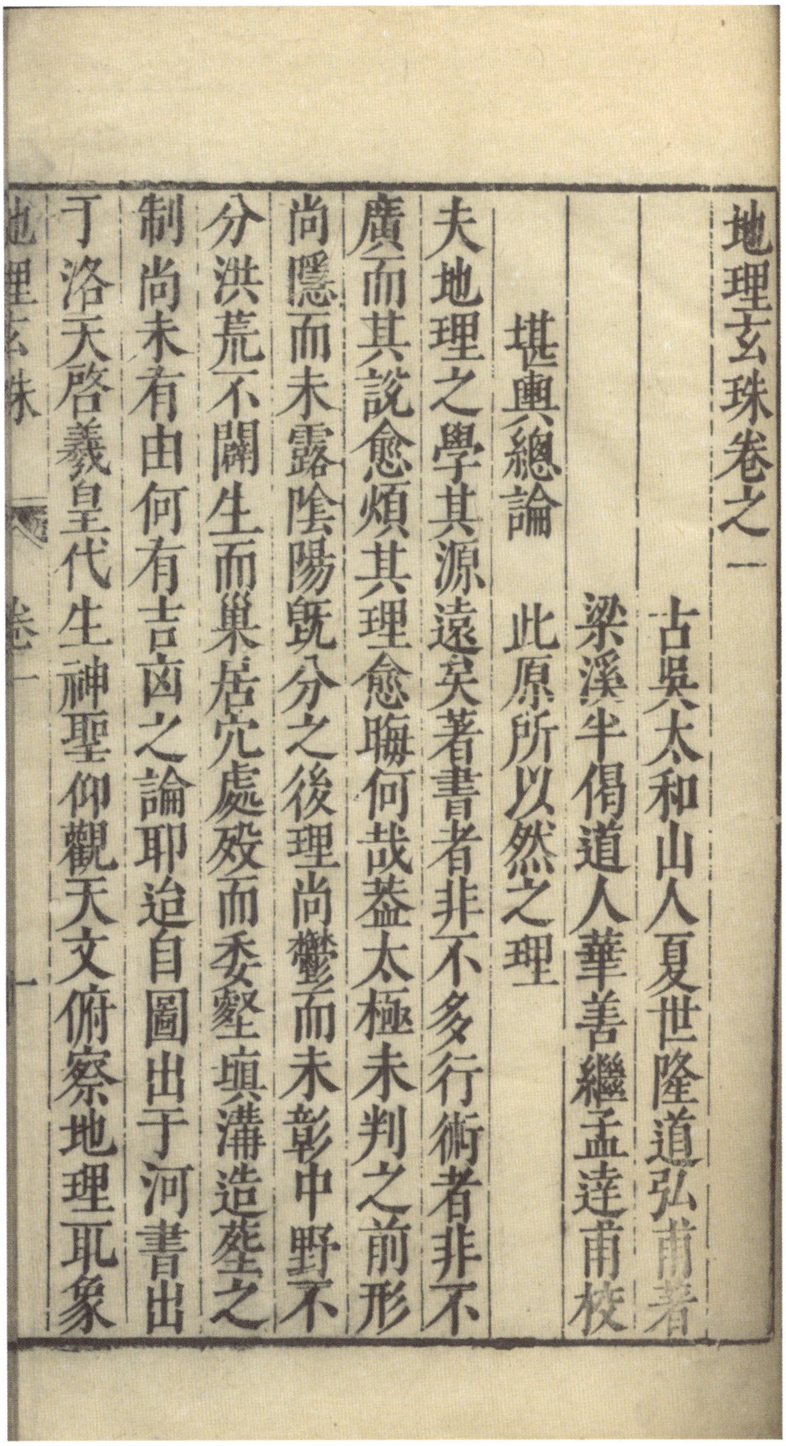

地理玄珠卷之一

古吳太和山人夏世隆道弘甫著

梁溪半偈道人華善繼孟達甫校

堪輿總論　此原所以然之理

夫地理之學其源遠矣著書者非不多行術者非不廣而其說愈煩其理愈晦何哉葢太極未判之前形尚隱而未露陰陽既分之後理尚鬱而未彰中野不分洪荒不闢生而巢居穴處歿而委壑塡溝造塟之制尚未有由何有吉凶之論耶迨自圖出于河書出于洛天啓羲皇代生神聖仰觀天文俯察地理取象

地理玄珠　卷一　一

地理玄珠二十二卷附地理陽宅玄珠四卷　（明）夏世隆撰　（明）夏雨補　明萬曆四十三年（1615）華善繼刻本。十四册。半頁十行二十字，小字雙行同，白口，四周單邊。框高21.4厘米、寬14厘米。中山大學圖書館藏。

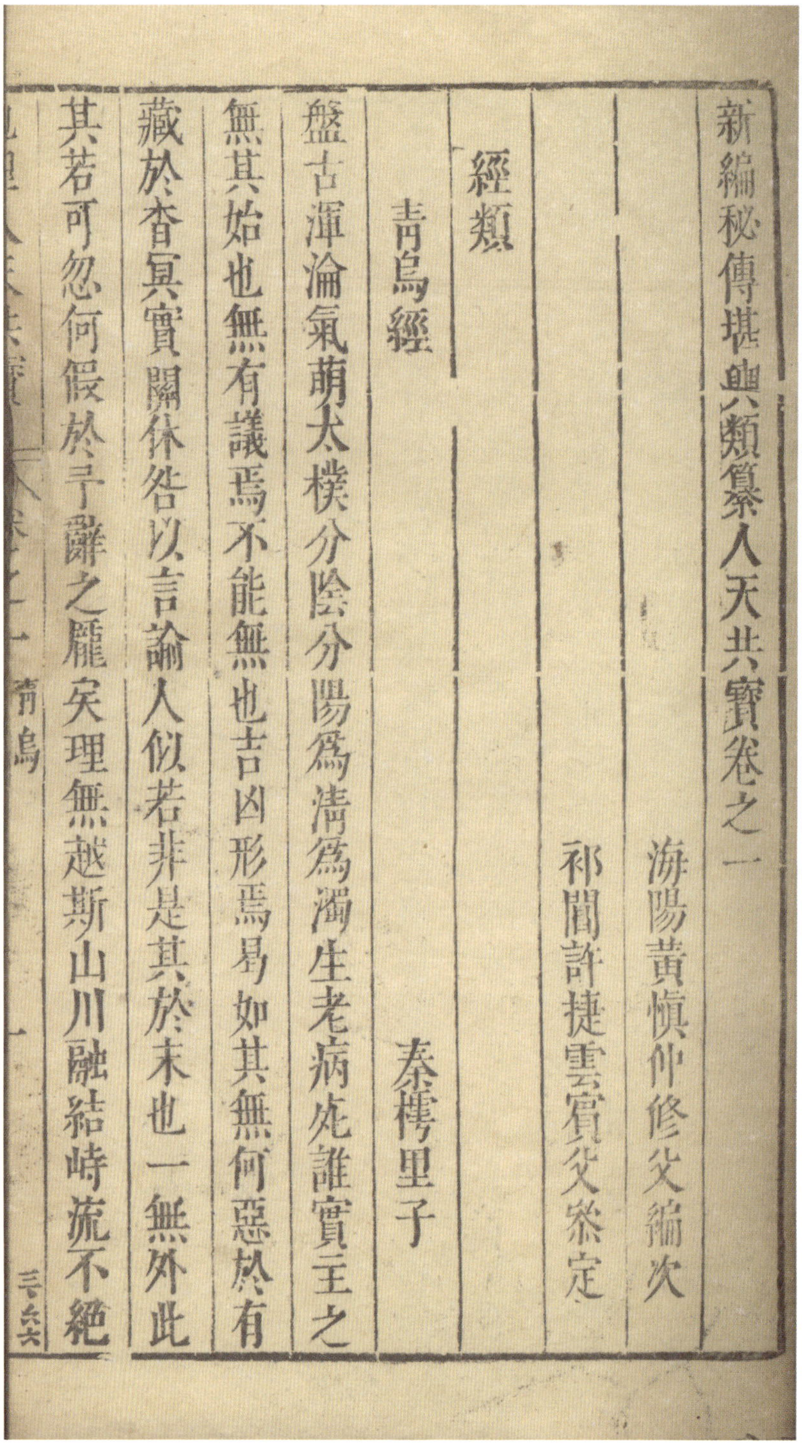
新編秘傳堪輿類纂人天共寶卷之一
海陽黃慎仲修父編次
祁閶許捷雲賓父參定
經類
青烏經　秦樗里子
盤古渾淪氣萌太樸分陰分陽爲清爲濁生老病死誰實主之
無其始也無有議焉不能無也吉凶形焉曷如其無何惡於有
藏於杳冥實關休咎以言諭人似若非是其於末也一無外此
其若可忽何假於予辭之靡矣理無越斯山川融結峙流不絕

新編秘傳堪輿類纂人天共寶十二卷　（明）黃慎輯　明崇禎六年（1633）刻本。十二册。半頁九行二十四字，白口，四周單邊。框高21.9厘米、寬13.3厘米。中山大學圖書館藏。

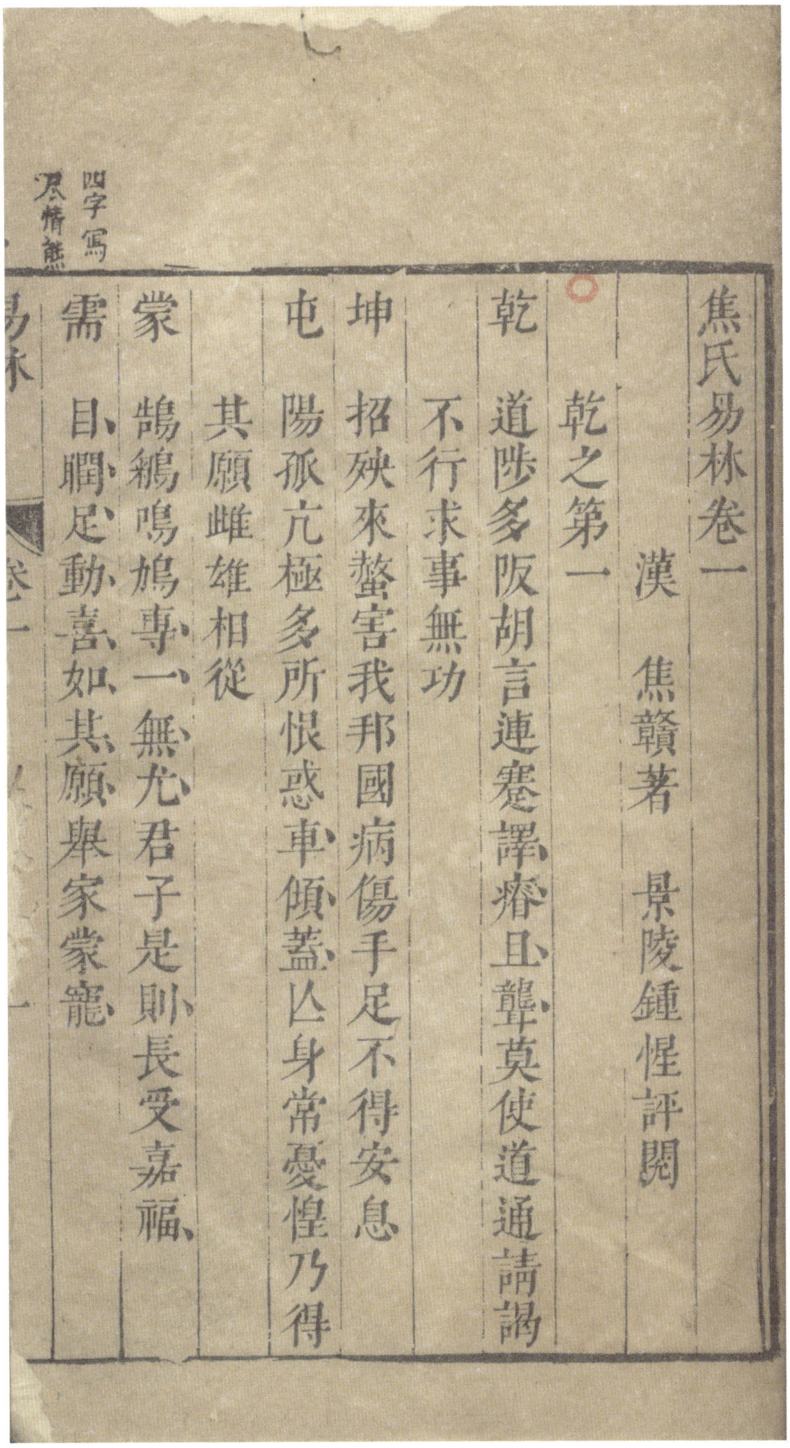

四字寫盡情態

焦氏易林卷一

漢　焦贛著　景陵鍾惺評閱

乾之第一

乾　道陟多阪胡言連蹇譯瘖且聾莫使道通請謁不行求事無功

坤　招殃來螫害我邦國病傷手足不得安息

屯　陽孤亢極多所恨惑車傾蓋亾身常憂惶乃得其願雌雄相從

蒙　鶡鶔鳴鳩專一無尤君子是則長受嘉福

需　目瞤足動喜如其願舉家蒙寵

焦氏易林四卷　題（漢）焦延壽撰　（明）鍾惺評　明末刻本。八册。半頁十行二十字，小字雙行同，白口，左右雙邊。框高19.3厘米、寬13.2厘米。中山大學圖書館藏。

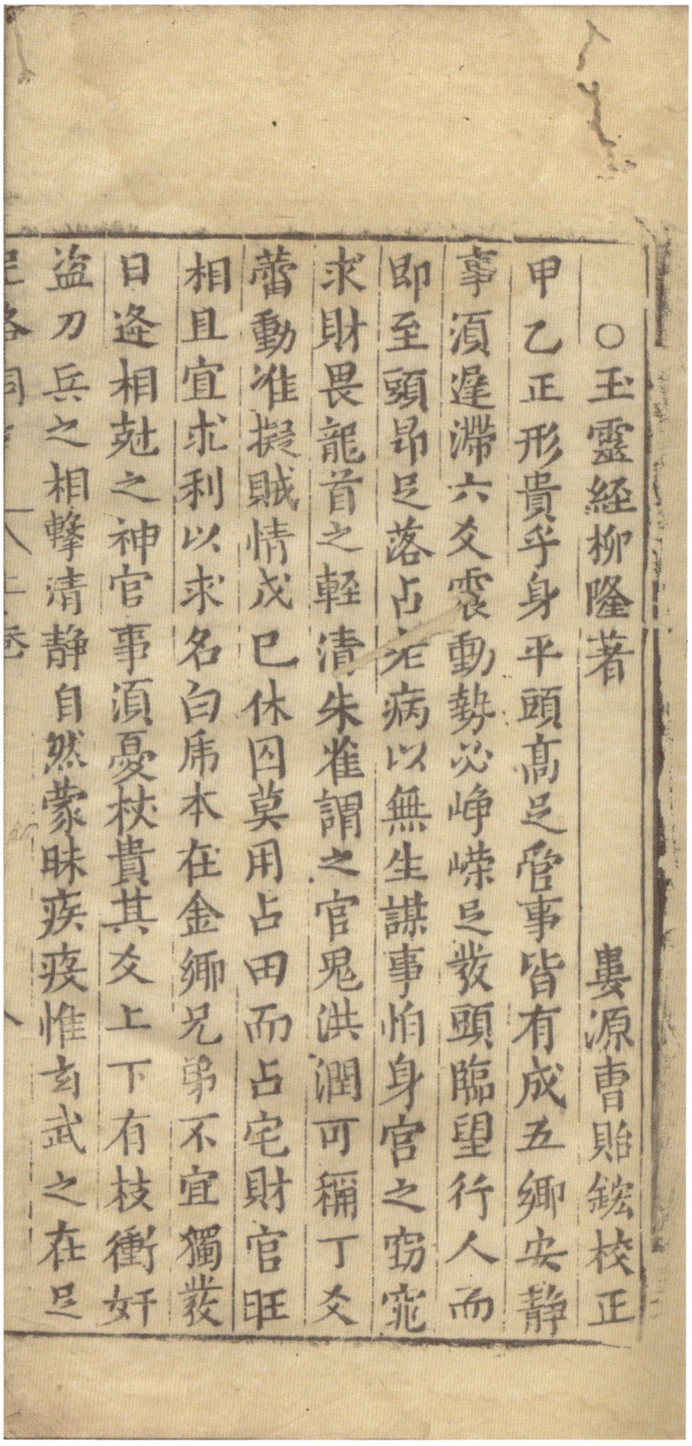

〇玉靈經柳隆著　婁源曹貽鋐校正
甲乙正形貴乎身平頭高足管事皆有成五鄉安靜
事須遲滯六爻震動勢必峥嵘足發頭臨望行人而
即至頭昂足落占老病以無生謀事怕身官之窃寇
求財畏龍首之輕清朱雀謂之官鬼洪潤可稱丁爻
蕃動准擬賊情戊巳休囚莫用占田而占宅財官旺
相且宜求利以求名白虎本在金鄉兄弟不宜獨發
日逢相尅之神官事須憂杖貴其爻上下有枝衝奸
盗刀兵之相擊清靜自然蒙昧疾疾惟玄武之在足

呈洛洞玄經論圖訣三卷　（明）劉基裁訂　（明）曹宬輯　明刻本。三册。半頁九行二十字，白口，左右雙邊。框高20.1厘米、寬11.8厘米。中山大學圖書館藏。

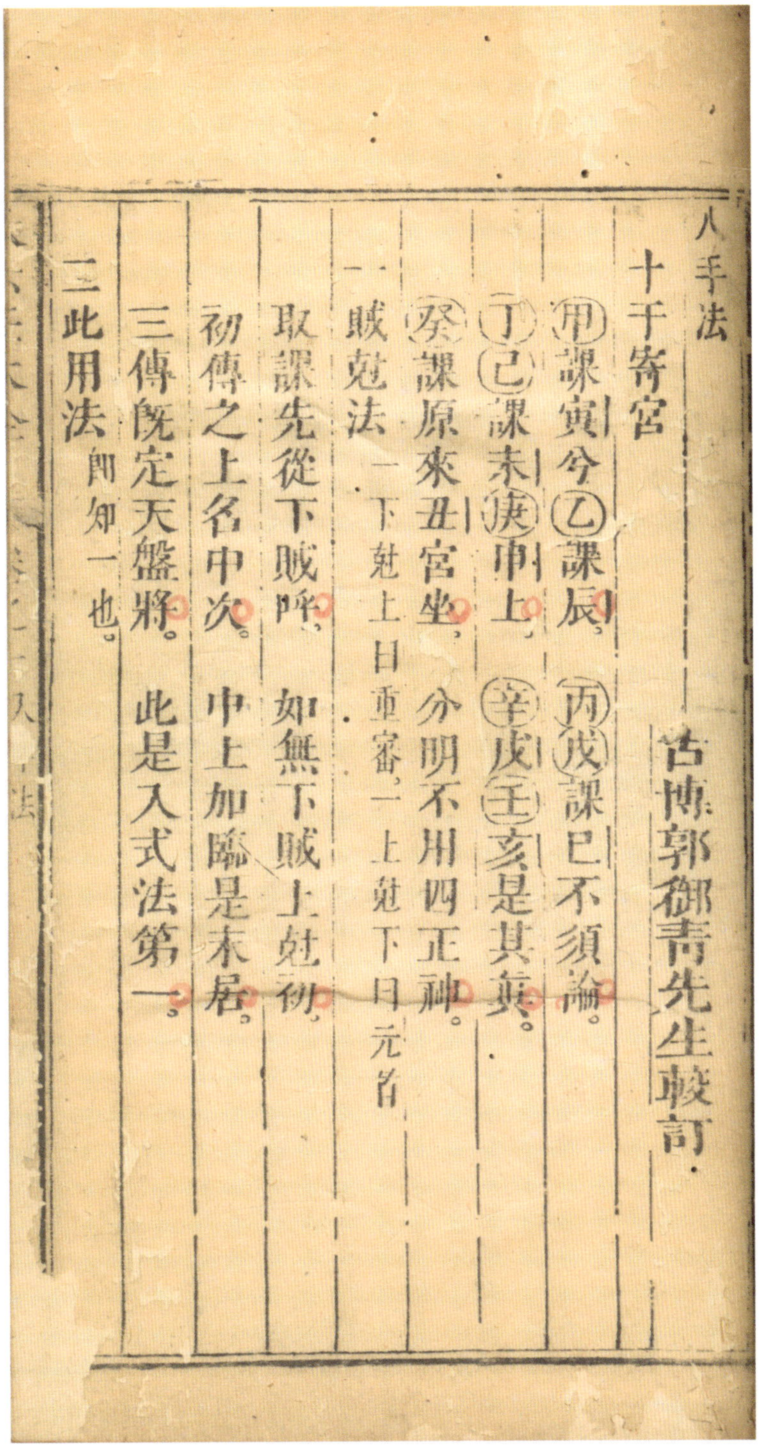
入手法
十干寄宮　古博郭御青先生較訂
甲課寅兮乙課辰，丙戊課巳不須論。
丁己課未庚申上，辛戌壬亥是其眞。
癸課原來丑宮坐，分明不用四正神。
一賊尅法　一下尅上曰重審，一上尅下曰元首
取課先從下賊呼，如無下賊上尅初。
初傳之上名中次，中上加臨是末居。
三傳旣定天盤將。此是入式法第一。
二此用法　即知一也。

大六壬大全十三卷　（清）郭載騋校訂　清康熙四十三年（1704）刻本。十三册。半頁十行二十四字，白口，四周雙邊。框高21.8厘米、寬14.5厘米。廣東省立中山圖書館藏。

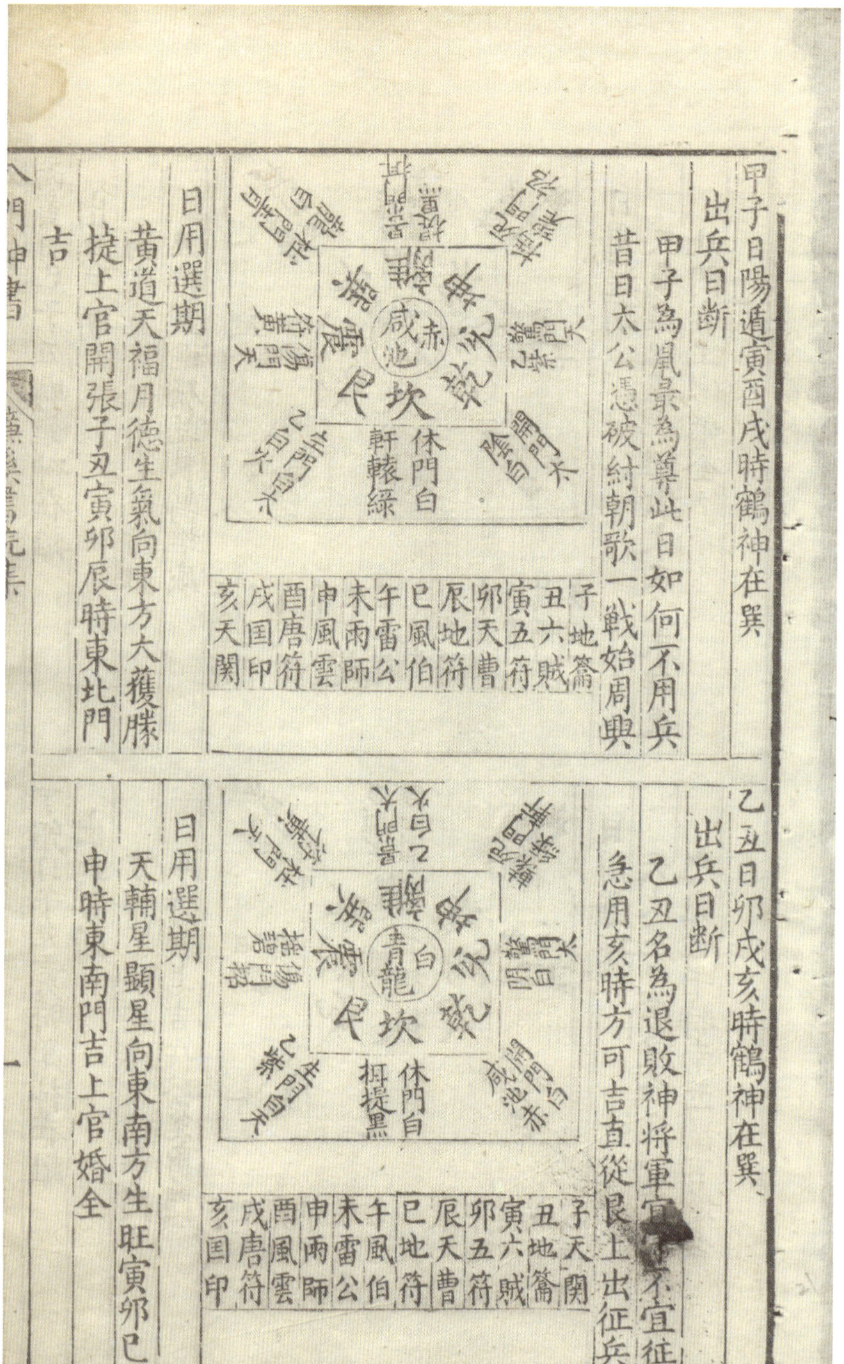

武侯八門神書一卷　（明）胡獻忠撰　明萬曆刻胡氏三書合刻本。一册。半頁十一行二十四字，白口，四周單邊。框高24.8厘米、寬15.4厘米。中山大學圖書館藏。

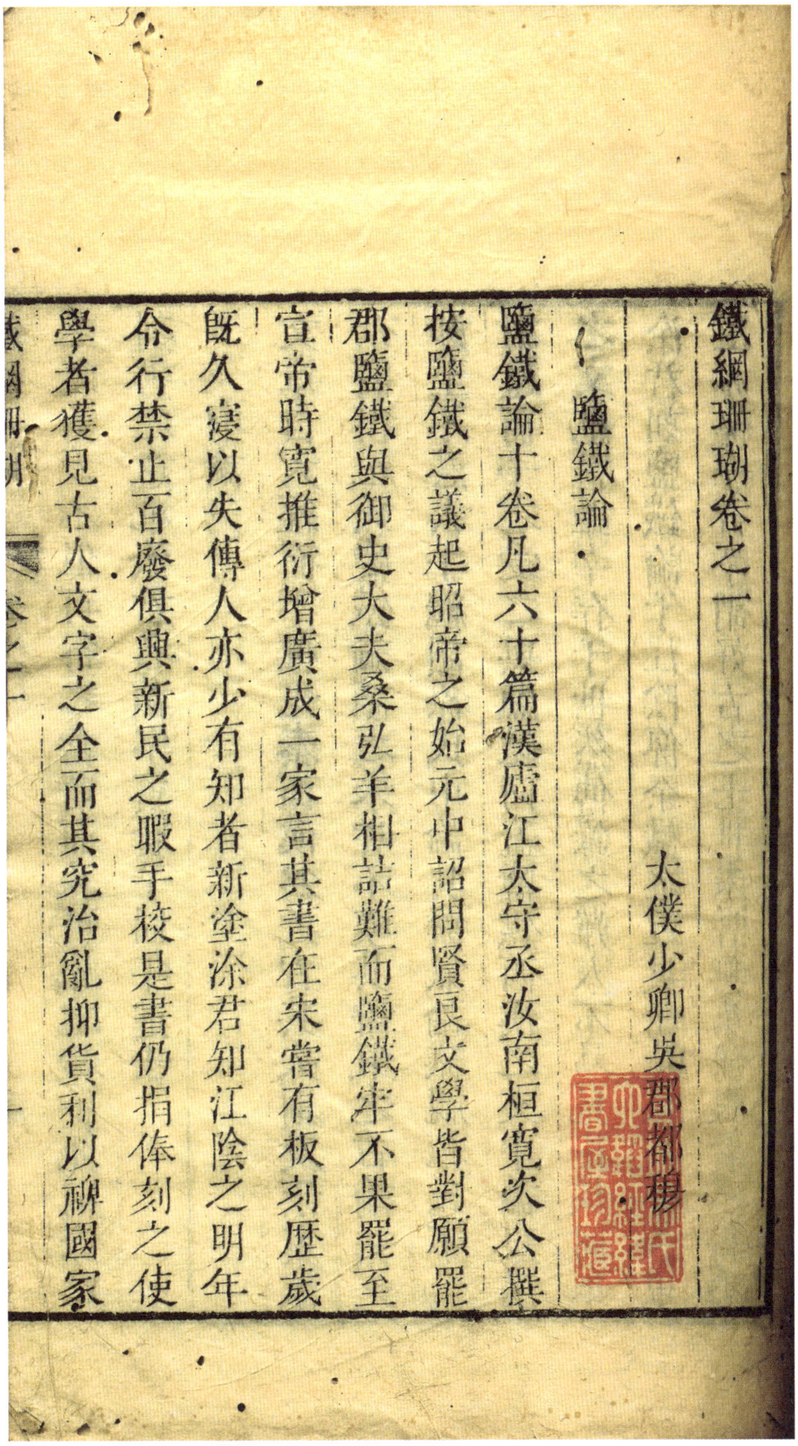

鐵網珊瑚卷之一

太僕少卿吳郡都穆

鹽鐵論

鹽鐵論十卷凡六十篇漢廬江太守丞汝南桓寬次公撰

按鹽鐵之議起昭帝之始元中詔問賢良文學皆對願罷郡鹽鐵與御史大夫桑弘羊相詰難而鹽鐵卒不果罷至宣帝時寬推衍增廣成一家言其書在宋嘗有板刻歷歲既久寖以失傳人亦少有知者新塗涂君知江陰之明年令行禁止百廢俱興新民之暇手校是書仍捐俸刻之使學者獲見古人文字之全而其究治亂抑貨利以禆國家

鐵網珊瑚二十卷　（明）都穆撰　清乾隆二十三年（1758）都肇斌刻本。四册。半頁十行二十二字，小字雙行同，白口，左右雙邊。框高17厘米、寬13.3厘米。暨南大學圖書館藏。

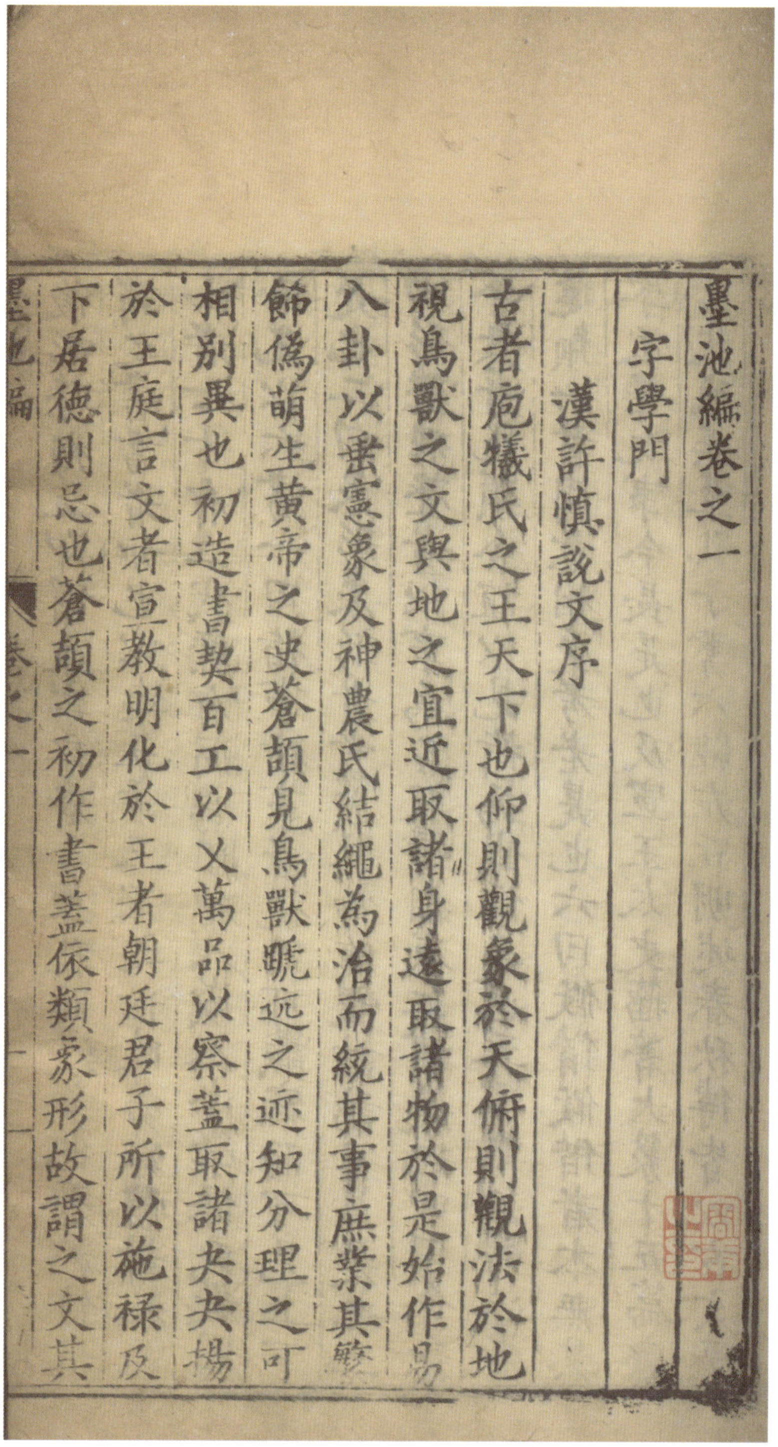

墨池編卷之一

字學門

漢許慎說文序

古者庖犧氏之王天下也仰則觀象於天俯則觀法於地視鳥獸之文與地之宜近取諸身遠取諸物於是始作易八卦以垂憲象及神農氏結繩為治而統其事庶業其繁飾偽萌生黄帝之史蒼頡見鳥獸蹏迒之迹知分理之可相別異也初造書契百工以乂萬品以察蓋取諸夬夬揚於王庭言文者宣教明化於王者朝廷君子所以施祿及下居德則忌也蒼頡之初作書蓋依類象形故謂之文其

墨池編　卷之一　一

墨池編六卷　（宋）朱長文輯　明萬曆八年（1580）虞德燁等刻本。三冊。半頁十行二十二字，小字雙行同，白口，四周雙邊。框高24.3厘米、寬13.4厘米。中山大學圖書館藏。

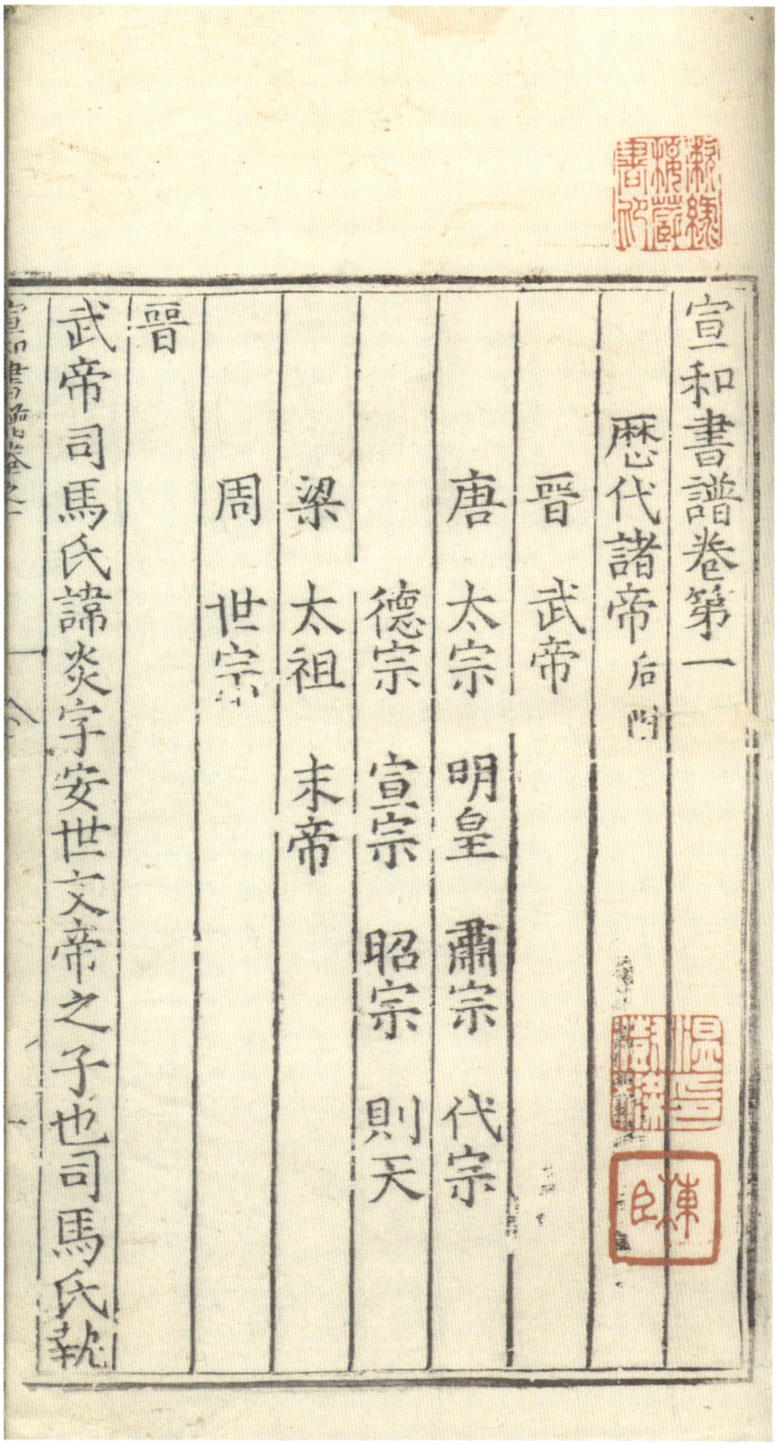
宣和書譜卷第一
歷代諸帝 后附
晉 武帝
唐 太宗 明皇 肅宗 代宗
德宗 宣宗 昭宗 則天
梁 太祖 末帝
周 世宗

晉
武帝司馬氏諱炎字安世文帝之子也司馬氏執
宣和書譜卷之一

宣和書譜二十卷 明刻本。六册。半頁九行十九字，白口，四周雙邊。框高20.6厘米、寬13.5厘米。中山大學圖書館藏。

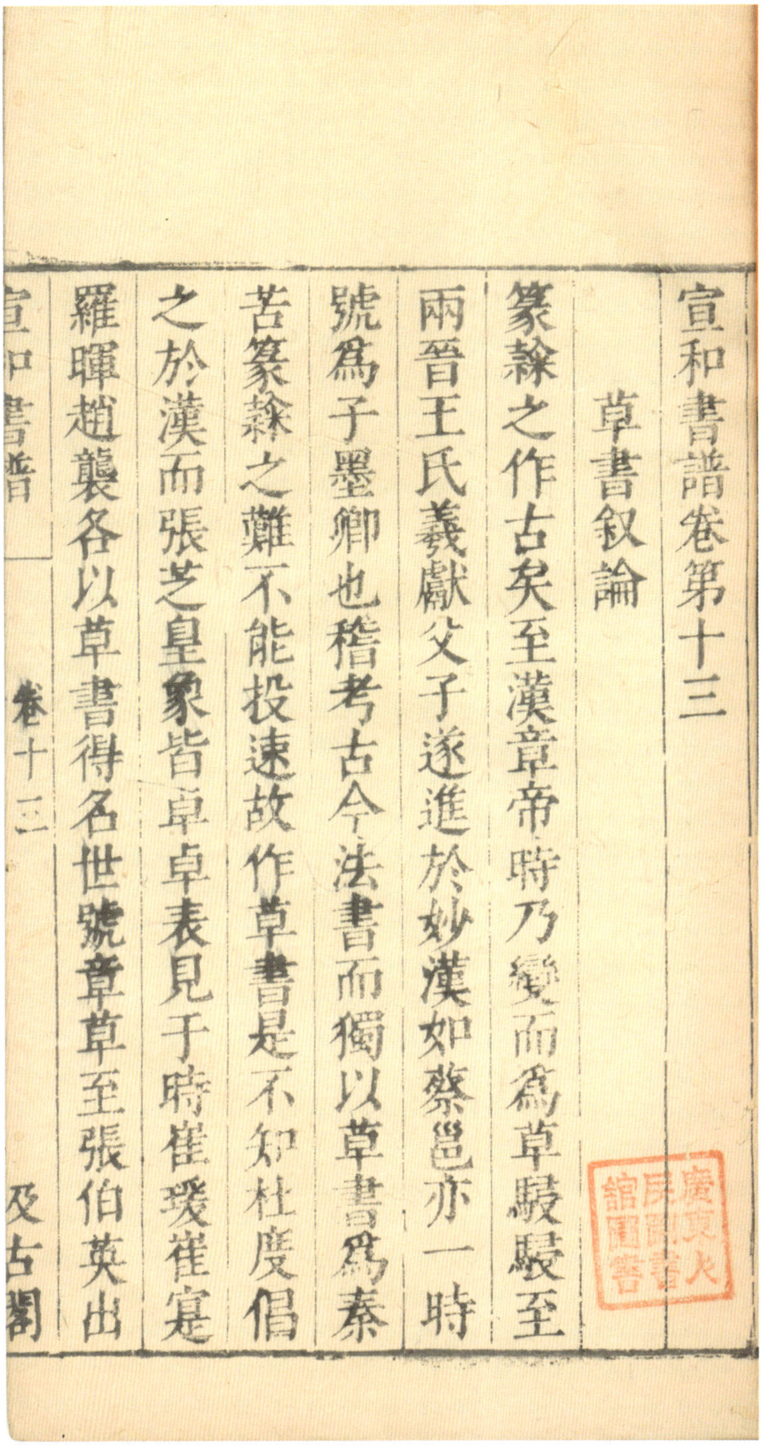
宣和書譜卷第十三
草書叙論
篆隸之作古矣至漢章帝時乃變而爲草髣髴至
兩晉王氏羲獻父子遂進於妙漢如蔡邕亦一時
號爲子墨卿也稽考古今法書而獨以草書爲秦
苦篆隸之難不能投速故作草書是不知杜度倡
之於漢而張芝皇象皆卓卓表見于時崔瑗崔寔
羅暉趙襲各以草書得名世號章草至張伯英出
宣和書譜　卷十三　汲古閣

宣和書譜二十卷　明毛氏汲古閣刻本。四册。半頁八行十九字，白口，左右雙邊。框高19厘米、寬13.7厘米。廣東省立中山圖書館藏。

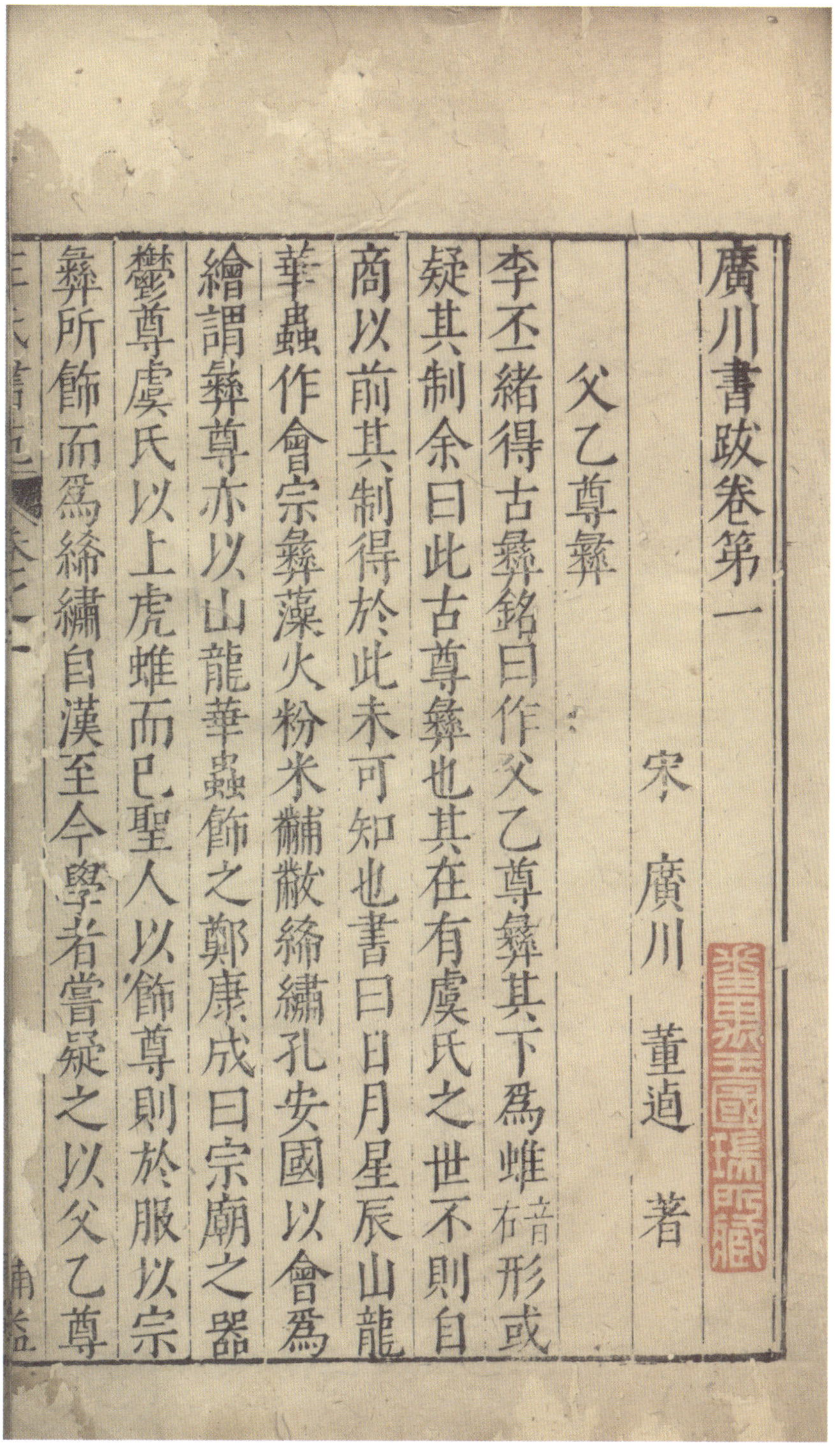
廣川書跋卷第一

父乙尊彝

宋 廣川 董逌 著

李丕緒得古彝銘曰作父乙尊彝其下爲雌音右形或疑其制余曰此古尊彝也其在有虞氏之世不則自商以前其制得於此未可知也書曰日月星辰山龍華蟲作會宗彝藻火粉米黼黻絺繡孔安國以會爲繪謂彝尊亦以山龍華蟲飾之鄭康成曰宗廟之器鬱尊虞氏以上虎蜼而已聖人以飾尊則於服以宗彝所飾而爲絺繡自漢至今學者嘗疑之以父乙尊

廣川書跋十卷 （宋）董逌撰 明萬曆十九年（1591）王元貞刻王氏書畫苑本。五册。半頁十行二十字，小字雙行同，白口，左右雙邊。框高19.4厘米、寬13.2厘米。中山大學圖書館藏。

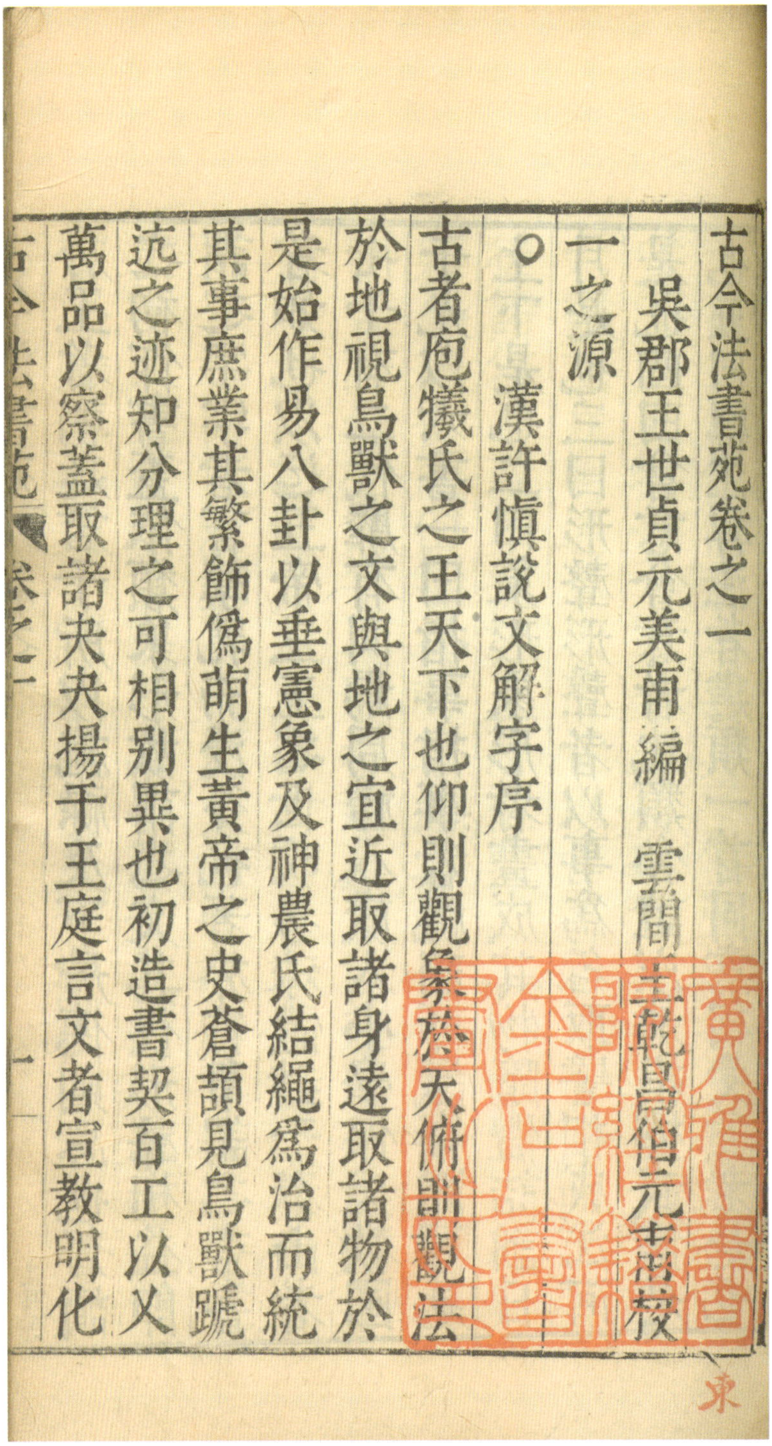
古今法書苑卷之一
吳郡王世貞元美甫編　雲間王乾昌伯元甫校
一之源
○漢許愼說文解字序
古者庖犧氏之王天下也仰則觀象於天俯則觀法於地視鳥獸之文與地之宜近取諸身遠取諸物於是始作易八卦以垂憲象及神農氏結繩爲治而統其事庶業其繁飾僞萌生黃帝之史蒼頡見鳥獸蹏迒之迹知分理之可相別異也初造書契百工以乂萬品以察蓋取諸夬夬揚于王庭言文者宣教明化
古今法書苑　卷之一　一

古今法書苑七十六卷　（明）王世貞輯　明刻本。十四册。半頁十行二十字，白口，左右雙邊。框高21.1厘米、寬15厘米。廣東省立中山圖書館藏。

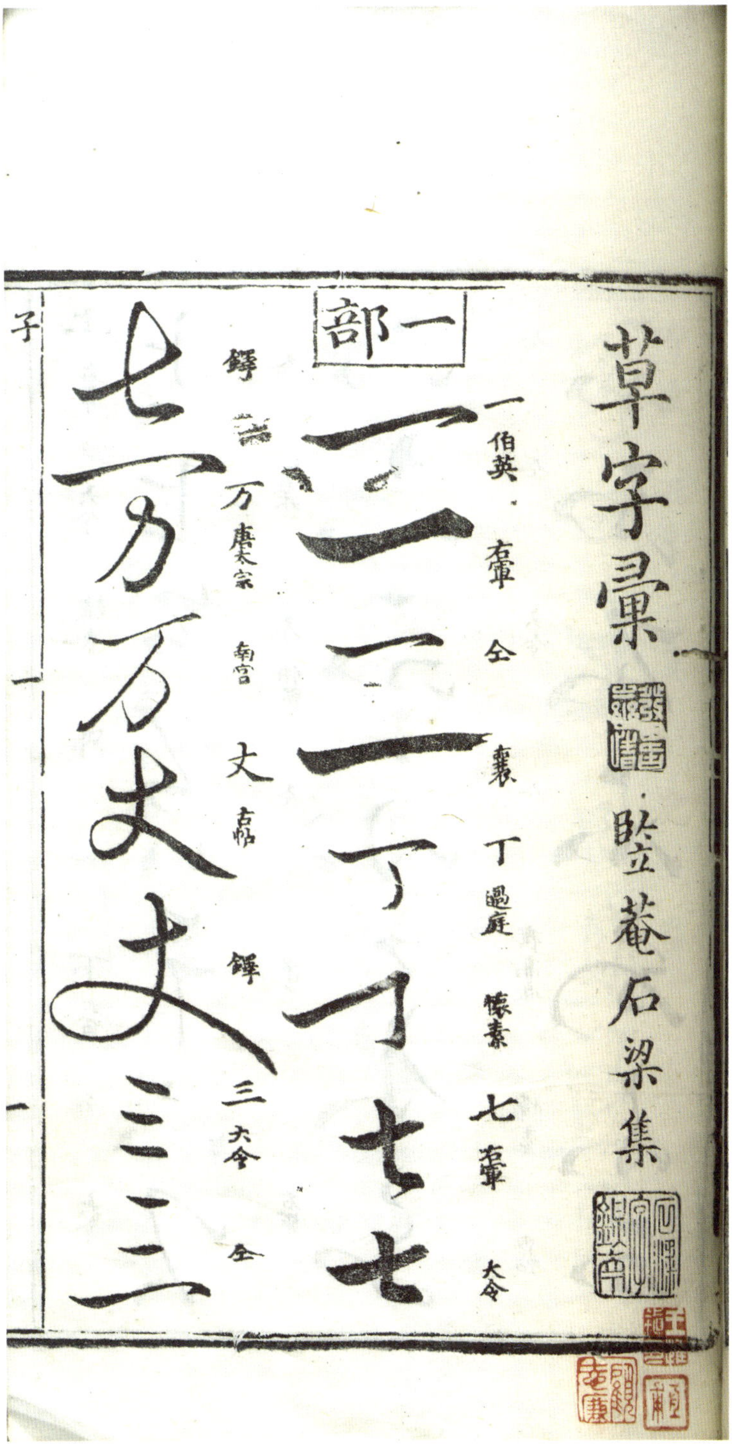

草字彙十二卷　（清）石梁輯　清乾隆五十二年（1787）刻本。六册。半頁三行大小字數不等，白口，四周雙邊。框高19.6厘米、寬14厘米。暨南大學圖書館藏。

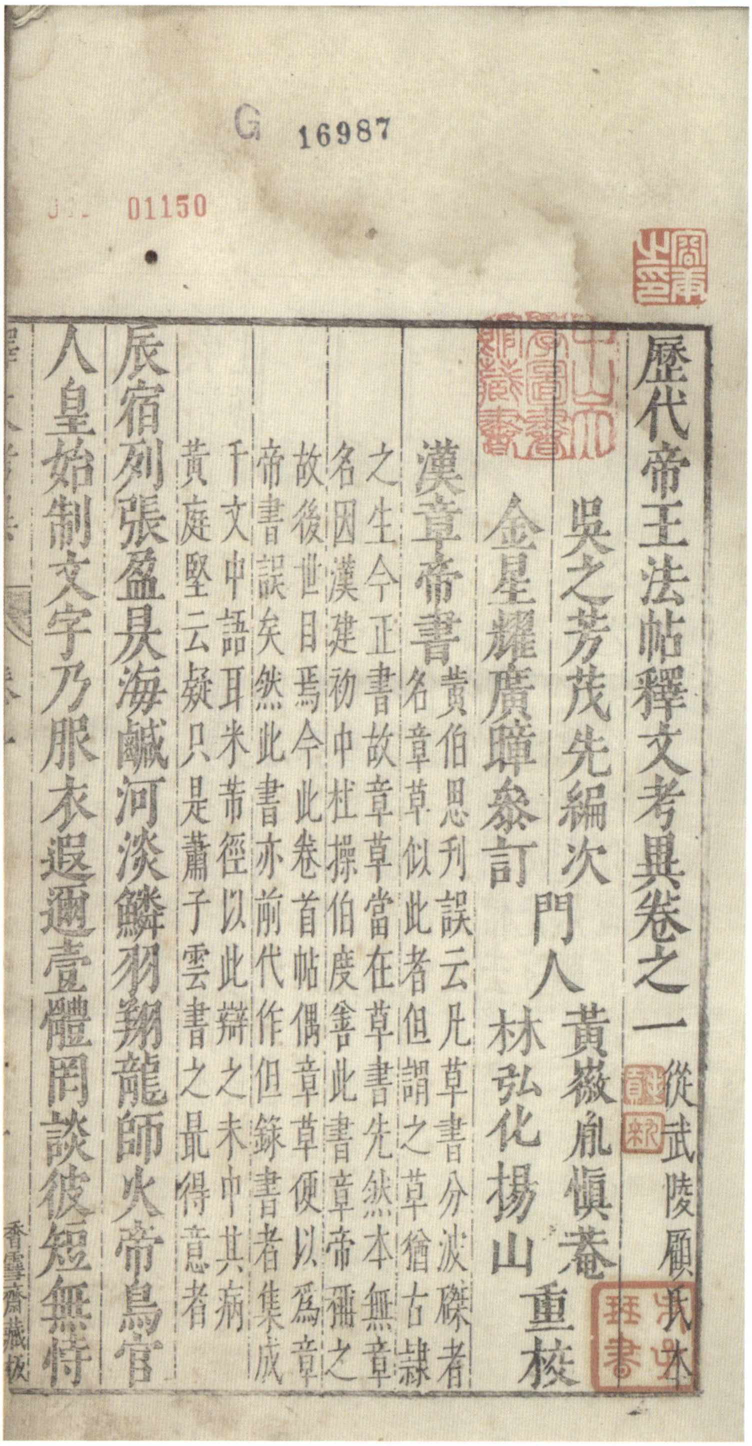

歷代帝王法帖釋文考異卷之一　從武陵顧氏本
吳之芳茂先編次　門人　黃嶶舟愼菴　重校
金星耀廣暐參訂　林弘化揚山
漢章帝書黃伯思刊誤云凡草書分波磔者名章草似此者但謂之草猶古隸
之生今正書故章草當在草書先然本無章名因漢建初中杜操伯度善此書章帝稱之
故後世目焉今此卷首帖偶章草便以爲章帝書誤矣然此書亦前代作但錄書者集成
千文中語耳米芾徑以此辯之未中其病黃庭堅云疑只是蕭子雲書之最得意者
辰宿列張盈昃海鹹河淡鱗羽翔龍師火帝鳥官
人皇始制文字乃服衣遐邇壹體罔談彼短無恃
香雪齋藏板

歷代帝王法帖釋文考異十卷　（明）顧從義撰　（明）吴之芳輯　明香雪齋刻本。二册。半頁九行十九字，小字雙行同，白口，四周單邊。框高21.5厘米、寬13.9厘米。中山大學圖書館藏。

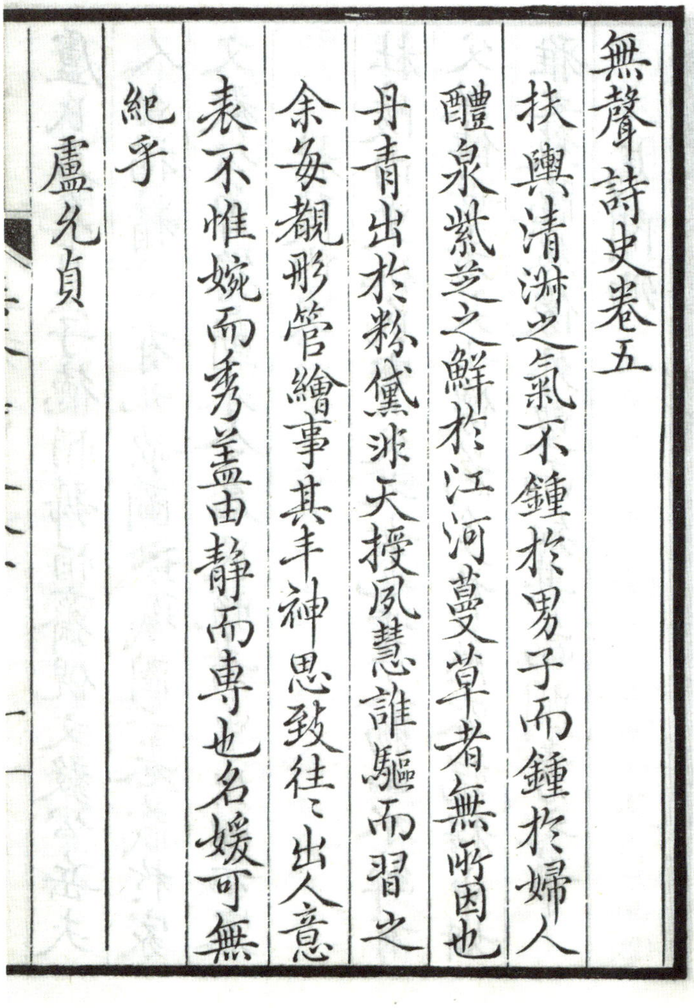

無聲詩史卷五
扶輿清淑之氣不鍾於男子而鍾於婦人
醴泉紫芝之鮮於江河蔓草者無所因也
丹青出於粉黛非天授夙慧誰驅而習之
余每覩彤管繪事其丰神思致往〻出人意
表不惟婉而秀蓋由靜而專也名媛可無
紀乎
盧允貞

無聲詩史七卷　（清）姜紹書撰　清康熙五十九年（1720）李光暎觀妙齋刻本。二册。半頁八行十七字，黑口，左右雙邊。框高13.9厘米、寬10.3厘米。暨南大學圖書館藏。

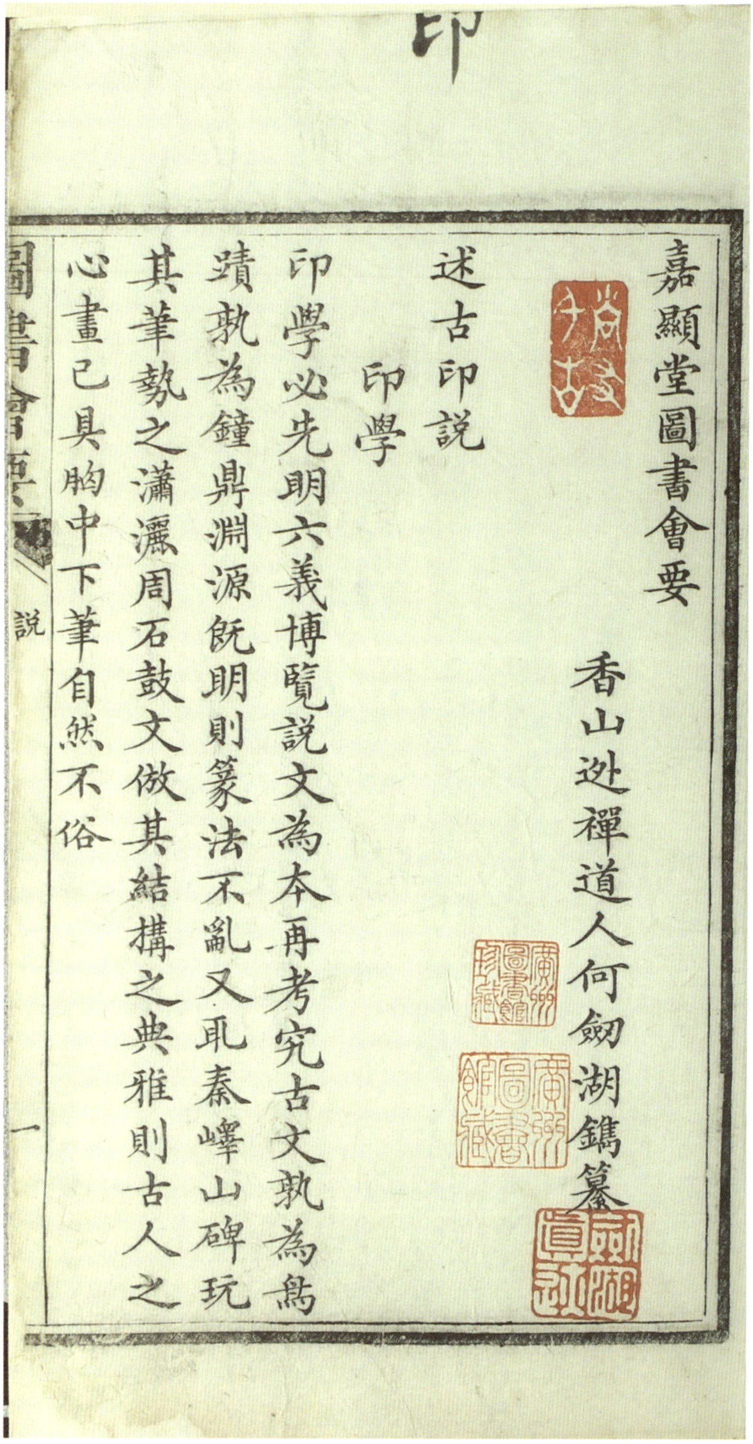
印

嘉顯堂圖書會要

香山逊禪道人何劍湖鐫纂

述古印說

印學

印學必先明六義博覽說文為本再考究古文孰為鳥
蹟孰為鐘鼎淵源旣明則篆法不亂又取秦嶧山碑玩
其筆勢之瀟灑周石鼓文倣其結構之典雅則古人之
心畫已具胸中下筆自然不俗

圖書會要　說　一

嘉顯堂圖書會要不分卷　（清）何劍湖纂輯　清乾隆四十二年（1777）鈐印本。一册。半頁九行二十一字，白口，四周雙邊。框高19.5厘米、寬12.8厘米。廣州圖書館藏。

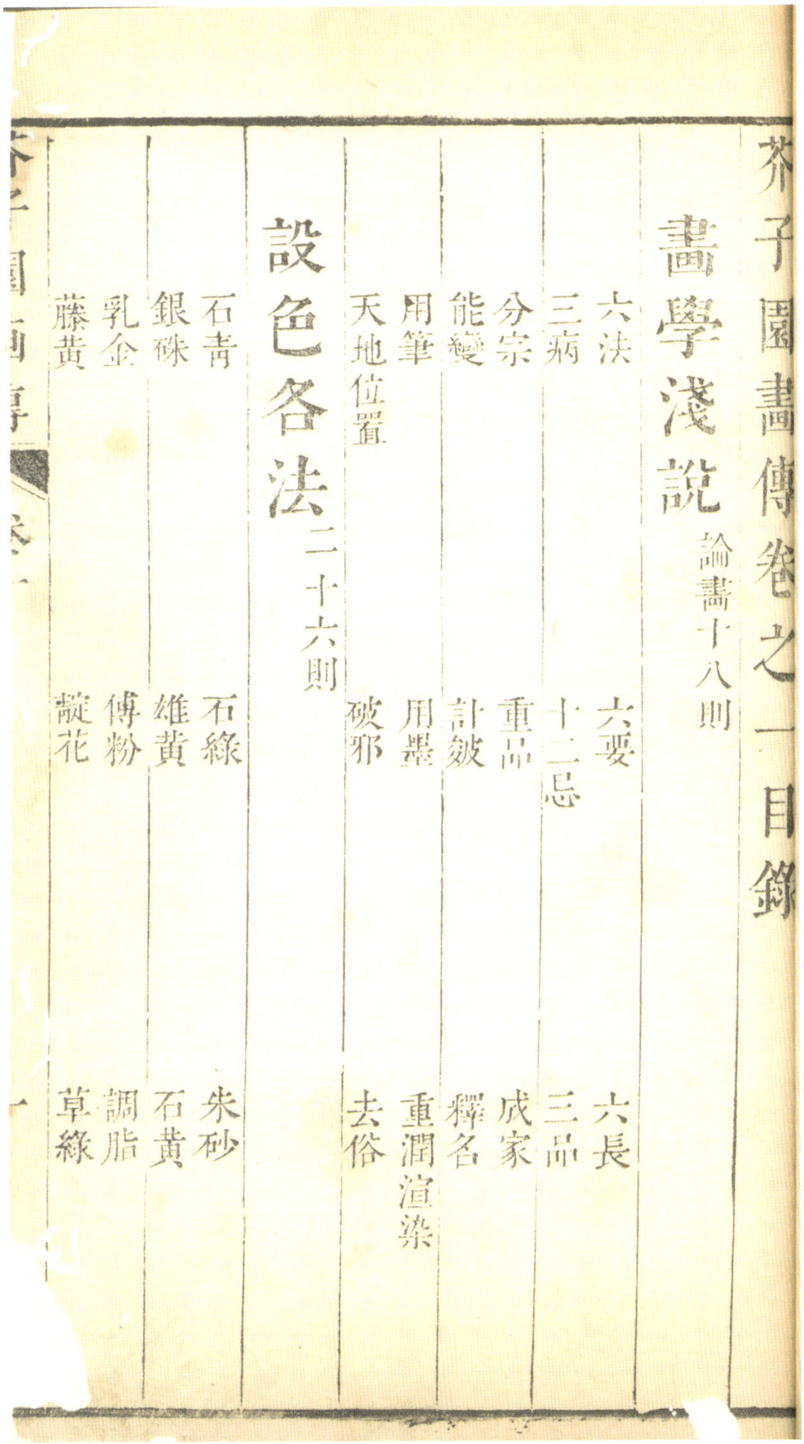

芥子園畫傳卷之一目錄

畫學淺說 論畫十八則

六法　六要　六長

三病　十二忌　三品

分宗　重品　成家

能變　計皴　釋名

用筆　用墨　重潤渲染

天地位置　破邪　去俗

設色各法 二十六則

石青　石綠　朱砂

銀硃　雄黃　石黃

乳金　傅粉　調脂

藤黃　靛花　草綠

芥子園畫傳　卷一

芥子園畫傳五卷　（清）王槩輯　清康熙十八年（1679）芥子園甥館刻彩色套印本。五册。半頁八行二十字，白口，四周單邊。框高20.6厘米、寬14.5厘米。廣東省立中山圖書館藏。

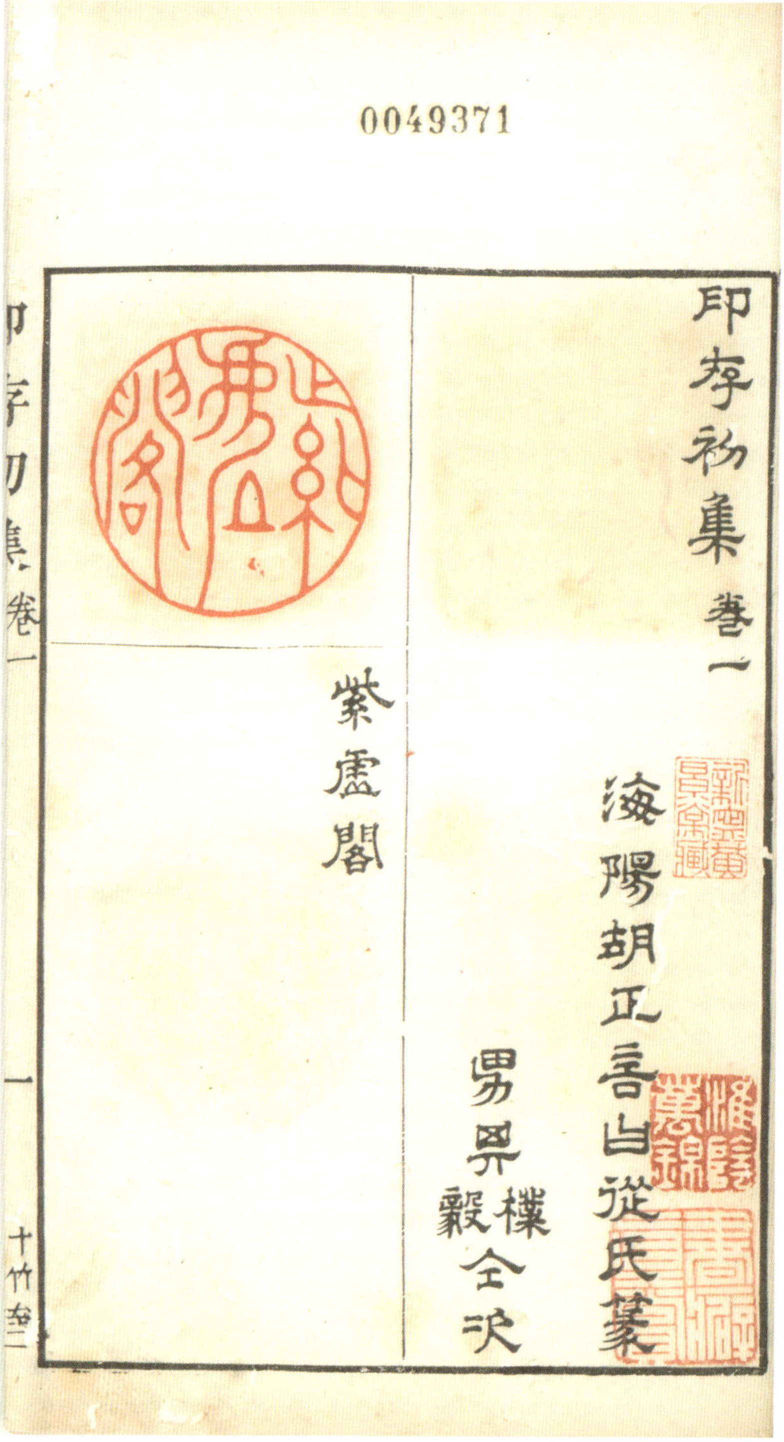

印存初集四卷　（明）胡正言篆刻　清順治四年（1647）胡氏十竹齋鈐印本。四册。半頁白口，四周單邊。框高19.9厘米、寬13.7厘米。廣東省立中山圖書館藏。

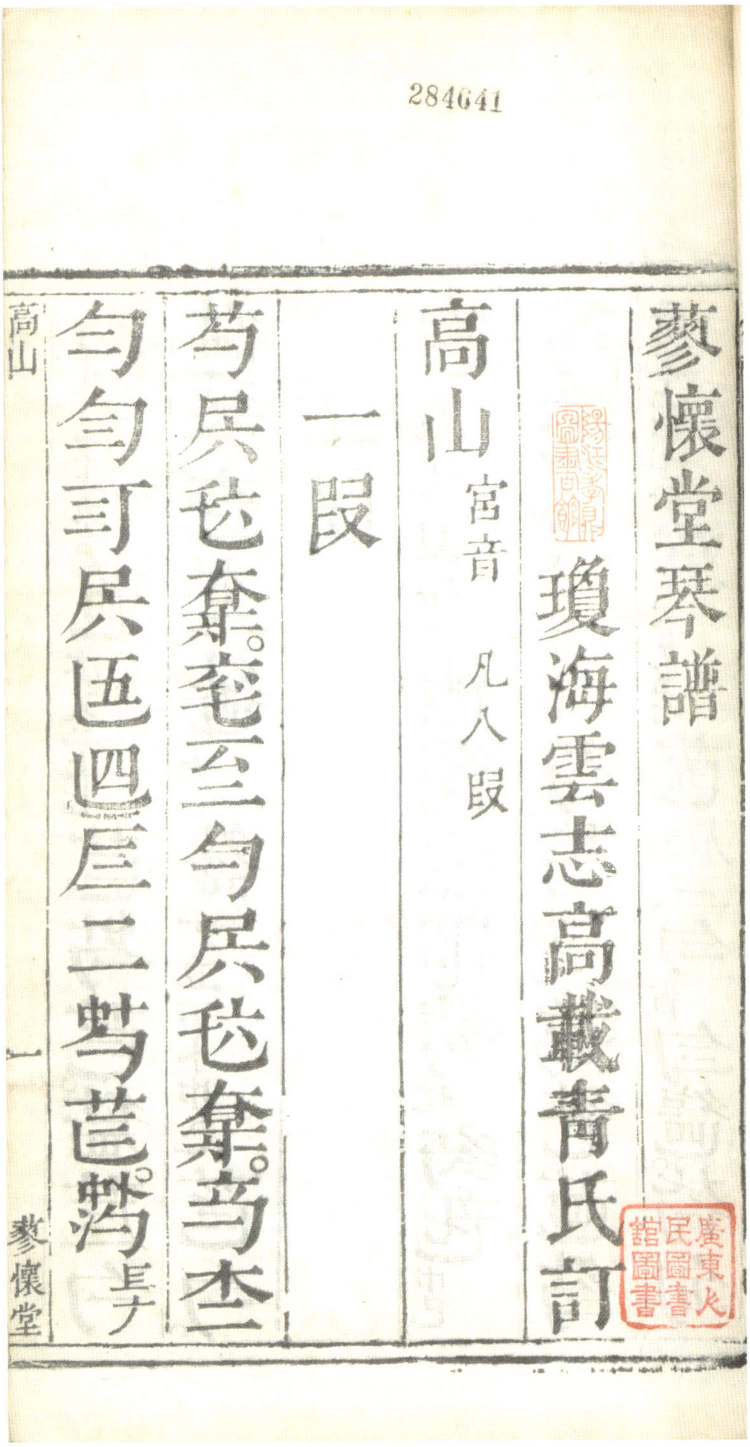
284641

蓼懷堂琴譜

瓊海雲志高載青氏訂

高山 宮音 凡八段

一段

高山 一 蓼懷堂

蓼懷堂琴譜不分卷 （清）雲志高輯 清康熙刻本。四册。半頁六行十二字，白口，四周雙邊。框高22.4厘米、寬16厘米。廣東省立中山圖書館藏。

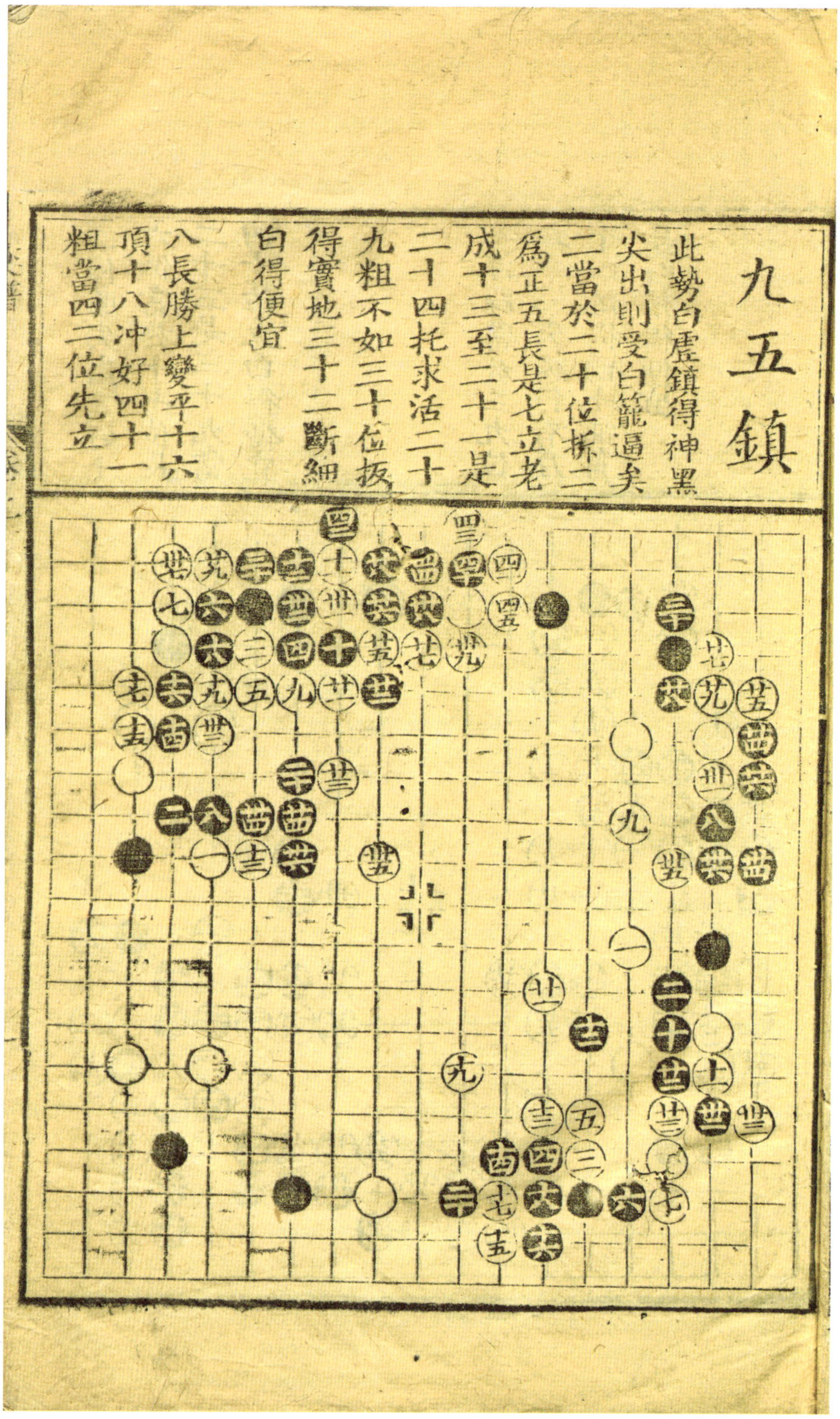

九五鎮

此勢白䖏鎮得神黑尖出則受白籠逼矣二當於二十位拆二爲正五長是七立老成十三至二十一是二十四托求活二十九粗不如三十位扳得實地三十二斷細白得便宜

八長勝上變平十六頂十八冲好四十一粗當四二位先立

桃花泉奕譜二卷　（清）范世勛撰　清乾隆三十年（1765）刻本。二册。上下兩欄，上文下圖，半頁十五行八字，白口，四周雙邊。框高29.5厘米、寬18.8厘米。暨南大學圖書館藏。

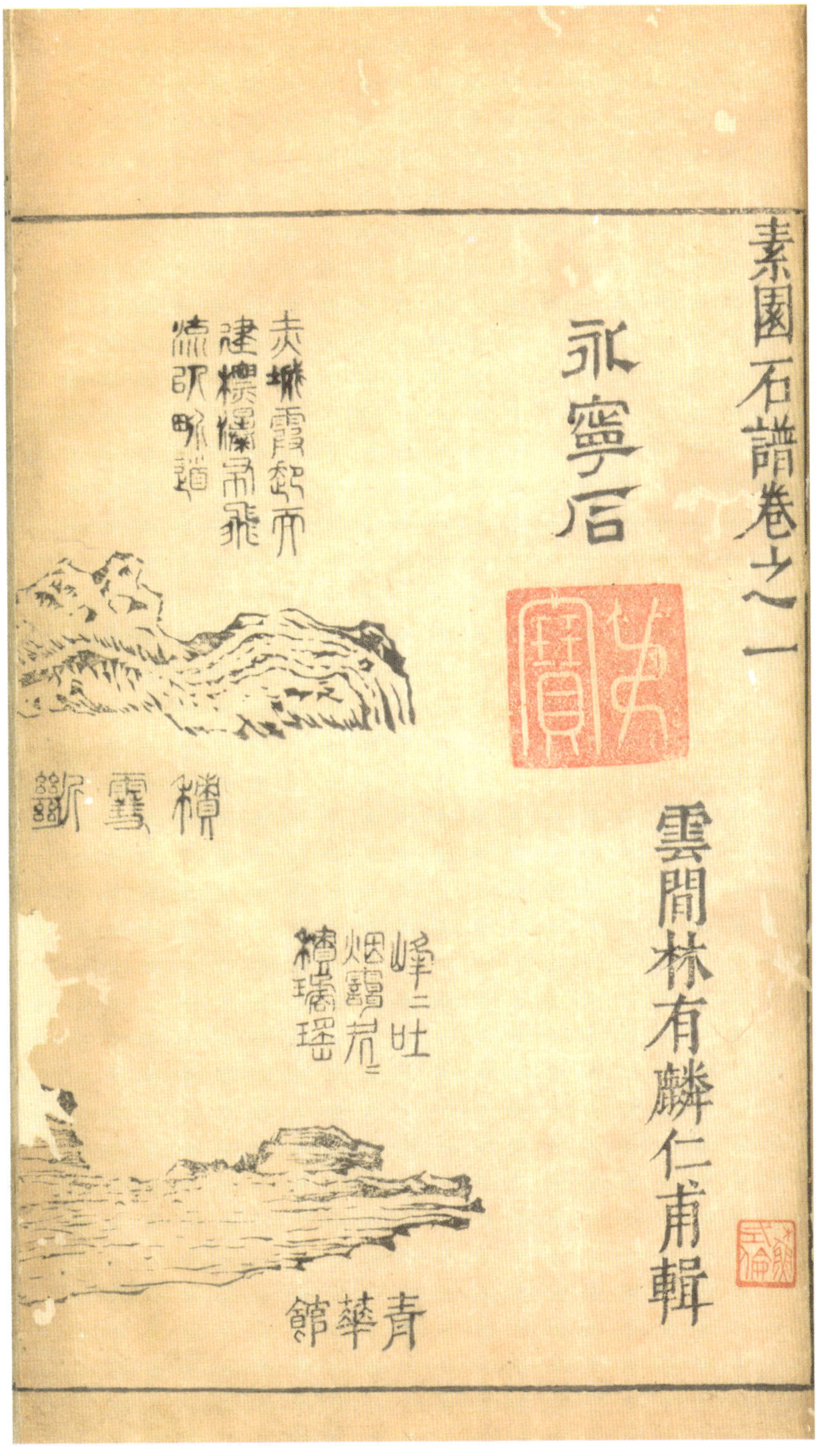

素園石譜四卷　（明）林有麟撰　明萬曆四十一年（1613）自刻本。八冊。半頁八行十八字，白口，四周單邊。有圖。框高20.6厘米、寬14.5厘米。廣東省立中山圖書館藏。

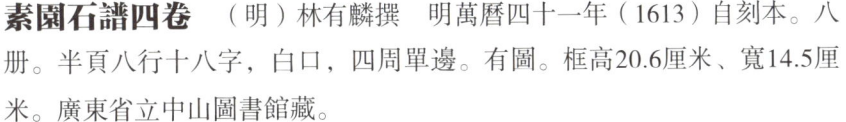

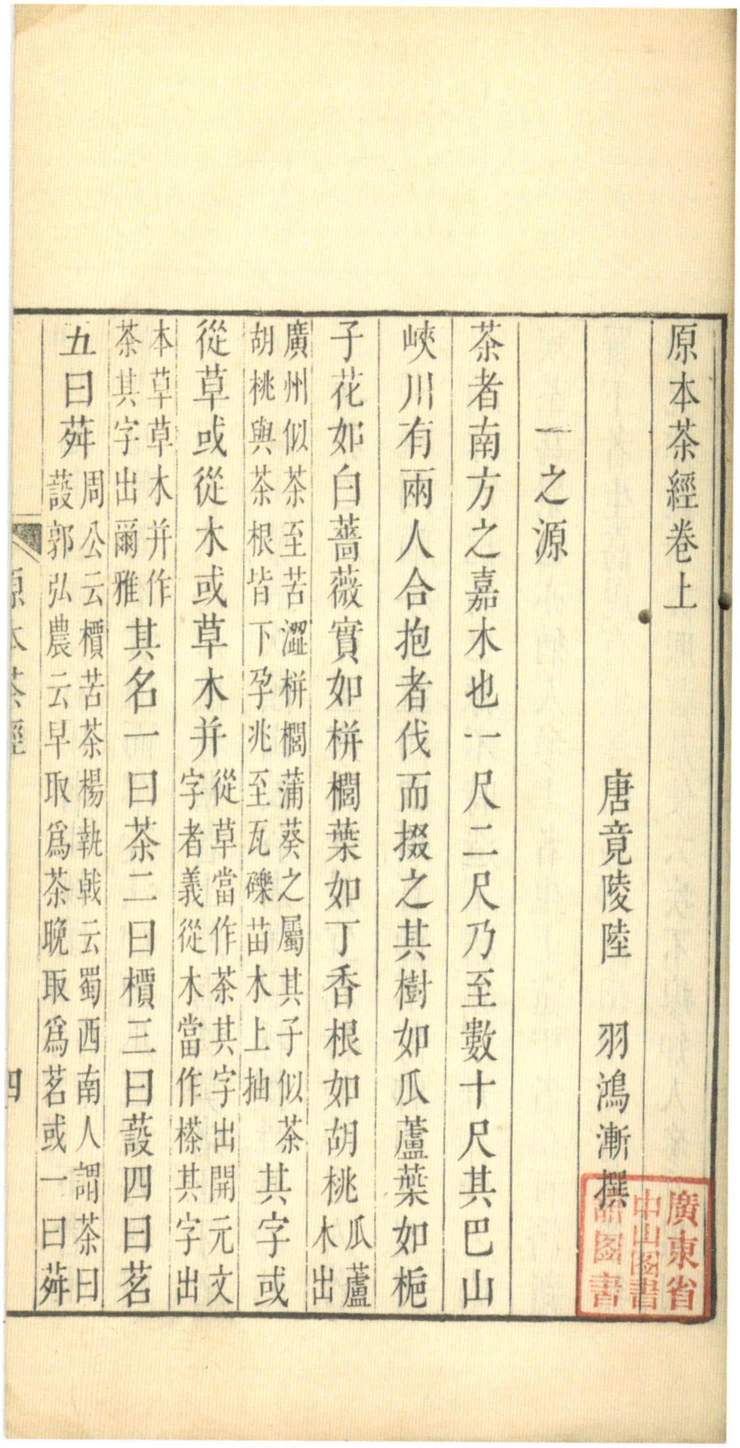
原本茶經卷上

唐竟陵陸　羽鴻漸撰

一之源

茶者南方之嘉木也一尺二尺乃至數十尺其巴山峽川有兩人合抱者伐而掇之其樹如瓜蘆葉如梔子花如白薔薇實如栟櫚葉如丁香根如胡桃瓜蘆木出廣州似茶至苦澀栟櫚蒲葵之屬其子似茶胡桃與茶根皆下孕兆至瓦礫苗木上抽其字或從草或從木或草木并從草當作茶其字出開元文字音義從木當作梌其字出本草草木并作茶其字出爾雅其名一曰茶二曰檟三曰蔎四曰茗五曰荈周公云檟苦茶楊執戟云蜀西南人謂茶曰蔎郭弘農云早取爲茶晚取爲茗或一曰荈

原本茶經　四

原本茶經三卷　（唐）陸羽撰　**續茶經三卷附録一卷**　（清）陸廷燦輯　清雍正十三年（1735）陸氏壽椿堂刻本。四册。半頁十行二十字，小字雙行同，白口，左右雙邊。框高19厘米、寬13.3厘米。廣東省立中山圖書館藏。

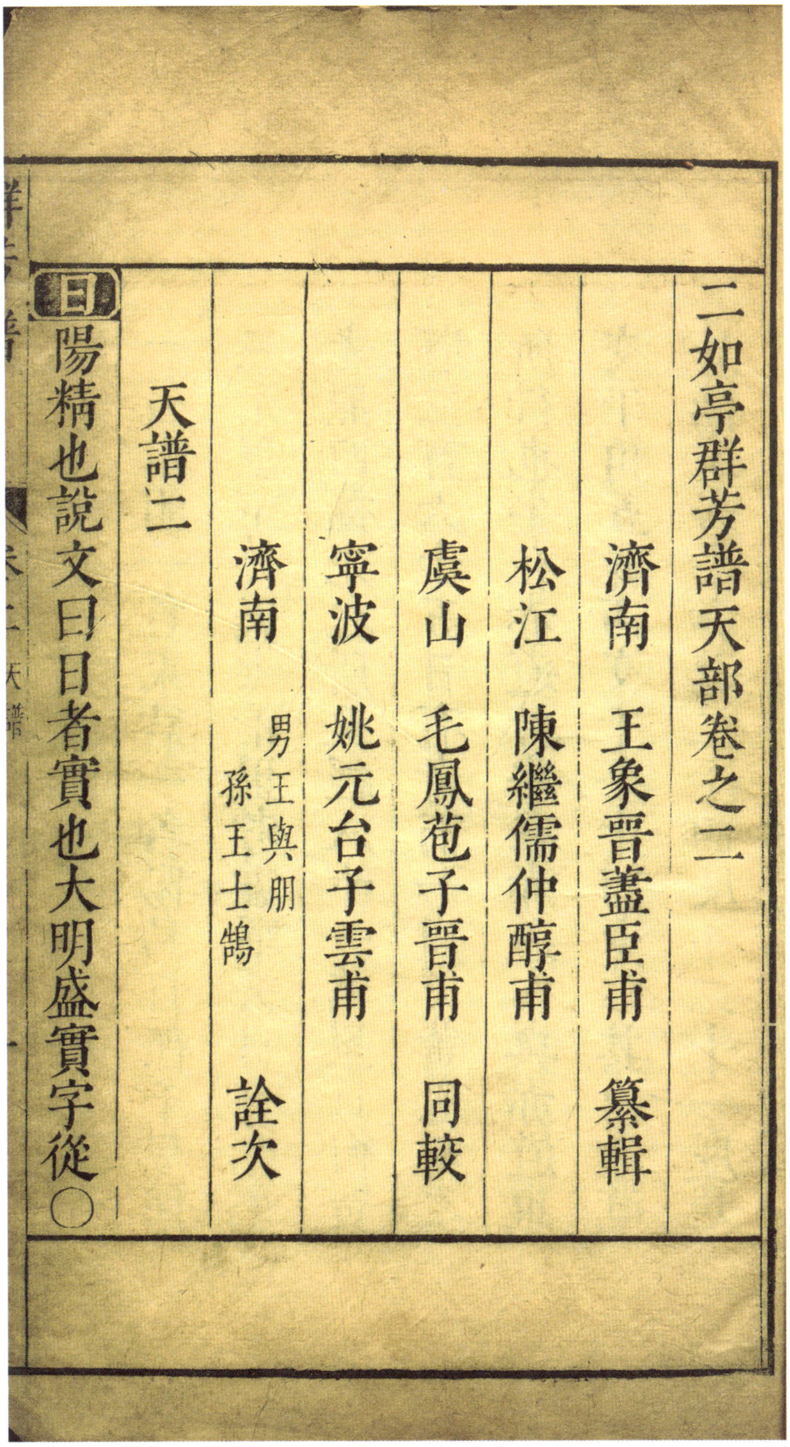
二如亭群芳譜天部卷之二

濟南　王象晉藎臣甫　纂輯

松江　陳繼儒仲醇甫

虞山　毛鳳苞子晉甫　同較

寧波　姚元台子雲甫

濟南　男王與朋　孫王士鵠　詮次

天譜二

日　陽精也說文曰日者實也大明盛實字從○

二如亭群芳譜二十八卷首一卷　（明）王象晉輯　（明）陳繼儒等校　明末刻本。二十四册。半頁八行十八字，小字雙行同，白口，左右雙邊。框高22厘米、寬14.5厘米。暨南大學圖書館藏。

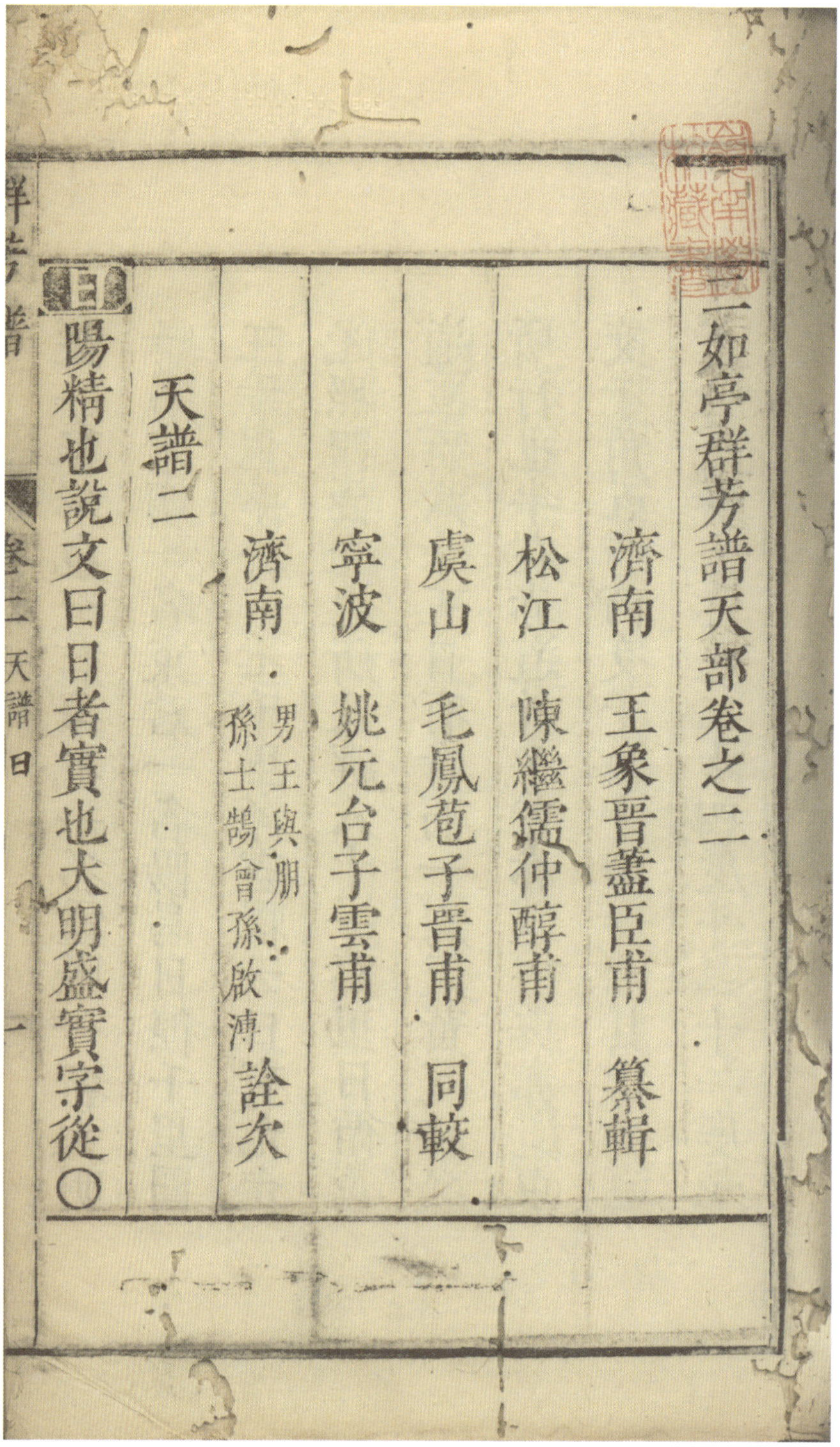
二如亭群芳譜天部卷之二
濟南　王象晉藎臣甫　纂輯
松江　陳繼儒仲醇甫
虞山　毛鳳苞子晉甫　同較
寧波　姚元台子雲甫
濟南　男王與朋　孫士鵲　曾孫啟溥　詮次
天譜二
日　陽精也說文曰日者實也大明盛實字從○
群芳譜　卷二　天譜　日　一

二如亭群芳譜二十八卷首一卷　（明）王象晉輯　（明）陳繼儒等校　明末刻清重修本。二十三册。半頁八行十八字，小字雙行同，白口，左右雙邊。框高21.4厘米、寬13.8厘米。中山大學圖書館藏。

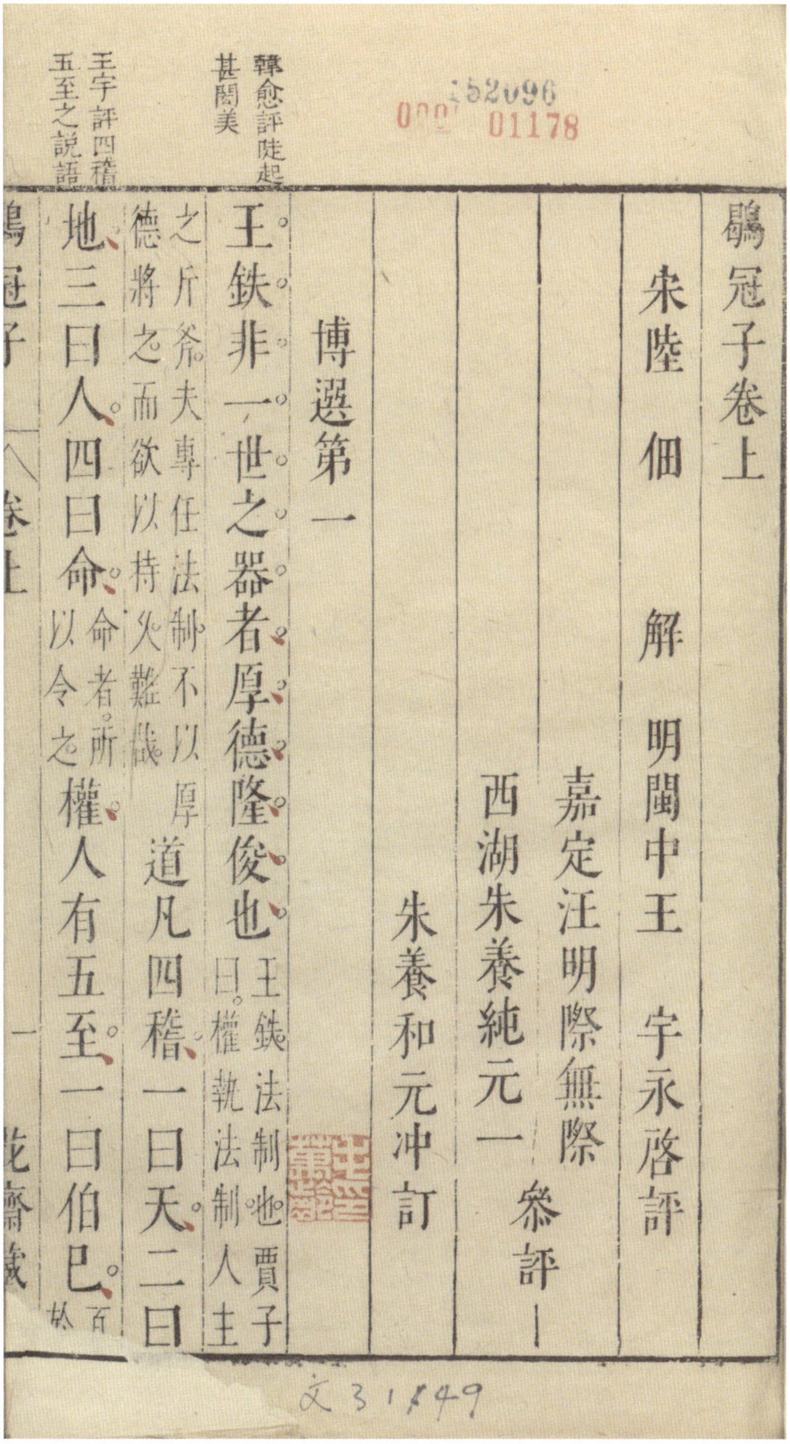

韓愈評陸起甚閎美

王宇評四稽五至之說語

鶡冠子卷上

宋陸佃解　明閩中王宇永啓評

嘉定汪明際無際

西湖朱養純元一　叅評

朱養和元冲訂

博選第一

王鈇非一世之器者厚德隆俊也王鈇法制也賈子曰權埶法制人主之斤斧夫專任法制不以厚德將之而欲以持久難哉道凡四稽一曰天二曰地三曰人四曰命命者所以令之權人有五至一曰伯已

鶡冠子　卷上　一　花齋藏

鶡冠子三卷　（宋）陸佃注　（明）王宇等評　明天啓五年（1625）朱氏花齋刻本。四册。半頁九行二十字，小字雙行同，白口，四周單邊。框高20厘米、寬13.4厘米。中山大學圖書館藏。

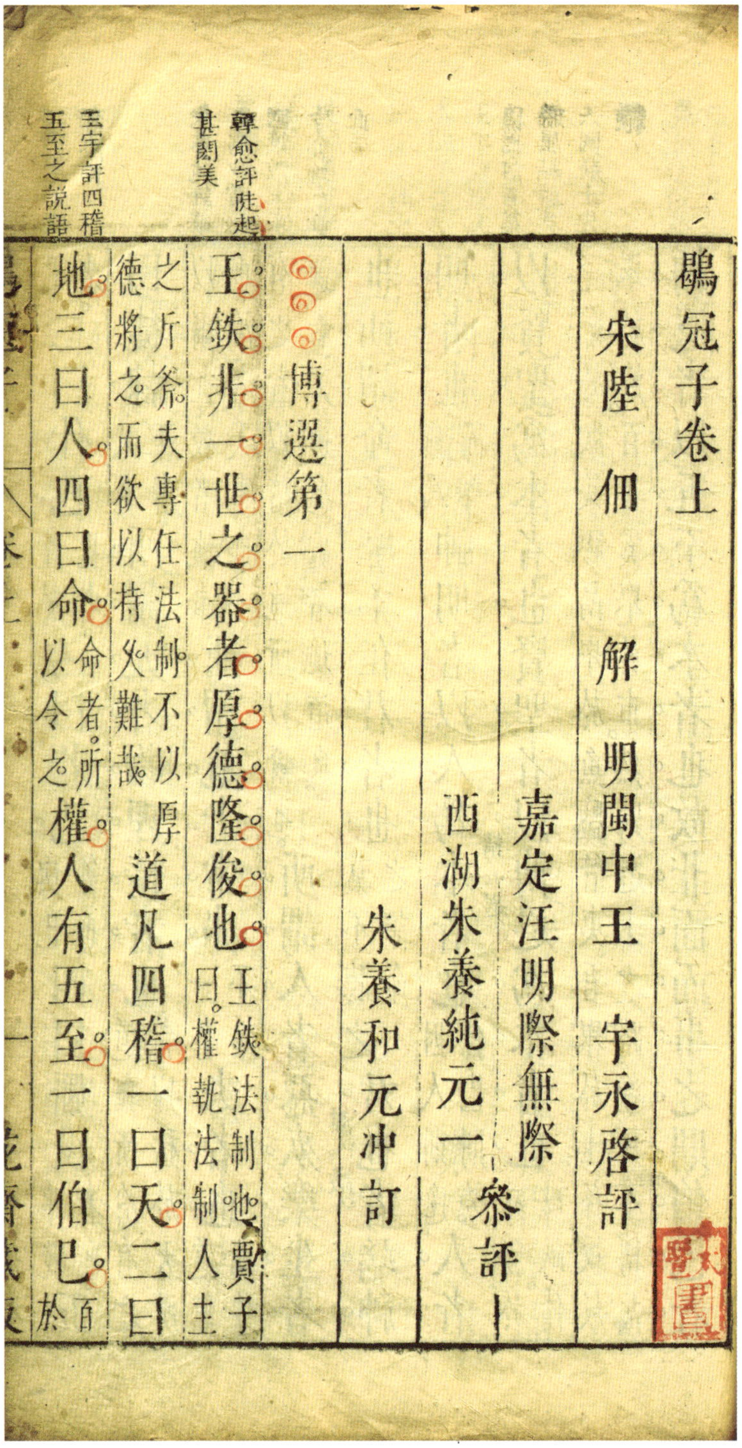

鶡冠子三卷　（宋）陸佃注　（明）王宇等評　明天啓五年（1625）朱氏花齋刻本。一册。半頁九行二十字，小字雙行同，白口，四周單邊。框高20.8厘米、寬14.3厘米。暨南大學圖書館藏。

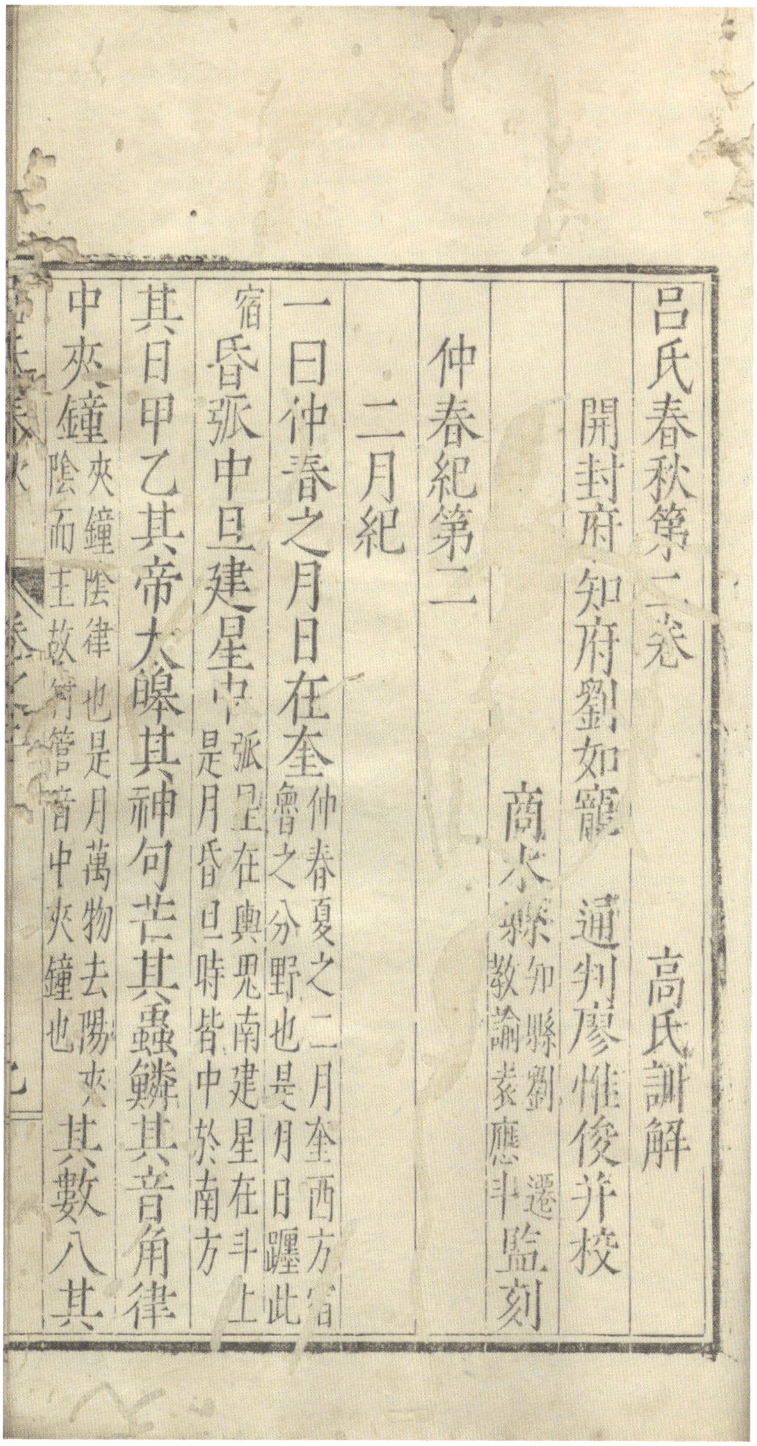

呂氏春秋第二卷　高氏訓解

開封府知府劉如寵　通判廖惟俊并校

商水縣知縣劉遷　教諭袁應斗監刻

仲春紀第二

二月紀

一曰仲春之月日在奎仲春夏之二月奎西方宿魯之分野也是月日躔此宿昏弧中旦建星中弧星在輿鬼南建星在斗上是月昏旦時皆中於南方其日甲乙其帝大皞其神句芒其蟲鱗其音角律中夾鐘夾鐘陰律也是月萬物去陽夾陰而生故律管音中夾鐘也其數八其

呂氏春秋二十六卷　（漢）高誘注　明萬曆二十四年（1596）劉如寵刻本。十册。半頁九行十九字，小字雙行同，白口，四周雙邊。框高20厘米、寬12.7厘米。中山大學圖書館藏。

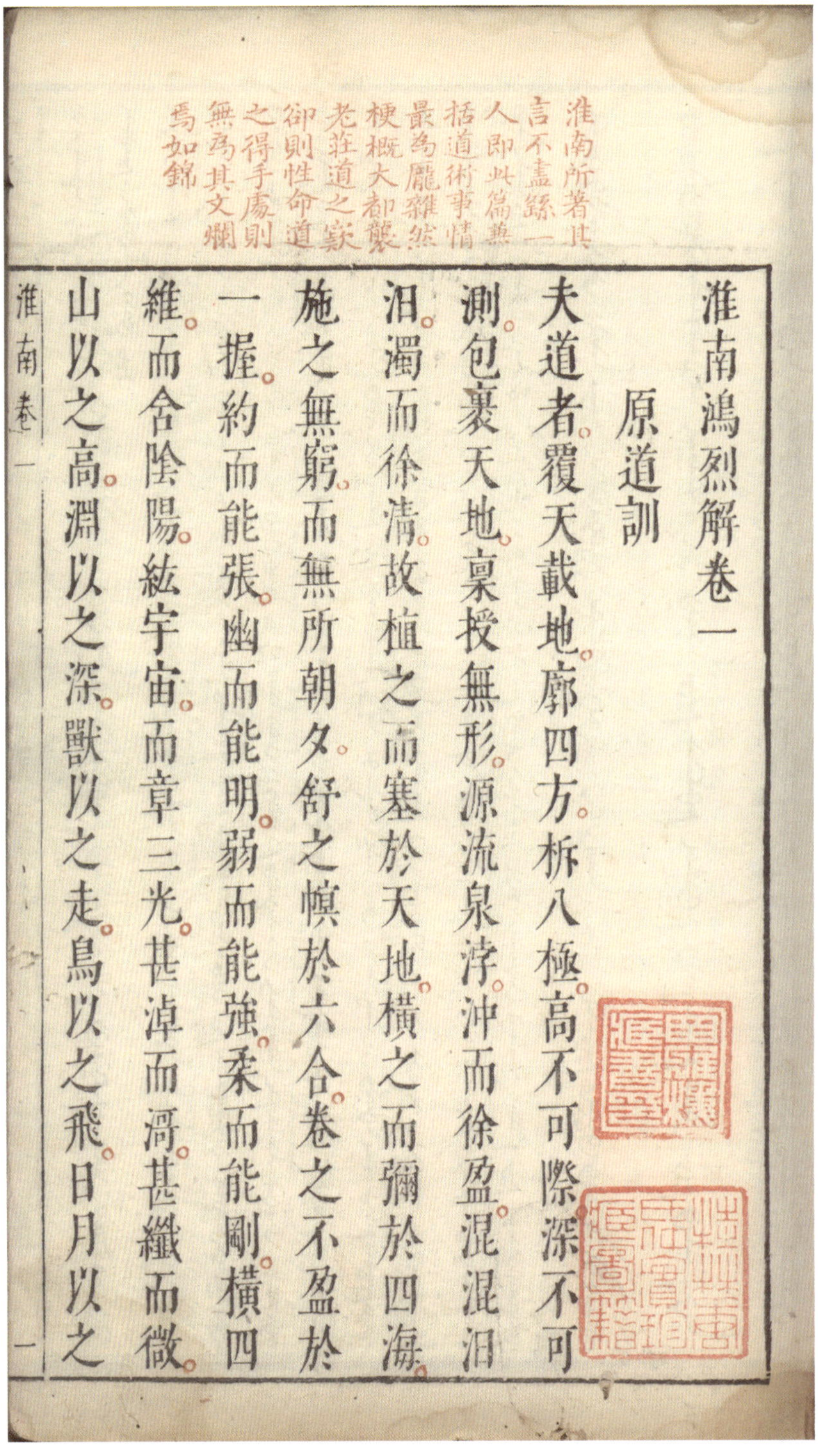

淮南所著其言不盡縣一人即此篇兼括道術事情最爲麗雜然梗概大都襲老莊道之窾御則性命道之得手處則無爲其文爛焉如錦

淮南鴻烈解卷一

原道訓

夫道者覆天載地廓四方柝八極高不可際深不可測包裹天地稟授無形源流泉浡沖而徐盈混混汩汩濁而徐清故植之而塞於天地横之而彌於四海施之無窮而無所朝夕舒之幎於六合卷之不盈於一握約而能張幽而能明弱而能强柔而能剛横四維而含陰陽紘宇宙而章三光甚淖而滒甚纖而微山以之高淵以之深獸以之走鳥以之飛日月以之

淮南卷一　一

淮南鴻烈解二十一卷　（漢）劉安撰　（明）茅坤等評　明刻朱墨套印本。十册。半頁九行二十字，白口，四周單邊。框高20.2厘米、寬13.7厘米。中山大學圖書館藏。

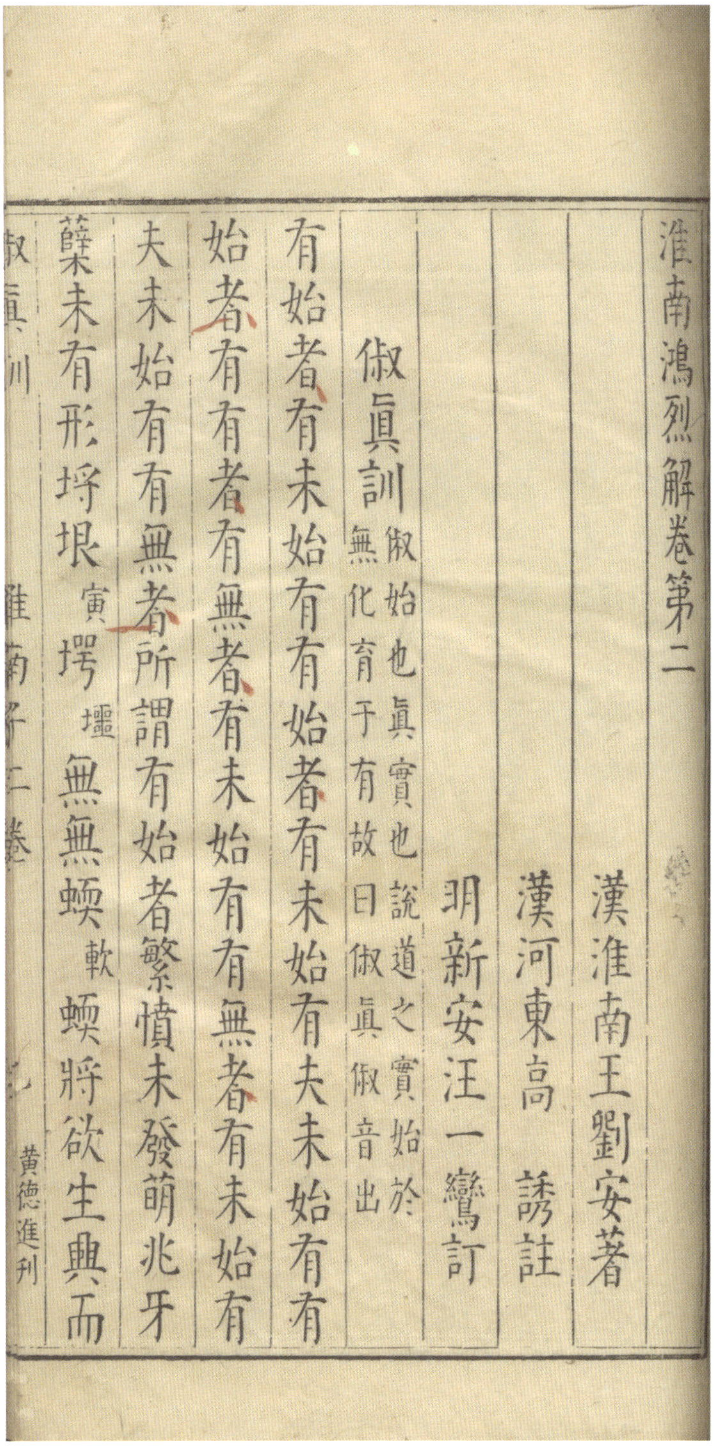
淮南鴻烈解卷第二
漢淮南王劉安著
漢河東高　誘註
明新安汪一鸞訂
俶眞訓 俶始也眞實也說道之實始於無化育于有故曰俶眞俶音出
有始者有未始有有始者有未始有夫未始有有
始者有有者有無者有未始有有無者有未始有
夫未始有有無者所謂有始者繁憤未發萌兆牙
蘖未有形埒垠寅堮壚無無蝡軟蝡將欲生興而
俶眞訓　淮南子二卷　黃德進刊

淮南鴻烈解二十一卷　（漢）劉安撰　（漢）高誘注　明萬曆十八年（1590）汪一鸞刻本。四册。半頁九行十九字，小字雙行同，白口，四周雙邊。框高21.2厘米、寬12.8厘米。中山大學圖書館藏。

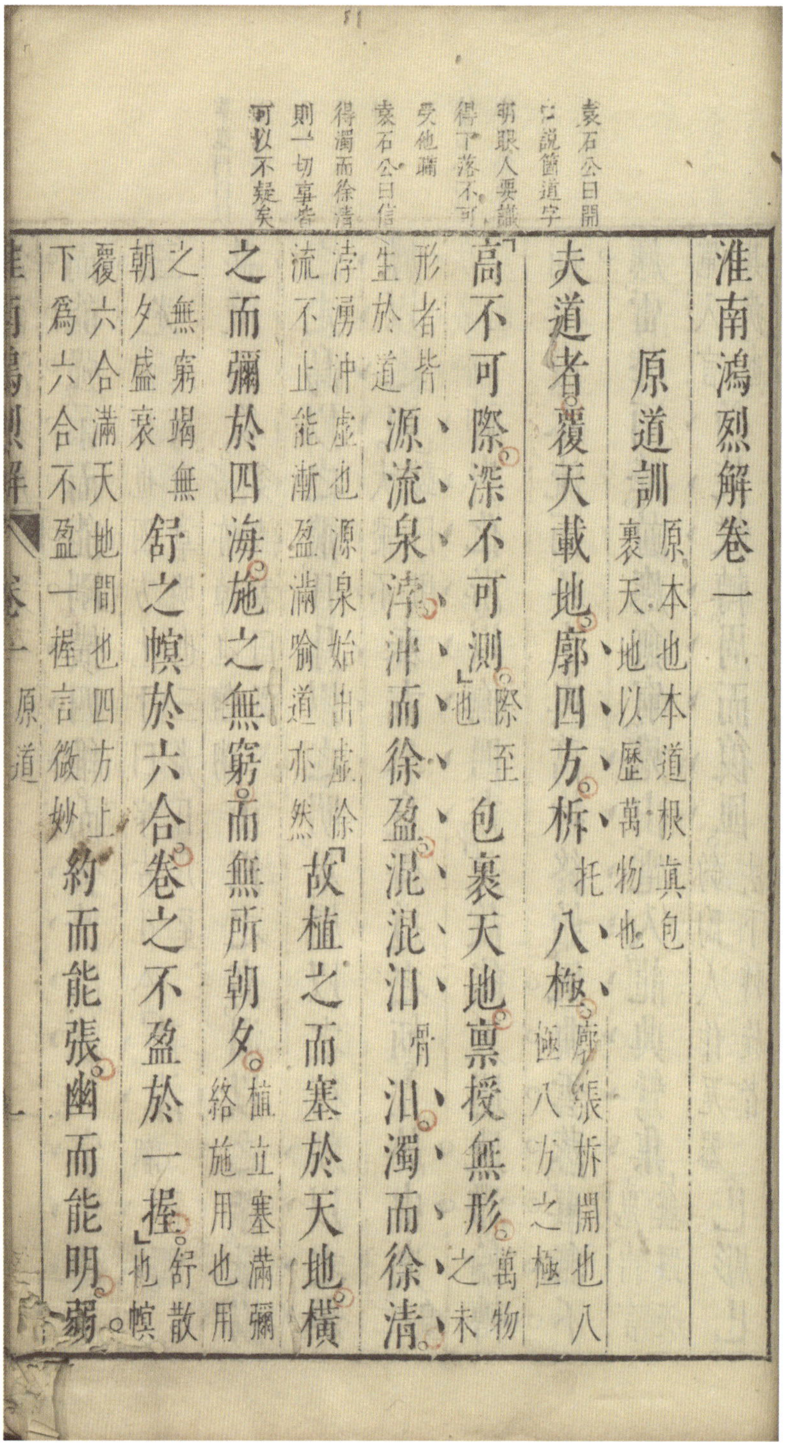
袁石公曰開口說箇道字便聦人要識得了落不可受他瞞
袁石公曰信得濁而徐清則一切事皆可以不疑矣

淮南鴻烈解卷一

原道訓 原本也本道根真包裹天地以歷萬物也

夫道者覆天載地廓四方柝托八極 廓張柝開也八極八方之極

高不可際深不可測也 際至 包裹天地稟授無形 萬物之未形者皆生於道 源流泉浡沖而徐盈混混汩滑汩濁而徐清 浡湧沖虛也源泉始出虛徐流不止能漸盈滿喻道亦然 故植之而塞於天地橫之而彌於四海施之無窮而無所朝夕 植立塞滿彌絡施用也用之無窮竭無朝夕盛衰 舒之幎於六合卷之不盈於一握也 舒散幎覆六合滿天地間也四方上下爲六合不盈一握言微妙 約而能張幽而能明弱

淮南鴻烈解 卷一 原道 一

淮南鴻烈解二十一卷 （漢）劉安撰 （漢）高誘注 （明）茅坤等評 明末張烒如刻本。八册。半頁九行二十字，小字雙行同，白口，四周單邊。框高20.6厘米、寬14.4厘米。中山大學圖書館藏。

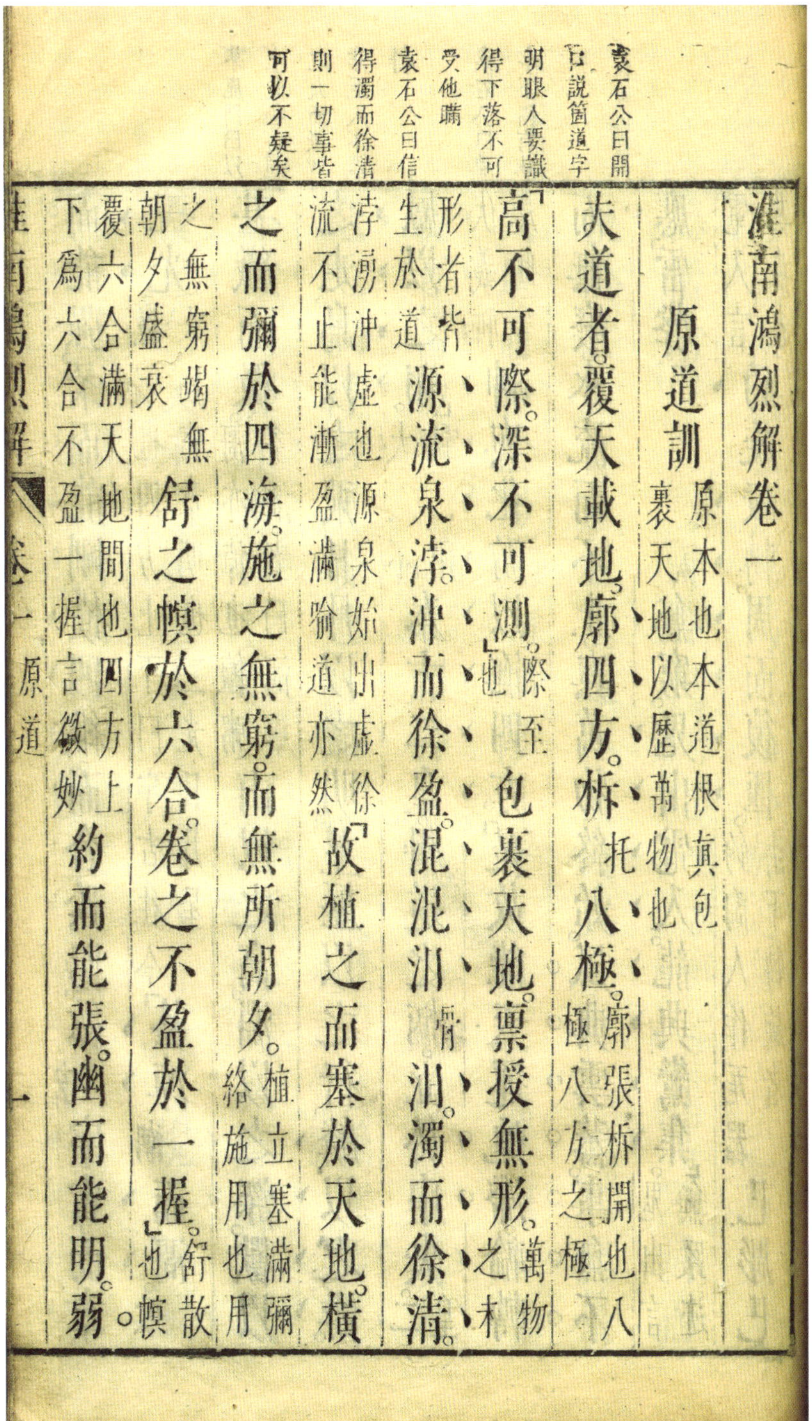

袁石公曰開口説箇道字明眼人要識得下落不可受他瞞

袁石公曰信得濁而徐清則一切事皆可以不疑矣

淮南鴻烈解卷一

原道訓 原本也本道根真包裹天地以歷萬物也

夫道者覆天載地廓四方柝八極。廓張柝開也八極八方之極 高不可際。深不可測。際至也 包裹天地稟授無形。萬物之本形者皆生於道 源流泉浡沖而徐盈。混混汩汩骨汩。濁而徐清。浡湧沖虛也源泉始出虛徐流不止能漸盈滿喻道亦然 故植之而塞於天地橫之而彌於四海。施之無窮。而無所朝夕。植立塞滿彌絡施用也用之無窮竭無朝夕盛衰 舒之幎於六合。卷之不盈於一握。舒散也幎覆六合滿天地間也四方上下爲六合不盈一握言微妙 約而能張。幽而能明。弱

淮南鴻烈解 卷一 原道 一

淮南鴻烈解二十一卷 （漢）劉安撰 （漢）高誘注 （明）茅坤等評 明末張斌如刻本。六册。半頁九行二十字，小字雙行同，白口，四周單邊。框高20.8厘米、寬14.6厘米。暨南大學圖書館藏。

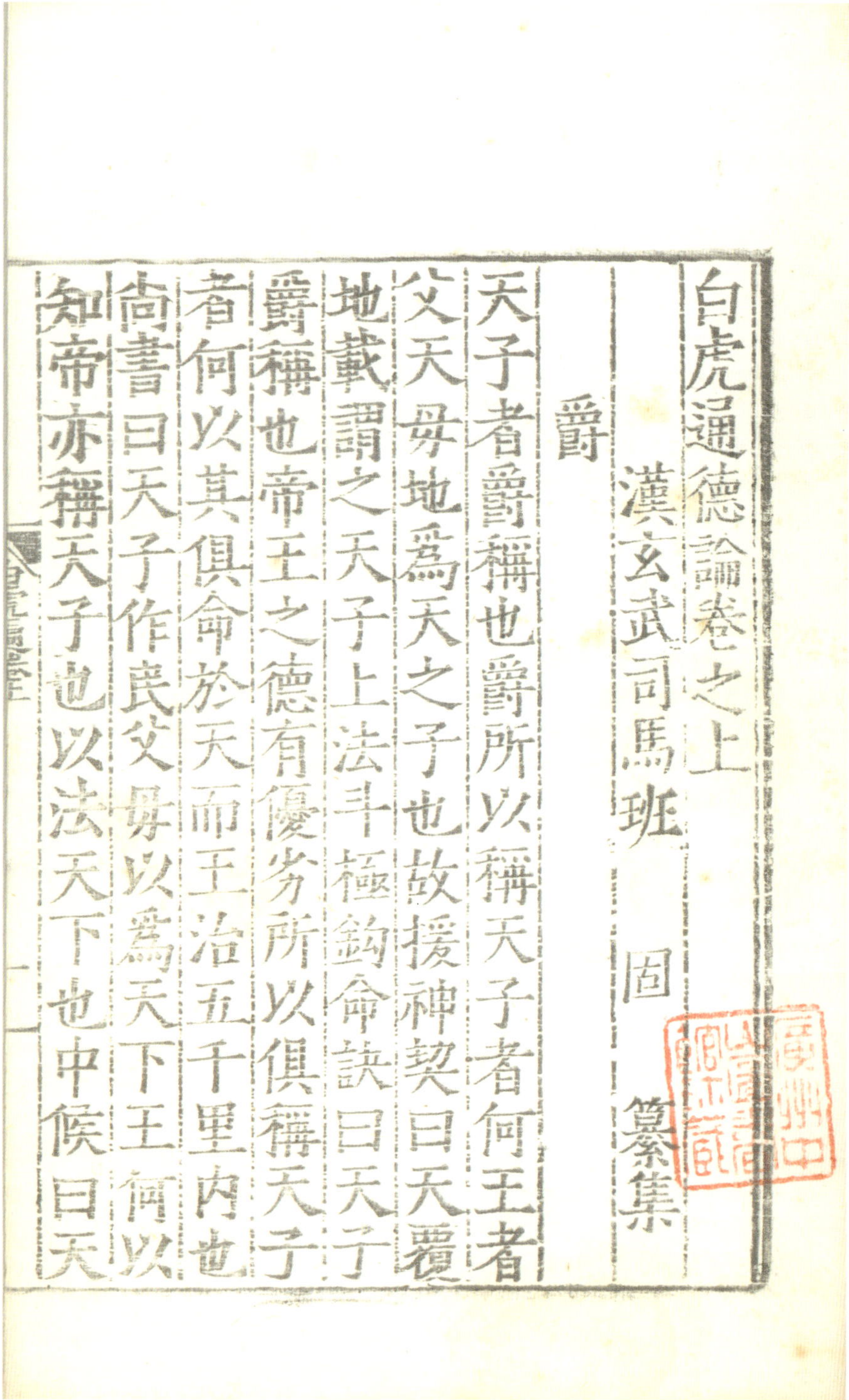

白虎通德論卷之上
漢玄武司馬班　固　纂集
爵
天子者爵稱也爵所以稱天子者何王者
父天母地爲天之子也故援神契曰天覆
地載謂之天子上法斗極鉤命訣曰天子
爵稱也帝王之德有優劣所以俱稱天子
者何以其俱命於天而王治五千里內也
尚書曰天子作民父母以爲天下王何以
知帝亦稱天子也以法天下也中候曰天

白虎通德論二卷　（漢）班固撰　明刻本。四册。半頁十行十六字，白口，左右雙邊。框高17.4厘米、寬13.2厘米。廣東省立中山圖書館藏。

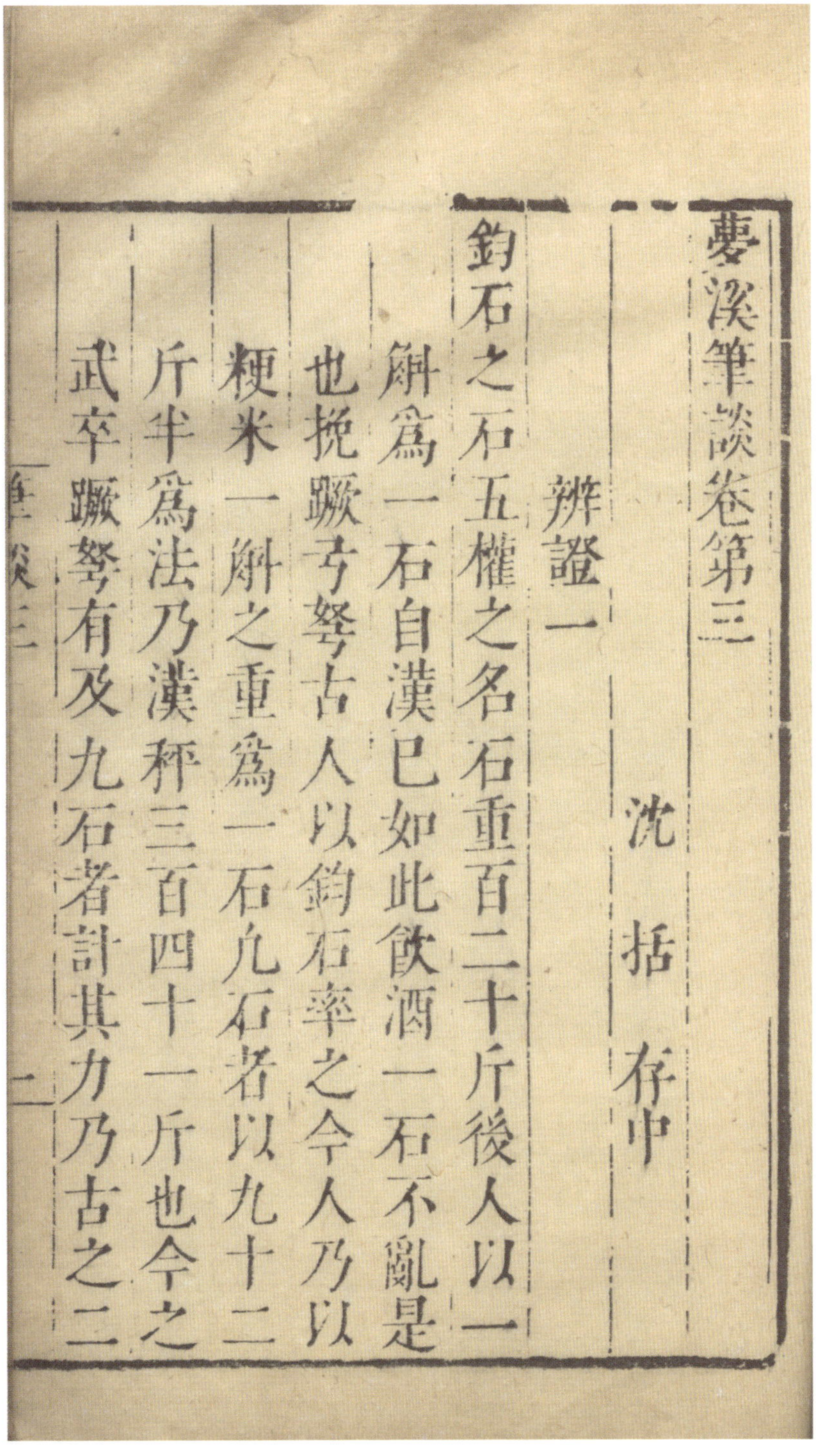
夢溪筆談卷第三
沈括　存中
辨證一
鈞石之石五權之名石重百二十斤後人以一
斛爲一石自漢已如此飲酒一石不亂是
也挽蹶弓弩古人以鈞石率之今人乃以
粳米一斛之重爲一石凡石者以九十二
斤半爲法乃漢秤三百四十一斤也今之
武卒蹶弩有及九石者計其力乃古之二
筆談三　二

夢溪筆談二十六卷補筆談三卷續筆談一卷　（宋）沈括撰　明崇禎四年（1631）馬元調刻本。存二十八卷（缺補筆談三，續筆談一）。十一册。半頁九行十八字，小字雙行同，黑口，左右雙邊。框高18.7厘米、寬12厘米。中山大學圖書館藏。

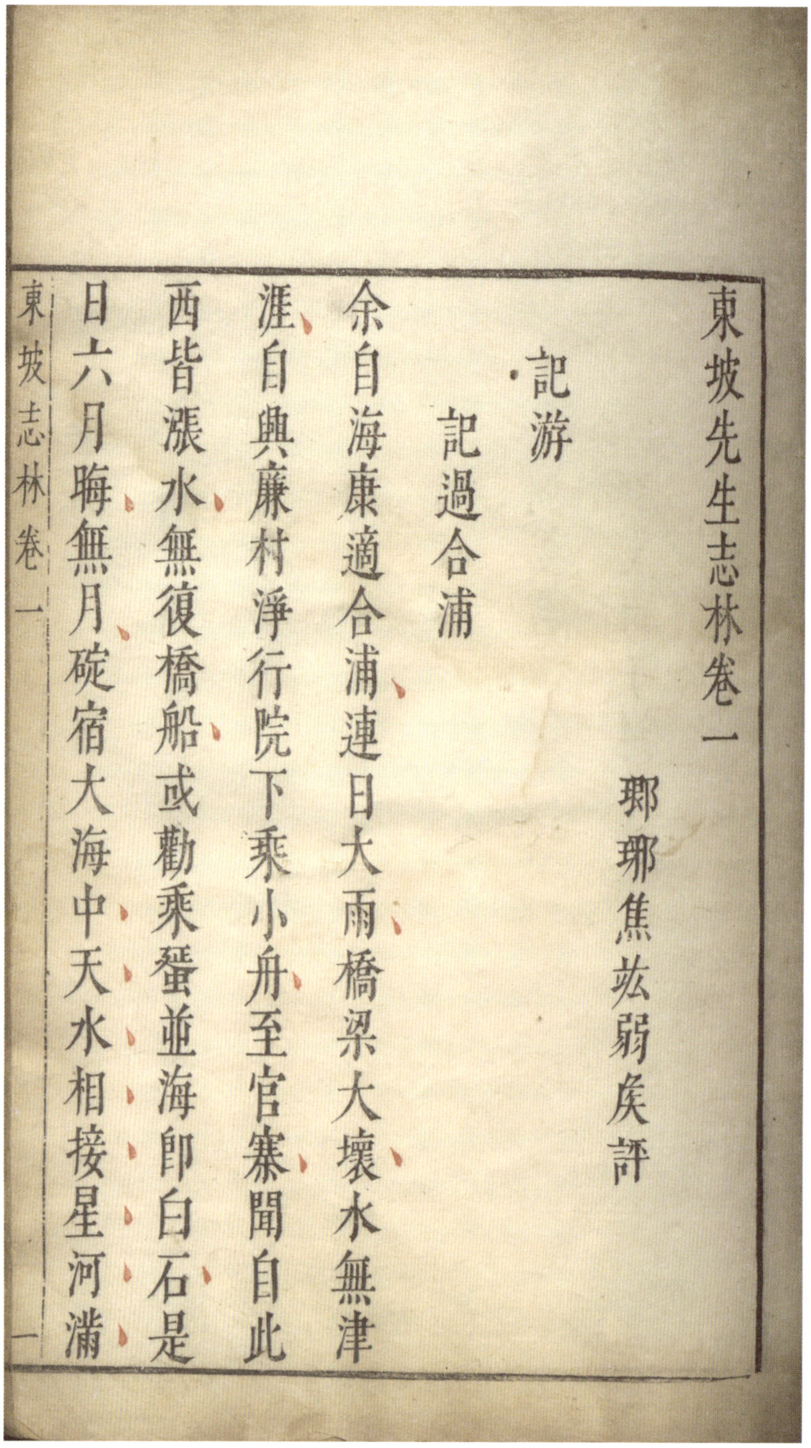

東坡先生志林卷一

琅琊焦竑弱侯評

記游

記過合浦

余自海康適合浦連日大雨橋梁大壞水無津涯自興廉村淨行院下乘小舟至官寨聞自此西皆漲水無復橋船或勸乘蜑並海即白石是日六月晦無月碇宿大海中天水相接星河滿

東坡志林卷一　一

東坡先生志林五卷　（宋）蘇軾撰　（明）焦竑評　明刻朱墨套印本。存四卷（缺五）。四册。半頁八行十八字，白口，四周單邊。框高20厘米、寬13.7厘米。中山大學圖書館藏。

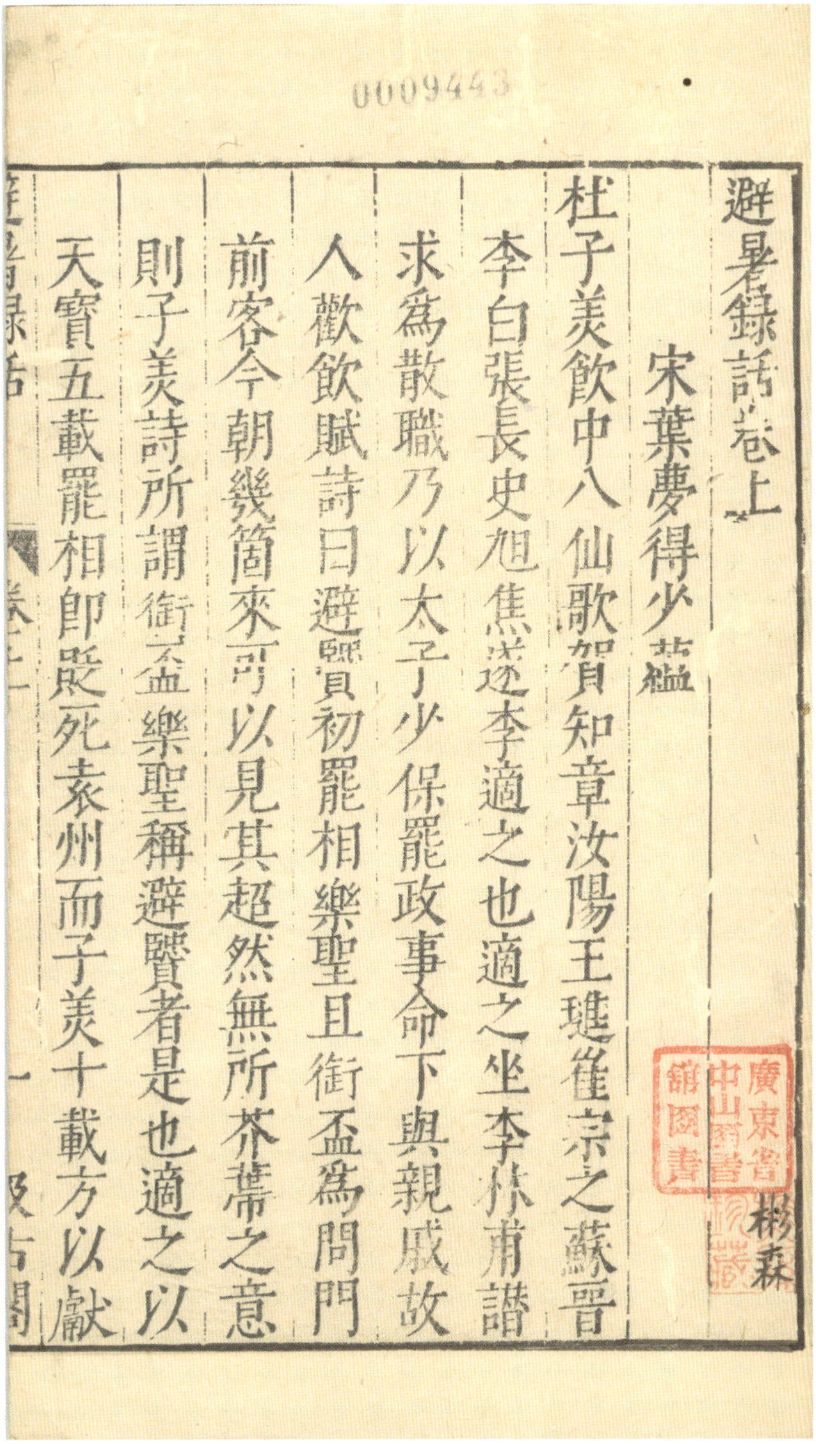

避暑録話卷上

宋葉夢得少藴

杜子美飲中八仙歌賀知章汝陽王璡崔宗之蘇晉李白張長史旭焦遂李適之也適之坐李林甫譖求爲散職乃以太子少保罷政事命下與親戚故人歡飲賦詩曰避賢初罷相樂聖且銜盃爲問門前客今朝幾箇來可以見其超然無所芥蔕之意則子美詩所謂銜盃樂聖稱避賢者是也適之以天寶五載罷相即貶死袁州而子美十載方以獻

避暑録話 卷上 一 汲古閣

避暑録話二卷　（宋）葉夢得撰　明崇禎毛氏汲古閣刻津逮祕書本。二册。半頁九行二十字，白口，四周單邊。框高20.6厘米、寬14厘米。廣東省立中山圖書館藏。

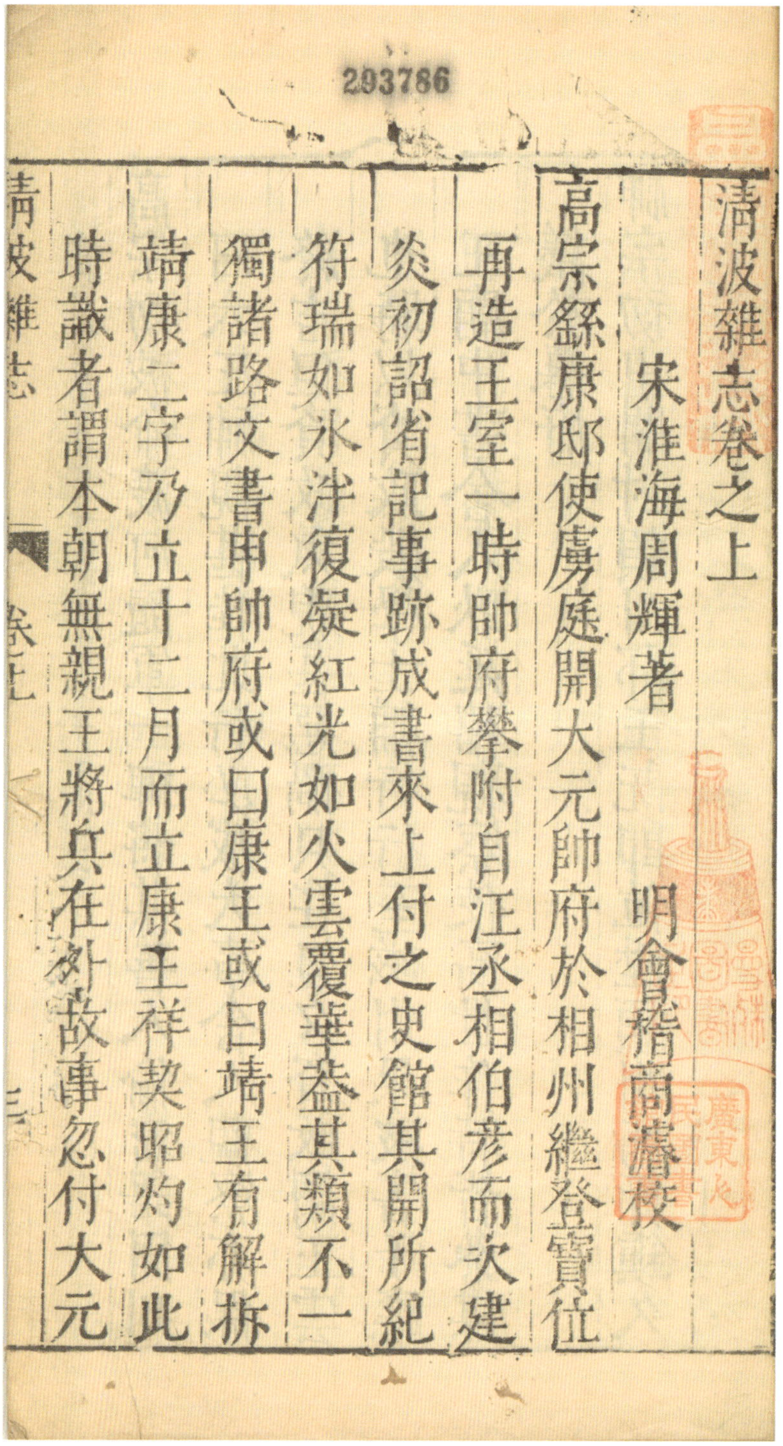
293786

清波雜志卷之上

宋淮海周輝著　明會稽商濬校

高宗繇康邸使虜庭開大元帥府於相州繼登寶位

再造王室一時帥府攀附自汪丞相伯彦而次建

炎初詔省記事跡成書來上付之史館其間所紀

符瑞如氷泮復凝紅光如火雲覆華葢其類不一

獨諸路文書申帥府或曰康王或曰靖王有解拆

靖康二字乃立十二月而立康王祥契昭灼如此

時識者謂本朝無親王將兵在外故事忽付大元

清波雜志　卷上

清波雜志三卷　（宋）周輝撰　明萬曆商氏半埜堂刻稗海本。一册。半頁九行二十字，白口，四周單邊。框高21.4厘米、寬14.2厘米。廣東省立中山圖書館藏。

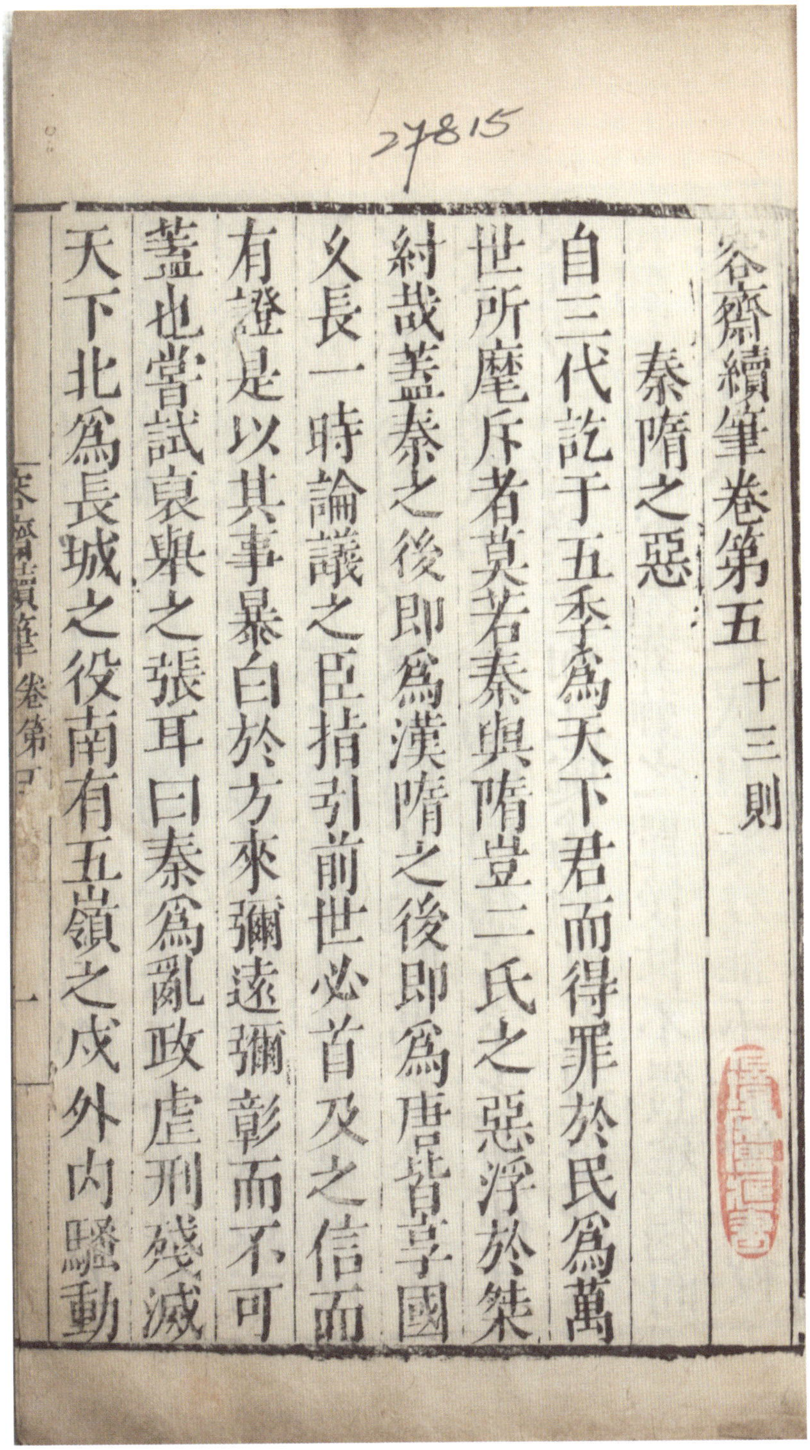

容齋續筆卷第五 十三則

秦隋之惡

自三代訖于五季爲天下君而得罪於民爲萬世所麾斥者莫若秦與隋豈二氏之惡浮於桀紂哉蓋秦之後即爲漢隋之後即爲唐皆享國久長一時論議之臣指引前世必首及之信而有證是以其事暴白於方來彌遠彌彰而不可蓋也嘗試裒輯之張耳曰秦爲亂政虐刑殘滅天下北爲長城之役南有五嶺之戍外內騷動

容齋續筆 卷第五 一

容齋隨筆十六卷續筆十六卷三筆十六卷四筆十六卷五筆十卷 （宋）洪邁撰　明崇禎三年（1630）馬元調刻本。十六册。半頁九行十八字，黑口，左右雙邊。框高19厘米、寬13.8厘米。廣東中國客家博物館藏。

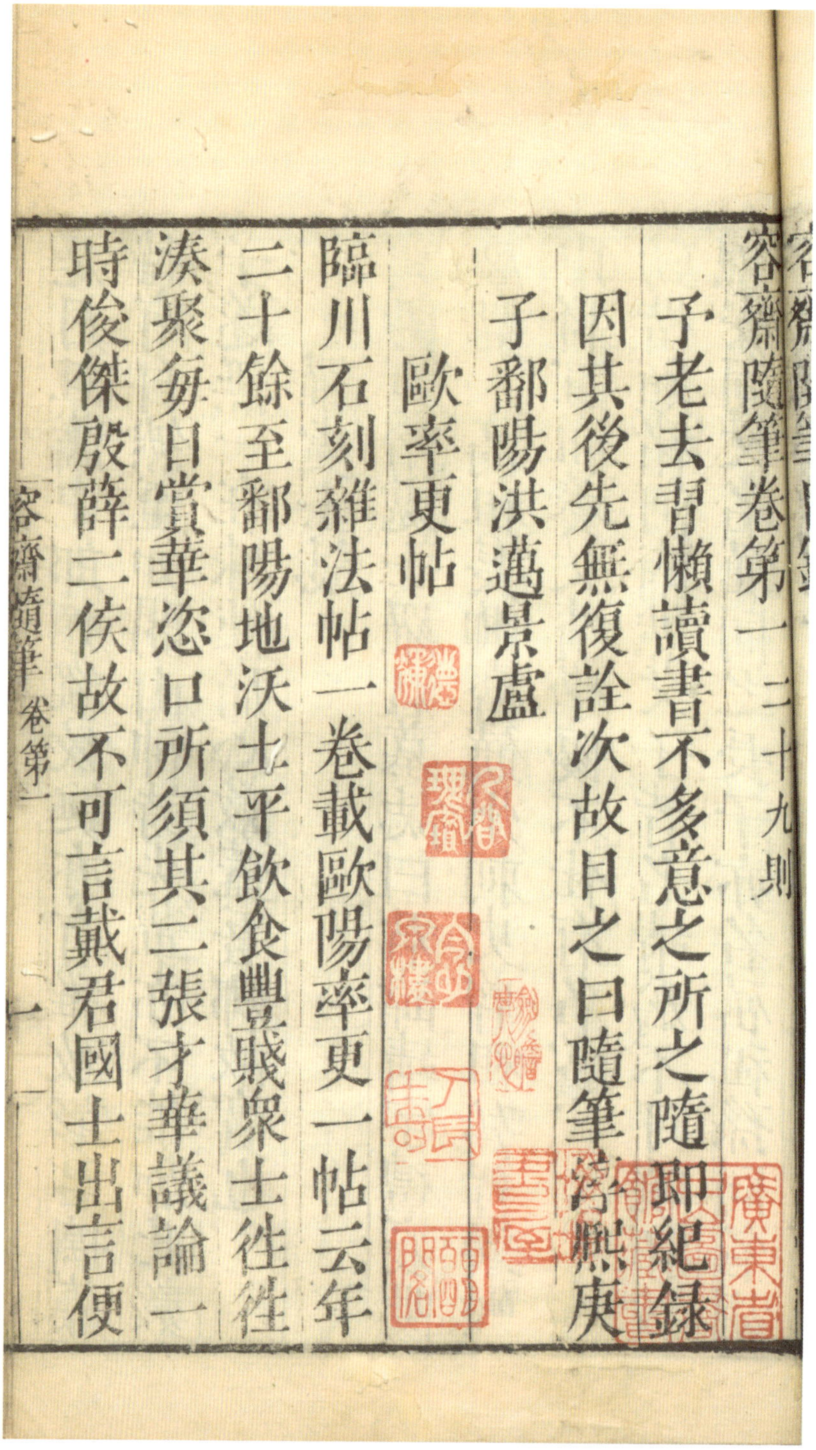
容齋隨筆卷第一　二十九則

子老去習懶讀書不多意之所之隨即紀録因其後先無復詮次故目之曰隨筆淳熙庚子鄱陽洪邁景盧

歐率更帖

臨川石刻雜法帖一卷載歐陽率更一帖云年二十餘至鄱陽地沃土平飲食豐賤衆士往往湊聚每日賞華恣口所須其二張才華議論一時俊傑殷薛二侯故不可言戴君國士出言便

容齋隨筆　卷第一　一

容齋隨筆十六卷續筆十六卷三筆十六卷四筆十六卷五筆十卷　（宋）洪邁撰　明崇禎三年（1630）馬元調刻本。十六册。半頁九行十八字，黑口，左右雙邊。框高19厘米、寬13.7厘米。廣東省立中山圖書館藏。

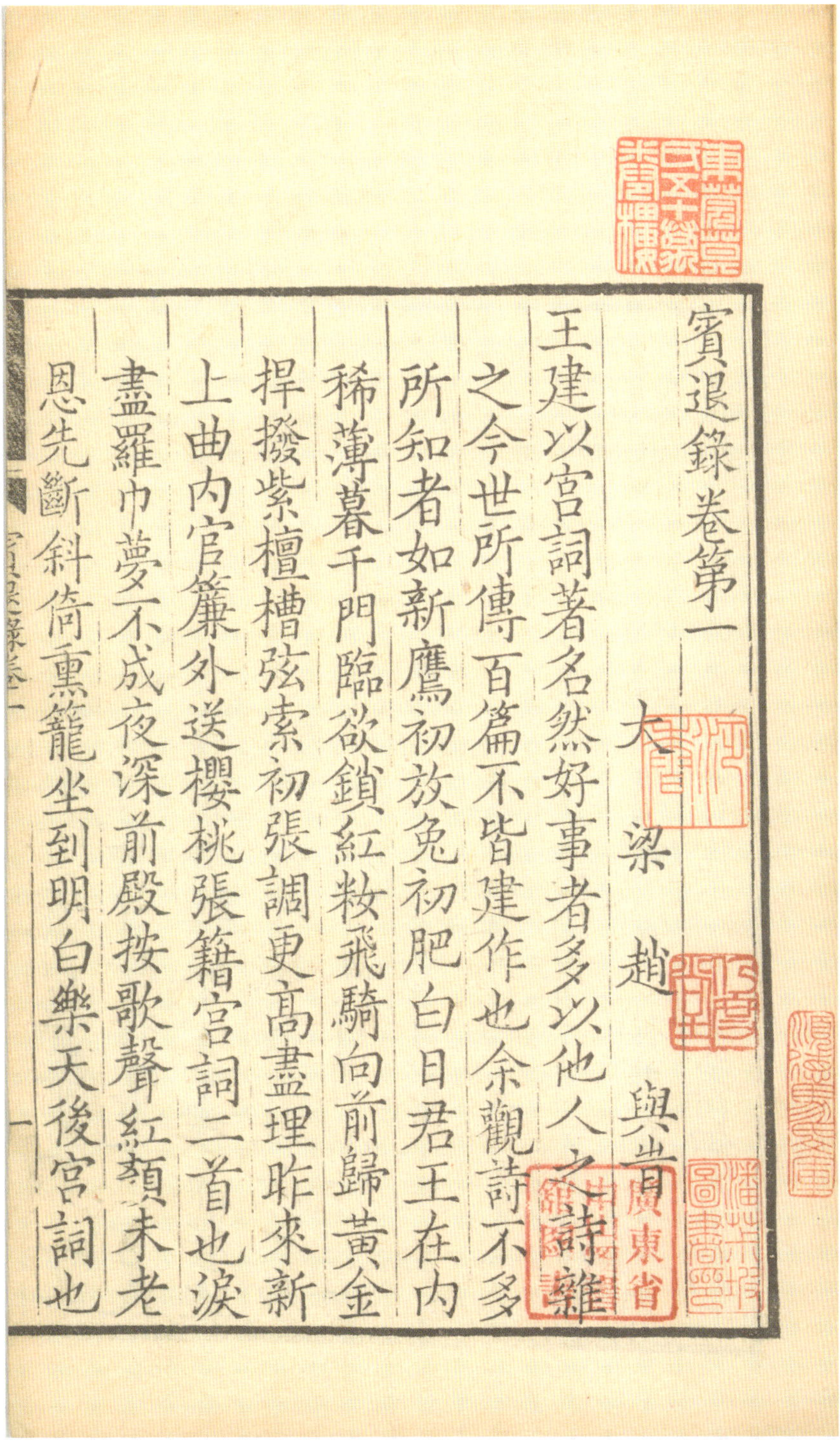

賓退錄卷第一

大梁　趙　與旹

王建以宫詞著名然好事者多以他人之詩雜之今世所傳百篇不皆建作也余觀詩不多所知者如新鷹初放兔初肥白日君王在内稀薄暮千門臨欲鎖紅粧飛騎向前歸黃金捍撥紫檀槽弦索初張調更高盡理昨來新上曲内官簾外送櫻桃張籍宫詞二首也淚盡羅巾夢不成夜深前殿按歌聲紅顔未老恩先斷斜倚熏籠坐到明白樂天後宫詞也

賓退錄卷一　一

賓退録十卷　（宋）趙與旹撰　清乾隆十七年（1752）存恕堂刻本。二册。半頁十行十八字，白口，左右雙邊。框高17.2厘米、寬13厘米。廣東省立中山圖書館藏。

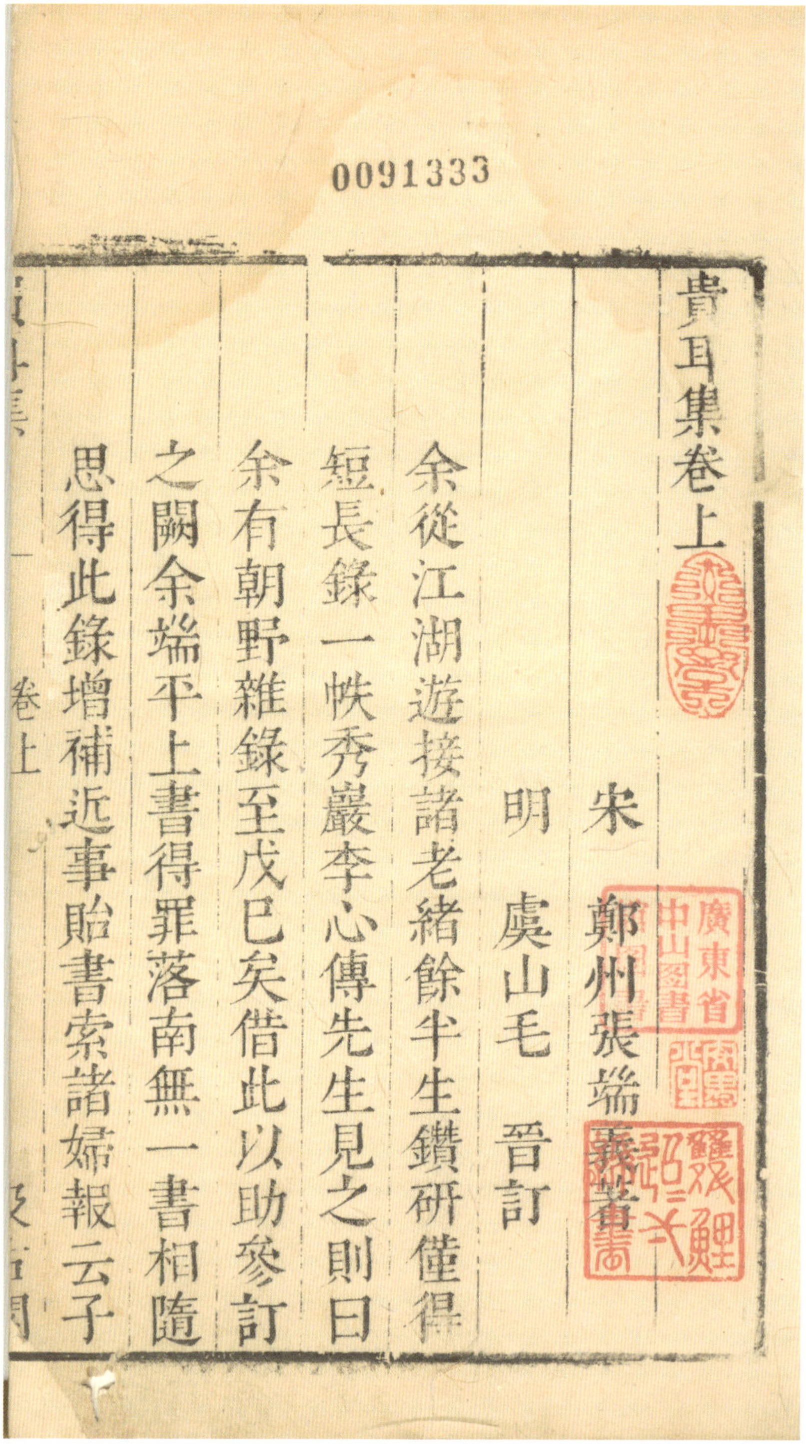

貴耳集卷上

宋　鄭州張端義著

明　虞山毛　晉訂

余從江湖遊接諸老緒餘半生鑽研僅得短長錄一帙秀巖李心傳先生見之則曰余有朝野雜錄至戊巳矣借此以助參訂之闕余端平上書得罪落南無一書相隨思得此錄增補近事貽書索諸婦報云子

貴耳集　卷上　一　汲古閣

貴耳集三卷　（宋）張端義撰　明崇禎毛氏汲古閣刻津逮祕書本。六册。半頁八行十九字，白口，左右雙邊。框高19.2厘米、寬13.5厘米。廣東省立中山圖書館藏。

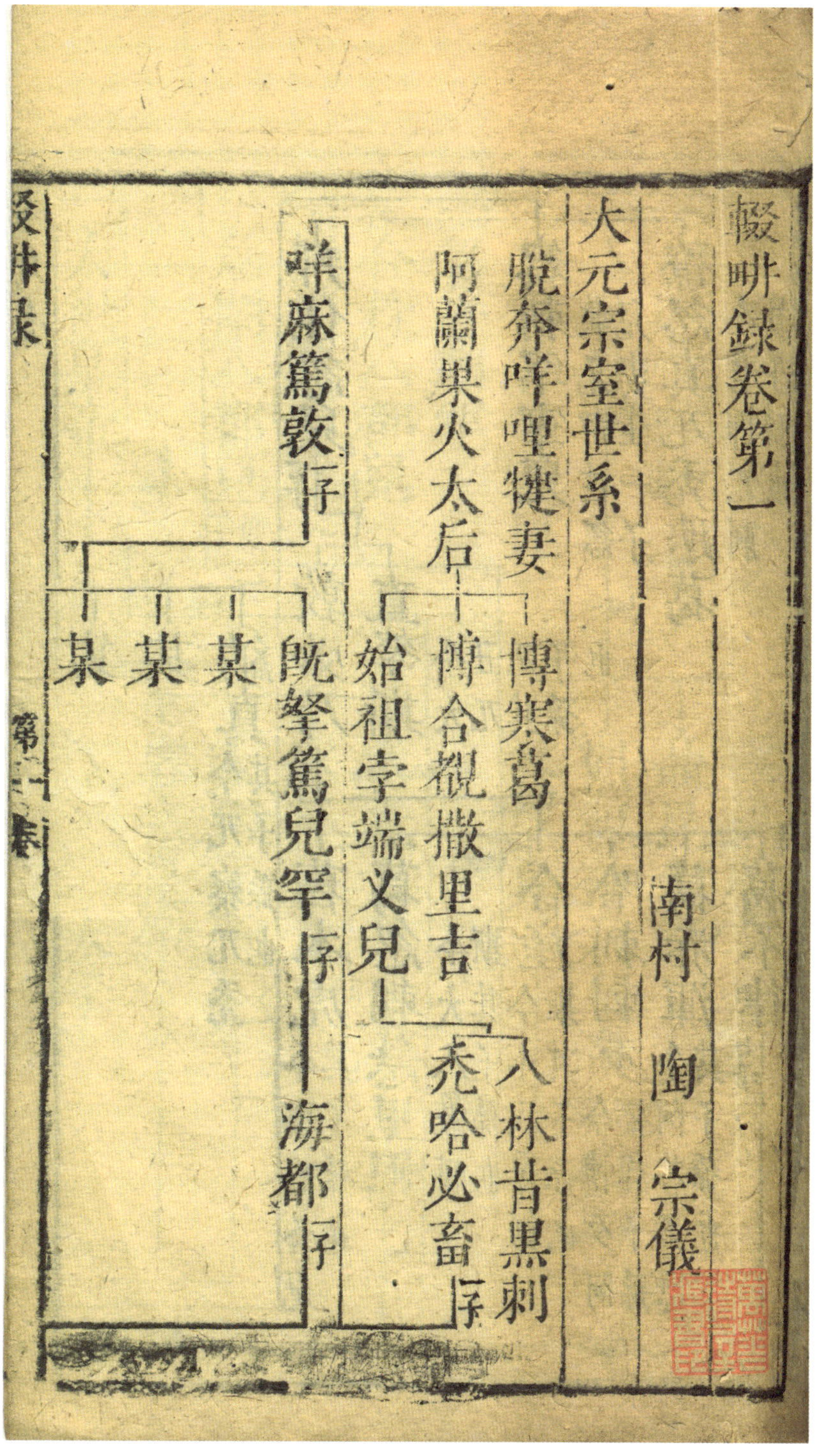

輟畊録三十卷 （明）陶宗儀撰 明末清初廣文堂刻本。八册。半頁十行二十一字，小字雙行同，白口，左右雙邊。框高20厘米、寬13.4厘米。江門市新會區景堂圖書館藏。

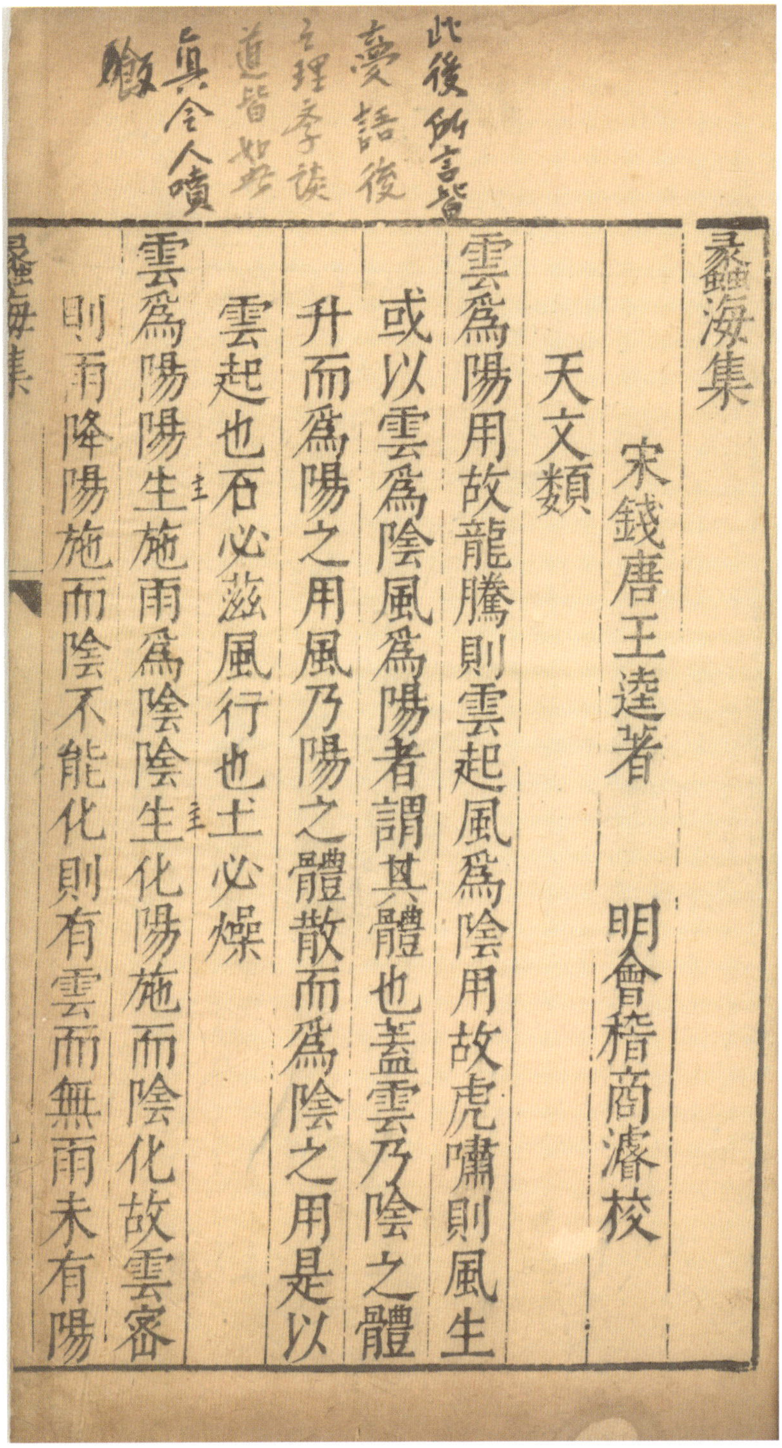

此後所言皆囈語後之理學談道皆如夢真令人噴飯

蠡海集

宋錢唐王逵著　明會稽商濬校

天文類

雲爲陽用故龍騰則雲起風爲陰用故虎嘯則風生或以雲爲陰風爲陽者謂其體也蓋雲乃陰之體升而爲陽之用風乃陽之體散而爲陰之用是以雲起也石必茲風行也土必燥

雲爲陽陽生施雨爲陰陰生化陽施而陰化故雲畜則有降陽施而陰不能化則有雲而無雨未有陽

蠡海集

蠡海集一卷　（明）王逵撰　明萬曆商氏半埜堂刻稗海本。二册。半頁九行二十字，白口，四周單邊。框高20.9厘米、寬14.3厘米。廣東省立中山圖書館藏。

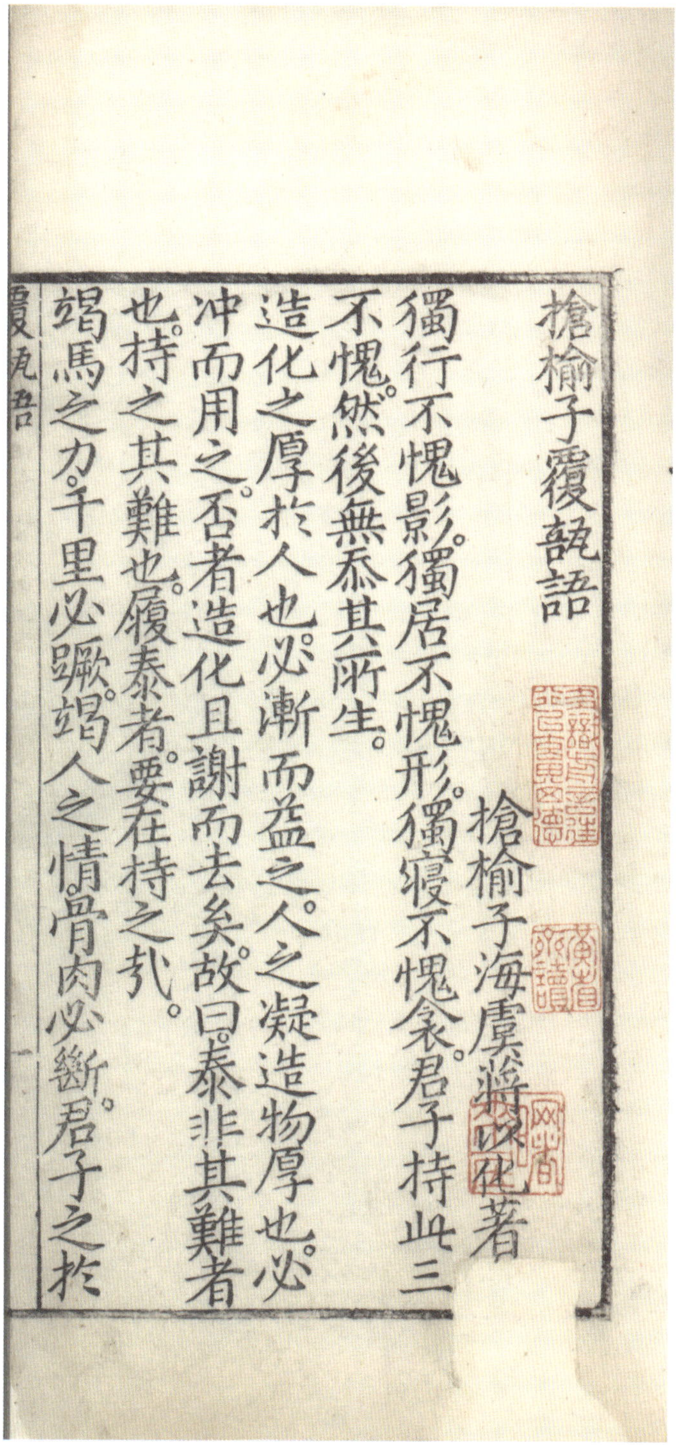

搶榆子評古一卷覆甀語一卷　（明）蔣以化撰　明萬曆三十二年（1604）自刻本。存一卷（覆甀語一卷）。一册。半頁八行二十字，白口，四周單邊。框高16.5厘米、寬9.3厘米。中山大學圖書館藏。

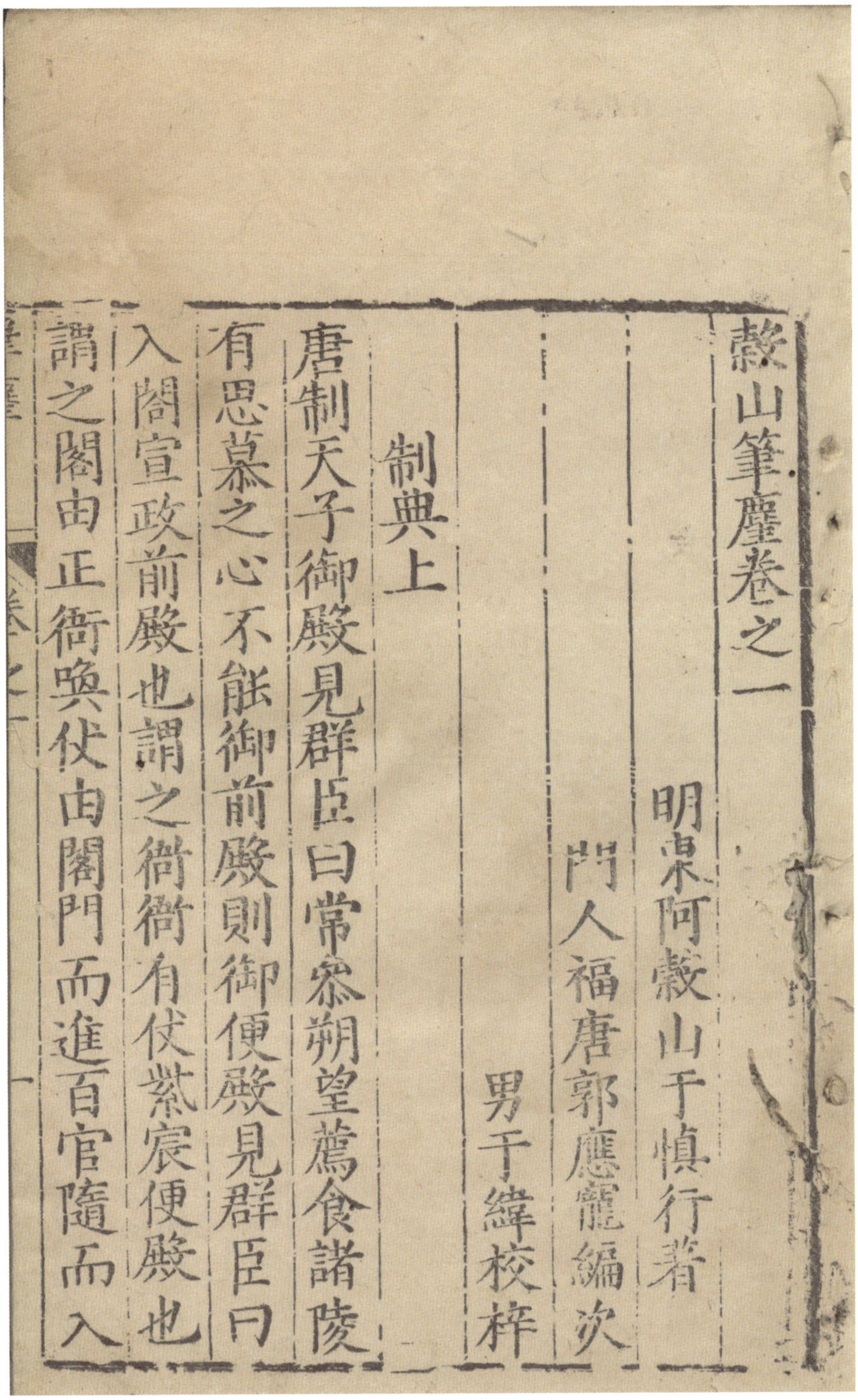
穀山筆麈卷之一

明東阿穀山于慎行著

門人福唐郭應寵編次

男于緯校梓

制典上

唐制天子御殿見群臣曰常參朔望薦食諸陵有思慕之心不能御前殿則御便殿見群臣曰入閤宣政前殿也謂之衙衙有仗紫宸便殿也謂之閤由正衙喚仗由閤門而進百官隨而入

穀山筆麈十八卷　（明）于慎行撰　明萬曆四十一年（1613）于緯刻本。四册。半頁九行十八字，白口，四周單邊。框高18.2厘米、寬13.7厘米。中山大學圖書館藏。

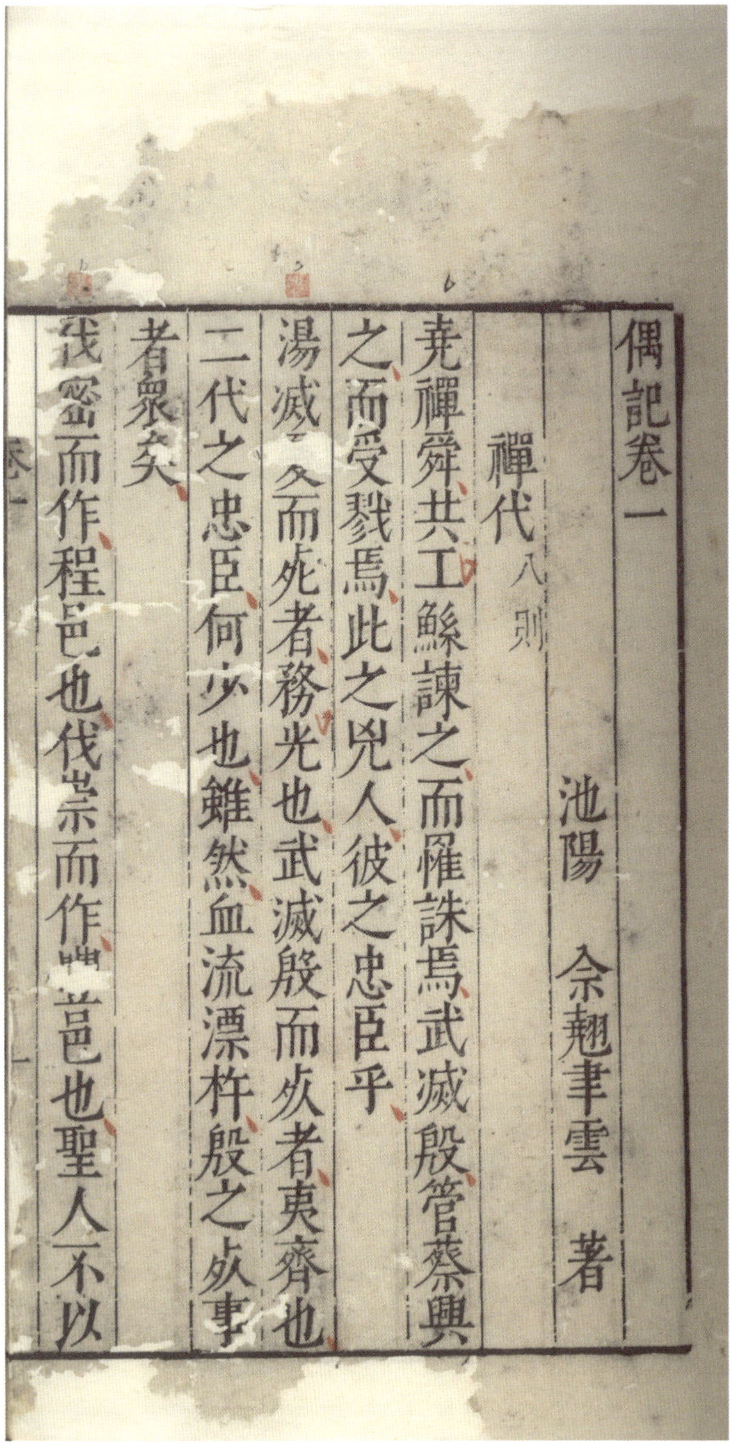

偶記卷一

池陽　佘翹聿雲　著

禪代八則

堯禪舜共工鯀諫之而罹誅焉武滅殷管蔡與
之而受戮焉此之兇人彼之忠臣乎
湯滅夏〻而死者務光也武滅殷而死者夷齊也
二代之忠臣何少也雖然血流漂杵殷之死事
者衆矣
伐密而作程邑也伐崇而作豐邑也聖人不以

卷一

偶記四卷　（明）佘翹撰　明萬曆刻本。四册。半頁九行十八字，小字單行同，白口，四周單邊。框高19.3厘米、寬12.5厘米。中山大學圖書館藏。

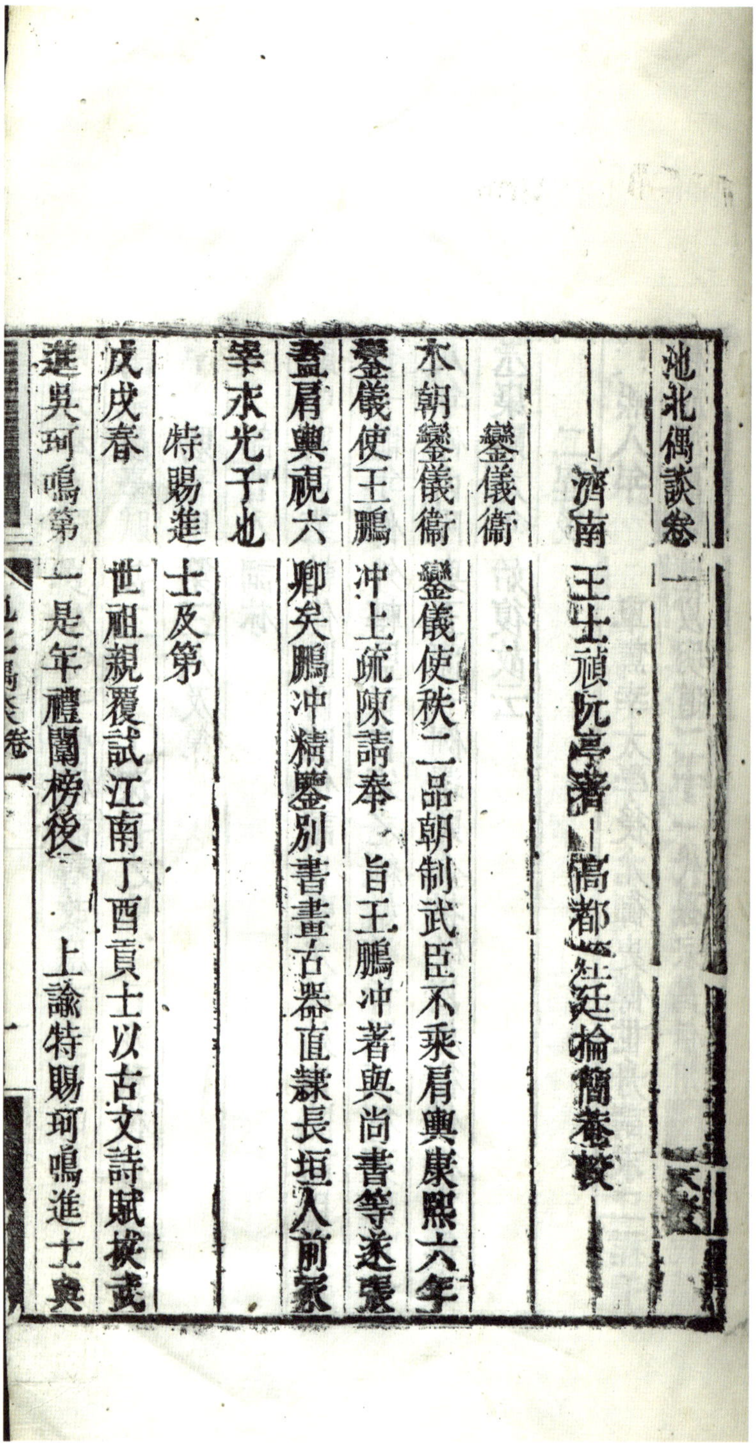
池北偶談卷一
濟南　王士禛阮亭著　高郵王廷掄簡菴較
鑾儀衛
本朝鑾儀衛鑾儀使秩二品朝制武臣不乘肩輿康熙六年
鑾儀使王鵬冲上疏陳請奉　旨王鵬冲著與尚書等送畫
畫肩輿視六卿矣鵬冲精鑒別書畫古器直隸長垣人前冢
宰永光子也
特賜進士及第
戊戌春　世祖親覆試江南丁酉貢士以古文詩賦拔武
進吳珂鳴第一是年禮闈榜後　上諭特賜珂鳴進士與

池北偶談二十六卷　（清）王士禛撰　清康熙四十年（1701）王廷掄刻本。八册。半頁十一行二十三字，小字雙行同，黑口，左右雙邊。框高19.6厘米、寬14.7厘米。暨南大學圖書館藏。

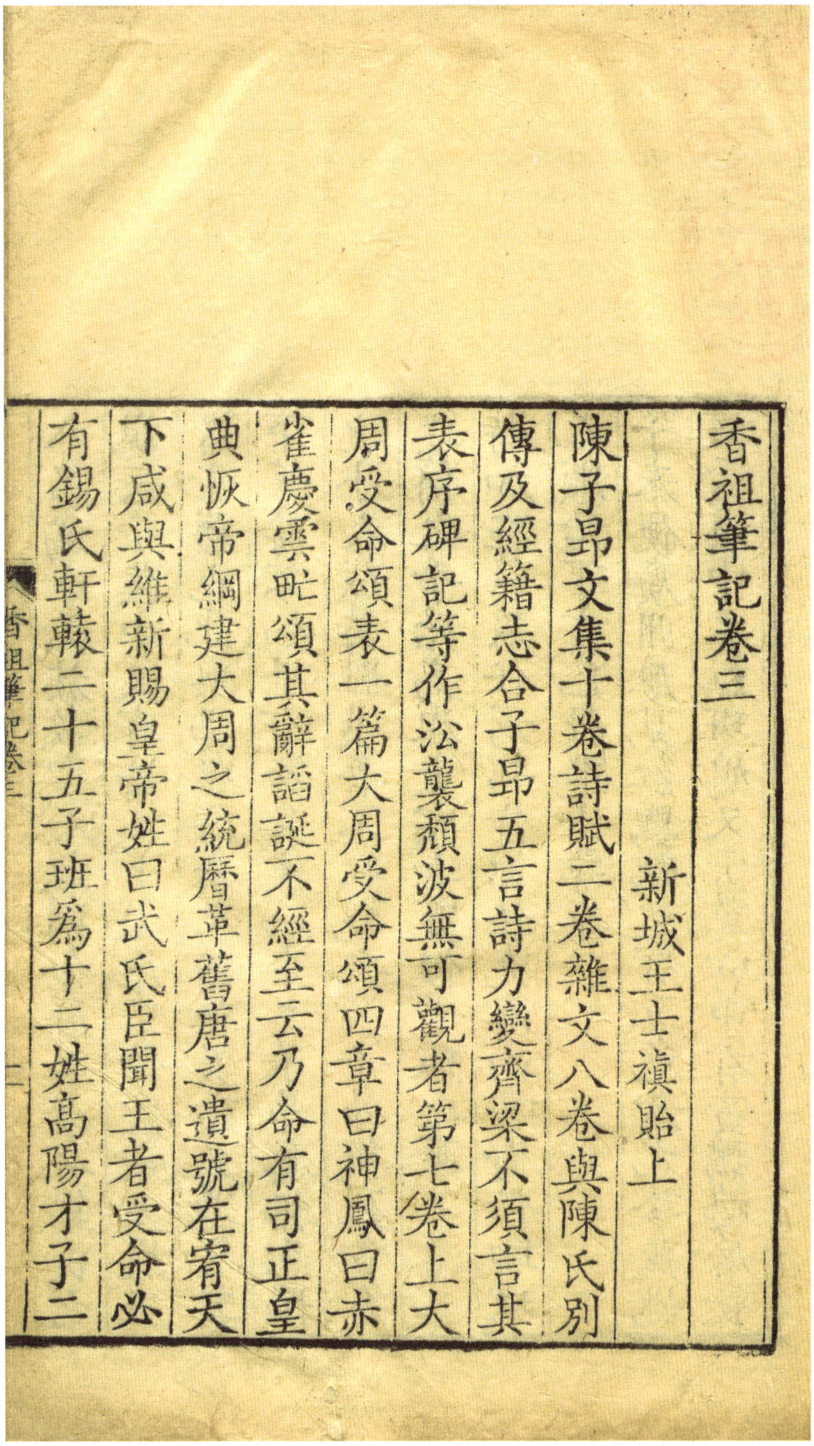

香祖筆記十二卷　（清）王士禛撰　清康熙刻王漁洋遺書本。四册。半頁十行十九字，雙行小字二十八字，白口，左右雙邊。框高16.2厘米、寬13.3厘米。暨南大學圖書館藏。

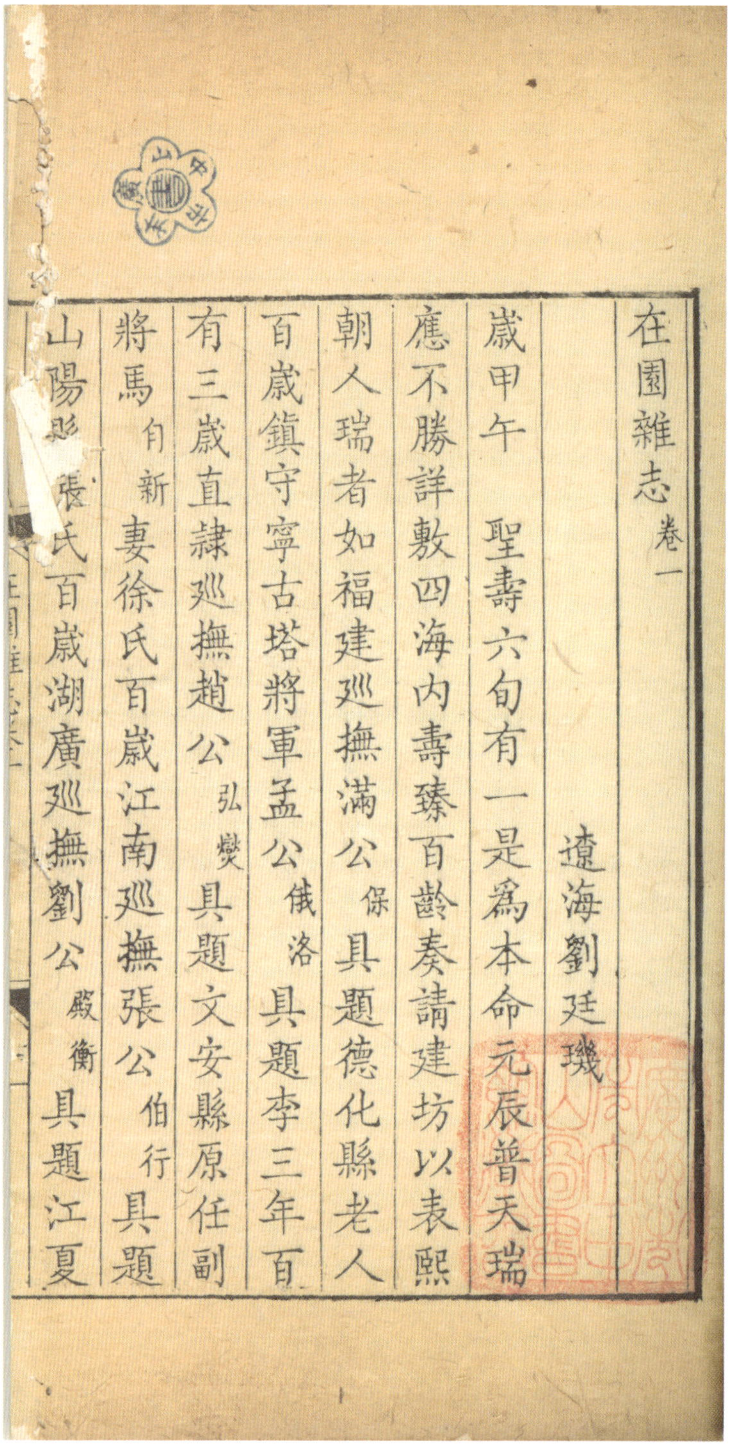
在園雜志卷一

遼海劉廷璣

歲甲午　聖壽六旬有一是爲本命元辰普天瑞
應不勝詳敷四海内壽臻百齡奏請建坊以表熙
朝人瑞者如福建巡撫滿公保具題德化縣老人
百歲鎮守寧古塔將軍孟公俄洛具題李三年百
有三歲直隸巡撫趙公弘燮具題文安縣原任副
將馬自新妻徐氏百歲江南巡撫張公伯行具題
山陽縣張氏百歲湖廣巡撫劉公殿衡具題江夏

在園雜志四卷　（清）劉廷璣撰　清康熙五十四年（1715）劉氏刻本。四册。半頁九行十九字，白口，左右雙邊。框高17.7厘米、寬13.1厘米。廣東省立中山圖書館藏。

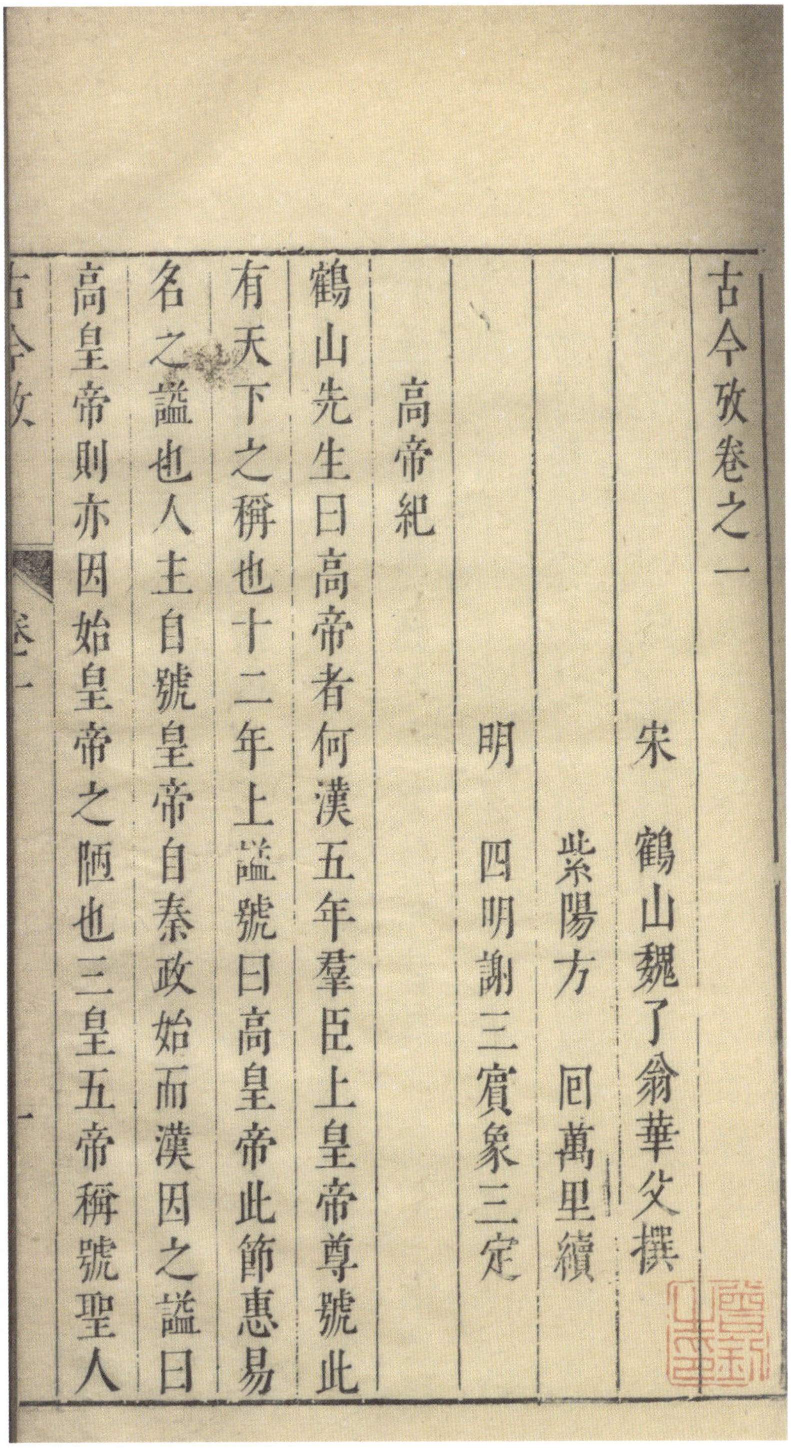
古今攷卷之一
宋　鶴山魏了翁華父撰
紫陽方　回萬里續
明　四明謝三賓象三定
高帝紀
鶴山先生曰高帝者何漢五年羣臣上皇帝尊號此
有天下之稱也十二年上謚號曰高皇帝此節惠易
名之謚也人主自號皇帝自秦政始而漢因之謚曰
高皇帝則亦因始皇帝之陋也三皇五帝稱號聖人

古今攷三十八卷　（宋）魏了翁撰　（元）方回續　明崇禎九年（1636）謝三賓刻本。十册。半頁九行二十字，小字雙行同，白口，四周單邊。框高20.2厘米、寬13厘米。中山大學圖書館藏。

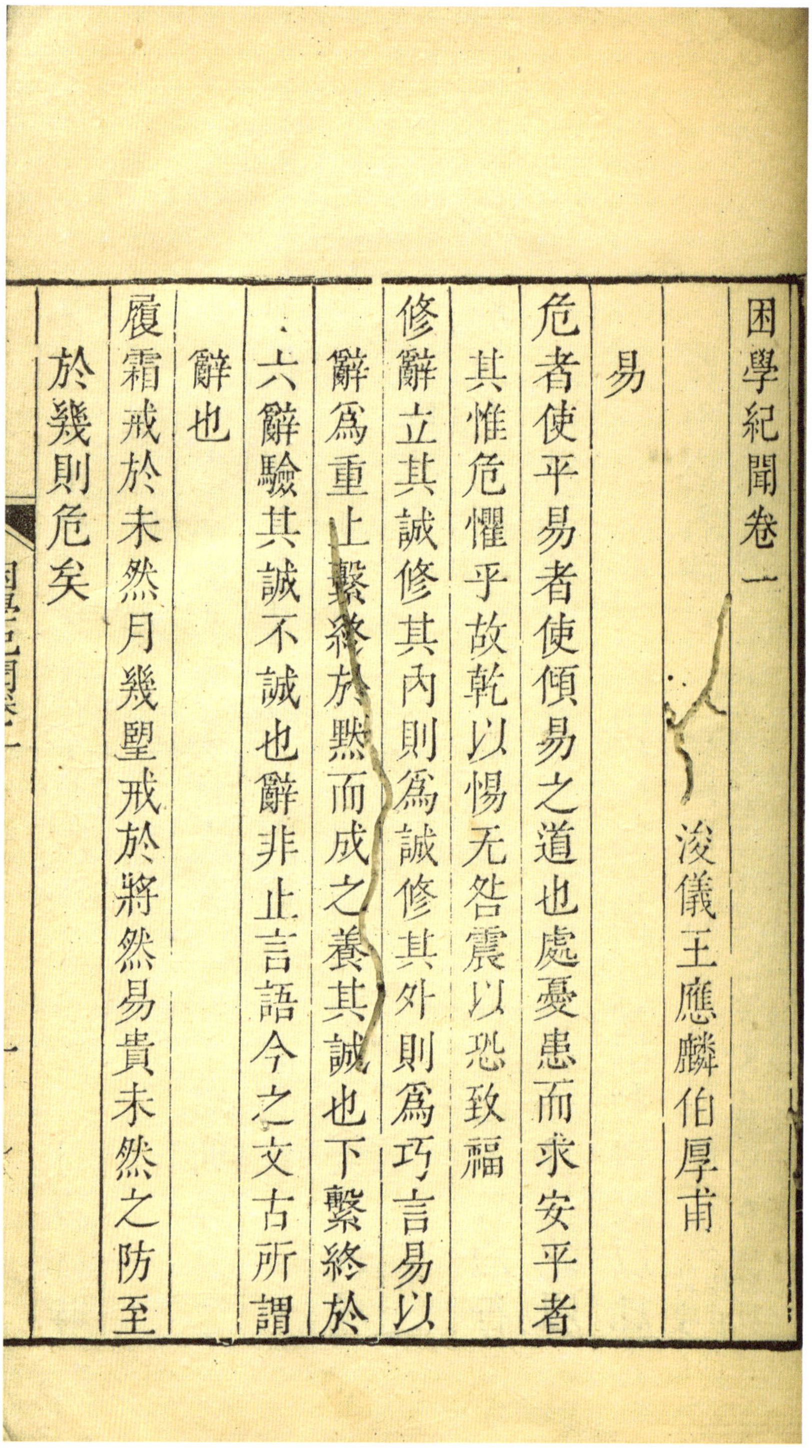
困學紀聞卷一
浚儀王應麟伯厚甫
易
危者使平易者使傾易之道也處憂患而求安平者
其惟危懼乎故乾以惕无咎震以恐致福
修辭立其誠修其內則爲誠修其外則爲巧言易以
辭爲重上繫終於默而成之養其誠也下繫終於
六辭驗其誠不誠也辭非止言語今之文古所謂
辭也
履霜戒於未然月幾望戒於將然易貴未然之防至
於幾則危矣

困學紀聞二十卷　（宋）王應麟撰　（清）閻若璩箋　清乾隆三年（1738）馬氏叢書樓刻本。八册。半頁十一行二十字，小字雙行三十字，白口，左右雙邊。框高19厘米、寬14厘米。暨南大學圖書館藏。

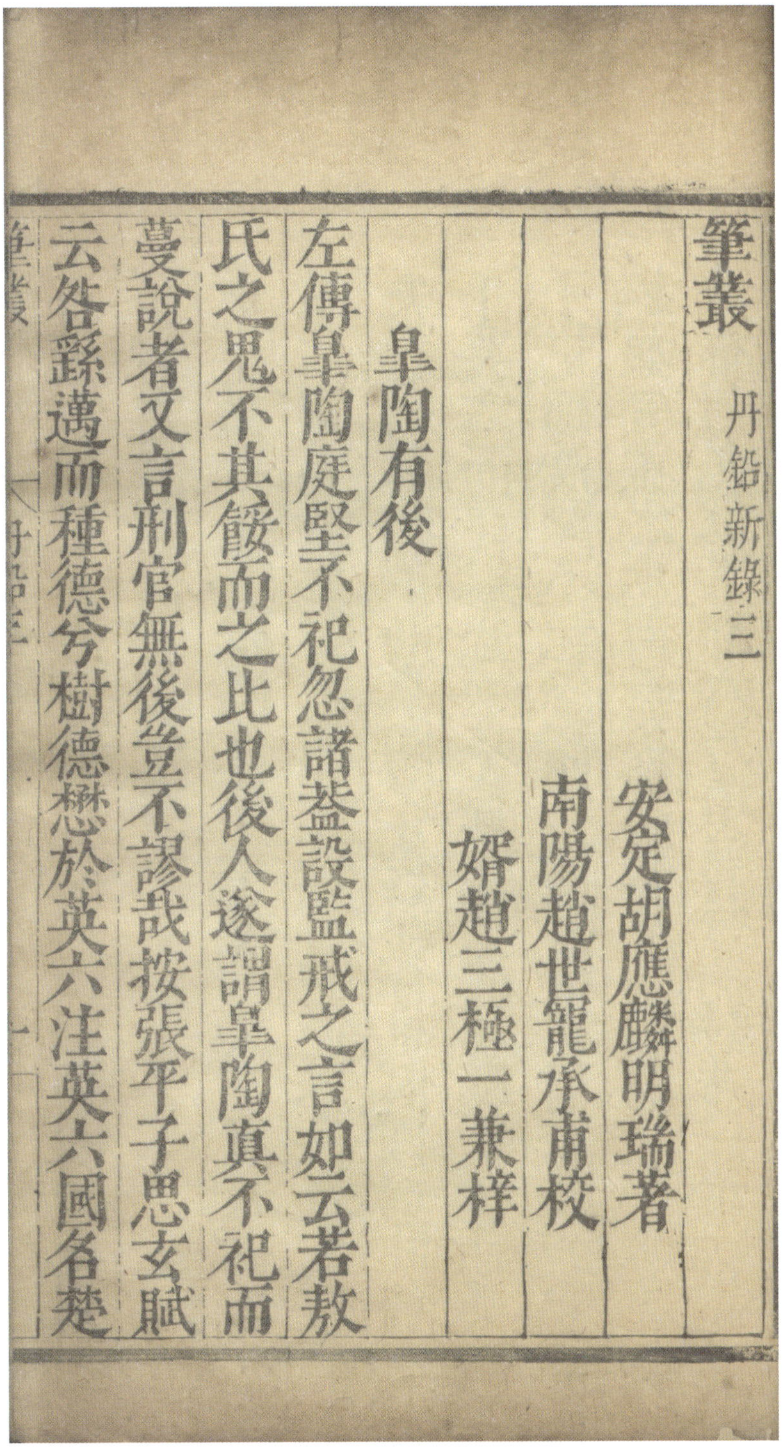
筆叢　丹鉛新錄三
安定胡應麟明瑞著
南陽趙世龍承甫校
婿趙三極一兼梓
皋陶有後
左傳皋陶庭堅不祀忽諸葢設監戒之言如云若敖
氏之鬼不其餒而之比也後人遂謂皋陶真不祀而
蔓說者又言刑官無後豈不謬哉按張平子思玄賦
云咎繇邁而種德兮樹德懋於英六注英六國名楚
筆叢　丹鉛三　一

丹鉛新録八卷　（明）胡應麟撰　明萬曆四十六年（1618）江湛然刻少室山房全稿本。二册。半頁九行二十字，小字雙行同，白口，四周雙邊。框高21厘米、寬14.3厘米。中山大學圖書館藏。

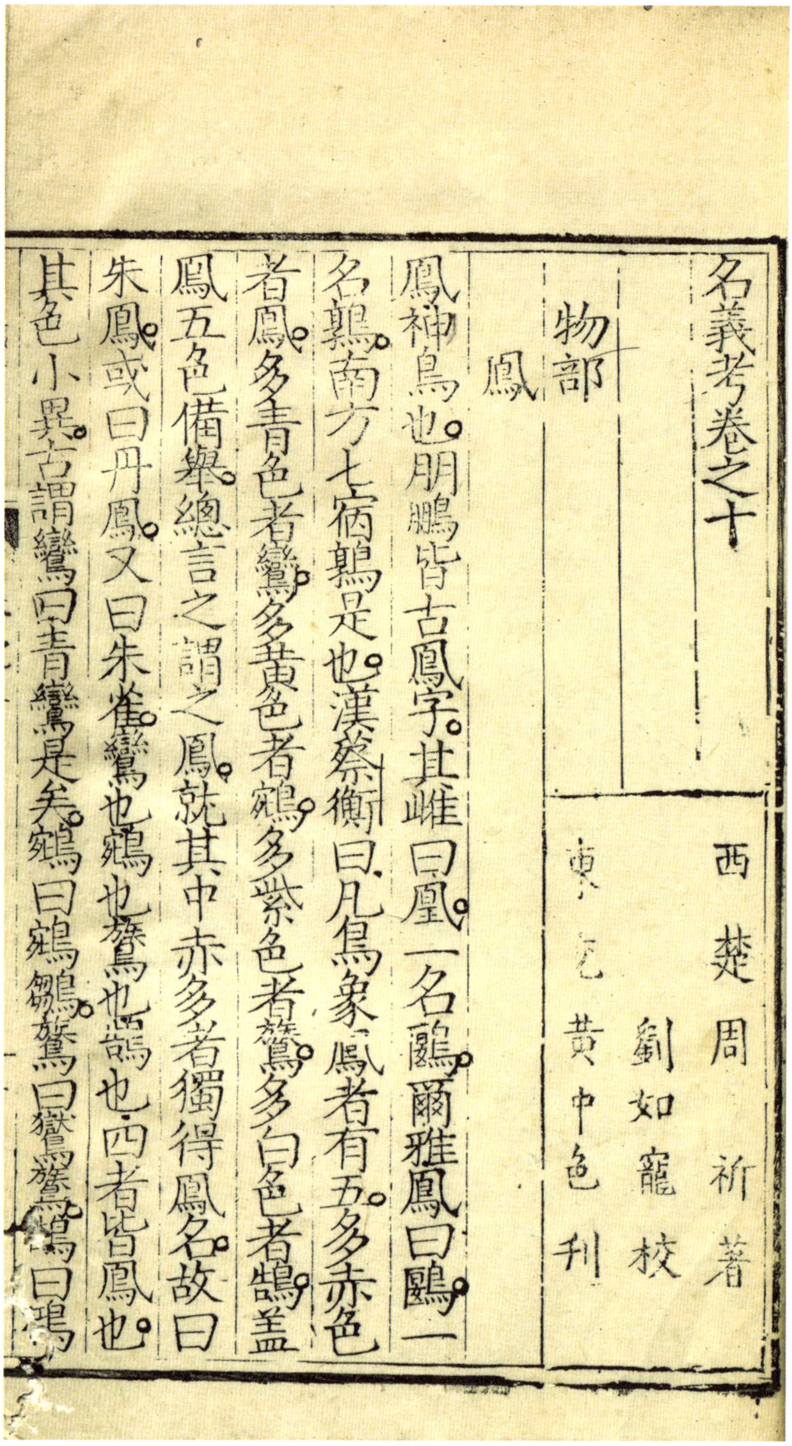
名義考卷之十

西楚周祈著
劉如寵校
東吳黄中色刊

物部

鳳

鳳神鳥也朋鵬皆古鳳字其雌曰凰一名鸝爾雅鳳曰鶠一名鶤南方七宿鶉是也漢蔡衡曰凡鳥象鳳者有五多赤色者鳳多青色者鸞多黄色者鵷多紫色者鸑多白色者鵠蓋鳳五色備舉總言之謂之鳳就其中赤多者獨得鳳名故曰朱鳳或曰丹鳳又曰朱雀鸞也鵷也鸑鳥也鵠也四者皆鳳也其色小異古謂鸞曰青鸞是矣鵷曰鵷鶵鸑曰鸑鷟鵠曰鴻

名義考十二卷　（明）周祈撰　明萬曆十七年（1589）黄中色刻本。六册。半頁十行二十三字，白口，四周雙邊。框高19.8厘米、寬14.3厘米。暨南大學圖書館藏。

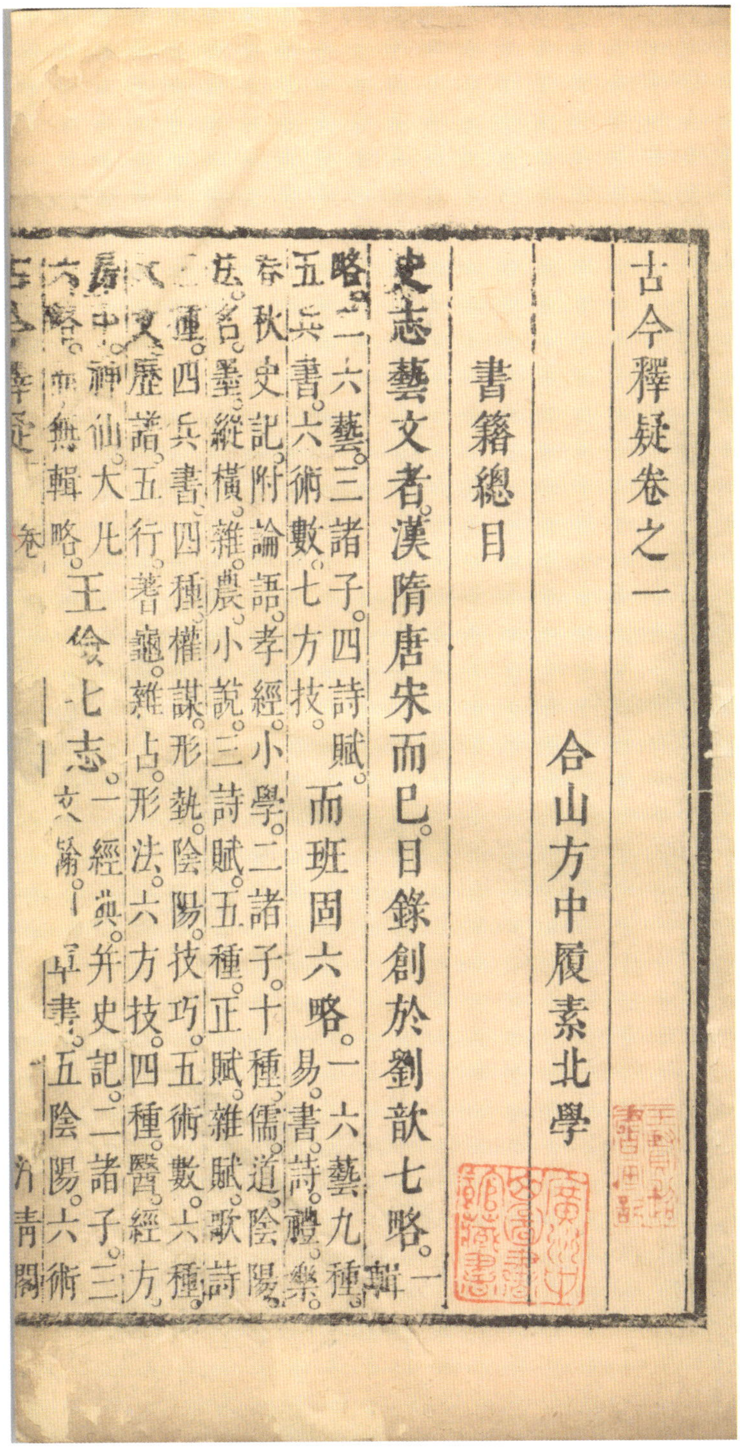

古今釋疑十八卷　（清）方中履撰　清康熙二十一年（1682）汗青閣刻本。十册。半頁八行二十字，小字雙行同，白口，左右雙邊。框高20厘米、寬13.1厘米。廣東省立中山圖書館藏。

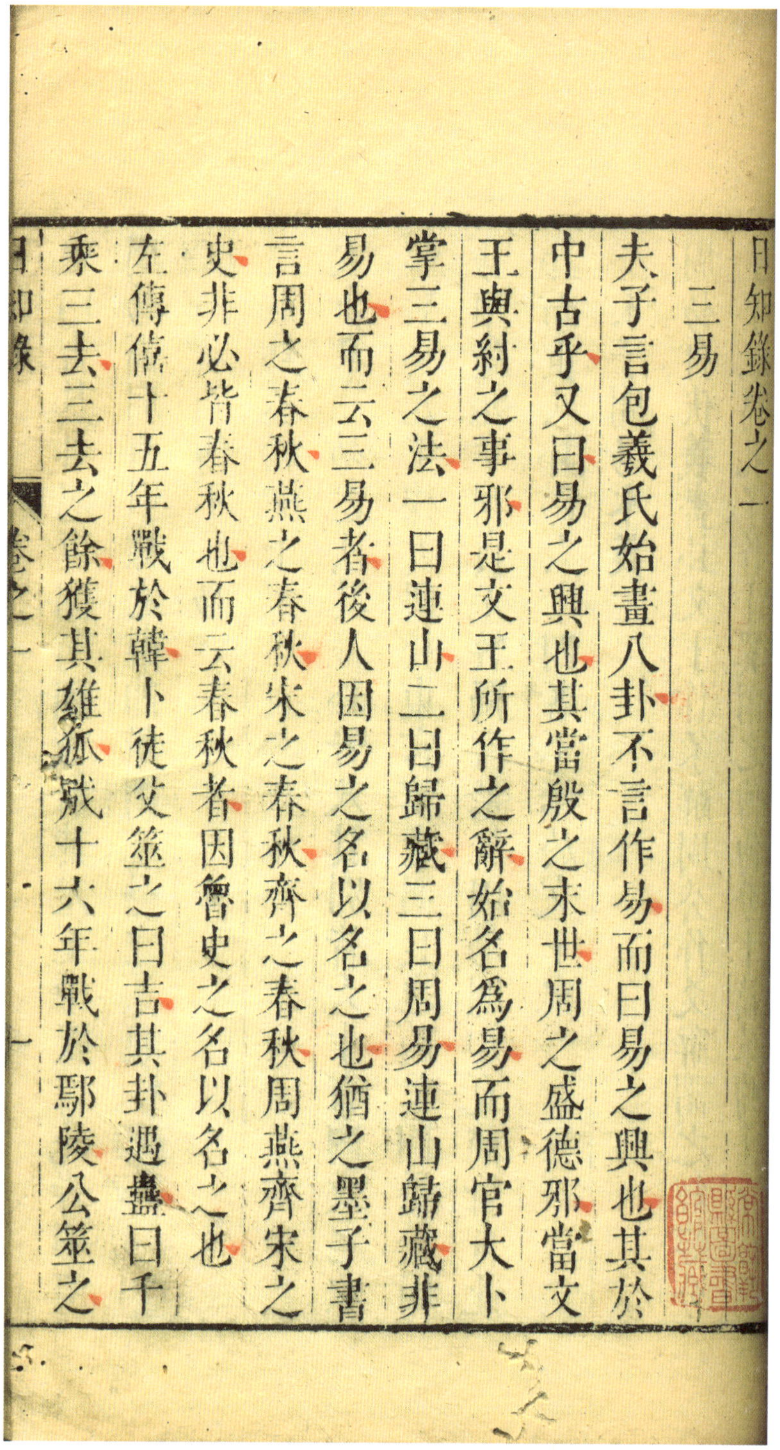
日知錄卷之一
三易
夫子言包羲氏始畫八卦不言作易而曰易之興也其於中古乎又曰易之興也其當殷之末世周之盛德邪當文王與紂之事邪是文王所作之辭始名爲易而周官大卜掌三易之法一曰連山二曰歸藏三曰周易連山歸藏非易也而云三易者後人因易之名以名之也猶之墨子書言周之春秋燕之春秋宋之春秋齊之春秋周燕齊宋之史非必皆春秋也而云春秋者因魯史之名以名之也
左傳僖十五年戰於韓卜徒父筮之曰吉其卦遇蠱曰千乘三去三去之餘獲其雄狐成十六年戰於鄢陵公筮之
日知錄　卷之一　一

日知録三十二卷　（清）顧炎武撰　清康熙三十四年（1695）潘耒遂初堂刻本。十册。半頁十一行二十二字，小字雙行同，白口，左右雙邊。框高20.1厘米、寬15.1厘米。暨南大學圖書館藏。

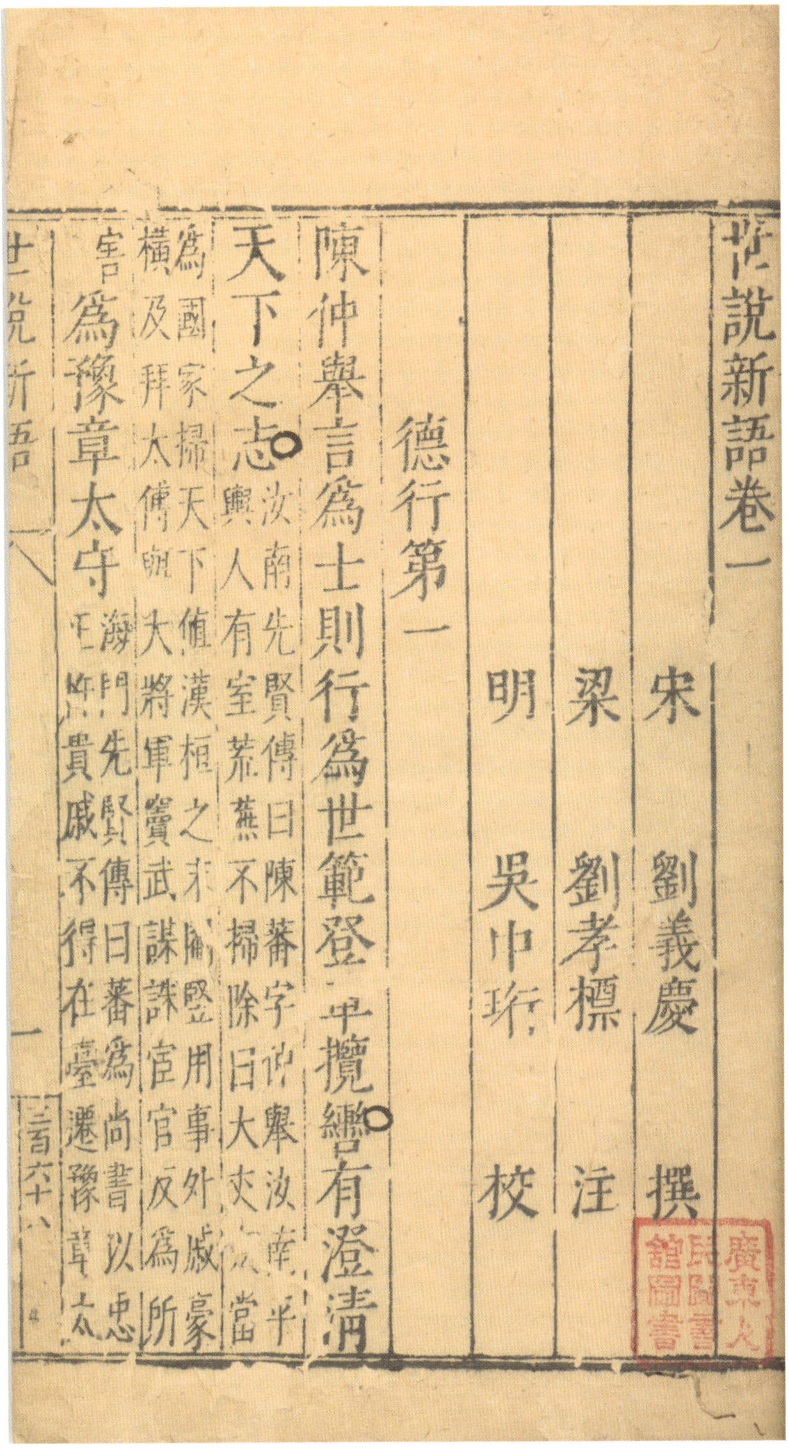
世說新語卷一
宋 劉義慶 撰
梁 劉孝標 注
明 吳中珩 校
德行第一
陳仲舉言爲士則行爲世範登車攬轡有澄清天下之志汝南先賢傳曰陳蕃字仲舉汝南平輿人有室荒蕪不掃除曰大丈夫當爲國家掃天下値漢桓之末閹豎用事外戚豪横及拜太傅與大將軍竇武謀誅宦官反爲所害爲豫章太守海內先賢傳曰蕃爲尚書以忠正忤貴戚不得在臺遷豫章太
世說新語 一 一

世说新語六卷　（南朝宋）劉義慶撰　（南朝梁）劉孝標注　明吴中珩刻本。五册。半頁九行十八字，小字雙行同，白口，四周雙邊間左右雙邊。框高19.9厘米、寬13.7厘米。廣東省立中山圖書館藏。

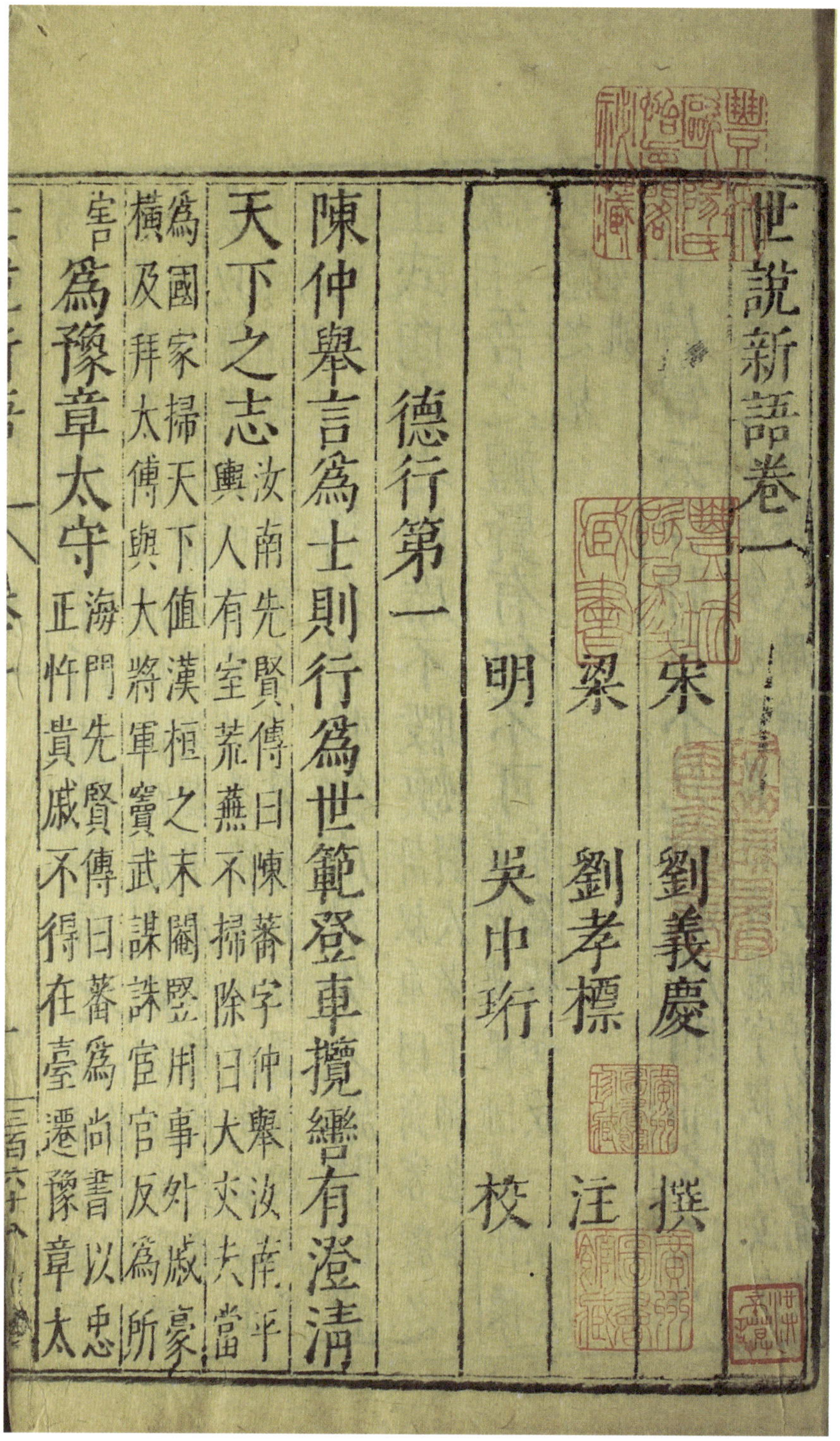

世说新語六卷　（南朝宋）劉義慶撰　（南朝梁）劉孝標注　明吴中珩刻本。二册。半頁九行十八字，小字雙行同，白口，四周雙邊間左右雙邊。框高20.1厘米、寬13.7厘米。廣州圖書館藏。

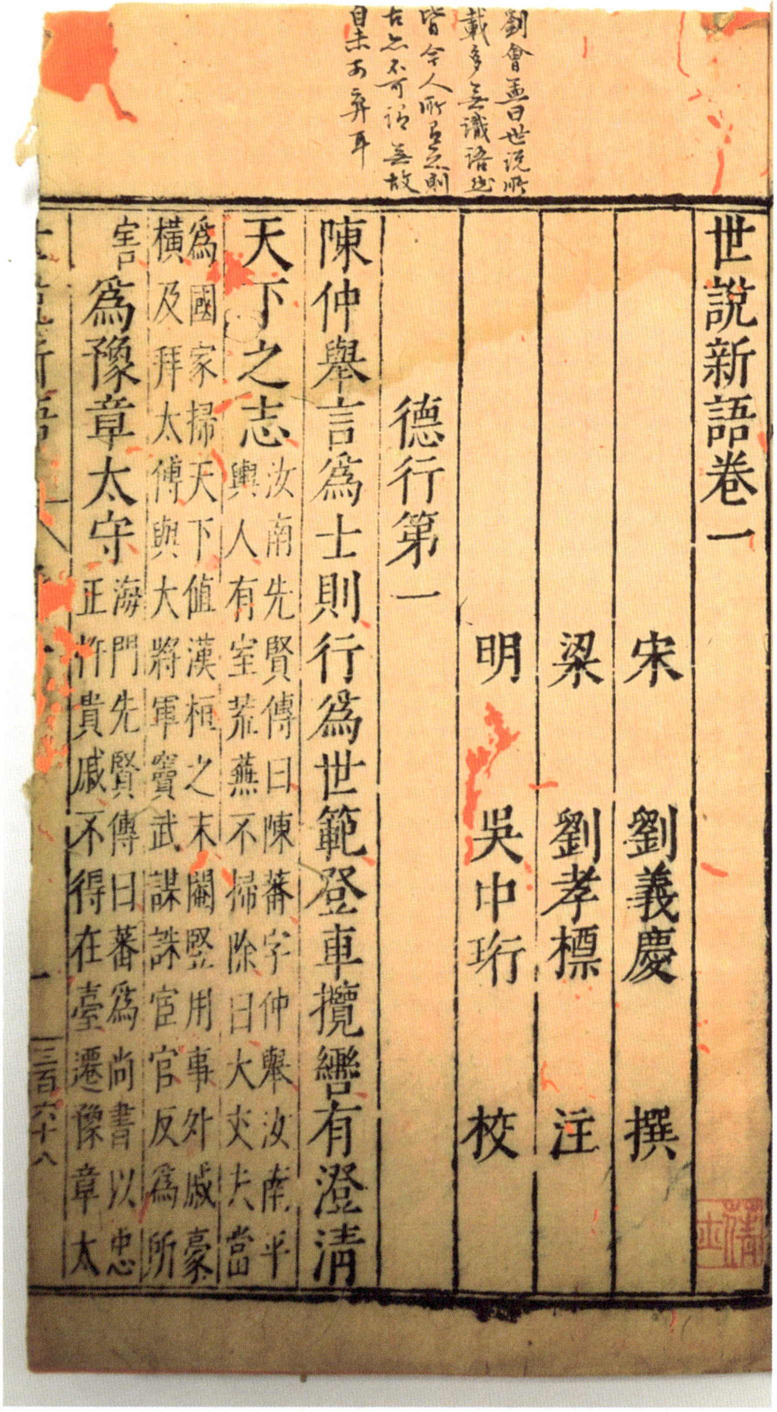
世說新語卷一

宋 劉義慶 撰

梁 劉孝標 注

明 吳中珩 校

德行第一

陳仲舉言爲士則行爲世範登車攬轡有澄清天下之志汝南先賢傳曰陳蕃字仲舉汝南平輿人有室荒蕪不掃除曰大丈夫當爲國家掃天下值漢桓之末閹豎用事外戚豪橫及拜太傅與大將軍竇武謀誅宦官反爲所害爲豫章太守海門先賢傳曰蕃爲尚書以忠正忤貴戚不得在臺遷豫章太

世説新語六卷　（南朝宋）劉義慶撰　（南朝梁）劉孝標注　明吴中珩刻本。三册。半頁九行十八字，小字雙行同，白口，四周雙邊間左右雙邊。框高19.8厘米、寬13.8厘米。韶關學院圖書舘藏。

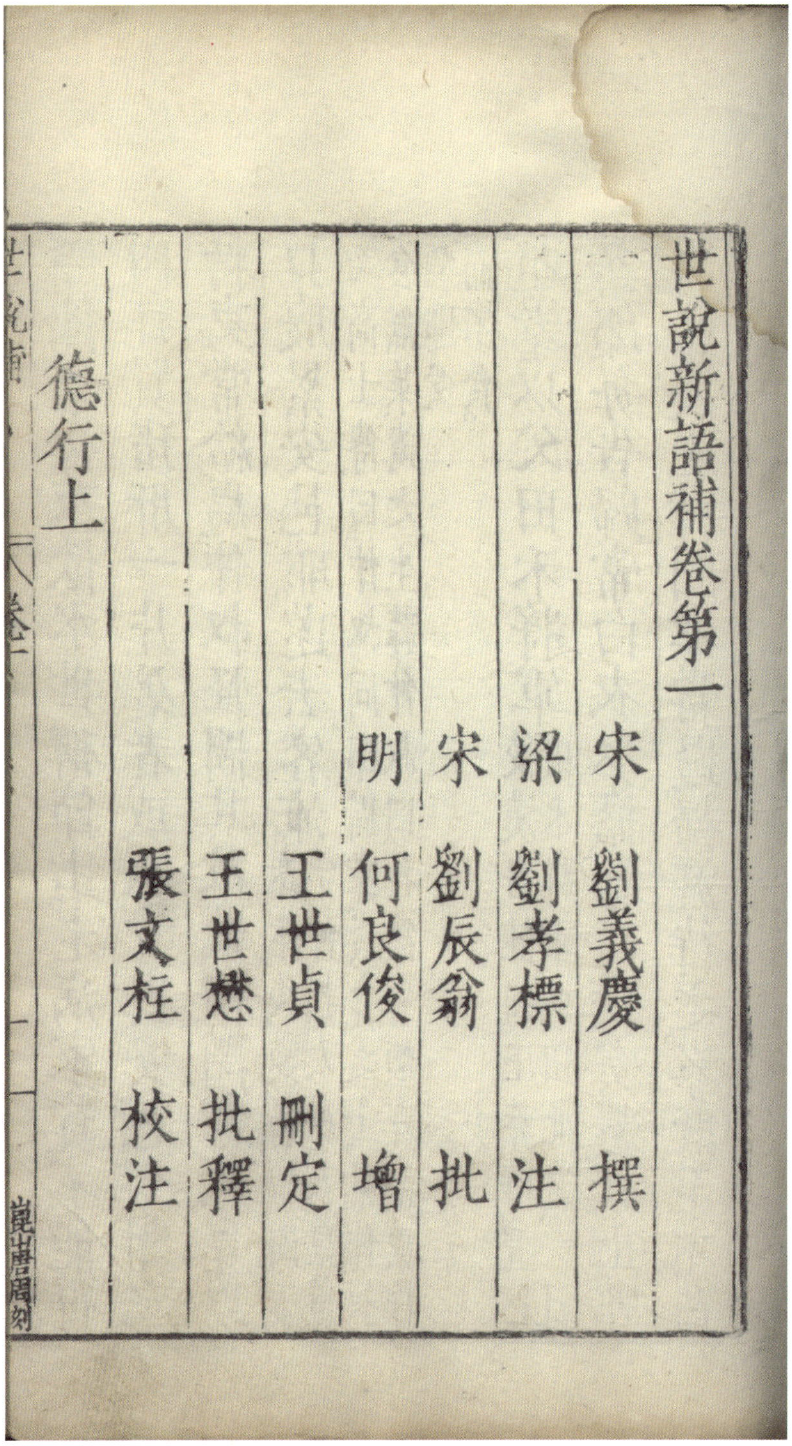

世說新語補卷第一

宋　劉義慶　撰

梁　劉孝標　注

宋　劉辰翁　批

明　何良俊　增

王世貞　刪定

王世懋　批釋

張文柱　校注

德行上

世説新語補二十卷　（南朝宋）劉義慶撰　（南朝梁）劉孝標注　（明）何良俊增補　（明）王世貞删定　（明）王世懋批釋　（明）張文柱校注　**附釋名一卷**　明萬曆十三年（1585）張文柱刻本。十册。半頁九行十八字，小字雙行同，白口，左右雙邊。框高19厘米、寬12.5厘米。中山大學圖書館藏。

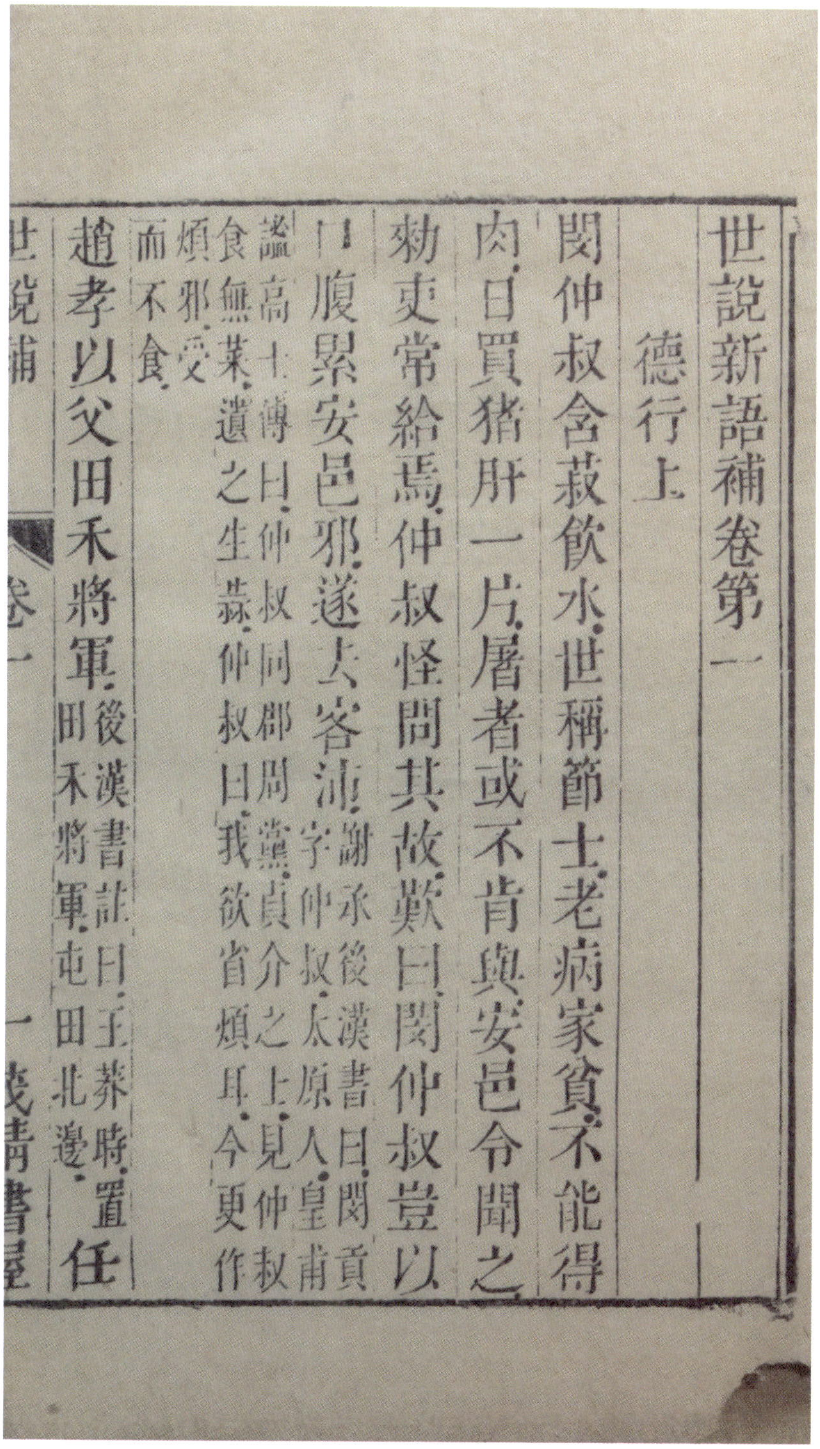
世說新語補卷第一
德行上
閔仲叔含菽飲水世稱節士老病家貧不能得肉日買猪肝一片屠者或不肯與安邑令聞之勑吏常給焉仲叔怪問其故歎曰閔仲叔豈以口腹累安邑邪遂去客沛
世說補 卷一 茂清書屋

世説新語補二十卷 （南朝宋）劉義慶撰 （南朝梁）劉孝標注 （清）黄汝琳補訂 **附釋名一卷** 清乾隆二十七年（1762）茂清書屋刻本。十二册。半頁九行十八字，小字雙行同，白口，左右雙邊。框高17.5厘米、寬13厘米。韶關學院圖書館藏。

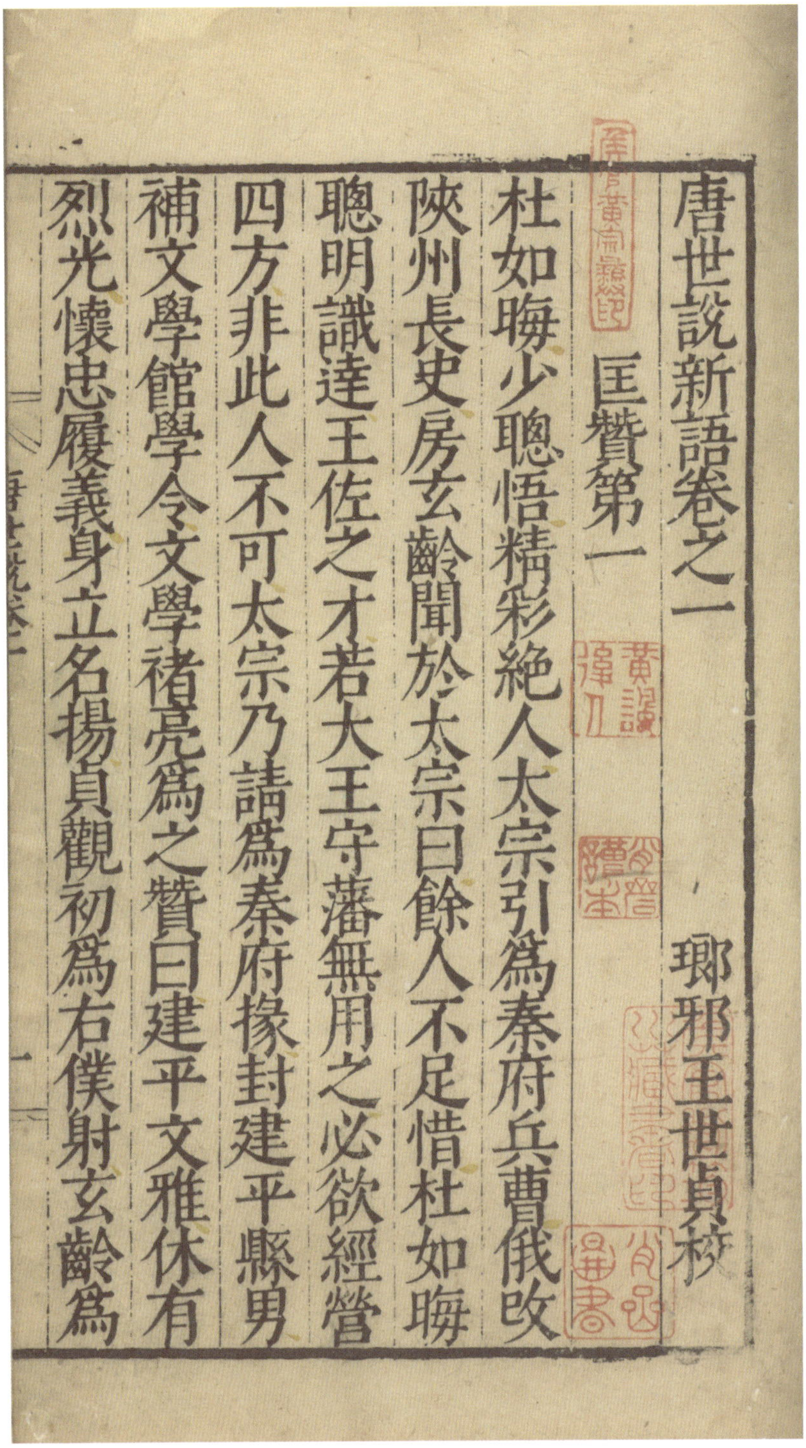
唐世說新語卷之一　　瑯邪王世貞校
匡贊第一
杜如晦少聰悟精彩絶人太宗引爲秦府兵曹俄攺
陜州長史房玄齡聞於太宗曰餘人不足惜杜如晦
聰明識達王佐之才若大王守藩無用之必欲經營
四方非此人不可太宗乃請爲秦府掾封建平縣男
補文學館學令文學褚亮爲之贊曰建平文雅休有
烈光懷忠履義身立名揚貞觀初爲右僕射玄齡爲

唐世説新語十三卷　（唐）劉肅撰　明萬曆三十一年（1603）潘玄度刻本。六册。半頁八行二十字，白口，四周單邊。框高21.7厘米、寬13.1厘米。中山大學圖書館藏。

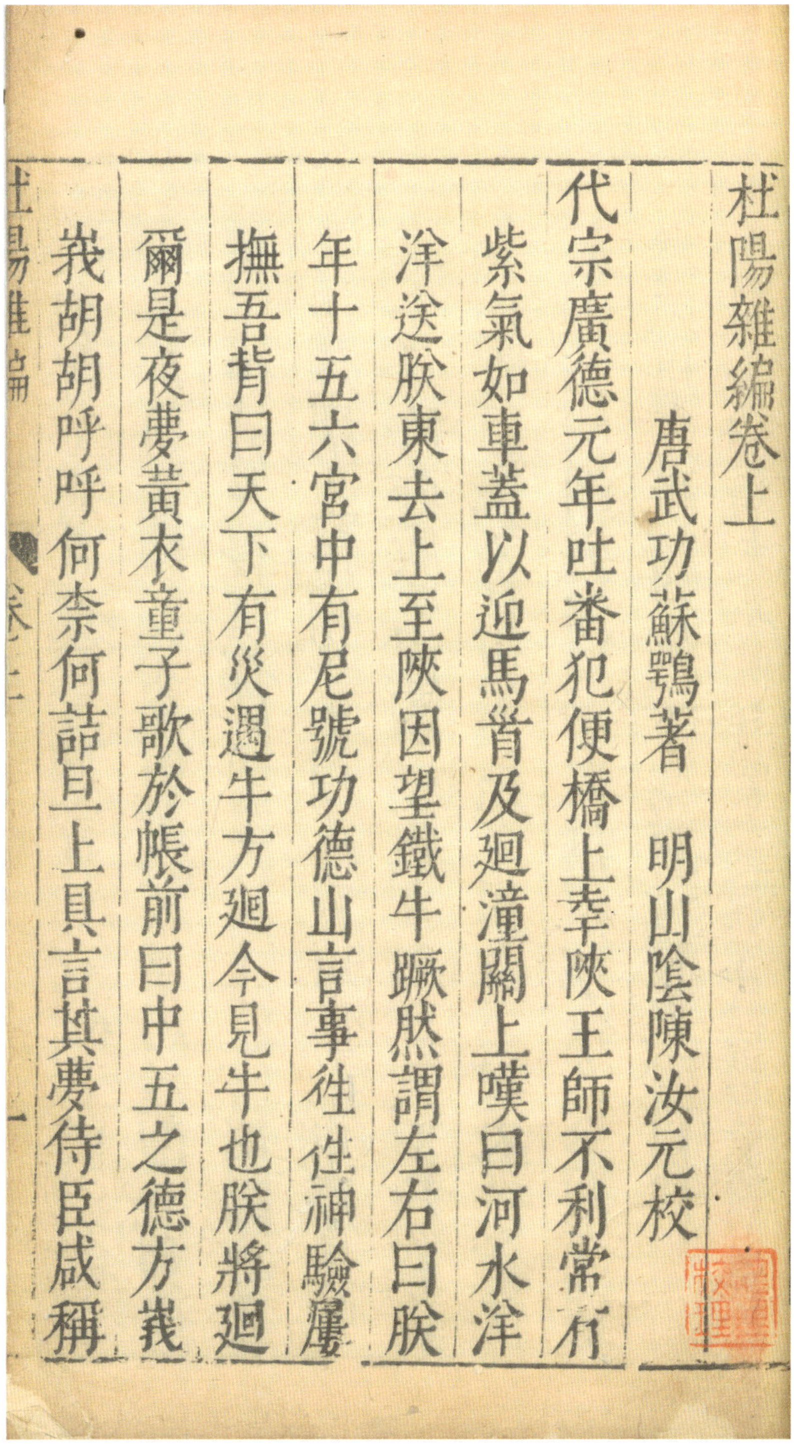

杜陽雜編卷上

唐武功蘇鶚著　明山陰陳汝元校

代宗廣德元年吐番犯便橋上幸陜王師不利常有

紫氣如車蓋以迎馬首及迴潼關上嘆曰河水洋

洋送朕東去上至陜因望鐵牛蹶然謂左右曰朕

年十五六宮中有尼號功德山言事往往神驗屢

撫吾背曰天下有災遇牛方迴今見牛也朕將迴

爾是夜夢黃衣童子歌於帳前曰中五之德方峩

峩胡胡呼呼何奈何詰旦上具言其夢侍臣咸稱

杜陽雜編　卷上　一

杜陽雜編三卷　（唐）蘇鶚撰　明萬曆商氏半埜堂刻稗海本。一册。半頁九行二十字，白口，四周單邊。框高21厘米、寬14.2厘米。廣東省立中山圖書館藏。

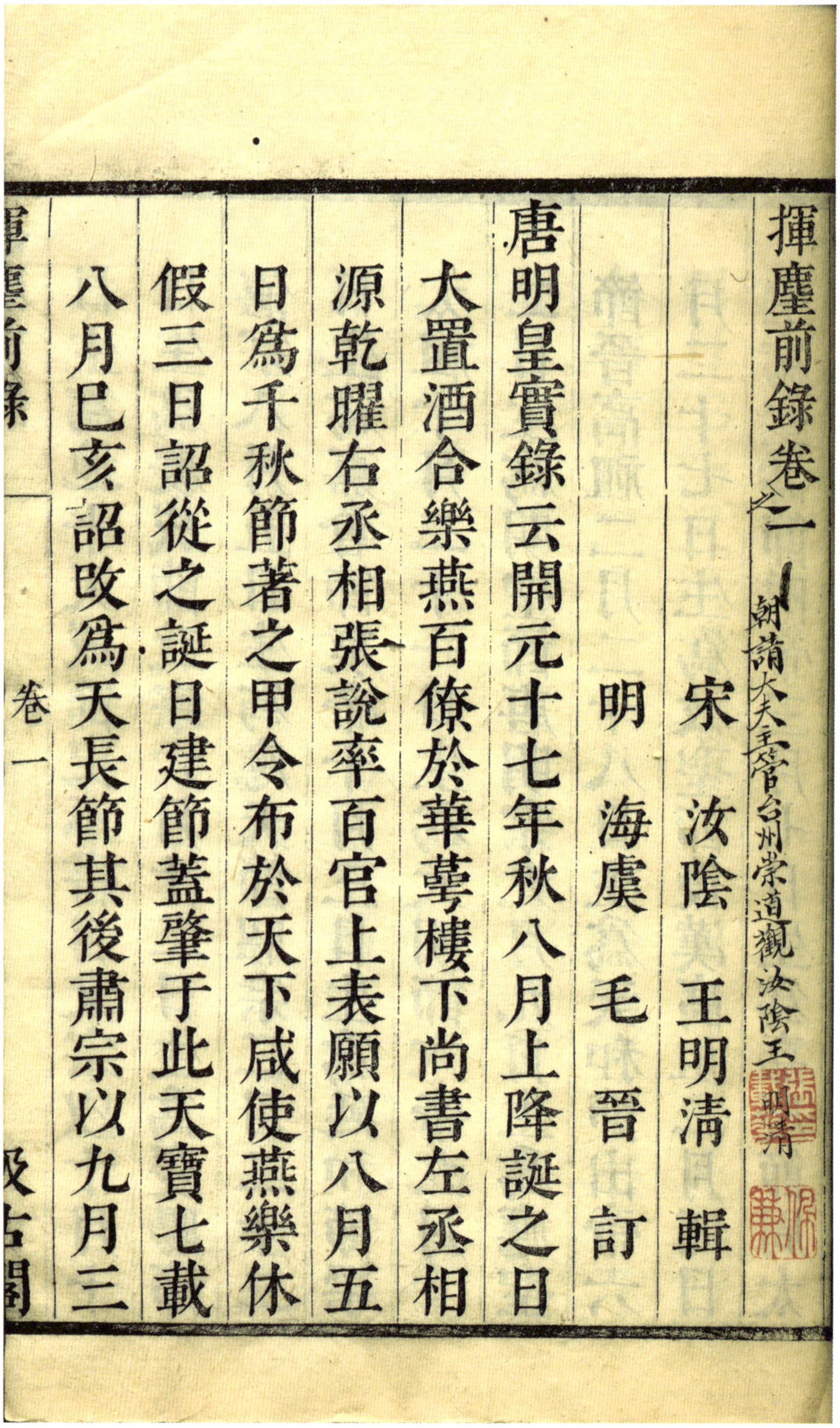

揮麈前録卷之一

朝請大夫主管台州崇道觀汝陰王明清

宋　汝陰　王明清　輯

明　海虞　毛晉　訂

唐明皇實録云開元十七年秋八月上降誕之日大置酒合樂燕百僚於華蕚樓下尚書左丞相源乾曜右丞相張説率百官上表願以八月五日爲千秋節著之甲令布於天下咸使燕樂休假三日詔從之誕日建節蓋肇于此天寶七載八月巳亥詔改爲天長節其後肅宗以九月三

揮麈前録　卷一　汲古閣

揮麈前録四卷後録十一卷三録三卷餘話二卷　（宋）王明清撰　明崇禎毛氏汲古閣刻津逮祕書本。六册。半頁九行十九字，小字雙行同，白口，左右雙邊。框高19.2厘米、寬13.9厘米。暨南大學圖書館藏。

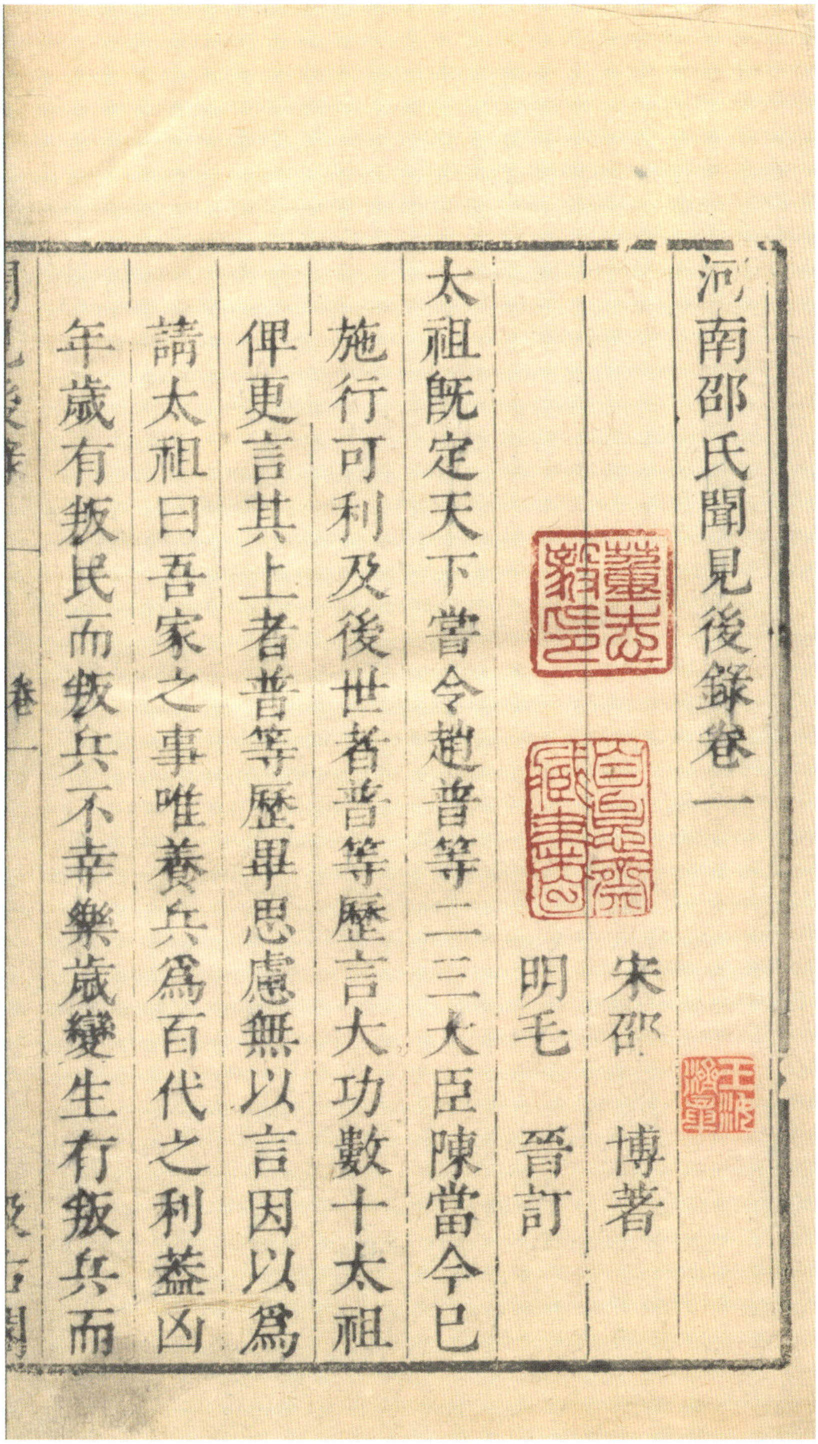
河南邵氏聞見後録卷一

宋邵　博著

明毛　晉訂

太祖既定天下嘗令趙普等二三大臣陳當今已施行可利及後世者普等歷言大功數十太祖俾更言其上者普等歷畢思慮無以言因以爲請太祖曰吾家之事唯養兵爲百代之利葢凶年歲有叛民而叛兵不幸樂歲變生有叛兵而

河南邵氏聞見後録三十卷　（宋）邵博撰　明崇禎毛氏汲古閣刻津逮祕書本。十册。半頁八行十九字，白口，左右雙邊。框高19.2厘米、寬13.6厘米。東莞市莞城圖書館藏。

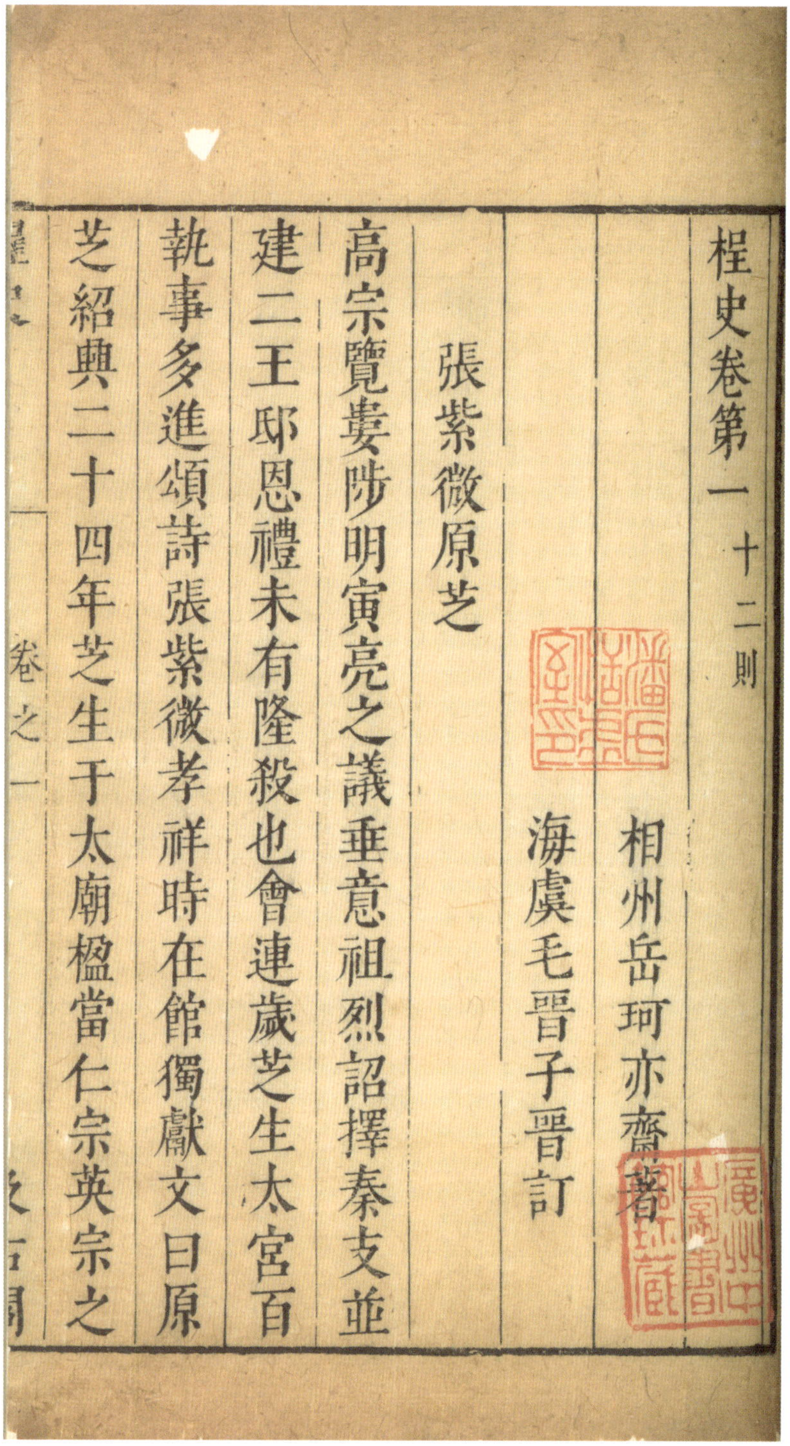
桯史卷第一　十二則
相州岳珂亦齋著
海虞毛晉子晉訂
張紫微原芝
高宗覽婁陟明寅亮之議垂意祖烈詔擇秦支並
建二王邸恩禮未有隆殺也會連歲芝生太宮百
執事多進頌詩張紫微孝祥時在館獨獻文曰原
芝紹興二十四年芝生于太廟楹當仁宗英宗之

桯史十五卷　（宋）岳珂撰　**附録一卷**　明崇禎毛氏汲古閣刻津逮祕書本。八册。半頁八行十九字，白口，左右雙邊。框高19.1厘米、寬13.6厘米。廣東省立中山圖書館藏。

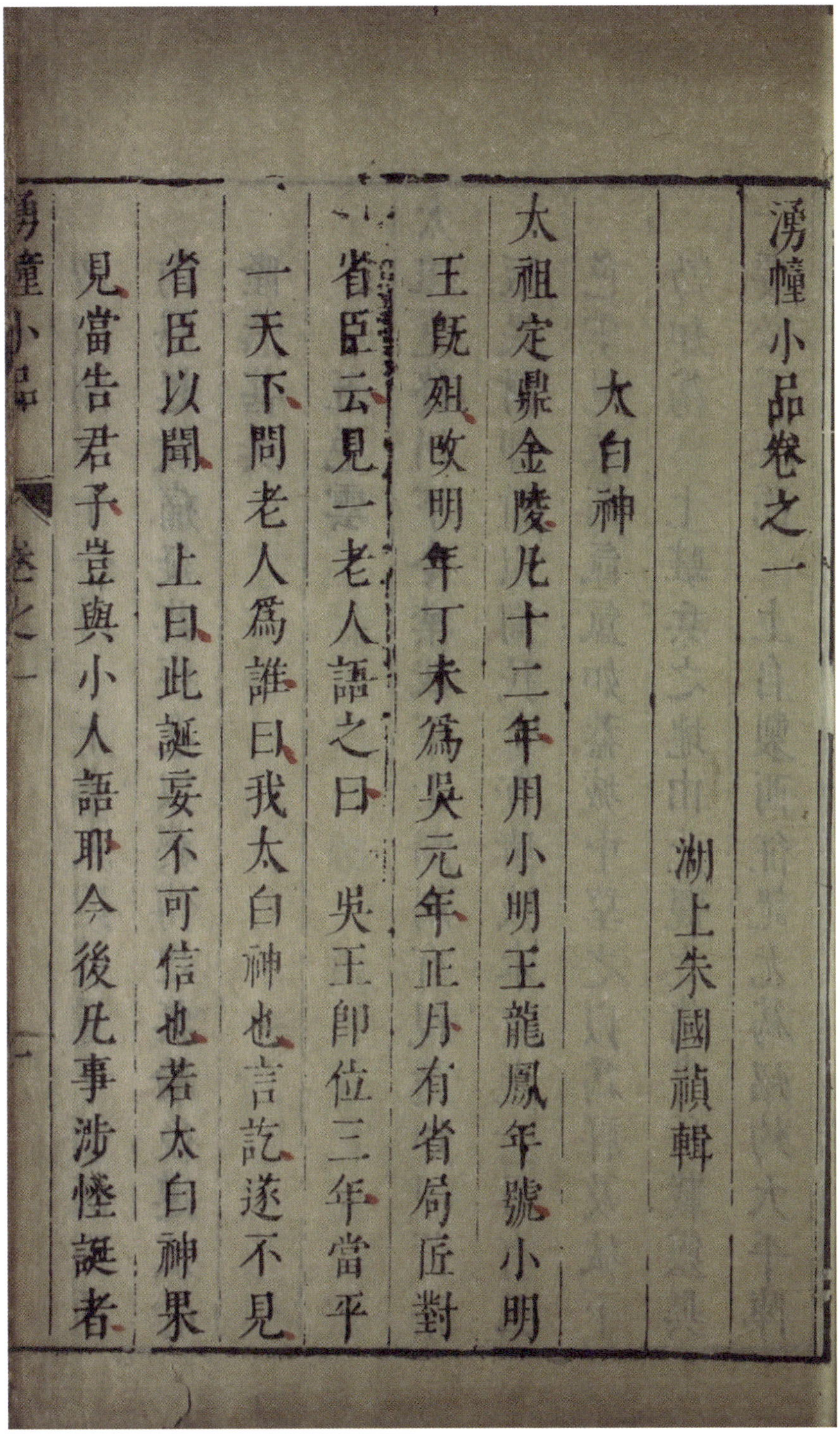
湧幢小品卷之一
湖上朱國禎輯
太白神
太祖定鼎金陵凡十二年用小明王龍鳳年號小明王既殂改明年丁未為吳元年正月有省局匠對省臣云見一老人語之曰 吳王即位三年當平一天下問老人為誰曰我太白神也言訖遂不見省臣以聞 上曰此誕妄不可信也若太白神果見當告君子豈與小人語耶今後凡事涉恠誕者

湧幢小品　卷之一　一

湧幢小品三十二卷　（明）朱國禎輯　明天啓二年（1622）清美堂刻本。十二册。半頁九行二十字，白口，左右雙邊。框高20.5厘米、寬15厘米。潮州市博物館藏。

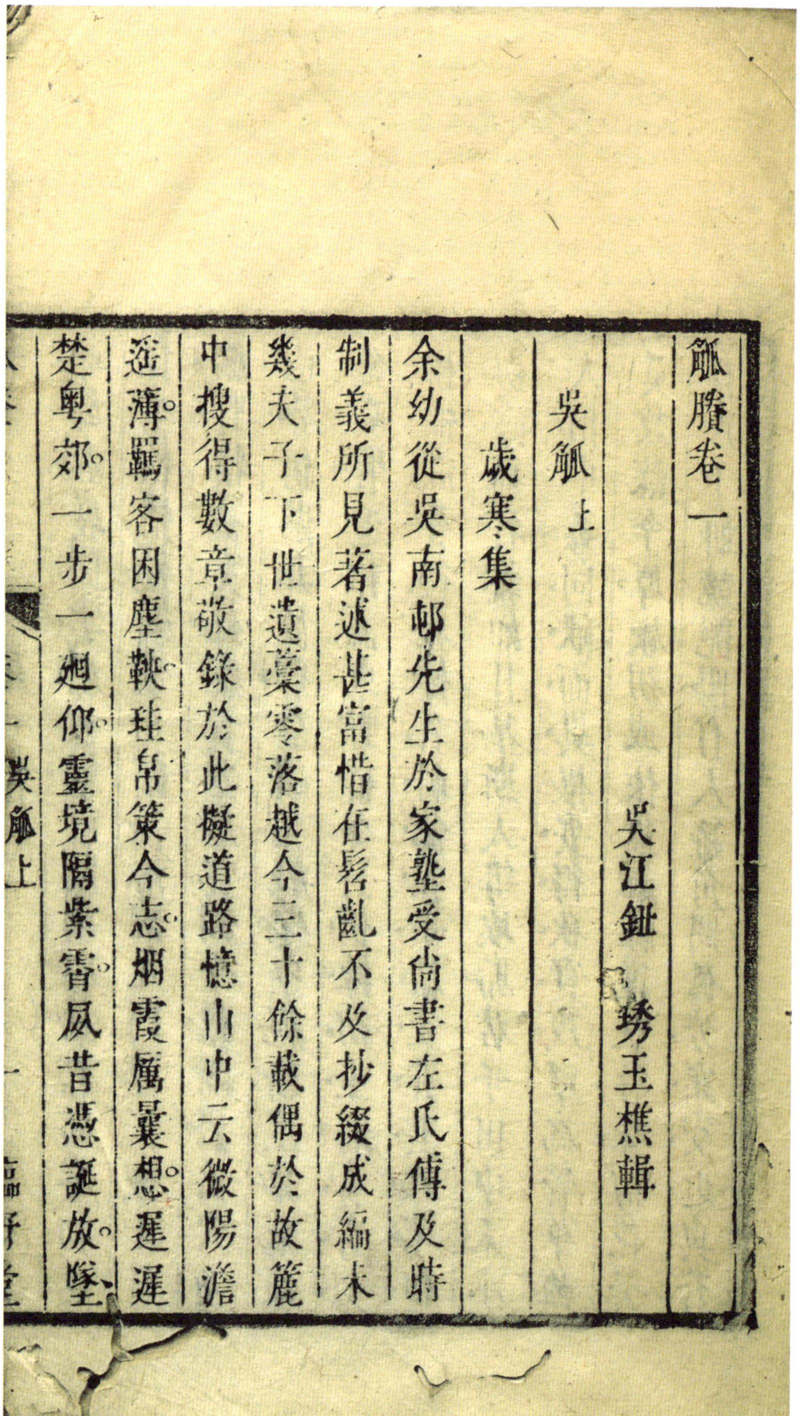
觚賸卷一
吳江鈕　琇玉樵輯
吳觚上
歲寒集
余幼從吳南邨先生於家塾受尚書左氏傳及時
制義所見著述甚富惜在髫齔不及抄綴成編未
幾夫子下世遺藁零落越今三十餘載偶於故簏
中搜得數章敬錄於此擬道路憶山中云微陽澹
遊薄羈客困塵鞅珪帛策今志烟霞屬曩想遲遲
楚粵郊一步一迴仰靈境隔紫霄夙昔慿誕放墜

觚賸八卷續編四卷　（清）鈕琇輯　清康熙四十一年（1702）臨野堂刻本。四册。半頁十行十九字，白口，左右雙邊。框高17.5厘米、寬13.3厘米。暨南大學圖書館藏。

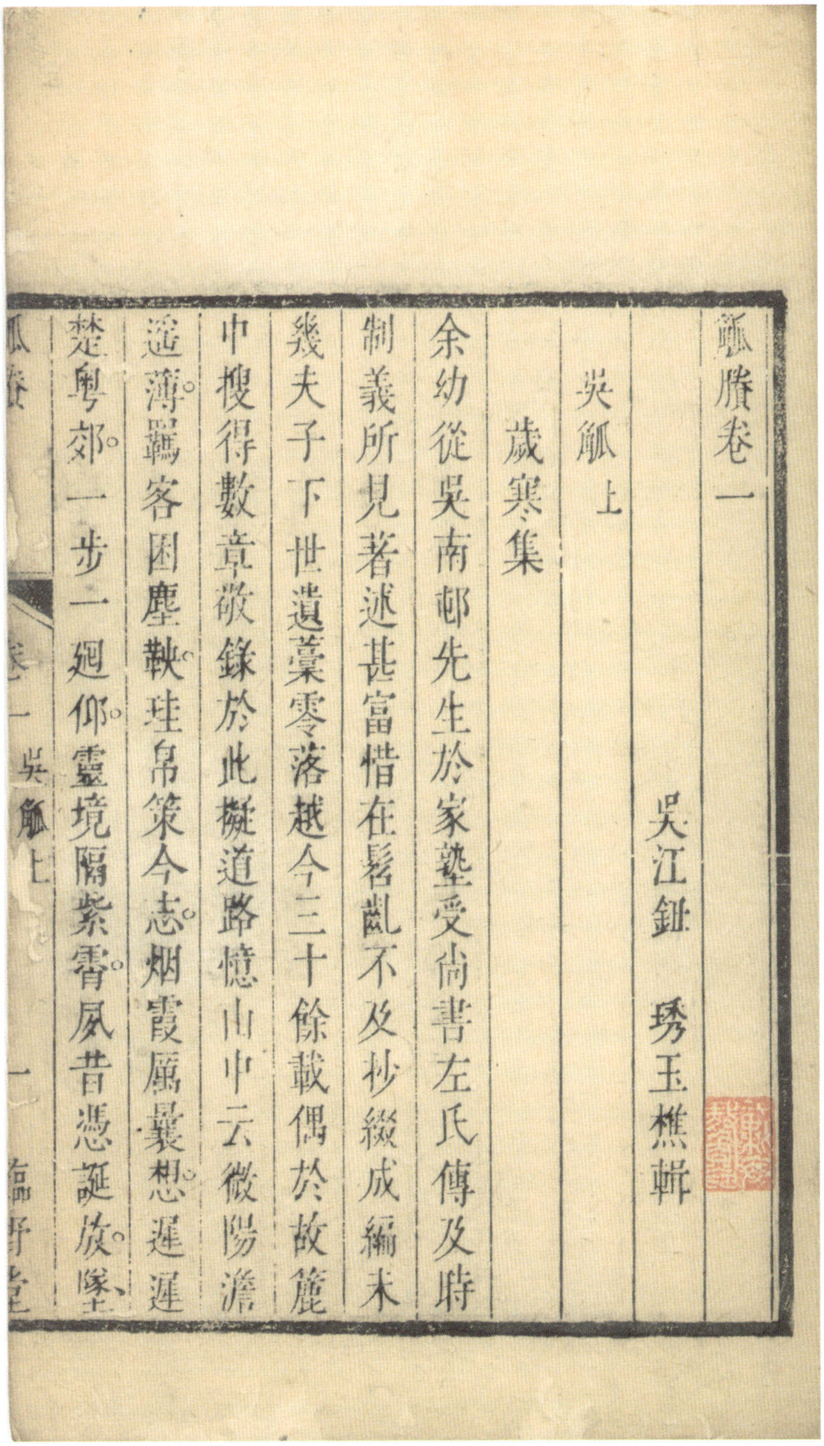

觚賸卷一

吳江鈕　琇玉樵輯

吳觚上

歲寒集

余幼從吳南邨先生於家塾受尚書左氏傳及時制義所見著述甚富惜在髫齓不及抄綴成編未幾夫子下世遺藁零落越今三十餘載偶於故簏中搜得數章敬錄於此擬道路憶山中云微陽澹遊薄羈客困塵鞅珪帛策今志烟霞厲曩想遲遲楚粵郊一步一迴仰靈境隔紫霄夙昔憑誕放墜

觚賸卷一　吳觚上　一　臨野堂

觚賸八卷續編四卷　（清）鈕琇輯　清康熙四十一年（1702）臨野堂刻本。六册。半頁十行十九字，白口，左右雙邊。框高17.3厘米、寬13.5厘米。廣東省立中山圖書館藏。

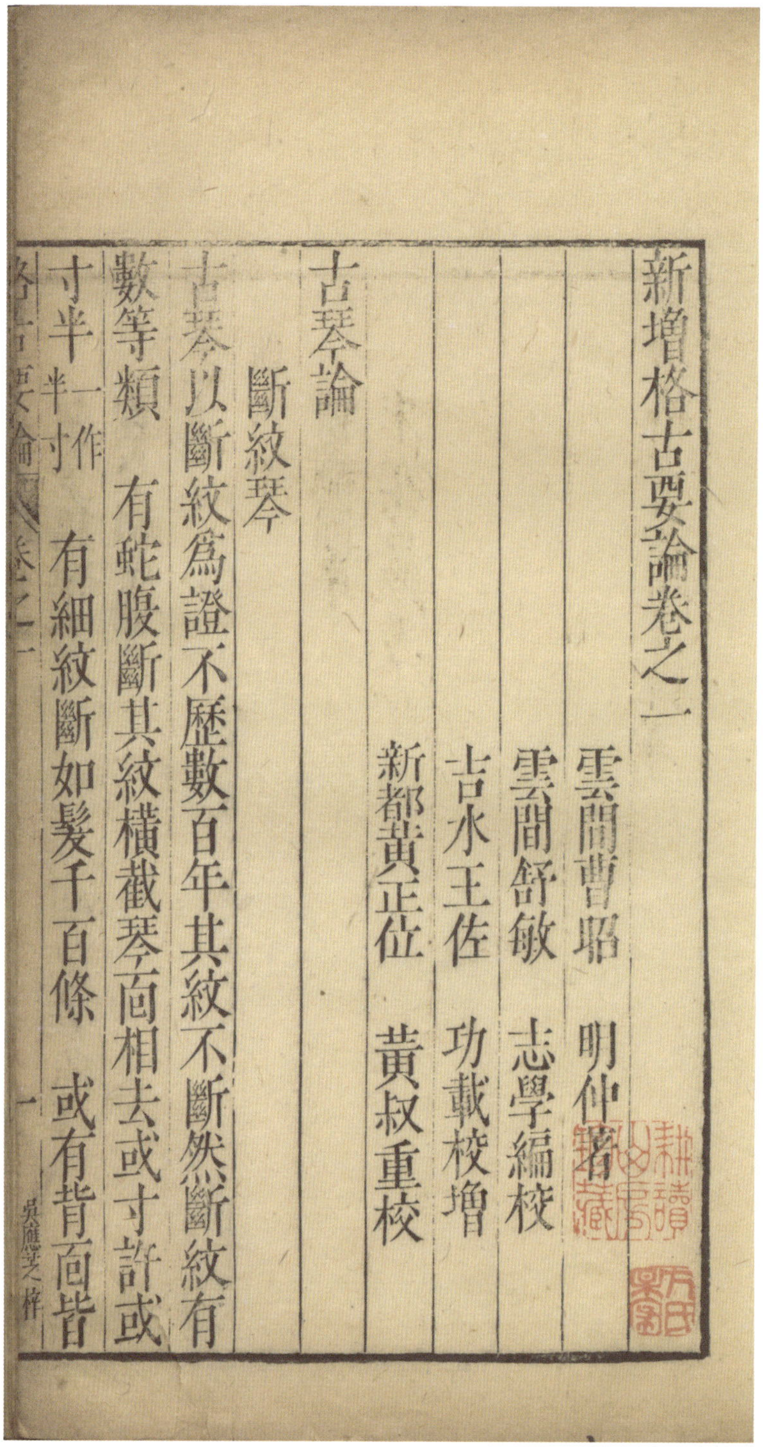

新增格古要論卷之一
雲間曹昭　明仲著
雲間舒敏　志學編校
吉水王佐　功載校增
新都黃正位　黃叔重校

古琴論
斷紋琴
古琴以斷紋爲證不歷數百年其紋不斷然斷紋有
數等類　有蛇腹斷其紋橫截琴面相去或寸許或
寸半（一作半寸）　有細紋斷如髮千百條　或有背面皆

格古要論卷之一　一
吳應登之梓

新增格古要論十三卷　（明）曹昭撰　（明）王佐增補　明黃正位刻本。八册。半頁十行二十字，小字雙行同，白口，四周單邊。框高19.4厘米、寬11.9厘米。中山大學圖書館藏。

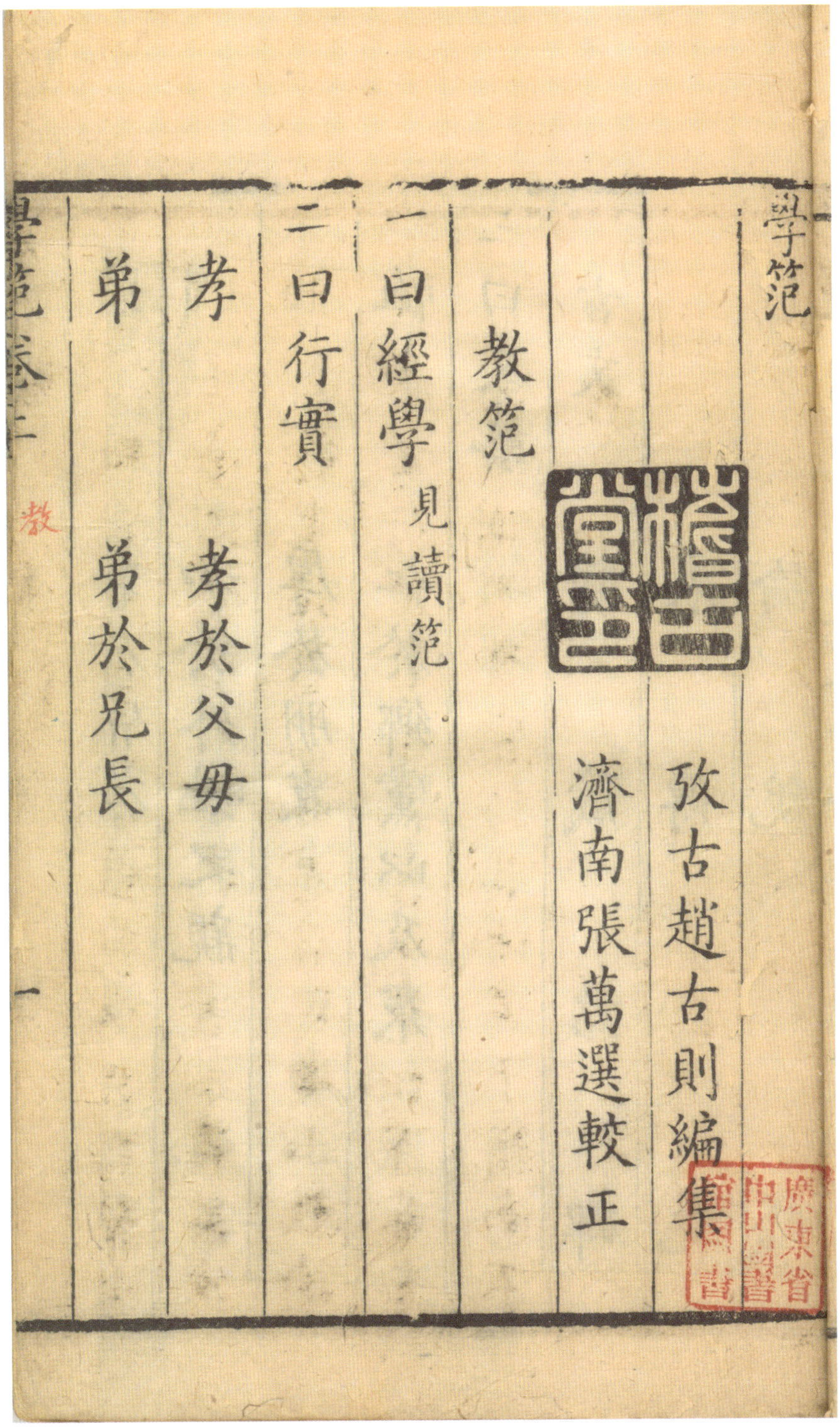
學范
攷古趙古則編集
濟南張萬選較正
教范
一曰經學 見讀范
二曰行實
孝
孝於父母
弟
弟於兄長
學范卷二
一

學范二卷　（明）趙撝謙撰　明末刻本。一册。半頁八行十六字，白口，四周單邊。框高18.9厘米、寬14.3厘米。廣東省立中山圖書館藏。

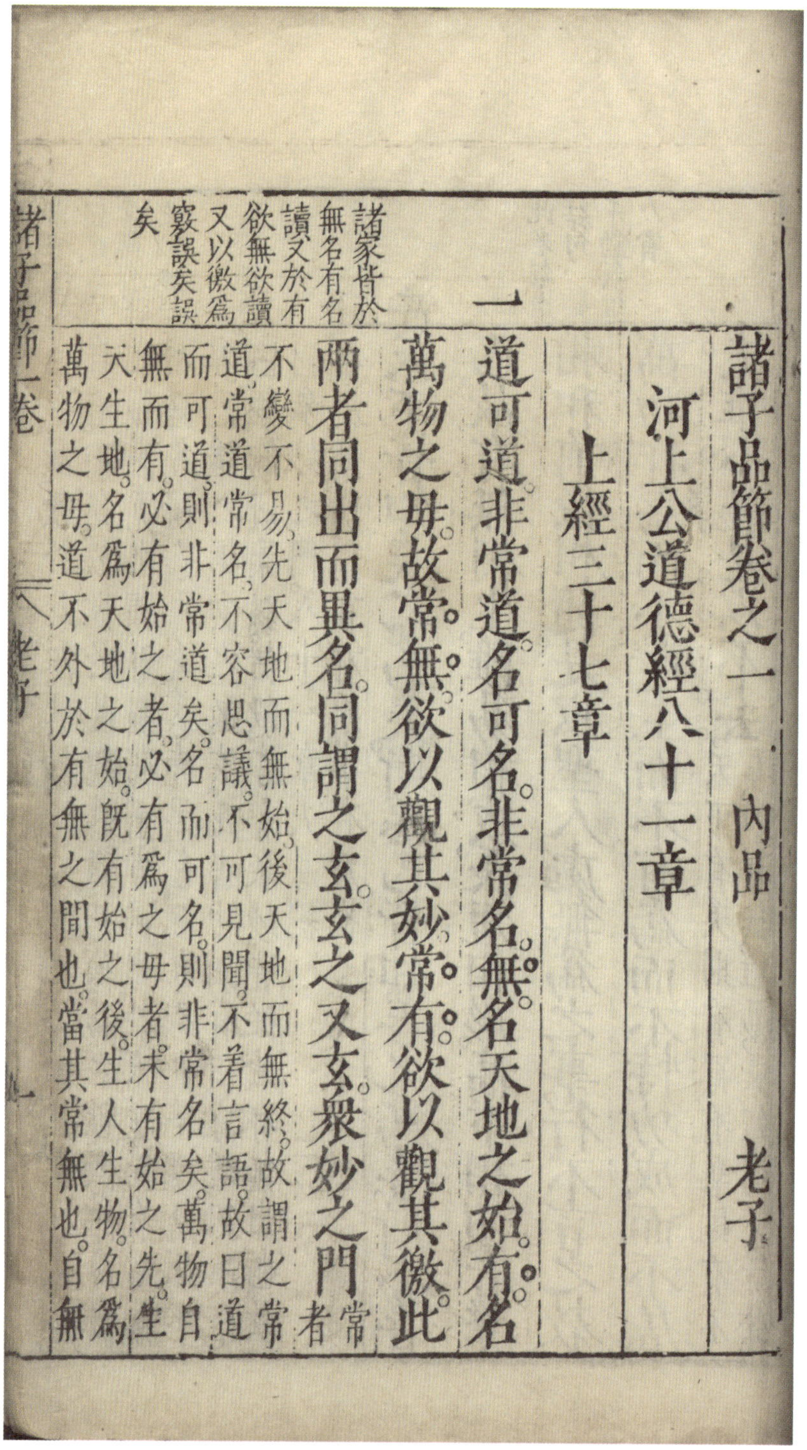

諸子品節五十卷　（明）陳深輯　明萬曆刻本。二十六册。上下兩欄，半頁九行二十字，小字雙行同，白口，四周單邊。框高21.5厘米、寬14厘米。中山大學圖書館藏。

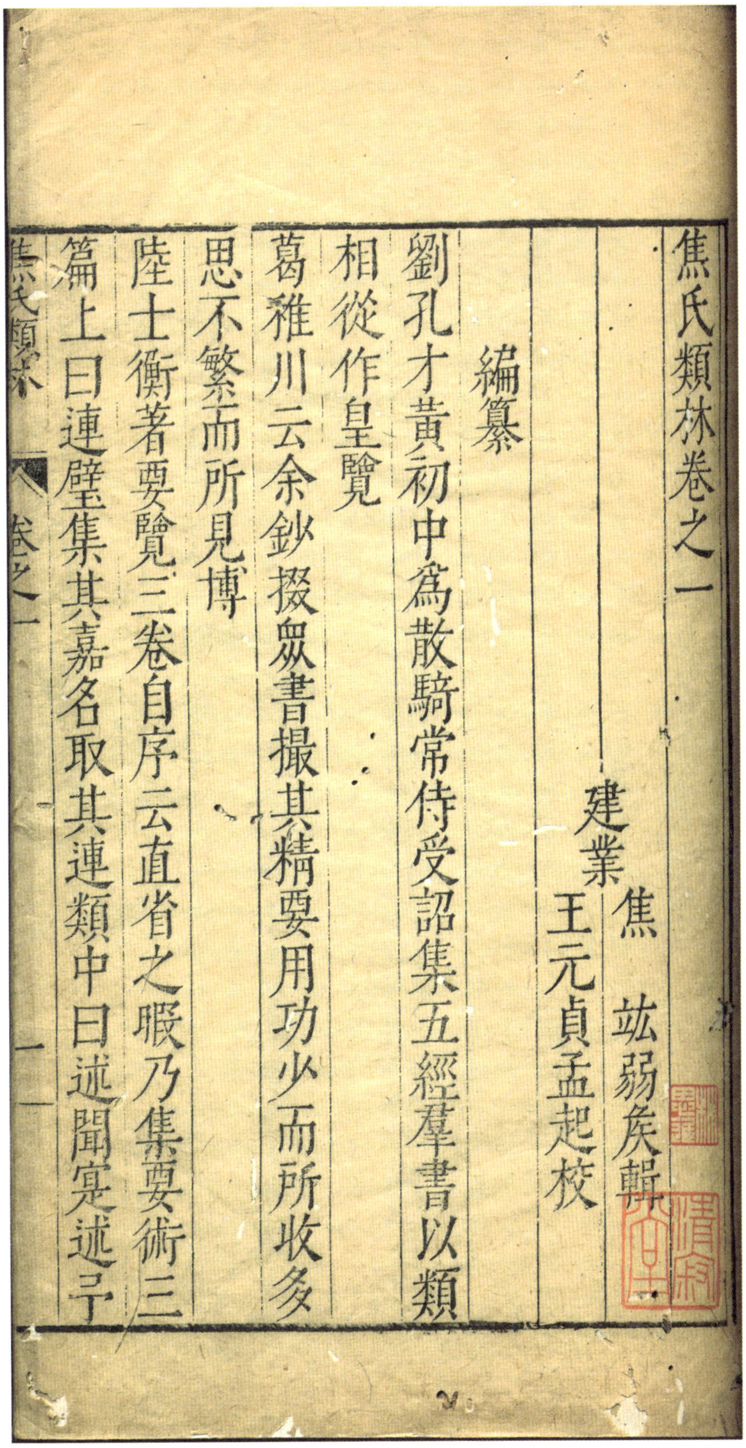
焦氏類林卷之一

建業　焦　竑弱侯輯

王元貞孟起校

編纂

劉孔才黄初中爲散騎常侍受詔集五經羣書以類相從作皇覽

葛稚川云余鈔掇衆書撮其精要用功少而所收多思不繁而所見博

陸士衡著要覽三卷自序云直省之暇乃集要術三篇上曰連璧集其嘉名取其連類中曰逑聞寔逑子

焦氏類林　卷之一　一

焦氏類林八卷　（明）焦竑輯　明萬曆十五年（1587）王元貞刻本。四冊。半頁十行二十字，白口，左右雙邊。框高20.3厘米、寬14厘米。暨南大學圖書館藏。

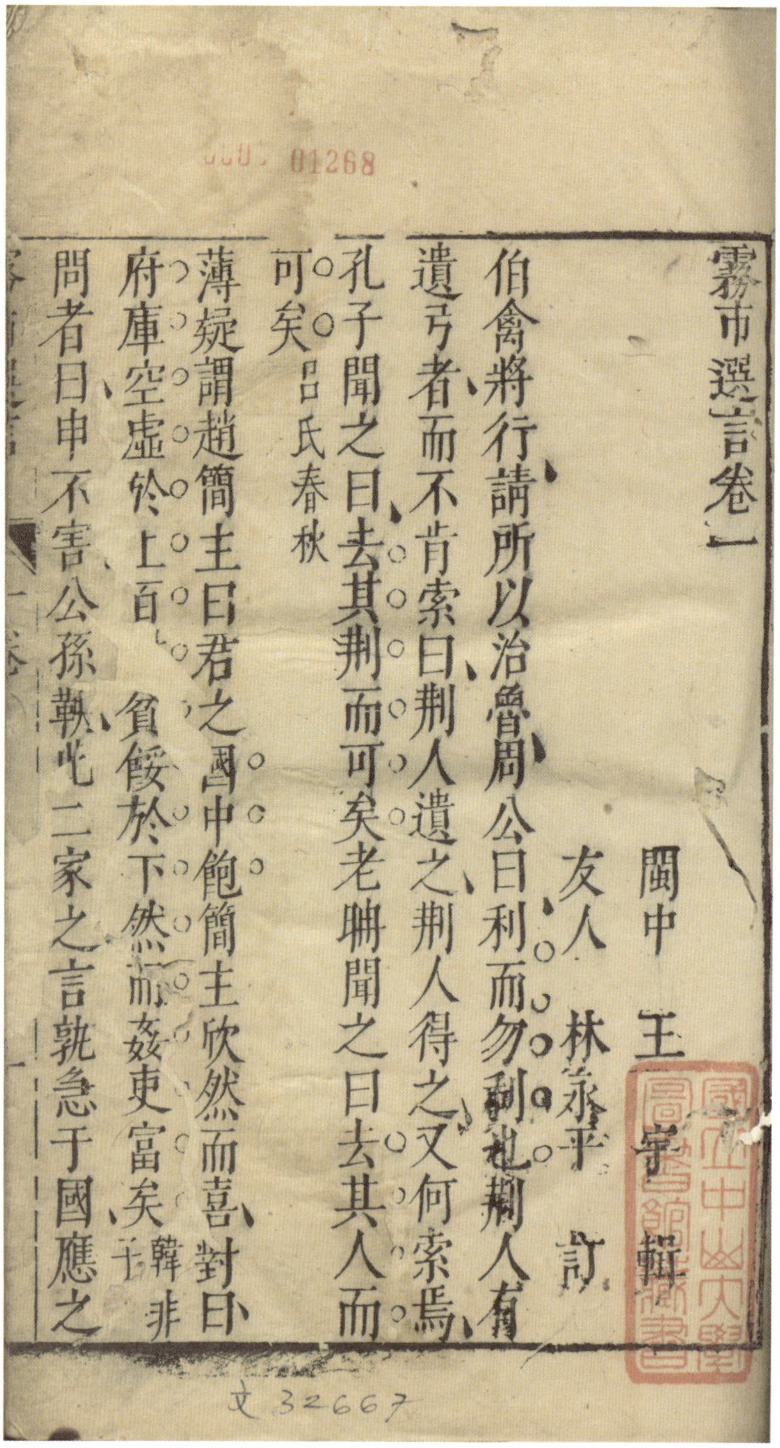
霧市選言卷一
閩中　王宇輯
友人　林蒸平　訂
伯禽將行請所以治魯周公曰利而勿利也荆人有遺弓者而不肯索曰荆人遺之荆人得之又何索焉孔子聞之曰去其荆而可矣老聃聞之曰去其人而可矣　呂氏春秋
薄疑謂趙簡主曰君之國中飽簡主欣然而喜對曰府庫空虛於上百姓貧餒於下然而姦吏富矣　韓非子
問者曰申不害公孫鞅此二家之言孰急于國應之

霧市選言四卷　（明）王宇輯　明刻本。二册。半頁十行二十字，小字雙行同，白口，四周單邊。框高20.6厘米、寬14.2厘米。中山大學圖書館藏。

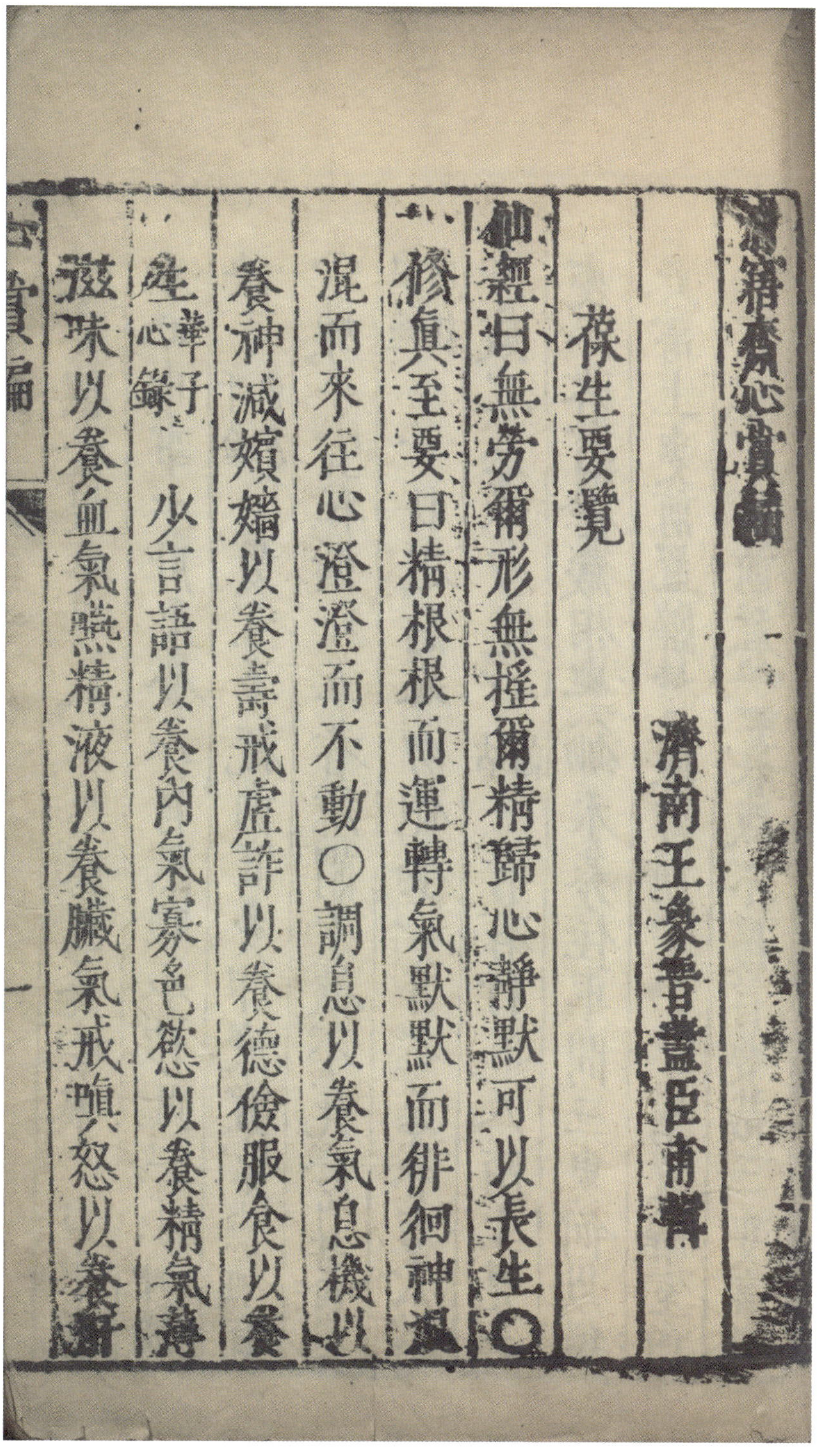

清窮齋心賞編一卷　（明）王象晉輯　清康熙刻王漁洋遺書本。一册。半頁九行二十字，小字雙行同，白口，四周單邊。框高20.8厘米、寬13.8厘米。中山大學圖書館藏。

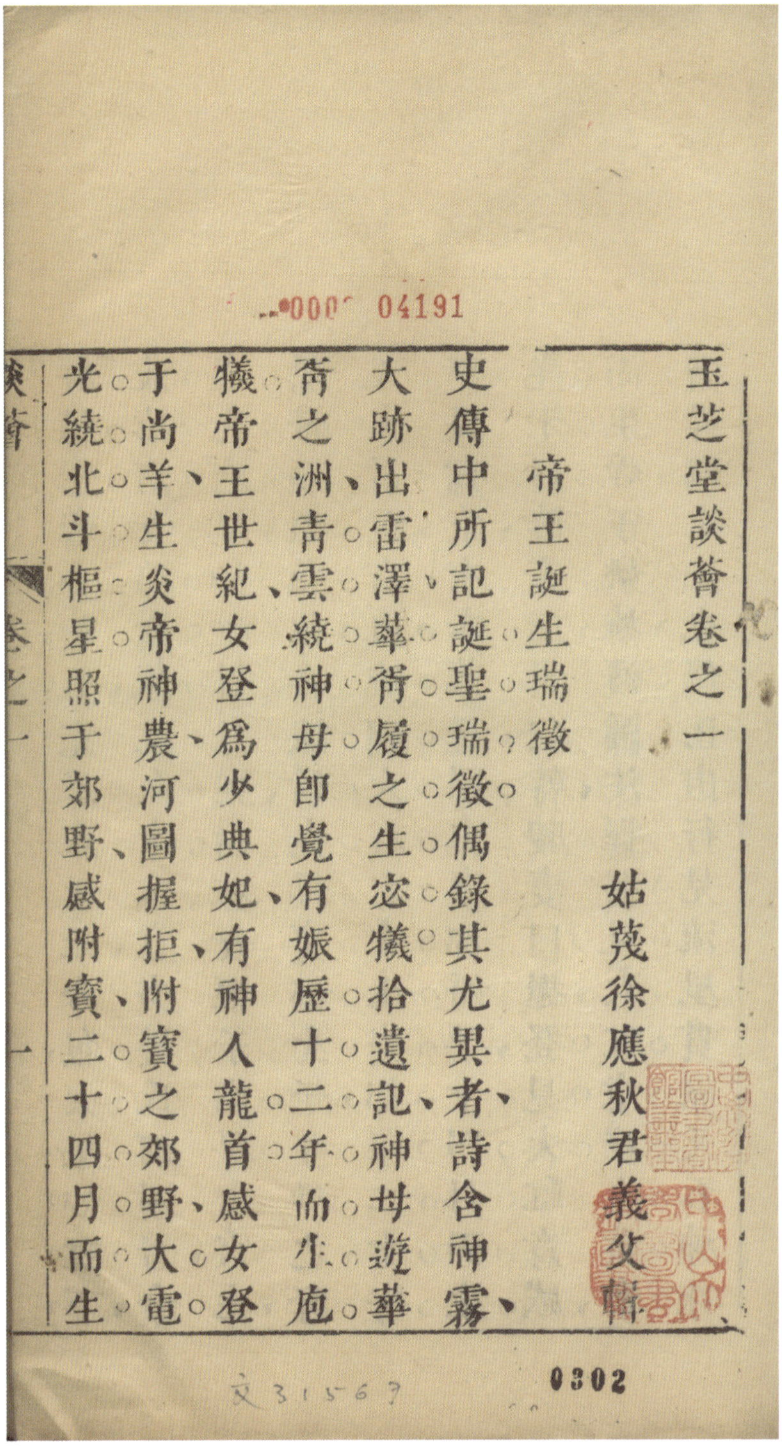

玉芝堂談薈三十六卷　（明）徐應秋輯　明刻清康熙四十二年（1703）補刻本。三十六册。半頁九行十九字，小字雙行同，白口，四周單邊。框高18.6厘米、13.5厘米。中山大學圖書館藏。

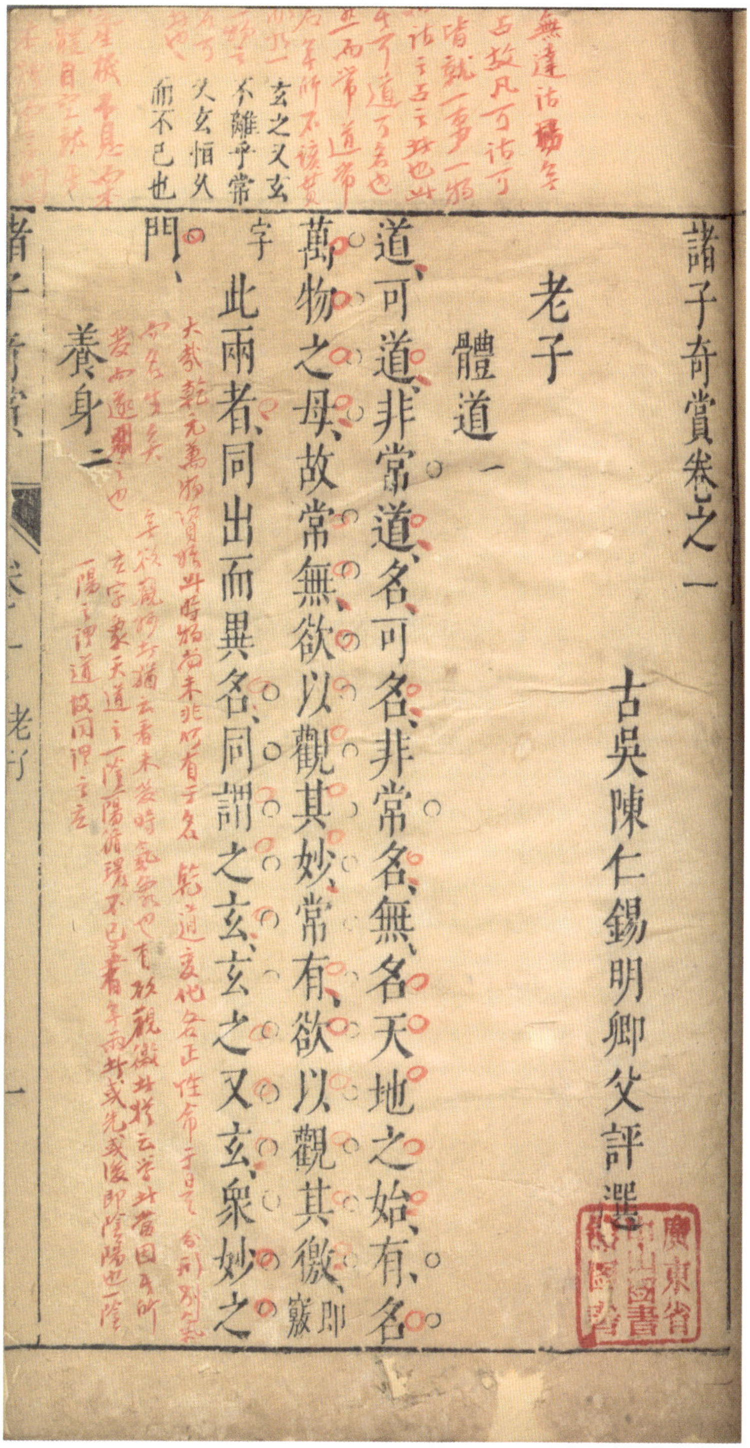
諸子奇賞卷之一

古吳陳仁錫明卿父評選

老子

體道一

道可道非常道名可名非常名無名天地之始有名萬物之母故常無欲以觀其妙常有欲以觀其徼（徼即竅）此兩者同出而異名同謂之玄玄之又玄衆妙之門

養身二

諸子奇賞前集五十一卷後集六十卷　（明）陳仁錫輯評　明末刻本。存八十九卷（缺前集三十至五十一）。三十六册。半頁九行二十字，白口，四周單邊。框高20.5厘米、寬13.7厘米。廣東省立中山圖書館藏。

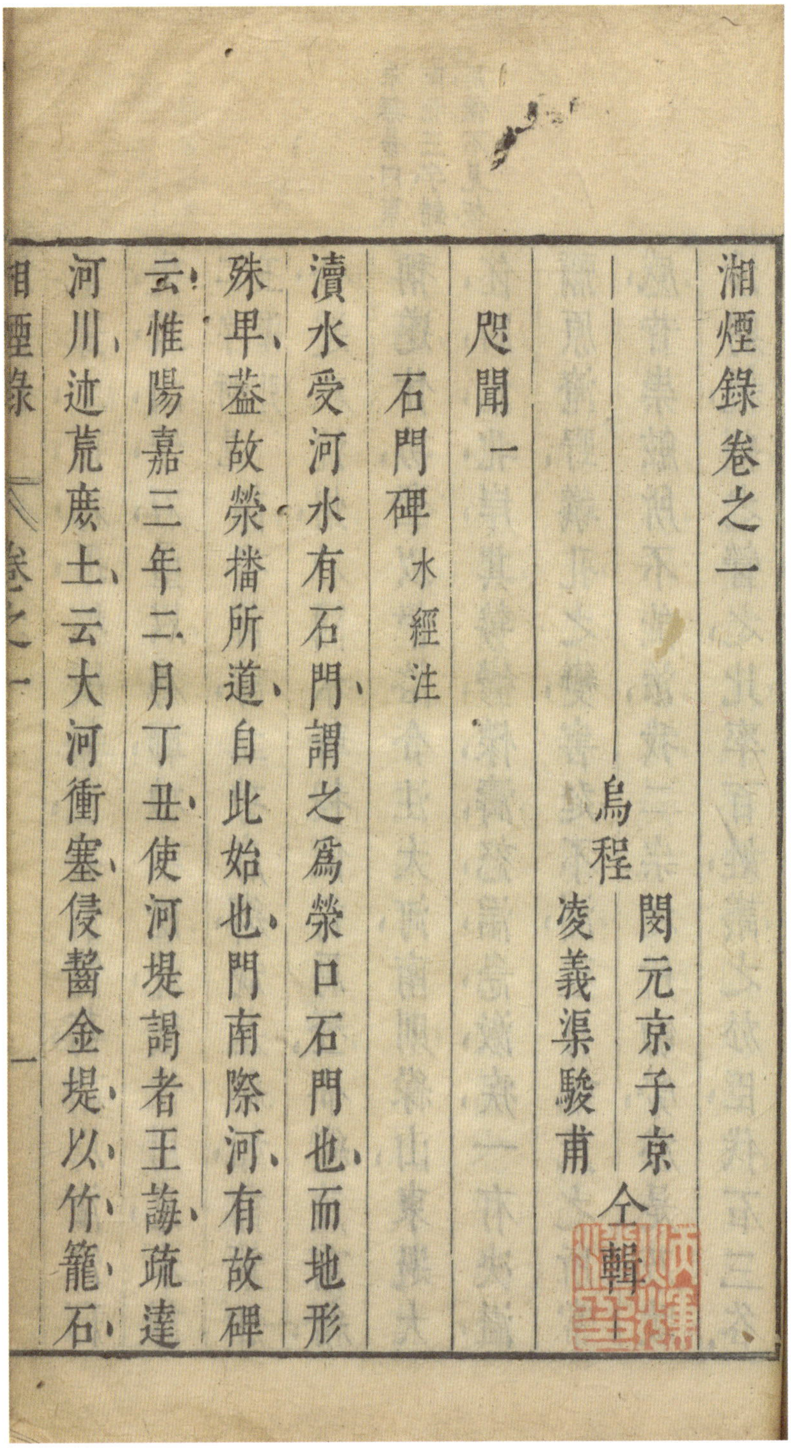
湘煙録卷之一
烏程 閔元京子京 仝輯
凌義渠駿甫
咫聞一
石門碑 水經注
濟水受河水有石門謂之爲滎口石門也而地形殊卑蓋故滎播所道自此始也門南際河有故碑云惟陽嘉三年二月丁丑使河堤謁者王誨疏達河川遹荒庶土云大河衝塞侵齧金堤以竹籠石
湘煙録 卷之一 一

湘煙録十六卷 （明）閔元京　凌義渠輯　明天啓刻本。四册。半頁九行十九字，小字雙行同，四周單邊。框高19.9厘米、寬13.5厘米。廣東省社會科學院藏。

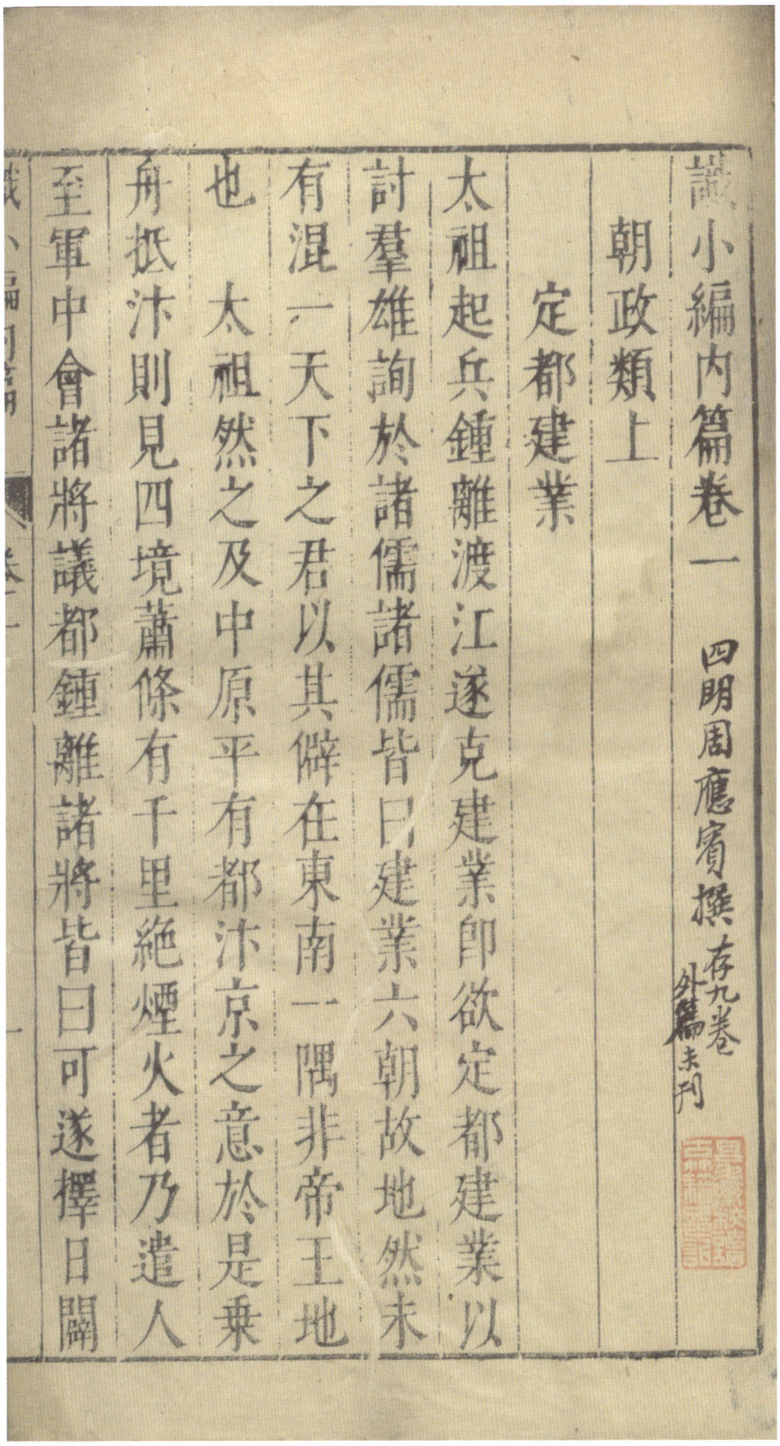
識小編內篇卷一　四明周應賓撰　存九卷　外篇未刊
朝政類上
定都建業
太祖起兵鍾離渡江遂克建業即欲定都建業以
討羣雄詢於諸儒諸儒皆曰建業六朝故地然未
有混一天下之君以其僻在東南一隅非帝王地
也太祖然之及中原平有都汴京之意於是乘
舟抵汴則見四境蕭條有千里絕煙火者乃遣人
至軍中會諸將議都鍾離諸將皆曰可遂擇日闢
識小編內篇　卷一

識小編内篇九卷　（明）周應賓輯　明天啓刻本。四册。半頁九行十九字，小字雙行同，白口，四周單邊。框高22.4厘米、寬12.7厘米。中山大學圖書館藏。

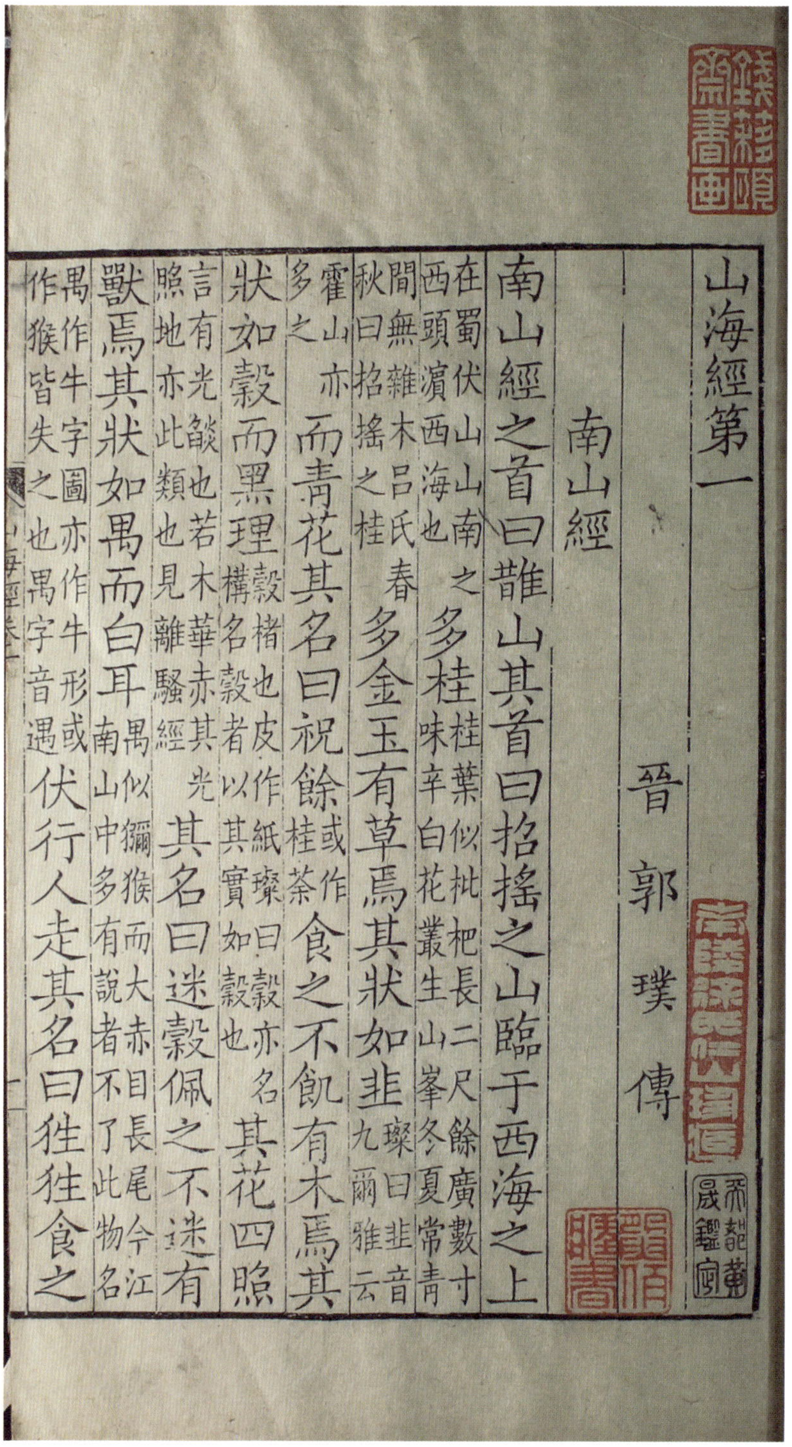

山海經十八卷　（晉）郭璞傳　清乾隆刻本。四册。半頁十一行二十一字，小字雙行同，白口，四周單邊。框高18.2厘米、寬13.7厘米。華南師範大學圖書館藏。

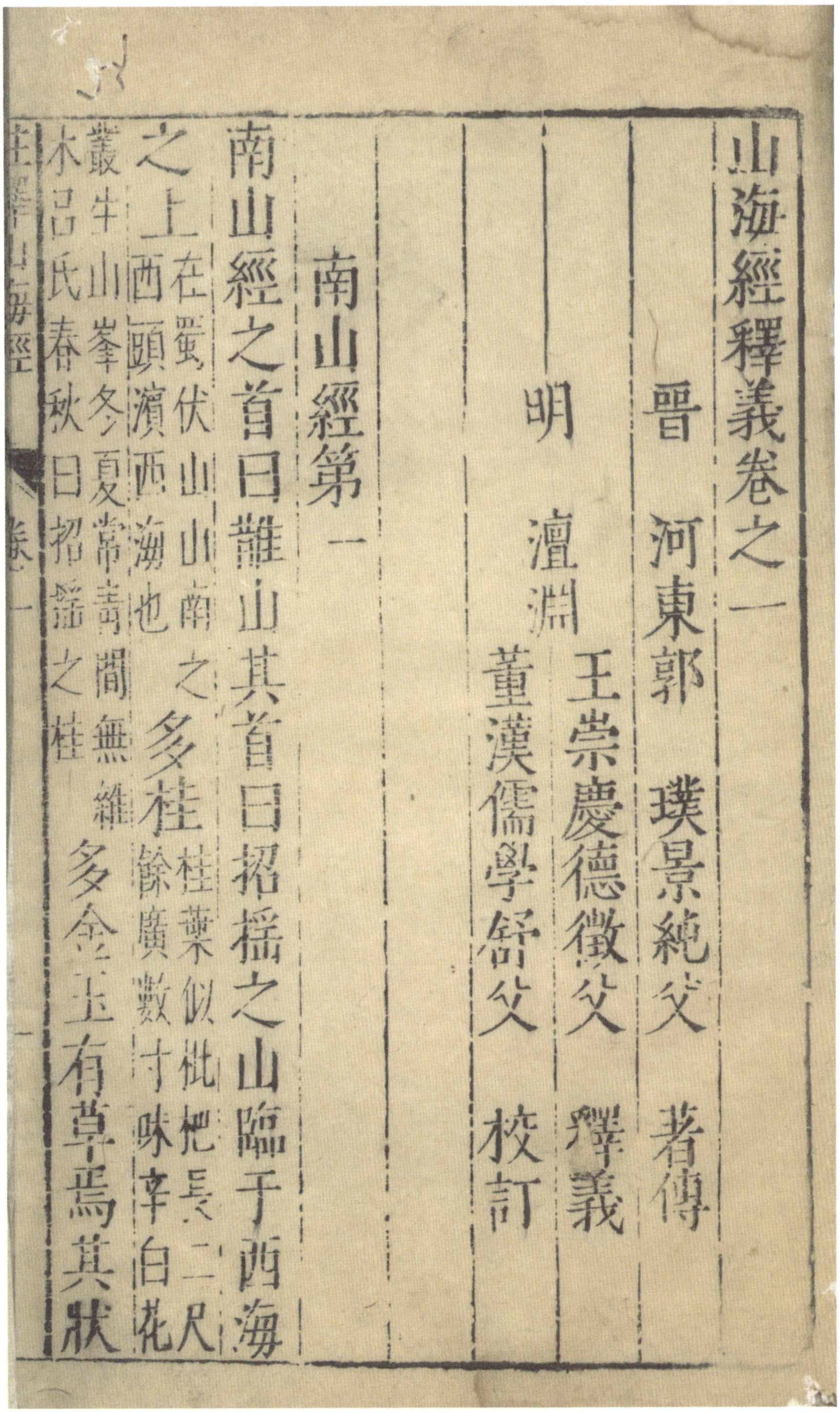
山海經釋義卷之一

晉　河東郭　璞景純父　著傳

明　瀘淵　王崇慶德徵父　釋義

董漢儒學舒父　校訂

南山經第一

南山經之首曰䧿山其首曰招搖之山臨于西海之上在蜀伏山山南之西頭濱西海也多桂桂葉似枇杷長二尺餘廣數寸味辛白花叢生山峯冬夏常青間無雜木呂氏春秋曰招搖之桂多金玉有草焉其狀

山海經　卷一

山海經釋義十八卷圖一卷　（明）王崇慶撰　明萬曆大業堂刻本。存十八卷（缺圖一）。六册。半頁九行十九字，小字雙行同，白口，四周單邊。框高22.2厘米、寬14厘米。中山大學圖書館藏。

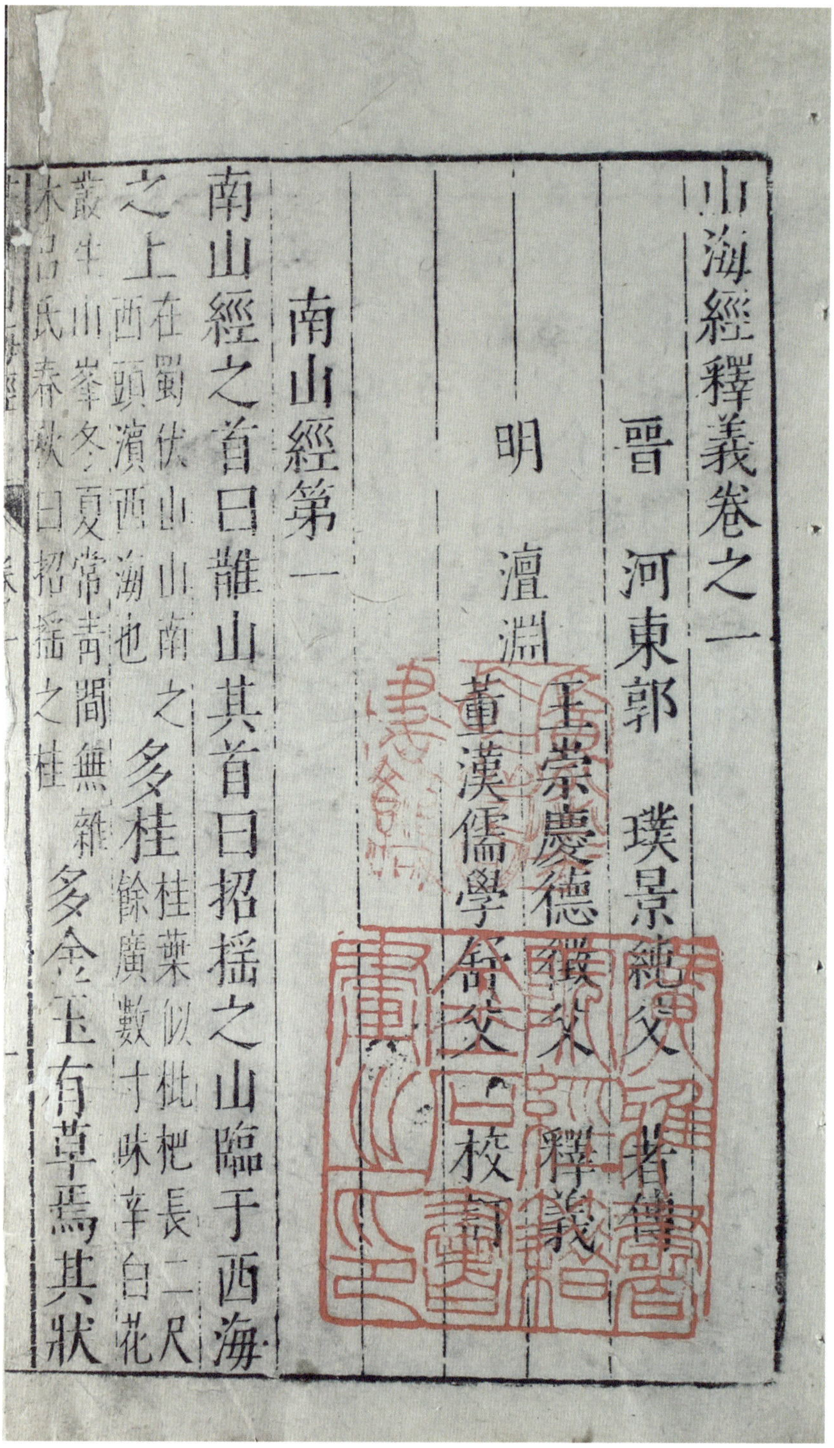

山海經釋義卷之一
晉　河東郭　璞景純父　著傳
明　澶淵　王崇慶德徵父　釋義
董漢儒學舒父　校訂

南山經第一
南山經之首曰䧿山其首曰招搖之山臨于西海之上在蜀伏山山南之西頭濱西海也多桂桂葉似枇杷長二尺餘廣數寸味辛白花叢生山峯冬夏常青間無雜木呂氏春秋曰招搖之桂多金玉有草焉其狀

山海經釋義十八卷圖一卷　（明）王崇慶撰　明萬曆大業堂刻本。二册。半頁九行十九字，小字雙行同，白口，四周單邊。框高22.1厘米、寬14.6厘米。華南師範大學圖書館藏。

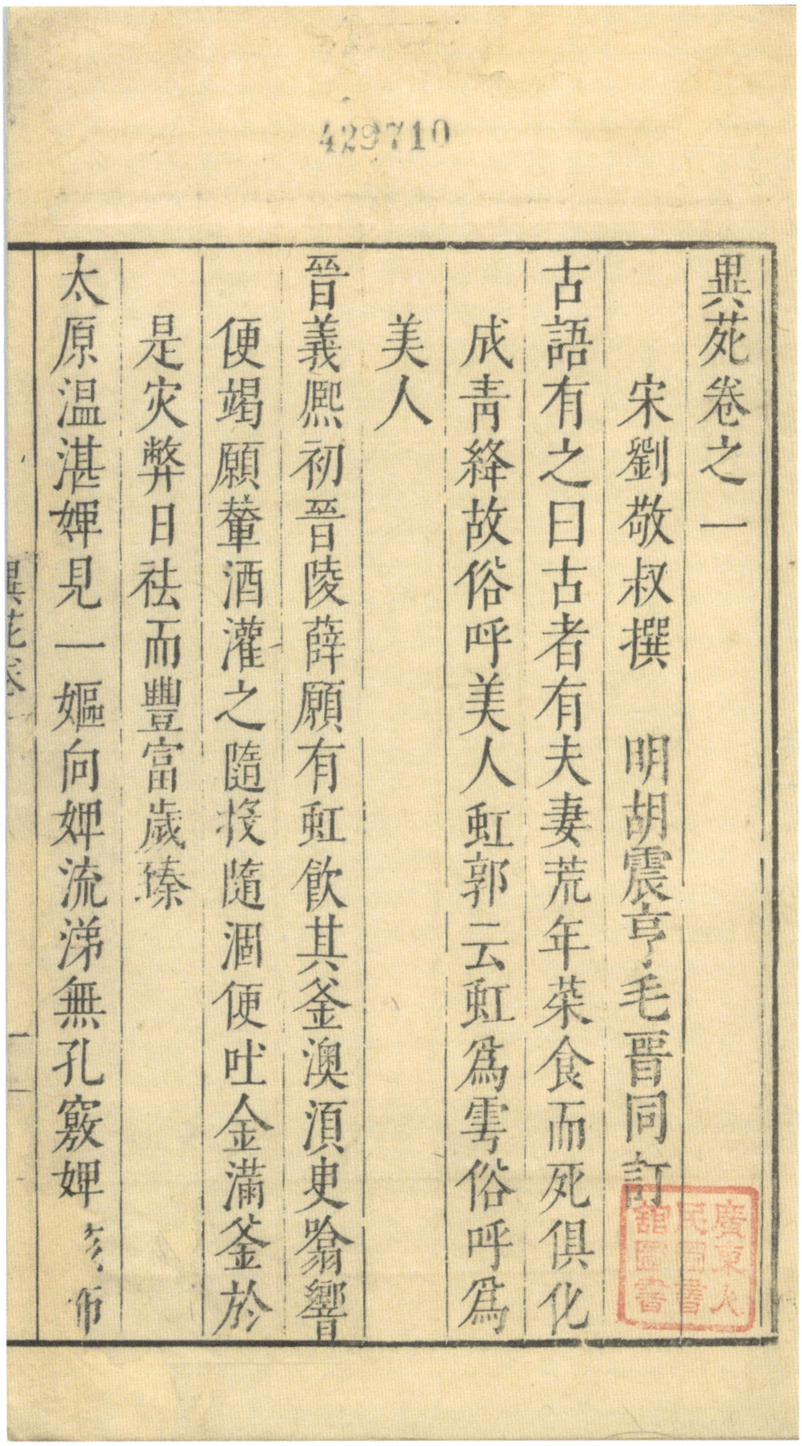

異苑卷之一

宋劉敬叔撰　明胡震亨毛晉同訂

古語有之曰古者有夫妻荒年菜食而死俱化成青絳故俗呼美人虹郭云虹爲雩俗呼爲美人

晉義熙初晉陵薛願有虹飲其釜澳須臾翕響便竭願輦酒灌之隨投隨涸便吐金滿釜於是災弊日祛而豐富歲臻

太原温湛婢見一嫗向婢流涕無孔竅婢[illegible][illegible]

異苑卷一　一

異苑十卷　（南朝宋）劉敬叔撰　明崇禎毛氏汲古閣刻津逮祕書本。一册。半頁九行十八字，白口，左右雙邊。框高19.4厘米、寬14厘米。廣東省立中山圖書館藏。

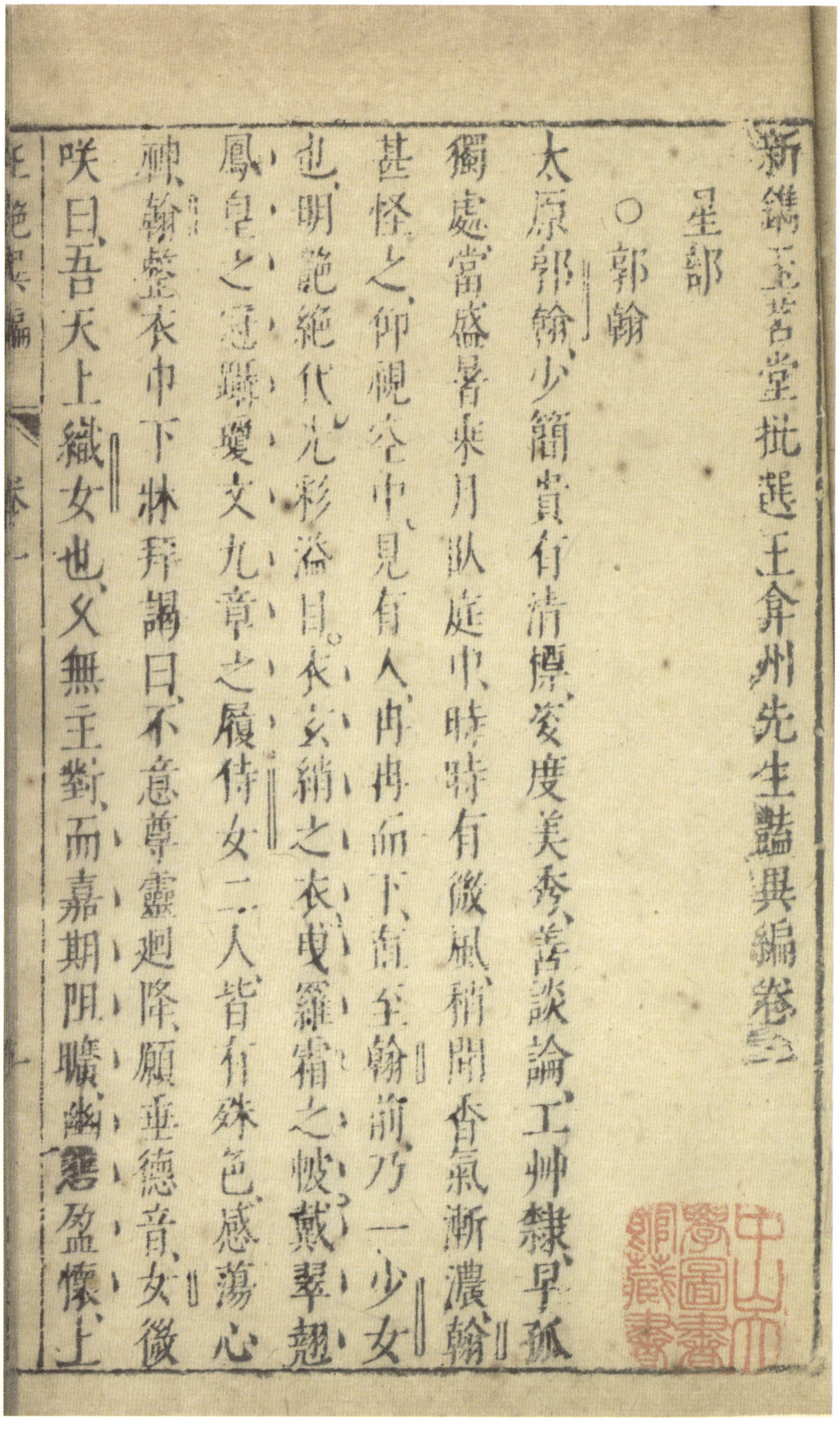
新鐫玉茗堂批選王弇州先生豔異編卷之一

星部

○郭翰

太原郭翰少簡貴有清標姿度美秀善談論工艸隸早孤獨處當盛暑乘月臥庭中時時有微風稍聞香氣漸濃翰甚怪之仰視空中見有人冉冉而下直至翰前乃一少女也明艷絕代光彩溢目衣玄綃之衣曳霜羅之帔戴翠翹鳳皇之冠躡瓊文九章之履侍女二人皆有殊色感蕩心神翰整衣巾下牀拜謁曰不意尊靈迴降願垂德音女微咲曰吾天上織女也久無主對而嘉期阻曠幽態盈懷上

豔異編　卷一　一

新鐫玉茗堂批選王弇州先生豔異編四十卷續編十九卷　（明）王世貞撰　（明）湯顯祖評　明末刻本。二十册。半頁十行二十二字，白口，四周單邊。框高21.2厘米、寬13.6厘米。中山大學圖書館藏。

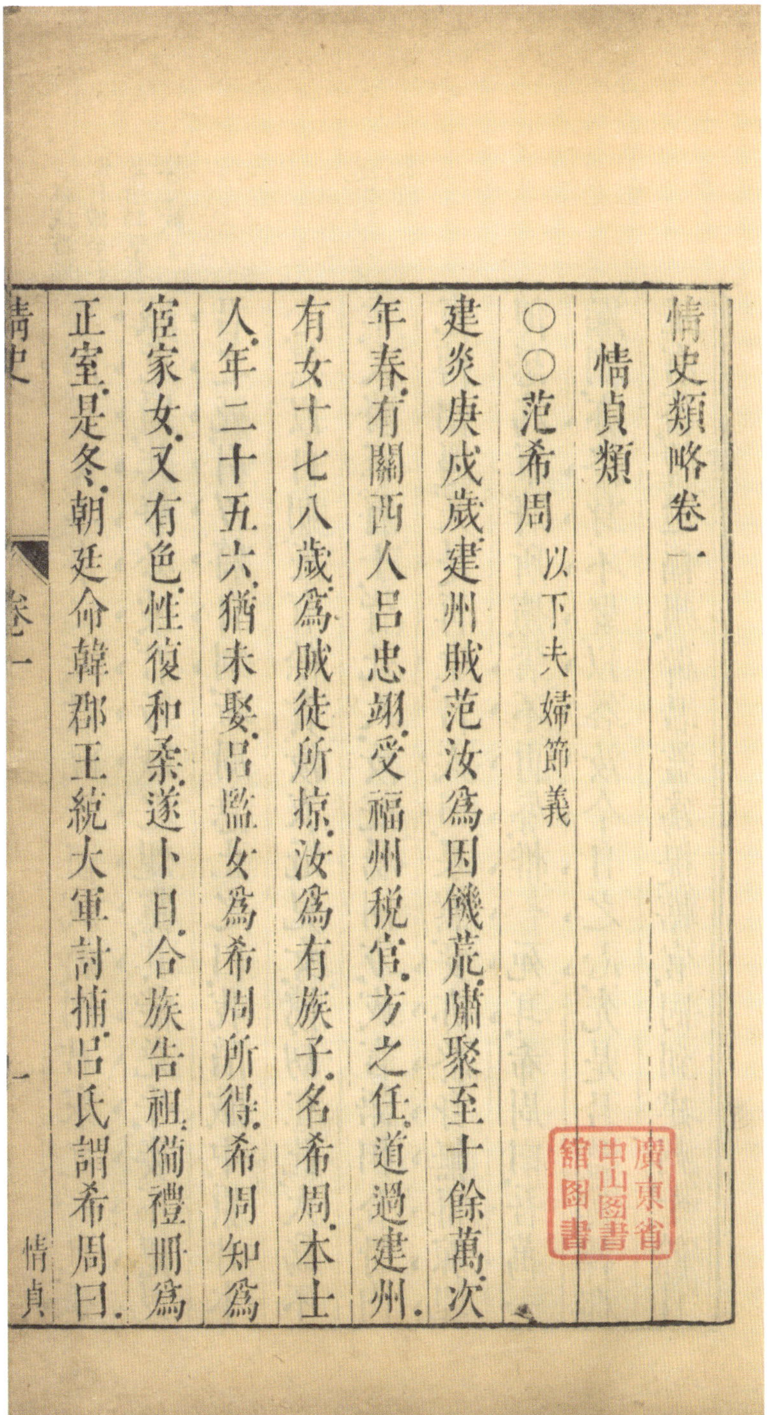
情史類略卷一

情貞類

○○范希周　以下夫婦節義

建炎庚戌歲建州賊范汝爲因饑荒嘯聚至十餘萬次年春有關西人呂忠翊受福州稅官方之任道過建州有女十七八歲爲賊徒所掠汝爲有族子名希周本士人年二十五六猶未娶呂監女爲希周所得希周知爲官家女又有色性復和柔遂卜日合族告祖備禮聘爲正室是冬朝廷命韓郡王統大軍討捕呂氏謂希周曰

情史　卷一　一　情貞

情史類略二十四卷　（明）馮夢龍輯　明末刻本。十二册。半頁九行二十一字，白口，左右雙邊。框高19.9厘米、寬14.2厘米。廣東省立中山圖書館藏。

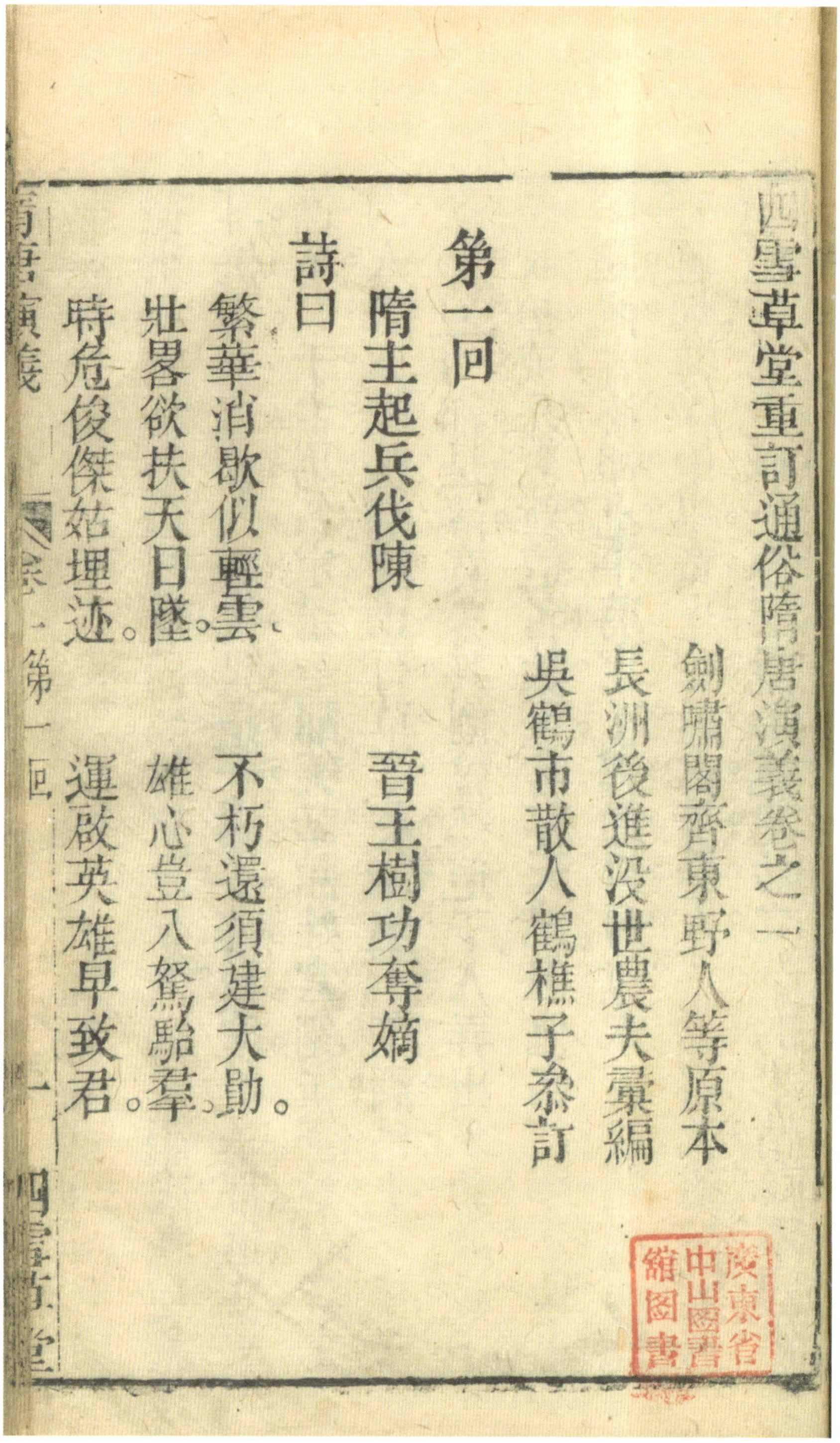

四雪草堂重訂通俗隋唐演義卷之一
劍嘯閣齊東野人等原本
長洲後進沒世農夫彙編
吳鶴市散人鶴樵子參訂

第一回

隋主起兵伐陳　晉王樹功奪嫡

詩曰

繁華消歇似輕雲。不朽還須建大勛。
壯畧欲扶天日墜。雄心豈入駑駘羣。
時危俊傑姑埋迹。運啟英雄早致君。

隋唐演義　卷一　第一回　一　四雪草堂

四雪草堂重訂通俗隋唐演義二十卷一百回　（清）褚人穫撰　清康熙五十八年（1719）四雪草堂刻本。二十册。半頁十行二十三字，白口，四周單邊。框高21.1厘米、寬14.5厘米。廣東省立中山圖書館藏。

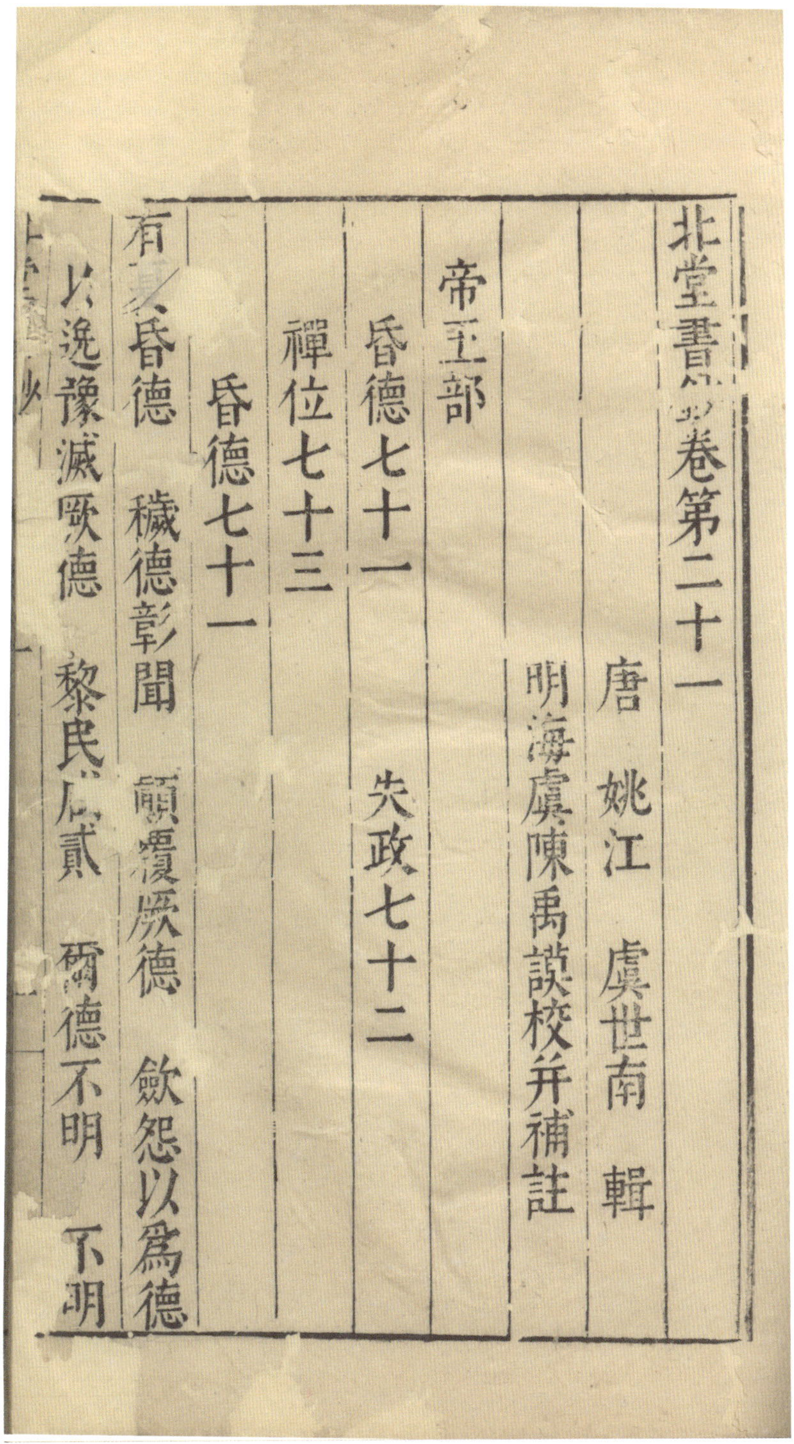

北堂書鈔卷第二十一

唐　姚江　虞世南　輯

明海虞陳禹謨校并補註

帝王部

昏德七十一　失政七十二

禪位七十三

昏德七十一

有夏昏德　穢德彰聞　顛覆厥德　歛怨以爲德

以逸豫滅厥德　黎民[illegible]貳　爾德不明　下明

北堂書鈔一百六十卷　（唐）虞世南輯　（明）陳禹謨補注　明萬曆二十八年（1600）陳禹謨刻本（卷一至二十抄配）。三十二册。半頁九行二十字，小字雙行同，白口，左右雙邊。框高21.4厘米、寬14.2厘米。中山大學圖書館藏。

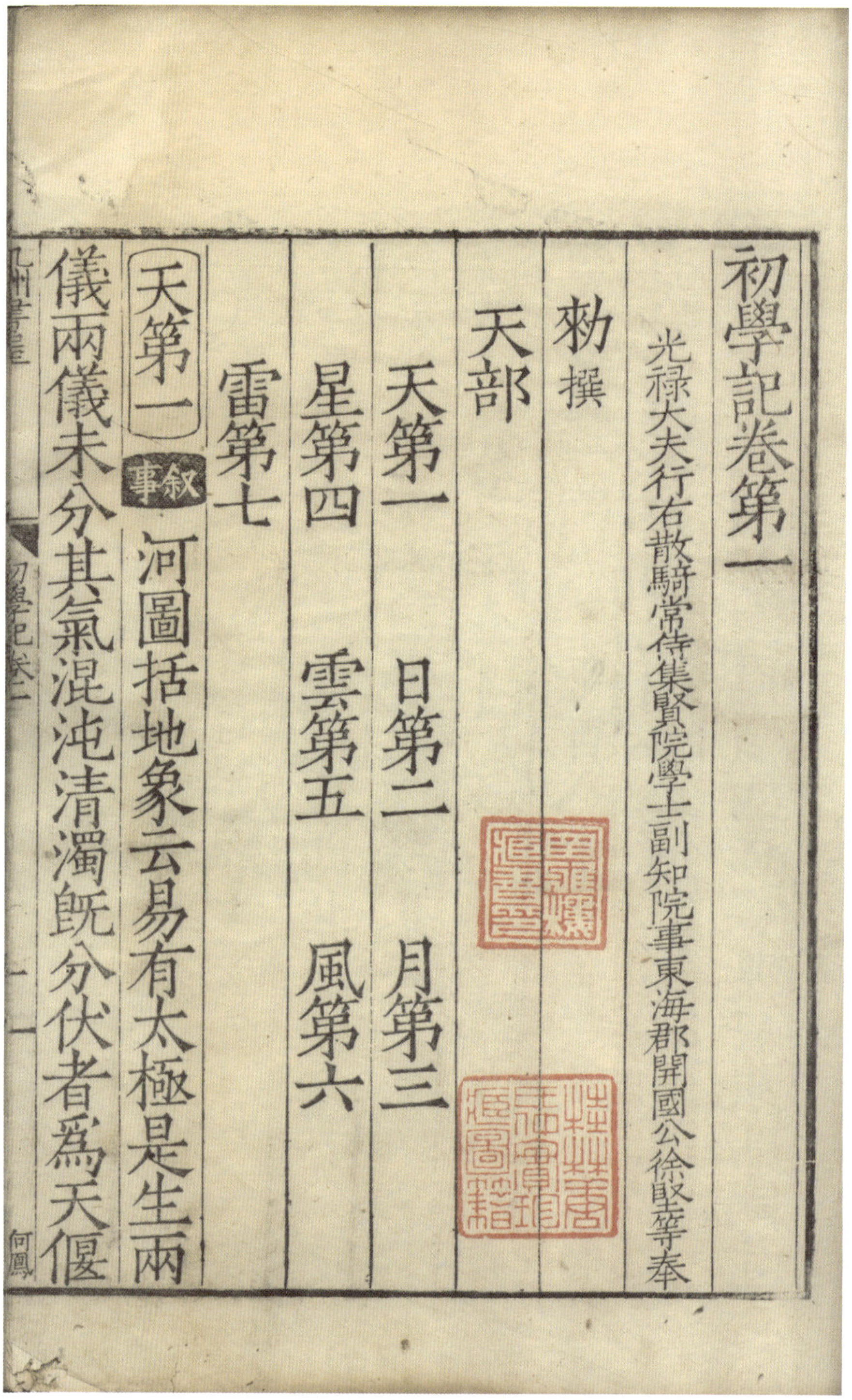

初學記卷第一
光祿大夫行右散騎常侍集賢院學士副知院事東海郡開國公徐堅等奉
勅撰
天部
天第一　日第二　月第三
星第四　雲第五　風第六
雷第七
天第一 敘事 河圖括地象云易有太極是生兩
儀兩儀未分其氣混沌清濁既分伏者爲天偃

九洲書屋　初學記卷一　一

初學記三十卷　（唐）徐堅等輯　明楊鑨九洲書屋刻本。十八册。半頁九行十八字，小字雙行二十四字，白口，左右雙邊。框高20.6厘米、寬15.5厘米。中山大學圖書館藏。

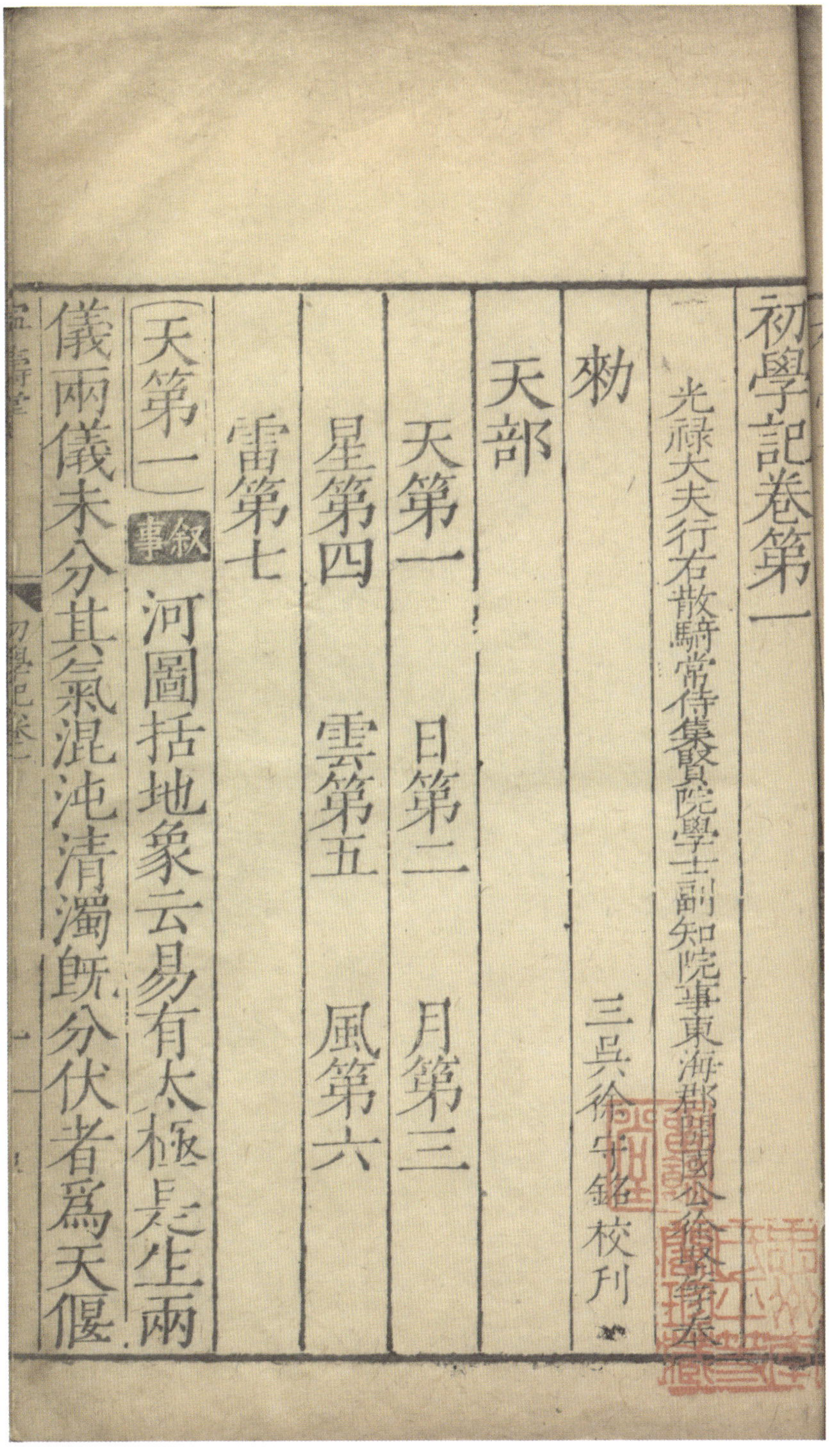

初學記卷第一

光祿大夫行右散騎常侍集賢院學士副知院事東海郡開國公徐堅等奉

勑

三吳徐守銘校刊

天部

天第一　日第二　月第三

星第四　雲第五　風第六

雷第七

天第一　叙事　河圖括地象云易有太極是生兩儀兩儀未分其氣混沌清濁既分伏者爲天偃

初學記三十卷　（唐）徐堅等輯　明萬曆十五年（1587）徐守銘寧壽堂刻本。十六册。半頁九行十八字，小字雙行二十四字，白口，左右雙邊。框高20.3厘米、寬15.3厘米。中山大學圖書館藏。

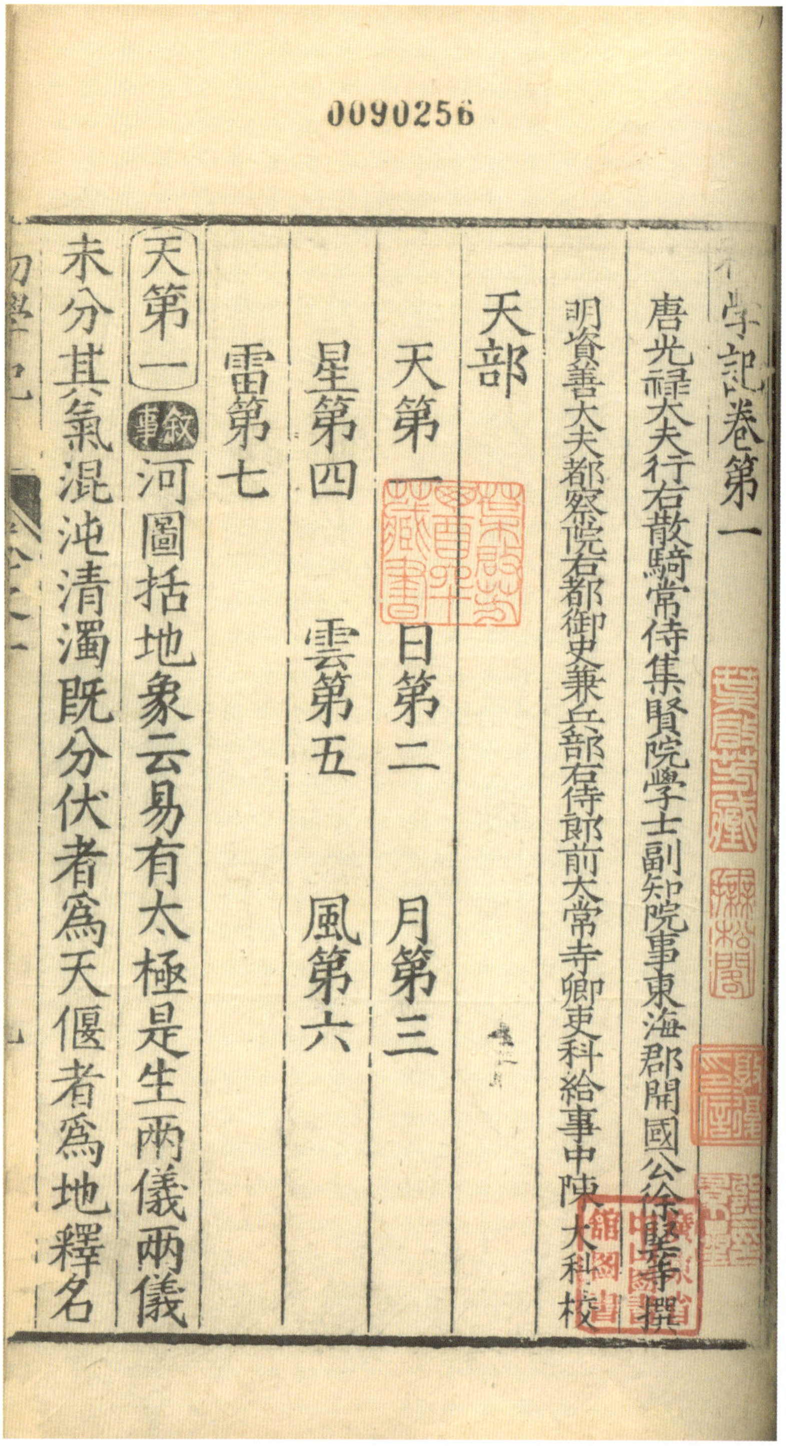

初學記卷第一

唐光祿大夫行右散騎常侍集賢院學士副知院事東海郡開國公徐堅等撰

明資善大夫都察院右都御史兼兵部右侍郎前太常寺卿吏科給事中陳大科校

天部

天第一　日第二　月第三

星第四　雲第五　風第六

雷第七

天第一　敘事　河圖括地象云易有太極是生兩儀兩儀未分其氣混沌清濁既分伏者爲天偃者爲地釋名

初學記三十卷　（唐）徐堅等輯　明萬曆二十五年至二十六年（1597—1598）陳大科刻本。十册。半頁九行二十字，小字雙行同，白口，左右雙邊。框高21.1厘米、寬15.2厘米。廣東省立中山圖書館藏。

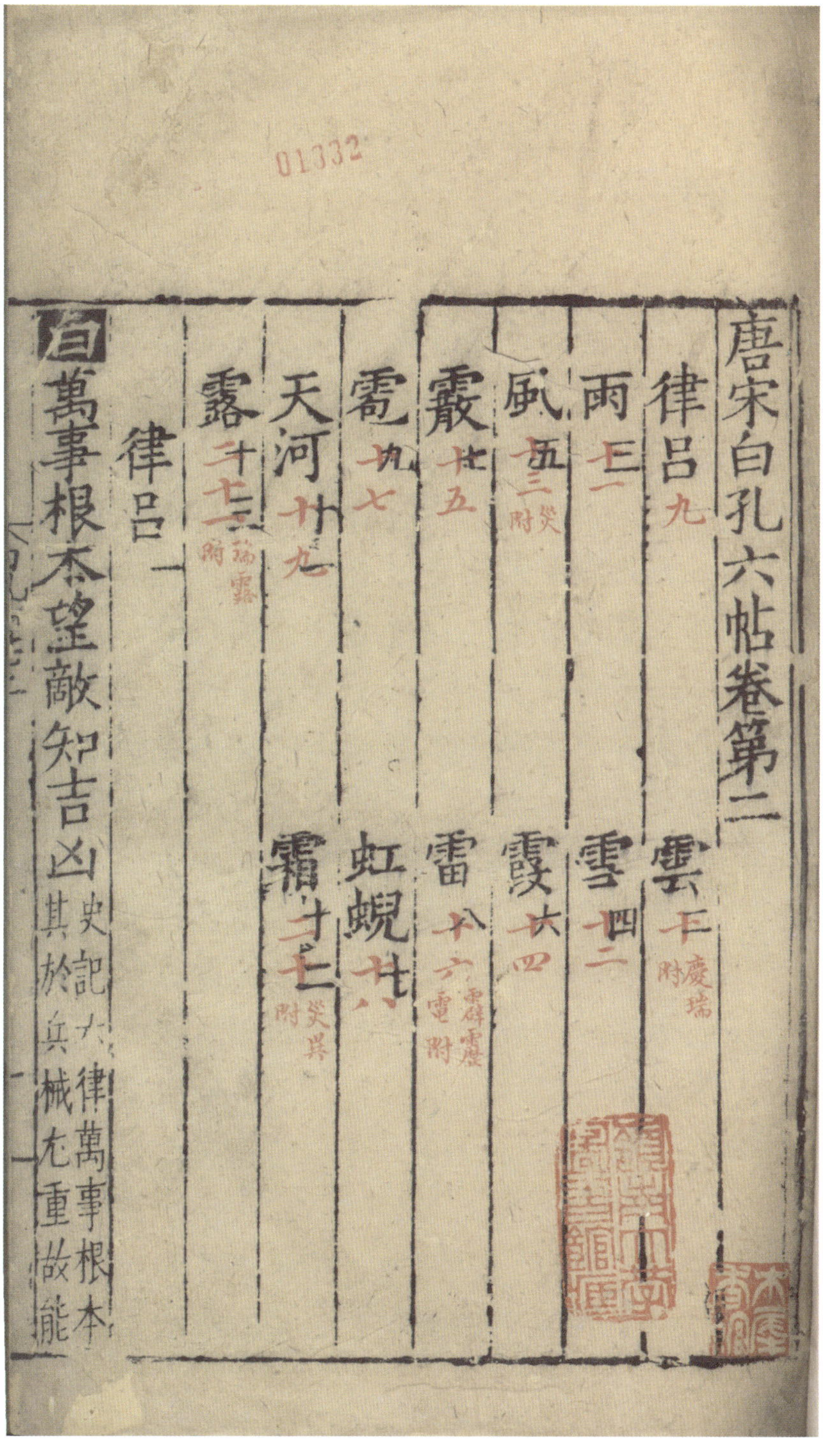

唐宋白孔六帖一百卷目録二卷　（唐）白居易輯　（宋）孔傳續輯　明刻本（卷一抄配）。四十册。半頁十行十八字，小字雙行同，白口，左右雙邊。框高19.4厘米、寬14.7厘米。中山大學圖書館藏。

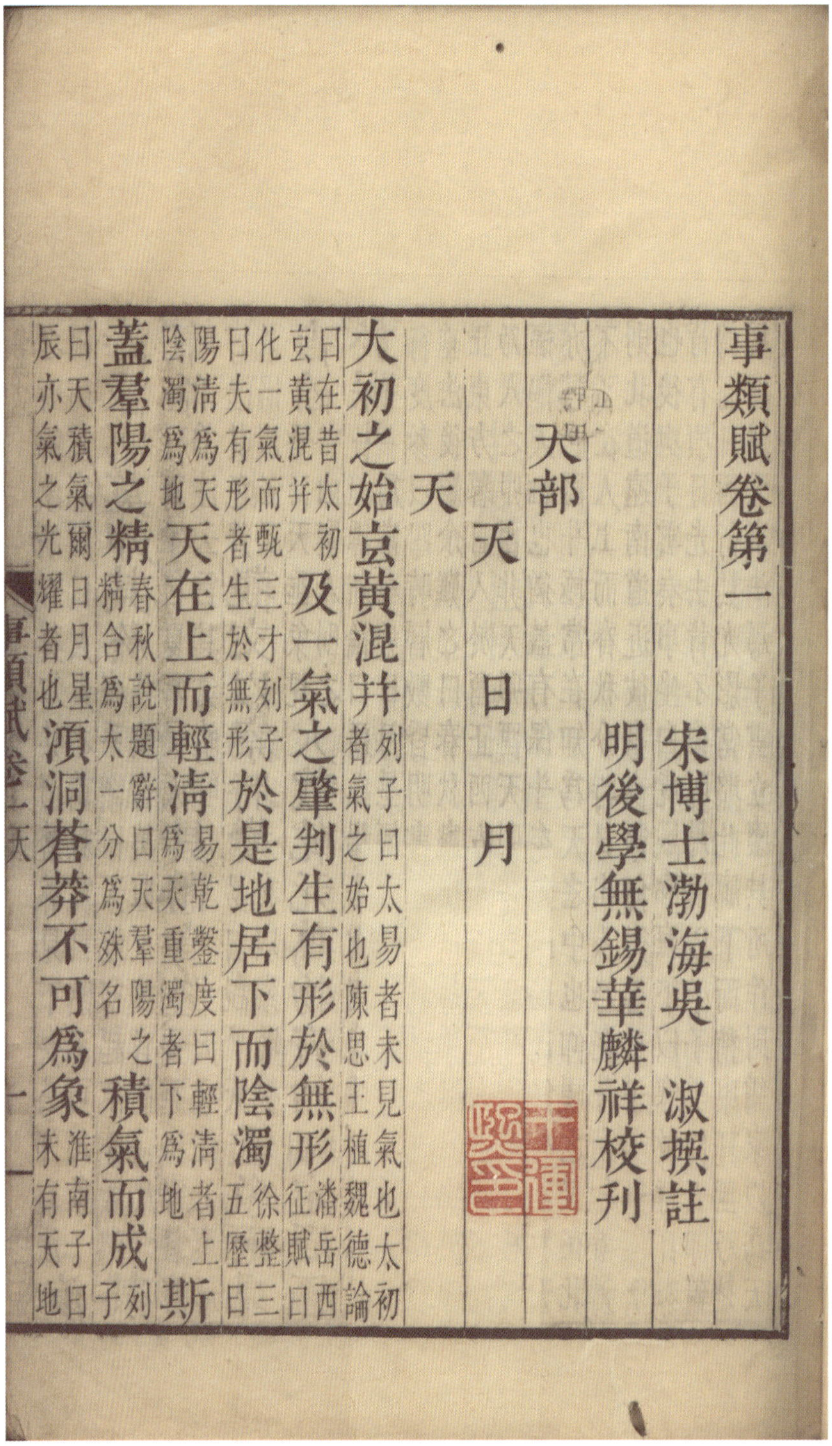

事類賦卷第一

宋博士渤海吳　淑撰註

明後學無錫華麟祥校刊

天部

天　日　月

天

大初之始玄黃混并列子曰太易者未見氣也太初者氣之始也陳思王植魏德論

曰在昔太初玄黃混并及一氣之肇判生有形於無形潘岳西征賦曰

化一氣而甄三才列子曰夫有形者生於無形於是地居下而陰濁徐整三五歷日

陽清爲天陰濁爲地天在上而輕清易乾鑿度曰輕清者上爲天重濁者下爲地斯

蓋羣陽之精春秋說題辭曰天羣陽之精合爲太一分爲殊名積氣而成列子

曰天積氣爾日月星辰亦氣之光耀者也澒洞蒼莽不可爲象淮南子曰未有天地

事類賦卷一天　一

事類賦三十卷　（宋）吴淑撰並注　清初刻本。四册。半頁十二行二十字，小字雙行同，白口，左右雙邊。框高19.4厘米、寬14.9厘米。中山大學圖書館藏。

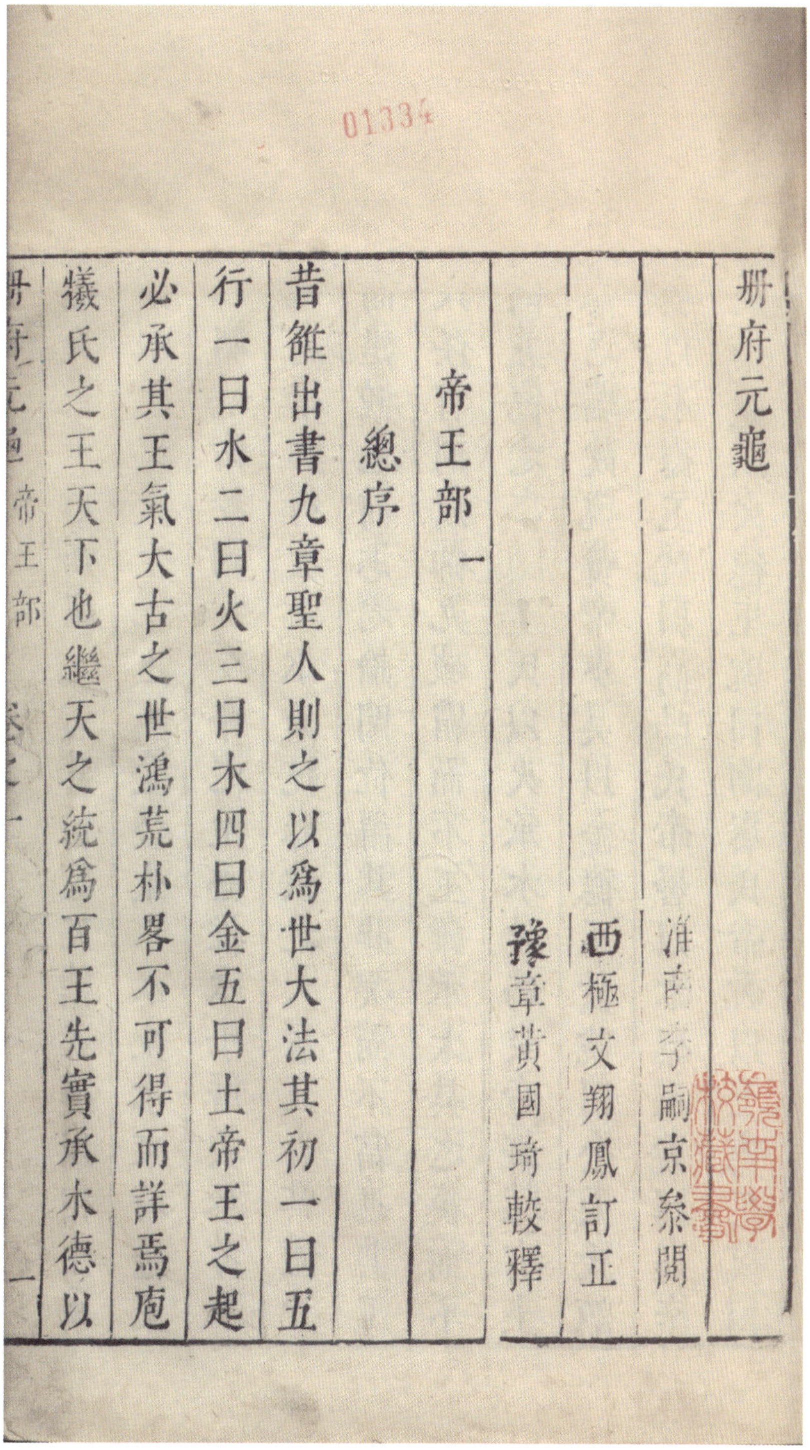
01334
册府元龜
淮南李嗣京叅閱
西極文翔鳳訂正
豫章黄國琦較釋
帝王部一
總序
昔維出書九章聖人則之以爲世大法其初一曰五
行一曰水二曰火三曰木四曰金五曰土帝王之起
必承其王氣大古之世鴻荒朴畧不可得而詳焉庖
犧氏之王天下也繼天之統爲百王先實承木德以
册府元龜 帝王部 卷之一 一

册府元龜一千卷目録十卷 （宋）王欽若等輯 明崇禎十五年（1642）黄國琦刻本。二百零一册。半頁十行二十字，小字雙行同，白口，四周單邊。框高19厘米、寬13.6厘米。中山大學圖書館藏。

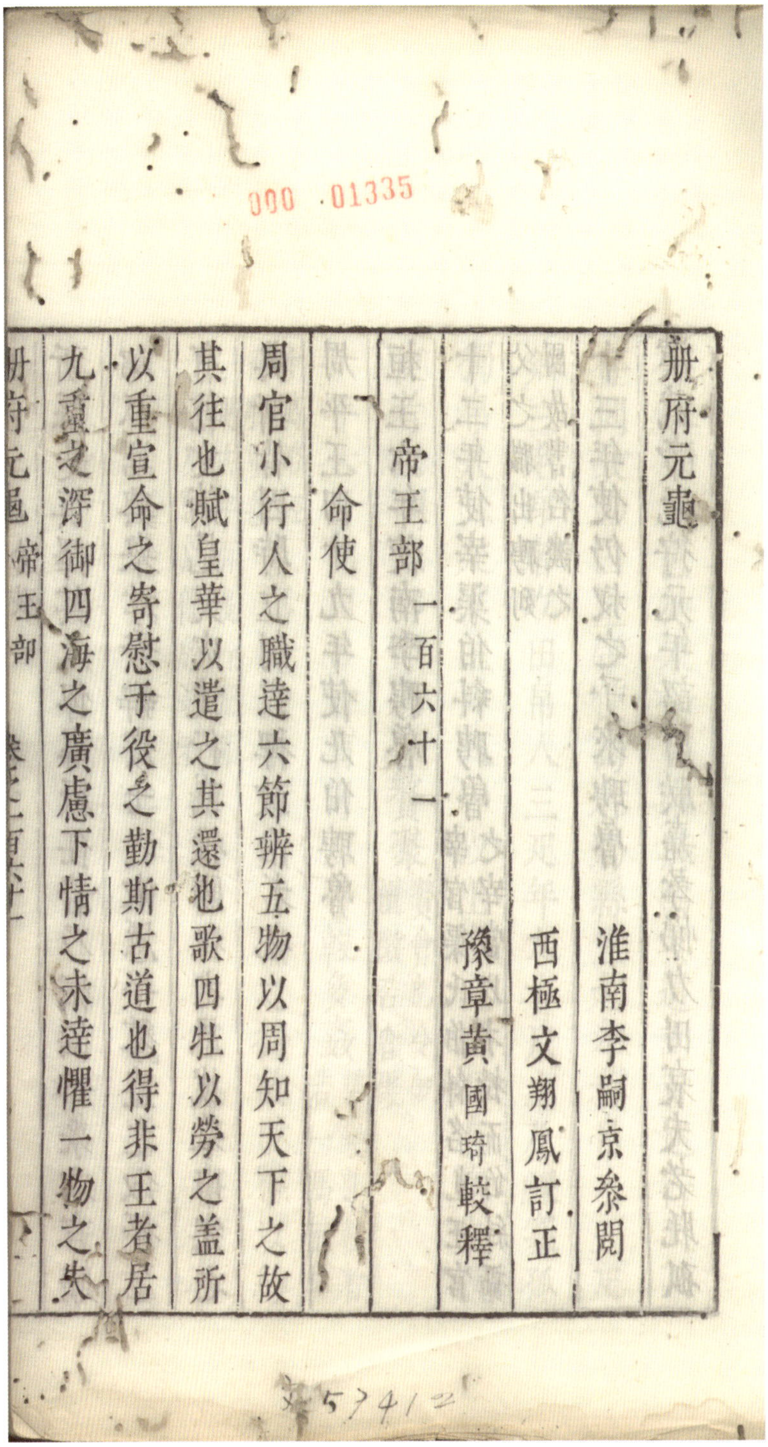

册府元龜一千卷目録十卷　（宋）王欽若等輯　明崇禎十五年（1642）黄國琦刻清康熙十一年（1672）黄九錫重修本。存三百一卷（一百六十一至三百二十六、四百六十一至五百九十五）。九十册。半頁十行二十字，小字雙行同，白口，四周單邊。框高19.2厘米、寬13.6厘米。中山大學圖書館藏。

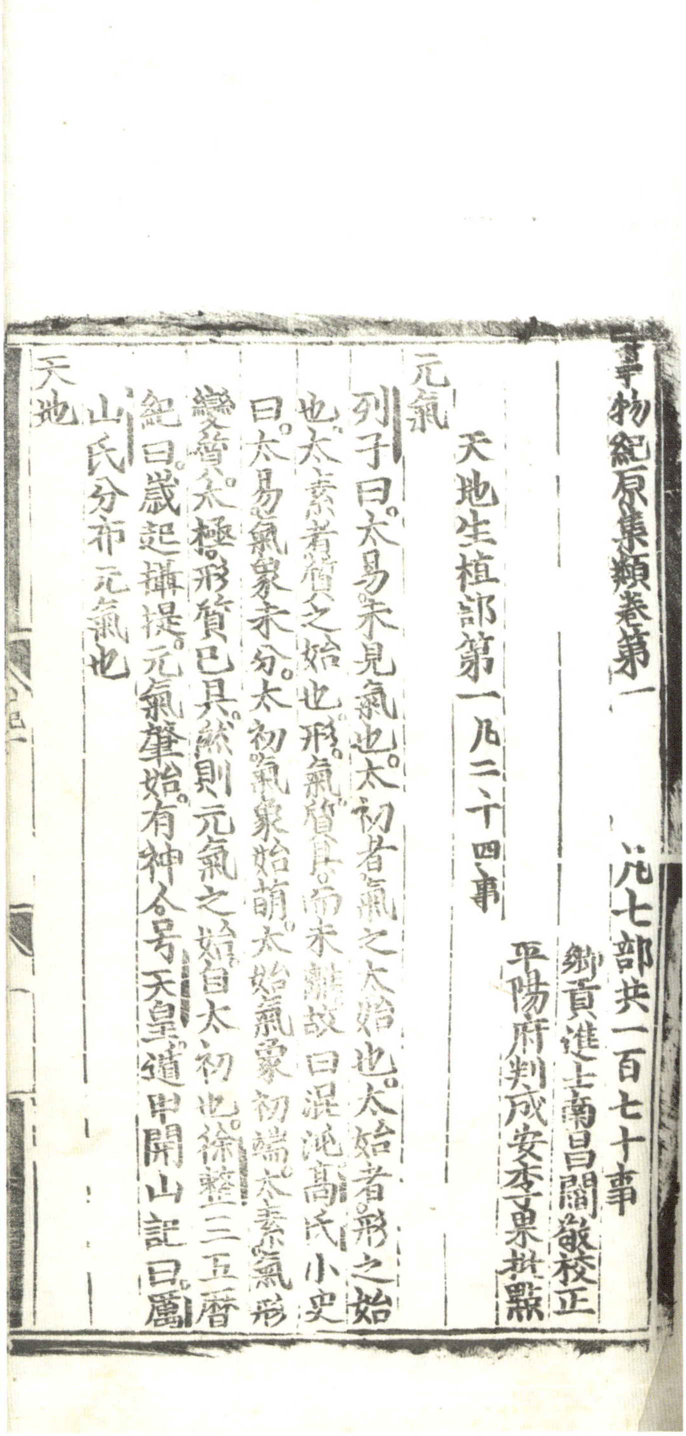

事物紀原集類卷第一　凡七部共一百七十事
鄉貢進士南昌閻敬校正
平陽府判成安李果批點
天地生植部第一凡二十四事
元氣
列子曰。太易者未見氣也。太初者氣之始也。太始者形之始
也。太素者質之始也。形氣質具而未離故曰混沌。高氏小史
曰。太易氣象未分。太初氣象始萌。太始氣象初端。太素氣形
變質。太極形質已具。然則元氣之始自太初也。徐整三五曆
紀曰。歲起攝提。元氣肇始。有神人號天皇。遁甲開山記曰。屬
山氏分布元氣也
天地

事物紀原十卷　（宋）高承輯　（明）閻敬校正　（明）李果批點　明成化八年（1472）李果刻本。十册。半頁十二行二十四字，黑口，四周雙邊。框高19.8厘米、寬13.4厘米。華南農業大學中國農業歷史遺産研究室藏。

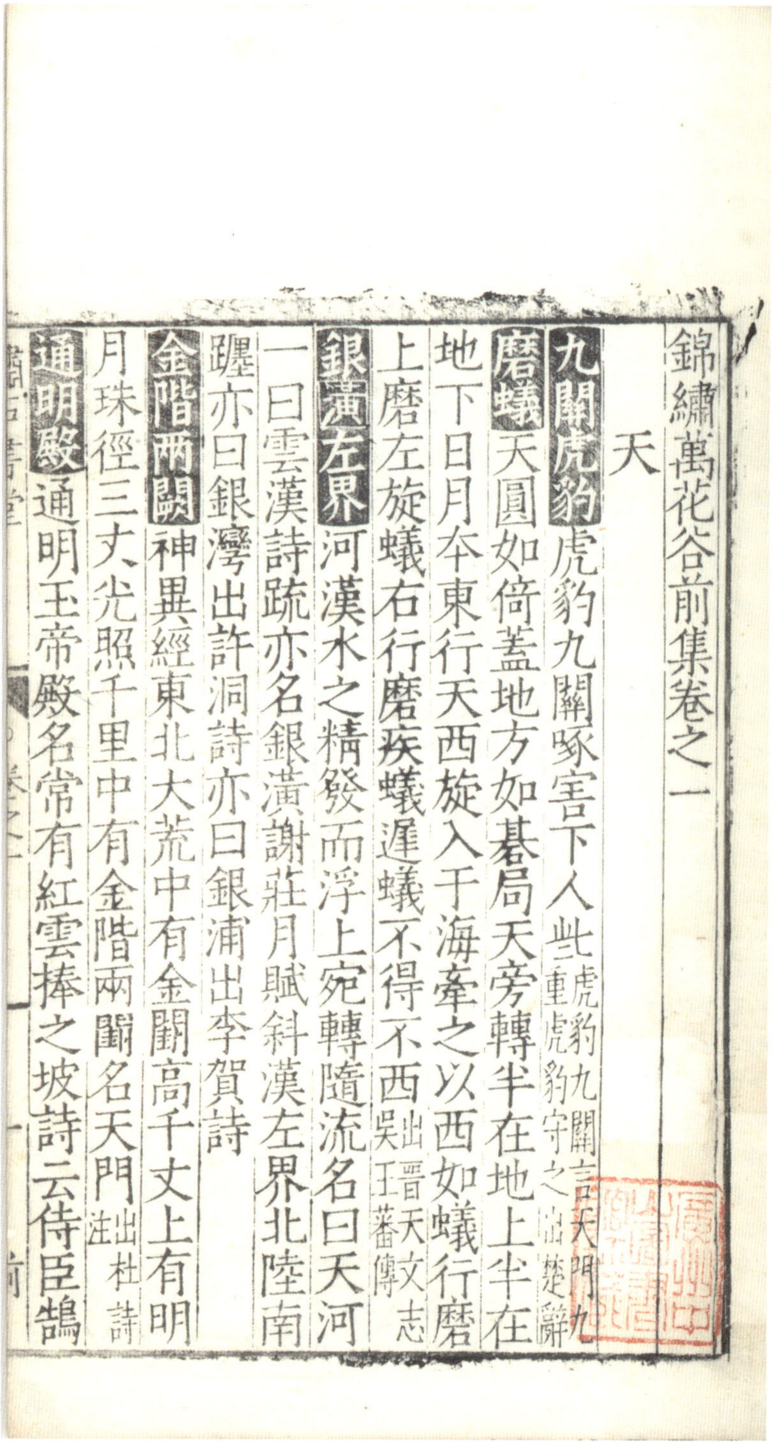
錦繡萬花谷前集卷之一

天

九關虎豹 虎豹九關啄害下人些虎豹九關言天門九重虎豹守之出楚辭

磨蟻 天圓如倚蓋地方如棊局天旁轉半在地上半在地下日月本東行天西旋入于海牽之以西如蟻行磨上磨左旋蟻右行磨疾蟻遲蟻不得不西出晋天文志吳王蕃傳

銀潢左界 河漢水之精發而浮上宛轉隨流名曰天河一曰雲漢詩疏亦名銀潢謝莊月賦斜漢左界北陸南躔亦曰銀灣出許洞詩亦曰銀浦出李賀詩

金階兩闕 神異經東北大荒中有金闕高千丈上有明月珠徑三丈光照千里中有金階兩闕名天門出杜詩注

通明殿 通明玉帝殿名常有紅雲捧之坡詩云侍臣鵠

錦繡萬花谷前集四十卷後集四十卷續集四十卷　明嘉靖十五年（1536）秦汴繡石書堂刻本。四十四册。半頁十二行二十一字，小字雙行同，白口，左右雙邊。框高18.9厘米、寬13.6厘米。廣東省立中山圖書館藏。

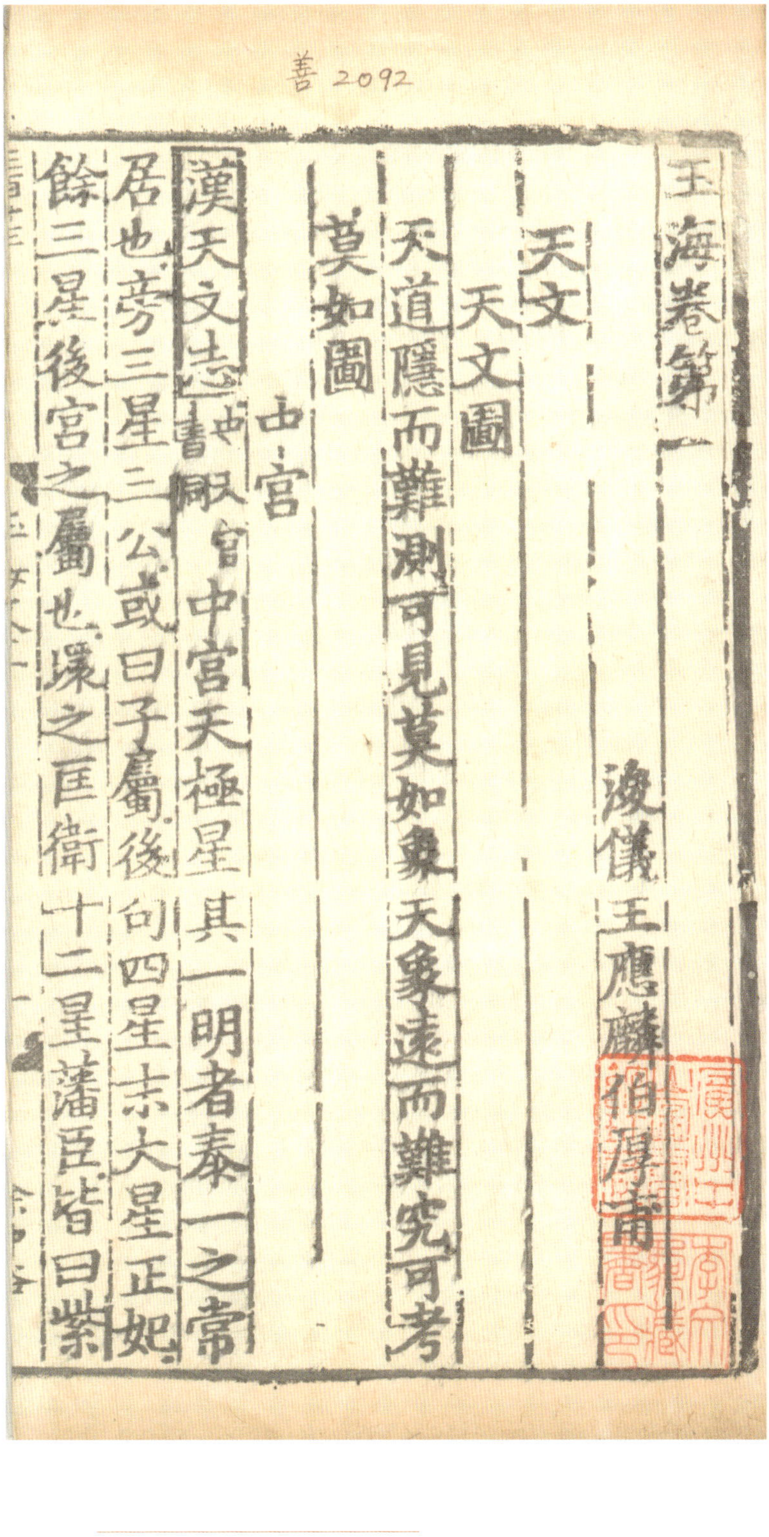

玉海二百卷辭學指南四卷詩考一卷詩地理考六卷漢藝文志考證十卷通鑑地理通釋十四卷漢制考四卷踐阼篇集解一卷周易鄭康成注一卷姓氏急就篇二卷急就篇補注四卷周書王會補注一卷小學紺珠十卷六經天文編二卷通鑑答問五卷　（宋）王應麟撰　元後至元六年（1340）慶元路儒學刻元明遞修本。一百八十册。半頁十行二十字，白口，左右雙邊。框高22.4厘米、寬13.8厘米。廣東省立中山圖書館藏。

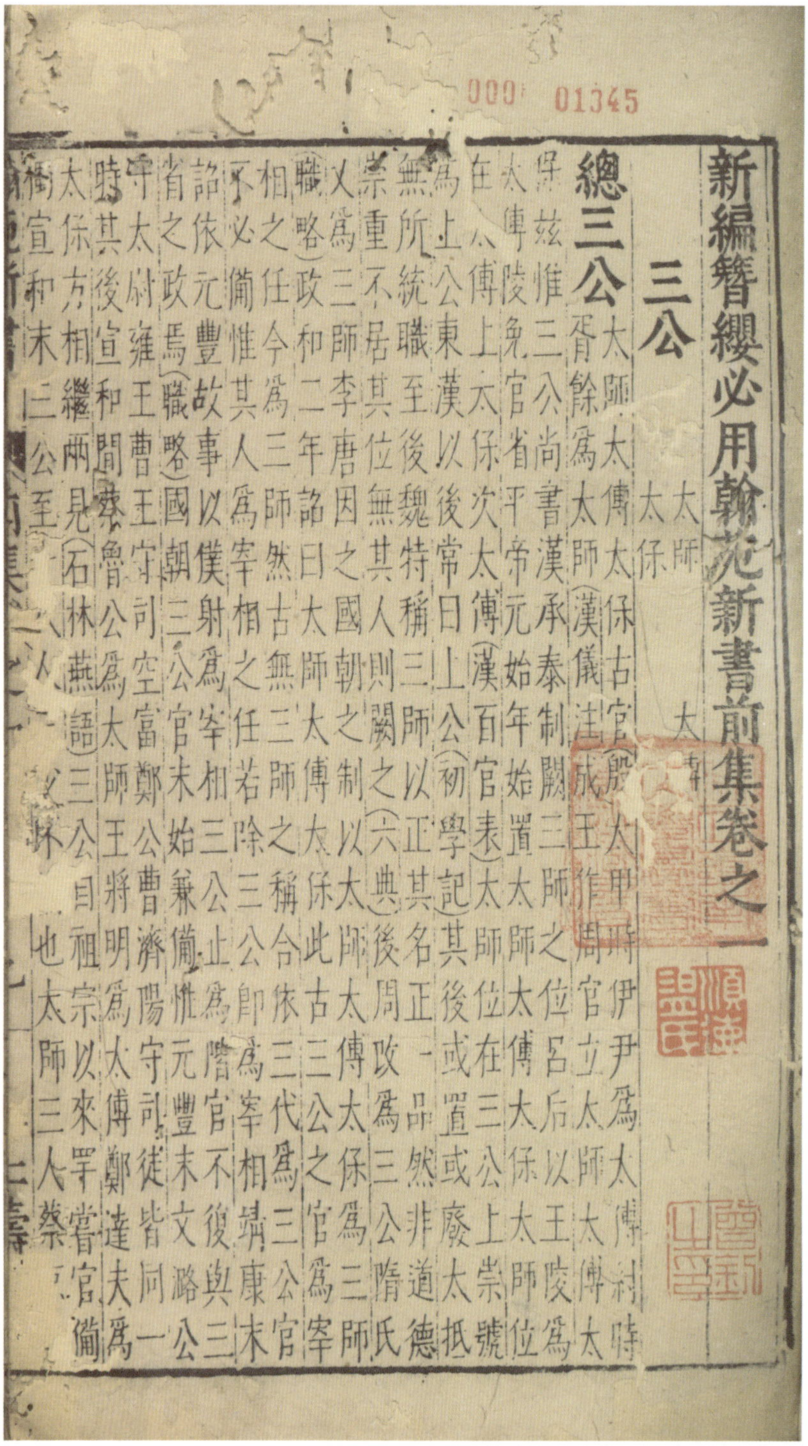

新編簪纓必用翰苑新書前集十二卷後集七卷續集八卷别集二卷　明萬曆十九年（1591）金陵書肆唐廷仁、周曰校刻本。二十五册。半頁十一行二十二字，小字雙行同，白口，左右雙邊。框高22.8厘米、寬14.3厘米。中山大學圖書館藏。

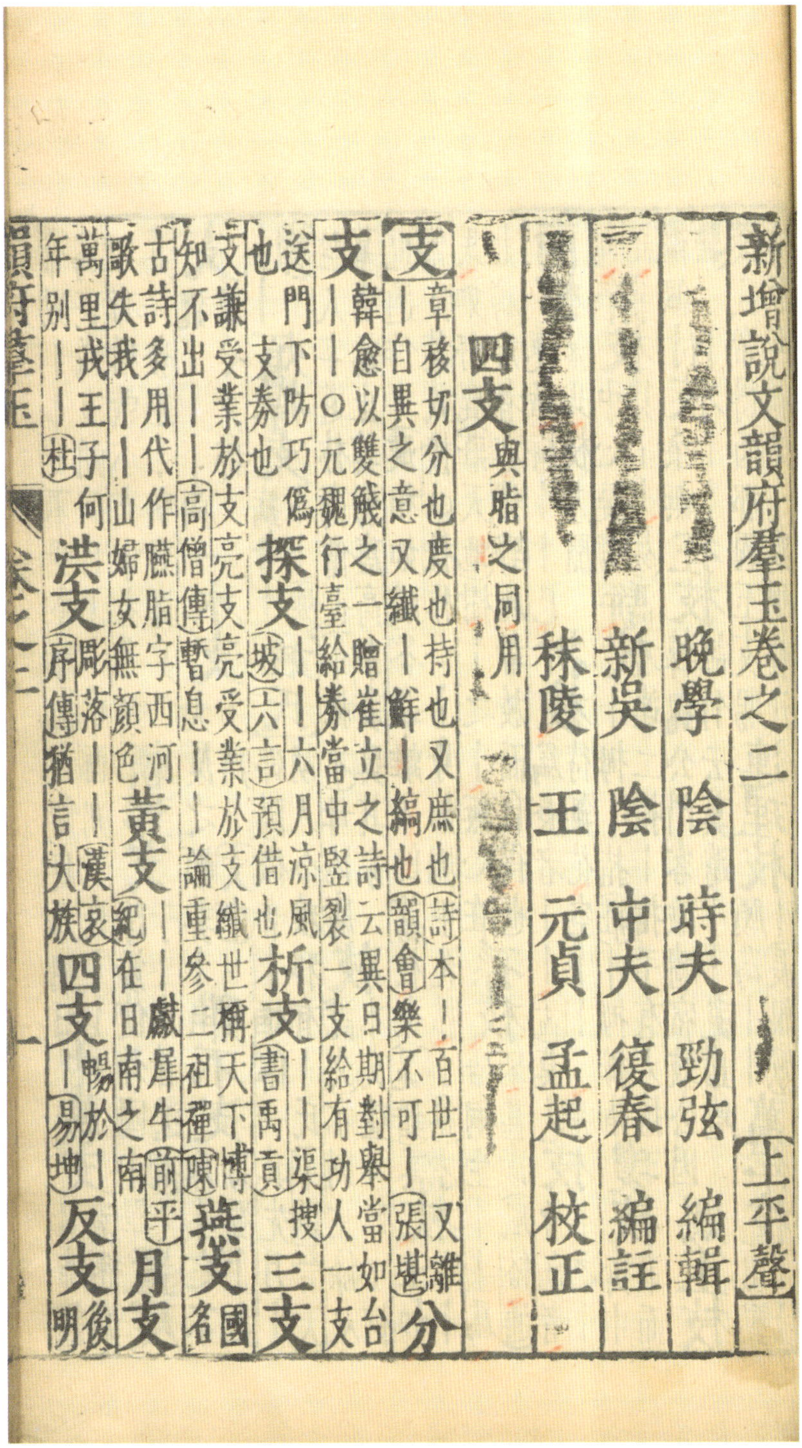
新增說文韻府羣玉卷之二　上平聲
晚學　陰　時夫　勁弦　編輯
新吳　陰　中夫　復春　編註
秣陵　王　元貞　孟起　校正
四支　與脂之同用
支　章移切分也度也持也又庶也詩本丨百世又離 丨自異之意又纖丨觧丨縞也韻會樂不可丨張湛　分
支　韓愈以雙觥之一贈崔立之詩云異日期對舉當如台 丨丨〇元魏行臺給券當中竪裂一支給有功人一支
送門下防巧僞 也支券也　探支　丨丨六月涼風 城六言預借也　析支　丨丨渠搜 書禹貢　三支
支謙受業於支亮支亮受業於支纖世稱天下博 知不出丨丨高僧傳暫息丨丨論重參二祖禪陳　燕支　國 名
古詩多用代作臙脂字西河 歌失我丨丨山婦女無顏色　黄支　丨丨獻犀牛前平 紀在日南之南　月支
萬里戎王子何 年別丨丨杜　洪支　彫落丨丨漢哀 序傳猶言大族　四支　暢於丨丨後 丨易坤　反支　明
韻府羣玉　卷之二　一

新增說文韻府羣玉二十卷　（元）陰時夫輯　（元）陰中夫注　明萬曆十八年（1590）王元貞刻本（有抄配）。十冊。半頁十一行字二十二字，小字雙行同，白口，左右雙邊。框高20.5厘米、寬14厘米。廣東省立中山圖書館藏。

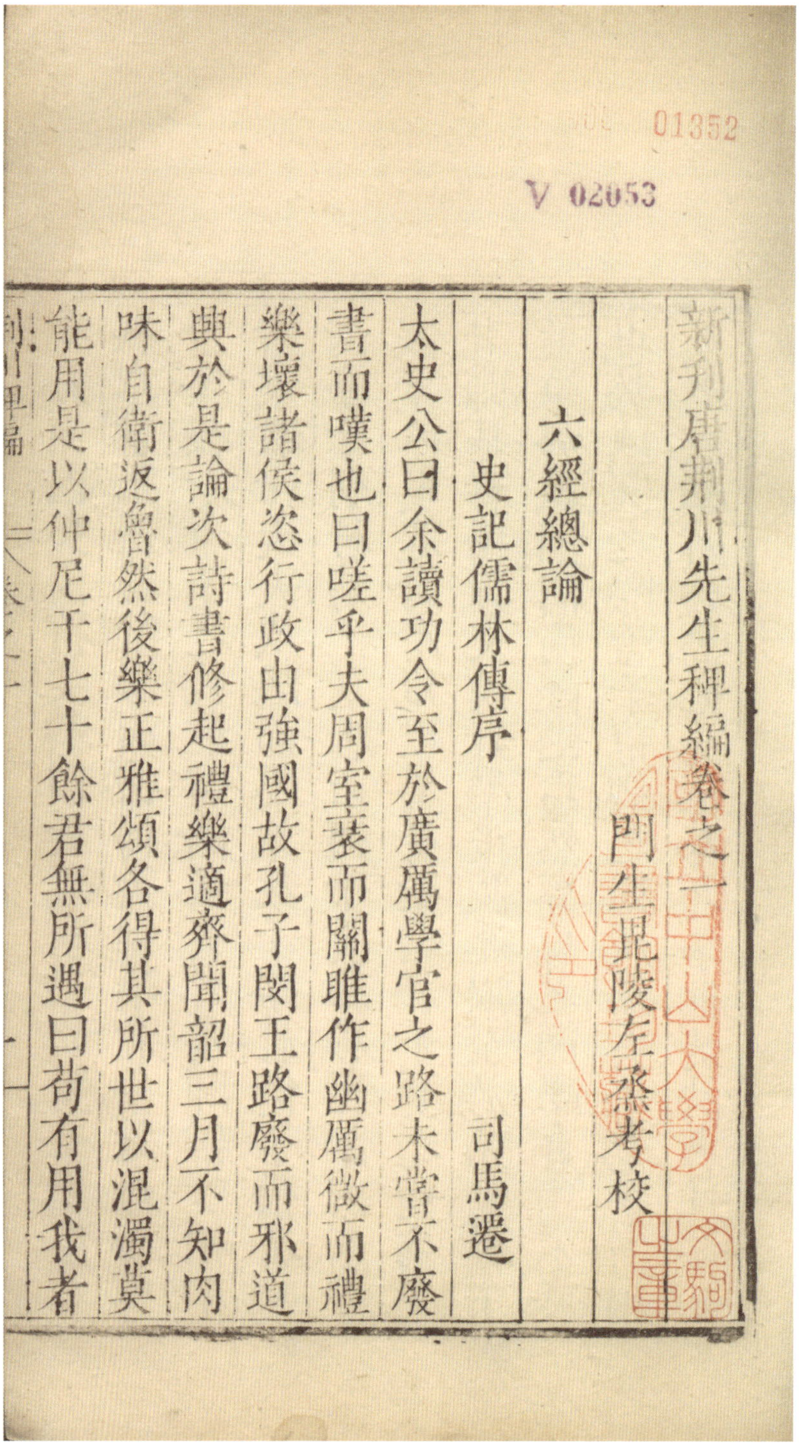

新刊唐荊川先生稗編卷之一
門生毘陵左泰考校

六經總論

史記儒林傳序　司馬遷

太史公曰余讀功令至於廣厲學官之路未嘗不廢書而嘆也曰嗟乎夫周室衰而關雎作幽厲微而禮樂壞諸侯恣行政由強國故孔子閔王路廢而邪道興於是論次詩書修起禮樂適齊聞韶三月不知肉味自衛返魯然後樂正雅頌各得其所世以混濁莫能用是以仲尼干七十餘君無所遇曰苟有用我者

新刊唐荊川先生稗編一百二十卷目録三卷　（明）唐順之輯　明萬曆九年（1581）茅一相文霞閣刻本。六十册。半頁十行二十字，小字雙行同，白口，四周雙邊。框高19.5厘米、寬13.7厘米。中山大學圖書館藏。

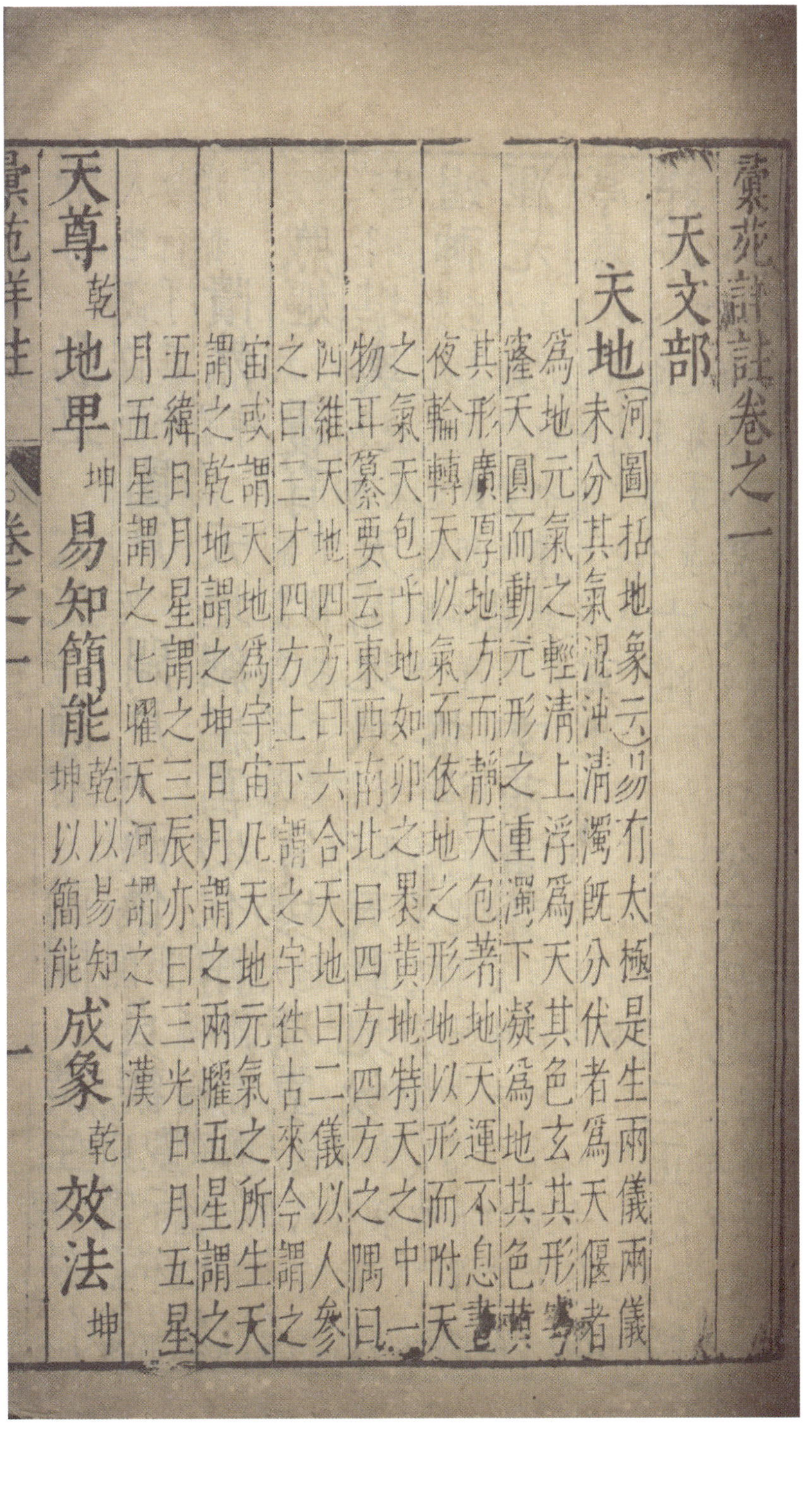

彙苑詳註卷之一

天文部

天地（河圖括地象云）易有太極是生兩儀兩儀未分其氣混沌清濁既分伏者爲天偃者爲地元氣之輕清上浮爲天其色玄其形穹窿天圓而動元形之重濁下凝爲地其色黄其形廣厚地方而靜天包著地天運不息晝夜輪轉天以氣而依地之形地以形而附天之氣天包乎地如卵之裹黄地特天之中一物耳纂要云東西南北曰四方四方之隅曰四維天地四方曰六合天地曰二儀以人參之曰三才四方上下謂之宇往古來今謂之宙或謂天地爲宇宙凡天地元氣之所生天謂之乾地謂之坤日月謂之兩曜五星謂之五緯日月星謂之三辰亦曰三光日月五星月五星謂之七曜天河謂之天漢

天尊（乾）地卑（坤）易知簡能（乾以易知坤以簡能）成象（乾）效法（坤）

彙苑詳註　卷之一　一

彙苑詳註三十六卷　（明）王世貞輯　明萬曆二十三年（1595）刻本。十二册。半頁十行二十字，小字雙行同，白口，左右雙邊。框高21厘米、寬13.5厘米。中山大學圖書館藏。

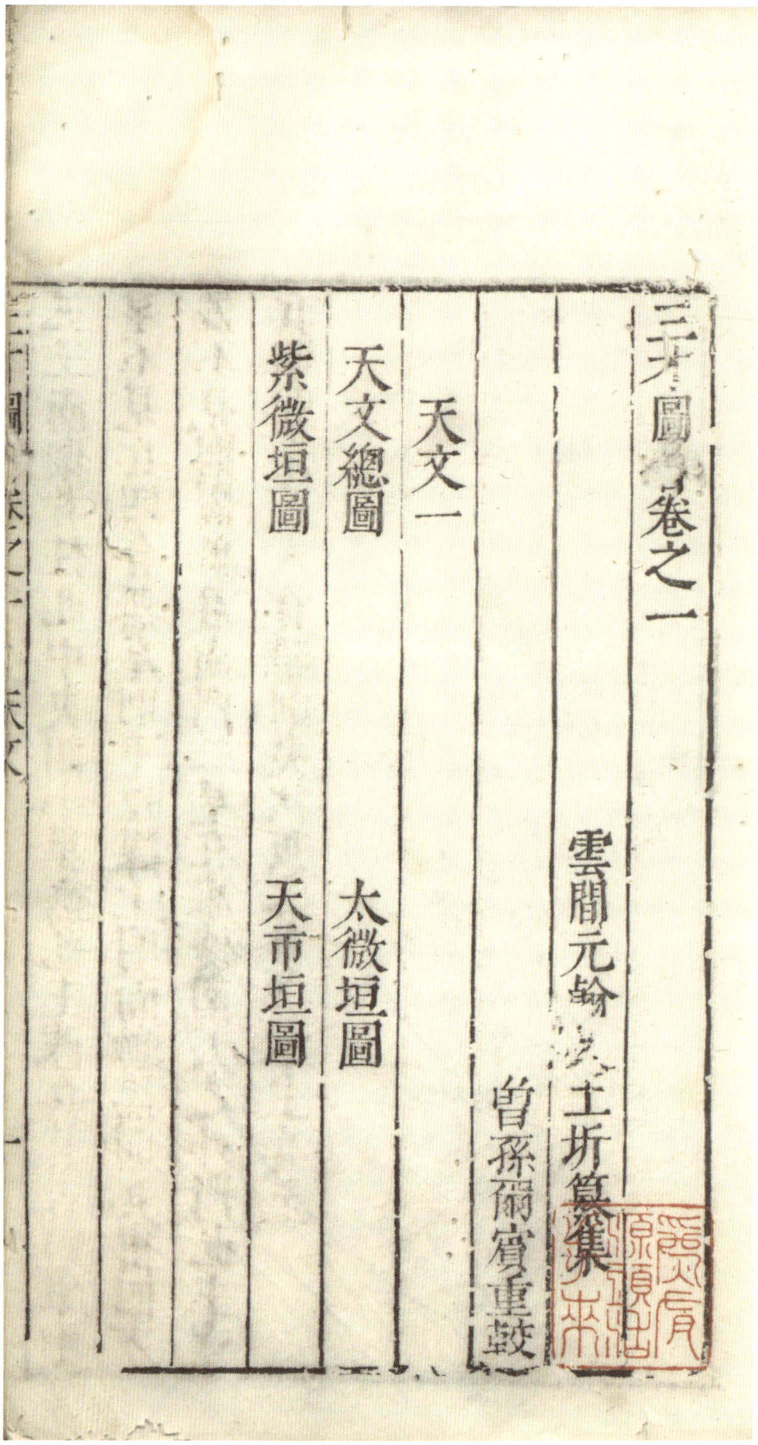

三才圖會一百六卷　（明）王圻撰　明萬曆三十七年（1609）刻王爾賓重修本。存九十八卷（缺人物一、九至十一，人事四至六，鳥獸三）。九十八册。半頁九行二十字，白口，四周單邊。框高20.5厘米、寬13厘米。中山大學圖書館藏。

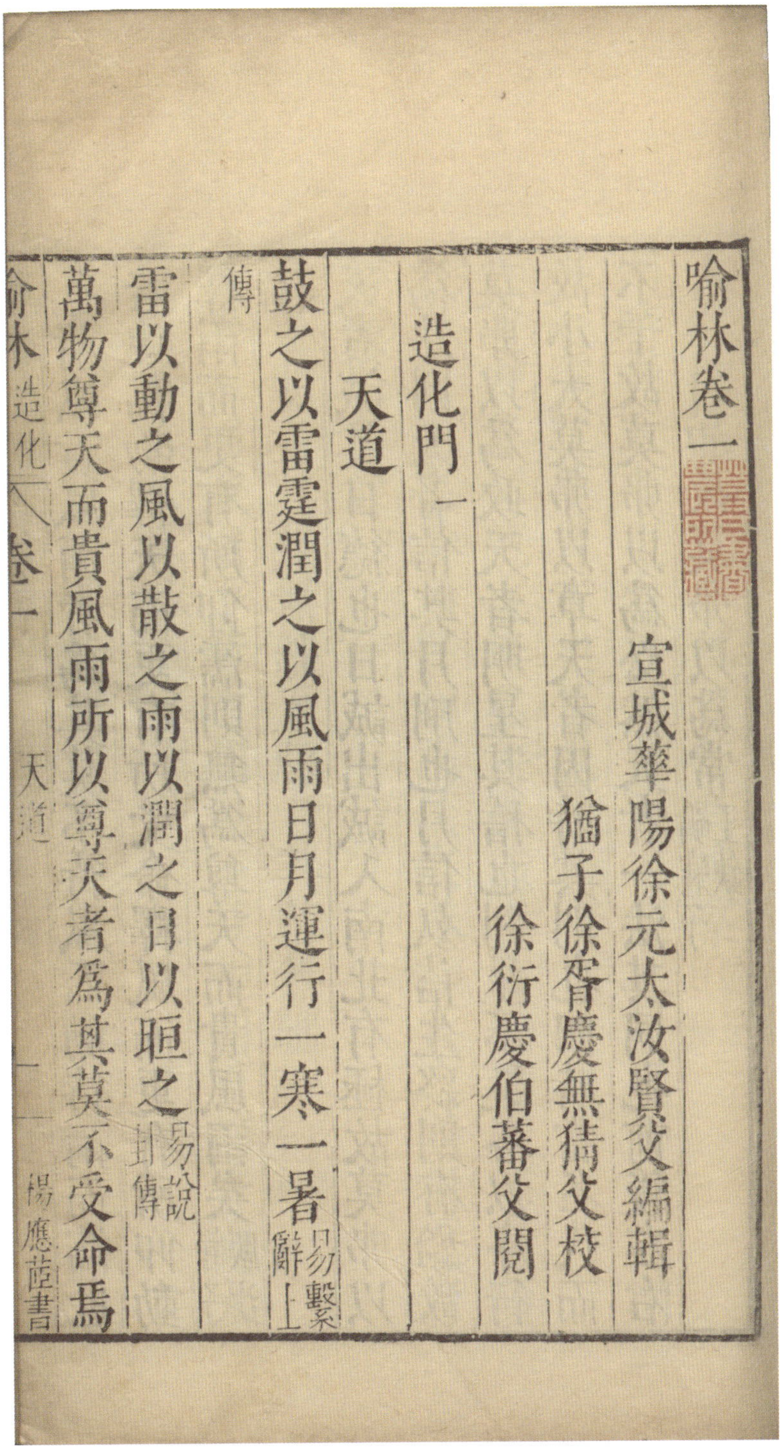
喻林卷一
宣城華陽徐元太汝賢父編輯
猶子徐胥慶無猜父校
徐衍慶伯蕃父閱
造化門一
天道
鼓之以雷霆潤之以風雨日月運行一寒一暑易繫辭上傳
雷以動之風以散之雨以潤之日以晅之易說卦傳
萬物尊天而貴風雨所以尊天者爲其莫不受命焉
喻林 造化 卷一 天道 一 楊應茝書

喻林一百二十卷 （明）徐元太輯　明萬曆四十三年（1615）自刻本。二十四册。半頁十行二十字，小字雙行同，白口，四周單邊。框高20.5厘米、寬13.6厘米。中山大學圖書館藏。

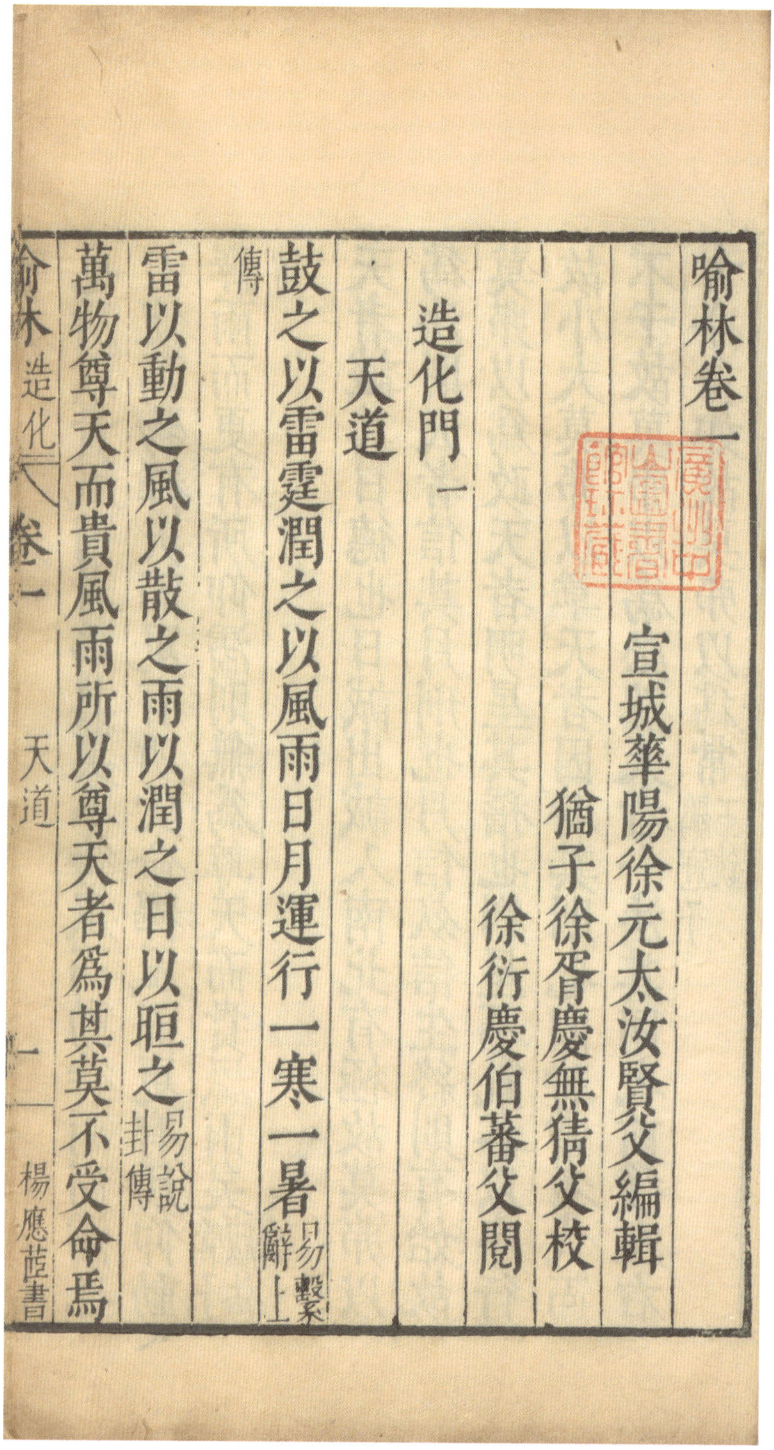
喻林卷一
宣城華陽徐元太汝賢父編輯
猶子徐胥慶無猜父校
徐衍慶伯蕃父閱
造化門一
天道
鼓之以雷霆潤之以風雨日月運行一寒一暑
易繫辭上傳
雷以動之風以散之雨以潤之日以晅之
易說卦傳
萬物尊天而貴風雨所以尊天者爲其莫不受命焉
喻林 造化 卷一 天道 一

喻林一百二十卷　（明）徐元太輯　明萬曆四十三年（1615）自刻本。二十五册。半頁十行二十字，小字雙行同，白口，四周單邊。框高20.4厘米、寬14.5厘米。廣東省立中山圖書館藏。

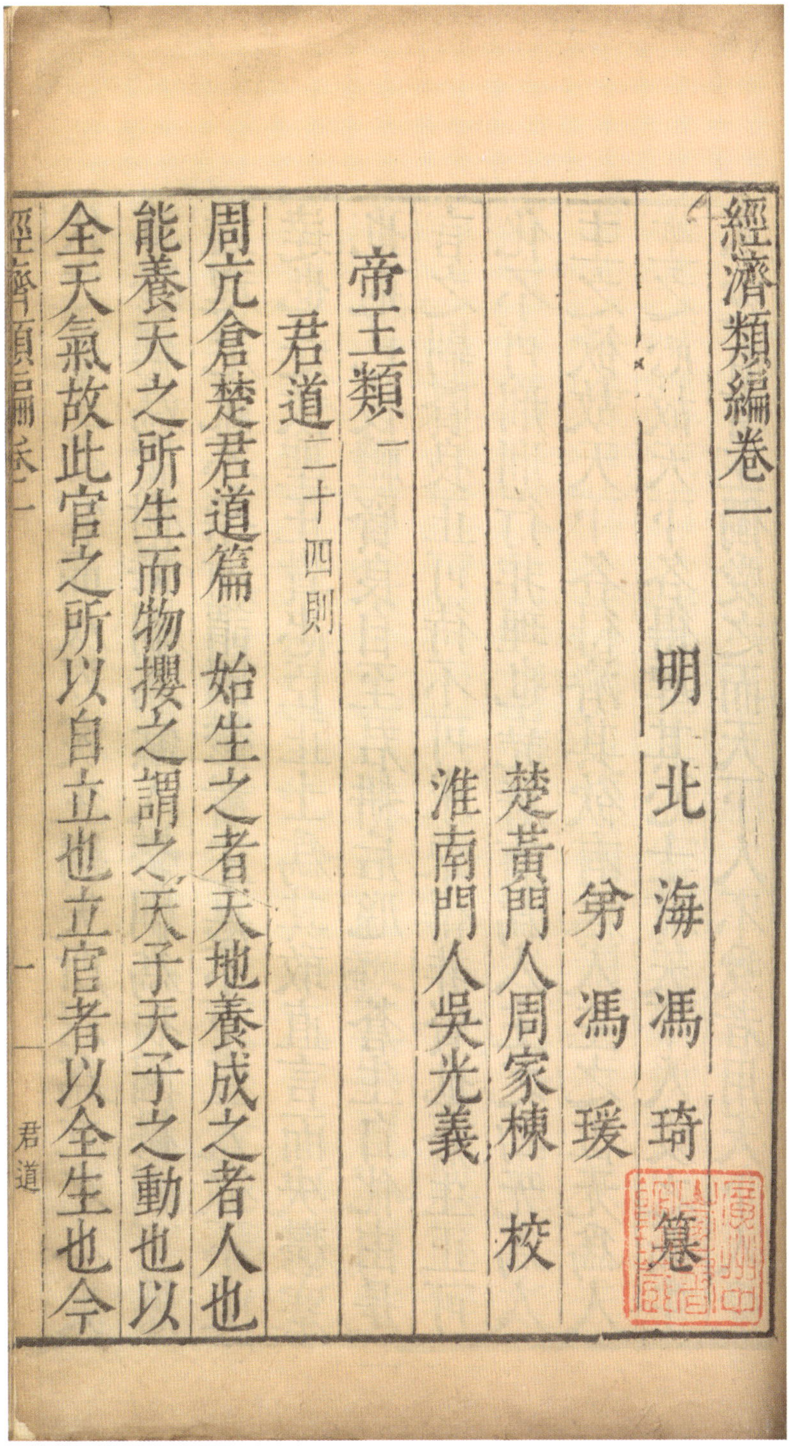
經濟類編卷一

明北海馮琦纂

弟馮瑗

楚黃門人周家棟校

淮南門人吳光義

帝王類一

君道二十四則

周亢倉楚君道篇　始生之者天地養成之者人也能養天之所生而物攖之謂之天子天子之動也以全天氣故此官之所以自立也立官者以全生也今

經濟類編卷一　一　君道

經濟類編一百卷　（明）馮琦輯　明萬曆三十二年（1604）周家棟等刻本。五十册。半頁十行二十字，白口，四周單邊。框高21.7厘米、寬15.1厘米。廣東省立中山圖書館藏。

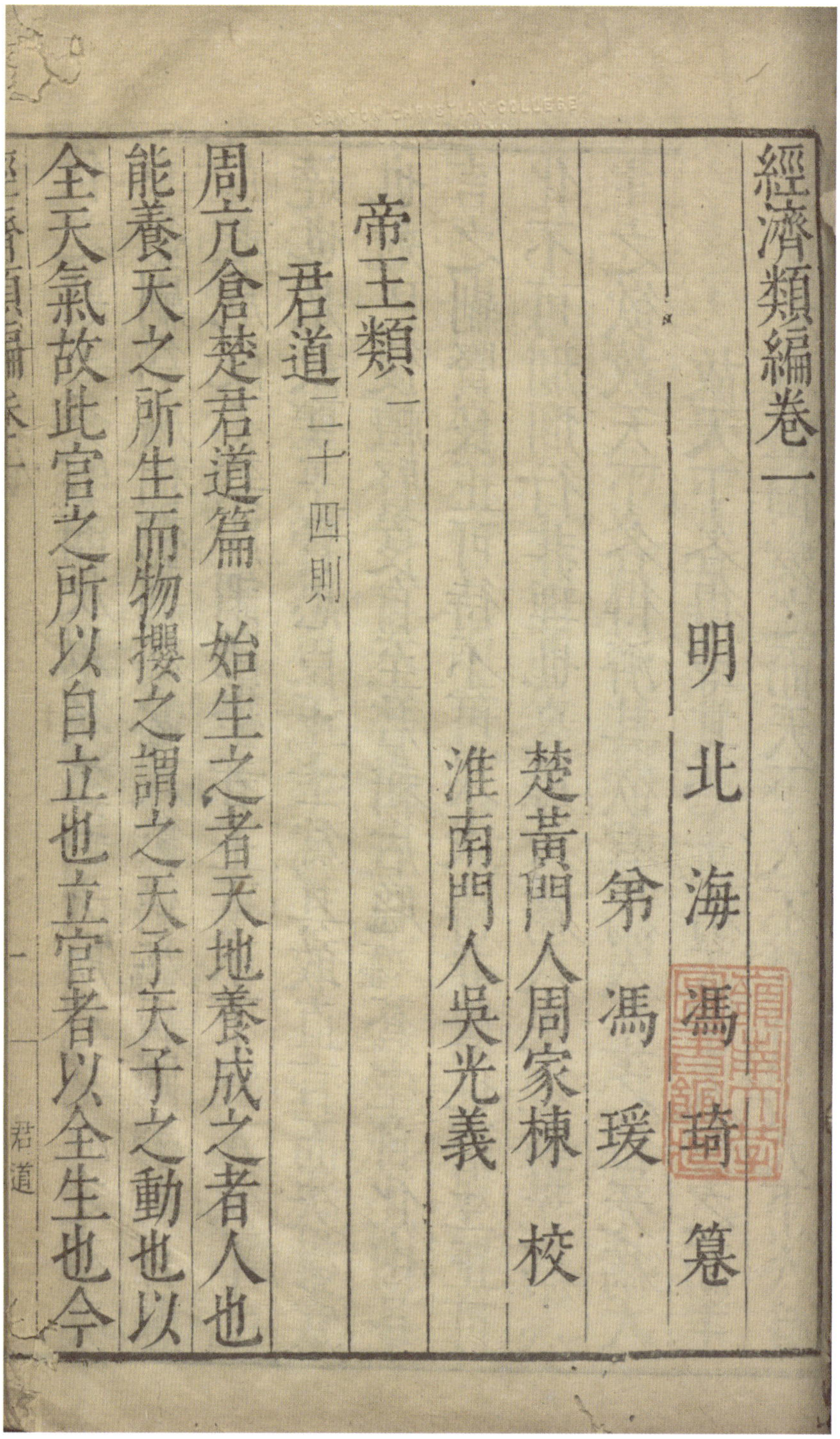

經濟類編卷一

明北海馮琦　纂

弟馮瑗

楚黃門人周家棟　校

淮南門人吳光義

帝王類一

君道二十四則

周亢倉楚君道篇　始生之者天地養成之者人也能養天之所生而物攖之謂之天子天子之動也以全天氣故此官之所以自立也立官者以全生也今

經濟類編一百卷　（明）馮琦輯　明萬曆三十二年（1604）周家棟等刻本。五十二册。半頁十行二十字，白口，四周單邊。框高21.5厘米、寬14.8厘米。中山大學圖書館藏。

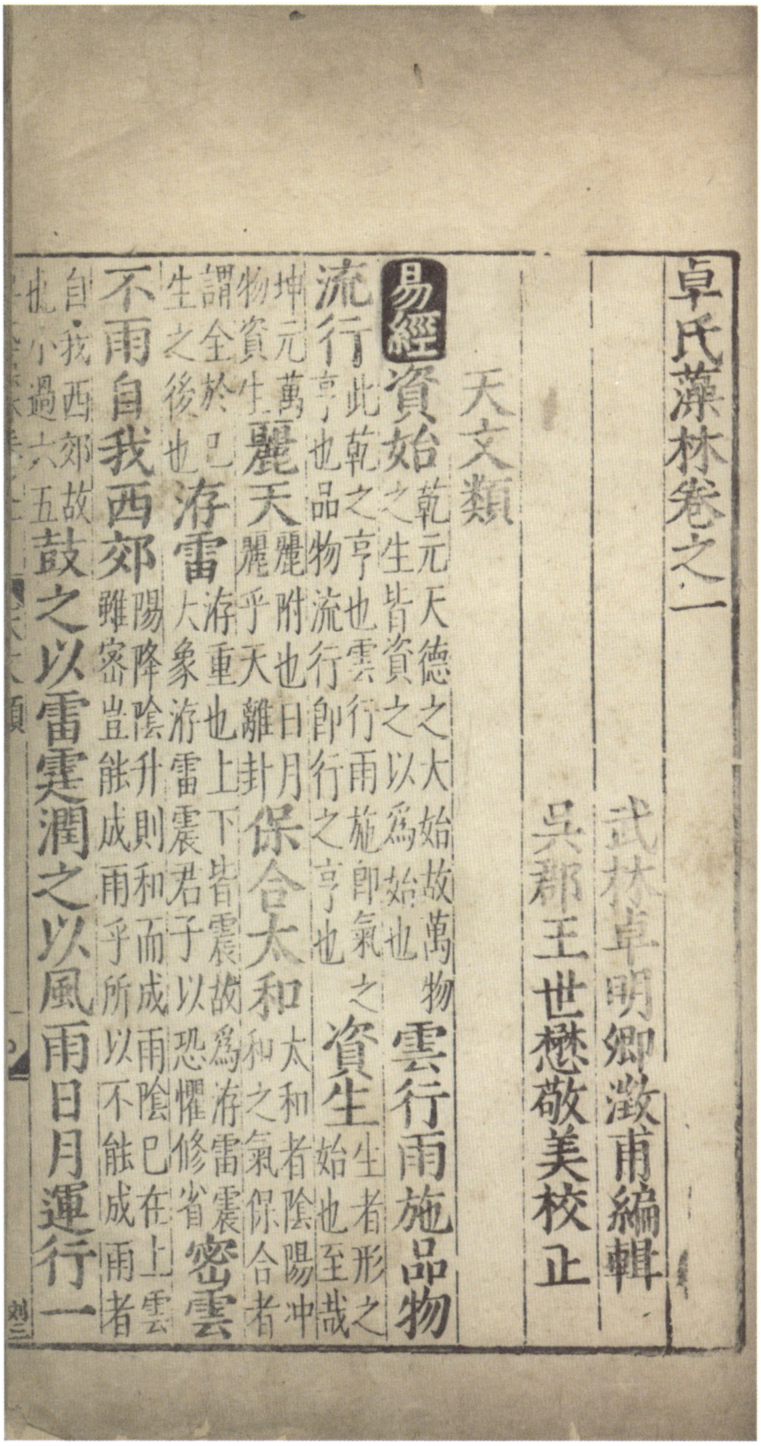

卓氏藻林卷之一

武林卓明卿澂甫編輯

吳郡王世懋敬美校正

天文類

易經 資始乾元天德之大始故萬物之生皆資之以爲始也雲行雨施品物流行此乾之亨也雲行雨施即氣之亨也品物流行即行之亨也資生生者形之始也至哉坤元萬物資生謂全於已生之後也麗天麗附也日月麗乎天離卦保合太和太和者陰陽中和之氣保合者洊雷洊重也上下皆震故爲洊雷震大象洊雷震君子以恐懼修省密雲不雨自我西郊陽降陰升則和而成雨陰已在上雲雖密豈能成雨乎所以不能成雨者自我西郊故此小過六五鼓之以雷霆潤之以風雨日月運行一

卓氏藻林八卷　（明）卓明卿輯　明萬曆八年（1580）刻本。十六册。半頁十行二十字，小字雙行同，白口，四周單邊。框高20厘米、寬13.4厘米。中山大學圖書館藏。

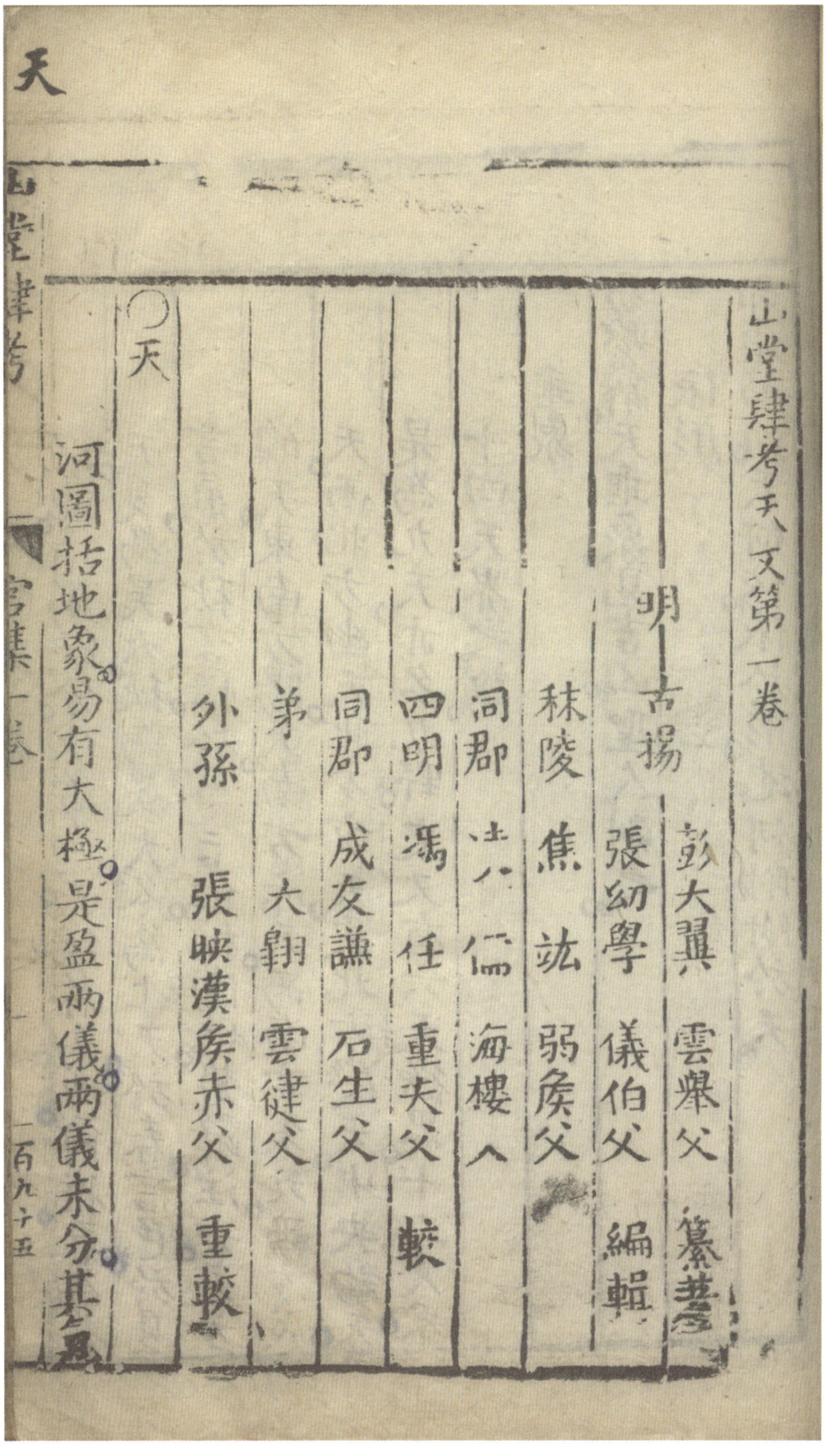
天

山堂肆考天文第一卷

明 古揚 彭大翼 雲舉父 纂著

張幼學 儀伯父 編輯

秣陵 焦竑 弱侯父

同郡 [illegible]偘 海樓人

四明 馮任 重夫父 較

同郡 成友謙 石生父

弟 大翽 雲建父

外孫 張映漢 矦赤父 重較

○天

河圖括地象曰有大極是生兩儀兩儀未分其氣

山堂肆考 宮集 一卷 一百九十五

山堂肆考二百四十卷　（明）彭大翼撰　明刻本。六十册。上下兩欄，半頁十一行二十二字，白口，四周單邊。框高20厘米、寬12.6厘米。中山大學圖書館藏。

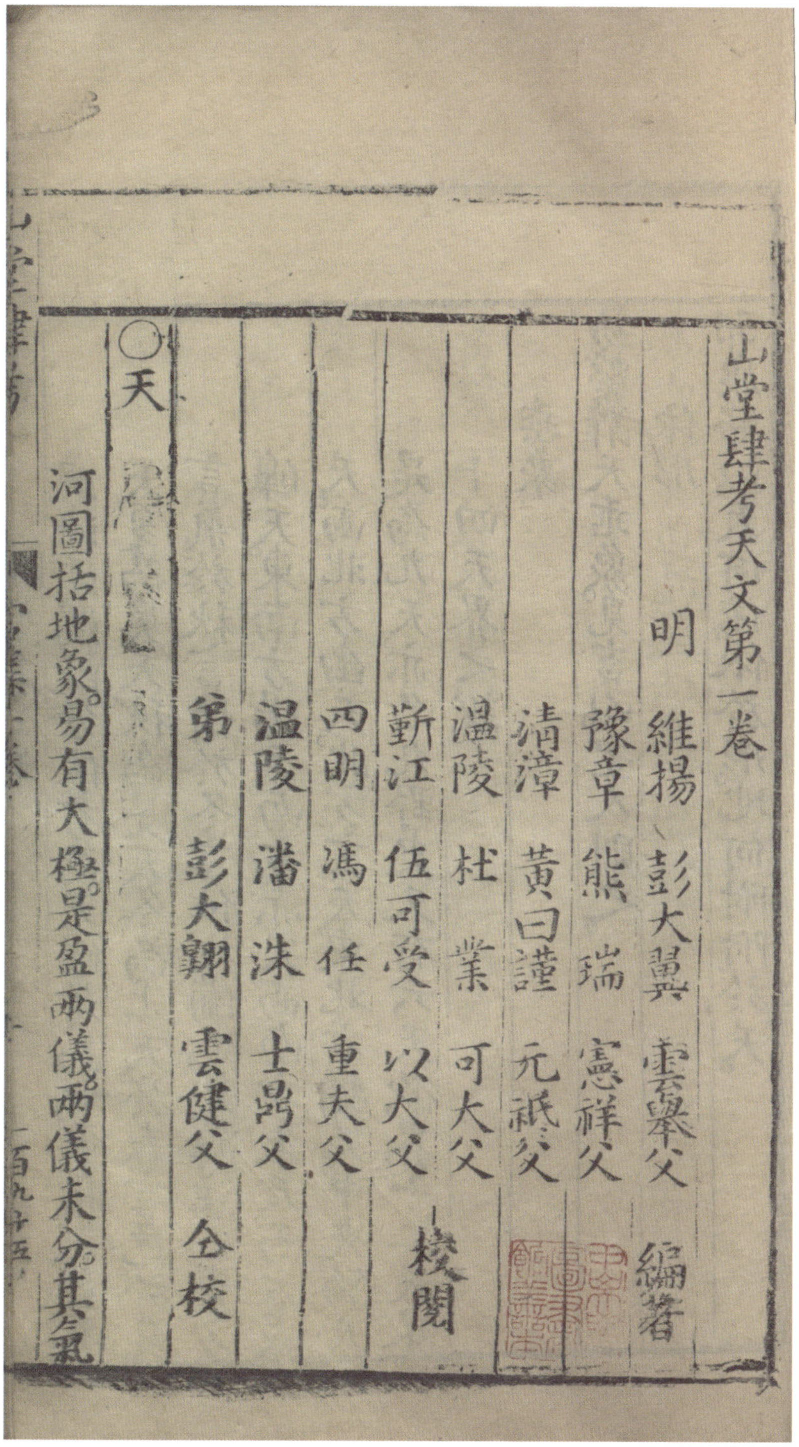

山堂肆考天文第一卷

明　維揚　彭大翼　雲舉父　編著

豫章　熊　瑞　憲祥父

清漳　黄曰謹　元祇父

温陵　杜　業　可大父

蘄江　伍可受　以大父　校閲

四明　馮　任　重夫父

温陵　潘　洙　士昂父

第　彭大翺　雲健父　仝校

〇天

河圖括地象。易有大極。是生兩儀。兩儀未分，其氣

山堂肆考二百四十卷　（明）彭大翼撰　明萬曆二十三年（1595）刻四十七年（1619）張幼學重修本。六十册。上下兩欄，半頁十一行二十二字，白口，四周單邊。框高19.7厘米、寬12.4厘米。中山大學圖書館藏。

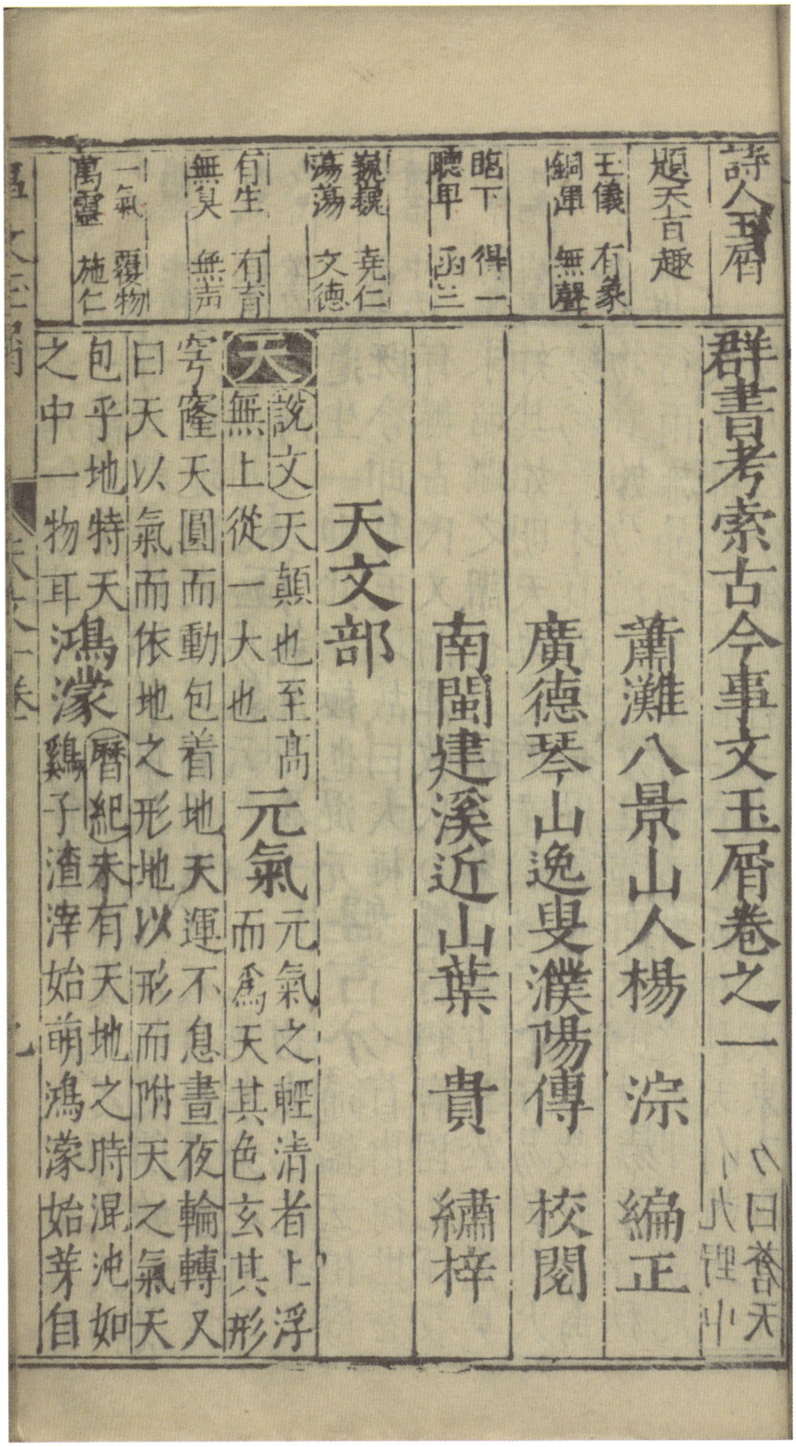

群書考索古今事文玉屑二十四卷　（明）楊淙輯　明萬曆二十五年（1597）葉貴刻本。六册。上下兩欄，半頁八行十八字，小字雙行字同，白口，四周雙邊間四周單邊。框高22厘米、寬14.1厘米。中山大學圖書館藏。

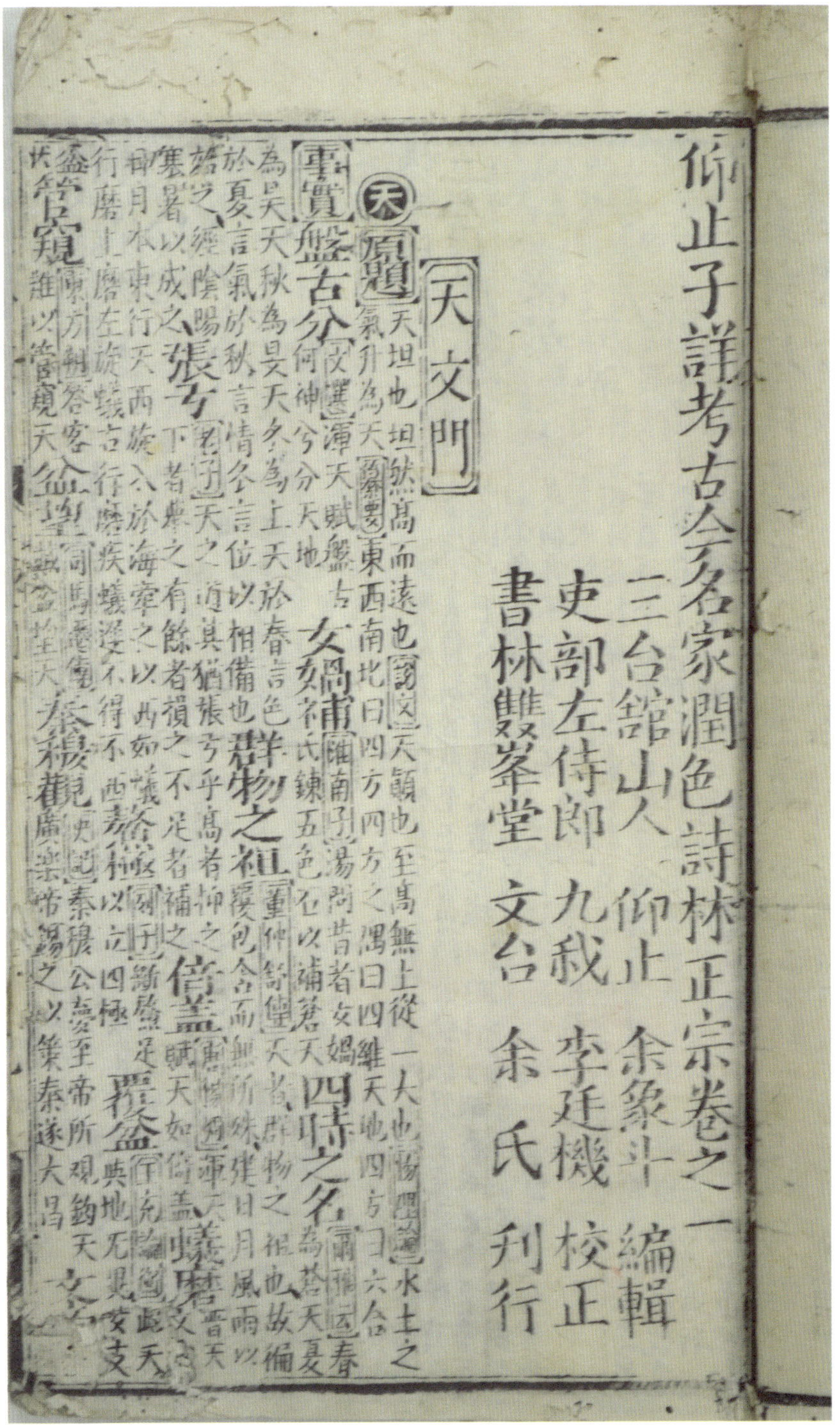
仰止子詳考古今名家潤色詩林正宗卷之一
三台館山人　仰止　余象斗　編輯
吏部左侍郎　九我　李廷機　校正
書林雙峯堂　文台　余　氏　刊行
天文門

仰止子詳考古今名家潤色詩林正宗十二卷韻林正宗六卷　（明）余象斗輯　清康熙五十九年（1720）刻本。八册。半頁行字數不等，黑口，四周雙邊。框高20.2厘米、寬12.3厘米。惠州慈雲圖書館藏。

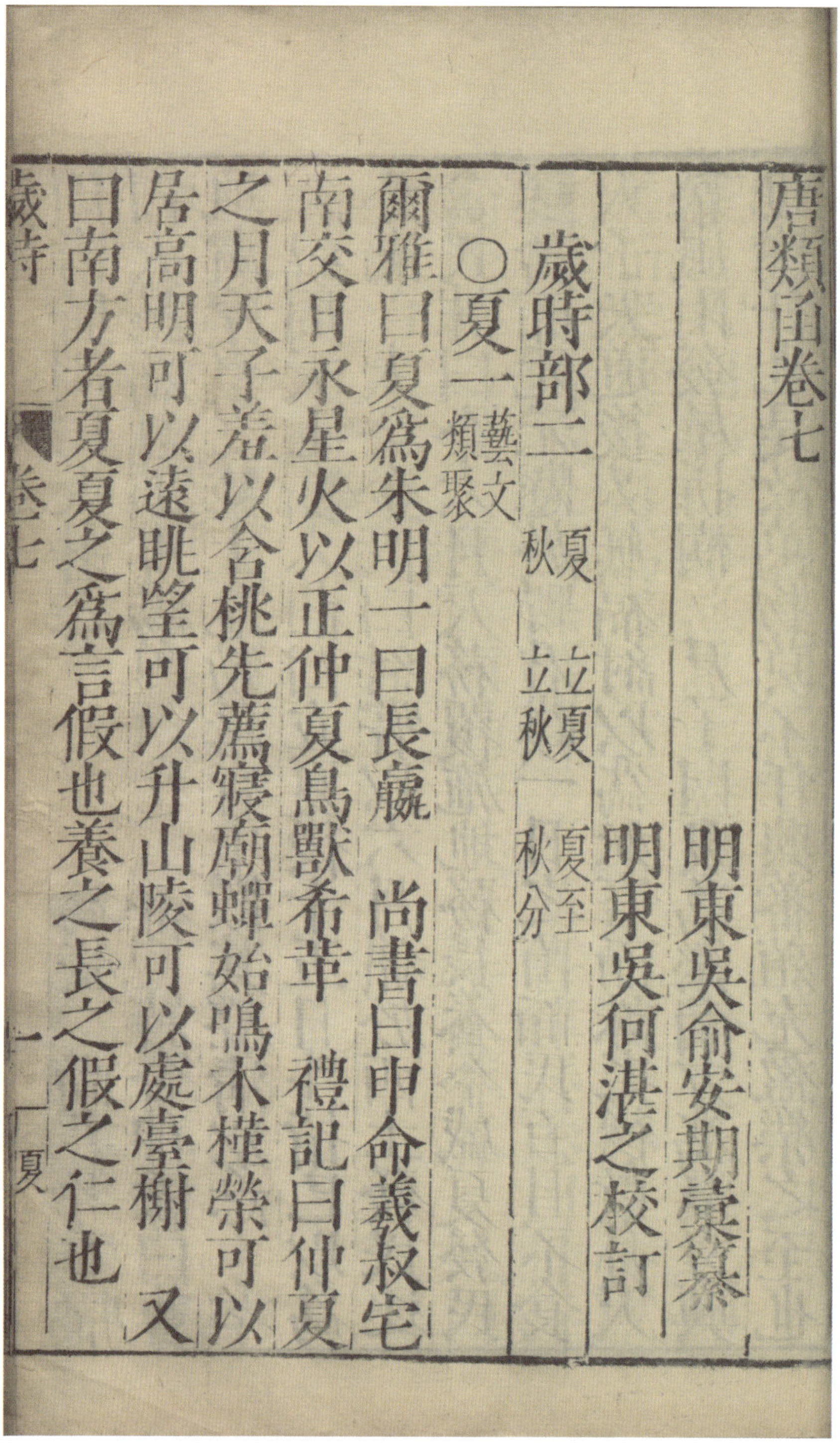
唐類函卷七
明東吳俞安期纂
明東吳何湛之校訂
歲時部二 夏 立夏 夏至 秋 立秋 秋分
○夏一 藝文類聚
爾雅曰夏爲朱明一曰長嬴 尚書曰申命羲叔宅
南交日永星火以正仲夏鳥獸希革 禮記曰仲夏
之月天子羞以含桃先薦寢廟蟬始鳴木槿榮可以
居高明可以遠眺望可以升山陵可以處臺榭 又
曰南方者夏夏之爲言假也養之長之假之仁也
歲時 卷七 一 夏

唐類函二百卷目録二卷 （明）俞安期輯 明萬曆三十一年（1603）刻四十六年（1618）重修本。存一百九十五卷（缺一至五，目録一至二）。四十九册。半頁十行二十字，小字雙行同，黑口，四周單邊。框高20.7厘米、14.1厘米。中山大學圖書館藏。

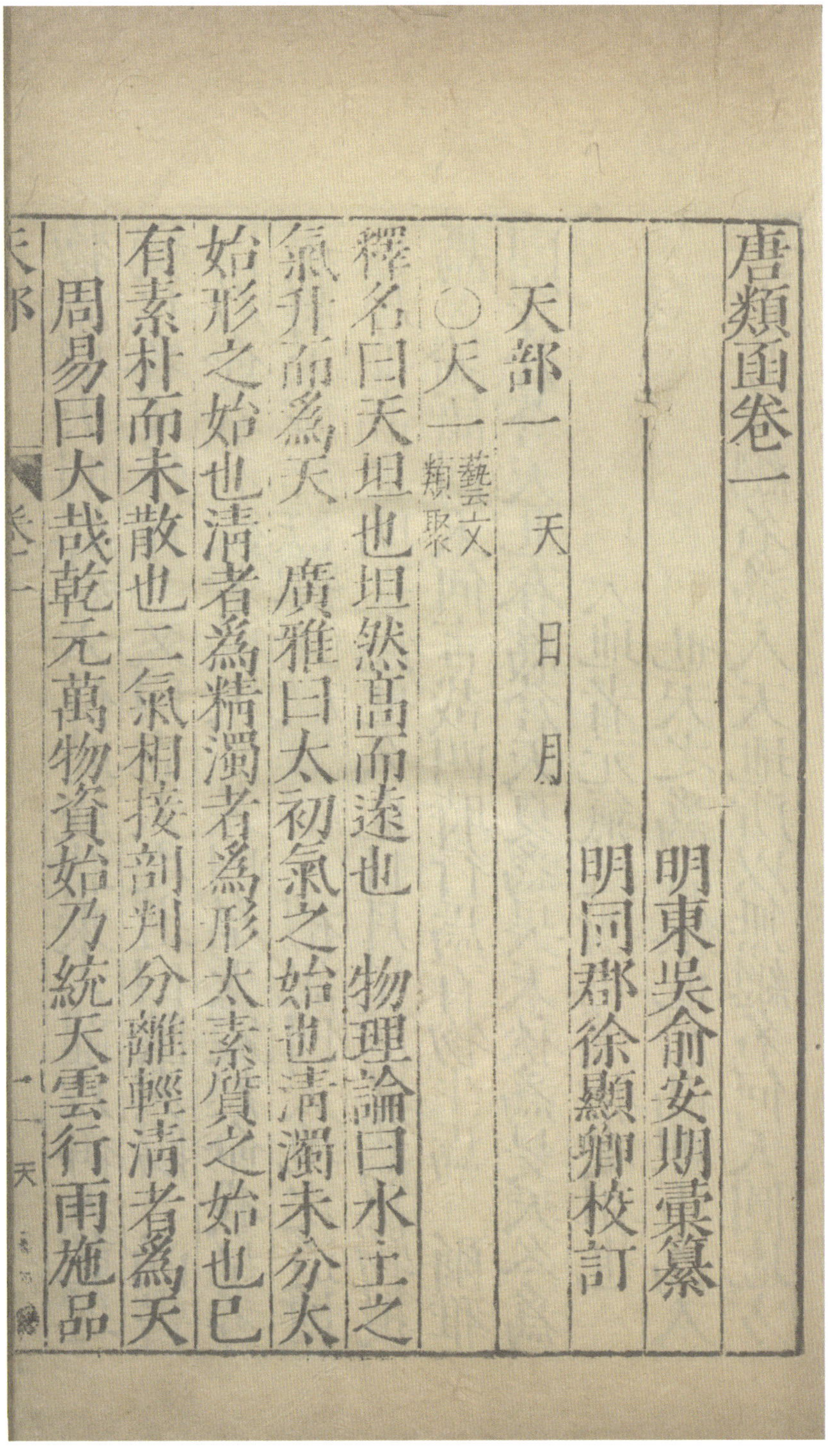
唐類函卷一

明東吳俞安期彙纂

明同郡徐顯卿校訂

天部一　天　日　月

○天一 藝文類聚

釋名曰天坦也坦然高而遠也　物理論曰水土之氣升而為天　廣雅曰太初氣之始也清濁未分太始形之始也清者為精濁者為形太素質之始也已有素朴而未散也二氣相接剖判分離輕清者為天

周易曰大哉乾元萬物資始乃統天雲行雨施品

天部　卷之一　一　天

唐類函二百卷目録二卷　（明）俞安期輯　明萬曆三十一年（1603）刻四十六年（1618）重修本。四十册。半頁十行二十字，小字雙行同，黑口，四周單邊。框高20.5厘米、寬14厘米。中山大學圖書館藏。

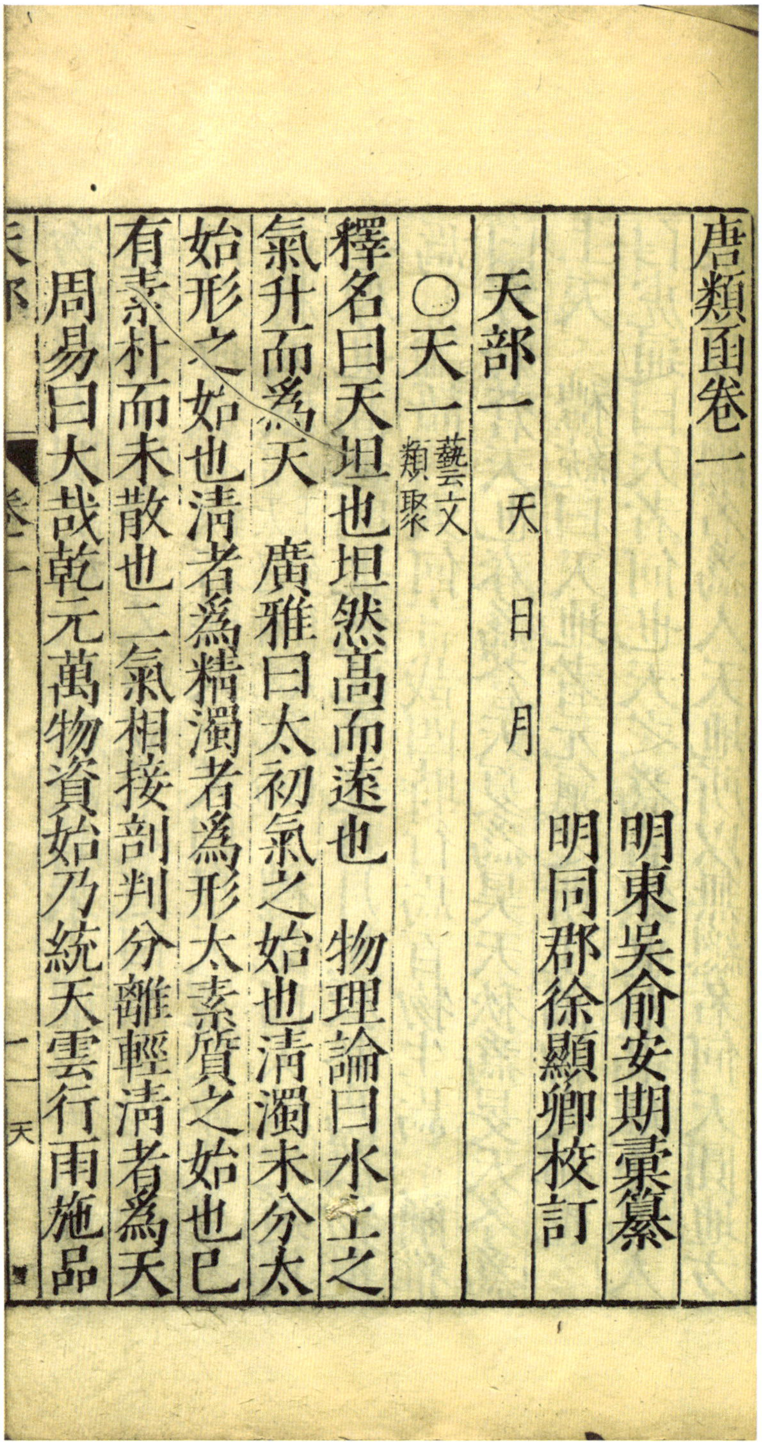

唐類函卷一

明東吴俞安期彙纂

明同郡徐顯卿校訂

天部一　天　日　月

〇天一 藝文類聚

釋名曰天坦也坦然高而遠也　物理論曰水土之氣升而爲天　廣雅曰太初氣之始也清濁未分太始形之始也清者爲精濁者爲形太素質之始也已有素朴而未散也二氣相接剖判分離輕清者爲天

周易曰大哉乾元萬物資始乃統天雲行雨施品

天部　卷一　二　天

唐類函二百卷目録二卷　（明）俞安期輯　明萬曆三十一年（1603）刻四十六年（1618）重修本。四十册。半頁十行二十字，小字雙行同，黑口，四周單邊。框高20.8厘米、寬14.1厘米。暨南大學圖書館藏。

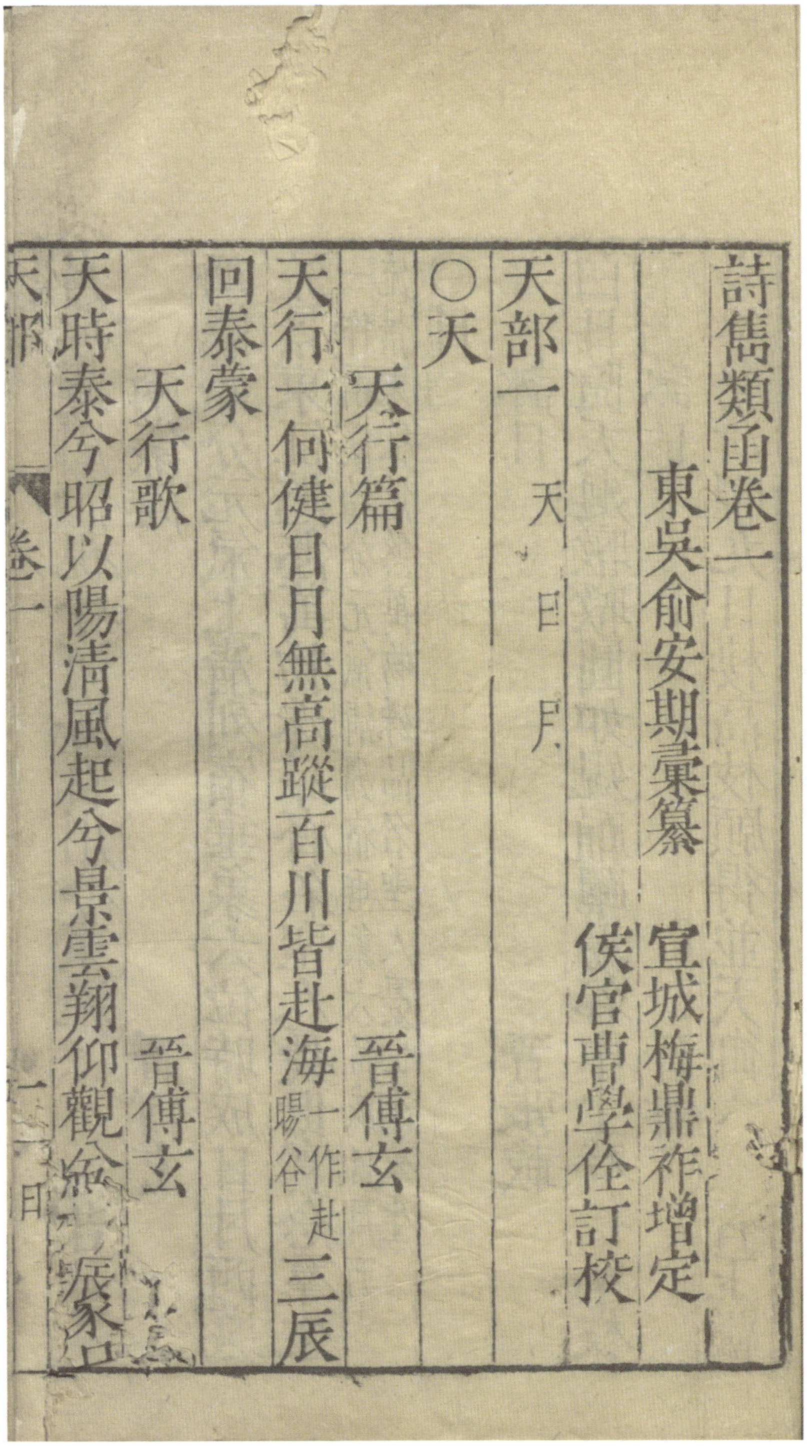
詩雋類函卷一
東吳俞安期彙纂　宣城梅鼎祚增定
侯官曹學佺訂校
天部一　天　日　月
○天
天行篇　晉傅玄
天行一何健日月無高蹤百川皆赴海一作赴暘谷三辰
回泰蒙
天行歌　晉傅玄
天時泰兮昭以陽清風起兮景雲翔仰觀[illegible]辰象
天部　卷一　一

詩雋類函一百五十卷　（明）俞安期輯　（明）梅鼎祚增定　明萬曆三十七年（1609）自刻本。六十四册。半頁十行二十字，小字雙行同，黑口，四周單邊。框高19.7厘米、寬13.2厘米。中山大學圖書館藏。

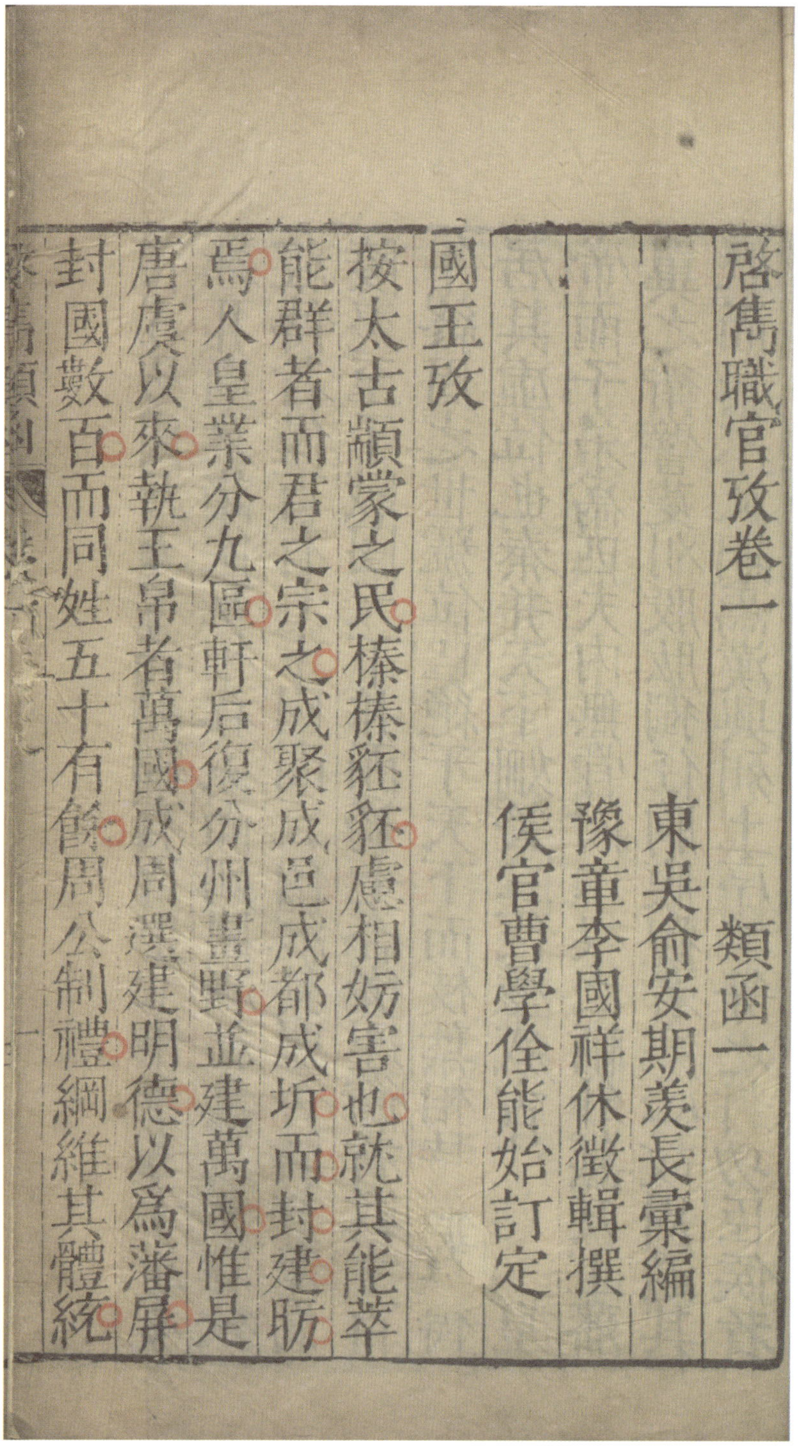
啓雋職官攷卷一　　類函一
東吳俞安期羨長彙編
豫章李國祥休徵輯撰
侯官曹學佺能始訂定
國王攷
按太古顓蒙之民榛榛狉狉處相妨害也就其能萃
能群者而君之宗之成聚成邑成都成圻而封建昉
焉人皇業分九區軒后復分州畫野並建萬國惟是
唐虞以來執玉帛者萬國成周選建明德以爲藩屏
封國數百而同姓五十有餘周公制禮綱維其體統

啓雋類函一百二卷職官攷五卷目録九卷　（明）俞安期輯　明萬曆刻本。四十册。半頁十行二十字，白口，四周單邊。框高19.5厘米、寬13.6厘米。中山大學圖書館藏。

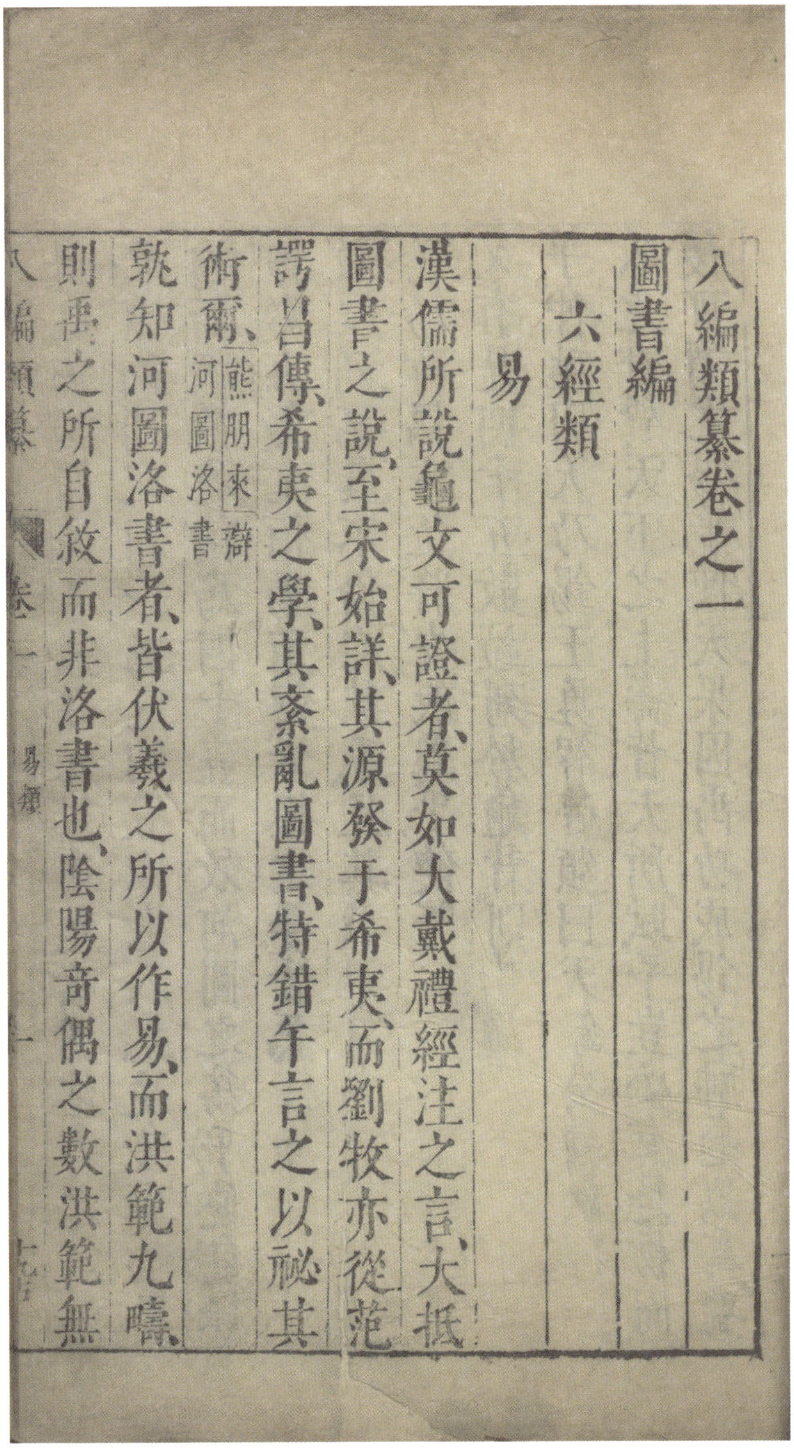
八編類纂卷之一

圖書編

六經類

易

漢儒所說龜文可證者，莫如大戴禮經注之言，大抵圖書之說，至宋始詳，其源發于希夷，而劉牧亦從范諤昌傳希夷之學，其紊亂圖書，特錯午言之以祕其術爾。熊朋來辯河圖洛書

孰知河圖洛書者，皆伏羲之所以作易，而洪範九疇則禹之所自敘而非洛書也，陰陽奇偶之數，洪範無

八編類纂　卷一　易類

八編類纂二百八十五卷　（明）陳仁錫輯　明天啓刻本。八十册。半頁十行二十字，小字雙行同，白口，四周單邊。框高20.6厘米、寬13.4厘米。中山大學圖書館藏。

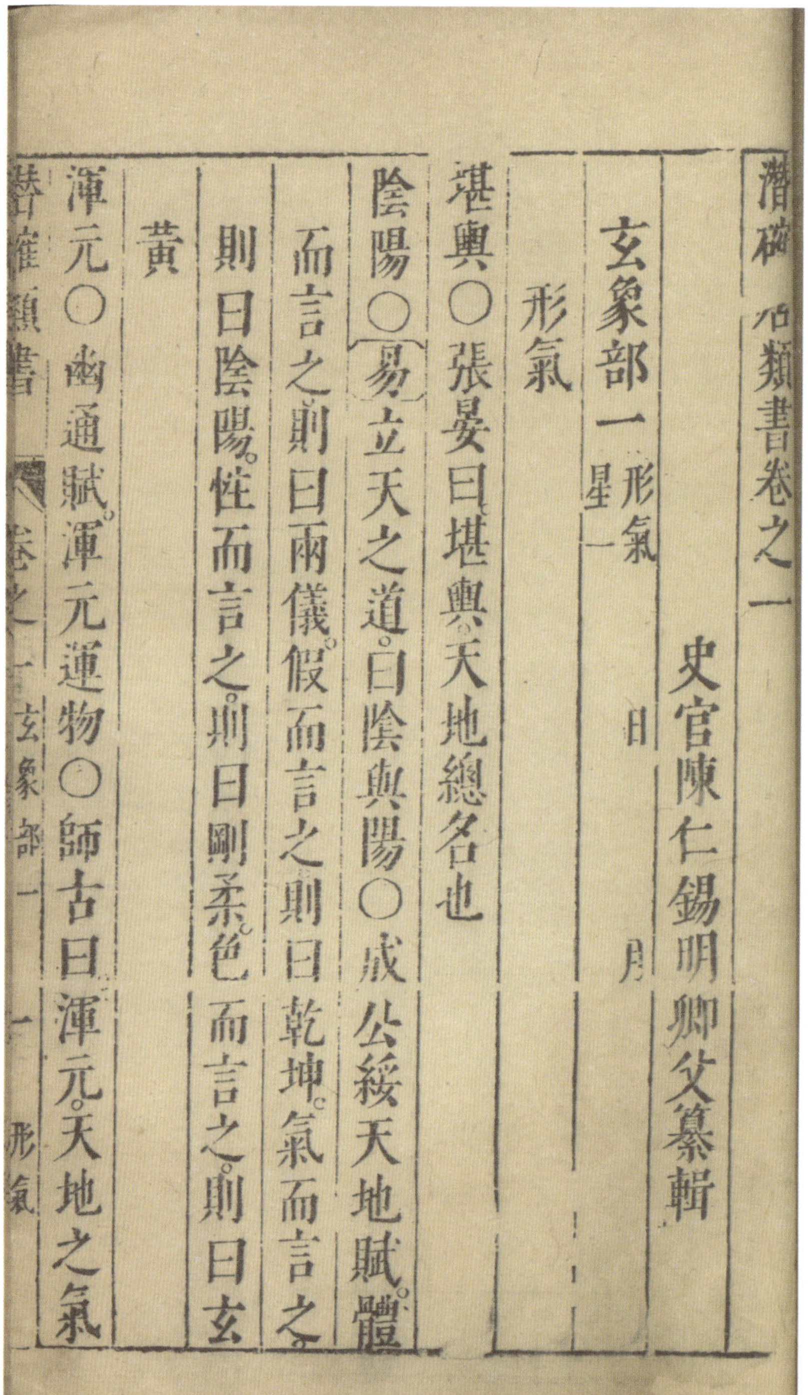

潛確居類書一百二十卷 （明）陳仁錫輯　明崇禎刻本。六十四册。半頁十行二十字，小字雙行同，白口，四周單邊。框高21.1厘米、寬14厘米。中山大學圖書館藏。

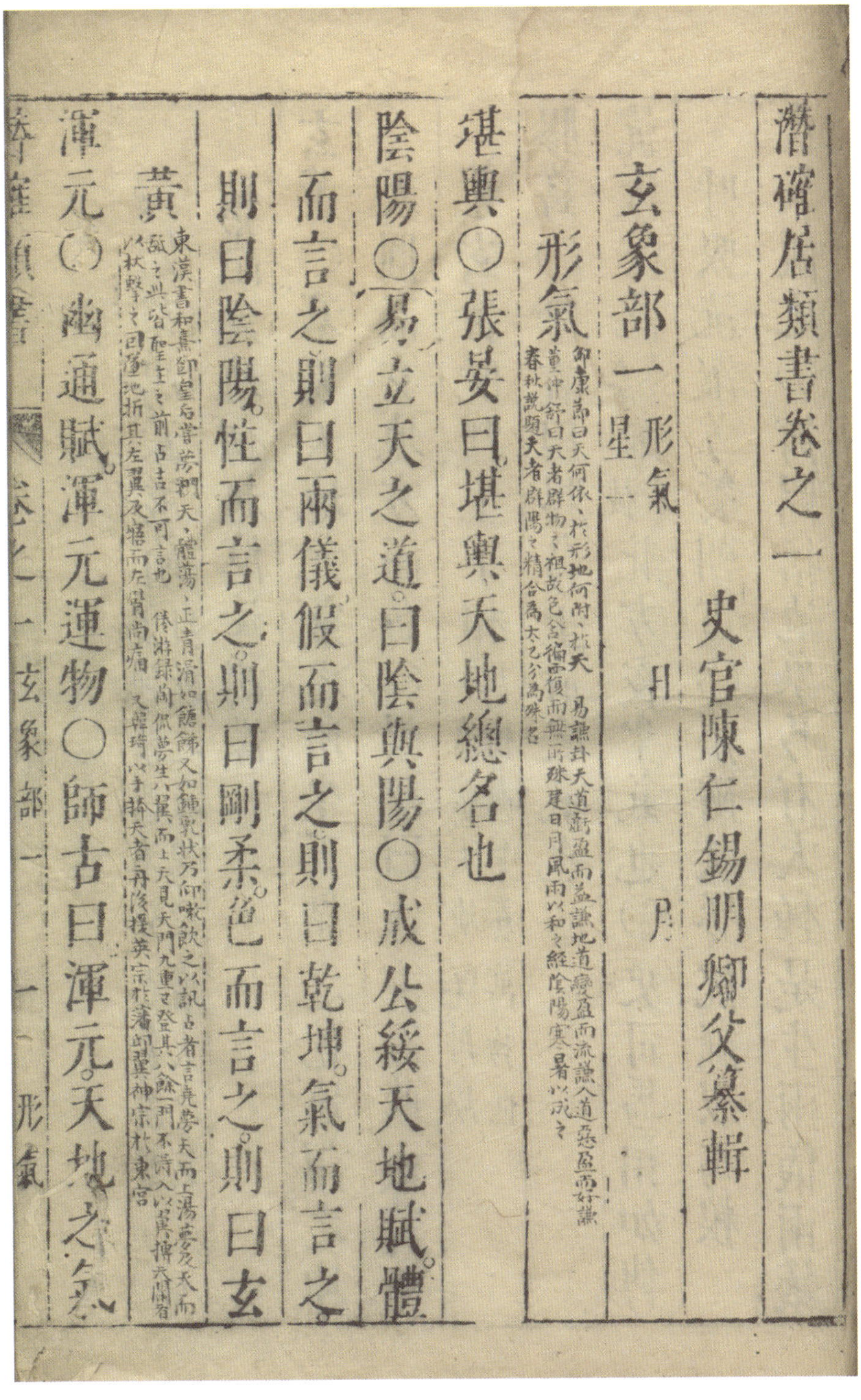
潛確居類書卷之一

史官陳仁錫明卿父纂輯

玄象部一　形氣　日　月
星一

形氣 邵康節曰天何依依於形地何附附於天 易謙卦天道虧盈而益謙地道變盈而流謙人道惡盈而好謙 董仲舒曰天者群物之祖故包含徧覆而無所殊建日月風雨以和之經陰陽寒暑以成之 春秋説題天者群陽之精合為太乙分為殊名

堪輿○張晏曰堪輿天地總名也

陰陽○易立天之道曰陰與陽○成公綏天地賦體而言之則曰兩儀假而言之則曰乾坤氣而言之則曰陰陽性而言之則曰剛柔色而言之則曰玄黃 東漢書和熹鄧皇后嘗夢捫天蕩蕩正青滑如鍾乳狀乃仰嗽飲之以訊占者言堯夢天而上湯夢及天而舐之此皆聖王之前占吉不可言也 倦游錄尚佩夢生八翼而上天見天門九重已登其八餘一門不得入以翼搏天閽者以杖擊之因墜地折其左翼及寤而左腋尚痛 又韓琦以手擎天者再後援英宗於藩邸翼神宗於東宮

渾元○幽通賦渾元運物○師古曰渾元天地之氣

潛確類書　卷之一　玄象部一　一　形氣

潛確居類書一百二十卷　（明）陳仁錫輯　明崇禎刻本。七十册。半頁十行二十字，小字雙行同，白口，四周單邊。框高21厘米、寬14厘米。中山大學圖書館藏。

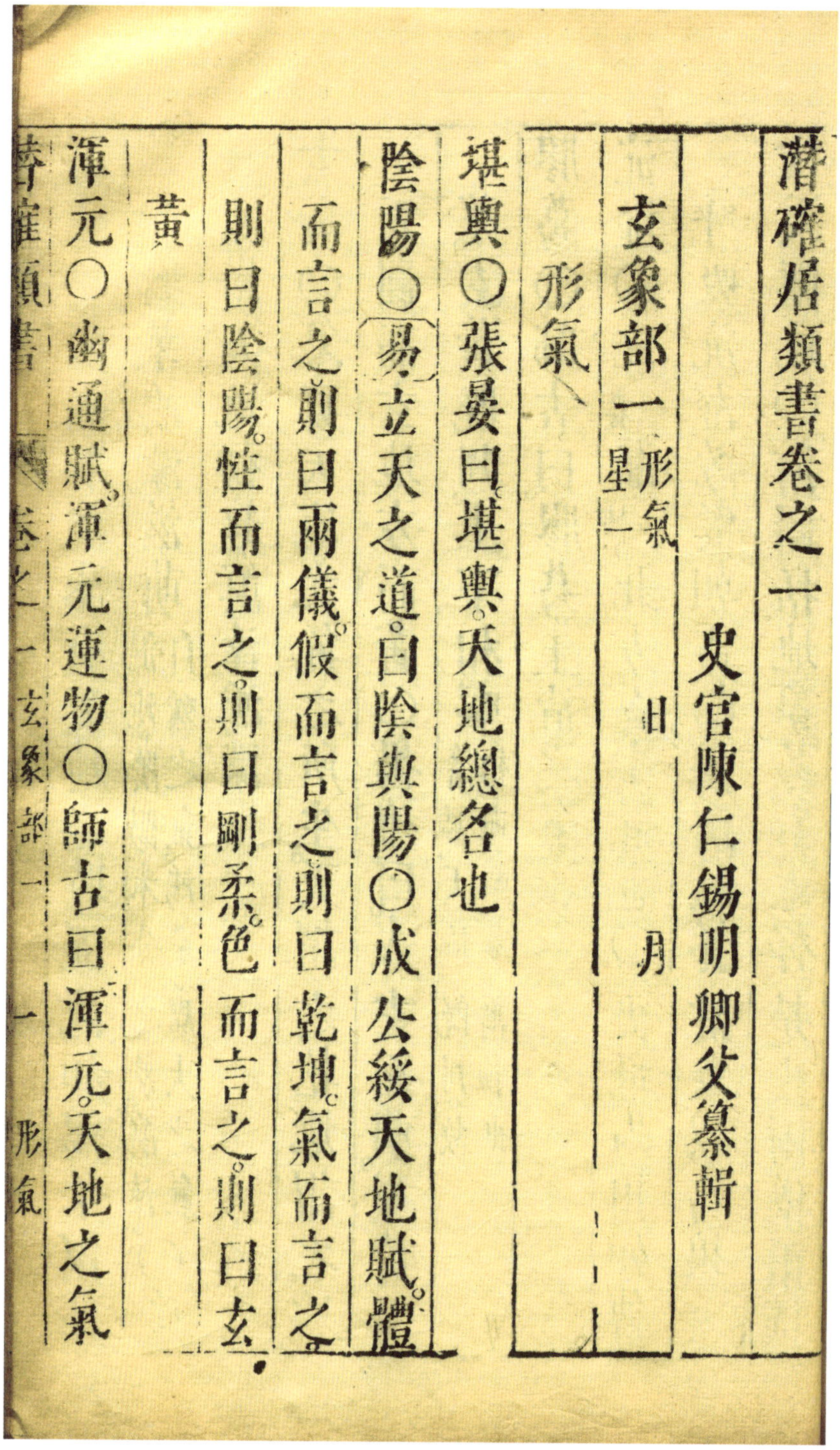

潛確居類書卷之一
史官陳仁錫明卿父纂輯
玄象部一 形氣 日 月 星
形氣
堪輿○張晏曰堪輿天地總名也
陰陽○易立天之道曰陰與陽○成公綏天地賦體而言之則曰兩儀假而言之則曰乾坤氣而言之則曰陰陽性而言之則曰剛柔色而言之則曰玄黃
渾元○幽通賦渾元運物○師古曰渾元天地之氣

潛確類書 卷之一 玄象部一 一 形氣

潛確居類書一百二十卷 （明）陳仁錫輯 明崇禎刻本。五十册。半頁十行二十字，小字雙行同，白口，四周單邊。框高21.4厘米、寬14.1厘米。暨南大學圖書館藏。

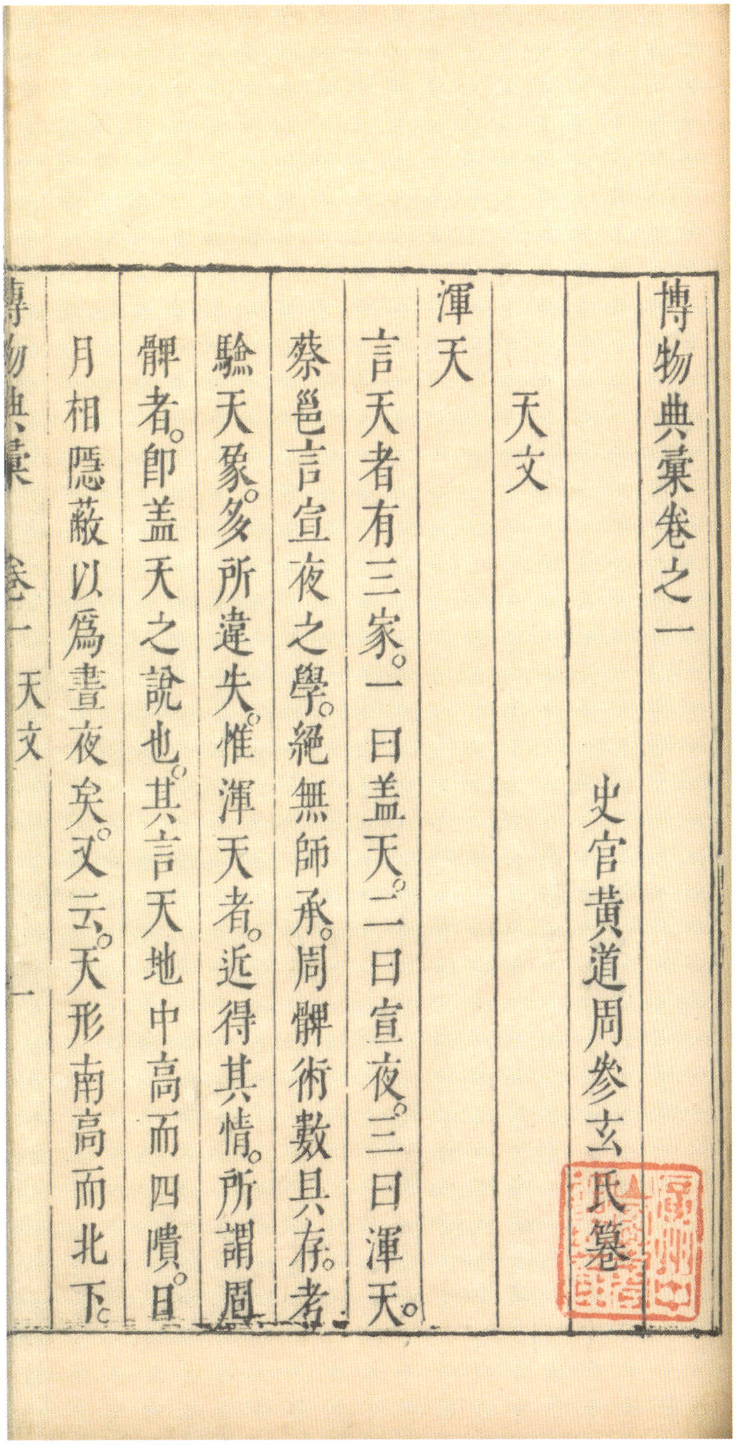
博物典彙卷之一

史官黃道周參玄氏箋

天文

渾天

言天者有三家。一曰盖天。二曰宣夜。三曰渾天。蔡邕言宣夜之學。絕無師承。周髀術數具存。考驗天象。多所違失。惟渾天者。近得其情。所謂周髀者。卽盖天之說也。其言天地中高而四隤。日月相隱蔽以爲晝夜矣。又云。天形南高而北下。

博物典彙　卷一　天文　一

博物典彙二十卷　（明）黃道周撰　明崇禎刻本。十二册。半頁九行十九字，小字雙行同，白口，左右雙邊。框高27.5厘米、寬17.1厘米。廣東省立中山圖書館藏。

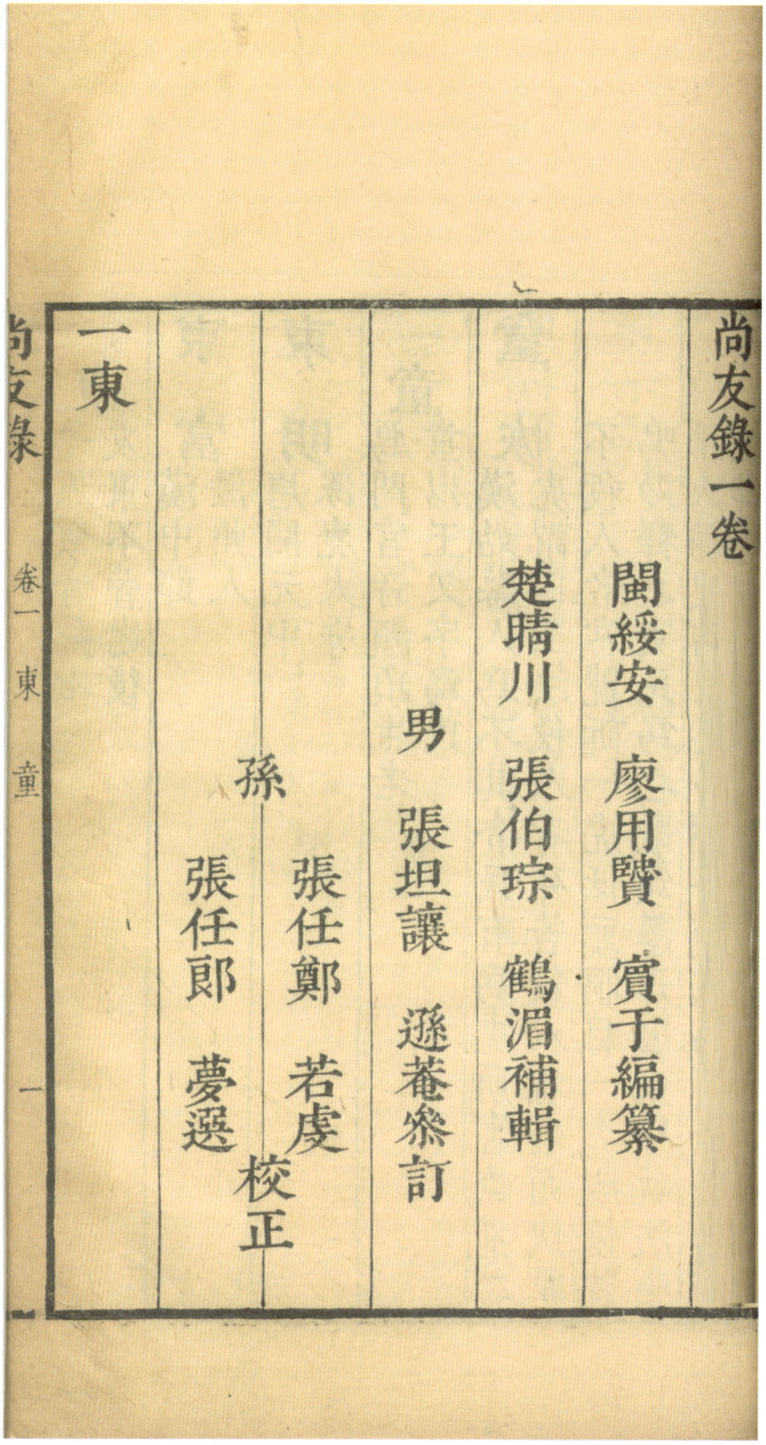
尚友錄一卷
閩綏安 廖用賢 賓于編纂
楚晴川 張伯琮 鶴湄補輯
男 張坦讓 遜菴參訂
孫 張任鄭 若虔
張任郎 夢遐 校正
一東

尚友錄 卷一 東 童 一

尚友録二十二卷　（明）廖用賢輯　**補遺一卷**　（明）張伯琮補輯　清初刻本。十册。半頁七行字數不等，小字雙行十八字，白口，四周單邊。框高17.3厘米、寬13厘米。廣東省立中山圖書館藏。

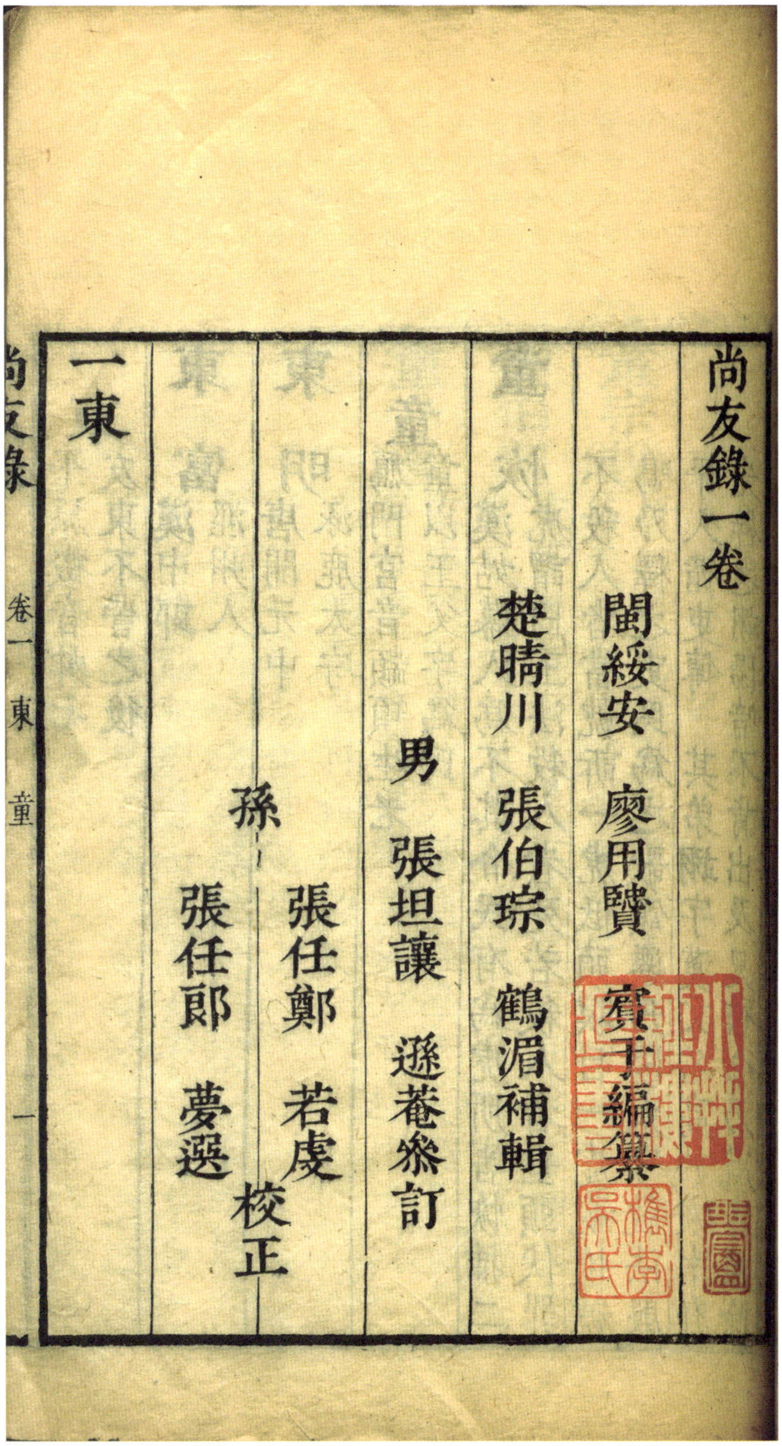

尚友録二十二卷　（明）廖用賢輯　**補遺一卷**　（清）張伯琮補輯　清初刻本。十册。半頁七行字數不等，小字雙行十八字，白口，四周單邊。框高17.3厘米、寬12.6厘米。暨南大學圖書館藏。

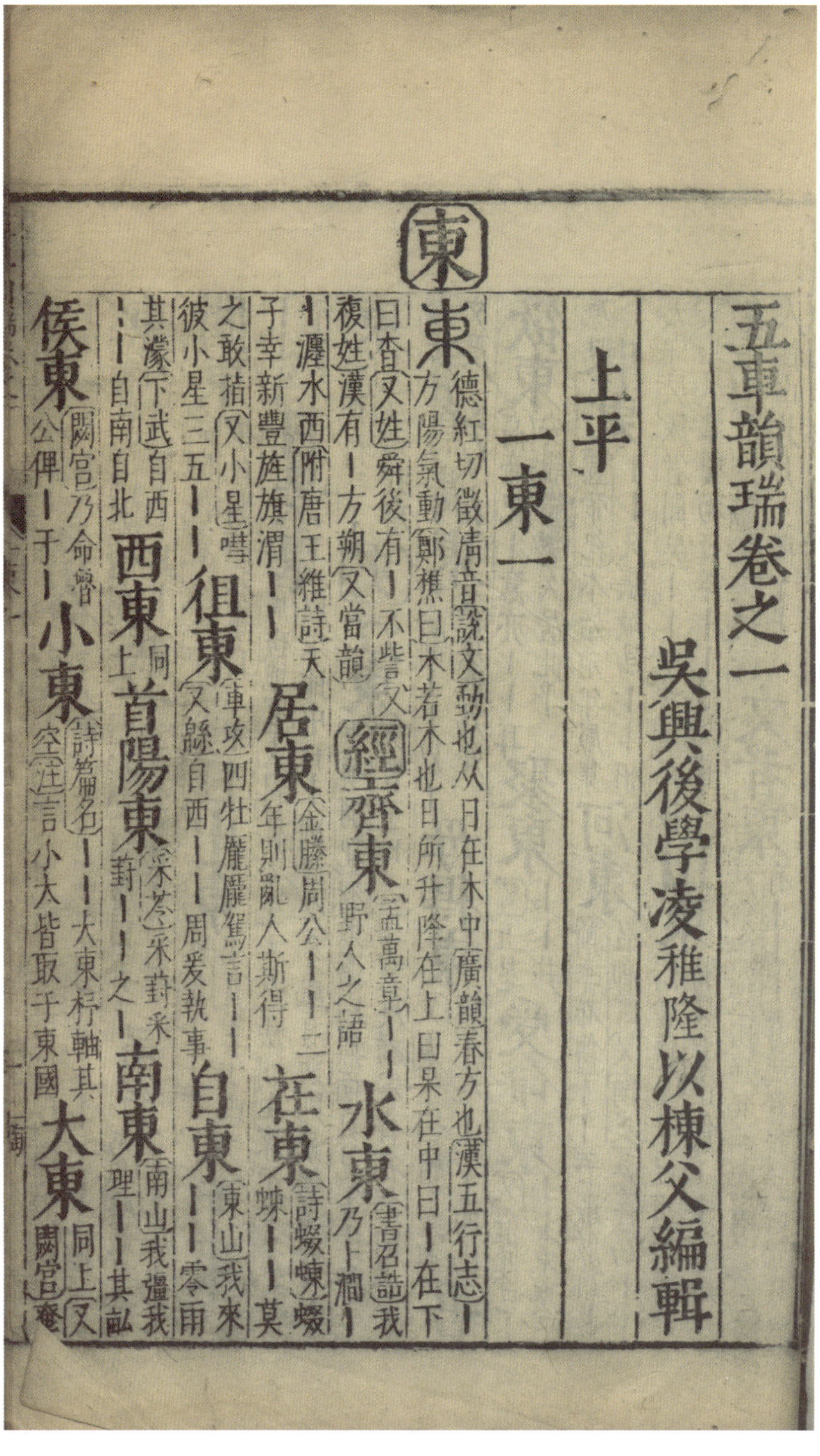
五車韻瑞卷之一
吳興後學凌稚隆以棟父編輯
上平
一東一
東
東德紅切徵清音說文動也从日在木中廣韻春方也漢五行志一
方陽氣動鄭樵曰木若木也日所升降在上曰杲在中曰一在下
曰杳又姓舜後有一不訾又復姓漢有一方朔又當韻
經 齊東孟萬章一一野人之語 水東書召誥我乃卜澗一
一瀍水西附唐王維詩天子幸新豐旌旗渭一一 居東金縢周公一一二年則亂人斯得 在東詩蝃蝀蝃蝀一一莫
之敢指又小星嘒彼小星三五一一 徂東車攻四牡龐龐駕言一一又繇自西一一 自東東山我來自西一一零雨
其濛下武自西一一自南自北 西東同上 首陽東采苓采葑采葑一一之 南東南山我疆我理一一其畝
俟東閟宮乃命魯公俾一一于一 小東詩篇名空注言小大皆取于東國 一一大東杼軸其 大東同上又閟宮奄

五車韻瑞一百六十卷 （明）凌稚隆輯　明葉瑤池刻本。存一百五十卷（缺一百五十一至一百六十）。二十册。上下兩欄，半頁十行十八字，小字雙行二十七字，白口，左右雙邊。框高21.7厘米、寬15厘米。中山大學圖書館藏。

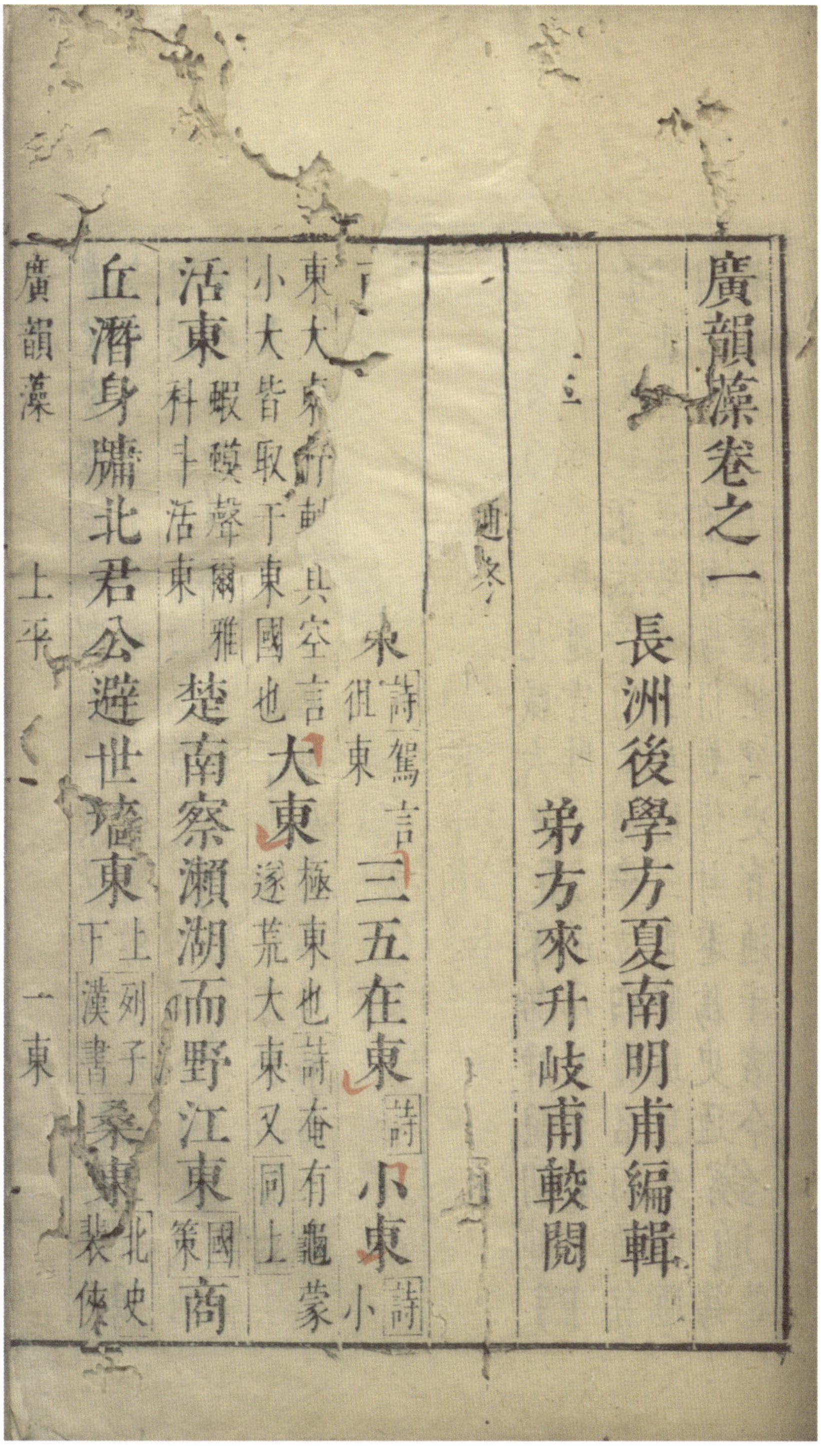

廣韻藻六卷 （明）方夏輯　明崇禎十五年（1642）方來刻本。六册。半頁八行十八字，小字雙行同，白口，左右雙邊。框高18.8厘米、寬13.5厘米。中山大學圖書館藏。

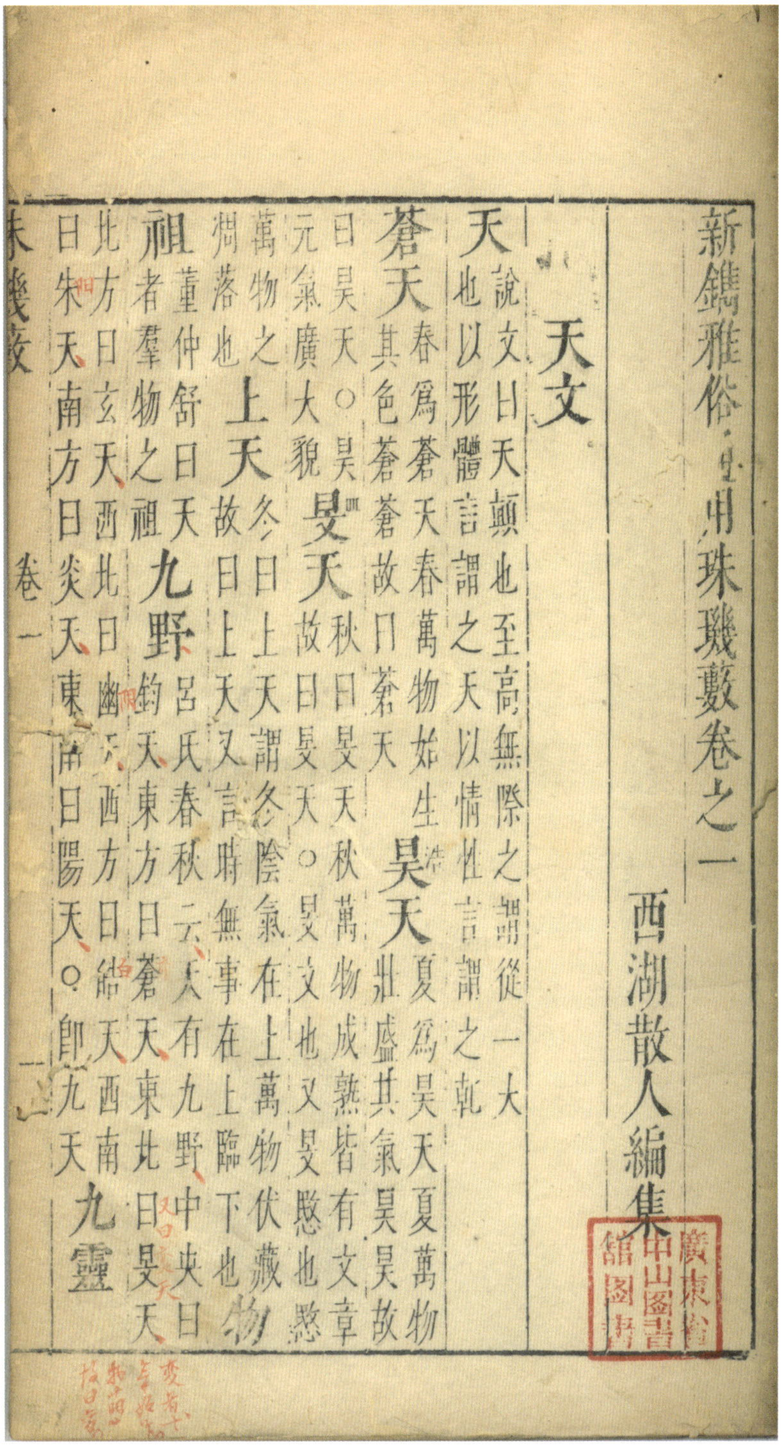
新鐫雅俗通用珠璣藪卷之一

西湖散人編集

天文

天說文曰天顛也至高無際之謂從一大也以形體言謂之天以情性言謂之乾

蒼天春爲蒼天春萬物始生其色蒼蒼故曰蒼天

昊天夏爲昊天夏萬物壯盛其氣昊昊故曰昊天○昊元氣廣大貌

旻天秋曰旻天秋萬物成熟皆有文章故曰旻天○旻文也又旻愍也愍萬物之凋落也

上天冬曰上天謂冬陰氣在上萬物伏藏故曰上天又言時無事在上臨下也

物祖董仲舒曰天者羣物之祖

九野呂氏春秋云天有九野中央曰鈞天東方曰蒼天東北曰旻天北方曰玄天西北曰幽天西方曰皓天西南曰朱天南方曰炎天東南曰陽天○即九天

九靈

珠璣藪　卷一　二

新鐫雅俗通用珠璣藪八卷　題（明）西湖散人輯　明崇禎刻本。八册。半頁九行字數不等，白口，四周單邊。框高20.7厘米、寬14厘米。廣東省立中山圖書館藏。

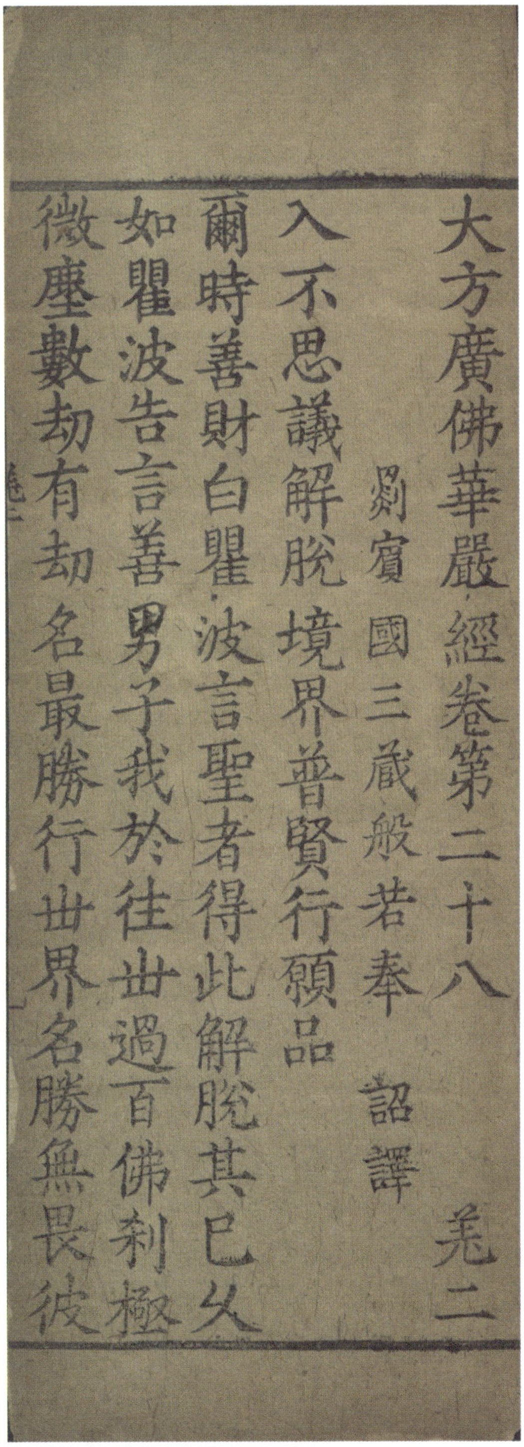
大方廣佛華嚴經卷第二十八　羌二
罽賓國三藏般若奉　詔譯
入不思議解脫境界普賢行願品
爾時善財白瞿波言聖者得此解脫其已久
如瞿波告言善男子我於往世過百佛剎極
微塵數劫有劫名最勝行世界名勝無畏彼

永樂南藏六千三百三十一卷　明永樂刻本。存六卷（宗鏡録十七、三法度論下、瑜伽師地論八十七、波羅提木叉僧祇戒本一、三經同卷一、大方廣佛華嚴經二十八）。经折装。六册。半頁六行十七字。開本高30.9厘米，廣11.2厘米，框高24.6厘米，上下單邊。佛山市圖書館藏。

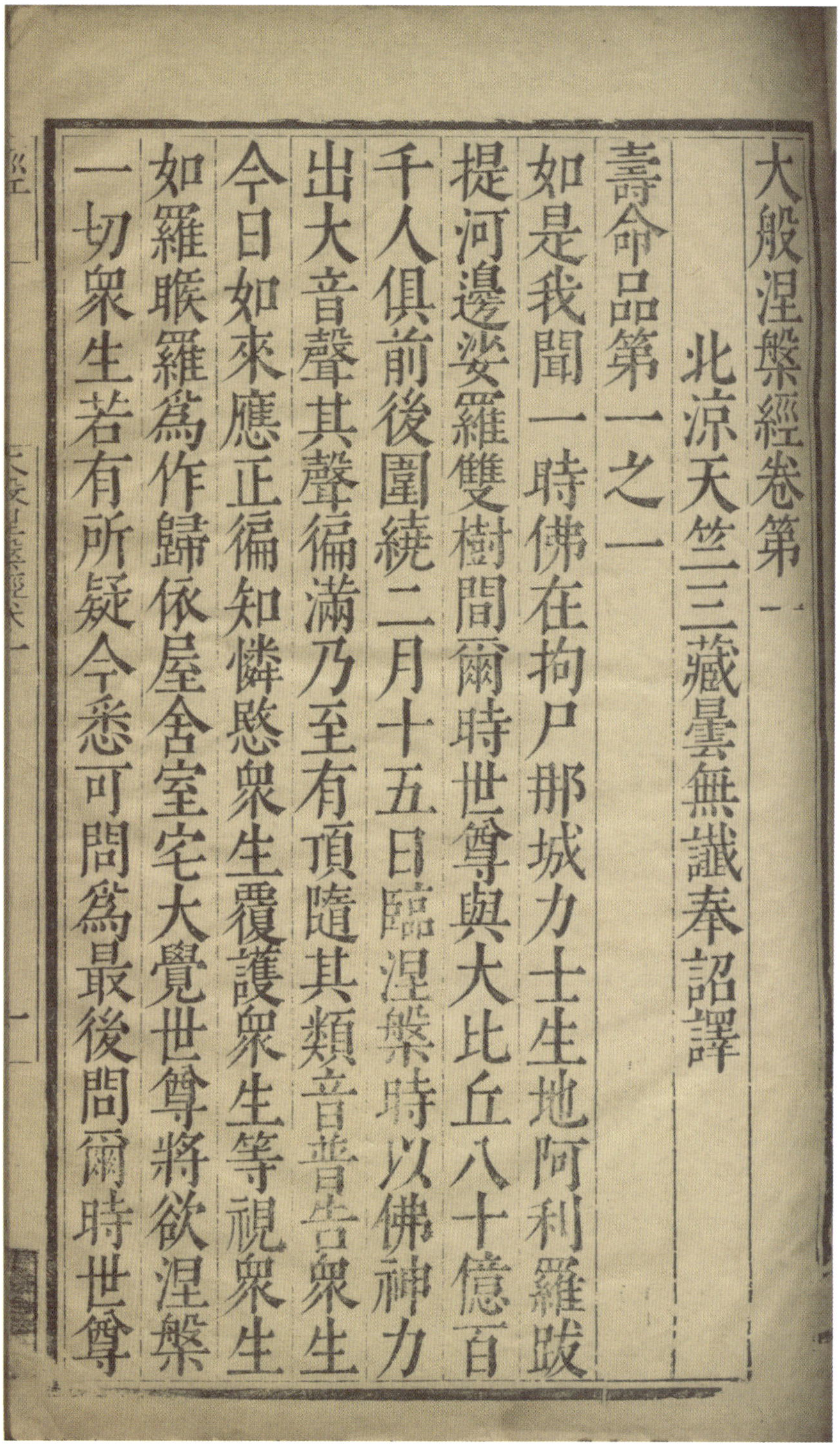
大般涅槃經卷第一
北涼天竺三藏曇無讖奉詔譯
壽命品第一之一
如是我聞一時佛在拘尸那城力士生地阿利羅跋
提河邊娑羅雙樹間爾時世尊與大比丘八十億百
千人俱前後圍繞二月十五日臨涅槃時以佛神力
出大音聲其聲徧滿乃至有頂隨其類音普告衆生
今日如來應正徧知憐愍衆生覆護衆生等視衆生
如羅睺羅爲作歸依屋舍室宅大覺世尊將欲涅槃
一切衆生若有所疑今悉可問爲最後問爾時世尊

大般涅槃經四十卷　（北涼）釋曇無讖譯　**後分二卷**　（唐）釋若那跋陀羅譯　明萬曆三十一年至三十三年（1603—1605）徑山寂照庵刻本。二十册。半頁十行二十字，白口，四周雙邊。框高13.3厘米、寬14.8厘米。中山大學圖書館藏。

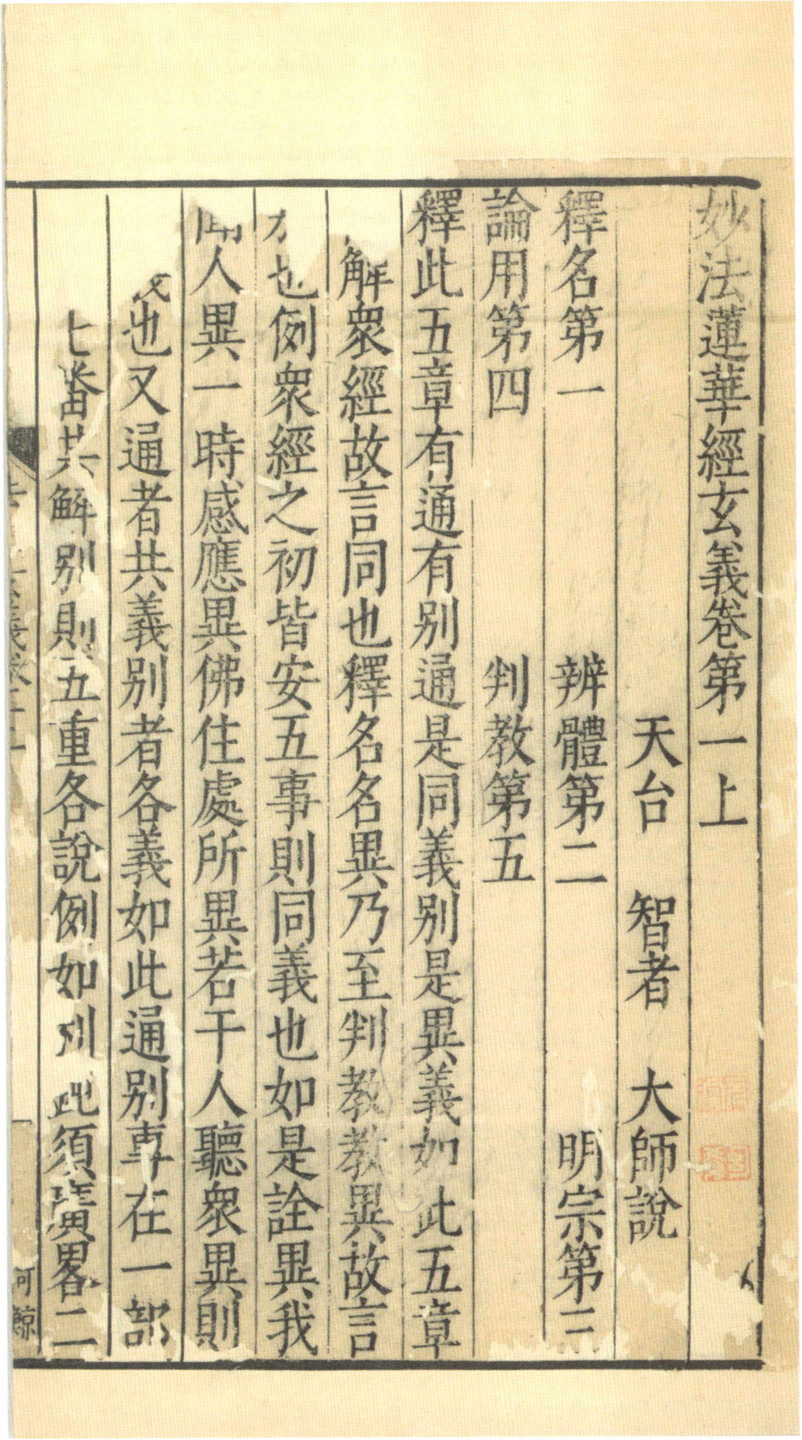
妙法蓮華經玄義卷第一上
天台　智者　大師說
釋名第一　辨體第二　明宗第三
論用第四　判教第五
釋此五章有通有別通是同義別是異義如此五章
解衆經故言同也釋名名異乃至判教教異故言
也例衆經之初皆安五事則同義也如是詮異我
聞人異一時感應異佛住處所異若干人聽衆異則
也又通者共義別者各義如此通別專在一部
七番共解別則五重各說例如利鈍須廣畧二

妙法蓮華經玄義十卷　（明）釋圓澄撰　明刻本。六册。半頁十行二十字，白口，四周單邊。框高24.3厘米、寬28.8厘米。廣東省立中山圖書館藏。

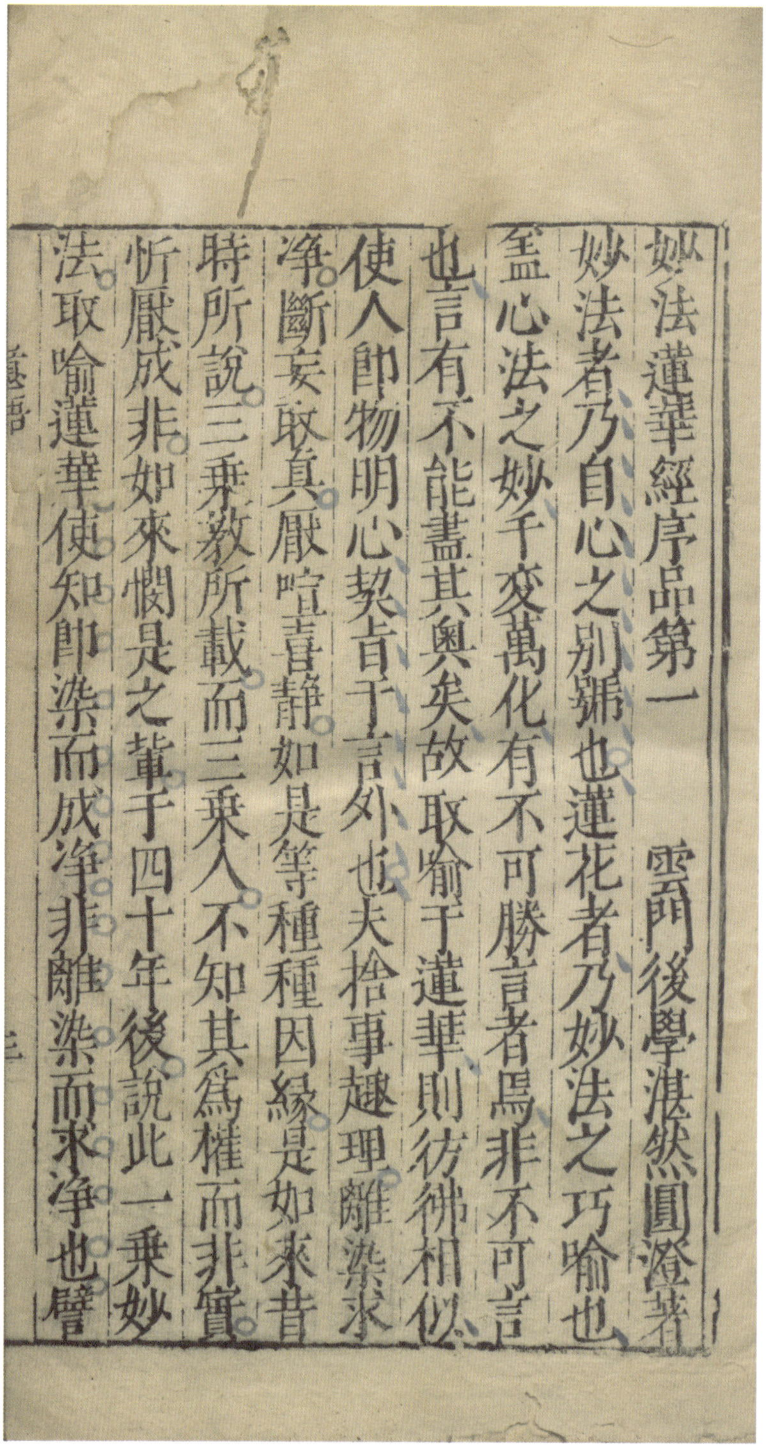
妙法蓮華經序品第一　雲門後學湛然圓澄著
妙法者乃自心之別號也蓮花者乃妙法之巧喻也
盖心法之妙千變萬化有不可勝言者焉非不可言
也言有不能盡其奧矣故取喻于蓮華則彷彿相似
使人即物明心契旨于言外也夫捨事趣理離染求
淨斷妄取真厭喧喜靜如是等種種因緣是如來昔
時所說三乘教所載而三乘人不知其爲權而非實
忻厭成非如來愍是之輩于四十年後說此一乘妙
法取喻蓮華使知即染而成淨非離染而求淨也譬
意語　三

妙法蓮華經意語一卷　（明）釋圓澄撰　明萬曆四十二年（1614）釋性一刻本。二册。半頁九行二十字，白口，左右雙邊。框高21厘米、寬13.2厘米。中山大學圖書館藏。

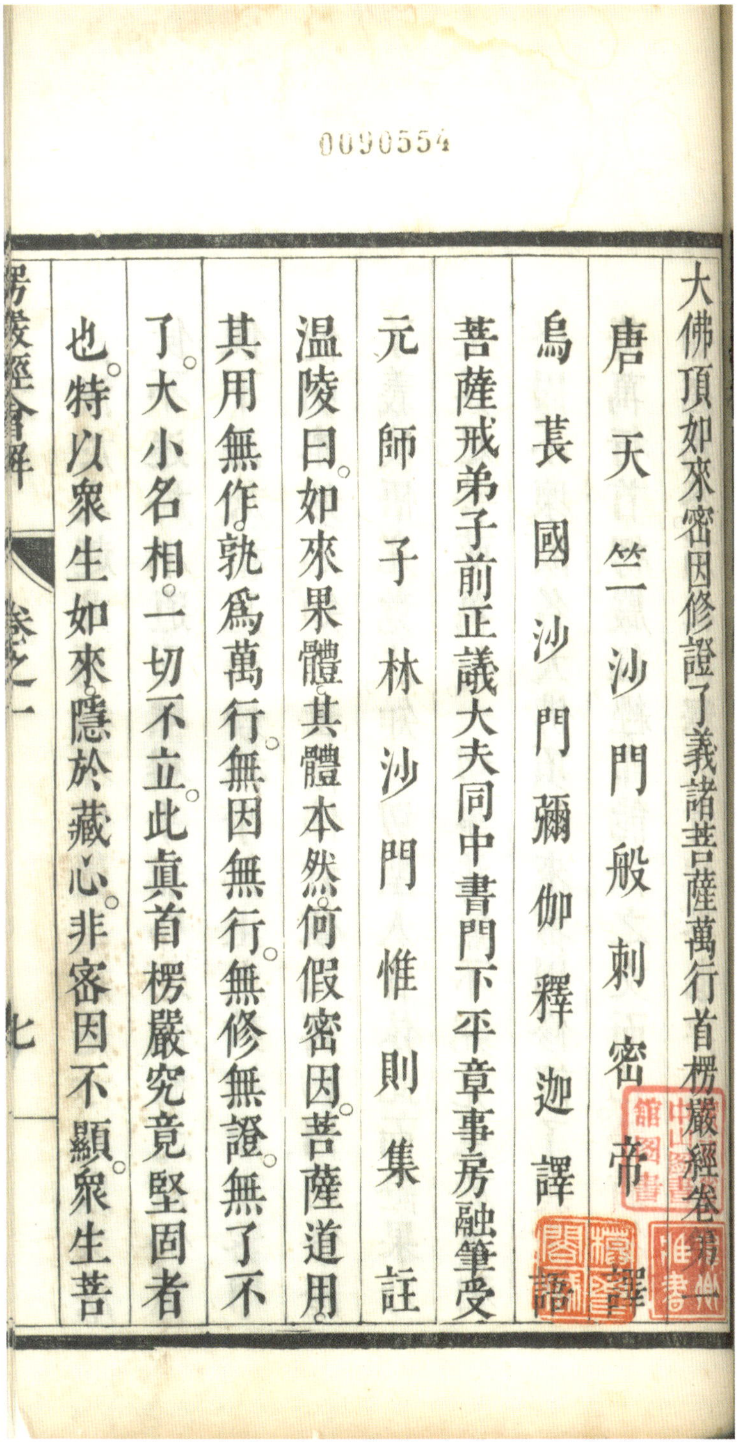
大佛頂如來密因修證了義諸菩薩萬行首楞嚴經卷第一
唐天竺沙門般剌密帝譯
烏萇國沙門彌伽釋迦譯語
菩薩戒弟子前正議大夫同中書門下平章事房融筆受
元師子林沙門惟則集註
溫陵曰如來果體其體本然何假密因菩薩道用
其用無作孰爲萬行無因無行無修無證無了不
了大小名相一切不立此真首楞嚴究竟堅固者
也特以衆生如來隱於藏心非密因不顯衆生菩
楞嚴經會解　卷之一　七

大佛頂如來密因修證了義諸菩薩萬行首楞嚴經十卷　題（唐）釋般剌密帝　彌伽釋迦譯　（元）釋惟則集注　清順治十四年（1657）刻本。一册。半頁九行二十字，白口，四周雙邊。框高22.8厘米、寬15.7厘米。廣東省立中山圖書館藏。

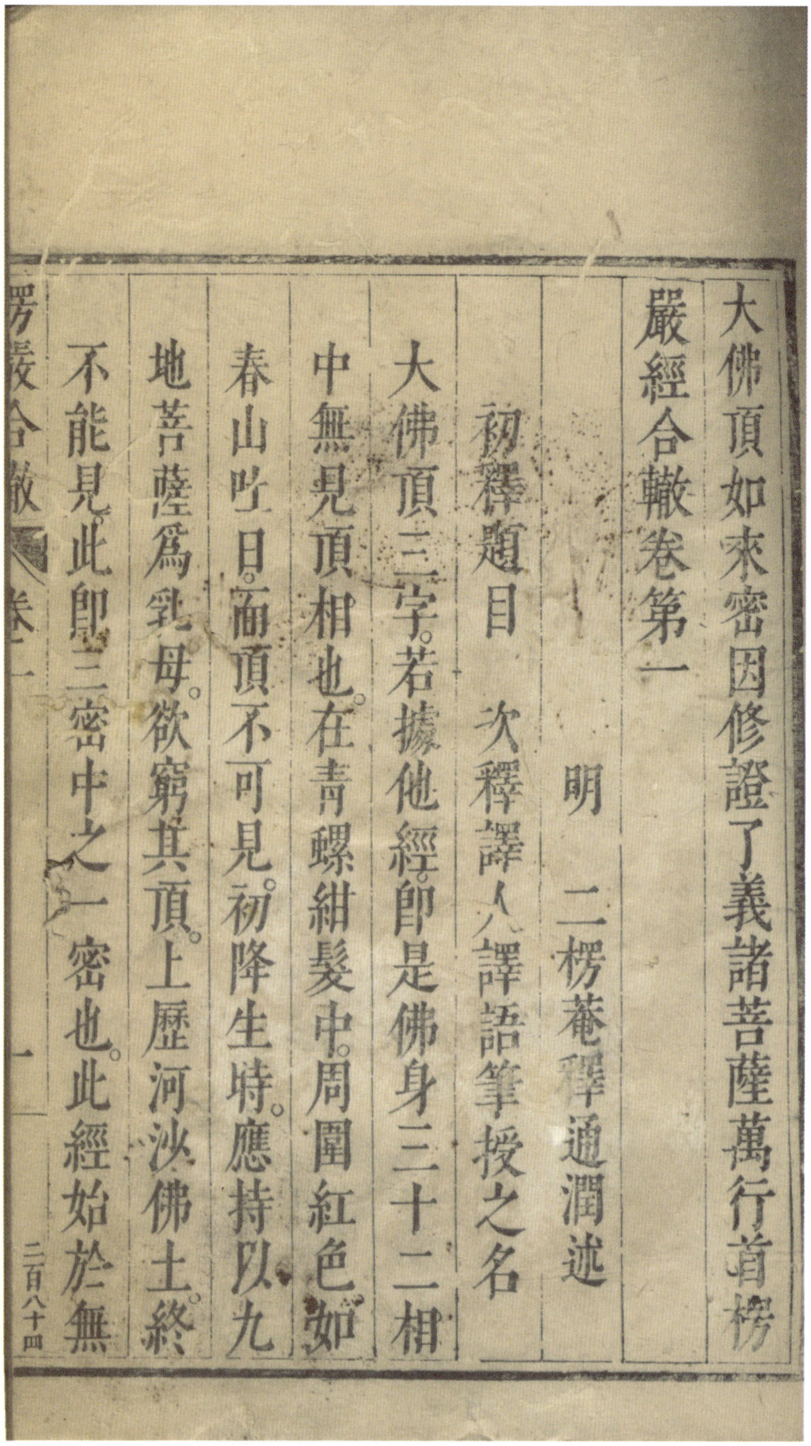
大佛頂如來密因修證了義諸菩薩萬行首楞
嚴經合轍卷第一
明　二楞菴釋通潤述
初釋題目　次釋譯人譯語筆授之名
大佛頂三字。若據他經。即是佛身三十二相
中無見頂相也。在青螺紺髮中。周圍紅色。如
春山吐日。而頂不可見。初降生時。應持以九
地菩薩爲乳母。欲窮其頂。上歷河沙佛土。終
不能見。此即三密中之一密也。此經始於無
楞嚴合轍　卷之一　一　二百八十四

大佛頂如來密因修證了義諸菩薩萬行首楞嚴經合轍十卷　（明）釋通潤撰　明天啓元年（1621）自刻本。二十四册。半頁九行十八字，白口，四周雙邊。框高20.1厘米、寬14.1厘米。中山大學圖書館藏。

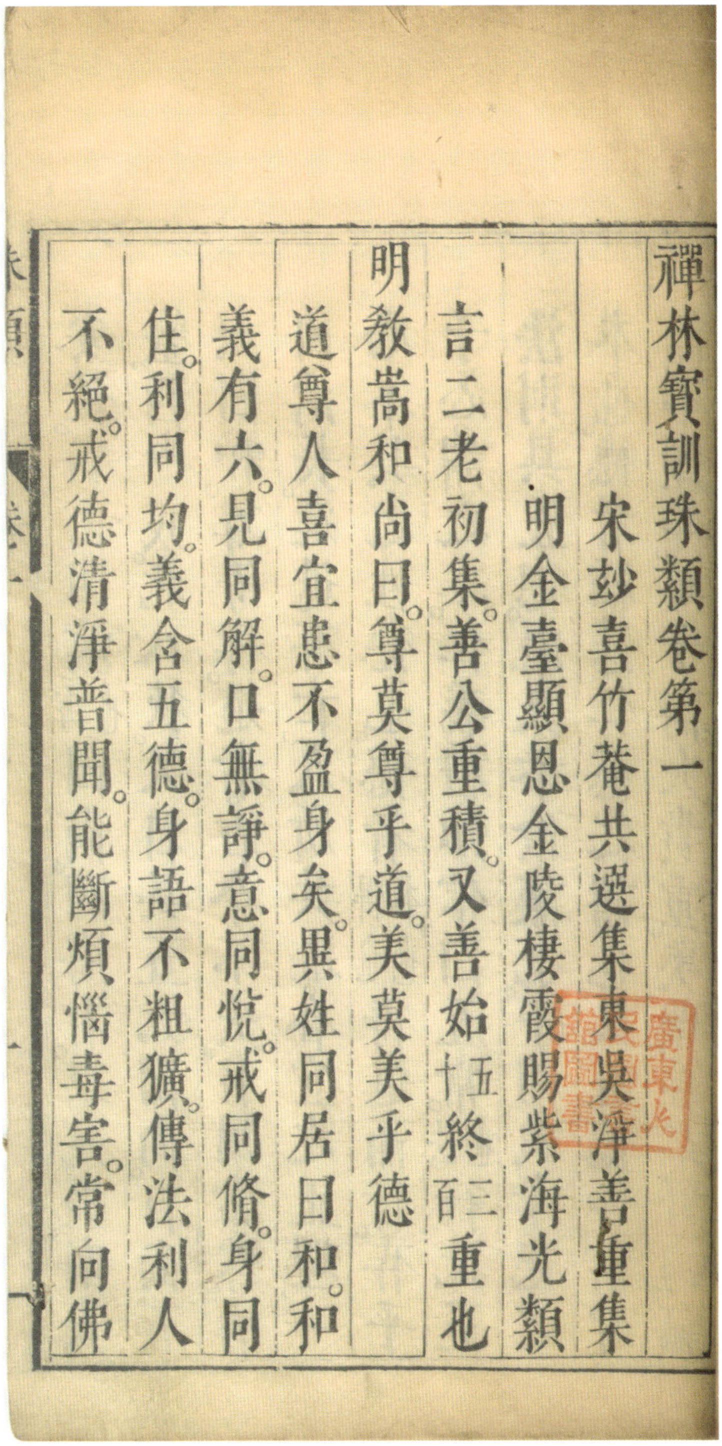

禪林寶訓珠類卷第一
宋妙喜竹菴共選集東吳淨善重集
明金臺顯恩金陵棲霞賜紫海光類
言二老初集善公重積。又善始五十終三百重也
明教嵩和尚曰。尊莫尊乎道。美莫美乎德
道尊人喜。宜患不盈身矣。異姓同居曰和。和
義有六。見同解。口無諍。意同悅。戒同脩。身同
住。利同均。義含五德。身語不粗獷。傳法利人
不絕。戒德清淨普聞。能斷煩惱毒害。常向佛

禪林寶訓珠類八卷拾遺一卷　（明）釋海光撰　明崇禎二年（1629）刻本。存七卷（缺二，拾遺一）。七册。半頁九行十八字，小字雙行同，白口，四周雙邊。框高18.9厘米、寬12.3厘米。廣東省立中山圖書館藏。

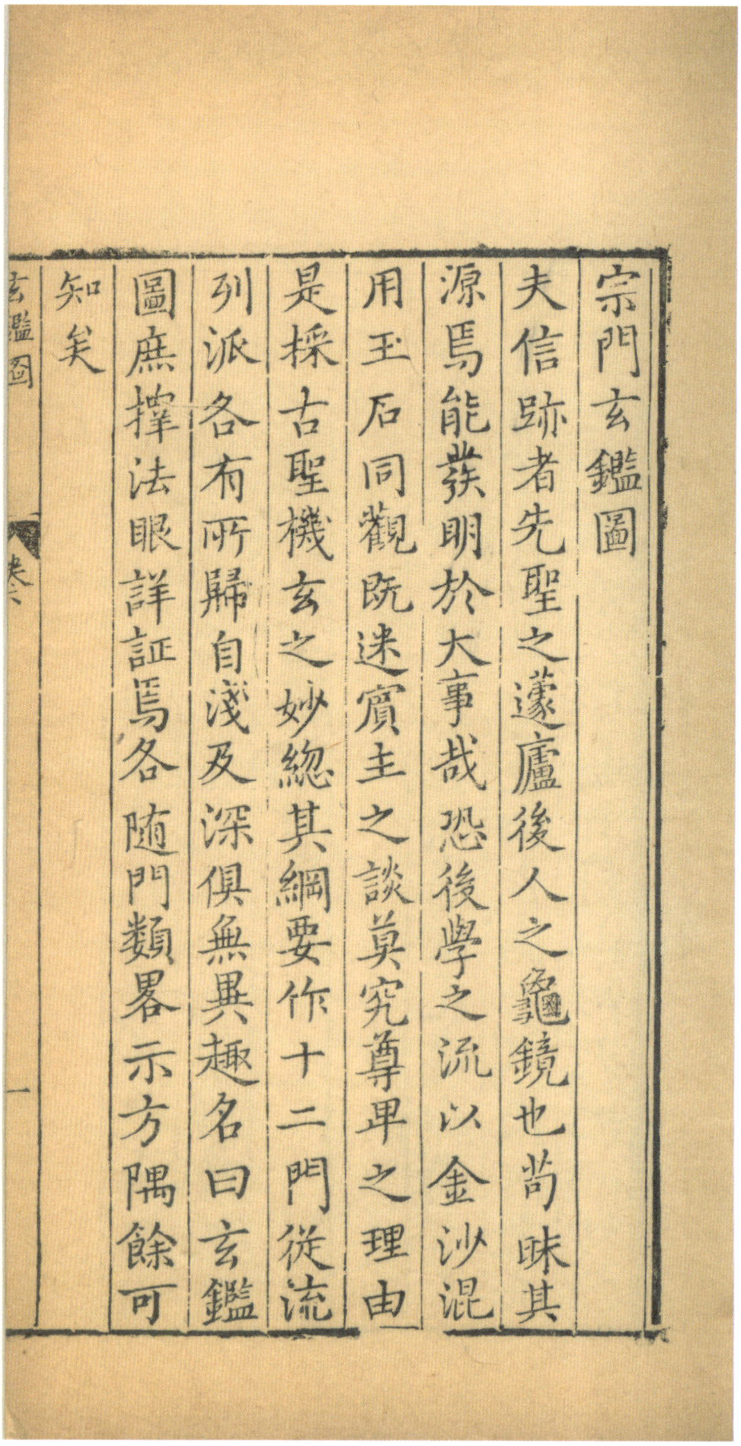

宗門玄鑑圖

夫信跡者先聖之蘧廬後人之龜鏡也苟昧其源焉能獲明於大事哉恐後學之流以金沙混用玉石同觀既迷賓主之談莫究尊卑之理由是採古聖機玄之妙總其綱要作十二門從流列派各有所歸自淺及深俱無異趣名曰玄鑑圖庶撑法眼詳証焉各隨門類畧示方隅餘可知矣

玄鑑圖　卷　一

宗門玄鑑圖一卷　（明）釋虛一撰　明萬曆刻本。一册。半頁八行十八字，白口，左右雙邊。框高19.5厘米、寬12.3厘米。廣東省立中山圖書館藏。

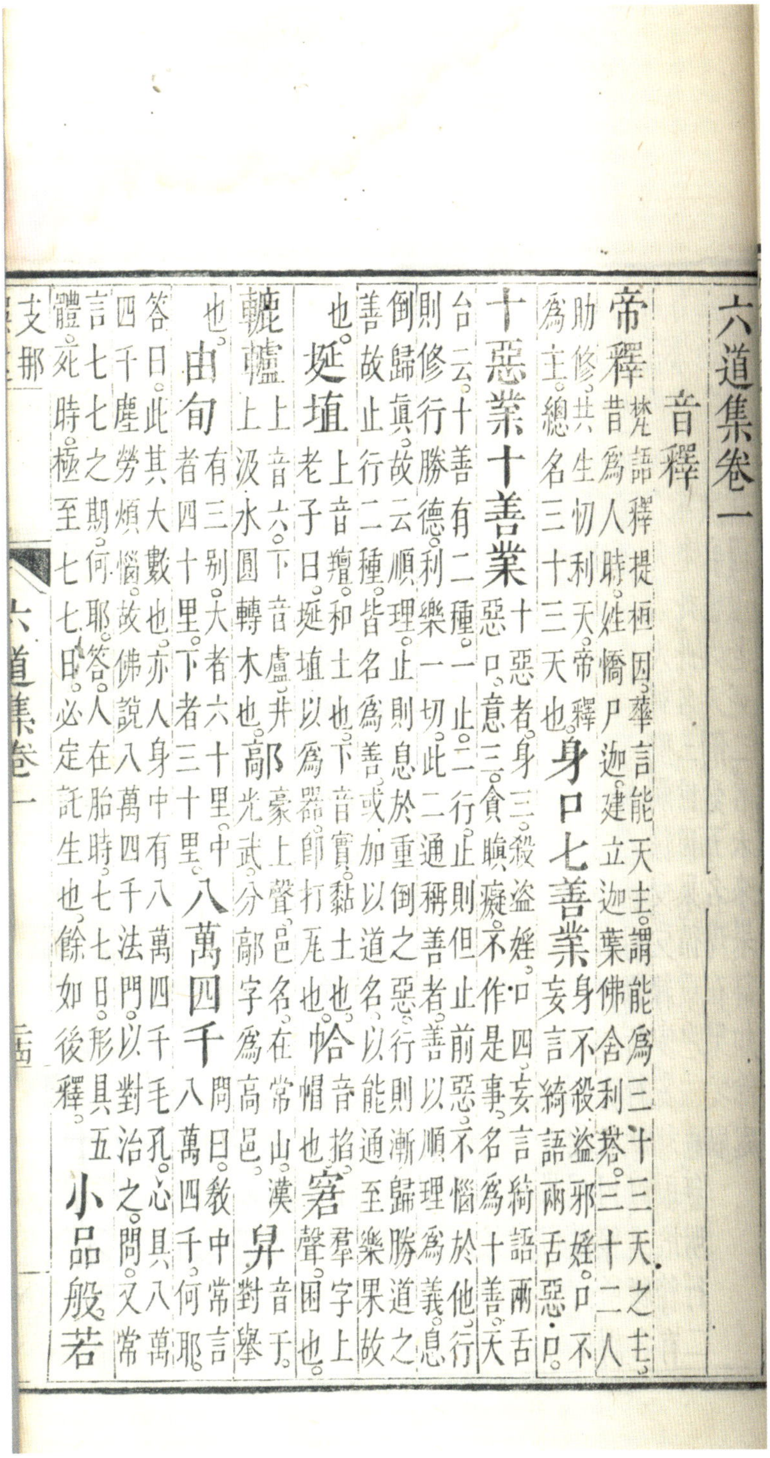

六道集卷一

音釋

帝釋梵語釋提桓因，華言能天主，謂能爲三十三天之主。昔爲人時，姓憍尸迦，建立迦葉佛舍利㙮，三十二人助修，共生忉利天，帝釋爲主，總名三十三天也。身口七善業身不殺、盜、邪婬，口不妄言、綺語、兩舌、惡口。十惡業十善業十惡者，身三，殺、盜、婬；口四，妄言、綺語、兩舌、惡口；意三，貪、瞋、癡。不作是事，名爲十善。天台云：十善有二種，一止，二行。止則但止前惡，不惱於他；行則修行勝德，利樂一切。此二通稱善者，善以順理爲義。息倒歸真，故云順理。止則息於重倒之惡，行則漸歸勝道之善，故止行二種，皆名爲善。或加以道名，以能通至樂果故也。埏埴上音羶，和土也；下音實，黏土也。老子曰：埏埴以爲器。飾打瓦也。帢音掐，帽也。窘羣字上聲，困也。轆轤上音六，下音盧，井上汲水圓轉木也。鄗豪上聲，邑名，在常山。漢光武分鄗字爲高邑。舁音于，對擧也。由旬有三別，大者六十里，中者四十里，下者三十里。八萬四千問曰：教中常言八萬四千，何耶？答曰：此其大數也。亦人身中有八萬四千毛孔，心具八萬四千塵勞煩惱，故佛說八萬四千法門以對治之。問：又常言七七之期，何耶？答：人在胎時，七七日形具五體；死時極至七七日，必定託生也。餘如後釋。小品般若

支那

六道集卷一

六道集五卷　（清）釋弘贊輯　清康熙二十一年（1682）刻本。二册。半頁十二行二十二字，小字雙行同，白口，四周雙邊。框高21.5厘米、寬15厘米。廣東省立中山圖書館藏。

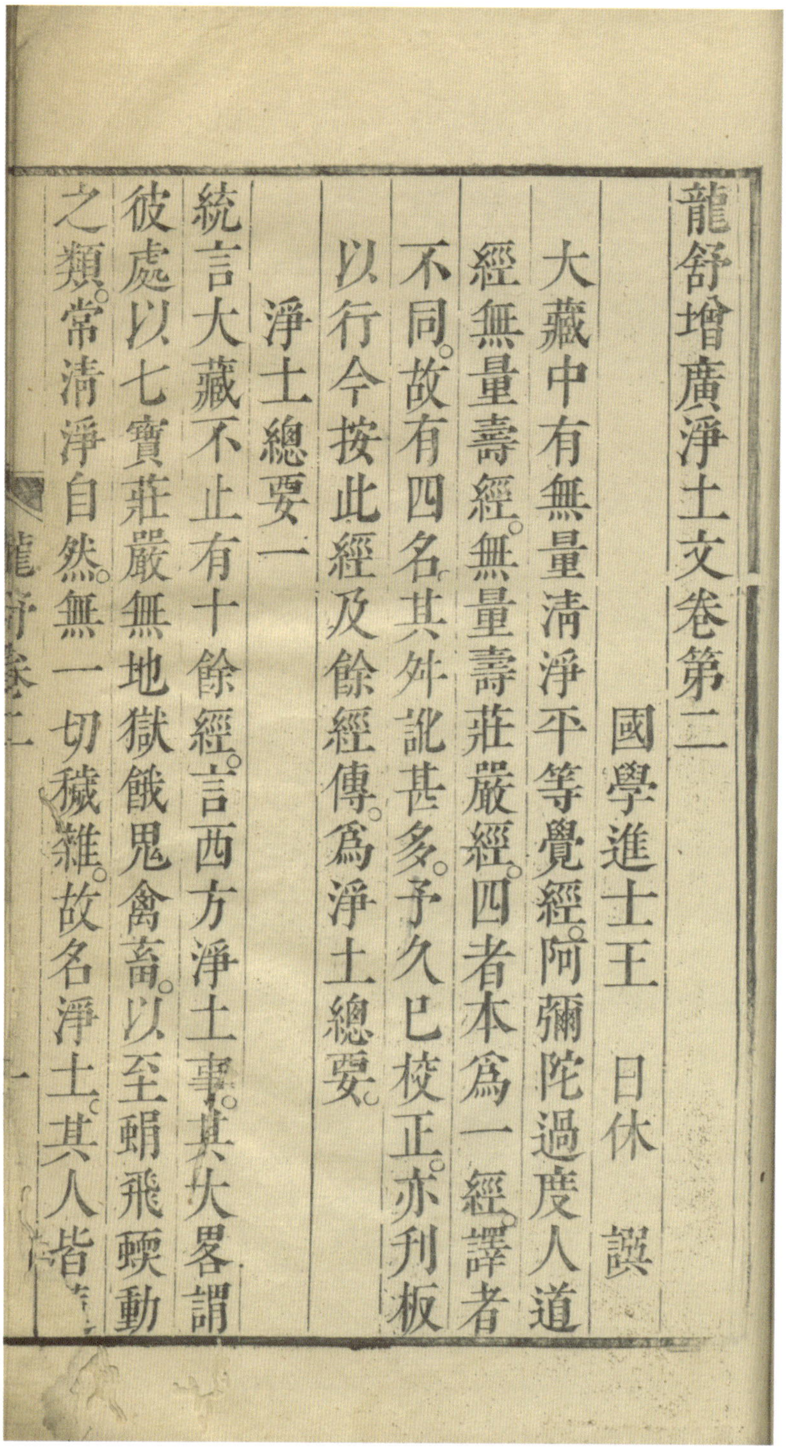

龍舒增廣淨土文卷第二

國學進士王　日休　譔

大藏中有無量清淨平等覺經阿彌陀過度人道經無量壽經無量壽莊嚴經四者本爲一經譯者不同故有四名其外訛甚多予久已校正亦刊板以行今按此經及餘經傳爲淨土總要

淨土總要一

統言大藏不止有十餘經言西方淨土事其大畧謂彼處以七寶莊嚴無地獄餓鬼禽畜以至蜎飛蝡動之類常清淨自然無一切穢雜故名淨土其人皆

龍舒增廣淨土文十二卷　（宋）王日休撰　明刻本。四册。半頁十行二十字，白口，左右雙邊。框高21厘米、寬13厘米。中山大學圖書館藏。

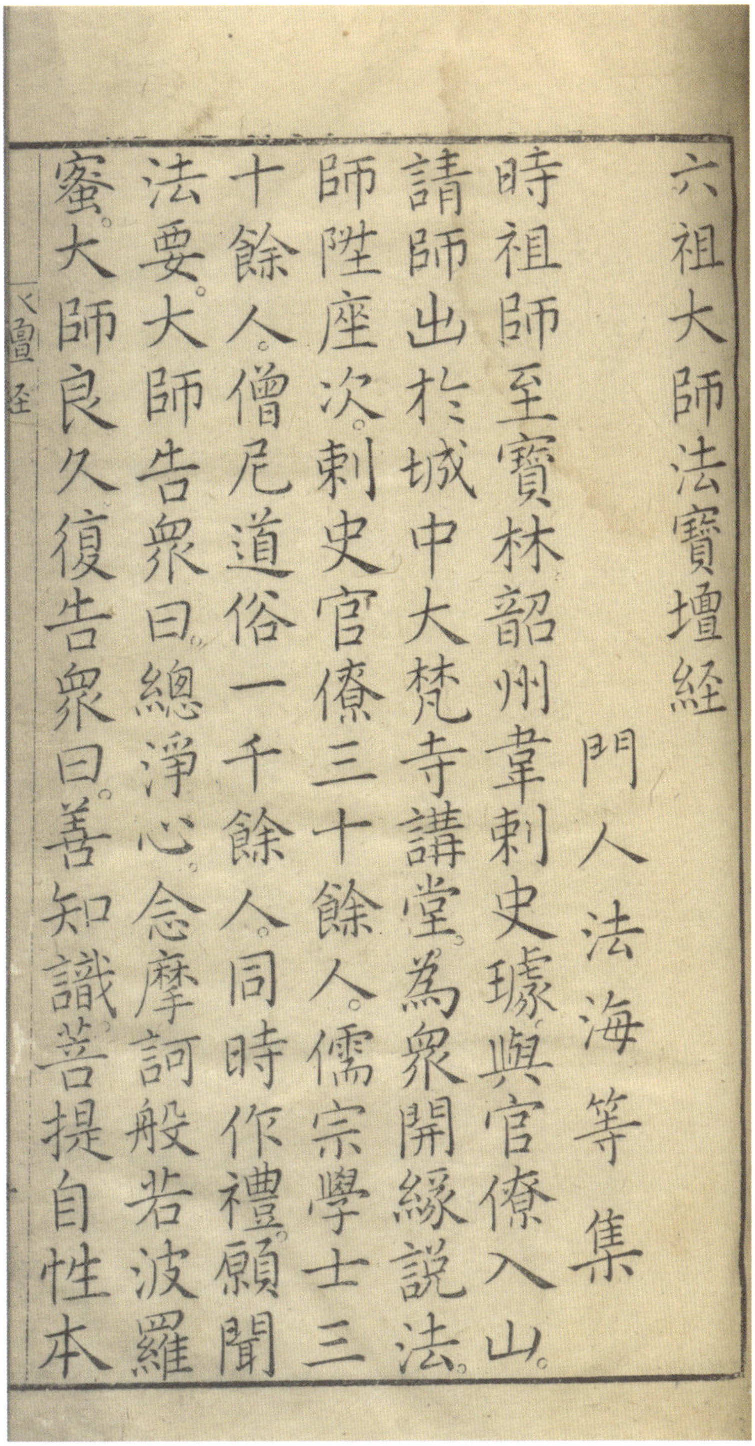

六祖大師法寶壇經

門人法海等集

時祖師至寶林。韶州韋刺史璩與官僚入山。請師出於城中大梵寺講堂。為衆開緣說法。師陞座次。刺史官僚三十餘人。儒宗學士三十餘人。僧尼道俗一千餘人。同時作禮。願聞法要。大師告衆曰。總淨心念摩訶般若波羅蜜。大師良久復告衆曰。善知識菩提自性本

壇經

六祖大師法寶壇經一卷　（唐）釋法海等輯　**機緣一卷**　（元）釋宗寶輯　**附録一卷**　（明）釋真一輯　明萬曆三十六年（1608）鍾延英刻本。二册。半頁八行十七字，白口，四周單邊。框高20.5厘米、寬12.3厘米。中山大學圖書館藏。

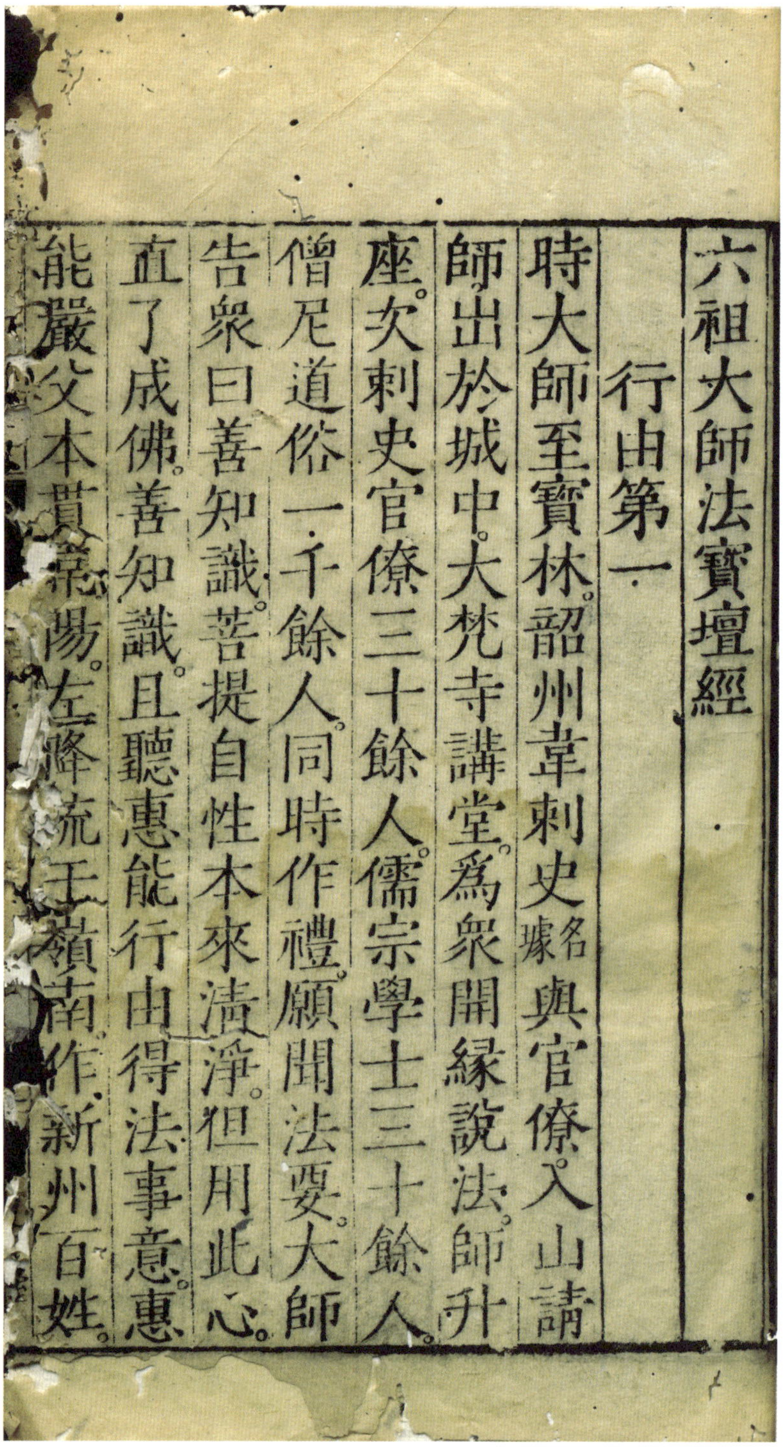

六祖大師法寶壇經

行由第一

時大師至寶林。韶州韋刺史名璩與官僚入山請
師出於城中大梵寺講堂。爲衆開緣說法。師升
座。次刺史官僚三十餘人。儒宗學士三十餘人。
僧尼道俗一千餘人。同時作禮。願聞法要。大師
告衆曰。善知識。菩提自性本來清淨。但用此心。
直了成佛。善知識。且聽惠能行由得法事意。惠
能嚴父本貫范陽。左降流于嶺南。作新州百姓。

六祖大師法寶壇經一卷　明萬曆刻本。二册。半頁九行十八字，小字雙行同，白口，左右雙邊。框高19厘米、寬13.5厘米。暨南大學圖書館藏。

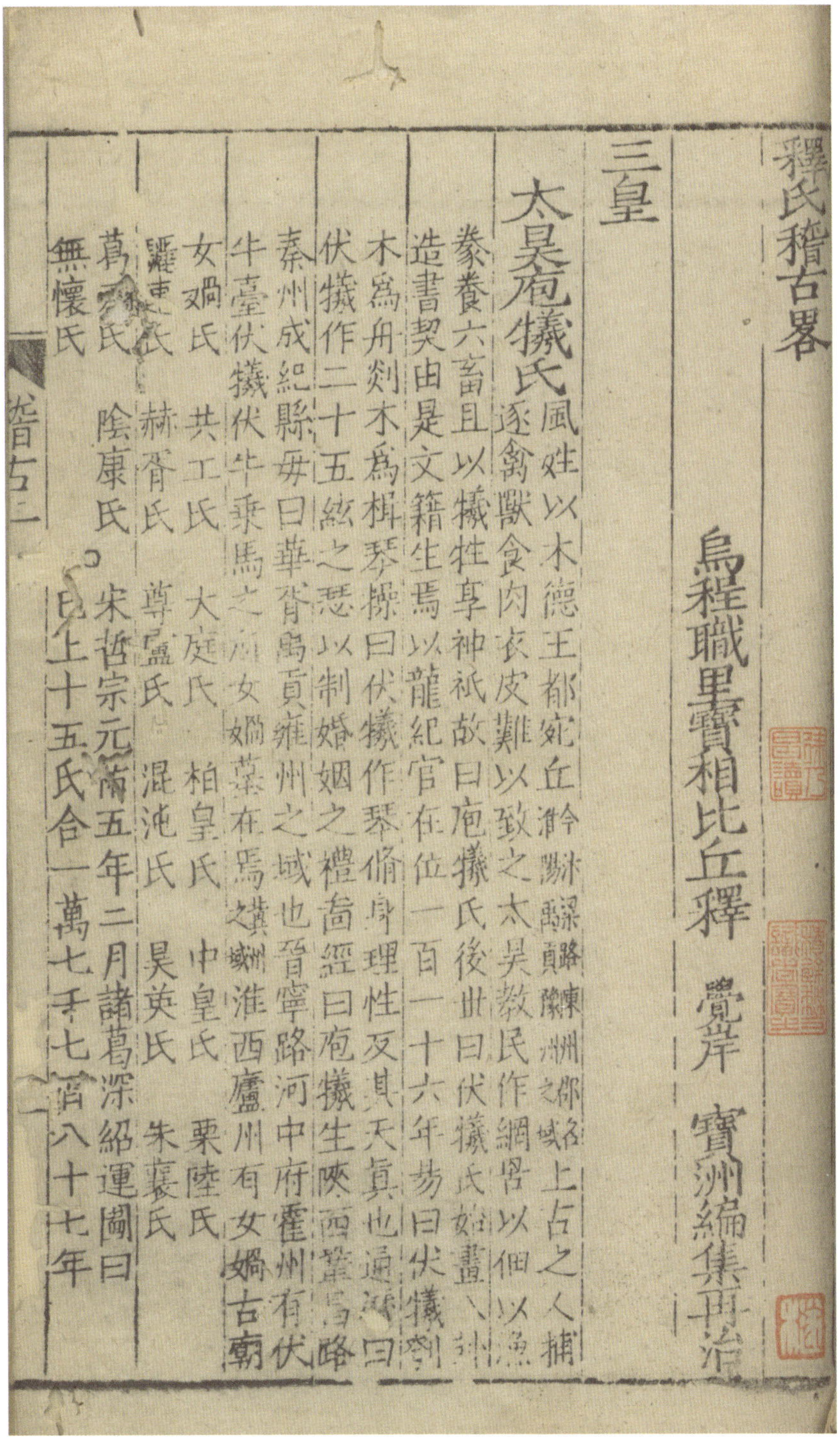
釋氏稽古畧

烏程職里寶相比丘釋　覺岸　寶洲編集再治

三皇

太昊庖犧氏風姓以木德王都宛丘[illegible]上古之人捕逐禽獸食肉衣皮難以致之太昊教民作網罟以佃以漁豢養六畜且以犧牲享神祇故曰庖犧氏後世曰伏犧氏始畫八卦造書契由是文籍生焉以龍紀官在位一百一十六年崩曰伏犧[illegible]木爲舟剡木爲楫琴操曰伏犧作琴脩身理性反其天眞也通曆曰伏犧作二十五絃之瑟以制婚姻之禮尚書經曰庖犧生陝西鞏昌路秦州成紀縣母曰華胥禹貢雍州之域也晉寧路河中府霍州有伏牛臺伏犧伏牛乘馬之所女媧葬在焉[illegible]淮西廬州有女媧古剎

女媧氏　共工氏　大庭氏　柏皇氏　中皇氏　栗陸氏

驪連氏　赫胥氏　尊盧氏　混沌氏　昊英氏　朱襄氏

葛天氏　陰康氏。宋哲宗元祐五年二月諸葛深紹運圖曰

無懷氏　已上十五氏合一萬七千七百八十七年

稽古一

釋氏稽古畧四卷　（元）釋覺岸撰　明刻重修本。八册。半頁九行字數不等，小字雙行二十八字，白口，左右雙邊。框高22.3厘米、寬15厘米。中山大學圖書館藏。

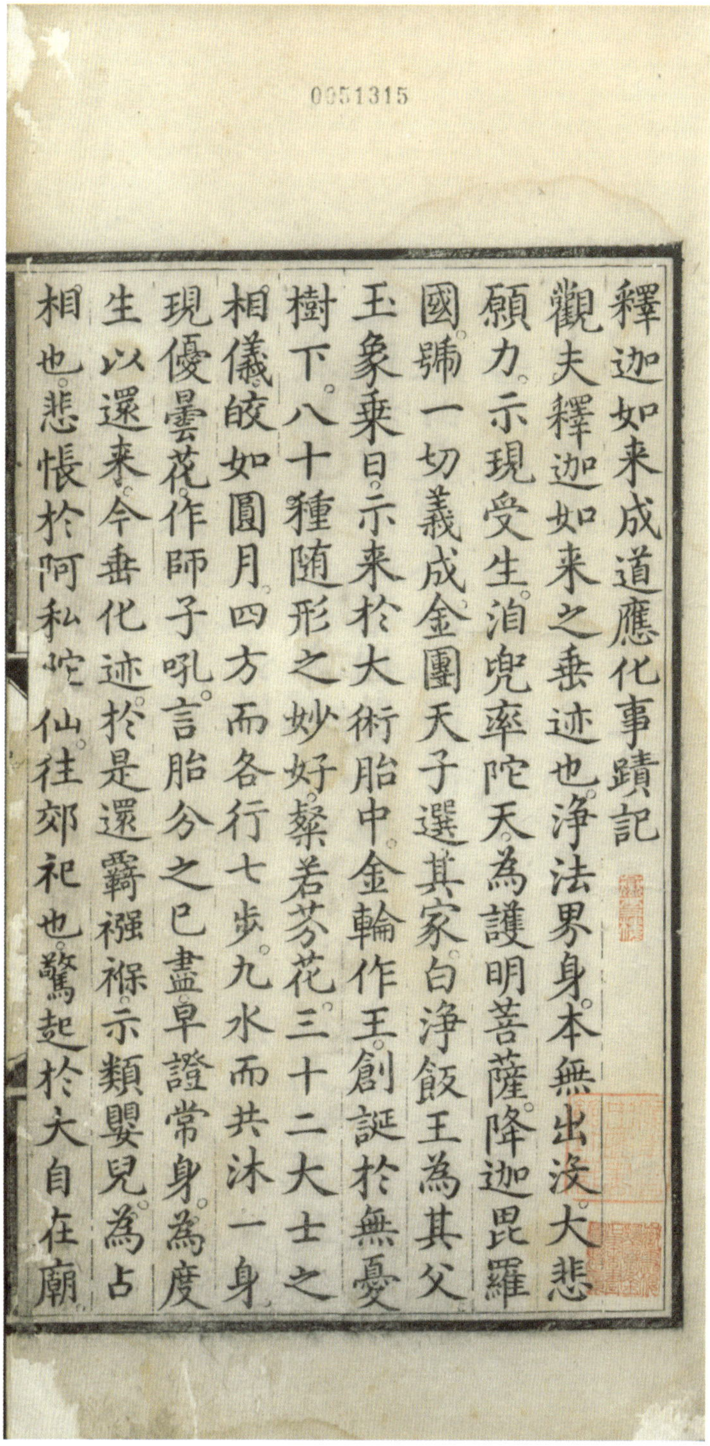

釋迦如来成道應化事蹟記

觀夫釋迦如来之垂迹也淨法界身本無出沒大悲願力示現受生洎兜率陀天為護明菩薩降迦毘羅國歸一切義成金團天子選其家白淨飯王為其父玉象乘日示来於大術胎中金輪作王創誕於無憂樹下八十種隨形之妙好槃若芬花三十二大士之相儀皎如圓月四方而各行七步九水而共沐一身現優曇花作師子吼言胎分之已盡早證常身為度生以還來今垂化迹於是還羇襁褓示類嬰兒為占相也悲悵於阿私陀仙往郊祀也驚起於大自在廟

釋氏源流四卷　（明）釋寶成撰　明成化二十二年（1486）内府刻本。四册。半頁十行二十字，黑口，四周雙邊。框高32厘米、寬19.5厘米。廣東省立中山圖書館藏。

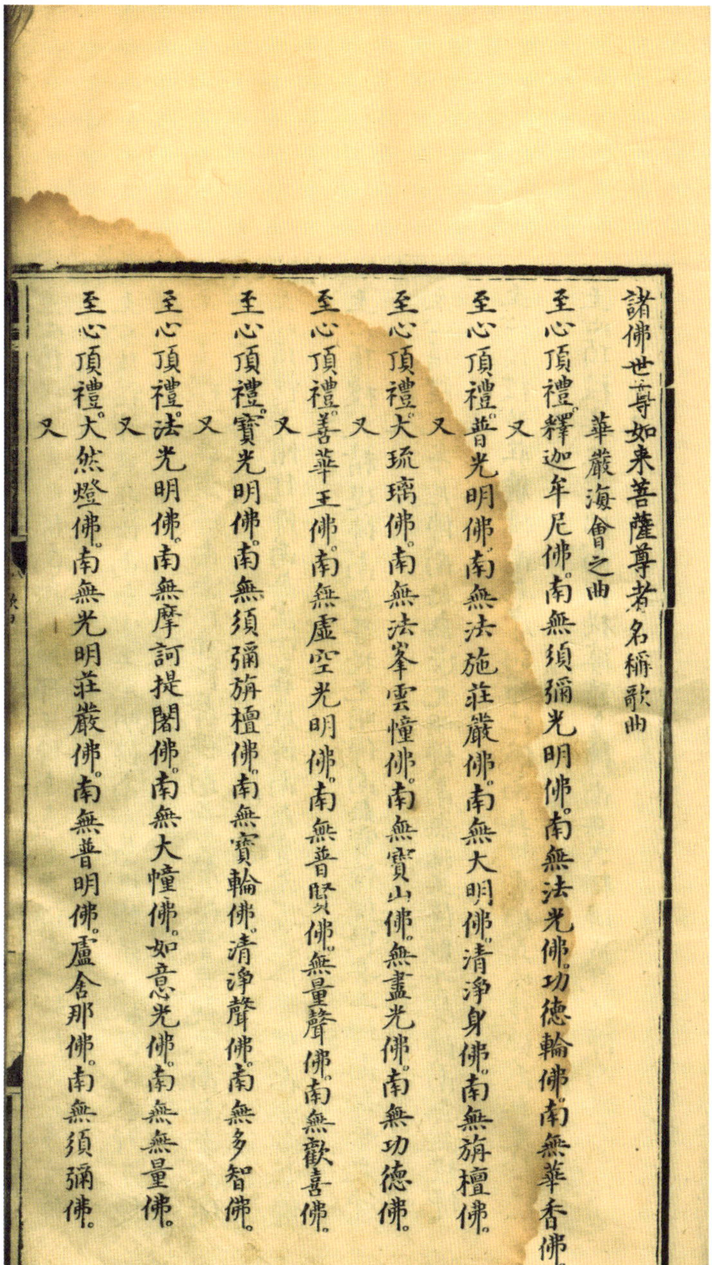
諸佛世尊如來菩薩尊者名稱歌曲
華嚴海會之曲
至心頂禮。釋迦牟尼佛。南無須彌光明佛。南無法光佛。功德輪佛。南無華香佛。
又
至心頂禮。普光明佛。南無法施莊嚴佛。南無大明佛。清淨身佛。南無旃檀佛。
又
至心頂禮。大琉璃佛。南無法峯雲幢佛。南無寶山佛。無盡光佛。南無功德佛。
又
至心頂禮。善華王佛。南無虛空光明佛。南無普賢佛。無量聲佛。南無歡喜佛。
又
至心頂禮。寶光明佛。南無須彌旃檀佛。南無寶輪佛。清淨聲佛。南無多智佛。
又
至心頂禮。法光明佛。南無摩訶提闍佛。南無大幢佛。如意光佛。南無無量佛。
又
至心頂禮。大然燈佛。南無光明莊嚴佛。南無普明佛。盧舍那佛。南無須彌佛。
又

諸佛世尊如來菩薩尊者名稱歌曲不分卷　（明）成祖朱棣撰　明初刻本。一册。半頁十六行三十一字，黑口，四周雙邊。框高29.8厘米、寬19.2厘米。佛山市圖書館藏。

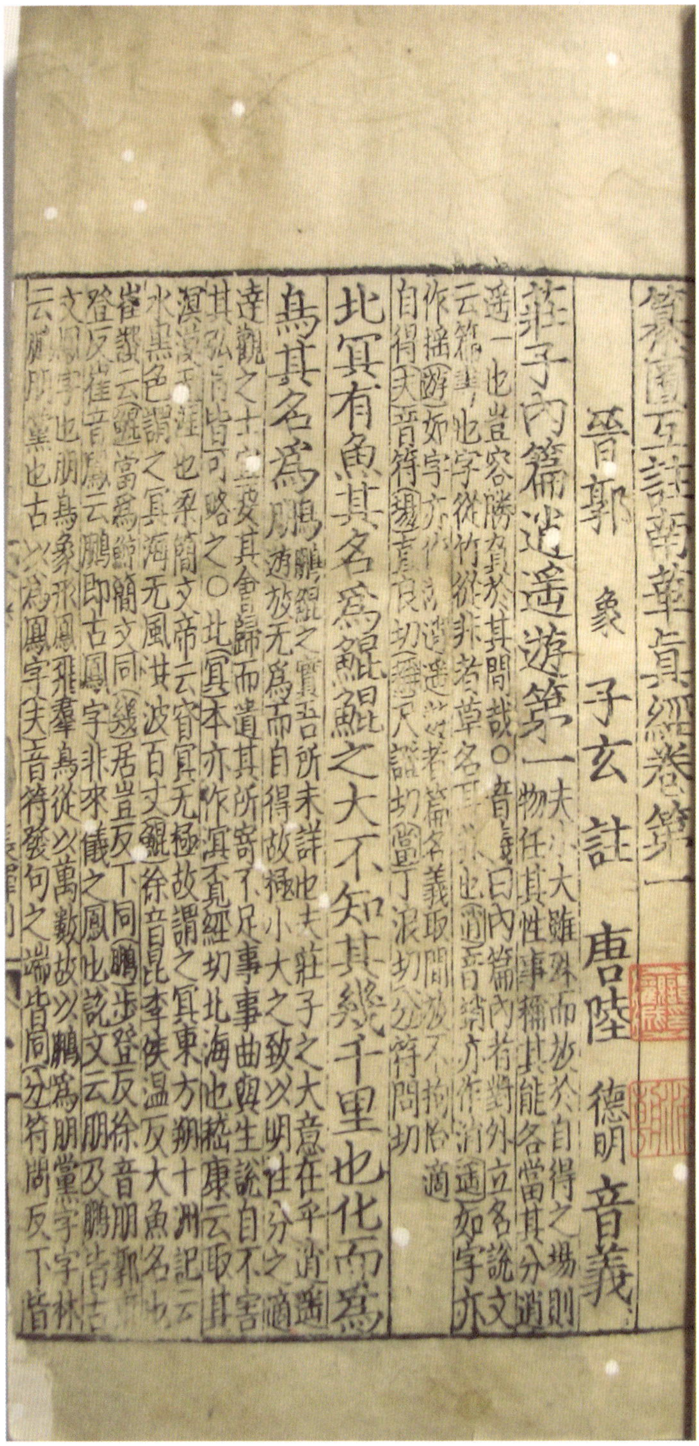

纂圖互註南華眞經十卷　（晉）郭象注　（唐）陸德明音義　明初刻本。六册。半頁十一行二十一字，小字雙行二十五字，黑口，左右雙邊。框高17.8厘米、寬12.1厘米。廣東省博物館藏。國家名録號10542。

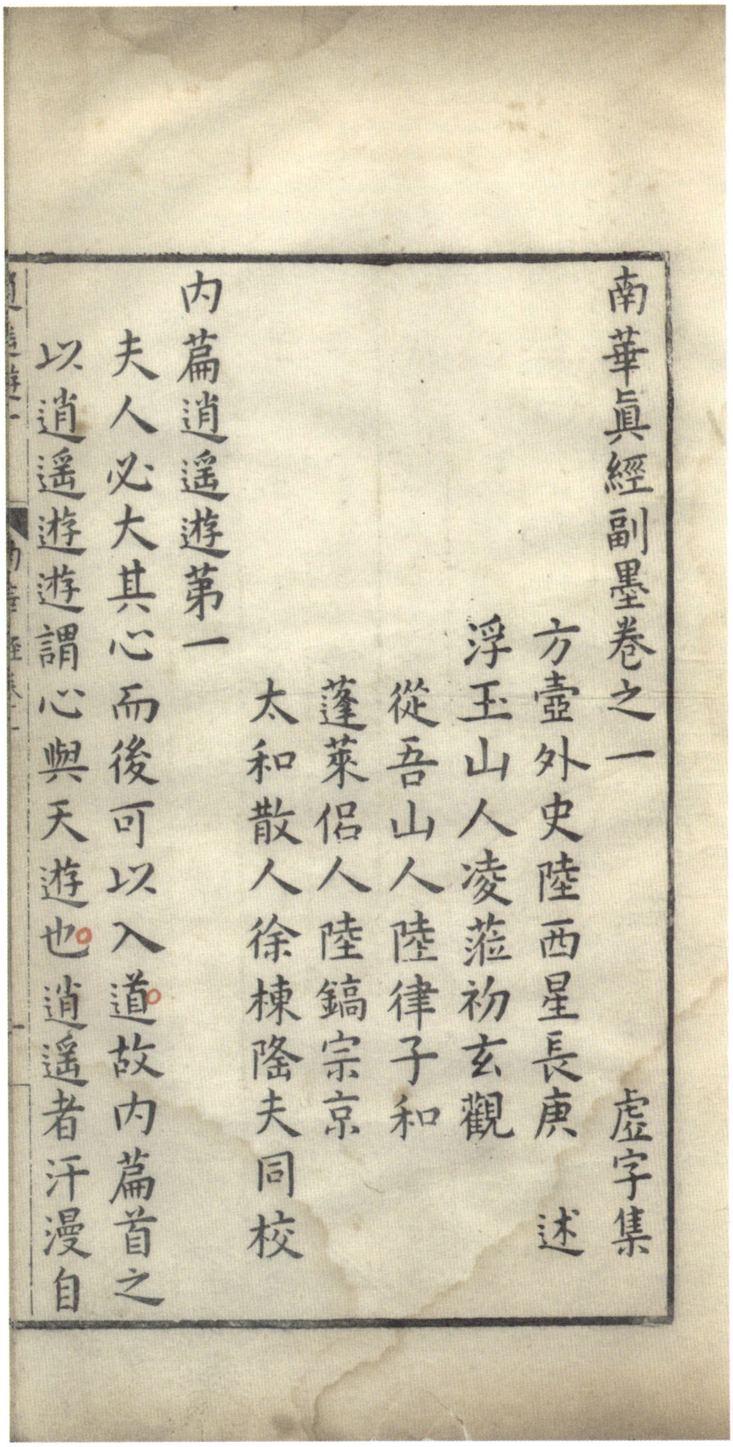
南華眞經副墨卷之一　　虛字集
方壺外史陸西星長庚　述
浮玉山人凌蒞初玄觀
從吾山人陸律子和
蓬萊侶人陸鎬宗京
太和散人徐棟隆夫同校
內篇逍遥遊第一
夫人必大其心而後可以入道故內篇首之
以逍遥遊遊謂心與天遊也逍遥者汗漫自

南華眞經副墨八卷讀南華眞經雜説一卷　（明）陸西星撰　明萬曆六年（1578）李齊芳刻本。二十册。半頁九行十八字，小字雙行同，白口，四周單邊。框高20.4厘米、寬12.6厘米。中山大學圖書館藏。

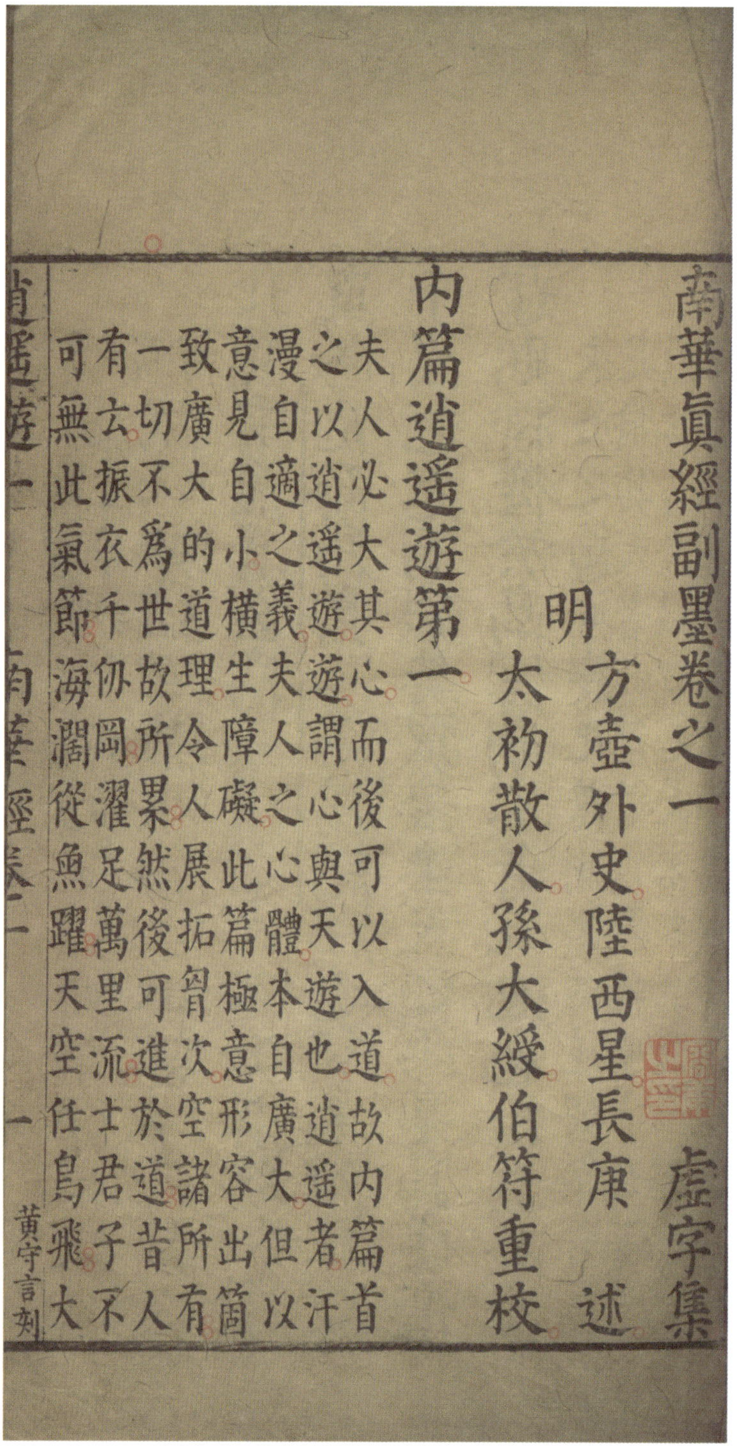
南華眞經副墨卷之一　虛字集
明　方壺外史陸西星長庚　述
太初散人孫大綬伯符重校
内篇逍遥遊第一
夫人必大其心而後可以入道故内篇首
之以逍遥遊謂心與天遊也逍遥者汗
漫自適之義夫遊心體本自廣大但以
意見自小横生障礙此篇極意形容出箇
致廣大的道理令人展拓胷次空諸所有
一切不爲世故所累然後可進於道昔人
有云振衣千仞岡濯足萬里流士君子不
可無此氣節海濶從魚躍天空任鳥飛大
逍遥遊一　南華經卷之一　一
黄守言刻

南華眞經副墨八卷讀南華眞經雜説一卷　（明）陸西星撰　明萬曆刻本。八册。半頁八行十七字，小字雙行同，白口，四周單邊。框高20.8厘米、寬13.6厘米。中山大學圖書館藏。

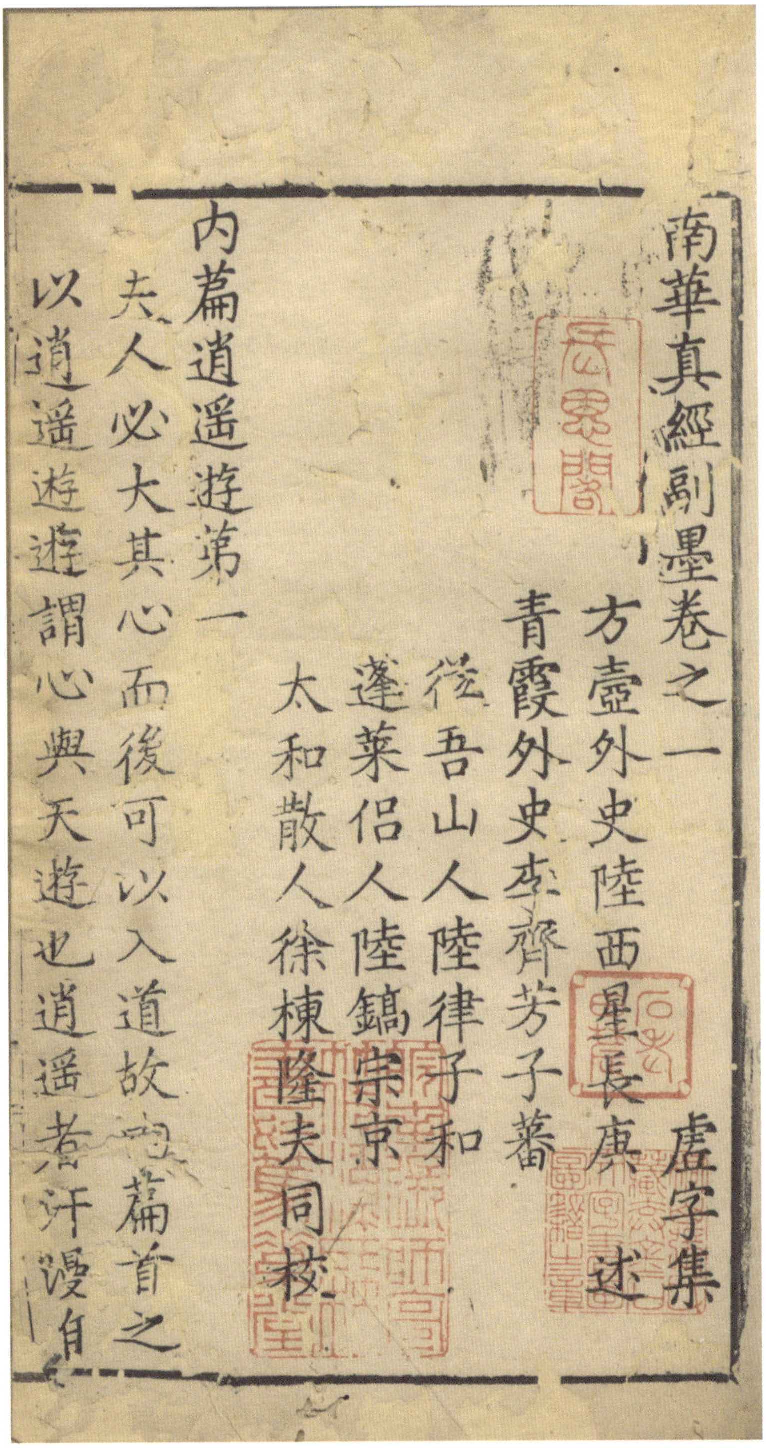

南華真經副墨卷之一　虚字集
方壺外史陸西星長庚述
青霞外史李齊芳子蕃
從吾山人陸律子和
蓬萊侶人陸鎬宗京
太和散人徐棟隆夫同校
内篇逍遥遊第一
夫人必大其心而後可以入道故内篇首之
以逍遥遊逍遥謂心與天遊也逍遥者汗漫自

南華眞經副墨八卷讀南華眞經雜説一卷　（明）陸西星撰　明刻本。存七卷（缺七至八）。十三册。半頁九行十八字，小字雙行同，白口，四周單邊。框高20.5厘米、寬12.7厘米。中山大學圖書館藏。

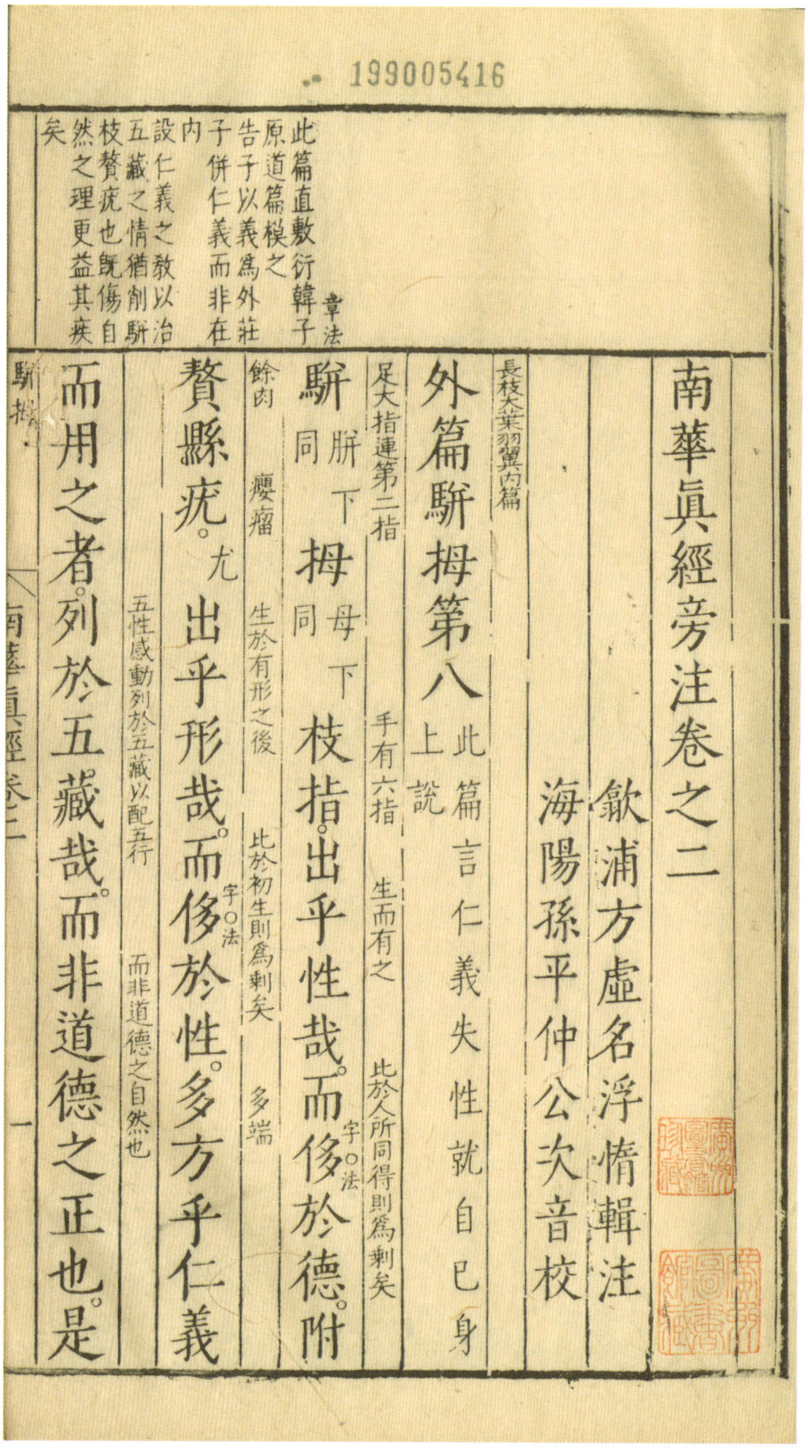
章法

此篇直敷衍韓子原道篇模之告子以義爲外莊子併仁義而非在內設仁義之敎以治五藏之情猶削駢枝贅疣也既傷自然之理更益其疾矣

南華眞經旁注卷之二

歙浦方虛名浮情輯注

海陽孫平仲公次音校

長枝大葉羽翼內篇

外篇駢拇第八 此篇言仁義失性就自已身上說

駢 胼同 下 拇 母同 下 足大指連第二指 枝指。手有六指 出乎性哉。生而有之 而侈於德。字法 比於人所同得則爲剩矣 附餘肉 贅縣疣。瘿瘤 尤 出乎形哉。生於有形之後 而侈於性。字法 比於初生則爲剩矣 多方乎仁義 多端 而用之者。列於五藏哉。五性感動列於五藏以配五行 而非道德之正也。而非道德之自然也 是

駢拇

南華眞經卷二 一

南華眞經旁注五卷 （明）方虛名撰　明刻本。九册。上下兩欄，半頁大字七行十七字，小字五行字數不等，白口，左右雙邊。框高24厘米、寬15.1厘米。廣州圖書館藏。

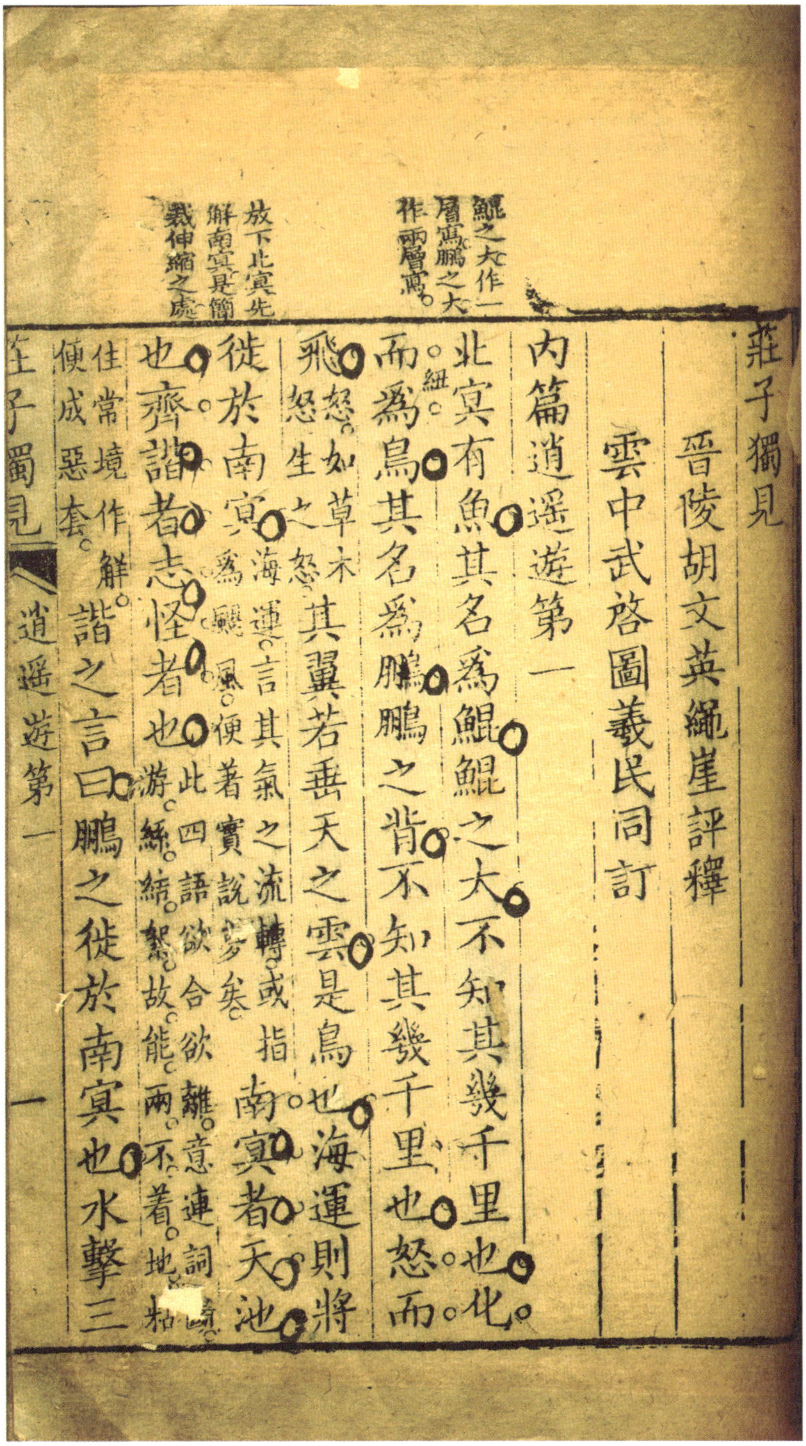

莊子獨見

晉陵胡文英繩崖評釋

雲中武啓圖羲民同訂

内篇逍遥遊第一

鯤之大作一層寫鵬之大作兩層寫

放下北冥先解南冥是簡載伸縮之處

北冥有魚其名爲鯤鯤之大不知其幾千里也化而爲鳥其名爲鵬鵬之背不知其幾千里也怒而飛怒如草木怒生之怒其翼若垂天之雲是鳥也海運則將徙於南冥海運言其氣之流轉或指爲颶風便著實說多矣南冥者天池也齊諧者志怪者也游絲結繫故能兩不着地粘此四語欲合欲離意連詞斷住常境作解便成惡套。諧之言曰鵬之徙於南冥也水擊三

莊子獨見　逍遥遊第一　一

莊子獨見三十三卷　（清）胡文英撰　清乾隆三多齋刻本。六册。半頁十行十九字，小字雙行同，白口，左右雙邊。框高16.7厘米、寬13.6厘米。暨南大學圖書館藏。

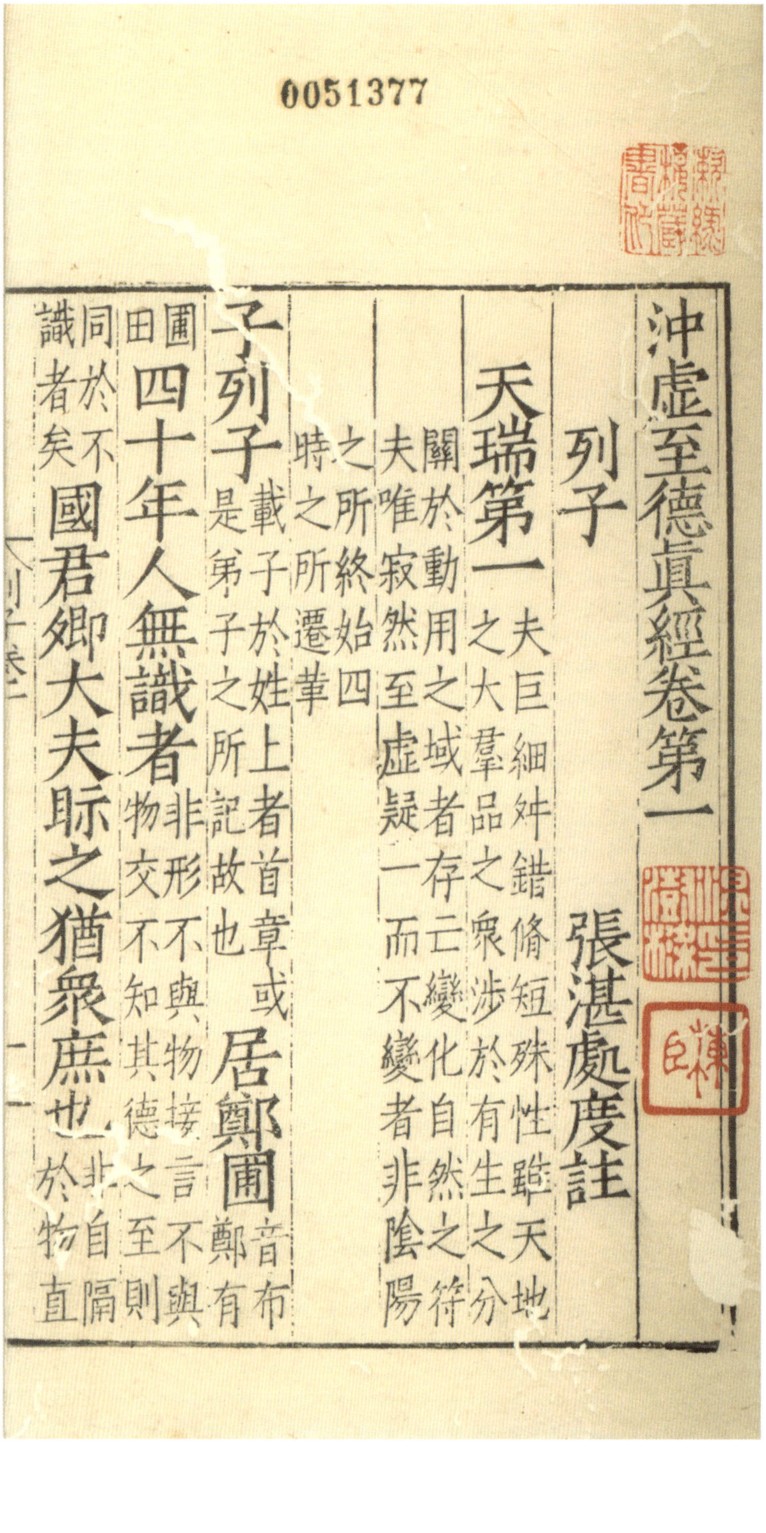
0051377

沖虛至德眞經卷第一

列子　張湛處度註

天瑞第一　夫巨細舛錯脩短殊性雖天地之大羣品之衆涉於有生之分關於動用之域者存亡變化自然之符夫唯寂然至虛凝一而不變者非陰陽之所終始四時之所遷革

子列子　載子於姓上者首章或是弟子之所記故也　居鄭圃　音布鄭有圃田　四十年人無識者　非形不與物接言不與物交不知其德之至則同於不識者矣　國君卿大夫眎之猶衆庶也　非自隔於物直

沖虛至德眞經八卷　（晉）張湛注　（唐）殷敬順釋文　明刻本。八册。半頁八行十七字，小字雙行同，白口，左右雙邊。框高19.8厘米、寬14.1厘米。廣東省立中山圖書館藏。

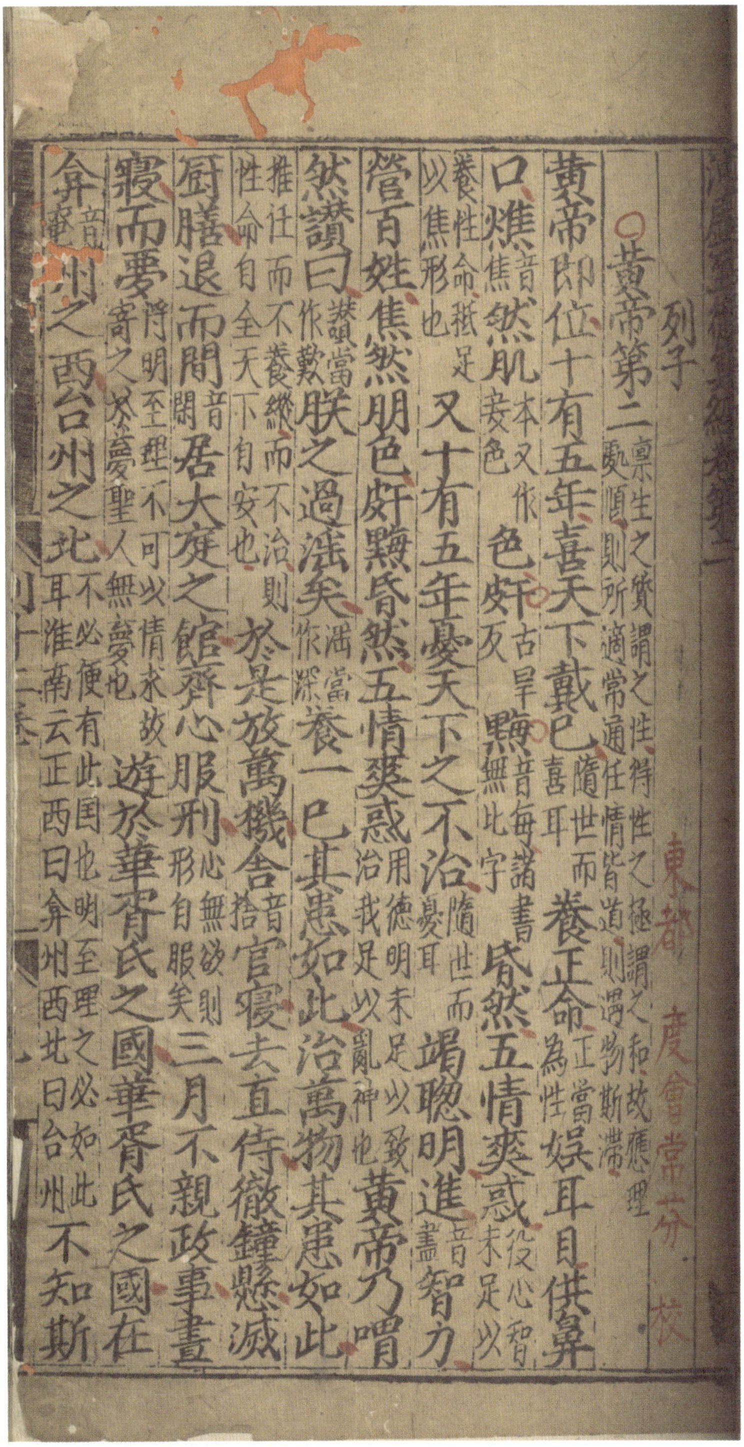

列子　東都 度會常芬 校

○黃帝第二 稟生之質謂之性得性之極謂之和故應理處順則所適常通任情背道則遇物斯滯

黃帝即位十有五年喜天下戴己 喜耳 隨世而 養正命 為性 娛耳目供鼻口燋 音焦 然肌 本又作 色 皯 古旱反 䵟 音每諸書無此字 昏然五情爽惑 役心智未足以養性命祗足以焦形也 又十有五年憂天下之不治 憂耳 隨世而 竭聰明進 音盡 智力營百姓焦然肌色皯䵟昏然五情爽惑 用德明未足以致治我足以亂神也 黃帝乃喟然讚曰 讚當作歎 朕之過淫矣 淫當作深 養一己其患如此治萬物其患如此 推任而不養縱而不治則性命自全天下自安也 於是放萬機舍 音捨 宮寢去直侍徹鐘懸減廚膳退而閒 音閑 居大庭之館齋心服形 心無欲則形自服矣 三月不親政事晝寢而夢 將明至理不可以情求故寄之於夢聖人無夢也 遊於華胥氏之國華胥氏之國在弇 音奄 州之西台州之北 不必便有此国也明至理之必如此耳淮南云正西曰弇州西北曰台州 不知斯

沖虛至德眞經八卷　（晉）張湛注　（唐）殷敬順釋文　明刻本。二册。半頁十二行二十六字，小字雙行同，黑口，四周雙邊。框高20.8厘米、寬12.9厘米。中山大學圖書館藏。

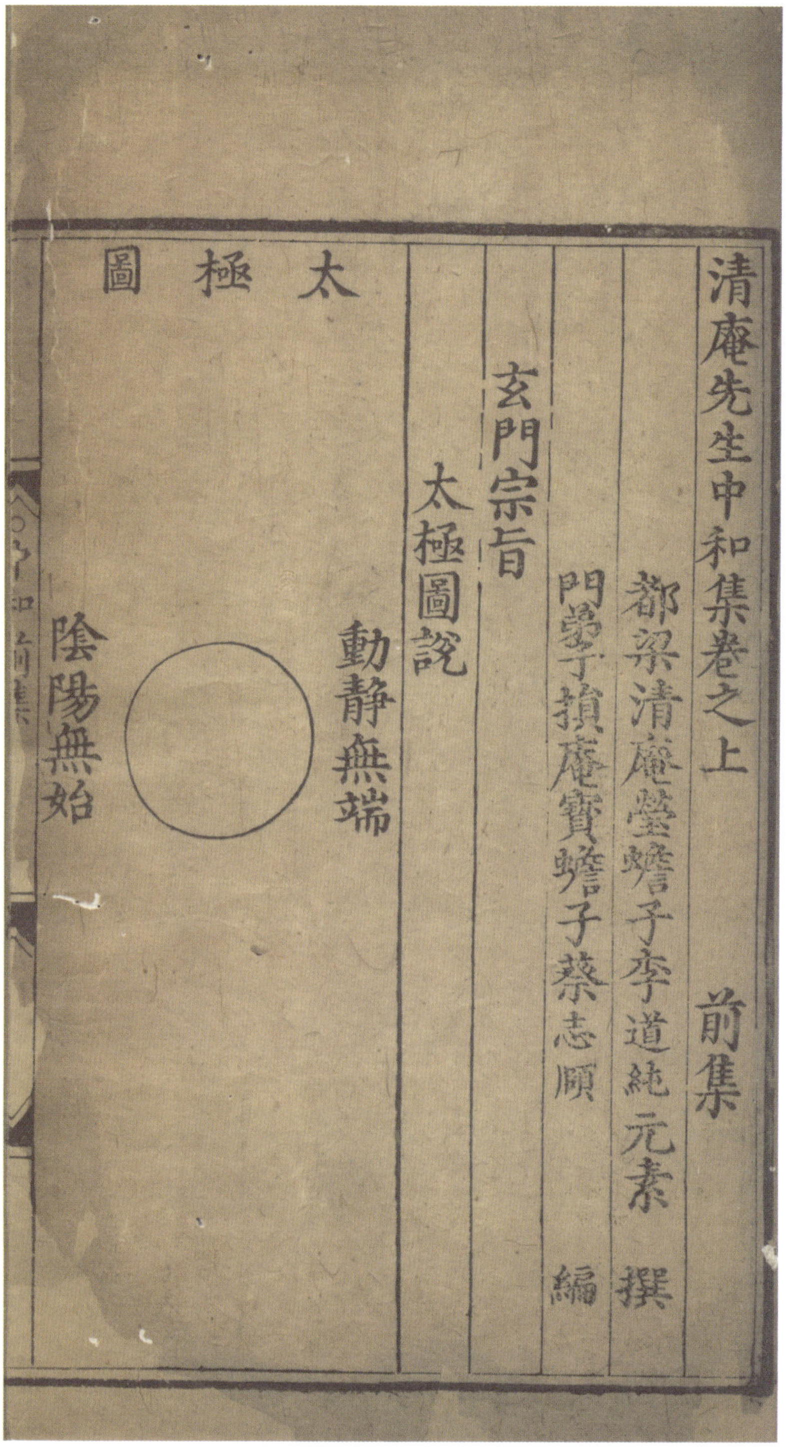
清庵先生中和集卷之上　前集
都梁清庵瑩蟾子李道純元素　撰
門弟子損庵寶蟾子蔡志頤　編
玄門宗旨
太極圖說
動靜無端
陰陽無始
太極圖

清庵先生中和集前集三卷後集三卷　（元）李道純撰　（元）蔡志頤輯　明刻本。六册。半頁十行二十一字，白口，四周雙邊。框高20.7厘米、寬13.5厘米。中山大學圖書館藏。

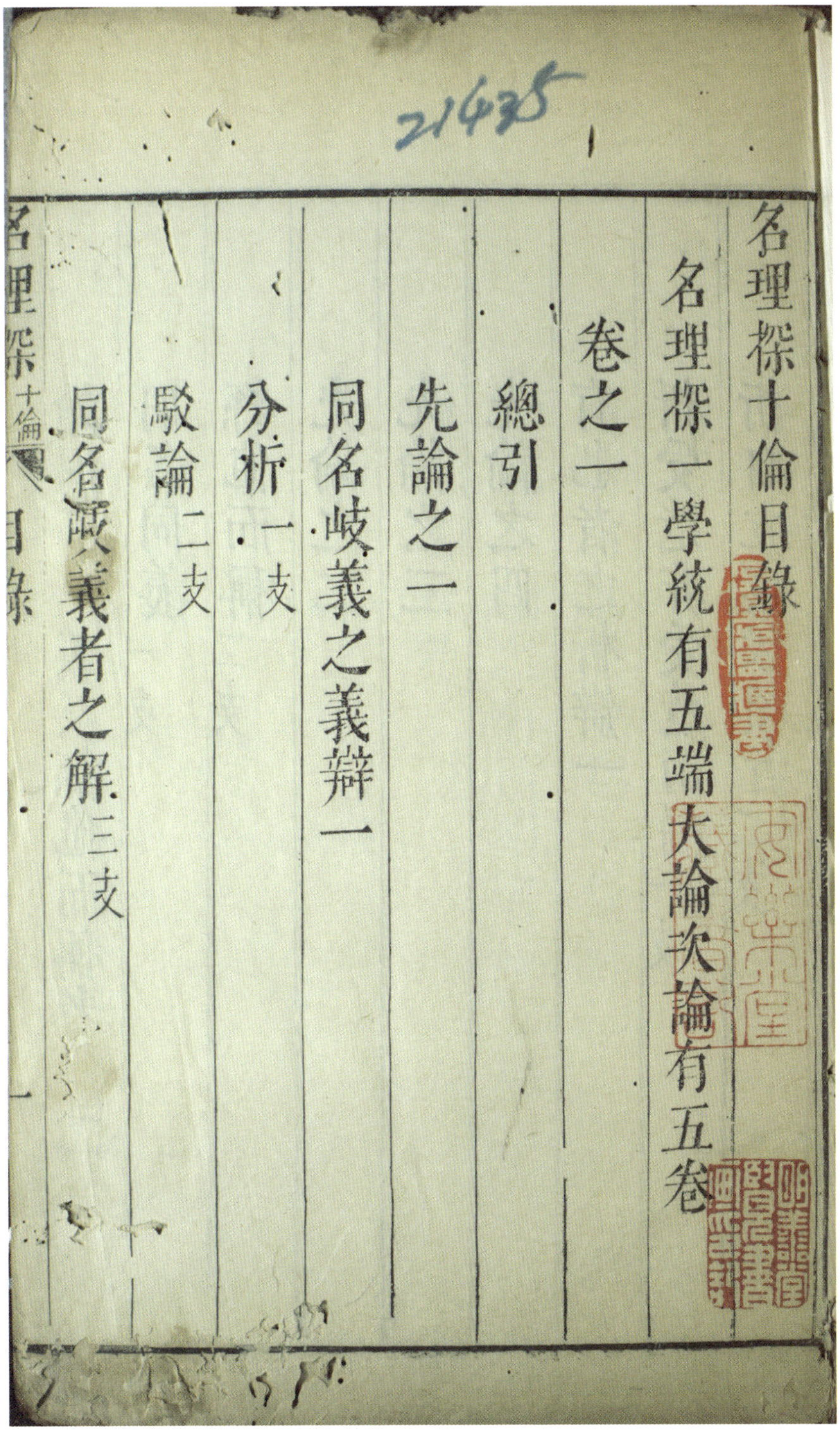

名理探十倫五卷 （葡萄牙）傅汎際譯義 （明）李之藻達辭 明崇禎四年（1631）杭州刻本。五册。半頁九行十九字，小字雙行同，白口，左右雙邊。框高20.1厘米、寬14.7厘米。廣東中國客家博物館藏。

集部

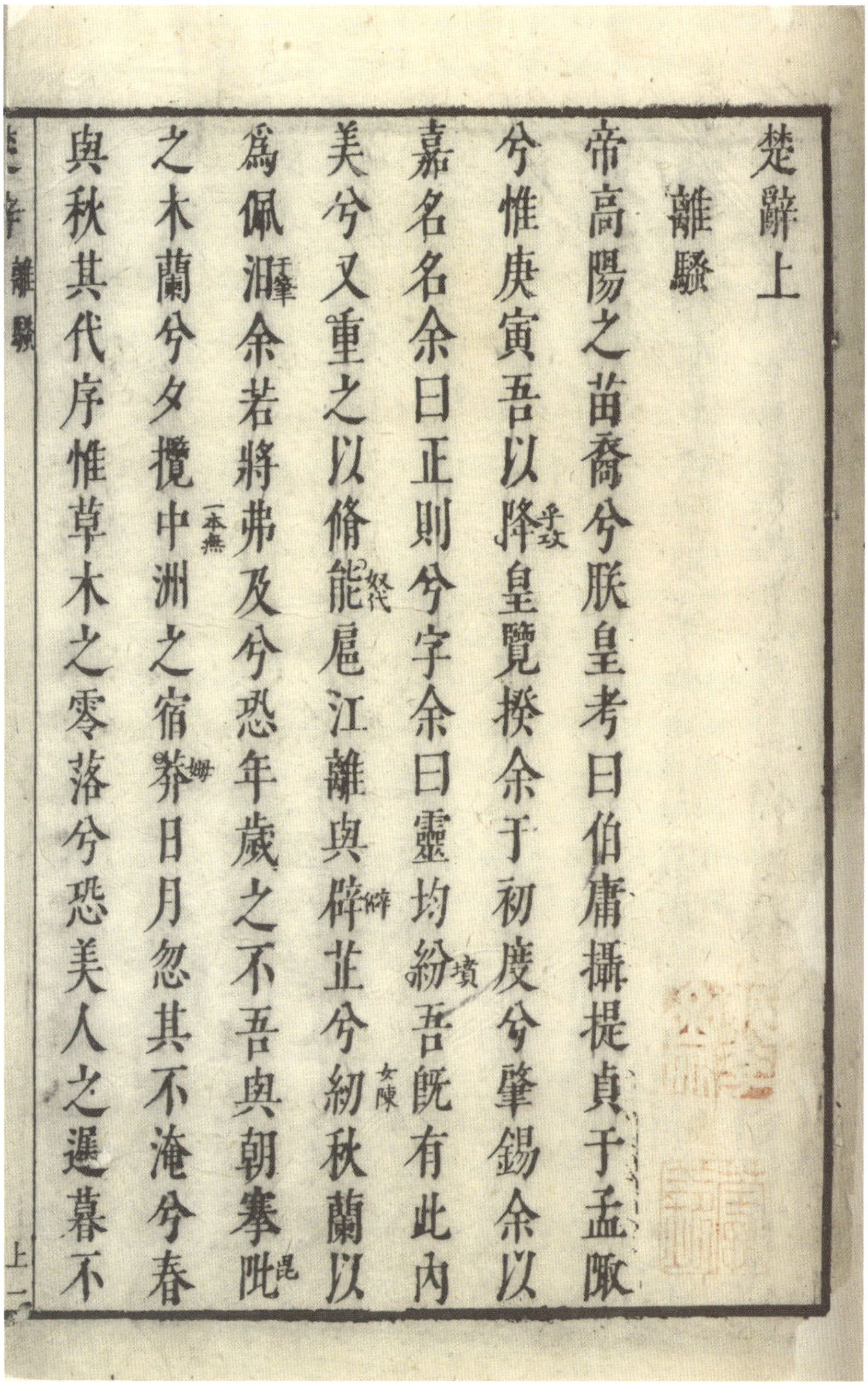

楚辭上

離騷

帝高陽之苗裔兮朕皇考曰伯庸攝提貞于孟陬
兮惟庚寅吾以降皇覽揆余于初度兮肇錫余以
嘉名名余曰正則兮字余曰靈均紛吾既有此內
美兮又重之以脩能扈江離與辟芷兮紉秋蘭以
爲佩汩余若將弗及兮恐年歲之不吾與朝搴阰
之木蘭兮夕攬中洲之宿莽日月忽其不淹兮春
與秋其代序惟草木之零落兮恐美人之遲暮不

楚辭 離騷 上一

楚辭二卷　（楚）屈原　宋玉　（漢）賈誼等撰　明萬曆四十八年（1620）閔齊伋刻本。二册。半頁九行十九字，小字雙行同，白口，四周單邊。框高21.5厘米、寬14.2厘米。中山大學圖書館藏。

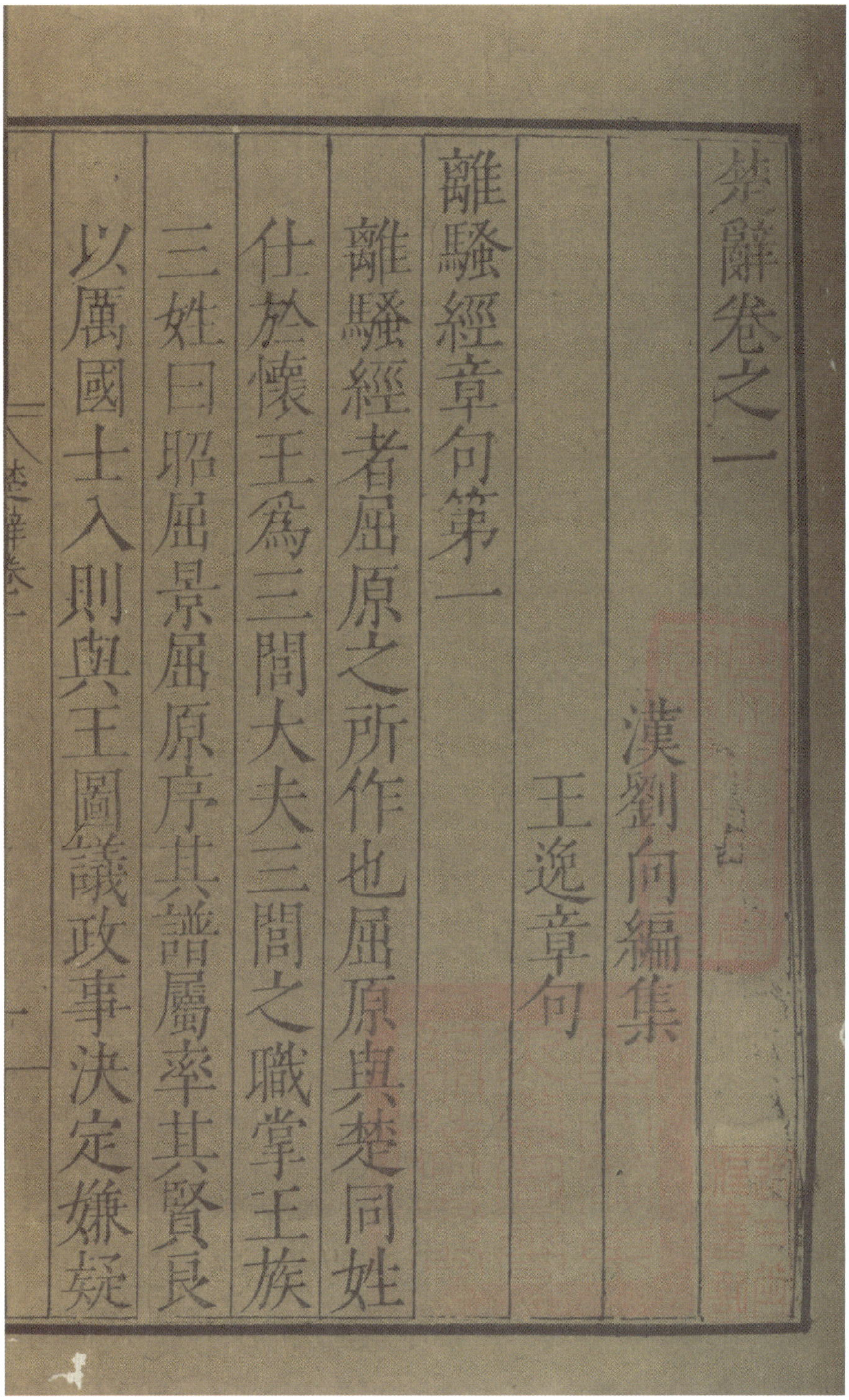
楚辭卷之一

漢劉向編集

王逸章句

離騷經章句第一

離騷經者屈原之所作也屈原與楚同姓
仕於懷王爲三閭大夫三閭之職掌王族
三姓曰昭屈景屈原序其譜屬率其賢良
以厲國士入則與王圖議政事決定嫌疑

楚辭卷之一　一

楚辭章句十七卷　（漢）王逸撰　明刻本。八册。半頁八行十七字，小字雙行同，黑口，四周雙邊。框高20.8厘米、寬13.6厘米。中山大學圖書館藏。

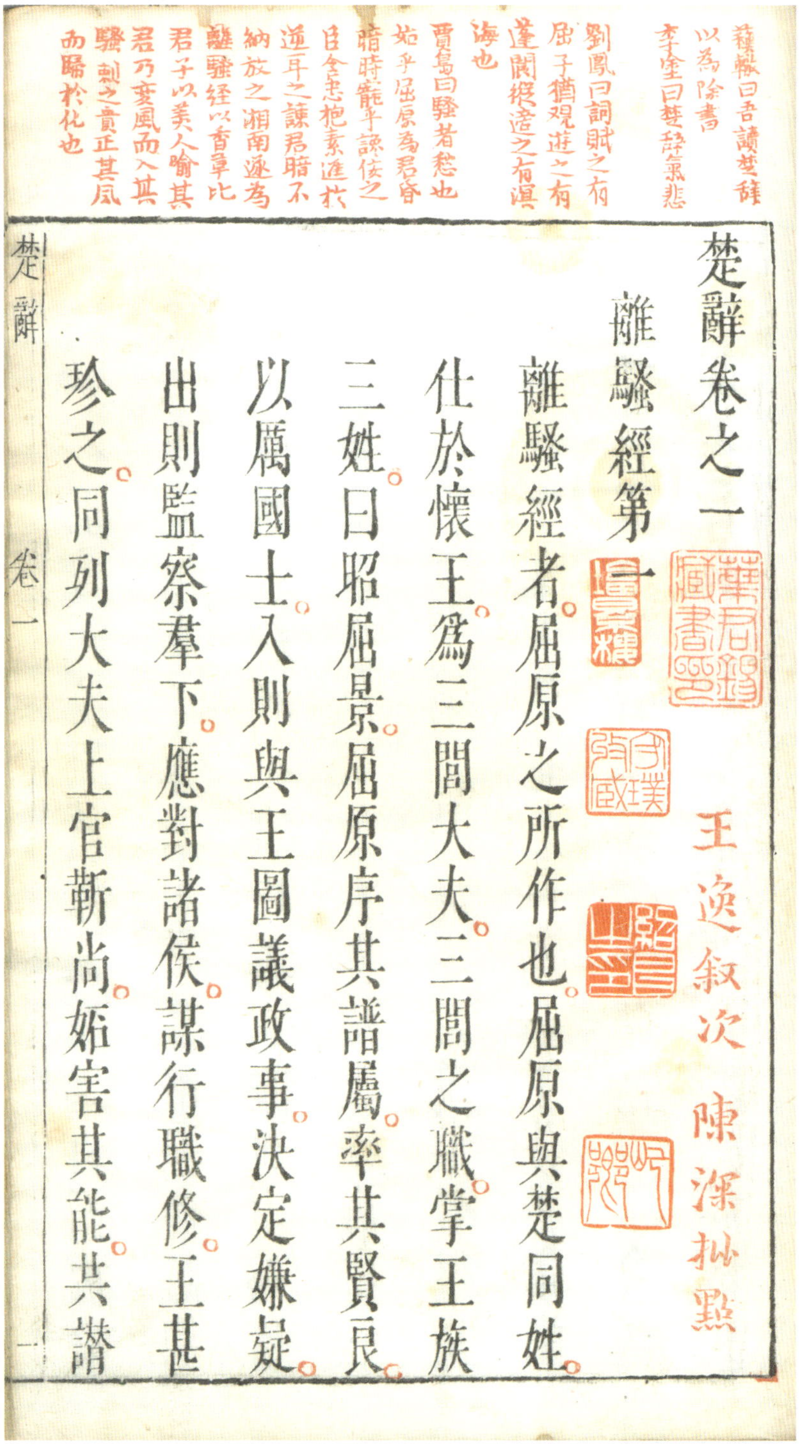

楚辭十七卷　（漢）王逸注　（宋）洪興祖　（明）劉鳳等補注　（明）陳深批點　**附録一卷**　明凌毓枏刻朱墨套印本。三册。半頁八行十八字，小字雙行字數不等，白口，四周單邊。框高21.2厘米、寬14.3厘米。廣東省立中山圖書館藏。

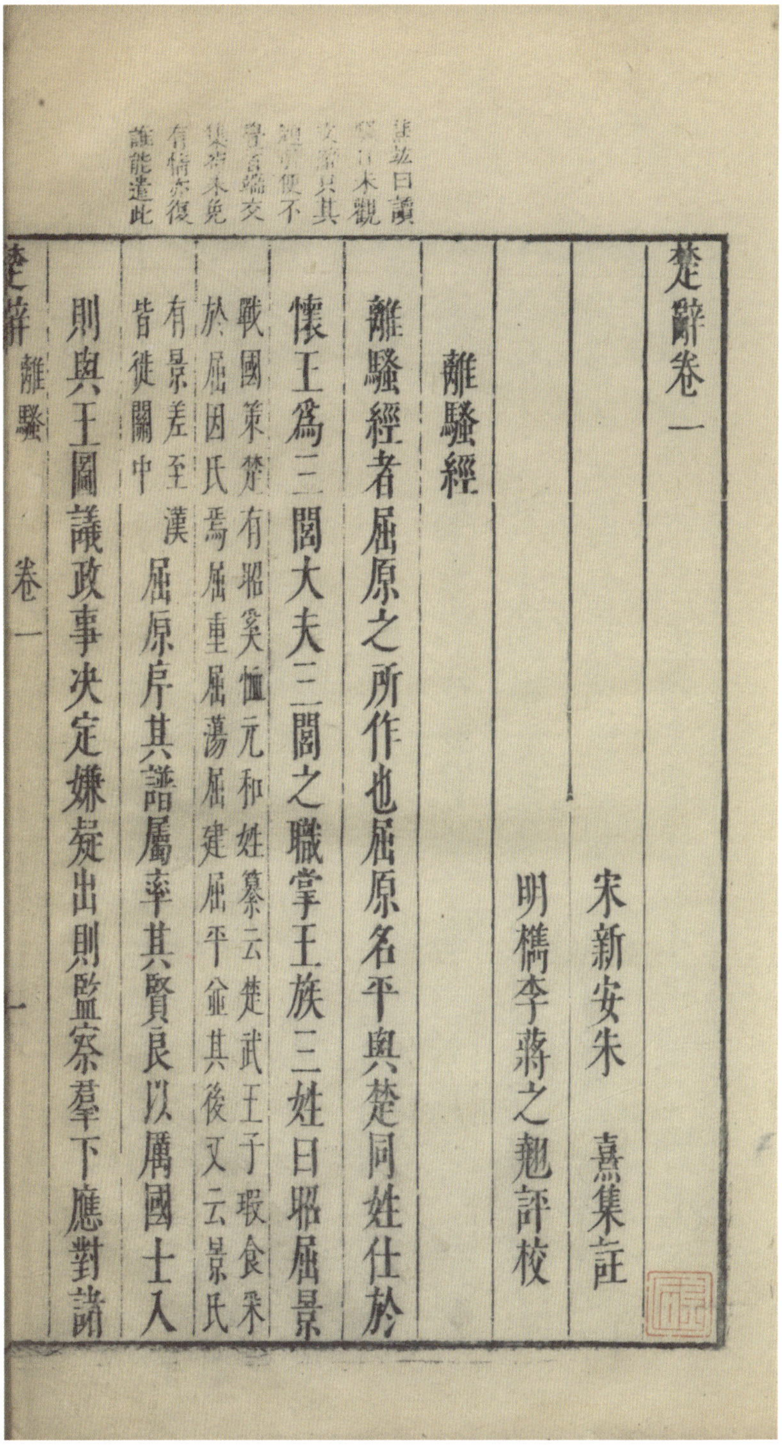
焦竑曰讀騷者未觀其文當只其細情便不覺百端交集若未免有情亦復誰能遣此

楚辭卷一

宋新安朱　熹集註

明檇李蔣之翹評校

離騷經

離騷經者屈原之所作也屈原名平與楚同姓仕於懷王爲三閭大夫三閭之職掌王族三姓曰昭屈景戰國策楚有昭奚恤元和姓纂云楚武王子瑕食采於屈因氏焉屈重屈蕩屈建屈平並其後又云景氏有景差至漢皆徙關中屈原序其譜屬率其賢良以厲國士入則與王圖議政事決定嫌疑出則監察羣下應對諸

楚辭　離騷　卷一　一

楚辭集註八卷辯證二卷後語八卷　（宋）朱熹撰　（明）蔣之翹補輯並評校　**附覽二卷總評一卷**　（明）蔣之翹輯　明天啓六年（1626）蔣之翹刻本。八册。半頁九行二十一字，小字雙行同，白口，四周單邊。框高20.8厘米、寬13厘米。中山大學圖書館藏。

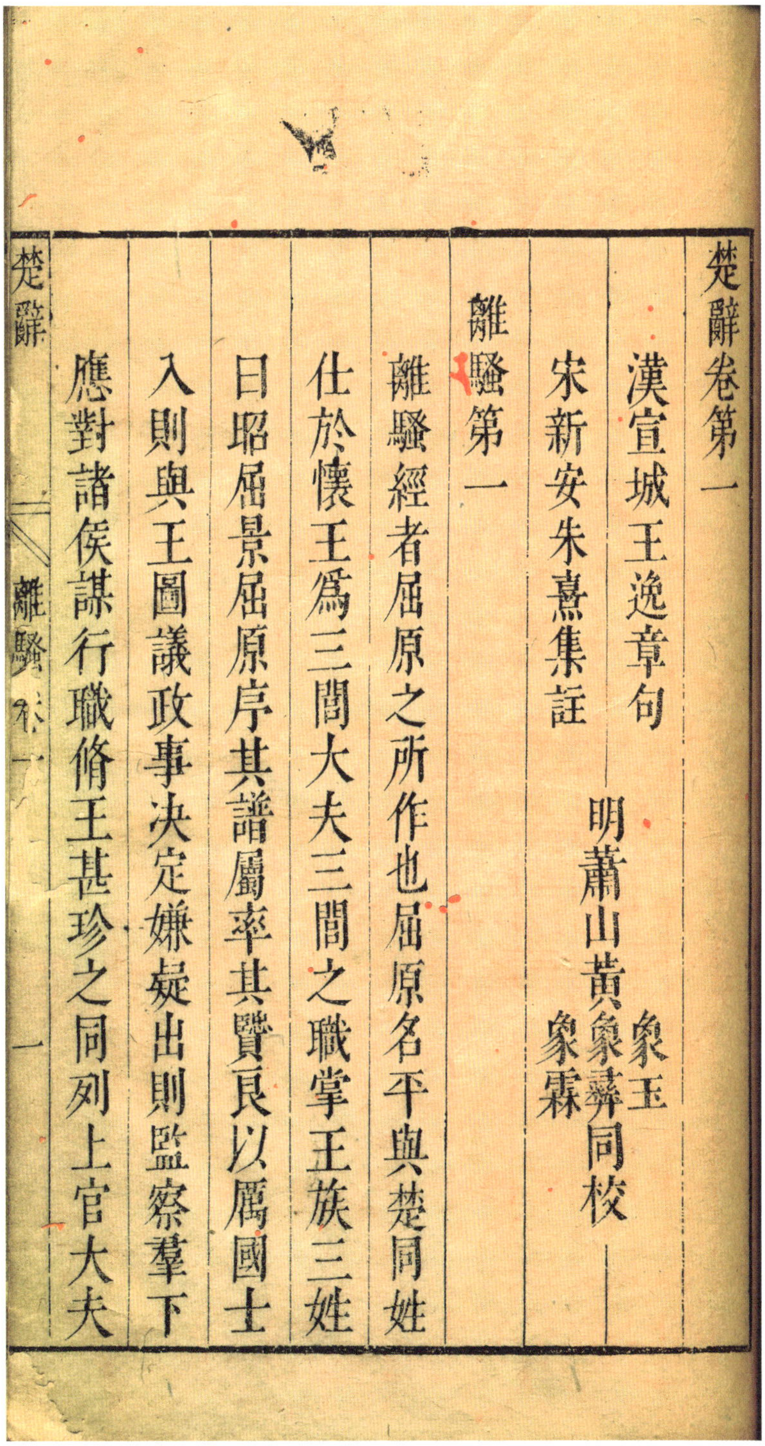

楚辭卷第一

漢宣城王逸章句

宋新安朱熹集註　明蕭山黃象彝 象玉 象霖 同校

離騷第一

離騷經者屈原之所作也屈原名平與楚同姓

仕於懷王爲三閭大夫三閭之職掌王族三姓

日昭屈景屈原序其譜屬率其賢良以厲國士

入則與王圖議政事決定嫌疑出則監察羣下

應對諸侯謀行職脩王甚珍之同列上官大夫

楚辭　離騷　卷一　一

楚辭述註五卷　（明）來欽之述注　**九歌圖一卷**　（明）陳洪綬繪　明崇禎刻黃象彝等印本。二册。半頁九行二十字，小字雙行同，白口，四周單邊。框高20.2厘米、寬14.2厘米。暨南大學圖書館藏。

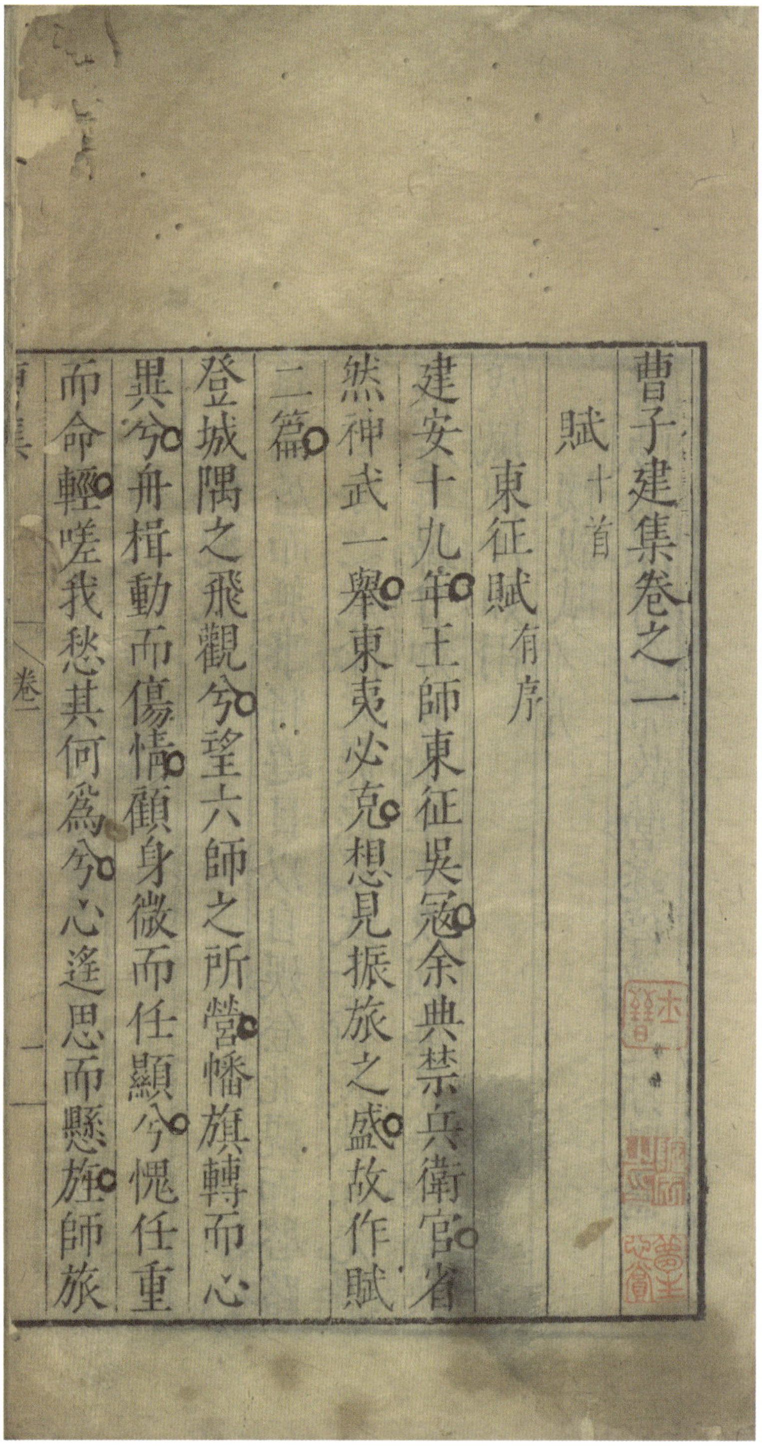
曹子建集卷之一

賦十首

東征賦有序

建安十九年王師東征吳寇余典禁兵衛宫省然神武一舉東夷必克想見振旅之盛故作賦二篇

登城隅之飛觀兮望六師之所營幡旗轉而心異兮舟楫動而傷情顧身微而任顯兮愧任重而命輕嗟我愁其何爲兮心遥思而懸旌師旅

曹集　卷一　一

曹子建集十卷　（三國魏）曹植撰　明刻本。四册。半頁九行十八字，小字雙行字數不等，白口，左右雙邊。框高18.7厘米、寬13.1厘米。中山大學圖書館藏。

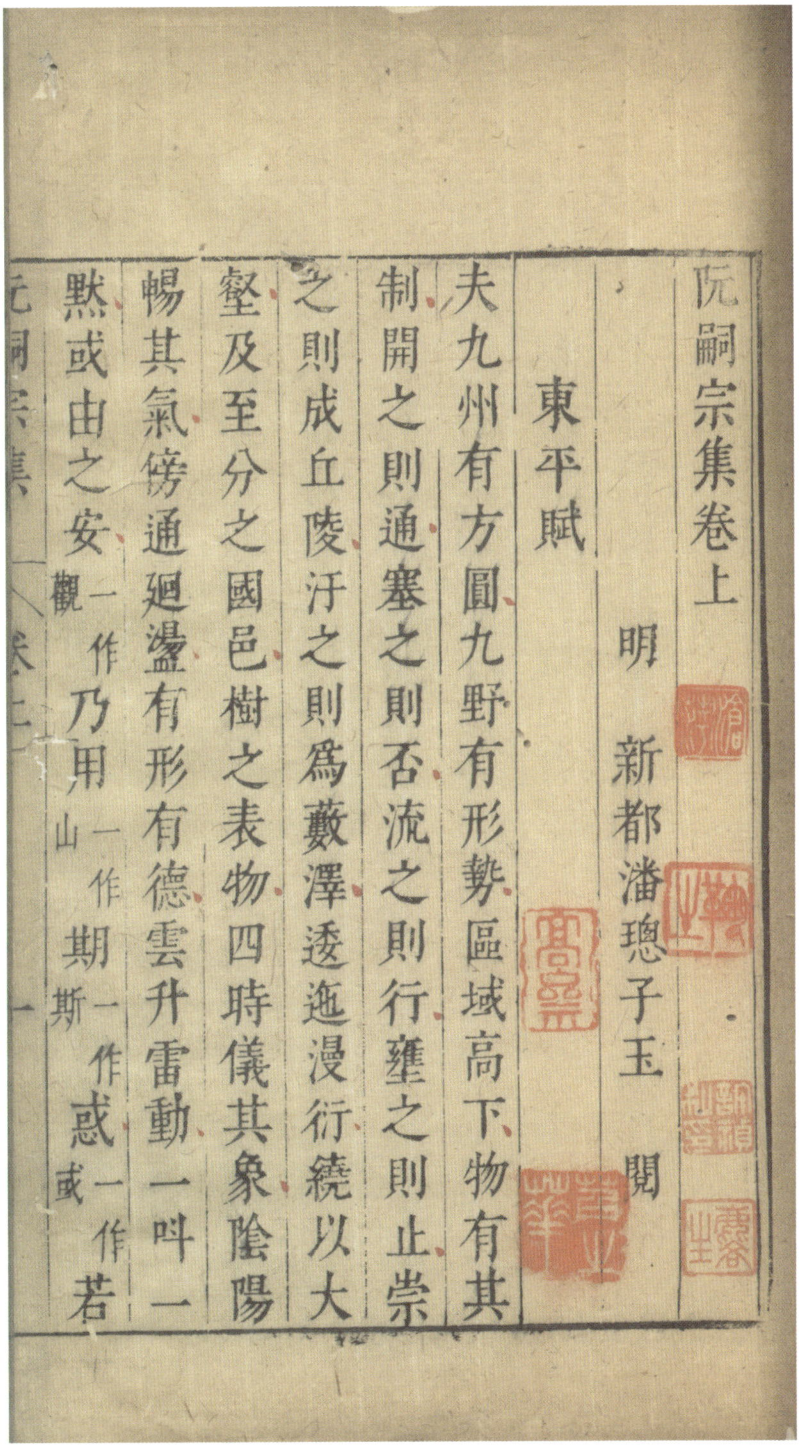

阮嗣宗集二卷 （三國魏）阮籍撰　明刻本。二册。半頁九行十八字，小字雙行同，白口，左右雙邊。框高19.8厘米、寬13.8厘米。中山大學圖書館藏。

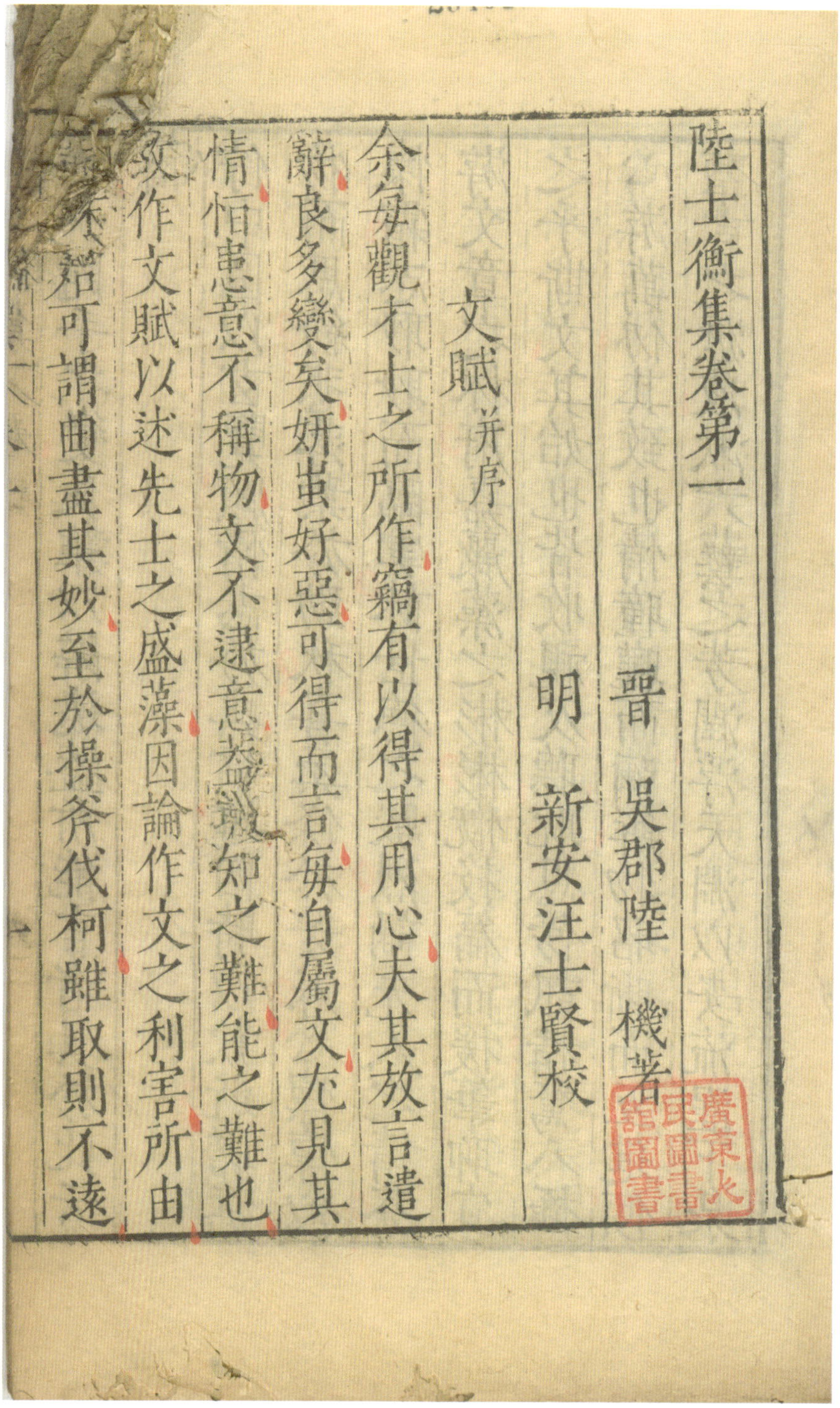

陸士衡集卷第一

晉　吳郡陸　機著

明　新安汪士賢校

文賦并序

余每觀才士之所作竊有以得其用心夫其放言遣辭良多變矣妍蚩好惡可得而言每自屬文尤見其情恒患意不稱物文不逮意蓋非知之難能之難也故作文賦以述先士之盛藻因論作文之利害所由他日殆可謂曲盡其妙至於操斧伐柯雖取則不遠

陸士衡集十卷　（晉）陸機撰　明萬曆天啓間汪士賢刻漢魏六朝二十一名家集本。一册。半頁九行二十字，白口，左右雙邊。框高20.2厘米、寬14.2厘米。廣東省立中山圖書館藏。

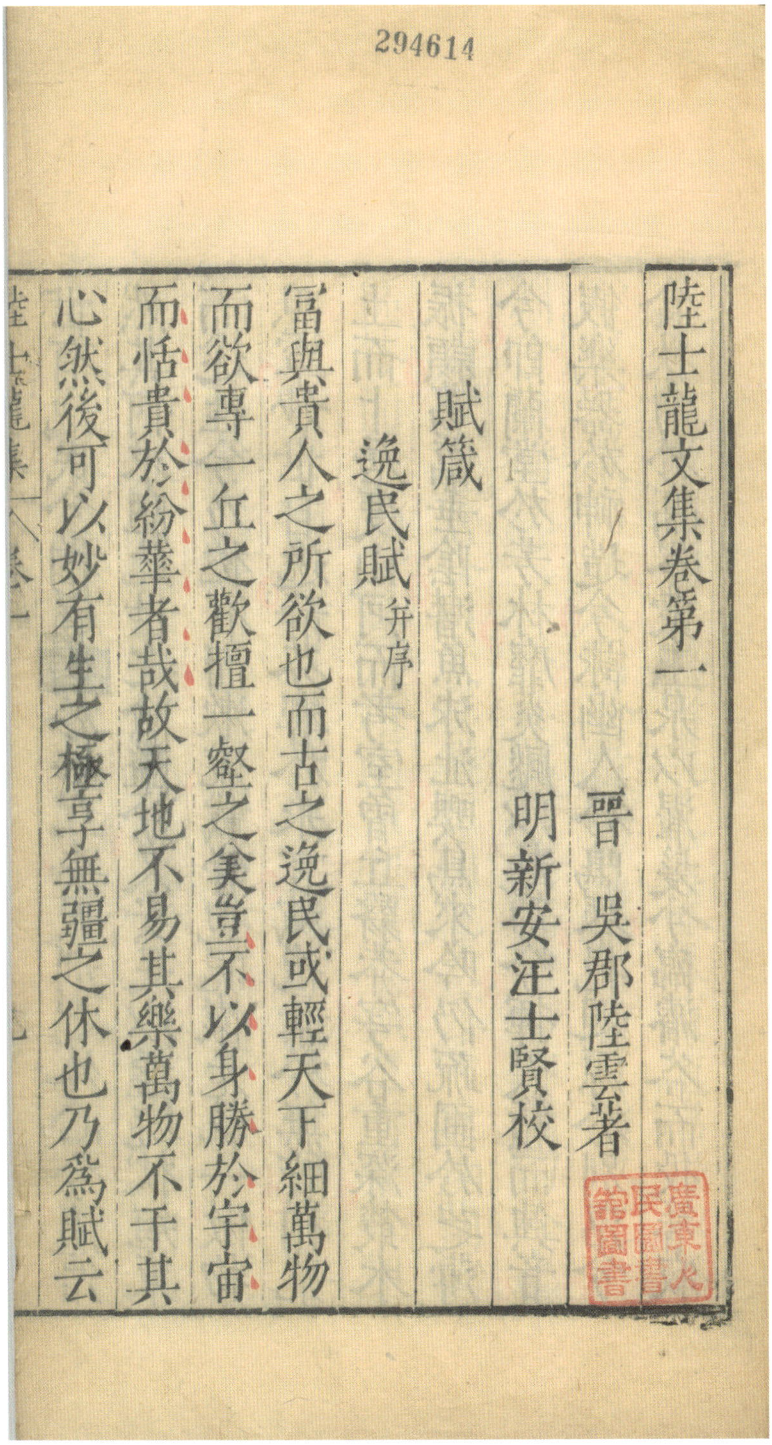

陸士龍文集卷第一

晉　吳郡陸雲著

明新安汪士賢校

賦箴

逸民賦弁序

富與貴人之所欲也而古之逸民或輕天下細萬物而欲專一丘之歡擅一壑之美豈不以身勝於宇宙而恬貴於紛華者哉故天地不易其樂萬物不干其心然後可以妙有生之極享無疆之休也乃爲賦云

陸士龍集　卷一

陸士龍文集十卷　（晉）陸雲撰　明萬曆天啓間汪士賢刻漢魏六朝二十一名家集本。一册。半頁九行二十字，白口，左右雙邊。框高20.2厘米、寬14.2厘米。廣東省立中山圖書館藏。

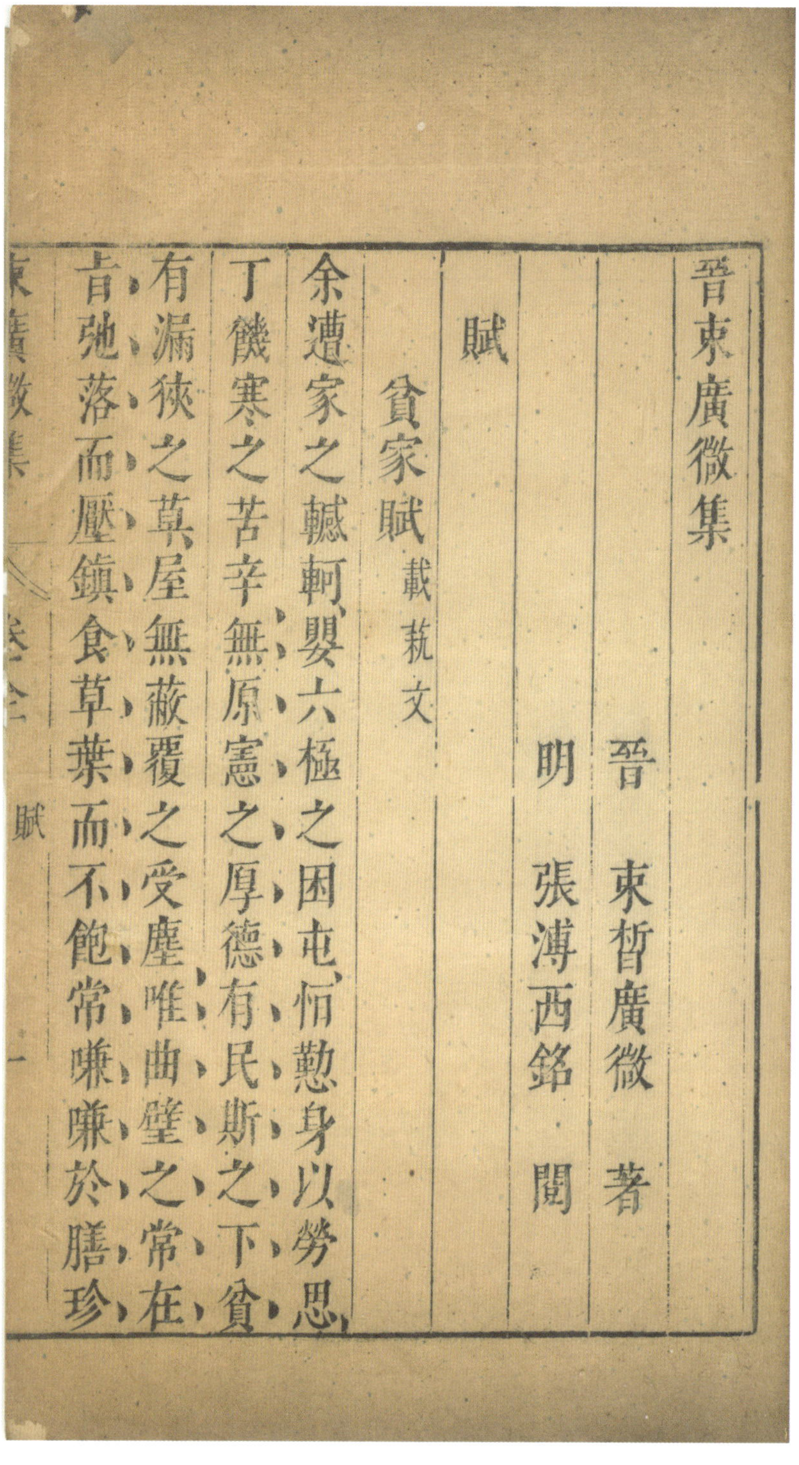

晉束廣微集

晉　束晳廣微　著

明　張溥西銘　閱

賦

貧家賦　載藝文

余遭家之轗軻嬰六極之困屯恒勤身以勞思丁饑寒之苦辛無原憲之厚德有民斯之下貧有漏狹之蓽屋無蔽覆之受塵唯曲壁之常在昔弛落而壓鎮食草葉而不飽常嗛嗛於膳珍

束廣微集　卷全　賦　一

晉束廣微集不分卷　（晉）束晳撰　明刻漢魏六朝百三名家集本。一册。半頁九行十八字，白口，左右雙邊。框高20.2厘米、寬14.2厘米。廣東省立中山圖書館藏。

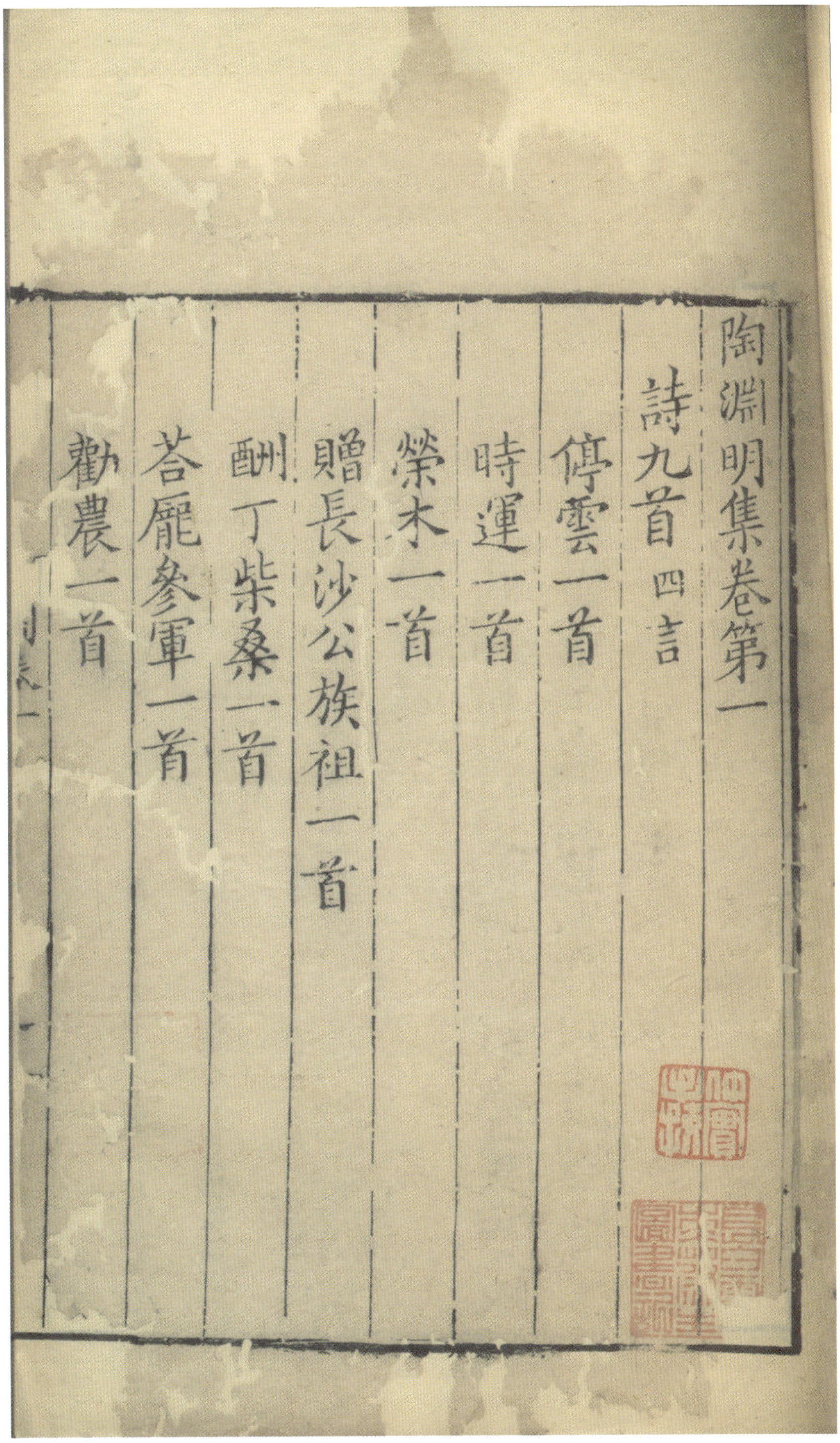
陶淵明集卷第一
詩九首 四言
停雲一首
時運一首
榮木一首
贈長沙公族祖一首
酬丁柴桑一首
荅龎參軍一首
勸農一首

陶淵明集十卷附録二卷 （晉）陶潛撰　明刻本。二册。半頁九行十七字至十九字不等，小字雙行字數不等，白口，左右雙邊。框高18.6厘米、寬14厘米。中山大學圖書館藏。

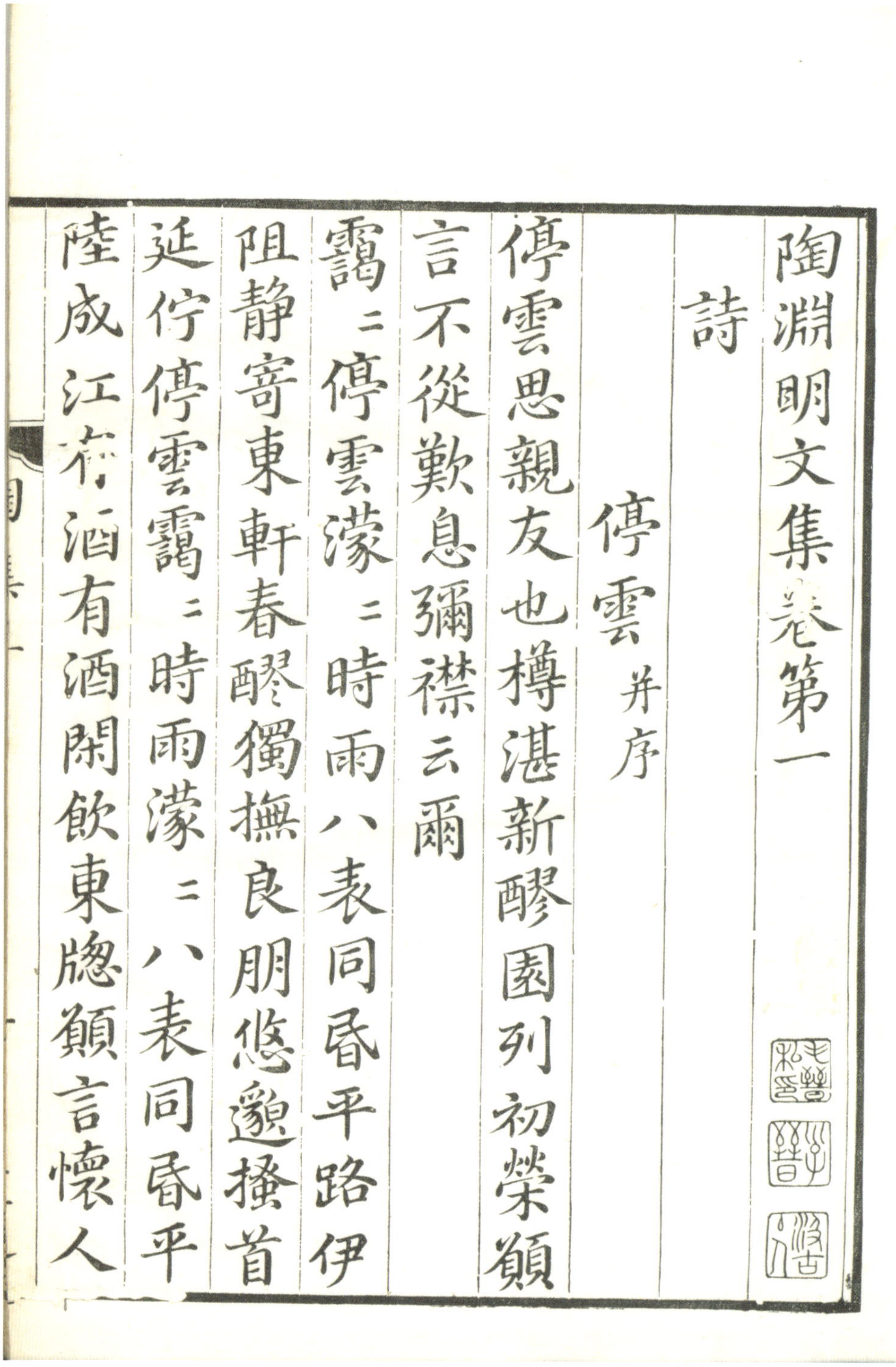

陶淵明文集卷第一

詩

停雲 并序

停雲思親友也罇湛新醪園列初榮顏
言不從歎息彌襟云爾
靄靄停雲濛濛時雨八表同昏平路伊
阻靜寄東軒春醪獨撫良朋悠邈搔首
延佇停雲靄靄時雨濛濛八表同昏平
陸成江有酒有酒閑飲東牕願言懷人

陶淵明文集十卷 （晉）陶潛撰 清康熙三十三年（1694）毛氏汲古閣刻本。三册。半頁九行十五字，白口，左右雙邊。框高22.7厘米、寬18.2厘米。廣東省立中山圖書館藏。

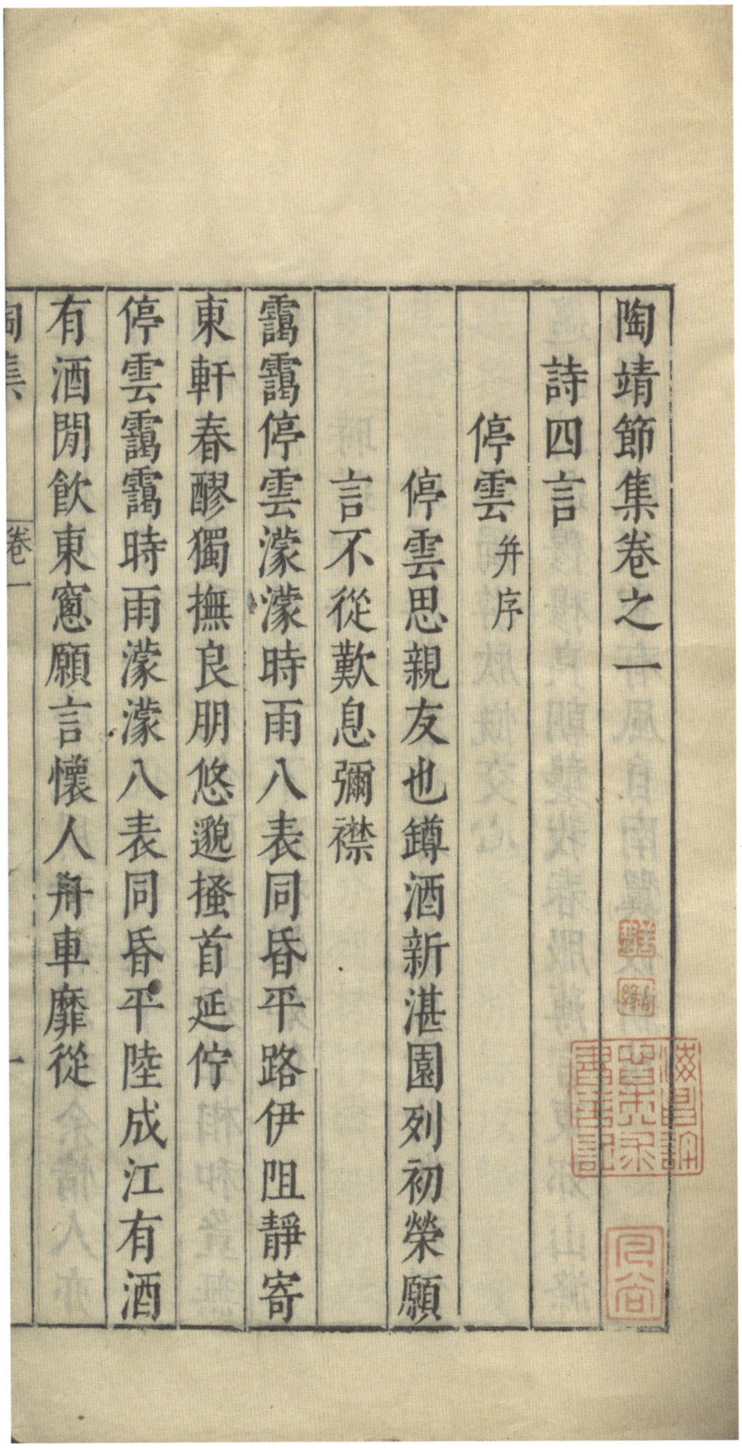
陶靖節集卷之一
詩四言
停雲 并序
停雲思親友也罇酒新湛園列初榮願
言不從歎息彌襟
靄靄停雲濛濛時雨八表同昏平路伊阻靜寄
東軒春醪獨撫良朋悠邈搔首延佇
停雲靄靄時雨濛濛八表同昏平陸成江有酒
有酒閒飲東窻願言懷人舟車靡從
陶集　卷一　一

陶靖節集八卷　（晉）陶潛撰　（宋）湯漢等箋注　**蘇東坡和陶詩二卷**　（宋）蘇軾撰　**附録一卷**　明萬曆四十七年（1619）楊時偉刻合刻忠武靖節二編本。二册。半頁九行十八字，小字雙行同，白口，四周單邊。框高19.5厘米、寬12.2厘米。中山大學圖書館藏。

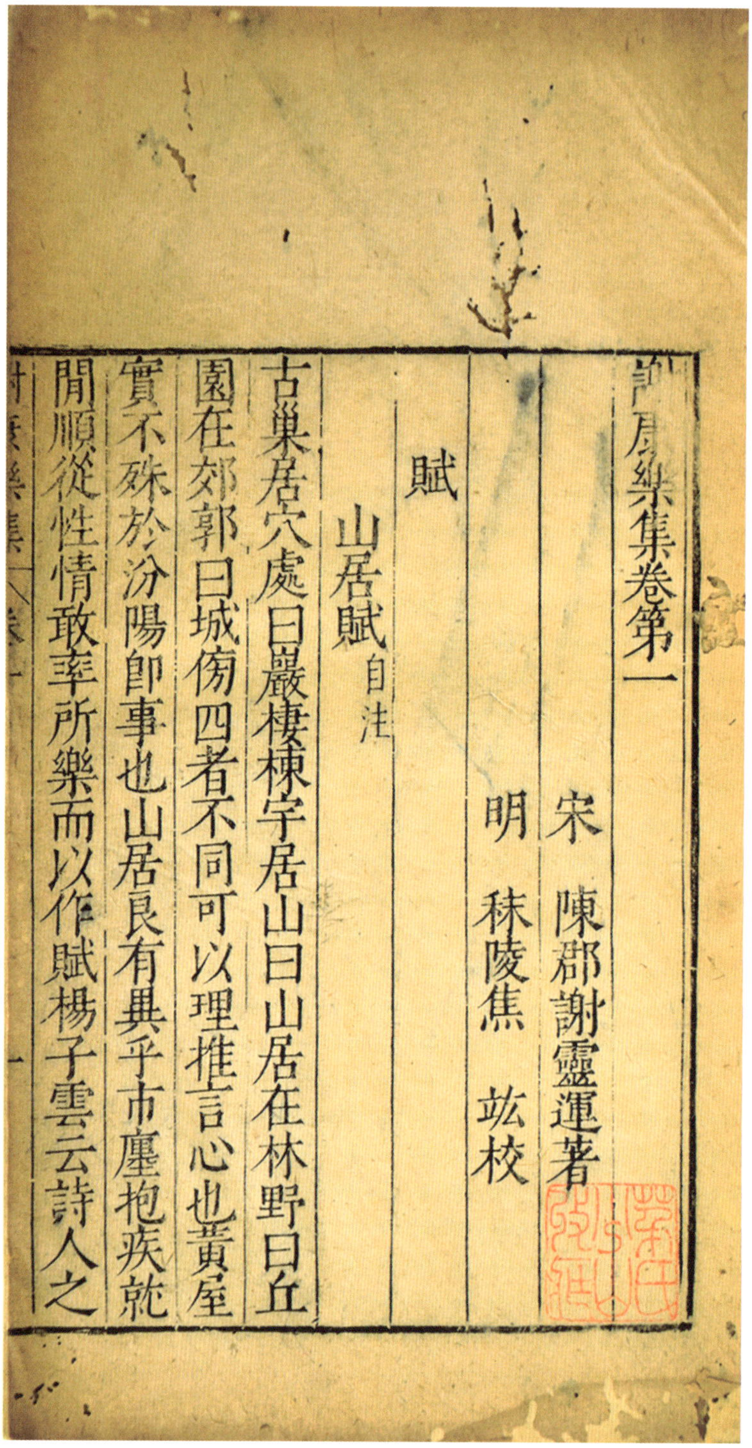

謝康樂集四卷　（南朝宋）謝靈運撰　明萬曆十一年（1583）刻本。二册。半頁九行二十字，白口，左右雙邊。框高28.7厘米、寬18.5厘米。韶關學院圖書館藏。

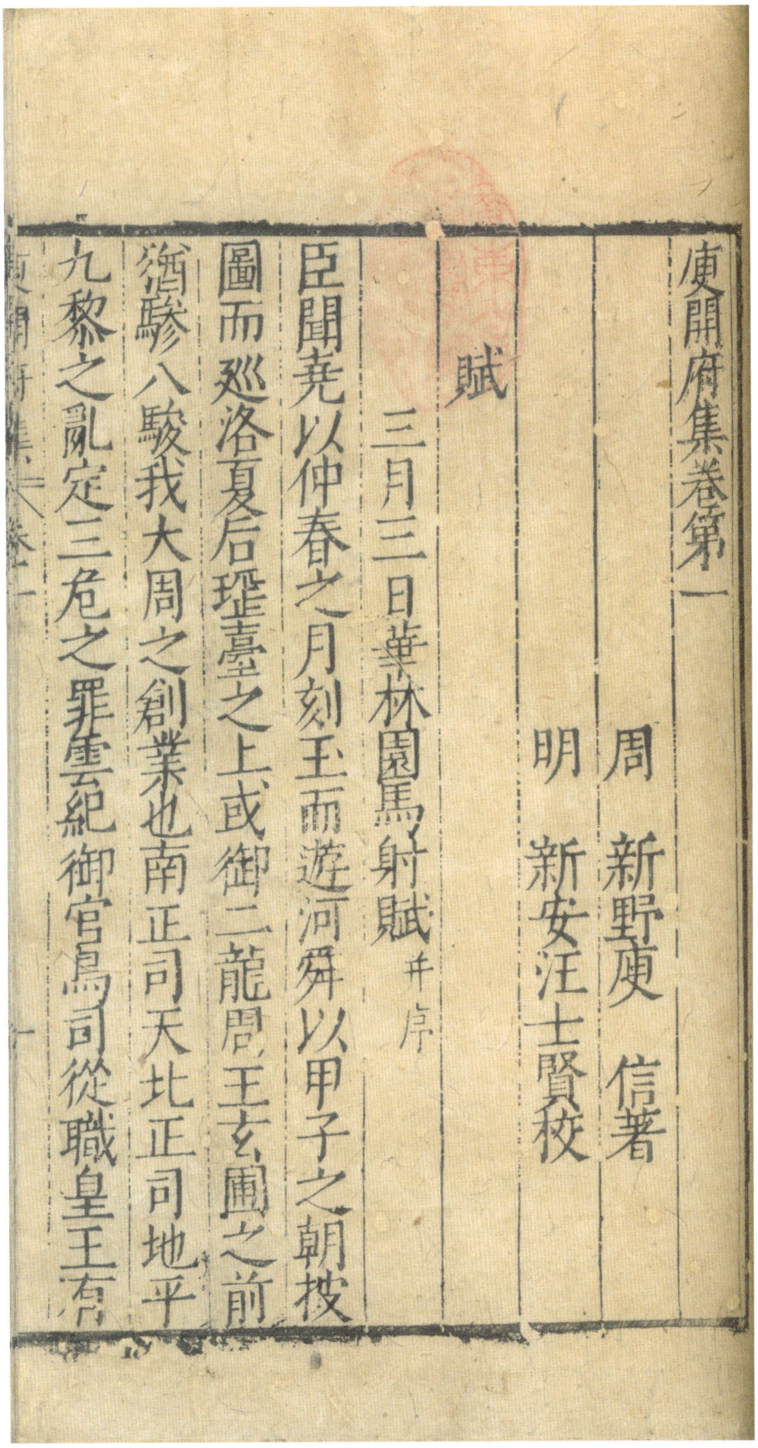

庾開府集卷第一

周　新野庾　信著

明　新安汪士賢校

賦

三月三日華林園馬射賦并序

臣聞堯以仲春之月刻玉而遊河舜以甲子之朝披圖而巡洛夏后瑤臺之上或御二龍周王玄圃之前猶驂八駿我大周之創業也南正司天北正司地平九黎之亂定三危之罪雲紀御官鳥司從職皇王有

庾開府集十二卷　（北周）庾信撰　明萬曆天啓間汪士賢刻漢魏六朝二十一名家集本。六册。半頁九行二十字，白口，左右雙邊。框高20厘米、寬13.7厘米。廣東省立中山圖書館藏。

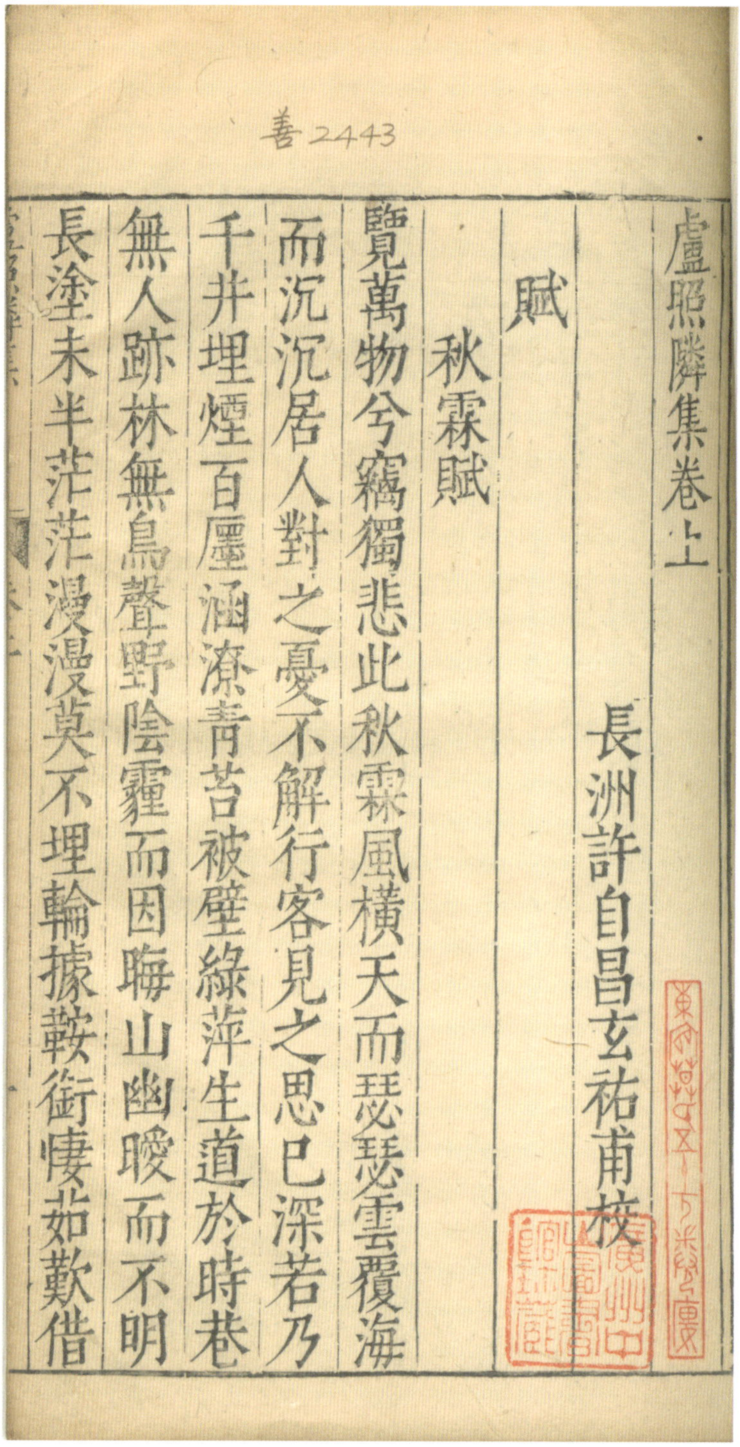
善2443
盧照隣集卷上
長洲許自昌玄祐甫校
賦
秋霖賦
覽萬物兮竊獨悲此秋霖風橫天而瑟瑟雲覆海
而沉沉居人對之憂不解行客見之思已深若乃
千井埋煙百廛涵潦青苔被壁綠萍生道於時巷
無人跡林無鳥聲野陰霾而闇晦山幽曖而不明
長塗未半茫茫漫漫莫不埋輪據鞍銜悽茹歎借

盧照鄰集二卷　（唐）盧照鄰撰　明萬曆三十一年（1603）刻前唐十二家詩本。一册。半頁九行十九字，白口，左右雙邊。框高22.1厘米、寬14.4厘米。廣東省立中山圖書館藏。

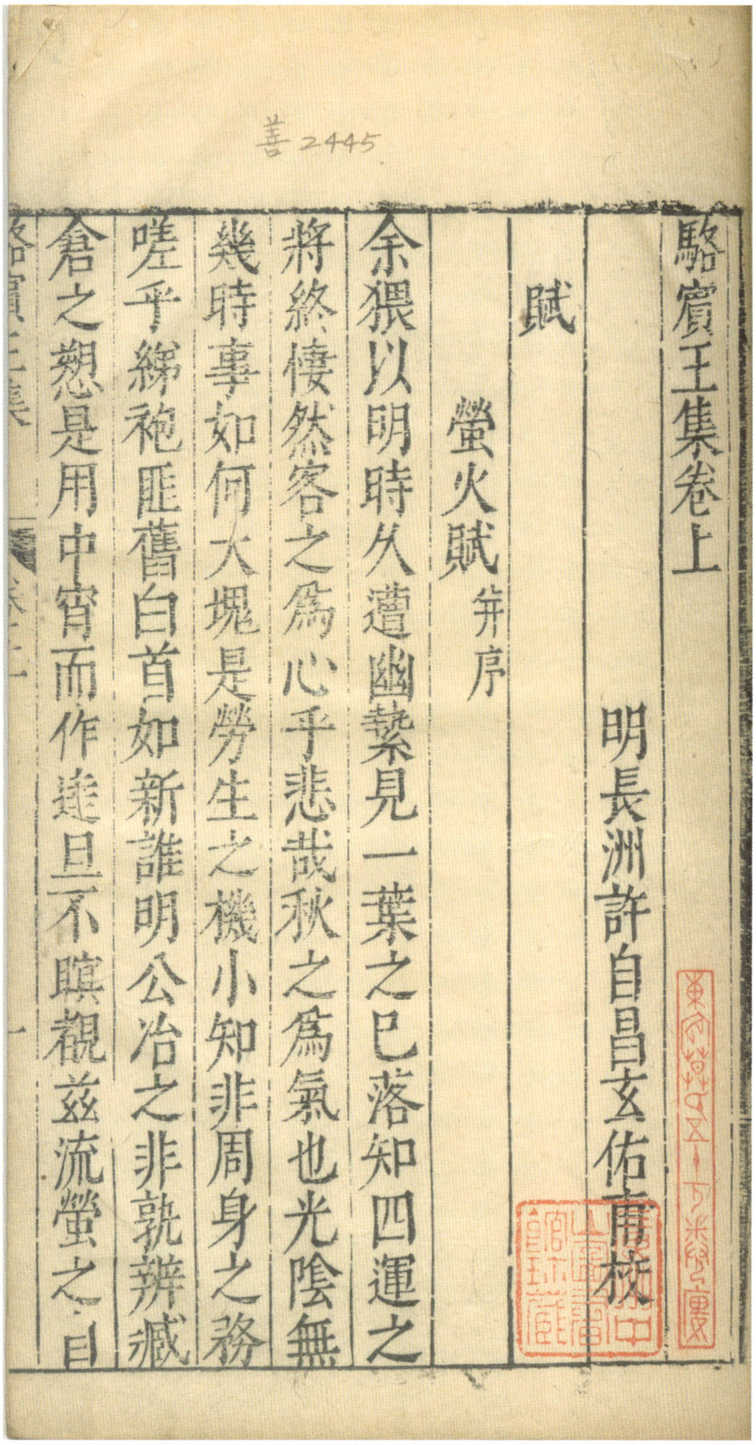

駱賓王集卷上

明長洲許自昌玄佑甫校

賦

螢火賦并序

余猥以明時久遭幽縶見一葉之已落知四運之將終悽然客之爲心乎悲哉秋之爲氣也光陰無幾時事如何大塊是勞生之機小知非周身之務嗟乎綈袍匪舊白首如新誰明公冶之非孰辨臧倉之愬是用中宵而作達旦不瞑覩茲流螢之自

駱賓王集 卷上 一

駱賓王集二卷 （唐）駱賓王撰 明萬曆三十一年（1603）刻前唐十二家詩本。一册。半頁九行十九字，白口，左右雙邊。框高21.7厘米、寬14.8厘米。廣東省立中山圖書館藏。

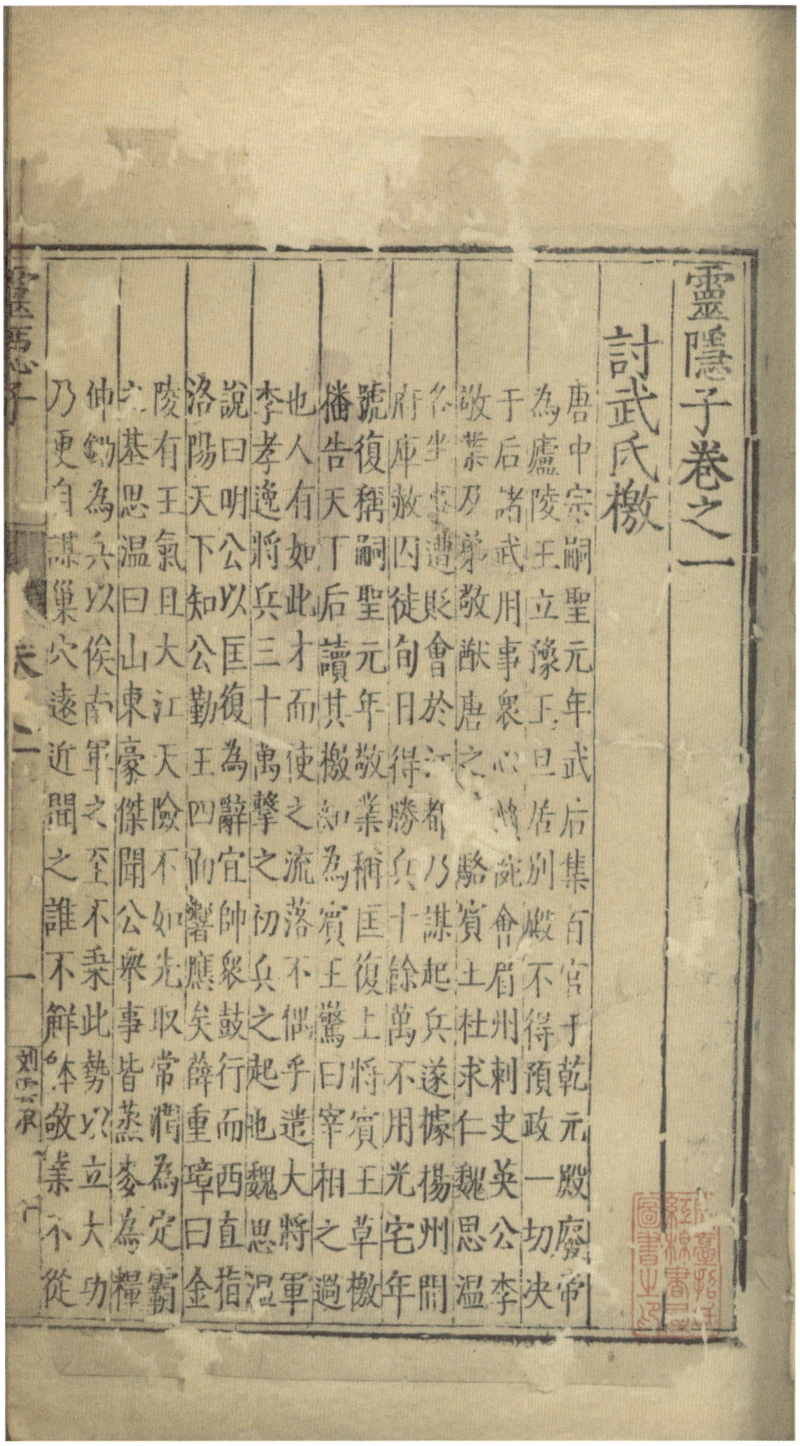

靈隱子六卷　（唐）駱賓王撰　（明）陳魁士注　明萬曆二十四年（1596）陳大科刻明末岱雲樓重修本。六册。半頁十行二十字，小字雙行同，白口，四周雙邊。框高20.1厘米、寬13.7厘米。中山大學圖書館藏。

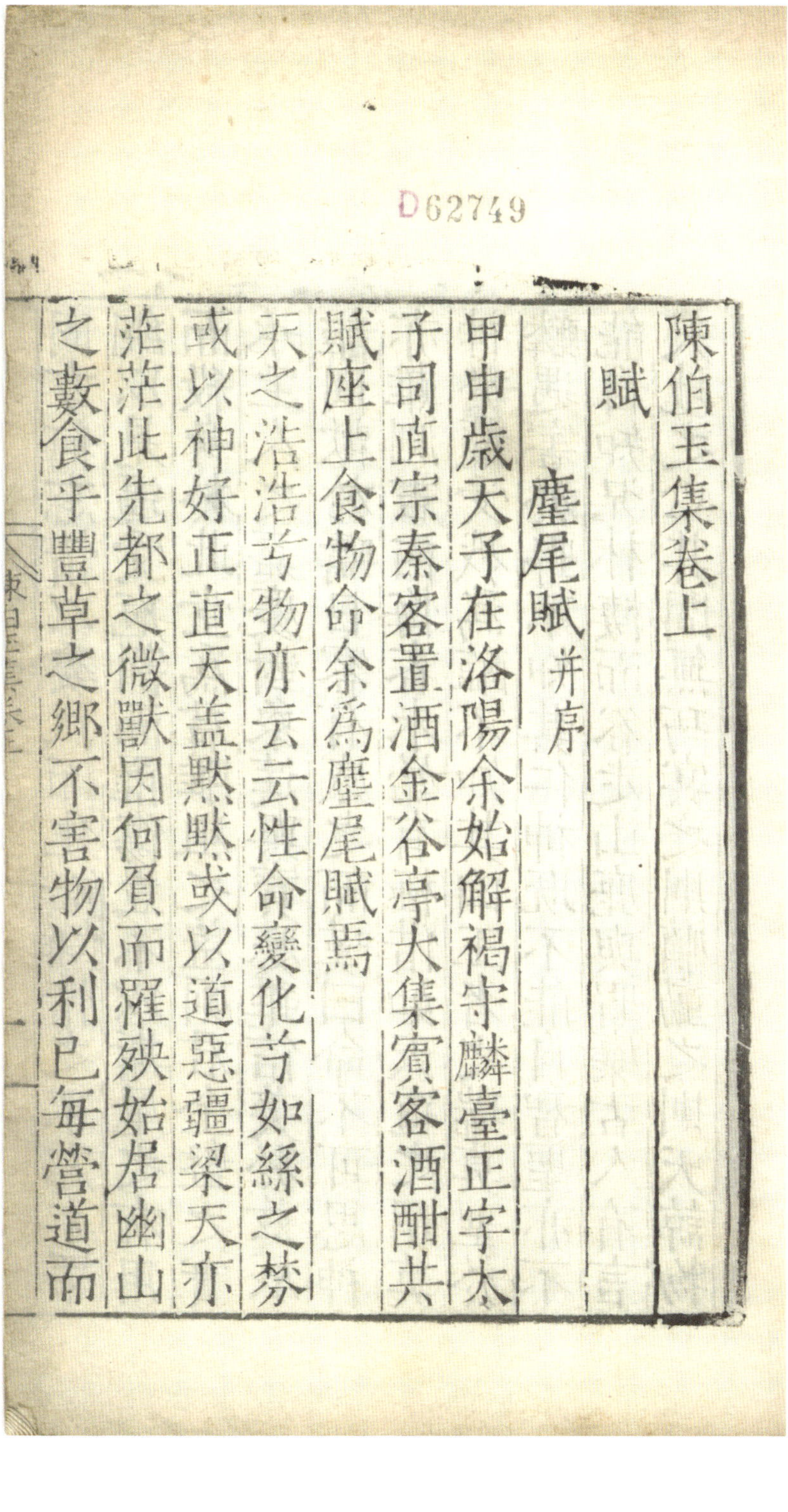

陳伯玉集卷上

賦

麈尾賦 并序

甲申歲天子在洛陽余始解褐守麟臺正字太子司直宗秦客置酒金谷亭大集賓客酒酣共賦座上食物命余爲麈尾賦焉

天之浩浩兮物亦云云性命變化兮如絲之棼或以神好正直天蓋默默或以道惡彊梁天亦茫茫此先都之微獸因何負而羅殃始居幽山之藪食乎豐草之鄉不害物以利已每營道而

陳伯玉集二卷　（唐）陳子昂撰　**杜審言集二卷**　（唐）杜審言撰　明刻本。一册。半頁十行十八字，白口，左右雙邊。框高17.5厘米、寬13厘米。廣東省立中山圖書館藏。

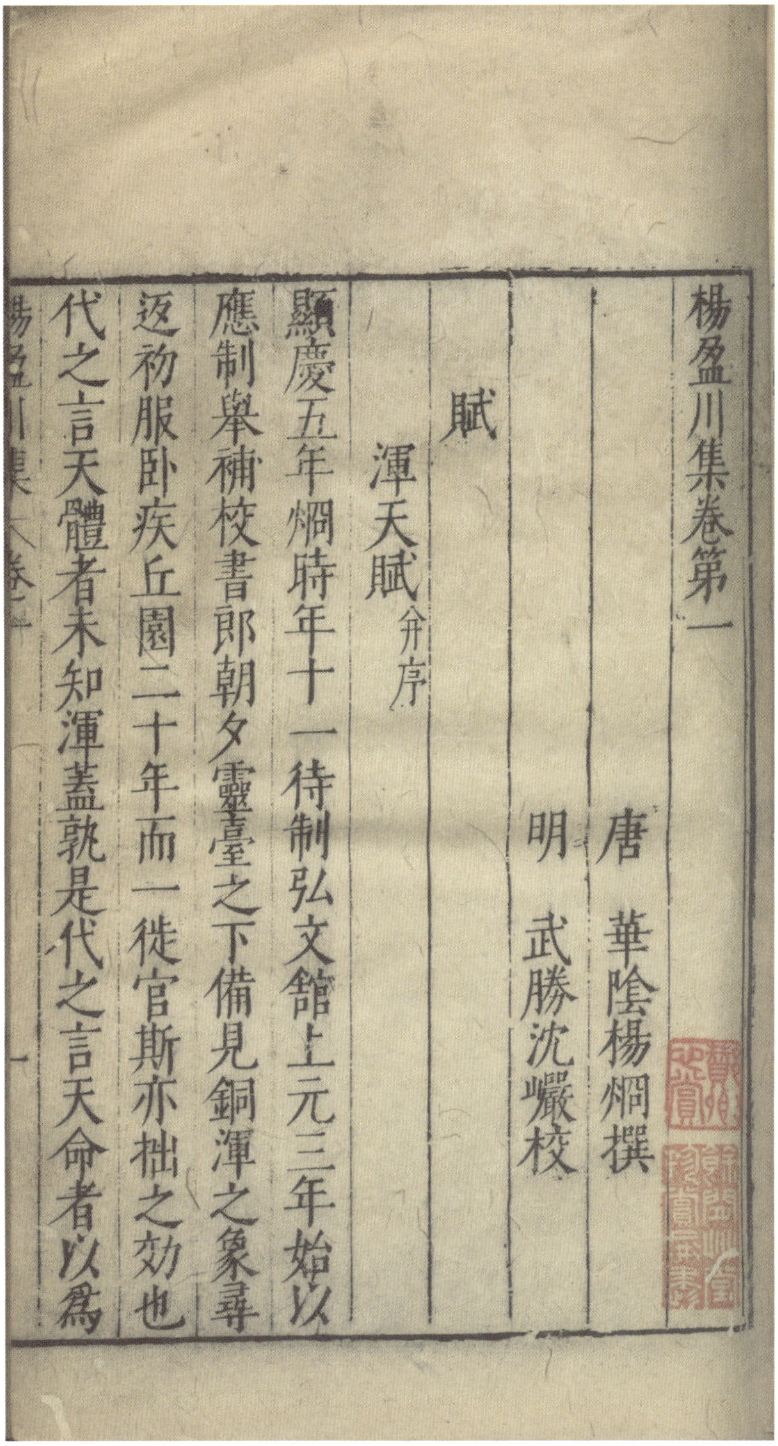

楊盈川集卷第一
唐　華陰楊炯撰
明　武勝沈巙校
賦
渾天賦并序
顯慶五年炯時年十一待制弘文館上元三年始以
應制舉補校書郎朝夕靈臺之下備見銅渾之象尋
返初服卧疾丘園二十年而一徒官斯亦拙之効也
代之言天體者未知渾蓋孰是代之言天命者以爲
楊盈川集　卷之一　一

楊盈川集十卷附録一卷　（唐）楊炯撰　（明）沈巙校　明沈巙刻本。四册。半頁九行二十字，小字雙行同，白口，左右雙邊。框高19.5厘米、寬13.6厘米。中山大學圖書館藏。

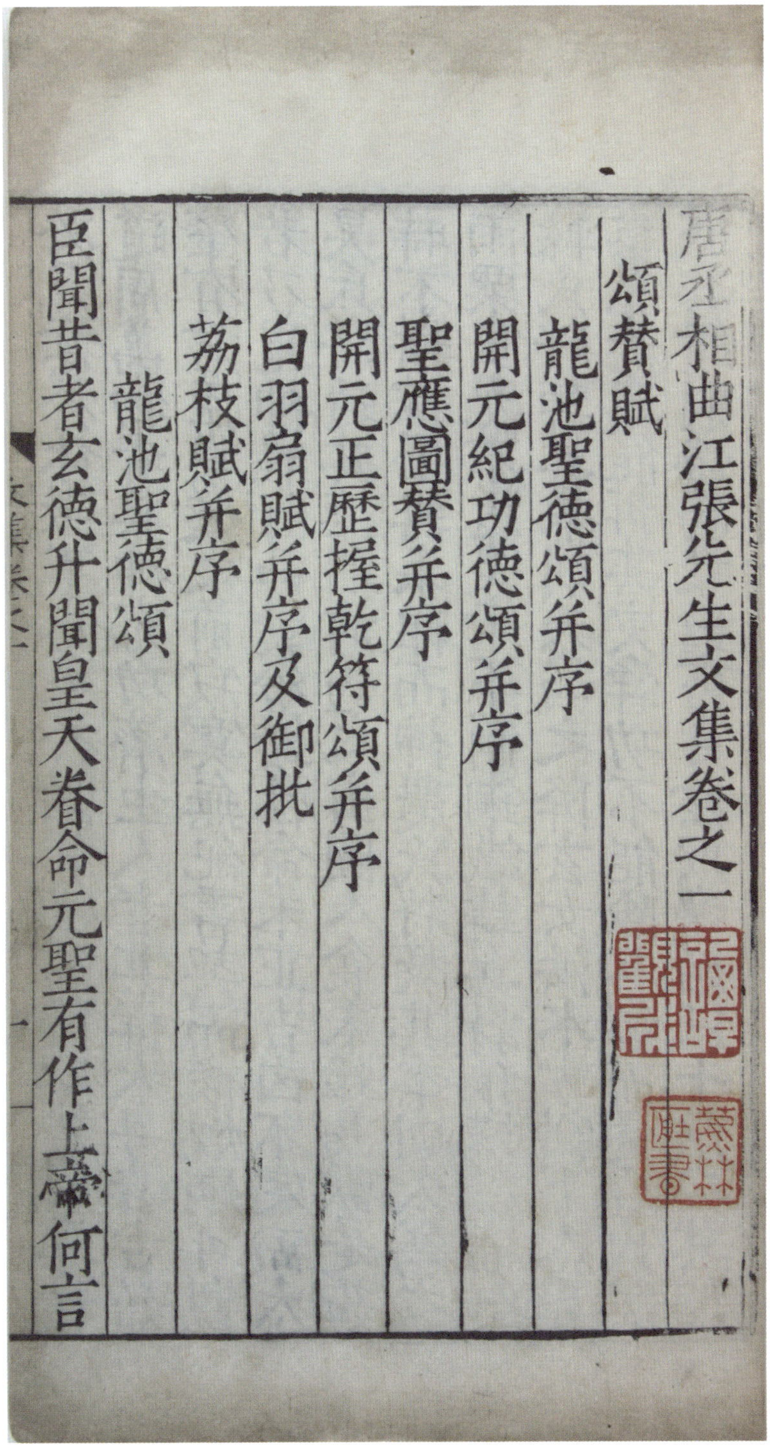

唐丞相曲江張先生文集卷之一

頌賛賦

龍池聖德頌并序

開元紀功德頌并序

聖應圖賛并序

開元正歷握乾符頌并序

白羽扇賦并序及御批

茘枝賦并序

龍池聖德頌

臣聞昔者玄德升聞皇天眷命元聖有作上帝何言

唐丞相曲江張先生文集二十卷　（唐）張九齡撰　明嘉靖十五年（1536）刻本。四册。半頁十行二十字，小字雙行同，白口，左右雙邊。框高20.7厘米、寬13.8厘米。廣東省博物館藏。

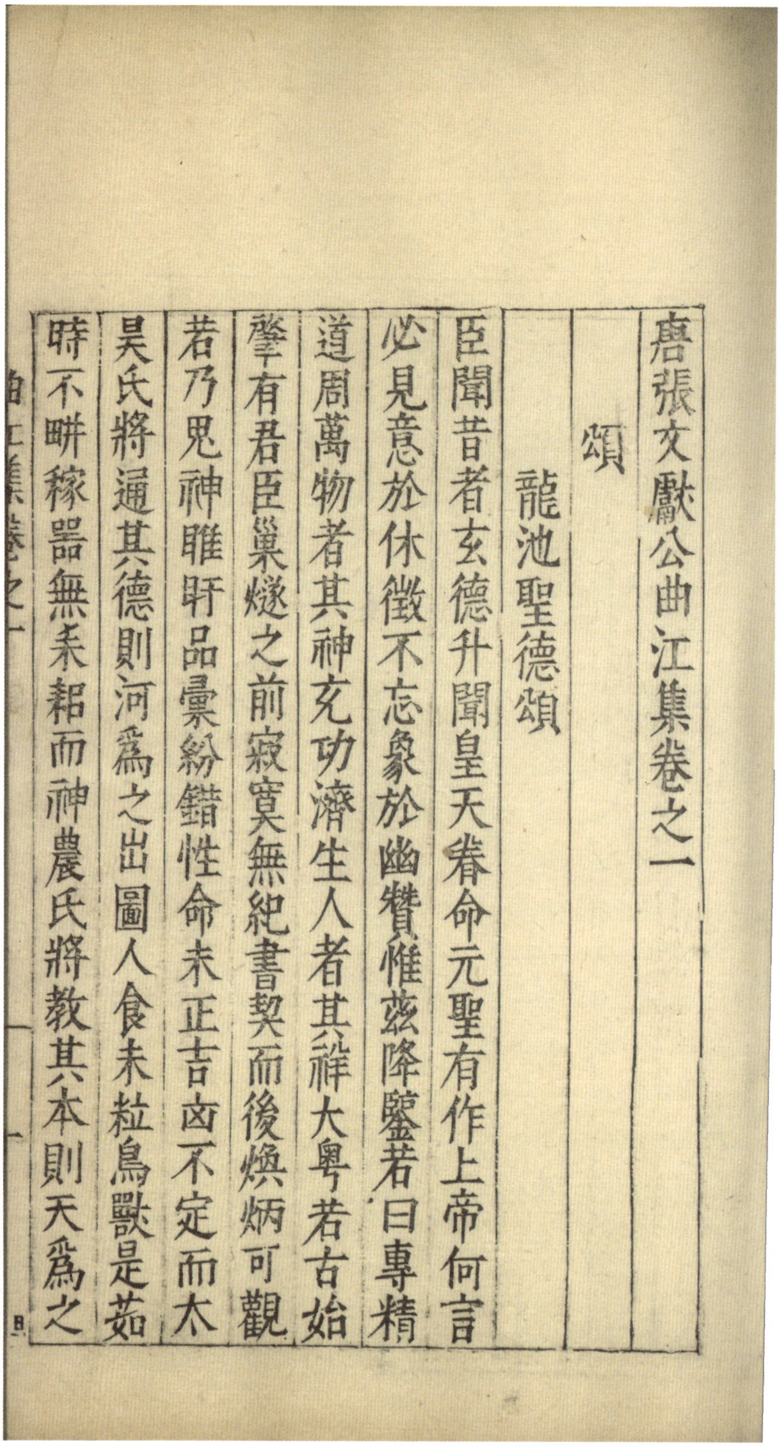

唐張文獻公曲江集卷之一

頌

龍池聖德頌

臣聞昔者玄德升聞皇天眷命元聖有作上帝何言必見意於休徵不忘象於幽贊惟茲降鑒若曰專精道周萬物者其神充功濟生人者其祚大粤若古始肇有君臣巢燧之前寂寞無紀書契而後煥炳可觀若乃鬼神雎盱品彙紛錯性命未正吉凶不定而太昊氏將通其德則河為之出圖人食未粒鳥獸是茹時不畊稼器無耒耜而神農氏將教其本則天為之

唐張文獻公曲江集十二卷　（唐）張九齡撰　**附録一卷**　明天啓四年（1624）顧懋光刻本。八册。半頁十行二十字，小字雙行同，白口，四周單邊。框高20.8厘米、寬14厘米。中山大學圖書館藏。

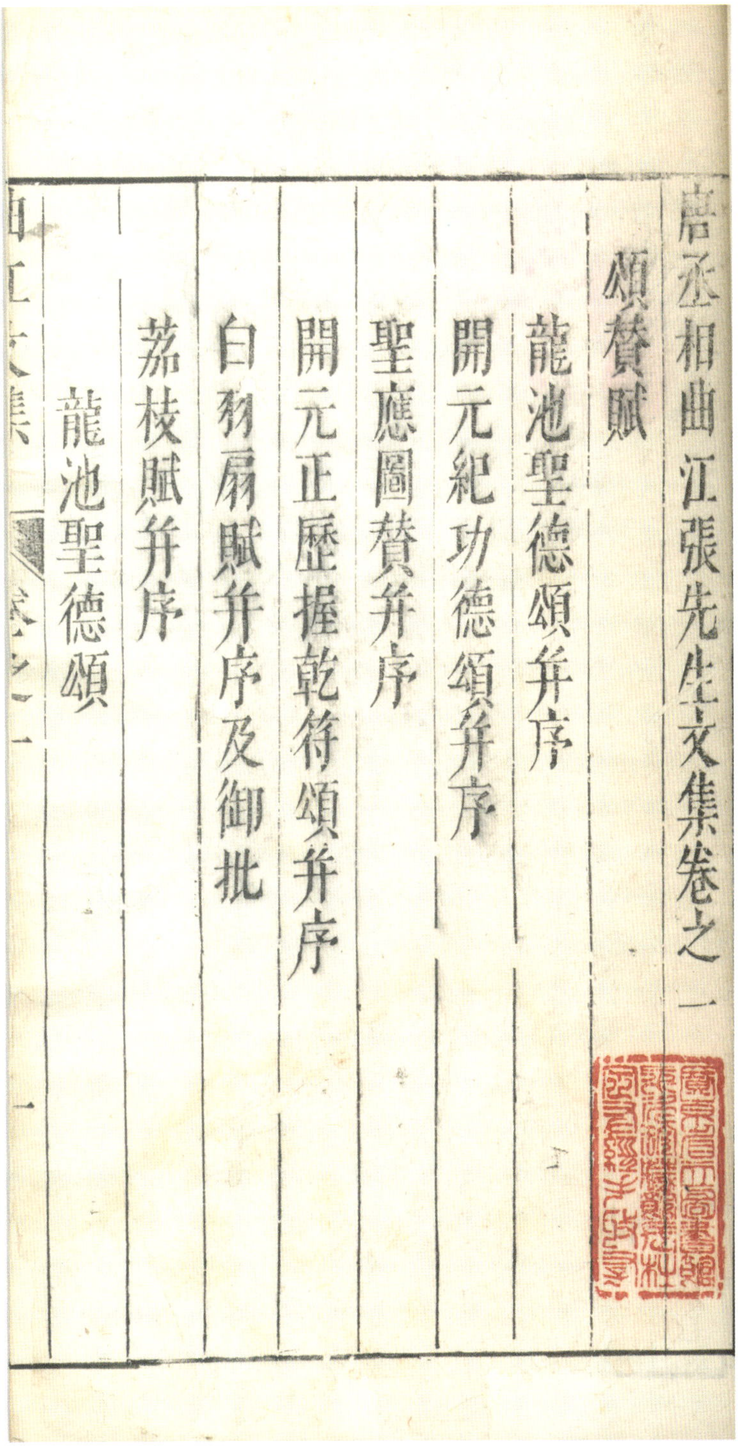
唐丞相曲江張先生文集卷之一

頌賛賦

龍池聖德頌并序

開元紀功德頌并序

聖應圖賛并序

開元正歷握乾符頌并序

白羽扇賦并序及御批

荔枝賦并序

龍池聖德頌

曲江文集　卷之一　一

唐丞相曲江張先生文集十二卷　（唐）張九齡撰　明崇禎十一年（1638）張起龍刻本。六册。半頁九行十八字，白口，四周單邊。框高21.1厘米、寬13.5厘米。廣東省立中山圖書館藏。

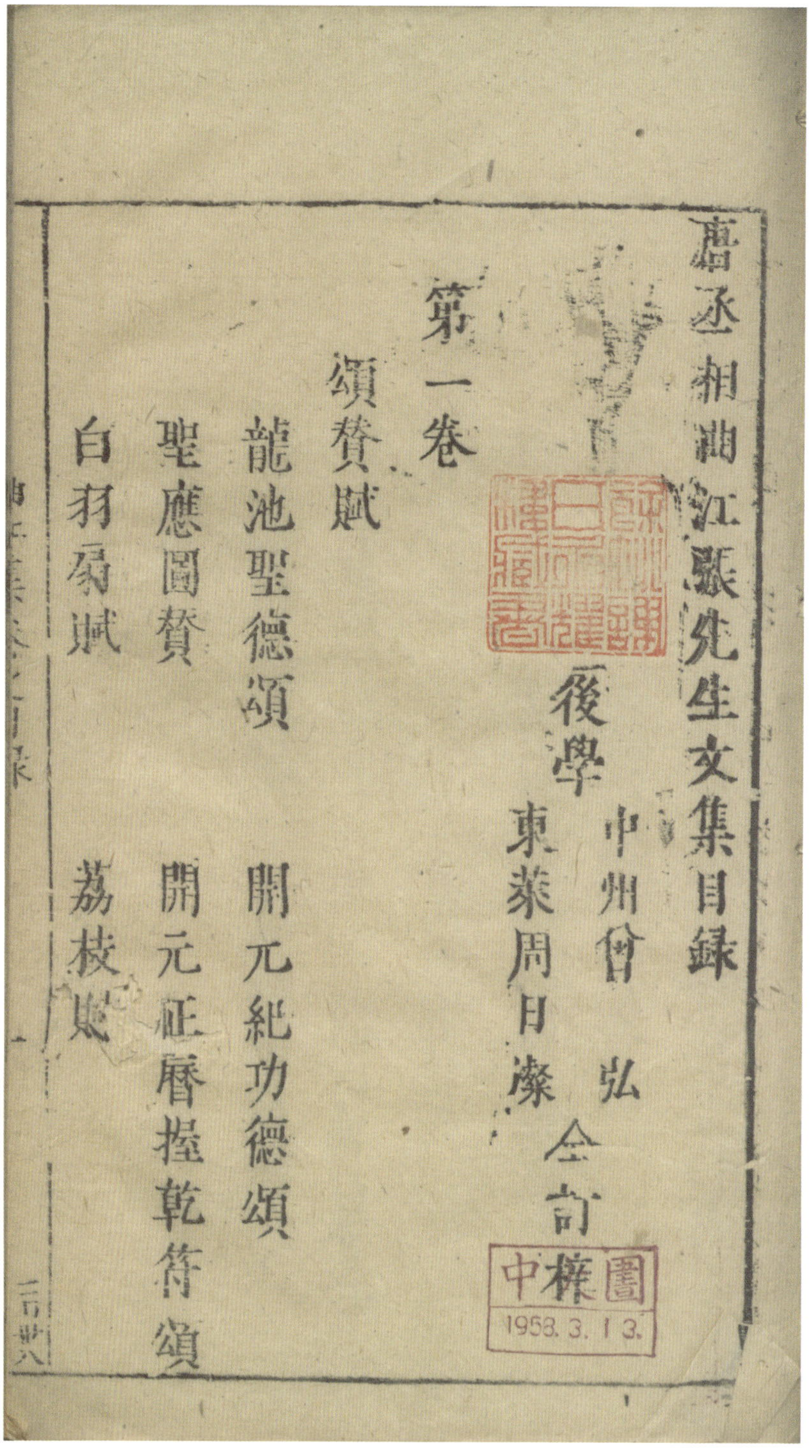

唐丞相曲江張先生文集目録

後學 中州曾弘 東萊周日燦 仝訂

第一卷

頌贊賦

龍池聖德頌 開元紀功德頌

聖應圖贊 開元紀曆握乾符頌

白羽扇賦 荔枝賦

唐丞相曲江張先生文集十二卷 （唐）張九齡撰 **附録一卷** 清順治十四年（1657）曾弘、周日燦刻本。十册。半頁八行十八字，白口，四周單邊。框高20.6厘米、寬12.7厘米。中山大學圖書館藏。

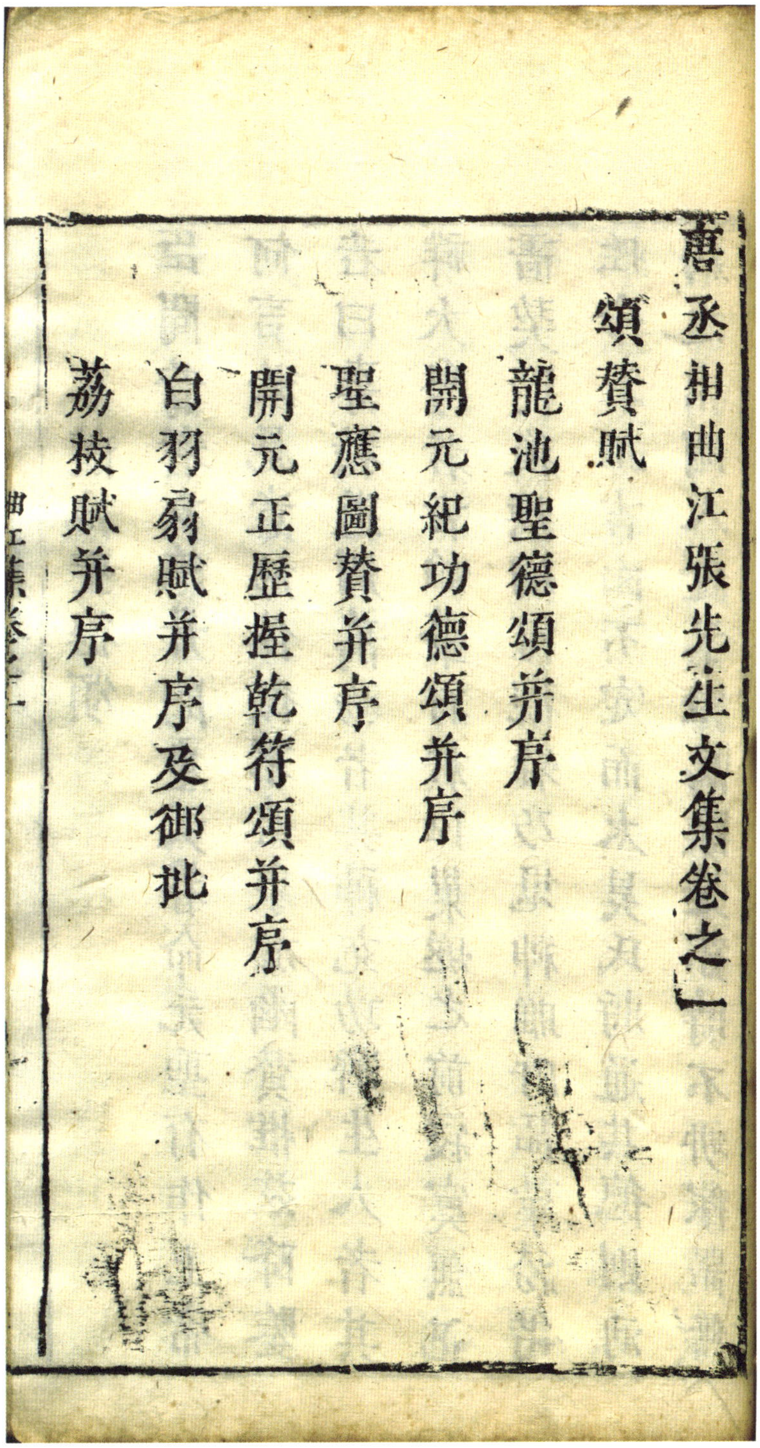

唐丞相曲江張先生文集卷之一
頌賛賦
龍池聖德頌并序
開元紀功德頌并序
聖應圖賛并序
開元正歷握乾符頌并序
白羽扇賦并序及御批
荔枝賦并序

唐丞相曲江張先生文集十二卷　（唐）張九齡撰　**附録一卷**　清刻本。六册。半頁八行十八字，白口，四周單邊。框高20.4厘米、寬13.6厘米。暨南大學圖書館藏。

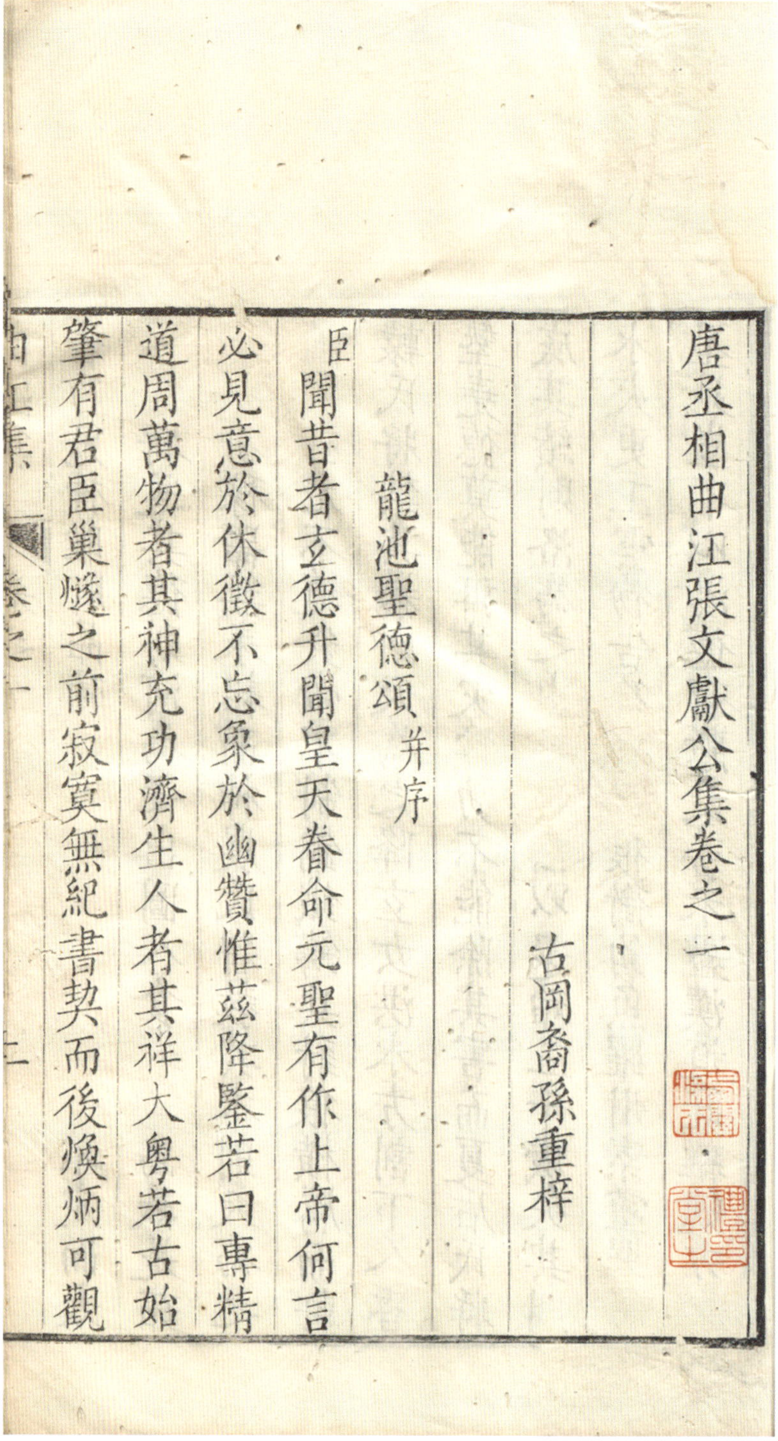

唐丞相曲江張文獻公集卷之一

古岡裔孫重梓

龍池聖德頌 并序

臣聞昔者玄德升聞皇天眷命元聖有作上帝何言必見意於休徵不忘象於幽贊惟茲降鑒若曰專精道周萬物者其神充功濟生人者其祥大粤若古始肇有君臣巢燧之前寂寞無紀書契而後煥炳可觀

曲江集　卷之一

唐丞相曲江張文獻公集十二卷　（唐）張九齡撰　**附録一卷**　清初刻本。六册。半頁九行二十字，白口，左右雙邊。框高18.8厘米、寬14厘米。儀清室藏。

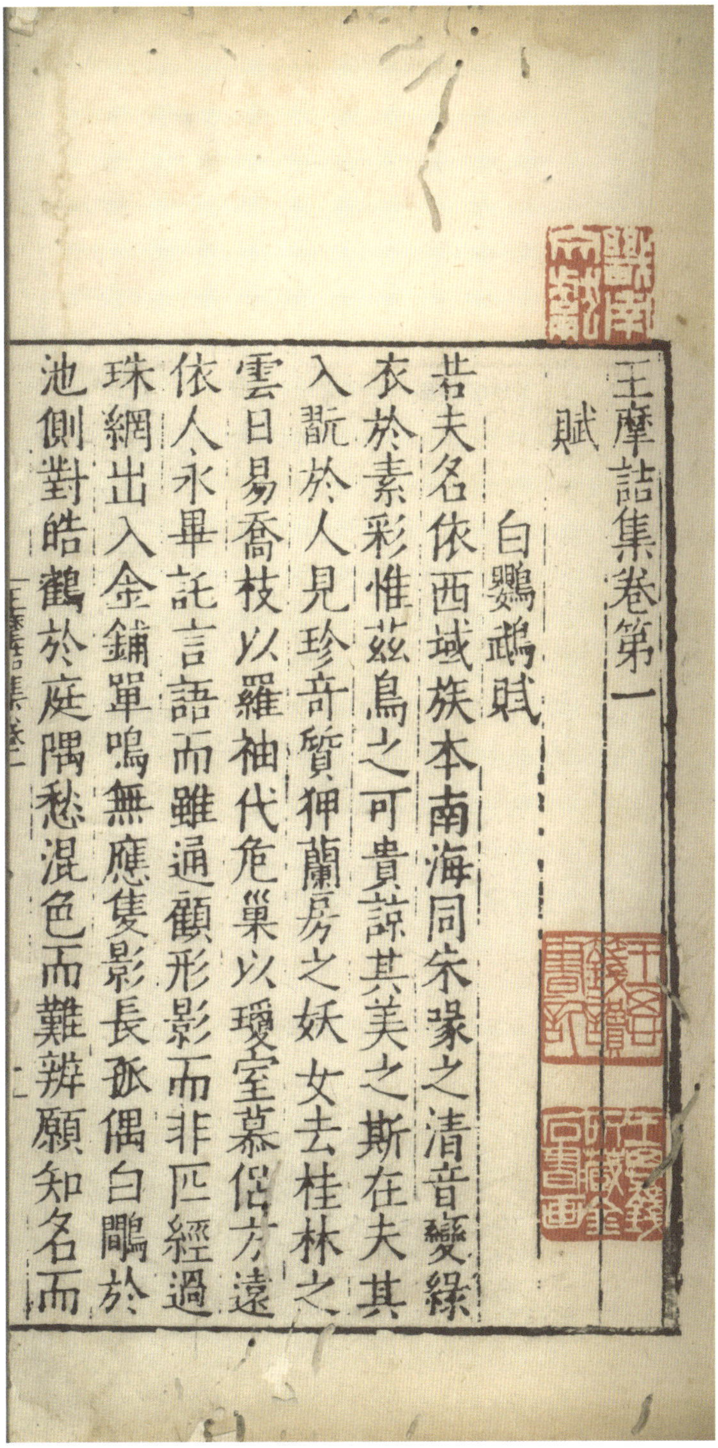

王摩詰集卷第一

賦

白鸚鵡賦

若夫名依西域族本南海同朱喙之清音變綠衣於素彩惟茲鳥之可貴諒其美之斯在夫其入翫於人見珍奇質狎蘭房之妖女去桂林之雲日易喬枝以羅袖代危巢以瓊室慕侶方遠依人永畢託言語而雖通顧形影而非匹經過珠網出入金鋪單鳴無應隻影長孤偶白鷳於池側對皓鶴於庭隅愁混色而難辨願知名而

王摩詰集十卷 （唐）王維撰　明嘉靖刻本。四册。半頁十行十八字，白口，左右雙邊。框高18厘米、寬12.4厘米。中山大學圖書館藏。

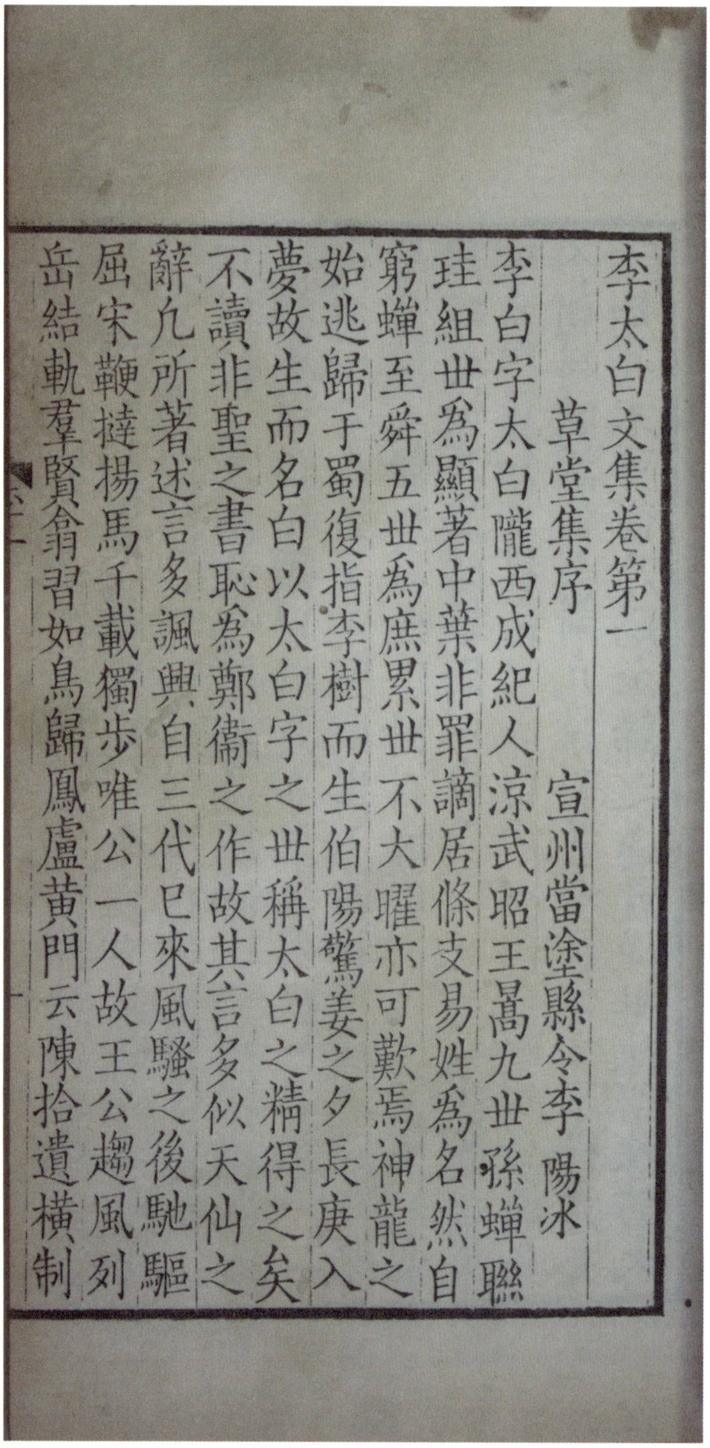
李太白文集卷第一
草堂集序　宣州當塗縣令李陽冰
李白字太白隴西成紀人涼武昭王暠九世孫蟬聯珪組世爲顯著中葉非罪謫居條支易姓爲名然自窮蟬至舜五世爲庶累世不大曜亦可歎焉神龍之始逃歸于蜀復指李樹而生伯陽驚姜之夕長庚入夢故生而名白以太白字之世稱太白之精得之矣不讀非聖之書恥爲鄭衛之作故其言多似天仙之辭凡所著述言多諷興自三代巳來風騷之後馳驅屈宋鞭撻揚馬千載獨步唯公一人故王公趨風列岳結軌羣賢翕習如鳥歸鳳盧黃門云陳拾遺橫制

李太白文集三十卷　（唐）李白撰　清康熙五十六年（1717）吴門繆曰芑雙泉草堂刻本。五册。半頁十一行二十字，白口，左右雙邊。框高17.5厘米、寬11厘米。佛山市圖書館藏。

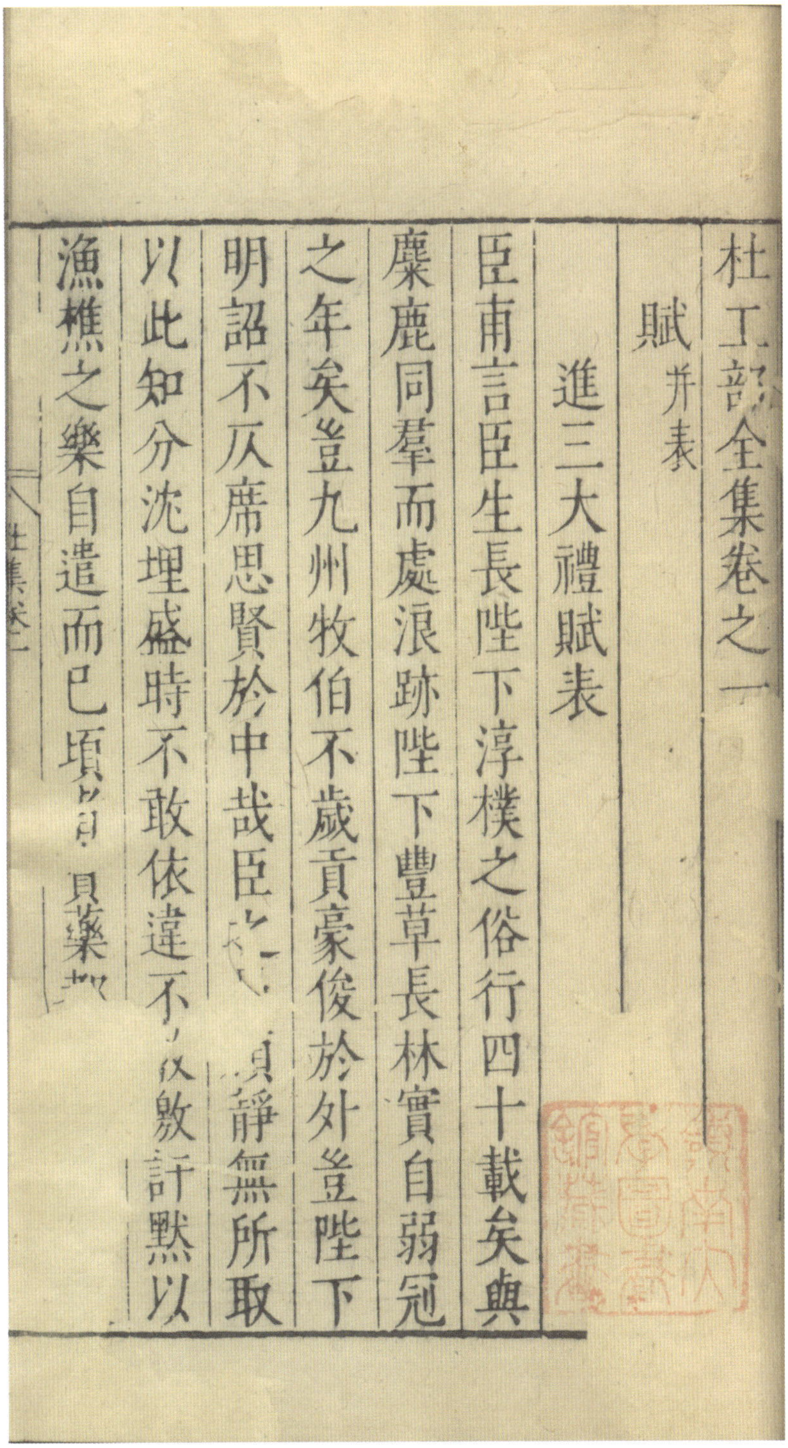
杜工部全集卷之一
賦并表
進三大禮賦表
臣甫言臣生長陛下淳樸之俗行四十載矣與
麋鹿同羣而處浪跡陛下豐草長林實自弱冠
之年矣豈九州牧伯不歲貢豪俊於外豈陛下
明詔不及席思賢於中哉臣之[illegible]靜無所取
以此知分沈埋盛時不敢依違不[illegible]敫訐默以
漁樵之樂自遺而已頃[illegible]
杜集卷一

杜工部全集六十六卷目録六卷　（唐）杜甫撰　（明）劉世教輯　**年譜一卷**　（宋）黄鶴撰　明萬曆四十年（1612）刻合刻分體李杜全集本。八册。半頁九行十八字，小字雙行同，白口，左右雙邊。框高20.1厘米、寬13.5厘米。中山大學圖書館藏。

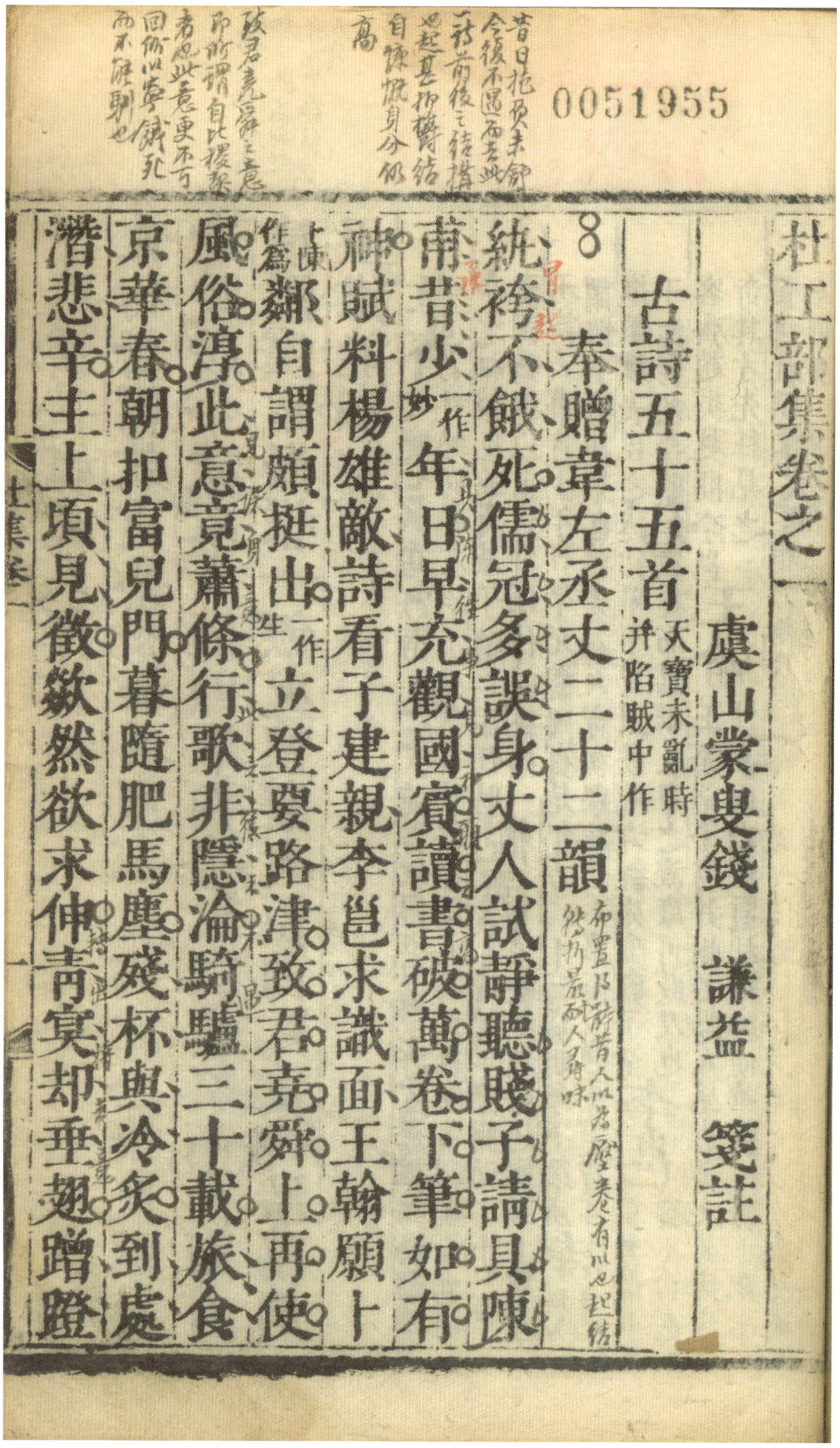

杜工部集二十卷　（唐）杜甫撰　（清）錢謙益箋注　**諸家詩話一卷唱酬題詠一卷附録一卷**　清康熙六年（1667）季氏靜思堂刻本。清□端甫録清余犀月、李因篤批校。六册。半頁十一行二十字，小字雙行二十九字，黑口，四周雙邊。框高18.4厘米、寬13.9厘米。廣東省立中山圖書館藏。

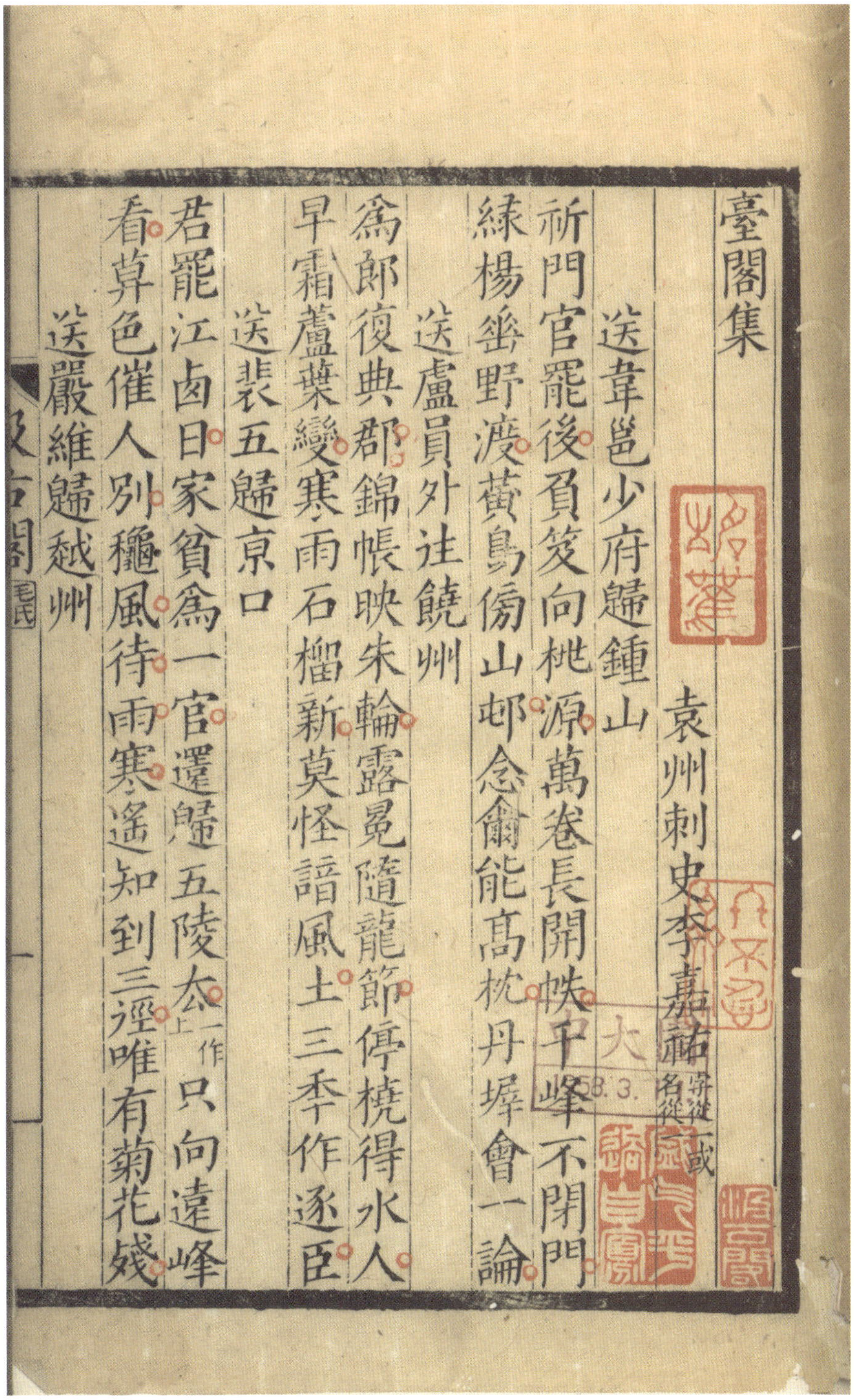

臺閣集
袁州刺史李嘉祐（字從一或名從）
送韋邕少府歸鍾山
祈門官罷後，負笈向桃源。萬卷長閑帙，千峰不閉門。緑楊無野渡，黄鳥傍山邨。念爾能高枕，丹墀會一論。
送盧員外往饒州
爲郎復典郡，錦帳映朱輪。露冕隨龍節，停橈得水人。早霜蘆葉變，寒雨石榴新。莫怪諳風土，三秊作逐臣。
送裴五歸京口
君罷江南日，家貧爲一官。還歸五陵去（一作上），只向遠峰看。筭色催人別，穐風待雨寒。遙知到三逕，唯有菊花殘。
送嚴維歸越州
汲古閣 毛氏

臺閣集一卷　（唐）李嘉祐撰　明末毛氏汲古閣刻唐人八家詩本。一册。半頁十二行二十字，黑口，左右雙邊。框高19.2厘米、寬13.3厘米。中山大學圖書館藏。

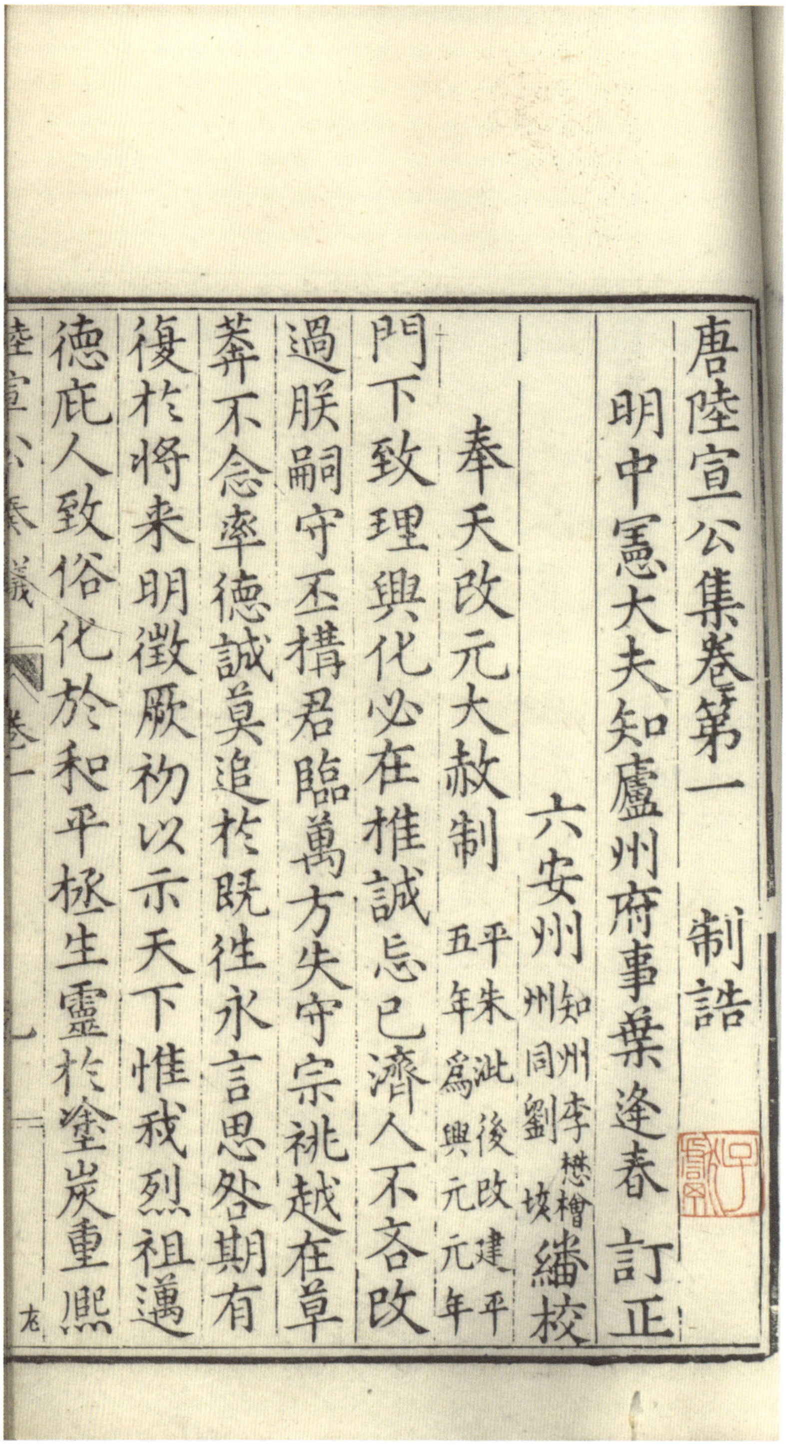

唐陸宣公集卷第一　制誥

明中憲大夫知廬州府事葉逢春　訂正

六安州知州李懋檜 州同劉坡　繙校

奉天改元大赦制　平朱泚後改建平五年爲興元元年

門下致理興化必在推誠忘己濟人不吝改過朕嗣守丕構君臨萬方失守宗祧越在草莽不念率德誠莫追於既往永言思咎期有復於將來明徵厥初以示天下惟我烈祖邁德庇人致俗化於和平拯生靈於塗炭重熙

陸宣公奏議　卷一

唐陸宣公集二十二卷　（唐）陸贄撰　明萬曆九年（1581）葉逢春刻本。十二册。半頁九行十七字，小字雙行同，白口，四周雙邊。框高21.8厘米、寬15.5厘米。中山大學圖書館藏。

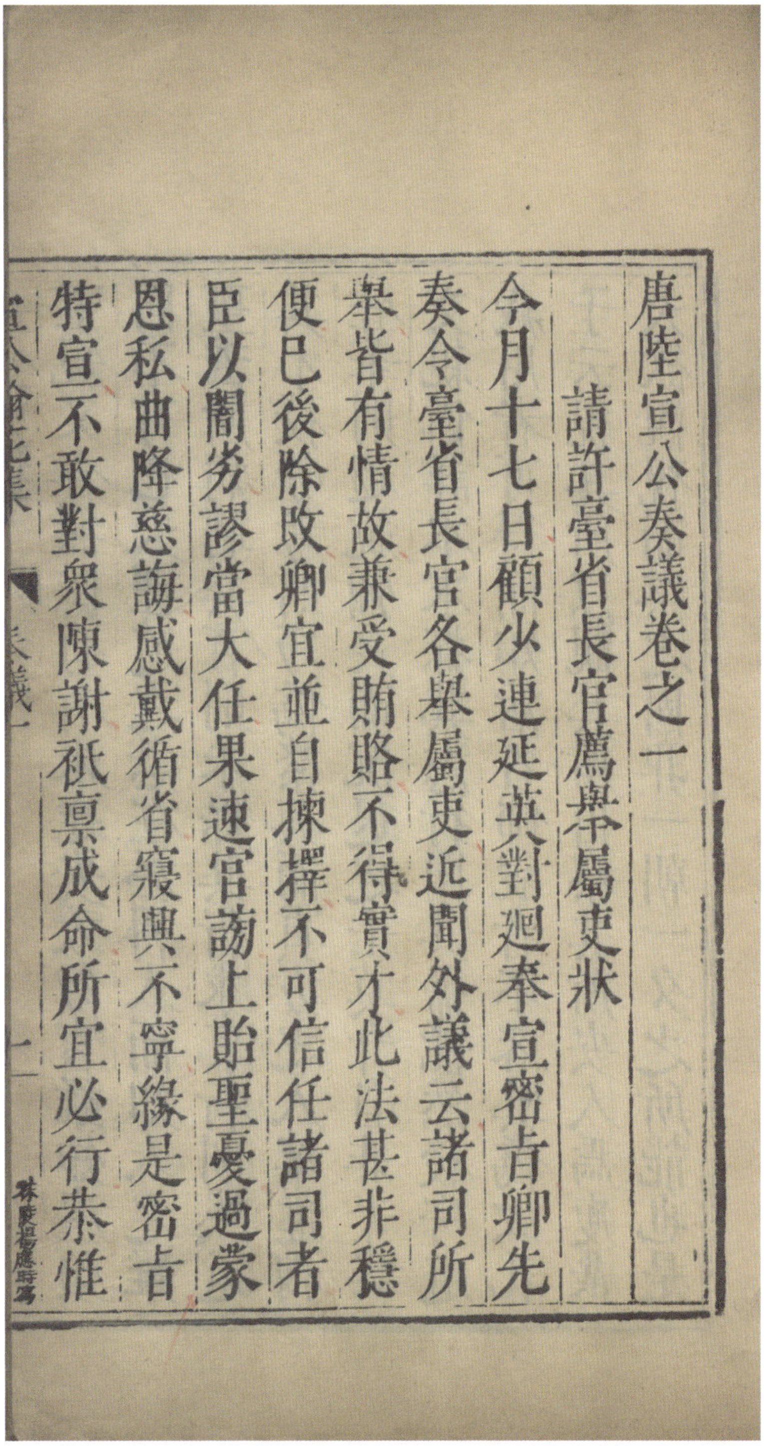
唐陸宣公奏議卷之一
請許臺省長官薦舉屬吏狀
今月十七日顧少連延英對迴奉宣密旨卿先
奏令臺省長官各舉屬吏近聞外議云諸司所
舉皆有情故兼受賄賂不得實才此法甚非穩
便已後除改卿宜並自揀擇不可信任諸司者
臣以闇劣謬當大任果速官謗上貽聖憂過蒙
恩私曲降慈誨感戴循省寢興不寧緣是密旨
特宣不敢對衆陳謝祗禀成命所宜必行恭惟
宣公翰苑集　奏議一

唐陸宣公翰苑集二十四卷　（唐）陸贄撰　明萬曆三十五年（1607）陸基忠刻清乾隆十二年（1747）陸介烜重修本。四册。半頁九行十八字，白口，四周雙邊。框高20.5厘米、寬13.5厘米。中山大學圖書館藏。

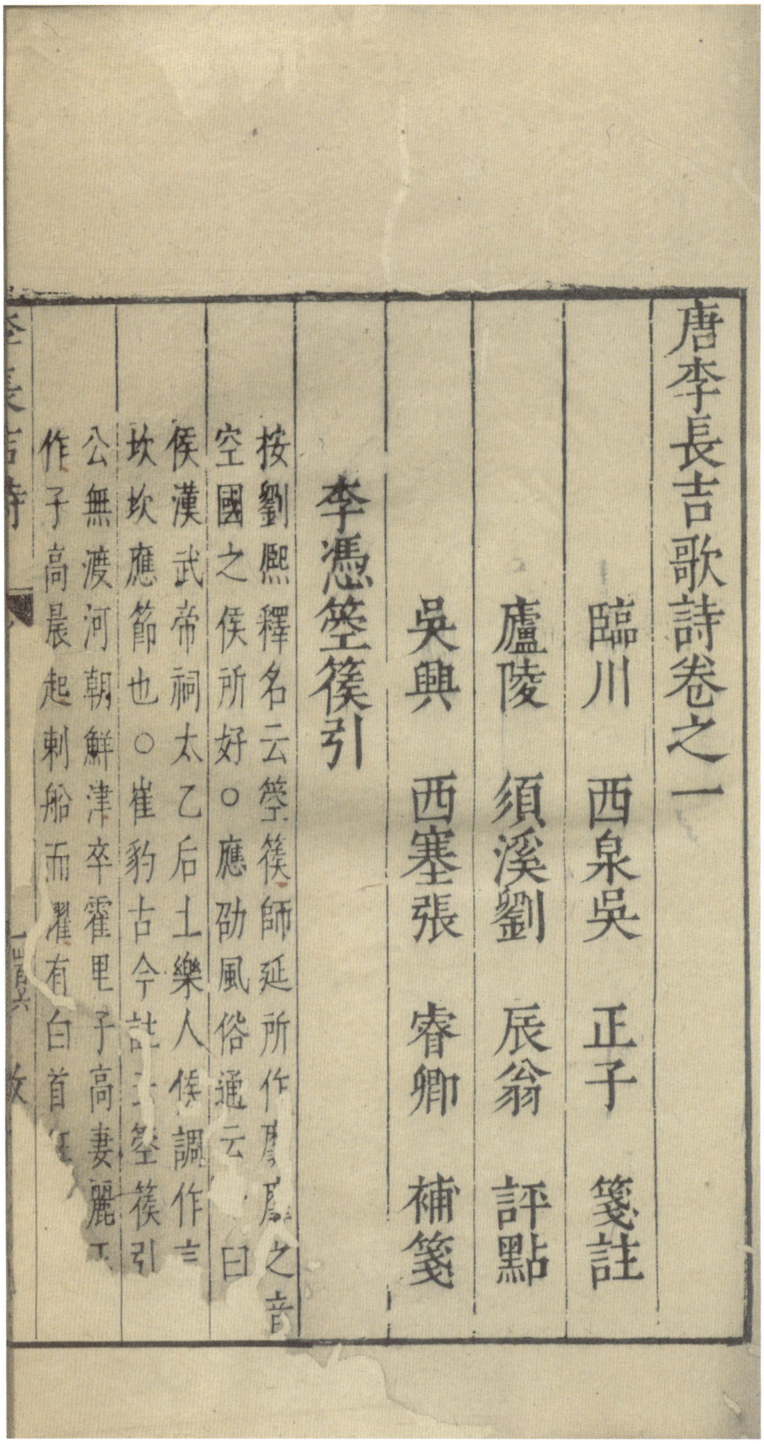

唐李長吉歌詩卷之一
臨川　西泉吳　正子　箋註
廬陵　須溪劉　辰翁　評點
吳興　西塞張　睿卿　補箋
李憑箜篌引
按劉熙釋名云箜篌師延所作靡靡之音
空國之侯所好○應劭風俗通云曰
侯漢武帝祠太乙后土樂人侯調作言
坎坎應節也○崔豹古今註云箜篌引
公無渡河朝鮮津卒霍里子高妻麗玉
作子高晨起刺船而濯有白首狂

唐李長吉歌詩四卷　（唐）李賀撰　（宋）吳正子箋注　（宋）劉辰翁評點　（明）張睿卿補箋　明澂菉堂刻本。四册。半頁八行十八字，小字雙行同，白口，四周單邊。框高19.8厘米、寬13.9厘米。中山大學圖書館藏。

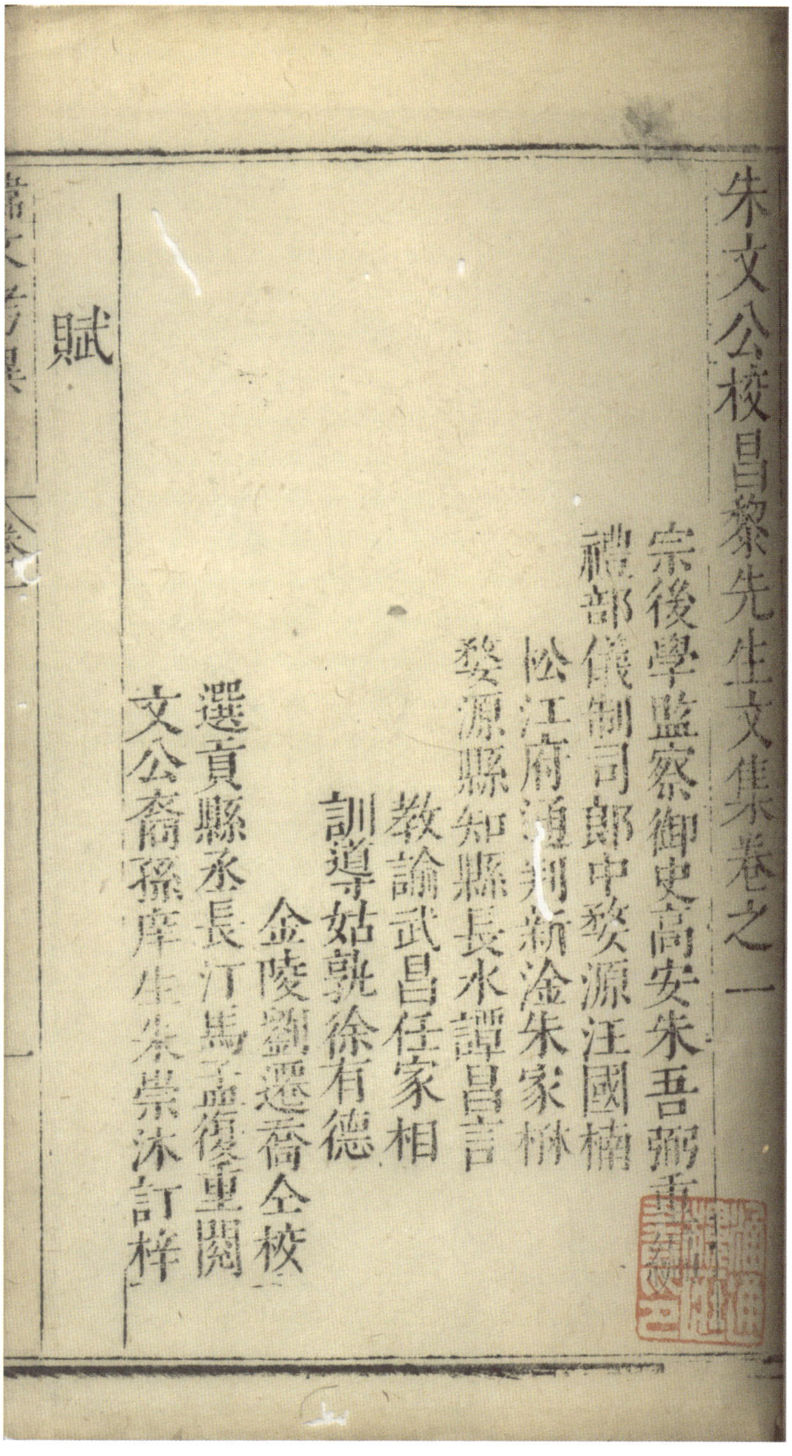
朱文公校昌黎先生文集卷之一
宗後學監察御史高安朱吾弼重
禮部儀制司郎中婺源汪國楠
松江府通判新淦朱家栻
婺源縣知縣長水譚昌言
教諭武昌任家相
訓導姑孰徐有德
金陵劉遷喬仝校
選貢縣丞長汀馬孟復重閱
文公裔孫庠生朱崇沐訂梓
賦

朱文公校昌黎先生文集四十卷外集十卷遺文一卷 （唐）韓愈撰 （宋）朱熹考異 （宋）王伯大音釋 **集傳一卷** 明刻清天德堂重修本。十一册。半頁九行十八字，小字雙行同，白口，四周雙邊。框高22厘米、寬14.5厘米。中山大學圖書館藏。

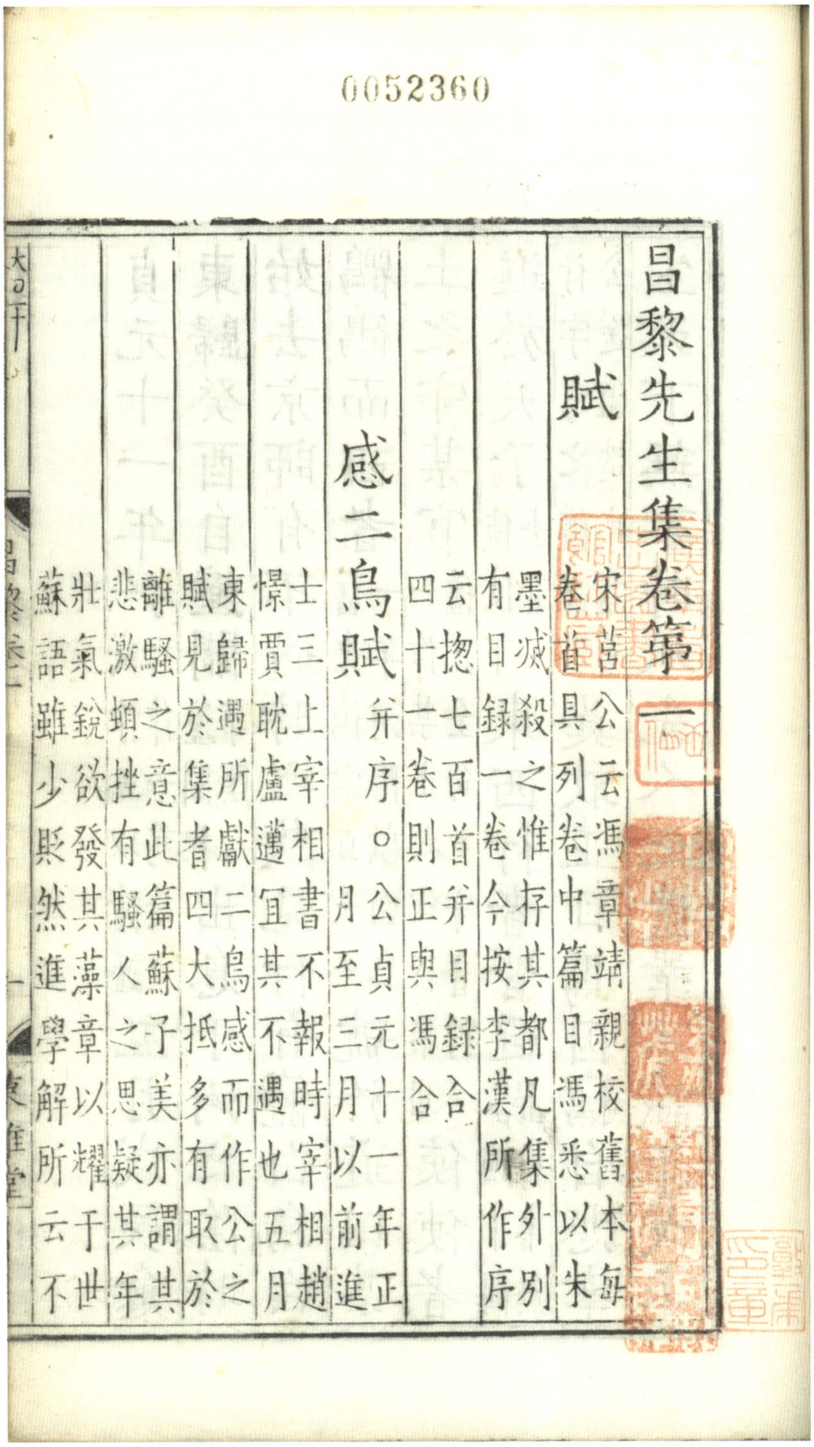

昌黎先生集四十卷外集十卷遺文一卷　（唐）韓愈撰　（宋）廖瑩中校正　**朱子校昌黎先生集傳一卷**　明萬曆徐氏東雅堂刻本。十册。半頁九行十七字，小字雙行同，白口，四周雙邊。框高20.7厘米、寬13.5厘米。廣東省立中山圖書館藏。

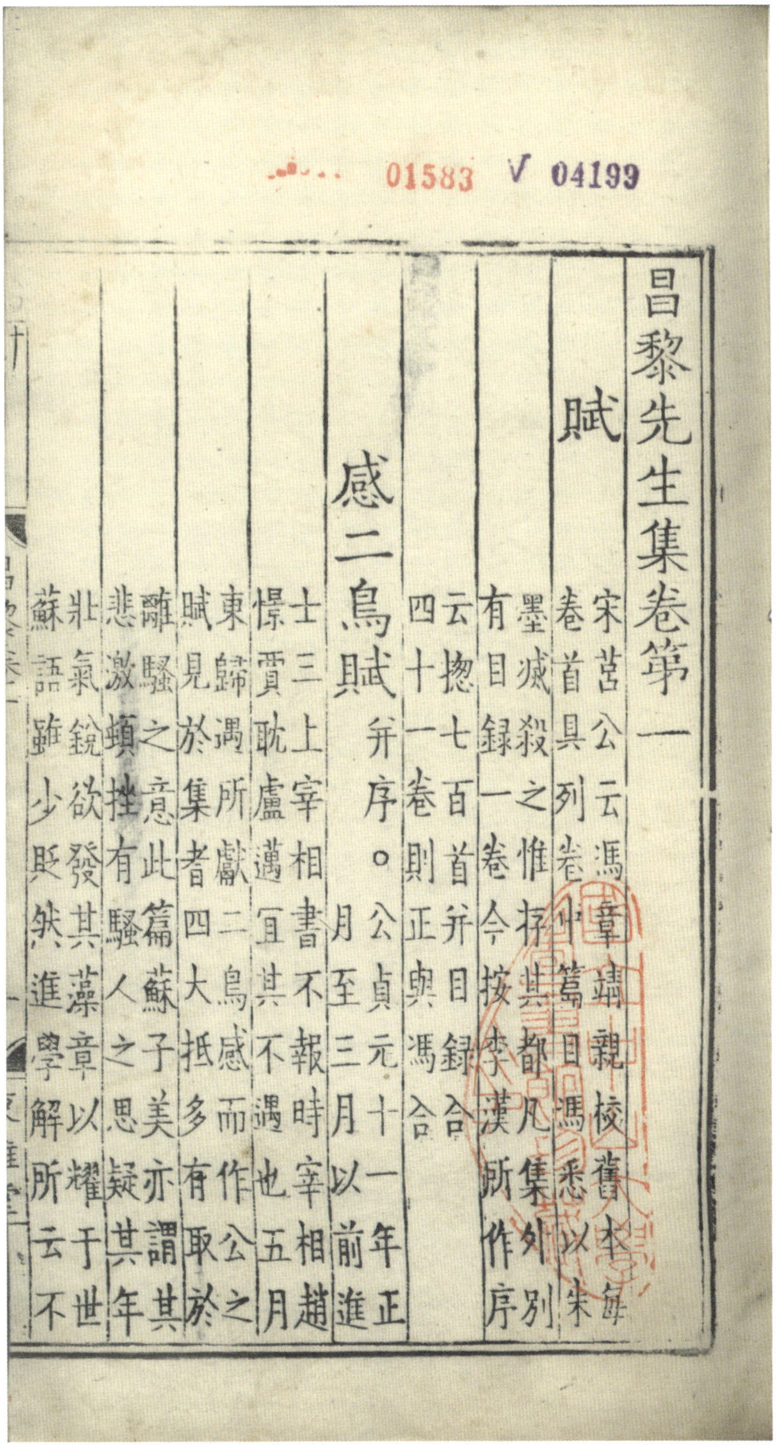

昌黎先生集卷第一
賦 宋莒公云馮章靖親校舊本每卷首具列卷中篇目馮悉以朱墨滅殺之惟存其都凡集外別有目録一卷今按李漢所作序云揔七百首幷目録合四十一卷則正與馮合
感二鳥賦 幷序。公貞元十一年正月至三月以前進士三上宰相書不報時宰相趙憬賈耽盧邁冝其不遇也五月東歸過所獻二鳥感而作公之賦見於集者四大抵多有取於離騷之意此篇蘇子美亦謂其悲激頓挫有騷人之思疑其年壯氣鋭欲發其藻章以耀于世蘇語雖少貶然進學解所云不

昌黎先生集四十卷外集十卷遺文一卷 （唐）韓愈撰 （宋）廖瑩中校正 **朱子校昌黎先生集傳一卷** 明刻本。二十四册。半頁九行十七字，小字雙行同，白口，四周雙邊。框高20.6厘米、寬13.2厘米。中山大學圖書館藏。

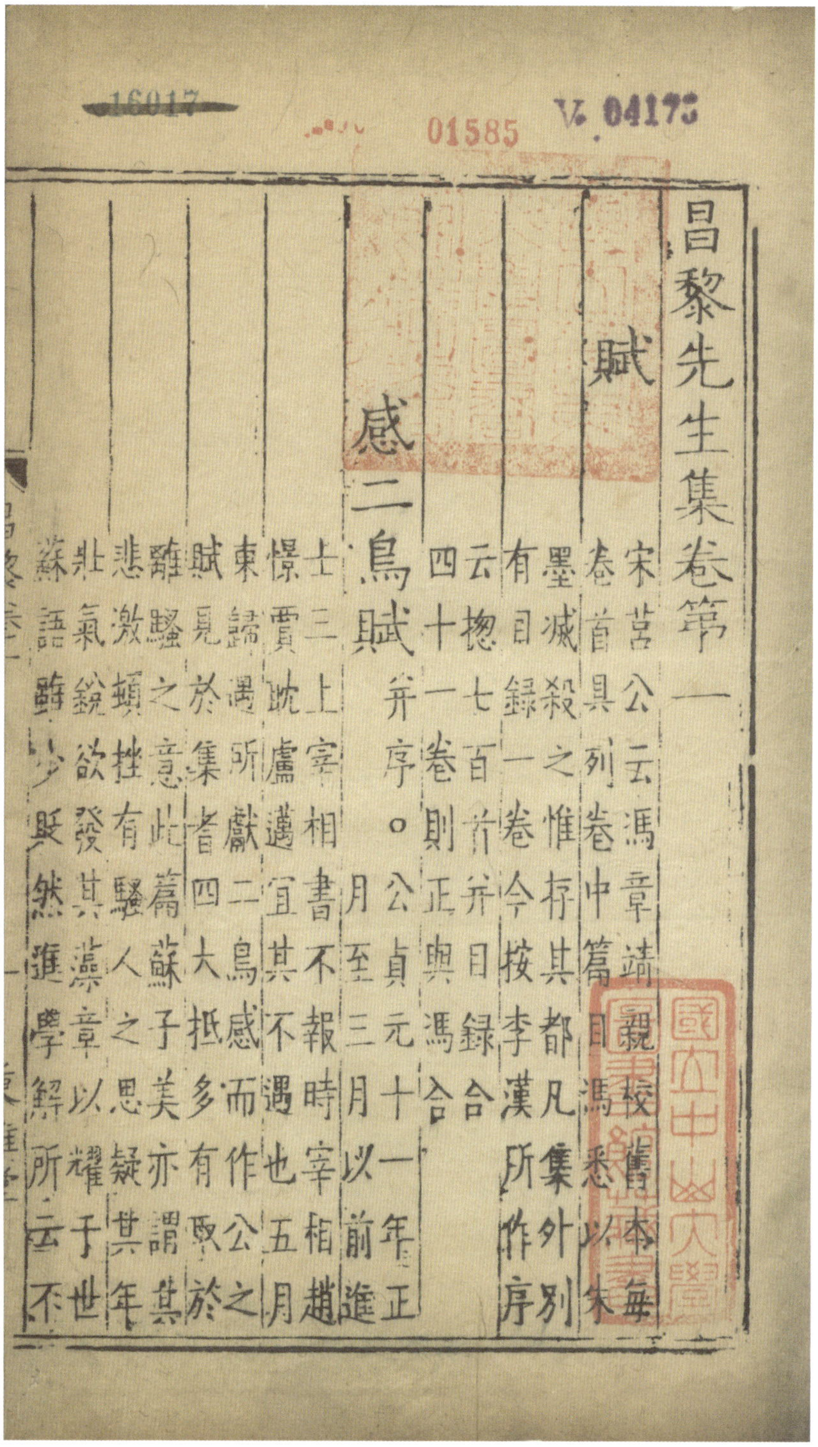

昌黎先生集四十卷外集十卷遺文一卷　（唐）韓愈撰　（宋）廖瑩中校正　**朱子校昌黎先生集傳一卷**　明刻本。二十四册。半頁九行十七字，小字雙行同，白口，四周雙邊。框高20.6厘米、寬13.2厘米。中山大學圖書館藏。

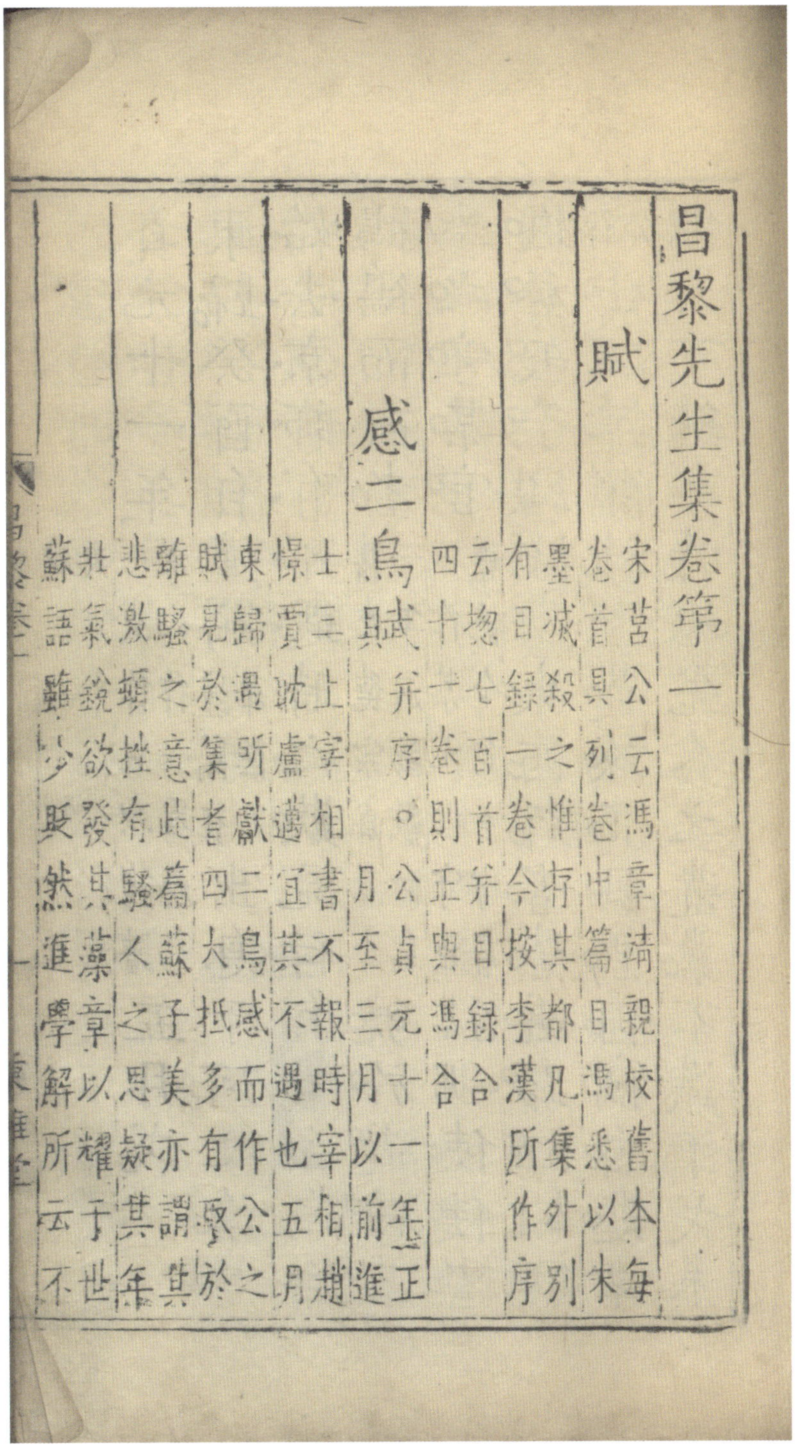

昌黎先生集四十卷外集十卷遺文一卷 （唐）韓愈撰 （宋）廖瑩中校正 **朱子校昌黎先生集傳一卷** 明刻本。八册。半頁九行十七字，小字雙行同，白口，四周雙邊。框高20.6厘米、寬13.2厘米。中山大學圖書館藏。

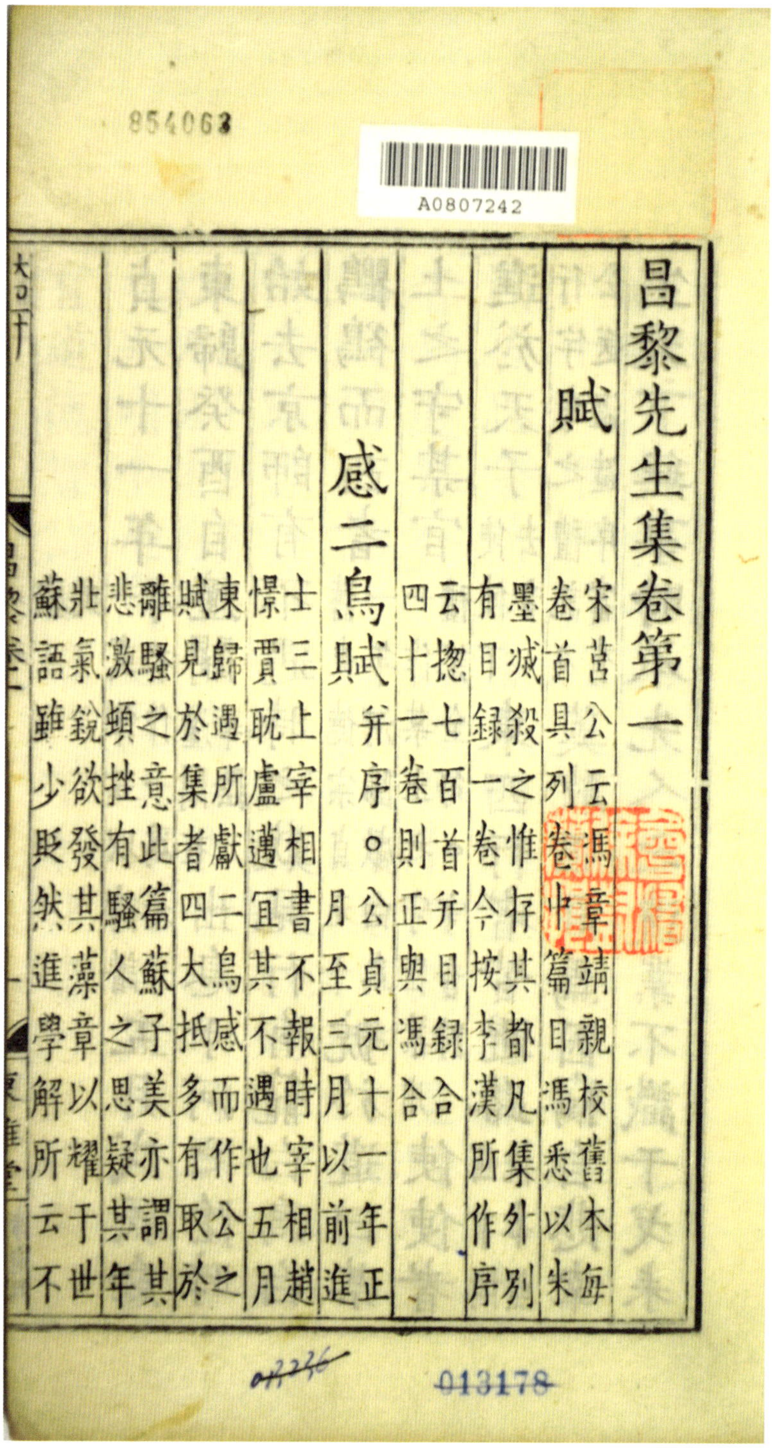

昌黎先生集卷第一

賦 宋莒公云馮章靖親校舊本每卷首具列卷中篇目馮悉以朱墨滅殺之惟存其都凡集外別有目録一卷今按李漢所作序云揔七百首幷目録合四十一卷則正與馮合

感二鳥賦 幷序。公貞元十一年正月至三月以前進士三上宰相書不報時宰相趙憬賈耽盧邁宜其不遇也五月東歸遇所獻二鳥感而作公之賦見於集者四大抵多有取於離騷之意此篇蘇子美亦謂其悲激頓挫有騷人之思疑其年壯氣鋭欲發其藻章以耀于世蘇語雖少貶然進學解所云不

昌黎先生集四十卷外集十卷遺文一卷 （唐）韓愈撰 （宋）廖瑩中校正 **朱子校昌黎先生集傳一卷** 明刻本。十六册。半頁九行十七字，小字雙行同，白口，四周雙邊。框高20.6厘米、寬13.2厘米。韶關學院圖書館藏。

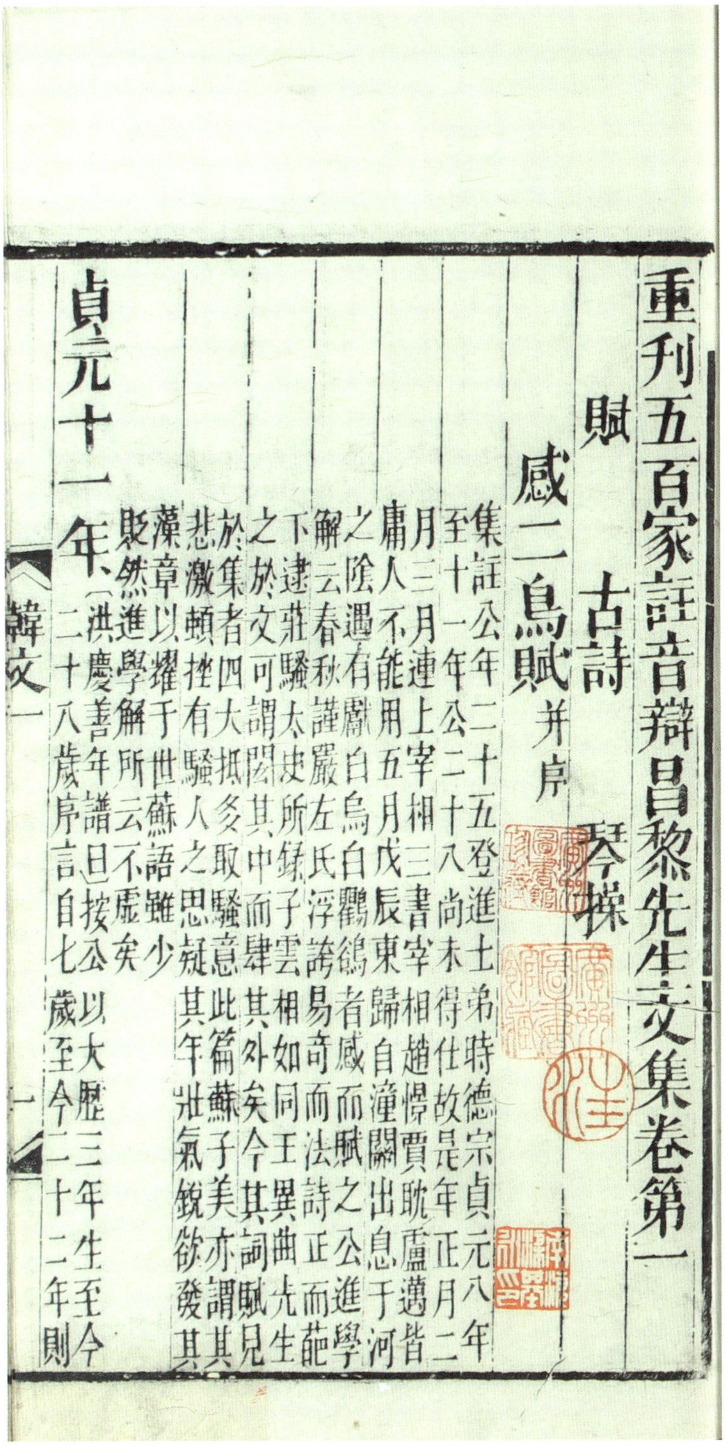

重刊五百家註音辯昌黎先生文集卷第一

賦　古詩　琴操

感二鳥賦并序

集註公年二十五登進士第時德宗貞元八年至十一年公二十八尚未得仕故是年正月二月三月連上宰相三書宰相趙憬賈耽盧邁皆庸人不能用五月戊辰東歸自潼關出息于河之陰遇有獻白鳥白鸜鵒者感而賦之公進學解云春秋謹嚴左氏浮誇易奇而法詩正而葩下逮莊騷太史所錄子雲相如同工異曲先生之於文可謂閎其中而肆其外矣今其詞賦見於集者四大抵多取騷意此篇蘇子美亦謂其悲激頓挫有騷人之思疑其年壯氣鋭欲發其藻章以耀于世蘇語雖少貶然進學解所云不虛矣

貞元十一年洪慶善年譜曰按公以大歷三年生至今二十八歲序言自七歲至今二十二年則

韓文一

重刊五百家註音辯昌黎先生文集四十卷　（唐）韓愈撰　清體仁閣刻本。汪兆鏞批校。十二册。半頁十行十八字，小字雙行二十三字，白口，左右雙邊。框高19.6厘米、寬12.4厘米。廣州圖書館藏。

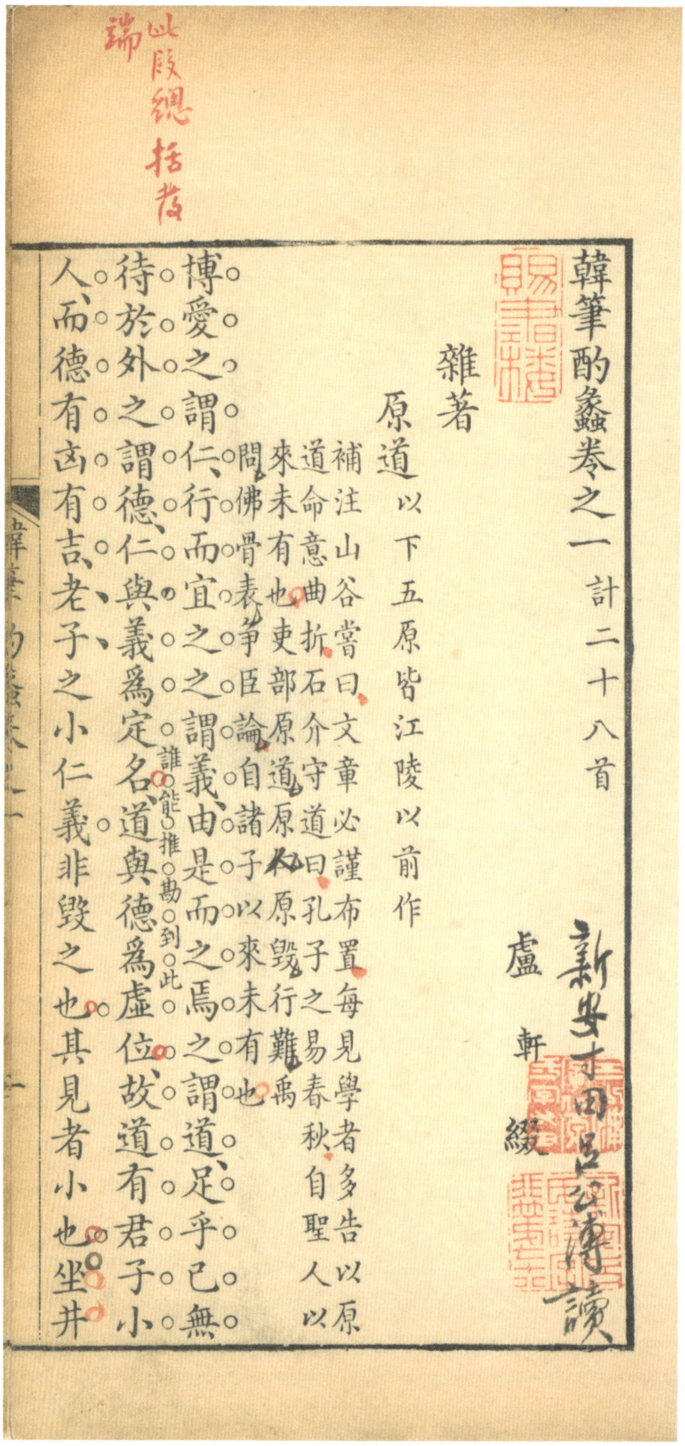

韓筆酌蠡三十卷 （清）盧軒撰 清雍正八年（1730）程崟刻本。六册。半頁九行二十四字，小字雙行同，白口，四周單邊。框高20.1厘米、寬11.7厘米。廣東省立中山圖書館藏。

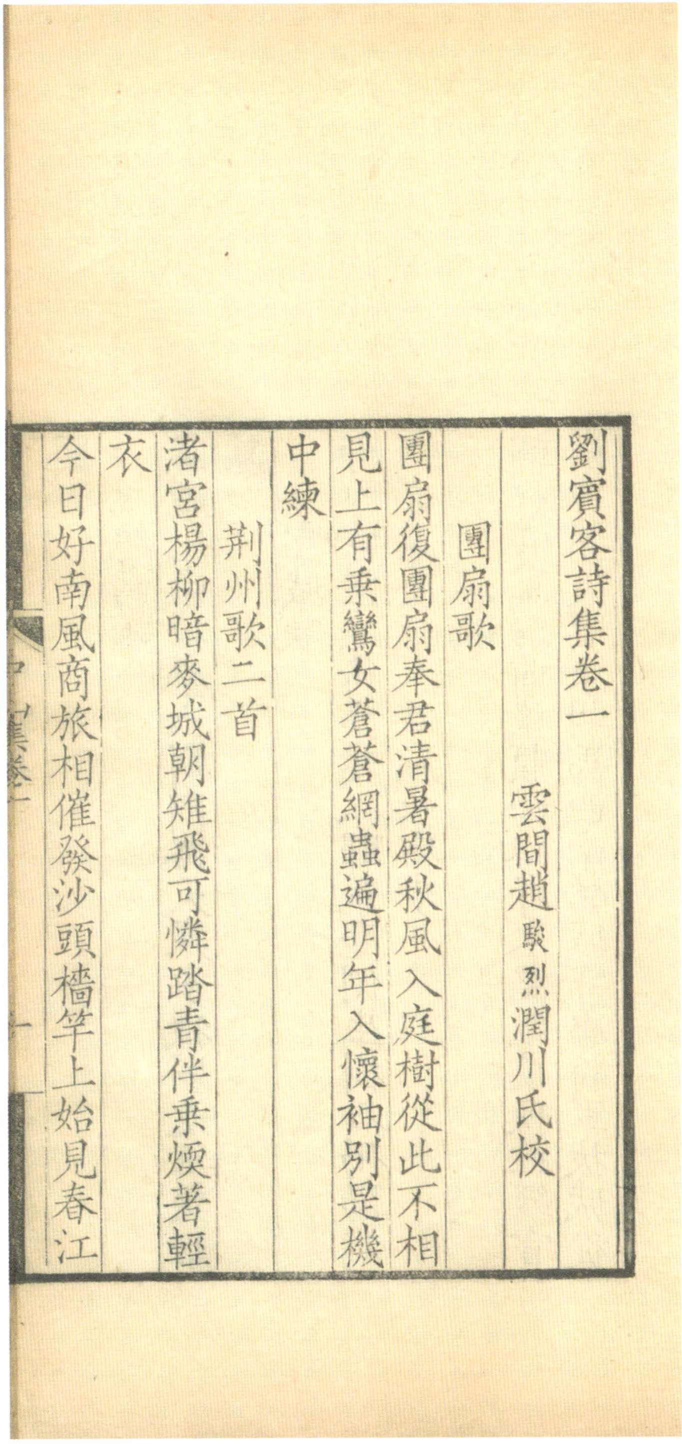

劉賓客詩集卷一
雲間趙駿烈潤川氏校
團扇歌
團扇復團扇奉君清暑殿秋風入庭樹從此不相見上有乘鸞女蒼蒼網蟲遍明年入懷袖別是機中練
荆州歌二首
渚宮楊柳暗麥城朝雉飛可憐踏青伴乘煗著輕衣
今日好南風商旅相催發沙頭檣竿上始見春江

劉賓客詩集九卷　（唐）劉禹錫撰　清雍正元年（1723）華亭趙氏涵碧齋刻本。四册。半頁十行十九字，黑口，左右雙邊。框高16厘米、寬12厘米。廣東省立中山圖書館藏。

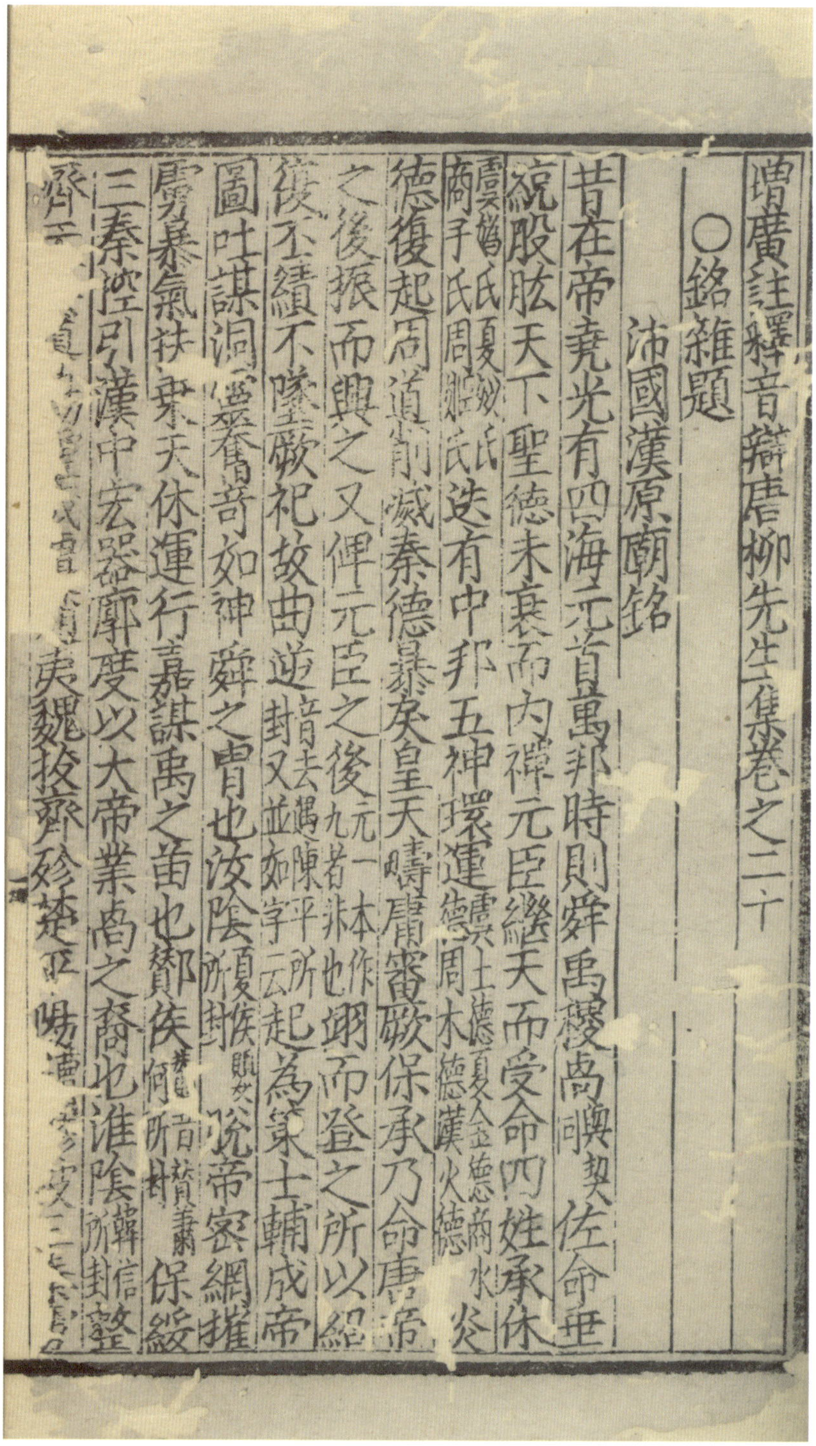
增廣註釋音辯唐柳先生集卷之二十

○銘雜題

沛國漢原廟銘

昔在帝堯光有四海元首萬邦時則舜禹稷禼（與契同）佐命垂統股肱天下聖德未衰而内禪元臣繼天而受命四姓承休（虞嬀氏夏姒氏商子氏周姬氏）迭有中邦五神環運（虞土德夏金德商水德周木德漢火德）炎德復起周道削滅秦德暴戾皇天疇庸爰歆保承乃命唐帝之後振而興之又俾元臣之後（元一本作九若非也）翊而登之所以紹復丕續不墜厥祀故曲逆（音去遇陳平所封又並如字云）起為策士輔成帝圖叶謀洞[illegible]奇如神舜之胄也汝陰（夏侯嬰所封）悅帝容網擢霽暴氣扶帝天休運行嘉謀禹之苗也酇侯（蕭何所封音贊）保綏三秦控引漢中宏器廓度以大帝業禼之裔也淮陰（韓信所封）整齊[illegible]戎魏拔齊殄楚[illegible]

增廣註釋音辯唐柳先生集四十三卷別集二卷外集二卷　（唐）柳宗元撰　（宋）童宗说注釋　（宋）張敦頤音辯　（宋）潘緯音義　**附録一卷**　明初刻本。二册。存十卷（十九至二十四、二十八至三十一）半頁十三行二十三字，小字雙行同，黑口，四周雙邊。框高20厘米、寬12.7厘米。中山大學圖書館藏。

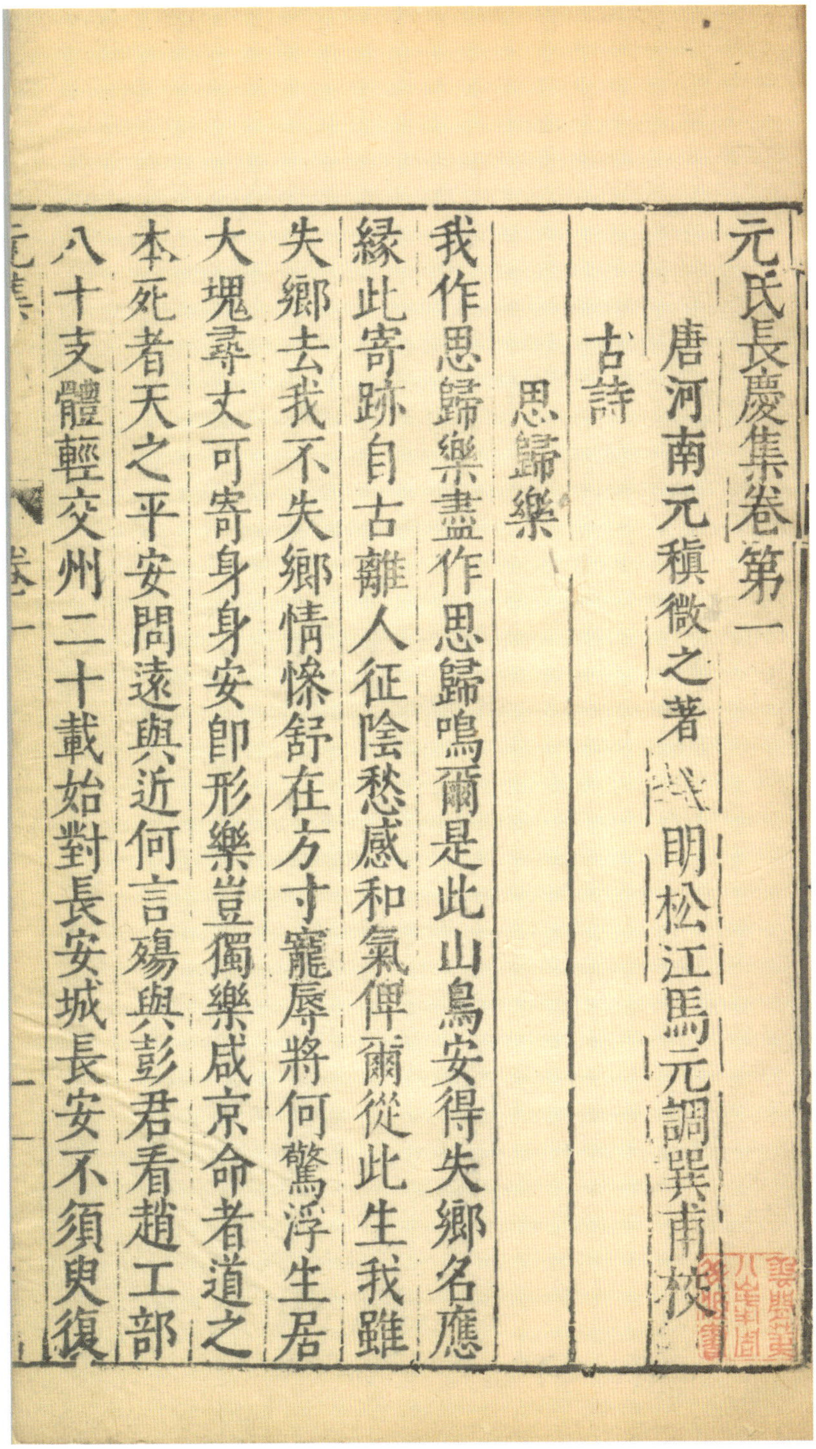

元氏長慶集卷第一

唐河南元稹微之著　明松江馬元調巽甫校

古詩

思歸樂

我作思歸樂盡作思歸鳴爾是此山鳥安得失鄉名應緣此寄跡自古離人征陰愁感和氣俾爾從此生我雖失鄉去我不失鄉情惓舒在方寸寵辱將何驚浮生居大塊尋丈可寄身身安即形樂豈獨樂咸京命者道之本死者天之平安問遠與近何言殤與彭君看趙工部八十支體輕交州二十載始對長安城長安不須臾復

元集　卷一　一

元氏長慶集六十卷補遺六卷　（唐）元稹撰　明刻本。十册。半頁十行二十一字，小字雙行同，白口，左右雙邊。框高20.8厘米、寬14.8厘米。廣東省立中山圖書館藏。

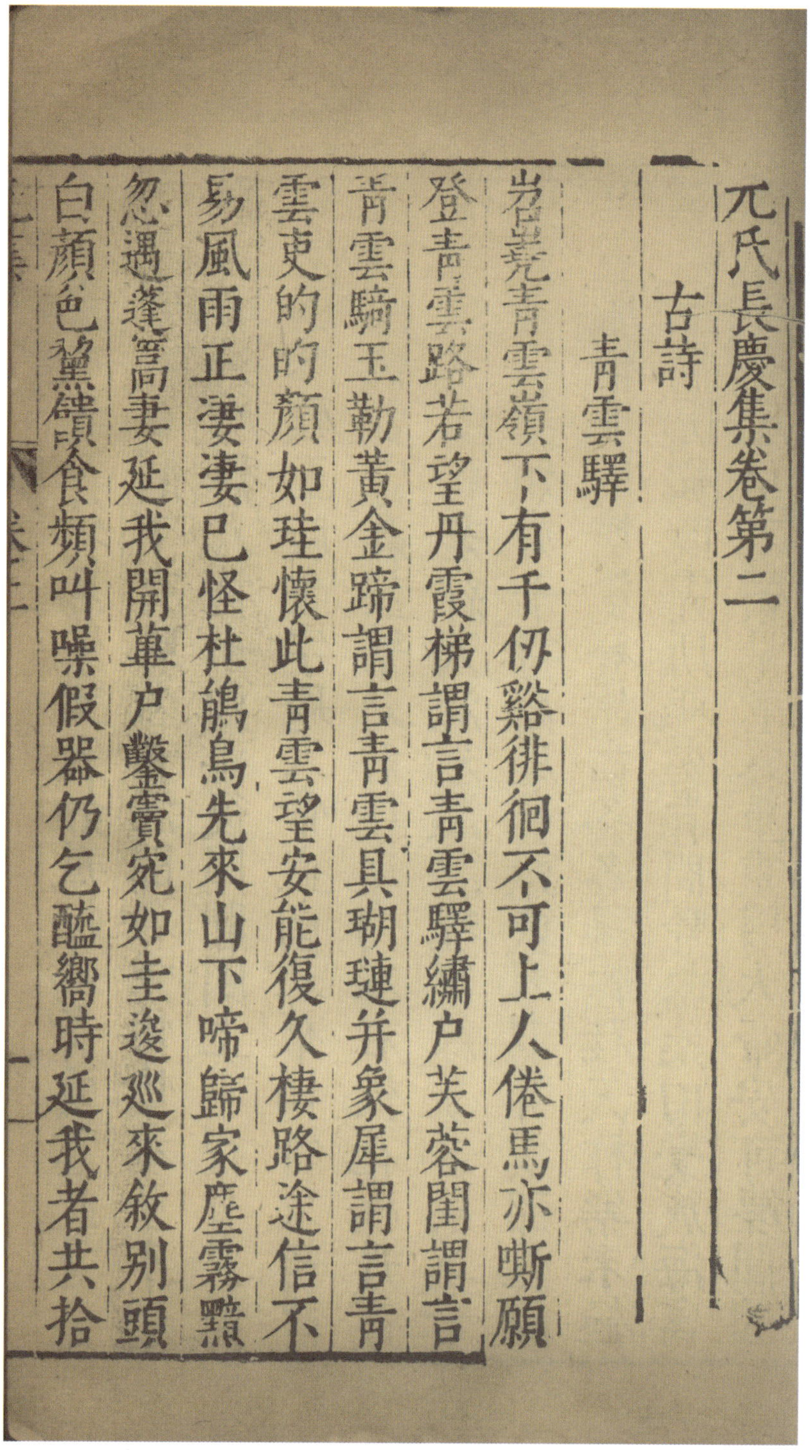

元氏長慶集卷第二

古詩

青雲驛

岧嶤青雲嶺下有千仞谿徘徊不可上人倦馬亦嘶願登青雲路若望丹霞梯謂言青雲驛繡户芙蓉閨謂言青雲騎玉勒黃金蹄謂言青雲具瑚璉并象犀謂言青雲吏的的顏如珪懷此青雲望安能復久棲路途信不易風雨正淒淒已怪杜鵑鳥先來山下啼歸家塵霧黯忽遇蓬蒿妻延我開華户鑿竇宛如圭逡巡來斂別頭白顏色黧饋食頻叫噪假器仍乞醯醬時延我者共拾

元氏長慶集六十卷補遺六卷　（唐）元稹撰　明刻本。十册。半頁十行二十一字，小字雙行同，白口，左右雙邊。框高20.7厘米、寬14.2厘米。中山大學圖書館藏。

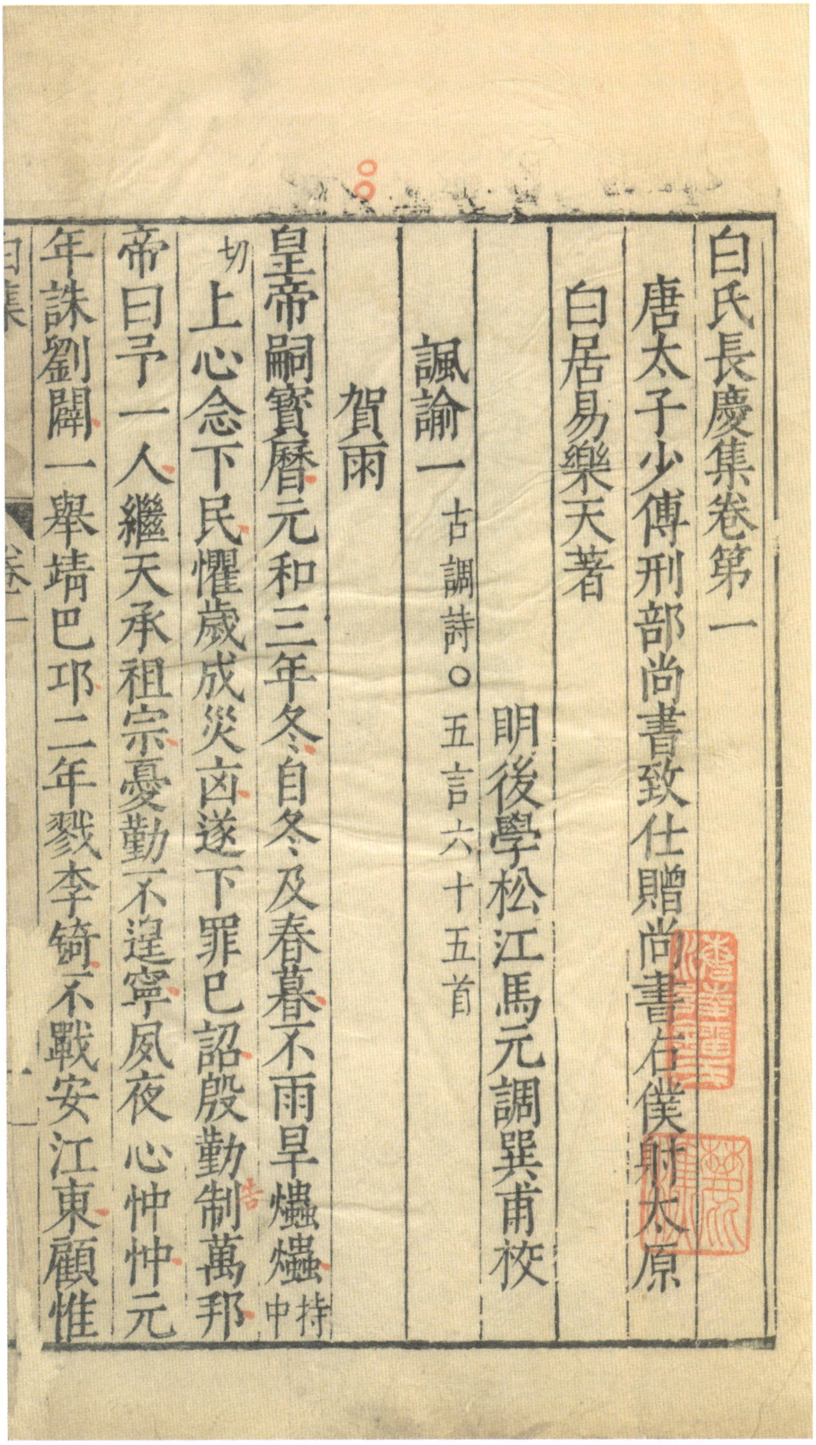
白氏長慶集卷第一
唐太子少傅刑部尚書致仕贈尚書右僕射太原
白居易樂天著
明後學松江馬元調巽甫校
諷諭一 古調詩○五言六十五首
賀雨
皇帝嗣寳曆元和三年冬自冬及春暮不雨旱爞爞持中
切上心念下民懼歲成災凶遂下罪巳詔殷勤制萬邦
帝曰予一人繼天承祖宗憂勤不遑寧夙夜心忡忡元
年誅劉闢一舉靖巴邛二年戮李錡不戰安江東顧惟

白氏長慶集七十一卷目録二卷 （唐）白居易撰 **附録一卷** 明萬曆三十四年（1606）馬元調魚樂軒刻元白長慶集本。十六册。半頁十行二十一字，白口，左右雙邊。框高20.5厘米、寬14.3厘米。東莞市莞城圖書館藏。

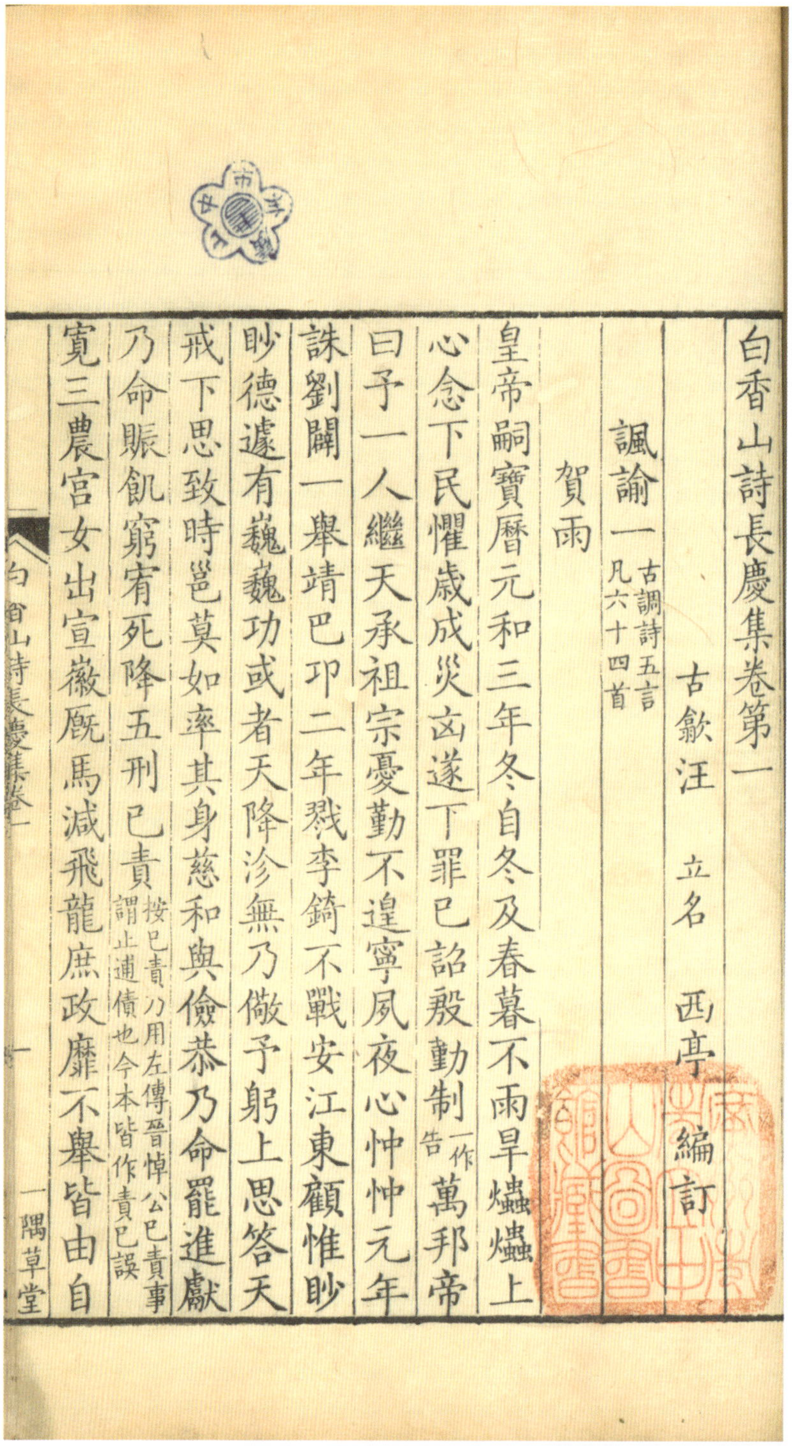

白香山詩長慶集卷第一

古歙汪　立名　西亭編訂

諷諭一　古調詩五言凡六十四首

賀雨

皇帝嗣寶曆元和三年冬自冬及春暮不雨旱爞爞上心念下民懼歲成災凶遂下罪己詔殷勤制一作告萬邦帝曰予一人繼天承祖宗憂勤不遑寧夙夜心忡忡元年誅劉闢一舉靖巴邛二年戮李錡不戰安江東顧惟眇眇德遽有巍巍功或者天降沴無乃儆予躬上思荅天戒下思致時邕莫如率其身慈和與儉恭乃命罷進獻乃命賑飢窮宥死降五刑已責按已責乃用左傳晉悼公已責事謂止逋債也今本皆作責己誤寛三農宫女出宣徽廄馬減飛龍庶政靡不舉皆由自

白香山詩長慶集卷一　一　一隅草堂

白香山詩長慶集二十卷後集十七卷别集一卷補遺二卷　（唐）白居易撰　**年譜一卷**　（清）汪立名撰　**年譜舊本一卷**　（宋）陳振孫撰　清康熙四十一年至四十二年（1702—1703）汪立名一隅草堂刻本。十六册。半頁十二行二十一字，小字雙行三十二字，白口，左右雙邊。框高18.5厘米、寬15厘米。廣東省立中山圖書館藏。

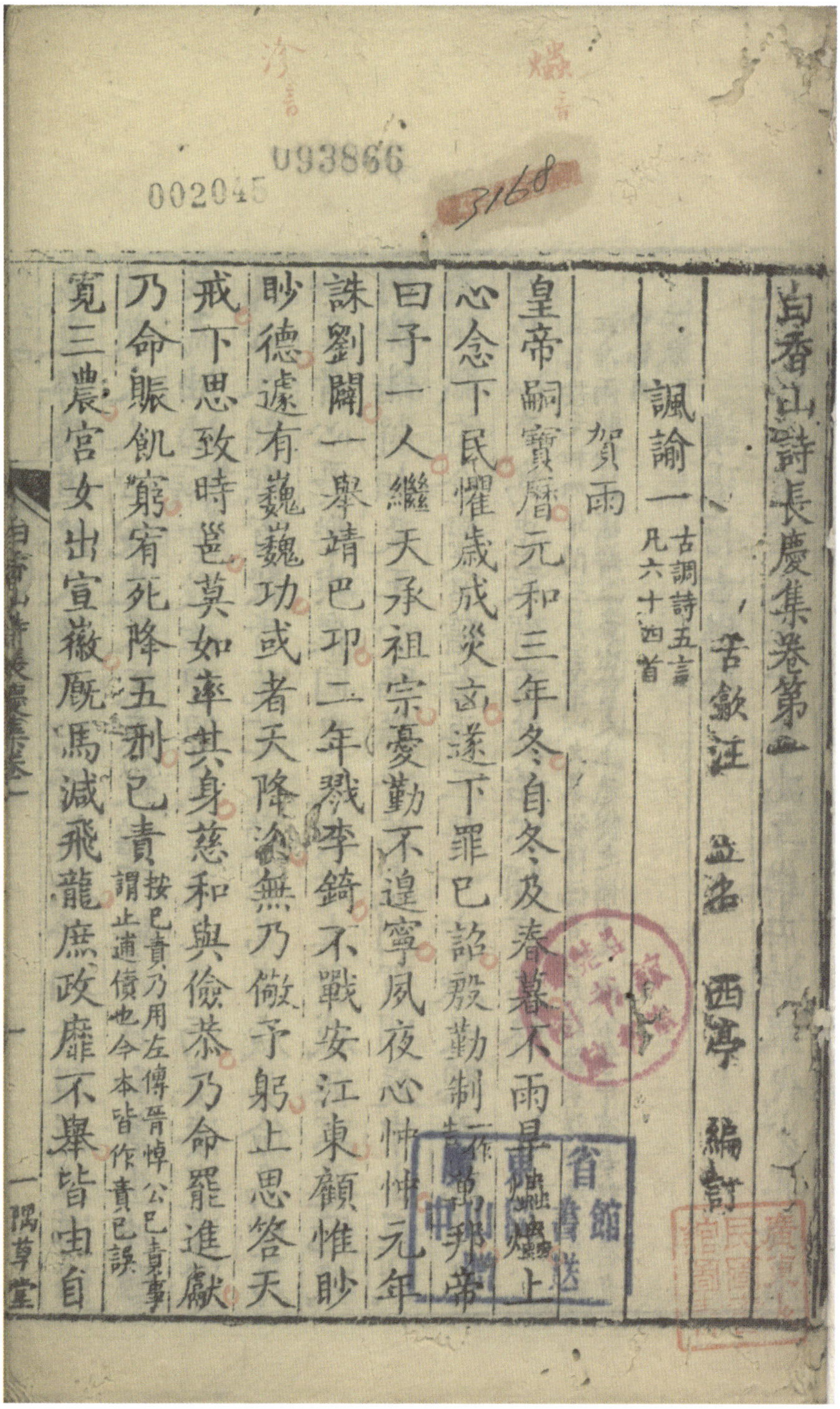

白香山詩長慶集卷第一

古歙汪　立名　西亭　編訂

諷諭一　古調詩五言 凡六十四首

賀雨

皇帝嗣寶曆元和三年冬自冬及春暮不雨旱[illegible]上心念下民懼歲成災凶遂下罪已詔殷勤制一作告萬邦帝曰予一人繼天承祖宗憂勤不遑寧夙夜心忡忡元年誅劉闢一舉靖巴邛二年戮李錡不戰安江東顧惟眇眇德遽有巍巍功或者天降沴無乃儆予躬上思答天戒下思致時邕莫如率其身慈和與儉恭乃命罷進獻乃命賑飢窮宥死降五刑已責按已責乃用左傳晉悼公已責事謂止逋債也今本皆作責已誤寬三農宮女出宣徽廐馬減飛龍庶政靡不舉皆出自

白香山詩長慶集卷一　一　一隅草堂

白香山詩長慶集二十卷後集十七卷別集一卷補遺二卷　（唐）白居易撰　**年譜一卷**　（清）汪立名撰　**年譜舊本一卷**　（宋）陳振孫撰　清康熙四十一年至四十二年（1702—1703）汪立名一隅草堂刻本。十二册。半頁十二行二十一字，小字雙行三十二字，白口，左右雙邊。框高18.8厘米、寬15厘米。東莞圖書館藏。

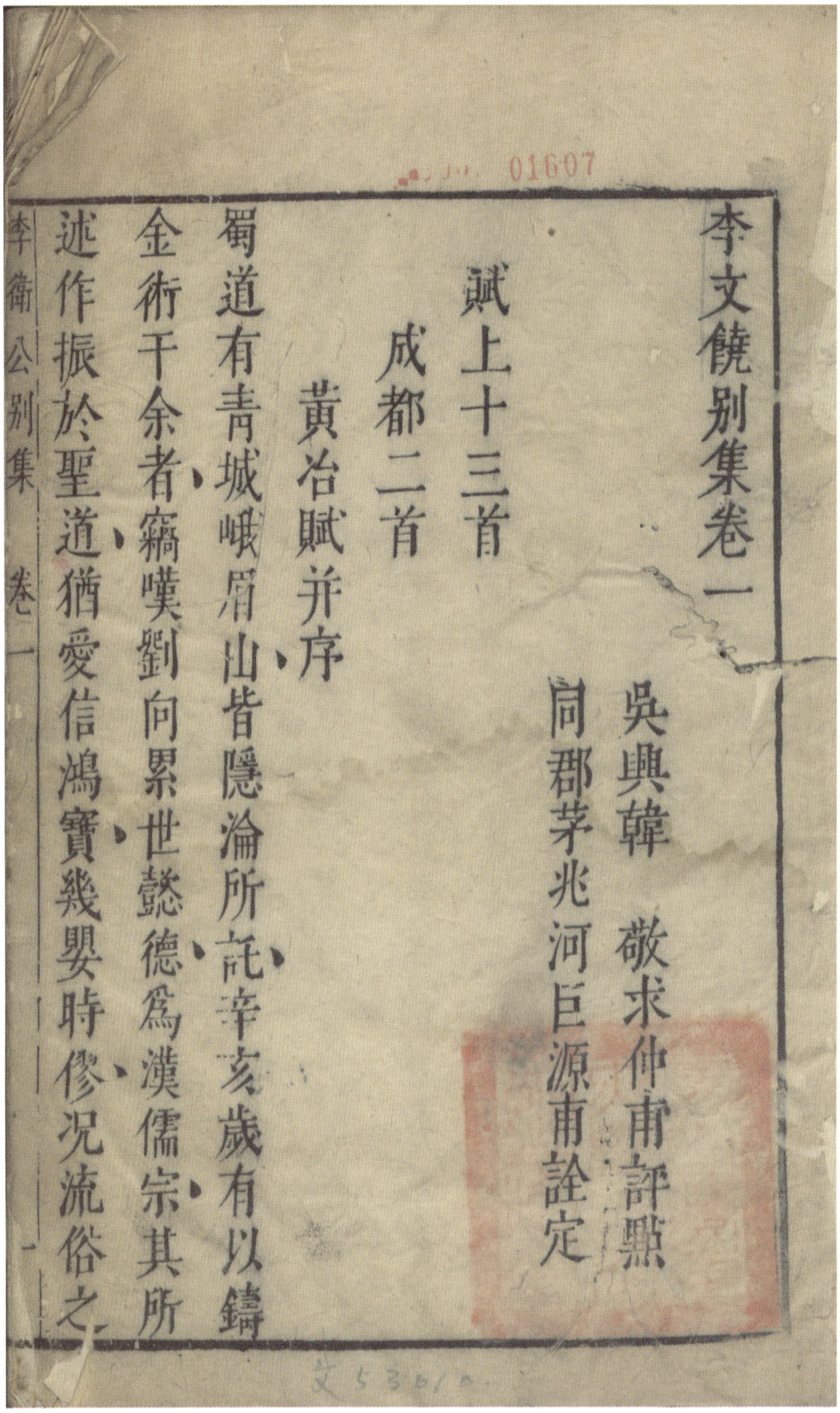

李文饒別集卷一

吳興韓　敬求仲甫評點

同郡茅兆河巨源甫詮定

賦上十三首

成都二首

黄冶賦并序

蜀道有青城峨眉山皆隱淪所託辛亥歲有以鑄金術干余者竊嘆劉向累世懿德爲漢儒宗其所述作振於聖道猶愛信鴻寶幾嬰時僇况流俗之

李衛公別集　卷一

李文饒文集二十卷別集十卷外集四卷　（唐）李德裕撰　（明）韓敬評點　明天啓四年（1624）茅師山刻本。存十卷（別集全）。四册。半頁九行十九字，小字雙行同，白口，四周單邊。框高21厘米，寬13.9厘米。中山大學圖書館藏。

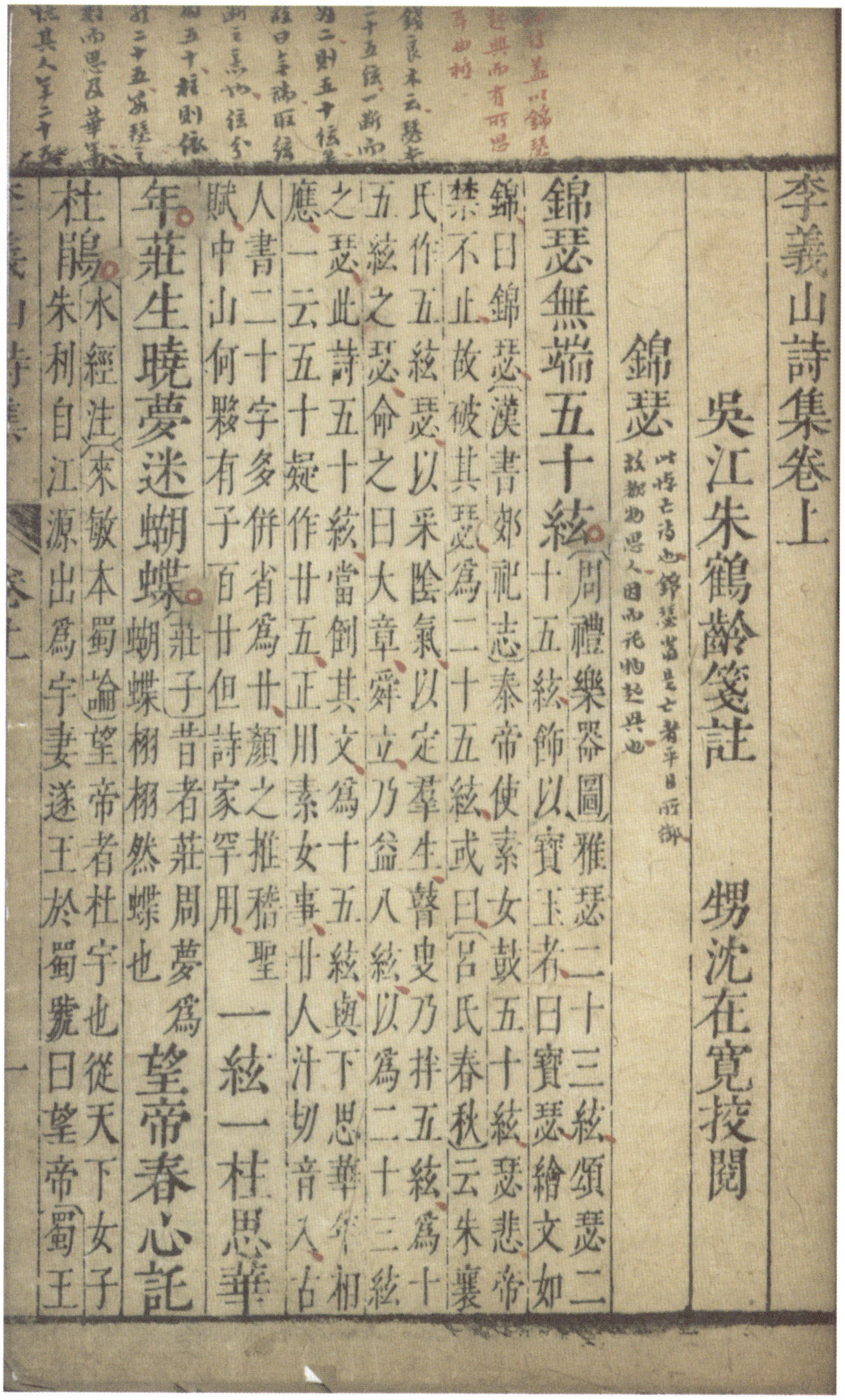
李義山詩集卷上

吳江朱鶴齡箋註　甥沈在寬挍閱

錦瑟

錦瑟無端五十絃（周禮樂器圖）雅瑟二十三絃頌瑟二十五絃飾以寶玉者曰寶瑟繪文如錦曰錦瑟（漢書郊祀志）泰帝使素女鼓五十絃瑟悲帝禁不止故破其瑟爲二十五絃或曰（呂氏春秋）云朱襄氏作五絃瑟以采陰氣以定羣生瞽叟乃拌五絃爲十五絃之瑟命之曰大章舜立乃益八絃以爲二十三絃之瑟此詩五十絃當劍其文爲十五絃與下思華年相應一云五十疑作廿五正用素女事廿人汁切音入古人書二十字多併省爲廿顏之推稽聖賦中山何夥有子百廿但詩家罕用一絃一柱思華年莊生曉夢迷蝴蝶（莊子）昔者莊周夢爲蝴蝶栩栩然蝶也望帝春心託杜鵑（水經注）（來敏本蜀論）望帝者杜宇也從天下女子朱利自江源出爲宇妻遂王於蜀號曰望帝（蜀王

李義山詩集三卷　（唐）李商隱撰　（清）朱鶴齡箋注　**李義山詩譜一卷諸家詩評一卷**　清順治十六年（1659）刻本。二册。半頁十行二十一字，小字雙行同，白口，左右雙邊。框高18.9厘米、寬13.8厘米。中山大學圖書館藏。

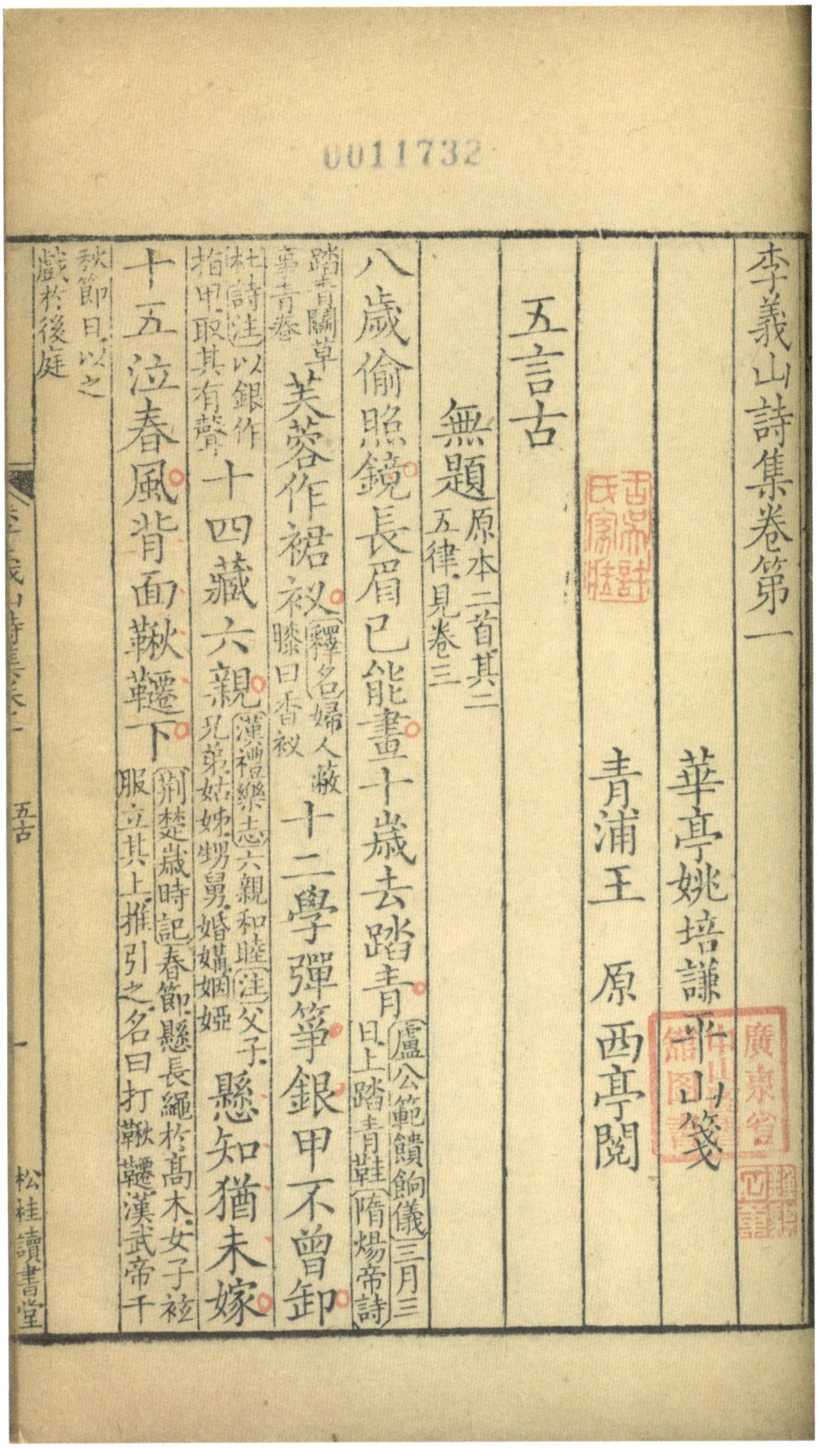

0011732

李義山詩集卷第一

華亭姚培謙平山箋

青浦王原西亭閱

五言古

無題 原本二首其二 五律見卷三

八歲偷照鏡，長眉已能畫。十歲去踏青，盧公範饋餉儀三月三日上踏青鞋。隋煬帝詩踏青鬭草事青春。芙蓉作裙衩。釋名婦人蔽膝曰香衩。十二學彈箏，銀甲不曾卸。杜詩注以銀作指甲，取其有聲。十四藏六親，漢禮樂志六親和睦。注父子兄弟姑姊甥舅婚媾姻婭。懸知猶未嫁。十五泣春風，背面鞦韆下。荊楚歲時記春節懸長繩於高木，女子袨服立其上推引之，名曰打鞦韆。漢武帝千秋節日以之戲於後庭。

李義山詩集卷一 五古 一 松桂讀書堂

李義山詩集十六卷　（唐）李商隱撰　（清）姚培謙箋注　清乾隆五年（1740）姚氏松桂讀書堂刻本。四册。半頁十行二十一字，小字雙行三十二字，白口，左右雙邊。框高18.9厘米、寬14.5厘米。廣東省立中山圖書館藏。

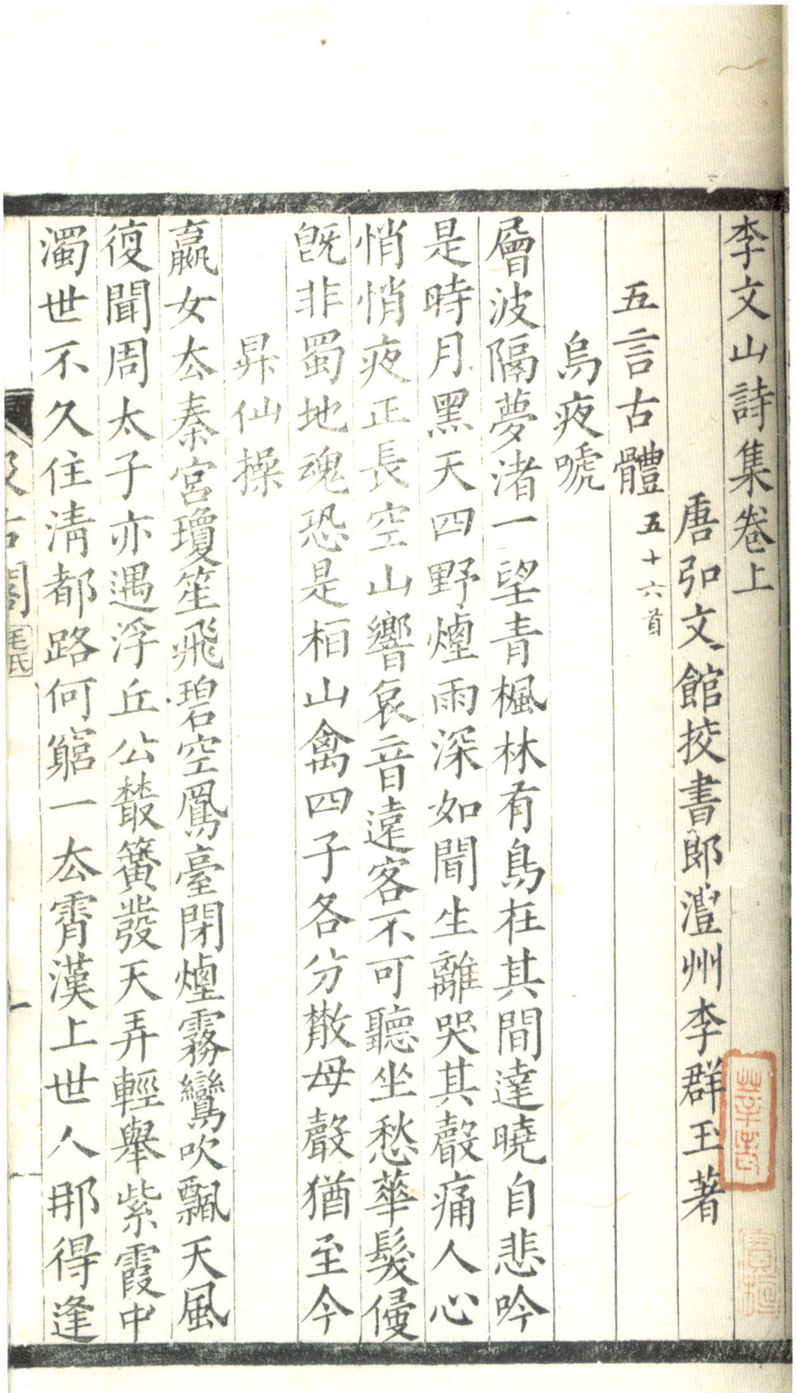
李文山詩集卷上
唐弘文館校書郎澧州李群玉著
五言古體 五十六首
烏夜啼
層波隔夢渚一望青楓林有鳥在其間達曉自悲吟
是時月黑天四野煙雨深如聞生離哭其聲痛人心
悄悄夜正長空山響哀音遠客不可聽坐愁華髮侵
旣非蜀地魂恐是桓山禽四子各分散母聲猶至今
昇仙操
嬴女去秦宮瓊笙飛碧空鳳臺閉煙霧鸞吹飄天風
復聞周太子亦遇浮丘公叢簧發天弄輕舉紫霞中
濁世不久住清都路何窮一去霄漢上世人那得逢

李文山詩集三卷　（唐）李群玉撰　明崇禎十二年（1639）毛氏汲古閣刻唐人八家詩本。一册。半頁十二行二十字，白口，左右雙邊。框高19.1厘米、寬13.8厘米。廣東省立中山圖書館藏。

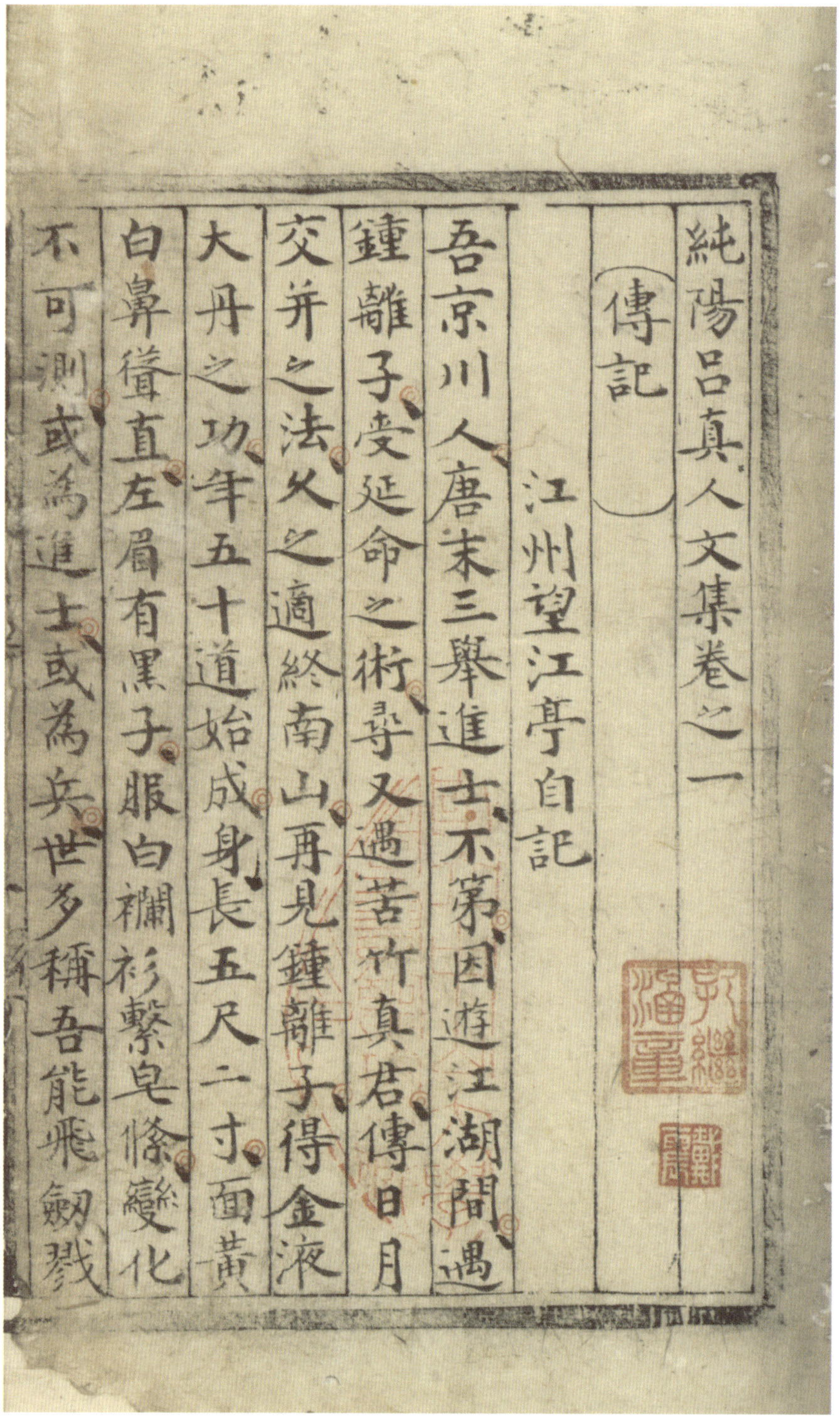

純陽呂真人文集卷之一

傳記

江州望江亭自記

吾京川人唐末三舉進士不第因遊江湖間遇鍾離子受延命之術尋又遇苦竹真君傳日月交并之法久之適終南山再見鍾離子得金液大丹之功年五十道始成身長五尺二寸面黄白鼻聳直左眉有黑子服白襴衫繫皂條變化不可測或為進士或為兵世多稱吾能飛劒戮

純陽呂真人文集八卷　（唐）呂巖撰　明抄本。四册。半頁九行十八字，黑口，四周雙邊。框高18.6厘米、寬12.5厘米。中山大學圖書館藏。

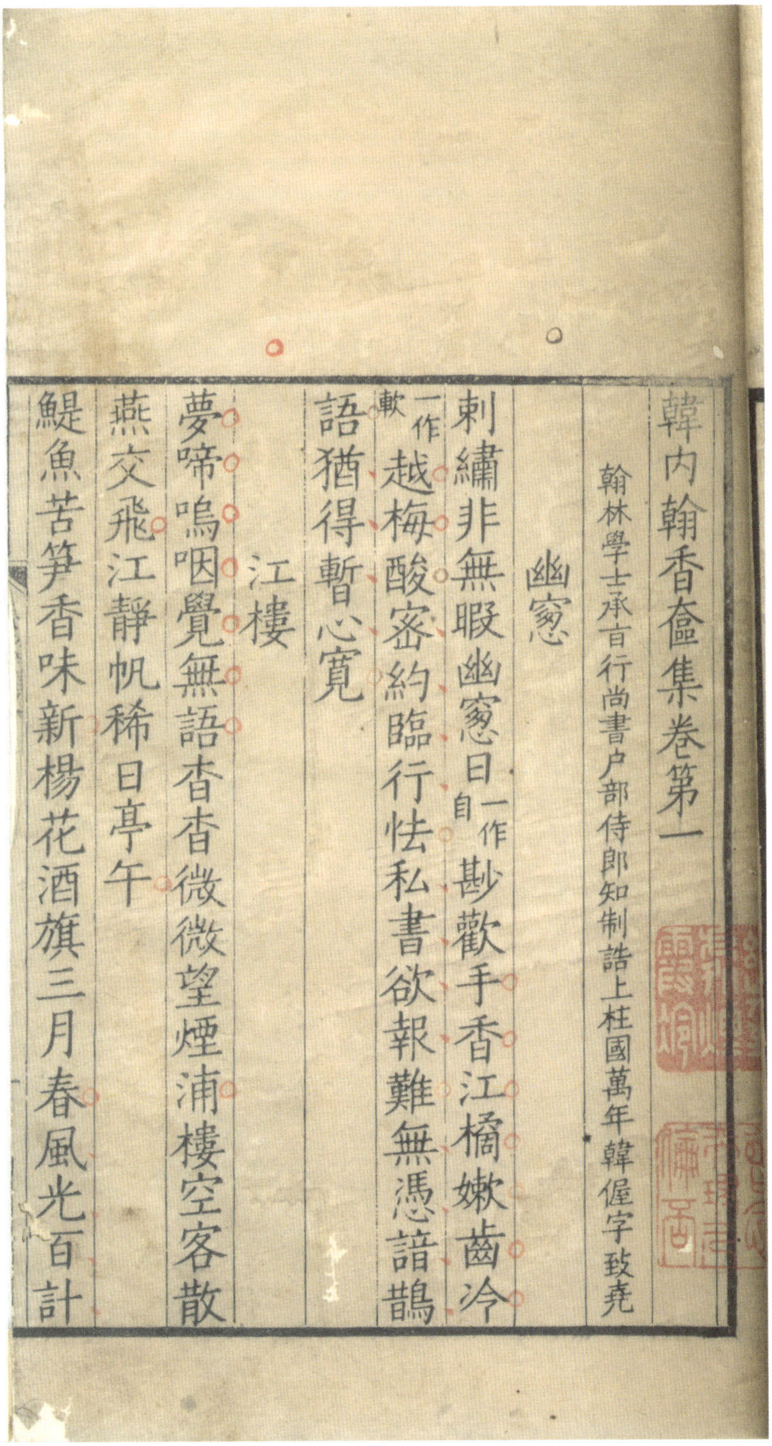
韓内翰香奩集卷第一
翰林學士承旨行尚書户部侍郎知制誥上柱國萬年韓偓字致堯
幽窻
刺繡非無暇幽窻日一作自鬬歡手香江橘嫩齒冷一作軟越梅酸密約臨行怯私書欲報難無憑諳鵲語猶得暫心寬
江樓
夢啼嗚咽覺無語杳杳微微望煙浦樓空客散燕交飛江靜帆稀日亭午
鯷魚苦筍香味新楊花酒旗三月春風光百計

韓内翰香奩集三卷　（唐）韓偓撰　清康熙四十一年（1702）席氏琴川書屋刻唐詩百名家全集本。二册。半頁十行十八字，黑口，左右雙邊。框高16.7厘米、寬13.6厘米。廣東省立中山圖書館藏。

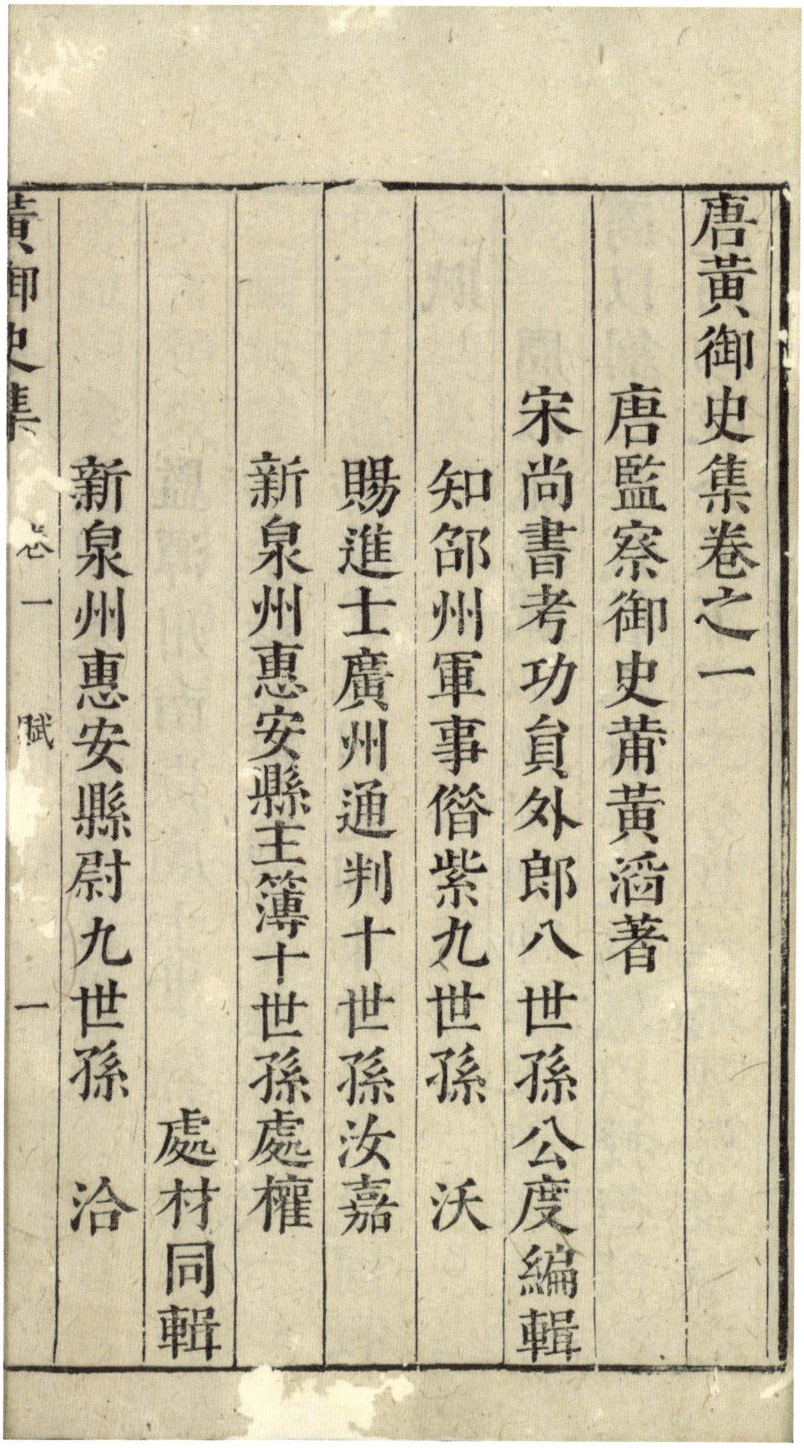
唐黃御史集卷之一
唐監察御史莆黃滔著
宋尚書考功員外郎八世孫公度編輯
知郃州軍事借紫九世孫沃
賜進士廣州通判十世孫汝嘉
新泉州惠安縣主簿十世孫處權
處材同輯
新泉州惠安縣尉九世孫洽
黃御史集 卷一 賦 一

唐黃御史集八卷　（唐）黃滔撰　**附録一卷**　明崇禎十一年（1638）黃鳴喬、黃鳴俊等刻本。四册。半頁八行十八字，小字雙行同，白口，左右雙邊。框高20.5厘米、寬13.8厘米。廣東省立中山圖書館藏。

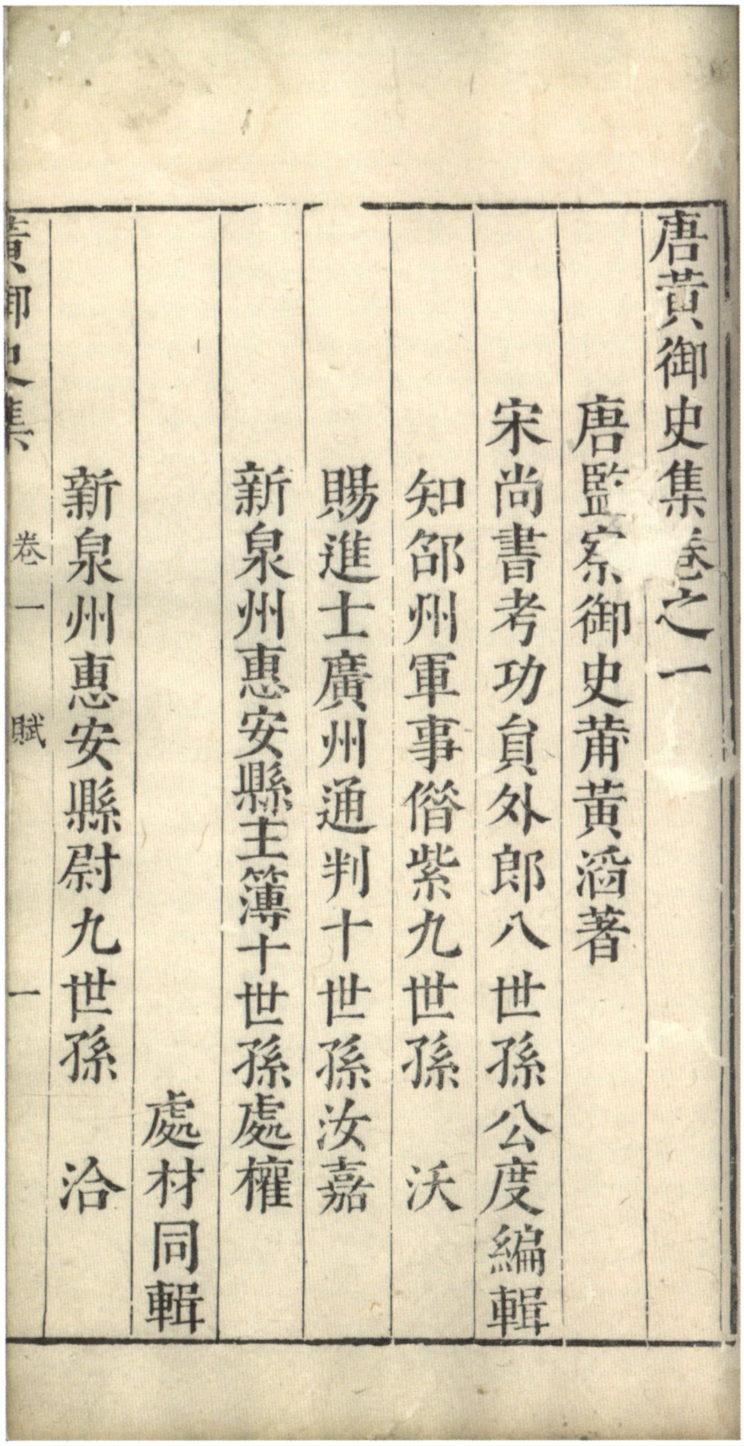

唐黃御史集卷之一
唐監察御史莆黃滔著
宋尚書考功員外郎八世孫公度編輯
知邵州軍事僉紫九世孫　沃
賜進士廣州通判十世孫汝嘉
新泉州惠安縣主簿十世孫處權
處材同輯
新泉州惠安縣尉九世孫　洽

黃御史集　卷一　賦　一

唐黃御史集八卷　（唐）黃滔撰　**附録一卷**　明崇禎十一年（1638）黃鳴喬、黃鳴俊等刻本。六册。半頁八行十八字，小字雙行同，白口，左右雙邊。框高20.7厘米、寬12.9厘米。中山大學圖書館藏。

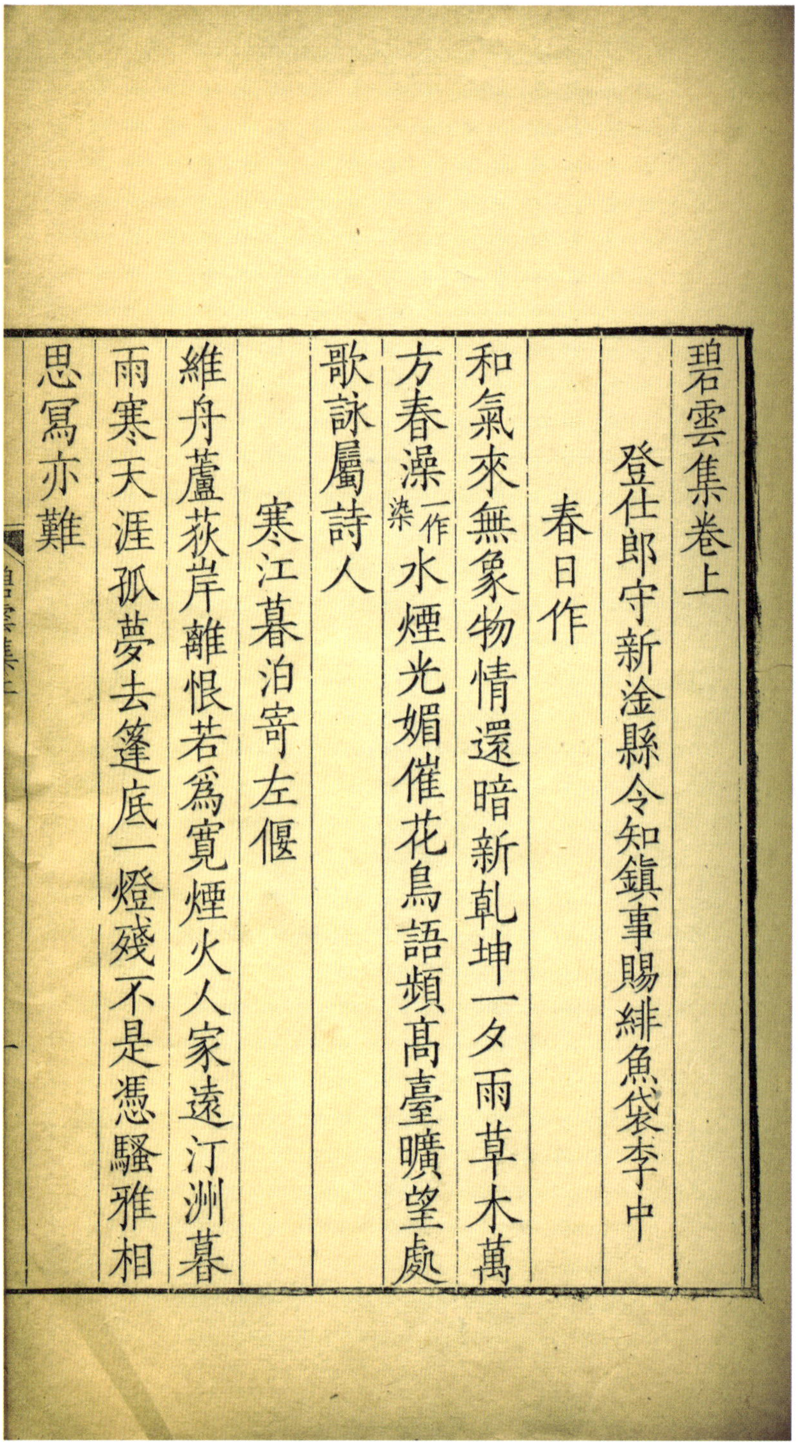

碧雲集卷上
登仕郎守新淦縣令知鎭事賜緋魚袋李中
春日作
和氣來無象物情還暗新乹坤一夕雨草木萬
方春渠一作染水煙光媚催花鳥語頻高臺曠望處
歌詠屬詩人
寒江暮泊寄左偃
維舟蘆荻岸離恨若爲寬煙火人家遠汀洲暮
雨寒天涯孤夢去篷底一燈殘不是憑騷雅相
思寫亦難

碧雲集三卷 （五代）李中撰　清康熙四十一年（1702）席氏琴川書屋刻唐詩百名家全集本。二册。半頁十行十八字，小字雙行三十六字，白口，左右雙邊。框高16.7厘米、寬13.6厘米。暨南大學圖書館藏。

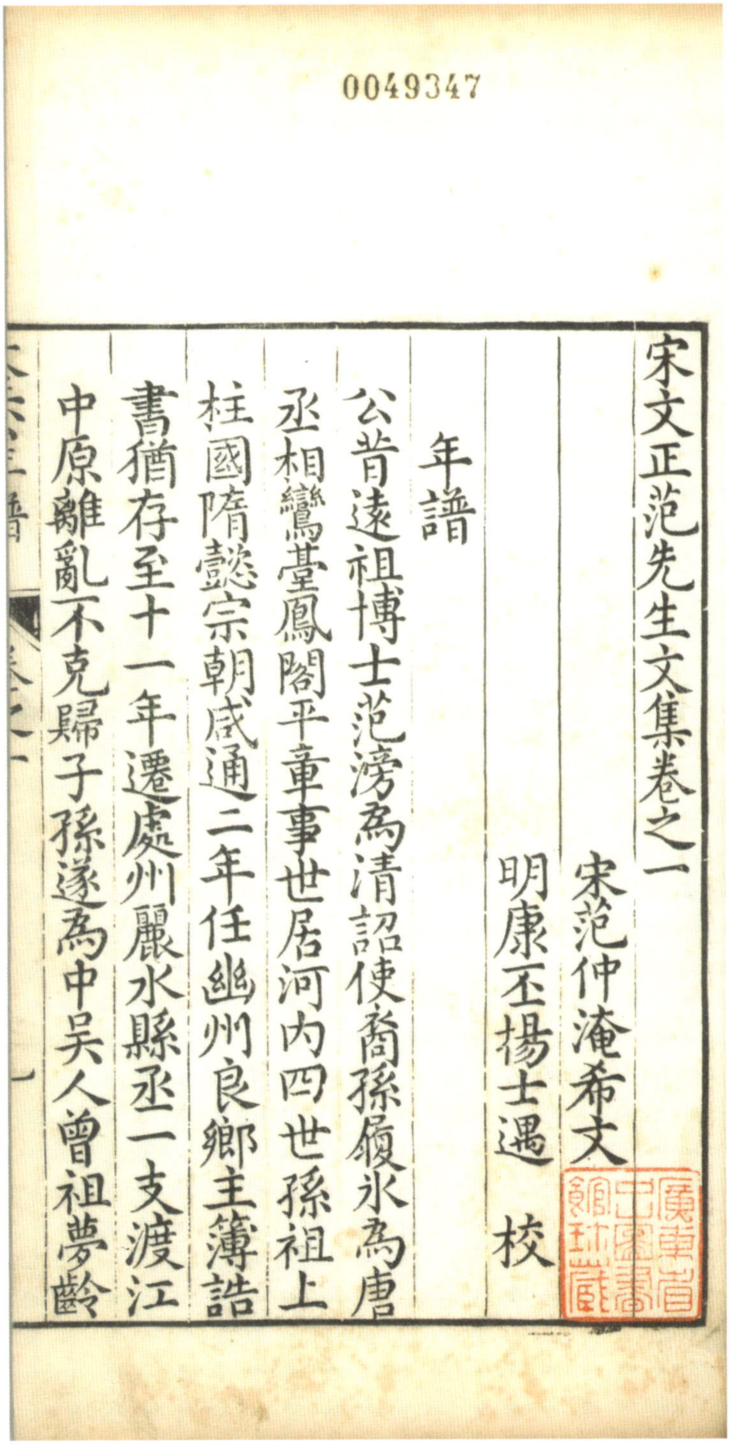

宋文正范先生文集卷之一

宋范仲淹希文

明康丕揚士遇　校

年譜

公昔遠祖博士范滂爲清詔使裔孫履冰爲唐丞相鸞臺鳳閣平章事世居河内四世孫祖上柱國隋懿宗朝咸通二年任幽州良鄉主簿誥書猶存至十一年遷處州麗水縣丞一支渡江中原離亂不克歸子孫遂爲中吴人曾祖夢齡

宋文正范先生文集十卷　（宋）范仲淹撰　（明）康丕揚校　明刻本。二十四册。半頁九行十九字，白口，四周單邊。框高19.6厘米、寬14厘米。廣東省立中山圖書館藏。

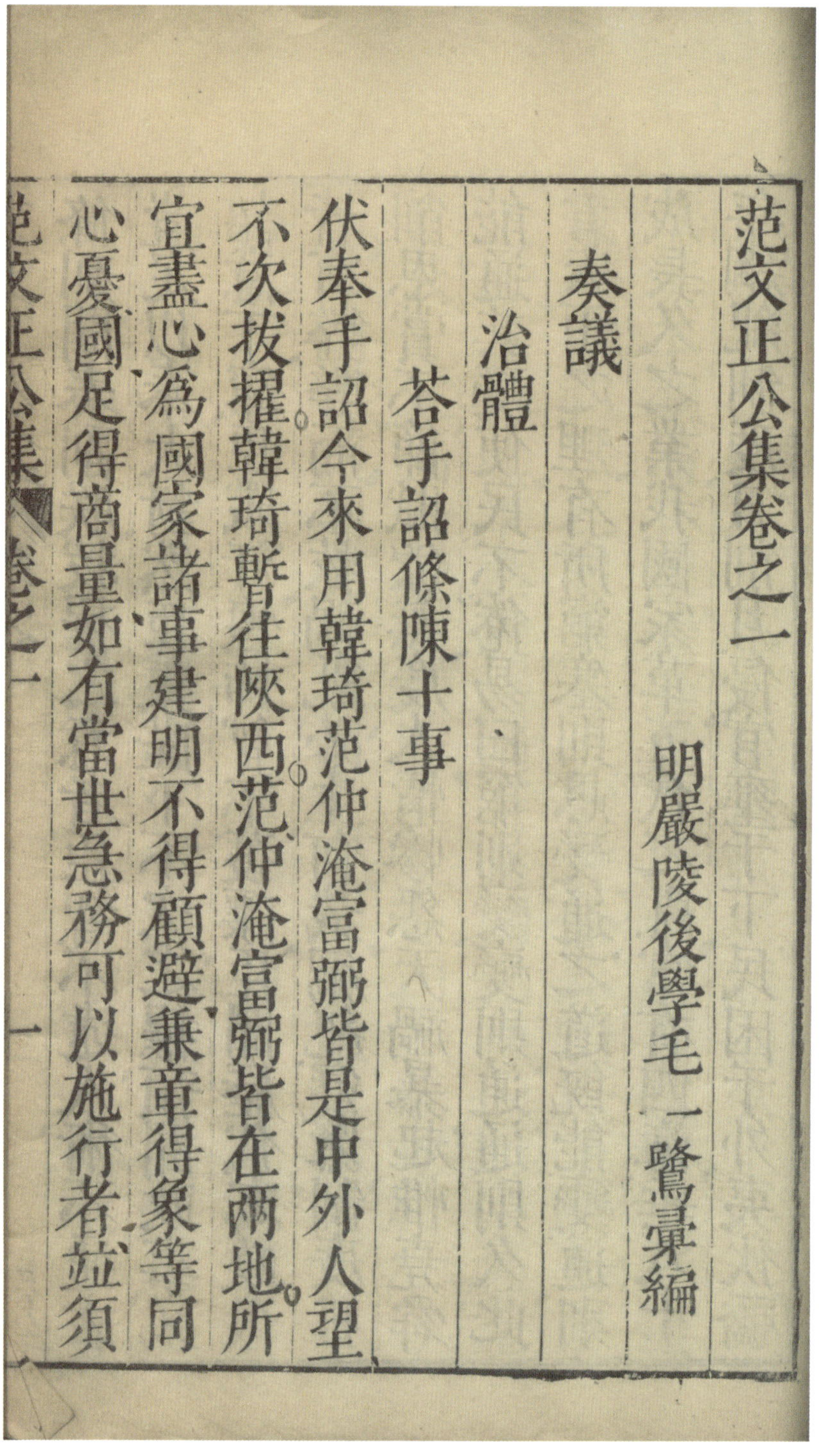

范文正公集卷之一

明嚴陵後學毛一鷺彙編

奏議

治體

荅手詔條陳十事

伏奉手詔今來用韓琦范仲淹富弼皆是中外人望不次拔擢韓琦暫往陝西范仲淹富弼皆在兩地所宜盡心爲國家諸事建明不得顧避兼章得象等同心憂國足得商量如有當世急務可以施行者並須

范文正公集　卷之一　一

范文正公集十二卷　（宋）范仲淹撰　**范文正公褒賢祠録二卷范文正公言行拾遺事録一卷范文正公義莊規矩一卷**　明天啓二年（1622）毛一鷺等刻本。八册。半頁九行二十字，小字雙行同，白口，四周單邊。框高21.8厘米、寬14.3厘米。中山大學圖書館藏。

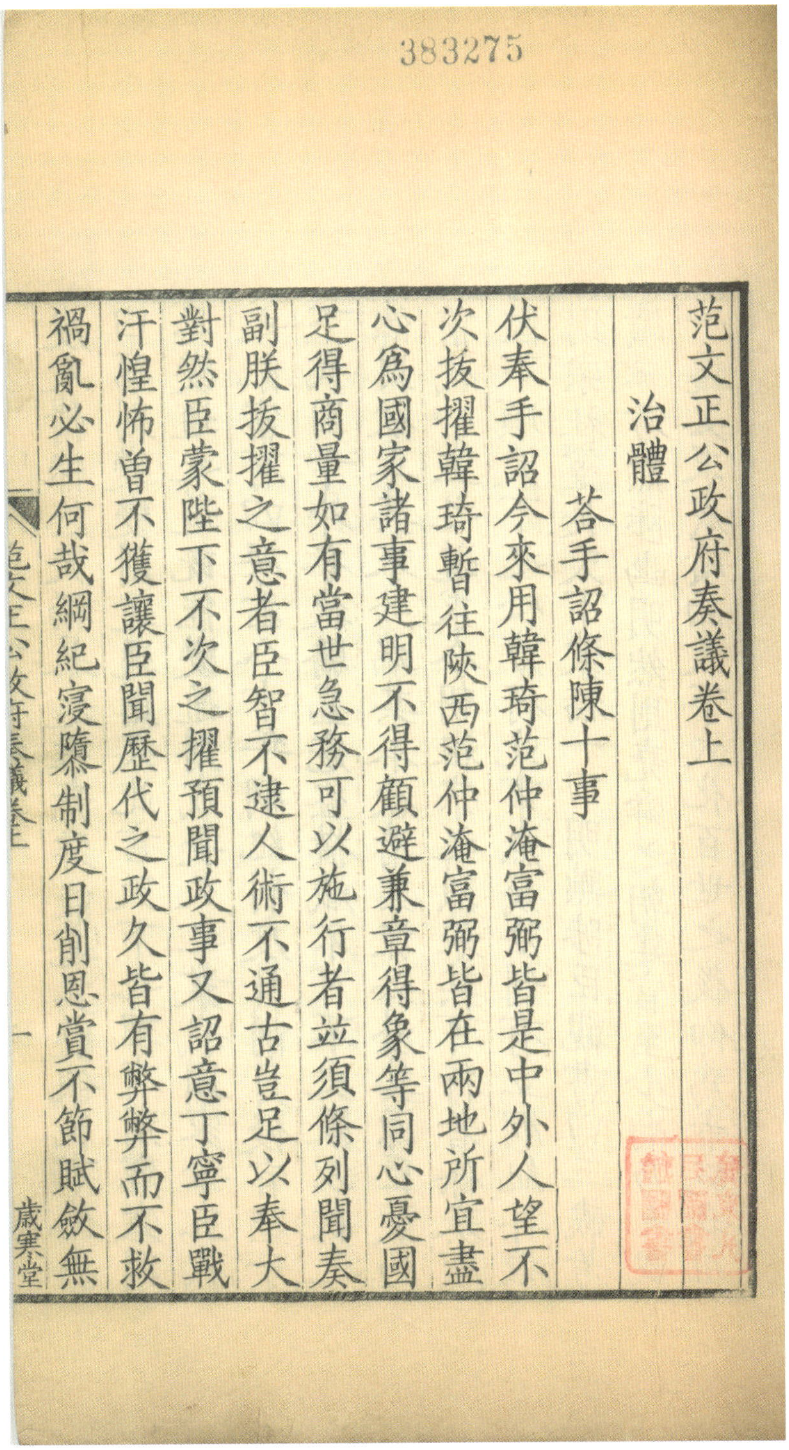

范文正公政府奏議卷上

治體

荅手詔條陳十事

伏奉手詔今來用韓琦范仲淹富弼皆是中外人望不次拔擢韓琦暫往陝西范仲淹富弼皆在兩地所宜盡心爲國家諸事建明不得顧避兼章得象等同心憂國足得商量如有當世急務可以施行者並須條列聞奏副朕拔擢之意者臣智不逮人術不通古豈足以奉大對然臣蒙陛下不次之擢預聞政事又詔意丁寧臣戰汗惶怖曾不獲讓臣聞歷代之政久皆有弊弊而不救禍亂必生何哉綱紀寖隳制度日削恩賞不節賦斂無

范文正公政府奏議卷上　一　歲寒堂

范文正公集二十卷別集四卷政府奏議二卷尺牘三卷　（宋）范仲淹撰　**年譜一卷**　（宋）樓鑰撰　**年譜補遺一卷**　（元）范國俊輯　清康熙四十六年（1707）范氏歲寒堂刻本。存二十七卷（缺范文正公集一至四）。九册。半頁十一行二十一字，小字雙行三十二字，白口，左右雙邊。框高18.5厘米、寬14.1厘米。廣東省立中山圖書館藏。

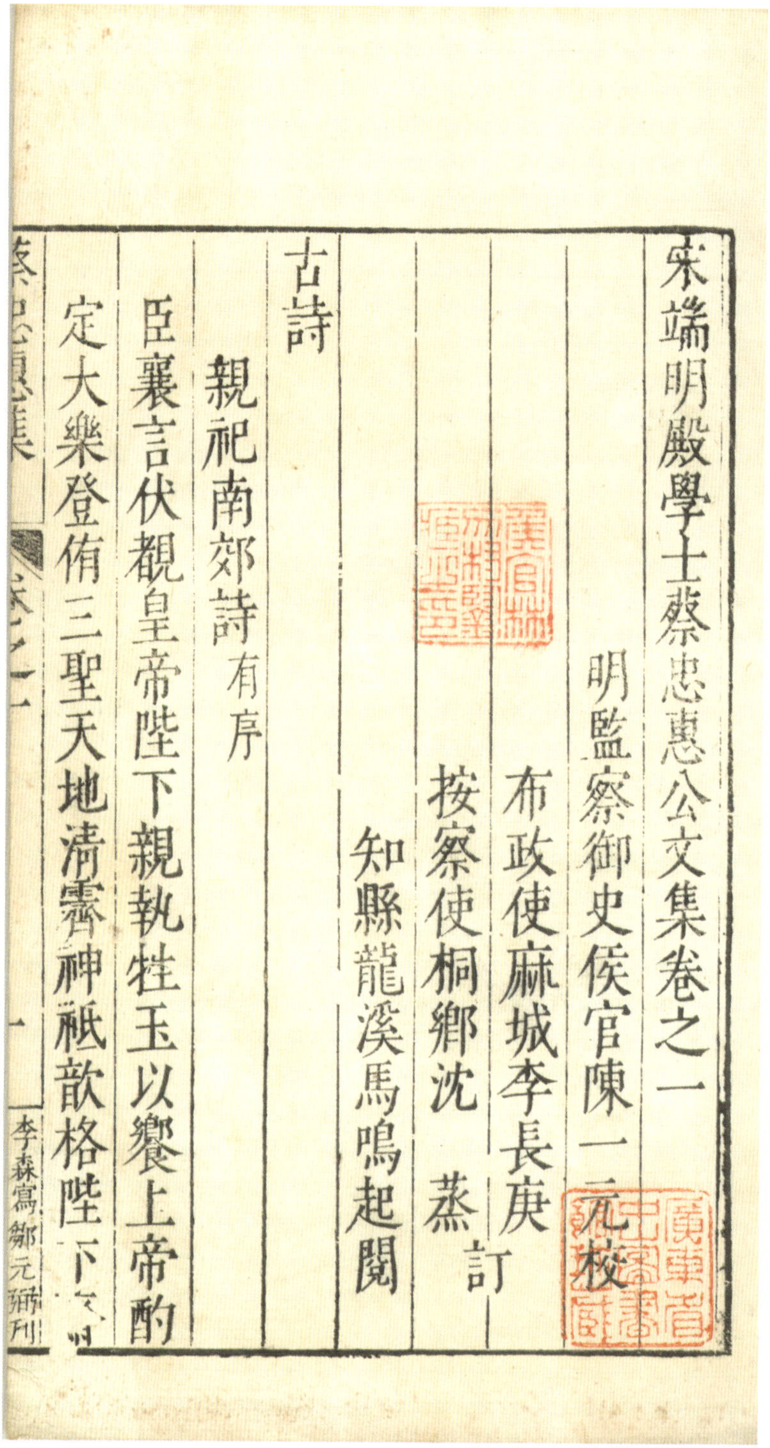

宋端明殿學士蔡忠惠公文集卷之一

明監察御史侯官陳一元校

布政使麻城李長庚

按察使桐鄉沈　蒸　訂

知縣龍溪馬鳴起閲

古詩

親祀南郊詩有序

臣襄言伏覩皇帝陛下親執牲玉以饗上帝酌

定大樂登侑三聖天地清靈神祇歆格陛下文

蔡忠惠集　卷之一　一

李森寫　鄭元獬刊

宋端明殿學士蔡忠惠公文集四十卷　（宋）蔡襄撰　**蔡端明别紀十卷**　（明）徐𤊹輯　明萬曆陳一元刻四十三年（1615）朱謀㙔重修本。二十四册。半頁九行十九字，白口，左右雙邊。框高21厘米、寬14.2厘米。廣東省立中山圖書館藏。

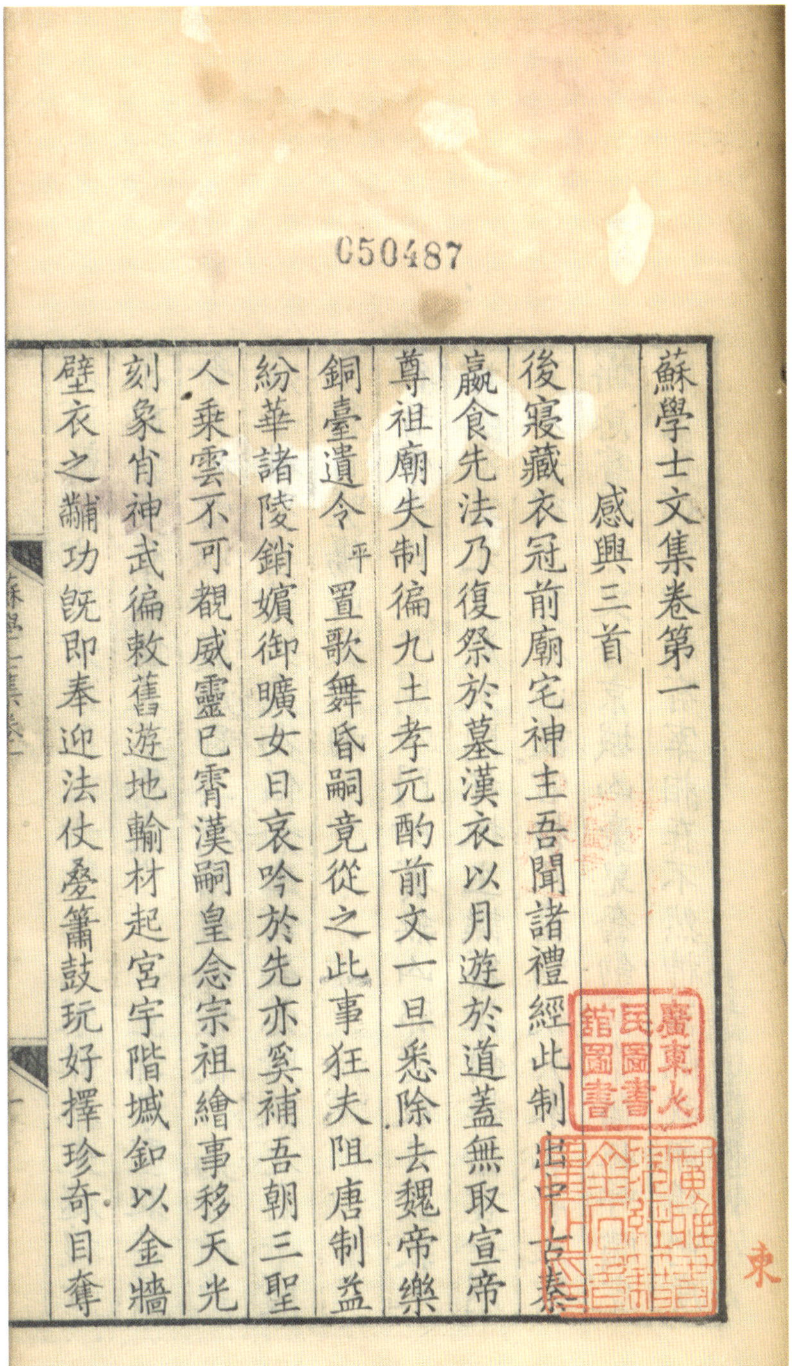
蘇學士文集卷第一
感興三首
後寢藏衣冠前廟宅神主吾聞諸禮經此制出古秦嬴食先法乃復祭於墓漢衣以月遊於道蓋無取宣帝尊祖廟失制徧九土孝元酌前文一旦悉除去魏帝樂銅臺遺令平置歌舞昏嗣竟從之此事狂夫阻唐制益紛華諸陵鎖嬪御曠女日哀吟於先亦奚補吾朝三聖人乘雲不可覩威靈已霄漢嗣皇念宗祖繪事移天光刻象肖神武徧敕舊遊地輸材起宫宇階墄釦以金牆壁衣之黼功既即奉迎法仗疊簫鼓玩好擇珍奇目奪

蘇學士文集十六卷　（宋）蘇舜欽撰　**滄浪小志二卷**　（清）宋犖輯　清康熙三十七年（1698）徐惇孝、徐惇復白華書屋刻本。二册。半頁十行二十一字，白口，四周單邊。框高17.8厘米、寬13.3厘米。廣東省立中山圖書館藏。

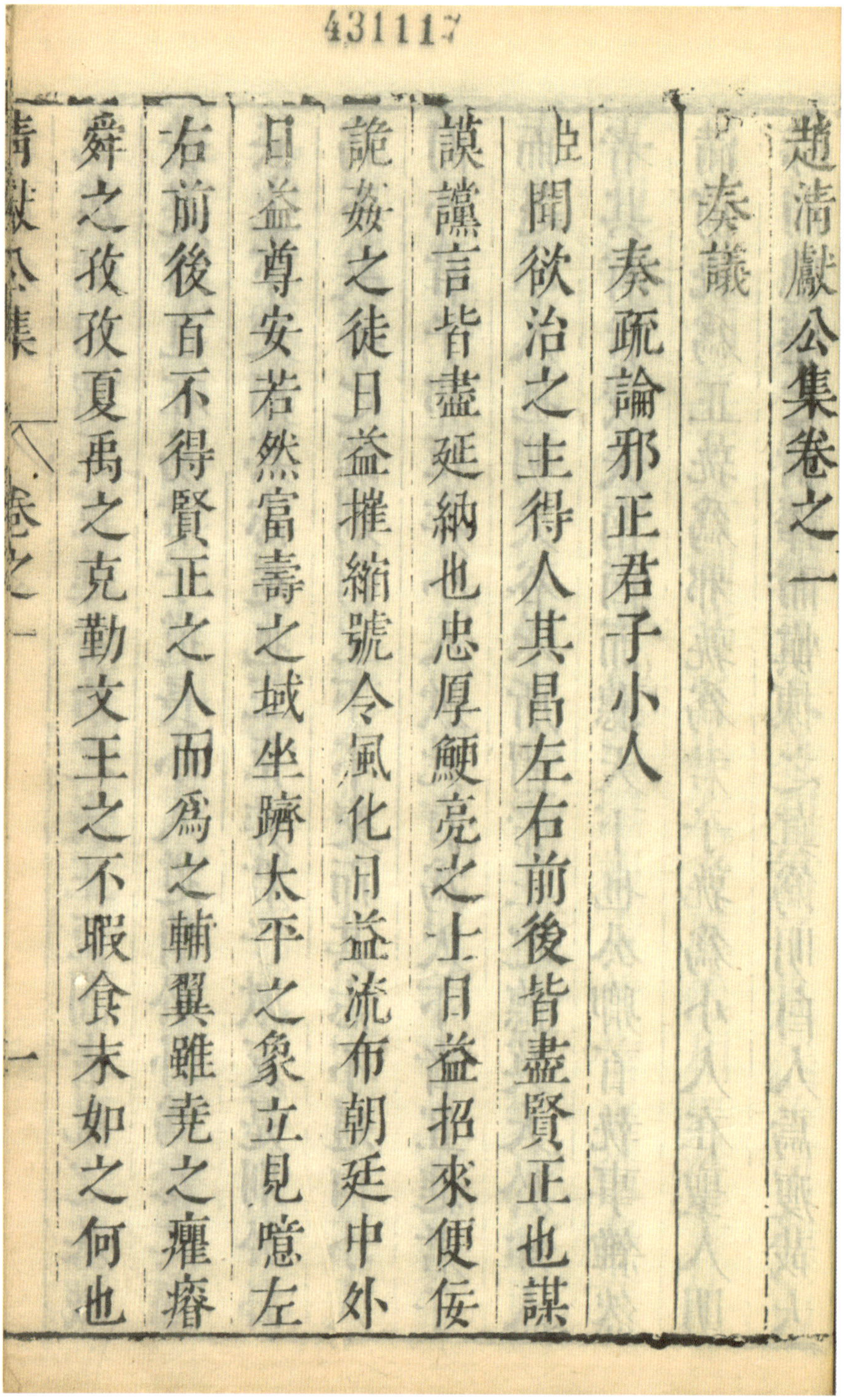

趙清獻公集卷之一

奏議

奏疏論邪正君子小人

臣聞欲治之主得人其昌左右前後皆盡賢正也謀謨讜言皆盡延納也忠厚鯁亮之士日益招來便佞詭姦之徒日益摧縮號令風化日益流布朝廷中外日益尊安若然富壽之域坐躋太平之象立見噫左右前後百不得賢正之人而爲之輔翼雖堯之癯瘠舜之孜孜夏禹之克勤文王之不暇食未如之何也

清獻公集　卷之一　一

趙清獻公集十卷目録二卷　（宋）趙抃撰　明萬曆十六年（1588）詹思謙刻本。四册。半頁九行二十字，小字雙行同，白口，四周單邊。框高20.8厘米、寬14.4厘米。廣東省立中山圖書館藏。

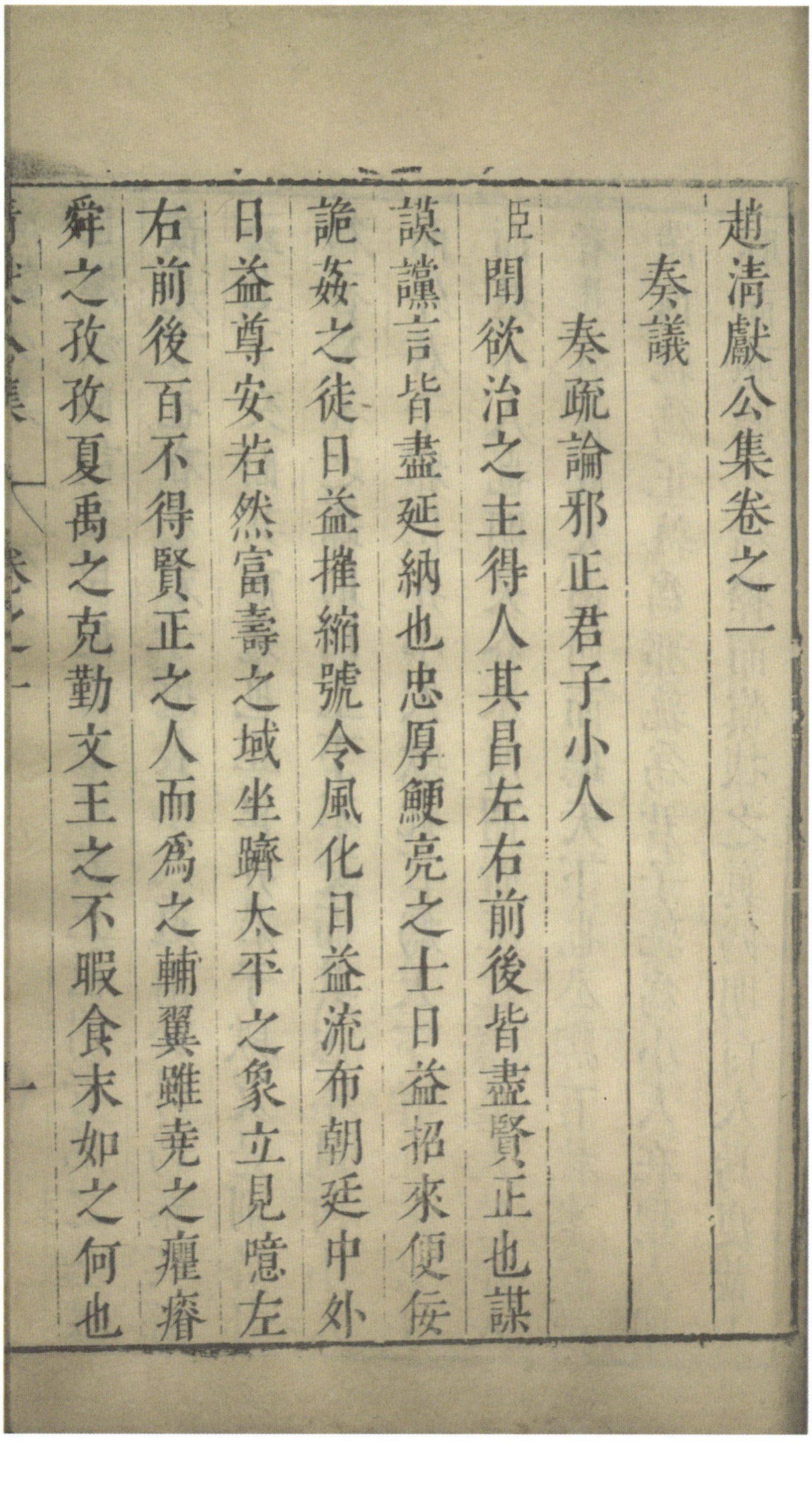

趙清獻公集卷之一

奏議

奏疏論邪正君子小人

臣聞欲治之主得人其昌左右前後皆盡賢正也謀謨讜言皆盡延納也忠厚鯁亮之士日益招來便佞詭姦之徒日益摧縮號令風化日益流布朝廷中外日益尊安若然富壽之域坐躋太平之象立見噫左右前後百不得賢正之人而爲之輔翼雖堯之癯瘠舜之孜孜夏禹之克勤文王之不暇食未如之何也

趙清獻公集十卷　（宋）趙抃撰　明末刻本。四册。半頁九行二十字，小字雙行同，白口，四周單邊。框高21厘米、寬14.1厘米。中山大學圖書館藏。

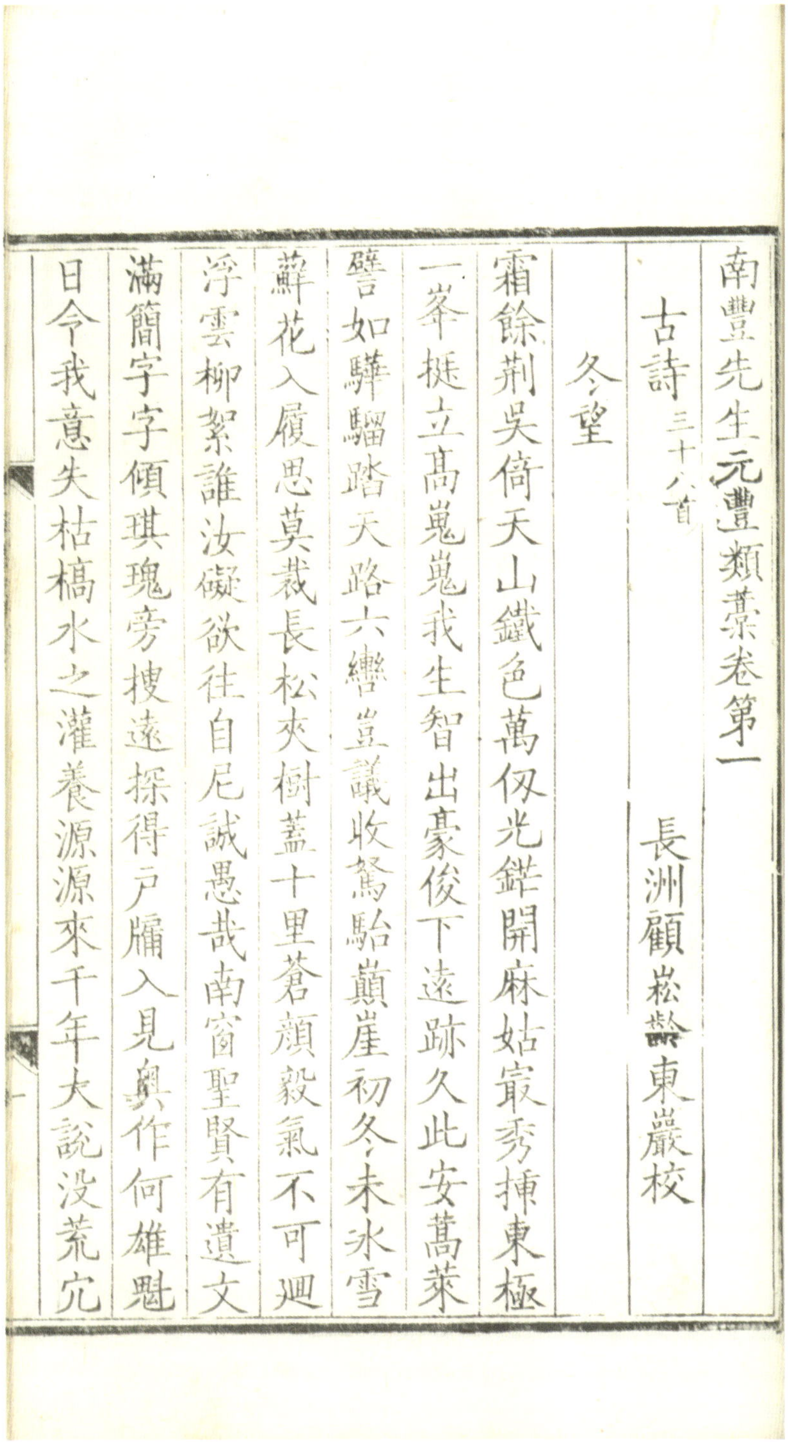
南豐先生元豐類藁卷第一
古詩 三十六首
長洲顧崧齡東巖校
冬望
霜餘荊吳倚天山鐵色萬仞光鑱開麻姑㝡秀揷東極
一峯挺立高嵬嵬我生智出豪俊下遠跡久此安蒿萊
譬如驊騮踏天路六轡豈議收駑駘巔崖初冬未冰雪
蘚花入屨思莫裁長松夾樹蓋十里蒼顏毅氣不可迴
浮雲柳絮誰汝礙欲往自尼誠愚哉南窗聖賢有遺文
滿簡字字傾琪瑰旁搜遠探得戶牖入見奧作何雄魁
日令我意失枯槁水之灌養源源來千年大說沒荒穴

南豐先生元豐類藁五十卷集外文二卷續附一卷　（宋）曾鞏撰　（清）顧崧齡輯　清康熙五十六年（1717）顧崧齡刻本。八册。半頁十行二十一字，白口，四周雙邊。框高18.4厘米、寬13.3厘米。廣東省立中山圖書館藏。

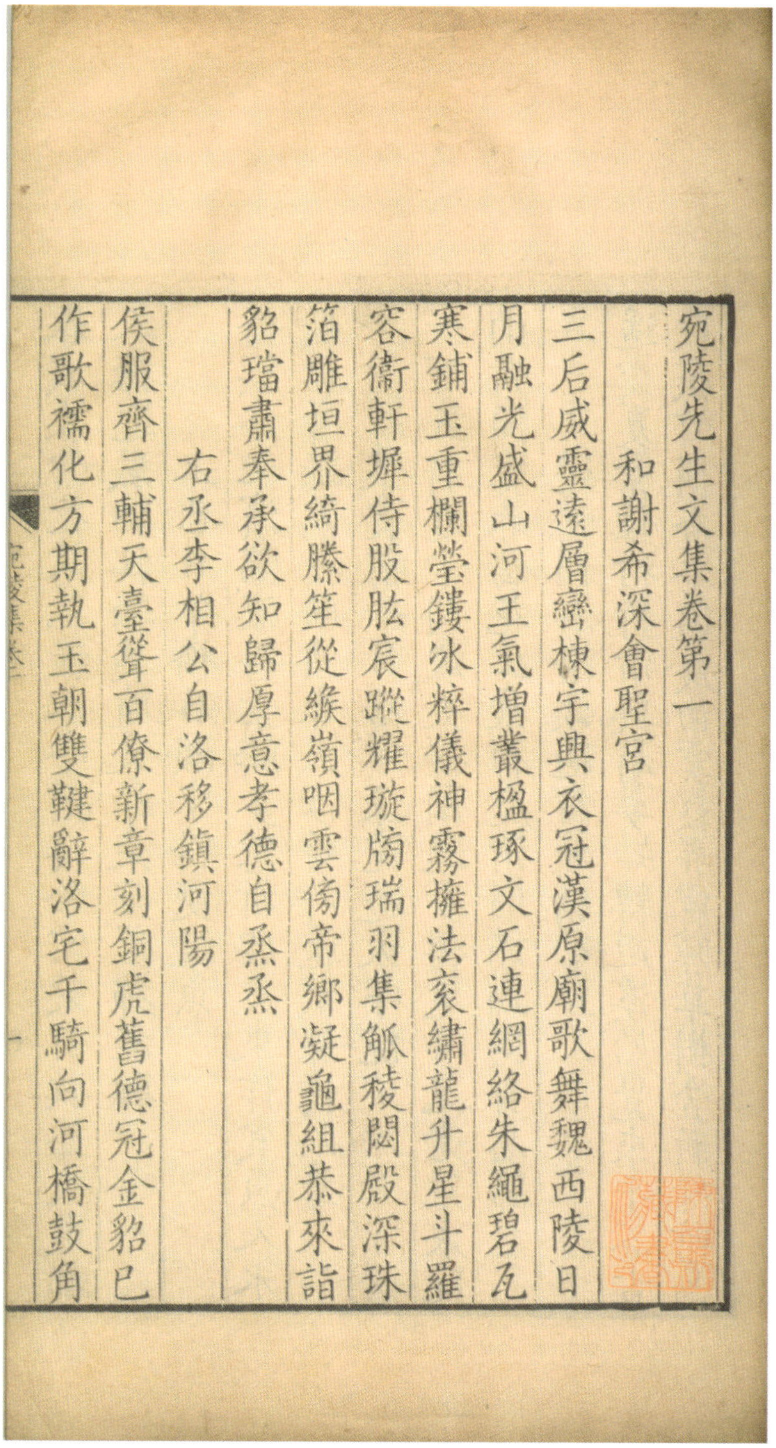

宛陵先生文集卷第一

和謝希深會聖宮

三后威靈遠層巒棟宇興衣冠漢原廟歌舞魏西陵日月融光盛山河王氣增叢楹琢文石連網絡朱繩碧瓦寒鋪玉重欄瑩鏤冰粹儀神霧擁法衮繡龍升星斗羅容衛軒墀侍股肱宸蹤耀璇牖瑞羽集觚稜閟殿深珠箔雕垣界綺縢笙從緱嶺咽雲傍帝鄉凝龜組恭來詣貂璫肅奉承欲知歸厚意孝德自烝烝

右丞李相公自洛移鎮河陽

侯服齊三輔天臺聳百僚新章刻銅虎舊德冠金貂已作歌襦化方期執玉朝雙鞬辭洛宅千騎向河橋鼓角

宛陵集卷一　一

宛陵先生文集六十卷拾遺一卷　（宋）梅堯臣撰　清康熙四十一年（1702）徐惇復白華書屋刻本。六册。半頁十一行二十一字，白口，左右雙邊。框高19.4厘米、寬14.3厘米。廣東省立中山圖書館藏。

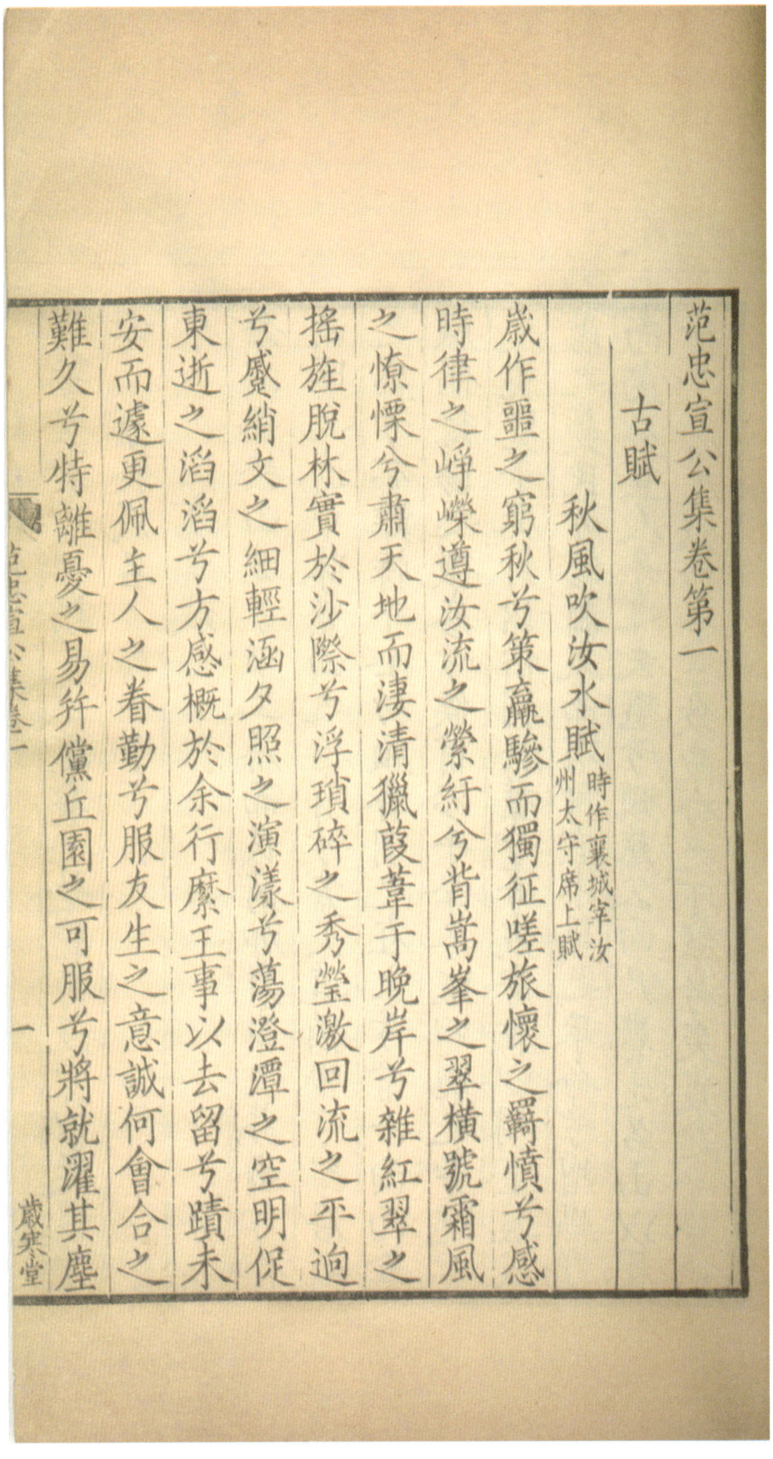
范忠宣公集卷第一

古賦

秋風吹汝水賦 時作襄城宰汝州太守席上賦

歲作噩之窮秋兮策羸驂而獨征嗟旅懷之羈憤兮感時律之崢嶸遵汝流之縈紆兮背嵩峯之翠横號霜風之憭慄兮肅天地而淒清獵葭葦于晚岸兮雜紅翠之摇旌脱林實於沙際兮浮瑣碎之秀瑩激回流之平迴兮蹙綃文之細輕涵夕照之演漾兮蕩澄潭之空明促東逝之滔滔兮方感慨於余行縻王事以去留兮蹟未安而遽更佩主人之眷勤兮服友生之意誠何會合之難久兮特離憂之易幷儻丘園之可服兮將就濯其塵

范忠宣公集卷一　一　歲寒堂

范忠宣公集二十卷奏議二卷遺文一卷補編一卷附録一卷　（宋）范純仁撰　清康熙四十六年（1707）范氏歲寒堂刻本。六册。半頁十一行二十一字，白口，左右雙邊。框高18.6厘米、寬14.3厘米。廣東省立中山圖書館藏。

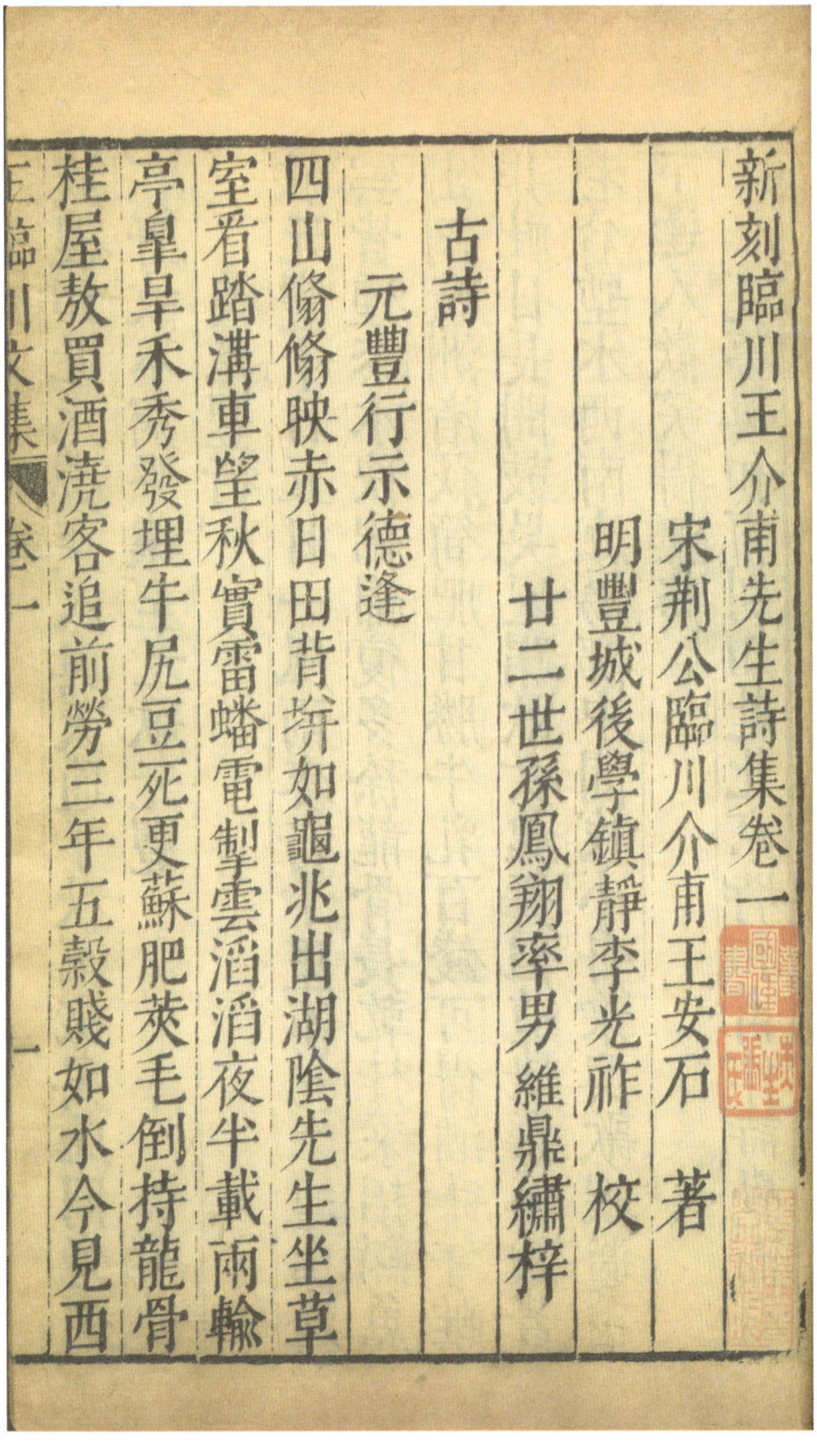

新刻臨川王介甫先生詩集卷一
宋荊公臨川介甫王安石　著
明豐城後學鎮靜李光祚　校
廿二世孫鳳翔率男維鼎繡梓

古詩

元豐行示德逢

四山翛翛映赤日田背坼如龜兆出湖陰先生坐草
室看踏溝車望秋實雷蟠電掣雲滔滔夜半載雨輸
亭皋旱禾秀發埋牛尻豆死更蘇肥莢毛倒持龍骨
桂屋敖買酒澆客追前勞三年五穀賤如水今見西

王臨川文集　卷一　一

新刻臨川王介甫先生詩文集一百卷序一卷目録一卷　（宋）王安石撰　明萬曆四十年（1612）王鳳翔光啓堂刻本。十六册。半頁十行二十字，白口，四周單邊。框高22厘米、寬14.1厘米。東莞市莞城圖書館藏。

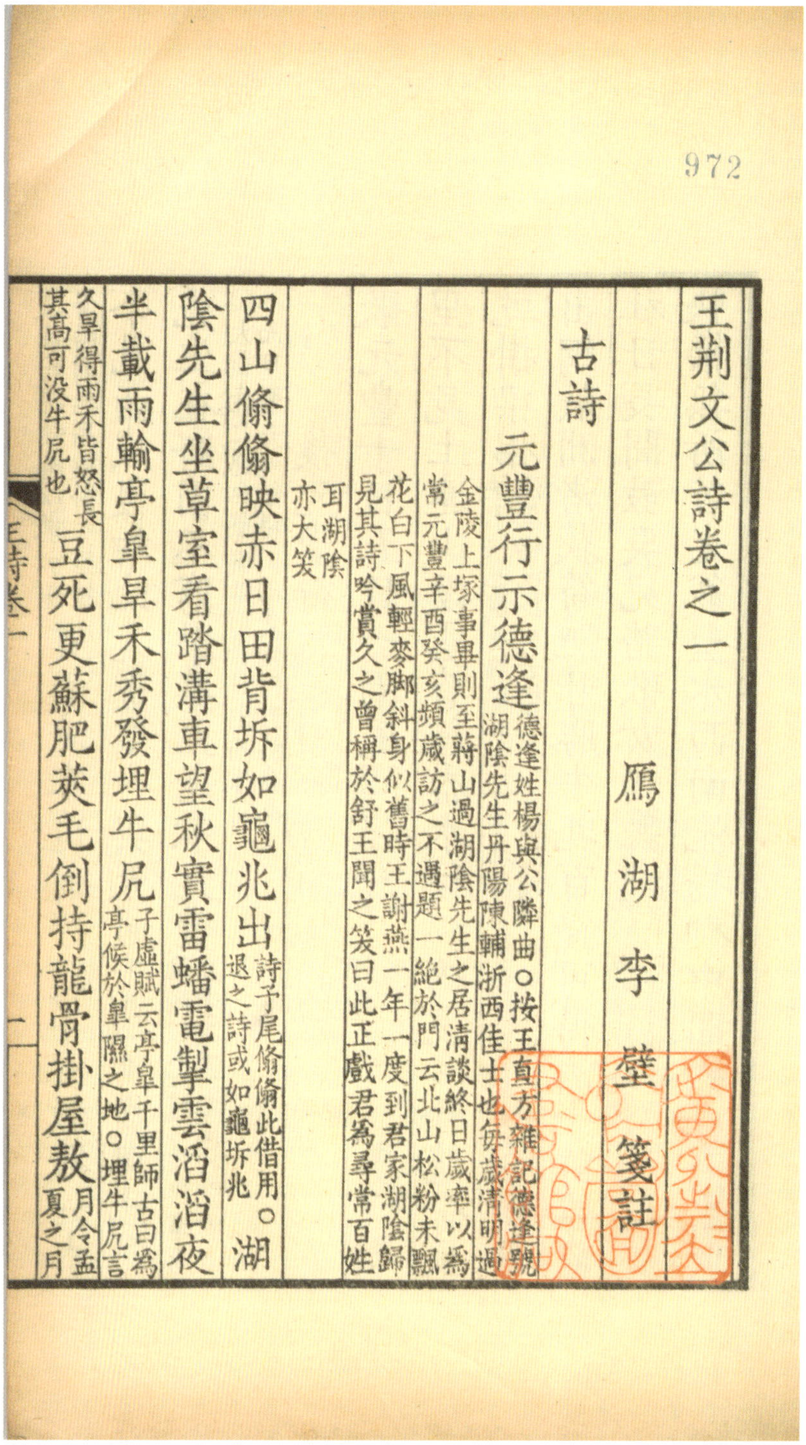
972

王荊文公詩卷之一

鴈湖李　壁　箋註

古詩

元豐行示德逢 德逢姓楊與公隣曲○按王直方雜記德逢號湖陰先生丹陽陳輔浙西佳士也毎歲清明過金陵上塚事畢則至蔣山過湖陰先生之居清談終日歲率以爲常元豐辛酉癸亥頻歲訪之不遇題一絶於門云北山松粉未飄花白下風輕麥脚斜身似舊時王謝燕一年一度到君家湖陰歸見其詩吟賞久之曾稱於舒王聞之笑曰此正戲君爲尋常百姓耳湖陰亦大笑

四山翛翛映赤日田背坼如龜兆出 詩予尾翛翛此借用○退之詩或如龜坼兆 湖陰先生坐草室看踏溝車望秋實雷蟠電掣雲滔滔夜半載雨輸亭皐旱禾秀發埋牛尻 子虛賦云亭皐千里師古曰爲亭候於皐隰之地○埋牛尻言久旱得雨禾皆怒長其高可没牛尻也 豆死更蘇肥莢毛倒持龍骨掛屋敖 月令孟夏之月

王詩卷一　一

王荊文公詩五十卷　（宋）王安石撰　（宋）李壁箋注　清乾隆五年至六年（1740—1741）張宗松清綺齋刻本。八册。半頁十一行二十一字，小字雙行三十一字，黑口，左右雙邊。框高19.2厘米、寬13.9厘米。廣東省立中山圖書館藏。

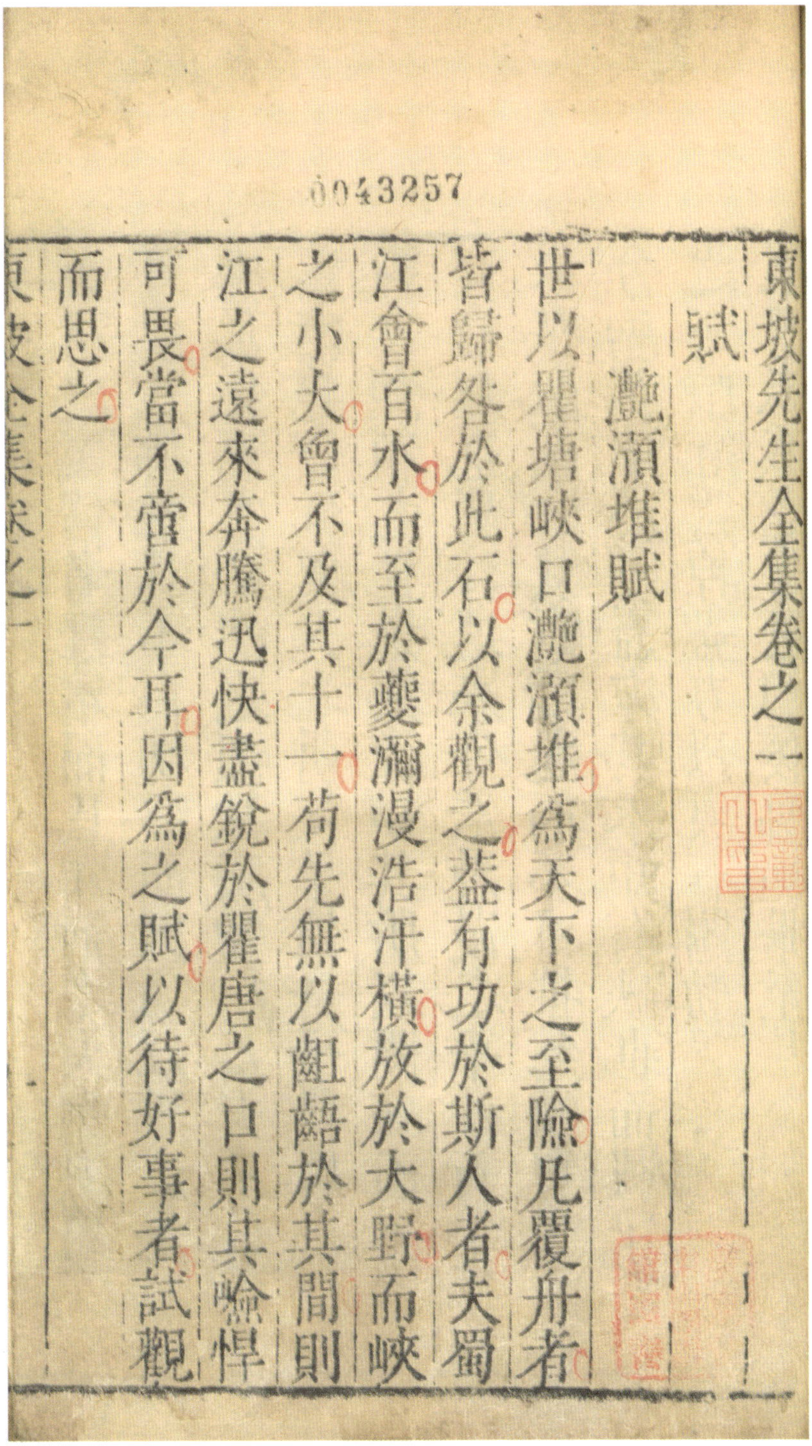

0043257

東坡先生全集卷之一

賦

灧澦堆賦

世以瞿塘峽口灧澦堆爲天下之至險凡覆舟者皆歸咎於此石以余觀之蓋有功於斯人者夫蜀江會百水而至於夔瀰漫浩汗橫放於大野而峽之小大曾不及其十一苟先無以齟齬於其間則江之遠來奔騰迅快盡銳於瞿唐之口則其險悍可畏當不啻於今耳因爲之賦以待好事者試觀而思之

東坡全集卷之一

東坡先生全集七十五卷　（宋）蘇軾撰　明末項煜刻本。四十册。半頁十行十九字，白口，左右雙邊。框高19.8厘米、寬14.8厘米。廣東省立中山圖書館藏。

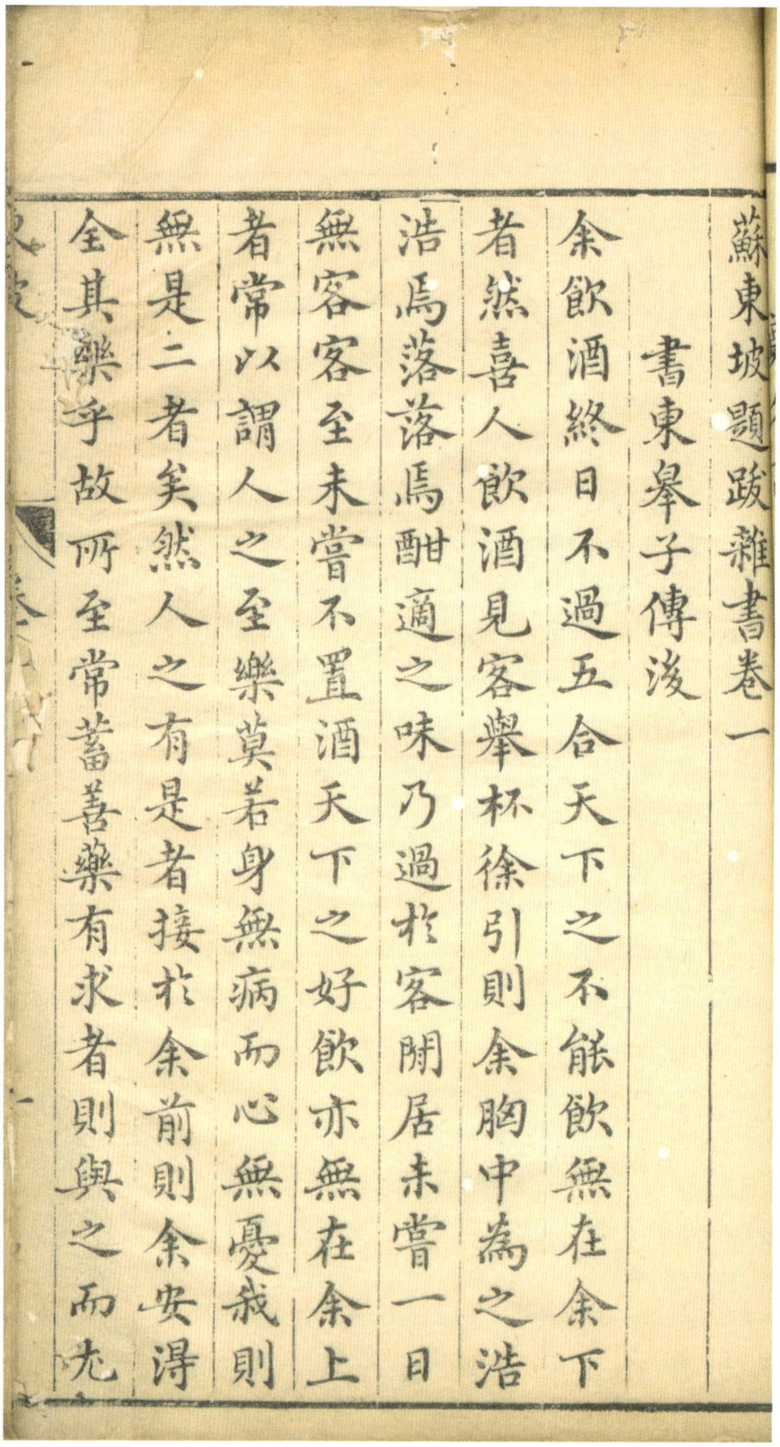

蘇東坡題跋雜書卷一

書東皋子傳後

余飲酒終日不過五合天下之不能飲無在余下者然喜人飲酒見客舉杯徐引則余胸中爲之浩浩焉落落焉酣適之味乃過於客閑居未嘗一日無客客至未嘗不置酒天下之好飲亦無在余上者常以謂人之至樂莫若身無病而心無憂我則無是二者矣然人之有是者接於余前則余安得全其樂乎故所至常蓄善藥有求者則與之而尤

蘇東坡題跋雜書六卷　（宋）蘇軾撰　明刻本。三册。半頁九行十九字，白口，四周單邊。框高21.4厘米、寬13.8厘米。廣東省立中山圖書館藏。

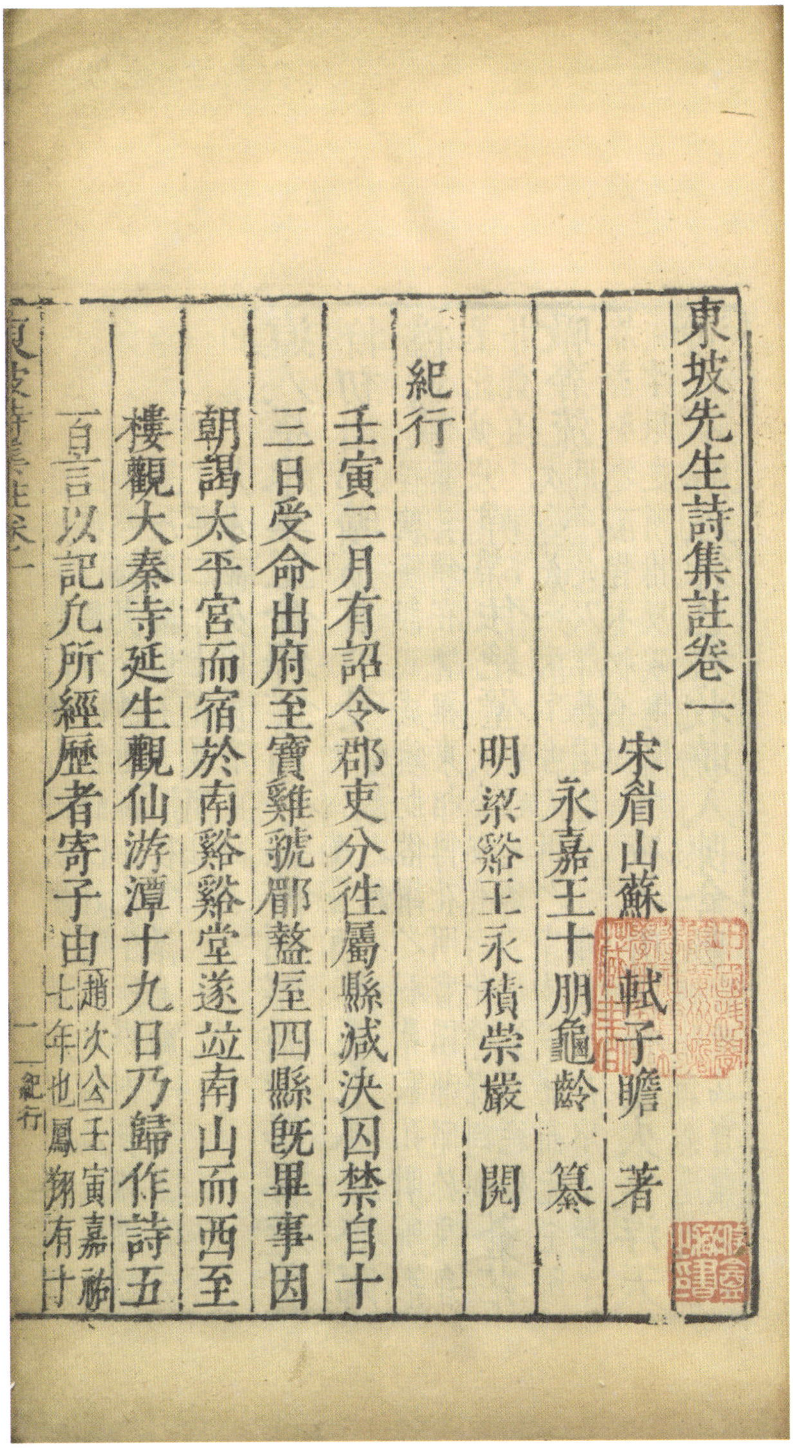

東坡先生詩集註卷一
宋眉山蘇軾子瞻 著
永嘉王十朋龜齡 纂
明梁谿王永積崇巖 閲

紀行

壬寅二月有詔令郡吏分往屬縣減決囚禁自十三日受命出府至寶雞虢郿盩厔四縣既畢事因朝謁太平宮而宿於南谿谿堂遂並南山而西至樓觀大秦寺延生觀仙游潭十九日乃歸作詩五百言以記凡所經歷者寄子由 趙次公壬寅嘉祐七年也鳳翔有十

東坡詩集註卷一 二 紀行

東坡先生詩集註三十二卷 （宋）蘇軾撰 題（宋）王十朋纂集 明鯨碧山房刻本。十二册。半頁十行二十一字，小字雙行同，白口，左右雙邊。框高20.4厘米、寬14.2厘米。廣東省社會科學院藏。

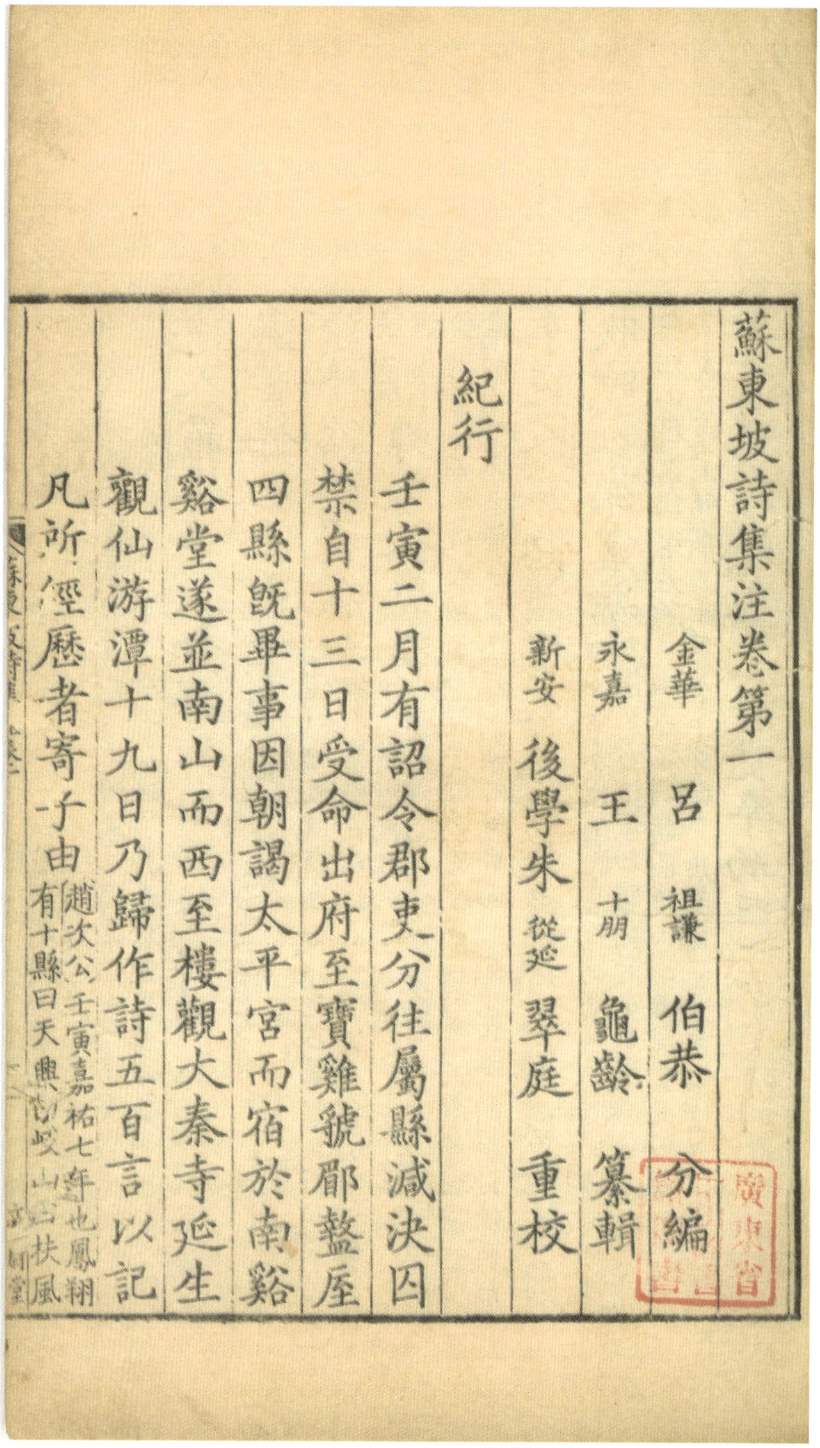

蘇東坡詩集注卷第一

金華　呂　祖謙　伯恭　分編

永嘉　王　十朋　龜齡　纂輯

新安　後學朱　從延　翠庭　重校

紀行

壬寅二月有詔令郡吏分往屬縣減決囚禁自十三日受命出府至寶雞虢郿盩厔四縣既畢事因朝謁太平宮而宿於南谿谿堂遂並南山而西至樓觀大秦寺延生觀仙游潭十九日乃歸作詩五百言以記凡所經歷者寄子由 趙次公壬寅嘉祐七年也鳳翔有十縣曰天興岐山扶風

蘇東坡詩集注三十二卷　（宋）蘇軾撰　題（宋）吕祖謙分編　題（宋）王十朋纂集　**年譜一卷**　（宋）王宗稷撰　清康熙三十七年（1698）朱從延文蔚堂刻本。十二册。半頁十一行十九字，小字雙行二十八字，白口，左右雙邊。框高18厘米、寬14.5厘米。廣東省立中山圖書館藏。

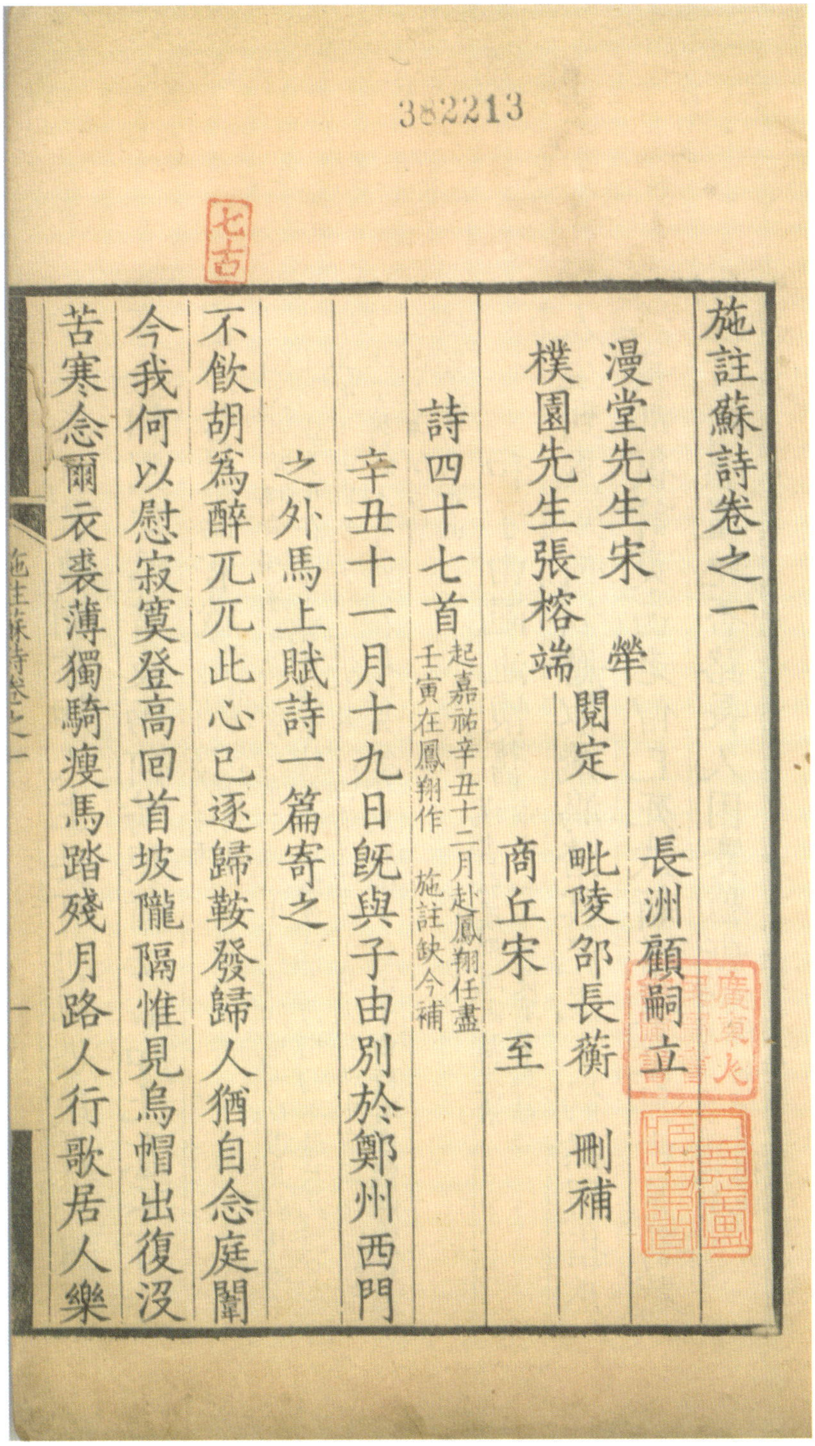

施註蘇詩四十二卷總目二卷　（宋）蘇軾撰　（宋）施元之　顧禧注　（清）邵長蘅　顧嗣立　宋至刪補　**蘇詩續補遺二卷**　（宋）蘇軾撰　（清）馮景補注　**王注正譌一卷**　（清）邵長蘅撰　**東坡先生年譜一卷**　（宋）王宗稷撰　清康熙三十八年（1699）宋犖刻本。十册。半頁十行二十一字，小字雙行三十一字，黑口，四周單邊。框高19.2厘米、寬14.5厘米。廣東省立中山圖書館藏。

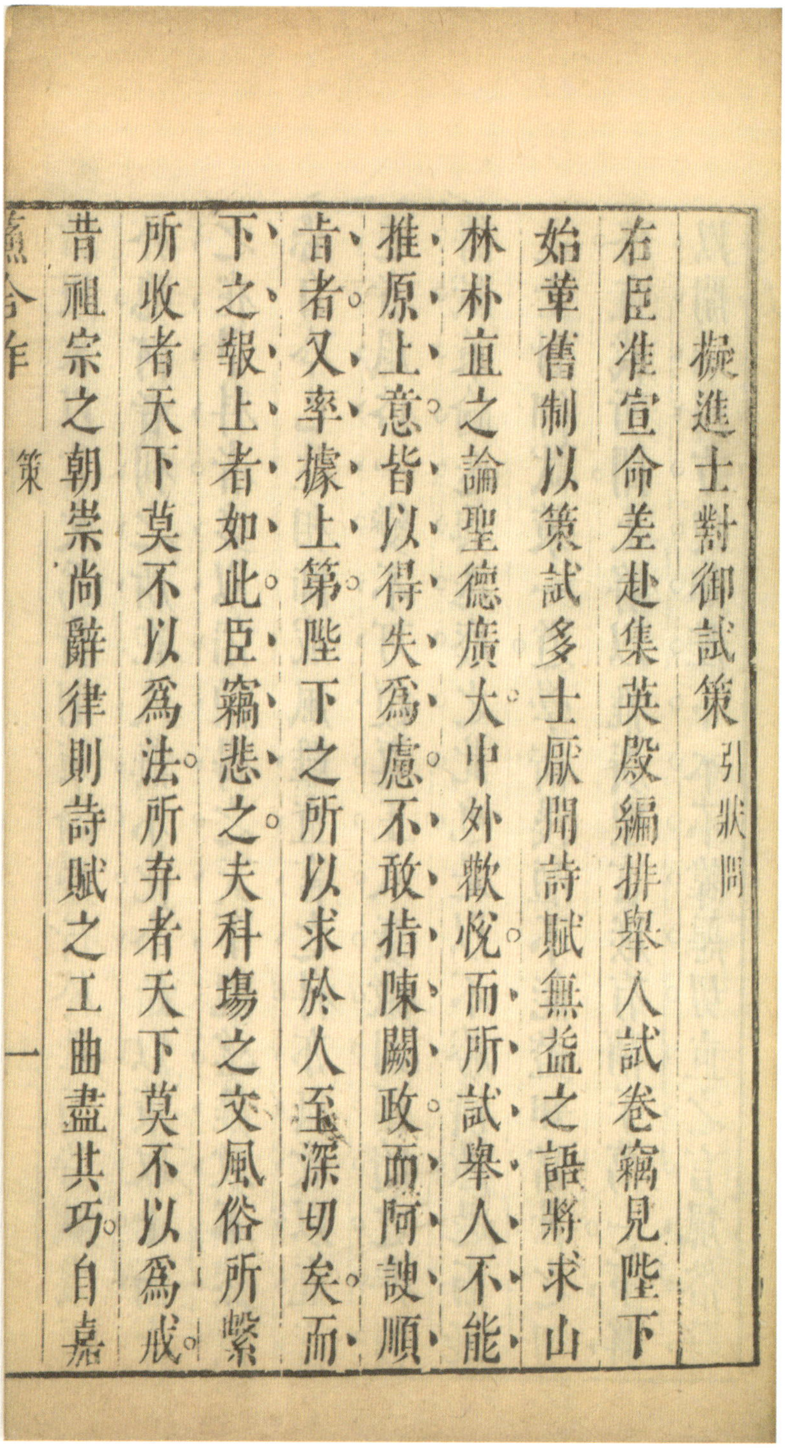

擬進士對御試策 引狀問

右臣准宣命差赴集英殿編排舉人試卷竊見陛下始革舊制以策試多士厭聞詩賦無益之語將求山林朴直之論聖德廣大中外歡悅而所試舉人不能推原上意皆以得失爲慮不敢指陳闕政而阿諛順旨者又率據上第陛下之所以求於人至深切矣而下之報上者如此臣竊悲之夫科場之文風俗所繫所收者天下莫不以爲法所弃者天下莫不以爲戒昔祖宗之朝崇尚辭律則詩賦之工曲盡其巧自嘉

蘇合作　策　一

蘇長公合作不分卷　（宋）蘇軾撰　（明）鄭圭輯　明末刻本。八册。半頁九行二十字，白口，四周單邊。框高21厘米、寬14厘米。廣東省立中山圖書館藏。

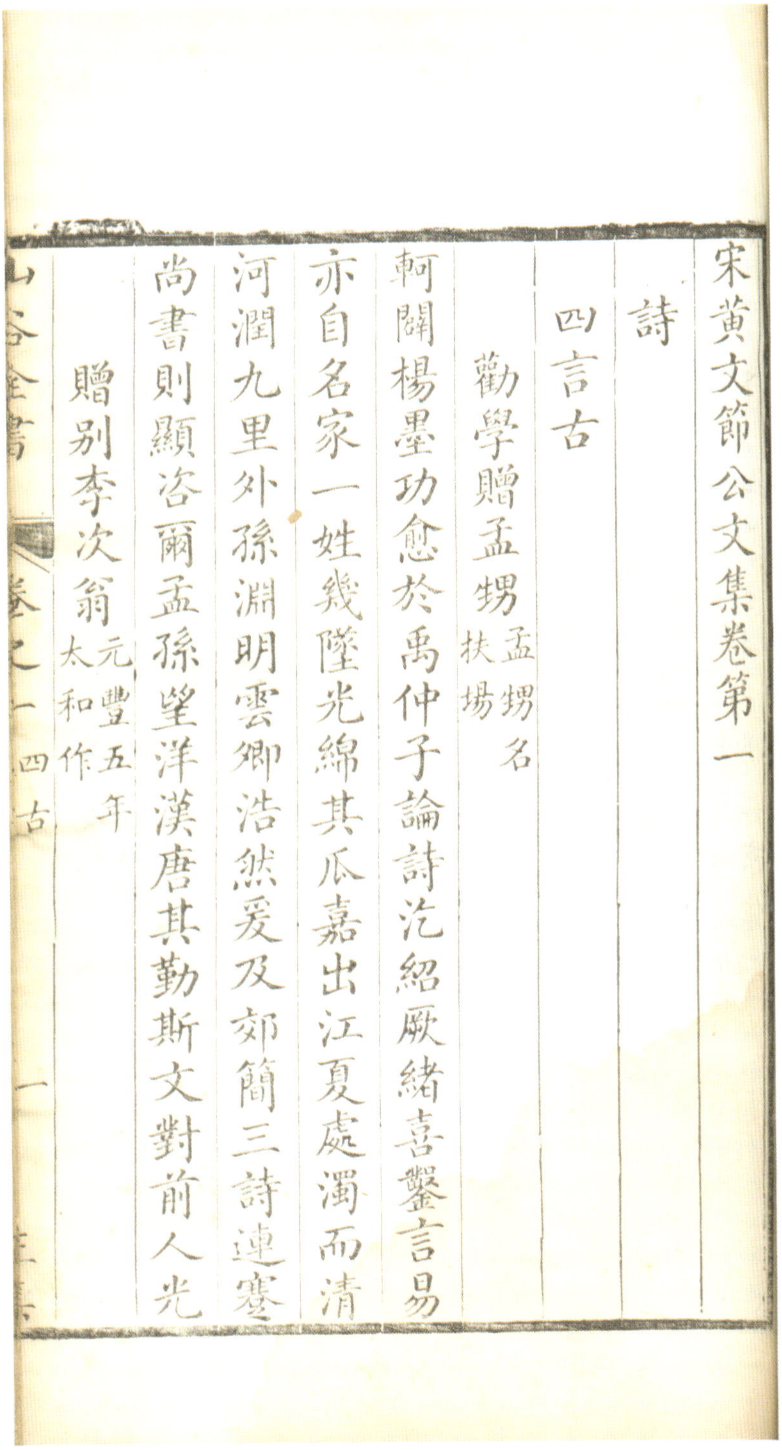
宋黃文節公文集卷第一

詩

四言古

勸學贈孟㬅 孟㬅名扶場

軻闢楊墨功愈於禹仲子論詩汔紹厥緒喜鑿言易亦自名家一姓幾墜光綿其瓜嘉出江夏處濁而清河潤九里外孫淵明雲卿浩然爰及郊簡三詩連蹇尚書則顯咨爾孟孫望洋漢唐其勤斯文對前人光

贈别李次翁 元豐五年太和作

山谷全書　卷之一　四古　一

宋黃文節公文集正集三十二卷外集二十四卷别集十九卷首四卷　（宋）黄庭堅撰　**伐檀集二卷**　（宋）黄庶撰　清乾隆三十年（1765）緝香堂刻本。十六册。半頁九行二十字，白口，左右雙邊。框高21.5厘米、寬16厘米。廣東省立中山圖書館藏。

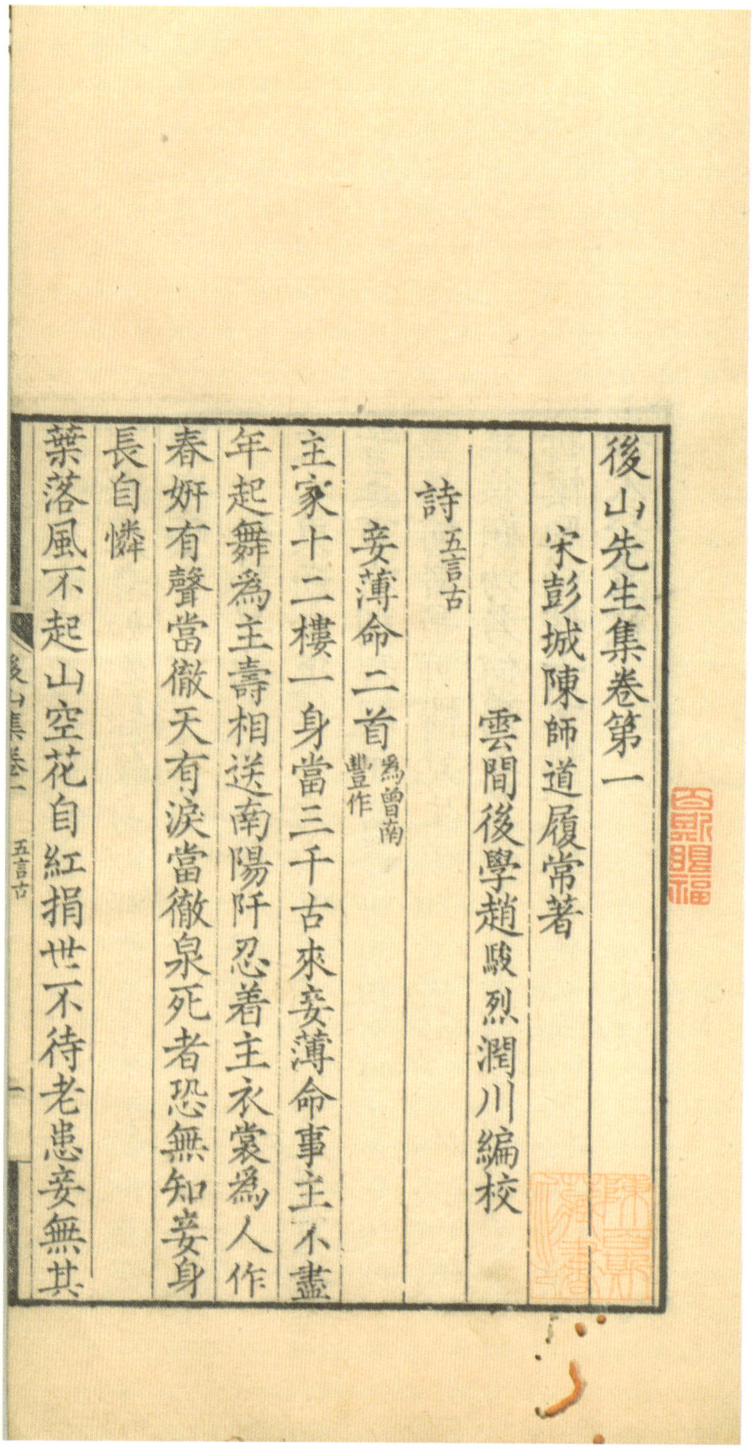
後山先生集卷第一
宋彭城陳師道履常著
雲間後學趙駿烈潤川編校
詩五言古
妾薄命二首為曾南豐作
主家十二樓一身當三千古來妾薄命事主不盡
年起舞為主壽相送南陽阡忍着主衣裳為人作
春妍有聲當徹天有淚當徹泉死者恐無知妾身
長自憐
葉落風不起山空花自紅捐世不待老惠妾無其
後山集卷一　五言古　一

後山先生集二十四卷　（宋）陳師道撰　清雍正八年（1730）趙駿烈刻本。四册。半頁十行十九字，黑口，左右雙邊。框高15.4厘米、寬11.7厘米。廣東省立中山圖書館藏。

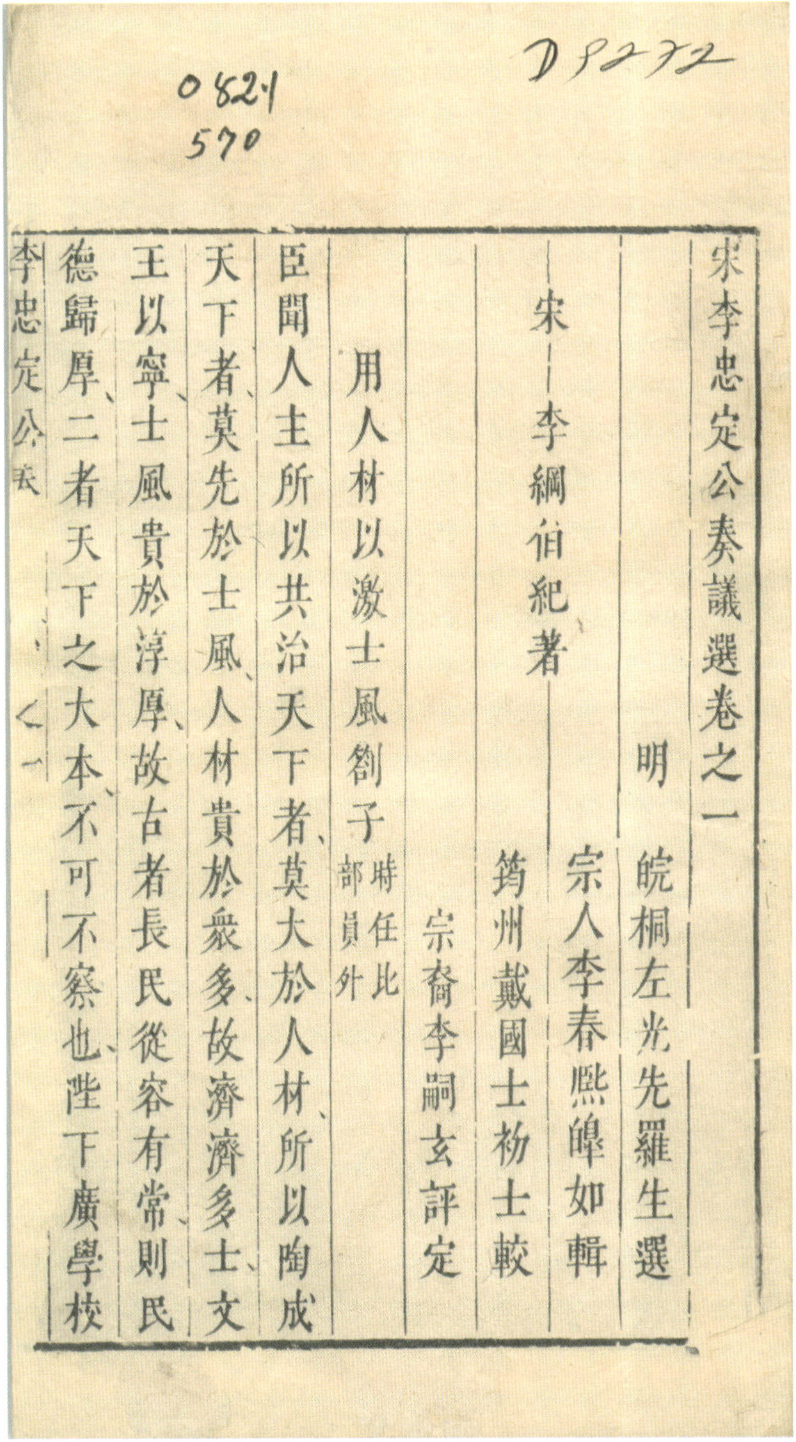

宋李忠定公奏議選卷之一

明　皖桐左光先羅生選

宋　李綱伯紀著

宗人李春熙皞如輯

筠州戴國士枌士較

宗裔李嗣玄評定

用人材以激士風劄子（時任比部員外）

臣聞人主所以共治天下者、莫大於人材、所以陶成天下者、莫先於士風、人材貴於衆多、故濟濟多士、文王以寧、士風貴於淳厚、故古者長民從容有常、則民德歸厚、二者天下之大本、不可不察也、陛下廣學校

李忠定公　卷一　之一

宋李忠定公奏議選十五卷文集選二十九卷首四卷　（宋）李綱撰　（明）左光先　李春熙等輯　明崇禎刻本。九册。半頁十行二十字，白口，四周單邊。框高20.8厘米、寬14厘米。廣東省立中山圖書館藏。

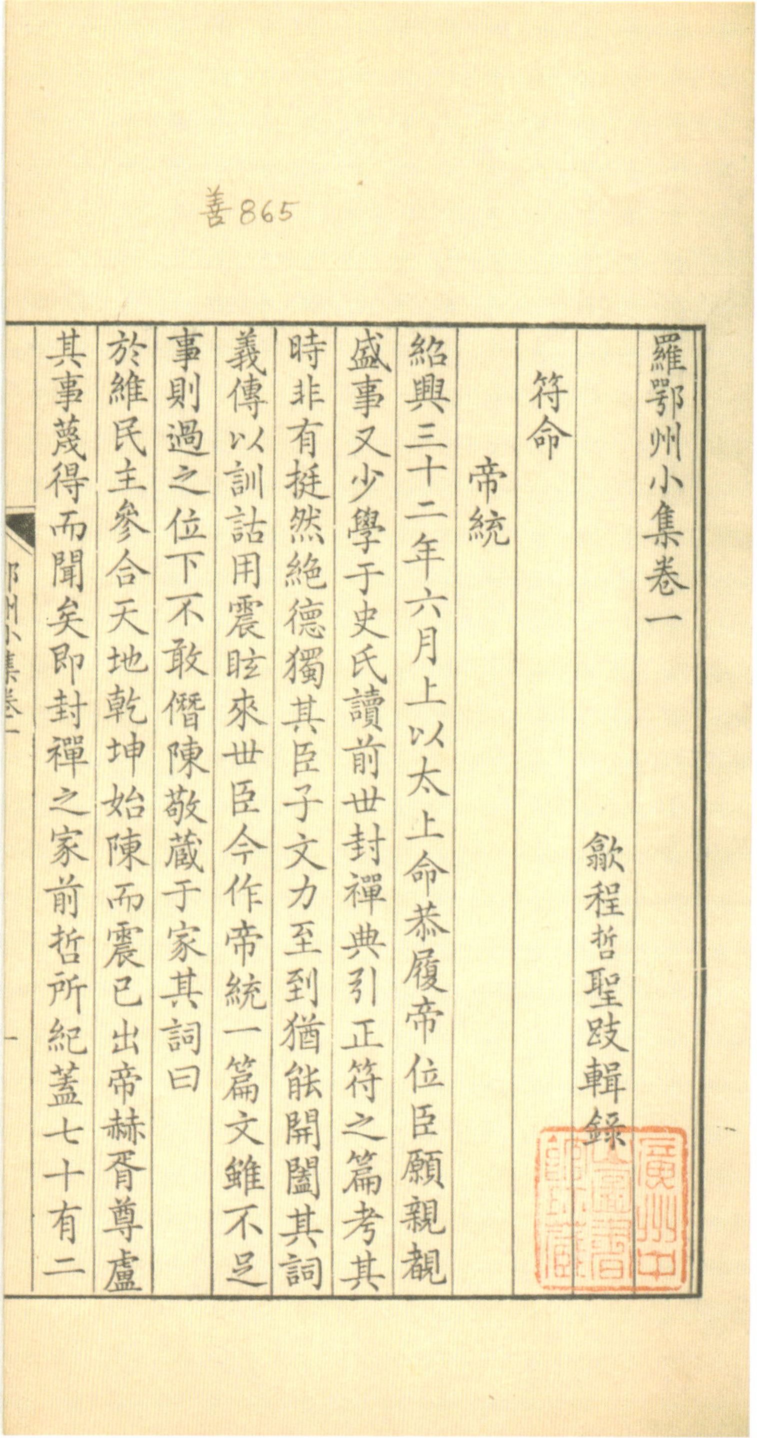

善865

羅鄂州小集卷一

歙程哲聖跂輯録

符命

帝統

紹興三十二年六月上以太上命恭履帝位臣願親覩
盛事又少學于史氏讀前世封禪典引正符之篇考其
時非有挺然絶德獨其臣子文力至到猶能開闔其詞
義傳以訓詁用震眩來世臣今作帝統一篇文雖不足
事則過之位下不敢僭陳敬藏于家其詞曰
於維民主參合天地乾坤始陳而震已出帝赫胥尊盧
其事蔑得而聞矣即封禪之家前哲所紀蓋七十有二

鄂州小集卷一

羅鄂州小集六卷　（宋）羅願撰　**羅郢州遺文一卷**　（宋）羅頌撰　清康熙五十二年（1713）程哲七略書堂刻本。二册。半頁十一行二十一字，白口，左右雙邊。框高17.7厘米、寬13厘米。廣東省立中山圖書館藏。

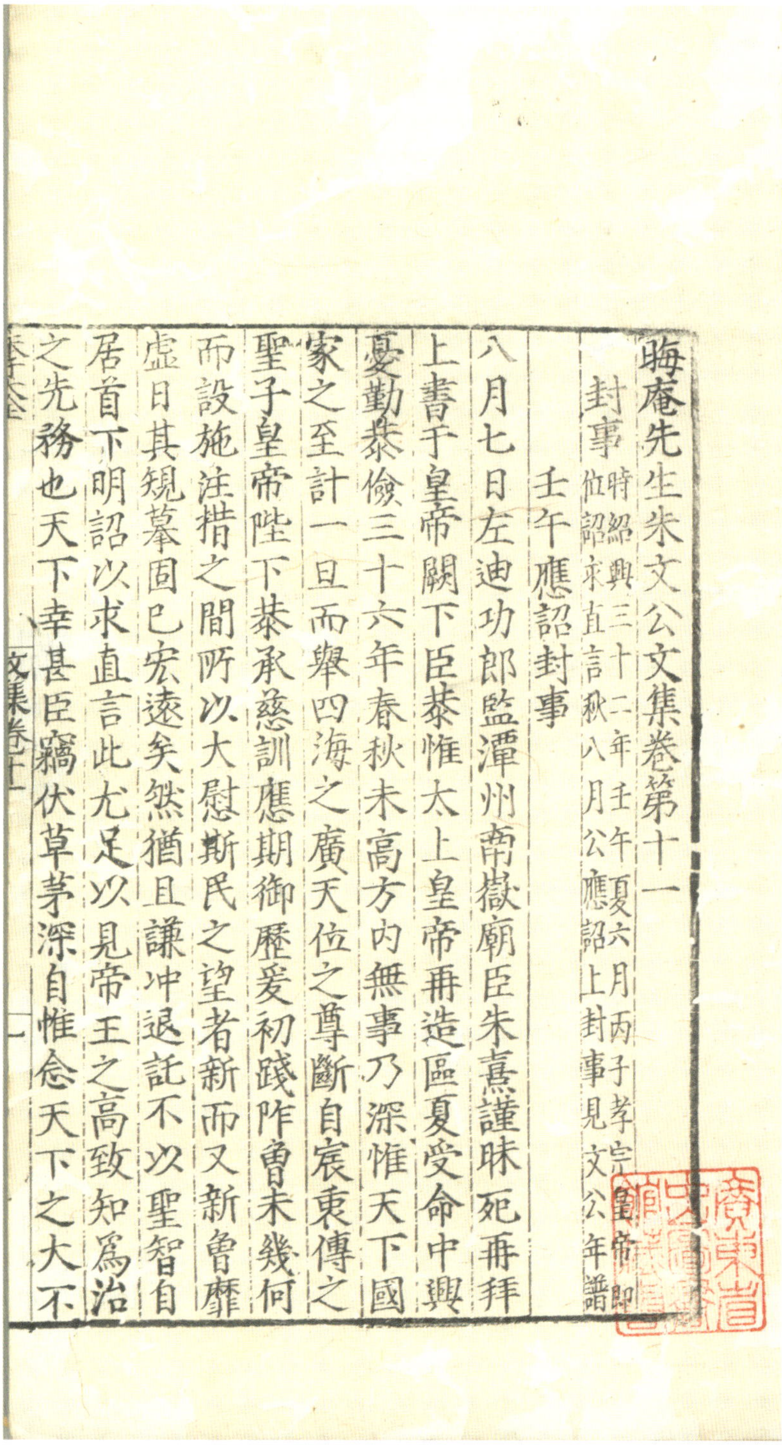
晦庵先生朱文公文集卷第十一
封事時紹興三十二年壬午夏六月丙子孝宗皇帝即位詔求直言秋八月公應詔上封事見文公年譜
壬午應詔封事
八月七日左迪功郎監潭州南嶽廟臣朱熹謹昧死再拜
上書于皇帝闕下臣恭惟太上皇帝再造區夏受命中興
憂勤恭儉三十六年春秋未高方內無事乃深惟天下國
家之至計一旦而舉四海之廣天位之尊斷自宸衷傳之
聖子皇帝陛下恭承慈訓應期御歷爰初踐阼曾未幾何
而設施注措之間所以大慰斯民之望者新而又新曾靡
虛日其規摹固已宏遠矣然猶且謙冲退託不以聖智自
居首下明詔以求直言此尤足以見帝王之高致知爲治
之先務也天下幸甚臣竊伏草茅深自惟念天下之大不

晦庵先生朱文公文集一百卷目録二卷續集十一卷别集十卷　（宋）朱熹撰　明嘉靖十一年（1532）張大輪、胡嶽等刻本。五十四册。半頁十二行二十二字，白口，四周單邊。框高18.8厘米、寬13.3厘米。廣東省立中山圖書館藏。

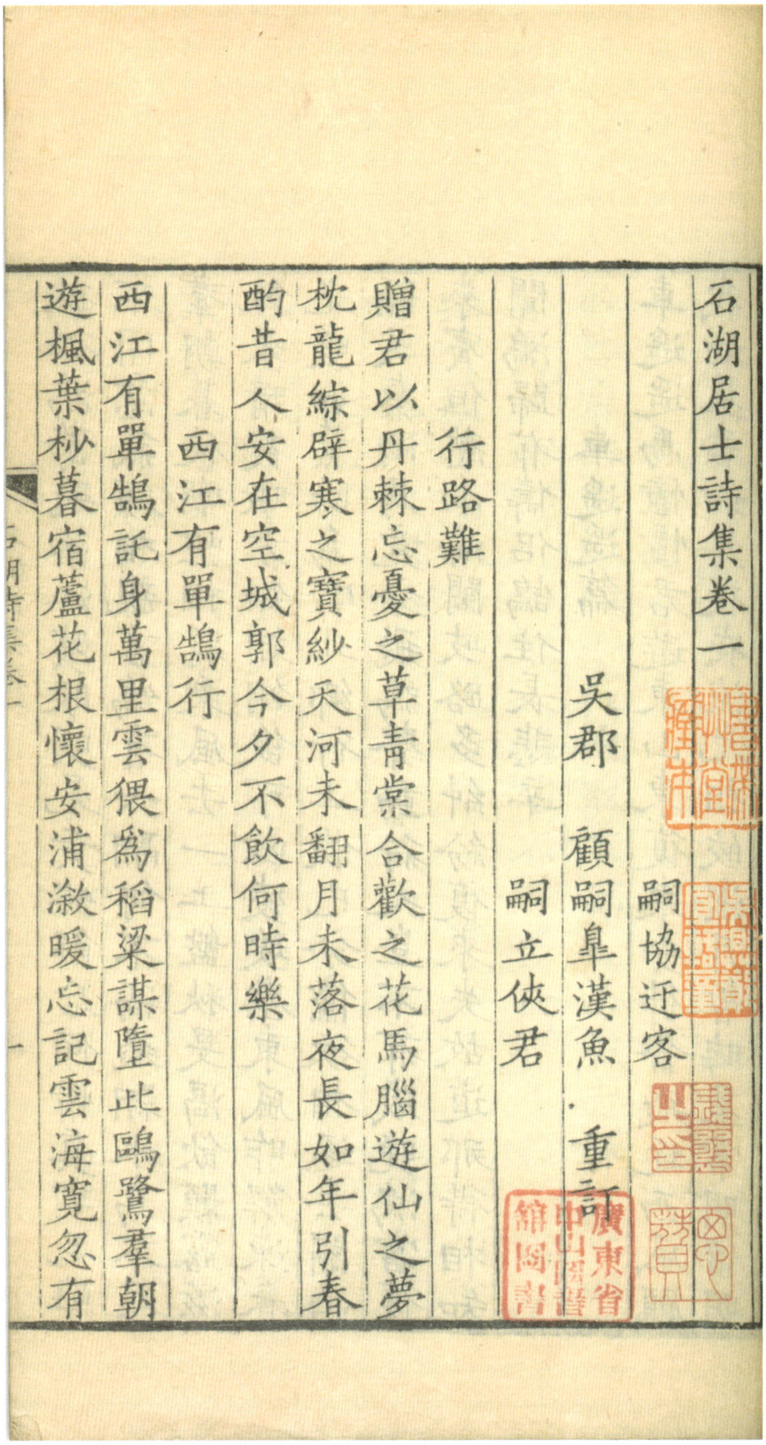
石湖居士詩集卷一
嗣協迂客
吴郡　顧嗣臯漢魚　重訂
嗣立俠君
行路難
贈君以丹棘忘憂之草青棠合歡之花馬腦遊仙之夢
枕龍綵辟寒之寶紗天河未翻月未落夜長如年引春
酌昔人安在空城郭今夕不飲何時樂
西江有單鵠行
西江有單鵠託身萬里雲偎爲稻粱謀墮此鷗鷺羣朝
遊楓葉杪暮宿蘆花根懷安浦漵暖忘記雲海寛忽有

石湖居士詩集三十四卷　（宋）范成大撰　清康熙二十七年（1688）顧氏依園刻本。四册。半頁十一行二十一字，白口，左右雙邊。框高19.8厘米、寬15厘米。廣東省立中山圖書館藏。

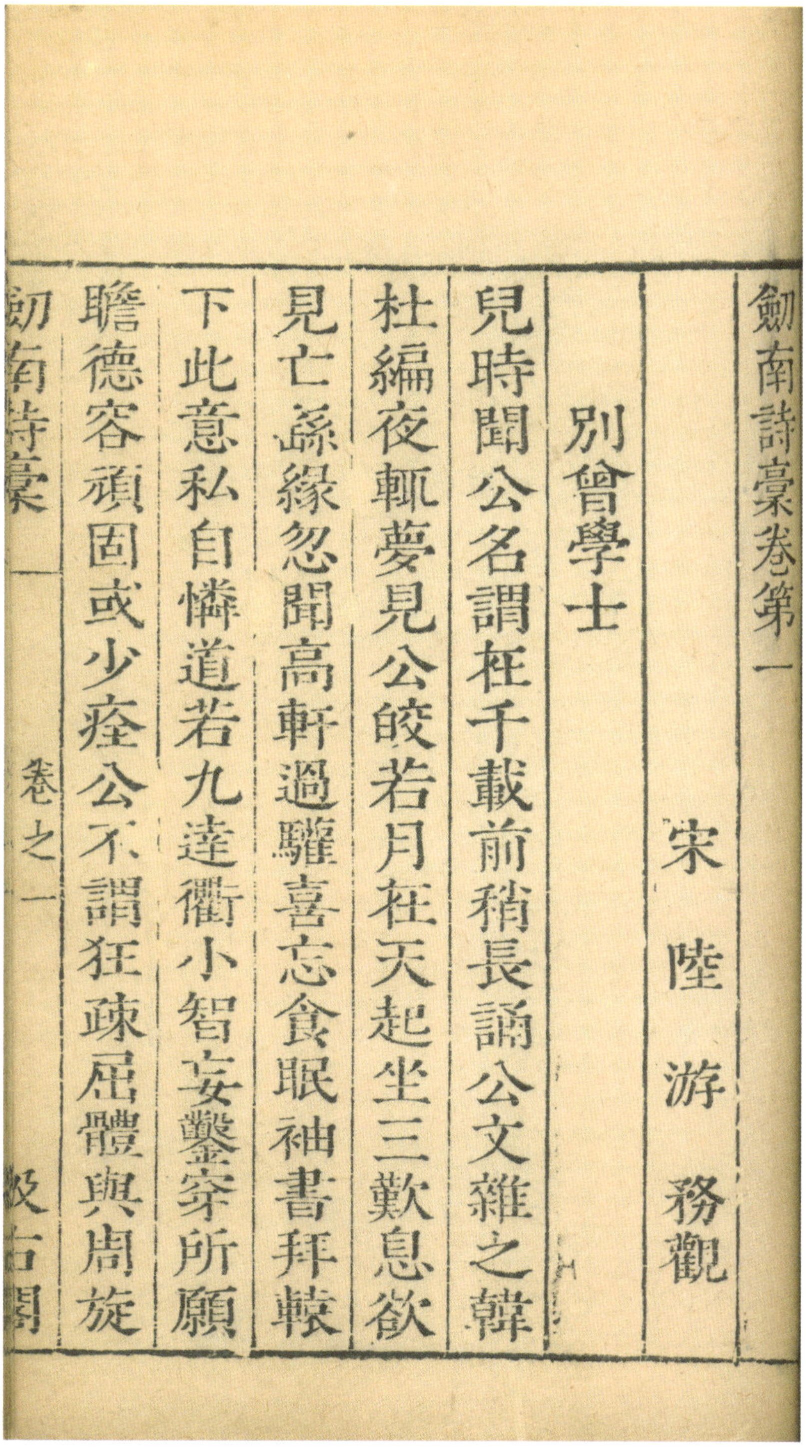
劍南詩稾卷第一
宋 陸 游 務觀
別曾學士
兒時聞公名謂在千載前稍長誦公文雜之韓
杜編夜輒夢見公皎若月在天起坐三歎息欲
見亡繇緣忽聞高軒過驩喜忘食眠袖書拜轅
下此意私自憐道若九達衢小智妄鑿穿所願
瞻德容頑固或少痊公不謂狂疎屈體與周旋
劍南詩稾 卷之一 汲古閣

劍南詩稾八十五卷 （宋）陸游撰　明末毛氏汲古閣刻本。十二册。半頁八行十八字，白口，左右雙邊。框高18.2厘米、寬14.2厘米。廣東省立中山圖書館藏。

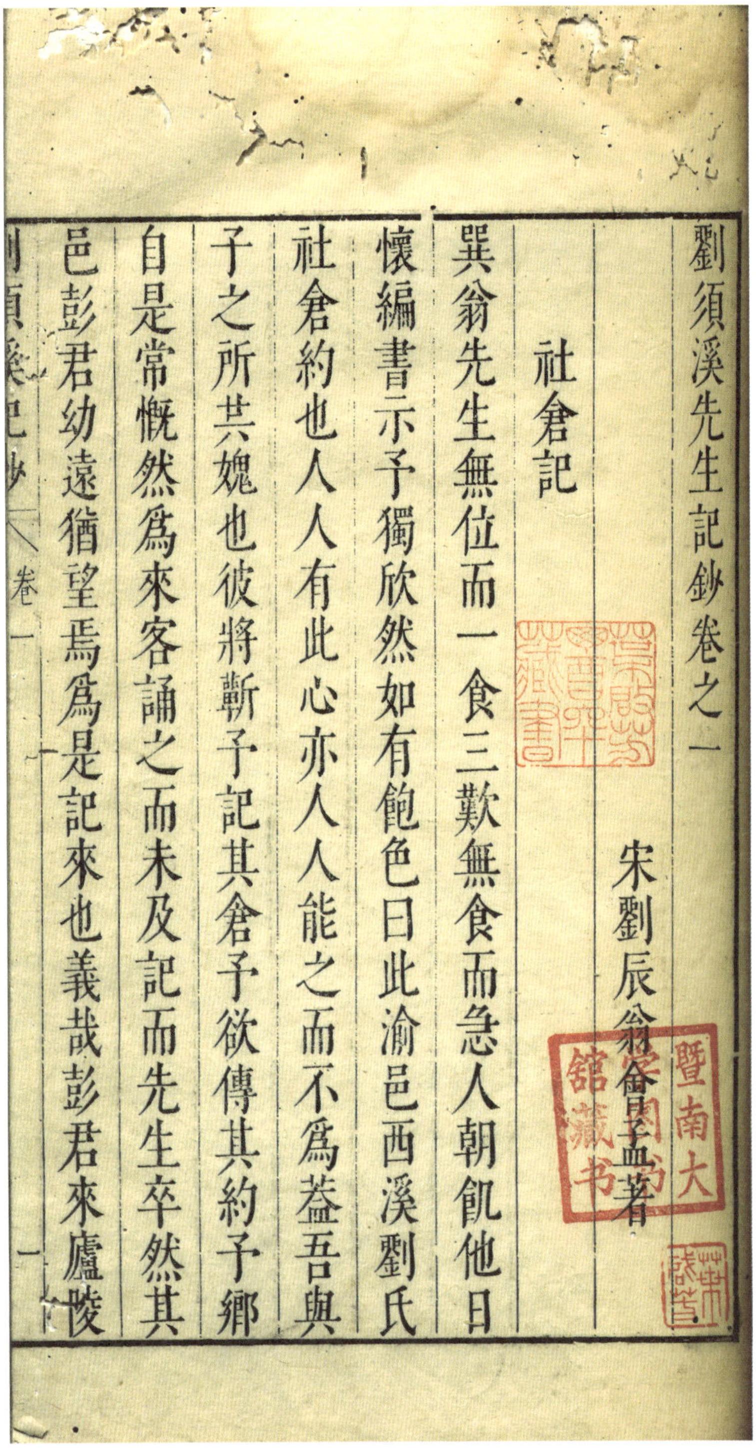

劉須溪先生記鈔卷之一

宋劉辰翁會孟著

社倉記

巽翁先生無位而一食三歎無食而急人朝飢他日懷編書示予獨欣然如有飽色曰此渝邑西溪劉氏社倉約也人人有此心亦人人能之而不爲葢吾與子之所共媿也彼將蘄予記其倉予欲傳其約予鄉自是常慨然爲來客誦之而未及記而先生卒然其邑彭君幼遠猶望焉爲是記來也義哉彭君來廬陵

劉須溪記鈔　卷一　一

劉須溪先生記鈔八卷　（宋）劉辰翁撰　明天啓三年（1623）楊識西刻本。四册。半頁九行二十字，白口，四周單邊。框高21厘米、寬14.3厘米。暨南大學圖書館藏。

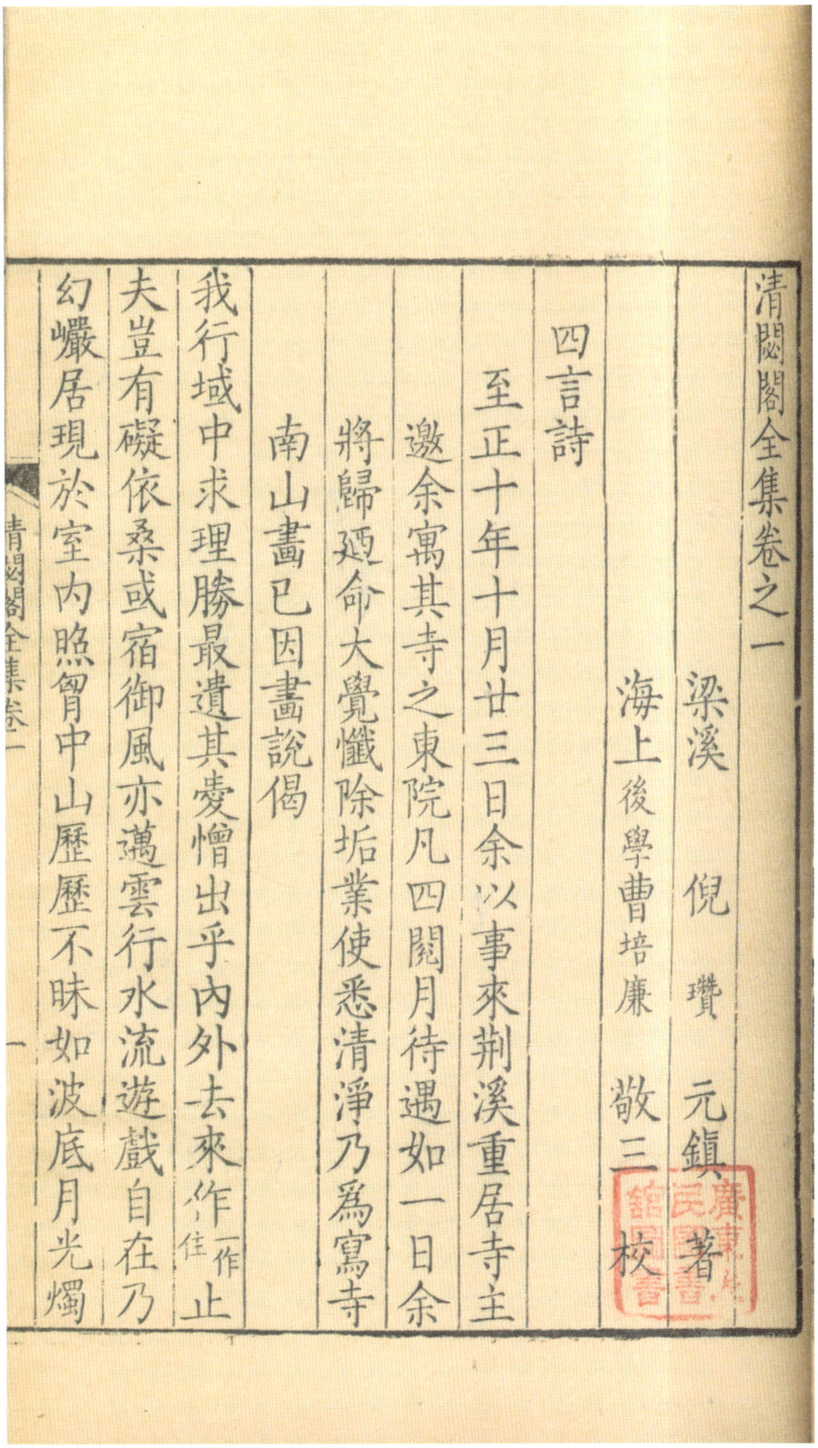

清閟閣全集卷之一
梁溪　倪瓚元鎮著
海上後學曹培廉敬三校
四言詩
至正十年十月廿三日余以事來荆溪重居寺主邀余寓其寺之東院凡四閱月待遇如一日余將歸迺命大覺懺除垢業使悉清淨乃爲寫寺南山畫已因畫說偈
我行域中求理勝最遺其夌懵出乎內外去來作（一作住）止夫豈有礙依桑或宿御風亦邁雲行水流遊戲自在乃幻巘居現於室內照習中山歷歷不昧如波底月光燭
清閟閣全集卷一　一

清閟閣全集十二卷　（元）倪瓚撰　清康熙五十二年（1713）曹培廉城書屋刻本。六册。半頁十一行二十一字，白口，四周單邊。框高17.8厘米、寬12.5厘米。廣東省立中山圖書館藏。

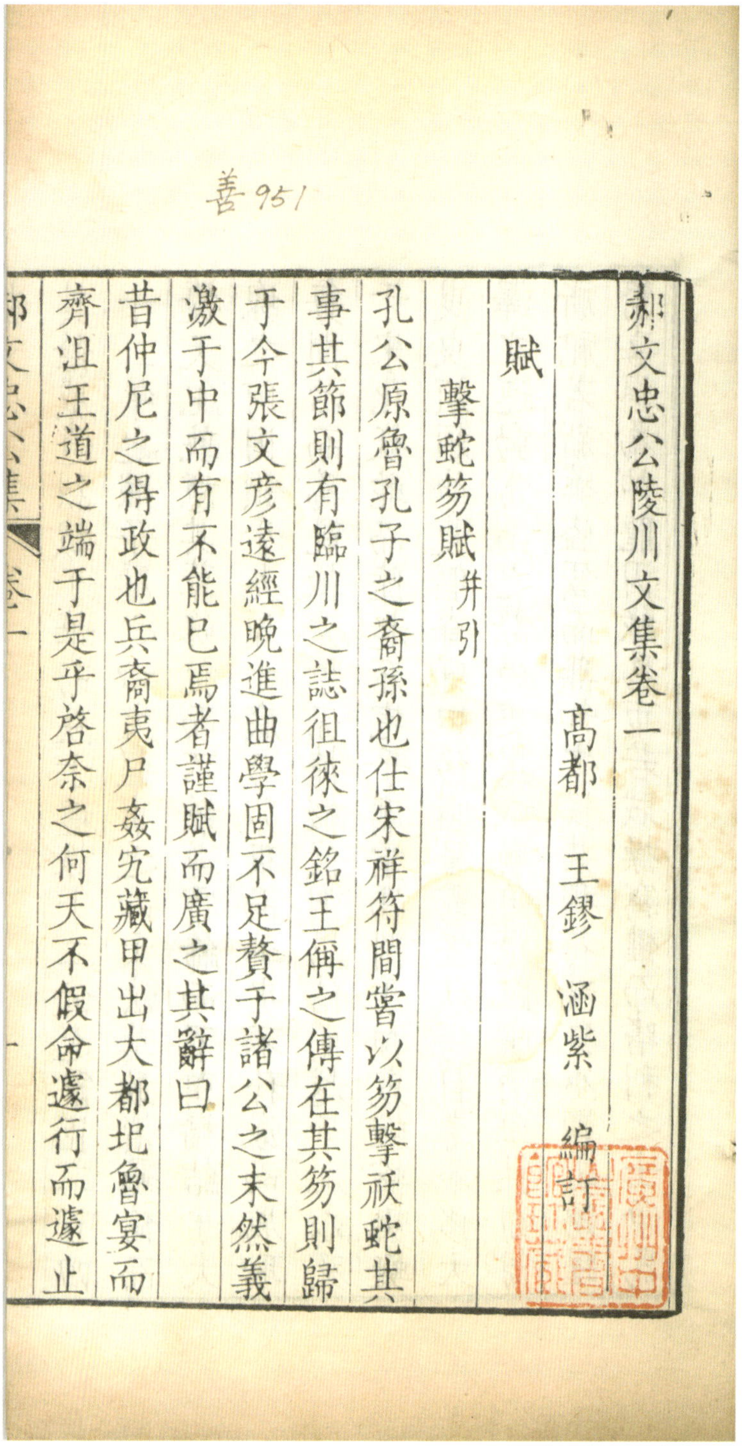

郝文忠公陵川文集卷一

高都　王鏐　涵紫　編訂

賦

擊蛇笏賦并引

孔公原魯孔子之裔孫也仕宋祥符間嘗以笏擊祆蛇其事其節則有臨川之誌徂徠之銘王偁之傳在其笏則歸于今張文彥遠經晚進曲學固不足贅于諸公之末然義激于中而有不能已焉者謹賦而廣之其辭曰

昔仲尼之得政也兵裔夷尸姦宄藏甲出大都圯魯宴而齊沮王道之端于是乎啓奈之何天不假命遽行而遽止

郝文忠公集　卷一　一

郝文忠公陵川文集三十九卷　（元）郝經撰　**附録一卷**　清乾隆三年（1738）王鏐刻本。八册。半頁十行二十二字，白口，左右雙邊。框高18.5厘米、寬12.5厘米。廣東省立中山圖書館藏。

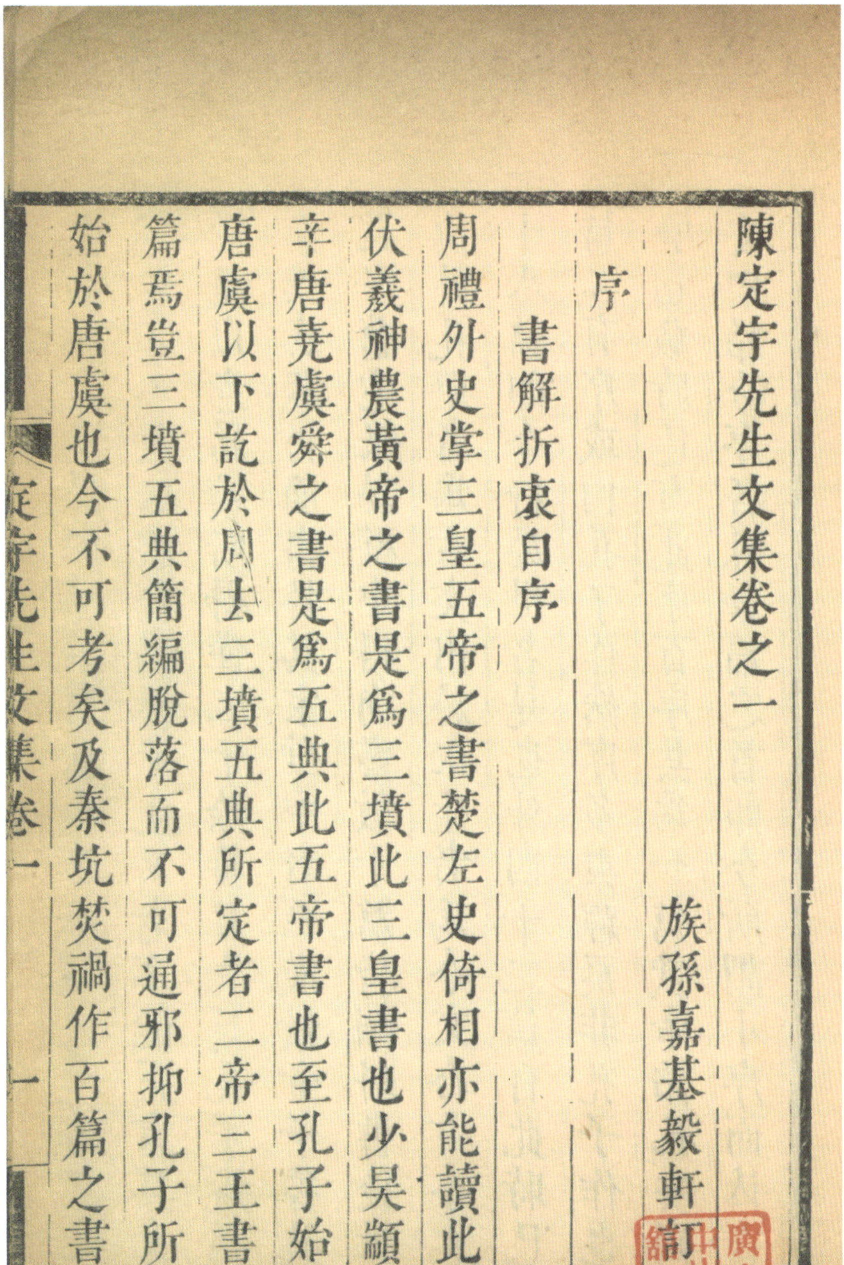

陳定宇先生文集卷之一

序　　族孫嘉基毅軒訂

書解折衷自序

周禮外史掌三皇五帝之書楚左史倚相亦能讀此書葢
伏羲神農黃帝之書是爲三墳此三皇書也少昊顓頊高
辛唐堯虞舜之書是爲五典此五帝書也至孔子始斷自
唐虞以下訖於周去三墳五典所定者二帝三王書凡百
篇焉豈三墳五典簡編脫落而不可通邪抑孔子所見但
始於唐虞也今不可考矣及秦坑焚禍作百篇之書無敢

陳定宇先生文集卷一　一

陳定宇先生文集十七卷　（元）陳櫟撰　清康熙三十三年（1694）刻本。六册。半頁十行二十二字，黑口，左右雙邊。框高20.8厘米、寬14.4厘米。廣東省立中山圖書館藏。

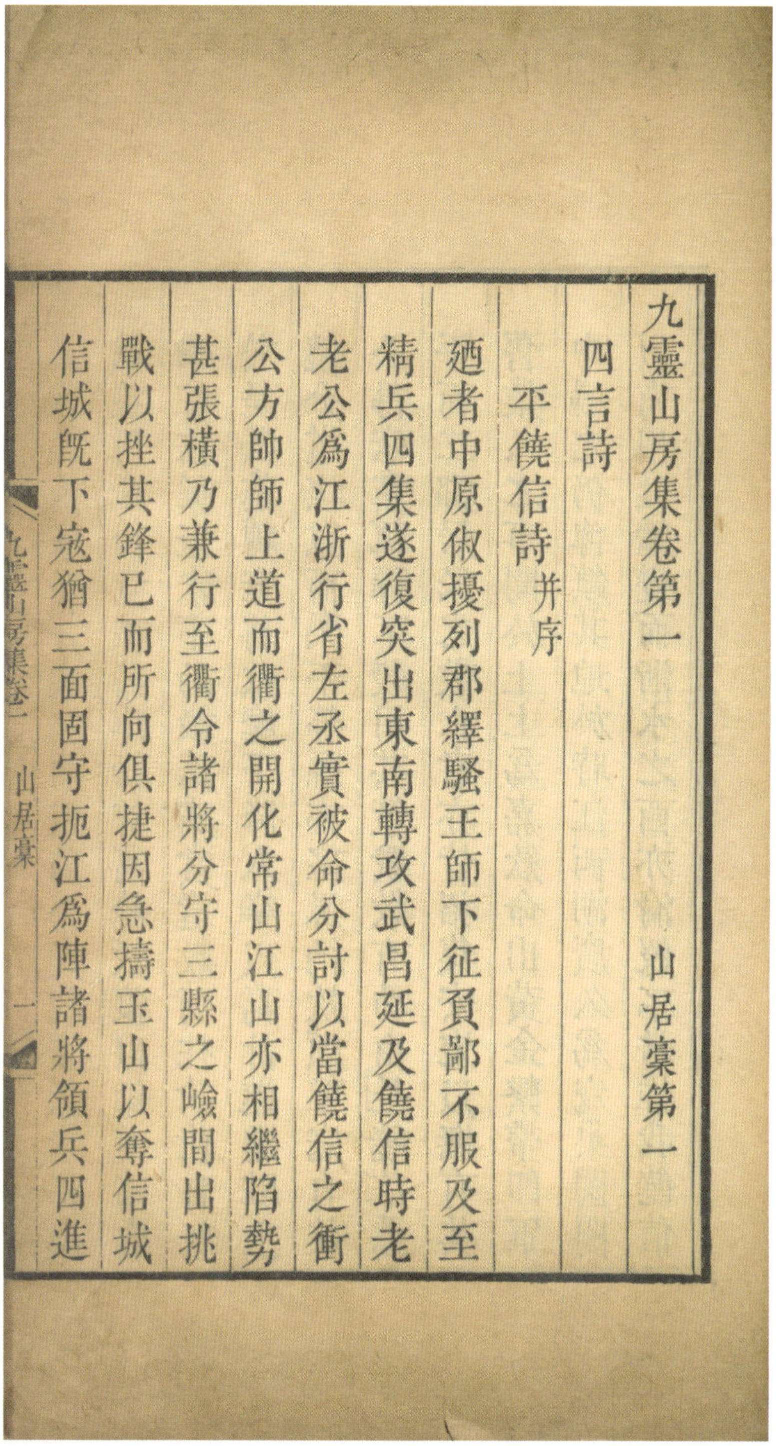
九靈山房集卷第一　山居稾第一

四言詩

平饒信詩并序

廼者中原俶擾列郡繹騷王師下征貿鄗不服及至
精兵四集遂復突出東南轉攻武昌延及饒信時老
老公爲江浙行省左丞實被命分討以當饒信之衝
公方帥師上道而衢之開化常山江山亦相繼陷勢
甚張橫乃兼行至衢令諸將分守三縣之嶮間出挑
戰以挫其鋒已而所向俱捷因急擣玉山以奪信城
信城既下寇猶三面固守扼江爲陣諸將領兵四進

九靈山房集卷一　山居稾　一

九靈山房集三十卷補編二卷　（元）戴良撰　清乾隆三十七年（1772）戴氏傳經書屋刻本。八册。半頁十行二十一字，黑口，左右雙邊。框高19.2厘米、寬13.7厘米。廣東省立中山圖書館藏。

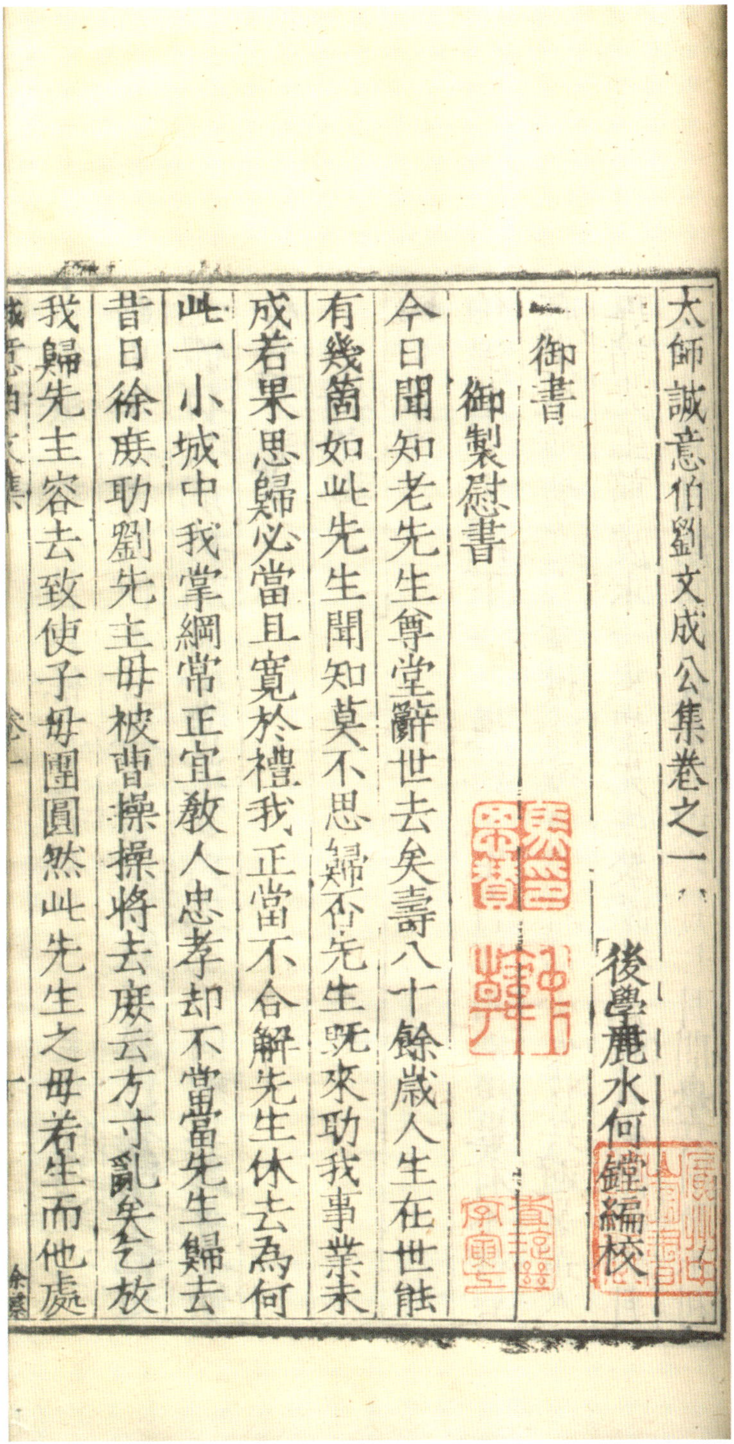
太師誠意伯劉文成公集卷之一
後學麗水何鏜編校
御書
御製慰書
今日聞知老先生尊堂辭世去矣壽八十餘歲人生在世能有幾箇如此先生聞知莫不思歸否先生既來助我事業未成若果思歸必當且寬於禮我正當不合解先生休去為何此一小城中我掌綱常正宜教人忠孝却不當先生歸去昔日徐庶助劉先主母被曹操操將去庶云方寸亂矣乞放我歸先主容去致使子母團圓然此先生之母若生而他處

太師誠意伯劉文成公集二十卷　（明）劉基撰　明隆慶六年（1572）謝廷傑、陳烈刻本。存十四卷（缺十五至二十）。八册。半頁十行二十三字，白口，四周雙邊。框高19.8厘米、寬14.2厘米。廣東省立中山圖書館藏。

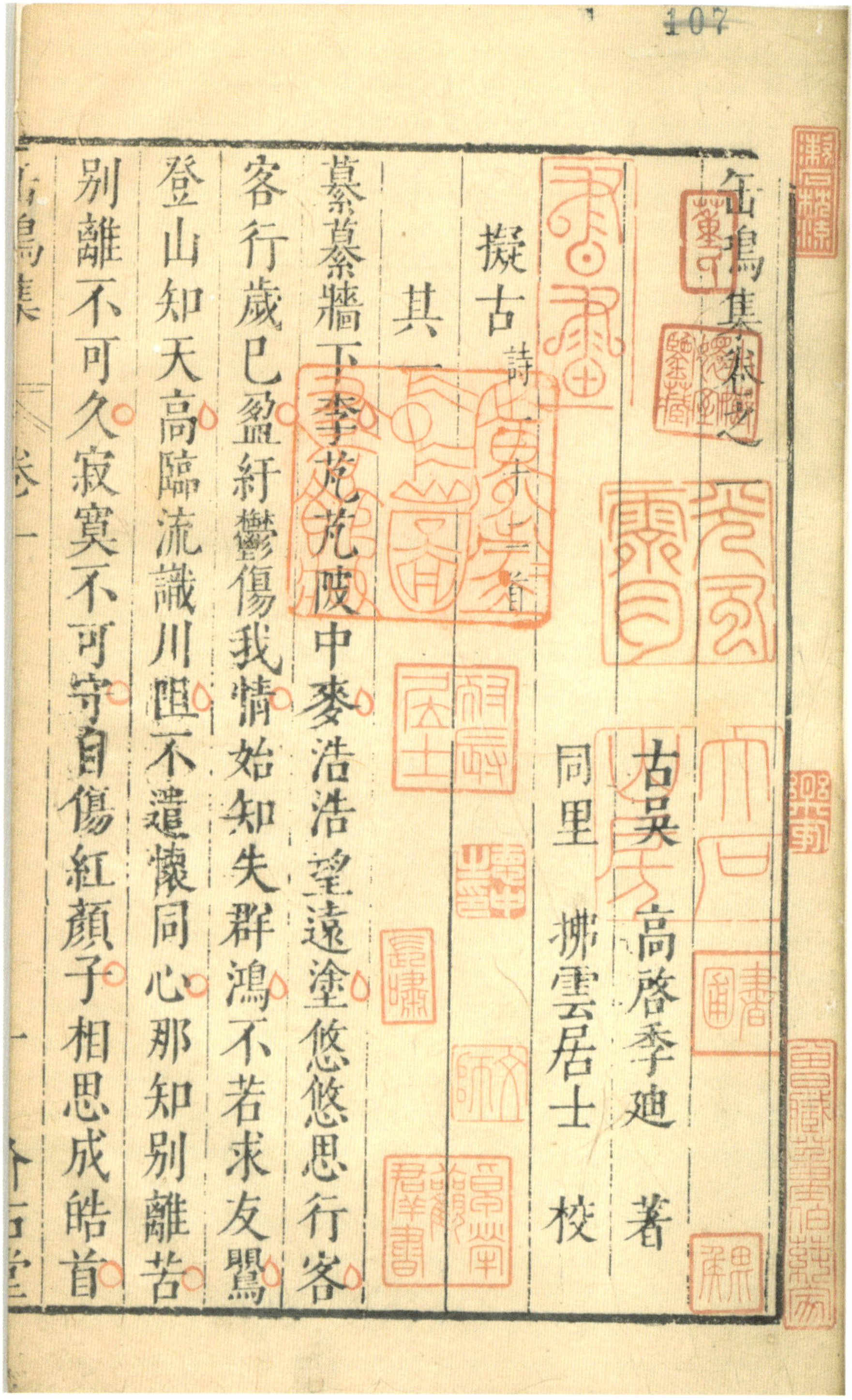

缶鳴集十二卷　（明）高啓撰　明介石堂刻本。十二册。半頁九行二十字，白口，左右雙邊。框高19.8厘米、寬13.5厘米。廣東省立中山圖書館藏。

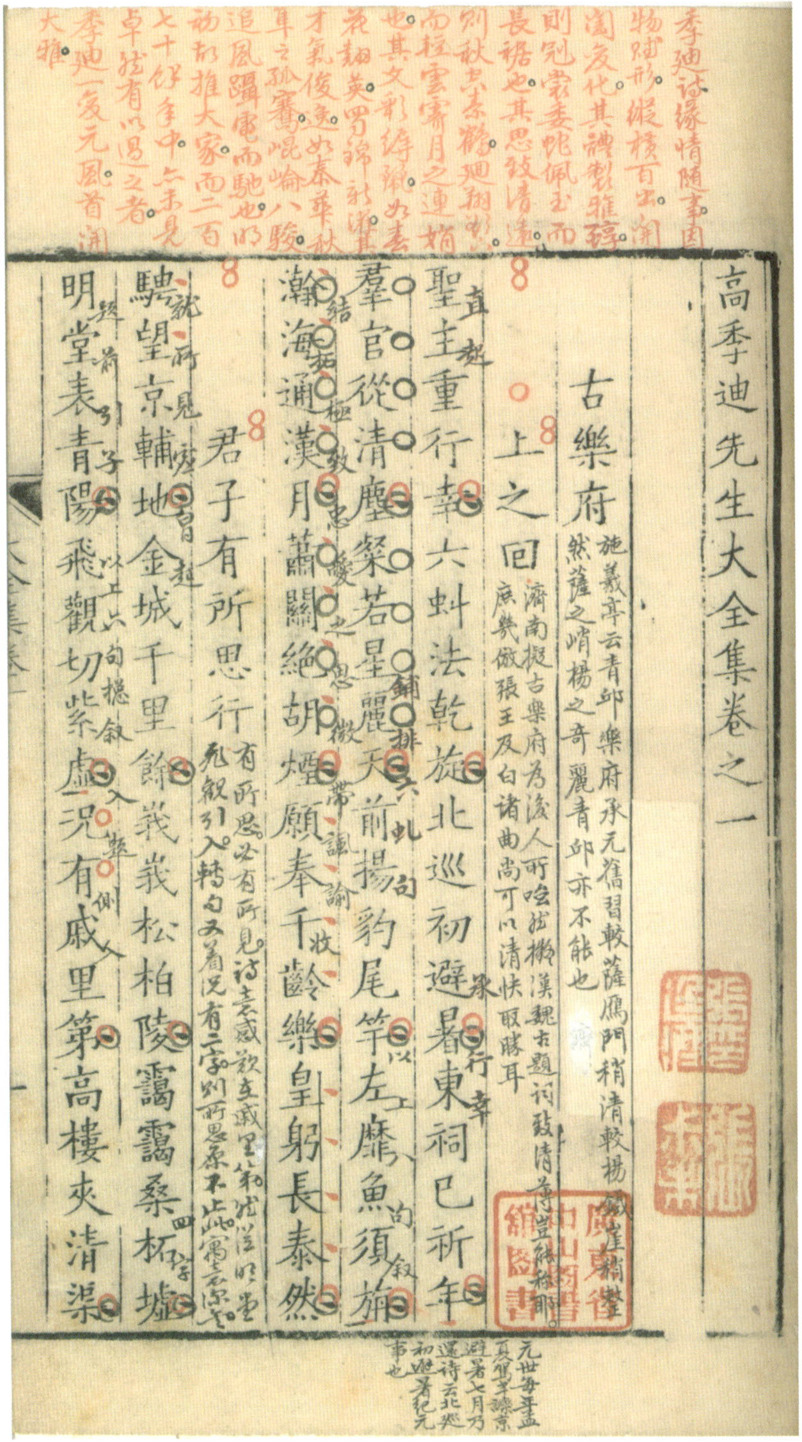
高季迪先生大全集卷之一

古樂府

上之回

聖主重行幸六蚪法乾旋北巡初避暑東祠巳祈年羣官從清蹕粲若星麗天前揚豹尾竿左靡魚須旃瀚海通漢月蕭關絶胡煙願奉千齡樂皇躬長泰然

君子有所思行

騁望京輔地金城千里餘峩峩松柏陵靄靄桑柘墟明堂表青陽飛觀切紫虛況有戚里第高樓夾清渠

高季迪先生大全集十八卷　（明）高啓撰　清康熙竹素園刻本。八册。半頁十行二十字，白口，左右雙邊。框高20厘米、寬14.7厘米。廣東省立中山圖書館藏。

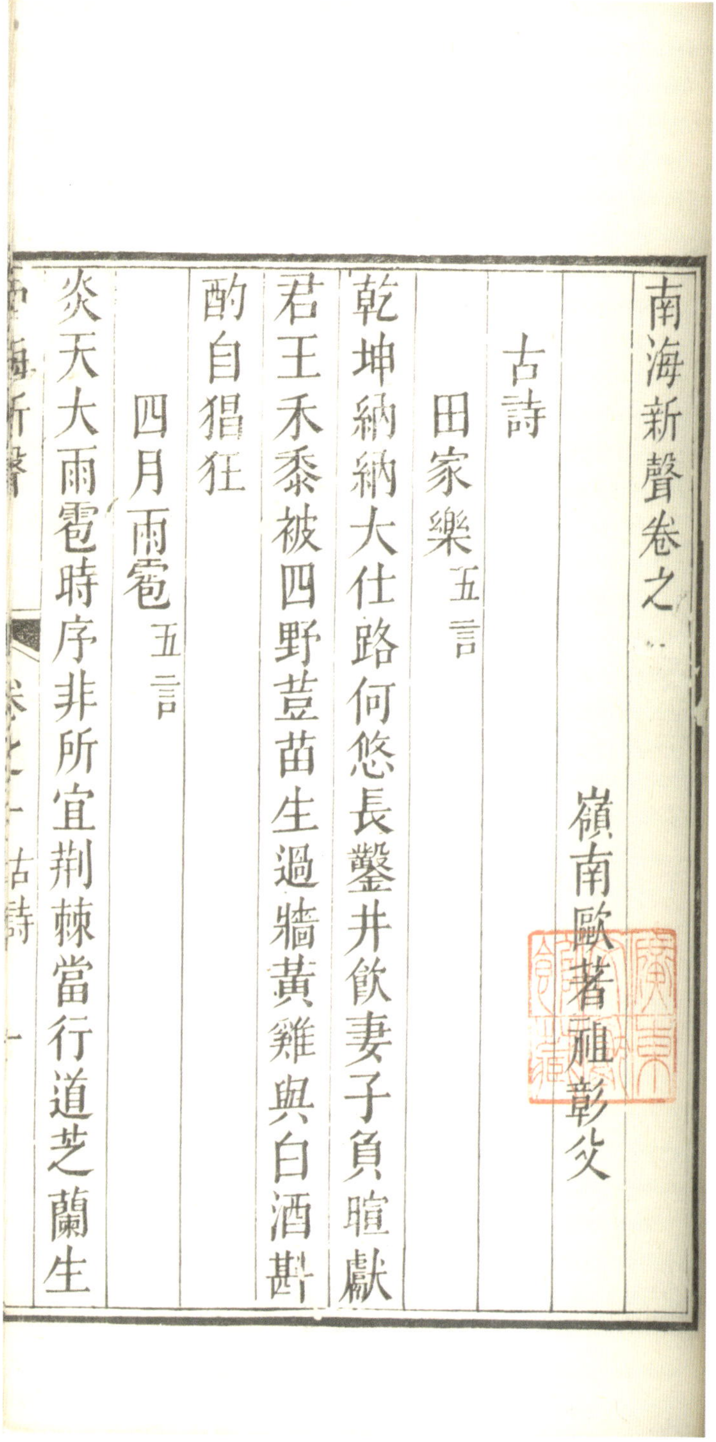

南海新聲卷之

嶺南歐著祖彰父

古詩

田家樂 五言

乾坤納納大仕路何悠長鑿井飲妻子負暄獻君王禾黍被四野荳苗生過牆黃雞與白酒斟酌自猖狂

四月雨雹 五言

炎天大雨雹時序非所宜荊棘當行道芝蘭生

南海新聲 卷之一 古詩 一

南海新聲五卷 （明）歐著撰　清荔枝莊刻本。一册。半頁九行十八字，白口，四周雙邊。框高18.9厘米、寬13厘米。廣東省立中山圖書館藏。

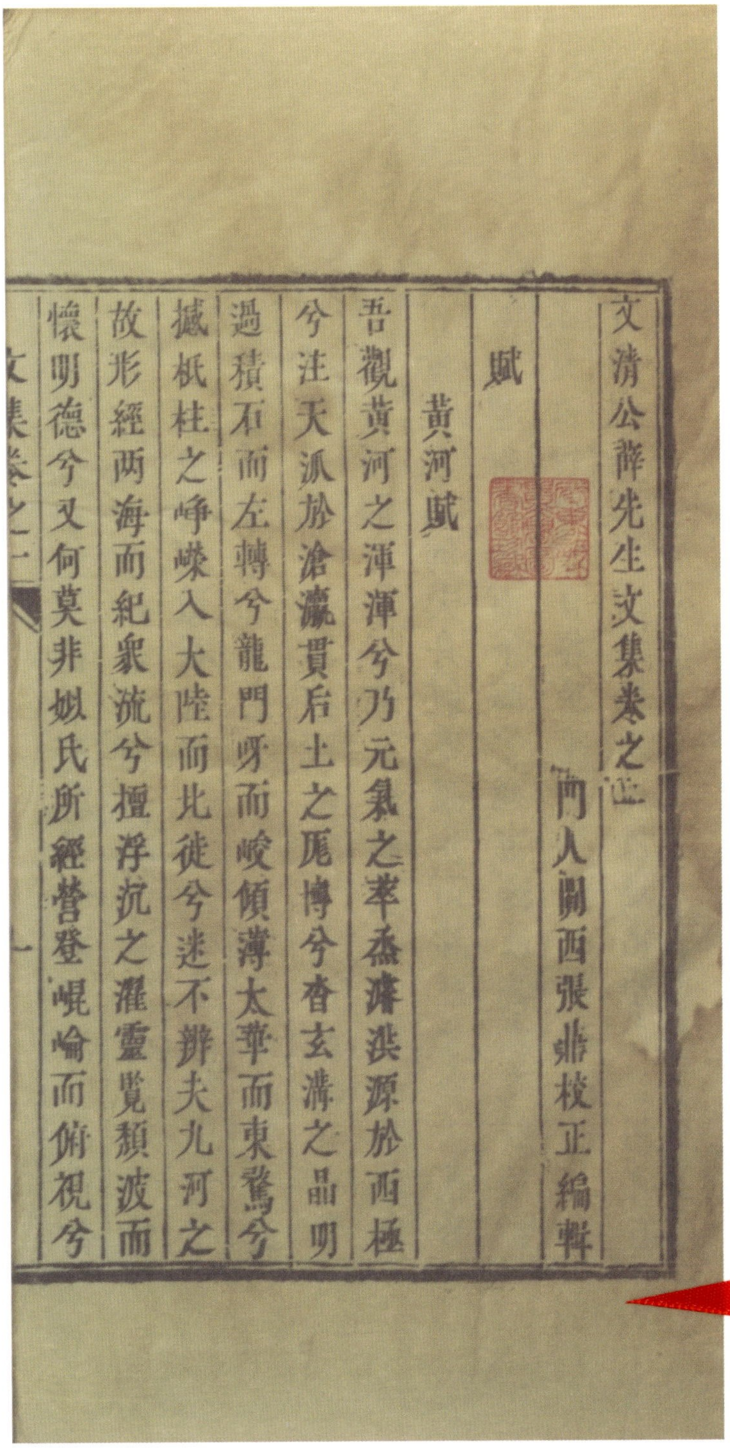

薛文清公全集四十卷　（明）薛瑄撰　清雍正十二年（1734）刻本。二十四册。半頁十行二十字，白口，四周雙邊。框高20厘米、寬13厘米。廣東外語外貿大學圖書館藏。

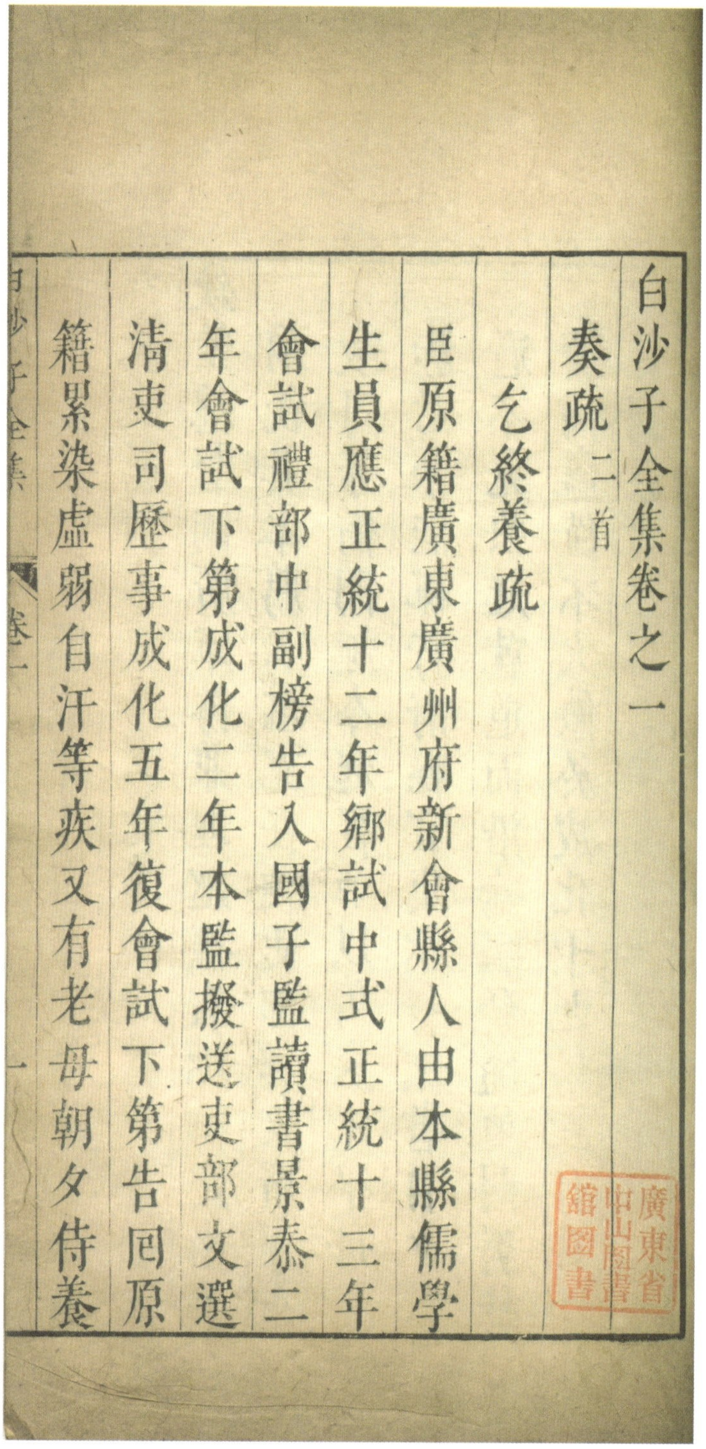

白沙子全集卷之一

奏疏二首

乞終養疏

臣原籍廣東廣州府新會縣人由本縣儒學生員應正統十二年鄉試中式正統十三年會試禮部中副榜告入國子監讀書景泰二年會試下第成化二年本監撥送吏部文選清吏司歷事成化五年復會試下第告回原籍累染虛弱自汗等疾又有老母朝夕侍養

白沙子全集 卷之一 一

白沙子全集九卷 （明）陳獻章撰 **附録一卷** 清順治十二年（1655）黄之正刻本。十册。半頁九行十八字，白口，四周單邊。框高19.6厘米、寬13厘米。廣東省立中山圖書館藏。

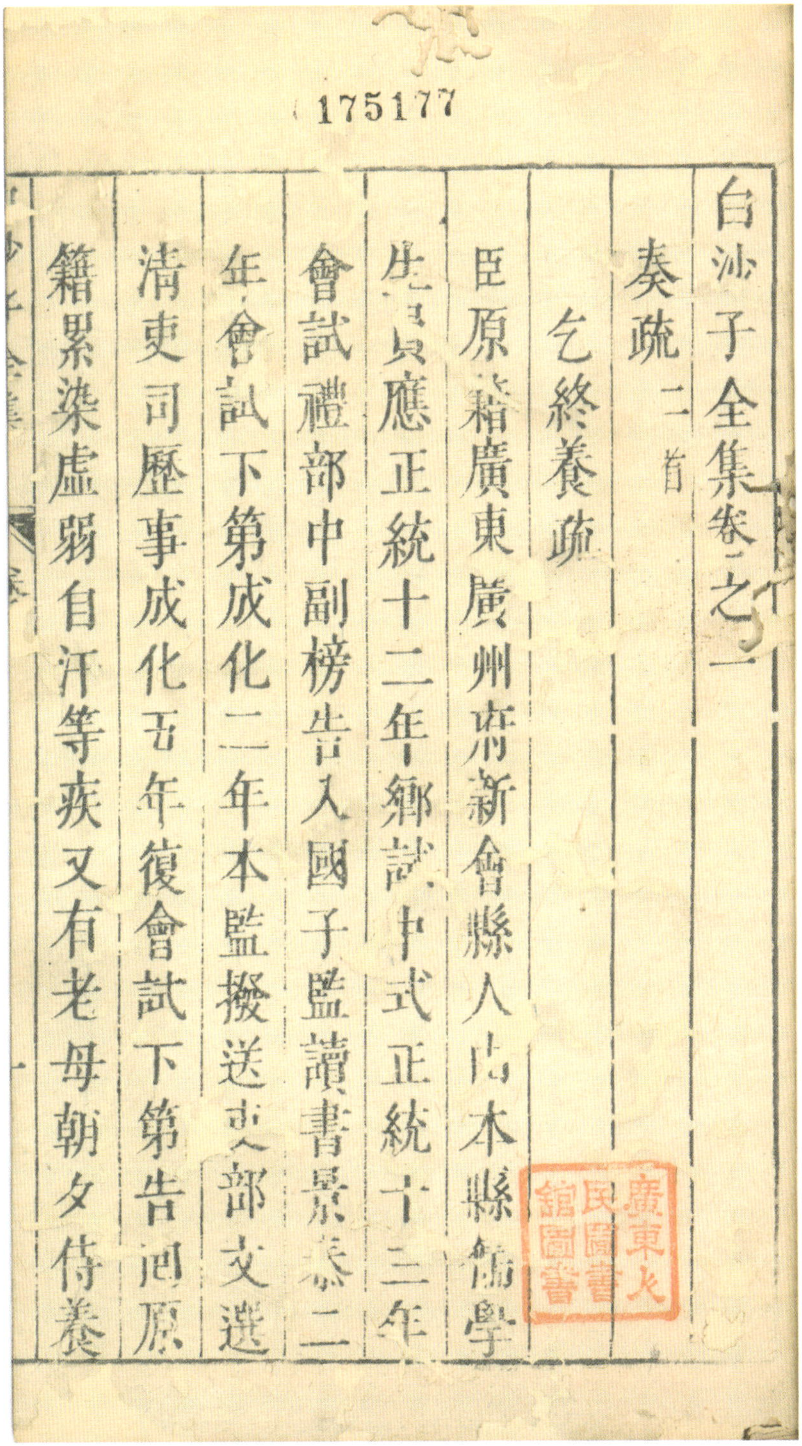

175177

白沙子全集卷之一

奏疏二首

乞終養疏

臣原籍廣東廣州府新會縣人由本縣儒學生員應正統十二年鄉試中式正統十三年會試禮部中副榜告入國子監讀書景泰二年會試下第成化二年本監撥送吏部文選清吏司歷事成化五年復會試下第告回原籍累染虛弱自汗等疾又有老母朝夕侍養

白沙子全集九卷　（明）陳獻章撰　**附録一卷**　清順治十二年（1655）黄之正刻本。十册。半頁九行十八字，白口，四周單邊。框高19.6厘米、寬13厘米。廣東省立中山圖書館藏。

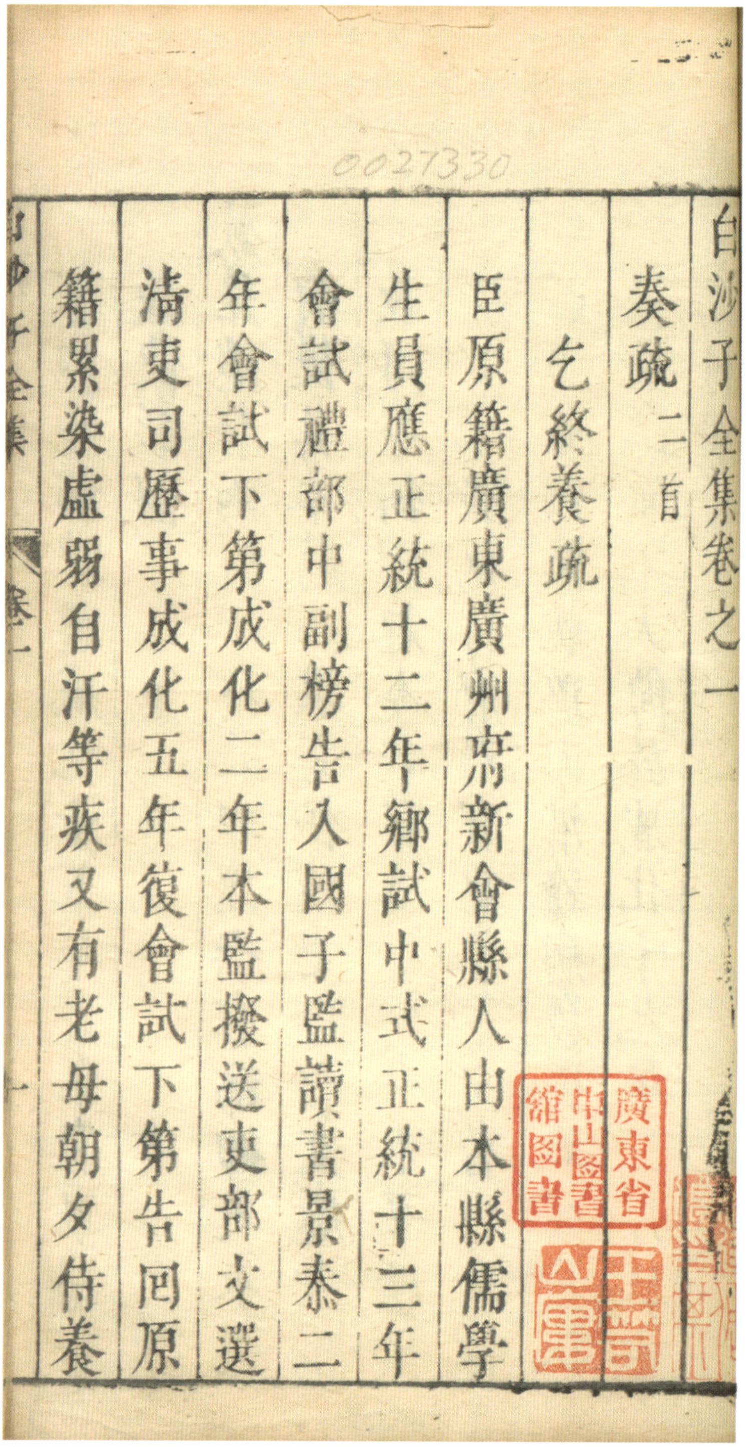
白沙子全集卷之一
奏疏二首
乞終養疏
臣原籍廣東廣州府新會縣人由本縣儒學
生員應正統十二年鄉試中式正統十三年
會試禮部中副榜告入國子監讀書景泰二
年會試下第成化二年本監撥送吏部文選
清吏司歷事成化五年復會試下第告回原
籍累染虛弱自汗等疾又有老母朝夕侍養

白沙子全集　卷一　一

白沙子全集九卷　（明）陳獻章撰　**附録一卷**　清順治十二年（1655）黄之正刻本。六册。半頁九行十八字，白口，四周單邊。框高19.6厘米、寬13厘米。廣東省立中山圖書館藏。

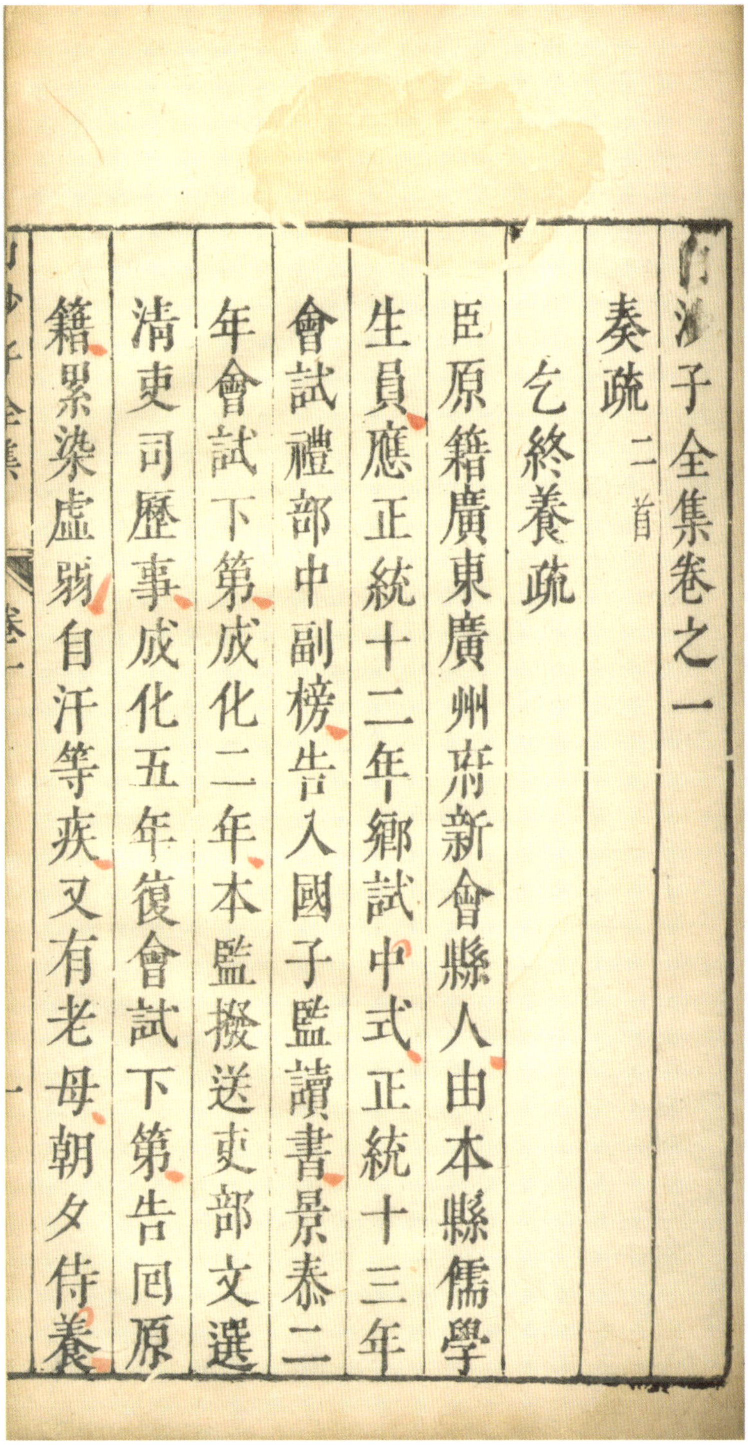

白沙子全集卷之一

奏疏二首

乞終養疏

臣原籍廣東廣州府新會縣人由本縣儒學生員應正統十二年鄉試中式正統十三年會試禮部中副榜告入國子監讀書景泰二年會試下第成化二年本監撥送吏部文選清吏司歷事成化五年復會試下第告回原籍累染虛弱自汗等疾又有老母朝夕侍養

白沙子全集　卷一　一

白沙子全集九卷　（明）陳獻章撰　**附録一卷**　清順治十二年（1655）黄之正刻本。十六册。半頁九行十八字，白口，四周單邊。框高19.6厘米、寬13厘米。廣東省立中山圖書館藏。

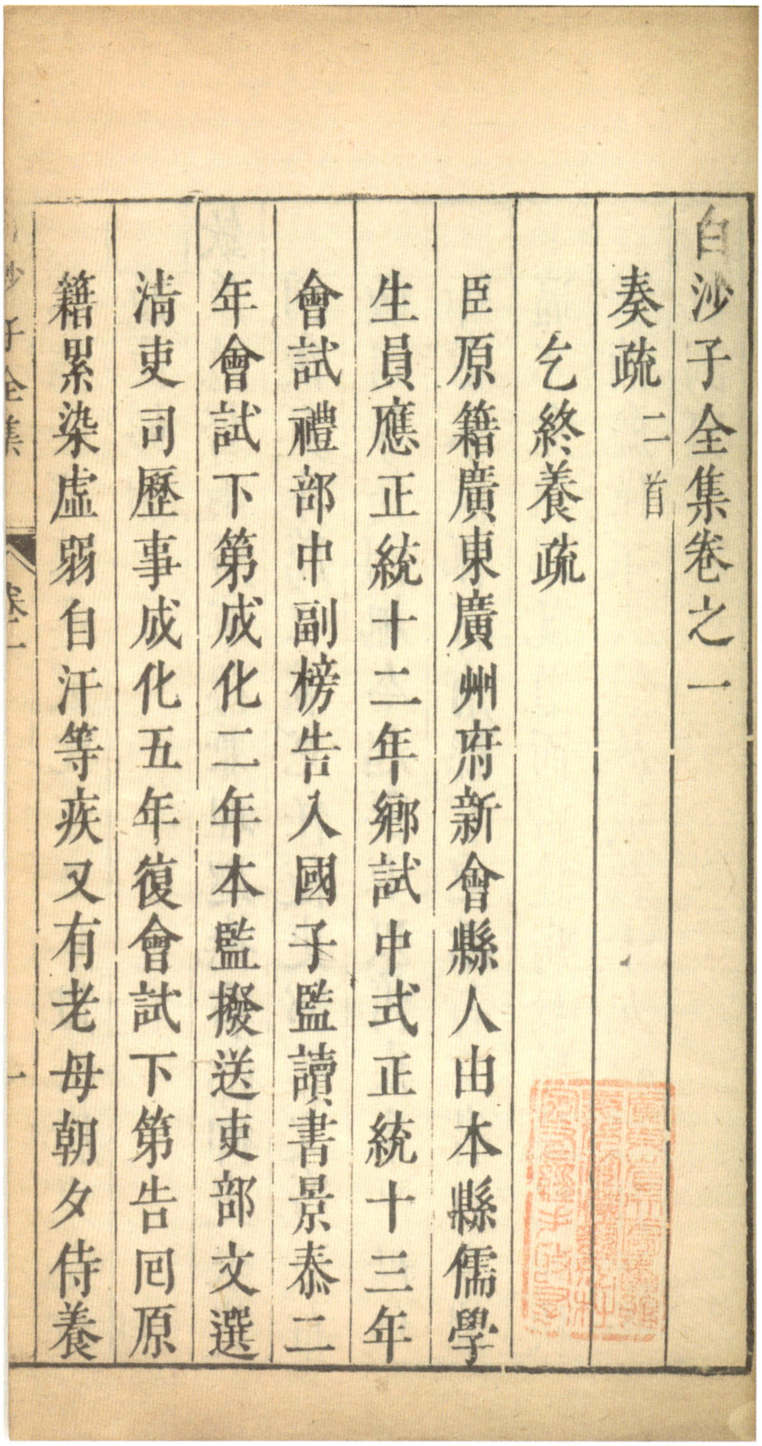

白沙子全集卷之一

奏疏二首

乞終養疏

臣原籍廣東廣州府新會縣人由本縣儒學生員應正統十二年鄉試中式正統十三年會試禮部中副榜告入國子監讀書景泰二年會試下第成化二年本監撥送吏部文選清吏司歷事成化五年復會試下第告回原籍累染虛弱自汗等疾又有老母朝夕侍養

白沙子全集　卷之一　一

白沙子全集九卷　（明）陳獻章撰　**附録一卷**　清順治十二年（1655）黄之正刻本。九册。半頁九行十八字，白口，四周單邊。框高19.6厘米、寬13厘米。廣東省立中山圖書館藏。

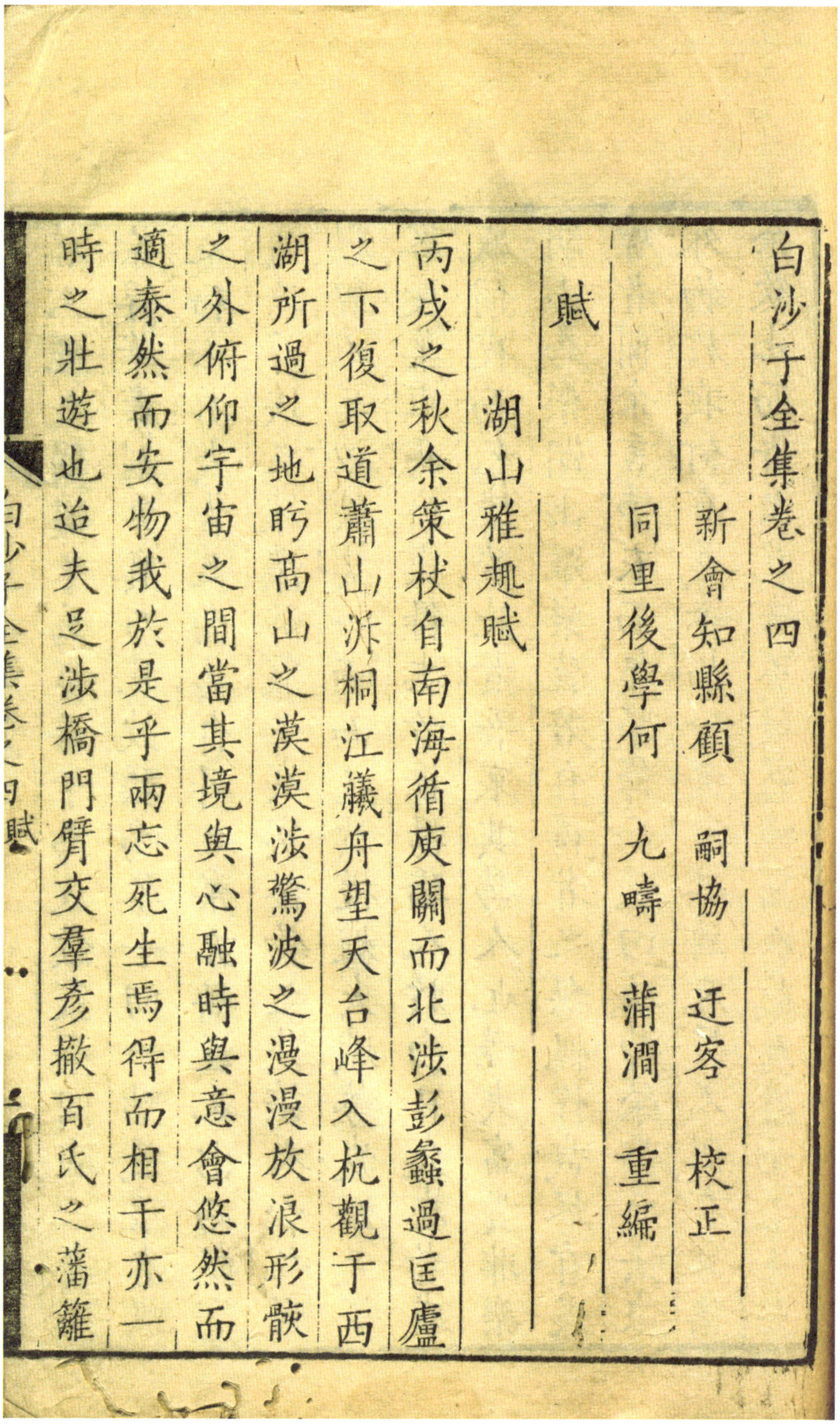

白沙子全集卷之四

新會知縣顧　嗣協　迂客　校正

同里後學何　九疇　蒲澗　重編

賦

湖山雅趣賦

丙戌之秋余策杖自南海循庾關而北涉彭蠡過匡廬之下復取道蕭山泝桐江艤舟望天台峰入杭觀于西湖所過之地盻高山之漠漠涉驚波之漫漫放浪形骸之外俯仰宇宙之間當其境與心融時與意會悠然而適泰然而安物我於是乎兩忘死生焉得而相干亦一時之壯遊也迨夫足涉橋門臂交羣彥撤百氏之藩籬

白沙子全集卷之四　賦

白沙子全集六卷　（明）陳獻章撰　（清）顧嗣協校正　（清）何九疇重編　清康熙四十九年（1710）何九疇刻本。存五卷（缺五）。四册。半頁十一行二十一字，黑口，左右雙邊。框高20.2厘米、寬14.8厘米。暨南大學圖書館藏。

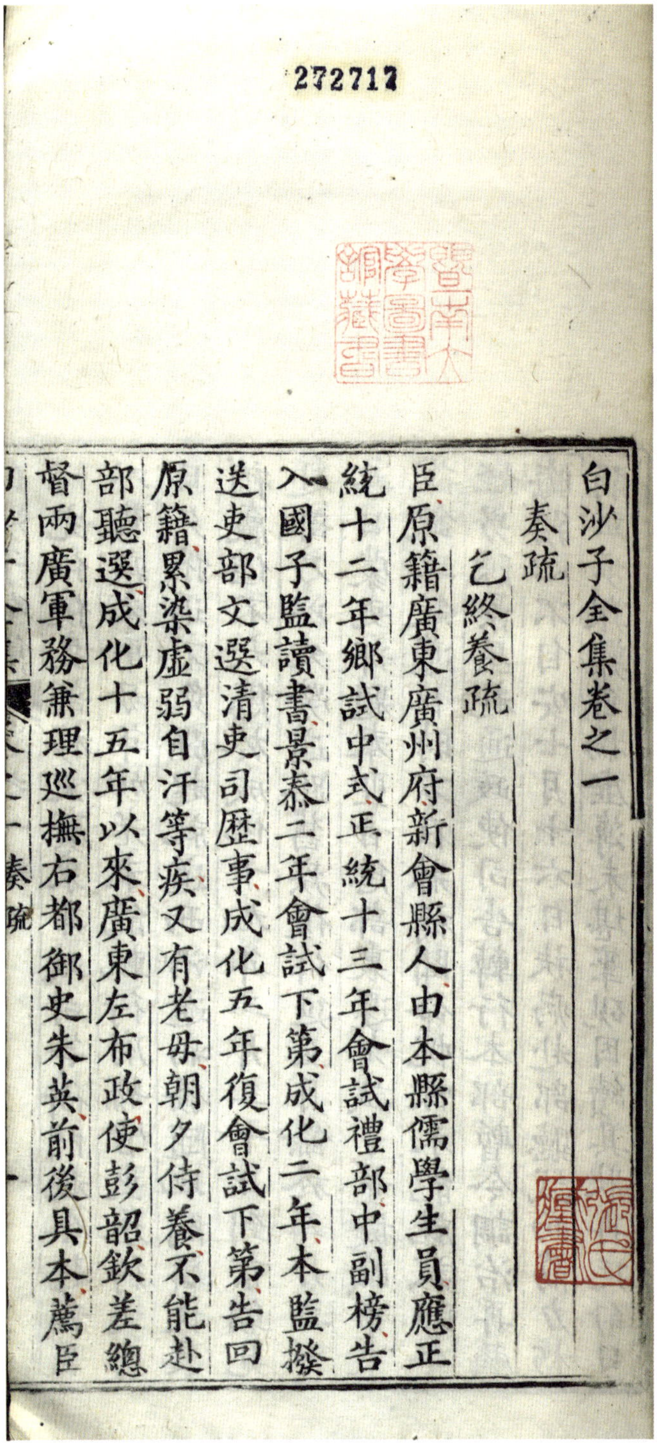

白沙子全集卷之一

奏疏

乞終養疏

臣原籍廣東廣州府新會縣人由本縣儒學生員應正統十二年鄉試中式正統十三年會試禮部中副榜告入國子監讀書景泰二年會試下第成化二年本監撥送吏部文選清吏司歷事成化五年復會試下第告回原籍累染虛弱自汗等疾又有老母朝夕侍養不能赴部聽選成化十五年以來廣東左布政使彭韶欽差總督兩廣軍務兼理巡撫右都御史朱英前後具本薦臣

白沙子全集十卷首一卷末一卷附録一卷白沙子古詩教解二卷　（明）陳獻章撰　（明）湛若水注　清乾隆三十六年（1771）刻本。十册。半頁十行二十一字，白口，四周雙邊。框高19.1厘米、寬13.5厘米。暨南大學圖書館藏。

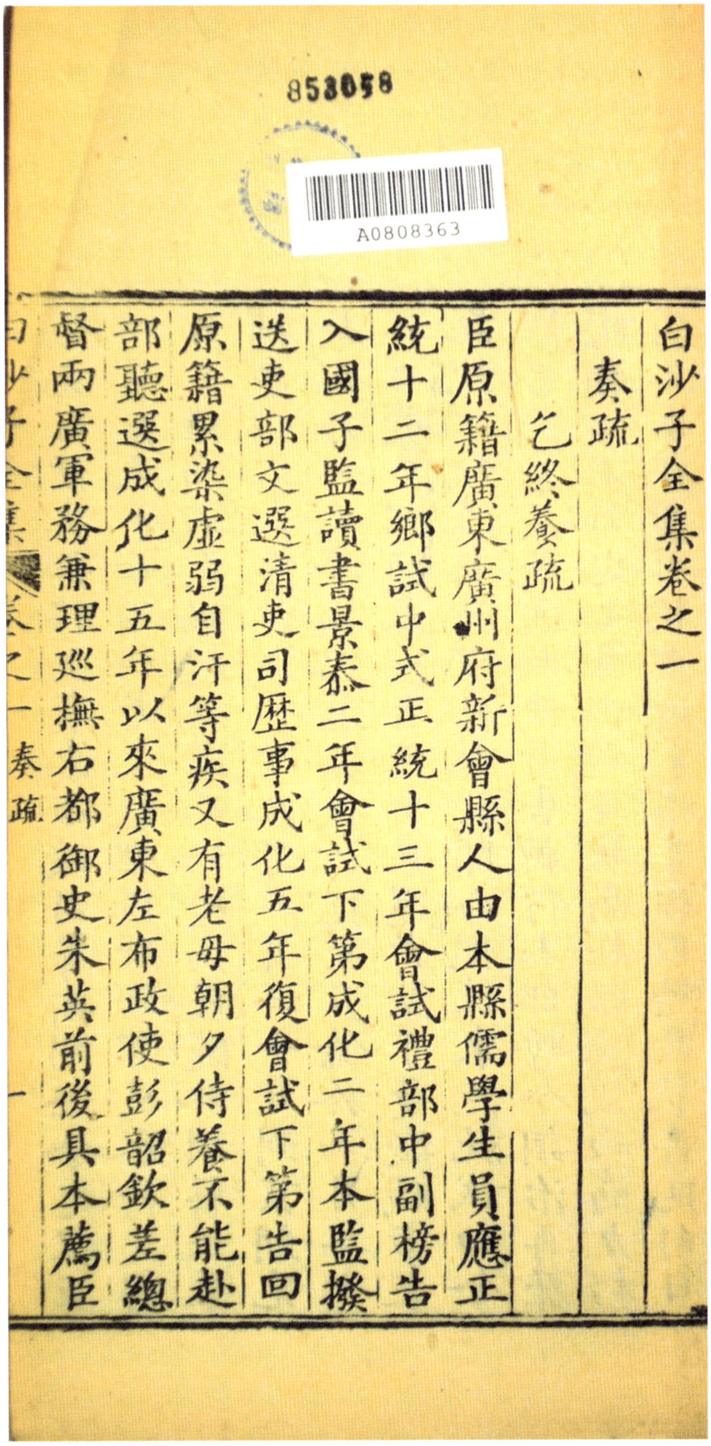

白沙子全集卷之一
奏疏
乞終養疏
臣原籍廣東廣州府新會縣人由本縣儒學生員應正
統十二年鄉試中式正統十三年會試禮部中副榜告
入國子監讀書景泰二年會試下第成化二年本監撥
送吏部文選清吏司歷事成化五年復會試下第告回
原籍累染虛弱自汗等疾又有老母朝夕侍養不能赴
部聽選成化十五年以來廣東左布政使彭韶欽差總
督兩廣軍務兼理巡撫右都御史朱英前後具本薦臣
白沙子全集　卷之一　奏疏　一

白沙子全集十卷首一卷末一卷　（明）陳獻章撰　清乾隆三十六年（1771）刻本。九册。半頁十行二十一字，白口，四周雙邊。框高19.1厘米、寬13.6厘米。韶關學院圖書舘藏。

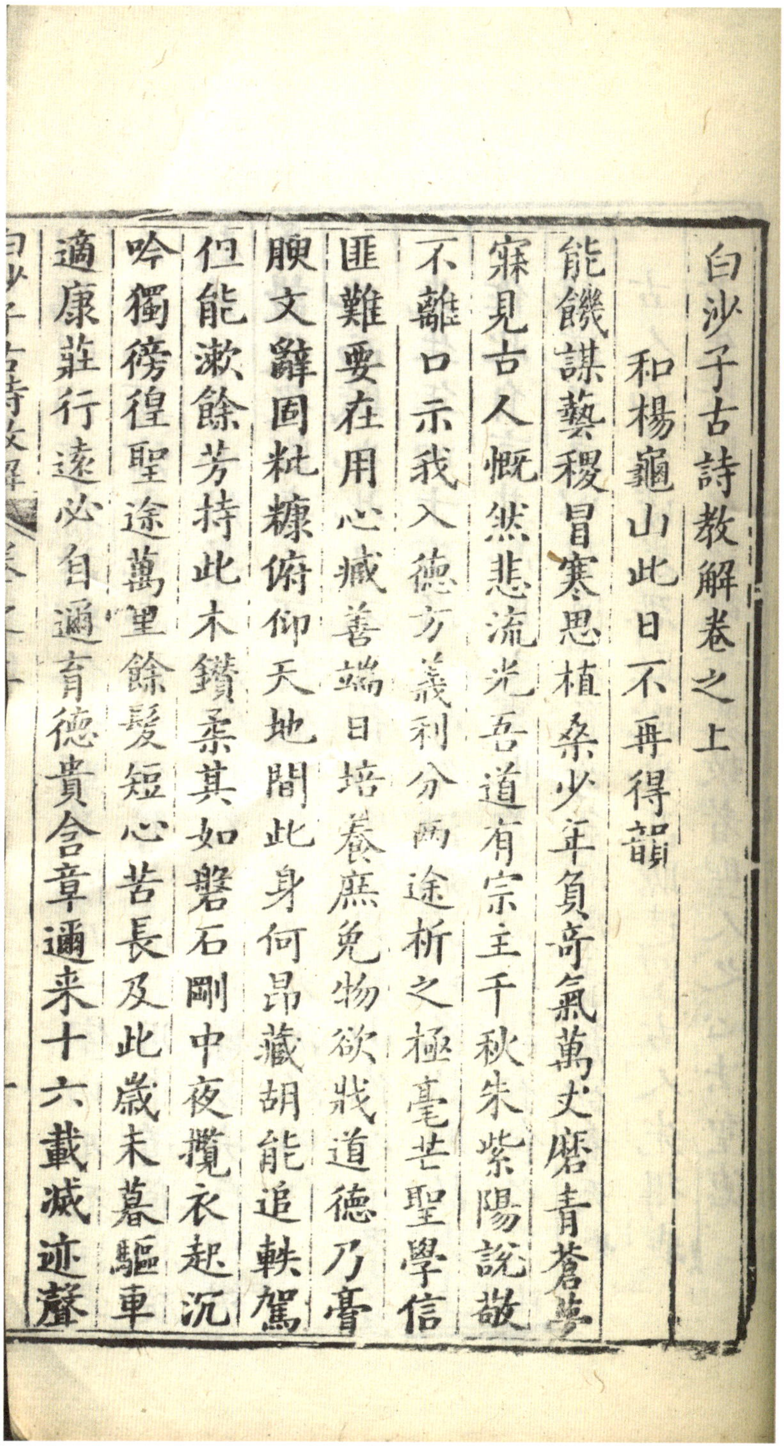

白沙子古詩教解二卷　（明）陳獻章撰　清乾隆三十六年（1771）刻本。一册。半頁十行二十一字，白口，四周雙邊。框高19.3厘米、寬13.5厘米。暨南大學圖書館藏。

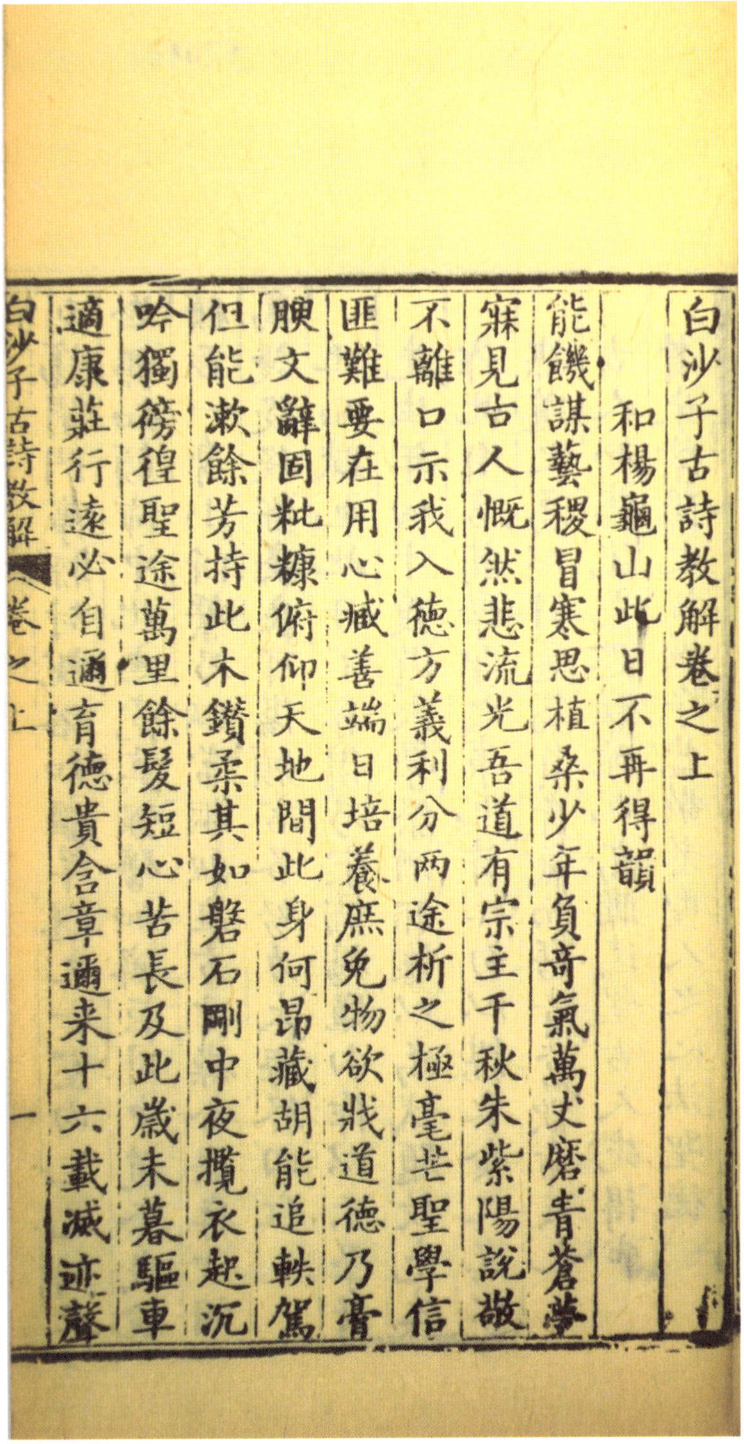

白沙子古詩教解卷之上

和楊龜山此日不再得韻

能饑謀藝稷冒寒思植桑少年負奇氣萬丈磨青蒼夢寐見古人慨然悲流光吾道有宗主千秋朱紫陽説敬不離口示我入德方義利分兩途析之極毫芒聖學信匪難要在用心臧善端日培養庶免物欲戕道德乃膏腴文辭固秕糠俯仰天地間此身何昂藏胡能追軼駕但能漱餘芳持此木鑽柔其如磐石剛中夜攬衣起沉吟獨徬徨聖途萬里餘髮短心苦長及此歲未暮驅車適康莊行遠必自邇育德貴含章邇来十六載滅迹蘇

白沙子古詩教解 卷之上 一

白沙子古詩教解二卷　（明）陳獻章撰　清乾隆三十六年（1771）刻本。一册。半頁十行二十一字，白口，四周雙邊。框高19.2厘米、寬13.5厘米。韶關學院圖書館藏。

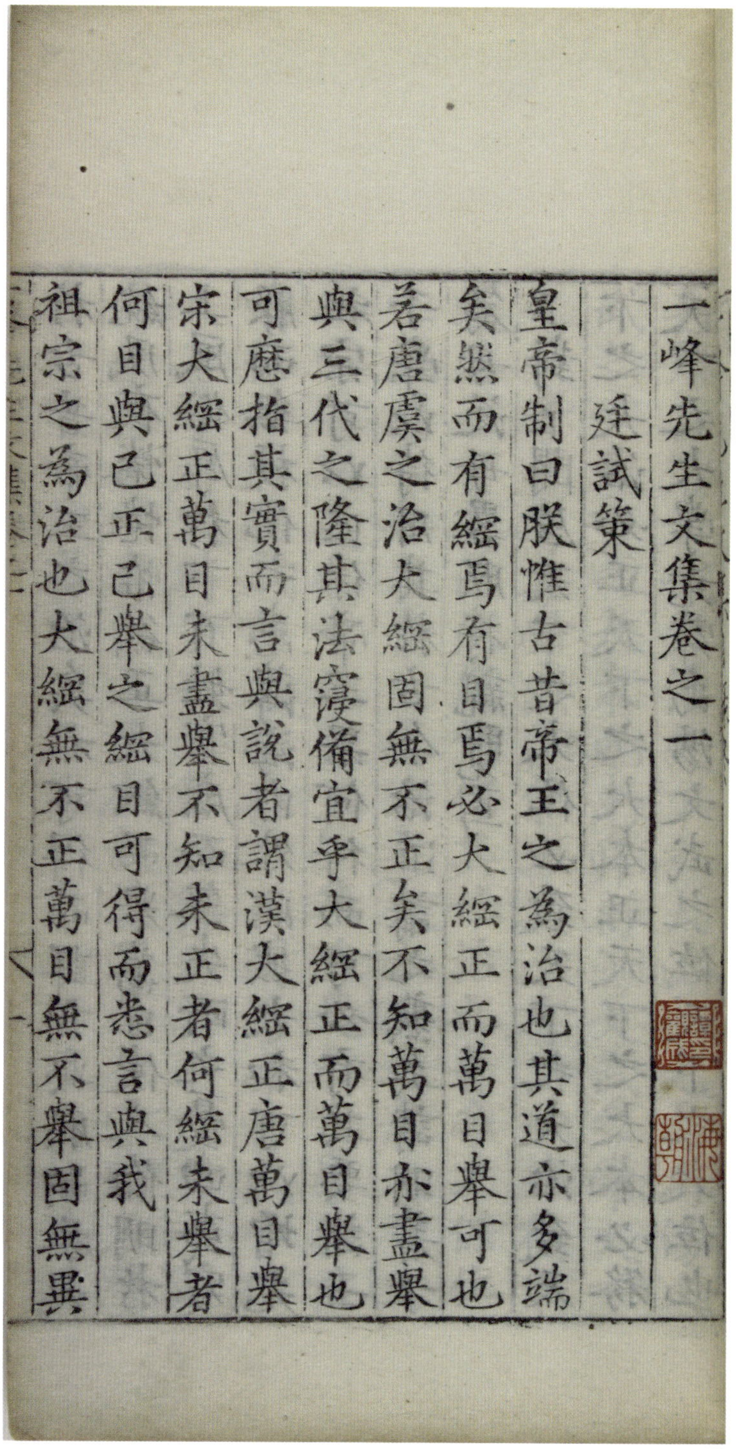

一峰先生文集卷之一

廷試策

皇帝制曰朕惟古昔帝王之為治也其道亦多端矣然而有經焉有目焉必大經正而萬目舉可也若唐虞之治大經固無不正矣不知萬目亦盡舉與三代之隆其法寖備宜乎大經正而萬目舉也可歷指其實而言與說者謂漢大經正唐萬目舉宋大經正萬目未盡舉不知未正者何經未舉者何目與已正已舉之經目可得而悉言與我

祖宗之為治也大經無不正萬目無不舉固無異

一峰先生文集十四卷　（明）羅倫撰　明嘉靖二十八年（1549）臨桂張言刻本。四册。半頁十行十九字，白口，四周單邊。框高19.3厘米、寬13.7厘米。廣東省博物館藏。

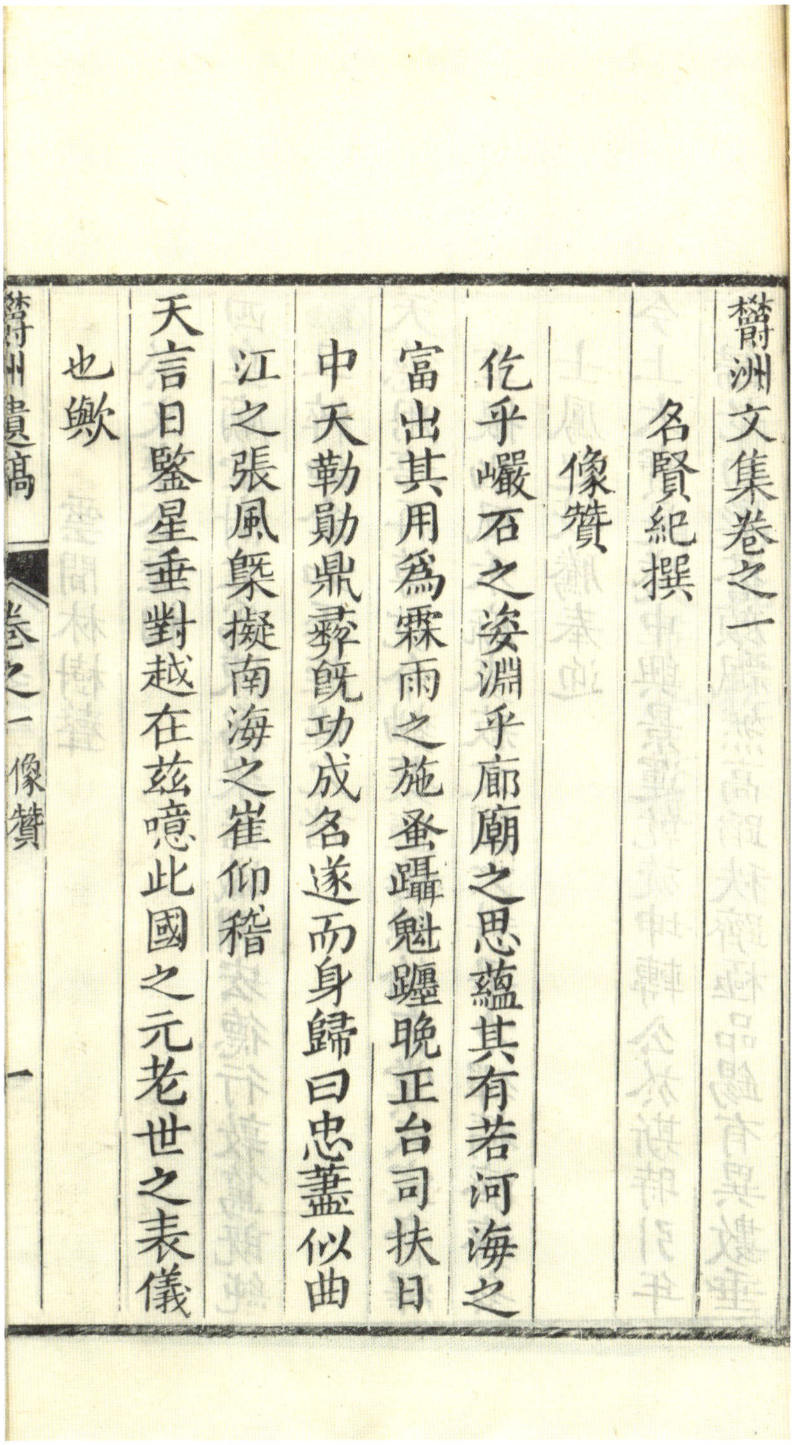
欝洲文集卷之一

名賢紀撰

像贊

仡乎巖石之姿淵乎廊廟之思藴其有若河海之富出其用爲霖雨之施蚤躡魁躔晚正台司扶日中天勤勛鼎彝旣功成名遂而身歸曰忠藎似曲江之張風槩擬南海之崔仰稽

天言日鑒星垂對越在兹噫此國之元老世之表儀也歟

欝洲遺稿　卷之一　像贊　一

鬱洲遺稿十卷　（明）梁儲撰　明回天閣刻本。四册。半頁九行二十字，白口，左右雙邊。框高17.6厘米、寬13.1厘米。廣東省社會科學院藏。

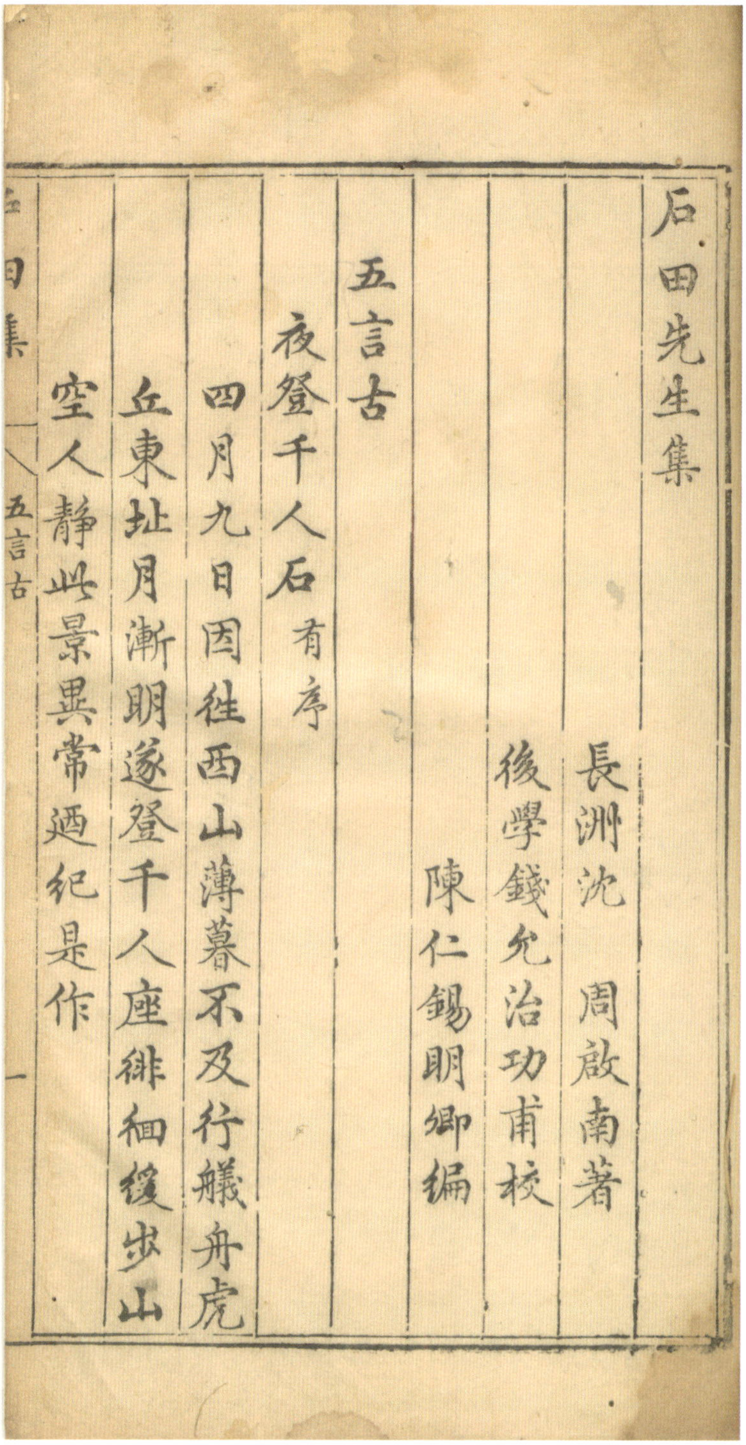
石田先生集

長洲沈　周啟南著

後學錢允治功甫校

陳仁錫明卿編

五言古

夜登千人石 有序

四月九日因往西山薄暮不及行艤舟虎丘東址月漸明遂登千人座徘徊緩步山空人靜此景異常迺紀是作

石田集　五言古　一

石田先生集十一卷　（明）沈周撰　明萬曆四十三年（1615）陳仁錫刻本。六册。半頁九行十九字，白口，四周雙邊。框高22.1厘米、寬14厘米。廣東省立中山圖書館藏。

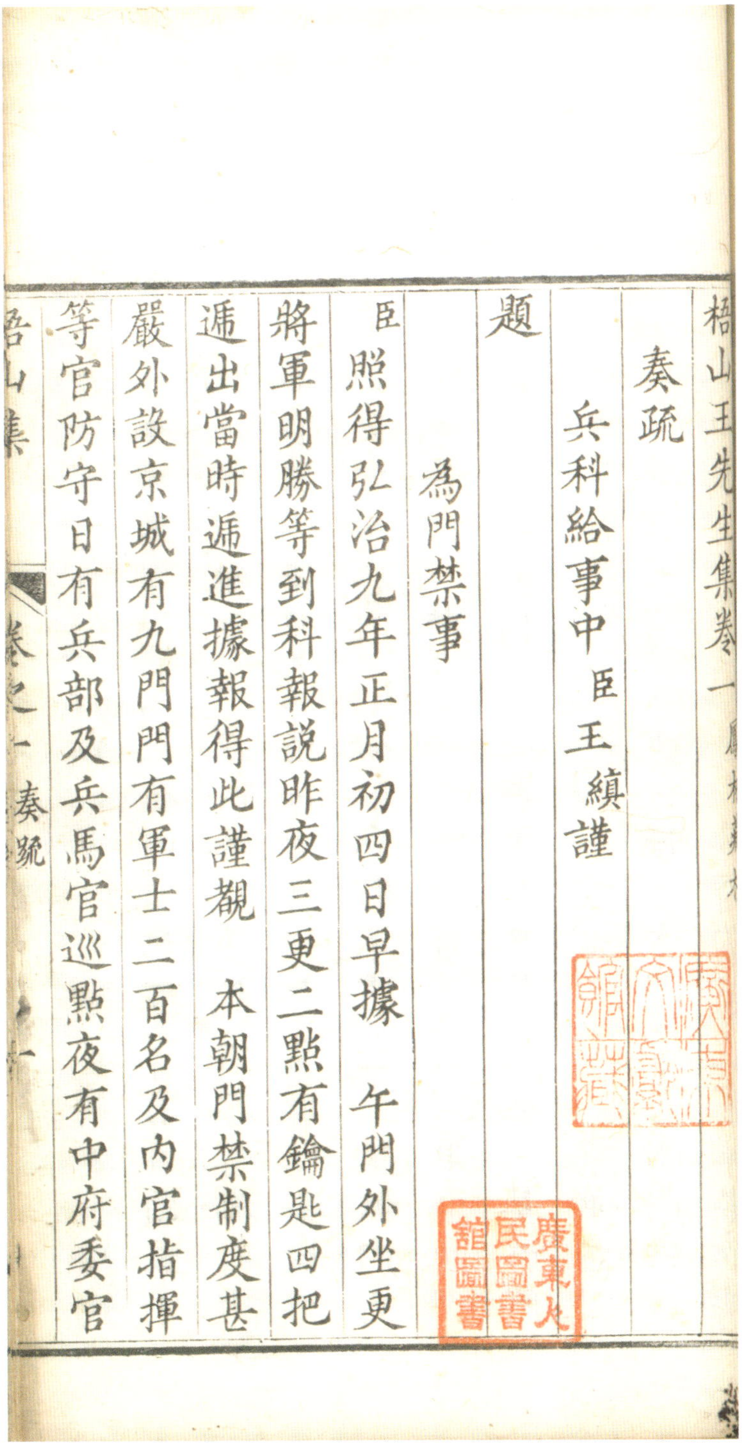
梧山王先生集卷一

奏疏

兵科給事中臣王縝謹

題

為門禁事

臣照得弘治九年正月初四日早據　午門外坐更

將軍明勝等到科報說昨夜三更二點有鑰匙四把

遞出當時遞進據報得此謹覩　本朝門禁制度甚

嚴外設京城有九門門有軍士二百名及内官指揮

等官防守日有兵部及兵馬官巡點夜有中府委官

梧山集　卷之一　奏疏　一

梧山王先生集二十卷　（明）王縝撰　清乾隆二十九年（1764）刻本。五册。半頁十行二十字，白口，四周雙邊。框高18.5厘米、寬14.2厘米。廣東省立中山圖書館藏。

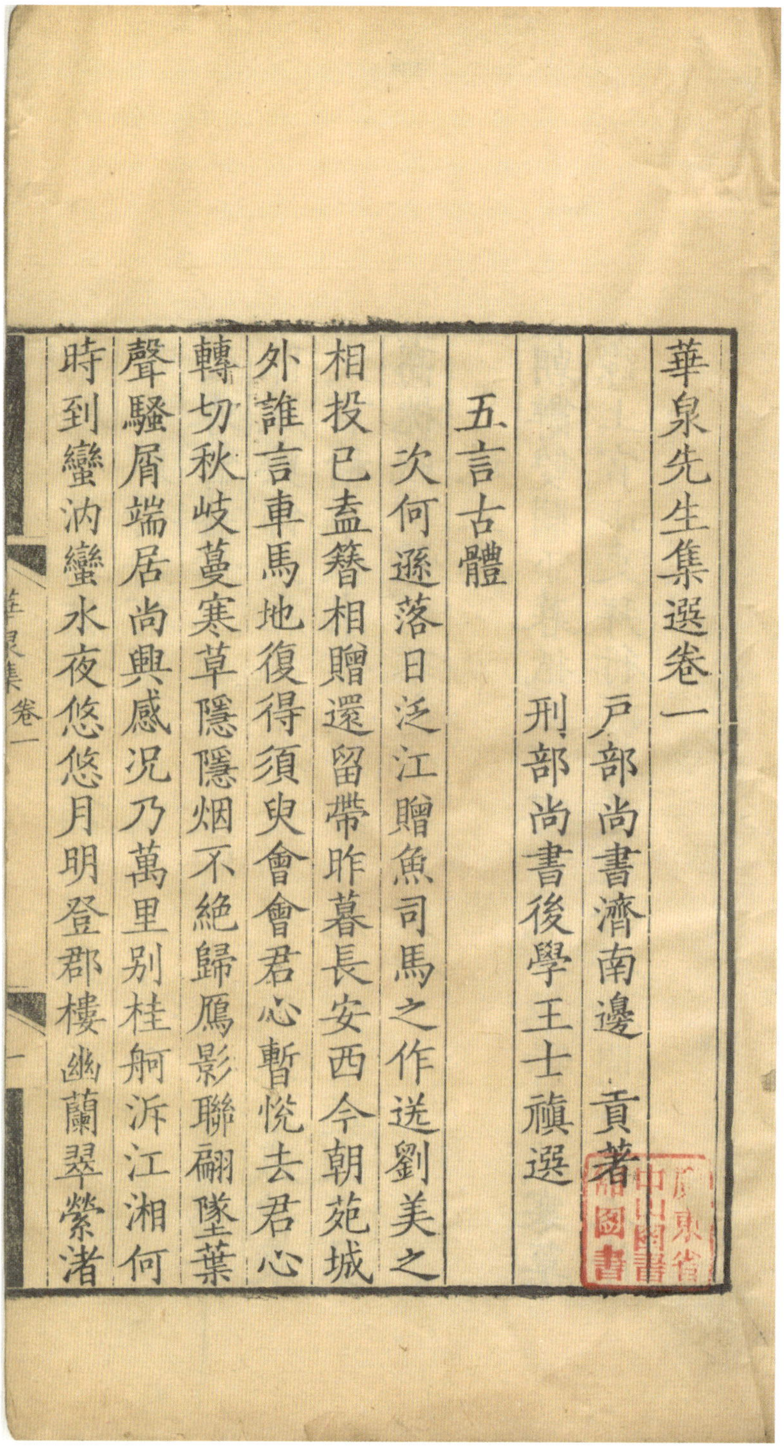

華泉先生集選卷一

戶部尚書濟南邊　貢著

刑部尚書後學王士禛選

五言古體

次何遜落日泛江贈魚司馬之作送劉美之

相投已盡簪相贈還留帶昨暮長安西今朝苑城外誰言車馬地復得須臾會會君心暫悅去君心轉切秋岐蔓寒草隱隱烟不絕歸鴈影聯翩墜葉聲騷屑端居尚興感況乃萬里別桂舸泝江湘何時到鑾汭鑾水夜悠悠月明登郡樓幽蘭翠縈渚

華泉集　卷一　一

華泉先生集選四卷　（明）邊貢撰　（清）王士禛選　**邊仲子詩選不分卷**　（明）邊習撰　（清）徐夜　王士禛選　清康熙刻王漁洋遺書本。一册。半頁十行十九字，黑口，左右雙邊。框高17.5厘米、寬13.8厘米。廣東省立中山圖書館藏。

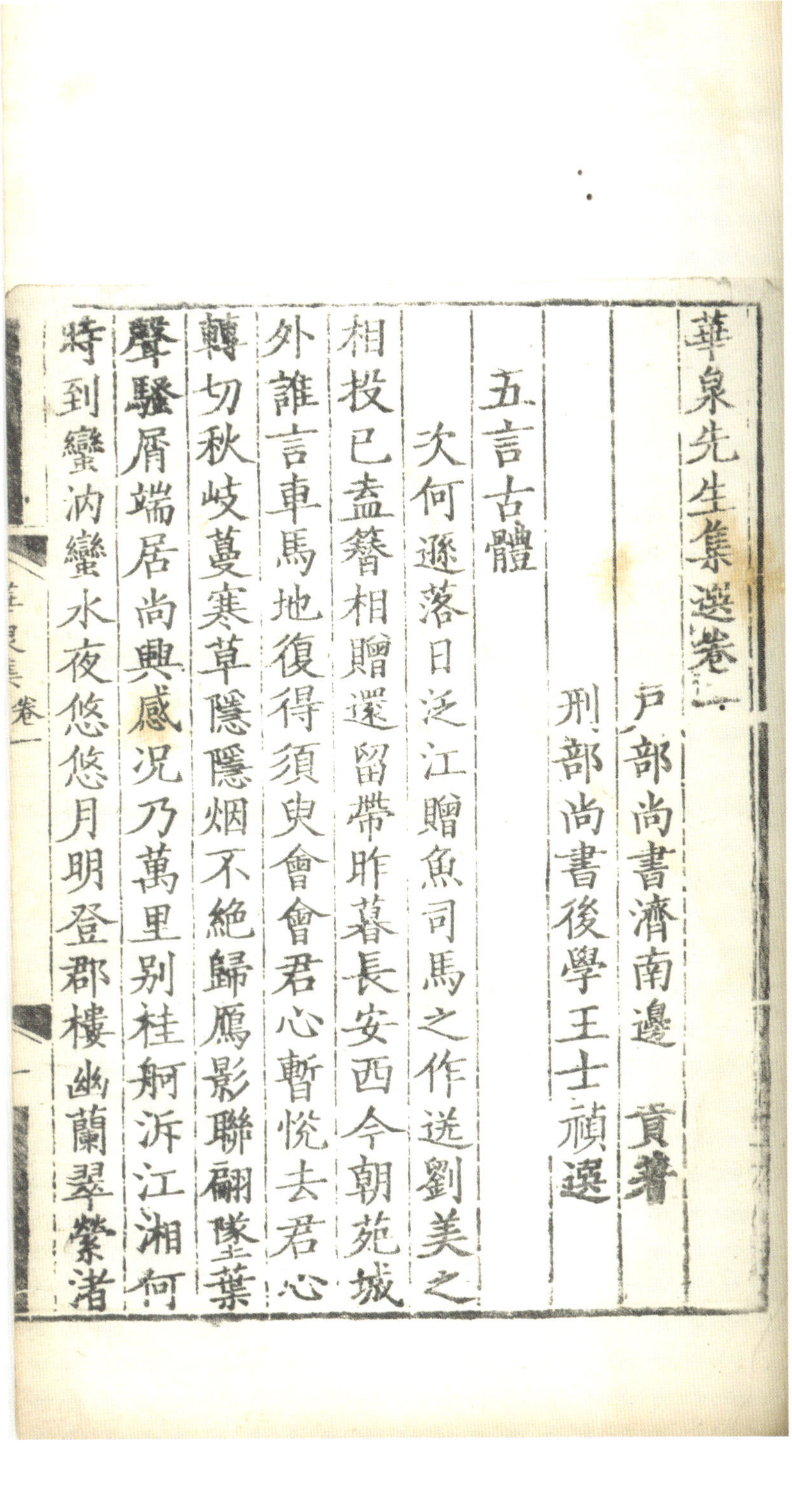
華泉先生集選卷一
户部尚書濟南邊　貢著
刑部尚書後學王士禛選
五言古體
次何遜落日泛江贈魚司馬之作送劉美之
相投已盡簪相贈還留帶昨暮長安西今朝苑城
外誰言車馬地復得須臾會會君心暫悅去君心
轉切秋岐蔓寒草隱隱烟不絕歸鴈影聯翩墜葉
聲騷屑端居尚興感況乃萬里别桂舸泝江湘何
時到鑾汭鑾水夜悠悠月明登郡樓幽蘭翠縈渚

華泉先生集選四卷　（明）邊貢撰　（清）王士禛選　**邊仲子詩選不分卷**　（明）邊習撰　（清）徐夜　王士禛選　清康熙刻王漁洋遺書本。二册。半頁十行十九字，黑口，左右雙邊。框高17.5厘米、寬13.8厘米。廣東省立中山圖書館藏。

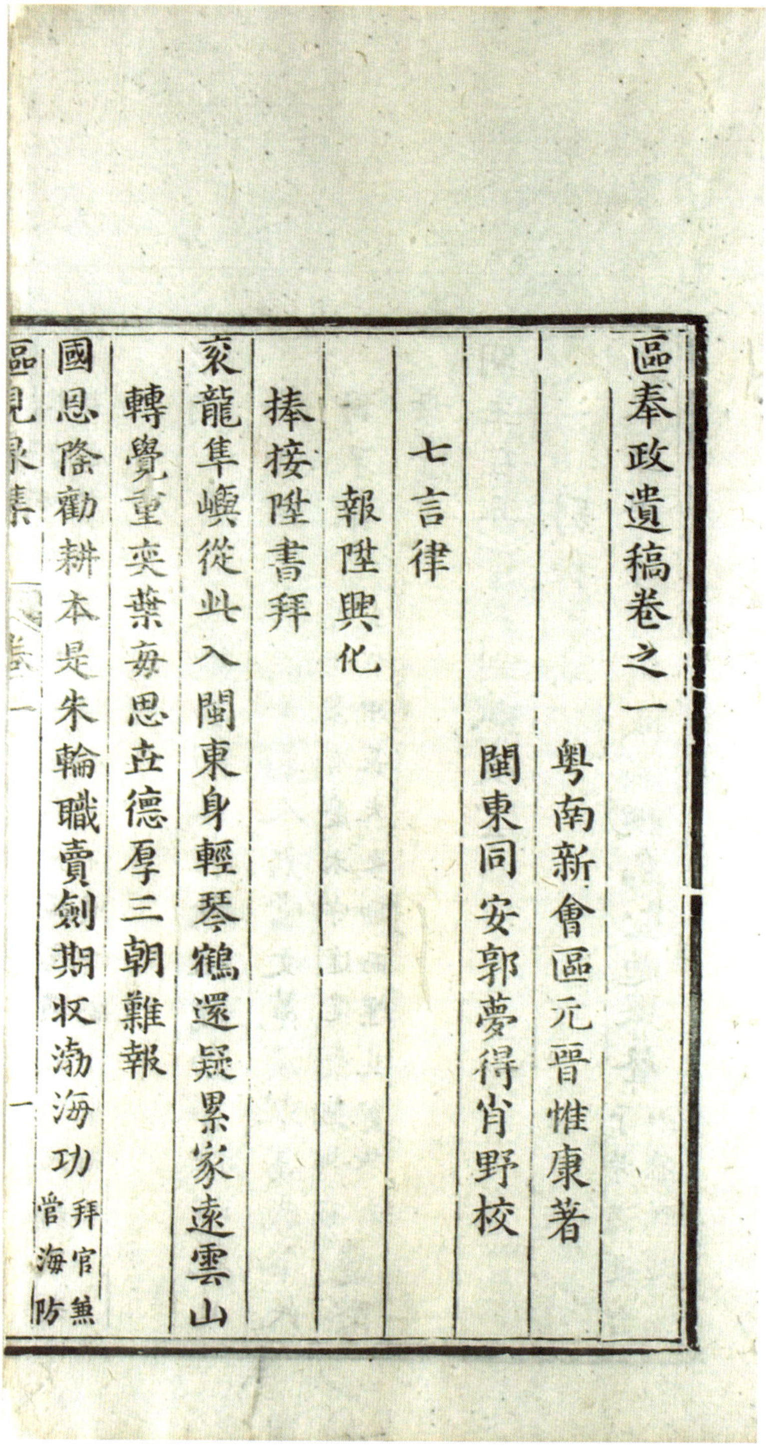

區奉政遺稿卷之一

粵南新會區元晉惟康著

閩東同安郭夢得肖野校

七言律

報陞興化

捧接陞書拜

袞龍隼嶼從此入閩東身輕琴鶴還疑累家遠雲山轉覺重奕葉毋思𤣥德厚三朝難報國恩隆勸耕本是朱輪職責劍期收渤海功拜官兼管海防

鄉賢區西屏集十卷　（明）區越撰　**區奉政遺稿十卷**　（明）區元晉撰　明萬曆刻本。存十卷（區奉政遺稿）。二册。半頁九行二十字，小字雙行同，白口，四周雙邊。框高19.4厘米、寬13.4厘米。江門市新會區景堂圖書館藏。

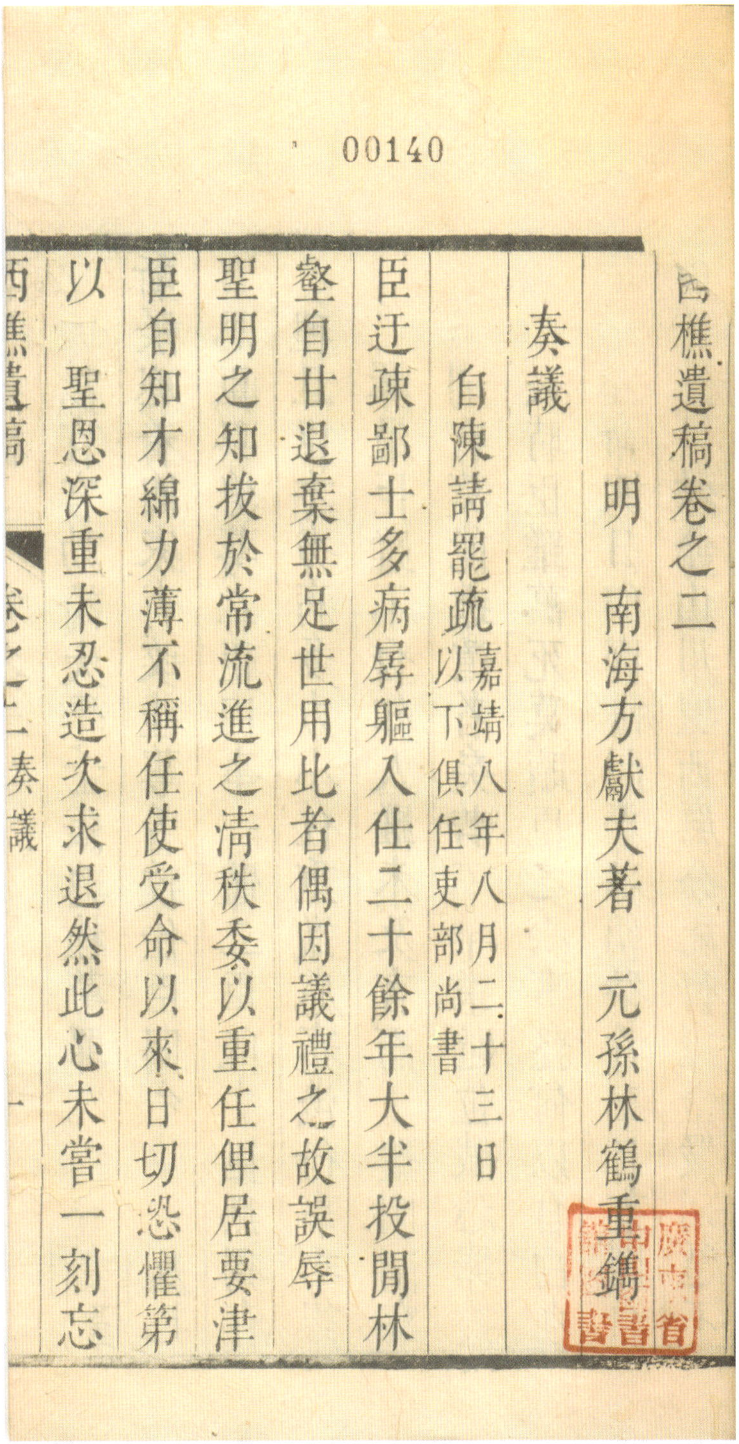
00140

西樵遺稿卷之二

明　南海方獻夫著　元孫林鶴重鐫

奏議

自陳請罷疏（嘉靖八年八月二十三日　以下俱任吏部尚書）

臣迂疎鄙士多病孱軀入仕二十餘年大半投閒林壑自甘退棄無足世用比者偶因議禮之故誤辱聖明之知拔於常流進之淸秩委以重任俾居要津臣自知才綿力薄不稱任使受命以來日切恐懼第以　聖恩深重未忍造次求退然此心未嘗一刻忘

西樵遺稿　卷之二　奏議　一

西樵遺稿八卷　（明）方獻夫撰　清康熙三十五年（1696）方林鶴刻本（有抄配）。六册。半頁九行二十字，白口，左右雙邊。框高19.4厘米、寬13.3厘米。廣東省立中山圖書館藏。

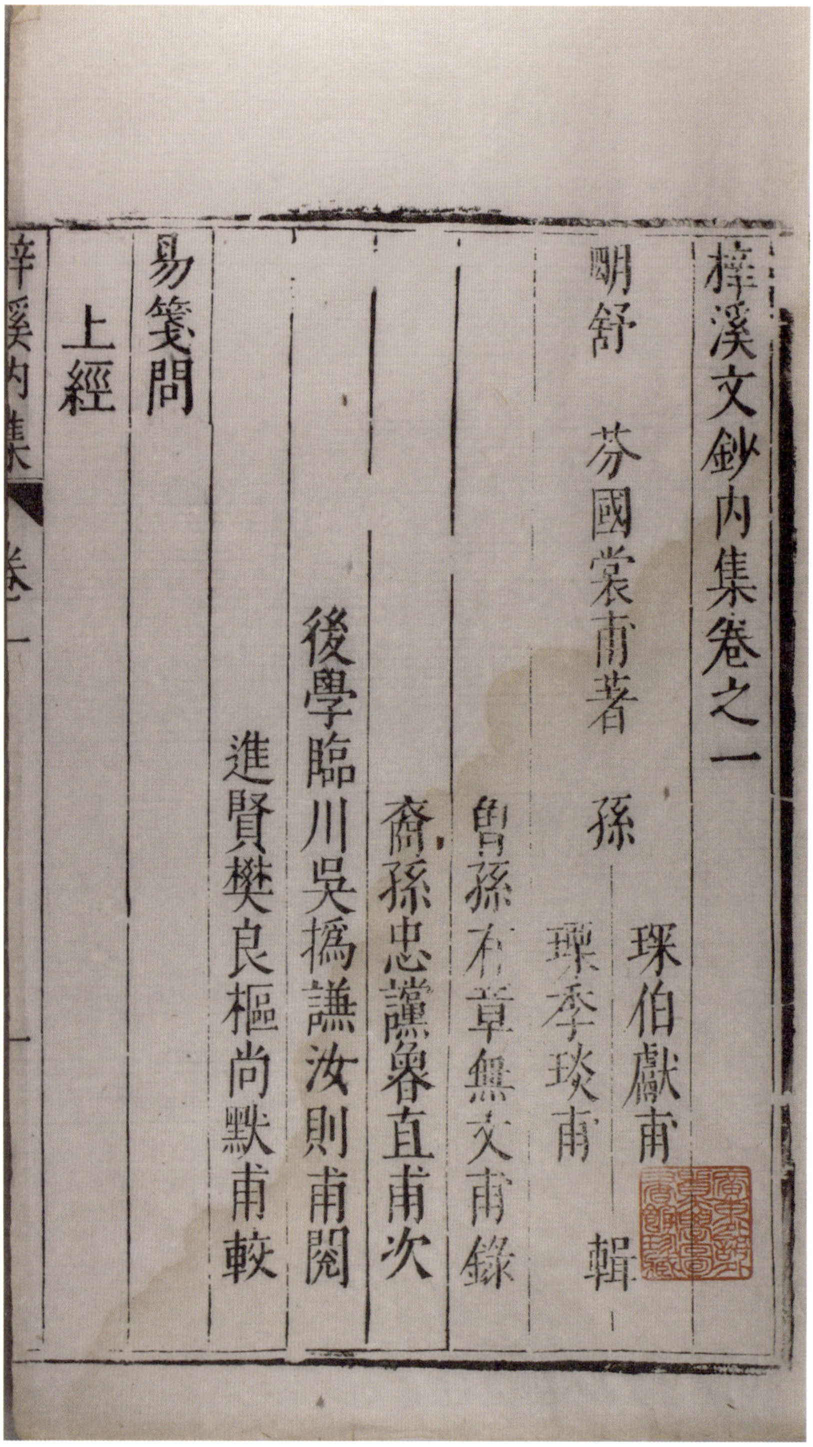
梓溪文鈔內集卷之一
明舒　芬國裳甫著　孫　琛伯獻甫
璞季琰甫　輯
曾孫本章無文甫錄
裔孫忠讜魯直甫次
後學臨川吳撝謙汝則甫閱
進賢樊良樞尚默甫較
易箋問
上經
梓溪內集　卷一

梓溪文鈔內集八卷外集十卷　（明）舒芬撰　明萬曆四十八年（1620）舒琛刻本。十四册。半頁九行十八字，白口，四周雙邊。框高20.5厘米、寬13.7厘米。廣東外語外貿大學圖書館藏。

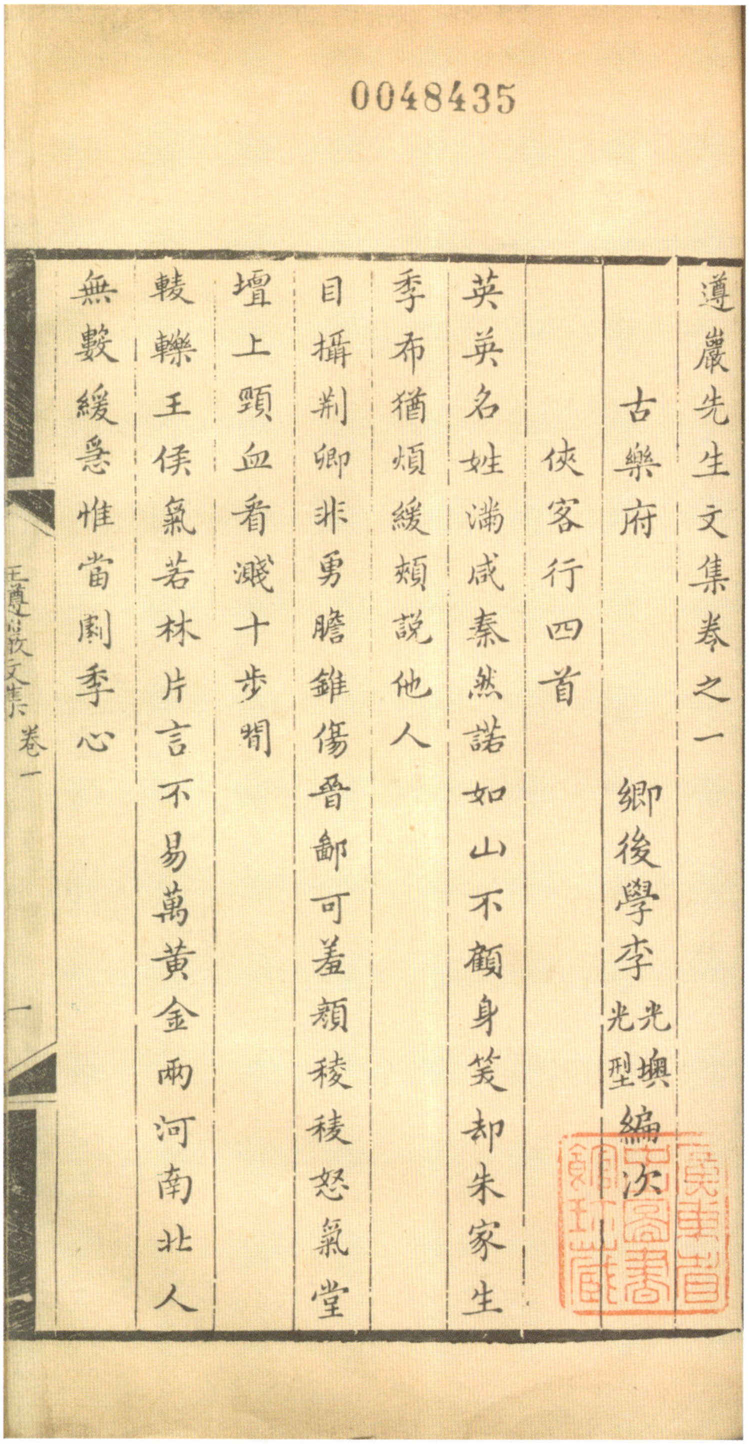

遵巖先生文集四十二卷　（明）王慎中撰　清康熙五十年（1711）閩中同人書社刻本。十二册。半頁九行十九字，黑口，四周單邊。框高17.8厘米、寬13厘米。廣東省立中山圖書館藏。

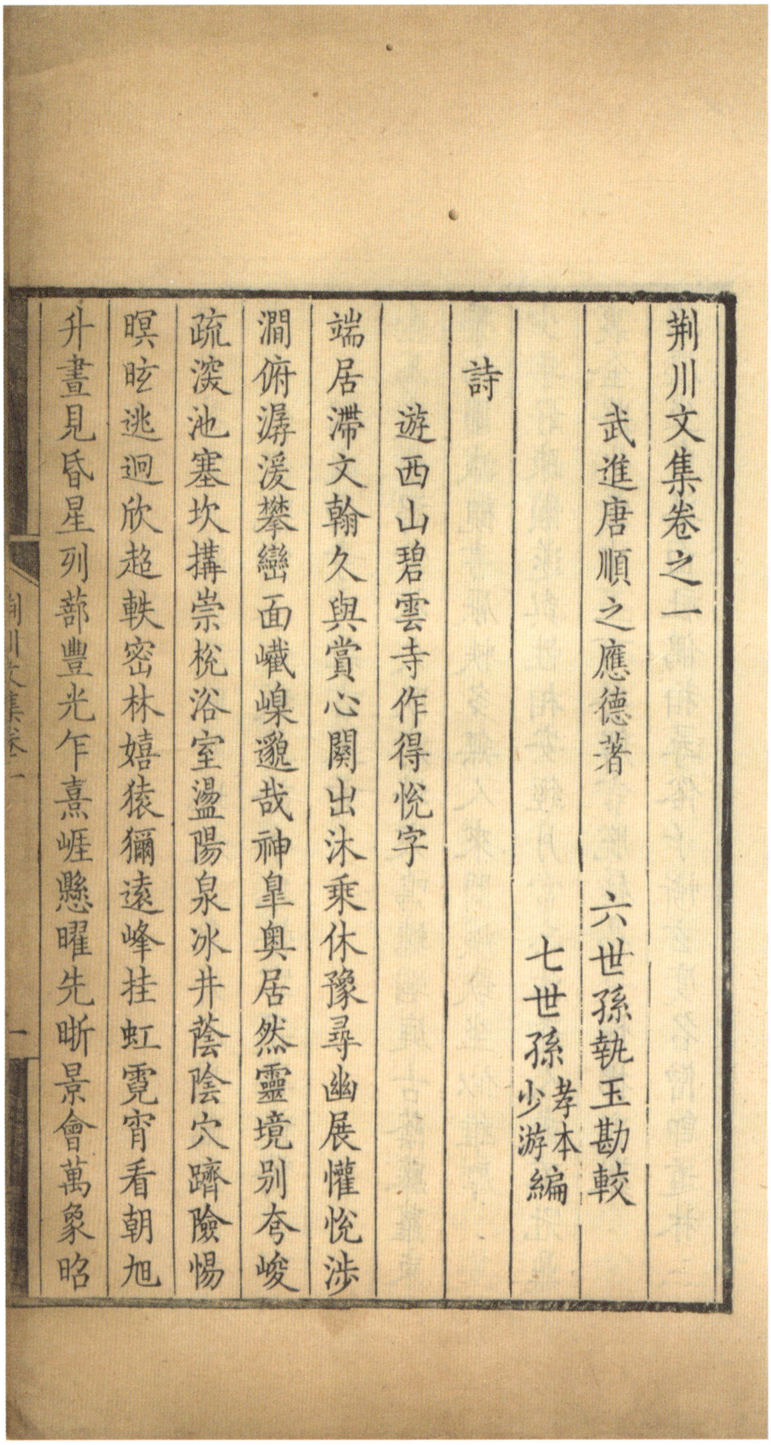
荆川文集卷之一

武進唐順之應德著　六世孫執玉勘較

七世孫孝本少游編

詩

遊西山碧雲寺作得悦字

端居滯文翰久與賞心闕出沐乘休豫尋幽展懽悦涉
澗俯潺湲攀巒面巇嶮邈哉神皐奥居然靈境别夸峻
疏湲池塞坎搆崇梲浴室盪陽泉冰井蔭陰穴躋險惕
瞑眩逃迴欣超軼密林嬉猿獼遠峰挂虹霓宵看朝旭
升晝見昏星列蔀豐光乍熹崕懸曜先晣景會萬象晗

荆川文集卷一　一

荆川文集十八卷　（明）唐順之撰　清康熙五十一年（1712）唐執玉刻本。八册。半頁十行二十一字，黑口，左右雙邊。框高19.6厘米、寬14.4厘米。廣東省立中山圖書館藏。

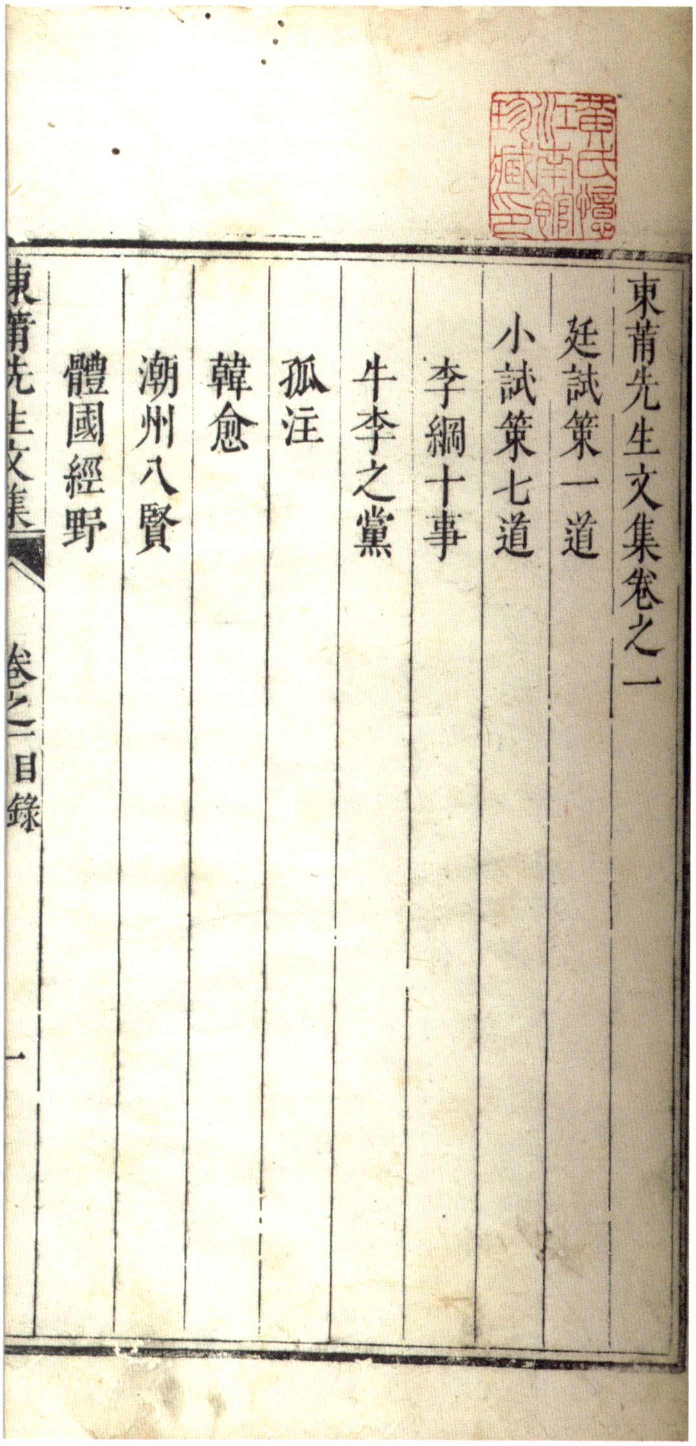
東莆先生文集卷之一
廷試策一道
小試策七道
李綱十事
牛李之黨
孤注
韓愈
潮州八賢
體國經野

東莆先生文集　卷之一目錄　一

東莆先生文集五卷　（明）林大欽撰　清刻本。四册。半頁行數字數不等，白口，四周雙邊。框高20.2厘米、寬13厘米。廣東省立中山圖書館藏。

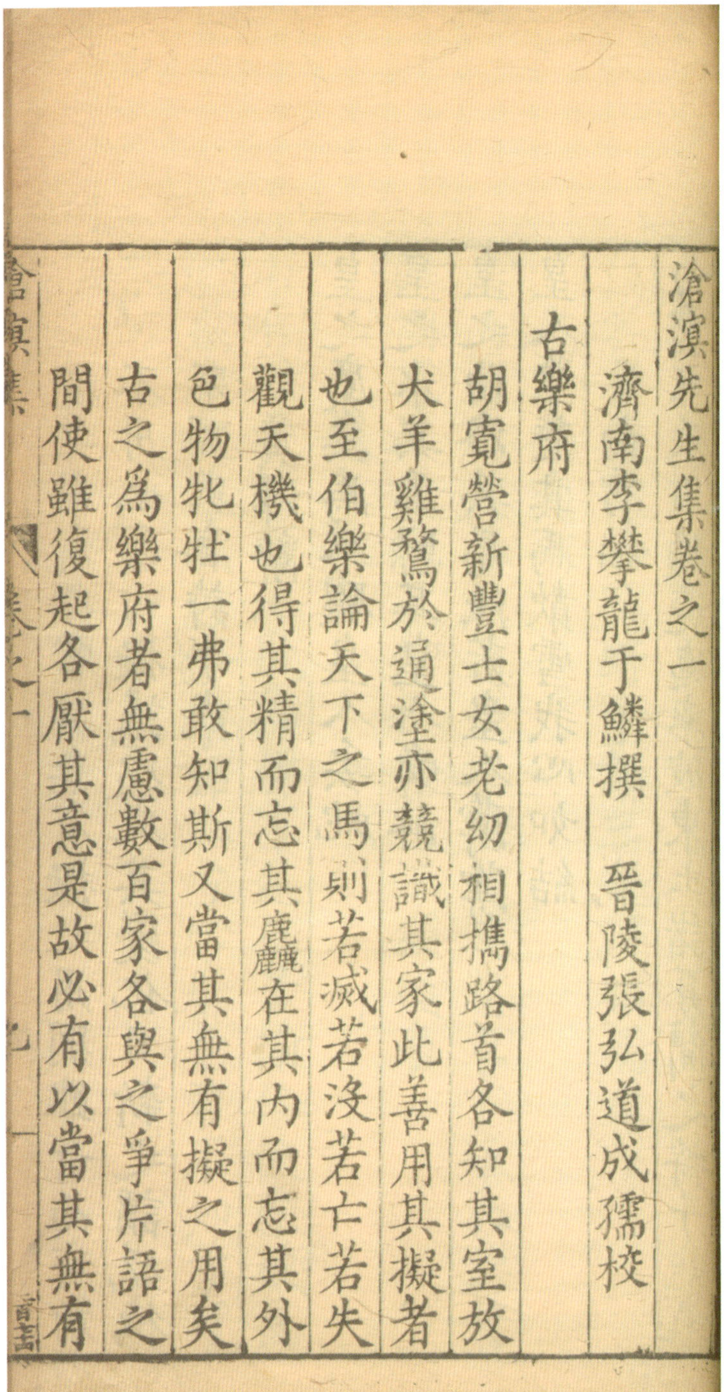

滄溟先生集卷之一

濟南李攀龍于鱗撰　晉陵張弘道成孺校

古樂府

胡寬營新豐士女老幼相攜路首各知其室放犬羊雞鶩於通塗亦競識其家此善用其擬者也至伯樂論天下之馬則若滅若沒若亡若失觀天機也得其精而忘其麤在其内而忘其外色物牝牡一弗敢知斯又當其無有擬之用矣古之爲樂府者無慮數百家各與之爭片語之間使雖復起各厭其意是故必有以當其無有

滄溟先生集三十卷附録一卷　（明）李攀龍撰　明隆慶六年（1572）刻本。六册。半頁十行二十字，白口，左右雙邊。框高22.2厘米、寬15.2厘米。廣東省立中山圖書館藏。

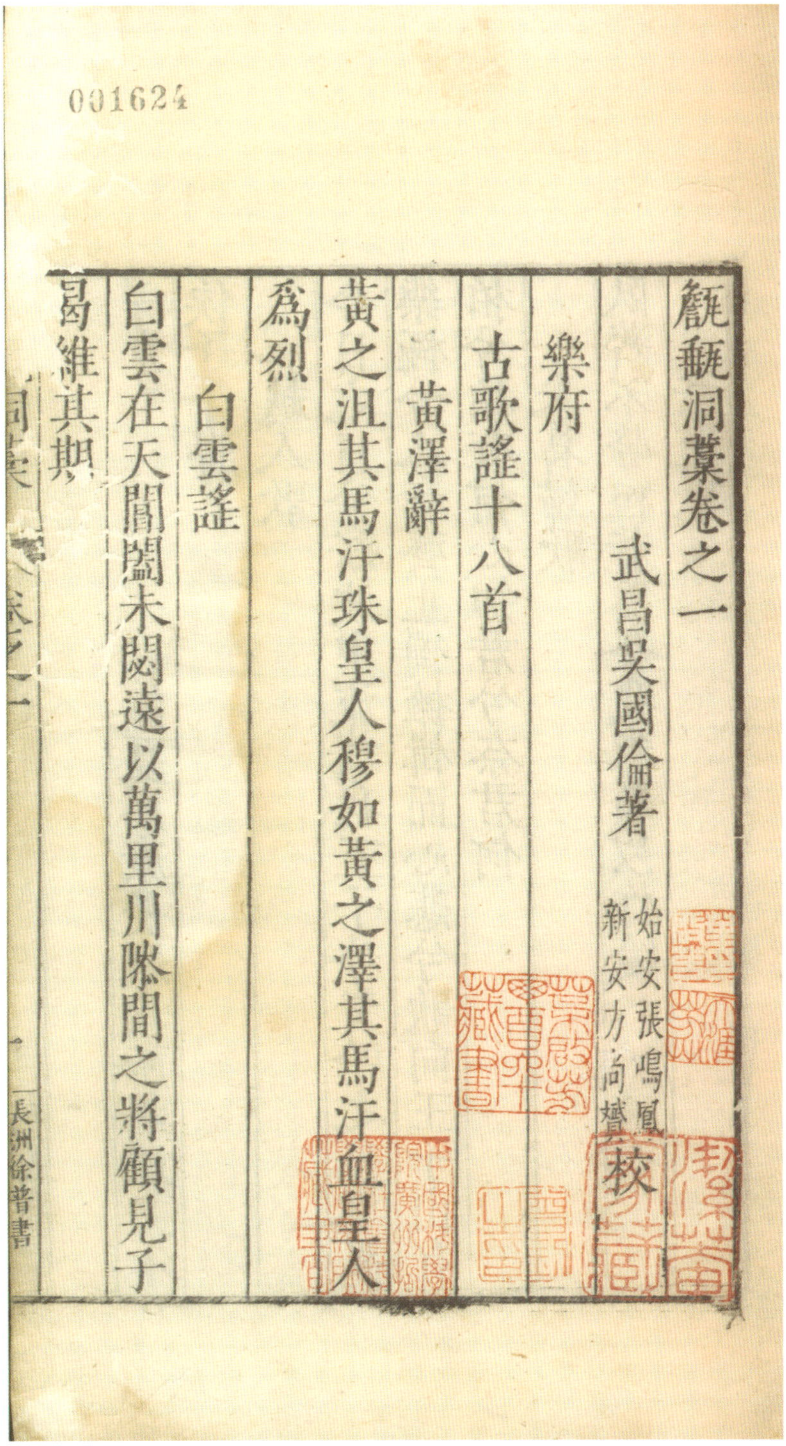
001624

甗甀洞稾卷之一

武昌吳國倫著

始安張鳴鳳
新安方尚贇 校

樂府

古歌謠十八首

黃澤辭

黃之沮其馬汗珠皇人穆如黃之澤其馬汗血皇人
爲烈

白雲謠

白雲在天閶闔未闕遠以萬里川陸間之將顧見子
曷維其與

長洲徐普書

甗甀洞稾五十四卷目録二卷　（明）吴國倫撰　明萬曆刻本。二十册。半頁十行二十字，白口，四周單邊。框高19厘米、寬13.7厘米。廣東省社會科學院藏。

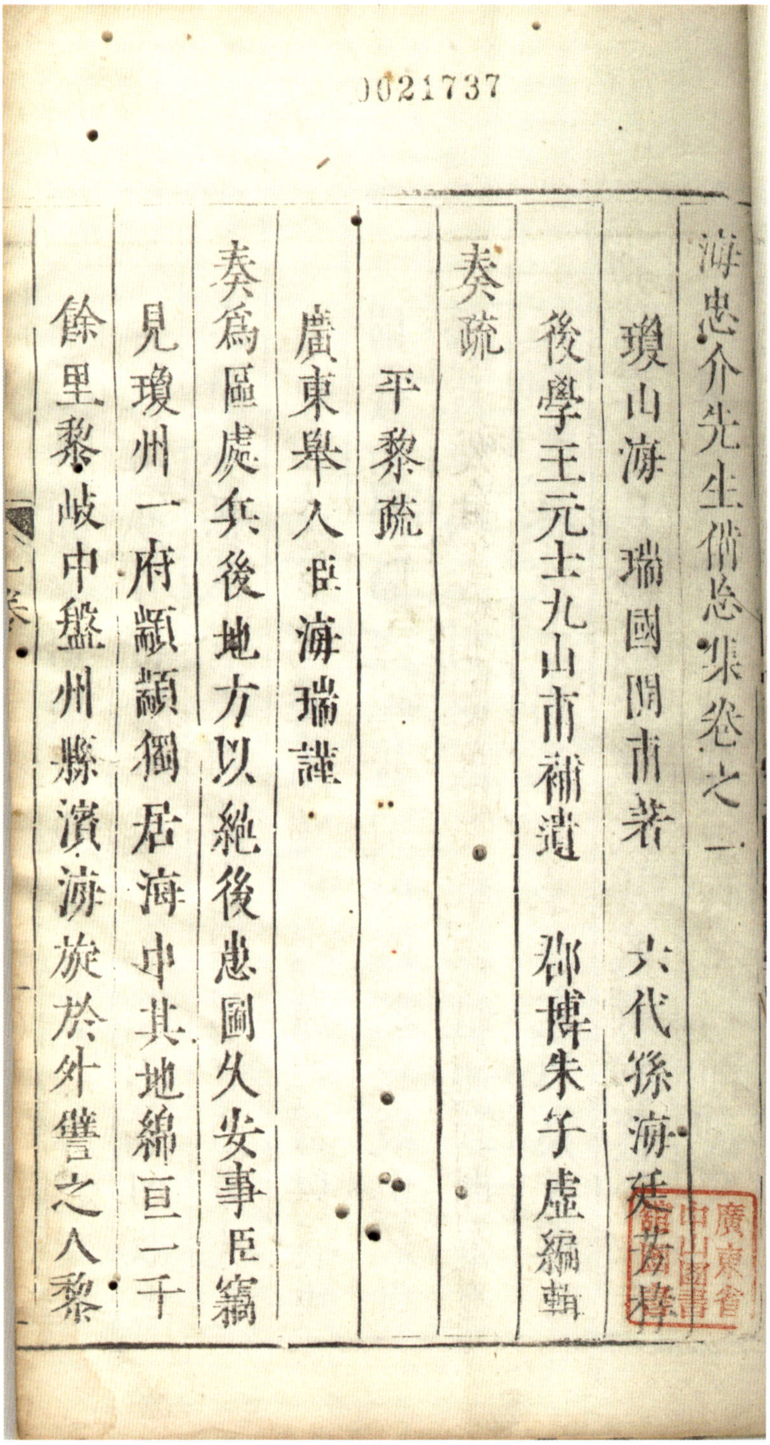

海忠介先生備忘集卷之一

瓊山海　瑞國開甫著　六代孫海廷芳梓

後學王元士九山甫補遺　邵博朱子虛編輯

奏疏

平黎疏

廣東舉人臣海瑞謹

奏爲區處兵後地方以絶後患圖久安事臣竊

見瓊州一府顓顓獨居海中其地綿亘一千

餘里黎岐中盤州縣濱海旋於外譬之入黎

海忠介先生備忘集十卷　（明）海瑞撰　（清）王元士補遺　（清）朱子虛輯　清康熙十九年（1680）海廷芳刻本。十册。半頁九行十九字，白口，四周雙邊。框高21厘米、寬14.7厘米。廣東省立中山圖書館藏。

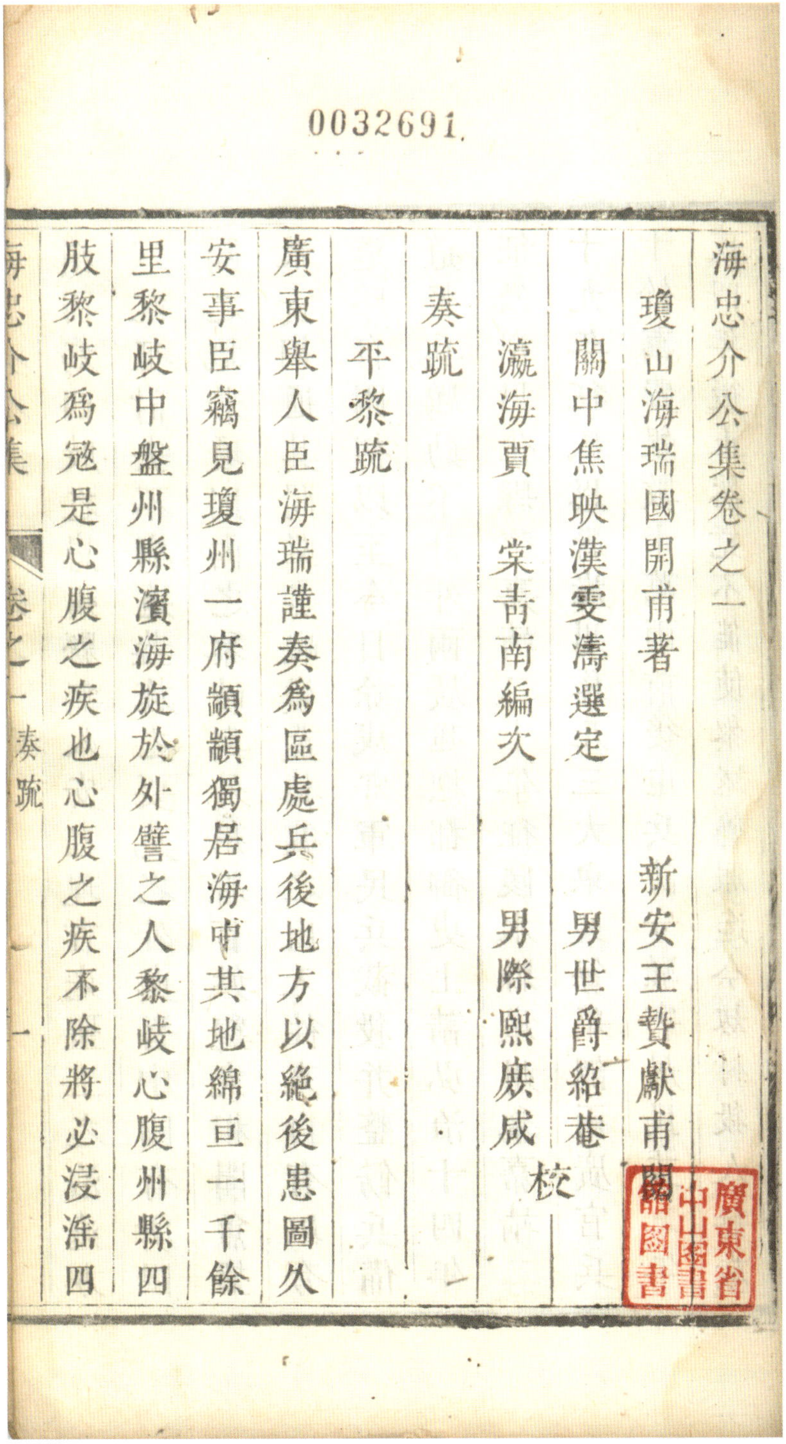

海忠介公集卷之一
瓊山海瑞國開甫著　新安王贊獻甫閱
關中焦映漢雯濤選定　男世爵紹巷
瀛海賈棠青南編次　男際熙庚咸　校
奏疏
平黎疏
廣東舉人臣海瑞謹奏爲區處兵後地方以絕後患圖久
安事臣竊見瓊州一府額額獨居海中其地綿亘一千餘
里黎岐中盤州縣濱海旋於外譬之人黎岐心腹州縣四
肢黎岐爲寇是心腹之疾也心腹之疾不除將必浸滛四
海忠介公集　卷之一　奏疏　一

海忠介公集六卷首一卷　（明）海瑞撰　清康熙刻本。二册。半頁十行二十二字，白口，四周雙邊。框高20.3厘米、寬14.4厘米。廣東省立中山圖書館藏。

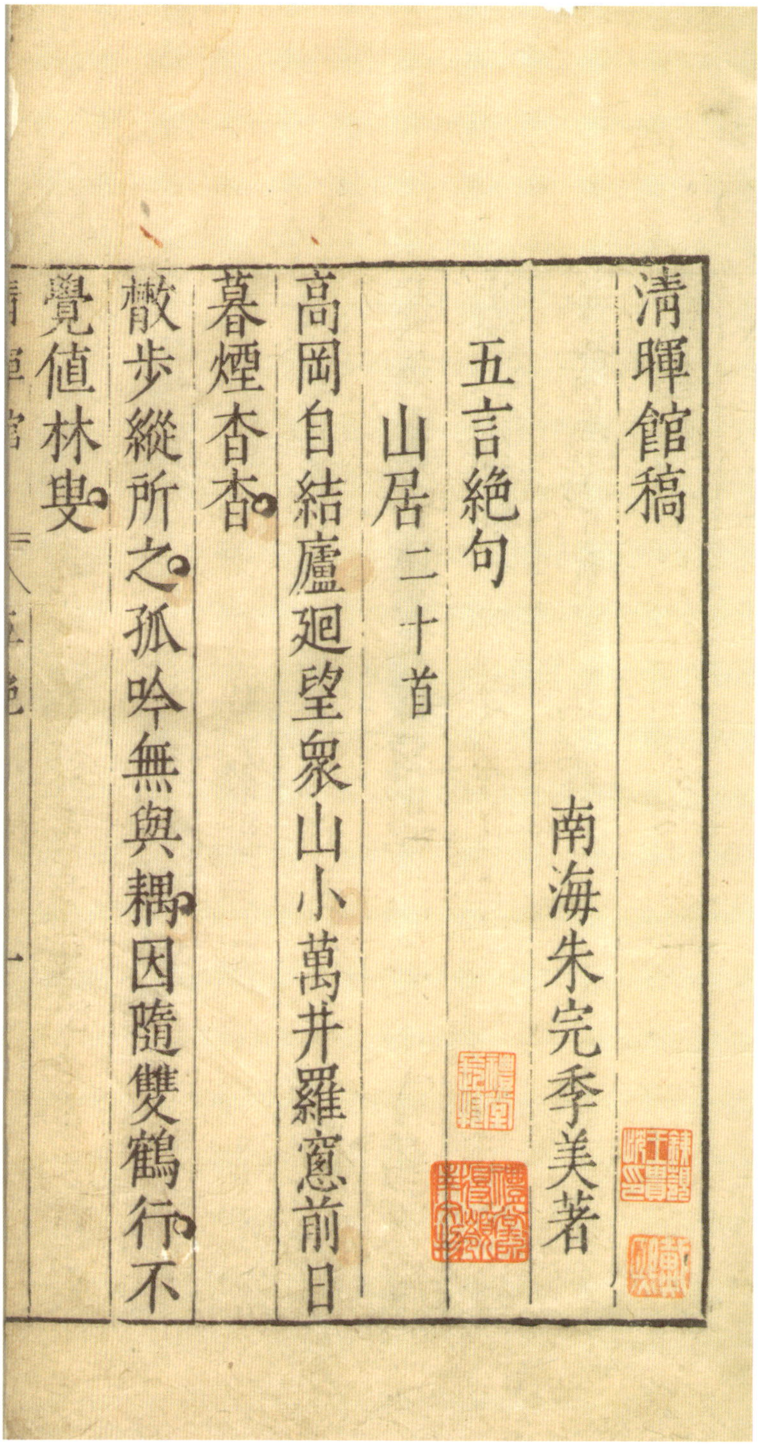

清暉館稿

南海朱完季美著

五言絶句

山居二十首

高岡自結廬廻望衆山小萬井羅窻前日暮煙杳杳。

散步縱所之。孤吟無與耦。因隨雙鶴行。不覺值林叟。

清暉館稿不分卷　（明）朱完撰　明刻本。二册。半頁八行十六字，小字雙行同，白口，四周單邊。框高20.1厘米、寬13厘米。儀清室藏。

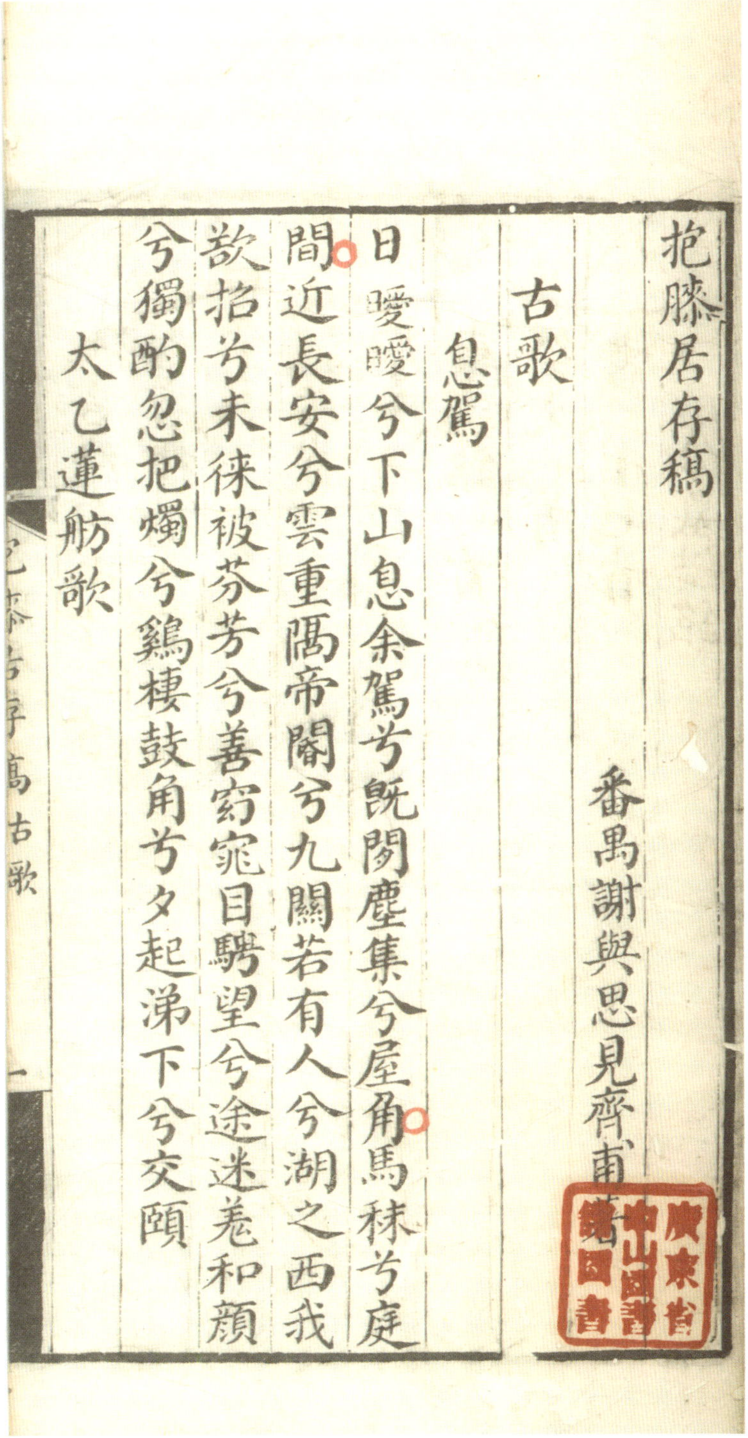

抱膝居存稿

番禺謝與思見齊甫著

古歌

息駕

日曖曖兮下山息余駕兮既閉塵集兮屋角馬秣兮庭
閒近長安兮雲重隅帝閽兮九關若有人兮湖之西我
欲招兮未徠被芬芳兮善窈窕目騁望兮途迷卷和顏
兮獨酌忽把燭兮鷄棲鼓角兮夕起涕下兮交頤

太乙蓮舫歌

抱膝居存稿　古歌　一

抱膝居存稿二卷　（明）謝與思撰　清乾隆三十五年（1770）謝敦源刻本。二册。半頁九行二十一字，黑口，左右雙邊。框高18厘米、寬11.6厘米。廣東省立中山圖書館藏。

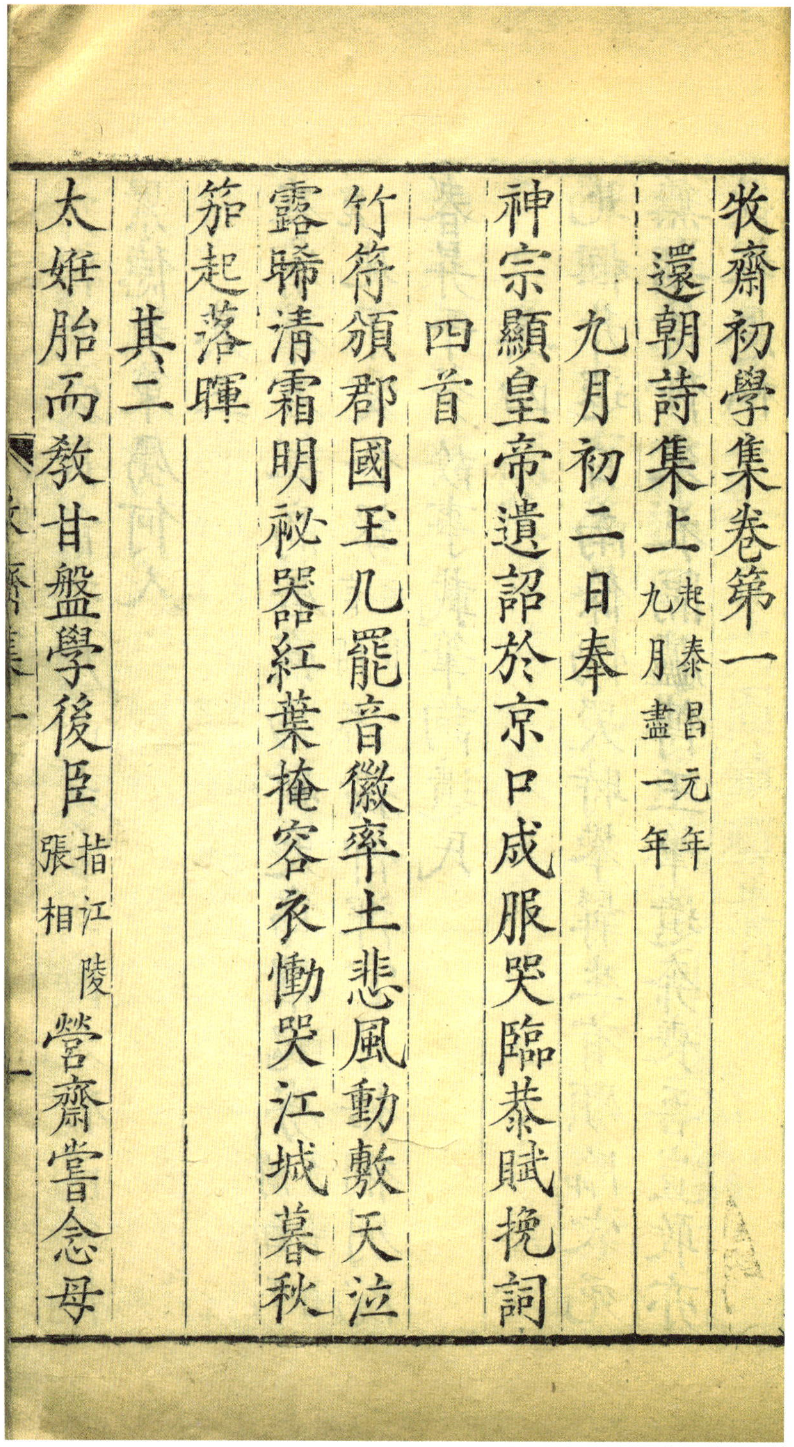

牧齋初學集卷第一

還朝詩集上 起泰昌元年九月盡一年

九月初二日奉

神宗顯皇帝遺詔於京口成服哭臨恭賦挽詞

四首

竹符頒郡國玉几罷音徽率土悲風動敷天泣露晞清霜明祕器紅葉掩容衣慟哭江城暮秋笳起落暉

其二

太姙胎而教甘盤學後臣 指江陵張相 管齋嘗念母

牧齋初學集一百十卷 （清）錢謙益撰　明崇禎十六年（1643）瞿式耜刻本。二十册。半頁十行十八字，小字雙行同，白口，四周單邊。框高21.3厘米、寬14.6厘米。暨南大學圖書館藏。

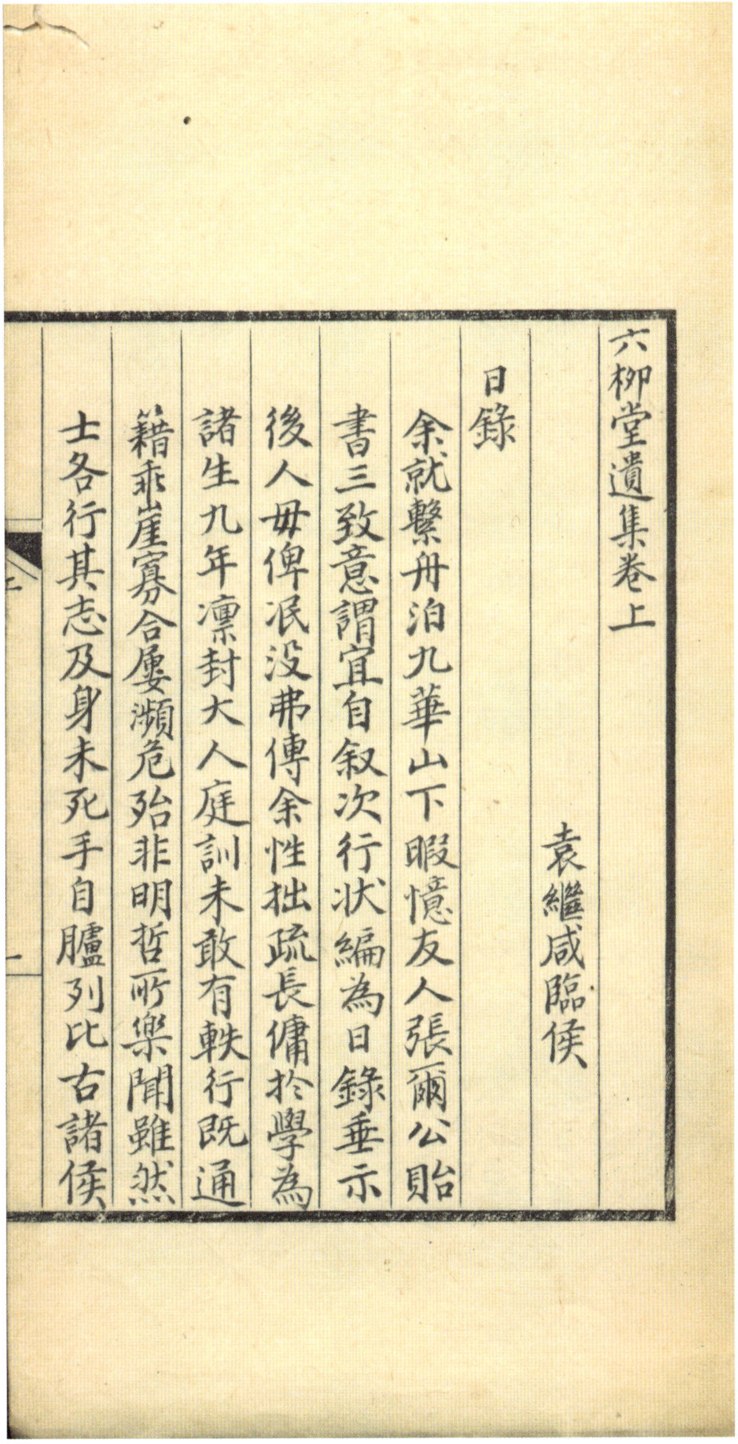
六柳堂遺集卷上

袁繼咸臨侯

日錄

余就繫舟泊九華山下暇憶友人張爾公貽書三致意謂宜自叙次行狀編為日錄垂示後人毋俾泯没弗傳余性拙疏長慵於學為諸生九年凛封大人庭訓未敢有軼行既通籍乖崖寡合屢瀕危殆非明哲所樂聞雖然士各行其志及身未死手自臚列比古諸侯

六柳堂遺集二卷　（明）袁繼咸撰　清感峰樓抄本。一册。半頁九行十八字，白口，四周單邊。框高15厘米、寬10.7厘米。廣東省社會科學院藏。

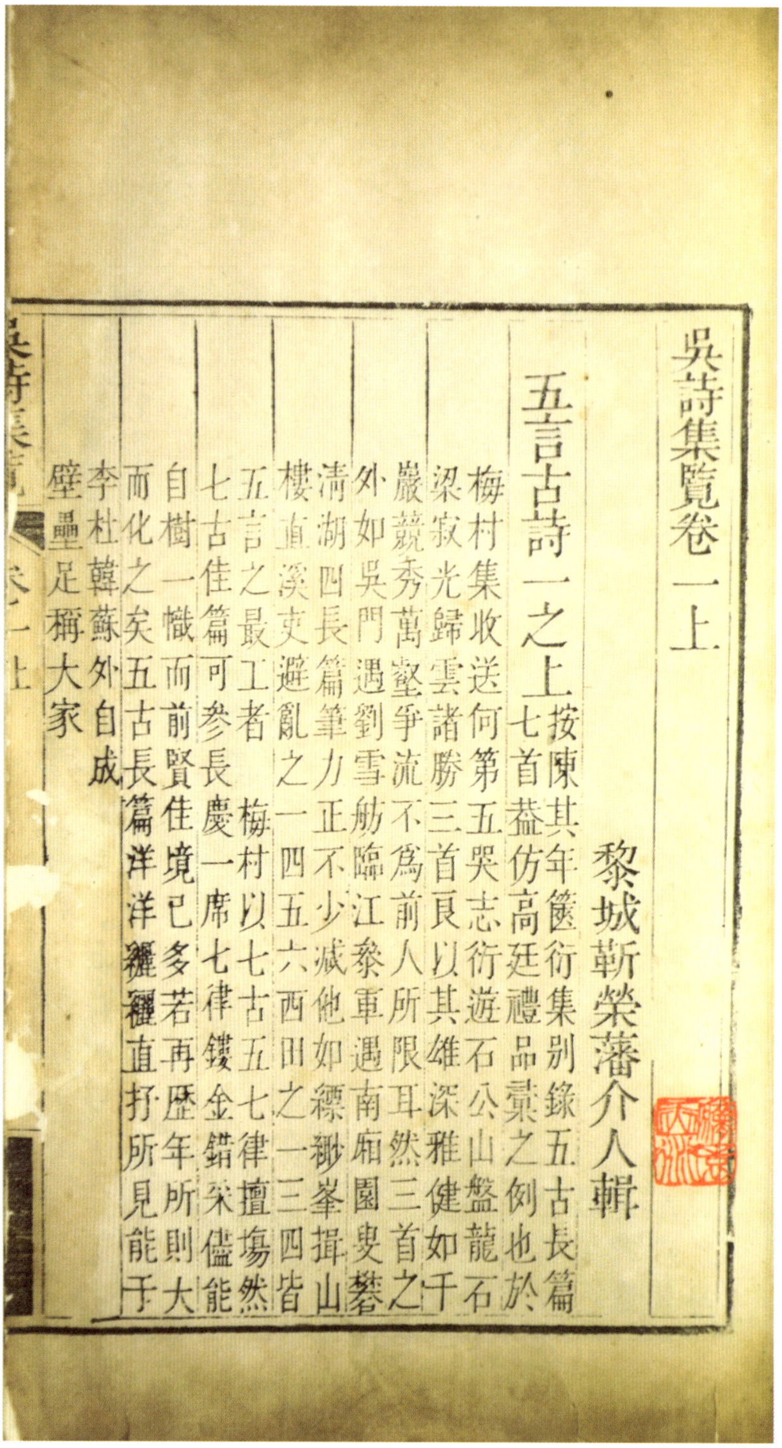
吳詩集覽卷一上
黎城靳榮藩介人輯
五言古詩一之上 按陳其年篋衍集別錄五古長篇七首蓋仿高廷禮品彙之例也於
梅村集收送何第五哭志衍遊石公山盤龍石梁寂光歸雲諸勝三首具以其雄深雅健如千
巖競秀萬壑爭流不爲前人所限耳然三首之外如吳門遇劉雪舫臨江參軍遇南廂園叟襟
清湖四長篇筆力正不少減他如縹緲峯揖山樓直溪吏避亂之一四五六西田之一三四皆
五言之最工者　梅村以七古五七律擅場然七古佳篇可參長慶一席七律鏤金錯采儘能
自樹一幟而前賢佳境已多若再歷年所則大而化之矣五古長篇洋洋灑灑直抒所見能于
李杜韓蘇外自成壁壘足稱大家

吴詩集覽二十卷談藪二卷　（清）吴偉業撰　（清）靳榮藩輯　清乾隆四十年（1775）刻本。十六册。半頁九行二十一字，小字雙行同，黑口，四周雙邊。框高18.5厘米、寬13.6厘米。韶關學院圖書館藏。

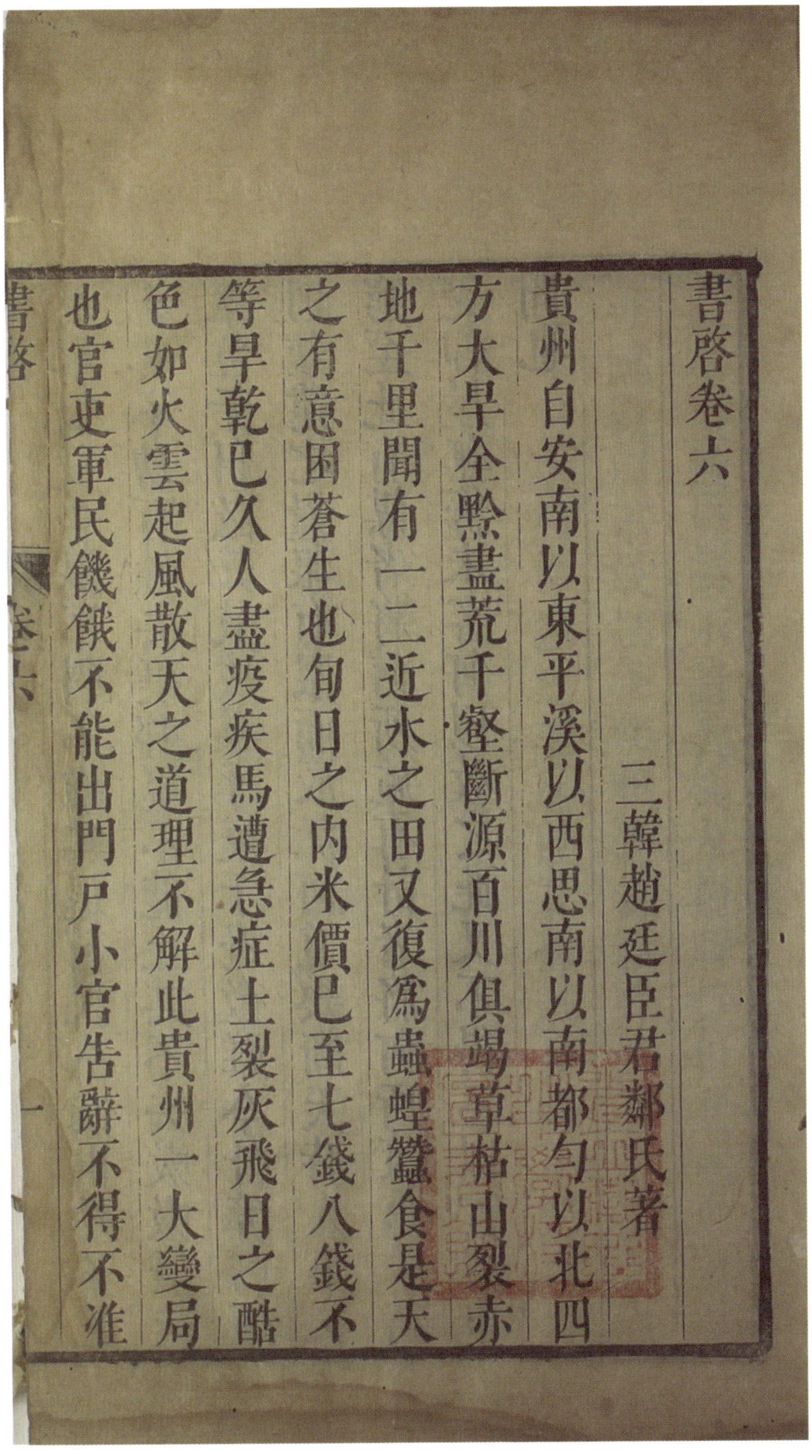

趙清獻公集六卷附刻一卷　（清）趙廷臣撰　清康熙二十二年（1683）敬恕堂刻本。四册。半頁九行二十字，小字雙行同，白口，四周單邊。框高19.3厘米、寬13.4厘米。汕頭市金山中學藏。

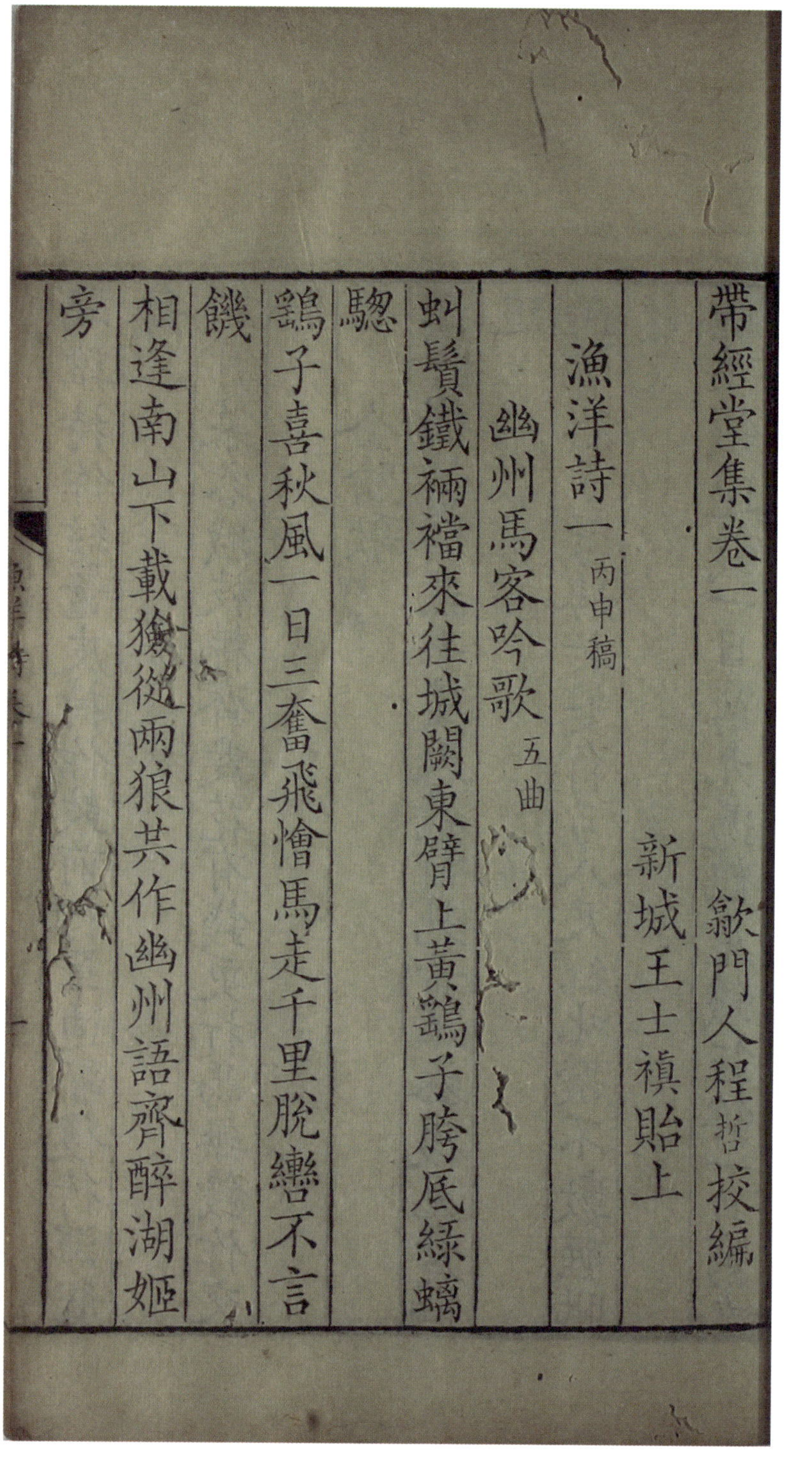
帶經堂集卷一　　　歙門人程哲校編
　　　　　　　　新城王士禛貽上
漁洋詩一　丙申稿
幽州馬客吟歌　五曲
虯鬢鐵裲襠來往城闕東臂上黃鷂子胯底綠螭
驄
鷂子喜秋風一日三奮飛憎馬走千里脫轡不言
饑
相逢南山下載獵從兩狼共作幽州語齊醉湖姬
旁

帶經堂集九十二卷　（清）王士禛撰　（清）程哲編　清康熙七略書堂刻本。存八十九卷（缺五十七至五十九）。十七册。半頁十行十九字，白口，四周單邊。框高18.7厘米、寬14.5厘米。潮州市博物館藏。

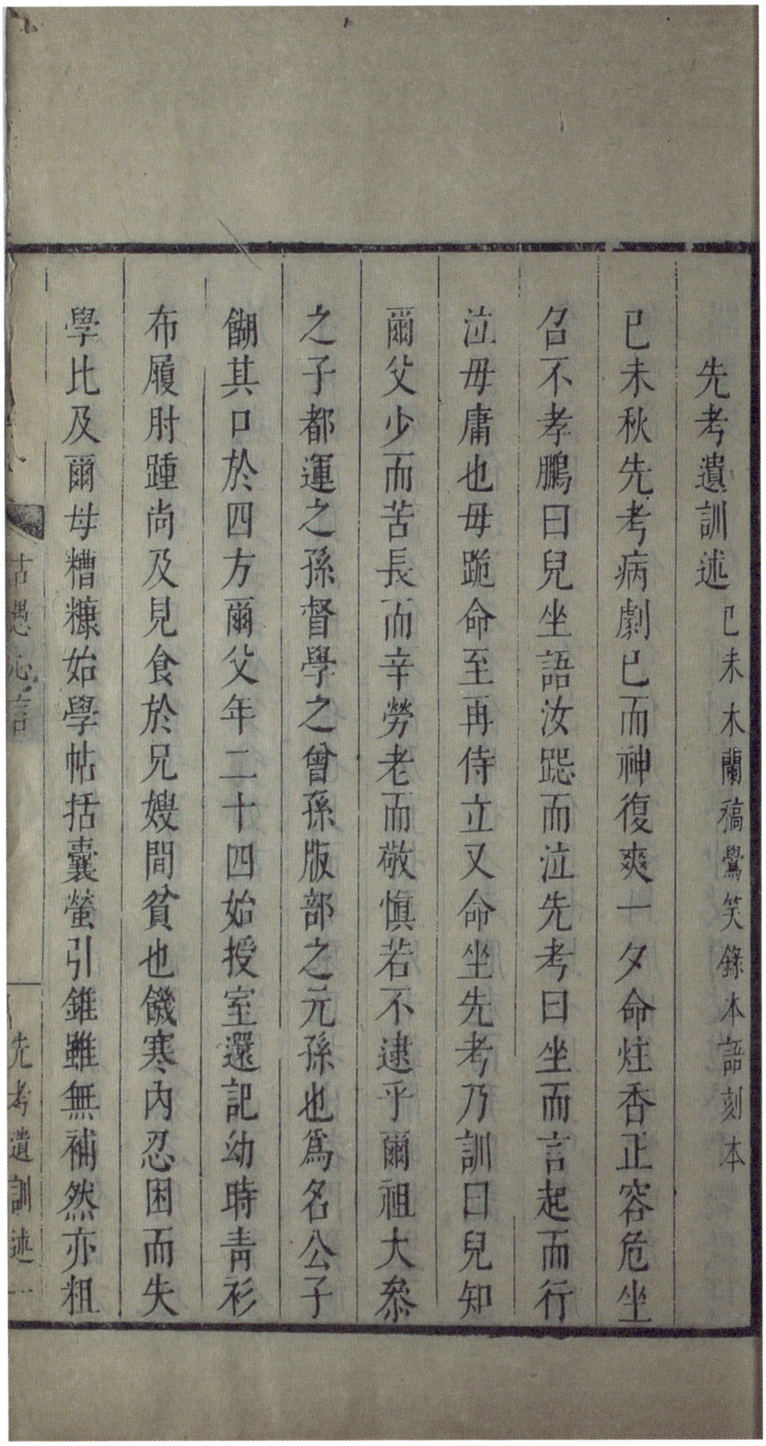
先考遺訓述 己未木蘭稿鶯笑錄本語刻本
己未秋先考病劇已而神復爽一夕命炷香正容危坐
名不孝鵬曰兒坐語汝鵬跽而泣先考曰坐而言起而行
泣毋庸也毋跪命至再侍立又命坐先考乃訓曰兒知
爾父少而苦長而辛勞老而敬慎若不逮乎爾祖大叅
之子都運之孫督學之曾孫版部之元孫也爲名公子
餬其口於四方爾父年二十四始授室還記幼時青衫
布履肘踵尚及見食於兒嫂問貧也饑寒內忍困而失
學比及爾母糟糠始學帖括囊螢引錐雖無補然亦粗
古愚心言 先考遺訓述 一

古愚心言八卷　（清）彭鵬撰　清康熙愚齋刻本。八册。半頁九行二十二字，黑口，四周單邊。框高19.1厘米、寬13.9厘米。汕頭市金山中學藏。

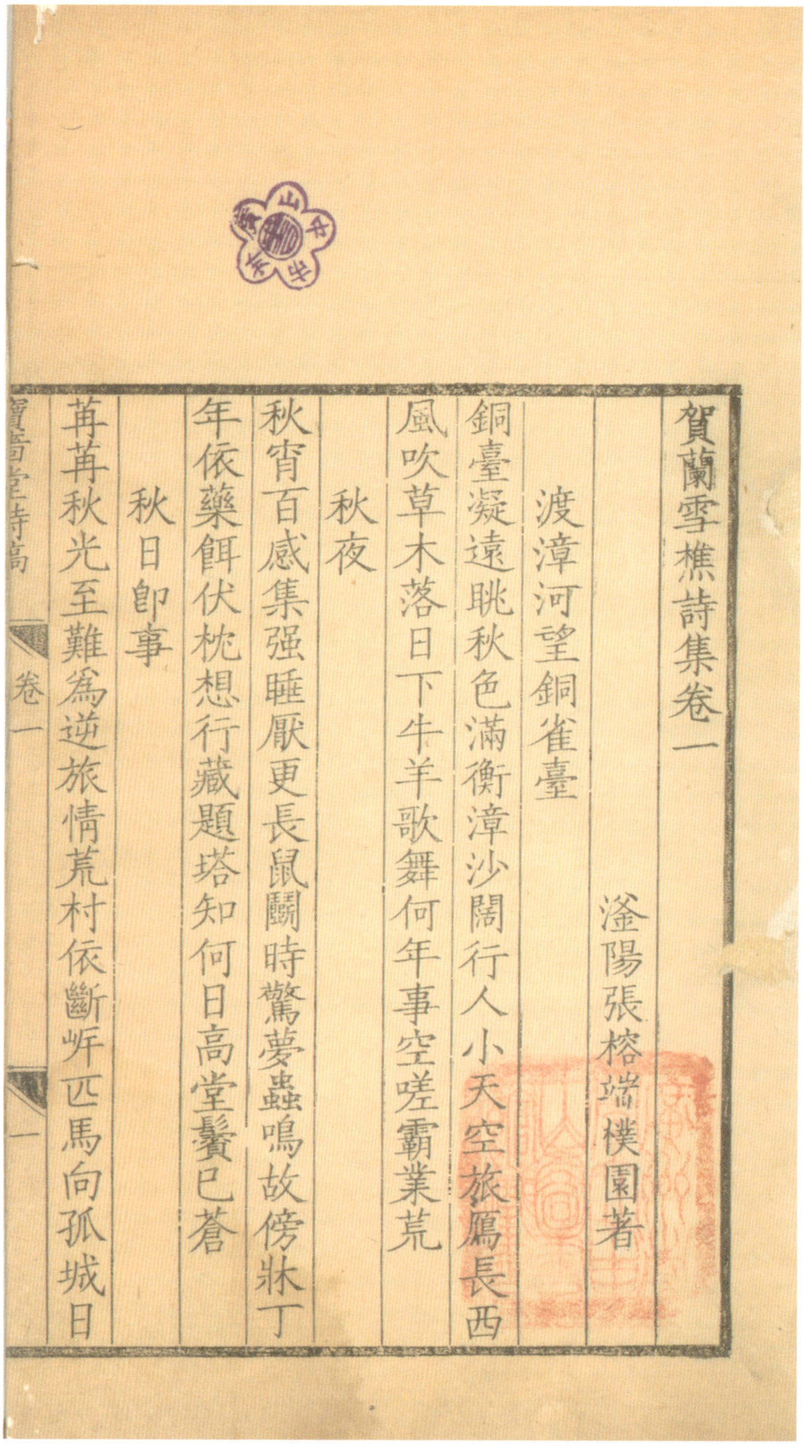
賀蘭雪樵詩集卷一
滏陽張榕端樸園著
渡漳河望銅雀臺
銅臺凝遠眺秋色滿衡漳沙闊行人小天空旅鴈長西
風吹草木落日下牛羊歌舞何年事空嗟霸業荒
秋夜
秋宵百感集强睡厭更長鼠鬬時驚夢蟲鳴故傍牀丁
年依藥餌伏枕想行藏題塔知何日高堂鬢已蒼
秋日即事
苒苒秋光至難爲逆旅情荒村依斷岸匹馬向孤城日
賀蘭堂詩稿　卷一　一

賀蘭雪樵詩集四卷　（清）張榕端撰　清康熙刻本。五册。半頁十行二十一字，白口，四周單邊。框高17.4厘米、寬13.4厘米。廣東省立中山圖書館藏。

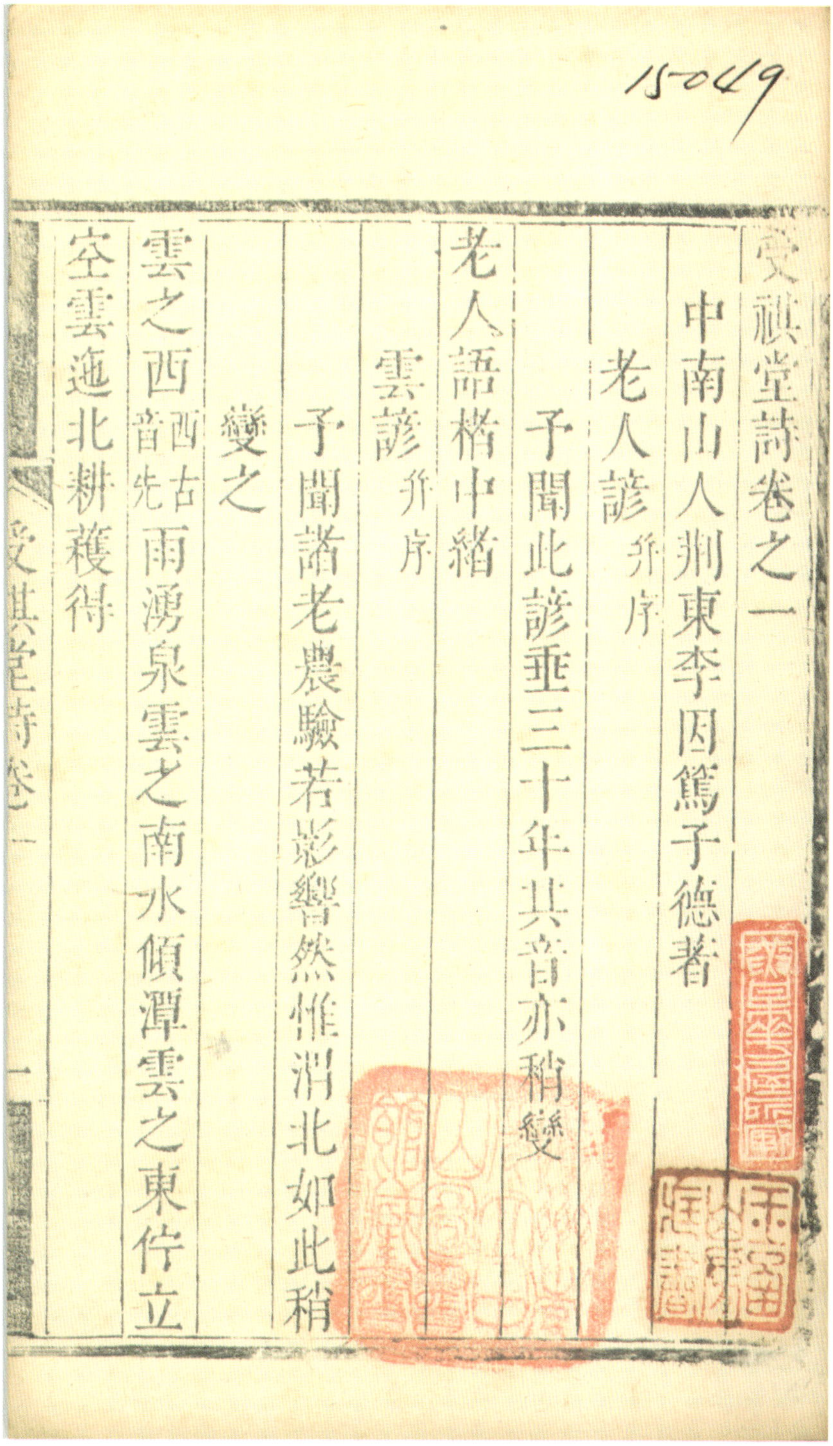

受祺堂詩三十五卷　（清）李因篤撰　清康熙三十八年（1699）田少華刻本。十册。半頁十行十九字，小字雙行同，黑口，四周雙邊。框高18.4厘米、寬13.6厘米。廣東省立中山圖書館藏。

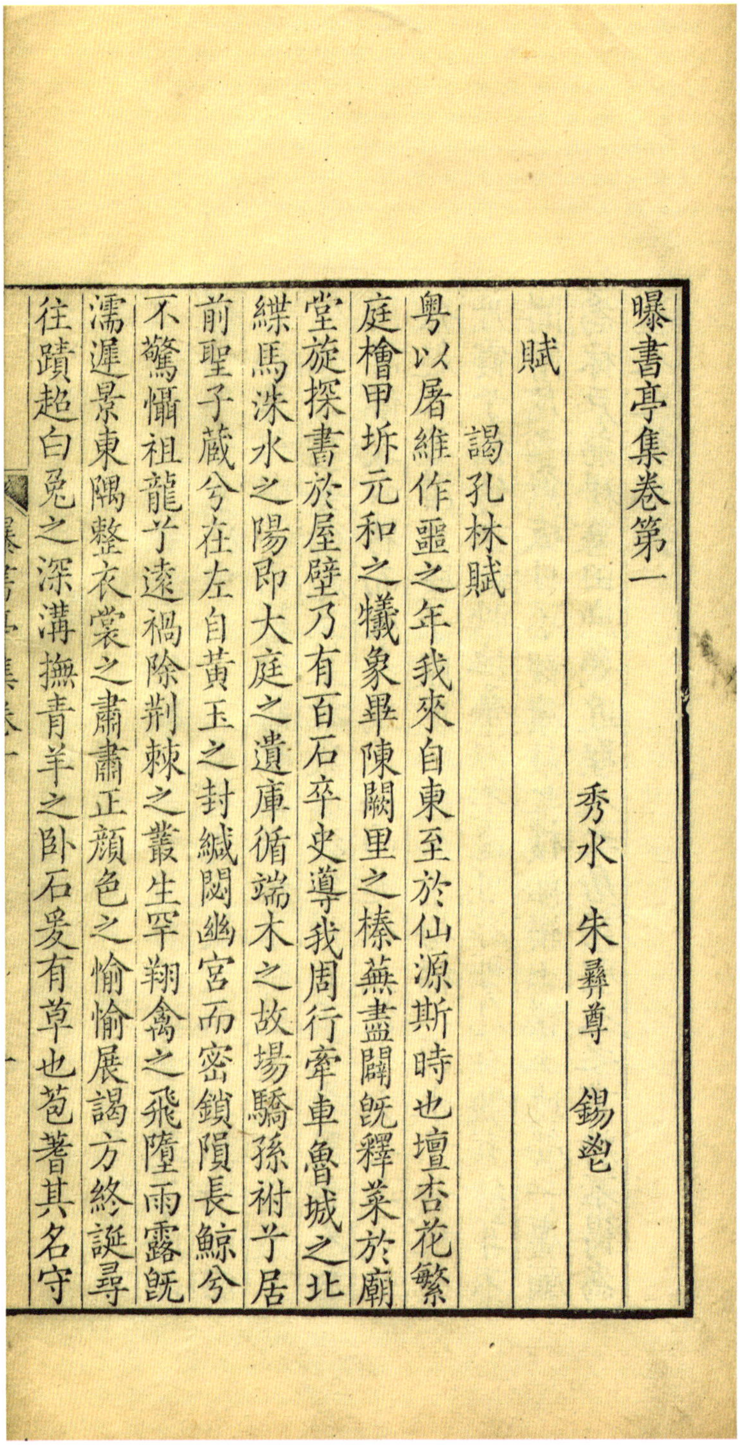

曝書亭集卷第一

秀水 朱彝尊 錫鬯

賦

謁孔林賦

粤以屠維作噩之年我來自東至於仙源斯時也壇杏花繁庭檜甲坼元和之犧象畢陳闕里之榛蕪盡闢既釋菜於廟堂旋探書於屋壁乃有百石卒史導我周行牽車魯城之北緤馬洙水之陽即大庭之遺庫循端木之故場驕孫袝兮居前聖子藏兮在左自黃玉之封緘閟幽宮而密鎖隕長鯨兮不驚懾祖龍兮遠禍除荆棘之叢生罕翔禽之飛墮雨露既濡遲景東隅整衣裳之肅肅正顏色之愉愉展謁方終誕尋往蹟超白兎之深溝撫青羊之卧石爰有草也苞著其名守

曝書亭集六十四卷 （清）朱彝尊撰 清康熙五十三年（1714）朱稻孫刻本。十册。半頁十二行二十三字，小字雙行同，白口，左右雙邊。框高19.5厘米、寬13.3厘米。暨南大學圖書館藏。

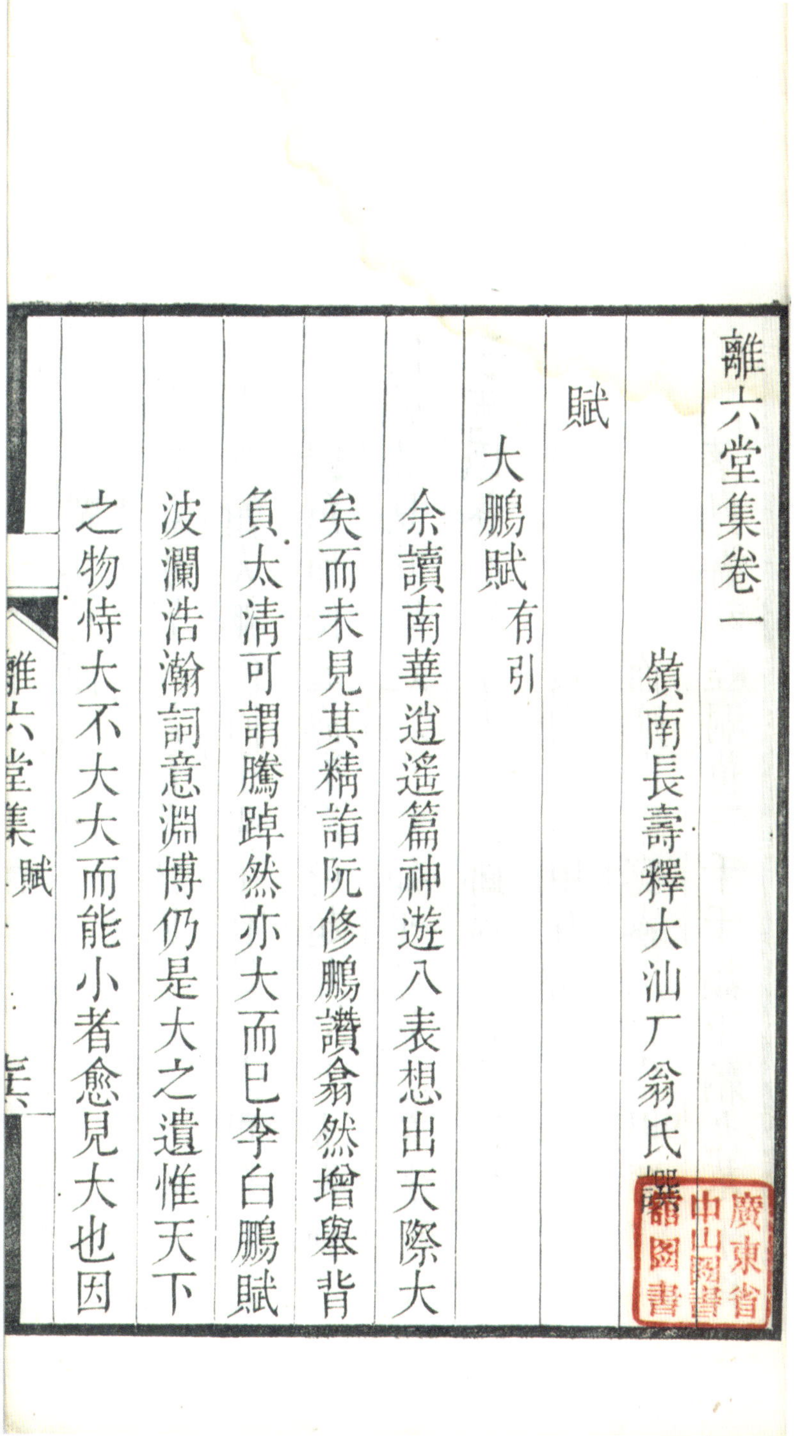
離六堂集卷一
嶺南長壽釋大汕厂翁氏撰
賦
大鵬賦有引
余讀南華逍遙篇神遊八表想出天際大
矣而未見其精詣阮修鵬讚翕然增舉背
負太清可謂騰踔然亦大而已李白鵬賦
波瀾浩瀚詞意淵博仍是大之遺惟天下
之物恃大不大大而能小者愈見大也因

離六堂集十二卷近稿一卷　（清）釋大汕撰　清康熙懷古樓刻本。六册。半頁九行十九字，黑口，四周單邊。框高19厘米、寬13.6厘米。廣東省立中山圖書館藏。

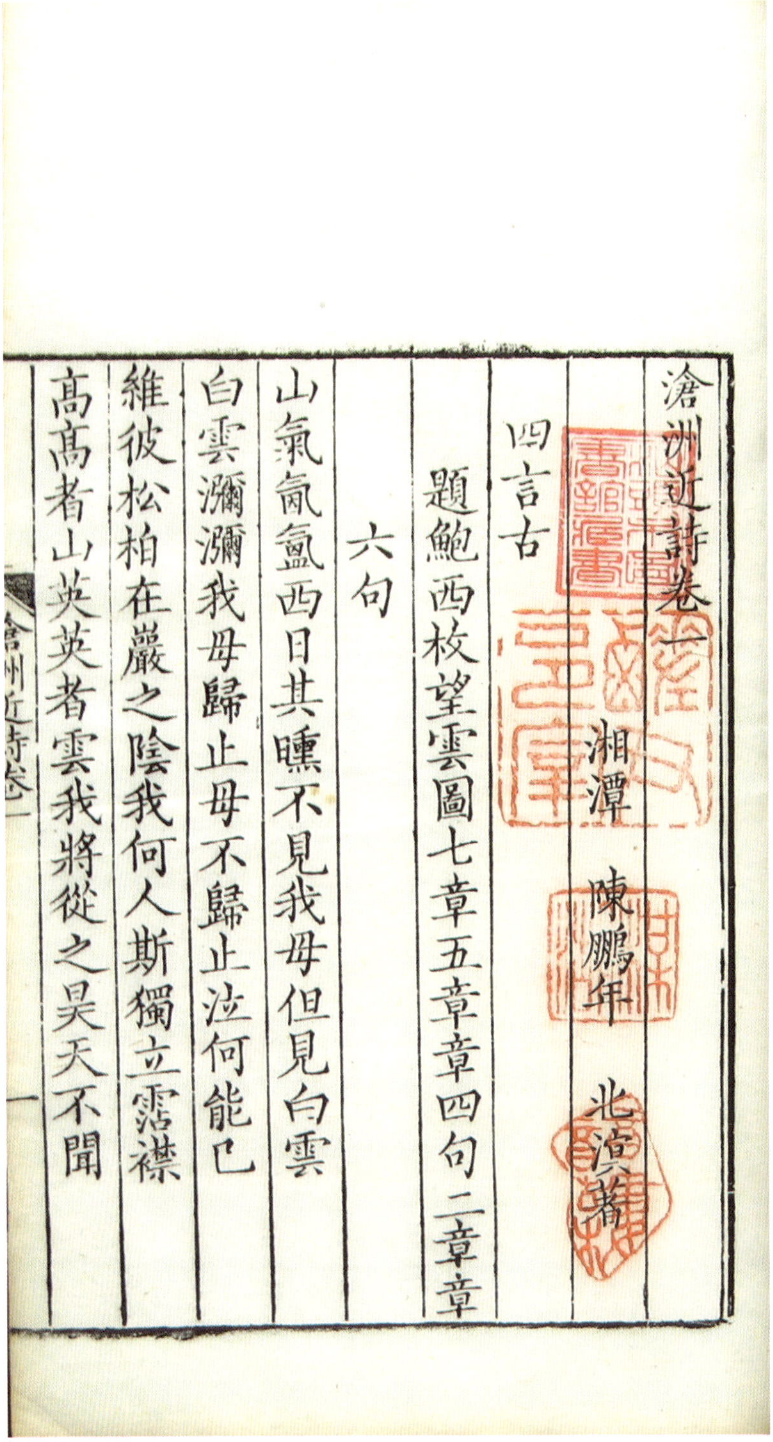
滄洲近詩卷一

湘潭 陳鵬年 北溟著

四言古

題鮑西枝望雲圖七章五章章四句二章章

六句

山氣氤氳西日其曛不見我母但見白雲

白雲瀰瀰我母歸止母不歸止泣何能已

維彼松柏在巖之陰我何人斯獨立霑襟

高高者山英英者雲我將從之昊天不聞

滄洲近詩卷一 一

滄洲近詩十卷　（清）陳鵬年撰　清乾隆二十七年（1762）刻本。四册。半頁九行十九字，小字雙行同，白口，左右雙邊。框高16.7厘米、寬12.7厘米。汕頭市圖書館藏。

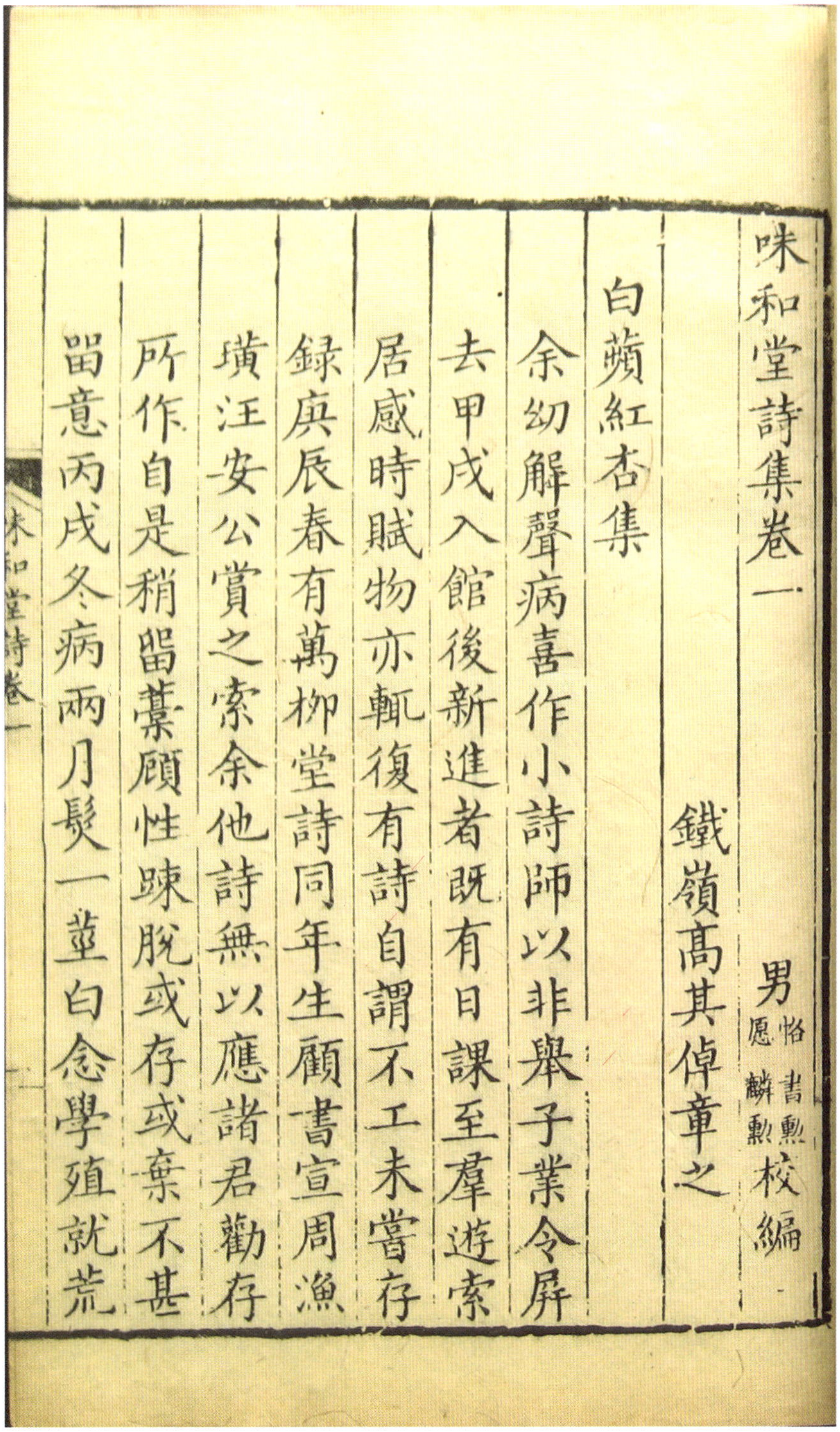
味和堂詩集卷一

鐵嶺高其倬章之　男怡書勳 愿麟勳校編

白蘋紅杏集

余㓜解聲病喜作小詩師以非舉子業令屏去甲戌入館後新進者既有日課至羣遊索居感時賦物亦輒復有詩自謂不工未嘗存録庚辰春有萬柳堂詩同年生顧書宣周漁璜汪安公賞之索余他詩無以應諸君勸存所作自是稍畱槀頗性踈脫或存或棄不甚畱意丙戌冬病兩月髮一莖白念學殖就荒

味和堂詩卷一

味和堂詩集六卷　（清）高其倬撰　清乾隆高氏刻本。五册。半頁十行十九字，白口，左右雙邊。框高18.7厘米、寬14厘米。汕頭市圖書館藏。

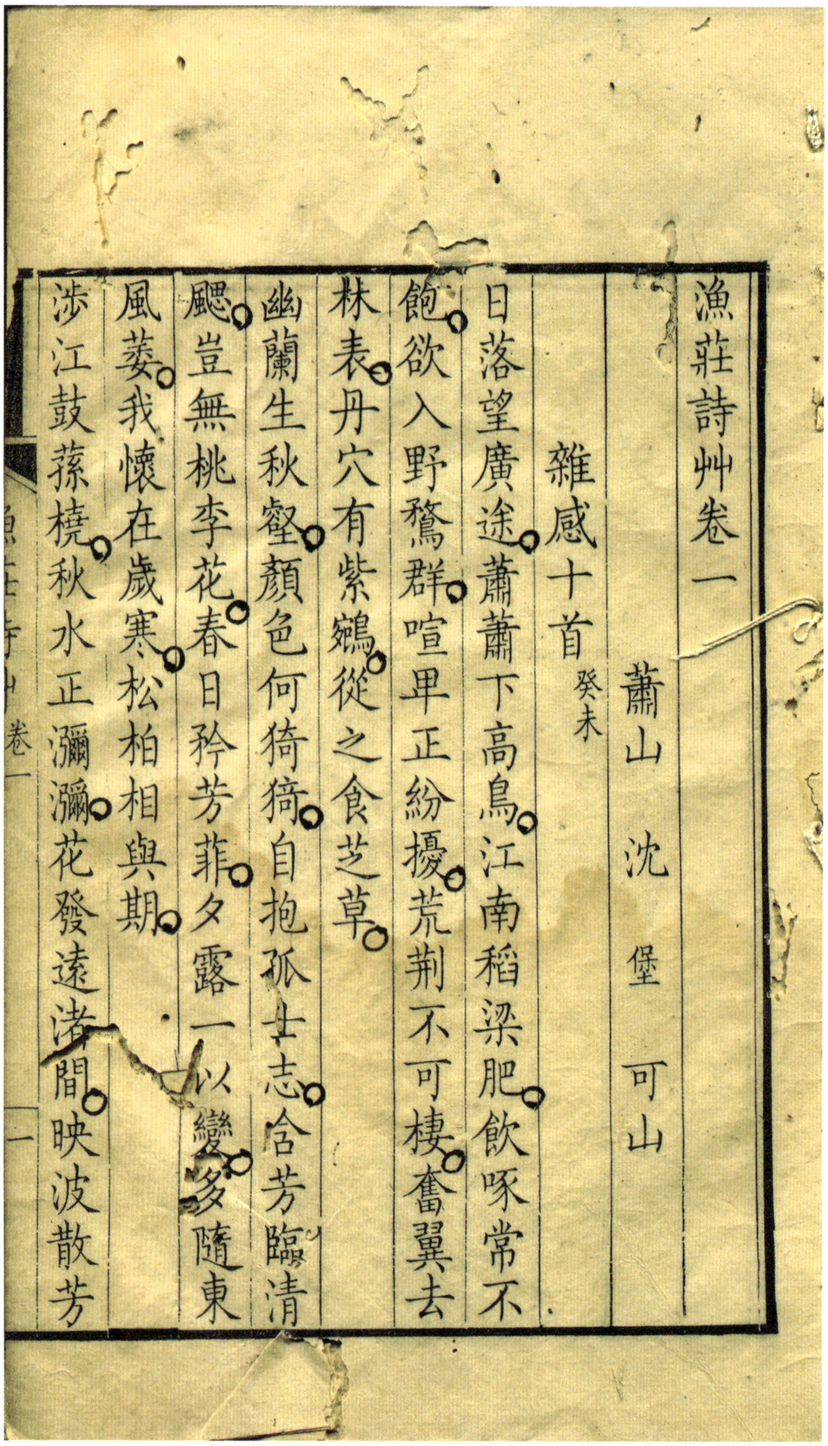

漁莊詩艸卷一

蕭山　沈　堡　可山

雜感十首　癸未

日落望廣途蕭蕭下高鳥江南稻梁肥飲啄常不飽欲入野鶩群喧畀正紛擾荒荆不可棲奮翼去林表丹穴有紫鵷從之食芝草

幽蘭生秋壑顔色何猗猗自抱孤士志含芳臨清颸豈無桃李花春日矜芳菲夕露一以變多隨東風萎我懷在歲寒松柏相與期

涉江鼓蓀橈秋水正瀰瀰花發遠渚間映波散芳

漁莊詩艸六卷　（清）沈堡撰　清康熙刻本。三册。半頁十行十九字，黑口，左右雙邊。框高17厘米、寬12.6厘米。暨南大學圖書館藏。

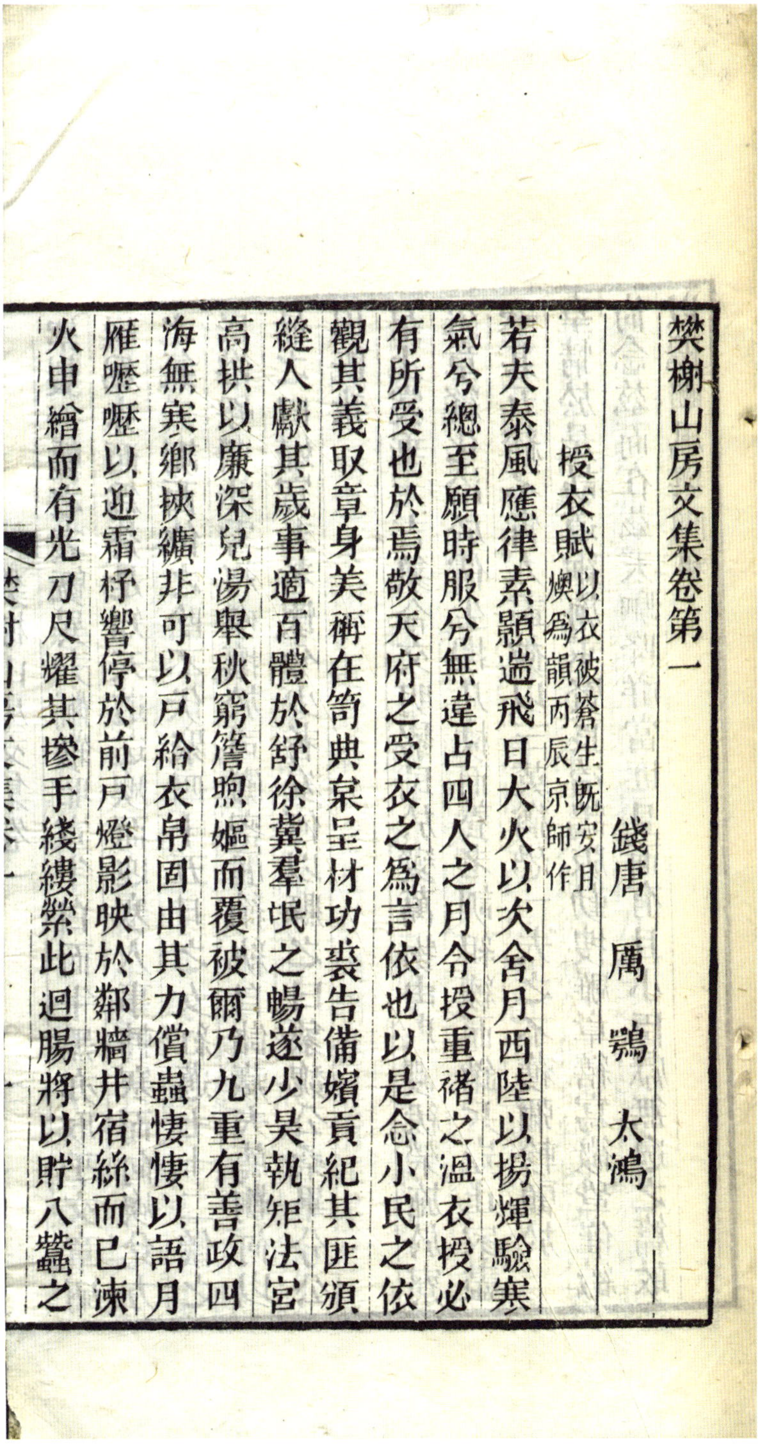
樊榭山房文集卷第一

錢唐　厲鶚　太鴻

授衣賦以衣被蒼生既安且燠爲韻丙辰京師作

若夫泰風應律素顥遄飛日大火以次舍月西陸以揚輝驗寒氣兮總至願時服兮無違占四人之月令授重褚之溫衣授必有所受也於焉敬天府之受衣之爲言依也以是念小民之依觀其義取章身美稱在笥典枲呈材功裘告備嬪貢紀其匪頒縫人獻其歲事適百體於舒徐冀羣氓之暢遂少昊執矩法宮高拱以廉深兒湯舉秋窮簷煦嫗而覆被爾乃九重有善政四海無寒鄉挾纊非可以戶給衣帛固由其力償蟲悽悽以語月雁嚦嚦以迎霜杼響停於前戶燈影映於鄰牆井宿絲而已湅火申繒而有光刀尺耀其摻手綫縷縈此迴腸將以貯八蠶之

樊榭山房文集八卷　（清）厲鶚撰　清乾隆四十三年（1778）汪沆刻本。二册。半頁十二行二十四字，小字雙行同，白口，四周單邊。框高19厘米、寬13.6厘米。暨南大學圖書館藏。

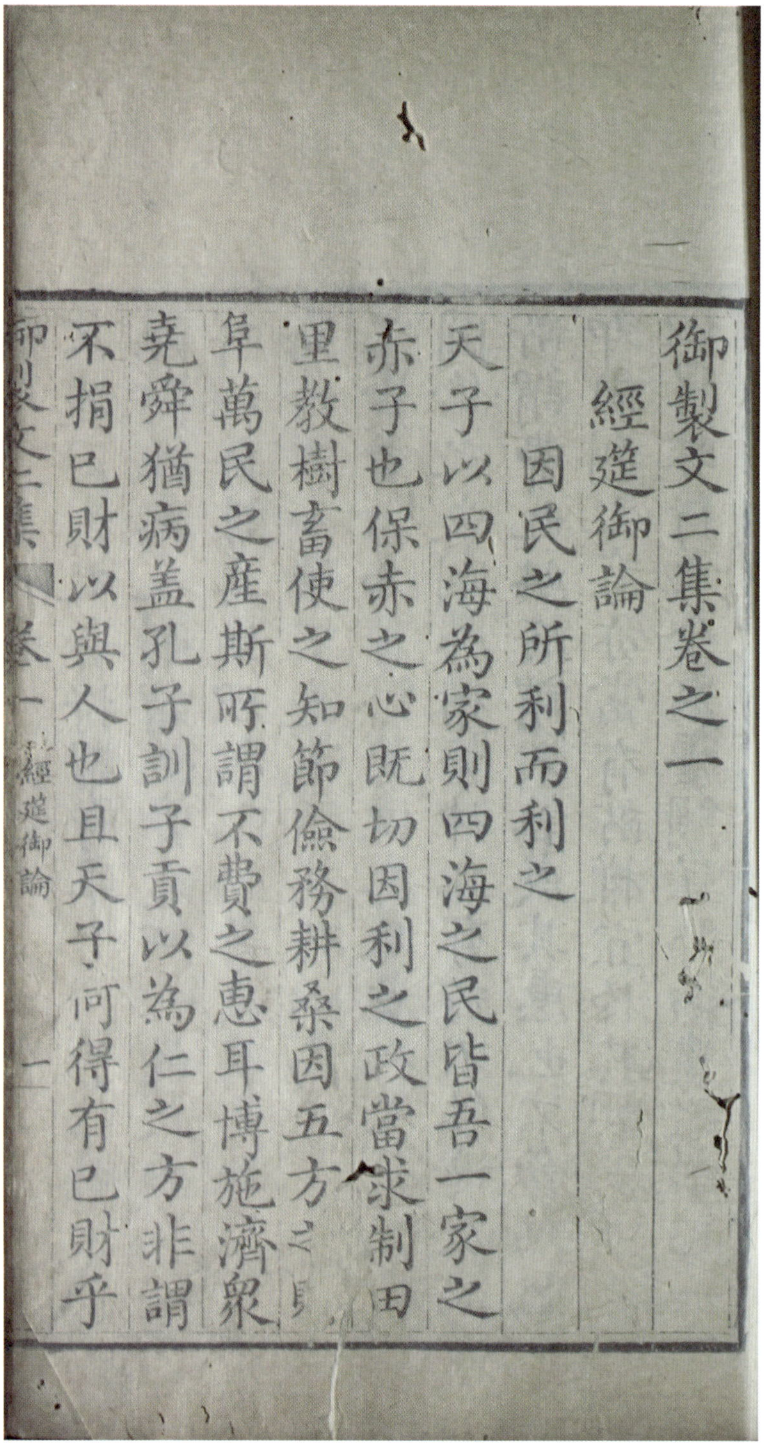

御製文二集卷之一

經筵御論

因民之所利而利之

天子以四海為家則四海之民皆吾一家之赤子也保赤之心既切因利之政當求制田里教樹畜使之知節儉務耕桑因五方之[illegible]阜萬民之產斯所謂不費之惠耳博施濟衆堯舜猶病蓋孔子訓子貢以為仁之方非謂不捐己財以與人也且天子何得有己財乎

御製文二集　卷一　經筵御論　一

御製文二集四十四卷目録二卷　（清）高宗弘曆撰　清乾隆五十一年（1786）刻本。八册。半頁九行十七字，白口，四周雙邊。框高19.2厘米、寬14厘米。肇慶市高要區圖書館藏。

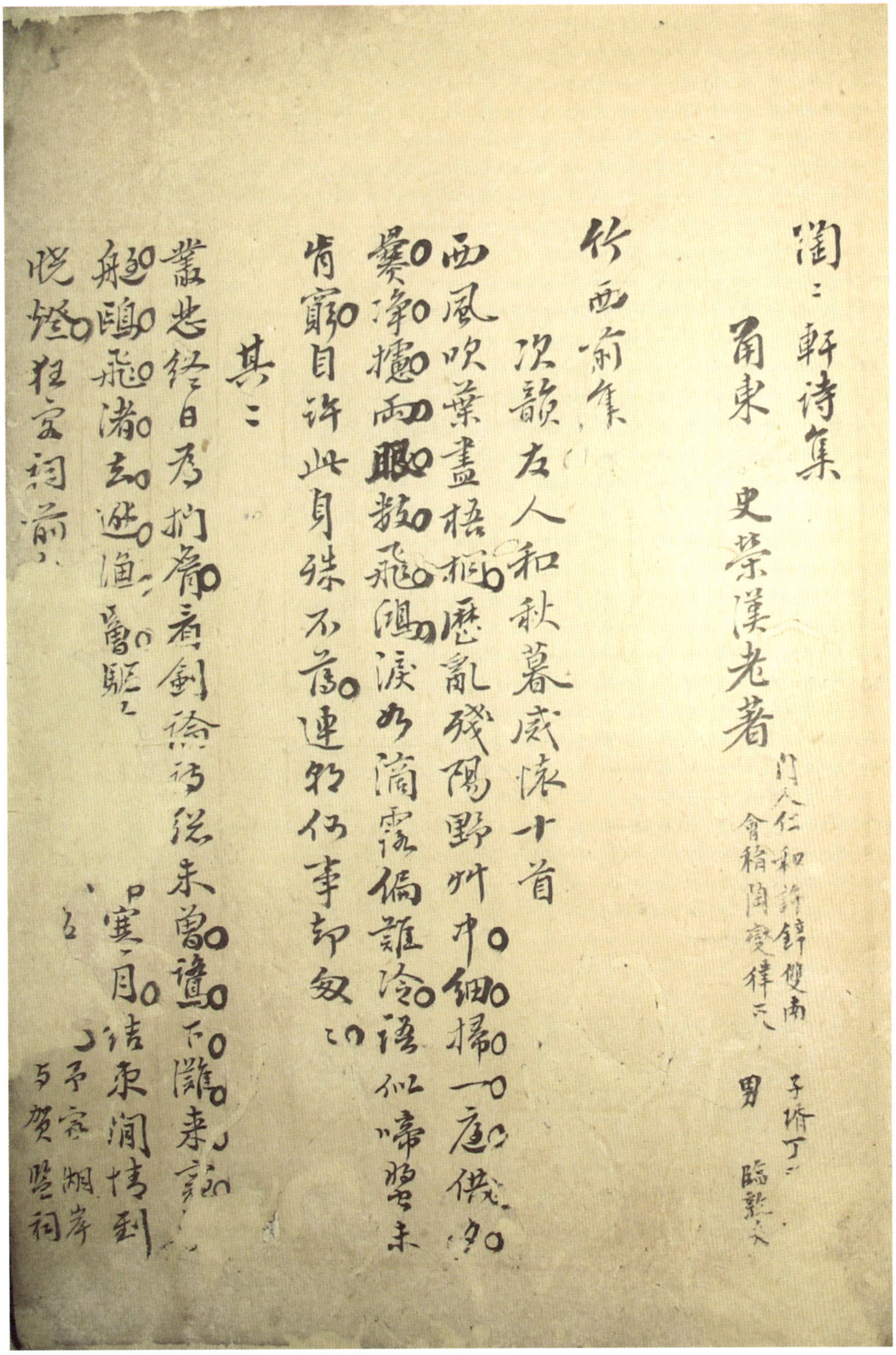

陶陶軒詩集
甯東 史榮漢老著
竹西前集
次韻友人和秋暮感懷十首
其二

陶陶軒詩集十卷　（清）史榮撰　稿本。二册。儀清室藏。

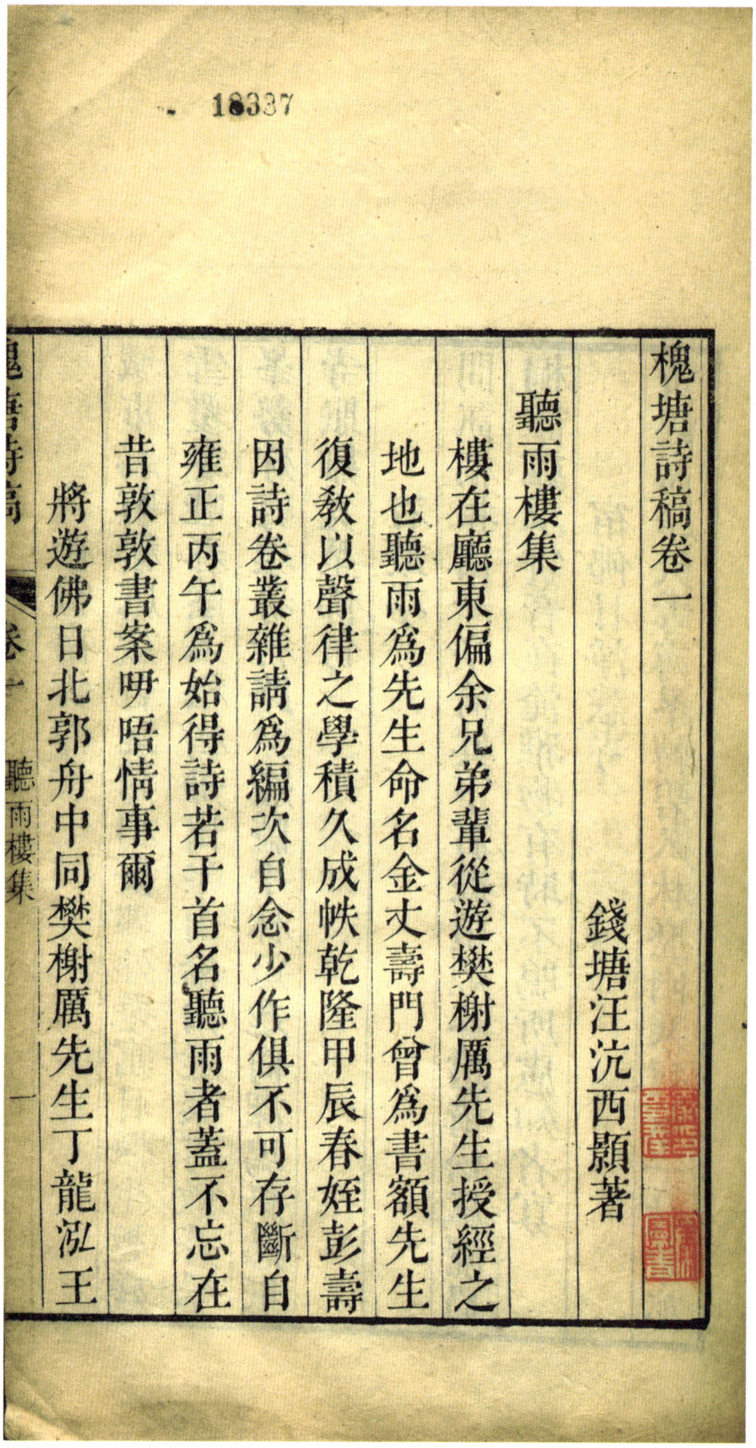

槐塘詩稿卷一　　錢塘汪沆西顥著

聽雨樓集

樓在廳東偏余兄弟輩從遊樊榭厲先生授經之地也聽雨爲先生命名金丈壽門曾爲書額先生復教以聲律之學積久成帙乾隆甲辰春姪彭壽因詩卷叢雜請爲編次自念少作俱不可存斷自雍正丙午爲始得詩若干首名聽雨者蓋不忘在昔敦敦書案吚唔情事爾

將遊佛日北郭舟中同樊榭厲先生丁龍泓王

槐塘詩稿　卷一　聽雨樓集　一

槐塘詩稿十六卷槐塘文稿四卷　（清）汪沆撰　清乾隆五十一年（1786）刻本。三册。半頁十行二十一字，小字雙行同，白口，左右雙邊。框高18.7厘米、寬13.9厘米。暨南大學圖書館藏。

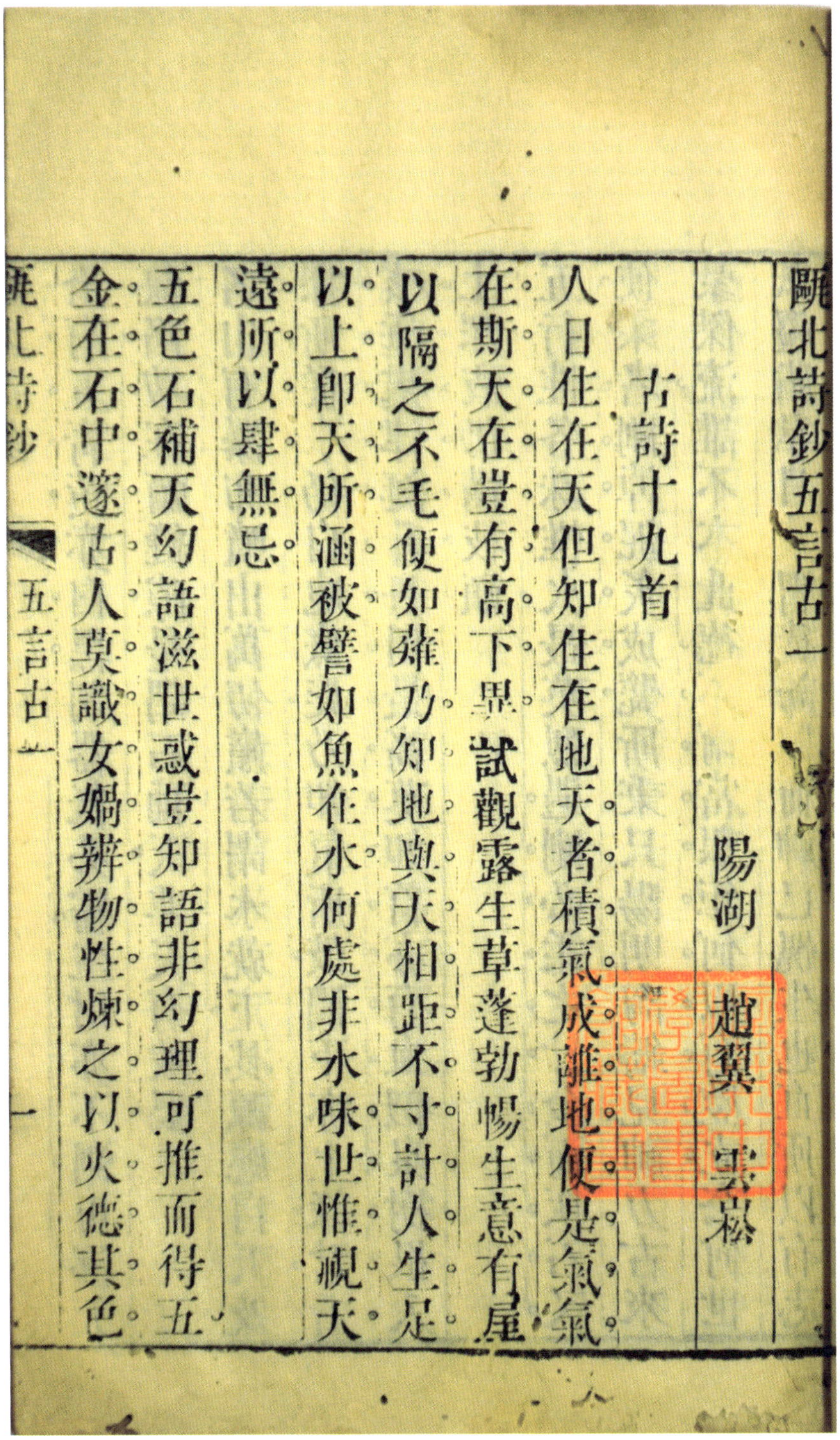
甌北詩鈔五言古一
陽湖 趙翼 雲崧
古詩十九首
人日住在天但知住在地天者積氣成離地便是氣氣
在斯天在豈有高下異試觀露生草蓬勃暢生意有屋
以隔之不毛便如薙乃知地與天相距不寸許人生足
以上卽天所涵被譬如魚在水何處非水味世惟覻天
遠所以肆無忌
五色石補天幻語滋世惑豈知語非幻理可推而得五
金在石中遂古人莫識女媧辨物性煉之以火德其色
甌北詩鈔 五言古 一

甌北詩鈔二十卷 （清）趙翼撰 清乾隆五十六年（1791）湛貽堂刻本。八册。半頁十行二十一字，小字雙行三十二字，白口，左右雙邊。框高18.4厘米、寬14.6厘米。韶關學院圖書館藏。

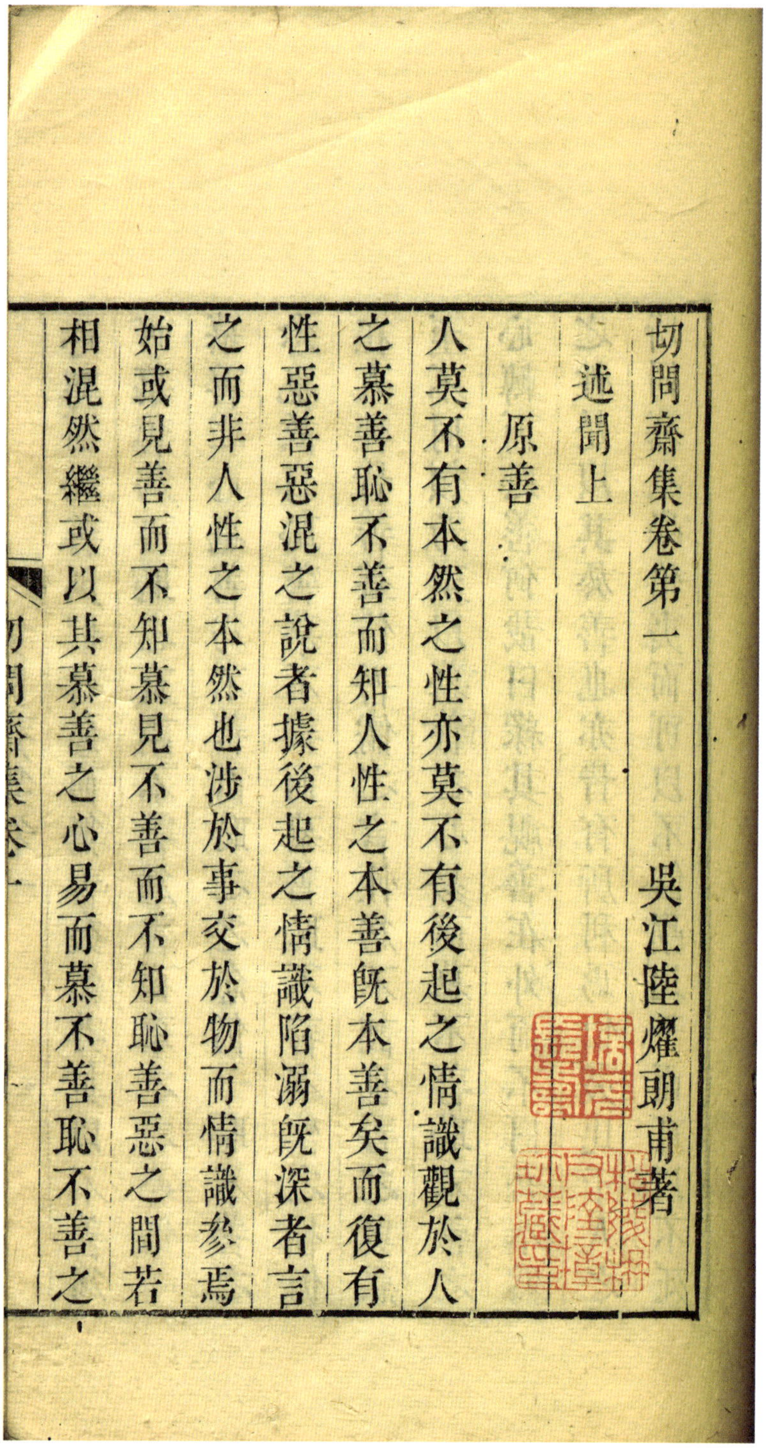

切問齋集卷第一　　吳江陸燿朗甫著

述聞上

原善

人莫不有本然之性亦莫不有後起之情識觀於人之慕善恥不善而知人性之本善旣本善矣而復有性惡善惡混之說者據後起之情識陷溺旣深者言之而非人性之本然也涉於事交於物而情識參焉始或見善而不知慕見不善而不知恥善惡之間若相混然繼或以其慕善之心易而慕不善恥不善之

切問齋集卷一

切問齋集十六卷　（清）陸燿撰　清乾隆五十七年（1792）暉吉堂刻本。八册。半頁九行二十字，小字雙行同，白口，左右雙邊。框高19.4厘米、寬14.1厘米。暨南大學圖書館藏。

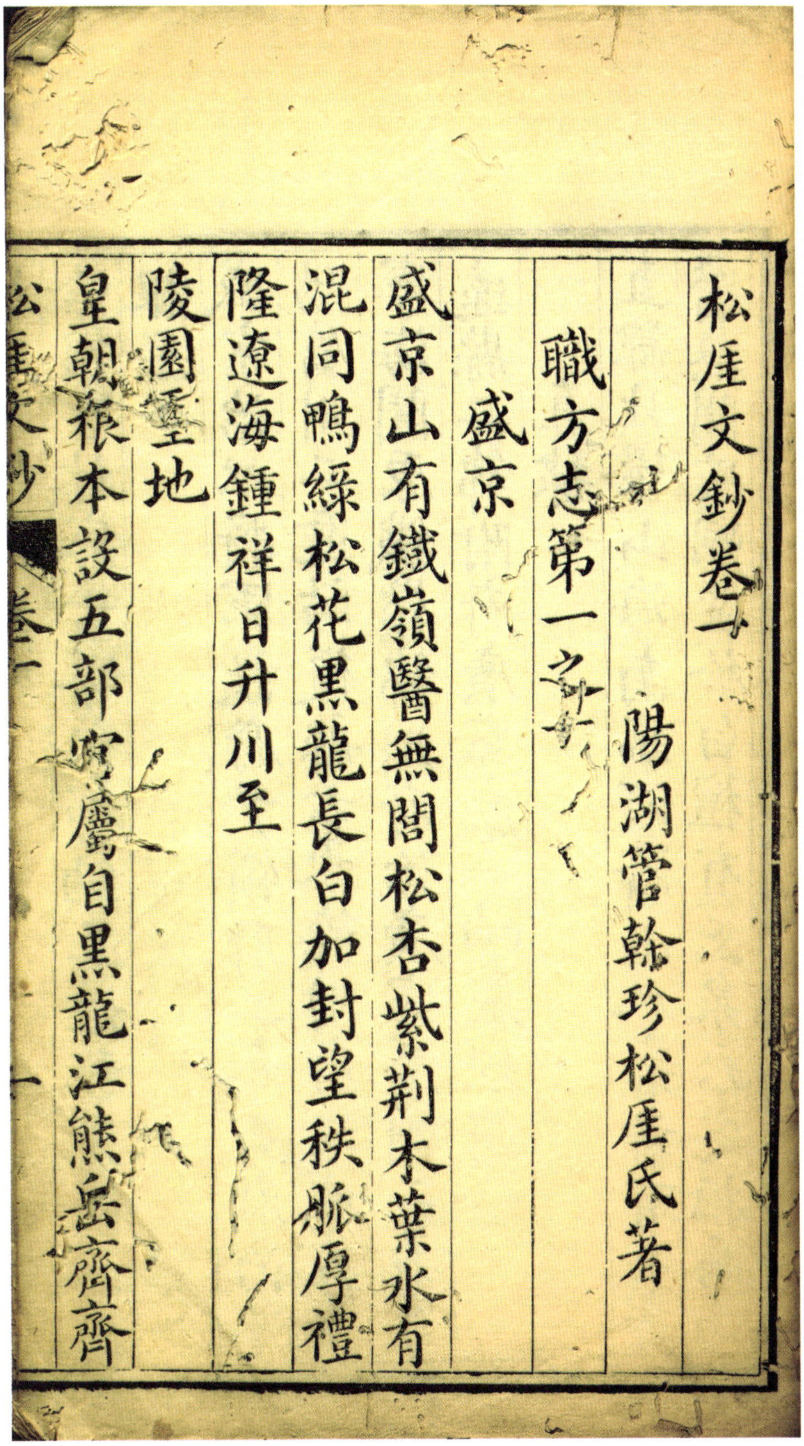

松厓文鈔卷一
陽湖管榦珍松厓氏著
職方志第一
盛京
盛京山有鐵嶺醫無閭松杏紫荆木葉水有
混同鴨綠松花黑龍長白加封望秩脈厚禮
隆遼海鍾祥日升川至
陵園聖地
皇朝根本設五部寧屬自黑龍江熊岳齊齊
松厓文鈔　卷一　一

松厓文鈔六卷首一卷　（清）管榦珍撰　清乾隆刻本。一册。半頁九行十七字，小字雙行同，白口，四周雙邊。框高20.4厘米、寬14.2厘米。暨南大學圖書館藏。

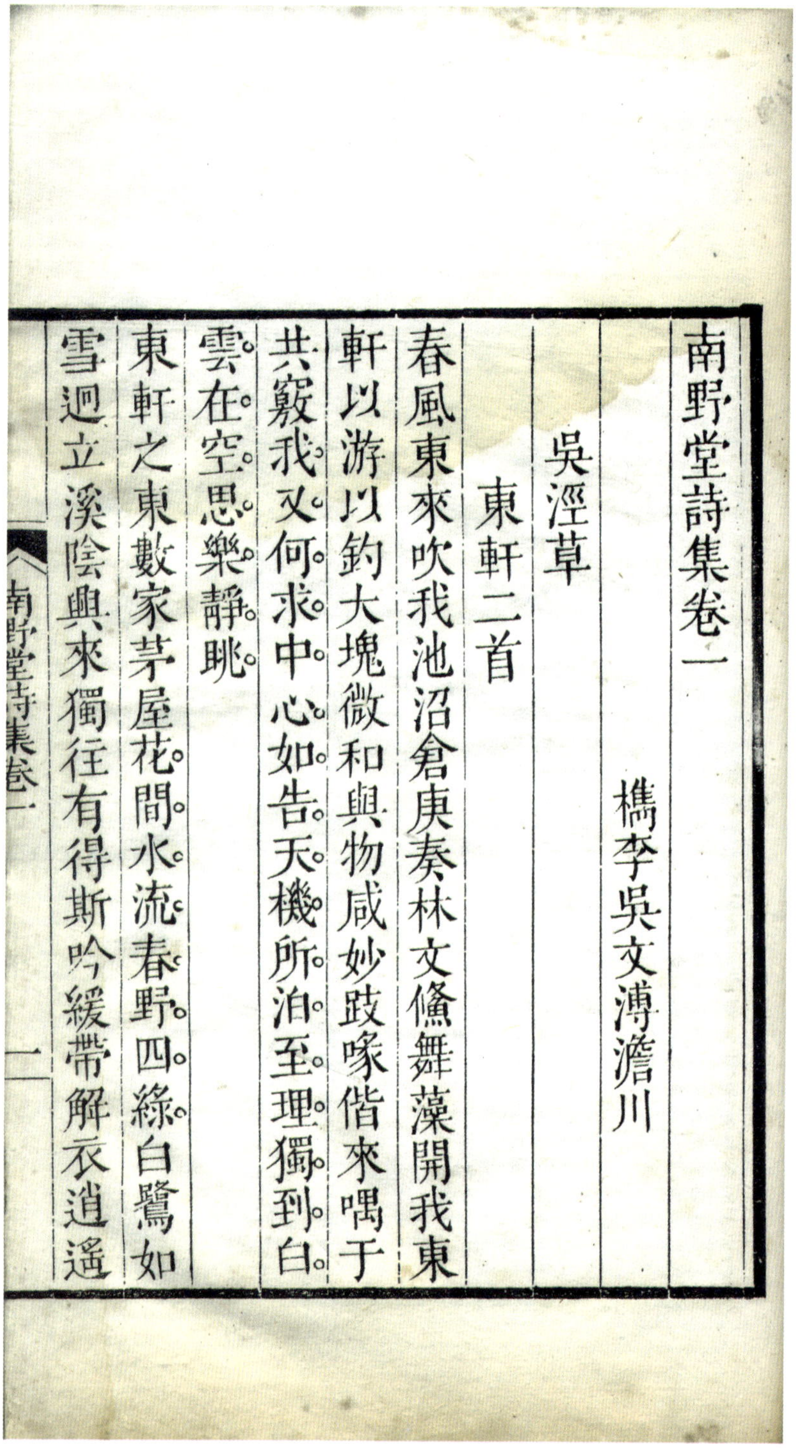

南野堂詩集卷一

檇李吳文溥澹川

吳涇草

東軒二首

春風東來吹我池沼倉庚奏林文鯈舞藻開我東軒以游以釣大塊徹和與物咸妙跂喙偕來喁于共窺我又何求中心如告天機所泊至理獨到白雲在空思樂靜眺

東軒之東數家茅屋花間水流春野四綠白鷺如雪迴立溪陰興來獨往有得斯吟緩帶解衣逍遙

南野堂詩集卷一　一

南野堂詩集六卷首一卷　（清）吴文溥撰　清乾隆五十九年（1794）刻本。四册。半頁十行十九字，白口，左右雙邊。框高13.2厘米、寬9.8厘米。暨南大學圖書館藏。

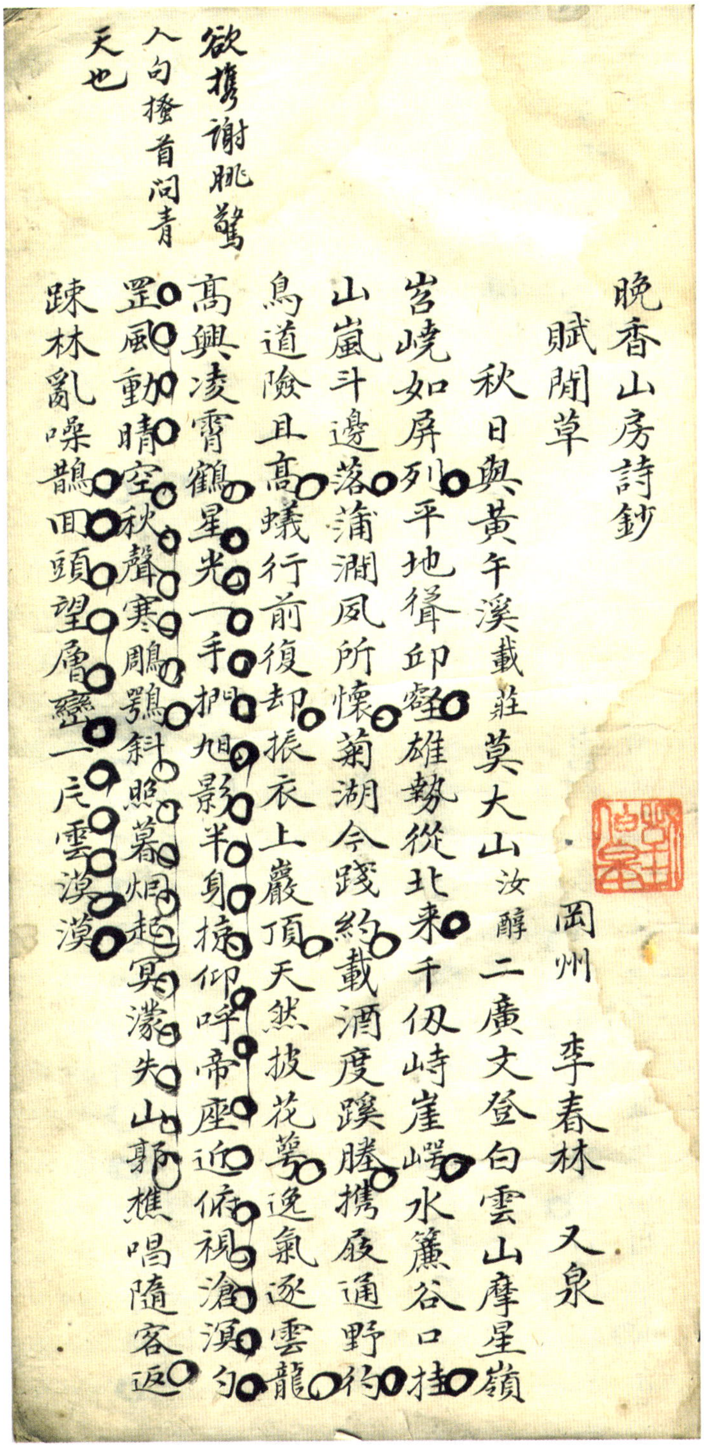
晚香山房詩鈔

賦閑草　　　岡州　李春林　又泉

秋日與黃午溪載莊莫大山汝醇二廣文登白雲山摩星嶺

峕峣如屏列平地聳卬霄雄勢從北來千仞峙崖崿水簾谷口挂
山嵐斗邊落蒲澗夙所懷菊湖今踐約載酒度蹊塍攜屐通野彴
鳥道險且高蟻行前復却振衣上巖頂天然拔花萼逸氣逐雲龍
高興凌霄鶴星光一手把旭影半身搖仰呼帝座近俯視滄溟勺
罡風動晴空秋聲寒鵰鶚斜照幕烟起冥濛失山郭樵唱隨客返
踈林亂噪鵲田頭望層巒一片雲漠漠

欲攜謝朓驚人句搔首問青天也

晚香山房詩鈔一卷　（清）李春林撰　稿本。清林聯桂跋。一册。半頁九行二十五字。江門市新會區景堂圖書館藏。

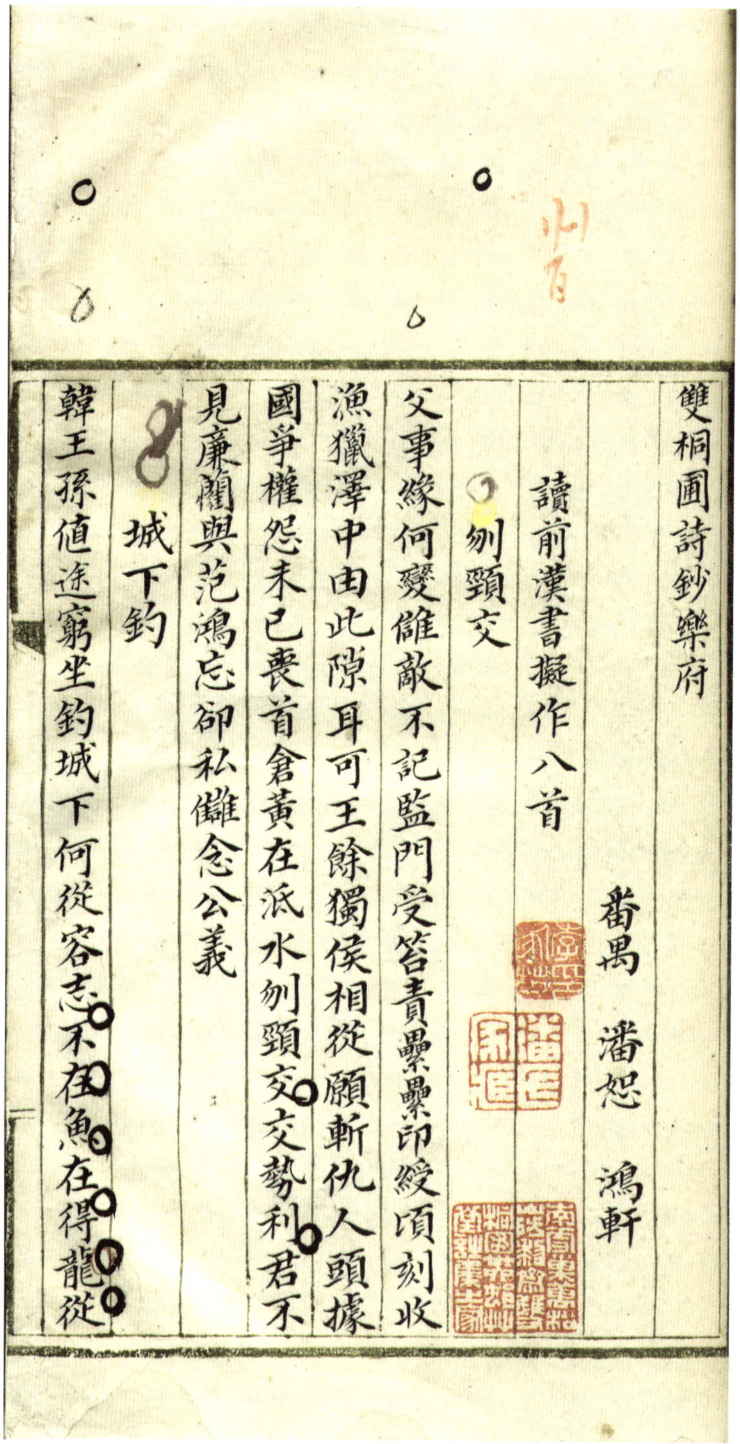
雙桐圃詩鈔樂府

番禺　潘恕　鴻軒

讀前漢書擬作八首

刎頸交

父事緣何變讎敵不記監門受笞責纍纍印綬頃刻收漁獵澤中由此隙耳可王餘獨侯相從願斬仇人頭據國爭權怨未已喪首倉黃在泜水刎頸交交勢利君不見廉藺與范鴻忘卻私讎念公義

城下釣

韓王孫值途窮坐釣城下何從容志不在魚在得龍從

雙桐圃詩鈔不分卷　（清）潘恕撰　稿本。三册。半頁十行二十一字，小字雙行同，黑口，四周雙邊。框高17.2厘米、寬13.1厘米。暨南大學圖書館藏。

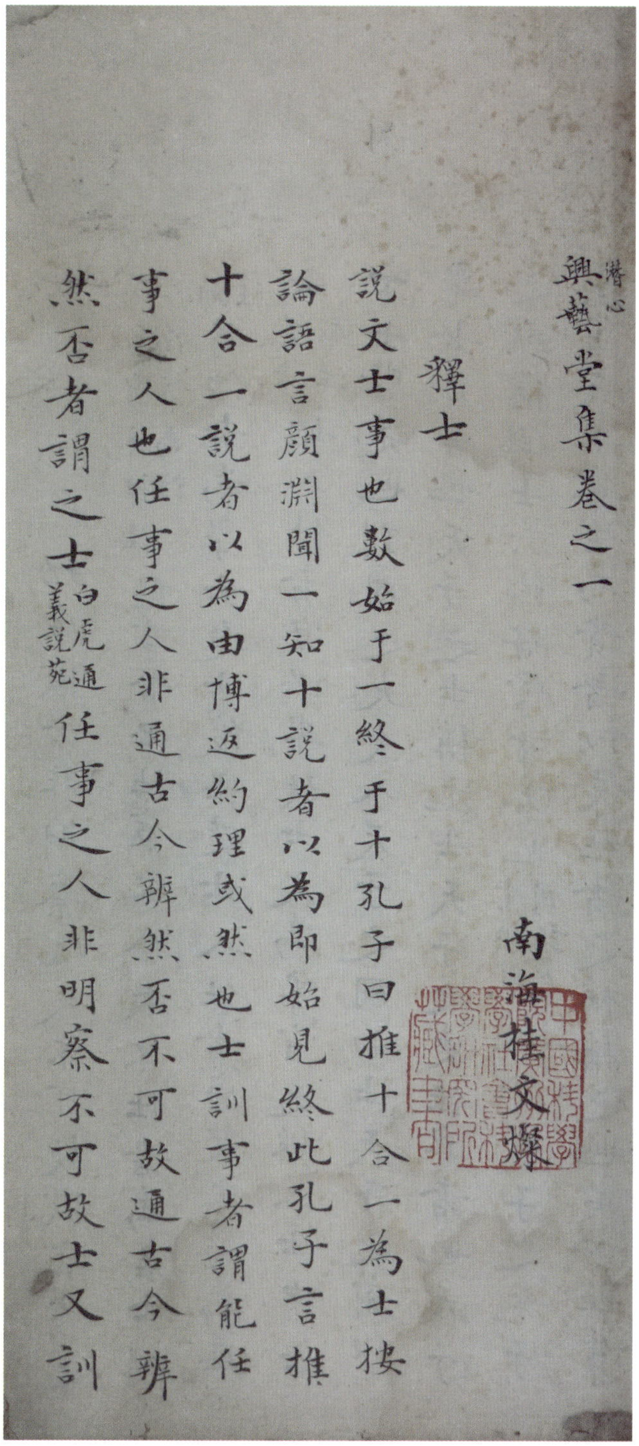
潛心
興藝堂集卷之一

南海桂文燦

釋士

説文士事也數始于一終于十孔子曰推十合一為士按論語言顏淵聞一知十説者以為即始見終此孔子言推十合一説者以為由博返約理或然也士訓事者謂能任事之人也任事之人非通古今辨然否不可故通古今辨然否者謂之士白虎通義説苑任事之人非明察不可故士又訓

潛心堂集八卷　（清）桂文燦撰　稿本。四册。半頁八行二十二字。廣東省社會科學院藏。

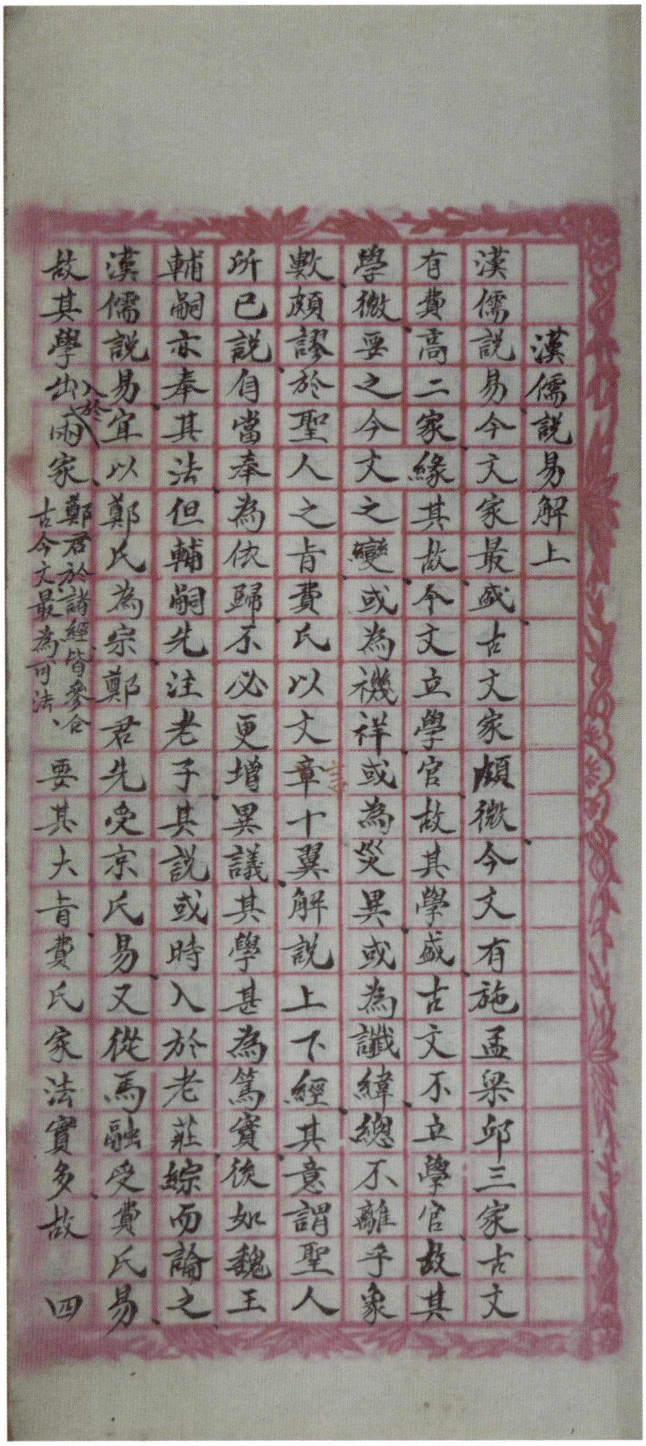

漢儒說易解上

漢儒說易今文家最盛古文家頗微今文有施孟梁邱三家古文有費高二家緣其故今文立學官故其學盛古文不立學官故其學微要之今文之變或為禨祥或為災異或為讖緯總不離乎象數頗謬於聖人之旨費氏以文章十翼解說上下經其意謂聖人所已說自當奉為依歸不必更增異議其學甚為篤實後如魏王輔嗣亦奉其法但輔嗣先注老子其說或時入於老莊綜而論之漢儒說易宜以鄭氏為宗鄭君先受京氏易又從馬融受費氏易故其學出入於兩家鄭君於諸經皆參合古今文最為可法要其大旨費氏家法實多故

四

輷録萫叢稿八卷　（清）林國賡撰　稿本。十二册。廣東省社會科學院藏。

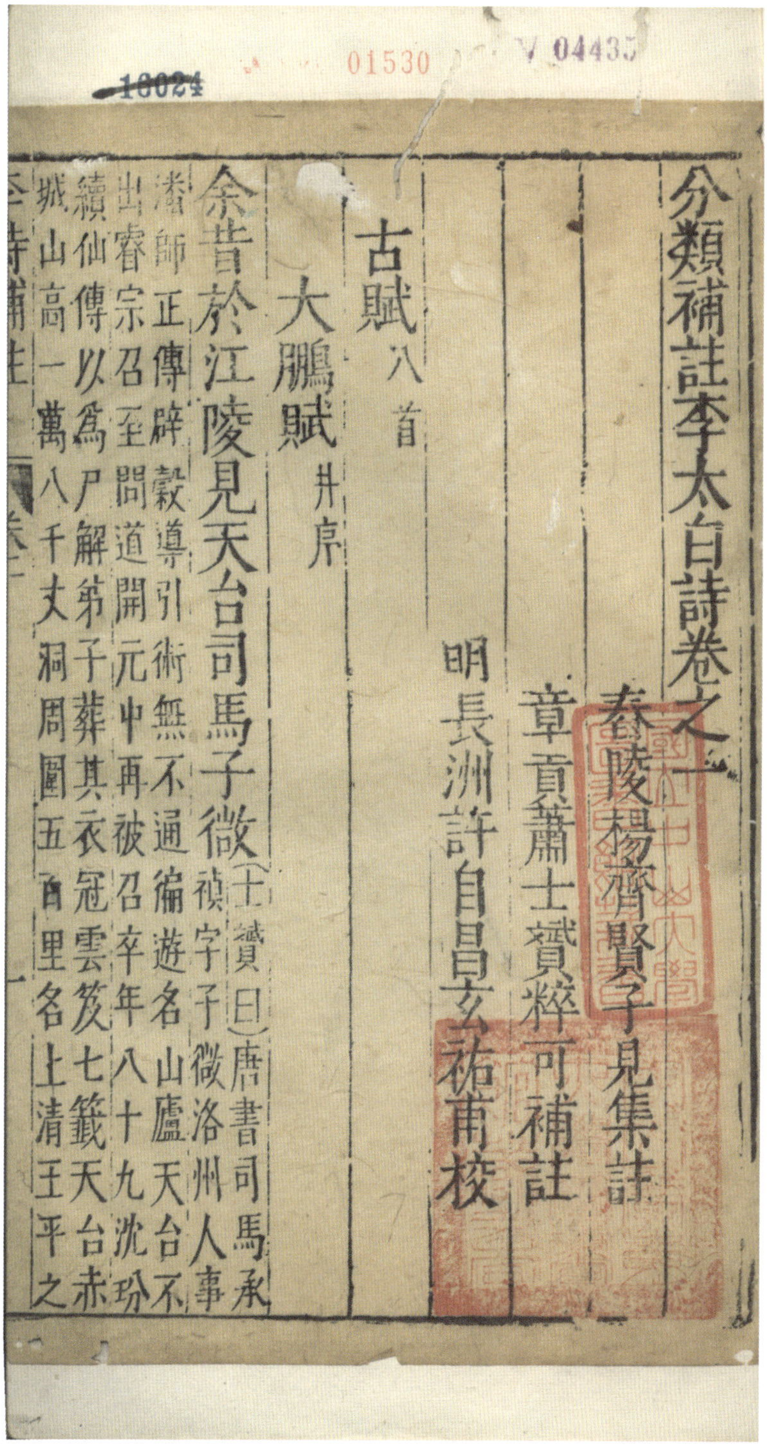

李杜全集四十八卷　（明）許自昌編　明萬曆三十年（1602）自刻本。三十二册。半頁九行二十字，小字雙行同，白口，左右雙邊。框高22.4厘米、寬14.4厘米。中山大學圖書館藏。

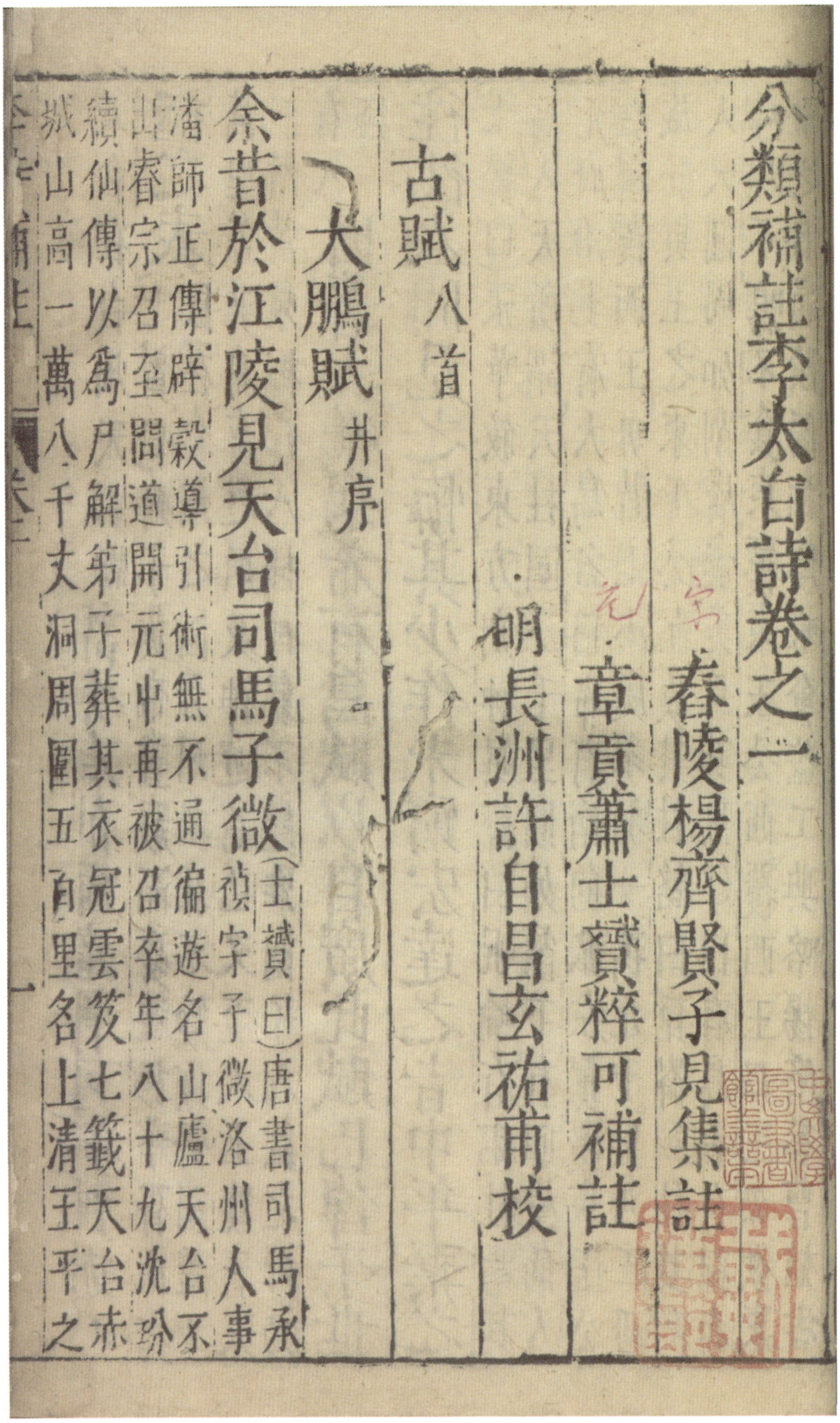
分類補註李太白詩卷之一
春陵楊齊賢子見集註
章貢蕭士贇粹可補註
明長洲許自昌玄祐甫校
古賦八首
大鵬賦并序
余昔於江陵見天台司馬子微

李杜全集四十八卷　（明）許自昌編　明萬曆三十年（1602）自刻本。二十二册。半頁九行二十字，小字雙行同，白口，左右雙邊。框高22.4厘米、寬14.4厘米。中山大學圖書館藏。

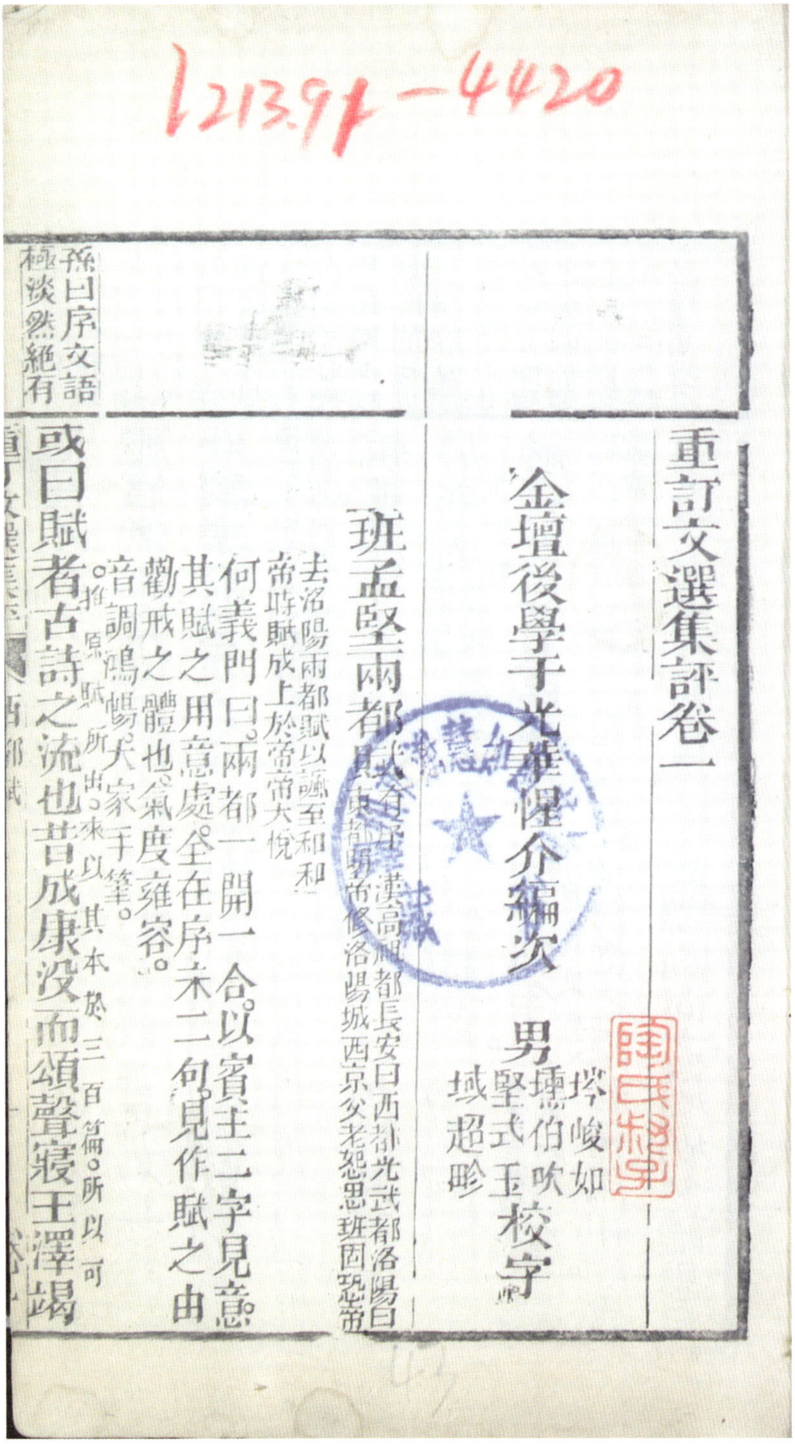

重訂文選集評十五卷首一卷末一卷　（清）于光華編　清乾隆刻本。十六册。上下兩欄，半頁九行二十字，小字雙行三十字，白口，四周單邊。框高15.3厘米、寬11厘米。潮州市圖書館藏。

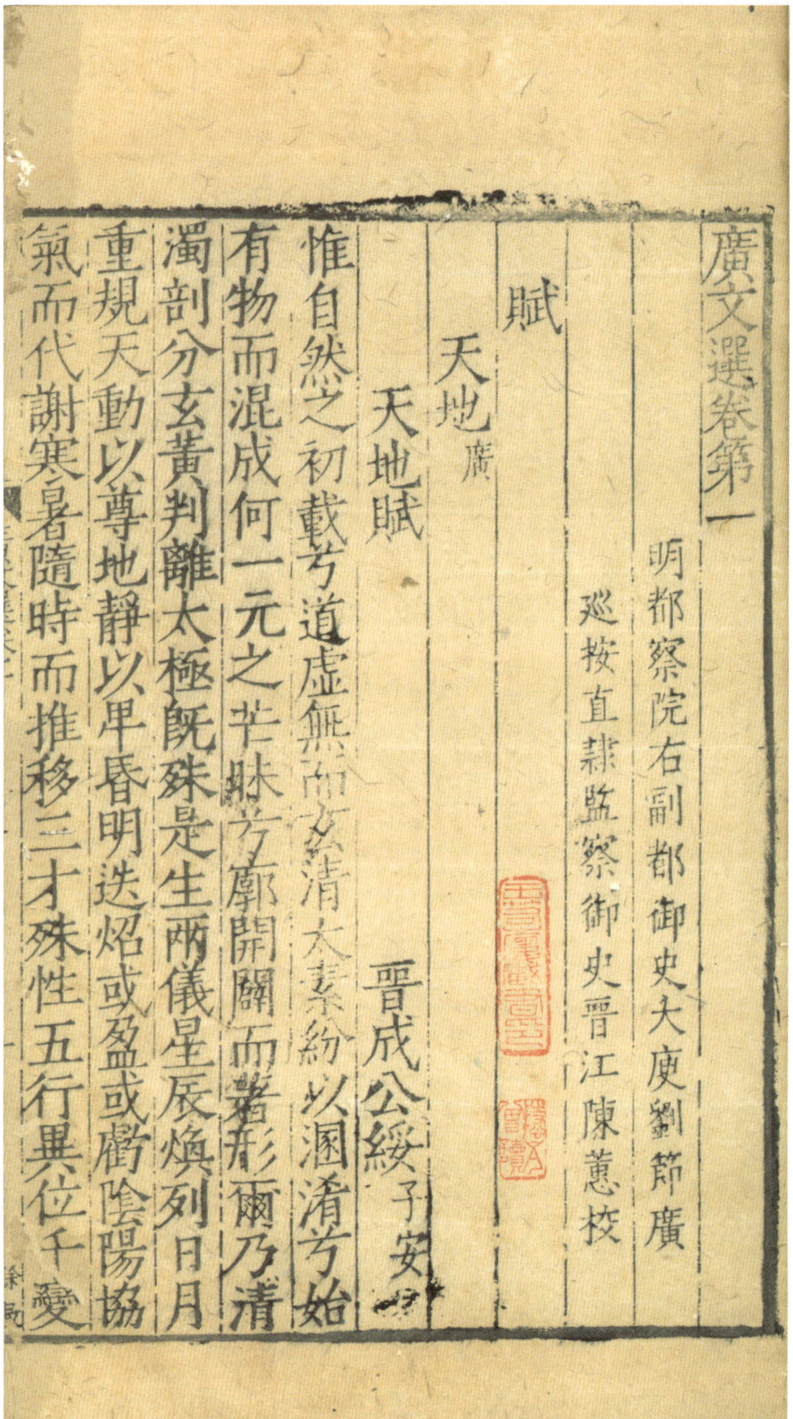
廣文選卷第一
明都察院右副都御史大庾劉節廣
巡按直隸監察御史晉江陳蕙校
賦
天地廣
天地賦 晉成公綏子安
惟自然之初載兮道虛無而玄清太素紛以溷淆兮始
有物而混成何一元之芒昧兮廓開闢而著形爾乃清
濁剖分玄黃判離太極既殊是生兩儀星辰煥列日月
重規天動以尊地靜以卑昏明迭炤或盈或虧陰陽協
氣而代謝寒暑隨時而推移三才殊性五行異位千變

廣文選六十卷　（明）劉節編　明嘉靖十六年（1537）陳蕙刻本。四十册。半頁十一行二十一字，白口，四周單邊。框高20.8厘米、寬15厘米。廣東省立中山圖書館藏。國家名録號10897。

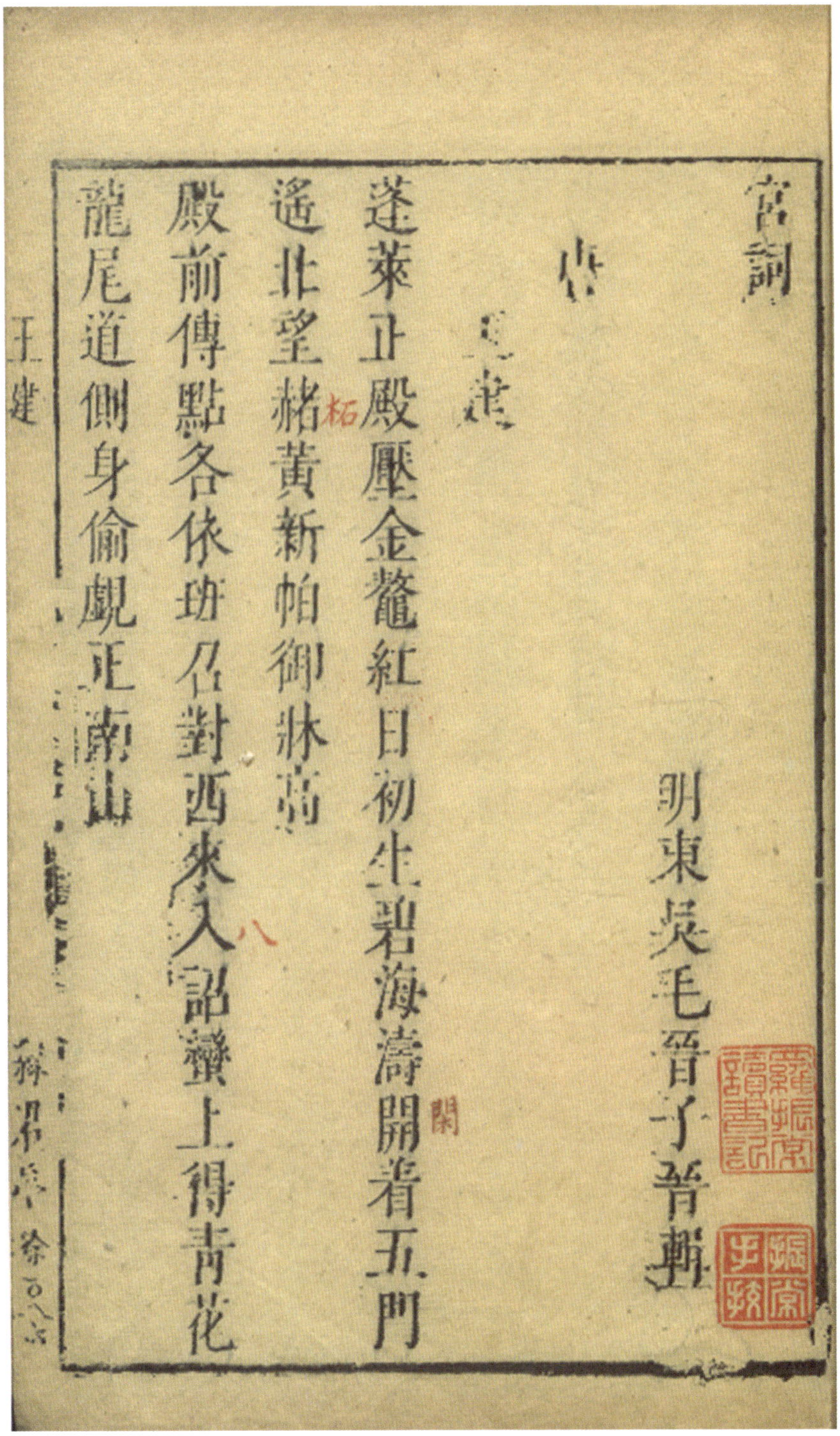
宮詞
卷
王建
明東吳毛晉子晉輯
蓬萊正殿壓金鼇紅日初生碧海濤開着五門
遥北望赭黃新帕御牀高
殿前傳點各依班召對西來入詔蠻上得青花
龍尾道側身偷覷正南山
王建
綠君亭

三家宫詞三卷二家宫詞二卷　（明）毛晉輯　明天啓五年至七年（1625—1627）毛氏緑君亭刻本。羅振常跋。二册。半頁八行十八字，白口，四周單邊。框高20.5厘米、寬14.2厘米。佛山市圖書館藏。

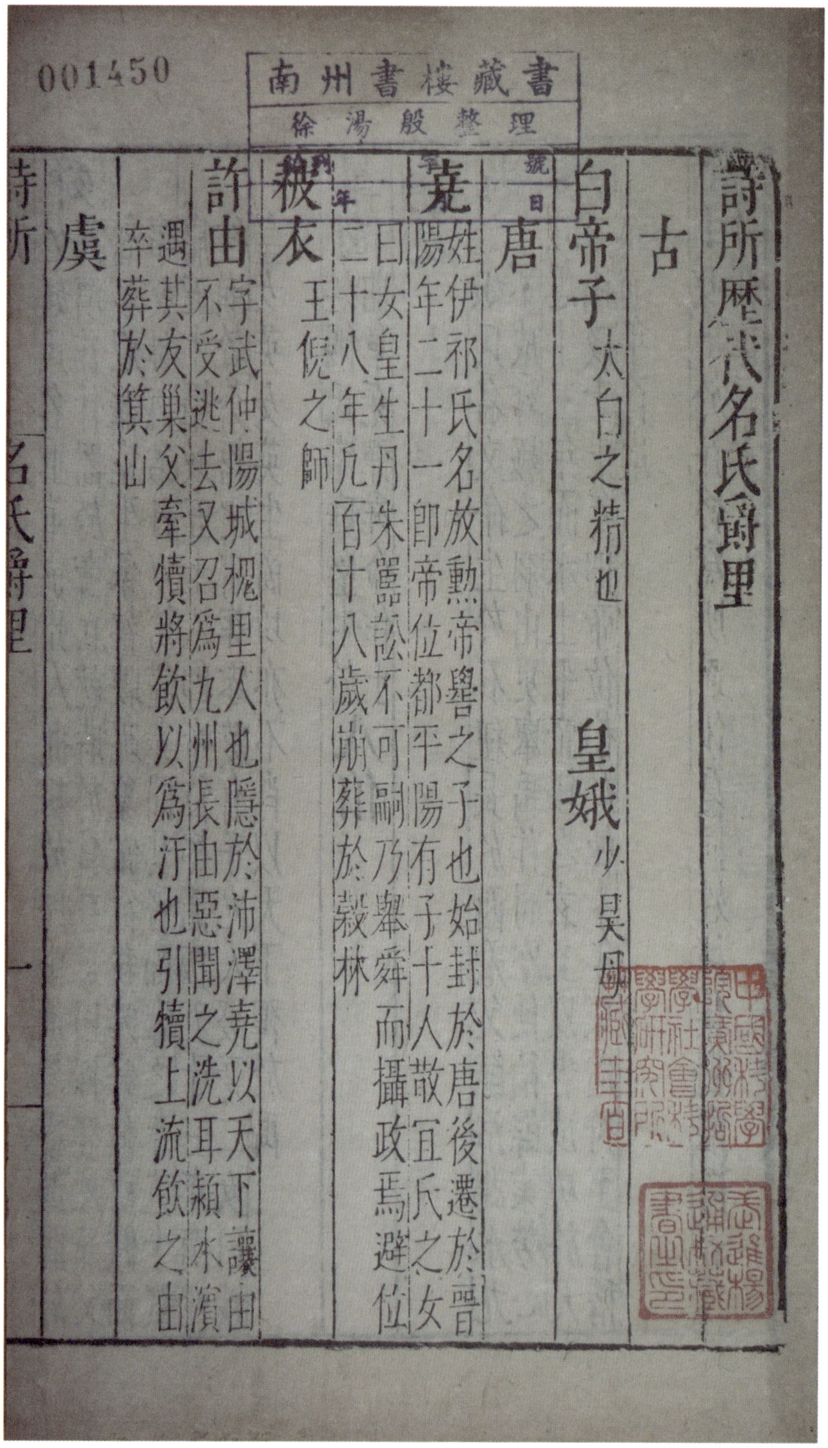

詩所五十六卷歷代名氏爵里一卷　（明）臧懋循輯　明萬曆三十一年（1603）雕蟲館刻本。十八册。半頁十行二十一字，小字雙行同，白口，四周單邊。框高20厘米、寬13厘米。廣東省社會科學院藏。

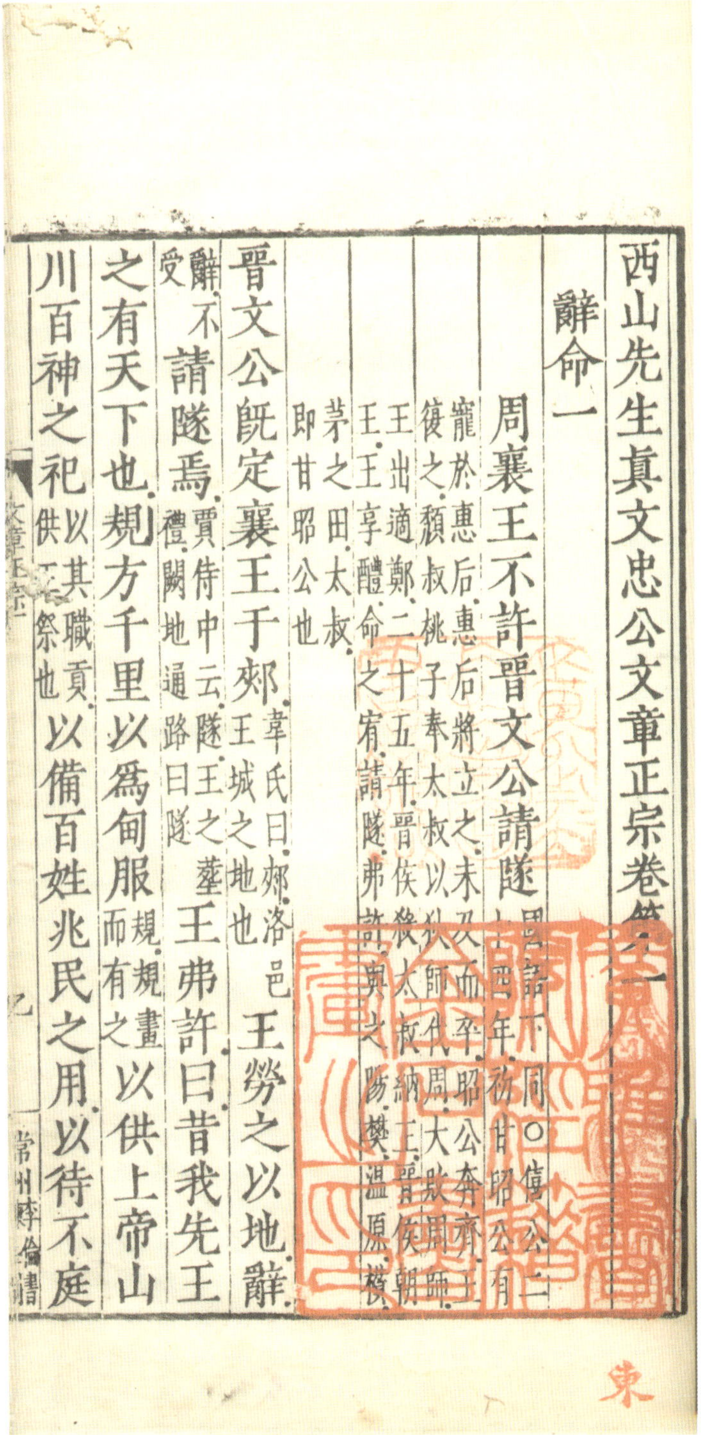
西山先生眞文忠公文章正宗卷第之一

辭命一

周襄王不許晉文公請隧 周語下同○僖公二十四年初甘昭公有寵於惠后惠后將立之未及而卒昭公奔齊王復之頹叔桃子奉太叔以狄師伐周大敗周師王出適鄭二十五年晉侯殺太叔納王晉侯朝王王享醴命之宥請隧弗許與之陽樊溫原欑茅之田太叔即甘昭公也

晉文公既定襄王于郟 韋氏曰郟洛邑王城之地也 王勞之以地辭 辭不受 請隧焉 賈侍中云隧王之葬禮闕地通路曰隧 王弗許曰昔我先王之有天下也規方千里以爲甸服 規規畫而有之 以供上帝山川百神之祀 以其職貢供□祭也 以備百姓兆民之用以待不庭

文章正宗一

常州蔣倫書

西山先生眞文忠公文章正宗二十四卷　（宋）眞德秀輯　明嘉靖四十三年（1564）杜陵蔣氏家塾刻本。二十四册。半頁十行二十一字，小字雙行同，白口，左右雙邊。框高27.5厘米、寬16厘米。廣東省立中山圖書館藏。

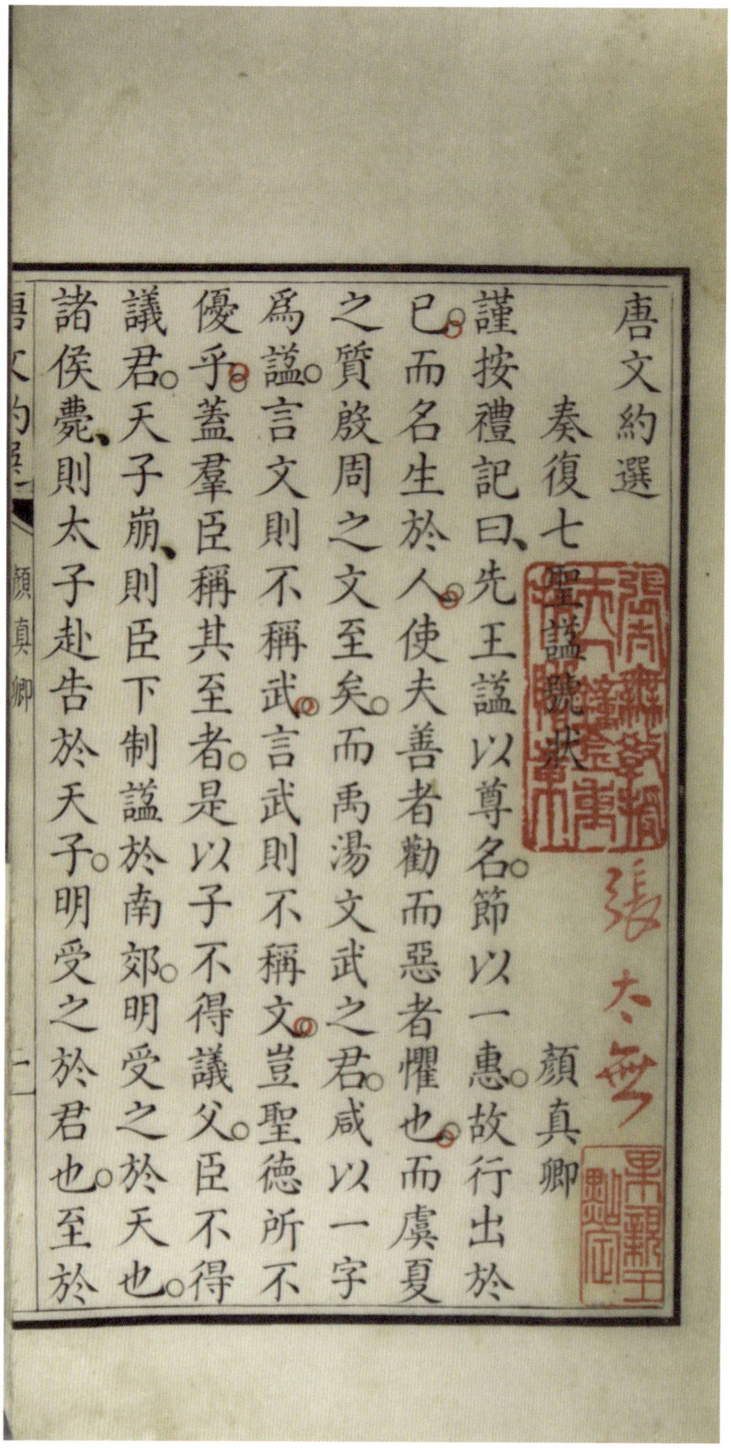

唐文約選

奏復七聖謚號狀　顔真卿

謹按禮記曰先王謚以尊名節以一惠故行出於已而名生於人使夫善者勸而惡者懼也而虞夏之質殷周之文至矣而禹湯文武之君咸以一字爲謚言文則不稱武言武則不稱文豈聖德所不優乎蓋羣臣稱其至者是以子不得議父臣不得議君天子崩則臣下制謚於南郊明受之於天也諸侯薨則太子赴告於天子明受之於君也至於

唐宋元文約選不分卷　清雍正果親王府抄本。二十四册。半頁九行十九字，白口，四周雙邊。框高21.1厘米、寬14厘米。深圳圖書館藏。

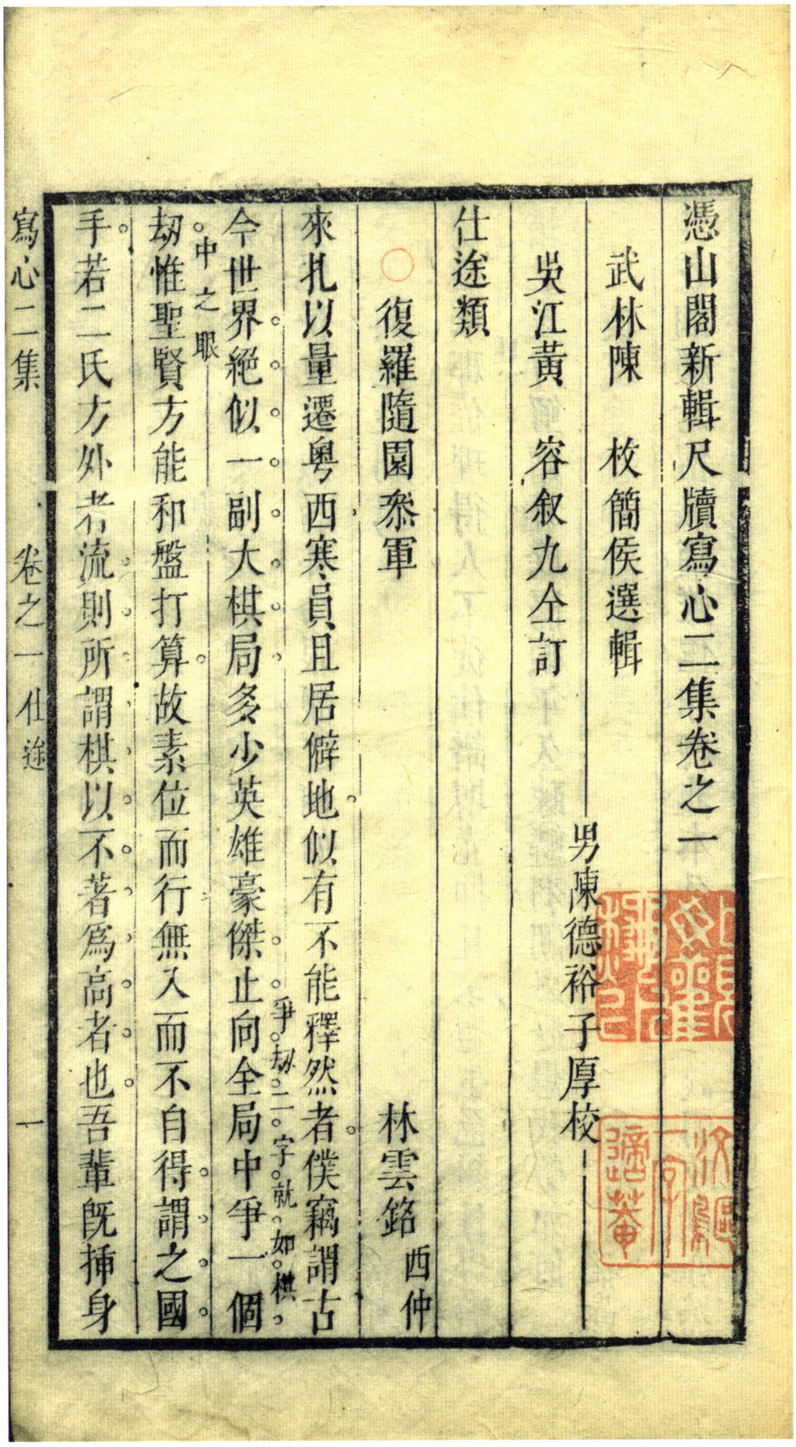

憑山閣新輯尺牘寫心二集卷之一

武林陳　枚簡侯選輯

吳江黃　容敘九仝訂

男陳德裕子厚校

仕途類

○復羅隨園叅軍　林雲銘　西仲

來札以量遷粵西寒員且居僻地似有不能釋然者僕竊謂古今世界絕似一副大棋局多少英雄豪傑止向全局中爭一個（爭劫二字就如棋中之眼）劫惟聖賢方能和盤打算故素位而行無入而不自得謂之國手若二氏方外者流則所謂棋以不著爲高者也吾輩旣揷身

寫心二集　卷之一　仕途　一

憑山閣新輯尺牘寫心二集六卷　（清）陳枚輯　清康熙三十五年（1696）吴門寶翰樓刻本。四册。半頁九行二十四字，小字雙行同，白口，四周單邊。框高19.2厘米、寬12.7厘米。暨南大學圖書館藏。

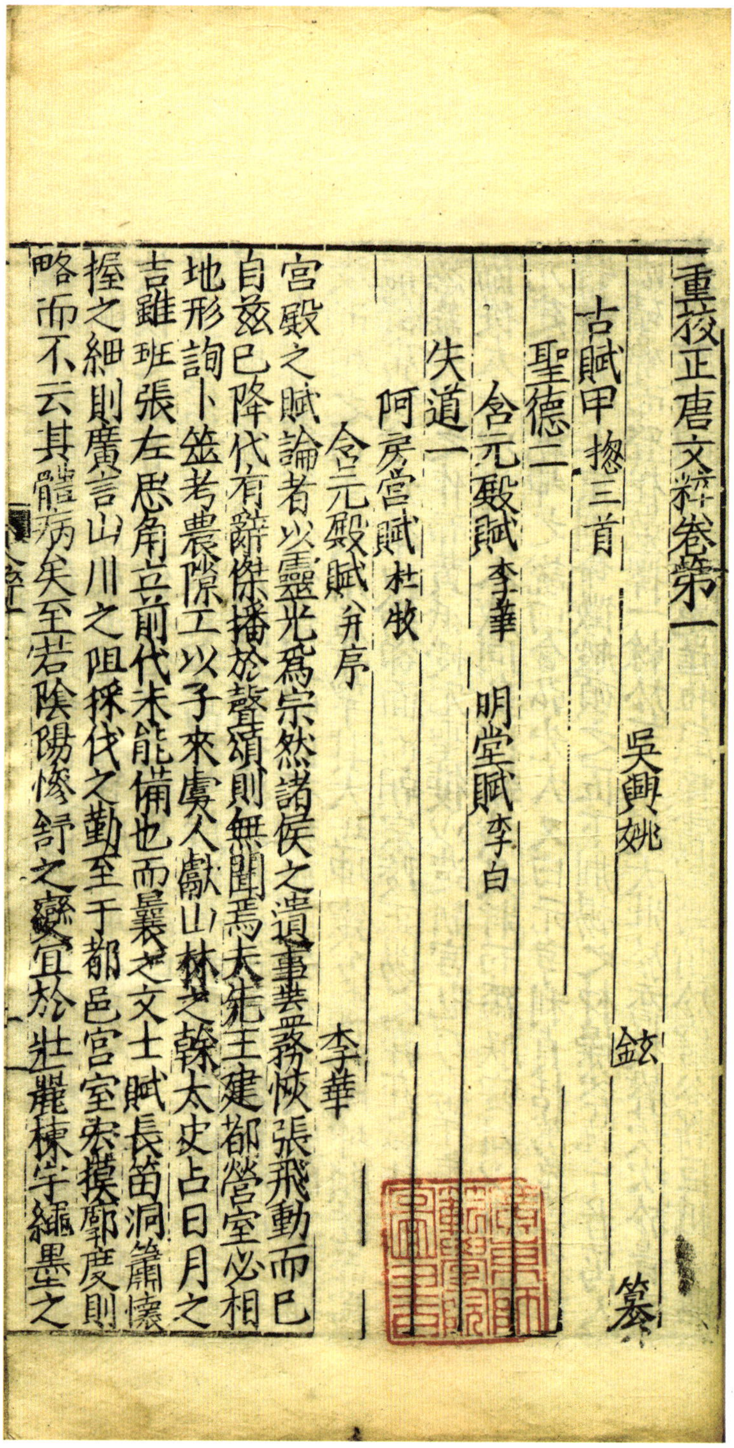
重校正唐文粹卷第一　吳興姚鉉纂
古賦甲 揔三首
聖德二
含元殿賦 李華　明堂賦 李白
失道一
阿房宮賦 杜牧
含元殿賦并序　李華
宮殿之賦論者以靈光為宗然諸侯之遺事其務恢張飛動而已
自兹已降代有辭傑播於聲頌則無聞焉夫先王建都營室必相
地形詢卜筮考農隙工以子來虞人獻山林之榦太史占日月之
吉雖班張左思角立前代未能備也而曩之文士賦長笛洞簫懷
握之細則廣言山川之阻採伐之勤至于都邑宮室宏摸廓度則
略而不云其體病矣至若陰陽慘舒之變宜於壯麗棟宇繩墨之

重校正唐文粹一百卷　（宋）姚鉉輯　明嘉靖六年（1527）張大輪刻本。十四册。半頁十四行二十五字，小字雙行同，白口間黑口，四周單邊間左右雙邊、四周雙邊。框高20.5厘米、寬13.8厘米。暨南大學圖書館藏。

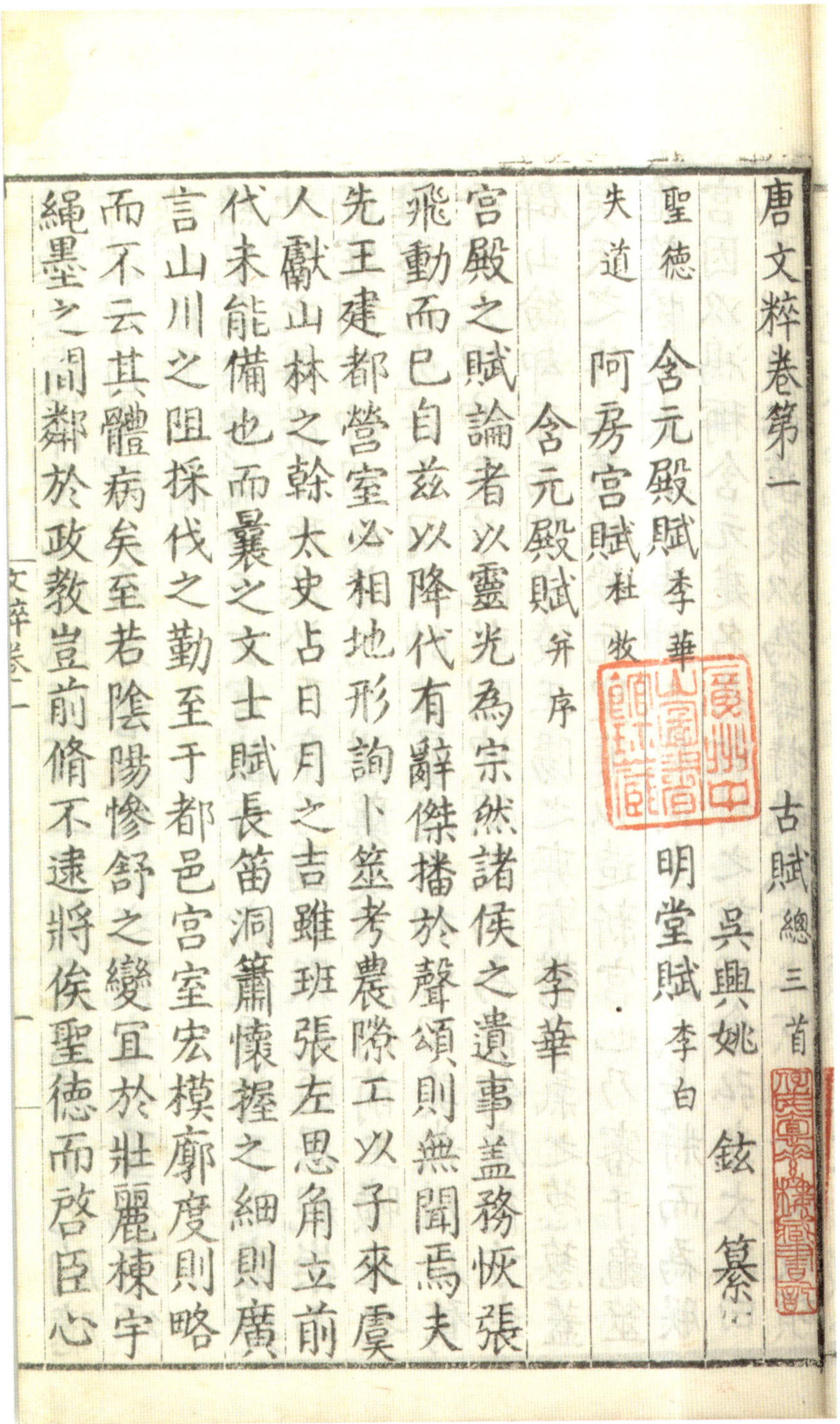
唐文粹卷第一
古賦總三首　吳興姚　鉉　纂
聖德　含元殿賦李華　明堂賦李白
失道　阿房宮賦杜牧
含元殿賦并序　李華
宮殿之賦論者以靈光為宗然諸侯之遺事蓋務恢張飛動而已自兹以降代有辭傑播於聲頌則無聞焉夫先王建都營室必相地形詢卜筮考農隙工以子來虞人獻山林之幹太史占日月之吉雖班張左思角立前代未能備也而曩之文士賦長笛洞簫懷握之細則廣言山川之阻採伐之勤至于都邑宮室宏模廓度則略而不云其體病矣至若陰陽慘舒之變宜於壯麗棟宇繩墨之間鄰於政教豈前脩不遠將俟聖德而啓臣心
文粹卷一

唐文粹一百卷　（宋）姚鉉輯　明嘉靖八年（1529）晉府養德書院刻本。二十册。半頁十三行二十一字，白口，四周單邊。框高21.1厘米、寬14.8厘米。廣東省立中山圖書館藏。國家名録號10924。

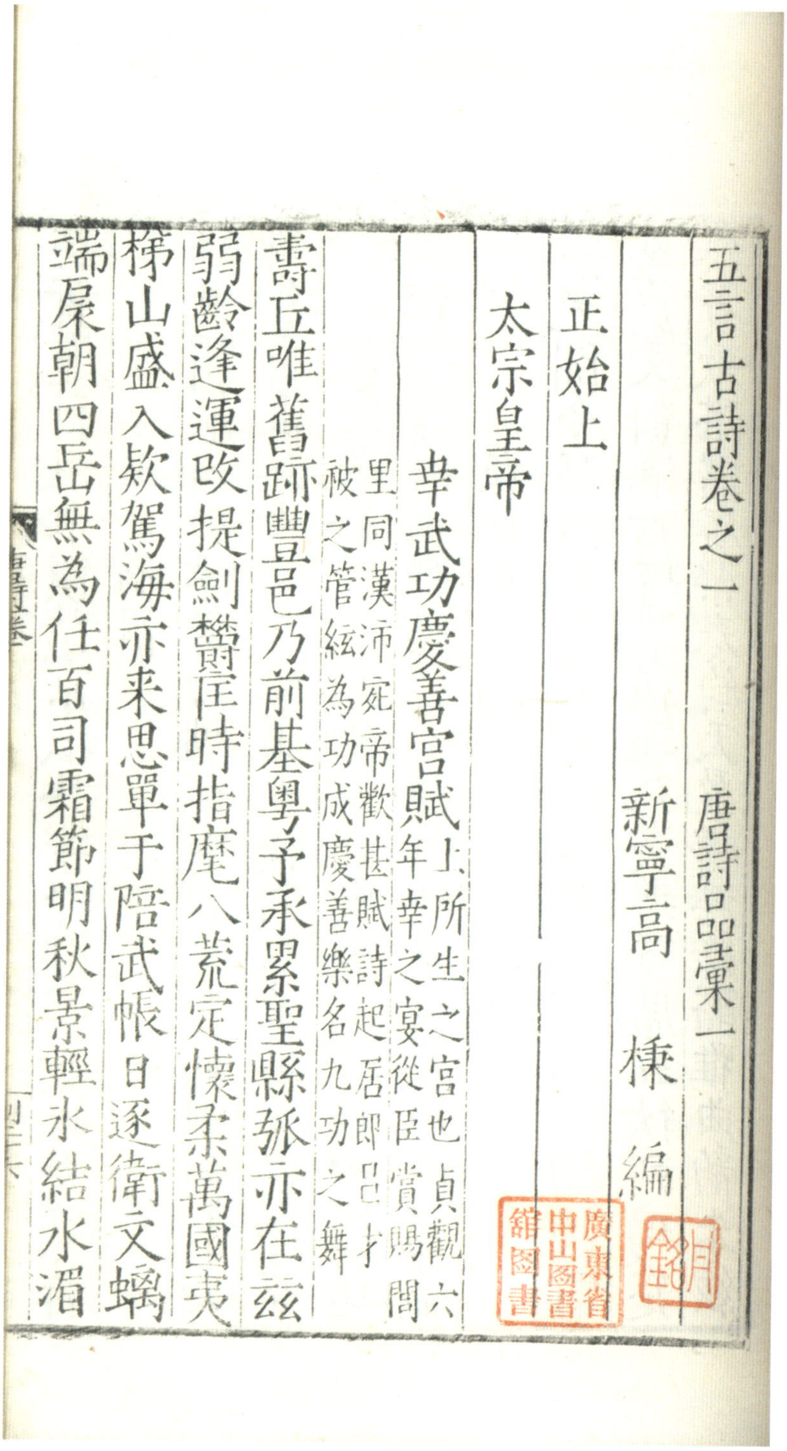
五言古詩卷之一　　唐詩品彙一
新寧高　棅　編
正始上
太宗皇帝
幸武功慶善宮賦上所生之宮也貞觀六年幸之宴從臣賞賜閭里同漢沛宛帝歡甚賦詩起居郎呂才被之管絃為功成慶善樂名九功之舞
壽丘唯舊跡豐邑乃前基粵予承累聖懸弧亦在茲
弱齡逢運改提劍鬱匡時指麾八荒定懷柔萬國夷
梯山盛入欵駕海亦來思單于陪武帳日逐衛文螭
端扆朝四岳無為任百司霜節明秋景輕冰結水湄

唐詩品彙九十卷附詩人爵里詳節引用諸書歷代名公敘論一卷　（明）高棅編　明刻本。十八册。半頁十行二十字，小字雙行同，白口，左右雙邊。框高21.9厘米、寬15.2厘米。廣東省立中山圖書館藏。國家名録號10927。

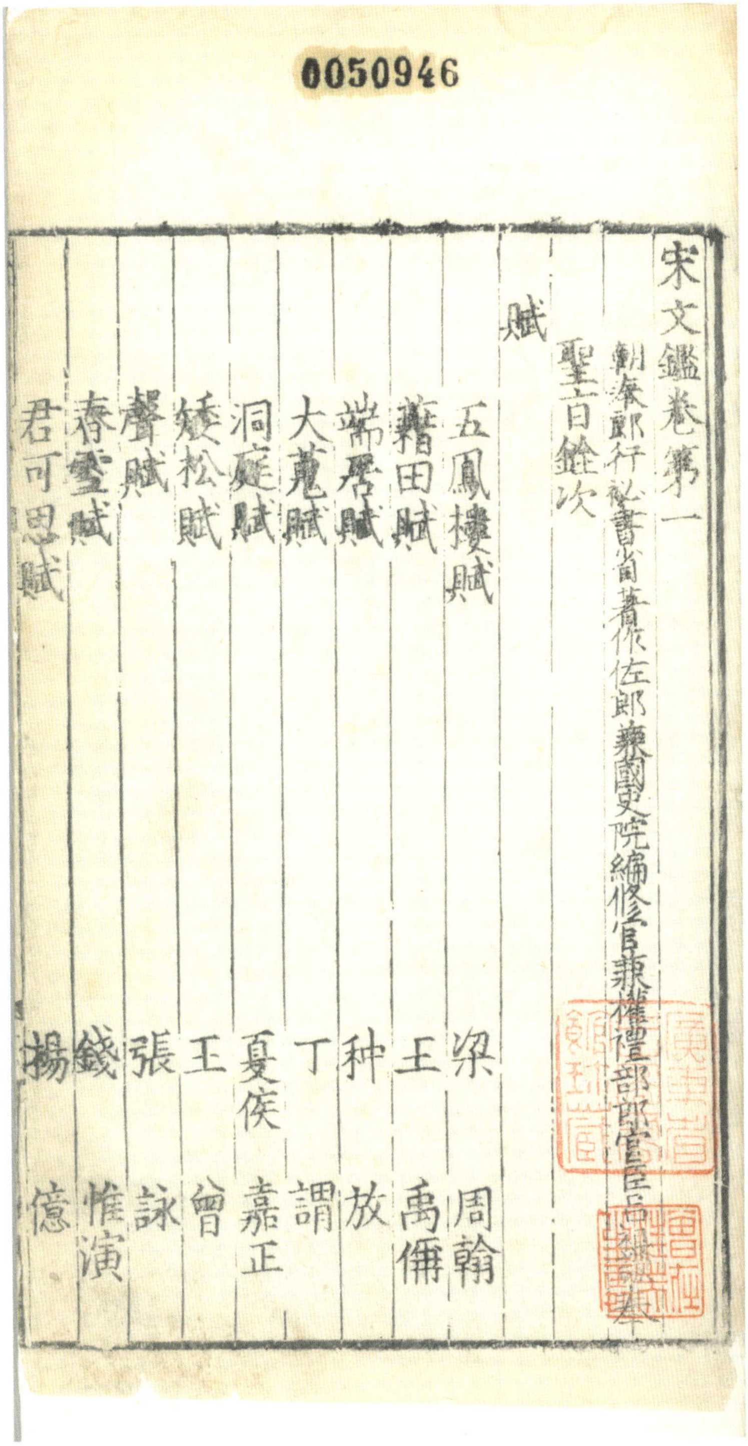
0050946

宋文鑑卷第一
朝奉郎行祕書省著作佐郎兼國史院編修官兼權禮部郎官臣呂祖謙奉
聖旨銓次
賦
五鳳樓賦　梁周翰
籍田賦　王禹偁
端居賦　种放
大蒐賦　丁謂
洞庭賦　夏侯嘉正
矮松賦　王曾
聲賦　張詠
春雪賦　錢惟演
君可思賦　楊億

宋文鑑一百五十卷目録三卷　（宋）吕祖謙輯　明嘉靖五年（1526）晉藩養德書院刻本。六十册。半頁十三行二十一字，黑口，左右雙邊。框高19.4厘米、寬13厘米。廣東省立中山圖書館藏。國家名録號10934。

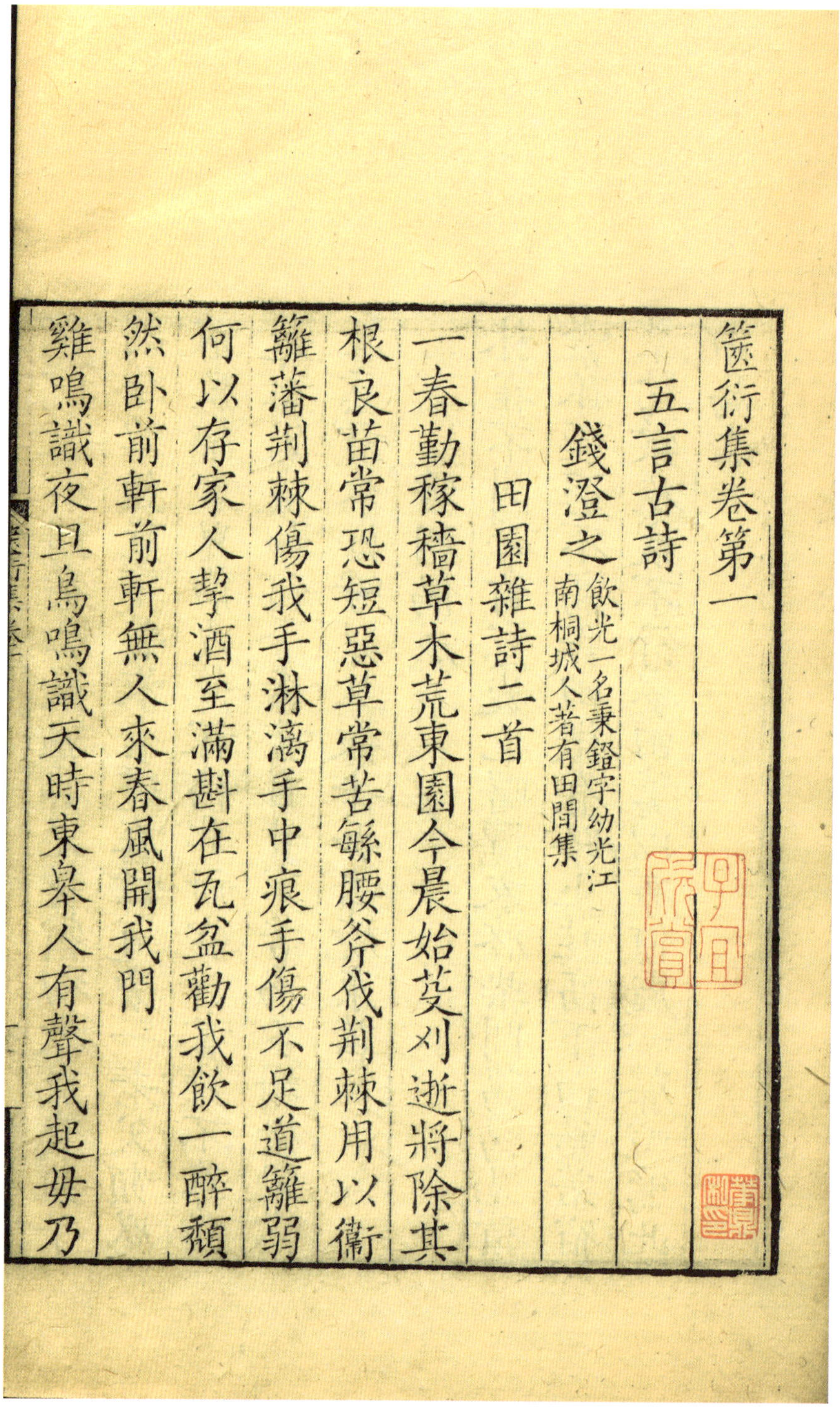
篋衍集卷第一
五言古詩
錢澄之飲光一名秉鐙字幼光江南桐城人著有田間集
田園雜詩二首
一春勤稼穡草木荒東園今晨始芟刈逝將除其
根良苗常恐短惡草常苦緐腰斧伐荊棘用以衛
籬藩荊棘傷我手淋漓手中痕手傷不足道籬弱
何以存家人挈酒至滿斟在瓦盆勸我飲一醉頹
然臥前軒前軒無人來春風開我門
雞鳴識夜旦鳥鳴識天時東臯人有聲我起毋乃

篋衍集十二卷　（清）陳維崧輯　清乾隆二十六年（1761）華綺刻本。四册。半頁十行十九字，黑口，左右雙邊。框高15.9厘米、寬13.2厘米。暨南大學圖書館藏。

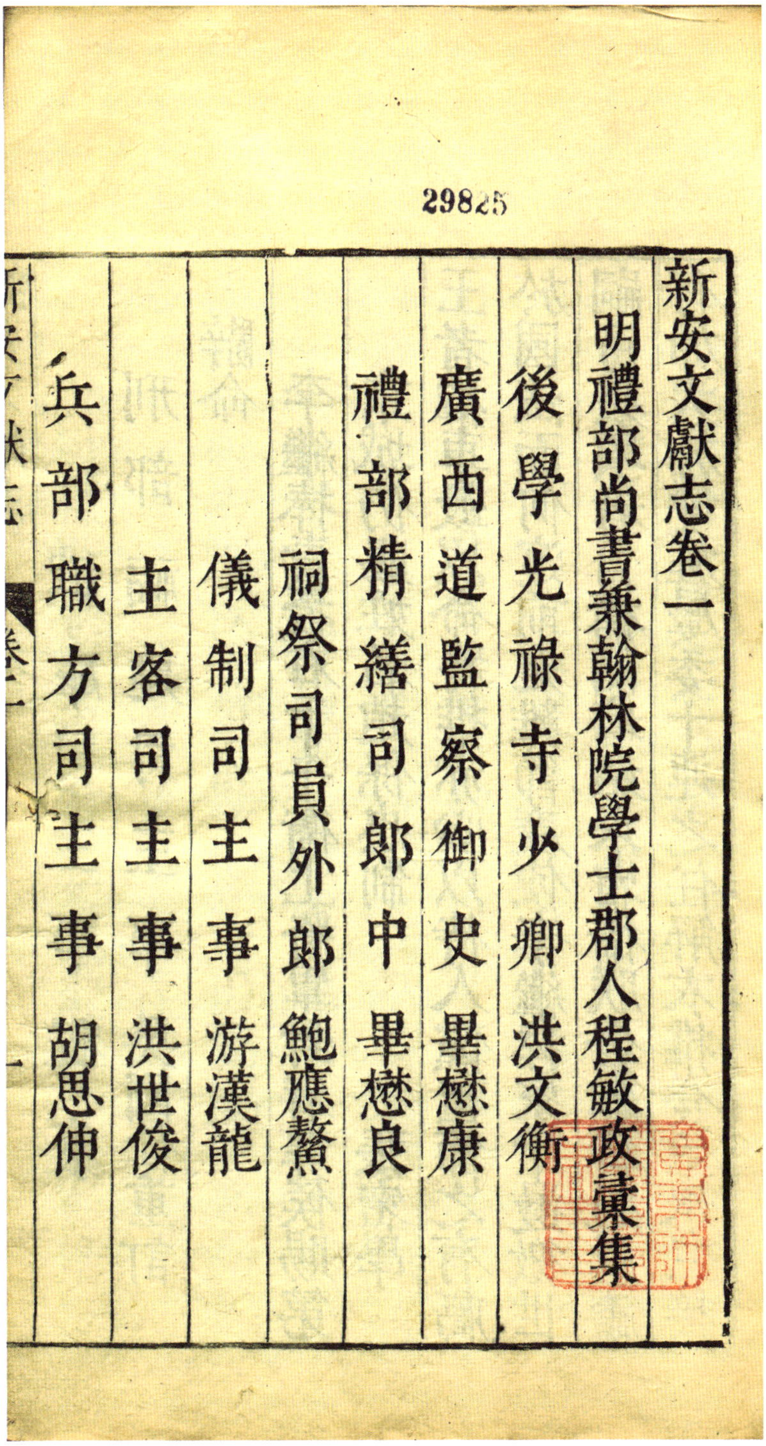
29825

新安文獻志卷一

明禮部尚書兼翰林院學士郡人程敏政彙集

後學光祿寺少卿洪文衡

廣西道監察御史畢懋康

禮部精繕司郎中畢懋良

祠祭司員外郎鮑應鰲

儀制司主事游漢龍

主客司主事洪世俊

兵部職方司主事胡思伸

新安文獻志　卷一　一

新安文獻志一百卷先賢事略二卷目録二卷　（明）程敏政彙集　（明）洪文衡等重訂　明萬曆刻本。存一百零二卷（缺先賢事略）。四十册。半頁九行二十字，小字雙行同，白口，四周單邊。框高20.6厘米、寬14厘米。暨南大學圖書館藏。

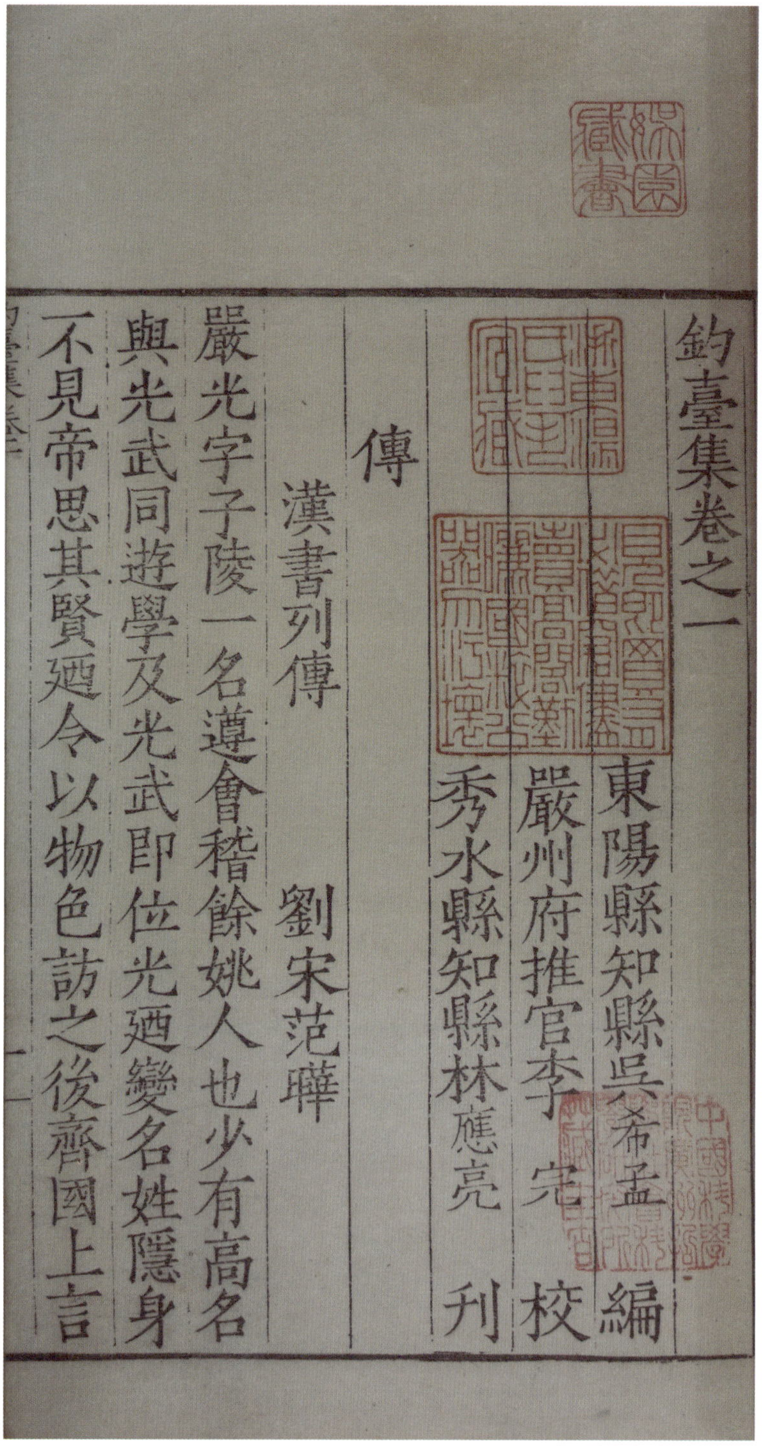

釣臺集卷之一

東陽縣知縣吳希孟 編

嚴州府推官李 完 校

秀水縣知縣林應亮 刊

傳

漢書列傳 劉宋范曄

嚴光字子陵一名遵會稽餘姚人也少有高名與光武同遊學及光武即位光廼變名姓隱身不見帝思其賢廼令以物色訪之後齊國上言

釣臺集八卷 （明）吴希孟輯 明刻本。四册。半頁九行十八字，小字雙行同，白口，左右雙邊。框高20厘米、寬14.8厘米。廣東省社會科學院藏。

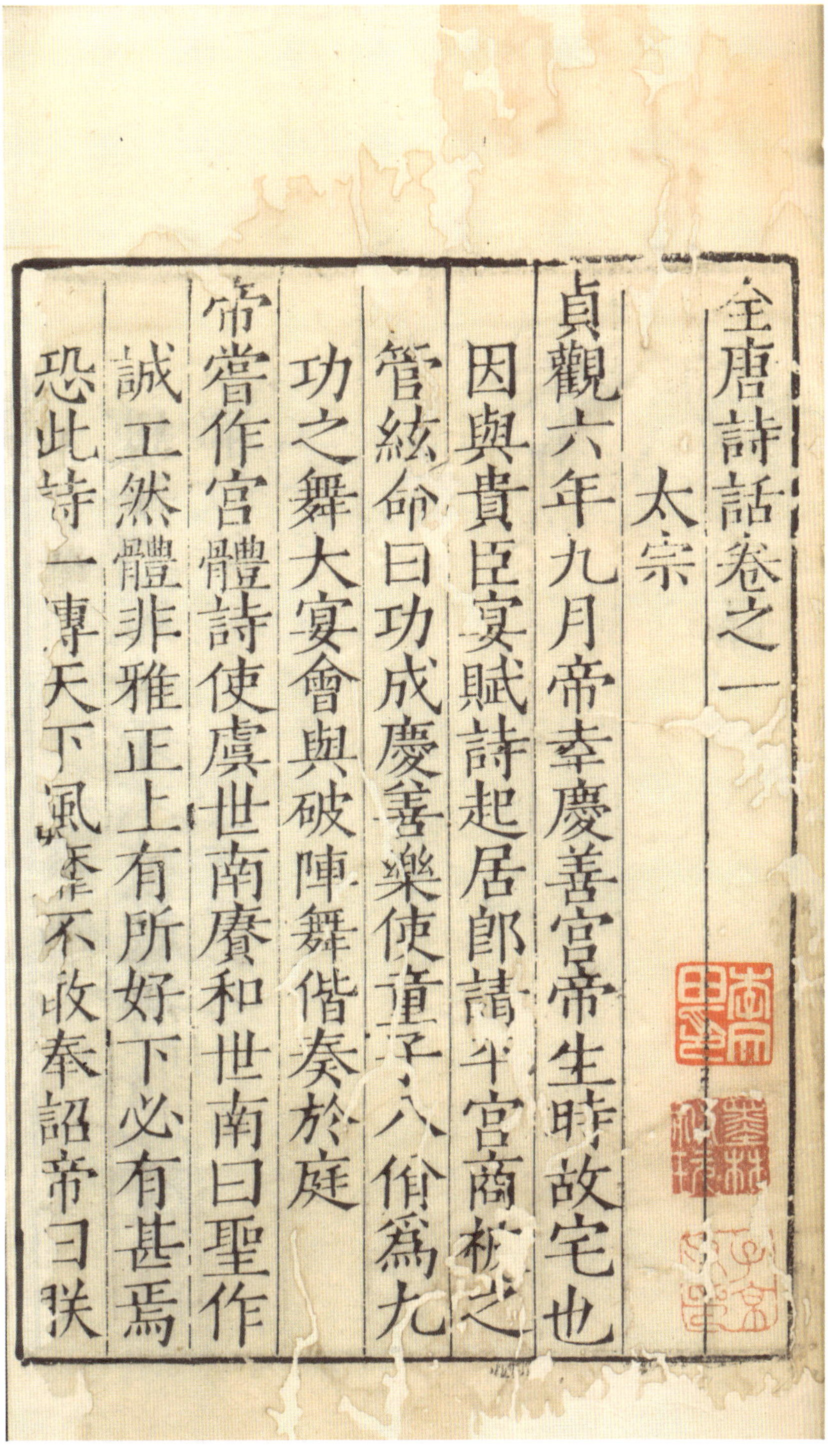
全唐詩話卷之一

太宗

貞觀六年九月帝幸慶善宮帝生時故宅也因與貴臣宴賦詩起居郎請以宮商被之管絃命曰功成慶善樂使童子八佾爲九功之舞大宴會與破陣舞偕奏於庭

帝嘗作宮體詩使虞世南賡和世南曰聖作誠工然體非雅正上有所好下必有甚焉恐此詩一傳天下風靡不敢奉詔帝曰朕

全唐詩話六卷　題（宋）尤袤撰　明刻本。六册。半頁九行十七字，白口，四周單邊。框高18.7厘米、寬13.8厘米。廣東省社會科學院藏。

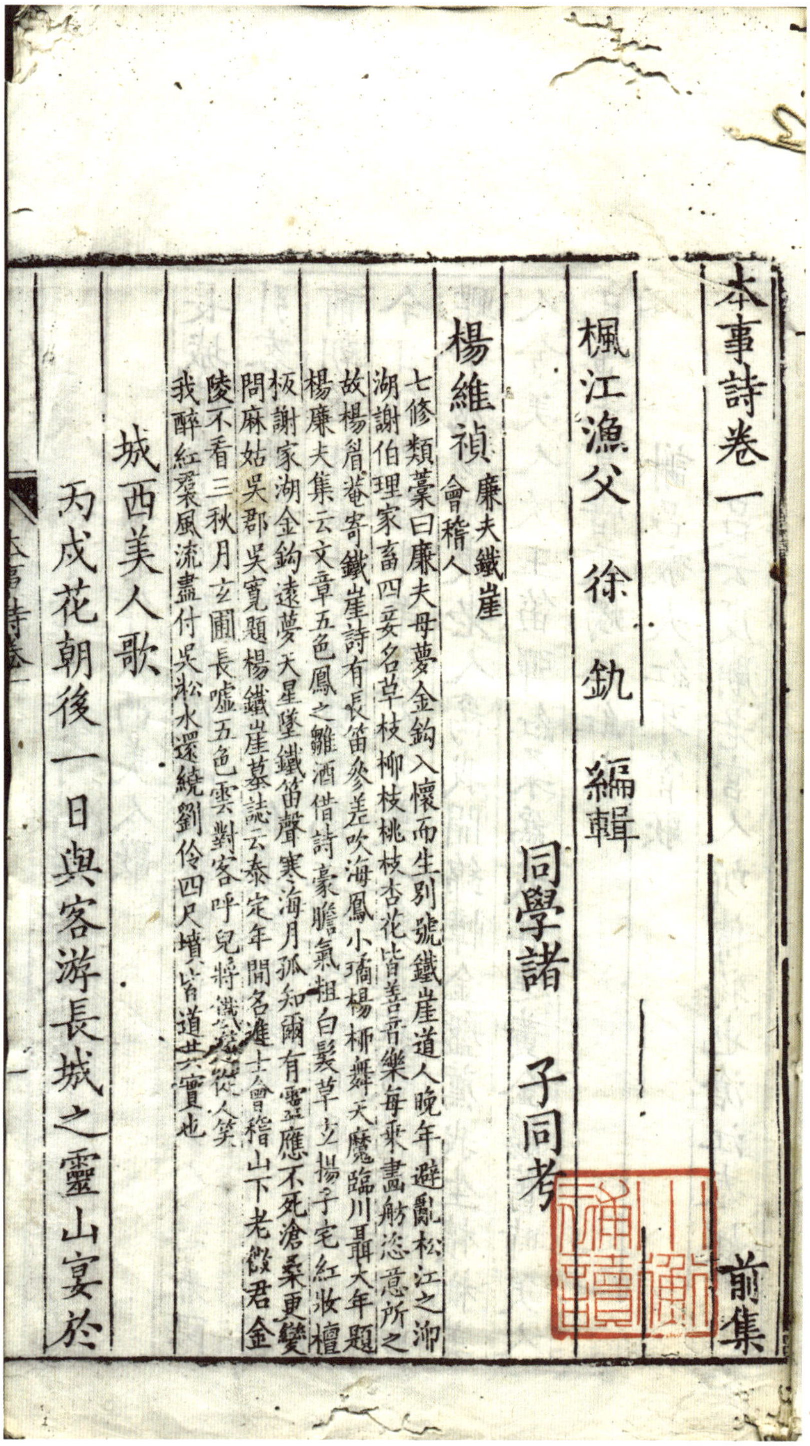
本事詩卷一　前集
楓江漁父徐釚編輯　同學諸子同考
楊維禎廉夫鐵崖　會稽人
七修類藁曰廉夫母夢金鉤入懷而生別號鐵崖道人晚年避亂松江之泖湖謝伯理家畜四妾名草枝柳枝桃枝杏花皆善音樂每乘畫舫恣意所之故楊眉菴寄鐵崖詩有長笛參差吹海鳳小璚楊柳舞天魔臨川聶大年題楊廉夫集云文章五色鳳之雛酒借詩豪膽氣粗白髮草玄揚子宅紅妝檀板謝家湖金鉤遠夢天星墜鐵笛聲寒海月孤知爾有靈應不死滄桑更變問麻姑吳郡吳寬題楊鐵崖墓誌云泰定年間名進士會稽山下老儆君金陵不看三秋月玄圃長嘘五色雲對客呼兒將鐵笛從人笑我醉紅裙風流盡付吳淞水還繞劉伶四尺墳皆道其實也
城西美人歌
丙戌花朝後一日與客游長城之靈山宴於

本事詩十二卷　（清）徐釚輯　清康熙刻乾隆二十二年（1757）修補本。四册。半頁十一行二十一字，小字雙行字數不等，白口，左右雙邊。框高18.7厘米、寬13.5厘米。暨南大學圖書館藏。

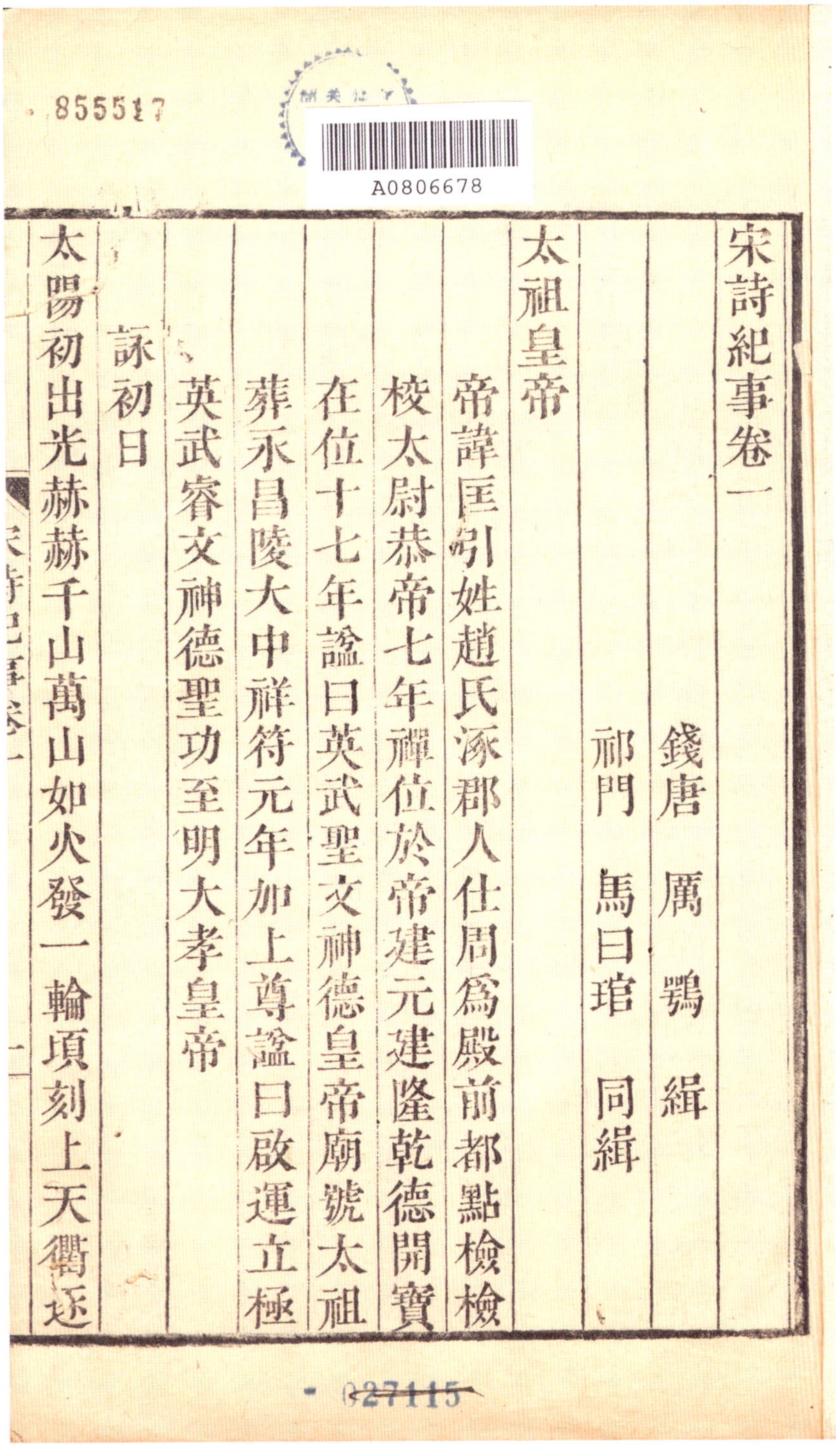

宋詩紀事卷一

錢唐 厲鶚 緝

祁門 馬曰琯 同緝

太祖皇帝

帝諱匡引姓趙氏涿郡人仕周爲殿前都點檢檢校太尉恭帝七年禪位於帝建元建隆乾德開寶在位十七年謚曰英武聖文神德皇帝廟號太祖葬永昌陵大中祥符元年加上尊謚曰啟運立極英武睿文神德聖功至明大孝皇帝

詠初日

太陽初出光赫赫千山萬山如火發一輪頃刻上天衢逐

宋詩紀事卷一 一

宋詩紀事一百卷 （清）厲鶚輯 清乾隆十一年（1746）刻本。三十二册。半頁十一行二十二字，小字雙行三十三字，白口，左右雙邊。框高19.7厘米、寬14.3厘米。韶關學院圖書館藏。

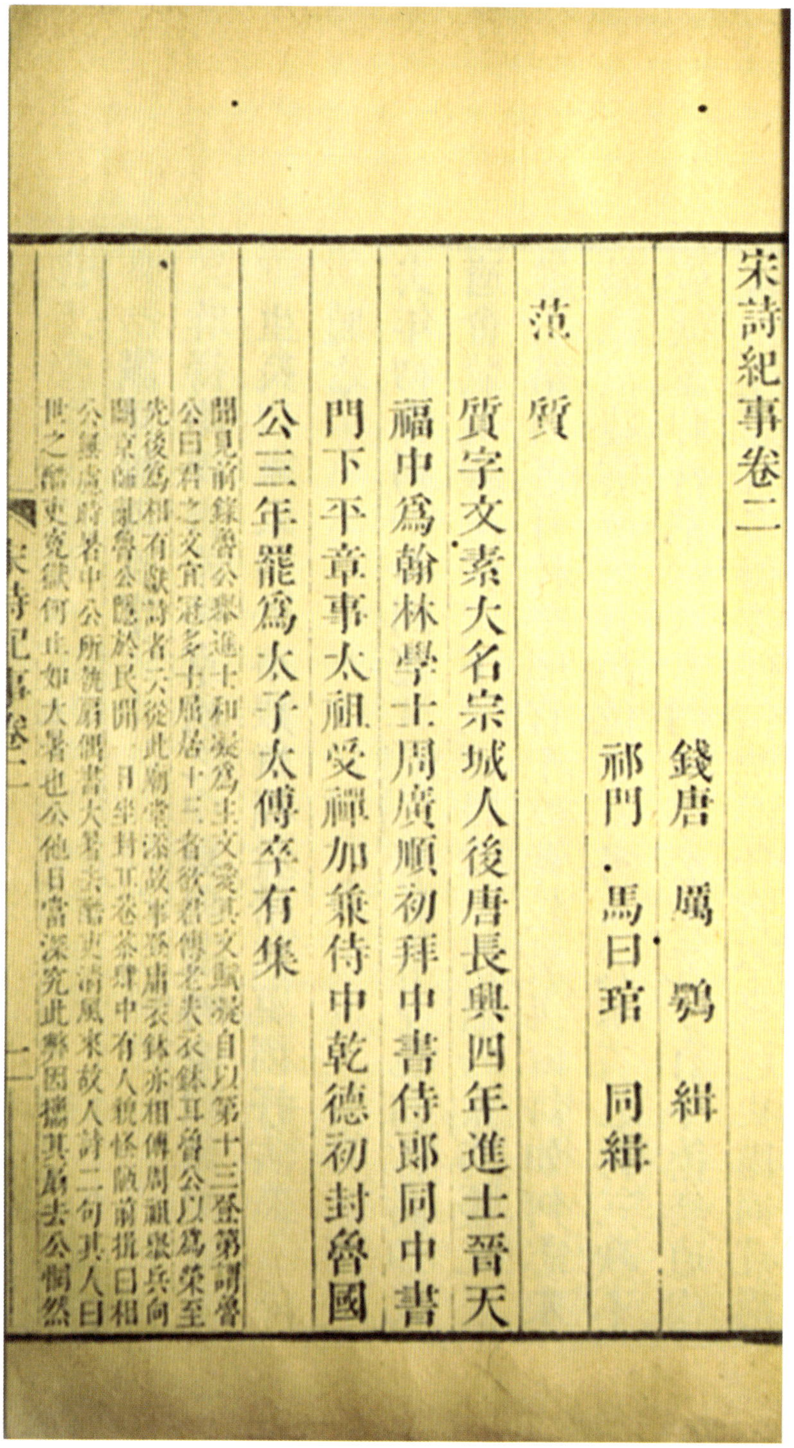
宋詩紀事卷二

錢唐　厲鶚　緝
祁門　馬曰琯　同緝

范質

質字文素大名宗城人後唐長興四年進士晉天福中爲翰林學士周廣順初拜中書侍郎同中書門下平章事太祖受禪加兼侍中乾德初封魯國公三年罷爲太子太傅卒有集

聞見前錄魯公舉進士和凝爲主文愛其文賦凝自以第十三登第謂魯公曰君之文宜冠多士屈居十三者欲君傳老夫衣鉢耳魯公以爲榮至先後爲相有獻詩者云從此廟堂添故事登庸衣鉢亦相傳周祖從兵向闕京師亂魯公隱於民間一日坐封丘巷茶肆中有人貌怪陋前揖曰相公無慮時暑中公所執扇偶書大暑去酷吏清風來故人詩二句其人曰世之酷吏冤獄何止如大暑也公他日當深究此弊因攜其扇去公惘然

宋詩紀事卷二　二

宋詩紀事一百卷　（清）厲鶚輯　清乾隆十一年（1746）刻本。十六册。半頁十一行二十二字，小字雙行三十三字，白口，左右雙邊。框高19.6厘米、寬14.6厘米。韶關學院圖書館藏。

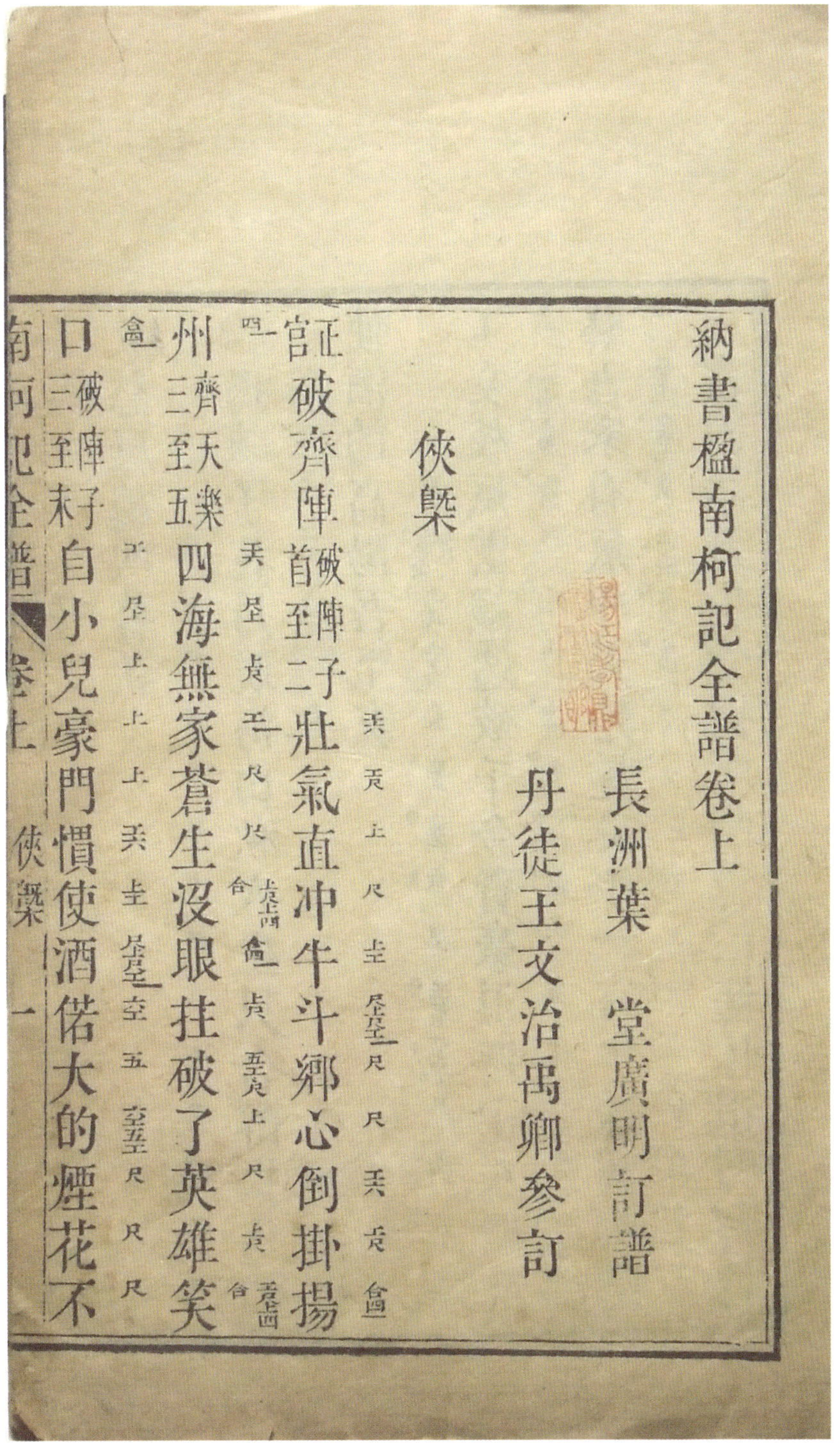
納書楹南柯記全譜卷上
長洲葉　堂廣明訂譜
丹徒王文治禹卿參訂
俠槩
正宮 破齊陣 破陣子首至二 壯氣直冲牛斗，鄉心倒掛揚州。齊天樂三至五 四海無家，蒼生没眼，拄破了英雄笑口。破陣子三至末 自小兒豪門慣使酒，偌大的㷔花不
南柯記全譜　卷上　俠槩　一

納書楹南柯記全譜二卷　（清）葉堂撰　清乾隆五十七年（1792）刻本。二册。半頁六行十八字，小字雙行字數不等，白口，四周雙邊。框高18.8厘米、寬13.9厘米。陽江市圖書館藏。

叢部

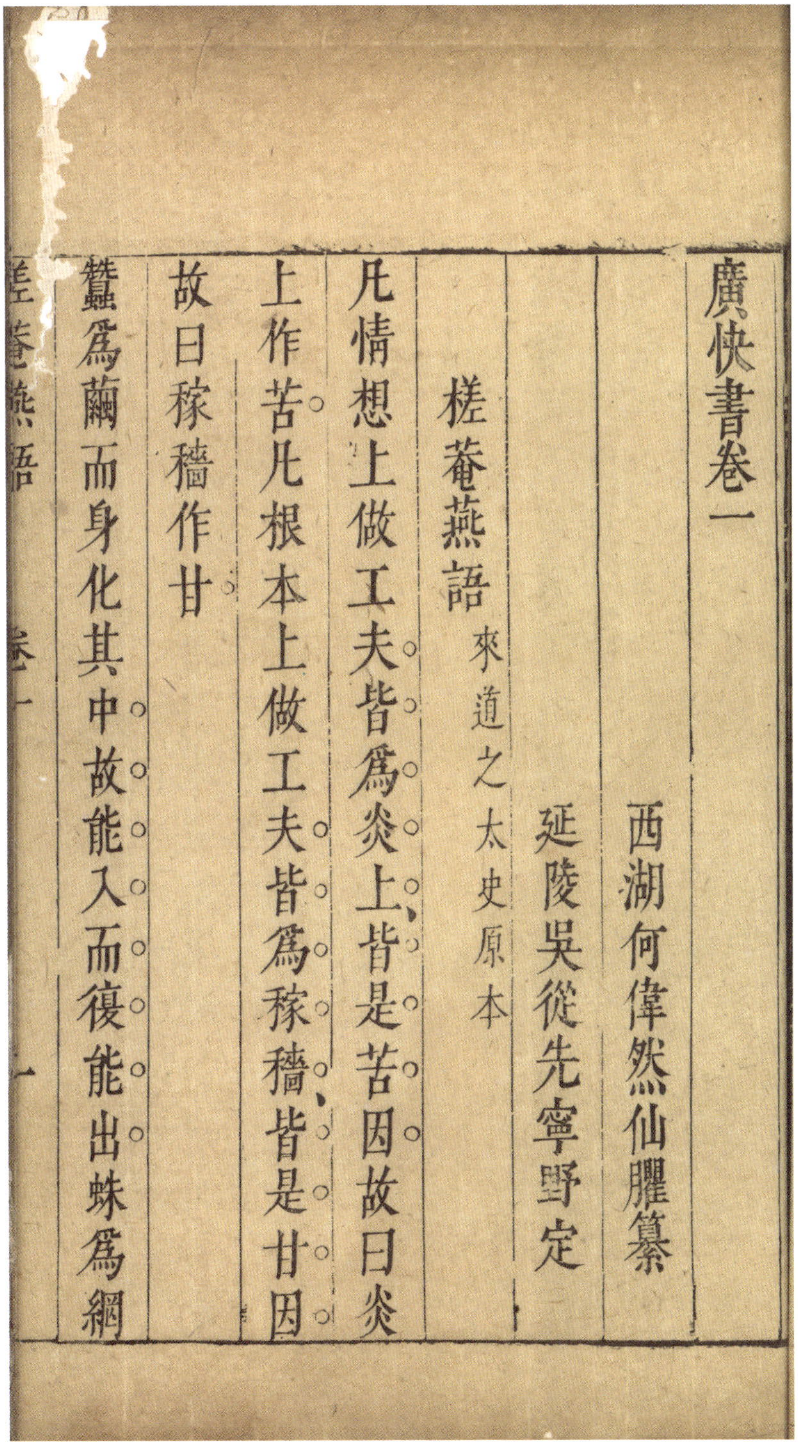

廣快書卷一

西湖何偉然仙臞纂

延陵吳從先寧野定

槎菴燕語　來道之太史原本

凡情想上做工夫皆爲炎上、皆是苦因故曰炎

上作苦凡根本上做工夫皆爲稼穡、皆是甘因

故曰稼穡作甘

蠶爲繭而身化其中故能入而復能出蛛爲網

槎菴燕語　卷一　一

廣快書五十種五十卷　（明）何偉然編　明崇禎刻本。二十册。半頁八行十八字，白口，左右雙邊。廣東省立中山圖書館藏。

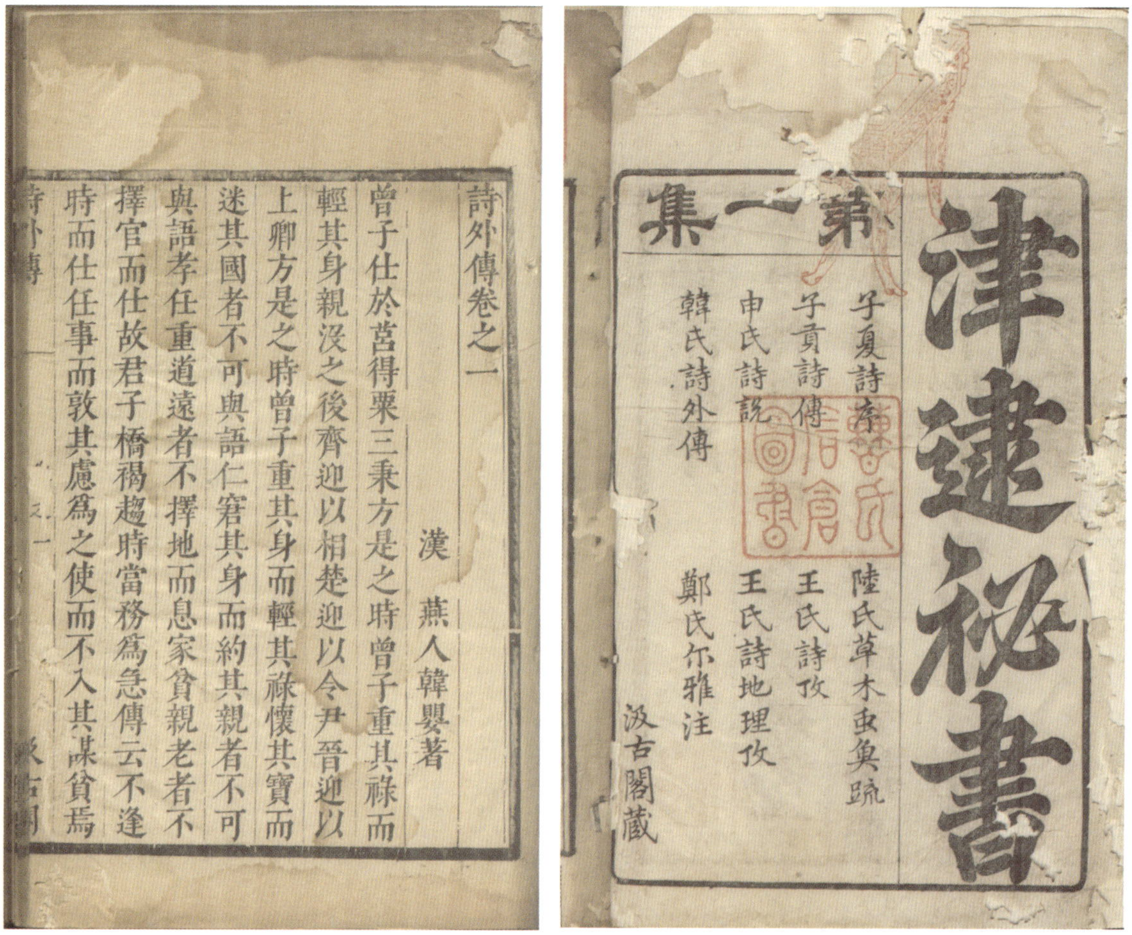

津逮祕書十五集一百四十一種七百四十八卷　（明）毛晉編　明崇禎毛氏汲古閣刻本。三百四十五册。半頁八行十九字，小字雙行同，白口，左右雙邊。中山大學圖書館藏。

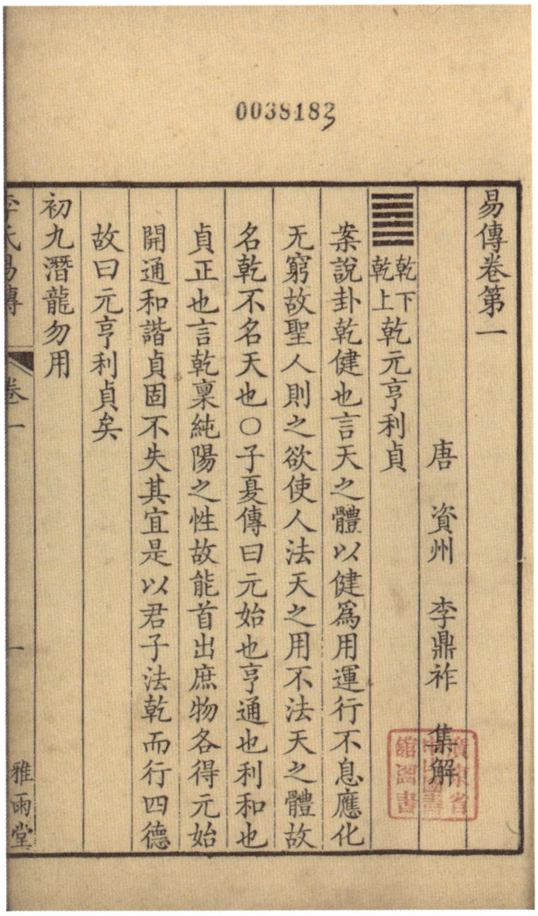
0038183

易傳卷第一　　唐　資州　李鼎祚　集解

乾下乾上　乾元亨利貞

彖說卦乾健也言天之體以健爲用運行不息應化无窮故聖人則之欲使人法天之用不法天之體故名乾不名天也○子夏傳曰元始也亨通也利和也貞正也言乾稟純陽之性故能首出庶物各得元始開通和諧貞固不失其宜是以君子法乾而行四德故曰元亨利貞矣

初九潛龍勿用

李氏易傳　卷一　一　雅雨堂

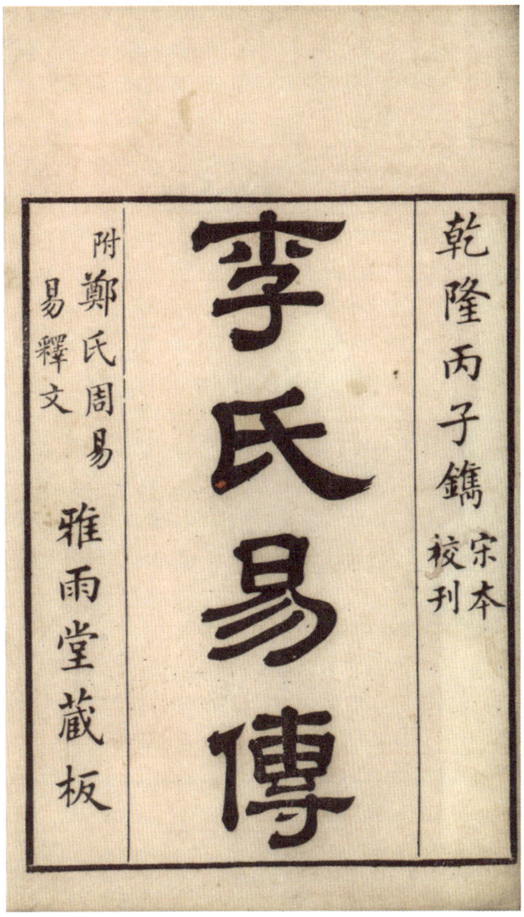
乾隆丙子鐫　宋本校刊

李氏易傳

附鄭氏周易　易釋文

雅雨堂藏板

雅雨堂叢書十三種一百三十五卷　（清）盧見曾輯　清乾隆二十一年（1756）雅雨堂刻本。三十六册。十行二十一字，白口，四周單邊。廣東省立中山圖書館藏。